前田 庸——著

有 斐 閣
YUHIKAKU

第13版の刊行にあたって

前田庸先生は，82歳のお誕生日をお迎えになる1週間ほど前の平成25年(2013年）11月1日にご逝去されました。直前まで先生は非常にお元気で研究を続けていらっしゃいまして，突然の訃報は私たちにとって大きな悲しみでありました。

翌年の平成26年（2014年）に成立した会社法改正については，法制審議会の会社法制部会における要綱案が平成24年（2012年）8月に決定され，法制審議会の要綱（「会社法制の見直しに関する要綱」）が同年9月に決定されており，その後，改正法案の国会提出は遅れて平成25年（2013年）11月29日となりましたが，改正法は平成26年（2014年）6月に成立し，平成27年（2015年）5月1日に施行されました。

前田先生のお宅の書斎の机の上には，先生の名著『会社法入門（第12版）』(2009年に出版）に上記の法制審議会の要綱に基づく改訂をしたお原稿が残されておりました。そこで，先生から長年にわたって直接のご指導を受けた私たちは，先生が残されたこのお原稿に基づいて改訂版（第13版）としての本書を出版することを計画しました。

前田先生のお原稿はその完成度は高く，改正法の説明を追加する場所を再整理し，改正後の規定に言及するなどの作業をすれば，ほぼそのまま改訂版を出版することができる状態でした。前田先生のお原稿では，平成26年会社法改正によって新しく導入された監査等委員会設置会社制度に関する記述の位置が指名委員会等設置会社制度に関する記述の後とされていましたため，改正後の条文の配置の順序とは異なりますが，本書においても原則としてお原稿における順序を維持することとしました。

もっとも，法制審議会民法（債権関係）部会における数年の審議を経ての民法改正（いわゆる債権法改正）が平成29年（2017年）に成立しましたので（2020年4月1日施行予定)，それによる会社法への影響をも盛り込んで改訂版とすることとしました。本書において言及ないし引用する民法の条文は，平成29年改正後の条文としてあります。

本書が平成26年改正を反映した会社法に関する前田先生のお考えを後世に伝えるものとして，多くの方々に読んでいただけることを願っております。

今回の改訂に際しては，第5版以降前田先生の本書の編集を担当されてこられた有斐閣法律編集局の神田裕司氏と高橋俊文氏に，今回の改訂の計画段階から出版に至るまで細かな点を含めて大変お世話になりました。記して感謝いたします。

2018年8月

神　田　秀　樹
神　作　裕　之

初版 はしがき

本書は，会社法の全般にわたって，私が理解していることを，私なりに素直に表現しようとしたものである。新しい理論を樹立するとか，従来の通説を批判することを目的としたものではない。「会社法入門」と題したのはそのためである。もっとも，その説明に際しては，これまでなされてきた説明をそのまま鵜呑みにせず，従来の説明でわかりにくいところや納得できないところは，私なりに，わかりやすいように，あるいは納得できるように説明したつもりである。本書において，一般になされている説明と異なる点があるのは，そのためである。本書が会社法を学ぼうとする方がたにとって，なんらかのお役に立てばさいわいである。

本書を刊行するにあたって，私の恩師である鈴木竹雄先生と，兄弟子にあたる竹内昭夫先生に対する感謝の念でいっぱいである。

鈴木先生は，このたび文化勲章を受章された。また，竹内先生は，還暦を迎えられた。私としては，両先生にお教えをいただき，恵まれた研究生活を送ってこられたことを，どんなに感謝しても感謝しつくせない思いである。両先生に心から祝意を表するとともに，今後のご健康を切にお祈りしたい。

なお，本書の内容については，学習院大学講師の神作裕之氏に多くの有益なご示唆をいただいた。心からお礼を申し上げたい。また，本書の刊行をすすめてくれた有斐閣にも，お礼を申し上げる。

1989年12月

前　田　　庸

目　次

第3章　持分会社

（　）内の条文引用は，会社法の引用は原則として条数のみを掲げ，それ以外の法令の法令名については，おおむね有斐閣六法全書の略語を用いる。
〔　〕は，段落に適宜付した番号を示す。リファーは，すべてこれによった。

第1章

会社法総説

第1節　会　社　法

Ⅰ　平成17年会社法

〔1〕　1　平成17年会社法の基本方針等

平成17年会社法（法86号）（以下，特に別に明示しない限り，本書では，これをたんに「会社法」といい，それとの対比で，平成17年改正前商法中の「第2編　会社」を「旧会社法」という。そして，平成26年改正会社法は，そのまま「平成26年改正会社法」として用いる）は，次の2つの基本方針に基づいて作成されている。その第1は，会社に関して規定する商法第2編，有限会社法，株式会社の監査等に関する商法の特例に関する法律（以下「商法特例法」という）等について，①片仮名文語体で表記されている商法第2編，有限会社法等の各規定について，平仮名口語体化を図る，②用語の整理を行うとともに，解釈等の明確化の観点から必要に応じ規定の整備を行う，③商法第2編，有限会社法および商法特例法の各規定について，これらを1つの法典（会社法）としてまとめ，分かりやすく再編成するという方針による現代語化を行うということである。第2は，実質的改正として，会社法制の現代語化の作業に合わせ，会社に関する諸制度間の規律の不均衡の是正等を行うとともに，最近の社会経済情勢の変化に対応するための各種制度の見直し等，「会社法制の現代化」にふさわしい内容の実質的な改正を行うということである（法務省法制審議会「会社法制の現代化に関する要綱」平成17年2月9日決定）。

上記の第1については，第1編・総則のうち，会社について適用されるもの（商行為，商人，商業登記，商号等）は，会社法にも規定が置かれ，同じ規定が商法典第1編・総則と会社法との双方に二重に規定されている。また，第1編・総則および第3編・商行為の一部（542条まで）の規定は，会社法の制定と同時に平仮名口語体化されたが，それ以外の商法の規定（第2編商行為の一部および第3編海商の規定）は現代語化されずに会社法制定前と同じまま残された。会社法の単行法化に伴い，第3編・第4編は，第2編・第3編に繰り上げられた。その後，平成20年保険法の成立により，商法第2編・商行為の第10章・保険（629条－683条）

の規定は削除された。平成30年商法（運送・海商関係）改正（法29号）により，残りの部分もすべて現代語化された。

上記の第2の実質的改正については，有限会社の廃止（既存の有限会社の取扱いについては〔13〕）および合同会社制度の創設，株式譲渡制限会社法制，組織再編行為，剰余金分配手続等の弾力化等の改正がなされている。

2　近時の会社法改正　〔2〕

(イ)　旧会社法のもとにおける改正の内容

旧会社法のもとにおける近時の改正（昭和56年改正以降）は，次の通りである。

昭和56年商法改正（法74号）では，①設立時における額面株式の金額の引上げや既存会社についての経過的措置としての単位株制度の導入（〔157〕参照），②株主権の行使に関する財産上の利益の供与の禁止（〔423〕以下），③株主提案権（〔417〕以下）および株主総会における取締役・監査役の説明義務（〔426〕以下）等の規定の新設，④監査役の取締役会招集権（〔512〕）等の規定の新設，商法特例法上の大会社における複数監査役・常勤監査役制度の導入（〔545〕），会計監査人監査の対象会社の拡大（〔542〕），⑤新株引受権付社債の発行の許容（〔728〕参照）等，広範囲にわたる改正が行われた。また，これらの改正との関連で，「大会社の監査報告書に関する規則」（「監査規則」）および「大会社の株主総会の招集通知に添付すべき参考書類等に関する規則」（「参考書類規則」）が制定され，また「株式会社の貸借対照表，損益計算書，営業報告書及び附属明細書に関する規則」（「計算書類規則」）の改正が行われた（なお，これらの規則は，平成13年に「商法施行規則」として統合された）。

平成2年改正では，最低資本金制度の導入（〔21〕参照），発起人を1人とすることの許容（〔27〕），発起設立の手続の簡易化（〔56〕），株式譲渡制限会社における株主の新株引受権ならびに転換社債引受権および新株引受権付社債の引受権の保障（〔309〕）等，大小会社区分立法に関連する改正が実現した。そのほか，数種の株式（〔112〕以下），端株制度（〔155〕），議決権なき株式（〔117〕参照），株式配当や株式の無償交付と株式分割との関係（〔148〕以下）等の改正がなされた。

平成5年には，①株主の代表訴訟に関連する改正（申立手数料の算定上は非財産権上の請求とみなし，一律に8200円――現在は1万3000円――とする等。〔494〕〔497〕）および株主の帳簿・書類閲覧請求権の要件の緩和（〔631〕）等の株主の権利の強化および②監査役の任期の伸長（〔547〕），商法特例法上の大会社における監査役の員数の増加（〔545〕），社外監査役制度の導入（〔544〕），監査役会の法定（〔568〕以下）等の監査制度の充実ならびに③社債制度の改正（〔692〕）を内容とする改正がなされた（法 62 号）。③との関連で，社債発行限度暫定措置法等の社債発行限度に関する特例法が廃止され，また，各種の特別法の社債発行限度に関する規定が原則として削除された。

平成 6 年には，自己株式，自己持分の取得規制の緩和のための商法・有限会社法の改正がなされた（法 66 号。〔166〕）。

平成 9 年には，合併法制につきその簡易化，合理化および開示の充実のための商法改正がなされた（法 71 号）。また，議員立法により，ストック・オプション制度採用のための商法改正（法 56 号）および公開会社について，取締役会の決議による株式消却のための自己株式取得を許容するための特例法（株式の消却の手続に関する商法の特例に関する法律〔法 55 号〕）の制定がなされた。また，同年には，株主の権利行使に関する利益の供与の禁止の規定に違反する事件が発覚したことに伴い，利益要求罪，威迫を伴う利益受供与罪・要求罪の規定を新設するとともに，利益供与・受供与罪その他の会社法上の罰則の強化のための改正がなされた（法 107 号。〔425〕）。

平成 11 年には，①平成 9 年 6 月の独禁法改正（法 87 号）による持株会社の解禁に伴う完全親会社（完全親会社と持株会社との関係については〔792〕）の創設のための株式交換制度および株式移転制度の新設（〔792〕以下），②親子会社関係一般について親会社の株主の子会社の業務内容等の開示の充実等ならびに③金融資産についての時価評価の許容（〔619〕）等のための改正がなされた（法 125 号）。

平成 12 年には，会社分割法制の創設のための商法・有限会社法の改正（〔770〕以下）がなされた（法 90 号）。平成 9 年の合併法制の改正，平成 11 年の完全親会社の創設のための商法改正および平成 12 年の会社分割法制の創設のための商法・有限会社法の改正により，企業組織再編の法制度はほぼ整備されたといわれている。

平成 13 年には，6 月に議員立法により，金庫株解禁等の自己株式取得の規制緩和（〔167〕），額面株式制度の廃止（〔103〕）および株式分割の自由化（〔122〕），単元株制度の創設（〔157〕），減資差益を資本準備金としない取扱いの許容等（〔637〕）の改正がなされ（法 79 号），また 11 月には，種類株式の多様化（〔112〕），新株予約権制度の創設（〔352〕以下），会社関係書類の電磁化（〔33〕〔54〕〔412〕〔661〕等）等のための改正がなされた（法 128 号）。さらに同じ 12 月には，議員立法により，監査役制度の充実（任期を 4 年と伸長し，商法特例法上の大会社において社外監査役を半数以上とする等。〔542〕）を伴う取締役および監査役の責任制限を内容とする改正（〔488〕以下）もなされている（法149号）。これらの改正に伴い，計算書類規則，監査規則，参考書類規則が統合され，商法施行規則として制定された。

平成14年には，さらに企業統治（コーポレート・ガバナンス）の実効性の確保，株券失効制度の創設（〔212〕以下），会社の計算・開示関係の改正，企業活動の国際化への対応等を柱とする会社法制の大幅な改正がなされた（法44号）。そこでは，定款の定めにより，監査役を置かないで取締役会のもとに3人以上の取締役によって組織される監査委員会を含む3つの委員会を置く会社（「委員会等設置会社」という）を選択することが認められた（〔592〕以下）。

平成15年には，議員立法により，定款授権に基づく取締役会決議による自己株式の買受けに関する改正がなされた（法132号）。

平成16年には，株券不発行制度（法88号。〔198〕〔235〕）および電子公告制度（法87号。〔50〕）を導入するための改正がなされた。

(ロ) 近時の会社法改正（旧会社法）と平成17年改正との関係 〔3〕

以上の昭和56年から平成16年までの改正と平成17年会社法を鳥瞰すると，昭和56年から平成17年前までの改正は，主としてそれぞれの時期の社会・経済情勢の必要に応じた部分的改正であったが，平成17年改正は，その中には新たな改正の側面を有するものも含まれるが，そのほかに，それまでの部分的改正をまとめて集大成したという側面を有していると考える。いいかえれば，昭和56年から平成17年までの改正を合わせると，それは全体として会社法の全面的改正を実現したものと評価することができると考えられる。平成17年会社法の中には，昭和56年以降の部分的改正の大部分が含まれていることも，そのあらわれということができよう。一見すると，平成17年改正は，それまでの改正とは脈絡のない全く新しい立法のように思われる面が存在する。たとえば，平成17年改正により会社の機関構成が自由化されたことが強調されている。しかし，それは，廃止された有限会社法の機関構成が社員総会と取締役さえ置けばよいというように自由化されており，それが株式会社に関する規定の中に組み込まれたからであって，株式会社のうちの大会社で公開会社であるものは，取締役会，監査役会および会計監査人を置かなければならず（指名委員会等設置会社では監査役は置かれない），基本的には改正前の機関構成が受け継がれている。昭和56年から平成17年改正までの近時の改正については，以上のように理解することが適切であると考えている。

(ハ) 平成26年会社法改正

このたびの平成26年会社法改正は，平成17年会社法の改正として取り扱われるものである。そこでは，取締役会の監督機能の一環としての監査等委員会設置会社制度の新設，多重代表訴訟の導入，特別支配株主の売渡請求（いわゆるキャッシュ・アウト）等に関する規律が規定された。

Ⅱ 会社法の構成

〔4〕 会社法は，第1編第1章通則の2条1号で「会社」について，株式会社，合名会社，合資会社または合同会社をいうと定義している。そして第2編（25条以下）で株式会社について規定し，第3編（575条以下）で持分会社について規定している。さらに第4編以下は株式会社と持分会社の両方に関する規定として，第4編で「社債」（676条以下），第5編で「組織変更，合併，会社分割，株式交換及び株式移転」（743条以下），第6編で「外国会社」（817条以下），第7編で「雑則」（824条以下），第8編で「罰則」（960条以下）について規定している。

第3編の持分会社とは，会社法で新しく導入された概念で，その冒頭の規定である575条1項で，合名会社，合資会社または合同会社を持分会社と総称すると規定されている（同項括弧書）。以上によれば，持分会社がこれらの3つの会社に分けられることになる。そのうち，合名会社および合資会社はこれまで通りの存在であるが，合同会社があらたに認められた種類の会社ということになる。

Ⅲ 会社法の総則的規定——会社の行為の商行為性を中心として

〔5〕 前述したように，改正前の商法典のうち，「第2編　会社」を除いた規定は，平成17年改正後も，平仮名・口語化のための改正（内容的にも若干の改正がなされている）を除いて，原則としてそのまま残されている。もっとも，平成20年保険法の成立により商法「第2編　商行為」の第10章・保険（629条－683条）の規定が削除され，平成30年に運送・海商関係の改正がなされたことは前述した（〔1〕）。

ところで，商法は，商法の規定を適用するための基準として，商人概念と商行為概念を柱として規定を設けている。そして，まず商行為概念を規定し，それから商人概念を導いている。すなわち，まず，絶対的商行為概念（1回限りの行為でも商行為と認められるもの。商501条）および営業的商行為概念（営業として反覆的継続的になされる場合に商行為と認められるもの。商502条）を規定し，「商人」とは，自己の名をもって商行為をすることを業とする者をいうと規定して（商4条1項），商行為概念から商人概念を導いている。次に，商人がその営業のためにする行為は商行為とすると規定し（商503条1項。これを附属的商行為と呼んでいる），商人概念から商行為概念を導いている。したがって，商人がその営業としてする行為，たとえば，運送会社が運送契約を締結する行為（商502条4号）は，自己の名でそれをすることを業とすることにより商人となる（商4条1項）本来的商行為であり，また，たとえば運送会社が運送用トラックを購入するとか，その購入資金の借入れをする行為は，商人が営業のためにする行為として附属的商行為となる（商503条1項）。

商法の規定の中で，商行為概念と商人概念につき以上に述べたことは，平成17年の改正の前後で基本的に変わりがないが，平成17年改正により，次のような変更がなされている。すなわち，同年改正前の商法52条は，①その1項で，会社とは商行為をすることを業とする目的で設立した社団をいうとされ，②同条2項で，営利を目的とする社団で，改正前第2編（会社）の規定により設立したものは，商行為を業としないものでも会社とみなすと規定されていた。①は，改正前は，前述した商法4条1項の規定により，当然に商人とされるものであった。また②については改正前商法4条2項後段により，商人とみなされる旨が規定されていた（これを同4条2項前段によるものとともに擬制商人と呼んでいた）。そして，それによって，会社が営業としてする行為（商502条）および営業のためにする行為（商503条1項）を商行為としていた。

ところが，会社法のもとでは，上記の52条に相当する規定は設けられず，また4条2項後段の規定が削除されている。そして，会社法5条は，「会社（外国会社を含む。……）がその事業としてする行為及びその事業のためにする行為は，商行為とする。」と規定している。すなわち，改正前は，会社は商人であり，したがって，それが営業としてする行為および営業のためにする行為は商行為とされていたが，会社法のもとでは，会社に対する商行為の規定の適用上は，商人概念を介さずに直接に上述の規定により取り扱われることになる。また，このような規定が設けられると，会社につき，商行為の規定の適用に関しては，会社を商人とする必要が生じないことになる。さらにまた，商法は，営業的商行為については，限定的に規定しているが（商 502 条），会社法では，事業としてなされる行為については，そのような限定なしに商行為とされることになる。もっとも，商法の商人に関する規定（商 508 条－510 条・512 条・521 条・524 条等）を会社に適用するためには，会社を商人とすることが必要になるが，会社は自己の名をもって商行為をすることを業とするものである（5 条）から，当然に商人に含まれることになる（商 4 条）（最判平成 20・2・22 民集 62 巻 2 号 576 頁。会社の行為に商法 503 条が適用されると判示）。

なお，会社法では，「営業」という言葉が用いられず，それに代えて，「事業」という言葉が用いられているが，その関係からも，上記の会社法 5 条の「事業として」または「事業のためにする」という規定を設ける必要があることになる。さらに，この「事業」という規定を設けた理由として，外国会社にこの規定が適用されることを明らかにする意味もあろう。なお，上述のように事業という言葉を用いることにしたのは，会社が複数の営業を営んでいる場合を考慮したものといわれている。すなわち，会社の場合には複数の営業を営んでいても，商号は 1 つとされる（個人の場合には営業ごとに複数の商号を用いることができる）ので，会社が営むべきものの総体については，個々の営業と区別して事業という言葉を用いることにしたという。

そして，会社法は，本書第 2 章以下に取り上げるように，会社の設立，組織，運営および管理について規定を設けている（1 条）。

なお，本書では，会社法第 1 編（総則）の規定のうち定義規定（2 条）についてはそれぞれの定義事項の該当箇所で取り扱うことにする。また，法人格等（3 条・4 条）については，株式会社の設立のところで，商号（6 条－9 条）については，株式会社の定款記載事項のところで，会社の使用人および代理商（10 条－20 条）については，株式会社の機関に付随して，また事業の譲渡の場合の競業の禁止等（21 条－24 条）については事業の譲渡等の中で取り扱うことにする。

第2節　会社の種類

I　4種類の会社

1　会社の種類　〔6〕

会社法のもとでは，会社の種類としては，平成17年改正前から認められていた①株式会社，②合名会社および③合資会社のほかに，あらたに④合同会社が認められた。また，それまで認められていた⑤有限会社については，既存の有限会社に限り引き続き廃止前の「有限会社法」の規律が実質的に維持されるが（〔13〕），あらたにこれを設立することは認められない。

これらの会社の種類が何によって区別されるかが問題になるが，この会社の種類を区別する基準は，主として（ここで「主として」といっている意味については，〔12〕参照）社員の責任の態様による（ここで「社員」とは，日常使われているような従業員という意味ではなく，会社に対する出資者――株式会社の場合は株主――を意味する）。そこでまず，社員の責任の態様についてみてみよう。

2　社員の責任の態様　〔7〕

社員の責任の態様とは，社員が会社債権者に対してどのような責任を負うかということであって，それには，直接責任か間接責任かという区別の仕方と，無限責任か有限責任かという区別の仕方の2つがある。

(イ)　直接責任と間接責任

直接責任か間接責任かという区別は，社員が直接に会社債権者に対して会社の債務を弁済する責任を負うか（直接責任の場合），またはそのような責任を負わずに会社に対する出資義務を負うにすぎないか（間接責任の場合）の区別である。間接責任を負うにすぎない場合には，社員は，形式的には，会社債権者に対しては全然責任を負わないが，その者の出資義務の履行によって会社に提供された財産が会社財産として会社債権者に対する弁済の財源となるので，その者は，会社債権者に対して会社を通じて間接に責任を負うものとみることができ，このことから間接責任を負うと称せられるのである。

〔8〕　(ロ)　**無限責任と有限責任および社員の責任の態様**

無限責任か有限責任かという区別は，会社が負っている債務の範囲内で，社員がその個人財産で限度なしに責任を負うか（無限責任の場合），一定の限度でのみ責任を負うにすぎないか（有限責任の場合）の区別である。

そして，社員の責任の態様としては，①直接無限責任，②直接有限責任および③間接有限責任の3種類が存在し，間接無限責任という態様は存在しない。

〔9〕　(ハ)　**合名会社の社員の責任の態様――直接無限責任**

合名会社の社員は，直接責任を負い，かつ無限責任を負う（576条2項）。合名会社の債権者は，自己の有する債権額の範囲では，その社員に対して，直接に，かつ限度なしに弁済の請求をすることができ，各社員は連帯責任（580条1項）を負うことになる。

〔10〕　(ニ)　**合資会社の社員の責任の態様――無限責任社員と有限責任社員**

合資会社の社員は，直接責任を負い，かつ連帯責任を負う点では，合名会社の社員と同様であるが，無限責任を負う者（この者の責任は合名会社の社員と全く同じである）と有限責任を負う者とに分かれている点で，合名会社と異なる。合資会社は，直接無限責任を負う社員――無限責任社員という――と，直接有限責任を負う社員――有限責任社員という――とからなる2元的組織の会社ということができる（576条3項）。直接有限責任を負う社員の責任の限度は，定款に定められた出資の価額である（576条1項6号）。その者の会社に対して出資すべき限度額が，同時に会社債権者に対する責任の限度額になる。そして，その者がいずれか一方を履行すればその履行した範囲で，他方の限度額が減少するという関係に立つ。たとえば，ある有限責任社員の出資すべき額が1000万円だとし，その者が会社に対してすでに700万円の出資を履行ずみだとすると（合名会社および合資会社においては出資の履行時期は定款または業務執行の方法により定められる），会社債権者に対しては300万円の限度で責任を負い（580条2項），その責任を履行して300万円を会社債権者に支払ったとすると，出資義務も履行したことになる。したがって，合資会社の場合には，会社債権者としては，各社員の責任が有限か無限かの区別ならびに有限責任社員の出資の目的，価額および履行ずみの部分とを知る必要があり，それらが登記事項として公示されることになる（913条6号7号）。

〔11〕　(ホ)　**株式会社・合同会社の株主・社員の責任――間接有限責任**

株式会社および合同会社においては，社員――株式会社の場合には株主――は間接有限責任を負うにすぎない。株主・社員は会社に対して一定の限度で出資義務を負うだけで，会社債権者に対しては直接の責任を負わない。

このことは，株主については，その有する株式の引受価額を限度とすると規定されている（104条）ことから明らかであり，かつ，会社に対する出資義務も，株主になる前に履行しなければならないので（これを「全額払込制」という。〔19〕），株主になった時点では会社に対する出資義務も履行ずみであり，債権者に直接に弁済の責任を負う余地がないことになる。合同会社の社員については，株主についてのような直接的な規定はないが，その社員となろうとする者については，定款の作成後，合同会社の設立の登記をする時までにその出資にかかる金銭の全額を払い込み，またはその出資にかかる金銭以外の財産（現物出資財産）の全部の給付をしなければならないと規定されている（578条本文）ことから導かれる。社員の加入についても同様に全額払込み等をしたときに社員となるとされる（604条3項）。すなわち，合同会社の社員は会社設立時または加入時にはすでに出資の全額（全額払込制）または全部の履行ずみであり，債権者に対して直接に債務の弁済責任を負う余地がないことになる。このように，株式会社と合同会社とは株主・社員の責任の態様の点で区別することができない。

3 会社の種類を区別する基準 〔12〕

(イ) 社員の責任の態様による区別

以上によれば，合名会社と合資会社との区別が，その社員の責任の態様によることは明らかである。合名会社および合資会社と株式会社・合同会社との区別も，社員の責任の態様による。これに対して，株式会社と合同会社との区別は，株主・社員の責任の態様によって説明することはできない。どちらも間接有限責任を負うにすぎない点で共通しているからである。会社の種類を区別する基準を，「主として」社員の責任の態様によるといったのは（〔6〕），このことからである。

(ロ) 企業の性格による区別――株式会社と合同会社との区別

株式会社は，会社と株主とが社員関係で結ばれ，したがって，株主間に組合的結合関係はなく，その機関構成も法定されている。会社法により，それ以前の有限会社を取り込んで，機関構成，株式譲渡制限等につき大幅に改正されているが，会社とその社員との間が社員関係で結ばれている点には変わりがない。

これに対して，合同会社は，会社債権者に対する関係では社員全員が間接有限責任の利益を享受し，かつ，会社の内部関係は原則として全員一致で定款変更その他のあり方が決定され，組合的規律が適用されるものであって，いわゆる「日本版 LLC（Limited Liability Company）」を導入しようとして設けられたものである。その主たる目的は，二重課税を排除することにあったということができる。すなわち，株式会社については，法人としての株式会社が利益をあげると法人税を課税され，さらに株主が剰余金配当を受けるにあたって所得税を課されるというように，二重課税がなされている。LLC はこの二重課税を排除しようとするためのものであって，法人は課税されず，社員だけが課税されるというものであり，その点から組合的組織が前提となる。すなわち，法人が営業活動によっていくら利益をあげても法人の利益と認識せず，したがって税金を課せられず，その利益は社員の利益として認識される。したがって，法人が営業活動によって利益をあげた場合には，その利益は社員の利益として認識されることになり，社員は会社から利益配当を受けなくても課税されることになる（いわゆるパススルー課税）と考えられる。その点からも組合的結合でないと適用されない法人形態ではないか，いいかえれば，組合的規律の要素が薄くなると税制上のパススルーができなくなり所期の目的を達しないことになると考えられる。しかし，会社法では税金の問題には全く触れられていない。

ところで，会社法では合同会社の機関組織については，なんらの規制もなされておらず，したがって，たとえば負債総額が 200 億円超の大会社（2 条 6 号ロ参照）であっても，取締役会，会計監査人，監査役等の設置の義務（株式会社に関する 327 条・328 条参照）もない。今後合同会社がどのような利用のされ方をするか，注目される。

なお，平成 17 年 5 月 6 日に公布された「有限責任事業組合契約に関する法律」により，内部の意思決定や損益配分等につき柔軟な対応ができる民法上の組合を基礎としながら，出資者全員が有限責任の利益を享受し（組合財産の分配可能額の制限，欠損が生じた場合の組合員の責任など債権者保護手続が設けられている），かつ，構成員が課税される（組合自体は課税主体とならない）という特徴を備えた組合制度（日本版 LLP）が創設された。その法律の制定により，上述した二重課税回避の目的は，この組合制度によって実現されたことになる。そうだとすると，合同会社がどのような目的のために利用されるか，この点からもさらに注目されることになろう。

〔13〕 **(ハ) 平成 17 年改正商法における有限会社の取扱い**

平成 17 年商法改正により，有限会社法は廃止され，従来有限会社において認められたことは，株式会社形態で行うことができるようになる。その意味で，有限会社は実質的には，株式譲渡制限株式会社（〔16〕参照）の中に，その一類型として残存することになるということができる。

元来，有限会社制度が設けられたのは，中小規模の会社において，社員が株式会社のそれと同じような間接有限責任の利益を享受することができるようにするためであって，株主・社員の責任の態様に差異がないことは，有限会社制度が設けられたときからの当然の前提であったのである（株式会社制度は，明治32年の商法制定当時から認められていたのに対して，有限会社制度は昭和13年の有限会社法制定によって認められた）。株式会社と有限会社との区別は，有限会社制度が設けられた前述の趣旨からも明らかなように，株式会社に関しては原則として大規模の公開的な企業を予定して規定が設けられているのに対して，有限会社に関しては中小規模の非公開的な（社員の地位の譲渡が制限されているもの）企業を予定してそれに適する規定が設けられているところにあったということができる。いいかえれば，株式会社と有限会社とは法律上その対象として予定する企業の規模ないし性格に差異があったということになる。

ところが，わが国の中小企業の多くは，株式会社の中の株式譲渡制限会社の形態をとっており，それについて中小規模の非公開的な企業に適するものに株式会社法を改正しようとすると，それは平成17年改正前の有限会社制度に近づいてくる。そこで，譲渡制限株式会社制度と既存の有限会社制度というほとんど同じ内容の制度を併存させることは必要がないとして，平成17年改正により，有限会社制度は廃止されたのである。

なお，有限会社法に基づいて設立された有限会社については，会社法施行後も引き続き，「有限会社」の商号の使用を継続することが認められる。すなわち，そのような有限会社は，会社法の規定による株式会社として存続するものとされ（会社法の施行に伴う関係法律の整備等に関する法律〔以下，「整備法」〕2条1項），廃止前の有限会社の定款，社員，持分および出資1口は，存続する株式会社の定款，株主，株式および1株とみなされる（同2条2項。なお，同条3項参照）。そして，以上のような株式会社は，その商号中に有限会社という文字を用いなければならないとされ（整備法3条1項），このような株式会社は「特例有限会社」と呼ばれ（整備法3条2項括弧書），廃止前の有限会社法の規定の実質が維持されているように整備法で手当てされている。たとえば，大会社でも会計監査人を置かないでよく（整備法17条2項による会社法328条2項の適用除外），取締役，監査役等の任期10年の限度の制約がなく，また監査役の選任に関する議案の監査役の同意の要求がなく（整備法18条による会社法332条2項・336条2項・343条の適用除外），さらに決算公告等の必要がない（整備法28条による会社法440条・442条2項の適用除外）。特例有限会社は，定款を変更してその商号中に株式会社という文字を用いる商号変更をすることができ（整備法45条），特例有限会社の解散登記，定款変更後の株式会社について設立登記をする（整備法46条）ことにより，特例有限会社でない株式会社となる。

Ⅱ　人的会社と物的会社

〔14〕
1　区別の基準

一般に，4種類の会社は，人的会社と物的会社に分類される。合名会社が人的会社の典型であり，合資会社も人的会社に属するのに対して，株式会社のうち，公開会社は物的会社であり，株式譲渡制限会社は人的会社性も加味されているということができる。

人的会社か物的会社かの区別は，社員の個性――だれが社員であるかということ――が重視されるかどうかによって決められ，それが重視される会社が人的会社であり，そうでない会社が物的会社である。一般的にいえば，社員の個性が重視されない会社においては会社財産――それがどの程度会社に保有されているか――が重視されるので，物的会社と呼ばれるのである。そして，社員の個性が重視されるかどうかは，社員相互の関係と会社債権者に対する関係との2つの面から問題となるが，次に述べるように，両者の間には若干の関連がある。

〔15〕
2　合名会社および合資会社――人的会社

社員が直接責任を負う合名会社および合資会社においては，会社債権者にとって，その債権の満足が受けられるかどうかについて，会社財産がどの程度保有されているかということよりも，だれが社員であるかが重要な意味をもつ。会社財産がそれほど保有されていなくても，社員に弁済の資力があれば――ことに無限責任を負う社員に弁済の資力があれば――，会社債権者は債権の満足を受けることができる。このような意味で，合名会社および合資会社においては，会社債権者にとって，社員の個性が重視される。

このように，社員が直接責任を負う会社においては，社員ことに無限責任を負う社員は，会社の業務執行について重大な関心をもつことになる。その執行の仕方いかんによっては，会社債権者に直接に弁済しなければならなくなることも生ずるからである。この関心の程度は，無限責任を負う社員と有限責任しか負わない社員とでは，差異があるはずである。もっとも，会社法は，業務執行権の有無につき，両者で区別していない（590条1項）。しかし，事実上，定款で無限責任を負う社員には，業務執行権が与えられることになろう（591条1項）。定款で業務執行社員を定めた場合には，業務執行権のない社員には，業務執行についての監視権が与えられる（592条1項）。その結果，社員相互間においても，だれとともに業務執行をすることになるかという観点から，だれが社員であるかが重要な意味を有することになる。

以上のように，合名会社および合資会社においては，会社債権者に対する関係でも，社員相互の関係でも，社員の個性が重視される。そこで，まず社員相互の関係で，合名会社においては，社員の地位――これを「持分」という――の譲渡は他の社員の承諾が必要であり（585条1項），合資会社においては，業務執行をしない有限責任社員の地位の譲渡には業務執行をする社員の全員の承諾が必要とされる（585条2項）のである。そして，会社債権者に対する関係では，社員が退社し，またはその地位を譲渡した場合にも，その者は，退社または譲渡の登記がなされる前に生じた会社の債務については，退社または譲渡後も責任を負うものとされる（586条1項・612条1項。もっとも，この責任はその登記後2年内に請求または請求の予告をしなかった債権者に対しては，その登記後2年を経過した時に消滅する。586条2項・612条2項）。

3 株式会社 〔16〕

(イ) 株式譲渡制限会社と公開会社

旧会社法のもとでは，株式譲渡制限会社という用語が一般に使用され，それはその会社の株式の全部につきその譲渡に取締役会の承認を要するもの（以下「譲渡制限がなされたもの」という）であった。そして，その会社の発行する株式の一部につき譲渡制限がなされるものを発行することは認められていなかった。会社法のもとでは，株式会社につき，①㋑その会社の発行するすべての株式（種類株式発行会社ではその全部の種類の株式）につき譲渡制限がなされたもの（107条1項1号）と，㋺その一部の種類の株式につき譲渡制限がなされたもの（108条1項4号）と，②すべての株式またはどの種類の株式についても譲渡制限がなされていないものに区別される。①㋑は旧会社法のもとにおける株式譲渡制限会社に相当する。そして，会社法における公開会社（2条5号）とは，上述の①㋺および②の双方を含んでいる。すなわち，その発行する一部の種類の株式につき譲渡制限のない会社であれば，それ以外の種類の株式につき譲渡制限がなされている会社でも公開会社とされる。会社法は，①㋑を公開会社でない会社といっている（109条2項）。以下に，株式譲渡制限会社というときは，①㋑のみを指すことにする。

〔17〕 (ロ) 物的会社と人的会社

株式会社においては，株主は間接有限責任を負うにすぎないから，会社債権者にとって，その債権の満足を受けられるかについて，会社財産がどの程度保有されているかが重要な意味をもち，だれが株主であるかは何の意味ももたない。会社財産が十分に保有されていれば，株主に弁済の資力があろうとなかろうと，会社債権者は債権の満足を得ることができる。このような意味で，株式会社においては，会社債権者にとって，会社財産が重視され，株主の個性は重視されない。その意味では，物的会社である。

これに対して，株主相互間において株主の個性が重視されるかについては，同じ株式会社においても，株式譲渡制限会社とそれ以外の株式会社で異なってくる。また，一口に株式譲渡制限といってもその発行する全部の株式の内容として譲渡が制限されるものと，種類株式として譲渡が制限されるものがありうる（前述(イ)）。そして，少なくとも前者（前述(イ)①㋑）のような株式譲渡制限会社においては，株主の個性が重視され，人的会社性が加味されている（平成17年改正前商法における有限会社も，持分の譲渡が制限されており，社員間における人的会社性が認められていた）。これに対して，株式譲渡制限の定めのなされていない株式会社（前述(イ)②の会社）の場合には，株主相互の関係でも株主の個性が重視されず，物的会社としての性質を有していることになる。

〔18〕 4 合同会社

合同会社においては，前述したように（〔15〕），社員は会社に対する出資義務を負うのみで会社債権者に対して責任を負わず，その意味で会社債権者に対する関係では，社員の個性が重視されず，それは物的会社である。しかし，社員相互の関係では，社員の入社および持分の譲渡の承認については，合名会社等と同じく（585条1項・590条1項），原則として社員全員の一致によるものとされ，かつ，社員は原則として業務執行権限を有し，その譲渡についても合資会社の有限責任社員のそれらと区別がないなど，定款の定め方にもよるが，原則として人的会社性が認められるということになる。

第2章

株式会社

第1節　株主有限責任と資本

I　株主有限責任の原則

〔19〕　株式会社では，株主は間接有限責任を負うにすぎない。いいかえれば，株主は，会社債権者に対して直接の責任を負わず，会社に対する一定額の出資義務を負うにすぎない。この出資義務は，株式会社では株式の引受価額の支払義務の形をとるため，株主の責任はその有する株式の引受価額を限度とすることになる（104条）。このことは，株金分割払込制――株式の発行の効力が発生するまでに株式の引受価額の一部を払い込ませ，残額をその後に分割して払い込ませる制度――がとられていた時期には，文字通りに妥当したが，株金全額払込制がとられ，引受け後遅滞なく（34条），または，払込期日に（63条）その全部の給付がなされる制度がとられている現在は，文字通りには妥当しない。株金全額払込制とは，株式を引き受けた者が株式の発行の効力が生ずる前に払込金額の全額の払込みをしなければならないという制度（34条・63条）であって，このように会社の成立日までに出資（現物出資も含まれる。34条）の全部の履行がなされる制度のもとでは，株式の発行の効力が生じて株式引受人が株主となった時点では，すでに出資義務は履行されてしまっており，もはや株主は会社に対して何の責任も負わないことになるからである。したがって，株主の有限責任とは，株式引受人が引受価額を限度とする責任を負うにすぎないということを意味することになる。

このような意味での株主有限責任の原則は，株式会社に本質的なものであり，このことを定める会社法104条は，強行法規であって，これに反する株主総会または取締役会の決議や定款の定め（たとえば追出資義務を負わせる決議や定め）は無効である。

Ⅱ 資　　本

1 資本の意義

〔20〕

資本という言葉はいろいろな意味に用いられるが，旧会社法のもとでは，資本という制度は，社員が間接有限責任を負うにすぎない株式会社および有限会社にだけ認められるものであり，合名会社および合資会社に関する規定のなかには，「資本」という言葉はみられなかった。その意味で，資本という制度は社員の間接有限責任制度と不可分の関係を有するものとして規定されていたのである。

なお，旧会社法のもとでは，「資本金」という言葉は商法上使用されておらず，会計上，資本金に相当するものを「資本の額」といっていたが，会社法のもとでは，「資本金」という言葉が用いられるようになった。

ところが，会社法のもとでは，人的会社したがって合名会社および合資会社についても資本金という言葉が用いられている（620条）。この点をどのように理解するかが問題であるが，株主が間接有限責任のみを負う株式会社（合同会社についても社員が間接有限責任しか負わないから同様である）と，合名会社および合資会社とでは，同じ資本金という言葉を用いていても，その取扱いが異なると理解すべきではないかと考えられる。というのは，次に述べるように，資本金という制度は，会社財産を確保するための基準となる一定の金額という意味を有すると理解すべきであるが，それは株式会社および合同会社についてはあてはまっても，合名会社や合資会社については直接にはそのことは妥当しないからである（合名会社および合資会社の資本金の意味については後述する。〔853〕(d))。

株式会社では，株主は間接有限責任を負うにすぎないから，会社債権者にとって債権の満足を受けるためにあてにできるのは，会社財産だけである。したがって，会社債権者の債権の満足にあてられるように会社財産が確保されることが必要である。このために認められたのが資本金という制度であって，それは「会社財産を確保するための基準となる一定の金額」のことである。いいかえれば，会社財産がこれよりも下回ってはならないという基準となる金額が資本金である。会社法上，資本金の定義についてとくに明文の規定があるわけではないが，資本金に関する会社法の規定から，上記のような定義が与えられる。もちろん，そうはいっても，会社財産は増減するから，それがこの基準となる金額を下回ることも当然にありうるが，たとえば会社財産がこの基準となる金額を下回るような場合には剰余金の配当をすることは許されず（次に述べる資本維持の原則についての説明参照），このような点で，会社財産がこの基準を下回ってはならないということが意味を有することになる。それでは，この一定の金額とはどのようにして決められるかが問題となるが（その詳細については，〔635〕以下），それは，会社法に特別の規定がある場合（剰余金の資本金への組入れ〔450条〕，準備金の資本金への組入れ〔448条1項2号〕，資本金の額の減少〔447条〕等の場合）を除き，設立または株式の発行に際し株主となる者が当該会社に対して払込みまたは給付をした財産の額とされる（445条1項）。そして，その払込みまたは給付にかかる額の2分の1を超えない額（これを「払込剰余金」という）は資本金としないことができ，それは資本準備金とされる（445条2項3項）。

以上のことから明らかなように，資本金の額がいくらかは会社債権者にとって重要な意味を有し，会社債権者にこれを知らせる必要があるので，それは登記事項とされる（911条3項5号）。なお，かつては，それは定款の記載事項とされていたが，昭和25年改正により，授権資本制度（授権株式数制度ともいう）が採用され（〔39〕），一定の株式数の範囲内（その株式数は定款記載事項とされる。37条）では，株主総会の決議を経ずに，取締役会の決議だけで新株の発行により資本金の額を増加することが認められるようになり，その結果，資本金の額は定款の記載事項からはずされた（それを定款記載事項とすると，その変更には株主総会の特別決議が必要となり〔309条2項11号・466条〕，授権資本制度を設けた意味がなくなってしまう）。

〔21〕 **2　最低資本金制度の廃止**

会社法は，平成2年改正商法で導入された最低資本金制度を廃止した。平成2年改正商法は，株式会社につき資本金の額は1000万円（有限会社については300万円）を下ってはならないと規定して（改正前商168条ノ4），最低資本金制度を導入した。会社財産を確保するための基準となる資本金の額が小さすぎては資本金の制度を設けた意味がなく，したがって，最低資本金制度は，株主が間接有限責任の利益を享受するための最小限度の代償であるというのが，その導入の理由であった。ところが経済産業省が主管する新事業創出促進法の平成14年改正により，創業等の促進の措置として，経済産業大臣の確認等の手続のもとに設立後5年間は最低資本金に関する商法の規定を適用しないという例外が設けられた。会社法は，この例外を会社法の制度として認め，結局，平成2年改正前の状態に戻ったことになる。新規事業の創出，経済活動の活性化等を目的としたものということができよう。

最低資本金制度の廃止の結果，設立時の出資金額について1000万円未満のものが認められ，また，資本金の額の表示（たとえば登記や貸借対照表）における1000万円未満の額の記載も認められることになる。もっとも，剰余金の株主に対する分配については，純資産額が300万円未満の場合にはこれを許さず，この限度で最低資本金の考え方が残存していることになる（458条）。300万円の金額は，有限会社法の実質を株式会社に関する規定に組み込むにあたって，廃止前の有限会社の最低資本金額にならったものである。

最低資本金制度の廃止により，債権者としては，債権の満足を図るためには自ら防衛する手段を工夫することがこれまで以上に必要になろう。また，不法行為債権者を含めた債権者保護については，取締役等の第三者責任の追及（429条），法人格否認の法理の適用等，制定法，判例法等の厳正な運用により対処されることになろう。不法行為債権者については，場合によっては保険でカバーする等の措置も必要になろう。

3 資本金に関する原則 〔22〕

以上のような資本金を定めた趣旨（〔20〕）から，資本金に関して，資本充実・維持の原則および資本不変の原則の2つが当然に導かれる。これらの原則自体について会社法に規定があるわけではないが，それを前提とする規定が設けられており，また，それが満たされなければ資本金を定めた意味がなくなってしまうものであり，これらの原則は資本金の制度から本質的に要請されるものである。なお，このほかに，資本確定の原則があげられるのが普通であるが，それは資本金の制度から本質的に要請されるものではなく，従来から緩和されており，会社法もこれを大幅に緩和している（〔25〕参照）。

(イ) 資本充実・維持の原則 〔23〕

資本充実の原則と資本維持の原則とは，区別しないで用いられることもあるが，厳密には区別して用いるのが適当である。資本充実の原則とは，資本金の額に相当する財産が現実に会社に拠出されなければならないという原則であって，会社設立の場合または募集株式の発行，合併等により資本金が設定され，またはそれが増加する場合に問題になる。現物出資や財産引受け（財産引受けは形式的には資本維持の原則の問題となるが，実質的には同様である）の評価についての厳重な調査手続（28条・33条。〔56〕〔79〕〔331〕）や金銭出資の払込みについての確認手続（34条・64条）がとられるのは，その原則のあらわれである。それに関して設立時の取締役および発起人の責任も規定されている（52条1項・103条1項）。会社設立によって資本金が定められ，あるいはその後に資本金が増加する場合に，その額に相当する財産が拠出されていないというのでは，資本金を定めた意味がなくなってしまうから，この原則が当然に要求されるのである。資本維持の原則とは，資本金の額に相当する財産が現実に会社に保有されなければならないという原則であって，それは，資本充実の原則により資本金の額に相当する財産が現実に会社に拠出された後に問題となる。そして，会社財産が資本金の額を下回るような剰余金の配当が許されないということは（461条1項8号），まさに資本維持の原則から導かれる結果である（剰余金の配当等については，分配可能額を限度とするというそれよりも厳しい要件が課せられているが，その点については後述する。〔674〕）。会社財産が資本金の額を下回るような剰余金の配当を認めては，資本金を定めた意味がなくなってしまうから，この原則は資本金の制度から本質的に要請されるものである。

なお，会社法では，旧会社法のもとでの発起人等の引受担保責任および払込担保責任ならびに現物出資の未履行財産の価額塡補責任――これらを資本充実責任といっていた――に関する規定が削除された。これらの規定は，設立等にあたって，予定した一定額の資本金額を確保しようというものであって，後述する資本確定の原則に関連するものであった。しかし，後述するように（〔25〕），会社法においては，設立の段階から資本確定が大幅に緩和されており，それとの関連で上述の責任に関する規定も削除されることになったのである。しかし，そうだからといって，会社法が資本充実・維持の原則（資本充実責任ではない）を緩和したということにはならない。すなわち，資本金という制度を存続し，それに上述のような効果を結びつけている以上は，資本金として会社に計上された金額については，資本充実・維持の原則が従来どおり妥当すると考える。次に述べる資本不変の原則についても同様である。なお，平成26年改正会社法は，仮装の払込みがなされた場合について株式の引受人等の払込責任を定めた（〔93の2〕）。

〔24〕 (ロ) 資本不変の原則

資本不変の原則とは，その文字だけからは資本金を変えてはならない原則というように読めるが，資本金が増加することは，会社財産を確保するための基準となる金額が増加することであって，会社債権者にとって有利であるから，自由にすることができ（その際，資本充実の原則が満たされなければならないことは，もちろんである），資本不変の原則はこれには及ばない。これに対して，資本金の額を減少させることは，会社債権者に不利なことであり，資本不変の原則とは，まさに自由に資本金の額を減少することを許さないという原則であるが，これを絶対的に禁止するものではなく，法定の厳重な手続を経なければならないというものである。その手続の概略は（その詳細は後述する。〔638〕以下），原則として株主総会の特別決議を経るほか（447条・309条2項9号），会社債権者に異議を述べる機会を与え，異議を述べた債権者に対しては，債務の弁済またはそれに準ずる行為（担保の提供，弁済のための財産の信託等）をするというもの（これを「債権者保護手続」または「債権者異議手続」という）である（449条。合同会社については627条）。資本金の額を自由に減少してよいことにすると，資本維持の原則によって剰余金の配当等ができない場合にも，資本金の額を減少することによって剰余金の配当をすることができるようになり，会社財産を確保する基準としての意味がなくなってしまい，債権者の期待に反することになるから，この原則は資本金の制度から本質的に要請されるものである。

(ハ) 資本確定の原則 〔25〕

資本確定の原則とは，そのもとでは，①資本金の額が定款の記載事項とされ，かつ，②会社設立または資本金の増加の場合（この原則が採用されれば，資本金の増加は定款変更事項となる）に，定款に定められた資本金の額に相当する株式の全部が引き受けられることを要求し（総数引受主義），一部でも引き受けられない部分があれば，会社設立自体または資本金の増加が全体として無効になるというものである。しかし，この原則は，予定している資本金の額または資本金の増加額につき資金拠出者が確定することを要求して，設立ないし増資の健全化を図るという立法政策を採用するか，その一部についてのみ資金拠出者が確定した場合に，その確定した分について資本金の額または資本金の増加額が決まることにして，会社設立ないし資本増加の便宜を図るという立法政策を採用するかという，立法政策上の問題である。昭和25年改正前は，この原則が採用されていたが，昭和25年改正により，①前述したように（〔20〕），資本金の額が定款の記載事項からはずされたことにより，この原則は放棄された。また，②会社設立または新株の発行にあたり，発行予定株式数の全部の引受けを要求するかどうかに関しては，昭和25年改正により，会社設立に際しては，その発行予定株式数を定款の記載事項とし（平成17年改正前商166条1項6号），その全部について引受け・払込みがなされることを要求するが（平成17年改正前商170条1項・177条1項），新株の発行に際しては，発行予定株式数を定款の記載事項とせず，かつ，その全部について引受けがなくても，引受けおよび払込みがなされた分について新株の発行の効力を認めることとされた（平成17年改正前商280条ノ9第1項）。さらに会社法では，会社設立に際しては，定款で，「設立に際して出資される財産の価額又はその最低額」を定めるものとされる（27条4号）。改正前に「設立に際して発行する株式総数」を定めるものとされていたのが，上記のように，必ずしも確定額を定めないでも「最低額」を定めればよく，かつ，出資された財産の価額がその「財産の価額又はその最低額」を満たし，かつ，発起人が1株の権利者になれば（25条2項），そのまま設立を行うことができるものとされ（36条3項・63条3項），その限度で，いわゆる打切発行が設立の段階から認められることになり，これらの点からも資本確定の原則が緩和されたということができる（なお，設立の際の取扱いに関する〔60〕(d)および，〔76〕ならびに募集株式の発行に関する〔310〕参照）。

第2節　株式会社の設立

Ⅰ　法人性および商行為性，付・社団性および営利性

〔26〕 株式会社は，会社の一種類として，法人である（3条）。その住所はその本店の所在地にあるものとされ（4条），会社（外国会社も含む）が①その事業としてする行為および②事業のためにする行為は，商行為とされる（5条）。前述したように（〔5〕），ここで，①会社の営業的商行為（商502条参照）および②附属的商行為（商503条）に関して規定されていることになり，また①の営業的商行為については，会社法のもとでは，会社が事業としてする行為は限定なしに営業的商行為となると解される（〔5〕）。

また，旧会社法のもとでは，会社の社団性を認める規定が設けられていたが（改正前商52条2項），会社法では設けられていない。しかし，この点は，会社法のもとでの会社についても妥当するものと考えられる。すなわち，社団とは一定の目的のために結合した人の集団をいうが（なお，一人(いちにん)会社と社団性との関係については後述する。〔825〕），会社の実体の形成は，会社法の規定に基づいてなされることが必要であり，このように，会社法の規定に従って実体が形成された場合には，それには社団性が認められ，それについて設立登記がなされることによって自動的に法人格が与えられることになる（49条）。なお，さらに旧会社法のもとでは，会社の営利法人性を認める規定が設けられていたが（改正前商52条2項），会社法ではその旨の規定は設けられていない。しかし，会社法5条で，その事業としてする行為およびその事業のためにする行為は商行為とすると規定されており，さらに105条2項で株主が剰余金配当請求権，残余財産分配請求権等を有すること等からいって，会社が営利事業を行い，それによって得た利益を出資者である株主，社員等の構成員に分配することを目的とするものであること，すなわち営利性を有することは会社法のもとでも変わりがないと考える。その剰余金配当請求権の具体的分配方法等については後述する（〔680〕）。法人格の付与に関する点については後述し（〔81〕），以下では，まず実体の形成について取り上げる（なお，

法人格否認の法理につき〔826〕）。

なお，新設合併（〔739〕），新設分割（〔785〕）および株式移転（〔805〕）による会社設立の場合には，あらためて実体の形成はなされないから，以下に述べることは妥当しない。

Ⅱ　発　起　人

〔27〕

1　発起人の意義等

会社の設立は発起人によってなされる。発起人とは，法律的には，定款が書面で作られたときはそれに発起人として署名または記名押印をした者，またそれが電磁的記録（会社則224条）で作られたときは署名に代わる措置で法務省令に定めるもの（26条，会社則225条―電子署名）をした者（以下，「発起人として署名等をした者」という）をいう（このことは26条，擬似発起人に関する103条4項の規定等の解釈から導かれる）。実質的にみれば，発起人とは，設立事務（定款を作成し，株主を募集して，出資の払込み・給付をさせ，会社の機関を具備するという事務）の執行者を意味するが，法律的にはそれは上記のように形式的な基準で判断される。その理由は，発起人としての責任を負う者の範囲を明確にするためである。後述するように（〔92〕以下），発起人は厳重な責任（52条―53条）を負わされるのであり，株式を引き受ける者あるいは成立後の会社と取引をする者は，発起人がそのような責任を負うことを信頼して株式を引き受け，あるいは会社と取引をする。したがって，株式を引き受ける者にとって発起人としての責任を負う者がだれであるかは明確にされていなければならない。ところが，発起人がだれかを実質的に判断することにして，設立事務を執行する者ということにすると，このような事務を執行しているかどうかは株式を引き受ける者等にとっては，必ずしも明確とはいえない。そこで，発起人かどうかは定款に発起人として署名等をした者というように形式的に判断して，株式を引き受ける者等に不測の損害を与えないようにしたのである。したがって，定款に発起人として署名等をした者には，設立事務を執行して実質的な意味での発起人に該当する者だけではなく，たんに発起人として署名等をしただけで設立事務には何ら関与していない者も含まれていることもあるが，法律上はどちらも発起人としての責任を免れないことになる（もっとも，任務懈怠の責任の有無に関しては，〔94〕）。逆に，定款に発起人として署名等をしておらず，したがって法律上は発起人といえない者が設立事務を執行した場合には，一定の要件のもとに擬似発起人としての責任を負わされることがありうる（103条4項。〔97〕）。

発起人の員数については制限がなく，1人でもよい。

2 発起人の権限 〔28〕

発起人が設立事務の執行としてした行為の効果は，発起人の有する権限の範囲内で，成立後の会社に帰属する。そこで，どの範囲で発起人のした行為の効果が成立後の会社に帰属するか，いいかえれば，発起人の権限はどの範囲に及ぶかが問題となる。このことは，発起人のした開業準備行為の効果が成立後の会社に帰属するか，設立費用の負担者がだれか等の問題の解決に結びつくこととなる。そして，発起人が設立事務の執行としてする行為は，その権限の範囲との関係で，次の3つに分けることができる。①は，会社の設立それ自体を目的とする行為，いいかえれば，定款の作成，社員の確定および機関の具備という，実体の形成（実体の形成がこの3つからなることについては〔31〕）それ自体を目的とする行為である。②は，会社の設立のために必要な行為，たとえば，設立事務所の賃借，株主募集のための通知・目論見書の作成，創立総会の会場の賃借等の行為である。設立費用（28条4号）は，この行為によって生ずるものである。③は，会社の事業を開始する準備行為すなわち，いわゆる開業準備行為である。財産引受け（28条2号・33条）はこれに含まれる。この行為によって開業準備費用が生ずる。①および②の行為は，すべての会社の設立につき共通のものであるが，③の行為は，たんに事業所を確保すれば足りるものから工場の建設が必要なものもあるというように，その会社の目的——どのような種類の事業をするか——によってその内容に差異が生ずる。

上記の行為との関係で，発起人の権限の範囲についての考え方は，次の3つに分けることができる。第1の考え方は，それを最も狭く，①の行為をする権限のみを有すると解するものであり，第2の考え方は，①および②の行為をする権限を有するというものであり，第3の考え方は，最も広く，①，②および③の行為をする権限を有すると解するものである。そのいずれをとるべきかは，会社設立時に支払われていない設立費用の負担関係および財産引受けに関連して問題になり，その点については後述するが（〔43〕〔48〕），結論としては第1の考え方をとるべきである。

3 発起人組合 〔29〕

発起人が複数の場合には，その相互間で，会社の設立という共同の事業を営むことを約する民法上の組合契約（民667条）を締結していると解され，この組合は発起人組合と呼ばれている。したがって，発起人が設立中の会社の執行機関としてする行為は，発起人組合の事業の遂行としての行為という面をも有していることになる。

Ⅲ　設立中の会社

〔30〕　会社の設立に際しては，社団という実体が，定款の作成，社員の確定および機関の具備というように段階的に（必ずしも時間的にこの順序でなされなければならないわけではない）形成されていき，最終段階で設立登記によって法人格が与えられるが，設立登記にいたるまでの形成過程にある実体を，一般に設立中の会社と呼んでおり，これを権利能力のない社団と解している。

設立中の会社と成立後の会社との関係については，両者は実質的には同一の主体であるという同一性説によって説明するのが一般的である。そして，定款の作成，株式引受人の確定，取締役，監査役（監査役は監査等委員会設置会社および指名委員会等設置会社以外の会社に限られる。〔62〕(d)(e)）または執行役（執行役は指名委員会等設置会社に限られる。〔63〕），会計参与などの選任など設立中の会社に帰属していた法律関係が特別の移転行為を要せずに当然に成立後の会社に帰属することも，同一性説の考え方によって説明されている。

Ⅳ　実体の形成

〔31〕　**1　3つの要素**

社団という実体が形成されるためには，次の3つの要素が満たされる必要がある。第1は，定款の作成であり，第2は，社員の確定であり，第3は，機関の具備である。これらの3つの要素は，社団を形成するためには常に満たされなければならないものであるが，会社の種類によって，社団の実体形成の手続には差異が生ずる。たとえば，持分会社の場合には，定款の記載・記録事項のなかに「社員の氏名又は名称及び住所」が含まれ（576条1項4号），しかも社員は定款に別段の定めがない限り業務執行および会社代表の権限を有するから（590条・599条），定款が作成されれば，同時に，社員も確定し，原則として機関も具備することになる（合同会社の場合には，その内部関係については組合的規律が適用されるとされ，実体形成につき合名会社と同様のものになる。576条1項)。これに対して，株式会社の場合には，実体の形成は，上記の3つの要素がそれぞれ別個の手続でなされなければならない上に，株主有限責任との関係で，資本充実の原則が要求され(合同会社についても全額払込制がとられ，財産出資に限られる等の点では，株式会社と同様である)，会社設立の段階でこの原則を満たさなければならないので，複雑な手続がとられる。会社法が株式会社の設立につき詳細な規定を設けて，これを厳格に規制しているのは，そのためである。そして，実体の形成が会社法の規定に準拠してなされたことを条件として，設立登記によりその社団に対して法人格が与えられる（このことを「準則主義」という。〔81〕)。実体の形成が会社法の規定に準拠してなされなかったにもかかわらず設立登記がなされ，法人格が与えられて会社が成立したときは，設立無効の訴え（828条1項1号）により事後的に法人格が否定される（〔85〕以下)。

2　発起設立と募集設立

〔32〕

株式会社の設立手続──社団の実体を形成するための手続──として，会社法は発起設立と募集設立の2つを認めている。この2つの手続の差異は，次の通りである。発起設立は，会社が設立に際して発行する株式──設立時発行株式──の総数の全部を発起人が引き受ける（25条1項1号）ものであり，募集設立は，設立時発行株式の一部を発起人が引き受け，残りにつき株式を引き受ける者を募集するものである（25条1項2号)。このうち，2つの方法に共通する規定は，①26条から37条まで，②39条および③47条から56条までであって，①は定款の作成に関する規定であり，②は設立時の取締役，監査役等の役員（329条）に関する規定であり，③は設立時取締役の選任，会社成立および発起人等の責任に関する規定である。そして，発起人は，募集設立をしようとするときは，その全員の同意を得なければならない（57条2項)。これらを実体の形成に関する前述の3つの要素と対応させると，定款の作成の手続は両者に共通であり，社員の確定および機関の具備に関して両者に差異が生ずることになる。そして，社員の確定手続の段階で，株金全額払込制（〔19〕）がとられていることとも関連して，資本充実の原則を満たすことが要請され，それが満たされていることを確認するための規定が設けられている（〔56〕－〔60〕〔64〕〔70〕－〔75〕等)。

V　定款の作成

〔33〕　**1　発起人による作成および公証人による認証**

実体の形成の第1段階は，社団の基本的規則である定款の作成である。定款は発起人によって作成される（26条）。この定款は，書面によって作成するほか，平成13年改正商法（法128号）により，電磁的記録（電子的方式，磁気的方式その他人の知覚によっては認識することができない方式で作られる記録であって，電子計算機による情報処理の用に供せられるものとして，法務省令で定めるもの〔磁気ディスクその他これに準ずる方法により一定の情報を確実に記録しておくことができる物をもって調整するファイルに情報を記録したもの。会社則224条〕をいう）をもって作成することもできるものとされ，電磁的記録で作成された情報については，作成者はこれに署名または記名押印に代わる措置であって法務省令に定めるもの（電子署名－会社則225条）をとることが必要である（26条2項）。この発起人による定款の作成に関しては，発起設立と募集設立とで差異はない（〔28〕）。定款は，公証人の認証を受けなければその効力を有しない（30条1項）。その内容を明確にし，その内容に関する不正行為や紛争を防止するためである。この公証人の認証を受けた定款は，株式会社の成立前は，検査役の調査または発起人全員の同意等による変更（33条7項9項・37条1項2項）の場合を除いて，変更することができない（30条2項）。もっとも，会社成立後の定款の変更の場合には，公証人による認証は必要でない。

〔34〕　**2　定款の記載事項等**

定款の記載（電磁的記録で作成された場合には，「記録」。以下同じ）事項は，絶対的記載事項，相対的記載事項および任意的記載事項に分けられる（29条はこのことを前提としている）。なお，定款の記載事項には，設立の際にだけ問題になる事項（変態設立事項を含む。〔39〕〔42〕〔43〕以下）が含まれているが，それらは，会社成立後の株主総会の決議に基づいて削除されて，その後の定款にはあらわれないのが通常である。定款は設立登記申請書の添付書面である（商登47条2項1号）。

〔35〕　**(イ)　絶対的記載事項**

絶対的記載事項とは，定款に必ず記載されなければならない事項であって，その記載を欠けば定款自体が無効となり，したがって会社設立手続が法律に準拠しない（手続的には，設立登記申請が受理されない。商登47条2項参照）こととなるものである。それは27条に列挙されている。なお，旧会社法では，①「会社の設立に際して発行する株式の総数」および②「会社が公告をする方法」が絶対的記載事項とされていたが，会社法では，①は「株式会社の設立に際して出資される財産の価額又はその最低額」に置き換えられ（〔39〕），また②は任意的記載事項とされた。

(a) **目的（27条1号）**　会社の事業目的が何であるかを記載する。登記事項である（911条3項1号）。電力会社の例として，「本会社は，次の事業を営むことを目的とする。1　電気事業，2　電気機械器具の製造及び販売，3　前各号に附帯関連する事業，その他これに付随する事業」というように記載される。会社の目的に関連しては，定款所定の目的の範囲を超える行為の効力が問題とされている。すなわち，民法34条は，法人は定款に定められている目的の範囲内で権利能力を有する旨を規定しているが，会社法ではこの規定が準用されていないので，解釈上，これが会社にも類推適用されるか，いいかえれば，会社の権利能力が定款所定の目的によって限られるか，具体的には，目的の範囲外の行為は無効かが問題となる。この点につき，定款所定の目的は，前述したように，登記事項とされており，登記された事項は第三者に対抗しうるとされていること（908条1項）から，定款所定の目的の範囲外の行為については，会社から第三者に対して無効を主張しうると解する見解もある。しかし，この考え方に対しては，目的が登記されていてもそれをいちいち確認して取引をすることは煩雑であること，また，かりにそれを確認したとしても，具体的な取引がその範囲内かどうかの判断が困難であること等から，その範囲外の取引の行為を無効とすると，取引の安全を害するという批判が可能である。そして，この観点から，定款の目的は権利能力を制限する効果はなく，代表取締役の代表権の制限であり，その範囲外であることにつき具体的に悪意の者に対してでなければ，代表権の範囲外であることを主張しえないという見解，さらには，会社は目的外の行為をしたことによりその効力を否定することを制限されるという見解等が主張されている。もっとも，判例上，具体的な事案について目的の範囲外の行為と認定されることがほとんどなく，事実上，この問題は解決されているといってよい。最高裁大法廷昭和45年6月24日判決（民集24巻6号625頁［八幡製鉄政治献金事件］）は，定款の目的の範囲内の行為には，その目的を遂行する上に直接または間接に必要な行為も包含され，かつ，それに必要な行為かどうかの判断は，行為の客観的性質に即し，抽象的に判断されなければならないという（なお，〔487〕）。

〔36〕

取締役・執行役等が定款所定の目的に反する行為をした場合には，その者の解任請求事由（854条）となり（〔469〕），かつ，その者の会社に対する損害賠償責任（423条1項）が生じ（〔487〕），またその者がそのような行為をしようとしているときは，株主または監査役によるその行為の差止請求の事由（360条・385条）となる（〔500〕以下，〔555〕）。監査等委員会設置会社の場合には監査等委員による取締役に対する（399条の6），また指名委員会等設置会社の場合には監査委員による執行役に対する差止請求の事由となる（407条。〔605〕(vii)）。

〔37〕 (b) **商号（同2号）** 会社が事業活動をする際に自分を表示する名称として用いるものである（6条1項）。株式会社の商号には「株式会社」という文字を含めなければならない（6条2項）。この商号は登記される（911条3項2号）。旧会社法のもとでは，他人の登記した商号を同一市町村内で同一の営業のために登記することが禁止され（改正前商19条。商業登記法旧27条では，他人が登記したものと判然区別することができないものの登記が禁止されていた），商号の登記をした者が不正の競争の目的で同一または類似の商号を使用する者に対してその使用の差止めを請求することができ（改正前商20条1項。損害賠償請求も妨げられない），かつ，同一市町村内で同一の営業のために他人の登記した商号を使用する者は不正競争の目的をもって使用するものと推定する（改正前商20条2項）という規定が設けられていたが，会社法のもとでこれらの規定は削除された。これらの規定が削除されたのは，それらの規定の存在により設立登記の際に同一商号または類似商号かどうか，同一営業かどうか等の判断が必要となり，円滑な設立登記の障害になっていたからである。なお，これらの規定が削除されたので，各会社としては，不正の目的で他人の営業と誤認させる商号の使用禁止に関する規定（8条1項）およびこの規定に違反する名称または商号の使用によって営業上の利益を侵害され，または侵害されるおそれがある会社が，その営業上の利益を侵害する者または侵害するおそれがある者に対し，その侵害の停止または予防を請求することができる旨の規定（8条2項）または不正競争防止法の規定に基づく防衛策を講ずる必要が増すことになろう。

会社がその商号中に他の種類の会社であると誤認されるおそれのある文字を用いてはならず（6条3項），また会社でない者は，その名称または商号中に，会社であると誤認されるおそれのある文字を用いてはならない（7条）のは，当然の規定である。

自己の商号を使用して事業または営業を行うことを他人に許諾した会社は，その会社がその事業を行うものと誤認してその他人と取引した者に対し，その他人と連帯してその取引によって生じた債務を弁済する責任を負う旨の名板貸に関する規定（9条）も，会社法の中に組み入れられた（旧会社法のもとでは商法総則にのみ規定されていた。改正前商23条）。

〔38〕 (c) **本店の所在地（同3号）**　本店の所在地は，会社の住所の決定（4条）について意味を有するほか，定款（31条1項）および総会議事録の備置き（318条2項）等につき意味を有する。旧会社法のもとでは株主総会の招集地についても定款で別段の定めがある場合を除き，本店の所在地またはこれと隣接する地に招集することとされていたが（改正前商233条），会社法で削除され，そのような制約は設けられていない（なお，会社則63条2号参照）。本店の所在地は，最小独立の行政区画，すなわち市町村，東京都では区まで示せばよいと解されている。支店の所在地は，昭和37年の商法改正で定款の記載事項から除かれた（本店とともにその所在地が登記事項とされている。911条3項3号）。

〔39〕 (d) **設立に際して出資される財産の価額またはその最低額（同4号）——付・発行可能株式数**　この定めにより，会社の設立時の財産的規模の最低額が示されることになる。旧会社法のもとでは，この定めに相当するものとして，「会社の設立に際して発行する株式の総数」が絶対的記載事項としてあげられ（改正前商166条6号），それに設立時の株式の発行価額（定款で定めるか，発起人全員の同意をもって定められる。改正前商168条ノ2第2号）を乗ずることによって設立時の財産的規模が分かるようになっていた。これに対して，会社法では，株式数ではなく，直接に金額で表示され，かつ，確定額でなく，最低額を示せばよいこととされた。もちろん，出資は株式の発行によってなされるが，それに関する事項は，定款で定めがある事項を除き，発起人の全員で同意で定めることができる（32条1項）。この最低額についての制限はなされず，最低資本金制度が廃止されたことは前述した（〔21〕）。

なお，旧会社法のもとでは，会社が発行する株式総数も設立時の定款の絶対的記載事項とされていた（改正前商166条1項3号）。それは，会社が発行を予定する株式の総数であって，その範囲では，取締役会が株主総会にはかることなく，新株の発行を決定することができるものとされていた（有利発行に該当する場合〔改正前商280条ノ2第2項〕を除く。〔306〕〔316〕）。このように，それは取締役会が定款により新株の発行の権限を授けられた株式の総数であるので，授権株式数（株主総会が取締役会に対して新株の発行の権限を授けた株式数）としての意味を有することになり，一般にこの制度を授権資本制度といっていた。そして，その数については，①設立時に発行する株式の総数はその4分の1を下ることができず（改正前商166条4項），定款変更によるその増加は発行済株式総数の4倍の範囲に制限していた（改正前商347条）が，②株式譲渡制限会社（〔16〕）においては，①の制限は課せられなかった。株式譲渡制限会社においては，株主が新株引受権（会社法の株式の割当てを受ける権利〔202条〕に相当する）を有するものとされてその持株比率維持の利益が保障され，株主に新株引受権を与える以外の方法により新株または新株予約権を発行するには株主総会の特別決議が要求されていたため，持株比率の低下の限度についての制約を廃止しても株主の利益を害するおそれがないと考えられたからである。

会社法のもとでは，上記の授権株式数のことを発行可能株式総数といっており（37条・98条・113条・184条2項等），それは必ずしも当初の定款における絶対的記載事項とはされていない（27条で列挙されていない）。しかし①発行可能株式総数を定款で定めていないときは発起人の株式引受け後設立前に発起人全員の同意で定款を変更してその定めを設けなければならず（37条1項。定款で定めている場合に，会社成立の時までに発起人の全員の同意でそれを変更できることにつき，37条2項），また②募集設立の場合（57条1項）につき，発行可能株式総数を定款で定めていないときは，株式会社の成立の時までに，創立総会の決議によって定款を変更して発行可能株式総数の定めを設けなければならないと定められている（98条）。①は発起設立と募集設立の双方に適用されるものである（25条1号2号）。そして，㋑設立時発行株式の総数は，発行可能株式総数の4分の1を下ることができず（37条3項本文），また㋺定款を変更して発行可能株式総数を増加する場合には，変更後の発行可能株式総数は，その定款変更の効力が生じた時における株式の総数の4倍を超えることができない（113条3項1号）。そして，㋑および㋺のいずれについても，株式会社が公開会社でない場合にはこの限りではないものとされる（37条3項但書・113条3項1号）。結局，発行可能株式数に関する会社法の定めは，実質的に旧会社法の授権株式数に関する定めが維持されているということができる。公開会社における発行可能株式数に関する制限は，持株比率を低下する限度を定めるためのものである。このように，いわゆる4倍規制によって既存の株主の持株比率の最低限が保障されることになる。

なお，会社は，定款を変更して発行可能株式総数についての定めを廃止することができない（113条1項）。また，定款を変更して発行可能株式総数を減少するときは，変更後の発行可能株式総数は，その定款変更が効力を生じた時における発行済株式総数を下ることができない（113条2項）。これらの規定は当然のことを明確にしたものということができよう。

発行可能株式総数については，株式の消却や併合により発行済株式総数が減少した場合に，発行可能株式総数が減少するかが問題となる。たとえば，発行可能株式総数が4万株で，その全部を発行済だとする。そこで，会社が1万株の自己株式を取得し，消却させた場合に，その会社が発行可能株式総数はそのままにしておいて，さらに1万株を発行することができるかが問題となる。ところで，その会社が1万株の自己株式を取得して，それを消却しないでそのまま金庫株として保有しておいた場合には，それを募集株式を引き受ける者に交付する（199条）ことは全く妨げられないはずである。そうだとすると，それを消却してさらに1万株の募集株式の発行をする場合に，定款を変更して発行可能株式総数を増加させなければならないということは，自己株式の交付の場合と権衡を失する。したがって，自己株式の消却等をした場合にも，その分につき発行可能株式は影響を受けず，減少しないと解される。条文上も，発行済株式総数を「会社が発行している株式」と定義（2条31号括弧書）することによって，上述の結果を導いている。

また，株式併合の場合につき，平成26年改正会社法では，発行可能株式総数について次のように規定している。まず，会社が株式の併合をしようとする場合に，株主総会の決議によって定めなければならない事項（180条2項）に，「効力発生日〔株式の併合がその効力を生ずる日（2号）〕における発行可能株式総数」（4号）が追加された。そして，その会社は，定款にその定めをしない場合にも，上述の株主総会の決議での定めに従い，効力発生日に発行可能株式総数にかかる定款が変更されたものとみなされ（182条2項），4倍規制が適用されることになる。しかし，株式会社が公開会社でない場合は，この規制は適用されない（180条3項）。

公開会社でない会社が定款を変更して公開会社となる場合には，その定款変更後の発行可能株式総数は，その定款の変更が効力を生じたときにおける発行済株式の総数の4倍を超えることができない（113条3項2号）。

さらに，新設合併等における設立株式会社の設立時発行株式総数は，設立会社が公開会社でない場合を除き，発行可能株式総数の4分の1を下ることができない（814条1項）。

株式の分割の場合の発行可能株式総数について特則がある（184条2項。〔149〕）。

〔40〕 (e) **発起人の氏名または名称および住所（同5号）** 発起人の同一性を明らかにするための定めである。なお，ここで発起人の氏名のみならず名称もあげられているのは，法人も発起人になりうることを示すものである。

〔41〕 (ロ) **相対的記載事項**

相対的記載事項とは，これを記載しないでも定款自体の効力が否定されるわけではないが（この点で，絶対的記載事項と異なる），定款で定めないと，その事項の効力が認められないものである（この点で，次に述べる任意的記載事項と異なる）。相対的記載事項は，会社法上規定されている（28条など，条文上，「定款に記載または記録しなければ効力を生じない」，「定款をもって」，「定款に定める場合」および「定款に定める事項」という表現が用いられているときは，相対的記載事項になる）もののほか，解釈によって導かれるものもある（剰余金配当請求権の除斥期間のように株主の利益に直接関係するものは，それにあたる）。

ここでは，定款の相対的記載事項のうち，設立手続に関連して問題になる変態設立事項（28条）について取り上げることにする。変態設立事項は，「危険な約束」ともいわれ，発起人または第三者の利益を図って会社の財産的基礎を危うくする可能性のある危険な事項であり，そのため，この事項については，定款に記載しなければ効力が認められず（28条柱書），かつ，一定の例外の場合（〔57〕〔58〕〔79〕(ii)(iii)）を除いて，裁判所の選任する検査役の調査等を受けることを要し，またその内容が不当なときはその変更がなされる（33条1項−9項）というように，特別の手続が要求される。

〔42〕 (a) **現物出資（28条1号）** 金銭以外の財産，すなわち，動産，不動産，債権，有価証券，知的財産権（特許権，実用新案権等）等でする出資であって，金銭出資と異なり，その財産の過大評価によって，資本充実の原則を害し，また現物出資者と金銭出資者との間の不公平が生ずる可能性があるので，現物出資者の氏名または名称，出資の目的である財産，その価額ならびにこれに対して割り当てる設立時発行株式数（設立しようとする会社が種類株式発行会社である場合には設立時発行株式の種類および種類ごとの数）を定款に記載させ，変態設立事項として取り扱われる。たとえば，1000万円の価値しかない不動産を1500万円と評価して1500万円の金銭出資者と同じだけの株式数を与えるという弊害を防止するための措置である。なお，現物出資（次に述べる財産引受けについても同様である）につき，裁判所の選任する検査役の調査を要しない場合が認められているが（〔57〕

〔58〕〔79〕(ii)(iii))，その場合でも，定款に記載しなければ効力を認められないことには変わりがなく，その場合の現物出資（財産引受けについても同様である）も変態設立事項である（会社成立後の現物出資については，定款の記載ということは問題にならないが，一定の場合を除き，裁判所の選任する検査役による調査がなされる。207条）。

旧会社法のもとでは，設立の際の現物出資者は，発起人に限定される旨が明文で規定されていたが（改正前商168条2項）。会社法にはそのような明文の規定は存在しない。しかし，株式引受人については，現物出資の履行についての規定が設けられておらず，やはり，現物出資者は発起人に限定されると解される。発起人としての重い責任を負う者（〔92〕以下）にしか現物出資をさせないことにしたのである。逆にいえば，現物出資をする者には発起人としての重い責任を負わせて，現物出資を利用した無責任な会社設立を防止しようとしているのである。

(b) 財産引受け（同2号） 〔43〕

(i) 財産引受けと開業準備行為　会社設立の段階で，発起人が，会社の成立を条件として，成立後に，財産を譲り受けることを契約することを財産引受けといい，財産およびその価額ならびにその譲渡人の氏名または名称を定款に記載しなければ効力が生じない（28条2号）。事業用の財産を譲り受ける場合には，開業準備行為（営業の開始の準備行為）にあたる。それに要する費用を開業準備費（開業費ともいう）といい，それにつき繰延資産の計上が認められる（〔624〕）。

財産引受けは，会社設立の段階における事業用財産の取得に関する行為である。同じく会社設立の段階における事業用財産の取得の手段としては現物出資がある。前者は，事業用財産を譲り受ける契約であり，後者は出資者が財産を出資して株式の発行を受けるものであるという差異があるが，財産引受けについても，財産の過大評価の可能性があるという点では現物出資と同じ危険があり，これを放置すると，現物出資の潜脱方法として利用される可能性があるので，これについても現物出資と同様の規制をしたのである（一定の場合に，裁判所の選任する検査役の調査を要しないことも，現物出資についてと同様である。〔42〕〔57〕〔58〕〔79〕(ii)(iii))。

なお，現物出資および財産引受けについては以上のように変態設立事項としての規制がなされるが，変態設立事項としての規制は，会社設立の段階で問題とされるものであって，会社成立後の開業準備行為には及ばない。会社成立後は，業務執行取締役（〔525〕(ロ)(b)参照。指名委員会等設置会社の場合には執行役。その意味については〔525〕(ロ)(c)参照）は，業務執行として開業準備行為をすることができる。したがって，事業用の財産の取得行為も，会社成立後は代表取締役（代表執行役）

が会社を代表してすることができるはずであるが，それについて何らの規制もしないとすると，現物出資または財産引受けに関する厳重な規制が免れられてしまう。このことは，たとえば，発起人が代表取締役（指名委員会等設置会社の場合には代表執行役）に就任する例が多く，そのような者が発起人として財産取得につき事実上の約束をしておいて，代表取締役（代表執行役）になってから正式に契約を結ぶという例を考えれば，明らかであろう。そこで，会社法は，事後設立についても規制をしている（467条1項5号）。事後設立とは，会社の成立前から存在する財産であって会社がその成立後2年以内に事業用の財産としてその事業のために継続して使用するものを取得することであって，その対価が譲受会社の純資産額の5分の1を超える場合（旧会社法のもとでは20分の1とされていた）には（それ未満の規模の小さいものについては特別の規制をしない），株主総会の特別決議（309条2項11号）によることを要する（指名委員会等設置会社の場合にはこの契約の内容の決定を執行役に委任できない。416条4項15号）。旧会社法では，設立の際の現物出資および財産引受けの場合と同様に，裁判所の選任する検査役の調査等の手続を要求していたが，会社法でこの制度は廃止された。業務執行の一環として取り扱うことを認め，特に重要な業務執行として株主総会の特別決議を要求するものとされた。契約が株主総会で承認されたときは，その効力が認められる。しかし，その対価が不当な場合には取締役（執行役）の任務懈怠の責任（423条1項）等によって処理される可能性は残される。

〔44〕　(ii)　財産引受けの追認の可否　　財産引受けは，定款に記載して，一定の場合を除き裁判所の選任する検査役の調査の手続を経なければ効力を生じないが，財産引受けを会社が追認することの可否が判例・学説上論じられている。すなわち，定款に記載しない財産引受けが成立後の会社の追認によって有効になるかが問題とされている。最高裁の判例は，追認を認めることは財産引受けに関し厳重な条件を定めた法の趣旨を没却せしめるとしてこれを認めない（最判昭和28・12・3民集7巻12号1299頁，同昭和42・9・26民集21巻7号1870頁等。これに賛成する学説もある）。しかし，財産引受けに関して厳重な条件を定めている目的は会社財産を確保することにあるのであって，この観点からは，追認を認めたほうが立法趣旨に合致すると考えられる。たとえば，発起人が対価を100万円とする財産引受けをし，それを定款に記載しなかった場合において，会社成立後，その財産が150万円に値上りしたときは（値下りしたときは，追認しなければよい），それが会社の事業にとって必要なものであれば（必要なものでないときも追認しなければよ

い），追認を認めないであらたに契約をし直すべきだとすると，150万円の対価を支払わなければならないのに対して，追認を認めると，対価が100万円のままでその財産を取得することができて，会社財産の確保にとって，プラスにこそなれ，マイナスになることはない。財産引受けの相手方（売主）としては，財産引受けの内容通りに履行されればその契約で予定した目的が達せられるのであって，たまたま発起人が財産引受けに関する手続を怠ったからといって，相手方にその後の当該財産の値上りの利益を享受させる必要はないから，その者に無効の主張を認める必要もない。したがって，会社の追認を認めるべきである（学説では，追認を認めるものが多くなっている）。もっとも，まず，会社側の問題として，代表取締役（指名委員会等設置会社の場合には代表執行役）の一存で追認ができるとすると，財産引受けの脱法を認めることになるから，追認には事後設立と同じ手続が必要であると解すべきである。したがって，その対象が，会社の成立前から存在する財産であって，事業のために継続して使用すべきものを，譲受会社の純資産額の20パーセントを超える対価で取得することを約しているときは，前述のように（〔43〕），株主総会の特別決議を要する。また財産引受けの相手方に対する配慮の問題として，いつまでも財産引受けが追認されるかどうか未確定のままの不安定な状態に放置されることは不当であるから，無権代理の追認についての相手方の催告権に関する民法114条により，相手方に催告権を認めるべきである。

〔45〕 (iii) 発起人の権限と財産引受け　発起人の権限に関する考え方（〔28〕）は，発起人の開業準備行為に関連しても問題になる。会社法は，財産引受けについて，これに関する事項を定款に記載しなければその効力を生じない旨を規定し，かつ，一定の場合を除き，裁判所の選任した検査役の調査を受けなければならないものと規定している（28条柱書・33条1項－9項）。ここで財産引受けは，前述のように（〔43〕），開業準備行為に該当するが，会社法のこの規定は，発起人のできる開業準備行為が財産引受けに限られることを前提としている。したがって，発起人の権限が開業準備行為に及ぶという前述（〔28〕）の第3の考え方をとったとしても，またはそれには及ばないという第1または第2の考え方をとったとしても，この結論が変わるわけではないが，その結論の説明の仕方が異なってくる。すなわち，第3の考え方によれば，開業準備行為は本来ならば発起人の権限の範囲内の行為であって発起人が自由に行いうるものであるが，その濫用をおそれて，発起人がなしうるものを財産引受けに限定したと説明することになるのに対して，第1または第2の考え方によれば，開業準備行為は発起人の権限外の行為である

が，実際上の必要にかんがみ，法が財産引受けに限って例外的に許容したものと説明することになる。発起人の権限については，第1の考え方をとるべきであるから（〔28〕〔48〕），ここでは後者の説明をするべきである。

なお，発起人の権限と前述の財産引受けの追認の可否（〔44〕）との関係について，発起人の権限が開業準備行為に及ぶと解さなければ財産引受けの追認は認められないとする見解もあるが，そのように考えるべきではない。会社法28条の規定によれば，定款に記載のない財産引受けは無効であり，したがって，無効の行為は追認によって効力を生じないという民法119条をそれにそのまま適用すれば，発起人の権限についてどの立場をとっても，その追認は否定せざるをえないことになる。これに対して，会社法28条の立法趣旨にまで遡って会社財産の確保というその立法趣旨に必要にして十分な解釈は何かを探るという立場をとれば，取引の相手方に無効の主張を認める必要がなく，また会社に追認を認めるべきことになる。そして，発起人の権限が開業準備行為に及ばないという立場からこれを説明すれば，この規定を合理的に解釈して，定款に記載のない財産引受けは権限外の行為であるが，それは無権代理行為と認められ，その追認を認めるべきことになる（〔44〕）。

〔46〕 **(c) 発起人の報酬その他の特別の利益（同3号）** 発起人の報酬とは，設立事務の執行の対価として発起人に支払われる報酬のことである。この額についても設立費用と同じように取り扱われ，発起人は，定款に記載され，調査を通った金額の範囲でのみ，会社に請求することができる。発起人が自ら不当に高額の報酬を受けることを防止する趣旨であることはいうまでもない。また特別の利益とは，発起人の会社設立にあたっての功労に報いるために与えられる利益であって，剰余金配当もしくは新株引受けに関する優先権（発起人に対する発行価額をそれ以外の株式引受人のそれよりも低く定めることも，これに含まれよう）または会社の設備利用権の授与等をいう。優先株式（〔113〕）とは異なり，発起人の人的権利である。発起人自身だけで決めることを禁じ，変態設立事項とされる（なお，旧会社法で認められていたその繰延勘定が認められるかについては，会社計算74条3項5号参照。なお繰延資産に関する〔624〕）。

〔47〕 **(d) 会社の負担に帰すべき設立費用（同4号）**

(i) 意義　設立費用とは，会社設立事務の執行のために必要な費用である。設立事務所の賃借料，株式の募集広告費，創立総会の会場の賃借料などである。発起人の権限との関係で前に掲げた発起人が設立段階でする行為に結びつけると

(〔28〕)，その②として掲げた行為，すなわち，設立のために必要な行為をすることによって支出する費用である。これを含めて，設立のために要する費用を創立費という（繰延資産の計上につき〔624〕)。この費用を無制限に会社の負担に帰すべきものとすると，発起人が不当な支出をして会社の財産的基礎を危うくする危険があるので，会社の負担に帰すべき設立費用を定款に記載させ，調査を通った金額の範囲内でのみ，会社の負担とすることにしたのである。もっとも，設立費用のうち，定款の認証の手数料その他株式会社に損害を与えるおそれがないものとして法務省令で定めるものは，定款に記載しないでも，成立後の会社に負担させることができ，変態設立事項からも除かれる（28条4号括弧内)。会社法施行規則では，①定款にかかる印紙税，②払込取扱手数料等，③検査役の報酬および④設立登録免許税が掲げられている（5条)。すなわち，設立費用のうち，会社の設立にどうしても必要なものであって，かつ，その額が確定的なものは，定款の記載を要せず，したがって，また，裁判所の選任する検査役の調査を要せずに，会社に負担させることができることにしたのである。

発起人が支出した設立費用が定款に記載した金額を超過した場合には，それが正当に支出されたものであっても，その分は会社に負担させることができず，発起人自身の負担となる（設立費用について繰延勘定が認められるかについても，会社計算74条3項5号参照。なお，繰延資産に関する〔624〕)。したがって，会社成立前においては，設立費用は発起人自身が支出して，会社成立後に，上記の金額の範囲内で，発起人の支出した分を会社に求償することになる。これに対して，会社成立までの間に発起人が設立費用を支払わなかった場合に，設立費用の支払義務が発起人と成立後の会社のどちらに帰属するか，逆にいうと，設立費用の債権者が会社と発起人のどちらに請求すべきかが問題とされているが，この点については，次に取り上げる。

(ii) 会社成立後の設立費用の支払義務の帰属――発起人の権限との関係　〔48〕

会社成立後の設立費用の支払義務の帰属者については見解が分かれている。すなわち，①会社成立後も依然として発起人だった者が債務を負担し，それを履行したときは，定款に記載し，かつ調査を通った額の範囲内で会社に求償しうるにすぎないと解する見解，②会社成立後は未払の設立費用に関する債務はすべて会社に帰し，したがって，その債権者は会社に対してのみ債務の履行を請求することになり，会社はその支払をした場合には，定款に定められ，かつ調査を通った額を超える分を発起人に求償することができると解する見解および③設立費用に関する債務は会社に引き継がれるが，発起人であった者の責任も免れず，したがって両者が重畳的に責任を負担すると解する見解が対立している。なお，かつて判例は，設立費用債務は，定款に記載され，かつ創立総会で承認された金額の限度で，会社の債務となり，発起人は免責されると判示しているが（大判昭和2・7・4民集6巻428頁），この考え方によれば，設立費用債権総額が上記の限度を超えた場合に会社に請求できる額を，債権額による按分比例で決めるのか，時間的先後によって決めるのかという困難な問題が生じ，現在この考え方を支持する見解は存しない（以下でも，この考え方は問題としないことにする）。これらのどの考え方をとるべきかは，理論的には発起人の権限をどのように解するかということと関係し，利益衡量の点では，それぞれの考え方をとった場合の会社の立場と設立行為に関する取引をした相手方の立場との衡量が必要となる。

まず，発起人の権限（〔28〕）との関係についてみると，設立費用は，前述のように，設立それ自体を目的とする行為ではなく，会社の設立のために必要な行為によって生ずるものであるから，発起人の権限について第1の考え方をとれば，上記の行為については発起人の権限が及ばず，したがって設立費用に関する債務は成立後の会社に帰属せず発起人に帰属することになり，①の見解をとることになる。これに対して，発起人の権限について，第2および第3の考え方をとれば，設立費用に関する債務は会社成立後は会社に帰属することになり，②または③の見解をとることになる。このうち，③の見解は，設立中の会社と発起人との関係を，法人格のない社団とその代表者の関係としてとらえ，法人格のない社団の場合に，対外的な債務につき社団の財産で責任を負うとともにその代表者も責任を負わなければならないと解し，会社成立後は設立中の会社の債務がそのまま成立後の会社に引き継がれるが，そのことは発起人の責任を免ずるものではないという立場である。

次に，利益衡量の観点から検討すると，会社の立場からみた場合には，①の結果が有利であることはいうまでもない。計算上は，どの考え方をとっても，会社の負担に帰する額は定款に記載され，かつ調査の通った額であることに変わりがないが，設立費用がその額を超えているときは，②および③の見解をとれば，会社がいったん全額を支払って，その額を超えた分を発起人であった者に求償することになり，したがって，発起人の資力次第では求償の効果があがらずに結局会社が負担させられ，会社財産の確保に支障をきたす可能性がある。これに対して，①の見解によれば，その可能性がないことは明らかである。設立費用に関する取引の相手方からみた場合には，③の結果が有利であることはいうまでもない。問題なのは，取引の相手方にとって，会社成立後は，②の見解によれば，会社の信用だけをあてにすることができ，発起人であった者の信用をあてにすることはできないことになるが，そのような結果が正当か，また③の見解によれば，会社の信用と発起人であった者の信用との双方をあてにすることができるが，そこまで取引の相手方を保護する必要があるかである。取引の相手方としては，その取引が会社の成否の未確定の間になされ，成立後の会社の信用がどのようなものであるかはその取引の時点では必ずしも明らかでないから，発起人の信用をあてにして取引をするほかなく，したがって，会社が成立したからといって，会社に対してしか債務の履行を求めることができないという結果は不当であり，②の見解はとりえないと考える。③の見解には，このような不都合は存しないが，それによれば，会社と発起人であった者とが重畳的に責任を負うと解し，会社財産の確保に支障をきたす可能性を是認することになり，そこまでして取引の相手方を保護しなければならないか疑問である。③の見解は，法人格のない社団との関係を問題にしているが，ここで問題としている設立費用については，会社成立前は発起人自身が債務を負っており，設立中の会社が債務を負っているわけではない点で（56条参照），法人格のない社団一般の場合と異なることに注目すべきである。したがって，発起人であった者に対して債務の履行を請求できると解すれば，発起人の信用をあてにして取引した者の期待を損なうことがなく，それで必要にして十分ではないかと考える。会社法が，会社設立にあたって資本の充実ないし会社財産の確保を重視していることからも，このような結論が妥当と考える。そしてまた，会社不成立の場合には発起人が会社の設立に関してした行為について連帯してその責任を負うということ（56条）も，このような考え方を是認する一助となるであろう。

このように①の見解をとるべきだとすれば，発起人の権限（〔28〕）に関しては，第1の考え方をとることになる。発起人の権限がどのようなものかは，はじめから論理必然的に決まっているわけではなくて，具体的な問題について利益衡量の結果導かれる妥当な結果（ここでは①の結果）との相関関係で決められるべきものと考える。なお，注意すべきことは，ここで発起人の権限の範囲を問題にしている場合には，発起人がその権限外の行為をすることが常に必ずしも違法であることを意味するわけではなく，その権限外の行為をした場合には，その行為の効果が成立後の会社に帰属しないことを意味するにすぎないということである。すなわち，前述した設立に必要な行為は，発起人がそれをしなければ会社を設立することが不可能であるから，それをすることが必要である。しかし，その行為の効果は成立後の会社には帰属せず，その行為の相手方は成立後の会社にそれによって生じた債権を請求することができないことを導くために，発起人の権限は設立自体を目的とする行為に限られると構成するのである。

〔49〕 **(ハ) 任意的記載事項**

(a) その意味，例等 任意的記載事項とは，それを記載しなくても定款自体が無効となるわけではなく（この点で，絶対的記載事項と区別される），また，定款で定めなくてもその事項の効力が認められないわけではないが（この点で，相対的記載事項とも区別される），定款に記載されている事項である。通常，会社は任意的記載事項として，いろいろな事項を定款に記載している。総会の議長になる者，取締役・監査役の員数，代表権を有する取締役，決算期等である。この事項を定款に記載する意味は，いったん定款に記載されれば，定款変更の要件（309条2項11号）を満たさない限り，変更できないことにある（もっとも，総会の議長については，それが定款に記載されていても，総会の通常の決議で変更することができると解される。〔429〕）。

(b) 会社が公告する方法 会社法のもとで，会社が公告する方法は，定款の絶対的記載事項から外され，任意的記載事項とされている。会社は，株主，株式の質権者または社債権者に対して，一定の事項を知らせるためにその公告をすることが必要とされるが，株主等にあらかじめ公告をする方法を知らせておかないと，公告をする意味が果たされないことは平成17年改正の前後で変わりはない。そこで，会社法は，公告方法として，①官報に掲載する方法，②時事に関する事項を掲載する日刊新聞紙に掲載する方法または③電子公告のいずれかの方法を定款で定めることができるものとし（939条1項。外国会社の公告方法については，外国会社のところで取り扱う），そのような定めのない会社の公告方法は官報に掲載する方法とするものとされている（939条4項）。したがって，会社が公告する方法として官報によることを選択する場合には，特に定款に定める必要がなく，それ以外の方法による選択をする場合，たとえば㋑官報によるほかに時事に関する日刊新聞紙によることを選択する場合，または㋺官報によるほかに電子公告によることを選択する場合には，定款にその旨を定めることを要する（なお，㋑または㋺による場合には，資本金の額の減少等の場合の債権者保護手続が緩和される。〔639〕②）。電子公告については次に取り上げる。公告についての定款の定めがある場合はその定めを登記し（911条3項27号），この定款の定めがないときは官報に掲載する方法（939条4項）を公告方法とする旨を登記する（911条3項29号）。定款の定めが電子公告を公告の方法とする旨のものである場合の登記については後述する（〔51〕(v)）。

(c) **電子公告（940条－959条）** 〔50〕

(i) 制度の趣旨　会社が株主等に対してする公告および資本減少，合併等の場合の債権者保護手続としてする公告（449条・779条・799条・810条等）をインターネットを利用してすること（これを「電子公告」という）は，平成16年改正商法で実現した。それにより情報化社会の高度化に対応した周知性が高く，簡便な公告方法が許容されることになる。以下には，会社の株主等に対する電子公告について取り上げ，債権者保護手続としての電子公告については，資本金の額の減少等の場合の債権者保護手続の一環として，後で取り上げたい（〔639〕）。もっとも，公告期間，公告の中断および電子公告調査機関については，以下に述べることが債権者保護手続としての電子公告にもあてはまる。

(ii) 電子公告制度の内容――定款の定め，その定め方等　会社は，前述したように，公告をする方法として電子公告によることを選択する場合には，その旨を定款で定めなければならない。電子公告とは，電磁的方法（電子情報処理組織を使用する方法その他の情報通信の技術を利用する方法であって法務省令で定めるものをいう。会社則222条〔送信者の使用する電子計算機と受信者の使用する電子計算機とを接続する電気通信回線を通じて送信し，受信者の使用する電子計算機に備えられたファイルに記録する方法，または，送信者の使用する電子計算機に備えられたファイルに記録された情報の内容を電気通信回線を通じて情報の提供を受ける者の閲覧に供し，その情報の提供を受ける者の使用にかかる電子計算機に備えられたファイルにその情報を記録する方法〕）により不特定多数の者が公告すべき内容である情報の提供を受けることができる状態に置く措置であって法務省令で定めるものをとる方法である（2条34号，会社則223条〔インターネットに接続された自動公衆送信装置を使用するものによる措置〕）。その定款の定めとしては，たんに電子公告を公告をする方法とする旨を記載または記録すれば足りる（939条3項前段。登記については911条3項28号）。また，定款に電子公告を公告をする方法とする旨の記載をした場合において，定款で，事故その他やむを得ない事由によって電子公告による公告をすることができない場合の公告方法として官報または日刊新聞紙のいずれかを定めることができる（939条3項後段）。

(iii) 公告をなすべき期間　会社がその公告を電子公告によりするときは，次のように，公告の区分によりその公告をするべき期間（以下「公告期間」という）が定められている。官報や日刊紙による公告の場合には，一度なされれば，そのなされた時から一定期間経過後に権利行使の終期または始期が到来する等の法的効果が生ずるが，電子公告の場合には，前述したように，不特定多数の者が情報の提供を受けることができる状態に置く措置をとることになるので，いつまでその措置をとる必要があるかが問題とされることになる。

株式会社が電子公告により公告をする場合には，次の①から④までの公告の区分に応じ，そのそれぞれに定める日までの間，継続して電子公告による公告をしなければならない（940条1項柱書）。

①この法律の規定により特定の日の一定の期間前に公告しなければならない場合における公告はその特定の日まで（1号），②計算書類の公告（440条1項）の場合には，定時株主総会（同条同項）の終結の日後5年を経過する日まで（2号），③公告に定める期間内に異議を述べることができる旨の公告は，その期間を経過する日まで（3号），④①から③まで以外の公告は，その公告の開始後1か月を経過する日まで（4号），である。①としては，たとえば簡易吸収合併等（会社分割および株式交換を含む。782条1項）をする場合において消滅会社等（782条1項）が効力発生日の20日前までに吸収合併等をする旨の通知をすることを要し，これを公告で代えることができるものとされるが（785条3項4項），その公告があげられ，この場合の公告はその効力発生日までしなければならないことになる。基準日の公告（その2週間前までにしなければならない。124条3項）も①に含まれる。③としては，旧株券の提出不能者のための異議催告手続としての公告（220条）等があげられ，その場合にはその期間（3か月を下ることができない）を経過する日まで公告しなければならないことになる。④としては，会社が取締役の責任を追及するために訴えを提起し，または訴訟告知を受けた場合等の公告（849条5項），社債管理者が総社債についての支払の猶予等をした場合の公告（706条2項）等があげられ，公告の開始後1か月を経過する日までなされなければならない。

〔51〕　(iv) 公告の中断と公告の効力　上記の公告期間については，公告の中断が生じた場合の救済規定が設けられている。ここで公告の中断とは，①不特定多数の者が提供を受けることができる状態におかれた公告の内容である情報がその状態におかれなくなったこと，または②その情報がその状態におかれた後，改変されたことをいう（940条3項括弧書参照）。公告期間中のこのような公告の中断が生

じた場合において，その中断が生ずるにつき㋑会社が善意で重過失がなく，または会社に正当事由があること，㋺公告の中断が生じた時間の合計が公告期間の10分の1を超えないこと，および㋩会社が公告の中断が生じたことを知った後速やかにその旨，公告の中断が生じた時間および公告の中断の内容をその公告に付して公告したとき（これらのいずれの要件もみたす必要がある）は，その公告の中断はその公告の効力に影響を及ぼさないものとされる（940条3項）。公告設備の定期的なメンテナンスのためのサーバーの一時的停止，サーバーの故障，ハッカーによる公告内容の変更等によって公告の中断が生じた場合に，常にやり直す必要が生ずることになれば，会社にとってリスクが大きく電子公告を選択しにくくなることを考慮し，かつ，㋑，㋺および㋩の要件のいずれもみたしていれば，公告をする目的は達成でき，それをやり直させるまでのことはないことから認められた救済規定である。なお，電子公告による公告をすることができない事故その他のやむを得ない事由が生じた場合に，あらかじめ定款に定めておけば，定款で定めた官報，日刊新聞紙等によって公告することができることは前述した（939条3項後段）。

(v) 登記　　会社の公告を電子公告によってするときは，株主等にその旨を公示する必要があるので，登記をすることが必要であり（911条3項28号），登記事項として次のものが掲げられている。すなわち，①公告方法についての定款の定め（939条1項）があるときはその定め（911条3項27号），および② ①の定款の定めが電子公告を公告方法とする旨のものであるときは，㋑電子公告により公告すべき内容である情報について不特定多数の者がその提供を受けるため必要な事項として法務省令に定めるもの（会社則220条1項2号。なお登記アドレスにつき，電子公告2条11号）を登記しなければならない（911条3項28号イ）。また，㋺電子公告によることができない事故等が生じたときは定款で定める官報または日刊新聞紙のいずれで公告する旨を定款で定めた場合（939条3項後段）には，この定めについても同様に登記することを要する（911条3項28号ロ）。

(vi) 電子公告調査機関　　電子公告では，不特定多数の者がその公告の内容である情報を受けることができる状態におく措置をとることになるため，その措置のとり方が問題となり，その公告がその内容または公告期間等について適法になされたか，またはなされているかを検証する方法を講じないと，電子公告を認めた意味がなくなってしまう。そこで平成16年改正商法は，電子公告制度を認めるにあたって，あわせて電子公告調査機関の制度を設けてその調査を受けることを義務づけた。すなわち，公告を電子公告により行おうとする会社は，公告について電子公告を行うべき期間（〔50〕(iii)）中，その公告の内容である情報が不特定多数の者が提供を受けることができる状態におかれているかどうかについて，法務省令で定めるところにより（電子公告3条），法務大臣の登録を受けた者（以下，「調査機関」という）に対し，調査（以下，「電子公告調査」という）を行うことを求めなければならないものとされる（941条。違反の制裁につき976条35号）。株式の併合，資本金の額の減少等のように，登記申請書の添付書面として「公告をしたことを証する書面」の添付が要求されている場合については，調査機関の調査結果通知書が添付されないかぎり，登記の申請は受理されない（商登61条・70条等）。しかし，電子公告調査を求めないでした電子公告が無効となるものではない。なお決算公告（440条1項の規定による公告）については調査を受けることを要しない（941条括弧書）。

調査機関の登録（942条。申請によって行われる），欠格事由（943条），登録基準（944条。登録を申請した者が列挙されている要件のすべてに適合しているときはその登録をしなければならないものとされる），登録の更新（945条），調査およびその結果の報告の義務等（946条。求められたときは正当な理由がある場合を除き，調査しなければならず，公正に，かつ法務省令で定める方法〔電子公告5条〕により行わなければならず，また調査委託者に対して調査結果を報告しなければならない），調査を行うことができない場合（947条。その調査機関自体，その関連する会社等の調査が禁止される），監督規定（952条−954条・958条等），調査記録簿等の記載・保存・公示等（955条）等について規定されている。

〔52〕　(d)　**設立時発行株式に関する事項の決定**　発起人は，会社の設立に際して次に掲げる事項を定めようとするときは，定款に定めるか，発起人全員の同意を得なければならない（32条1項）。すなわち，これらの事項を定款で定めたときは，その定めは任意的記載事項となるが，定款に定めなくても，発起人の合意で定めることができることになる。その事項とは，①発起人が割当てを受ける設立時発行株式の数（同1号），②①の設立時発行株式と引換えに払い込む金銭の額（同2号）および③成立後の会社の資本金および資本準備金の額に関する事項（同3号）である。③については，設立に際して株主となる者がその会社に対して払込み（金銭出資の場合）または給付（現物出資の場合）をした財産の額が資本金の額となるのが原則であるが（445条1項），その額の2分の1を超えない額は資本金として計上しないことができ（同2項），その計上しないこととした額は資本準備金と

して計上することになる（同3項）。

設立しようとする会社が種類株式発行会社（2条13号）である場合において，上記の①の設立時発行株式が108条3項前段の規定による定款の定め――剰余金の配当について内容の異なる種類の種類株主が配当を受けることができる額その他法務省令で定める事項（会社則20条1項。配当財産の種類以外の事項，残余財産の種類以外の事項等）の全部または一部については，その種類の株式を初めて発行する時までに，株主総会（取締役会設置会社では株主総会または取締役会，清算人会設置会社では株主総会または清算人会）の決議によって定める旨の定款の定め――があるものであるときは，発起人は，その全員の同意を得て，その設立時発行株式の内容を定めなければならない（32条2項）。

3　定款の備置きおよびその閲覧・謄写等　〔53〕

(イ)　備　置　き

会社成立前は発起人が，定款を発起人が定めた場所，また会社成立後は会社（具体的には指名委員会等設置会社以外の会社では業務執行取締役と解され，指名委員会等設置会社では執行役である。〔408〕）が，定款を本店および支店に備え置かなければならない（31条1項）。もっとも，定款が電磁的記録をもって作成されている場合であって，支店における次に述べる（〔54〕）③および④の請求に応じることを可能とするための措置として法務省令で定めるもの（会社則227条1号）をとっている会社については，本店のみでよい（31条4項）。その違反については，過料の制裁がある（976条4号）。

(ロ)　閲覧・謄写請求権　〔54〕

発起人は，発起人が定めた時間，会社成立後はその株主および会社の債権者は，その営業時間内はいつでも，定款の閲覧または謄写等を求めることができる（31条2項本文）。設立時募集株式の引受人も，発起人が定めた時間内は，次の閲覧等の請求をすることができる（102条1項）。これらの請求の内容は次の通りである（31条2項）。

①定款が書面で作られたときはその書面の閲覧の請求（同1号），②①の書面の謄本または抄本の交付の請求（同2号），③定款が電磁的記録で作られたときは，その電磁的記録に記録された事項を法務省令で定める方法（会社則226条。当該電磁的記録に記録された事項を紙面または映像面に表示する方法）により表示したものの閲覧の請求（同3号），④③の電磁的記録に記録された事項を電磁的方法（会社則222条。〔50〕）であって発起人（会社成立後はその会社）の定めたものにより提供す

ることの請求またはその事項を記載した書面の交付の請求（同4号）。②および④の請求には会社の定めた費用を支払うことを要する（31条2項但書）。

その会社が他の会社（親会社）の子会社であるときは，親会社の株主は，その権利を行使するために必要があるときは，裁判所の許可を得て，子会社の定款について上記閲覧または謄写を請求することができる（31条3項。②および④につき費用を支払う必要がある）。その趣旨等については，親会社株主の株主総会議事録の閲覧・謄写請求に関して後述する（〔447〕）。

上記の閲覧または謄写を拒んだ場合には，過料の制裁がある（976条4号）。

Ⅵ　社員の確定および機関の具備――発起設立と募集設立

〔55〕　社団の形成の第2段階である社員の確定および第3段階である機関の具備については，前述のように（〔32〕），発起設立と募集設立の2つの方法に分かれる。

1　発起設立

(イ)　発起人による株式の引受け

発起設立とは，発起人だけで会社の設立に際して発行する株式の総数を引き受けてしまい（25条1項1号），他に株主を募集しない手続である。それには格別の方式を要求されず，引き受ける株式の種類および数の記載とがあればよい。この引受けにより，株主となるべき者が確定する。

発起人の設立時発行株式の引受けにかかる意思表示に瑕疵がある場合および株式引受人の地位については，募集設立と基本的に共通するので，募集設立のところで取り扱う（〔67〕〔69〕）。

〔56〕
(ロ)　変態設立事項の調査および変更

(a)　裁判所の選任する検査役の調査および裁判所による変更　発起人は，一定の場合（〔57〕）を除いて，定款に28条各号に掲げる事項（変態設立事項。〔39〕）の記載または記録があるときは，公証人の認証（30条1項）の後遅滞なく，その事項を調査させるため，裁判所に対し，検査役の選任の申立てをしなければならない（33条1項）。旧会社法のもとでは，発起設立の場合には取締役が，募集設立の場合には発起人が，この申立てをすることとされていたが，会社法は，いずれの場合もこれを発起人の申立てに統一した（33条1項。〔79〕(ii)）。この申立てがあった場合には，裁判所は，これを不適法として却下する場合を除き，検査役を選任しなければならない（33条2項）。裁判所は，その検査役に対して支払う報酬の額を定めることができる（同3項）。

この変態設立事項に関する調査は，変態設立事項の定めにより，発起人が不当な利益を得，または設立にあたって会社の財産的基礎を危うくし，資本充実が損なわれるのを防止するためになされるものである（この調査は，募集設立の場合にも同様に必要とされる。33条）。この検査役の調査の結果は，発起設立の場合には，書面または電磁的記録を裁判所に提供して報告される（33条4項。募集設立の場合には創立総会に提出されることにつき，〔79〕(ii)）。裁判所は，この報告について，その内容を明瞭にし，またはその根拠を確認するため必要があると認めるときは，検査役に対し，さらに報告を求めることができる（同5項）。裁判所は，この報告を聴き，変態設立事項を不当と認めたときは，これを変更する決定をしなければならない（同7項）。たとえば，現物出資の場合には，その目的である財産が過大に評価されて，現物出資者に対して与える株式が不当に多数であると認めたときはその株式数を減少し，また財産引受けの対価や設立費用が不当に高額であると認めたときは，これを減額する（これを増額するような変更は許されない。募集設立の場合に関する〔80〕(iv)参照）。検査役は，前述の報告をしたときは，発起人に対し，書面の写しを交付し，または電磁的記録に記録された事項を法務省令で定める方法（会社則229条）により提供しなければならない（33条6項）。発起人は，上記の決定により，変態設立事項の全部または一部が変更された場合には，決定の確定後1週間以内ならばその株式の引受けにかかる意思表示を取り消すことができる（33条8項）。株式引受けの取消しがなされた場合には，発起人は，その全員の同意によって，裁判所の変更の決定後1週間以内に限り，上記の決定により変更された事項についての定めを廃止する定款の変更をして（たとえば，設立に際して発行する株式総数を減少して）設立手続を進めることができる（33条9項）。これに対して，財産引受けの場合には，その相手方は発起人に限られないから，この変更には相手方の承諾が必要と解され，これに承諾しない相手方は契約を解除することができると解されている。

〔57〕 **(b) 変態設立事項につき裁判所の選任する検査役の調査を要しない場合**　前述のように（〔41〕），会社法は，28条各号に掲げる事項については，これを危険な事項とみなして，これを調査させるために検査役の選任を裁判所に請求することを会社に義務づけている（33条）。ところが，現物出資および財産引受けの対象となった財産について検査役の調査を受けなければならないとされている点について，かねてから，それに長期間と多額の費用がかかることが指摘され，なにより

も，それに要する期間をあらかじめ予測することができず，組織再編等の会社の重大な行事の日程が立てられないという不満が強く主張されてきた。そこで平成2年改正商法により，現物出資および財産引受けにつき，過大評価のおそれの少ない一定の場合につき，裁判所の選任する検査役の調査を要しないものとされ，また，平成14年改正商法により，一定の事項につき弁護士等の証明により裁判所の選任する検査役の調査を要しないものとすることが認められ，検査役の調査を要しない場合が広げられてきた。会社設立の段階における現物出資および財産引受けを利用しやすくするためである。会社法は，これらを受け継いでいる。

裁判所の選任する検査役の調査を要しないのは，現物出資および財産引受けの対象となった財産（「現物出資財産等」という）について，次のような場合である。①その財産の価格の総額（現物出資と財産引受けの双方がある場合は，その双方の財産の価格を合わせた総額である）が500万円を超えない場合である（33条10項1号）。旧会社法では，その総額が500万円を超えなくても資本金の5分の1以上の場合には検査役の調査が必要であったが，このように緩和された。②市場価格のある有価証券（金融商品取引法〔以下，「金商法」〕2条1項に規定する有価証券をいい，同条2項の規定により有価証券とみなされる権利を含む。以下同じ）であって，定款で定めた価額がその有価証券の市場価格として法務省令で定める方法（会社則6条。㋑認証の日の最終価格，㋺認証の日に公開買付けの対象となっているときはその契約における価格のうちのいずれか高い額とされ，株価の乱降下の影響を排除している）により算定されるものを超えない場合である（33条10項2号）。旧会社法では「取引所の相場のある有価証券」とされていたが，このように緩和された（これにより，米国ナスダックで取引される株式等が含まれるようになったといわれる）。なお，市場価格を証する書面は設立申請登記申請書の添付書面とされる（商登47条2項3号ロ）。③定款に記載された価額が相当であることについて弁護士等の証明を受けた場合である（33条10項3号）。①は財産の額が小さいものであり，②は客観的評価が可能な性質のものであるので，検査役の調査を要しないものとしたのである。①の総額は，②および③の財産も含めたそれと解される。③については，その制度の趣旨，内容等につき，次の弁護士等による証明の制度として取り上げる。

〔58〕 **(c) 弁護士等による相当性の証明の制度**

(i) 制度の趣旨，裁判所の選任する検査役の調査との選択制　平成14年改正商法により，かねてからの実務界の要望に応えて，弁護士等による現物出資および財産引受けの対象となった財産について定款に記載された価額の相当性の証明により裁判所の選任する検査役の調査に代えられるようにし，それと同時に，その弁護士等に専門家としての責任を負わせることによってその証明の適正さを確保しようとしている。

前述した規定の仕方（〔57〕）からも明らかなように，弁護士等の証明があれば裁判所の選任する検査役の調査を要しないものとされており，会社としては，現物出資等財産について定款に記載された価額の相当性につき裁判所の選任する検査役の調査を受けるか，弁護士等の証明を受けるか選択することが認められることになっている。弁護士等の証明の場合には，弁護士等が重い責任を負わされるので（〔96〕），必ずしも弁護士等にこの証明を依頼することができないこともありうること，裁判所の選任する検査役の調査の場合には発起人および会社設立当時の取締役の財産不足価額塡補責任（52条1項）が免れられるという効果（現物出資者自身等は除かれる）が与えられること等から，選択制を認めたものということができる。したがって，弁護士等に相当であることについての証明等を依頼したが，弁護士等がその証明等を拒んだときは，裁判所に検査役の選任を請求することを要することになる。

(ii) 相当性の証明をすることができる者　　現物出資および財産引受けについて定款に記載された価額につき，裁判所に検査役の選任を請求することを要しないのは，弁護士，弁護士法人，公認会計士（外国公認会計士を含む），監査法人，税理士または税理士法人からその相当であることの証明を受けた場合である（33条10項3号）。ここで税理士および税理士法人があげられているのは，普通地方公共団体が外部監査契約を締結できる者として弁護士および公認会計士とともに税理士があげられており（自治252条の28第2項），その職務内容からみて適確に相当性の証明を行う能力を有していると考えられること，弁護士または公認会計士の少ない地域においては税理士から証明を受けられるようにすることが特に中小企業等にとって必要であること等からである。なお，対象となる財産が不動産である場合については，弁護士等の証明のほかに不動産鑑定士の鑑定評価が必要である旨が規定されている（33条10項3号括弧書）。

(iii) 欠格事由　　現物出資および財産引受けに関して定款に記載された価額の相当性の証明（弁護士等の場合）および鑑定評価（不動産鑑定士の場合）をすることができない者が列挙されている（33条11項）。このような欠格事由のある者としては，これらの事項に利害関係を有していて，適正な証明または鑑定評価を期待できないと考えられるものが掲げられている。そこに掲げられている欠格事由を有する者がその証明または鑑定評価をしても，その効力が認められない。具体的には次の者である。①発起人は自ら設立事務を執行しており，その事務のなかには現物出資等に関する事項が含まれており，自ら執行している事項について相当性の証明等をすることになるので，その者は欠格者とされる（1号）。②財産引受けの場合のその財産の譲渡人が弁護士等であるときは，直接自分自身に関する事項について相当性の証明等をすることになるので，その者は欠格者となる（2号）。なお，設立時の現物出資者は発起人に限られるので（〔42〕），①により発起人が排除されれば，現物出資者もおのずから排除されることになる。③設立時取締役（38条1項）または設立時監査役（38条3項2号）も，現物出資および財産引受けに関する事項に関する弁護士等の証明等について調査をする義務を負っており，自らのしたことについて調査することになるので，欠格者とされる（3号）。指名委員会等設置会社の場合には設立時執行役も欠格者に含まれる。④弁護士等が業務の停止の処分を受けその停止期間を経過しない者も欠格者である（4号）。⑤弁護士法人，監査法人または税理士法人であって，その社員の半数以上が①，②および③に掲げる者のいずれかに該当するものも欠格者とされる（5号）。

〔59〕 **(ハ) 出資の履行**

(a) **金銭出資の払込みと現物出資の給付**　発起人は株式引受け後，遅滞なくその引き受けた株式の全額の払込みをし（金銭出資の場合の全額払込制〔19〕），また現物出資の目的である財産の全部を会社に給付しなければならない（34条1項本文。なお，資本確定の原則に関する〔25〕参照）。ただし，現物出資については，権利の設定または移転の第三者対抗要件――登記，登録等――は，発起人全員の同意があるときは会社成立後にしてもよい（34条1項但書）。この登記，登録等を会社成立前にすることを要するものとすると，設立中の会社の名義で登記，登録等をすることが不可能なので，これを，まず発起人名義でしておき，さらに会社成立後に会社名義に変更するほかないが，このような重複を避けるために上記のような取扱いが認められるのである。したがって，権利の設定または移転の第三者対抗要件といっても，動産の対抗要件としての引渡しは，上記のような重複の可能性がないので，成立前になされなければならないと解される。

〔60〕 (b) **金銭出資の払込取扱機関への払込み**　発起設立の場合の払込みは，募集設立の場合のそれと同じく，発起人が払込みを取り扱うべきものとして定めた銀行等（銀行2条1項），信託会社（信託業2条2項）またはこれに準ずるものとして法務省令で定めるもの（平成17年改正前は銀行と信託会社に限られていたが，会社法施

行規則7条によれば，商工中金，農協，水産協，信用協同組合，信金，労金，農林中金等も含まれる）――これを一般に払込取扱機関と呼んでいる――の払込みの取扱いの場所（銀行店舗等）ですることを要する（34条2項）。払込金の安全な保管を図る趣旨である。なお，株式の払込みが払込取扱機関でなされる点では発起設立と募集設立とで差異がないが，会社法においては，発起設立の場合には，払込取扱機関の払込金保管証明制度，したがってその保管証明責任制度が廃止され（新株発行の場合も同様である。〔333〕。募集設立の場合には，これらの制度が維持されている），設立登記の際の払込取扱機関への金銭の払込みがあることの証明については残高証明等の方法によればよいこととされた（商登47条2項5号）。発起設立の場合は，発起人以外の株式引受人は存在しないから，保管証明制度を採用するまでの必要がないと考えられるからである。会社債権者の利益は発起人の責任により保護されることになる。

(c) **出資の履行による地位の譲渡**　出資の履行をすることにより設立時発行株式の株主となる権利（一般に「権利株」といわれている）の譲渡は，成立後の会社に対抗することができない（35条）。その趣旨は，株式発行事務の便宜を図ることにある（その詳細につき〔182〕）。出資を履行した発起人は，会社の成立時に株主となる（50条1項。〔84〕）。

(d) **失権手続**　発起人のうち出資の履行をしていないものがある場合には，発起人は，その出資の履行をしていない発起人に対して，期日を定め，その期日までに出資の履行をしなければならない旨を，その期日の2週間前までに通知しなければならない（36条1項2項）。その通知を受けた発起人は，その期日までに出資の履行をしないときは，出資の履行により設立時発行株式の株主となる権利を失う（同3項。募集設立の場合の〔76〕参照）。

(二) 設立時役員等の選任，その会社成立までの法的地位等　〔61〕

(a) 設立時取締役および設立時監査役の選任

(i) 一般の場合　発起人は，発起人による出資の履行後，遅滞なく，引き受けた株式の議決権の過半数をもって，設立時取締役（会社の設立に際し取締役となる者。38条1項括弧書。その者がそのまま会社成立後の取締役になることはいうまでもない。設立時監査役につき同じ）を選任しなければならない（38条1項）。監査役設置会社の場合の設立時監査役についても設立時取締役の選任と同様である（38条3項2号）。設立しようとする会社が取締役会設置会社である場合には設立時取締役は3人以上（39条1項），監査役会設置会社である場合には設立時監査役は3

人以上（39条2項）でなければならない。この選任は，発起人の議決権（設立時発行株式1株につき1個。単元株式数を定めたときは，1単元の設立時発行株式につき1個）の過半数でなされる（40条1項2項）。募集設立の場合に創立総会が必要とされる（88条1項）のと異なり，特別の会議体によることを要せず，適当の方法でよい。

もっとも，設立しようとする会社が種類株式発行会社である場合において，取締役の全部または一部の選任について議決権を行使することができないものと定められた種類（108条1項3号）の設立時発行株式を発行するときは，その種類の設立時発行株式については，その株式を有する発起人は，その取締役となる設立時取締役の選任についての議決権を行使することができない（40条3項）。

(ii) 役員の選解任等につき拒否権条項付株式が発行されている場合　また，役員の選解任等につき108条1項8号の定める種類株式（拒否権条項付株式）が発行される場合には，その株式を引き受けた発起人の過半数をもってする決定がなければ効力を生じない旨等の特則について規定されている（45条）。

(iii) 取締役等の選任に関する種類株式を発行する場合――指名委員会等設置会社および公開会社を除く　発起設立の場合には，発起人が取締役および監査役を選任することになるが，平成14年改正商法のもとでの株式譲渡制限会社，会社法のもとでは指名委員会等設置会社および公開会社を除く会社（〔16〕）につき，種類株式の1つとして，その種類の株主の総会における取締役または監査役の選任について内容の異なる数種の株式が認められるにいたった（108条1項9号。以下，「取締役等の選任についての種類株式」という。この制度の詳細については〔126〕以下）ので，これと発起人による取締役または監査役の選任との関係について，次のような手当てがなされている。すなわち，会社の設立に際して取締役等の選任についての種類株式を発行する場合においては，①その種類の株主が取締役等の選任をすることおよび選任できる取締役等の数，②①の定めにより選任することができる取締役または監査役の全部または一部を他の種類株主と共同して選任することとするときは，その他の種類株主の有する株式の種類および共同して選任する取締役または監査役の数，③①または②に掲げる事項を変更する条件があるときは，その条件およびその条件が成就した場合における変更後の①または②に掲げる事項および④①から③までに掲げるもののほか，法務省令で定める事項（会社則19条。ここでは社外取締役および社外監査役の選任について規定されている）についての定款の定めの例に従って，その種類の設立時発行株式を引き受けた発起人のその種類の株式についての議決権の過半数で決せられる（41条1

項)。この場合には，発起人は，出資の履行をした種類の設立時発行株式1株につき1個の議決権を有し，単元株式数を定款で定めている場合には，1単元の種類の設立時発行株式につき1個の議決権を有する（41条2項）。たとえば，定款で，A種類株式が5万株発行され，その種類株主の総会で3名の取締役を選任し，以下，それぞれB種類株式3万株で取締役2名，C種類株式2万株で取締役ゼロと定められ，かつ，それぞれA株式を発起人甲$_1$，甲$_2$および甲$_3$の3名，B株式を発起人乙$_1$，乙$_2$および乙$_3$の3名，C株式を発起人丙$_1$，丙$_2$および丙$_3$の3名が引き受けたときは，これらの各株主は1株につき1議決権を有することになり，甲$_1$ら3名が3人，乙$_1$ら3名が2人の取締役をそのそれぞれの多数決で選任することになる。定款の定めにより，A株式の発起人とB株式の発起人とが共同して5名の取締役を選任する旨の定めがあるときは，A株式の発起人とB株式の発起人とは同じ種類の株式の株主とみなされる（なお，45条参照)。

(iv) 定款の定めがある場合　　定款で設立時取締役等に定められた者は出資の履行が完了したときにそれぞれ取締役等になる（38条4項)。これは発起設立の場合に限られる。募集設立の場合には創立総会での選任（88条1項）が必要である（〔78〕)。

(v) 欠格事由　　会社成立後の取締役等の欠格事由に該当するものは，設立時においても取締役等となることができない（39条4項・331条1項。〔460〕)。

〔62〕 **(b) 会社成立までの設立時取締役等の地位**　　会社成立までは，設立時取締役および設立時監査役の職務は，設立事項を調査することにあるにすぎない（46条。〔64〕)。設立時取締役は会社成立までは業務執行に関する意思決定に参画せず，また設立時代表取締役（〔63〕）も，会社が成立しない以上，会社の業務執行および会社代表の権限を有しない。会社設立中の執行機関は，取締役および監査役が選任された後も，発起人である。なお，代表取締役（指名委員会等設置会社の代表執行役も同様である）は，設立の登記の申請をする（商登47条1項。〔82〕(イ))。

(c) 設立時会計監査人等の選任　　設立しようとする株式会社が会計監査人設置会社である場合または会計参与設置会社である場合には，それぞれ設立時会計監査人または設立時会計参与は，(a)(i)に述べたのと同様の方法により選任される(38条3項1号3号・40条3項5項)。欠格事由も(a)(v)と同様である（39条4項)。

(d) 指名委員会等設置会社の場合　　指名委員会等設置会社の場合には，監査役を置くことができないから，(a)(i)において設立時監査役の選任について述べたことは指名委員会等設置会社にはあてはまらない。また，取締役等の選任についての種類株式を発行できないものとされている（108条1項但書。〔61〕(iii)。公開会社についても同様である）から，(a)(iii)も適用されない。しかし，それ以外には，設立時取締役の選任については，(a)(i)に述べたことが当てはまる。その法的地位についても，(b)に述べたことが当てはまる。なお選任された設立時取締役による取締役会により執行役および代表執行役が会社成立前に選任されることになるが，それらの者は設立登記を除きその権限を行使することができない。

(e) 監査等委員会設置会社の場合　監査等委員会設置会社の場合には，監査役を置くことができないから，(a)(i)において設立時監査役の選任について述べたことは監査等委員会設置会社についてはあてはまらない。設立時取締役は，設立時監査等委員である設立時取締役とそれ以外の設立時取締役とを区別して選任しなければならない（38条2項）。また，設立時監査等委員である設立時取締役は3人以上でなければならない（39条3項）。以上の点を除いては，(a)および(b)に述べたことが当てはまる。

〔63〕 **(ホ) 設立時代表取締役等の選任等**

(a) 指名委員会等設置会社以外の会社の場合　設立時取締役は，設立しようとする会社が取締役会設置会社である場合には，設立時取締役（監査等委員会設置会社の場合は，設立時監査等委員である設立時取締役を除く）の中から設立に際して代表取締役となる者（設立時代表取締役）を選定しなければならない（47条1項）。その選定・解職の手続等について規定されている（47条2項3項）。設立登記は設立時代表取締役等によってなされる（商登47条1項）。設立時代表取締役の選定に関する書面が設立登記申請書の添付書面となる（商登47条2項7号）。

(b) 指名委員会等設置会社の場合　設立しようとする株式会社が指名委員会等設置会社である場合には，設立時取締役は，①設立時取締役の中から設立時の指名委員会委員，監査委員会委員および報酬委員会委員となる者（設立時委員）を選定し，②設立時執行役となる者（設立時執行役）を選任し，かつ，③設立時執行役の中から代表執行役（設立時代表執行役）を選定しなければならない（48条1項。設立時執行役が1人であるときは，その者が設立時代表執行役に選定されたものとする）。解職・解任またはその手続について規定がある（48条2項3項）。設立時執行役等に関する書面が設立登記申請書の添付書面となる（商登47条2項8号）。

(c) 設立時役員の解任　発起人は，会社の成立の時までの間，その選任した設立時役員等（定款の定めにより選任されたとみなされたもの〔38条4項〕を含む）を解任することができる（42条）。解任の方法は，発起人の議決権の過半数をもって決定するが，設立時監査等委員である設立時取締役または設立時監査役を解任する場合にあっては，3分の2以上に当たる多数で解任されることになる（43条1項）。監査役の解任について特に要件を重くしたのは，監査役の地位の安定を図るためである。種類株式発行会社である場合（43条3項4項・44条2項・45条），およびその他の役員の解任（43条5項）について規定がある。

(ヘ) 設立時取締役および設立時監査役の調査 〔64〕

平成2年商法改正により，発起設立の場合にも，募集設立の場合と同様に，金銭出資の払込みおよび現物出資の給付の有無について，取締役および監査役（設立時監査役は監査役設置会社の場合。46条1項括弧書。以下同じ）による設立手続の調査の制度が設けられている。すなわち，設立時取締役および設立時監査役は，前述した変態設立事項につき裁判所の選任する検査役の調査を要しない場合（〔57〕）のうち，㋑①および②の場合（33条10項1号2号に定める場合）の財産について定款に定めた価額が相当であること，㋺③の場合（同項3号に定める場合）の弁護士等の証明が相当であること（不動産の場合の不動産鑑定士の鑑定評価を記載または記録した資料を含む）を調査し（46条1項1号2号），また，㋩会社の設立に際して出資すべき額につき発起人による出資の履行が完了していること（同項3号）および㊁㋑から㋩までに掲げる事項のほか，会社の設立の手続が法令または定款に違反していないこと（同項4号）を調査することを要する。そして，設立時取締役は，①，②または③に掲げる事項つき定款に定めた価額が不当に高額であり，また引受け，払込みまたは給付の欠缺があるなど，これらの調査事項につき，法令もしくは定款に違反し，または不当な事項があると認めるときは，各発起人に通知しなければならない（同2項。募集設立の場合には，調査の結果を創立総会に報告する。〔79〕(iii)）。したがって，発起設立の場合にも，設立中に選任された取締役および監査役は，設立手続の調査機関としての職務を有することになる。取締役および監査役または検査役の調査報告，②の場合の市場価格を証する書面，ならびに③の場合の弁護士等の証明等を記載した書面およびその附属書類は，設立登記申請書の添付書面とされる（商登47条2項3号）。

設立しようとする会社が指名委員会等設置会社である場合には，設立時取締役は，上記の調査を終了したときはその旨を，法令・定款違反または不当な事項を発起人に通知したときはその旨およびその内容を，設立時代表執行役（48条1項3号）に通知しなければならない（46条3項）。

変態設立事項について，裁判所の選任する検査役による調査がなされた場合には，裁判所がその調査の報告を聴き，変態設立事項を不当と認めたときは，裁判所による変更手続が行われるが（〔56〕参照），上述の①，②および③については，裁判所の選任する検査役の調査が行われないから，裁判所による変更手続がなされることはない。しかも，後述するように募集設立の場合には，①，②および③についても創立総会による変更手続がなされるが（〔79〕(iv)），発起設立の場合には創立総会が開催されないから，それによる変更手続もなされない。しかし，前述したように，取締役および監査役による調査が行われ，不当と認めたときは各発起人に通告されるから，発起人は，その通告に応じて，不当とされた事項を変更することが期待される。さらに，現物出資および財産引受けの対象となった財産の会社成立当時における価額が定款に定めた価格に著しく不足する場合には，発起人および成立当時の取締役が不足額支払責任を負わされる（52条1項。〔93〕）。

〔65〕
2 募 集 設 立

(イ) 発起人による株式引受けと株主の募集

募集設立の場合には，各発起人により設立時発行株式の1株以上の引受けがなされる（25条2項）点は発起設立の場合と異ならないが，それは設立に際して発行される株式の一部についてであって，その残部については設立時発行株式を引き受ける者が募集される（25条1項2号）。発起人は，設立時発行株式を引き受ける者の募集をする旨（募集設立をする旨）を定めることができるが（57条1項），その旨を定めようとするときは，その全員の同意を得なければならない（同2項）。ここで設立時発行株式の引受けの募集とは，株式引受の申込みを勧誘することであり，それは特定の者に対するもの（縁故募集）と不特定多数の者に対するもの（公募）を含む。

(ロ) 設立時募集株式に関する事項の決定

発起人は，株式の引受けの募集をしようとするときは，その都度，その全員の同意を得て（58条2項），設立時募集株式（募集に応じて設立時発行株式の引受けの申込みをした者に対して割り当てる設立時発行株式をいう）について次に掲げる事項を定めなければならない（58条1項）。

① 設立時募集株式の数（設立しようとする会社が種類株式発行会社である場合にあっては，その種類および種類ごとの数）（1号）。

② 設立時募集株式の払込金額（設立時募集株式1株と引換えに払い込む金銭の額）（2号）。

③ 設立時募集株式と引換えにする金銭の払込みの期日またはその期間（3号）。

④ 一定の日までに設立の登記がされない場合において，設立時募集株式の引受けの取消しをすることができることとするときは，その旨およびその一定の日（4号）。

上記の設立時募集株式の払込金額その他の募集の条件は，募集（設立しようとする会社が種類株式発行会社である場合にあっては，種類および募集）ごとに，均等に定めなければならない（58条3項）。

(ハ) 設立時募集株式の申込み 〔66〕

(a) 引受けの申込みをしようとする者に対する発起人からの通知事項 発起人は，設立時募集株式の引受けの申込みをしようとする者に対して，次に掲げる事項を通知しなければならない（59条1項）。株式引受けの申込みをする者のために，設立しようとする会社および発行しようとする株式の内容を明らかにするためである。旧会社法のもとでは，発起人が法定事項を記載した株式申込証用紙の作成を義務づけられていた。会社法のもとでは，その義務づけはなされていないが，ほぼ同じ事項を通知すべきものとされている。実際上は，改正前の株式申込証用紙と同様のものが作成されることもあろう。

① 定款の認証の年月日およびその認証をした公証人の氏名（1号）。

② 定款記載事項（27条各号），変態設立事項（28条各号），設立時発行株式に関する事項（32条1項各号）および設立時募集株式に関する事項（58条1項各号）（2号）。

③ 発起人が出資した財産の価額（3号）。

④ 発起人が定めた銀行等の払込みの取扱いの場所（4号）。

⑤ そのほか，法務省令で定める事項（5号。ここでは，発起人が引き受けた株式数，32条2項の規定による決定の内容，株主名簿管理人を置く場合にその氏名・営業所等が定められている。会社則8条）。

これらの事項について変更があった場合の取扱いについては後述する。また，発起人のうち出資の履行をしていないものがある場合には，発起人は一定の期日（発起人が，出資の履行をしていない発起人に対して，期日を定め，その期日までに当該出資の履行をしなければならない旨を通知しなければならないが〔36条1項〕，その期日）後でなければ，この通知をすることができない（59条2項）。

(b) 申込みをする者の引受けの申込みの書面の交付等 募集（57条1項）に応じて設立時募集株式の引受けの申込みをする者は，①申込みをする者の氏名または名称および住所ならびに②引き受けようとする設立時募集株式の数を記載した書面を発起人に交付しなければならない（59条3項)。この書面の交付に代えて，政令で定めるところにより，発起人の承諾を得て，これらの事項を電磁的方法により提供することができ，この場合において，その申込みをした者は，上記の書面を交付したものとみなされる（59条4項，会社令1条，会社則230条)。

このように，(a)で発起人が一定の事項の通知義務を課され，(b)で申込みをしようとする者が一定の事項を記載した書面の交付（電磁的方法による提供も含む）が必要とされるとすると，前述したように（(a)），電子的方法による申込みの場合を除いては，改正前の株式申込証用紙に相当するものが作成されるのが，発起人の側にとっても便利であろう。

(c) **発起人からの募集株式に関する事項の変更の通知**　発起人は，(a)に掲げる事項について変更があったときは，直ちに，その旨および変更があった事項を(b)の申込みをした者（申込者）に通知しなければならない（59条5項)。

(d) **発起人の通知または催告の宛先**　発起人が申込者に対してする(a)または(c)の通知または催告（払込みの催告等を指すものであろう）は，申込者の交付する(b)の書面に記載された住所（申込者が別に通知または催告を受ける場所または連絡先を発起人に通知した場合には，その場所または連絡先）にあてて発すれば足りる（59条6項)。この通知または催告は，その通知または催告が通常到達すべきであった時に，到達したものとみなされる（59条7項)。

〔67〕 **㈡ 株式の申込み・引受けの無効または取消しの制限，仮設人・他人名義による引受け，共同引受け等**

①株式の申込みには心裡留保の無効に関する民法93条1項但書が適用されず，心裡留保の場合に会社側に悪意または過失があっても，株式の申込みは常に有効であり，虚偽表示に関する民法94条1項も適用されず，有効である（102条5項。総数引受契約〔61条〕にかかる意思表示も含まれる)。また株式引受人は，会社の成立後または創立総会おいて議決権を行使した場合には，錯誤（民95条)，詐欺もしくは強迫（民96条）を理由として引受けを取り消すことができない（102条6項)。個々の株式申込みの無効・取消しをできるだけ防止しようとするものである。消費者契約法においては，消費者契約としての株式の引受けの取消しについて，その取消しを主張することが制限される（同法7条2項)。しかし，制限行為能力者による株式引受けの取消し（民5条2項・9条・13条4項・17条4項）は制限されない。②仮設人名義で，または他人に無断で他人名義で引き受けた場合には，引き受けた者自身が株式引受人であり，払込義務を負うと解される。③他人A

と通じて（その同意を得てという意味と解してよい）他人名義で株式を引き受けた場合には，引き受けた者Ｂ自身が払込義務を負うほかに，ＡもＢと連帯して払込義務を負うと解される。この場合に，株式引受人したがって株主になるのがＡか（これを形式説という）Ｂか（これを実質説という）について見解が分かれているが，Ｂを株式引受人または株主と認めるべきである（同旨，最判昭和42・11・17民集21巻9号2448頁）。もっとも，会社は名簿上の株主を株主として取り扱えば免責されると解される。また，④共同して株式を引き受けた者は連帯して払込義務を負うと解される（共有者による権利行使については106条。〔290〕）。

(ホ) 株式の割当て――割当自由の原則 〔68〕

株式申込人の申込みに対して，発起人がその申込みに対する承諾としての株式の割当て（60条）をすることによって，株式申込人は株式引受人の地位（権利株。62条）を取得する。株式の割当てについては，理論的には，割当自由の原則が認められる（60条1項前段参照）。すなわち，株式の申込みの前後や申込株式数に拘束されず，発起人が自由に決めることができる。発起人が募集にあたって設立時募集株式と引換えにする金銭の払込みの期日（その期間を定めたときは，その期間の初日）の前日までに，申込者に割り当てる設立時募集株式の数を通知しなければならない（60条2項）。なお，実際には，申込みに際して払込金額と同額の株式申込証拠金を払い込ませ，申込みの先着順に割り当てて，その株式数が設立に際して発行する株式数に達したら申込みの受付を打ち切るという取扱いをしているので，割当自由の原則が問題になることはない（申込証拠金の適法性については〔327〕）。

以上の(ニ)および(ホ)に述べたこと（59条・60条）は，設立時募集株式を引き受けようとする者がその総数の引受けを行う契約を締結する場合（総数引受けの場合）には，適用されない（61条）。

(ヘ) 株式引受人の地位――権利株 〔69〕

設立時募集株式の申込者は，発起人の割り当てた設立時募集株式の数について，また総数引受契約により設立時募集株式の総数を引き受けた者はその者が引き受けた設立時募集株式の数につき，設立時募集株式の引受人となる。株式引受人は，発起人の定める払込みの期日または期間（58条1項3号）に設立時募集株式の払込金額（58条1項2号）の払込みをする義務を負う（63条）。その払込みをした株式引受人は，会社成立時に株主となる（63条1項。〔84〕）。

株式引受人の地位――これを権利株という――は，譲渡しても会社に対して効力が生じないものとされる（63条2項）。その趣旨については，かつては，権利株の譲渡は投機の濫用を助長し，かつ，株式引受人の売逃げの弊害があることがあげられていたが（かつては，当事者間でも効力が否定されていた），現在では，発起人ないし成立後の会社の株式発行事務の便宜を図ることがあげられている（その詳細につき，〔182〕）。

〔70〕 (ト) 出資の履行

(a) **金銭出資の払込みと現物出資の履行** 募集設立の場合にも，払込みの期日または期間内（58条1項3号）に，発起設立の場合と同様に，払込金額の全額の払込み（63条1項。金銭出資の場合の全額払込制）がなされなければならない。募集設立の場合には現物出資についての規定が設けられていない。すなわち，設立の段階では，発起人以外の者の現物出資は予定されていない。なお，金銭出資の払込みについては，払込みの確保を図るための仕組みは，次に述べるように，払込取扱機関の保管証明を除き，基本的には発起設立の場合と異ならない（〔60〕）。

〔71〕 (b) **払込取扱場所への払込み** 払込みは，発起人が定めた株式の払込みを取り扱うべき銀行または信託会社その他これに準ずるものとして法務省令で定めるもの（〔60〕(b)参照）——払込取扱機関（発起人から申込者に通知される〔59条1項4号〕）——の払込みの取扱いの場所において，それぞれの設立時募集株式の払込金額の全額の払込みを行わなければならない（63条1項）。なお，実務上は，株式申込みの際に申込人に発行価額と同額の株式申込証拠金を払い込ませるが（〔68〕），この証拠金の払込みが，払込取扱場所になされ，それが払込期日に株式払込金に振り替えられることになる。

〔72〕 (c) **払込取扱機関の保管証明による責任**

(i) 意義および効果——預合い（あずけあい）等の防止 募集設立の場合には，発起人は払込取扱銀行等（34条1項・63条1項）に対し，払い込まれた金額に相当する金銭の保管に関する証明書の交付を請求することができる（64条1項）。この証明書を株式払込金保管証明書といい，それが設立登記申請書の添付書面とされ（商登47条2項5号），発行価額の総額の保管証明がなされない限り，設立登記が認められないことになる（なお，この制度は，発起設立の場合および新株の発行の場合には廃止された。〔60〕(b)）。したがって，払込取扱機関が虚偽の証明（実際に保管している払込金額が発行価額の総額未満なのに発行価額の総額を保管している趣旨の証明）をしない限り，出資の履行は確保されることになる。

しかし，払込取扱機関が虚偽の保管証明をしないという保証はなく，そのような証明をした場合にも出資の履行が確保されるようにするために，次のような定めがなされている。すなわち，保管証明書を交付した銀行等は①その証明書の記載が事実と異なること（たとえば証明した払込金額について払込みがなかったこと），また②払い込まれた金銭の返還に関する制限があることをもって，成立後の会社に対抗することができない（64条2項)。すなわち，①払込取扱機関は，実際には払込みがなかった場合または実際に払い込まれた金額が証明した金額より少ない場合でも，成立後の会社に対して，保管証明をした金額の返還をしなければならず，したがって会社にとっては，そのような場合にも，出資の履行が確保されることになる。また，②返還に関する制限とは，払込金の払戻しについて期限または条件が付けられていることであって，典型的には，預合いを指す。それは，発起人が，現実には払込みをしないにもかかわらず払込みを仮装するために，払込取扱機関である銀行から借入れをして，それを計算上は払込金にあて（この借入れと払込金への充当は，たんに計算上のものにすぎず，現実に金銭の授受がなされるわけではない），この借入金を弁済するまでは会社がその払込金の返還を請求しないことを約することであり，かつてこのような払込仮装行為が行われた。そこで，この行為をした発起人（新株の発行の場合には取締役〔指名委員会等設置会社の場合には執行役を含む〕）に対しては，刑事罰の制裁を科し（965条。なお，同条にいう預合いとは，発起人・取締役〔指名委員会等設置会社の場合には執行役を含む〕が払込取扱機関の役職員らと通謀して株式払込みの仮装行為をすることをいう。最決昭和35・6・21刑集14巻8号981頁，同昭和36・3・28刑集15巻3号590頁参照），私法上も，払込取扱機関はこのような払込金額の「返還に関する制限」をもって会社に対抗できないものとし，発起人が借入金を弁済しないでも払込金を成立後の会社に返還しなければならないものとされ，その結果，出資の履行が確保されることになる。このような規制により，預合いの方法による払込みの仮装は姿を消したといわれている。

実際には，発起人が引き続き成立後の会社の取締役（指名委員会等設置会社の場合には執行役を含む）として会社を支配している場合には，その者自身が上記のような操作の一端をになっているから，その取締役（執行役）から払込取扱機関の払込金保管証明責任を追及するということは事実上期待できない。しかし，払込みがないのに払込取扱機関が払込金保管証明をした場合または返還に関する制限がなされたような場合において，成立後に会社の財産状態が悪化し，または破産したときは，会社債権者が債権者代位権に基づき，または破産管財人等が払込取扱機関の払込金保管証明責任を追及するという方法をとることができ，それによって債権者の保護が図られる。

〔73〕 (ii) 「見せ金」による払込み　払込みの仮装を防止して出資の履行を確保するために，会社法は以上のような規制をしているが，実務界ではこのような規制の脱法として，「見せ金」による払込みの仮装が問題とされている。それは，まず，①発起人が銀行（典型的には，それは，預合いと異なり，払込取扱機関である銀行ではなく，それ以外の銀行であるが，預合いと見せ金の中間的な形態として，払込取扱機関である銀行であることも考えられないわけではない。最判昭和38・12・6民集17巻12号1633頁は，後者の事例に関するものである）から借入れをし，②これを払込取扱機関に払い込み（預合いと異なり，現実に金銭の移動がなされる），③会社成立後，払込取扱機関は会社に対して払込金の返還をするが，④業務執行取締役（〔408〕。指名委員会等設置会社の場合には執行役）は，払込取扱機関から返還を受けた払込金を①の借入金の弁済にあててしまうというものである。この場合には，①から③までの行為については，全く通常の株金払込みおよびその会社に対する返還であって問題がない（この点が「預合い」と異なる）が，④の行為が加わることによって，結果的に，払込みがなされなかったことになってしまうわけである。このような見せ金による払込みについては，現在，法的規制がなく，これを解釈上どのように解するかに関して意見が分かれている。①から③までの行為と④の行為を別々に取り扱えば，④の行為はすでに有効に株式の払込みがなされて会社資金となったものを，会社の業務執行取締役（執行役）がその任務に違反して発起人個人の借入金の返済に流用した行為――会社資金の横領行為――としてとらえられることになる。しかし，見せ金による払込みの場合には，当初から，会社資金を確保する意図がなく，①から④までの行為は払込みの仮装をする意図のもとになされた一連の行為であり，そうだとすると，この場合に有効な払込みがなされたとはいえず，したがって発起人および設立時取締役には任務懈怠の責任が生じ，また設立無効事由に該当する（〔87〕）と解すべきである。当初から払込みを仮装する意図のもとになされたかどうかは，事実認定の問題であり，会社成立から④の行為がなされるまでの期間の長短（それが短ければ，払込みの仮装の意図があったと判定される可能性が大きい），払込金が会社資金として運用された事実の有無（そのような事実がなければ，払込みの仮装の意図があったと認定される可能性が大きい）等を考慮して有効な払込みかどうかを決すべきことになる。前掲の最高裁昭和38年判決もこのような考え方を示している。そのような事実から払込みの仮装の意

図があったと認定された場合には，これを有効な払込みとして取り扱うべきではない。

「見せ金」による払込みを無効と解した場合において，払込取扱機関が払込金保管証明をしたときは，払込みがないにもかかわらず保管証明をしたことになるが，そうだとすると，払込取扱機関が払込金保管証明責任を負うかが問題になる。この点について，払込取扱機関が「見せ金」による払込みであることにつき悪意の場合（銀行と発起人との間の通謀を要件とする見解もある）には，責任を負うと解されている。

〔74〕 (iii) 保管証明責任の法的性質　払込取扱機関は，前述したように（〔72〕），その証明した払込金額につき保管証明責任を負うが，それは，会社設立時における資本充実の原則を全うするために法によって認められた特別の法定責任である。一般に，この責任は一種の禁反言の原則に基づく責任あるいはそれと同様の精神から出た責任というように説明されているが（最判昭和41・12・1民集20巻10号2036頁。もっとも，最判昭和39・5・26民集18巻4号635頁はそれ以上の責任を認めたものとする），資本充実の原則を全うするために認められたものである以上，相手方である会社の主観的要件が問題にならず（払込みのないこと，または払込みの返還に関する制限について会社が悪意の場合にもこの責任が認められる。一般の禁反言の原則では相手方の善意が要件とされる），また払込取扱機関の故意・過失の有無にかかわらず責任を負わされる（禁反言の原則では，帰責事由の存在が要件とされる）点に，特殊性がある（なお，見せ金の場合には，〔73〕参照）。

払込取扱機関の保管証明責任に基づく払込金返還債務が商行為による債務かどうかについても見解が分かれているが，銀行が株式払込取扱委託契約に基づき真正に払い込まれた払込金を返還すべき債務と同じく商行為に基づく債務と解するのが判例（前掲最判昭和39・5・26）・多数説といってよい。

〔75〕 (iv) 払込取扱機関の預かっている払込金の返還時期　払込取扱機関が，その証明した払込金額を会社に返還する時期，逆にいえば，いつまで保管しなければならないかについては，会社成立時説と創立総会終了時説とに分かれている。前者によれば，払込取扱機関は，会社成立時まで払込金を保管することを要し，会社成立前に発起人または取締役に払込金を返還しても会社に対して払込金の返還を対抗できず，したがってまた，会社成立前は，発起人または取締役の側でも，払込取扱機関に対して払込金の返還を請求する権限がないとされる。これに対して，創立総会終了時説によれば，創立総会終了後は，払込取扱機関は払込金を返

還してもよく，設立中の会社の執行機関（発起人か，創立総会で選任された取締役かは必ずしも明らかでない）は保管金の返還を請求できるとされる。もちろん，払込取扱機関が会社成立前に払込金を発起人または取締役に返還したとしても，発起人または取締役が払込金を成立後の会社に帰属させた場合には，いずれの説によっても問題は生じない。この場合には，会社成立時説によれば，上記のような返還は受領権限のない者に対する返還になるが，会社がそれによって利益を受けた限度ではその返還は効力を有することになるからである（民479条）。したがって，問題なのは，発起人または取締役が会社成立前に返還を受けた払込金を成立後の会社に帰属させなかった場合である。この場合に，会社成立時説によれば，払込取扱機関は成立後の会社に対して払込金の返還を対抗することができず，会社成立後に，会社の代表者に対してその返還をしなければならないことになるのに対して，創立総会終了時説によれば，払込金の返還は有効であり，あらためて会社代表者に返還する必要がないことになる。会社成立前は，創立総会で選任された取締役はたんなる調査機関であり，執行機関ではない（指名委員会等設置会社の場合の執行役は，会社成立前は調査機関でも執行機関でもない）と解すべきであり（設立中の会社の執行機関は発起人である。〔78〕参照），したがって，会社成立前にこれらの取締役が払込金の返還を請求できると解する必要がなく，そのような権限はないと解すべきである。また，発起人は，開業準備行為をする権限を有していないから（〔28〕〔43〕），会社成立前に払込金の返還を受ける必要がなく，その権限もないと解すべきである。そしてまた，このように解することによって，会社成立時には資本金の額に相当する財産が会社に拠出され，保有されるという資本充実・維持の原則が確保されることになる。以上のような理由から，会社成立時説が妥当と考える。判例もこの立場をとっており（最判昭和37・3・2民集16巻3号423頁），実務上も，設立登記がなされたことの証明がなければ払込取扱機関は払込金の返還請求に応じないという取扱いがなされているという。なお，発起設立の場合には，たんに払込みを証するにすぎないから，以上に述べたことは妥当しないと解するほかなかろう。

〔76〕 (d) **払込みをしない引受人の地位** 設立時募集株式の引受人は，(a)および(b)（〔70〕〔71〕）による払込みをしないときは，その払込みにより設立時募集株主となるという権利を失う（63条3項）。発起人のうち出資を履行していないものがある場合には，前述のように失権手続がとられるが（36条。〔60〕(d)），株式引受人については，払込みの不履行により当然にその地位を失うことになる。新株の発

行の場合における株式引受人と同様の取扱いがなされることになる。

実際には，前述したように（〔68〕），株式申込証拠金として発行価額の全額を徴収するので，上記のような問題は生じない。

(チ) 機関の具備および設立手続の調査 〔77〕

(a) 創立総会の招集，権限 募集設立において，株式を引き受ける者の募集，株式の申込み・割当ておよび出資の履行によって，社員の確定という社団形成の第2の段階が終了し，続いて，第3の段階である機関の具備のための手続がなされる。募集設立の場合には，発起設立の場合と異なり，発起人のほかに募集に応じて株式引受人となった者も株主となるべき数に含まれるため，株式引受人の集会としての創立総会の招集が要求されている。すなわち，発起人は，設立時募集株式と引換えにする金銭の払込みの期日またはその期間の末日のうち最も遅い日以後，遅滞なく，設立時株主（50条1項または102条2項の規定により会社の株主となる者をいう）の総会（創立総会）を招集しなければならない（65条1項）。このように，創立総会の招集権者は発起人である。なお，創立総会では，機関の具備としての取締役および監査役等の役員の選任（累積投票による選任につき会社則18条）ならびに設立手続の調査のほか，会社の設立の廃止，創立総会の終結その他会社の設立に関する事項に限り，決議をすることができる（66条）。創立総会における決議方法について規定が設けられ（72条・73条），さらに，招集（67条―69条，会社則9条），議長（79条），代理人による議決権行使（74条），書面または電磁的方法による議決権行使（75条・76条，会社則13条・14条），議決権の不統一行使（77条），発起人の説明義務（78条，会社則15条），一株一議決権（72条），総会の延期・続行（80条），総会議事録（81条，会社則16条），決議の瑕疵および種類株主総会（84条―86条，会社則17条）等について，株主総会に関する規定と同様の規定が設けられている。

(b) 機関の具備，その会社成立までの法的地位 募集設立の場合（57条1項の場合）には，創立総会の決議で設立時取締役，設立時監査役その他の会社役員を選任しなければならない（88条1項）。監査等委員会設置会社を設立しようとする場合には，設立時監査等委員である設立時取締役とそれ以外の設立時取締役とを区別して選任しなければならない（88条2項）。その決議方法は，会社成立後のそれ（341条）と異なり，創立総会において議決権を行使することができる設立時株主の議決権の過半数であって，出席したその設立時株主の議決権の3分の2以上に当たる多数でなされる（73条1項）。役員の選解任につき拒否権付種類株 〔78〕

式が発行された場合の取扱いについても，発起設立の場合と同様である（84条。〔61〕(ii)）。もっとも，指名委員会等設置会社および公開会社以外の会社につき取締役または監査役の選任についての内容の異なる種類の株式を発行する場合（108条1項9号）においては，定款の定めによって各種類の株式引受人の総会の決議で決せられることになる（90条1項2項。詳細は発起設立に関する〔61〕(iii)参照）。累積投票に関する規定も適用されるが（89条），その詳細については後述する（342条。〔462〕）。代表取締役の選定ならびに取締役および監査役の会社成立までの法的地位については，発起設立の場合と同様である（〔62〕〔64〕）。もっとも，取締役および監査役が設立手続について調査をした結果は創立総会に報告される（〔79〕(iii)）。

〔79〕 (c) **設立手続の調査および変態設立事項の変更**　設立手続の調査は，募集設立の場合には，次に述べるように，創立総会を中心になされる（発起設立の場合については，〔56〕－〔58〕〔64〕）。

(i) 発起人の報告　まず，発起人は，会社の創立に関する事項を創立総会に報告することを要する（87条1項）。創立に関する事項とは，これまでに述べてきた社団の形成に関するすべての事項を意味する。

(ii) 変態設立事項に関する調査・報告　変態設立事項を定めたときは，発起人は，一定の場合を除き，それについての調査をさせるために検査役の選任を裁判所に請求することを要し（33条1項），その調査報告は，募集設立の場合には，創立総会に提出される（87条2項。したがって，変態設立事項の変更も，創立総会によってなされる〔後述(iv)〕。発起設立の場合には，裁判所に提出され，したがって，変態設立事項の変更も裁判所によってなされる）。発起人が検査役の選任を裁判所に請求することを要しない場合は，発起設立の場合と全く同様である（33条10項）。したがって，現物出資または財産引受けにつき，その事項が相当であることにつき弁護士等の証明等が必要であるが（〔58〕），この弁護士等の証明を記載しまたは記録した資料も，募集設立の場合には創立総会に提出される（87条2項）。

(iii) 設立時取締役および設立時監査役の調査および報告　創立総会で選任された設立時取締役および設立時監査役（設立時監査役は，監査役設置会社の場合。以下同じ）は，①現物出資または財産引受けの対象となった財産が一定価額未満または市場価格のある有価証券（金商2条1項2項）で，その事項につき裁判所の選任する検査役の調査を要しない場合（33条10項1号2号に定める場合）に，その財産につき定款に定めた価額が相当であること，②定款に記載・記録された価額が相当であることについて弁護士等の証明（33条10項3号）が相当であること，③発起人による出資の履行（34条）および設立時募集株式の引受人の払込み（63条1項）が完了していること，④①から③までに掲げる事項のほか，会社の設立の手続が法令または定款に違反していないことを調査し（93条1項），かつ，設立時取締役は，この調査の結果を創立総会に報告しなければならない（同2項。なお，旧会社法のもとでは，募集設立の場合には，発起設立の場合と異なり，検査役の調査報告もこの調査の対象とされていたが，その旨の規定が削除され，この点で発起設立と同じ取扱いとされた。〔64〕）。

設立時取締役は，創立総会において，設立時株主から上記の調査に関する事項について説明を求められた場合には，その事項について必要な説明をしなければならない（93条3項）。取締役の説明義務の一環である。なお，取締役および監査役のなかに発起人から選任された者がいる場合には，創立総会においては，その決議で，とくに検査役を選任して（94条1項），その者に上記の調査・報告をさせることができる（同2項）。取締役および監査役に上記の調査・報告を委ねる――そうすると，発起人として自分のした設立事務を自分で取締役または監査役として調査・報告することになる――のは適当でないと判断したときにその選任がなされることになろう。この場合にも，取締役または監査役の調査・報告の義務が消滅するものではないと解すべきであろう。

(iv) 創立総会における定款の変更等　募集設立をする場合には，発起人は，〔80〕金銭の払込期日または払込期間（58条1項3号）の初日のうち最も早い日以後は，裁判所の変更決定の確定後の定款の変更（33条9項）ならびに発行可能株式総数の定め（37条1項2項）に関する規定にかかわらず，それらの規定によっても定款の変更をすることができない（95条）。株式引受人の利益にかかわるからである。

その後は，創立総会の決議（73条）によって定款の変更をすることができることになる（96条）。すなわち，公証人の認証を受けた定款は，会社成立前は原則として，変更できないが（30条2項），創立総会においては，その決議によって，定款の変更をすることができる（96条）。たとえば，創立総会は，発起人，裁判所の選任した検査役ならびに取締役・監査役および創立総会で検査役を選任したときはその検査役の報告を検討するが，そこで定款に記載された株式の引受け・払込みまたは現物出資の給付が欠缺し，または変態設立事項が不当であることが判明したときは，そのままでは設立手続を続行できず，定款変更が必要となる。そして，創立総会において，変態設立事項に掲げる事項（28条各号）を変更する定款の変更の決議をした場合には，その創立総会においてその変更に反対した設立時株主は，その決議後2週間以内に限り，その設立時発行株式の引受けにかかる意思表示を取り消すことができる（97条）。

また，募集設立の場合において，発行可能株式総数を定款で定めていないときは，株式会社の成立の時までに，創立総会の決議によって，定款を変更して発行可能株式総数の定めを設けなければならない（98条）。

創立総会による変更は，変態設立事項の縮小または削除に限られ，その拡張または追加は許されない（最判昭和41・12・23民集20巻10号2227頁）。

創立総会においては，さらに，招集通知に記載・記録がなくても，定款の変更または設立の廃止の決議をすることができる（73条4項但書。それ以外の事項については総会の目的である事項〔67条1項2号〕に限られる）。そのうち，定款を変更して，発行する全部の株式の内容として，①株式譲渡制限の定め（107条1項1号）を設け，または②会社が一定の事由が生じたことを条件として株式を取得することができる定め（107条1項3号）を設ける場合には，それぞれその決議要件につき特則がある（①については73条2項，②については73条3項）。

(v) 種類株式発行会社である場合の定款変更手続の特則

① 設立しようとする会社が種類株式発行会社であるときは，㋑ある種類の株式の内容として，会社が一定の事由が生じたことを条件としてその種類の株式を取得することができる旨の定款の定めを設け（108条1項6号），またはその事項についての定款の変更（その事項についての定款の定めを廃止するものを除く）をしようとするとき，および㋺種類株式発行会社が一定の行為（322条1項各号に列挙されている）をする場合において，ある種類の株式の種類株主に損害を及ぼすおそれがあるときでもその種類株主総会の決議を要しない旨の定款の定め（322条2項）をするときは，そのそれぞれの種類の設立時発行株式の設立時種類株主全員の同意を得なければならない（99条）。

② 定款を変更してある種類の株式の内容として株式譲渡制限の定め（108条1項4号）または全部株式取得条項の定め（108条1項7号）を設けるときは，その定款の変更は，㋑その種類の設立時発行株式の設立時種類株主，㋺108条2項5号ロ（株主の請求によりその種類の株式1株を取得するのと引換えにその株主に対してその会社の他の株式を交付する場合）の他の株式をその種類の株式とする定めがある取得請求権付株式の設立時種類株主および㋩108条2項6号ロ（会社が一定の事由が生じたことを条件としてその種類の株式1株を取得するのと引換えにその株主に対して

その会社の他の株式を交付する場合）の他の株式をその種類の株式とする定めがある取得条項付株式の設立時種類株主を構成員とする種類創立総会（その設立時種類株主にかかる設立時発行株式の種類が2以上ある場合にあっては，その2以上の設立時発行株式の種類別に区分された設立時種類株主を構成員とする各種類創立総会）の決議がなければ，その効力を生じない（100条1項本文）。ただし，その種類創立総会において議決権を行使することができる設立時種類株主がたとえば全部取得されてしまって存しない場合には，当然のことながらこの限りでない（100条1項但書）。上記の種類創立総会においてその定款の変更に反対した設立時種類株主は，その種類創立総会の決議後2週間以内に限り，その設立時発行株式の引受けにかかる意思表示を取り消すことができる（100条2項）。

③　設立しようとする会社が種類株式発行会社である場合において，㋑株式の種類の追加，㋺株式の内容の変更，㋩発行可能株式総数または発行可能種類株式総数（会社が発行することができる一の種類の株式の総数をいう）の増加についての定款の変更をすることにより，ある種類の設立時発行株式の設立時種類株主に損害を及ぼすおそれがあるときは，その定款の変更は，その種類の設立時発行株式の設立時種類株主を構成員とする種類創立総会（その設立時種類株主にかかる設立時発行株式の種類が2以上ある場合にあっては，その2以上の設立時発行株式の種類別に区分された設立時種類株主を構成員とする各種類創立総会）の決議がなければ，その効力を生じない（101条1項本文）。ただし，その種類創立総会において議決権を行使することができる設立時種類株主が存しない場合は，この限りでない（101条1項但書）。この規定は，単元株式数についての定款の変更であって，その定款の変更についてある種類の株式の種類株主に損害を及ぼすおそれがあるときでも，ある種類の株式の内容として，種類株主総会の決議を要しない旨の定款の定めがある場合（322条2項）には，設立手続への影響にかんがみ，適用されない（101条2項）。

Ⅶ　設立登記

1　準則主義　〔81〕

会社は，以上のような法定の手続に従って社団の実体が形成されると，本店の所在地において設立の登記をすることによって法人格が与えられる（49条）。これを準則主義といい，特許主義および免許主義と対比される。特許主義とは，特別の立法（かつては君主の特許）によって法人格が付与されるというものであって，かつてはそれが一般的であったが，現在では，特殊の会社（日本電信電話株式会社，東日本電信電話株式会社，西日本電信電話株式会社〔日本電信電話株式会社等に関する法律による〕，日本たばこ産業株式会社〔日本たばこ産業株式会社法による〕等）がこの主義によって法人格を与えられている。免許主義とは一般的な法律で定められた設立手続に従って実体が形成されるほかに，個別的に主務官庁の許可を得ることを要するものであって，平成18年改正前の民法上の公益法人はそれによって法人格が与えられた（平成18年改正前民34条）。ところが同年制定の「一般社団法人及び一般財団法人に関する法律」によれば，一般社団法人および一般財団法人は次に述べる準則主義によって設立されることになる（同法22条・163条）。前述したように，準則主義とは，一般的な法律（特許主義と異なり，その団体のための特別の法律ではない）に定められた手続（会社の場合には会社法）に従って実体が形成されれば，個別的な主務官庁の許可を要せず，設立登記によって法人格が与えられるものである。会社は，このように，準則主義によって法人格が与えられるから，公益上設立を認めるべきでない場合にも，設立手続が法律の規定を遵守してなされれば設立が認められるが，これによる弊害を是正するために事後的に国家がその法人格を剝奪する制度が解散命令（〔823〕⑥）である。また，会社設立が法定の手続を遵守しなかったにもかかわらず，設立登記がなされてしまった場合には，後述する設立無効の問題となる（会社につき〔85〕以下。なお，法人格否認の法理につき，〔826〕）。

〔82〕 **2 設立登記**

(イ) 設立登記の申請

株式会社の設立の登記は，会社を代表する者の申請によってする旨が規定されており（商登47条1項），したがって発起設立の場合には設立時取締役の過半数等で（47条3項・48条1項3号）選定され，また募集設立の場合には創立総会等で選任された取締役（88条－90条）が選定した代表取締役または代表執行役がこの申請をすることになる。

設立登記は，その本店の所在地において，次に掲げる日のいずれか遅い日から2週間以内にしなければならない（911条1項2項）。すなわち，発起設立の場合には，①設立時取締役等の調査（46条1項）が終了した日（911条1項1号。指名委員会等設置会社の場合には，設立時代表執行役が設立時取締役から調査を終了した旨の通知を受けた日），または②発起人が定めた日（同1項2号）であり，募集設立の場合には，①創立総会の終結の日（911条2項1号），②創立総会で定款変更の決議

(97条）をしたときは，その決議の日から2週間を経過した日（同2項3号），③97条および100条1項の種類創立総会の決議をしたときは，その決議の日から2週間を経過した日（同2項4号），また④84条および101条1項の種類創立総会の決議をしたときは，その決議の日（同2項2号5号）である。

申請書には，定款，株式の申込み・引受けを証する書面，取締役および監査役または検査役の調査報告，払込取扱機関の残高証明書（発起設立の場合）または払込金保管証明書（募集設立の場合），弁護士等の証明および鑑定評価を記載した書面および有価証券の市場価格を証する書面など，設立が法定の手続でなされたことをいちおう確認するのに必要な書類を添付しなければならない（商登47条2項）。資本金の額の1000分の7（最低15万円）の登録免許税の納付も要求される（登税9条・別表第1第24号(一)イ）。なお，定款等につき，電磁的記録の作成がされているときは，それに記録された情報の内容を記録した電磁的記録（法務省令で定めるもの）を申請書に添付する（商登19条の2）。

(ロ) 設立登記事項 〔83〕

設立登記事項としては，定款の記載事項の一部のほか，発行可能株式総数および資本金の額ならびに取締役・監査役の氏名および代表取締役の氏名・住所等である（911条3項。その支店の所在地における登記・変更登記等につき，930条）。取締役等の責任免除についての定款の定め（426条1項）があるときのその定めも登記事項とされている（911条3項24号）。責任限度額をあらかじめ定める契約（427条）を締結した社外取締役等の非業務執行取締役等が負う責任の限度に関する契約の締結についての定款の定めも登記事項である（911条3項25号）。旧会社法のもとでは，社外取締役自体が登記事項とされていたが，会社法では社外取締役等であることが法的効果を有する場合に限り登記事項とされた。すなわち，特別取締役（373条1項。1人以上は社外取締役であることが必要とされる。373条1項2号）の場合（911条3項21号ロ），監査等委員会設置会社における社外取締役（911条3項22号ロ）等，指名委員会等設置会社における社外取締役の氏名等（911条3項23号イ。社外取締役の設置が強制される。400条3項。社外監査役および独立役員については〔544〕）が登記事項とされる（社外取締役強制の否定につき〔459の3〕）。平成26年改正により，監査役につきその権限が会計に関するものに限られる者についてはその旨の定款の定め（〔548〕(ロ)参照）が登記事項とされた（911条3項17号イ）。公告方法の登記および電子公告の登記については前述した（〔49〕(b)，〔50〕(v)）。貸借対照表の内容である情報を電磁的方法により定時総会の終結の日の後5年を経過する日まで不特定多数の者が提供を受ける状態におく措置をとることとすることができるが（440条3項），この情報の提供を受けるため必要な事項で法務省令で定めるもの（登記アドレス。電子公告2条11号）も登記事項とされた（911条3項26号）。

監査等委員会設置会社の場合には，前記のほか，監査等委員会設置会社である旨，監査等委員である取締役およびそれ以外の取締役の氏名，取締役のうち社外取締役であるものについて社外取締役である旨，重要な業務執行の決定の取締役への委任についての定款の定めがあるときはその旨等が登記事項となる（911条3項22号）。

指名委員会等設置会社の場合には，前記のほか，指名委員会等設置会社である旨，取締役のうち社外取締役であるものについて社外取締役である旨，指名委員会，監査委員会および報酬委員会を組織する取締役および執行役の氏名，代表執行役の氏名および住所等が登記事項となる（911条3項23号）。

〔84〕 **3　設立登記の効果**

設立登記によって会社が成立し（49条），会社は法人として権利義務の主体となる。

また，株主となる時期については，出資を履行した発起人は，会社の成立の時に履行をした株式の株主となり（50条1項），募集設立の場合の設立時募集株式の引受人は，会社成立時に払込み（63条1項）を行った設立時発行株式の株主となり，いずれも設立登記の効果と結びついている。

会社の成立には，このほかに次のような付随的効果が生ずる。第1に，民法93条1項但書および94条1項の規定は，設立時発行株式の引受けにかかる意思表示には適用されない（51条1項）。第2に，発起人は，株式会社の成立後は，錯誤，詐欺もしくは強迫を理由として設立時発行株式の引受けの取消しをすることができない（同2項）。第3に，会社の成立により，権利株が株式になるから，権利株譲渡の制限（〔69〕）の規定（35条・50条2項）の適用がなくなる。もっとも，株券発行会社（その詳細は〔198〕以下）の場合には株券発行前の株式譲渡の制限に関する規定が適用されることになる（128条2項。〔182〕）。第4に，株券発行禁止が解除され，会社は遅滞なく株券を発行しなければならなくなる（215条1項）。もっとも公開会社でない会社（その発行する全部の株式につき譲渡制限がなされている会社）では株券の請求があるときまで株券を発行しないでよい（215条4項）。

Ⅷ 設立無効

1 意　　義 〔85〕

設立無効とは，設立登記がなされて成立した会社の設立手続が法律の規定に従わなかった場合に問題になる。前述のように，社団という実体が法定の手続に従って形成されれば，設立登記によって法人格が与えられるが（〔81〕），登記官にとって，設立が法定の手続に従ってなされたかどうかを実質的に審査することは不可能であって，設立登記申請が形式的に要件を満たしていれば――形式的審査主義――設立登記をすることにならざるをえない（なお，商登24条）。したがって，設立登記によって成立した会社のなかには，その設立が法定の手続に従わなかったものも含まれており，そのような会社の設立は無効であって設立無効の訴えにより，事後的にその法人格が消滅させられることになる。設立無効は設立登記によって成立した会社についてのみ問題となる点で，会社設立が途中で挫折した会社不成立の場合（〔91〕）と区別される。

2 会社組織に関する訴え 〔86〕

会社設立の無効は訴えによって主張され，この訴えを設立無効の訴えといい，会社法にそれに関する規定が設けられている（828条1項1号2項1号・834条1号・838条・839条）。会社法には，設立無効の訴えのほかにも，株式の発行の無効の訴え（834条2号），自己株式の処分の無効の訴え（同3号），新株予約権の発行の無効の訴え（同4号），資本金減少の無効の訴え（同5号），組織変更の無効の訴え（同6号），合併の無効の訴え（同7号8号），分割の無効の訴え（同9号10号），株式交換・移転の無効の訴え（同11号12号），株主総会決議不存在・無効確認の訴え（同16号），株主総会等決議の取消しの訴え（同17号），新株発行等の不存在確認の訴え（829条）等の規定が設けられており，会社法はこれらの訴えをまとめて会社の組織に関する訴えと呼んでいる。

会社組織に関する訴えには，次のような特色が存在する。第1に，画一的確定の要請があることである。その訴えに関連して，利害関係人が多数に及ぶから，請求を認容する判決は画一的に確定しなければならないということである。会社設立が無効かどうかは，たんにそれを主張する者と会社との間だけではなく，株主その他の第三者にも影響を及ぼす。ところが，民事訴訟法の一般原則によれば，確定判決は原則として訴訟の当事者に対してしか効力を有しない（民訴115条1

項）から，たとえば株主Aが設立無効の訴えを提起してそれが認容された場合には，この一般原則によれば，設立無効判決の効力は，その訴訟の当事者である原告Aと被告である会社に対してしか効力を有せず，その他の株主等にはその判決の効力が及ばないことになる。しかし，それでは法律関係が混乱して収拾がつかないことになる。そこで，会社組織に関する訴えにおいては，請求を認容する判決につき，訴訟の当事者以外の第三者にも効力を及ぼす必要があり，民事訴訟法115条1項の例外として，請求を認容する判決は第三者に対しても効力を有する旨が規定されている——これを判決の対世効という——（838条）。

第2に，遡及効阻止の要請があるということである。たとえば設立登記により会社が成立した場合のように，いったん一定の法律関係が成立すれば，その法律関係が有効であるような表見的事実が発生するから，請求を認容する判決により，この法律関係がはじめに遡って効力を否定されると，そのような表見的事実を信頼してあらたに法律関係に入った者に不測の損害を与えることになる。そこで，会社組織に関する訴えにおいては，請求を認容する判決は将来に向かってのみ効力を有するものとして，遡及効を否定する必要がある。会社組織に関する訴えのうち，設立無効の訴え，新株発行無効の訴え，株式交換無効の訴え，株式移転無効の訴え，新設分割無効の訴え，吸収分割無効の訴え，合併無効の訴え等834条1号から12号までならびに18号および19号に掲げる請求の認容判決については，無効判決が遡及効を有しない趣旨を明文でうたっている（839条）。これに対して，総会決議取消の訴え，総会決議不存在確認および無効確認の訴え，新株発行決議不存在の訴え等834条13号から17号までならびに20号および21号に掲げる訴えには，請求認容判決の遡及効を否定する旨の規定が設けられていないので，この点に関し解釈上問題とされている（〔457〕〔458〕〔347〕）。

第3に，第2の要請とも関連して，無効の主張をできるだけ制限しようという要請（無効の主張の可及的制限の要請）があることである。無効の主張を，いつまでも，だれにでも，またどのような方法によってもすることができるとすると，法律上は無効でも事実上存在していた法律関係がくつがえされて法律関係を不安定にするので，その主張期間，主張権者，主張方法等をできるだけ制限することが必要である。このように，訴えによらなければ無効を主張することができない場合には，その無効判決によって法律関係が形成または変更されるが，その判決を形成判決という。そこで，会社組織に関する訴えのうち，設立無効の訴え，総会決議取消の訴え，新株発行無効の訴え，株式交換・移転無効の訴え，会社分割無効の訴え，資本減少無効の訴え，合併無効の訴え等においては，主張期間，主張権者および主張方法を制限する明文の規定が設けられている（828条1項2項）。これに対して，新株発行等の不存在確認の訴え，総会決議不存在確認および無効確認の訴え等にはそのような規定が存しない（その理由については〔454〕参照）。

3　設立無効原因　〔87〕

設立無効原因については，とくに会社法上規定が存しないが，設立無効が認められる理由から（〔85〕），それは設立手続が法律の規定に従っていないことである。すなわち，定款の絶対的記載事項の記載がないか，その記載が違法であること（27条），定款に公証人の認証がないこと（30条2項），出資された財産の価額が定款で定めた「設立に際して出資される財産の価額又はその最低額」（27条4号）に満たないこと，またそれを満たした場合でも，発起人が設立時発行株式の一株の権利も取得しなかったこと（25条2項参照），募集設立において創立総会の招集がないこと（65条1項）等である。これらの場合には，設立登記の段階でチェックされて設立登記がなされないのが通常であろうが，設立登記がなされたとしても，設立無効原因として，事後的に法人格を消滅させる事由となる。

株式会社においては，特定の株式引受人が引受けを取り消し，あるいは払込みをしなかったという事由――主観的事由 ―は，人的会社の場合と異なり，無効事由にはならない。

4　設立無効の訴え――可及的制限　〔88〕

会社設立の無効は，その成立の日から2年内に（主張期間の制限），訴えをもってのみ（主張方法の制限）主張することができ（828条1項1号），かつ，この訴えは株主，取締役（指名委員会等設置会社の場合は執行役）または監査役（監査役設置会社の場合）等に限って（主張権者の制限）提起することができる（828条2項）――これらの者のみが原告となりうる――。ここで，訴えをもってのみ主張することができるということは，設立の無効を主張するためには，必ず設立無効の訴えを提起して，設立無効の確定判決を得なければならないという趣旨である。また，主張期間および主張権者が上記のように制限されているから，主張権者がその期間内に設立無効の訴えを提起しなければ，設立手続に瑕疵があってもそれは治癒されて，その後は設立を無効とすることができなくなる。設立無効の訴えは本店の所在地の地方裁判所の専属管轄とされる（835条1項）。設立無効判決が対世効を有すること（〔89〕）から，数個の設立無効の訴訟が同時に係属するときは，矛盾した内容の判決がなされることを防止するために，弁論および裁判は併合してすることを要することになる（837条）。

株主（設立時株主を含む）が設立無効の訴えを提起した場合においては，相当の担保を命ずることができる（836条1項本文）。その株主が取締役等であるときはその限りでない（836条1項但書。悪意の疎明につき，836条3項）。会社法により定められたものであって，株主が他の会社法上の訴えおよび株主代表訴訟の提起の例にならったものである。濫訴の弊害を防止するためである。

〔89〕 **5 設立無効判決**

(イ) 対 世 効

設立無効判決が確定した場合（原告勝訴の場合）には，その判決は，対世効すなわち第三者に対しても効力を生じ（838条），だれもそれを争うことができなくなり，法律関係が画一的に確定する（〔86〕）。

設立無効の訴えにおいて，請求が棄却された場合（原告敗訴の場合）には，その判決の効力は一般原則により当事者にしか及ばない（民訴115条1項）。したがって，他の主張権者がさらに訴えを提起することができないわけではない（もっとも主張期間の制約が存する）。なお，原告敗訴の場合において悪意または重過失のあった原告は会社に対し連帯して（数人の場合）損害賠償責任を負わされる（846条）。濫訴の弊害を防止するためであり，したがって，ここで悪意・重過失とは，設立無効事由がないことを知り，または知らなかったことにつき重過失があったことと解すべきであろう。

〔90〕 **(ロ) 遡及効の否定**

設立無効判決があっても，それは将来に向かってのみその効力を生じ，会社，その株主および第三者の間に生じた権利義務には影響を及ぼさず（839条），清算をすることになる（475条2号）。したがって，設立無効判決があっても，それは設立時まで効力が遡ることなく，したがってそれまでに株主になされた剰余金配当，会社と第三者との取引等の効力を維持したまま，債権の取立ておよび債務の弁済をし，残余財産を株主に分配するという清算をすることになる（〔832〕以下）。いいかえれば，既往の関係では，設立無効判決のなされた会社も有効に設立された会社と同視して，会社，株主および第三者間の関係をそのまま維持し，将来に向かって清算によって法人格を消滅させることになる。設立無効判決がなされると，登記により公示される（937条1項1号イ）。

Ⅸ　会社不成立

〔91〕 会社不成立とは，会社の設立が実体形成の途中で挫折することをいう。実体の形成は，前述のように，定款の作成，社員の確定および機関の具備の3つの要素からなるが（〔31〕），そのいずれかの段階で実体の形成が挫折し，設立登記までいたらないのが会社不成立であって，この点で設立登記がなされた場合に関する設立無効と区別される。会社不成立の場合には，発起人は会社の設立に関してした行為について連帯責任を負い，かつ会社の設立に関して支出した費用は発起人の負担とされる（56条）。したがって，発起人は，任務懈怠の有無を問わず（無過失責任である），連帯して，株式引受人に対してはその払込金の全額を返還する義務を負い，設立費用もその負担となり，その債権者に対して債務を負う。

なお，上記の会社不成立の場合の発起人の責任の趣旨については，会社が不成立になると設立中の会社ははじめに遡ってその存在が否定され，その結果，発起人が設立に関してした行為の効果は理論上当然に発起人に帰属する趣旨であると理解する考え方と，不成立の場合には設立中の会社がその目的不到達により解散したものとみなされ，本来ならば清算をして株式引受人が残余財産の分配を受けることになるはずであるが，株式引受人に払込金の全額を返還して損害を与えないようにするために，政策的に発起人に全責任を負わせる趣旨であると理解する考え方とが対立している。

Ⅹ　設立に関する責任

1　会社法による責任緩和 〔92〕

会社法は，設立時における発起人等の会社に対する責任につき，①現物出資財産等の価額が不足する場合の責任（52条），②出資の履行を仮装した場合の責任（52条の2）および③任務を怠った場合の損害賠償責任（53条1項）についてのみ規定している。旧会社法のもとでは，上記の責任のほかに発起人および設立時取締役につき，引受担保責任および払込担保責任（設立に際して発行する株式につき引受けまたは払込みを欠いた場合の責任。改正前商192条1項）および給付未履行財産の価額塡補責任（改正前商192条2項の責任）に関する規定が設けられ，それらの責任は資本充実責任として無過失責任と解されていた。会社法の下では，設立に際して出資の引受け，払込みまたは給付のない株式は設立前にすべて失権してしまうので（36条3項・63条3項），会社成立後にその塡補責任を問題にする余地がなくなってしまったことになる（〔21〕）。その結果，ここでも，発起人，取締役等に無過失責任を負わせる必要がなくなったことになる。もっとも，同趣旨の責任が任務を怠ったことによる責任の中に含まれる可能性があることについては，後述する。

〔93〕 **2 出資された財産等の価額が不足する場合の責任**

現物出資または財産引受けの目的である財産の会社成立当時における価額が定款に記載された価額（定款の変更があった場合にあっては，変更後の価額）に著しく不足するときは，発起人および設立時取締役は，会社に対し，連帯して，その不足額を支払う義務を負う（52条1項）。もっとも，この責任については，①その財産が検査役の調査（33条2項）を経た場合，また，②発起設立の場合には，その発起人または設立時取締役がその職務を行うについて注意を怠らなかったことを証明した場合には，その義務を負わない（52条2項）。これに対して，募集設立の場合には，②の適用が排除されており（103条1項で，52条2項の適用が①の場合に限定されている），注意を怠らなかったことを証明しても上記の義務を免れず，無過失責任を負う。募集設立の場合には，設立時株主になるのが発起人のほかに設立時株式を引き受けて設立時株主になった者も含まれるので，それらの引受人の保護のため発起人の責任を厳重にしたのである。募集設立の場合にのみ払込金保管証明制度を設けているのと同旨である。ここで「著しく不足するとき」にのみ責任を負わせたのは，少しの不足は大目にみるというわけではなく（資本充実責任について少しの不足を大目にみるわけにはいかないはずである），定款に定めた時点の価格と会社成立当時の実価との間に差異があることを考慮したものと解すべきであり，その程度の不足については責任を負わせない趣旨と理解すべきである。

〔93の2〕 **3 仮装払込による発起人・設立時募集株式の引受人・設立時取締役の責任**

平成17年会社法が払込金保管証明の制度を発起設立や新株発行の場合につき廃止した（〔60〕〔72〕〔333〕）こともあって，仮装払込が実際界に連続しているといわれる。そこで，平成26年改正会社法は，見せ金によるもの等の仮装払込の場合における発起人・設立時募集株式の引受人・設立時取締役の責任等について，次のような立法的手当てをしている。

① 払込仮装とその効果　発起人・設立時募集株式の引受人は，次のⅰおよびⅱの場合には，会社に対して，それぞれ次の行為をしなければならない（52条

の2第1項・102条の2第1項)。

ⓘ　発起人・設立時募集株式の引受人が設立時発行株式の払込金額の払込みを仮装した場合には，払込みを仮装した払込金額の全額の支払をしなければならない。前述の見せ金による払込みも，この仮装の払込みに該当すると解される。

ⓘⓘ　発起人が現物出資財産の給付を仮装した場合（設立では引受人に現物出資をすることは認められていない）には，その現物出資財産の給付をしなければならない。この場合に，会社がその給付に代えてその現物出資財産の価額に相当する金銭の支払を請求したときは，その金銭の全額の支払をしなければならない。現物出資の仮装の例として，振替株式を現物出資する発起人が，その株式につき口座振替機関に振替申請して振り替えて現物出資をした株式をその後にさらに自己に振り替えるように申請をし，振替株式を自己のものにする例等があげられている。この例は上述した見せ金に近い例ともいうことができよう。

ⓘⓘⓘ　株主代表訴訟の対象，総株主の同意による免除　　ⓘおよびⓘⓘにより発起人・設立時募集株式の引受人の負う義務は，株主代表訴訟による責任追及等の訴えの対象とされる（847条1項)。また，その義務は，総株主の同意がなければ免除することができないものとされる（55条・102条の2第2項)。これらにより，引受人と執行部との癒着により，引受人に対する責任の追及がなされなくなってしまうことを防止するものである。

②　仮装払込等に関与した設立時取締役等の責任　　上述のⓘおよびⓘⓘに掲げる場合には，出資の履行を仮装することに関与した発起人または設立時取締役として法務省令で定める者（会社則7条の2・18条の2）は，会社に対し，ⓘの払込金額またはⓘⓘの金銭の全額に相当する金額を支払う義務を負わされるが，その者がその職務を行うについて注意を怠らなかったことを証明した場合にはこの限りでないものとされる（52条の2第2項・103条2項)。業務執行者に対して，仮装払込金額の全額または仮装の現物出資の価額に相当する金銭の全額につき支払義務を負わせ，その責任は過失責任――その職務の執行につき注意を怠らなかったことを立証したときは責任を免れる――とすることを明らかにしたものである。この責任も総株主の同意による免除が認められる（55条)。

③　仮装払込の場合の払込期日後の払込み等の効果　　設立時発行株式につき，前述の仮装払込等および現物出資の仮装給付の場合（前述ⓘおよびⓘⓘの場合）には発起人・設立時募集株式の引受人は，ⓘまたはⓘⓘによる支払がなされた後でなければ，出資の履行を仮装した設立時発行株式について，株主の権利を行使するこ

とができないものとされる（52条の2第4項・102条3項）。このことから，ⓘまたはⓘⓘによる支払がなされた後は，出資の履行を仮装した設立時発行株式について，株主の権利を行使することができることになる。この取扱いは，会社法36条3項および63条3項の規定と密接な関係を有する。というのは，同規定によれば，発起人等が出資の履行をしないときは，出資を履行することにより設立時発行株式の株主となる権利を失うと規定しているからである。結局，仮装払込等の設立時発行株式につき，ⓘまたはⓘⓘの義務が履行された場合には，設立時発行株式の株主となる権利は失わなかったことになるものとみなされると理解することになろう。払込期日後等であれ，出資義務が履行されれば，資本充実責任はみたされるから，そのようにみなしても実害はないと解される。もっとも，履行遅延による損害賠償責任等の問題は残ることになる。

④　③の設立時発行株式の譲受人の善意取得　　③の設立時発行株式を譲り受けた者は，その設立時発行株式についての株主の権利を行使することができるが，その者に悪意または重大な過失があるときはこの限りではない（52条の2第5項・102条4項）。出資の履行が仮装された設立時発行株式であっても，出資義務が履行されたものについては，その株主の権利の行使が認められるが，その譲受人についても，その者に悪意・重過失がなければ株主権の行使を認めることによって株式取引の安全が図られることになる。ここで悪意・重過失が何についてかが問題になるが，譲渡人が株主の権利を行使することができる地位を取得したか，いいかえれば①の払込み，または給付をしたことについての悪意・重過失も問題とすることになろう。悪意または重大な過失の立証責任は，株主権の行使を否定する側が負うと解される。

〔94〕　**4　発起人，設立時取締役または設立時監査役の任務懈怠の責任**

発起人は，設立中の会社の執行機関としての職務を有し，その職務につき任務懈怠があったときは，任務懈怠のあった発起人が成立後の会社に対して連帯して損害賠償責任を負う（53条1項）。たとえば，発起人は創立に関する事項を創立総会に報告することを要するが（87条1項。〔79〕(i)），その報告につき任務懈怠があって，それがなければ創立総会で設立費用を減額したであろうと考えられるときは，発起人の任務懈怠によって会社に損害を与えたことになるから，それにつき任務懈怠のある発起人は連帯して損害賠償責任を負うことになる。

設立時取締役または設立時監査役は，設立手続において，その調査機関としての職務を有するが（46条・93条。〔64〕〔78〕），その職務執行につき任務懈怠があって会社に損害を与えたときは，法令違反（善管義務違反）として，会社に対して，発起人と同様に損害賠償責任を負う（53条1項）。

設立時株式の払込み，現物出資の給付等がなされなかった場合には，発起人は設立事務の執行者として，また設立時取締役および設立時監査役は，出資の履行が完了していることについて調査する義務を負っている（46条1項3号・93条1項3号）から，この任務を怠った場合に責任を負わされる可能性が大きいと考えられる。旧会社法のもとでは，この場合には発起人等に無過失の引受け・払込担保責任を負わせる規定が設けられており，会社法によりそれが削除されたことは前述したが，この改正の前後で責任の有無につき著しい差異が生じたとはいえないと考えられる。

取締役または監査役と発起人との双方が責任を負うときは，それらの連帯債務となる（54条）。

この責任は，善管注意義務違反の責任であるから，法令違反の責任として，取締役および監査役については責任の一部免除に関する規定（425条－427条）の適用がある。また，この責任の追及については，株主代表訴訟制度の適用があることはいうまでもない。

5　第三者に対する責任　〔95〕

発起人がその職務の執行につき悪意・重過失があるときは，その発起人は，株主，会社債権者等の第三者に対して連帯して損害賠償責任を負う（53条2項）。役員等の第三者に対する責任（429条。〔503〕以下）と同性質のものである。また，設立時取締役または設立時監査役がその職務を行うにつき悪意または重過失があるときも同様である。取締役または監査役と発起人との双方が責任を負うときは，それらの連帯債務となる（54条）。

6　弁護士等の証明等に関する責任　〔96〕

現物出資または財産引受けに掲げる事項が相当であることにつき，弁護士等が証明等をした場合（〔58〕）の責任に関する規定が設けられている（52条3項）。この責任を課することにより，弁護士等の証明等の適正さを確保しようというものである。すなわち，現物出資または財産引受けの財産の会社成立当時における価額が定款に記載された価額（定款の変更があった場合には変更後の価額）に著しく不足する場合にその不足額の支払をする義務を負う（52条3項本文）。しかし，弁護士等の証明等に関する責任は，その証明等をした者がそれをするについて注意を怠らなかったことを証明したときはこの限りではなく，責任を負わないでよい

(52条3項但書)。すなわち，弁護士等のこの責任は過失責任であるが，過失に関する立証責任が転換され，弁護士等の側で無過失の立証責任を負わされることになる。この点は，発起人等の募集設立の場合の責任が無過失責任（発起設立の場合の発起人等の責任については，責任が緩和され，弁護士等の責任と同様になる）とされていることと（〔93〕）異なるところである。弁護士等のような職業的専門家のする証明等について無過失責任を負わせるのは適当ではないという考え方に基づくものである。

〔97〕 **7 擬似発起人の責任**

(イ) 趣旨および意義

発起人であるかどうかは定款に発起人として署名したかどうかという形式的基準によって決められる（〔27〕）。しかし，この基準によれば，第三者からみて発起人と間違われるような行為をした者でも，定款に発起人として署名していなければ発起人にはならず，その結果，株式引受人その他の第三者に損害を与える可能性がある。そこで会社法は，この結果を防止するため，募集設立の場合につき擬似発起人という概念を設け，その者は発起人と同一の責任を負う旨を規定している（103条4項）。ここで擬似発起人とは，定款に発起人として署名しておらず，したがって会社法上発起人ではないが，株式募集の広告その他株式募集に関する書面または電磁的記録――設立趣意書，株式引受勧誘状，それらが電磁的記録でなされた場合のそれらなどを含むと解される――に自己の氏名および会社の設立を賛助する旨の記載し，または記録をすることを承諾した者である。そのような承諾をした者は，設立に関する責任との関係では発起人として取り扱われてもやむをえないというのが擬似発起人に関する立法趣旨である。

〔98〕 **(ロ) 責 任 の 内 容**

擬似発起人は発起人と同一の責任を負うとされるが，その内容は，会社が成立した場合と不成立の場合とで区別しなければならない。会社が成立した場合には，擬似発起人には，発起人の任務というものは認められず，したがって任務懈怠による責任というものも考えられないから，その責任は現物出資財産価額等不足責任に限られると解される。この責任については，総株主の同意があっても免責されないと解され，かつ株主の代表訴訟が認められる。これに対して，会社不成立の場合には，前述のように（〔91〕），発起人は会社の設立に関してした行為につき任務懈怠の有無にかかわらず責任を負うが，擬似発起人もそれと同一の責任を負うと解される（103条4項・56条）。

第3節　株　　式

I　株式の概念

1　株式の意義　〔99〕

株式とは，株式会社における社員の地位のことである。株式会社における社員のことを株主というから，株式とは株主の地位を意味することになる。そして，株式会社以外の会社における社員の地位を一般に持分といっているが，株式会社における持分をとくに株式と称していることになる。会社法で導入された持分会社という概念（575条1項）は，株式を除く社員の地位――持分――に着目したものということができよう。どうして，株式会社における持分を特に株式というかについては，歴史的な所産というほかないであろうが，株式は，それ以外の持分と異なり，原則として均一の割合的単位をとるからだという説明が可能である。このように，株式とは株式会社における株主の地位を意味するが，具体的にはそれは株式会社に対するいろいろな権利となってあらわれる。株主の地位に，会社に対する義務が含まれないかが問題であるが，少なくとも株金全額払込制をとっている現行法のもとでは，前述のように（〔19〕），株式が成立した時点では出資義務が全部履行済みとなっており，それ以外に株主の義務は存しないから，株式には，会社に対する義務は含まれず，権利だけが含まれることになる。

2　自益権と共益権　〔100〕

会社法は，株主の有する権利について，①剰余金の配当を受ける権利，②残余財産の分配を受ける権利および③株主総会における議決権その他法律の規定により認められた権利を掲げ（105条1項），この①および②に掲げる権利の全部を与えない旨の定款の定めはその効力を有しない旨を規定する（105条2項）。会社は，営利事業を行うことが前提とされており，それによって得た利益を出資者に分配することを目的とする団体であることの現れである。①および②のいずれかを与える旨が定められておればよいことになる（〔101〕参照）。ところで，一般に株主の権利は，自益権と共益権とに分けられている。自益権とは株主が会社から経済的利益を受けることを目的とする権利であり，具体的には，剰余金配当請求権（453条）および残余財産分配請求権（504条）をはじめ，名義書換請求権，株式買取請求権（116条等），単元未満株式買取請求権（192条），単元未満株式売渡請求権（194条），新株予約権の割当てを受ける権利（241条）等があげられる。ここで経済的利益を受けるということは，ここに列挙されている権利の内容からも明らかなように，広い意味に用いられており，必ずしも直接に金銭の支払を受けることに限られない。

共益権とは，株主が会社の経営に参与することを目的とする権利であり，その権利行使の効果が他の株主にも及ぶものであって，具体的には，1株の株主でも行使しうるもの――これを「単独株主権」という――として，議決権（308条）をはじめ，総会決議取消訴権（831条），累積投票請求権（342条1項），代表訴訟提起権（847条1項），書類・記録閲覧権（31条2項），取締役等の違法行為差止請求権（360条），新株の発行をやめることを請求する権利（以下，差止請求権という）（210条），新株予約権発行差止請求権（247条），新株発行無効訴権（828条1項2号），株式交換無効訴権（同11号），株式移転無効訴権（同12号），新設分割無効訴権（同10号），吸収分割無効訴権（同9号），合併無効訴権（同7号），設立無効訴権（同1号）等がある。議決権総数の一定割合（100分の1，100分の3，または10分の1）以上または一定数（300個）以上の株式を有する株主（数人の持株を合算してもよい）に認められるもの――これを「単独株主権」に対する意味で「少数株主権」という――として，株主提案権（303条2項），総会招集権（297条1項），検査役選任請求権，取締役等の解任請求権，帳簿閲覧権（306条1項），解散請求権（833条1項），清算人解任請求権（479条2項）等がある。ここに経営に参与するということも，広い意味に用いられており，たんに経営の方針を決定することにとどまらず，取締役の業務執行を監督是正することも含まれる。

株主は，このように株主の地位に基づいて会社に対して各種の権利を有する。これらの各種の権利は株主の地位に包含されているものであって（〔102〕参照），それを個別的に処分することはできない。たとえば，株主の権利のうち，議決権だけを譲渡するとか，剰余金配当請求権だけを譲渡するということはできない。

〔101〕 3 固有権

固有権とは，株主の権利のうち，株主総会の多数決でも奪うことができないものをいい，どのような権利が固有権かについて学説が対立しているが，剰余金配当請求権は一般に固有権とされている（105条2項参照。〔678〕）。もっとも，現在では，多数決で奪いうる権利かどうかは，具体的法規の解釈によって解決すればよく，したがって固有権論の意義はそれほど大きくないとされている。

4 社員権論 〔102〕

問題とされているのは，株式とは，①自益権と共益権の双方を含むのか，②自益権だけか，あるいはさらに限定して，③自益権のうちの剰余金配当請求権（旧会社法の利益配当請求権。以下同じ）だけかということである。この論争は，自益権および共益権を包含した社員権という概念を認めるかどうかが争点であるところから，社員権論と呼ばれ，この概念を否定する②および③の考え方は，まとめて社員権否認論と呼ばれている。このうち，②の考え方によれば，共益権は社員が社員の資格において有する権利ではなく，機関の資格で有する権限であり（このことから，②説は「共益権権限説」と呼ばれる），したがって，株主の議決権は，会社全体の利益のために行使されなければならず，このような異質な2種のものを包含する社員権という概念を認めることはできないという。③の考え方によれば，株式とは剰余金配当請求権という金銭債権を意味し（このことから，③説は「株式債権説」と呼ばれる），共益権は国家の公権中の参政権と同じ性質のものであって，倫理的性質（社員が自己の利益のために会社自体の利益を害することは許されない），一身専属的性質（共益権は社員の資格を取得することによって当然に取得するものであって，譲渡・相続の対象にはならない）および権限的性質（共益権の行使は会社機関たる地位で会社の権限を行使することを意味する）を有するという。

いずれにしても，社員権否認論によれば，共益権は会社自体の利益のために行使されなければならない点で自益権と異なる性質を有するものとされる。しかし，共益権も結局は自益権の価値を実現するためのものであり（たとえば，剰余金配当請求権は株主総会における議決権の行使によってはじめて実現されるものである），それが株主自身の利益のためのものであることは否定できず，両者の性質には差異がないと考えるべきである（最大判昭和45・7・15民集24巻7号804頁）。そうだとすると，社員権否認論の立場は是認できず，自益権も共益権も，株主が自分の利益のために行使できるものであって，同じ性質を有するものであり，したがって，自益権と共益権の両者を含む株式という概念を是認する立場を維持すべきである。もちろん，議決権は，株主が自分の利益のために行使できるといっても，その効果が他の株主にも及ぶものであるから，それによって著しく不当な決議――他の株主（少数派株主）の利益を不当に害するような決議――がなされることは許されないという制約が存することはいうまでもない（これらの点については，〔450〕

参照)。

〔103〕 ### 5　均一の割合的単位──持分複数主義，額面株式制度の廃止

株式は均一の割合的単位に細分化されており（異なる種類の株式については別である。〔112〕），個々の株主は複数の株式を有することが認められる。これを持分複数主義といい，持分会社（合名会社，合資会社および合同会社。575条1項）における持分が，各社員につき1つであって，その大きさが社員ごとに定められている──持分単一主義──のと異なるところである。

株式会社の社員の地位が均一の割合的単位に細分化されているのは，多数の者が会社の社員になる場合の法律関係の簡便な処理のためである。たとえば，甲，乙および丙3人という少人数の社員の場合には，それぞれの持分の大きさを，甲300，乙350，丙370として，その大きさに比例して剰余金配当をし，また，それぞれがその一部を他に譲渡することを認めるという取扱いをしても，それほど法律関係を錯綜させることはない。しかし，社員が多数になった場合には，このような取扱いをしたのでは法律関係が錯綜して処理しきれないので，社員の地位の大きさの単位を，たとえば10というように均一に定めて，社員は複数の社員の地位を取得できることにし，その単位ごとに剰余金配当の額を定め，また，それを譲渡することにすれば，法律関係が簡明になる。なお，平成13年改正前商法のもとでは，会社は額面株式もしくは無額面株式またはその双方を発行することができるものとされていた（同年改正前商199条）が，株主の地位は額面株式を有する者か無額面株式を有する者かで変わりがなく，その区別をする理由がないところから，平成13年改正商法（法79号）は，額面株式と無額面株式との区別を前提とする規定を全部削除し，これまでの額面株式または無額面株式に関する規定をすべて株式に関する規定におきかえるにいたった。

株式会社の持分をとくに株式というのは，前述したように（〔99〕），それが以上のように割合的単位に細分化されており，株主がこれを複数有することができるからだと説明されている。たしかに，合名会社および合資会社の社員の地位との関係では，株式会社の社員の地位は前述のような特色を有し，これをとくに株式と呼ぶ理由が存する。しかし，有限会社（平成17年改正で廃止された。既存の有限会社の取扱いにつき〔13〕）の社員の地位は，株式会社のそれと同じく均一の割合的単位に細分化されていたので（廃止前有10条。有限会社の社員は，多数であることは予定されていないが〔有8条〕，社員が少人数の場合でも，社員の地位を均一の割合的単位にすれば，法律関係の処理は簡便化されるという長所がある），有限会社の社員の地

位との関係では，株式会社の株主の地位が上記のような特色を有するということはできず，それをとくに株式と称しているのは，従来からのいいならわしによると説明するしかないであろう。

II　株主平等の原則

1　意　　義　〔104〕

株主は，株主としての資格に基づく会社に対する法律関係においては，原則として，その有する株式の内容および数に応じて平等の取扱いを受ける。これを株主平等の原則という。会社法109条1項は，これを会社の側から規定して，会社は株主をその有する株式の内容および数に応じて平等に取り扱わなければならないと規定する。旧会社法のもとでは，普通株式について株主平等の原則により取り扱い，異なる種類の株式については，特に株主平等の原則の例外として認められるという取扱いがなされていた。ところが会社法109条1項が，株主をその有する「株式の内容」および数に応じて平等に取り扱わなければならないと規定している以上，種類株式も株主平等の原則の範疇にとり込まれ，それぞれの種類の株式（普通株式を含む）について，それぞれその内容と数に応じて平等に取り扱わなければならない旨を定めたものと理解すべきことになった。

株主平等の原則を問題にする実益は，会社における多数決の濫用から少数派株主の利益を保護する機能を有する点にある。すなわち，株主総会や取締役会において多数決で可決された事項でも，それが株主平等の原則に反する場合には，その決議の効力が否定されることになる。業務執行取締役（指名委員会等設置会社の場合には，執行役。〔408〕）の業務執行行為によって定められた事項についても同様である。もっとも，株主平等の原則に反する不平等取扱いも，それによって不利益を受ける個々の株主が承認している場合には，許されると解される。

なお，公開会社でない会社では，①剰余金の配当，②残余財産の分配を受ける権利および③株主総会の議決権につき株主ごとに異なる取扱いをする旨を定款で定めることはできる（109条2項）。それは内容の異なる種類の株式として取り扱われる（109条3項）。

2　株主平等の原則が問題となる場合　〔105〕

(イ)　会社法の定め

会社法上，株主平等の原則を前提とする規定として，各株主は1株につき1個の議決権を有する旨の規定（308条1項本文），剰余金の配当は株主の有する株式の数に応じ配当財産の割当てをする旨の規定（454条3項），残余財産は各株主の有する株式の数に応じ株主に分配することを要する旨の規定（504条3項）等があり，議決権，剰余金配当請求権（中間配当請求権を含む）および残余財産分配請求権につき株主平等の原則によるべきことを定めている。株主が株式の割当てを受ける権利を有する場合にその有する株式の数に応じて新株の割当てを受ける権利を有する旨の規定（202条2項本文）は，取締役会の決議等（202条3項3号等）で株主に株式の割当てを受ける権利が与えられた場合には，株主平等の原則によらなければならない旨を定めたものである（もっとも端数につき，202条2項但書）。新株予約権引受権についても同様である（241条2項）。また，会社が市場性のない自己株式を取得する場合に，株主総会の特別決議が必要とされ，それにつき売主の議決権が排除され（160条4項・309条2項2号），また他の株主が売主に自分を追加することを請求する権利が与えられている（160条3項）のは，株主平等の原則に対する配慮からである（〔171〕等）。

〔106〕 **(ロ) 解釈上問題となる場合**

株主平等の原則は，株主の地位が均一の割合的単位の形をとることにその根拠があるから，会社法上規定が設けられていない場合にも，解釈上その原則の適用の有無が問題となる。たとえば，①会社が一般の株主には無配としながら，特定の大株主にのみ無配による投資上の損失を塡補するために金銭の贈与契約を結ぶことは，株主平等の原則に反する（最判昭和45・11・24民集24巻12号1963頁）。②株主優遇制度，すなわち一定数以上の株式を有する株主に対して，たとえば電鉄会社が優待乗車券を与え，興行会社が優待入場券を与える等の制度が株主平等の原則に反して許されないかが論じられているが，この制度を株主平等の原則と無関係と解することは妥当でなく，それが是認できる根拠は，優待的取扱いの程度が軽微であって実質的にみて平等原則に反しないということに求めるべきであろう。この意味で，平等原則とは形式的にではなく，実質的にとらえるべきである。③旧会社法のもとでは事業年度の途中で新株の発行がなされた場合に，実務上，新株については日割計算で配当する（たとえば事業年度の真中で発行された新株については，事業年度のはじめからすでに発行されていた株式の半額の剰余金を配当する）ことがあったが，このような日割配当の取扱いと株主平等の原則との関係が論じられ，それは，できるだけ株主を実質的に平等に取り扱おうとした措置であって，平等原則に反しないが，この場合に，日割配当をしないで新旧株式につき同額の配当をすることも適法であり，会社はいずれかを選択すればよいと解されていた。しかし，会社法のもとでは，株主に対する配当財産の割当てに関する事項についての定めは，株主の有する株式の数に応じて配当財産を割り当てることを内容とするものでなければならないと規定され（454条3項），日割配当は認められなくなった。④旧会社法のもとでは，株式の消却の際に株主平等の原則によることを要するとされていたが，会社法では，株式の消却は自己株式の消却として取り扱われ，自己株式取得の際の株主平等の原則が問題となる（〔170〕）。⑤株主平等の原則を貫徹すると会社自体の利益が害される場合にはこの原則に反することが許されるかが論じられており，これを肯定する見解もあるが，株主の利益を離れた会社自体の利益を問題として後者を前者に優先させる考え方をとることは不当である。しかし，株主に実害がないのに，株主平等の原則を理由にその事項の無効を主張することは許されず，この意味で平等原則に反するかどうかは弾力的に判断すべきである。たとえば催告にかかる払込期日（平成17年改正前商179条1項）に1日の差異があった場合につき，その催告の効力を肯定した判決があるが（大判昭和7・5・10民集11巻928頁），この結論は，催告を無効にすることが会社の利益に反するという理由によってではなく，その程度の差異は，実質的に株主平等原則に違反していないという理由によって是認すべきである。⑥株主平等の原則は，理論上は，株主の権利に関してだけでなく，その義務に関しても問題になるが，現行法のもとでは，株金全額払込制度がとられており，株主は会社に対する義務を負っていないから（〔19〕），具体的に問題になることはない。⑦株主平等の原則に反するかどうかは，会社側の善意・悪意によって左右されない。⑧敵対的買収防止策との関係で，株主平等の原則の趣旨が問題となることがある（詳細は，〔373〕参照）。

3　異なる種類の株式の取扱い，株式譲渡制限会社における人的取扱い　〔107〕

会社法109条1項は，前述したように（〔104〕），株式をその有する「株式の内容」および数に応じて平等に取り扱わなければならないと規定するから，数種の株式が発行されている場合には，それらの株式については，株主平等の原則の例外としてではなく，その内容に応じて平等の取扱いをすべきことになり，その取扱いは株主平等の原則の一環としての意味を有することになる。

異なる種類の株式の内容については，法律で規定されている（108条）。このように，法律に根拠がある場合または法律の規定から解釈上導かれる場合を除いては，不利益を受ける者の同意がない限り，異なる内容の株式を発行することは許されないと考えられる。

もっとも，公開会社でない会社――株式譲渡制限会社――（〔16〕①㋑）は，①剰余金の配当を受ける権利，②残余財産の分配を受ける権利および③株主総会における議決権（105条1項各号）につき，株主ごとに異なる取扱いを行う旨を定款で定めることができる（109条2項）。旧有限会社法の立場（有39条1項但書・44条・72条）を踏襲したものであって，特定の株主につき①，②または③の権利につき優先的取扱いをすることが認められる。この定款の定めがある場合には，これらの権利に関する事項につき，内容の異なる種類の株式とみなされる（109条3項）。この定款の定めをする場合には株主総会の特殊の決議によることを要する（309条4項。〔434〕④）。

〔108〕 **4　持株要件に関する定め――単元株制度とも関連して**

株主の権利のなかには，会社法上その行使のために一定期間（6か月。297条1項・303条2項・306条・847条等）または総株主の議決権の一定の割合（303条・306条・433条・833条等）もしくは一定数（303条・305条等）の株式の保有を要件とされているものがある。その結果，権利を行使しうる株主とそうでない株主とが生ずることになる点で，それらの権利については，会社法の規定により，株主平等の原則の例外が定められたものというべきである。したがって，法定の場合以外に，たとえば定款，総会または取締役会の決議等でこのような要件を定めることは許されないと解される。

平成13年改正商法（法79号）で単元株制度が採用されたが（2条20号参照・188条以下），それは後述するように（〔157〕），実質的には昭和56年改正商法によって採用された単位株制度を承継するものといってよい。この単位株制度においては，単位未満株式の株主には，行使できる株主の権利が制限されており（昭和56年改正附18条），昭和56年改正の審議の際にこのことと株主平等の原則との関係が問題とされた。一部から，単位株制度は株主平等の原則に反するとしてこの制度を批判し，またはそれを短期間の経過的措置とすべきだという主張がなされた。たしかに，形式的には，それは株主平等の原則に反するから，立法的な根拠なしにこのような制度を設けることが許されないことはいうまでもない。しかし，それは，既存会社において，旧株券の回収・新株券の交付という手続をふむことなしに株式の単位を引き上げたのと同じ結果を導くために工夫された制度であって，それは実質的には，株式の併合であり，したがって，単位株制度を株主平等の原則に反するとして立法論的に批判することは，その形式的側面だけをとらえたものであって当を得ていないというべきである。単元株制度における単元未満株式についても同様に考えるべきである。

Ⅲ　株式の内容についての特別の定め

〔109〕 会社は，その発行する全部の株式の内容として，次に掲げる3つの事項を定めることができる（107条1項）。それぞれにつき定款で定めるべき事項が定められてる（107条2項）。ここでは，会社の発行する全部の株式の内容を定めるものであるから，Ⅳで取り上げる種類株式（108条）とは区別されている。

1　株式譲渡制限の定め

会社は，その発行する全部の株式の内容として，譲渡によるその株式の取得についてその会社の承認を要することを定めることができる（107条1項1号）。旧会社法における譲渡制限株式に相当するものである（〔16〕①㋑）。

会社が上記の事項を定めるときは，定款で，①その株式を譲渡により取得することについてその会社の承認を要する旨および②一定の場合には会社が譲渡の承認（136条・137条1項）をしたものとみなすときは，その旨およびその一定の場合を定めなければならない（107条2項1号。この定めをする定款変更の場合の株券発行会社の株券提出手続につき219条1項1号）。たとえば，平成17年廃止前有限会社法において，社員が他の社員に持分を譲渡する場合には社員総会の承認を要しないとされていたが（廃止前有19条1項），それに相当することを株式会社のもとでも認めようというものである。

譲渡を承認する機関については，取締役会が設置されている会社では取締役会，それ以外の会社では株主総会であるが，定款の定めにより他の機関（たとえば代表取締役）とすることもできる（139条1項。〔191〕参照）。

譲渡承認手続等の詳細については後述する（〔190〕－〔197〕）。また，株券発行会社においてこの譲渡制限の定めを設ける定款の変更の場合の会社に対する株券の提出手続についても後述する（〔211〕(b)①）。

2　取得請求権付株式　〔110〕

取得請求権付株式とは，会社がその発行する全部または一部の株式の内容として株主が会社に対してその株式の取得を請求できる旨の定めを設けている場合におけるその株式をいう（2条18号）が，ここで株式の内容についての特別の定めをしたものとしては，その発行する全部の株式の内容として，その株式について，株主が会社に対してその取得を請求することができることを定めるものである（107条1項2号）。

会社が上記の事項を定めるときは，定款で，①株主が会社に対してその株主の有する株式を取得することを請求することができる旨，②①の株式1株を取得するのと引換えにその株主に対価として交付されるものが，㋑会社の社債（新株予約権付社債についてのものを除く）の場合は，その社債の種類（社債の利率，償還の方法および期限等で特定された種類をいう）および種類ごとの各社債の金額の合計額またはその算定方法，㋺新株予約権（新株予約権付社債に付されたものを除く）の場合は，その新株予約権の内容および数またはその算定方法，㋩会社の新株予約権付社債の場合は，その新株予約権付社債についての㋑に掲げる事項およびその新株予約権付社債に付された新株予約権についての㋺に掲げる事項，㊁その会社の株式等（株式，社債および新株予約権）以外の財産を交付するときは，その財産の内容および数もしくは額またはこれらの算定方法，③株主が会社に対してその株式を取得することを請求することができる期間を定めなければならない（107条2項2号）。

取得請求権付株式（次の取得条項付株式も同様である）については，全部の株式の内容が均一であることが前提とされているため（109条1項），取得の対価として交付される財産には，その会社の株式は含まれないことになる（107条2項2号）。そうかといって，取得請求権付株式を対価としたのでは意味がない。

分配可能額を超えるときは，その請求をすることはできない（166条1項但書）。

取得請求権付株式の取得の請求（166条）およびその効果の発生（167条）については，種類株式としての取得請求権付株式のところで取り扱う（〔122〕(c)(d)）。

〔111〕 **3 取得条項付株式**

(イ) 意　　義

取得条項付株式とは，会社がその発行する全部または一部の株式の内容としてその会社が一定の事由が生じたことを条件としてその株式を取得することができる旨の定めを設けている場合のその株式をいう（2条19号）が，ここで株式の内容として特別の定めをしたものとしては，その発行する全部の株式の内容として，その会社が一定の事由が生じたことを条件としてこれを取得することができることを定めるものである（107条1項3号。種類株式としての取得条項付株式〔123〕と対比）。分配可能額による制限について規定がある（170条5項）。それは，旧会社法における利益による株式の消却に相当する側面を有するものである。

(ロ) 定款の定め，定款の変更

会社が，その株式について，上記の事項を定めるときは，定款で，①一定の事由が生じた日に会社がその株式を取得する旨およびその事由，②その会社が別に定める日が到来することをもって①の事由とするときは，その旨，③①の事由が生じた日に①の株式の一部を取得することとするとき（全部につき取得条項を定めても，一部を取得することは妨げられない）は，その旨および取得する株式の一部の決定の方法，ならびに，④株式1株を取得するのと引換えにその株主に交付される対価（〔110〕②と同じ）を定めなければならない（107条2項3号）。

なお，定款を変更してその発行する全部の株式の内容として上記の事項についての定款の定めを設け，またはその事項についての定款の変更（その事項についての定款の定めを廃止するものを除く）をしようとする場合（会社が種類株式発行会社である場合を除く）には，株主全員の同意を得なければならない（110条。なお，114条参照）。

その会社が100パーセント減資をしようとする場合に備えてこのような株式を発行することがありえよう（同時に新株の発行をして資本金を計上する）。

(ハ) 効力の発生

会社は，定款に定めた事由の生じた日（107条2項3号イ）等に，取得条項付株式を取得する（170条1項）。その場合の取得条項付株式の株主がどのような権利を取得するか等につき規定がある（170条2項−4項。なお，種類株式としての取得条項付株式についての叙述参照。〔123〕）。端数の処理（234条1項1号）および株券発行会社の場合の株券の提出（219条1項4号。〔211〕）等につき規定がある。

Ⅳ 種類株式

1 意　　義

〔112〕

会社は，定款の定めにより（108条2項。なお，〔115〕参照），次に掲げられている事項につき異なる定めをした内容の異なる2以上の種類の株式を発行することができる（108条1項）。この2以上の種類の株式を発行する会社を「種類株式発行会社」という（2条13号）。資金調達の便宜等のために会社法が許容したものであって，法の許容する内容のものに限ってその発行が認められる。なお，株式譲渡制限会社（公開会社でない会社）では，以下に述べる①，②および③につき，株主ごとに異なる取扱いを行う旨を定款で定めることができ，その定めがある場合には，その権利に関する事項につき，種類株式とみなされることは前述した(109条2項3項。〔107〕)。

異なる種類の株式の内容は，次のとおりである。

①剰余金の配当，②残余財産の分配，③株主総会において議決権を行使することができる事項（議決権制限株式），④株式譲渡制限の定め，⑤その種類株式について，株主が会社に対してその取得を請求することができること（取得請求権付株式），⑥その種類株式について，会社が一定の事由が生じたことを条件としてこれを取得することができること（取得条項付株式），⑦その種類株式について，会社が株主総会の決議によってその全部を取得すること（全部取得条項付株式），⑧株主総会において決議すべき事項のうち，その決議のほか，その種類株式の株主を構成員とする種類株主総会の決議があることを必要とするもの（拒否権付株式），および，⑨その種類の株式の種類株主を構成員とする種類株主総会において取締役または監査役を選任すること。⑨に掲げる事項についての定めがある種類の株式は，指名委員会等設置会社および公開会社では発行することができないことは前述した（108条1項但書。〔61〕(iii)〔62〕(d))。

上記の①，②，③，⑧および⑨は，旧会社法のもとでも認められていたものである（①の「剰余金の配当」は，改正前は「利益または利息の配当」という表現が使われていた。なお，利息の配当の制度〔いわゆる建設利息の配当〕は，会社法のもとでは廃止されている)。④は，一部の株式につき譲渡制限株式とすることを認めるものであって，会社法のもとではじめて認められたものであるが，その会社の発行する全部の株式について譲渡制限株式とすることは，旧会社法のもとでも認められていた（会社法のもとでも同様である。107条1項1号)。

上記の⑤，⑥および⑦は，旧会社法における㋑株式の買受け（改正前商222条1項3号）に関する種類株式または㋺償還株式（改正前商222条1項4号。利益をもってする株式の消却に関する種類株式）に相当するものということができる。㋑と㋺との差異は，㋑の場合には取得した自己株式を保有しておく（金庫株となる）のに対して，㋺の場合には取得した自己株式を利益によって償却することになるが，⑤，⑥および⑦によって会社が取得した自己株式を保有しておけば，㋑に相当するものになるし，それを消却すれば（178条)，㋺に相当するものになる。なお，㋺について，償還が会社の選択によってなされる場合を随意償還株式，株主の選択によってなされるものを義務償還株式（いずれも会社の側からみている）というが，⑤が後者，⑥が前者に相当するもので，⑦は株主総会の決議が要求されているからその双方の性質を有するものということができる。

同様に，上記の⑤，⑥および⑦の種類株式は，会社がその株式を取得する場合の対価が他の種類の株式であるときは，旧会社法のもとにおける転換株式に相当するものということができる。すなわち，旧会社法のもとでは，ある種類の株式から他の種類の株式に転換することが認められ，その転換が株主の請求によってなされるものを転換予約権付株式（改正前商222条ノ2－222条ノ7），会社が定款の定める事由の発生により転換することができる場合を強制転換条項付株式（改正前商222条ノ8－222条ノ10）といっていたが，⑤が前者，⑥が後者，⑦はその双方の性質を有するものということができよう。

なお，⑧は，旧会社法のもとではある種類株式の発行を前提として，それに附属する権利として取り扱われていたが，会社法のもとではそれ自体が種類株式として認められるに至った。

以下に，それぞれの種類株式の内容について取り上げることにしたい。

2　種類株式のそれぞれの内容　〔113〕

(イ)　剰余金の配当に関する内容の異なる種類株式

(a)　剰余金配当に関する優先株式，劣後株式と普通株式　剰余金の配当（453条－457条）につき内容の異なる2つ以上の種類の株式を発行することができる（108条1項1号）。旧会社法のもとにおける利益配当についての種類株式に相当することは前述した。他の株式に比べて優先的取扱いを受ける株式を剰余金の配当に関する優先株式，劣後的取扱いを受ける株式を劣後株式（後配株式ともいう）といい，標準となる株式を普通株式という（剰余金の配当について優先的取扱いを受け，後述する残余財産の分配については劣後的取扱いを受けるというように，ある面で優先的取扱いを受け，他の面で劣後的取扱いを受けるものを混合株式という）。会社の業績不振で普通株式による資金調達が困難な場合には，株主の募集を容易にするために優先株式を発行すればよく，また，新株の発行によって既存の株主の剰余金配当額が低下することを避けるためには劣後株式を発行すればよい。優先株式に関する定め方としては，「優先株主に対しては，普通株主に先立ち，1株につき○○円の剰余配当金を支払う」というように定められるのが普通である（定款で定めるか，取締役会の決議で定めるかについては，〔115〕）。なお，定款に中間配当に関する規定がある場合には（中間配当も剰余金の配当に含まれる。454条5項），中間配当を行うときは，優先配当金額を基準として，その2分の1相当額を普通株主に先立って優先株主に支払い，この中間優先配当が行われたときは，その事業年度の決算期における優先配当額は所定の優先配当金額から中間優先配当分を控除した額とする趣旨を定めるのが通常である。

優先株式も株式であって社債ではないから，分配可能額（461条1項2項。旧会社法の配当可能利益に相当する）がなければ，優先株主も剰余金の配当を受けられない（社債の場合には，利益の有無にかかわりなく，利息の支払がなされる。〔694〕）。このように，優先株主に対するある年度の剰余金の配当が定款で定められた一定額または一定割合に達しない場合に，その不足額が次年度以降の剰余金によって塡補されるものを累積的優先株式，それぞれの事業年度ごとに打ち切られて次年度以降の剰余金で塡補されないものを非累積的優先株式という。また，優先株主に対して定款で定められた優先的内容の剰余金配当をしてなお残余の利益があって普通株主に対しても剰余金配当をする場合に，普通株式とともに剰余金配当に参加する優先株式を参加的優先株式といい，それに参加しない優先株式を非参加的優先株式という。参加的優先株式の参加の仕方にはいろいろあるが，普通株主に対して優先株式の優先的内容の剰余金配当よりも多くの剰余金配当をする場合に，優先株主に対しても普通株主と同じ配当をするというような参加の仕方が普通であろう。非参加的累積的優先株式は，剰余金配当が一定額または一定割合に限られ，かつその分については確実に配当される可能性が大きい点で，一定額の利息の支払が保障されている社債に近いものになる。

〔114〕 (b) **優先，劣後に分けられない場合**　剰余金配当に関する数種の株式には，必ずしも優先および劣後の関係に分けられないものも含まれる。たとえば，トラッキング・ストック（特定事業連動株式）の例に見られるように，B会社がA会社の完全子会社であって，A会社がa株式およびb株式という2種類の株式を発行し，b株式については，B会社が剰余金の配当をしたとき（その配当を受けるのは完全親会社であるA会社）はA会社の分配可能額の限度内でではあるが，B会社の配当額と同額を配当するという定めをしたとする。この場合には，A会社に剰余金が生じてa株式には剰余金の配当がなされても，B会社が剰余金の配当しないかぎり，b株式には剰余金の配当がなされない。したがって，b株式は剰余金の配当についてa株式に優先するということができないから，優先株式ではない。しかし，a株式とb株式とは，剰余金の配当に関して内容の異なる種類の株式であることは否定できない。

〔115〕 (c) **金額につき定款で定める範囲**　会社は，上記の種類株式を発行するときは，その種類の株主に交付する配当財産の価額の決定の方法，剰余金の配当をす

る条件その他剰余金の配当に関する取扱いの内容（108条2項1号）および発行可能種類株式総数（108条2項柱書）を定款で定めなければならない。ただし，定款で，その内容の要綱を定めたときは，剰余金の配当について内容の異なる種類の種類株主が配当を受けることができる額その他法務省令で定める事項（配当財産の種類以外。会社則20条1項1号）の全部または一部については，その種類の株式を初めて発行する時までに，株主総会（取締役会設置会社では株主総会または取締役会，清算人会設置会社にあっては株主総会または清算人会）でこれを決定することができる旨を定めることができる（108条3項）。平成13年改正商法（法128号）により，剰余金の配当に関する種類株式につき，定款では配当額につき必ずしも上限額を記載しないでも「算定の基準の要綱」を定めれば足りることとし，具体的な配当額は株式を発行する際に取締役会で（定款で株主総会が決する旨を定めたときは株主総会で）決定することができる旨を定款で定めることができるものとし，会社法は上述のようにこれを承継したものである。これにより，前述のトラッキング・ストックの例では，「B会社が剰余金の配当をした場合のその配当額」というように決めることも可能になったと解される。この改正により，優先株式等につき株式の市場の動向に連動した，機動的な発行の可能性が増加したと考えられる。

このように，配当すべき額等については，定款でその内容の要綱を定めれば，具体的金額は株主総会等で決定すればよいこととされたが，その払込価額については，募集株式を引き受けた者に199条3項の特に有利な発行に関する規定が適用されると解される（〔312〕〔314〕〔316〕）。すなわち取締役会で定めた配当額によれば，その払込価額が特に有利なものと認められれば，株主総会の特別決議を要することになり，それにもかかわらず，それを経ずに発行されようとする場合には，株式発行差止めの対象になる（210条。〔338〕）と解される。逆にいえば，配当額を取締役会の決定に委ねても既存の株主の利益を害しないのは，その払込金額について199条3項の規定が適用されるからであるということができる。もっとも，株主に株式の割当てを受ける権利を与える場合には（202条1項），あてはまらない（202条5項）。

(ロ) 残余財産の分配についての種類株式 〔116〕

残余財産の分配につき内容の異なる種類の株式を発行することができる（108条1項2号）。会社が，上記の種類株式を発行する場合には，その種類の株主に交付する残余財産の価額の決定方法，その残余財産の種類その他残余財産の分配に関する取扱いの内容および発行可能種類株式総数を定款で定めなければならない（108条2項柱書および同項2号。なお，残余財産の種類以外の事項の定めにつき同3項，会社則20条1項2号参照）。会社の清算（〔829〕以下）の場合の残余財産の分配（〔833〕）について，優先的取扱いを受ける株式，または劣後的取扱いを受ける株式が認められ，それに応じて，残余財産分配についての優先株式，劣後株式および普通株式の区別が生ずる。

〔117〕 **(ハ) 議決権制限株式**

(a) 立法の経緯，内容，完全無議決権株式等 会社は，議決権を行使することができる事項につき内容の異なる種類株式を発行することができる（108条1項3号）。会社が，この種類株式を発行するときは，①株主総会において議決権を行使することができる事項，および②その種類の株式につき議決権の行使の条件を定めるときは，その条件ならびに発行可能種類株式総数を定款で定めなければならない（108条2項柱書および同項3号）。株主総会の決議事項のすべてにつき議決権を行使することができる株主――これを議決権普通株主ということができる――に対して，一定の事項たとえば取締役選任決議についてのみ議決権が付与される株式もしくはそれにつき議決権のない株式または特定の法律で定められた場合（たとえばその種類の株式の株主総会。2条14号・322条－324条）を除いて一切の議決権が認められない株式（これを完全無議決権株式またはたんに無議決権株式という）を発行することができる。以下，ここではこれらを総括して議決権制限株式という（115条括弧書参照）。

この種類の株式の発行は，平成13年改正商法によって認められたものである。同年改正前と比較すると次の通りである。㋑平成13年改正前は利益配当優先株式についてのみ議決権がないものとすることができるにすぎなかったが，利益配当優先株式に優先的に配当する額が僅少の場合にもそれにつき無議決権株式とすることができるとすると，無議決権株式を利益配当優先株式に限ったことが無意味になってしまう。また，利益配当優先株式でないものについても無議決権株式とするという実務界の必要も存在する。投資家にとってもそのような株式の発行価額は相対的に低くなるのが通常であり，投資利回りが高くなるという利点もある。また，㋺平成13年改正商法は，無議決権株式のみならず，一定の事項に限って議決権を有する種類の株式も認めた。無議決権株式を認める以上は，議決権を一定の決議事項に限るものも認めるべきであるという理由による。その結果，議決権制限株式には，完全無議決権株式をはじめとして，多種多様のものが認められることになった。平成13年改正商法が，このような内容の議決権制限株式を認めたのは，経営の選択肢を拡大しようとするものであって，これも規制緩和の一環ということができる（なお，株主総会で議決権を行使できる事項以外の事項の定めにつき108条3項，会社則20条1項3号参照）。

(b) **議決権復活条項**　平成13年改正前商法のもとでは，無議決権株式につき，優先配当を受けられない場合等に議決権が復活する旨の規定が設けられていた（同改正前商242条1項但書2項）が，平成13年改正商法のもとでは，このような議決権復活条項も議決権制限株式の内容に含まれ，どのような場合に議決権が復活するかという議決権復活条項も定款で定めることになった。前述(a)②の議決権行使の条件（108条2項3号ロ）とは，そのようなもの（たとえば，優先配当を受けられないことを条件とする）も含まれている。定款でそのような場合についての定めをしなければ，議決権は復活しないと解されるが，そのような種類の株式の発行も法律上は禁止されていない。しかし，それを引き受ける者が見出せないと推測され，そのような事実上の障害から発行が制約されることになる。 〔118〕

(c) **議決権制限株主の議決権以外の権利**　議決権制限株式の株主は，制限された議決権を行使しえないことはいうまでもないが，それ以外の株主の権利を行使しうるかどうか，どのような権利を行使しうるかは解釈に委ねられている。たとえば，無議決権株式については，株主の権利のうち議決権を前提とする権利は認められないと解される。会社法は，議決権のない株主（議決権制限株式の株主だけでなく，相互保有株式の株主の場合や単元未満株主の場合も含まれる。〔436〕〔437〕）については招集通知に関する規定を適用しない旨を定めており（298条2項括弧書），議決権のない株式の株主は招集通知を受ける権利を有しないと解される（しかし，株式譲渡制限の定款変更決議については，議決権が認められるから，招集通知を受ける権利を有する。種類株主総会についても同様である。〔130〕(ロ)(a)(i)）。総会に出席して討議に参加する権利については，これを認める説もあるが，招集通知を受ける権利がない以上，総会参加権も否定すべきであると考える（相互保有株式の株主や単元未満株主等については総会参加権を否定するのが一般である）。もっとも，定款で総会参加権を認めることは，定款自治の立場から許容してよいであろう。その他，無議決権株式については，株主提案権，総会招集請求権，総会検査役選任請求権，総会決議取消請求権，事業譲渡等の決議の場合の反対株主の株式買取請求権（ただし，株式譲渡制限の定款変更決議の場合は別である），累積投票請求権，取締役・監査役解任請求権等も否定される。それ以外の株主の権利（共益権を含む）は認めら 〔119〕

れると解される。

〔120〕 (d) **付与限度**　公開会社の場合には，議決権制限株式の総数が発行済株式総数の2分の1を超えたときは，そのまま放置しておくことは許されない。その場合には，会社は，直ちに，議決権制限株式の数を発行済株式の総数の2分の1以下にするための必要な措置をとらなければならない（115条）。そのような措置としては，議決権制限株式を取得して消却するとか，議決権普通株式を発行するとかが考えられる。このような制限を設けないと，少数の議決権のある株式の株主によって会社が支配されることになって適当でないと考えられるためである。この必要な措置をとらなかった場合の法的効果については規定がないが，業務執行者に対する義務違反による制裁措置がとられることになろう。ただし，株式譲渡制限会社の場合にはその制限は適用されない。平成17年廃止前有限会社法の例にならったものである。

〔121〕 (ニ) **譲渡制限株式**

(a) **種類株式としての譲渡制限株式**　会社法は，譲渡によるその種類の株式の取得について，その会社の承認を要する旨の種類株式（以下，この承認を要する株式を譲渡制限株式という。2条17号）を認めている。旧会社法のもとでは，その会社の発行する株式の全部について定款で株式の譲渡を制限することが認められ，それは，会社法にも受け継がれているが（107条1項1号。〔109〕），その他に譲渡制限株式を種類株式として発行することを認めていることになる。

その譲渡承認手続等の詳細については後述する（〔188〕〔190〕以下）。

(b) **定款で定めるべき事項**　会社がこの種類の株式を発行する場合には，定款で，その種類の株式についての①その株式を譲渡により取得することについて会社の承認を要する旨，および，②一定の場合においては会社が譲渡の承認（136条・137条1項）をしたものとみなすときは，その旨およびその一定の場合ならびに③その発行可能種類株式総数を定めなければならない（108条2項柱書および同4号・107条2項1号）（なお，108条3項，会社則20条1項4号参照）。

(c) **定款変更の特則**　種類株式発行会社がある種類株式の内容として譲渡制限種類株式についての定款の定めを設ける場合（108条1項4号。全部取得条項付株式の定めを設ける場合も同様である。108条1項7号。〔124〕(b)(ii)）には，その定款の変更について特則がある（111条2項。その詳細についても後述する〔190〕(ii)）。

〔122〕 (ホ) **取得請求権付株式**

(a) **意義**　取得請求権付株式とは，会社がその発行する全部または一部の株式の内容として，株主がその会社に対してその株式の取得を請求する旨を定めている場合におけるその株式をいう（2条18号）。

(b) **定款の定め等**　会社は，株主の会社に対する株式の取得の請求について異なる定めをした内容の異なる2以上の種類株式を発行することができ（108条1項5号），その場合には，定款で，①その種類の株式について株主の取得請求ができる旨，その対価に関する事項等107条2項2号に定める事項（〔110〕）および②その種類株式1株を取得するのと引換えに株主に対してその会社の他の株式を交付するときは，その他の株式の種類および種類ごとの数またはその算定方法（108条2項5号）ならびに発行可能種類株式総数（108条2項柱書）を定めなければならない（なお，108条3項，会社則20条1項5号参照）。

(c) **取得請求権付株式の取得の請求，分配可能額による制限**　取得請求権付株式の株主（種類株主である者〔108条1項5号〕のみならず全部の株式の内容として取得請求権付株式とされた場合〔107条1項2号〕の株主も含まれる。〔110〕参照）は，会社に対して，その株主の有する取得請求権付株式を取得することを請求することができる（166条1項本文）。しかし，その対価としてその会社の社債，新株予約権，新株予約権付社債またはそれ以外の財産（107条2項2号ロからホまでに規定する財産。〔110〕②。金銭を含むことはいうまでもない）を交付する場合において，それらの財産の帳簿価額がその請求の日における分配可能額（461条2項）を超えているときは，この請求は認められない（166条1項但書）。

この対価が金銭であるときは，旧会社法のもとでの償還株式に相当するものであり，分配可能額の限度で請求しうることとされていることと，償還株式の償還が利益をもってするとされていたこととは共通するものである。また，その会社の他の種類の株式を取得するときは，旧会社法の転換予約権付株式に相当することは前述した通りである（〔112〕）。

上記の請求は，その請求にかかる取得請求権付株式の数（種類株式発行会社にあっては，取得請求権付株式の種類および種類ごとの数）を明らかにしてしなければならない（166条2項）。また株券発行会社の株主がその有する取得請求権付株式について上記の請求をしようとするときは，当該取得請求権付株式にかかる株券を株券発行会社に提出しなければならないことも当然である（166条3項本文）。もっとも，たとえば譲渡制限会社で株券発行の請求がなされなかった場合のように，取得請求権付株式にかかる株券が発行されていない場合は，株券の提出は不要である（166条3項但書）。

(d) **効力の発生**　会社は，株主からの取得の請求の日（166条1項）に，その請求にかかる取得請求権付株式を取得する（167条1項）。それは会社にとって自己株式の取得に当たる（155条4号）。会社がその株式と引換えに対価を交付することになるが，その結果，株主はその対価の種類に応じて次に定めるものとなる（167条2項柱書）。

① 対価が会社の社債のとき（107条2項2号ロ・108条2項5号イ）は，その社債の社債権者（167条2項1号）。

② 対価が会社の新株予約権のとき（107条2項2号ハ・108条2項5号イ）は，その新株予約権の新株予約権者（同2号）。

③ 対価が会社の新株予約権付社債のとき（107条2項2号ニ・108条2項5号イ）は，その新株予約権付社債についての社債の社債権者およびその新株予約権付社債に付された新株予約権の新株予約権者（同3号）。

④ 種類株式発行会社において，対価が会社の他の株式のとき（108条2項5号ロ。全部の株式の内容としての取得請求権付株式〔107条1項2号〕の場合に取得の対価として会社の他の株式が含まれないことにつき，〔110〕）は，その他の株式の株主（同4号）。

なお，④の場合において，他の株式の数に1株に満たない端数があるときは，これを切り捨てるものとし，この場合において会社は，定款に別段の定めがある場合を除き，その株式が市場価格のある株式である場合にはその株式1株の市場価格として法務省令で定める方法（会社則31条）により算定される額，市場価格のない株式の場合には1株当たり純資産額にその端数を乗じて得た額に相当する金銭を請求株主に対して交付しなければならない（167条3項）。

上記の端数の処理は，その会社の社債および新株予約権について端数がある場合についても同様に取り扱われる（167条4項。なお，会社則32条・33条）。

〔123〕 (ヘ) **取得条項付株式**

(a) **定款の定め**　会社が2つ以上の種類の取得条項付株式（その意義は2条19号）を発行する場合（全部の株式の内容として取得条項を定めた場合〔107条1項3号〕については前述した。〔111〕）には，定款で，①その種類の株式についての一定の事由が生じた日にその会社はその株式を取得することができること，それと引換えに株主が交付を受けるもの等（107条2項3号に定める事項。後述(e)(ii)），および②その種類の株式1株を取得するのと引換えにその株主に対してその会社の他の株式を交付するときは，その他の株式の種類および種類ごとの数またはその算定方法（108条2項6号）ならびに発行可能種類株式総数を定めなければならない（108条2項柱書）（なお，108条3項，会社則20条1項6号参照）。

(b) 定款変更　種類株式発行会社がある種類の株式の発行後に定款を変更してその種類の株式の内容として上記の事項（108条1項6号に掲げる事項）についての定款の定めを設け，または上記の事項についての定款の変更（その事項についての定款の定めを廃止するものを除く）をしようとするときは，その定款変更の重要性にかんがみ，その種類の株式を有する株主全員の同意を得なければならない（111条1項）。このようにその種類の株主全員の同意が必要とされるので，その定款変更決議についての反対株主の株式買取請求権は認められない。全部取得条項付株式に関する事項についての定款の定めを設けるための定款変更決議の場合に反対株主に株式買取請求権が認められるのと異なる（〔124〕(b)(ii)参照。なお，定款の変更に関する〔735〕参照）。

(c) 取得する日の決定およびその通知・公告　会社が別に定めた日の到来をもってその株式を取得する事由とする旨の定め（108条2項6号イ・107条2項3号ロ）がある場合には，定款で別段の定めをした場合を除き，会社は，その日を株主総会（普通決議〔309条1項〕。取締役会設置会社にあっては，取締役会）の決議によって定めなければならない（168条1項）。

会社が上記の日を定めたときは，会社は，取得条項付株式の株主（株式の一部を取得するときはその取得の決定をした〔169条1項〕取得条項付株式の株主）およびその登録株式質権者に対し，その日の2週間前までに，その日を通知しなければならない（168条2項）。この通知は，公告をもってこれに代えることができる（168条3項）。

(d) 株式の一部を取得する場合の取得株式の決定およびその通知・公告　会社は，一定の事由が生じた日にその株式の一部を取得すること（108条2項6号イ・107条2項3号ハ）についての定めがある場合において，取得条項付株式を取得しようとするときは，その取得する取得条項付株式を決定しなければならない（169条1項）。決定の方法が定款に具体的に定められていない場合には，株主を平等に取り扱う方法によらなければならない（109条1項）。

上記の取得条項付株式は，定款に別段の定めがある場合を除き，株主総会（取締役会設置会社にあっては，取締役会）の決議によって定めなければならない（169条2項）。この決定をしたときは，会社は，決定した取得条項付株式の株主およびその登録株式質権者に対し，直ちに，その取得条項付株式を取得する旨を通知しなければならない（169条3項）。この通知は，公告をもってこれに代えることができる（169条4項）。

(e) **効力の発生，分配可能額による制限等**

(i) 取得日　会社は，定款に定める一定の事由が生じた日（108条2項6号イ・107条2項3号イの事由が生じた日）に，取得条項付株式を取得する（170条1項）。もっとも一定の事由が生じた日にその株式の一部を取得する旨の定めがある場合には，①一定の事由（108条2項6号イ・107条2項3号イ）が生じた日と②前述の(c)の通知の日または公告の日（169条3項4項）から2週間を経過した日とのいずれか遅い日に，前述(d)（169条2項）によって決定された取得条項付株式を取得する（170条）。

(ii) 株主の地位　取得条項付株式の株主（その会社を除く）は，定款の定める一定の事由（108条2項6号イ・107条2項3号イ）が生じた日に，定款に定める事項についての定めに従い，次の①から④までに定める者となる（170条2項）。

① 会社が，株式の取得と引換えにその株主に会社の社債を交付する旨の定めがあるとき（108条2項6号イ・107条2項3号ニ）は，その社債の社債権者。

② 会社が，株式の取得と引換えにその株主に会社の新株予約権を交付する旨の定めがあるとき（108条2項6号イ・107条2項3号ホ）は，その新株予約権の新株予約権者。

③ 会社が，株式の取得と引換えにその株主に会社の新株予約権付社債を交付する旨の定めがあるとき（108条2項6号イ・107条2項3号ヘ）は，その新株予約権付社債についての社債の社債権者およびその新株予約権付社債に付された新株予約権の新株予約権者。

④ 会社が，株式の取得と引換えにその株主に会社の他の株式を交付する旨の定めがあるとき（108条2項6号イ・107条2項6号ロ）は，その他の株式の株主。

④の場合には，旧会社法における強制転換条項付株式に相当することは前述した。この場合に株主が金銭の交付を受けるときは，改正前の強制償還株式（一定の事由の発生により，株主の請求によらず，当然に償還される株式）に相当することになる。取得条項付株式の場合には，会社が一定の条件のもとに株主の同意なしにその株主からその有する株式を取得するものであるから，発行の時点でその内容を定めておく必要がある。そして，対価は他の株式である場合の算定方法としては，それは市場価格の変動，株式の分割・併合等に対応できるようにするためであるが，それは一定の数値をあてはめれば一義的に対価となる株式が算定できる

ようなものでなければならない。

端数の処理については別に規定がある（234条1項1号）。

(iii) 分配可能額による制約　会社が取得条項付株式を取得するのと引換えに(ii)①から④までに列挙する財産を交付する場合において，これらの財産の帳簿価額が定款に定める一定の事由が生じた日（108条2項6号イ・107条2項3号イ）における分配可能額（461条2項）を超えているときは，上述の効力は生じない（170条5項）。取得条項付株式の場合には，一定の事由が生じたことを条件とするその株式の取得については，分配可能額による制約が設けられていることになる。旧会社法の償還株式について配当可能利益の存在が前提とされていたことと関連するものである。

(iv) 株主およびその登録株式質権者に対する通知・公告　会社は，定款に定める一定の事由が生じた後，遅滞なく，取得条項付株式の株主およびその登録株式質権者（108条2項6号イ・107条2項3号ハに掲げる事項についての定めがある場合にあっては，(c)の通知または公告〔168条2項3項〕をした場合を除き〔170条3項但書〕，(d)により決定した取得条項付株式の株主およびその登録株式質権者）に対し，その事由が生じた旨を通知しなければならない（170条3項）。この通知は，公告をもって代えることができる（170条4項）。

なお，株券発行会社の場合には，取得条項付株式を取得するには，株券を提出しなければならない旨を効力発生日（170条1項）の1か月前までに公告し，かつ，株主およびその登録株式質権者には，各別に通知しなければならない（219条1項4号）。

(ト) 全部取得条項付株式　〔124〕

(a) **意義**　全部取得条項付株式とは，その種類の株式について，その会社が株主総会の特別決議によってその全部を取得する旨の定めがある株式をいう（171条1項柱書括弧書・108条1項7号・309条2項3号）。その対価いかんによって，旧会社法の強制償還株式（対価が金銭の場合），強制転換条項付株式（対価が他の種類の株式である場合）等に相当するものになる。全部の種類の株式についてこの定めをするときは，いわゆる100パーセント減資が可能になる。

なお，当初は，会社再建の手段として，すなわち，既存株主の株式をすべて無償償却した上であらたに株式を募集して再建を図る方法として，債務超過等の場合に株主の多数決により100パーセント減資を可能にしたいという要望があり，それを実現するための制度として規定を設けることが考えられていたという。しかし，債務超過という用語に対する異論が生じたことなどからそれが実現せず，結局，種類株式発行会社における定款規定による次に述べるような内容の全部取得条項付株式に関する規定が設けられるにいたったといわれる。また，この規定により，既発行の普通株式を取得条項付株式等に一斉に変更させるなどして，株主の議決権の影響力を喪失させることができ，企業買収に対する防衛策として利用することができるようになったともいわれている。

なお，全部取得条項付株式は，その対価を承継会社の株式とすることにより，旧会社法で認められていたいわゆる人的分割に相当するものとして利用することが可能である（758条8号イ。〔771〕〔775〕⑧）。また，平成26年改正施行時までの間は，株式交換と同じく，他の会社を完全子会社化する目的を達する手段として利用された。すなわち，完全子会社となる会社の普通株式を，定款変更により（(b)(ii)），全部取得条項付株式とし，その株式の全部を取得する方法である。その取得対価として，結局は端数の処理により（〔156〕②）金銭を交付するという例もあるという。この措置をとる前に親会社となる会社が子会社となる会社の株式につき公開買付けをする例もある。

(b) 定款の定め，定款の変更

(i) 定款の定め　会社が全部取得条項付株式を発行する場合には，定款で，①その取得対価がその会社の株式であるときは，その株式の種類および種類ごとの数またはその数の算定方法その他の171条1項1号に規定する取得対価の価額の決定の方法（後述(d)①），および②その株主総会の決議をすることができるか否かについての条件を定めるときは，その条件（108条2項7号）ならびに発行可能種類株式総数（108条2項柱書）を定めなければならない（なお，108条3項，会社則20条1項7号参照）。

(ii) 定款の変更，反対株主の株式買取請求権　定款を変更して全部取得条項付株式の定めを設ける場合には特別決議が必要なことはいうまでもない（466条・309条2項11号）。その他，次の場合には種類株主総会決議が必要である。すなわち，ある種類株式の内容として全部取得条項付株式に関する事項（108条1項7号）についての定款の定めを設ける場合，すなわち，既発行の種類株式を全部取得条項付種類株式とする場合には，その定款の変更は，その定款変更を行う種類株式の種類株主（111条2項1号），その種類株式を交付される可能性のある取得請求権付株式の種類株主（111条2項2号・108条2項5号ロ）および同じ可能性のある取得条項付株式の種類株主（111条2項3号・108条2項6号ロ）の種類株主総会の特別決議が必要である（111条2項・324条2項1号）。この株式につき反対株主には株式買取請求権が認められている（116条1項2号・111条2項各号。〔133〕(イ)②。なお，定款の変更に関する〔735〕参照）。

(c) 事前開示手続　平成26年改正会社法により加えられた手続に関する規定である。合併等の場合と同様である（782条1項・794条1項。〔752〕）。後述する事後開示（(h)）についても同様である（801条。〔764〕）。

全部取得条項付種類株式を取得する会社は，後述(d)の株主総会の特別決議（171条1項）の日の2週間前の日と取得日（総会決議で決められる。171条1項3号）の20日前までの株主への通知または公告をする日（172条2項3項）のいずれか早い日から取得日後6か月を経過する日までの間，後述(d)①から③までの事項その他法務省令で定める事項（会社則33条の2）を記載し，または記録した書面または電磁的記録をその本店に備え置かなければならない（171条の2第1項）。

その会社の株主は，会社に対してその営業時間内は，いつでも，その書面等の閲覧等の請求をすることができる（171条の2第2項）。

(d) 取得に関する決定　全部取得条項付株式を発行した会社は，株主総会の決議によって，全部取得条項付株式の全部を取得することができる（171条1項前段）。この決議は，特別決議によることを要する（309条2項3号）。株券発行会社については，この株式の取得をする場合の株券の提出に関して規定がある（219条1項3号）。この場合においては，その株主総会の決議によって，次に掲げる事項を定めなければならない（171条1項後段）。

①　全部取得条項付株式を取得するのと引換えに金銭等を交付するときは，その金銭等（以下「取得対価」という）についての次に掲げる事項（171条1項1号）。

㋑その取得対価がその会社の株式であるときは，その株式の種類および種類ごとの数またはその数の算定方法，㋺その取得対価がその会社の社債（新株予約権付社債についてのものを除く）であるときは，その社債の種類および種類ごとの各社債の金額の合計額またはその算定方法，㋩その取得対価がその会社の新株予約権（新株予約権付社債に付されたものを除く）であるときは，その新株予約権の内容および数またはその算定方法，㊁その取得対価がその会社の新株予約権付社債であるときは，その新株予約権付社債についての㋺に掲げる事項およびその新株予約権付社債に付された新株予約権についての㋩に掲げる事項，㋭その取得対価がその会社の株式等以外の財産であるときは，その財産の内容および数もしくは額またはこれらの算定方法。ここで算定方法とは，総会決議後の事情を考慮して確定する必要がある場合のためであるから，それに一定の数値等を当てはめて確定的な数が算出できるようなものでなければならない。

② ①の場合には，全部取得条項付株式の株主に対する取得対価の割当てに関する事項（171条1項2号）。この事項についての定めは，株主（その会社を除く）の有する全部取得条項付株式の数に応じて取得対価を割り当てることを内容とするものでなければならない（171条2項）。

③ 会社が全部取得条項付株式を取得する日（「取得日」）（171条1項3号）。

(e) 株主総会における取得の理由の説明　取締役は，(d)の株主総会において，全部取得条項付株式の全部を取得することを必要とする理由を説明しなければならない（171条3項）。

(f) 裁判所に対する価格の決定の申立て　上記(d)①から③までに掲げる事項を定めた場合には，次に掲げる株主は，(d)③の取得日の20日前の日から取得日の前日までの間に，裁判所に対し，会社による全部取得条項付株式の取得の価格の決定の申立てをすることができる（172条1項）。

① その株主総会に先立ってその会社による全部取得条項付株式の取得に反対する旨をその会社に対し通知し，かつ，その株主総会においてその取得に反対した株主（その株主総会において議決権を行使することができるものに限られる）。

② その株主総会において議決権を行使することができない株主。

会社は，裁判所の決定した価格に対する取得日後の法定利率による利息をも支払わなければならない（172条4項）。会社は，裁判所の決定があるまでは，株主に対し会社が公正な価格を認める額を支払うことができる（172条5項）。

(g) 効力の発生，分配可能額による制限等　会社は，取得日に，全部取得条項付株式の全部を取得する（173条1項）。

全部取得条項付種類株式の株主（当該会社および価格決定の申立てをした株主を除く）は，次の場合に，取得日に，株主総会の決議による定め（171条1項。(d)）に従い，次に定める者となる（173条2項）。

① 前述(d)①㋑に掲げる事項についての定めがある場合には，その㋑の株式の株主。

② 前述(d)①㋺に掲げる事項についての定めがある場合には，その㋺の社債の社債権者。

③ 前述(d)①㋩に掲げる事項についての定めがある場合には，その㋩の新株予約権の新株予約権者。

④　前述(d)①㊁に掲げる事項についての定めがある場合には，その㊁の新株予約権付社債についての社債の社債権者およびその新株予約権付社債に付された新株予約権の新株予約権者。

この取得は自己株式の取得であり，それにつき，自己株式の取得と同様の分配可能額を限度とする財務制限がある（461条4号。〔172〕〔685〕④）。

端数の処理（234条1項2号）および株券発行会社の場合の株券の提出（219条1項4号）については別に規定がある。

(h)　**事後開示**　会社は，取得日後遅滞なく，会社が取得した全部取得条項付種類株式の数その他のその取得に関する事項として法務省令で定める事項（会社則33条の3）について記載または記録した書面または電磁的記録を作成し，取得日から6か月間本店に備え置かなければならない（173条の2第1項2項）。株主または取得日にその種類株式の株主であった者は，営業時間内はいつでもその書面等の閲覧等を請求することができる（173条の2第3項）。

(i)　**差止請求**　平成26年改正会社法により，全部取得条項付種類株式の取得が法令または定款に違反する場合のその取得の差止請求について，特別支配株主による株式等売渡請求に関するもの（〔299の8〕）と同趣旨の規定が設けられた（171条の3）。平成26年改正前会社法は，略式組織再編の場合，すなわち株主総会の特別決議を要しない合併（改正前784条2項，改正後784条の2。〔765の2〕）および株式交換の場合（改正前796条2項，改正後796条の2。〔803の2〕）に，それをやめることを請求することができるものとしていた。平成26年改正会社法では，それらに加えて全部取得条項付種類株式の取得についても，法令または定款に違反する場合において株主が不利益を受けるおそれがあるときは，株主は，会社に対してその行為をやめることを請求することができる旨の規定が設けられた（171条の3）。一般的な組織再編の手法であるとして差止請求が認められたものである。

㈠　拒否権条項付株式　〔125〕

(a)　**意義**　会社は，株主総会（取締役会設置会社にあっては株主総会または取締役会，清算人会設置会社〔478条8項〕にあっては株主総会または清算人会）において決議すべき事項のうち，その株主総会決議のほか，その種類の株式の種類株主を構成員とする種類株主総会の決議があることを必要とするものを発行することができ，一般にこれを拒否権条項付株式といっている（108条1項8号）。その決議事項につき，その種類株式の種類株主を構成員とする種類株主総会の決議がない限り，株主総会の決議の効力が生じない（323条本文。なお同但書参照）という意味で，拒否権が与えられることになるものであって，平成13年改正（法128号）により認められ，会社法に受け継がれたものである。もっとも，同年改正商法のもとでは，ある種類の株式の発行が前提とされ，その種類株式につき上述の拒否権条項を付することが認められていたが，会社法のもとでは，拒否権条項を付した株式自体が種類株式として認められるにいたった。たとえば，取締役の選任決議につき株主総会の普通決議のほか，上記の種類株式の種類株主を構成員とする種類株主総会の決議を要する旨を定款で定めること等が考えられよう。したがって，定款でこのような定めがなされたときは，株主総会または取締役会の決議事項であっても，その決議のほかに，この種類株主の総会決議を要することになる。これによって，合併会社，ベンチャー企業等において行われている株主間契約の一部について，その法的位置づけを明確にすることができるといわれている。また経営者側に取締役選任の種類株式を発行することが敵対的買収を阻止する手段として利用されることもある。このように敵対的買収（たとえば多数の株式を取得して経営権を奪取しようとする行為）の防衛策との関係で黄金株ともいわれ，このような株式を発行することが株主の権利を過度に制約するものではないか等の議論がなされている。このように拒否権条項付株式が買収防衛策として発行されている場合には，会社経営を委任された取締役等が会社の財務および事業の方針の決定を支配する者のあり方に関する基本方針を定め（会社則118条3号），その基本方針に照らして不適切な者によって支配が決定されることを防止するための取組み（会社則118条3号ロ(2)）等について事業報告の内容とすることになる（〔651の2〕）。もっとも，次に述べる取締役等の選解任についての種類株式（〔126〕）と異なり，この種類株式は取締役の選任決議等の総会等の決議事項につき拒否権が与えられるにすぎず，積極的に決議をすることができることになるものではない。この種類株主総会決議は，株主総会の決議と同じく普通決議による（324条1項参照）。

(b)　**定款の定め**　　会社がこの種類株式を発行する場合には，定款で，①その種類株主総会の決議があることを必要とする事項，②その種類株主総会の決議を必要とする条件を定めるときは，その条件（108条2項8号）ならびに③発行可能種類株式数（108条2項柱書）を定めなければならない（なお，108条3項，会社則20条1項8号参照）。

〔126〕　(リ)　**種類株主の取締役・監査役の選解任**

(a) **制度の趣旨**　指名委員会等設置会社および公開会社を除く会社において（108条1項但書），定款の定めにより，その種類の株主の総会（他の種類の株主と共同して開催する総会を含む）における取締役（監査等委員会設置会社の場合は監査等委員である取締役またはそれ以外の取締役）および監査役の選任について，内容の異なる種類株式を発行することができる（108条1項9号）。平成14年改正商法において認められ，会社法に受け継がれたものである。

それは，ベンチャー・キャピタルが取締役会に取締役を送り込み，また合弁企業において各出資企業が出資割合や事業への関与の度合いに応じて取締役を選任できるようにする株主間契約を制度的に保障しようとするものである。ある種類の株式の株主に対しては，その種類株主総会において3人の取締役を選任する権利を与え，他の種類の株式の株主に対してはその種類株主総会において2人の取締役を選任する権利を与える等ということを可能にしようという内容のものである。たとえば，甲会社が60億円，乙会社が40億円の出資をして丙会社を設立し，丙会社に5人の取締役を置くこととし，その取締役の選任を出資比率に応じてすることとする場合において，丙会社が3人の取締役を選任しうる内容のA種類株式を甲会社に，2人の取締役を選任しうる内容のB種類株式を乙会社に割り当てれば，その目的を達することができる。取締役の選任について上記のような権利が与えられれば，そのようにして選任された取締役の解任についてもそれに対応する権利が与えられることになり，また，株式の消却，転換等により取締役を選任できる種類の株主が存在しない場合の手当てについての規定も必要になる。

なお，このように種類株主の総会によって選任された取締役は，すべての株主に対して善管注意義務を負うのであって，その種類の株主に対してのみその義務を負うというものでない。このことは，その者が取締役である以上，当然である。

監査役についても，種類株主による選解任に関する定款の定めをすることができる。監査役についても種類株主による選解任権を認める必要があるからである。種類株主の総会によって選任された監査役であっても，監査役である以上，取締役と同様に，その種類株主に対してのみならず，全株主に対する関係で善管注意義務を負うことはいうまでもない。

指名委員会等設置会社と公開会社においては，取締役・監査役の選解任につき内容の異なる種類株式を発行することは認められない（108条1項但書）。指名委員会等設置会社においては，指名委員会が株主総会に提出する取締役の選解任に関する議案の内容を決定する権限を有し（404条1項。〔602〕），このことと種類株主によって取締役を選任することとは矛盾するからである。また，公開会社においてこれを認めると，特別の合理的根拠もなしに一部の株主で取締役を選任してしまうというような濫用のおそれもあるからである。

この種類株式（これを①とする）と，議決権制限株式（108条1項3号。これを②とする）との関係は，次のとおりである。すなわち，第1に，②は，指名委員会等設置会社または公開会社においても認められるのに対して，①は指名委員会等設置会社または公開会社には適用されない（108条1項但書）。第2に，内容的にも，②においては，いろいろな内容のもの，たとえば取締役の選任についてのみ議決権を有するものや，逆に取締役の選任についてのみは議決権を有しないものも認められるのに対して，①は取締役等（監査役についても同様である。以下同じ）の選解任に関する事項についての内容の異なるものに限られる。第3に，取締役の選解任について，①の場合にはそれぞれの種類株主総会においてなされるのに対して，②の場合には普通株主総会においてなされる。したがって，株式譲渡制限会社においては，①と②の双方の種類株式の発行が可能である。ある株式譲渡制限会社が，たとえば㋑合併契約，株式交換契約または会社分割計画の承認というような組織変更に関する株主総会における議決権を与えないという議決権制限株式と，㋺ここで問題としている取締役等の選解任についての内容の異なる種類株式を発行するということは可能である。しかし，その会社が後者の種類株式を発行した場合には，後述するように（〔463〕），取締役等の選任は，各種類の株主の総会においてなされ，株主総会における取締役選任（329条1項）および解任（339条1項）の規定は適用されない。したがって，①取締役選任についての内容の異なる種類株式が発行された場合には，②のうちの取締役の選解任についての議決権制限株式の発行の余地がないということになる。第4に，②については，公開会社において，そのような株式の発行が発行済株式総数の2分の1を超えた場合にそれ以下にするために必要な措置をとらなければならないが（115条），①にはそのような数の制約がない。旧会社法のもとでは，①につき，たとえば譲渡制限会社がA種類株式とB種類株式を発行し，A種類株式の種類株主総会においてのみ取締役を選任し，B種類株式の株主は取締役を選任することができない旨が定められた場合には，B種類株式の数は，発行済株式の総数または総単元の数の2分の1を超えてはならないという制約が課されていたが，そのような制約は会社法では廃止された。

〔127〕 (b) **定款に定めるべき事項**　取締役または監査役（以下，「取締役等」という）

の選任につき内容の異なる数種の株式を発行する場合には，全部の種類の株式について，定款でもって，株式の内容として，次に掲げる事項を定めなければならない（108条2項9号）。①その種類株主を構成員とする種類株主総会において取締役等を選任することの可否および可とする場合の選任することができる取締役等の数，②①の定めにより選任することができる取締役等の全部または一部を他の種類の株主と共同して選任するものとするときは，その他の株主が有する株式の種類および共同して選任する取締役等の数，および③①または②に掲げる事項を変更する条件があるときは，その条件およびその条件が成就した場合における変更後の①および②に掲げる事項，④その他法務省令で定める事項（会社則19条。ここでは，社外取締役または社外監査役の選任等についての定めがなされている。その内容については，〔128〕参照），⑤発行可能種類株式総数（108条2項柱書）である。ここで注意すべきことは，全部の種類の株式について定款で上記の事項を定めなければならないことである。たとえば，ある株式譲渡制限会社において，発行済株式総数が10万株であるとして，このうちA種類株式が5万株，B種類株式が3万株，C種類株式が2万株とし，A種類株式の株主は3名の取締役，B種類株式の株主は2名の取締役を選任することができ，C種類株式の株主は取締役の選任をすることができないとすると，A種類株式およびB種類株式についてのみならず，C種類株式についても定款で定めることを要することになる。したがって，上記の例で，A種類株式の株主は3人の取締役を，B種類株式の株主は2人の取締役を選任できる旨およびC種類株式の株主は取締役を選任することができない旨を定めなければならない。なお，この例で，C種類株式は剰余金配当についての優先株式で，A種類株式およびB種類株式は剰余金配当についての普通株式である例が多いであろう。しかし，A，BおよびCのいずれも剰余金配当につき普通株式ということもありうる。この場合にも，A，BおよびCは，取締役の選解任について内容の異なる種類株式ということになる（なお，108条3項，会社則20条1項9号参照）。

また，上記の例で，A種類株式の株主とB種類株式の株主とが共同して，すなわち共同の種類株主総会において5名の取締役全員を選任するとか，5名中3名は共同で選任し，残りの2名については1名ずつそれぞれの種類株主総会で選任することができるものとすることができ，その場合には，その旨を定款で定めることになる。

さらに①および②に掲げる事項を変更しなければならない事情が生ずることが

ありうる。たとえば，①の定めがなされている場合において，B種類株式が取得請求権付種類株式（108条1項5号）であって，その権利の行使によりB種類株式が存在しなくなったとき（B種類株式が一定数以下になったときという定め方をすることも可能である）は，A種類株式の株主の種類株主総会において5名の取締役の全員を選任するという定めをすることが必要となり，またそれが許容される必要がある。このように①および②に掲げる事項を変更する条件を定めることができることが前提とされており（③），そのような場合には，その条件（上記の例では，B種類株式が存在しなくなったという条件またはB種類株式が一定数以下になったという条件）およびその条件が成就した場合にはA種類株式の株主の種類株主総会で取締役の5名全員を選任する旨を定めることになる。

種類株式による取締役等の選任に関する事項についての定款の定めは，会社法または定款で定めた取締役等の員数を欠いた場合において，そのために当該員数に足りる数の取締役等を選任することができないときは，廃止されたものとみなされる（112条）。

種類株式の総会による取締役等の選解任については，取締役等の選解任のところで取り上げる（〔463〕〔464〕）。

〔128〕 (c) **監査役会設置会社の特例等**　監査役会設置会社においては，監査役が3人以上で，かつ，その半数以上は社外者でなければならない（335条3項）ことから，以下のような特則が定められている（会社則19条2号）。すなわち，その種類の株式の種類株主を構成員とする種類株主総会において監査役を選任することができる場合にあっては，①その種類株主総会において社外監査役を選任しなければならないこととするときは，その旨および選任しなければならない社外監査役の数，②①の定めにより選任しなければならない社外監査役の全部または一部を他の種類株主と共同して選任することとするときは，その他の種類株主の有する株式の種類および共同して選任する社外監査役の数，③①または②に掲げる事項を変更する条件があるときは，その条件およびその条件が成就した場合における変更後の①または②に掲げる事項を定めなければならない。監査役会設置会社に特有なのは，社外監査役の選任について内容の異なる種類株主を発行するかどうかであって，それが①において定められることになる。

また，監査役会設置会社において選任すべき社外監査役の員数を欠き，かつ，その社外監査役を選任すべき株主が存在しない場合には，法令または定款に定めた取締役の員数を欠くにいたった場合と同様である。この点については，後述する（〔464〕）。

社外取締役についても同趣旨の規定がある（会社則19条1号）。

3　発行可能種類株式総数　〔129〕

それぞれの種類株式の発行可能種類株式総数は，それぞれの種類株式ごとに定款で定められるが（108条2項柱書），発行可能株式総数と発行可能種類株式の合計数との関係については規定がなく，後者が前者を超えることも妨げない。たとえば，ⓐ取得条項付株式の対価として，ⓑその1株につき別の種類株式を与える場合を考えると，ⓐとⓑとのそれぞれの発行可能種類株式総数を定めておかなければならず，その場合には，その合計数は発行可能株式総数を超えることもありうるからである。発行可能株式総数については，定款の変更をしてそれを増加する場合に，変更後のその総数は，公開会社（公開会社ではない会社ではこのような制約はない）では，定款変更が効力を生じた時における発行済株式総数の4倍を超えることができない（113条3項1号）等の規定が設けられている（113条。〔39〕）。さらに発行可能種類株式総数については次のような規定が設けられている（114条）。

① 定款を変更してある種類株式の発行可能種類株式総数を減少するときは，変更後のその種類の株式の発行可能種類株式総数は，その定款の変更が効力を生じた時におけるその種類の発行済株式の総数を下ることができない（114条1項）。当然のことを定めたものである。発行可能株式総数に関する113条2項と同趣旨のものということができる。

② また，ある種類の株式について，㋑取得請求権付株式（107条2項2号への期間の初日が到来していないものを除く）の株主（その会社を除く）が株主の請求（167条2項の請求）により取得することとなる他の種類株式（167条2項4号）の数，㋺取得条項付株式の株主（その会社を除く）が一定の事由の発生（170条2項の規定）により取得することとなる他の種類の株式（170条2項4号）の数，㋩新株予約権（236条1項4号の期間の初日が到来していないものを除く）の新株予約権者が282条1項の規定により取得することとなる種類の株式の数の合計数は，その種類の株式の発行可能種類株式総数からその種類の発行済株式（自己株式を除く）の総数を控除して得た数を超えてはならない（114条2項）。

4　種類株主総会　〔130〕

(イ)　意　　義

種類株主総会とは，種類株主（種類株式発行会社におけるある種類の株式の株主をいう）の総会をいう（2条14号）。種類株主総会は，会社法に規定する事項および定款に定めた事項に限り決議することができる（321条）とされる点は，取締役会設置会社（295条2項）の株主総会と同様である。種類株主の株主間の権利の調整が必要な場合等に種類株主総会の決議がなされることになる。

(ロ) 種類株主総会の決議が必要な場合

(a) ある種類の種類株主に損害を及ぼすおそれがある場合

(i) 原則　種類株式発行会社が，①㋑株式の種類の追加，㋺株式の内容の変更および㋩発行可能株式総数または発行可能種類株式総数の増加についての定款の変更（取得条項付株式とする場合〔111条1項〕および株式譲渡制限〔108条1項4号〕ならびに株主総会による全部取得条項付株式〔108条1項7号〕に関するもの〔111条2項〕は除かれる。322条1項1号柱書。これらの場合には，種類株主全員の同意その他の特則が設けられているからである。〔121〕(c)，〔123〕(b)，〔124〕(b)(ii))，②株式等売渡請求の承認，株式の併合，株式の分割，株式無償割当て（185条），株式の株主割当ての募集（202条1項各号），新株予約権の株主割当ての募集（241条1項各号），新株予約権無償割当て（277条），合併，吸収分割，吸収分割による他の会社がその事業に関して有する権利義務の全部または一部の承継，新設分割，株式交換，株式交換による他の株式会社の発行済株式全部の取得および株式移転をする場合において，ある種類株式の種類株主に損害を及ぼすおそれがあるときは，その種類株式の種類株主を構成員とする種類株主総会の決議がなければ，その効力を生じない（322条1項本文）。種類株主間の権利の調整が必要な場合である。ただし，当該種類株主総会において議決権を行使することができる種類株主が存しない場合たとえばその種類株式が全部会社により取得されたような場合は，この限りでない（322条1項但書）。その決議は特別決議によることを要する（324条2項4号）。たとえば，①剰余金分配優先株式の内容を縮減する定款変更決議の場合の優先株主や②普通株式の株主にのみ株式の割当てを受ける権利を与えて株式を発行する場合の優先株主等がそれに該当する。株式の種類に従って格別の定めをするわけではなく，一律の定めがなされる場合でも，その取扱いにより，ある種類の株式の株主に損害を及ぼすべきときは（たとえば，普通株式と剰余金配当についての優先株式とが発行されている場合に，資本金の額の減少のために一律に10株を1株に併合するときは，優先株主が，これに該当する。優先株主が優先的に受ける配当額が減少するからである），その種類の株主の総会を要すると解すべきであろう。これらの場合に損害を受ける種類の株主の総会決議を要するものとされるのは，本来ならば不利益を受ける個々の株主の承認を要すべきところを，その種類の株主の総会の決議があればよいとしたものであって，その意味で緩和規定とみるべきものである。種類株主総会は，それ自身は独自の株主総会ではなく，その種類の株主の意思を決定する集会にすぎないが，株主総会に関する規定が準用される（325条）。なお，議決権制限株式の株主もその種類株主総会において議決権を有し，したがって，それについては招集通知を受ける権利を有する（〔119〕）。

(ii) 決議を要しない旨の定款の定めがある場合　前述のように，優先株式等が機動的に発行できるような手当てが定められているが（108条3項。〔115〕），その発行後に，しばしば種類株主総会の決議を要するようでは，結果的に優先株式等の発行を躊躇せざるをえない。たとえば，優先株式を発行した後に普通株式についてのみ株式の分割をし，または普通株主にのみ株式の割当てを受ける権利を与えて株式の発行をする場合には，株式の種類に従い格別の定めをなす場合として，優先株主の種類株主総会の決議が必要となるというのでは煩瑣である。そこで，種類株式発行会社は，ある種類の株式の内容として，種類株主総会の決議を要しない旨を定款で定めることができるものとされ（322条2項），その場合にはその種類株主を構成員とする種類株主総会を要しないものとされる（322条3項本文）。もっとも，前述(a)(i)①の定款変更（322条1項1号。単元株式数についてのものを除く）については，その重要性から，その限りではないものとされる（322条3項但書）。また，ある種類の株式の発行後に定款を変更してその種類の株式について種類株主総会の決議を不要とする定款の定めを設けようとするときは，その定めの重要性から，その種類の種類株主全員の同意を得なければならないものとされる（322条4項）。なお，この定款の定めがある場合の反対株主の株式買取請求権につき規定がある（116条1項3号括弧書）。

(b) **法律の定めがある場合――その他の場合**　①ある種類の株式につき譲渡制限の定め，またはその全部取得条項の定めを新設する定款変更をする場合（111条2項柱書），②種類株式発行会社において，募集株式の種類が譲渡制限株式であるときのその種類株式に関する募集事項の決定またはその授権の場合（199条4項・200条4項。定款でその決議を要しないと定められている場合を除く），③種類株式発行会社であるときのその募集新株予約権の目的である株式が譲渡制限株式である場合の募集事項の決定またはその授権の場合に種類株主総会の決議が必要とされる場合（238条4項・239条4項。定款でその決議を要しないと定められている場合を除く），④吸収合併消滅株式会社等が種類株式発行会社である場合において，合併対価等の全部または一部が譲渡制限株式等である場合には，吸収合併等は，その譲渡制限株式等の割当てを受ける種類の株式の種類株主を構成員とする種類株主総会の決議が必要とされ（783条3項），その他，合併，分割，株式交換または株式移転に伴って種類株主総会が必要な場合が規定されている（795条4項・804条3項）。

(c) **定款の定めがある場合**　拒否権条項付株式については，前述2(チ)（〔125〕(b)）で，また取締役・監査役の選解任種類株式については前述2(リ)（〔127〕）で取り扱っている。

〔131〕 **(ハ) 種類株主総会の決議の手続要件等**

(a) **株主総会の規定の準用**　種類株主総会については，招集通知，自己株式等についての議決権の排除，議事録等につき，株主総会に関する規定が準用される（325条前段・295条−320条，会社則95条。読替規定がある。325条後段）。しかし，そのうち，総会の権限（295条1項2項），総会の招集（296条1項2項）および総会の決議要件（309条）に関する規定は準用されない（325条前段括弧書）。

(b) **決議要件**　種類株主総会の決議要件は，株主総会の決議と同様に，普通決議，特別決議および特殊の決議に分けられる。

(i) 普通決議　普通決議は，次の(ii)および(iii)に掲げる以外の場合に必要とされるものである。その内容は，定款に別段の定めがある場合を除き，その種類の株式の総株主の議決権の過半数を有する株主が出席し，出席した株主の議決権の過半数をもって行うものとされる（324条1項）。株主総会の普通決議と異なるのは，定足数が「総株主の議決権の過半数」とされている点である（株主総会のそれは，「議決権を行使できる株主の過半数」とされている。309条1項）。

(ii) 特別決議　前述(ロ)のうち，(a)の場合（324条2項4号），(b)①のうち全部取得条項の定めを設ける定款変更をする場合（324条2項1号），②（同2号）および③の場合（同3号），④のうち，存続会社等が種類株式発行会社である場合において，消滅会社株主に交付する対価が譲渡制限株式である存続会社等の株式である場合（同6号），(c)のうち，取締役，監査役の選解任の場合（同5号）に，種類株主総会の特別決議が要求される。その内容は，その種類株主総会において議決権を行使することができる株主の議決権の過半数（3分の1以上の割合を定款で定めた場合にあっては，その割合以上）を有する株主が出席し，出席した株主の議決権の3分の2（これを上回る割合を定款で定めた場合にあっては，その割合）以上に当たる多数をもって行うものとされ，この決議の要件に加えて，一定の数以上の株主の賛成を要する旨その他の要件を定款で定めることもできるとされる（324条2項）。

(iii) 特殊の決議　定款で株式譲渡制限の定めをする場合には，株主総会決議において，特殊な決議が要求される（309条3項）が，種類株主総会においても，同様の特殊の決議を要する場合が規定されている。すなわち，種類株式の内容として，株式譲渡制限についての定款の定めを設ける場合（324条3項1号括弧書・111条2項・108条1項4号）および合併または株式交換・株式移転の場合において，合併等の対価が譲渡制限株式等である場合（324条3項2号・783条3項・804条3項）には，特殊な決議が必要とされる。その内容は，その種類株主総会において議決権を行使することができる株主の半数以上（これを上回る割合を定款で定めた場合にあっては，その割合以上）であって，株主の議決権の3分の2（これを上回る割合を定款で定めた場合にあっては，その割合）以上に当たる多数をもって行わなければならない（324条3項）。

V　反対株主の株式買取請求権

1　会社法における取扱い等　〔132〕

会社法においては，前述のように取得請求権付株式の発行が認められたが（107条1項2号・108条1項5号），平成17年改正前から，一定の総会決議に反対の株主等に対して，株式買取請求権が認められていた。会社法は，これを若干の変容のもとに，それを受け継いでいる。なお，反対株主の株式買取請求権は，①次に掲げる場合（116条・117条）のほかに，②事業譲渡等をする場合（469条・470条。〔814〕），③吸収合併・吸収分割・株式交換等をする場合（785条・786条・797条・798条。〔759〕〔779〕〔788〕〔800〕等）および④新設合併等をする場合（806条・807条。〔788〕〔808〕）についても規定されている。ここでは，①の場合について取り扱う。なお，振替株式の発行者の買取口座の創設については後述する（〔262の3〕）。

2　反対株主の株式買取請求が認められる場合　〔133〕

(イ)　株式買取請求が認められる会社の行為

反対株主（その意味については(ロ)参照）に株式買取請求権が認められるのは，次の場合である（116条1項）。

①　その発行する全部の株式の内容として譲渡制限（107条1項1号。〔109〕）の

定めを設ける定款の変更をする場合は，その全部の株式について認められる（116条1項1号）。

② ある種類株式の内容として，その取得について会社の承認を要する旨（108条1項4号）またはその種類株式について株主総会の決議によってその全部を取得する旨（108条1項7号）の定め（〔121〕）を設ける定款の変更をする場合には，その種類の株式（111条2項1号）またはその定款変更によって影響を受ける可能性のある111条2項2号・3号に列挙されている種類株主（〔124〕(b)(ii)・〔190〕(ii)）について認められる（116条1項2号・111条2項各号）。

③ 株式の併合（180条。〔137〕）・株式分割（183条。〔147〕），株式無償割当て（185条。〔153〕），単元株式数についての定款の変更（466条・191条。〔160〕），株式の株主割当ての募集（202条1項各号。〔319〕），新株予約権の株主割当ての募集（241条1項各号。〔373〕）および新株予約権無償割当て（277条。〔390〕）をする場合において，ある種類株式を有する種類株主に損害を及ぼすおそれがあるときは，その種類株式に認められる（116条1項3号）。もっとも，その種類の株式の内容として種類株主総会の決議を要しない旨の定款の定め（322条2項。〔130〕(ロ)(a)(ii)）があるものに限られる。

(ロ) 「反対株主」の意味

ここで「反対株主」とは，①上記の行為をするために株主総会（種類株主総会を含む）の決議を要する場合には，㋑株主総会に先立ってその行為に反対する旨を会社に対し通知し，かつ，その株主総会においてその行為に反対した株主（その株主総会において議決権を行使することができるものに限る。116条2項1号イ），㋺その株主総会において議決権を行使することができない株主（同1号ロ），および②上記の場合以外の場合のすべての株主をいう（同2号）。

なお，反対株主の買取請求の手続および買取価格の決定・支払については，〔759〕でまとめて扱う。

〔134〕 3 株式買取の効力発生日

平成26年改正会社法により，会社法116条1項各号の行為をする会社（事業譲渡等をする株式会社または新設分割株式会社を含む）に対する株式買取請求についても，その反対株主の株式買取請求にかかる株式の買取りは，これらの行為の効力発生日（2(イ)の行為が効力を生ずる日。116条3項）に，その効力を生ずる旨の規定が設けられた（117条6項）。改正前は，その株式の代金支払時等（改正前117条5項。吸収合併等についてはその効力発生日等。改正前786条5項〔現6項〕等）にその効力を生ずると定められていたが，その定めについては，次のような問題が指摘されていた。すなわち，平成26年改正前会社法のもとでは，一方で，裁判所に価格決定の申立てがなされた場合には，会社は，買取請求を行った株主に対して，裁判所により決定された価格に対する上述の行為の効力発生日から60日（117条1項）の期間満了の日の後年6分の利息を支払う義務を負う（平成29年改正前117条4項）。他方で，反対株主が代金の支払を受けるまで，その株式にかかる剰余金の配当の受領権（議決権の行使についても同様である）を有するかについて規定が設けられておらず，両者の二重取りになると解される可能性もないではない。しかも，株式買取請求権を行使している者は，その行使の時点でその会社の株主の地位を欲しないという意思を表示したものである。以上のような理由で，その株式の買取は，買取請求をする原因となった行為の効力発生日にその効力を生ずることとしたのである。

株券が発行されている株式について株式買取請求をしようとするときは，株主は株券発行会社に対し，その株式にかかる株券の提出をしなければならない（116条6項）。株式買取請求の撤回制限（同7項）を実効あらしめようとするためと説明されている。同様の趣旨から，株主の名義書換請求の規定（133条）も株式買取請求にかかる株式については適用されない（116条9項。〔271〕）。新株予約権買取請求についても，同様の規律を設けている（118条6項・10項）。

4　買取請求に応じて株式を取得した場合の責任　〔135〕

会社が前述（〔133〕(イ)）の反対株主の買取請求（116条1項）に応じて株式を取得する場合については，直接には分配可能額による制限はなされていない（461条1項各号に列挙されていない）が，間接的にその職務を行った業務執行者の責任という形で規制がなされている。すなわち，その請求をした株主に対して支払った金銭の額がその支払の日における分配可能額を超えるときは，その株式の取得に関する職務を行った業務執行者は，会社に対して，連帯して，その超過額を支払う義務を負う（464条1項本文）。しかしその者がその職務を行うについて注意を怠らなかったことを証明した場合には，この限りではない（464条1項但書。この点については〔689〕でも触れている）。したがって，①から③までに列挙された職務（〔133〕(イ)）を行おうとする業務執行者としては，その支払の日における分配可能額を予測し，かつ，どの程度買取請求がなされる可能性があるかを予測し，かりに買取請求がなされて，それに応じて金銭の支払をしたとしても，分配可能額を超えることがないことを相当程度の確実性をもって予測してしなければ，この責任を負わされる可能性が生ずることになる。

この義務は，総株主の同意がなければ免除することができない（464条2項）。

その確実性を予測しえないときは，前述①から③までの行為（〔133〕(イ)）を中止するほかない（116条8項）。

なお，自己株式取得の場合の財務規制一般については後述する（〔172〕）。

Ⅵ　1株の大きさ（単位）
——株式の併合，消却および分割ならびに単元株制度

〔136〕

1　1株の単位についての立法経緯

1株の大きさ（これを「1株の単位」ということもある。以下，同じ）は，種類株式が発行されている場合（この場合にはその内容によって異なってくる）を除いて，純資産額（資産の額から負債の額を控除した額）を発行済株式総数で除した額であらわされる。したがって，純資産額が変化しない場合には，発行済株式総数が増加すれば1株の単位は小さくなり，それが減少すれば1株の単位は大きくなる。そして，株式の分割は，純資産額が変わらずに発行済株式総数が増加する場合であり，したがって，それによって1株の単位が小さくなる。これに対して株式の併合は，純資産額が変わらずに発行済株式総数が減少する場合であり，したがって，それによって1株の単位は大きくなる。

平成13年改正前商法のもとでは，1株の単位について，一定の大きさに保つように，具体的には，基本的に1株当たりの純資産額が5万円未満にならないようにという制約がなされていた。たとえば株式の分割によって株式の単位を引き下げる場合にも，分割後の1株当たり純資産額が5万円未満になるような株式の分割は許されず（改正前商218条2項後段），さらに，株式の併合によって1株の単位を引き上げる場合にも，株式の併合は1株当たり純資産額が5万円未満の会社が5万円以上とするためにのみ許されていた（改正前商214条1項）。また，既存会社につき経過措置として設けられていた単位株制度のもとでも，ほぼ同趣旨の規制がなされていた（その詳細については，〔157〕）。このように，法律で1株の単位につき制約を設けた理由としては，昭和56年商法改正の審議の際に，その当時一般的であった額面株式の1株の金額が50円というのは1株の単位として小さすぎ，これを放置することは国民経済的にみても適当ではないということがあげられた。この昭和56年改正商法の1株または1単位当たりの純資産額を5

万円以上とするという立場に対しては，1株の単位は各企業がそれ自体の判断で決められるようにすべきことであり，具体的には，たとえばベンチャー企業がその株式を東京証券取引所のいわゆるマザー市場に上場した場合等に，その将来性を見込んで高値がついて投資単位として不当に大きくなりすぎることがあり，その株式を分割して適当な投資単位にしようとしても，1株当たり純資産額が5万円未満となる株式の分割が許されないことが制約となって，投資単位として適当にするための株式の分割がなしえないという事態が生じると批判された。そして，このような事態を解消するためには，株式の分割について上述のような純資産額を基準とする制約を排除すべきだという主張がなされた。平成13年改正商法（法79号）は，以上のような事情を反映して，基本的には，1株当たり純資産額5万円以上とするという基準に基づく制約を一切排除し，株式の分割または併合を自由にするとともに（〔138〕〔148〕），単位株制度を廃止してそれに代わる単元株制度を設け，それを採用するかどうかは会社の選択に委ね，かつ，それについても1単元当たりの大きさの制約を排除した。さらに，1株未満の端数につき利益配当請求権（会社法のもとでの剰余金配当請求権）等を認めるという端株制度を廃止した（〔155〕参照）。なお，近時，過度な株式の分割が株価引上げの手段として悪用されているとして，その自粛が求められている。

2 株式の併合　〔137〕

(イ) 意　　義

株式の併合とは，発行済株式総数を減少させることである。同じ種類の株式数が一律に減少するのが株式の併合である。たとえば，10株を1株とし，あるいは3株を2株とするというように，数個の株式を合わせてそれよりも少数の株式とすることである。それは，すべての株式につき一律に行われる。もっとも，ある種類の株式につき株式併合をすることもありうる（180条2項3号。〔130〕）。会社財産に変更がなく，発行済株式総数が減少するから，1株の価値は大きくなるが，その分だけ各株主の有する株式数がその持株数に応じて減少するから，株主の会社に対して有する地位は原則として変わりがない（もっとも，後述するように〔139〕，株式の併合により株主の地位を失うこともありうる）。1株券10枚を10株券1枚にする株券の併合とは区別されなければならない。株式の投資の対象としての単位を適正にするため等に利用される。

(ロ) 株式の併合の自由　〔138〕

株式の併合は，既存の株式に対して，①それにより端数が生ずる場合には金銭により処理され（235条），また，②たとえば，10株を1株に併合する場合に，それまでは，10株の株主は，その有する株式の一部を譲渡することが可能であったが，併合後は1株の株主になってしまうから，その有する株式の全部を譲渡するしかないことになってしまうという不利益を与える。そこで平成13年改正前商法は，前述したように（〔136〕）株式併合が可能な場合として，㋑最終の貸借対照表による1株当たり純資産額が5万円未満のときに，その額を5万円以上とするためにする場合（改正前商214条1項），㋺資本減少の方法としてする場合（同377条1項）等に限定していた。ところが，平成13年改正商法は，株式の併合について特に制約を設けず，①株主総会の特別決議で株式の併合をすることができる旨（平成17年改正前商214条1項前段）および②この場合に取締役が株主総会で株式の併合をすることを必要とする理由を開示することを要する旨を規定し（同項後段），株式の併合が認められる場合に関する前述の規定を削除した。会社法もこれを受け継いでいる（180条4項）。それは，株式の併合の必要な理由を開示して株主総会の特別決議による承認を得れば，株式の併合は自由であることを認めたことを意味する。そしてまた，それは，1株の単位をどうするかは，各企業の選択に委ねる趣旨を明らかにしたものである。

〔139〕 ㈧ 手　続

株式の併合の手続については，株券発行会社および株券廃止会社のいずれにおいても，株主総会の特別決議を要するが，株券交換手続の要否等については，両者に差異が生ずることになる。

⒜ **事前開示**　平成26年改正により，株式の併合についても，合併等の場合（〔752〕）にならって，以下のような事前開示に関する規定が設けられた（182条の2。後述する事後開示についても同様である。後述⒟。合併につき〔764〕）。株主総会の特別決議で承認するかどうかの判断材料とするためであることは合併の場合と同様である。開示事項としては，株主総会の決議事項（後述⒞の①から④まで）その他法務省令で定める事項（会社則33条の9）である。

それを記載し，または記録した書面または電磁的記録をその本店に備え置かなければならない。その開示期間は，次に掲げる日（下の①および②）のいずれか早い日から株式の併合がその効力を生ずる日（以下「効力発生日」という）後6か月を経過する日までの間である（182条の2第1項）。

① 後述⒞の株主総会（180条2項）の日の2週間前の日。

② 後述⒝の通知または公告の日。

株主は，株式の併合をする会社に対して，その営業時間内は，いつでもその書面等の閲覧等の請求をすることができる（182条の2第2項）。株主にとっては，それを閲覧して，株主総会における決議に賛成するかどうかを決め，または差止請求権を行使するか等の参考にすることが考えられる。

(b) **事前の通知，公告**　株式の併合をしようとする会社は，効力発生日の2週間前（端数が生ずる場合には20日前）までに，その株主に対し，後述(c)の①―④の事項を通知しなければならず，その通知に代えて公告をすることでもよい（181条・182条の4第3項）。

(c) **株主総会の特別決議**　株式併合には，株主総会の特別決議を要する（309条2項4号）。株式分割には取締役会の決議で足りるのに（〔149〕），株式併合に株主総会の特別決議を要するものとされているのは，株式併合の場合には，それまでの株主がその持株数および併合の比率いかんによっては株主の地位を失う等株主に前述（〔138〕）のような不利益を与える可能性があるからである。株主総会においては，①株式併合の割合（10株を1株に併合する場合には10分の1），②株式併合の効力発生日，③会社が種類株式発行会社である場合には，併合する株式の種類，および④効力発生日における発行可能株式総数について定めなければならない（180条2項。ある種類の株式のみの併合が可能であることを前提とする）。また，前述したように，この株主総会において，取締役が株式の併合を必要とする理由を開示することを要する（180条4項）。1株の単位が小さすぎて投資単位として，または株主管理上不適当になったこと等がそこで開示される理由としてあげられることになろう。

株主総会の特別決議において，極端に大きい併合の比率，たとえば，1万株を1株に併合するというように定めて故意に一般の株主を除外する意図が認められるようなときは，多数決の濫用として，その決議の効力が否定されると解される（831条1項3号の類推適用によることが考えられる）。

(d) **事後開示**　平成26年改正により，合併等の場合（〔764〕）にならって，以下のような事後開示の制度が設けられた（182条の6）。すなわち，株式の併合をした会社は，効力発生日後遅滞なく，株式の併合が効力を生じた時における発行済株式の総数その他の株式の併合に関する事項として法務省令で定める事項（会社則33条の10）を記載し，または記録した書面または電磁的記録を作成し，本店に備え置かなければならない（182条の6第1項2項）。その備置き期間は効力発生日から6か月である。その会社の株主および効力発生日にその会社の株主であった者は，その会社に対して，その営業時間内はいつでも，その書面等の閲覧等を請求することができる（182条の6第3項）。その閲覧により，株式の併合の株主総会決議の無効の主張，その差止請求の主張（〔145〕(ホ)参照）をするかどうかの参考にすること等が考えられる。

〔140〕 (e) **株券発行会社の場合——株券交換手続**

(i) 交換手続の必要性　株式の併合においては，旧株券を提出して，あらたな株式数を記載した新株券を交付する手続がとられなければならない。したがって，株式の併合の場合には，会社としては，株券の交換手続が必要となる（219条1項2号。その具体的な手続については後述する。〔211〕）。旧会社法は，併合に適する株式の数を記載した株券（10株を1株に併合する場合には10の整数倍の株券）の提出を要せず，株式数を読み替える制度があったが，この制度は廃止された。

〔141〕 (ii) 旧株券の提出の通知・公告　株式の併合においては，会社は，株式併合の効力発生日までに会社に対し全部の株式（種類株式発行会社にあっては併合する種類株式。180条2項3号）にかかる株券を提出しなければならない旨をその日の1か月前までに，公告し，かつ，その株式の株主およびその登録株式質権者には，各別にこれを通知しなければならない（219条1項本文）。ただし，その株式の全部について株券を発行していない場合は，この限りでない（219条1項但書。たとえば株式譲渡制限会社において，だれも株券の発行を請求していない場合。215条4項）。

(iii) 株券の提出がない場合　会社は，株式併合の効力発生日までに会社に対して株券を提出しない者があるときは，その株券の提出があるまでの間，株式併合によってその株券にかかる株式の株主が受けることのできる金銭等の交付を拒むことができる（219条2項）。株式併合にかかる全部の株式にかかる株券は，株式の併合の効力が生ずる日に無効となる（219条3項）。

〔142〕 (iv) 新株券の発行——旧株券提出不能者のための異議催告手続　株式の併合の効力が生じた後に新株券を発行することになるが，旧株券を喪失してこれを提出できない者のために株券失効制度または公示催告制度に代わる簡易な手続（「異議催告手続」といわれている）が認められる。すなわち，株券を提出することができない者があるときは，会社は，その者の請求により，利害関係人に対し異議があれば一定の期間内——3か月を下ることができない——にこれを述べることができる旨を公告することができる（220条1項）。この期間内に利害関係人が異議を述べなかったときは，会社は，上記の請求をした者に対し，株主が受けることができる金銭等を交付することができる（220条2項）。公告の費用は，請求

をした者の負担とされる（220条3項）。この異議催告手続は，それ自体としては，株券失効制度または公示催告手続と異なり，旧株券を失効させる効力を有するものではない。もちろん，旧株券は，株式の併合の効力が生ずれば，新株式（金銭を含む）を表章する有価証券としての意味を有しないが，新株券の交付請求権を表章する有価証券としての意味を有している（最判昭和60・3・7民集39巻2号107頁は，同期間経過後も，旧株券を提出して名義書換を請求することができるという）。もっとも，異議申立期間内に異議がなされなければ，その期間の経過により，その請求者が権利者と推定され，会社はその者に新株券を交付すれば免責される。そしてまた，その期間が経過すれば（その手続によって新株券が請求者に交付されれば），前述したように旧株券自体は無効とならざるをえないが，この場合でも，旧株券に関して真実の権利者がいるとき（たとえば，旧株式を善意取得したと主張してこの手続の請求をした者が悪意であって善意取得の要件をみたしていなかった場合）は，その者は請求者に対して新株券の引渡し等を請求することができると解される。その期間内に異議が述べられたときは，上記の手続をとった者と異議を述べた者との間で権利関係を確定することになる（会社は，供託することもできる。民494条）。上記の手続もとられない株券については，その提出まで新株券の交付を要しない。なお，この異議催告手続については，これと株券失効手続（230条以下）との関係が問題になるが，この点については別に述べる（〔221〕）。

〔142の2〕

(v)　1株に満たない端数の処理――一般の場合　株式併合によって端数が生じたときは金銭で処理される（235条。なお〔156〕(f)）。

(vi)　1株に満たない端数の処理――株式の併合に反対する株主の場合

①　反対株主の端数の買取請求の権利　平成26年改正会社法により，反対株主にとっての端数の処理について規定された（182条の4）。一般の場合の端数の処理（〔156〕）に比べると，次に述べるように，公正な価格での買取請求権が認められている点で，反対株主に有利な取扱いがなされている。すなわち，会社が株式の併合をすることにより株式の数に1株に満たない端数が生ずる場合には，「反対株主」は，会社に対し自己の有する株式のうち1株に満たない端数となるものの全部を公正な価格で買い取ることを請求することができるものとされる。

②　反対株主の意味　ここで「反対株主」とは，どういう者かにつき次のように規定されている（182条の4第2項）。

㋑　株式の併合の株主総会（180条2項）に先立ってその株式の併合に反対する旨をその会社に対して通知し，かつ，その株主総会においてその株式の併合に反対した株主（その株主総会において議決権を行使することができるものに限られる）。

㈲　その株主総会において議決権を行使することができない株主。

③　買取請求の手続等　　反対株主は，効力発生日（会社が効力発生日と定める日。180条2項2号）の20日前の日から効力発生日の前日までの間に，その株式買取請求にかかる株式の数を明らかにしてしなければならない（182条の4第4項）。

株式買取請求があった場合において，株式の価格の決定について，株主と会社との間で協議が調ったときは，会社は効力発生日から60日以内にその支払をしなければならない（182条の5第1項）。株式の価格の決定について，効力発生日から30日以内に協議が調わないときの株主または会社の裁判所に対する価格決定の申立て，裁判所の決定した価格に対する効力発生日から60日以内の期間の満了の日後の法定利率による利率により算定した利息の支払をしなければならない旨，会社が価格決定前に公正な価格と認める額を支払うことができる旨等について規定がある（182条の5第2項−7項）。

④　買取の財源　　会社が株式買取請求に応じて株式を取得する場合には，自己株式の取得財源に関する規制（461条1項。〔172〕〔173〕）は適用されない。会社が反対株主の買取請求に対して，法律の定めにより，会社の意思と関係なしに自己株式を取得させられるものであるからである。この場合においては，その請求をした株主に支払った金銭の額がその支払の日における分配可能額を超えるときは，その株式の取得に関する職務を行った業務執行者は，その者がその職務を行うことについて注意を怠らなかったことを証明した場合を除き，その会社に対して，連帯して，その超過額を支払う義務を負う（464条1項）。この責任の内容は，反対株主の買取請求に応じて株式を取得した場合の，その業務執行者のそれと同様である（〔135〕）。

〔143〕　(f)　**株券不発行会社等の場合**　　株券不発行会社（〔235〕）および準株券不発行会社（すべての株式について①株券不所持の申出がなされ〔217条〕，もしくは②株式譲渡制限会社で株主の請求がないために株券が発行されていない会社〔215条4項〕。一部の株主につき②の株券の発行の請求がなく，かつ他の株主につき①の申出がなされたため，結局，すべての株主につき株券が発行されないものを含む。〔198〕〔235〕）においては，株券が発行されていないから，株券交換手続はとられず（株券提出の催告をするための公告および通知をすることなど前述の(e)(ii)から(iv)までの手続を要しない），たんに，株式併合が効力発生日の2週間前までに，①株式併合の割合，②株式併合の効力発

生日，③会社が種類株式発行会社である場合には，併合する株式の種類，④効力発生日における発行可能株式総数（180条2項。株主総会の決議で定める事項）を株主（種類株式発行会社にあっては，③の種類の種類株主）およびその登録株式質権者に対し，通知しなければならない（181条1項。通知は，公告をもってこれに代えることができる。181条2項）。端数の処理については株券発行会社の場合（〔142の2〕）と同様である。

〔144〕 (g) **振替株式の場合――その振替口座簿の記載手続** 振替株式の場合には，(a)の手続のほかに，振替口座簿に株式の併合に関して記載をする手続が必要になるが，それについては，「社債，株式等の振替に関する法律」（以下，「社債株式振替法」という）で次のように規定されている。

(i) 発行者の振替機関に対する通知 まず振替株式の発行者は，特定の銘柄の振替株式について株式の併合をしようとする場合には，株式の併合が効力を生ずる日として定める日の2週間前までに振替株式を取り扱うことに同意した振替機関に対して，①併合にかかる株式の銘柄（種類），②①から株式の併合後のその振替株式の発行総数の併合前のその振替株式の発行総数に対する割合を控除した割合（これを減少比率という。発行済株式総数1万株の会社で10株を1株に併合する場合には減少比率は10分の9となる。1から10分の1を控除した割合。残るのは10株から9株を控除した1株となる），③株式併合の効力発生日および④その発行者の口座（後述(iii)参照）を通知する（社債株式振替136条1項。発行者に対する総株主通知に関する発行者からの通知につき社債株式振替151条1項2号7項。〔274〕）。

(ii) (i)の通知があった場合には，㋑その通知を受けた振替機関は，直ちにその通知にかかる振替株式の銘柄についてその直近下位機関に対し，上記(i)①から④に掲げる事項を通知しなければならない（社債株式振替136条2項）。また㋺その通知を受けた振替機関は，株式併合の効力発生日において，その備える振替口座簿中の①の振替株式についての記載がなされている保有欄等において，その保有欄等に記載されている数に減少比率をそれぞれ乗じた数についての減少の記載をしなければならない（同3項）。前述②の例で保有欄に1000株と記載されているときは，それに10分の9を乗じた900株についての減少の記載をする。㋑㋺は，㋑により通知を受けた口座管理機関についても準用される（同4項）。それにより関係する振替機関等がその銘柄の振替株式の減少の通知を受け，それに従い減少の記載をすることになる。それにより株式の併合の効力が生ずる（総株主通知に関する社債株式振替151条1項2号参照）。

(iii) 振替株式の場合の端数の取扱い　(ii)(ロ)による取扱いによって減少の記載または記録をすることにより保有欄に1株に満たない端数が記載・記録されることとなる場合には，その振替機関等は，(ii)(ロ)にかかわらず，その保有欄等についてすべき記載・記録に代えて，その保有欄等の加入者の保有欄等に政令で定める記載・記録をしなければならず，振替機関は，政令で定めるところにより，その下位機関に対し，その記載・記録をするための必要な指示をしなければならない。この場合において，その下位機関は，その指示に従った措置を執らなければならない（社債株式振替136条5項）。すなわち発行者の保有欄に記載された振替株式が新たに発行した株式とみなされ，政令で定めるところにより，競売等の換価をして端数に応じてその代金が交付されることになる。または発行者は自らの口座をあらかじめ振替機関に通知しておき（社債株式振替136条1項4号。前述(i)①），生じた端数はその発行者の口座に振り替えられるが，発行者が複数の口座管理機関に複数の口座を有している場合には，発行者の通知は1つの口座に限ることとされている（同条1項4号括弧内）。また株主が複数の振替機関等に口座を有してそれぞれに端数が生じた場合に名寄せをすれば1株（最低単位）以上になることがあるが，このような端数の記載，名寄せにつき，政令で定められている（社債，株式等の振替に関する法律施行令〔以下，「社振政令」〕30条）。

〔145〕　**(二)　株式の併合の効力発生時期および効果，株主名簿への記載等**

株式の併合は，前述したように，株券発行会社の場合にはもちろん，株券不発行会社等の場合にも，株式の併合の効力発生日として会社が定める日（180条2項2号の日）にその効力が生ずる。株主は，効力発生日に，その日の前日に有する株式（種類株式発行会社にあっては，併合する種類の株式）の数に併合の割合（180条2項1号）を乗じて得た数の株式の株主となる（182条1項）。自己株式についても例外でない。

会社は株式を併合した場合には，併合した株式について，その株式の株主にかかる株主名簿記載事項を株主名簿に記載し，または記録しなければならない（132条2項）。会社による株主名簿の記載（〔271〕(c)，〔272〕等）の一場合である（株式の分割の場合の〔149〕(b)参照）。

株式の併合により発行済株式総数は減少するが，資本金の額は，資本金の減少の手続の実行方法としてなされる場合を除き，減少しない。発行済株式総数の減少と発行可能株式総数との関係については，その減少が当然には（定款変更の手続をとらない限り）発行可能株式総数に影響を与えない趣旨である（〔39〕）。株式の併合に伴って，発行済株式総数（911条3項9号）の変更を生ずるから，変更登記が必要である（申請書の添付書面につき商登61条・59条1項2号)。効力発生日における発行可能株式総数の定めに従い，効力発生日に，発行可能株式総数に係る定款の変更をしたものとみなされる（182条2項)。

(ホ) 違法等の株式の併合の差止請求

平成26年改正会社法により，株式の併合が法令または定款に違反する場合において，株主が不利益を受けるおそれがあるときの，その差止請求についての規定が設けられた（182条の3)。

3 株式の消却 〔146〕

会社法は，株式の消却については，たんに自己株式を消却することができる旨およびその場合の定めるべき事項およびその決定の手続等を規定しているにすぎない（178条)。株主にとっては，株式の消却といっても，その有する株式を失ってその対価を得る点で，会社にその株式を取得――会社にとっては自己株式取得――させて，対価を得ることと同様であり，会社がその自己株式を消却すれば，株式の消却に相当することになるからである。①資本金の減少の規定に従う株式の消却および②定款の規定に従い株主に配当すべき利益をもってする株式の消却（平成17年改正前商213条1項）のうち，①については，資本金の減少それ自体と自己株式の消却とに分けて手続をとればよく，また②については，定款で取得条項（107条1項3号・108条1項6号7号）を付して，株式を強制的に取得してその対価を交付する方法で同じ結果が得られる。償還株式の規定も削除されたが，それについても②の株式等を用いて同じ結果が得られることになる（〔112〕参照)。株式の消却がなされても，発行可能株式総数には影響がない（〔39〕)。

4 株式の分割 〔147〕

(イ) 意　義

(a) **1株の単位の引下げ**　会社は株式を分割することができる（183条1項)。株式の分割とは，たとえば，1株を10株とし，あるいは2株を3株とするというように株式を細分化することである。株主の有する株式数が一律に増加することである。会社が数種の株式を発行しているときは，同じ種類の株式数が一律に増加するのが株式の分割である。ある種類の株式を分割して，それ以外の種類の株式を分割しないということもありうる。株式の分割をしても，会社財産は増加せず，発行済株式総数が増加するだけであり，したがって1株の価値は小さくなる。しかし，各株主は，その増加した数の株式を自己の持株数に応じて与えられるから，株主の会社に対して有する割合的地位には変わりがない。株式の併合が1株の単位を引き上げるものであるのに対して，株式の分割は1株の単位を引き下げるものである（〔137〕参照）。株価の高い会社が，1株の市価を下げて投資家が購入しやすいようにし（市場性を高める），あるいは1株当たりの剰余金の配当の額を減ずるようにする等の目的のために用いられる。さらに，次に述べるように，株式の分割は，平成2年改正前の株式配当，準備金の資本組入れによる新株の発行および額面超過部分の資本組入額による新株の発行に相当する機能を果たすことになった。

株式の分割は，株券の分割とは区別されなければならない。株券の分割は，1株の単位の大きさはそのままであり，100株券1枚を10株券10枚にするというように，1枚の株券に表章させている株式の数を減ずるものであり，株主が個々の株券について請求することが可能である。

また，株式無償割当てとの比較については後述する（〔153〕）。

〔148〕 (b) 立法の経緯

(i) 平成2年改正　平成2年改正前商法のもとでは，株式の分割のほかに，①株式配当（平成2年改正前293条ノ2），②準備金の資本組入れによる新株の発行（平成2年改正前293条ノ3第2項）および③額面超過部分の資本組入額による新株の発行（平成2年改正前293条ノ3ノ2）に関する規定が設けられていた。しかし，この①，②および③は，無償の新株の発行により会社財産が増加せずに発行済株式総数が増加し，1株の価値が減少するという点で共通し，したがって理論的にはいずれも株式の分割であった（〔147〕）。そこで平成2年改正商法は，①を配当可能利益の資本組入れ（同293条ノ2）と株式の分割として，②を準備金の資本組入れ（同293条ノ3）と株式の分割として，③をたんなる株式の分割として取り扱うこととし，そのために規定を整備した。

(ii) 平成13年改正商法による株式の分割の自由，株券交換手続の不要　前述したように（〔136〕），平成13年改正前商法のもとでは分割後の1株当たりの純資産額が5万円未満になるような株式の分割は許されていなかったが，平成13年改正商法は，株式の分割についてのそのような制約を排除し，株式の分割を自由とした。1株の単位をどうするかは，各会社の選択に委ねる趣旨であった。また，前述したように（〔103〕），平成13年改正商法のもとで額面株式制度が廃止された結果，株式の分割は，たとえば1株を10株に分割する場合には，1株当たり9株の株式を追加発行することになり，それまで必要とされていた額面株式につき株券を提出させる手続は不要とされた。

(ロ) 手　　続　　〔149〕

(a) **取締役会決議**　株式の分割は，取締役会の決議（取締役会設置会社の場合。それ以外の会社では株主総会〔以下，取締役会設置会社の場合について記述する〕。指名委員会等設置会社の場合には執行役に委任することができる。416条4項）だけですることができる（183条2項）。株式の分割がなされても，株主の会社に対する地位には変化がないからである。

会社は，株式分割の都度，取締役会の決議によって，次に掲げる事項を定めなければならない。①株式分割により増加する株式の総数の株式分割前の発行済株式（種類株式発行会社にあっては，分割する種類株式の発行済株式）の総数に対する割合およびその株式の分割にかかる基準日，②株式分割の効力発生日，③会社が種類株式発行会社である場合には，分割する株式の種類である。①の割合とは，たとえば，1株を10株に分割する場合には，分割前の発行済株式の総数を1万株とすると，分割により増加する株式の総数は9万株となり，分割前の発行済株式の総数に対する割合は9倍になる。また，株式分割にかかる基準日とは，その日の株主名簿上の名義人に株式分割の効力が生ずる（上記の例では株を取得する）その日である（124条1項）。

基準日の定めは，その基準日の2週間前までに（定款の定めがあるときは別である），その基準日および株式の分割にかかる事項を公告しなければならない（124条3項）。名義書換未了の株主に名簿の名義書換を促し，株式の分割により株式または金銭を受ける権利を失わないようにするためである。なお，旧会社法のもとでは，上述の基準日という言葉に相当するものとして，割当期日，たとえば新株の割当期日の2週間前の公告というような言い方もなされていた。そこでは，基準日と割当期日との関係が明確でなく，割当期日は基準日と同じ機能を有するといってよいというようないい方もされていた（[第10版]〔611〕）。会社法のもとでは，これまで割当期日等と称してこられたものも，すべて基準日として，124条の規定が適用されることになったのである。

また，株式の分割は，発行可能株式総数の枠内でなされなければならないから，場合によっては，それを増加するための定款変更手続を要することになる。もっとも，会社は，株主総会の特別決議（466条・309条2項11号）によらないで，株式分割の効力発生日（前述②。183条2項2号）における発行可能株式総数をその日の前日の発行可能株式総数に前述①の割合（前例では9倍）を乗じて得た数の範囲内で増加する定款の変更をすることができる（184条2項）。たとえば株式の分割前の発行可能株式総数が定款上1万株と定められており，その全部が発行済である場合において，1万株を10万株に分割するときは発行可能株式総数を10万株に増加させる必要があるが，その場合については株主総会の特別決議を要しないことになる。ただし，2つ以上の種類の株式を発行しているときは，株主総会の特別決議が必要である（184条2項括弧書）。

〔150〕　(b)　**効力の発生，株主名簿の記載等**　基準日において株主名簿に記載・記録されている株主（種類株式発行会社にあっては，その種類の種類株主）は，効力発生日（前述(a)②）に，基準日に有する株式（種類株式発行会社では，その種類の株式）の数に(a)①の割合を乗じて得た数の株式を取得する。自己株式についても例外ではない。

会社は株式を分割した場合には，その株式の株主にかかる株主名簿記載事項を株主名簿に記載し，または記録しなければならない（132条3項）。会社による株主名簿の記載（〔271〕(c)，〔272〕）の一場合である（株式の併合の場合の〔145〕参照）。

株式の分割の結果生じた端数については，金銭で処理される（235条）。

〔151〕　(c)　**株式配当等に相当する株式の分割**　平成2年改正前の株式配当（〔148〕参照）と実質的に同じ機能を有する株式の分割をする場合には，①剰余金の資本金への組入れ（450条1項1号）と②株式の分割との双方の手続をとることになる。すなわち，まず，このような株式の分割は，決算期現在の株主名簿上の株主を基準日としてなされることになるが，さらに，その決算期に関する定時株主総会において，剰余金の資本組入れの議案が剰余金の処分に関する議案として承認されること（452条。取締役会の決議ですることができることもありうる。459条1項3号）が条件とされ，したがって，その効力発生日も，株式の分割に関する取締役会決議において，たとえば上記の定時総会終結の時と定めておくことが必要になる。このような取扱いをした株式の分割を，日常の用語として株式配当と呼ぶかどうかは法律の関知しないところであるが，株式の分割の取締役会決議（183条2項）に関する規定または基準日の公告（124条3項）に関する規定の適用上は，株式の分割という用語を用いなければ，同条の規定を遵守したことにならないと考える。実務上は「株式の分割（株式配当）」と表示する例が多いようである。

また，平成2年改正前の準備金の資本組入れによる新株の発行（〔148〕参照）と実質的に同じ機能を有する株式の分割をする場合には，①準備金の資本組入れ（448条1項2号）と②株式の分割の手続をとることになる。これを従来通り，準備金の資本組入れによる新株の発行ないし新株の無償交付と呼んでよいかどうかについては，株式配当についてと同様の問題がある。実務上は，「株式の分割（無償交付）」と表示する例が多いようである。

(d) 振替株式の振替口座簿の記載手続　振替株式発行会社の場合には，以上の手続のほかに，振替機関等の備える振替口座簿の記載手続が必要になる（社債株式振替 137 条)。それは次の通りである。〔152〕

(i) 発行者の振替機関に対する通知　振替株式について株式の分割をしようとする場合には，振替株式の発行者は，まず，(b)で前述した効力発生日の 2 週間前までにその発行者がその振替株式を取り扱うことに同意を与えた振替機関に対して，次の事項を通知しなければならない（1 項柱書)。①分割にかかる振替株式の銘柄（種類）（1 号)，②増加比率（㋑株式の分割により株主が受けるその振替株式の総数の㋺株式の分割前のその振替株式の発行総数に対する割合。1 株を 10 株に分割する場合には 9 倍となる）（2 号)，③株式の分割にかかる基準日（会社法 124 条にいう基準日である）および株式の分割が効力を生ずる日（3 号）および④その発行者の口座（口座が 2 以上あるときはそのうちの 1 つ。発行者に対する総株主通知に関する発行者からの通知につき社債株式振替 151 条 1 項 2 号・7 項。〔274〕(i)）（4 号)。

(ii) 振替機関等の直近下位機関に対する通知および口座振替簿における増加の記載　(i)の通知があった場合には，その通知を受けた振替機関は，①ただちにその通知にかかる振替株式の銘柄について，その直近下位機関に対して(i)に掲げる事項の通知をしなければならない（社債株式振替 137 条 2 項)。また②その振替機関は，(i)③の株式の分割の効力の発生日において，その備える振替口座簿中の(i)③の基準日における分割される振替株式について記載されている保有欄等において，そこに記載されている数に増加比率を乗じた数についての増加の記載をしなければならない（3 項)。たとえば 1 株を 10 株に分割する場合には，分割前の数が 1 株で分割により受ける数が 9 株となり，増加比率が 9 となり，保有欄に 1 万株と記載されていた場合には 9 万株の増加の記載をすることになる（合計すると 10 万株になる)。①の通知を受けた口座振替機関においても，①および②と同様の措置をとらなければならない（4 項)。

(iii) 端数の記載がなされることになる場合　株式の分割がたとえば 2 株を 3 株に分割するというような比率でなされる場合には，端数株式の保有者については，(ii)②の増加の記載により端数が記載されることになるが，この場合には，その保有欄等についてすべき記載または記録に代えて，その加入者または発行者の保有欄に政令で定める記載または記録をしなければならず，振替機関は政令（社振政令31条）で定めるところによりその下位機関に対し，その記載または記録をするための必要な指示をしなければならない（137条5項）。

〔153〕 **5 株式無償割当て**

(イ) 無償割当ての許容，株式分割との関係

会社法は，株式無償割当ての制度を設けている。すなわち，会社は，株主（種類株式発行会社にあってはある種類の種類株主）に対して，新たに払込みをさせないでその会社の株式の割当て（株式の無償割当て）をすることができる（185条）。これを前述した株式の分割と比較すると，会社財産が増加しないで，発行株式数が増加するという点で共通する（〔147〕）。しかし，両者の間には，次のような差異がある。すなわち，株式の分割の場合には，同じ種類の株式についてなされるのに対して，株式の無償割当ての場合には，A種類株式1株に対してB種類株式を無償で2株割り当てるというように異種類の株式を割り当てることも可能である点が異なる。さらに，株式の分割の場合には，自己株式にも効力が及ぶのに対して，株式の無償割当ての場合には自己株式については割り当てられない（186条2項）点でも異なる。なお，株式の無償割当てはある種類の株式の株主に対してなされるものとされており（185条括弧書），株式の種類ごとに手続がとられることになる（複数の種類の株主に交付するときは同時に複数の手続がとられることになる）。

〔154〕 **(ロ) 株式無償割当てに関する決定事項，決定の方法**

会社は，株式無償割当てをしようとするときは，その都度，①株主に割り当てる株式の数（種類株式発行会社にあっては，株式の種類および種類ごとの数）またはその数の算定方法，②株式無償割当てがその効力を生ずる日，③会社が種類株式発行会社である場合には，その株式無償割当てを受ける株主の有する株式の種類，を定めなければならない（186条1項）。

①についての定めは，その会社以外の株主（その会社が自己株式を有している場合のその株式を除く趣旨である。種類株式発行会社にあっては，③の種類株主）の有する株式（種類株式発行会社にあっては，③の種類の株式）の数に応じて①の株式を割り当てることを内容とするものでなければならない（186条2項）。①から③までの事項の決定は，定款に別段の定めがなければ，取締役会の決議（取締役会設置会社以外の会社では株主総会）によらなければならない（186条3項）。

(ハ) 株式無償割当ての効力の発生等

株式無償割当てを受けた株主は，(ロ)②の日に，無償割当てを受けた株式の株主となる（187条1項）。会社は，その効力の発生の日後遅滞なく，株主（種類株式発行会社にあっては，③の種類の種類株主）およびその登録株式質権者に対し，その株主が割当てを受けた株式の数（種類株式発行会社にあっては，株式の種類および種類ごとの数）を通知しなければならない。

端数が生じた場合には金銭で処理される（234条。詳細は次に取り扱う）。

6　1株に満たない端数の取扱い――その金銭による処理　〔155〕

(イ)　端株制度の廃止

会社が株式を発行し，または株式の併合，分割等をした場合には，1株に満たない端数が生ずることがある。たとえば3株を1株とする株式の併合をした場合には，それまで10株の株主であった者は，その株式の併合により3株と3分の1株が割り当てられることになり，3分の1株の端数が生ずる。昭和56年改正商法では，1株の単位が引き上げられたことに伴い，1株の端数の経済的価値も相当な大きさになり，無視することが相当でないことになったため，端株制度（たとえば100分の1の整数倍に当たる端株主を端株原簿に記載し，その者に剰余金配当請求権のような株主の権利の一部を与える制度）が強制された。

会社法は，この端株制度を廃止した。単元株制度が恒久的な制度として取り扱われるようになり（この点については〔157〕），単元未満株と端株とを両立させることは重複する面があり，法律関係の複雑さを避けるという意味もあって，端株制度を廃止することとされたものである。その廃止に伴う経過措置が定められている（整備法86条）。

(ロ)　1株に満たない端数の処理　〔156〕

(a)　端数が生じる場合　会社法においては，端数が生じる場合および金銭の交付を受ける株主が一つ一つ列挙されている。端数が生ずる行為と金銭の交付を受ける株主は次のとおりである（234条1項）。

①取得条項付株式による取得（170条1項）の場合には，その会社の株主，②全部取得条項付種類株式（173条1項）の場合には，その会社の株主，③株式無償割当て（185条）の場合には，その会社の株主，④取得条項付新株予約権（236条1項7号）による新株予約権の取得の場合には，取得条項付新株予約権の新株予約権者，⑤合併（合併によりその会社が存続する場合）の場合には，合併後消滅する会社の株主または社員，⑥合併契約に基づく設立時発行株式の発行の場合には，合併後消滅する会社の株主または社員，⑦株式交換による他の会社の発行済株式全

部の取得の場合には，株式交換をする会社の株主，⑧株式移転計画に基づく設立時発行株式の発行の場合には，株式移転をする会社の株主である。

(b) **競売**　会社法のもとでは，1株に満たない端数は，すべて金銭によって処理される（なお，株式の併合に反対の株主についての端数の処理については，株式の併合のところで前述した。〔142の2〕(vi)）。(a)の列挙されている行為によりそれぞれの定める者に対し交付しなければならない会社の株式の数に1株に満たない端数があるときは，その端数の合計数（その合計数に1に満たない端数がある場合にあっては，これを切り捨てる）に相当する数の株式を競売し，かつ，その端数に応じてその競売により得られた代金をその者に交付しなければならない（234条1項柱書）。たとえば，0.5の端数が11個あるときは，その合計数は5.5株になるが，この場合の0.5の端数は切り捨てられる。

(c) **競売に代わる売却**　会社は，前述の競売に代えて，市場価格のある株式については市場価格として法務省令で定める方法（会社則50条）により算定される額をもって，また市場価格のない株式については裁判所の許可を得て競売以外の方法により，これを売却することができる（234条2項前段）。この場合において，その許可の申立ては，取締役が2人以上あるときはその全員の同意，取締役会設置会社の場合には取締役会の決議（234条5項）によってしなければならない（234条2項後段）。

(d) **会社による取得**　会社は，(b)により売却する株式の全部または一部を買い取ることができる（234条4項）。自己株式取得の一場合である（155条9号）。この場合においては，取締役会の決議により（234条5項），①買い取る株式の数（種類株式発行会社にあっては，株式の種類および種類ごとの数），②①の株式の買取りをするのと引換えに交付する金銭の総額を定めなければならない。この会社による自己株式の取得につき，分配可能額を限度とする財務制限がなされている（461条7号。〔685〕⑦）。

(e) **会社の社債または新株予約権を交付する場合**　(b)から(d)までは，(a)の行為に際して会社の社債または新株予約権を交付するときについて準用される（234条6項，会社則51条）。

(f) **株式の分割または株式の併合により端数が生じた場合**　会社が株式の分割または株式の併合をすることにより株式の数に1株に満たない端数が生ずるときは，その端数の合計数（その合計数に1に満たない端数が生ずる場合にあっては，これを切り捨てる）に相当する数の株式を競売し，かつ，その端数に応じてその競売により得られた代金を株主に交付しなければならず，その場合には前述(c)(d)に述べたことが準用される（235条，会社則52条）。(e)の準用がない点が(a)列挙の行為と異なる。

7 単元株制度 〔157〕

(イ) 平成13年改正前の単位株制度との比較

平成13年改正商法は，昭和56年改正により導入された単位株制度に代わるものとして単元株制度を設けた。それは単元未満株主の議決権行使を排除することによって，株主に要する費用を節減するための制度であった。なお，平成13年改正前にすでに存在していた株式会社で，しかも単位株制度を採用していた株式会社については，その1単位の株式を1単元の株式の数として定める旨の定款変更の決議をしたものとみなされ（平成13年改正附9条2項前段），特に定款変更の手続を踏むまでもなく当然に単元株制度を採用する会社とされた。

平成13年改正商法における単元株制度（〔136〕）は，その改正前の単位株制度と比較すると，単位株制度が経過的な制度であったのに対して，単元株制度は恒久的な制度とされている点に根本的な差異があり，会社法は，基本的にこの単元株制度を受けついでいる。そのこととも関連して，会社法は端株制度を廃止したことは前述した（〔155〕）。

(ロ) 単元株制度の内容 〔158〕

(a) 単元株制度の採用，種類ごとの定め　会社は，その発行する株式について，一定の数の株式をもって株主が株主総会または種類株主総会において1個の議決権を行使することができる1単元の株式とする旨を定款で定めることができる（188条1項）。この一定の数は，法務省令で定める数を超えることはできない（同2項）。法務省令では1000および発行済株式総数の200分の1に当たる数と規定されている（会社則34条）。種類株式発行会社においては，単元株式数は，株式の種類ごとに定めなければならない（同3項）。単元株式数を定める場合には，取締役（取締役の中から指定された者と解される）は，単元株式数を定める定款の変更を目的とする株主総会において，単元株式数を定めることを必要とする理由を説明しなければならない（190条）。

1単元の株式の数の上限は法務省令で1000および発行済株式総数の200分の1に当たる数を超えることができないと定められているが（188条2項，会社則34条），それは1単元をあまりに大きなものとすることを許さない趣旨である。その趣旨からすると，絶対数としての1000株の制限のほかに，発行済株式総数を基準とする制限をする必要がある。そこで，それまでの1000株という絶対数の制限のほかに，平成21年の会社法施行規則34条の改正により，発行済株式総数に対する比率としてその200分の1に当たる数という制限が加えられたのである。種類株式発行会社においては，株式の種類ごとに単元株式数を定めなければならないのは，1株の大きさまたは権利の内容が種類ごとに異なるからである。もちろん，いずれの種類の株式についても1単元の株式の数を同じとすることもできるし，逆に，1つの種類の株式（普通株式）にのみ単元株制度を採用し，他の種類の株式にはこれを採用しないこともできる。なお，種類株式発行会社が単元株式数を定める場合にも，発行済株式総数の200分の1に当たる数を超えることはできないが，種類株式ごとの発行済株式総数の200分の1に当たる数による制限はなされていない。

このように株式の種類によって1単元の株式の数が定められることから，ある種類の株式の1単元の株式の数を他の種類のそれよりも小さくすることにより，その種類の株式につき，他の種類の株式との比較上，いわゆる複数議決権を与えること（1株に複数の議決権を与えること）と同じ結果が生ずることになる。

なお，平成13年改正商法施行の際に単位株制度を採用していた会社については，その1単位の株式の数が株式の種類ごとに1単元の株式となり（平成13年改正附9条2項前段），したがって，1000株を1単位とする単位株制度が適用された会社については，1000株が1単元の株式となる。そして，1000を超える数を1単位の株式の数としていた会社（たとえば額面株式1株の金額が25円の会社では，2000株が1単位の株式の数とされた）については，そのまま2000株（5万円を額面株式1株の金額で割って得た数）が1単元の株式の数とされる（平成13年改正附9条2項後段）。

〔159〕 **(b) 単元未満株式についての権利の制限等**

(i) 会社法の立場，改正前との比較等　　会社法は，単元株式に満たない数の株式――単元未満株式――について，第1に株主総会における議決権（種類株主総会における議決権を含む。以下同じ）を排除する旨を規定している（189条1項）。第2に，それ以外の株主の権利については，単元未満株主は，その有する単元未満株式について一定の権利を列挙して，その権利についてはその行使を排除することができないが，それ以外の権利については，その全部または一部を行使することができない旨を定款で定めることができる旨を規定している（189条2項）。

旧会社法のもとでは，単元株制度における単元未満株主の権利につき，議決権を排除するのみで，それ以外の株主の権利を認めていた。したがって，株主代表訴訟の提起権を認められていた。会社法では，旧会社法と異なり，定款で単元未満株主の権利の縮減の可能性を認めている。その理由は，前述したように，会社法では，端株制度を廃止して単元株制度に一本化するにあたり，同年改正前に実質的に単元未満株主に相当する端株主の権利が13年改正の単元未満株主のそれに比して，縮減されており（一定の権利を列挙して，それ以外の権利を有しないものとされ，列挙された一定の権利のうち利益配当，株式の割当てを受ける権利等は定款で排除することが認められていた），単元未満株主に，平成17年改正前の端株主に近い地位を与えることを可能にしようとしたものであろう。しかし，それにしても，単元未満株主は，議決権を行使しえないが，それ以外の権利については，定款で定めて排除しないかぎりその行使が認められることになり，改正前の端株主よりは強い地位にあることは否定できない。

(ii) 単元未満株式についての権利の内容　単元未満株主は，その有する単元未満株式について，株主総会および種類株主総会において議決権を行使することができない（189条1項）。その議決権の行使に関連する権利，たとえば，その出席権はもちろん決議取消権等も認められないと解される（〔438〕(b)）。

もっとも，会社は，単元未満株主がその単元未満株式について次に掲げる権利については定款をもっても排除できない。①全部取得条項付種類株式の取得対価の交付を受ける権利，②会社による取得条項付株式の取得と引換えに金銭等の交付を受ける権利，③株式無償割当てを受ける権利，④単元未満株式を買い取ることを請求する権利，⑤残余財産の分配を受ける権利，⑥その他法務省令で定める権利（定款の閲覧請求など。会社則35条）。したがってそれ以外の権利についてはその全部または一部を行使することができない旨を定款で定めることができる（189条2項）。たとえば，株主代表訴訟提起権は定款で定めればこれを排除することができることになった。

なお，単元未満株主の買取請求については，その具体的内容について規定されており（192条・193条），その点については，また取り上げる。また単元未満株主の売渡請求についても別に規定が設けられている（194条）のでその点についても後述する。株券発行会社の単元未満株式にかかる株券の取扱いについても後述する。

(c) 1単元の数の減少，単元株制度の廃止等　1単元の株式の数は，定款の変更の手続をふめば，(a)に述べた制約の範囲内ではそれを自由に変更することがで　〔160〕

き，さらにこの制度を廃止することも可能である。ところで，1単元の株式の数を減少し，またはこの制度を廃止することは，株主にとって有利にこそなれ，不利になることはない。そこで，1単元の株式の数を減少し，またはこの制度を廃止するための定款変更には，取締役会の決議（指名委員会等設置会社の場合にはその決議を執行役に委任できる。取締役会設置会社以外の会社では取締役の決定）だけで足り，株主総会の特別決議を要しないものとしている（195条1項）。1単元の株式の数を減少することは1単元の株式の大きさを引き下げたことになり（たとえば1単元の株式の数を1000株から100株に減少すると，1単元の大きさは10分の1になる），単元株制度を廃止すると，それまでの1単元の大きさより1株の大きさが引き下げられ，いずれにしても，実質的に株式の分割に相当する効果が生ずる。そして，1単元の株式の数の減少またはその数の定めの廃止が取締役会決議のみでなしうるとされることは，株式の分割が取締役会決議でなしうること（183条2項）に対応しているということができる。

取締役会の決議による1単元の株式の数を減少し，またはその数の定めを廃止した場合は，会社は，その定款の変更の効力が生じた日以後遅滞なく，その株主（種類株式発行会社にあっては，単元株式数を変更した種類の種類株主。188条3項）に対し，その定款の変更をした旨を通知しなければならない（195条2項。この通知は，公告をもってこれに代えることができる。195条3項）。

(d) 単元株数の増加等の定款変更手続の特則　会社は，次の①および②いずれにも該当する場合には，株主総会の決議（特別決議。466条・309条2項11号）によらないで，単元株式数（種類株式発行会社にあっては，各種類の株式の単元株式数）を増加し，または単元株式数についての定款の定めを設ける定款の変更をすることができる（191条）。すなわち，①株式の分割と同時に単元株式数を増加し，または単元株式数についての定款の定めを設けるものであること，②㋑定款の変更後において各株主がそれぞれ有する株式の数を単元株式数で除して得た数が，㋺定款の変更前において各株主がそれぞれ有する株式の数（単元株式数を定めている場合にあっては，その株式の数を単元株式数で除して得た数）を下回るものでないこと，である。単純な例をあげると，1株を50株に分割し，同時に新たに1単元を50株（またはそれ以下）とする単元株制度を採用したとすると，分割前に1000株の株主であったものにとっては，分割後5万株の株主となり，かつ，単元株制度の採用により1000単元の株主となり，㋑5万株を50単元で割った数が1000であり，㋺定款変更前株式数も1000であり，㋑が㋺を下回らないから，株主総会の決議を要しないことになる。株式の分割とともに単元株制度の採用または単元株式数の増加をすることにより，個々の株主にとって単元株制度の採用等により不利益を受けないことから，上記の特則が認められるものである。

(e) 株券発行会社の場合の株券を発行しない旨の定款の定め，会社の株券発行権限 〔161〕

株券発行会社においては（以下，〔161〕〔162〕において同じ），会社は，定款で1単元の株式の数に満たない株式（単元未満株式）にかかる株券を発行しない旨を定めることができる（189条3項）。平成13年改正前に適用された単位未満株式については，会社は株券を発行することが禁止されていたが，単元株制度のもとでは，単元未満株式についても株券を発行することが原則とされ，それを発行しないようにするためにはその旨の定款の定めを要するものとされる。単元株制度は恒久的な制度であり，単元未満とはいえ株式として認められる以上は，株券の発行が原則とされるという立場がとられたものである。会社法もこれを受け継いでいる。

もっとも，平成13年改正前商法のもとで単位株制度が適用されていた会社においては，平成13年改正商法の施行の日において，1単元の株式の数に満たない株式にかかる株券を発行しない旨の定款の変更の決議をしたものとみなされる（平成13年改正附9条4項）。したがって，この会社においては，あらためて定款を変更して株券を発行しない旨の定款の定めを削除しないかぎり，株券を発行しないことになる。

(f) 単元未満株主の買取請求と売渡請求 〔162〕

(i) 単元未満株主の買取請求　　単元未満株主は，会社に対し，自己の有する単元未満株式を買い取ることを請求することができる（192条1項）。この請求は，その請求にかかる単元未満株式の数（種類株式発行会社にあっては，単元未満株式の種類および種類ごとの数）を明らかにしてしなければならない（同2項）。この請求をした単元未満株主は，株式会社の承諾を得た場合に限り，その請求を撤回することができる（同3項）。射倖的にこの請求を利用することを防止する趣旨である。

買取請求があった場合には，①その単元未満株式が市場価格のある株式である場合はその単元未満株式の市場価格として法務省令で定める方法（会社則36条）により算定される額，②市場価格のない株式の場合は会社と買取請求をした単元未満株主との協議によって定める額をもって買取請求の単元未満株式の価格とする（193条1項）。上記②の場合には，買取請求をした単元未満株主または会社は，その請求をした日から20日以内に，裁判所に対し，価格の決定の申立てをすることができ（193条2項），裁判所が価格の決定をするには，買取請求時における会社の資産状態その他一切の事情を考慮しなければならない（同3項）。20日の期間内に裁判所に対して価格決定の申立てがあったときは，その申立てにより裁判所が定めた額をもってその単元未満株式の価格とする（同4項）。20日の期間内に価格決定の申立てがないとき（その期間内に価格の協議が調った場合を除く）は，1株当たり純資産額に買取請求にかかる単元未満株式の数を乗じて得た額をもってその単元未満株式の価格とする（同5項）。

買取請求にかかる株式の買取りは，その株式の代金の支払の時に，その効力を生ずる（193条6項）。

株券発行会社は，株券が発行されている株式につき買取請求があったときは，株券と引換えに，その請求にかかる株式の代金を支払わなければならない（193条7項）。

単元未満株主からの買取請求に応ずる自己株式の取得については，財務制限がなされていない（〔172〕参照）。強制的に取得させられる場合であるからである。

(ii) 単元未満株主の売渡請求　会社は，単元未満株主がその会社に対して単元未満株式売渡請求（単元未満株主が有する単元未満株式の数と併せて単元株式数となる数の株式をその単元未満株主に売り渡すことの請求）をすることができる旨を定款で定めることができる（194条1項）。たとえば，1000株で1単元の株式とする旨の定款の定めがある場合において，300株の株主は700株の株式を売り渡すべき旨を会社に請求することができる。単元未満株主が，単元未満株式の売渡請求をするには，売渡単元未満株式の数（種類株式発行会社にあっては，単元未満株式の種類および種類ごとの数）を明らかにしてしなければならない（194条2項）。単元未満株式売渡請求を受けた会社は，その単元未満株式売渡請求を受けた時にその単元未満株式の数に相当する数の株式を有しない場合を除き，自己株式をその単元未満株主に売り渡さなければならない（同3項）。

なお，単元未満株式について株券が発行されている場合（〔161〕）には，売渡しを請求するにあたって株券を提出して1単元の株式の数の株式にかかる株券の交付を請求することができると解される。株券を喪失して提出することができないときは，後述する株券失効制度によることになる。

株主が支払う金額の決定方法および株式移転の効力発生時期，売渡請求の撤回等については単元未満株式の買取請求についての規定が準用されている（194条4

項・192条3項・193条1項―6項，会社則37条)。

Ⅶ　株式の譲渡 (1)――その意義，自由譲渡性とその例外

1　株式の譲渡の意義　〔163〕

株式の譲渡とは契約による株式の移転である。株式の移転は，相続，合併のような包括承継や強制執行による競売等によってもなされるが，株式の譲渡は，株式の移転の一方法であり，それにより株主がその地位に基づいて会社に対して有するもろもろの権利すなわち自益権と共益権とが譲受人に移転する（〔100〕〔102〕)。

2　株式の自由譲渡性とその例外　〔164〕

株主は，その有する株式を譲渡することができる（127条)。

株式会社では，一方で，原則として株主の個性が重視されないから（〔17〕)，その地位の自由譲渡性を認めても不都合がなく，他方で，資本維持の原則（〔23〕）から株金の払戻しが原則として認められず（自己株式の取得に関する〔165〕参照)，株主にとっては株式譲渡が唯一の投下資本回収の手段――株式を取得するのに要した資金を回収する手段――であるから，その自由譲渡性が保障される必要がある。しかし，この株式の自由譲渡性については，会社法上いくつかの制限があり（〔182〕〔183〕―〔187〕)，また定款でそれを制限することも認められている（107条1項1号2項1号・108条1項4号。〔188〕―〔197〕)。さらに，会社法以外の法律の規定による制限（独禁9条2項・10条1項・11条・14条・17条，日刊新聞紙の発行を目的とする株式会社の株式の譲渡の制限等に関する法律等）がある。また，株式の譲渡につき，①株主相互間または②会社・株主間で契約によって制限することも可能であるが，②については，包括的なもので，かつ，会社法で認められる定款による株式譲渡の制限の範囲を超えるようなものは，株式譲渡制限に関する規定の脱法として効力が否定されると解する可能性もあろう。

以下には，まず，平成6年改正商法以降，それまでは株式の自由譲渡性の例外の典型的なものとして掲げられていた自己株式取得の原則的禁止制度が緩和され，自己株式取得が解禁されたこと，ならびにそれに関連して，子会社の有する親会社株式の親会社による取得（163条）および自己株式質受けが自由とされたことについて取り上げる。そしてその後に，株式の自由譲渡性の例外として，会社法上の制限と定款による制限について取り上げたい。

〔165〕 ## 3 自己株式取得に関する規制

(イ) これまでの立法の経緯

(a) 平成6年改正前　平成6年改正前商法は，特定の例外的な場合（株式の消却のためにするとき〔146〕，合併または他の会社の営業全部の譲受けによるとき，会社の権利の実行にあたりその目的を達するため必要なときおよび法定されている株式の買取請求に応じて株式を買い取るとき等）を除いては自己株式の取得を禁止しており（同年改正前商210条），例外的に許容されて取得した自己株式は相当の時期に処分することを要するものとされていた。このように自己株式の取得を原則的に禁止する理由としては，それを認めると，①資本維持の原則に反する結果になる可能性があるということ，②相場操縦や内部者取引に利用されやすくなること，③たとえば特定の株主からの相対(あいたい)的な取得については，他の株主の売却の可能性との関係，また取得の対価との関係等によっては取得の相手方を優遇することになり，株主平等の原則に反することになること，④経営者が会社資金により自己株式を取得してそれを自派の者に譲渡すること等によって会社資金で自分たちの地位を守ることに利用される可能性があることなどがあげられていた。このうち，①から③までは，自己株式の取得自体につき問題となるのに対して，④は取得した自己株式の処分について問題となるものである。

ところで，自己株式の取得には，取得した自己株式を消却するためになされるもの（以下，「消却型」という）と，それを保有して適当な時期に譲渡等の処分をするためになされるもの（以下，「保有・処分型」という）とがある。そして，上述した自己株式取得禁止の理由としてあげられたもののうち，①から③までに掲げたものは消却型の自己株式取得と保有・処分型の自己株式取得の双方に妥当するのに対して，④に掲げたものは保有・処分型のものにのみ，しかも，その処分についてのみ妥当するものである。

しかし，以上のような自己株式取得禁止の理由としてあげられてきたことは，必ずしも自己株式の取得自体を禁止しなくても解決できることは，かねてから指摘されていた。たとえば，第1の理由については，自己株式取得を許容した上でそれに財源規制を定め，配当可能利益（会社法のもとでは「分配可能額」。以下同じ）の限度内で許容すればよいはずである。また，第2の理由については，証券取引法（現在の金融商品取引法）上の規制を厳重にすることによって解決することが可能である。第3の理由については，特定の株主からの自己株式の取得に特別の要件，たとえば株主総会の特別決議を要件と定めること等によって解決できる。第

4の理由については，保有・処分型のものにつき取得した自己株式の処分に一定の制限を課せば解決できるはずである。

このように，平成6年改正前商法における自己株式取得の厳しい規制に対して経済界からは，古くから自己株式取得規制緩和の要望がなされていた。その際，わが国の自己株式取得法制が他の立法例と比較して厳しすぎることが指摘されていた。そして，英米法にならって，金庫株制度すなわち特定の目的なく自己株式を取得することを認め，かつ，これを相当の時期に処分することを義務づけることなく，保有しておく制度を認めるべきであるという主張がなされていた。

(b) 平成6年改正から平成13年改正前までの立場　平成6年から平成13年改正前までの商法改正によって，自己株式取得禁止規制は漸次緩和され，実務界の要望の一部に応えることとなった。そこでは，自己株式取得禁止の原則は，これまで通り維持されたが，その例外的許容の場合が拡大された。そして自己株式取得禁止規制を緩和するにあたっては，消却型および保有・処分型のいずれのものについても配当可能利益の範囲内等の財源規制をし（第1の理由の解決策），証取法（現在の金融商品取引法）上の相場操縦および内部者取引に関する規制を強化し（第2の理由の解決策），かつ，上場株式・店頭登録株式以外の株式の取得については，株主総会の特別決議を要求し，かつ，売主として指定された者以外の株主に，自分を売主として追加することを請求する権利を与えた（第3の理由の解決策）。その上で，消却型のものについては，目的規制も数量規制もなしに，自己株式取得を許容した。これに対して，保有・処分型のものについては，まずその取得の目的につき取締役または使用人に譲渡するための取得（ストック・オプションのための取得を含む）等に限定し，かつ，それにつき，発行済株式総数の10分の1を限度とする等の数量規制のもとでのみ自己株式取得禁止規制が緩和された。このように保有・処分型のものについて規制緩和が限定的であったのは，同年改正商法のもとでは，自己株式取得禁止の理由として掲げたもののうち，第4の理由について解決されなかったからであるということができる。すなわち，会社が取得した自己株式を処分する場合，たとえば特定の者に譲渡する場合には，その特定の者がその株式に関しては新たに株主になり，会社との間に新たな社員関係が生ずるから，この処分は，会社にとって新株を発行したのと同じ結果になる。したがって，この自己株式の処分については，新株の発行と同様の規制が必要になるはずである。たとえば，会社がもっぱら自分達の経営権を維持するために自派の株主にのみ割り当ててする新株の発行は，不公正な新株の発行となるから，他の

〔166〕

株主の新株発行差止請求の事由となり（210条2号），また，そのような請求の機会を与えるために，特定の場合を除いて，新株の発行には事前の新株発行事項の公示が必要とされる（201条3項）。さらに，株主以外の者に対する新株の有利発行の場合には株主総会の特別決議が必要とされる（199条2項3項・309条2項5号）。そうだとすると，保有している自己株式の処分についても，事前の公示および自派にのみ株式を譲渡して経営権を不当に維持しようとするような不公正な処分に対して処分差止請求権を付与し，さらに株主以外の者に対する有利な処分価額をもってする処分には株主総会の特別決議を要する等の規制をする必要があるはずである。ところが，平成6年改正商法のもとでは，このような手当てがなされなかったため，保有・処分型の自己株式取得については，上記のような目的規制および数量規制のもとでのみこれが認められたということができる。

〔167〕 **(c) 平成13年商法改正による自己株式取得の許容**　平成13年改正商法（法79号）は，財源規制およびそれに関連する手続規制（定時総会の決議など）ならびに株主平等原則に関連する規制（たとえば会社が特定の株主から自己株式を買い受ける場合の株主総会の特別決議等の要求等）をし，かつ，自己株式の処分につき新株の発行に関する規定を準用するものと規定した上で（〔177〕），自己株式取得を一般的に許容した。そこでは，そのような規制のもとで，消却型と保有・処分型とで区別せずに自己株式の取得を認めている。いいかえれば，保有・処分型のものについても，その目的規制および数量規制なしに自己株式の取得が認められており，かつ，その有する自己株式の相当の時期の処分義務も課されていない。したがって，前述した金庫株制度も解禁されたことになる。その理由は自己株式の処分につき新株の発行と同様の規制を設けることとすることによって，自己株式取得禁止の理由として掲げられていた4つの点のすべてにつき解決がなされたことになるからである。その結果，商法の自己株式取得規制は，それまでの原則禁止の立場から原則自由の立場に改められたことになった。

なお，このように自己株式の取得の規制緩和に伴い，株式譲渡制限会社の株式の取得（138条1号ハ・2号ハ），子会社の有する自己株式の取得（163条）および所在不明株主の株式の買取り（197条2項3項等）も認められるにいたった。

ストック・オプション制度については，平成13年改正商法（法128号）により，新株予約権の発行の方法によってなされることになり，それが会社法に受け継がれているので，そこで取り上げる（〔352〕以下）。

〔168〕 **(ロ) 自己株式を取得できる場合**

会社法は，自己株式の取得ができる場合として，次のように列挙している（155条）。

① 取得条項付株式を取得する場合，すなわち会社の株式についてその会社が一定の事由が生じたことを条件としてこれを取得する場合（107条2項3号イ）。

② 譲渡制限株式の株主またはその取得者がその有し，または取得した譲渡制限株式を他人（発行会社を除く）に譲り渡そうとするが，会社が承認をしない旨の決定をする場合において，その会社がその株式を買い取ることを請求する場合（138条1号ハ・2号ハ）。

③ 株主との合意により有償で取得する旨の株主総会の決議があった場合（156条）。

④ 取得請求権付株式の株主から会社に対してその株式を取得することの請求があった場合（166条1項）。

⑤ 全部取得条項付種類株式（108条1項7号）を発行した会社においてその全部を取得する旨の株主総会の特別決議（171条1項・309条2項3号）があった場合。

⑥ 相続その他の一般承継があった場合にその会社の株式（譲渡制限株式に限る）を取得した者に対してその株式を会社に売り渡すことを請求することができる旨を定款で定めた場合において，株主総会の特別決議（176条1項・309条2項3号）で会社に売り渡すことを請求した場合。

⑦ 単元未満株主から単元未満株式の買取請求（192条1項）があった場合。

⑧ 会社が売却する所在不明株主の株式の全部または一部を買い取る場合（197条3項）。

⑨ 1株に満たない端数の合計数を売却するに際して会社がそれを買い取ることを定めた場合（234条4項・235条2項）。

⑩ 他の会社の事業の全部を譲り受ける場合（467条1項3号）においてその他の会社が有する譲受会社の株式を取得する場合。

⑪ 合併後消滅する会社からその会社の株式を承継する場合。

⑫ 吸収分割をする会社からその会社の株式を承継する場合。

⑬ そのほか，法務省令で定める場合（会社則27条）。

法務省令では，無償取得の場合（会社則27条1号），剰余金の配当または残余財産の分配として交付を受ける場合（同2号）等，1号から8号までに列挙されている。平成21年会社法施行規則の改正により，あらたに，その権利の実行にあたり目的を達成するためにその株式会社の株式を取得することが必要かつ不可欠である場合（8号。1号−7号に掲げる場合は除かれる）が規定された。その典型的な例として，債務者がその会社の株式以外にみるべき財産がない場合において，その自己株式を強制執行によって取得する場合または代物弁済として受領する場合がこれに該当するものとされている。そして，この場合には，後述する財源規制（〔172〕〔173〕）や取得方法に関する規制（〔169〕−〔171〕）に服しないことになる。この「その権利の実行に当たり目的を達成するために……必要かつ不可欠」の表現は，平成6年改正前商法のもとでの自己株式取得禁止の例外的な自己株式取得許容事由としての「会社ノ権利ノ実行ニ当リ其ノ目的ヲ達スル為必要ナルトキ」（〔165〕）という表現に類似する。しかしその意味については，これを緩やかに解することは許されないというべきであろう。というのは，平成13年改正商法（〔167〕）以降は，自己株式取得は財源規制（〔172〕〔173〕）および取得方法に関する規制（〔169〕−〔171〕）のもとで自由化されており，これらの規制を免れるために上述の規定による自己株式を取得するおそれがあるからである。したがって，債務者に他に財産がある場合や債権が名目的にすぎない場合にこの規定を利用することは上述の規制の脱法として許されないと解される。

なお，旧会社法のもとで吸収合併の場合に存続会社の有する消滅会社株式に存続会社株式を割り当てることができるかという問題があったが，そのような割当てはできないことが明文で規定された（749条1項3号括弧書等）。

以上のように，会社法は，自己株式を取得することができる場合を限定列挙しているが，③で株主との合意による自己株式の取得に関する決議があった場合が列挙された中に含まれており，そのことにより自己株式取得の自由化が条文上認められているということができる。

①，②，④および⑤については，すでに株式の内容または種類株式のところで取り上げた。⑩から⑫までについては，合併等一般の説明のところで取り上げる。③の株主との合意により取得する旨の株主総会決議があった場合については，さらに次に具体的に取り上げる。

なお，上記の①および②ならびに④から⑬までに掲げる場合には，その性質上，次の(ハ)に述べることは適用されない（156条2項）。たとえば①の場合には，具体的事項は，別に規定されている（107条2項3号）。

〔169〕 **(ハ) 株主との合意により取得する場合**

(a) 株主総会の決議　会社が株主との合意により自己株式を有償で取得する場合には，あらかじめ株主総会の決議（後述する特定の株主から取得しようとする場合には株主総会の特別決議を要する。309条2項2号括弧書）によって次に掲げる①から③までの事項を定めなければならない（156条1項本文）。

なお，定款の定めにより，取締役会決議で足りる場合もある（市場取引等による取得に関する165条2項3項〔170〕，剰余金の配当等を取締役会で決定する旨の規定に関する459条1項1号〔683〕㋑）が，これらの点についてはそれぞれのところで後述する。また，同じく株主との合意による自己株式の取得には，相続人等からの取得および子会社の有する親会社株式の親会社による取得も含まれるが，それらについては特則が設けられているので，別に取り扱う（相続人等からの取得については〔179〕(a)，子会社の有する親会社株式の親会社による取得については〔180〕）。

① 取得する株式の数。種類株式発行会社にあっては株式の種類および種類ごとの数も定めなければならない（1号）。

② 株式を取得するのと引換えに交付する金銭等（その会社の株式等を除く）の内容および総額（2号）。

③ 株式を取得することができる期間（3号）。この期間は，1年を超えてはならない（156条1項但書）。

この株主総会の決議によって，③に定める期間（最長1年間）内は，会社は，業務執行者に対して，次の手続により株主との合意により自己株式の有償取得の権限を与えたことになる。

この株主総会の決議は，定時総会の決議でなされるのが通常であろうが（旧会社法のもとでは，財源規制との関係で，原則として定時総会によることを要した），会社法のもとでは，必ずしも定時株主総会によることを要しなくなった。156条1項の規定上も，たんに「株主総会の決議」とされ，定時「株主総会の決議」とはされていない。剰余金の配当についても定時総会決議によるという規制がなくなったことに対応するものである（剰余金の配当に関する454条1項柱書も，たんに「株主総会の決議」と規定している）。分配可能額を限度とする財源規制がある（461条1項2号。〔685〕②）。

(b) 市場取引等による取得の場合——定款の定めによる取締役会決議による取得 〔170〕

自己株式の取得が株主平等の原則に反することになるという問題（〔165〕③）は，自己株式を市場において行う取引または公開買付けの方法（金商27条の2第6項）による取得（以下「市場取引等による取得」という）の場合には生じない。すなわち，その会社の株主は，上場株式の取引所における取引または店頭登録株式の店頭取引により売却することができ，その株価も客観的に表示されている。また，公開買付けの方法とは，不特定かつ多数の者に対して公告により株券等の買付けの申込み等をして有価証券市場外で株券等の買付けをすることをいう。これらの市場取引等による自己株式の取得の場合には，すべての株主に平等にその譲渡の機会が与えられており，その株価も客観的に決められているから，株主平等の原則の問題は生ぜず，特にその観点からの規制の必要はない（165条1項による157条から160条までの適用排除）。そこで，業務執行者は，(a)の例外として，株主総会の決議による授権に基づくことなく，次に述べるように，定款の定めをしておけば，取締役会決議のみで，市場取引等により自己株式を取得することができる。

市場取引等により自己株式を取得する場合には，定款で，取締役会の決議によって自己株式の取得をする旨を定めることができるものとされる（165条2項）。そして，この定款の定めを設けた場合には，前述(a)の株主総会の決議という場合の「株主総会」とあるのは，「株主総会または取締役会」と読み替えられることになる（165条3項。取締役会設置会社以外の会社は株主総会によるしかない）。

この市場取引等による自己株式の取得の場合にも，財源規制の適用があることはいうまでもない（461条1項2号括弧書・465条1項2号。〔685〕①）。

〔171〕 **(c) 市場取引等による取得以外の場合**　会社が市場取引等による取引以外の方法で自己株式の取得をするについては，株主平等原則との関係から次の手続によることになる。

(i) 取得する都度定めなければならない事項　まず，会社は，株主総会の決議による決定（授権）（〔169〕）に従って具体的に自己株式を取得しようとするときは，その都度，次に掲げる事項を定めなければならない（157条1項）。

①取得する株式数（1号。種類株式発行会社にあっては株式の種類および数），②株式1株を取得するのと引換えに交付する金銭等の内容および数もしくは額またはこれらの算定方法（2号）。具体的な額，数（金銭以外の場合）または算定方法等を定めることになる。③株式を取得するのと引換えに交付する金銭等の総額（3号）。もっとも②で算定方法のみが定められた場合は総額のみが記載されることになる。④株式の譲渡の申込みの期日（4号）。株主が会社に対してその有するその会社の株式（その会社にとっては自己株式）の譲渡の申込みの期日のことである。

取締役会設置会社では，この決定は，取締役会でなされなければならない（157条2項）。それ以外の会社では，株主総会決議によると解される（462条1項2号イ参照。このように解する理由については〔516〕(イ)(ii)）。

また，上記の①から④までの取得の条件は，その決定の都度均等に定められなければならない（157条3項）。

(ii) 市場取引等による取得以外の取得の場合の2つの方法　市場取引等（前述(b)）以外の取得の方法は，次の2つ認められる。いずれにも財源規制（461条1項3号・465条1項3号）の適用があることはいうまでもない。

(α) 「ミニ公開買付け」ともいうべき方法　会社は，前述(i)の①から④までに掲げる事項（157条1項各号）を株主（種類株式発行会社にあっては取得する株式の種類の種類株主。以下，株主というときは，この種類株主を含む）に対して通知しなければならない（158条1項）。公開会社では，この通知は，公告で代えることができる（158条2項）。そして，この通知を受けた株主は，その有する株式の譲渡の申込みをすることができ，そのときは，会社に対して，その申込みにかかる株式数（株式の種類および数）を明らかにしなければならない（159条1項）。申込総数が取得総数を超えるときは，会社は按分比例で譲り受けることになる（159条2項）。分配可能額を限度とする財源規制がある（461条1項3号。〔685〕③）。

(β) 特定の株主からの取得――株主総会の特別決議によるもの　会社は，(a)の株主総会における自己株式の取得の決定（156条1項）と合わせて，その株主総会の決議（特別決議によることを要する。309条2項2号）によって，株主に対する158条1項による通知（(α)によるもの）を特定の株主Aに対して行う旨の定め（特定の株主から自己株式を取得する旨の定め）をすることができる（160条1項）。

① 会社は，この決定をしようとするときは，法務省令で定める時（156条1項の株主総会の日の2週間前とされる。会社則28条本文。なお1週間前等とされる場合につき同但書参照）までに，株主（A以外の株主）に対して，自分をも特定の株主に加えたものをその株主総会の議案とすること（自分も売主になること）を請求することができる旨を通知しなければならず（160条2項），この通知を受けた株主は，法務省令で定める時（156条1項の株主総会の日の5日〔定款で短縮できる〕前とされる。会社則29条本文。ただし，3日〔定款で短縮できる〕前とされる場合が認められる。会社則29条但書）までにその請求をすることができる（160条3項）。

売主として追加することの請求は，自己を売主に加えることを株主総会の議案とすることであって，請求した者の氏名が売主として招集通知に記載されるわけではないから，株主提案権の行使（〔418〕(c)）とは性質を異にし，総会の議案の修正提案権としての意味を有すると解される。

② 上記の特定の株主（自分を特定の株主に加えるように請求した株主も含む）は，その株主総会で議決権を行使することができない（160条4項本文）。もっとも，

それ以外の株主の全部が議決権を行使できない場合――株主全員がその請求をした場合――はこの限りではない。株主総会決議が自分を売主とする会社にとっての自己株式の取得についてなされるので，この株主はこの決議につき特別利害関係を有するからである。後述するように，決議につき特別利害関係人の議決権行使の排除の制度は，昭和56年改正商法のもとで廃止されたが，この決議についてのみは，この制度が復活されたことになる。この規定は，平成6年改正商法のもとで規定され，会社法に受け継がれたものである。この売主として追加することの請求をすることができるのは種類株式発行会社にあっては，その取得する株式の種類の種類株主に限られる（160条2項括弧書）。

上記の①の通知および請求は，会社の取得する株式が市場価格のある株式であって，その株式1株を取得するのと引換えに交付する金銭等の額（157条1項2号）がその株式の市場価格として法務省令で定める方法により算定するもの（156条1項の決議の日の前日における最終取引価格等のいずれか高い額。会社則30条）を超えない場合には，しなくてもよい（161条）。その場合には，市場取引等による取得でない場合でも，当初の特定の株主からの取得について株主総会の特別決議でその承認が得られれば，株主平等の原則をそこなうというまでのことはないと考えられるからである。

さらに会社は，定款で定めれば，自己株式の取得について，①の通知または請求に関する規定を適用しない旨を定めることができる（164条1項）。株式を発行する際にこの定款の定めをしておいた場合には，株主総会の特別決議による特定の株主Aに対する譲渡の承認のみで足り，他の株主に①の請求を認めなくても株主平等の原則をそこなうとまでいう必要がないと考えられるからである。したがってまた，株式の発行後に定款を変更してこの定めを設けようとするとき（その定款の定めの変更を含む。もっとも，その定めを廃止するものは除かれる）は，ことの重要性にかんがみ，その株式を有する株主全員の同意を得なければならない（164条2項）。種類株式発行会社にあっては，ある種類の株式につき，上述の定款の定めをすることができ（164条1項括弧書），株式の発行後に定款を変更してこの定めを設けるとき（その定めの変更を含む。もっとも，その定めを廃止するものは除かれる）は，その株式を有する株主全員の同意を得なければならない（164条2項。〔735〕(ト))。

(r)　相続人からの取得および子会社の有する親会社株式の親会社による取得

①の通知または請求の規定は，会社が株主の相続人その他の一般承継人がそ

の相続その他の一般承継により取得した株式をそれらの者から取得する場合（176条・155条5号）には適用されない（162条本文）が，その点については後述する（〔179〕(b)）。

会社甲がその子会社乙の有する甲会社株式を取得する場合──親会社甲にとっては自己株式の取得になる──には，取締役会設置会社においては取締役会の決議のみで取得することができ，株主総会の決議を要せず，157条から160条までの規定も適用されない（163条）。財源規制が適用されることはいうまでもない（461条1項2号括弧書・465条1項2号括弧書）。この点についても後述する（〔180〕）。

(d) 財源規制──資本維持の原則との関係 〔172〕

(i) 分配可能額による制約──旧会社法との比較　自己株式取得の財源規制については，旧会社法のもとでは，定時総会で配当可能利益を確定し，自己株式の取得財源をその配当可能利益の範囲内に限定するという規定の仕方をしていた。その点は，会社法のもとでも，資本維持の原則との関係で，自己株式取得の財源が分配可能額の範囲内に限られる点で，基本的には改正前と同様である。

しかし，次のような差異がある。第1に，旧会社法は，個別的に自己株式の取得財源を，それ自体として規制していたのに対して，会社法のもとでは，自己株式の取得を剰余金の配当等とともに株主に対する金銭等の交付をする行為として列挙し（461条1項1号－8号。〔685〕①－⑧），その金銭等の帳簿価額の総額がその行為の効力の生ずる日における分配可能額を超えてはならないと規定し，その中に自己株式の取得行為を含めている（461条1項2号－7号・156条・157条・163条・165条・173条・176条・197条3項・234条4項）点で異なっている。第2に，分配可能額（改正前の配当可能利益に相当する）の確定につき，改正前は定時総会でのみなされるものとされていたが，会社法のもとでは，上記の金銭の交付等は定時総会の決議によるものに限られず，その回数の制限がはずされた（その意味については，〔679〕）。その上，臨時決算日における臨時計算書類の作成が認められ，それが会計監査人または監査役等の監査を受け，取締役会の承認，株主総会の承認（取締役会の承認のみでよい場合がある）等を経て，そこで確定された決算期日から臨時決算日までの損益が分配可能額として加算または減じられる（461条2項2号）という制度が設けられた。このように，会社法では分配可能額の算定は必ずしも定時総会の決議に限られなくなったという差異が生じたことになる。前述したように，156条で，たんに「株主総会の決議」と規定されたのは，そのためである（なお，取締役会の決議のみでなしうる場合があることについて後述する）。

なお，①会社法461条1項2号は，156条1項の規定による決定に基づく自己株式の取得については，括弧書で，163条に規定する場合または165条1項に規定する場合に限定し，461条1項3号で157条1項の規定による決定に基づく自己株式取得をあげている。したがって，①で規定されているのは，親会社が子会社から自己株式を取得する場合（163条）および市場取引または公開買付けの方法（市場取引等）による自己株式の取得の場合（165条）に限られることになる（〔685〕②）。そして，そのほかに②157条1項の規定による決定に基づく自己株式の取得にはいわゆるミニ公開買付けによる自己株式の取得（158条・159条。〔171〕）の場合と，旧会社法から認められていた株主総会の特別決議による自己株式の取得（160条）の場合とが含まれることになる。その結果，自己株式の株主との合意による取得については，上記の財源規制に服することになる（〔685〕③）。

なお，①単元未満株主からの買取請求の場合（192条。〔162〕），②事業全部の譲受けの場合（466条），③合併等の組織再編行為の場合（785条・786条・797条・798条。〔759〕〔779〕〔800〕），④反対株主の買取請求権が行使された場合等には，事前規制としての財源規制がかからない（剰余金の配当等の制限に関する会社法461条1項の列挙事項に含まれていない）。もっとも，④については，組織再編の場合を除いて，払い戻した額が分配可能額を超える場合の責任が規定されている（464条・116条1項・182条の4第1項。〔135〕）。

〔173〕　(ii)　事業年度末に欠損が生じた場合の責任との関係での制約　　会社が自己株式の取得をした場合において，その取得をした日の属する事業年度（たとえば，決算期3月31日の会社が平成27年8月1日に自己株式を取得したとすると，その年度）に関する計算書類につき平成28年6月の定時総会の承認（438条2項）を受けた時に欠損が生じたとき（461条2項3号，4号および6号に掲げる額の合計額が同項1号に掲げる額を超えるとき）は，その職務を行った業務執行者は，その者が職務を行うについて注意を怠らなかったことを証明した場合（465条1項但書）を除いて，会社に対して連帯して，その超過額，その超過額が株主に交付した金銭等の帳簿価額の総額を超える場合には，その交付した額（たとえば欠損が10億円で，株主に交付した金額が3億円だった場合には3億円。差額の7億円は，自己株式取得の結果生じたものではないので，それについてその義務を負わされることはない）を支払う義務を負う（465条1項。詳細は〔690〕）。たとえば，株主との合意による自己株式取得を例にあげると，定時総会で自己株式取得の決議（156条の決議）がなされたとする

と，取得することができる期間として１年を超えない期間を定めることができる（156条１項但書・３号）から，その間に定時総会で剰余金として確定した額がその後の経営不振により減少している可能性があり，その行為をした者に，その点につき注意を怠らなかったことを立証しえないかぎり，その結果，上記のような欠損を生じた場合には，欠損額または株主に交付した額のいずれか小さい額を支払う義務を負わせるのである。その結果，業務執行者としては，そのような欠損が生ずるおそれがあるときは，(i)の限度内であっても，その差額の支払義務を負う可能性があることを覚悟しなければならず，この関係から，自己株式を取得することにつき制約がかかることになる。

㈡　違法な自己株式取得の効果　〔174〕

以上のように，自己株式の取得については，財源規制がなされており，またその手続および方法についても規制がなされている。そこで，そのような規制に違反した違法な自己株式取得の効果が問題になる。この問題に関して，まず注目されることは963条５項１号の規定である。そこでは，「何人の名義をもってするかを問わず，株式会社の計算において不正にその株式を取得したとき」は取締役，会計参与，監査役，執行役，支配人，使用人等（960条１項３号−７号）は５年以下の懲役または500万円以下の罰金に処するものと規定されている。その内容は，違法な剰余金の配当（963条５項２号）と同様である。そして不正に自己株式を取得したときとは，上記の規制に違反する自己株式の取得が含まれるから，その違反に対して，上記の刑事罰の制裁が科せられることになる。

その違反の私法上の効力およびそのような違反行為をした者の責任が問題になる。罰則の関係で，不正な自己株式の取得が違法な剰余金の配当と同じ取扱いがなされていることにかんがみると，違法な自己株式取得も違法な剰余金の処分の私法上の効力と同様の取扱いがなされるべきものと解されるべきであろう。この点では，自己株式の取得の解禁前の違法な自己株式の取得の私法上の効力と同様に解すべきであろう。そして，かねてから自己株式取得禁止違反は無効であることを前提として，善意の譲渡人に対しては，株式取引の安全の立場から会社はその無効を主張することができないと解されている。同様のことは，自己株式取得の解禁後においても維持されるべきである。たとえば，財源規制違反の自己株式（〔172〕(i)。事業年度の終わりに欠損が生じた場合には，〔173〕）の取得について善意の譲渡人に対しては，会社はその譲渡の無効を主張しえないことになる。もっとも，近時は，違法な剰余金の配当を無効であるとは解さず，損害賠償請求で処理すべきだという見解も主張されている(〔686〕。なお，その根拠として，463条1項の「効力を生じた日」という表現をあげる)。その立場に立てば，違法な自己株式取得についても同様に解することになる。

〔175〕 (ホ) **自己株式の保有，消却または処分**

(a) **自己株式の保有**　平成13年改正前商法のもとでは，取得した自己株式について，遅滞なく失効の手続をするか(株式消却のための取得のとき)，または相当の時期に処分することが義務づけられていた(改正前商211条)。同年改正商法のもとでは，その消却または処分の義務が課されず，その保有が認められることになり，それが会社法に受け継がれている。すなわち，金庫株制度が認められる(〔167〕)。もっとも，自己株式の保有といっても，それについて議決権が認められず(308条2項)，剰余金の配当も受けられない(453条括弧内)。したがって，金庫株は，その処分につき後述するように(〔177〕)，新株発行と同様に取り扱われることと相まって(199条1項柱書)，保有されている段階では株式としての機能を実質的には失ってしまい，それが処分されることによってその株式が新株と同様のものとしてその機能を復活するものと考えることができる。計算上の処理としては会社法では，剰余金の額としては，自己株式の帳簿価額の合計額が計上される(446条1号ロ。改正前は，資産の部に計上されず，資本の部に控除する形式で記載されていた)が，分配可能額としては，自己株式の帳簿価額は控除項目とされる(461条2項3号)。

〔176〕 (b) **自己株式の消却**　会社は，取締役会設置会社においては取締役会の決議で(178条2項。指名委員会等設置会社では執行役に委任することができる。416条4項)，そうでない会社においては取締役が2人以上の場合には定款に別段の定めがある場合を除き，その過半数で(348条。取締役が1人の場合はその取締役が決することになる)，その有する自己株式を消却することができ(そのように解する根拠につき，〔516〕(イ)(ii)(iii))，この場合には，消却する株式の数(種類株式発行会社にあっては，自己株式の種類および種類ごとの数)を定めることを要する(178条1項)。前述したように(〔167〕)，平成13年改正商法のもとでは，保有・処分型のものも，その処分に新株発行に関する規定を準用することにした上で解禁され，金庫株が認められるにいたり，自己株式の取得につき保有・処分型と消却型とを区別する意義を失った。その結果，自己株式の消却も，①その有する自己株式をそのまま消却するか，それとも②処分または消却するかを決めないで自己株式を保有しておいて，その後にそれを消却または処分するかを選択することが認められるようになった。

会社としては，このような選択肢のなかからいずれを選んでもよいことになる。さらに会社法では，上述したように，株式の消却という概念は用いず自己株式の取得およびその消却として取り扱うことになった（〔146〕）。

自己株式の消却により，自己株式の数，したがってまた発行済株式総数が減少する（自己株式処分では減少しない）が，それにより発行可能株式総数は影響を受けない。自己株式の消却と自己株式の処分とで区別を設ける必要がないからである。また，自己株式の消却により剰余金の額が減少する（446条5号。自己株式処分の場合は処分益は分配可能額に加算される。446条2号）。さらに，株主名簿の修正，株券廃棄手続が必要である（自己株式処分の場合はこの手続は必要ない）。

〔177〕 (c) **自己株式の処分の手続**　前述したように，会社は，その有する自己株式を処分するには，原則として株式の発行と同じ手続が要求される。自己株式の処分は，それによりその処分の相手方と社員関係が生じ，実質的に新株の発行と変わりがないことは前述した（〔166〕）。そのため，会社法のもとでは，自己株式の処分は募集株式の発行（199条1項柱書）の一場合として規定されている。この考え方は，自己株式の処分による株式の譲渡に関する規定（128条1項但書），募集株式の発行差止めに関する規定（210条）等にもあらわれている。その処分は，原則として取締役会決議によるが，それに株主総会の特別決議が要求されることもある。したがって，自己株式の処分については，会社が発行する株式またはその処分する自己株式を引き受ける者を募集する場合として，「募集株式の発行等」のところで取り扱う（〔300〕以下）。

〔178〕 **(ヘ) 自己株式の法的地位**

会社が自己株式を保有している場合に，それが法律上どのように取り扱われるかが問題になる。

会社は自己株式について議決権を有しないことはいうまでもなく，それについては明文の規定があるが（308条2項），その他の共益権も行使しえないと解すべきである。

自益権を行使できるかについては，場合を分けて考えなければならない。まず，会社が自己株式につき剰余金配当請求権を行使することはできないことは明文で規定されている（453条括弧書）。自己株式に対する剰余金配当を肯定すると，自己株式に対する配当金だけ次年度の収益が増加して，実際には収益力が変わらない場合でもそれが増加したように誤解させる可能性があり，会社の収益力を正確に表示しようという会社の計算の目的（〔619〕）に反することになる。それに対する剰余金配当を否定すると，たんに繰越利益として表示されるだけであって次年度の収益力の表示には影響を与えず，収益力について誤解を与える可能性がなく，妥当であるという考え方に基づく。また，株主に株式の割当てを受ける権利を与える場合にも，自己株式には割当てを受ける権利を有しない旨が規定されている(202条2項括弧書)。また，株式無償割当ての場合にも，その会社は割当てを受けられない旨が規定されている（186条2項によれば，割当てを受けるのはその会社以外の株主の有する株式を数に応じて割り当てられる)。

これに対して，それ以外の自益権については規定がなく，解釈に委ねられているが，明文でそれを否定する規定が設けられていない以上，その行使を認めるべきであろう。たとえば，株式の分割（183条）または株式の併合（180条。〔137〕以下）の効果は自己株式にも及ぶと解すべきであり，会社はそれによって受けるべき株式および金銭を受けることができる。たとえば，1株が10株に分割され，または10株が1株に併合された場合に，その効果が自己株式に及ばないとすると，自己株式の価値が10分の1に下がってしまったり（株式の分割の場合），10倍に上がってしまったりする（株式の併合の場合）から，その効果が及ぶと解すべきである。残余財産分配請求権を行使できないことはいうまでもない（そうでないと会社の清算が終了しない)。

自己株式の帳簿価額は，剰余金の算定上は加算されるが（446条1号ロ)，分配可能額の算定上は，剰余金の額等から減額される（461条2項3号）ことは前述した（〔175〕)。

〔179〕 (ト) 相続人等からの取得

(a) 合意による取得の特則　会社は株主の相続人その他の一般承継人からその有する株式を合意により取得することが認められる。たとえば，相続人になった者が会社にとってその会社の株主として適当でないというような場合等に，相続人が会社に対する譲渡に合意するような場合に利用されることになる（なお，次の(b)参照)。この相続人等からの自己株式取得は前述した特定の株主からの自己株式の取得（〔171〕(c)(ii)(β)）に含まれるが，それについては，次の特則が認められている。すなわち，この場合には，特定の株主から株主総会の特別決議によって取得する場合に，株主に通知して（160条2項)，特定の株主に自己をも加えるように請求する機会を与えること（160条3項。〔171〕(c)(ii)(β)①）は必要ない（162条本文)。これにより，会社はその相続人等からのみ自己株式を取得することができる。もっとも，①会社が公開会社である場合および②その相続人その他の一般承継人が株主総会または種類株主総会においてその株式について議決権を行使した場合は除かれる（162条但書）。②は，相続人等がその株式を手放さないことのあらわれだからである。

(b) 相続人等に対する売渡しの請求——譲渡制限株式の場合

(i) 意義　会社法のもとでは，相続，合併等の一般承継が生じた場合に，譲渡制限株式に限って，定款で定めておけば，会社が株主総会の決議によりその一般承継によりその会社の株式を取得した者に対して，その株式を会社に売り渡すことを請求できることとされている（174条）。会社にとって好ましくない者があらたに株主になることを防止して会社の非公開制を維持するための制度である。譲渡制限株式制度とその趣旨を同じくするが，それを譲渡以外の一般承継の場合におし及ぼしたものである。なお，相続人等その他の一般承継人から一般承継により取得した株式についての合意による取得については，上述したように（(a)）別に規定が設けられているが（162条），ここではそのような合意によることなく，会社が定款の定めにより強制的に株式を取得することを認めるものである。

この制度による相続人からの自己株式の買取りにつき分配可能額を限度とする財務制限がなされている（461条1項5号。〔685〕⑤）。

(ii) 定款の定めおよび株主総会決議による決定　会社は，(i)の定款の定めがある場合において，売渡しの請求をしようとするときは，その都度，株主総会の特別決議によって，①売渡しの請求をする株式の数（種類株式発行会社にあっては，株式の種類および種類ごとの数）（1号），② ①の株式を有する者の氏名または名称（2号）を定めなければならない（175条1項・309条2項3号）。

その株式を有する者は，上記の株主総会において議決権を行使することができない（175条2項本文）。ただし，売渡請求をする者以外の株主の全部がその株主総会において議決権を行使することができない場合は，この限りでない（175条2項但書）。

(iii) 売渡しの請求　会社は，(ii)の①および②に掲げる事項を定めたときは，その②の者に対し，①の株式をその会社に売り渡すことを請求することができる（176条1項本文）。もっとも，その会社が相続その他の一般承継があったことを知った日から1年を経過したときは，この限りでない（176条1項但書）。除斥期間を定めるものである。

上記の請求は，その請求にかかる株式の数（種類株式発行会社にあっては，株式の種類および種類ごとの数）を明らかにしてしなければならず（176条2項），また会社は，いつでも，その請求を撤回することができる（176条3項）。

⒤ 売買価格の決定　(ⅲ)の請求があった場合には，請求する株式（(ⅱ)①）の売買価格は，会社とその株式を有する者（(ⅱ)②）との協議によって定める（177条1項）。

会社またはその株式を有する者（(ⅱ)②）は，(ⅲ)の請求があった日から20日以内に，裁判所に対し，売買価格の決定の申立てをすることができ（177条2項），裁判所が売買価格の決定をするには，その請求の時における会社の資産状態その他一切の事情を考慮しなければならない（177条3項）。

請求があった日から20日以内に裁判所に価格決定の申立てがあったときは，その申立てにより裁判所が定めた額をもって(ⅱ)①の株式の売買価格とする（177条4項）。

その期間内に価格決定の申立てがないとき（その期間内に協議が調った場合を除く）は，(ⅲ)の請求は，その効力を失う（177条5項）。

〔180〕 **㈠ 子会社の有する親会社株式の親会社による買受け**

後述するように，子会社（子会社の意義については，2条3項，会社則3条。〔183〕）による親会社株式の取得は原則として禁止され，例外的に取得した場合にもそれを相当の時期に処分することが義務づけられている（135条。〔183〕以下）。しかし，その場合に，処分の相手方を見い出すことができない事態も生じうる。そこで，平成13年改正商法は，子会社が有する親会社株式をその親会社自体が取得することを認めており，会社法もそれを受け継いでいる（163条）。それは，親会社にとっては，自己株式の取得であるが，前述した株主総会の決議による自己株式の取得と異なり，次に述べるように，取締役会の決議（取締役会設置会社の場合）のみで取得の決定（156条1項）をすることができる（163条前段）。取締役会設置会社以外の会社の場合には，163条前段の表現から株主総会の決議による（なお，〔516〕(イ)(ⅱ)参照）。

その決議で①取得する株式の数（種類株式発行会社にあっては株式の種類および種類ごとの数），②株式を取得するのと引換えに交付する金銭（その会社の株式等を除く）の内容およびその総額および③株式を取得することができる期間につき決することを要する（156条）。財源規制については，分配可能額を超えてはならないものとされる（461条1項2号括弧書。〔685〕②）。具体的な取得については，業務執行者の判断にゆだねられる。

特定の者（子会社）からの取得でありながら株主総会の特別決議を要しないも

のとされており，その者の議決権の排除等の規定（157条－160条）が適用されない（163条後段）のは，子会社の有する親会社の株式の取得は，子会社の処分義務の履行の効果を生ずるものであり（〔185〕），株主平等の原則を問題とする必要がないと考えられるからである。

4　自己株式質受けの自由　〔181〕

平成13年改正前商法のもとでは，発行済株式総数の20分の1を超える数の自己株式の質受けが禁止されていた（改正前商210条）。しかし，自己株式の質受けについては，自己株式取得禁止の理由として列挙されたこと（〔165〕）は，あてはまらない。すなわち，それは，会社が第三者に対して有する債権の担保とするだけであって，対価を支払うわけではないから，資本維持の原則に反することもなく（無担保の債権であるよりは，自己株式であれ，それを担保にとっておいたほうが会社財産の確保にとってプラスである），また相場操縦，内部者取引さらには不当な経営権の維持や株主平等の原則違反とも関係がないからである。そこで，平成13年改正により，自己株式質受制限の規定は削除された。

5　株式譲渡の会社法上の制限　(1)――権利株および株券発行前の株式の譲渡の制限　〔182〕

会社成立の時に発起人が出資を履行して設立時株式の株主となる権利（50条1項）または設立時募集株式の引受人が払込みをすることにより設立時発行株式の株主となる権利（63条1項）――これを権利株といっている――の譲渡（権利株とは株式の引受けによる権利であり〔69〕，それは株式の成立の前の段階のものであるが，株式の前身にあたる地位の譲渡の制限として，ここにまとめて取り上げる）は会社に対して対抗することができないと規定されている（50条2項・63条2項）。なお，株券発行会社の場合の株券発行前の株式の譲渡については会社に対して効力を生じないと規定している（128条2項）。結局，発起設立の場合の発起人また募集設立の場合の株式が割り当てられて株式引受人となった者は，その地位が成立してから株式発行の効力が生ずるまで，また株券発行会社の場合にはさらに株券が発行されるまでの間の株式引受人の地位または株主の地位の譲渡の効力は，その譲渡の当事者間では認められるが，会社との関係では認められないことになる。この結果，会社に対して，株式引受人または株主であることを主張できるのは当初の株式引受人または株主であって，その譲受人は，会社に対して自分が株主であることを主張することができない。したがって，譲受人は，譲渡人に対して，共同して株主名簿の名義書換請求をするように請求し（〔272〕(ロ)(i)），またはその発行を受けた株券の交付を請求してその株券を呈示し，株主名簿の名義書換を受けて(〔271〕(ii))，はじめて株主であることを会社に対して主張しうることになる。

このように，権利株の譲渡および株券発行前の株式の譲渡を制限する趣旨は，株主名簿の作成ないし株券発行に関する会社の事務手続上の便宜のためである(最大判昭和47・11・8民集26巻9号1489頁)。すなわち，会社は，設立または新株の発行の場合には，株主名簿に株主に関する事項を記載または記録し，また株券発行会社の場合には株券を発行しなければならないが，その際に，当初の株式引受人を株主として事務を取り扱い，その事務が終了するまでは株式引受人ないし株主の地位が譲渡されてもそれを無視することができるとすることにより，その事務手続の便宜を図ったものである（なお，会社が株券の発行を不当に遅延している場合には，株券発行前でも株式譲渡が可能なことにつき，〔205〕)。この趣旨にかんがみて，株券発行前の株式譲渡が会社に対して「その効力がない」とするのはいきすぎで（それによれば，会社の側からその効力を認めることも許されないことになる)，会社に「対抗することができない」とすれば十分である（会社側からはその効力を認めることができる）とするのが一般である。

〔183〕 **6　株式譲渡の会社法上の制限　(2)——子会社による親会社株式の取得禁止**

子会社は，一定の例外的な場合を除き，親会社の株式を取得することを禁止される(135条)。ここで子会社とは，会社がその総株主の議決権の過半数を有する株式会社その他のその会社がその経営を支配している法人として法務省令で定めるものをいい(2条3号，会社則3条1項)，親会社とは，株式会社を子会社とする会社その他のその株式会社の経営を支配している法人として法務省令で定めるものをいう（2条4号，会社則3条2項)。法務省令では，「財務及び事業の方針の決定を支配している場合」という表現が使われ（会社則3条1項2項)，それがどのような場合かにつき詳細な規定が設けられている（同条3項)。子会社には外国会社も含まれる(同条1項。同条同項の「会社等」には外国会社も含まれる。会社則2条3項2号)。なお，会社計算規則は，「関連会社」の意義として，会社が他の会社等の財務および事業の方針の決定に対して重要な影響を与えることができる場合における当該他の会社等（子会社を除く）と規定し（会社計算2条3項18号)，また関係会社の意義として，その会社の親会社，子会社および関連会社ならびに当該株式会社が他の会社等の関連会社である場合における当該他の会社等をいうと規定し（会社計算2条3項22号)，さらに関連当事者との取引についての注記について規定している(会社計算98条1項11号・112条)。

(イ) 立法の経緯

昭和56年改正前商法のもとでは，子会社の親会社株式の取得については，とくに規定がなく，解釈に委ねられていたが，子会社がその計算で親会社の株式を取得する行為には，自己株式取得禁止の規定が類推適用されると解するのが通説・判例であった（最判平成5・9・9民集47巻7号4814頁）。昭和56年改正商法は，子会社の親会社株式の取得禁止およびその例外を明文で規定するとともに，例外的に取得が許容される場合の会社のとるべき措置についても規定を設けた。

平成13年商法改正（法79号）において自己株式取得禁止規定は廃止されたが（〔167〕），子会社の親会社株式の取得は依然として禁止されており，それが会社法に受け継がれている。このように自己株式取得禁止規定が廃止されたにもかかわらず，子会社の親会社株式の取得禁止規定が存続している理由については，次に述べる。

なお，後述するように（〔437〕），親子会社間以外にも株式・持分の相互保有関係にある会社間の議決権行使に関する規制がなされているが（308条1項括弧書），そこでは株式・持分の取得自体の規制にまでは及んでいない。

(ロ) 禁止の理由　〔184〕

親会社と子会社とは，法人格は別個であるが，程度の差こそあれ（100パーセント子会社の場合にはその典型である），財産的に一体的な関係がある。そして，たとえば，資本充実・維持の原則との関係で典型的な例をあげれば，A会社が100パーセント子会社であるB会社（B会社がその発行した株式を全部A会社によって所有されているもの）を設立しておいて，A会社が新株の発行をし，その新株を全部B会社に引き受けさせ——子会社の親会社株式の取得——，その後，それぞれB会社およびA会社が新株を発行してその新株を相手方に引き受けさせれば，A会社およびB会社は全く会社財産を増加させることなしに資本金を増加させることができ，資本充実の原則に違反することになる——このことを「資本の空洞化が生ずる」ということがある——。なぜなら，このA会社の新株の発行においては，B会社設立の際にA会社からB会社に拠出された出資金がA会社に返還されるだけであるのに，それによってA会社の資本が増加し，また，その後，A会社がB会社から返還を受けた出資金を再びB会社に出資すれば，B会社の資本も増加する。このような弊害を防止するために，子会社による親会社の株式取得は禁止されていることになる。

子会社は，その親会社株式を有している場合（違法に有している場合および例外として有している場合を含む）につきその議決権を行使することができないが，そのことは，相互保有株式のところで取り扱う（〔437〕）。

〔185〕 (ハ) 子会社の親会社の株式取得禁止規定の適用範囲およびその制限の例外

名義のいかんを問わず，子会社がその計算で親会社株式を取得することは禁止され（135条1項），子会社の株主名簿への記載または記録の有無を問わないと解される。

子会社による親会社株式取得禁止の例外としては，①他の会社（外国会社を含む）の事業の全部を譲り受ける場合においてその他の会社の有する親会社株式を譲り受ける場合，②合併後消滅する会社から親会社株式を承継する場合，③吸収分割により他の会社から親会社株式を承継する場合，④新設分割により他の会社から親会社株式を承継する場合，⑤そのほか，法務省令で定める場合があげられる。法務省令で定める場合としては，吸収分割に際して親会社株式の割当てを受ける場合のほか1号から13号までの場合が掲げられている（会社則23条）。会社の合併によるときは（②），A会社の子会社B会社がC会社を吸収合併し（B会社が存続会社，C会社が消滅会社），C会社がA会社株式を有していた場合である。そのB会社がC会社の事業全部の譲受けをした場合（①）も同様である。株式交換の例としては，B会社が株式交換によりA会社の完全子会社となる場合において，B会社がA会社株式を有していたときがあげられる。株式移転の例としては，B会社が自己株式を有しており，株式移転によりそれが親会社であるA会社に移転しその対価としてB会社にA会社株式が割り当てられた場合があげられる。吸収分割の例としては，A会社の子会社B会社がC会社から吸収分割によりその事業を承継し，その継承した事業のなかにA会社の株式が含まれている場合があげられる（③）。新設分割の例としては，A会社の子会社B会社がC会社を設立し（C会社はB会社したがってまたA会社の子会社になる），C会社がB会社から承継した資産の中にA会社株式が含まれており，C会社がその親会社であるA会社の株式を取得することになる場合があげられる（④）。

これらの場合に，例外として子会社が親会社の株式を取得したときは，子会社は相当の時期に親会社の株式を処分しなければならない（135条3項）。また，B会社がA会社株式を取得していたところ，その後にA会社がB会社の総株主の議決権の過半数を取得してA会社が親会社でB会社が子会社になった場合において，B会社がA会社の子会社になったことを知ったときも，同様であろう。前述したように（〔180〕），これらの場合においてB会社の有するA会社株式（子会社からの自己株式）のＡ会社による取得につき規定がある（163条）。

なお，会社法800条は，消滅会社の株主に対して，合併対価として親会社株式を交付する場合に，その交付する株式の総数を超えない範囲で，子会社による親会社株式の取得を認めている（〔746〕）。

㈡ 子会社の親会社株式取得禁止違反等に対する制裁，その私法上の効果 〔186〕

子会社の親会社株式取得禁止違反およびその処分義務違反の場合には取締役等に対して過料の制裁があるが（976条10号），自己株式の不正取得およびその処分義務違反の場合の刑事罰の制裁（963条5項1号）と比べると制裁が軽いのは，その違反行為の違法性が自己株式の不正取得よりは軽いと評価されたからであろう。

子会社の親会社株式取得禁止違反の私法上の効果については，違法な自己株式取得と同様の問題がある（〔174〕参照）。違反行為をした取締役の責任を追及できることはいうまでもない。

㈭ 子会社の有する親会社株式の法的地位 〔187〕

子会社が親会社株式取得禁止の例外として，あるいはその禁止に違反して，親会社株式を取得している場合に，子会社は親会社株式につき議決権を行使しえないことは，相互保有株式の議決権行使の禁止の一場合として明文で規定されている（308条1項括弧書）。親会社と支配・従属の関係にある子会社が親会社の株主総会で議決権を行使することを認めると，その総会で親会社自身の意思で議決権を行使する結果を認めることになり，議決権行使の公正さが害されるからである。それ以外の株主権の行使については，規定はないが，総会招集権，株主提案権など議決権の行使が前提となっている権利を除いては，自己株式の場合（〔178〕）と異なり，制限されないと解される。子会社は，親会社とは法人格が異なり，100パーセント子会社以外の子会社の場合には，親会社以外の子会社株主および会社債権者の利益を考慮しなければならず，また100パーセント子会社の場合にも，子会社の債権者の利益を考慮しなければならないからである。新株の割当てを受ける権利（自己株式についてはこれが禁止されていることにつき，202条2項括弧書）については，これを行使することを認めず，それを譲渡すべきだという見解あるいは100パーセント子会社につきそのように解する見解もあるが，解釈論としては，その行使は禁止されないが，それを行使した場合には，それによって取得した親会社株式を相当の時期に処分しなければならないと解するのが限度であろう。

7 譲渡制限株式 〔188〕

㈠ 立法趣旨，経緯

株式の自由譲渡性の例外の1つとして，定款の定めによるものがある。すなわち，定款の定めにより，①その発行する全部の株式の内容として，譲渡によるその株式の取得についてその会社の承認を要すること（107条1項1号。〔109〕）および②種類株式として，譲渡によるその株式の取得について会社の承認を要する株式（108条1項4号。〔121〕）を発行することができる。そして，会社がその発行する全部または一部の株式についてその会社の承認を要する旨の定めを設けている場合のその株式を譲渡制限株式という（2条17号）。そして，その反対に，その発行する全部または一部の株式の内容として，会社の承認を要する旨の定款の定めを設けていない会社を公開会社という（2条5号）。その発行する株式の一部のみの内容としてその譲渡に会社の承認を要しても，その承認を要しない種類の株式が含まれているものは公開会社である。

昭和41年改正商法は，株式の自由譲渡性を原則としながらも，株主の個性が重要性をもつ小規模の閉鎖的な株式会社が多数存在する（数的にいえば，株式会社のうちの大部分は，このような会社である。〔13〕）ことにかんがみ，このような会社にとって，好ましくない者が株主として会社に参加することを排除するために，定款に株式の譲渡に取締役会の承認を要する旨の定めを設けて，株式譲渡を制限することを是認した。それが会社法に受け継がれたことになる。

なお，公開会社でない会社については，株主の請求がないかぎり株券を発行することを要しないものとされる（215条4項。〔204〕）。その他，設立時発行株式の総数は発行可能株式総数の4分の1を下ることができない等の授権株式数の制限の廃止（37条3項・113条3項。〔39〕），種類株主総会による取締役・監査役の選解任（108条1項柱書但書・9号。〔463〕），株主の持株比率維持の利益の保障（〔309〕）等，それ以外の会社と異なる特則が設けられている。

〔189〕 **(ロ) 譲渡制限のための手続——定款の定め，反対株主の株式買取請求権，公示等**

(a) その発行する全部の株式の内容としての譲渡制限の場合　この定め（全部の株式の内容としての譲渡制限）は，会社設立の際の定款——原始定款——によってすることができることはもちろん，定款変更によってもすることができるが，定款変更による場合には，それが株主に重大な影響を与える（株式の換価に煩雑な手続が必要となり，かつ，その価格も下落する可能性がある）ところから，①通常の定款変更の場合よりも厳重な要件が定められ（309条3項1号），かつ②反対株主に株式買取請求権が認められている（116条1項1号。〔133〕(イ)①）。すなわち，この定款変更のための株主総会の決議は，①当該株主総会において議決権を行使することができる株主の半数以上（これを上回る割合を定款で定めた場合にあっては，その割合以上）であって，②その株主の議決権の3分の2（これを上回る割合を定款で定めた場合にあっては，その割合）以上にあたる多数をもって行わなければならない（309条3項）。さらに，新株予約権または新株予約権付社債を発行した会社は，将来行使されることがありうる新株予約権があるときは，予約権の行使によって株主になる者の意思を無視しえないため，その者に買取請求権を認めている（118条1項1号・2項）。この決議に，株主数による過半数を要件の1つとしたのは，この決議の性質上，少数の大株主の意向によって小株主の意思が無視されることは好ましくないと考えられたためである。そして，この決議に反対の株主（この決議をする総会に先立って会社に書面で反対の意思を通知し，かつ総会で反対した株主。書面による通知に代えて，電磁的方法によることも可能である）は，その有する株式を公正な価格で買い取るように請求することができる。その手続，代金の支払等について規定がある（116条1項1号・117条1項―6項。〔133〕(イ)①)。株券発行会社では株式の代金は株券と引換えになされる（117条7項）。

会社は，全部の株式の内容として，譲渡によるその株式の取得についてその会社の承認を要する旨を定めるときは，前述したように（〔109〕），定款で，①その株式を譲渡により取得することについてその会社の承認を要する旨および②一定の場合においては会社が株主からの承認請求（136条）または株式取得者からの承認請求（137条）につき承認をしたものとみなすときは，その旨およびその一定の場合を定めなければならない（107条2項1号）。たとえば，他の株主に対する譲渡の場合または他の株主がその株式を取得した場合には承認をしたものとみなすという定めをすることが考えられよう。

定款による株式の譲渡制限がある場合には，その株式を譲り受ける者にとって，そのことがわかるようになっていないと，不測の損害を蒙ることになる。そこで，会社法は，譲渡制限の公示方法として，その旨の登記をすることを要求する（911条3項7号）ほか，株券発行会社の場合には，譲渡が制限される株券につき株式譲渡制限の定めの株券への記載（216条3号）を要求している。そして，このように，譲渡制限の定めは株券に記載されなければならないところから，定款変更により譲渡制限の定めがなされたときは，それまでの株券を提供させて，その旨の記載のある株券を交付するという手続をとることになる（219条1項1号）。その具体的手続については後述する（〔211〕(b)①)。そこで問題なのは，譲渡制限を善意の第三者（善意の株式譲受人等）に対抗する要件として，登記だけで足りるか，株券等への記載も必要か，さらには，株券等に記載されていれば足りるかであって，見解は分かれている。会社法の一般原則によれば，登記事項は登記がなされれば，第三者に正当の事由がない限り（この正当の事由とは，天災地変等の特別な事由と解するのが一般である），善意の第三者にも対抗しうることになっているが（908条1項後段），会社法がこの場合にとくに譲渡制限を株券の記載事項にしていることにかんがみ，登記のほか株券への記載もなされていなければ，善意の第三者に対抗できないと解すべきである。

なお，株式譲渡制限会社は振替株式制度を利用できない（社債株式振替128条1項括弧書）。

〔190〕 (b) **種類株式の内容としての譲渡制限**　会社法は，その発行する全部の株式の内容としての譲渡制限の定め（107条1項1号）のほかに，種類株式としての譲渡制限の定め，すなわち，譲渡によるその種類の株式の取得について，その会社の承認を要する旨の定めを設けることを認めている（108条1項4号）。

(i) 定款の定め　このように譲渡によるその種類の株式の取得についてその会社の承認を要する種類株式を発行する場合には，前述したように（〔121〕(b)），定款で①その株式を譲渡により取得することについてその会社の承認を要する旨および②一定の場合においては会社が株主からの請求（136条）または株式取得者からの請求（137条1項）を承認をしたものとみなすときは，その旨およびその一定の場合（108条2項4号・107条2項1号）ならびにその発行可能種類株式総数を定めなければならない（108条2項柱書）。

(ii) 定款変更の場合の種類株主総会の決議　種類株式発行会社がある種類の株式の内容として譲渡によるその種類の株式の取得についてその会社の承認を要する旨（108条1項4号）の定款の定めを設ける場合には，その定款の変更は，①その種類の株式の種類株主，②108条2項5号ロの他の株式をその種類の株式とする定めがある取得請求権付株式の種類株主および③108条2項6号ロの他の株式をその種類の株式とする定めがある取得条項付株式の種類株主を構成員とする種類株主総会（その種類株主にかかる株式の種類が2以上ある場合にあっては，その2以上の株式の種類別に区分された種類株主を構成員とする各種類株主総会）の決議がなければ，その効力を生じない（111条2項本文。〔121〕(c)参照）。①はもちろん，②および③もその定款変更によって影響を受ける可能性があるからである。ただし，その種類株主総会において議決権を行使することができる種類株主が存しない場合は，この限りでない（111条2項但書）。反対株主の株式買取請求権の規定が適用される（116条1項2号。〔133〕(イ)②）。

①のその種類の株式の種類株主の種類株主総会の決議が必要なことは当然として，②および③の種類株主の種類株主総会の決議が必要なのは，②および③の種類株式の内容として，その種類の株式1株を会社が取得するのと引換えにその株主は譲渡制限株式の交付を受け，譲渡制限株式の株主になるので，②および③の株主を①の株主と同様に取り扱うことにしたものである。

反対株主の株式買取請求（116条1項2号），登記による公示（911条3項7号括弧書）等は(a)の場合と同様である。

(ハ) 譲渡制限の態様 〔191〕

会社法上，定款による譲渡制限の態様としては，譲渡に会社の承認（この承認は，指名委員会等設置会社の場合に執行役に委任できない。416条4項1号）を要するとするものが認められる（107条1項1号・108条1項4号）。会社の承認は取締役会設置会社では取締役会（以下には取締役会設置会社について取り扱う），そうでない会社では株主総会である（139条1項本文）。もっとも，定款に別段の定めがある場合はこの限りではない（139条1項但書）。したがって取締役会設置会社で株式の譲渡に株主総会の決議を要する旨の定款の定めをすることが許されるし，一定の基準のもとに代表取締役を承認機関とすることも許される。株式の譲渡を部分的に制限すること，たとえば現在の株主・従業員以外の者，あるいは外国人に譲渡する場合にのみ取締役会の承認を要する旨を定めることも許されると解される。なお，部分的制限の定め方をする場合に株主平等の原則が問題となると解する見解（たとえば，外国人である株主または一定数以上の株式を有する株主の株式譲渡についてのみ取締役会の承認を要するという定めは許されないという見解）もあるが，取締役会が譲渡を承認するかどうかについてはその裁量に委ねられていて平等原則を問題にする余地がない以上，そのように解してみても，無意味である。これに対して，株式の譲渡を全く禁止したり，相続，合併等の包括承継による移転を制限することはできないと解される。

なお，譲渡制限株式の取得者の株主名簿の名義書換請求については，譲渡承認を受けた者等に限って認められる趣旨の特則が規定されている（134条。〔271〕〔272〕）。

(ニ) 譲渡制限の定めの適用範囲 〔192〕

譲渡制限の定めの適用範囲については，次のような問題がある。

第1に，それが単元未満株式の譲渡に適用されるかである。単元未満株主は議決権を有しないから（〔159〕），それらの譲渡には，譲渡制限の趣旨が及ばないのではないかが問題とされている。しかし，その適用を否定すると，会社にとって好ましくない者に単元未満株式が譲渡される場合に，会社はこれを拒否できないことになり，その結果，その者がその後にたとえば株式の分割によって単元株の株主となり，株主として会社に参加することを拒みえないことになる。そうだとすると，単元未満株式の譲渡にも，定款で，とくにそれらを譲渡制限の対象から除外していない限り，譲渡制限の定めの適用があると解して，会社にとって好ましくない者が株主になる可能性を阻止することを認めるべきではないかと考える（逆にいうと，単元未満株主にも譲渡承認の請求を認めることになる）。

第2に，譲渡制限の定めが株式の質入れまたはその譲渡担保の設定にも適用されるかが問題とされているが，それらは株式の譲渡ではないから適用されず，ただその実行の段階でその適用があることになる。すなわち，競売により，またはその他の担保権の実行として譲渡制限株式を取得した者は，会社に対して，その取得を承認しないときはその株式の指定買取人による買取りの請求をすることになる（〔194〕参照）。

第3に，相続，合併等の包括承継については，その定めの対象とならない。

〔193〕 **(ホ) 取締役会等の承認を得ない譲渡の効力，善意取得**

譲渡制限の定めがある場合に，取締役会等の承認を得ないでなされた株式譲渡の効力については，譲渡の当事者間では有効とする説（相対説）と，当事者間でも効力がないとする説（絶対説）とに分かれている。譲渡制限の定めは会社にとって好ましくない者が株主として参加することを排除するためのものであるから，そのような譲渡は会社に対する関係で効力がないとすれば足り，当事者間における効力を認めてもその制度の趣旨に反することはない。したがって，相対説によるべきである（最判昭和48・6・15民集27巻6号700頁）。ことに，平成2年の商法改正で，譲渡制限株式について，その取得者からの先買権者指定請求も明文で認められるにいたった以上（〔194〕），絶対説はその根拠を失ったというべきである。したがって，たとえば，譲渡制限株式が取締役会の承認を得ないでAからBに対して譲渡された場合には，A・B間で譲渡の効力が生じており，Aが破産しても，その株式は破産財団とならず，またBが会社に対して，その取得を承認しないときは先買権者の指定請求をすることができることになる。譲渡制限株式を善意取得した者も，同様に，自ら会社に対して，その取得を承認しないときは先買権者を指定するように請求することができる。

(ヘ) 譲渡制限株式の譲渡または換価の方法　〔194〕

譲渡制限株式を有する者Ａが，その株式をＢに譲渡したい場合またはその株式を換価して投下資本を回収したい場合のために，会社法は，会社に対して，①譲渡を承認するかどうかの決定をすることの請求（136条・137条）と，②承認しない旨の決定をしたときの対象株式の会社または指定買取人による買取り（140条）について規定している。なお旧会社法は，会社が譲渡を承認しない場合には，先買権者（会社法における指定買取人に相当する）を指定することとされ，平成13年の自己株式取得の解禁により，会社がそれを買い受けることを認めることとされたが，会社法のもとでは，会社が対象株式を買い取らなければならないとされ（140条1項），さらに会社は指定買取人を指定することができるものとされている（140条4項）。

(a) 譲渡承認請求

(i) 株主からの請求と取得者からの請求　　譲渡制限株式の譲渡承認請求は，①その株主がその有する株式を他人に譲り渡そうとする場合（136条）と，②譲渡制限株式の取得者が請求する場合（137条1項）に認められる。②の請求は，利害関係人の利益を害するおそれがないものとして法務省令で定める場合（会社則24条）を除き，その取得した株式の株主として株主名簿に記載・記録された者またはその相続人その他の一般承継人と共同してしなければならないものとされている（137条2項）。②の請求につき法務省令で定める場合とは，株式取得者が単独で株主名簿の名義書換請求が認められる場合として後述するもの（〔272〕(ii)）のうち，①，②，⑤，⑦から⑪までに掲げる場合（会社則22条1項）に相当するものが規定されている（会社則24条1項）。もっとも，株券発行会社においては，株券を所持している者が株券を提示してこの請求をする場合には，株券の所持により権利者と推定されるから，株券を提示して請求すればよく，名簿上の株主等と共同して請求する必要はない（会社則24条2項1号）。その他にも，株券発行会社で，株式交換等の場合および所在不明株主の株式を取得した者が売却代金支払を証する資料を提出した場合等，株主が単独で名義書換請求をすることができる場合として後述するもの（〔271〕(ii)①③－⑤）に相当するものが規定されている（会社則24条2項1号－5号）。

(ii) 承認請求の方法　　①株主が譲渡承認請求（136条）をする場合には，㋑請求をする株主が譲り渡そうとする譲渡制限株式の数（種類株式発行会社にあっては，譲渡制限株式の種類および種類ごとの数），㋺ ㋑の譲渡制限株式を譲り受ける者の氏名または名称，㋩会社が譲渡承認請求の承認をしない旨の決定をする場合において，その会社または指定買取人（140条4項）が㋑の譲渡制限株式を買い取ることを請求するときは，その旨を明らかにしてしなければならない（138条1号）。

②取得者が譲渡承認の請求（137条1項）をする場合には，㋑その請求をする株式取得者の取得した譲渡制限株式の数（種類株式発行会社にあっては，譲渡制限株式の種類および種類ごとの数），㋺㋑の株式取得者の氏名または名称，㋩会社が譲渡承認請求の承認をしない旨の決定をする場合において，その会社または指定買取人（140条4項）が㋑の譲渡制限株式を買い取ることを請求するときは，その旨を明らかにしてしなければならない（138条2号）。

(iii) 譲渡承認の決定方法，決定の通知等　会社が(ii)の承認（136条または137条）をするかどうかの決定をするには，株主総会（普通決議でよい。特別決議を必要とする場合として列挙している309条2項にはあげられていない）の決議，また取締役会設置会社にあっては取締役会の決議によらなければならない（139条1項本文）。ただし，定款に別段の定めがある場合はこの限りではないことは前述した（139条1項但書。〔191〕）。指名委員会等設置会社でも，この決定を執行役に委任することは許されない（416条4項1号）。

会社は，この決定をしたときは，譲渡等承認請求をした者（「譲渡等承認請求者」という）に対し，その決定の内容を通知しなければならない（139条2項）。

〔195〕 (b) **会社が譲渡を承認しない旨の決定をした場合**

(i) 会社による買取り　会社は，前述(a)(ii)①㋩（138条1号ハ）または②㋩（138条2号ハ）の請求を受けた場合において，譲渡の承認をしない旨の決定をしたときは，その譲渡等承認請求にかかる譲渡制限株式（以下「対象株式」という）を買い取らなければならず，この場合には，①対象株式を買い取る旨および②会社が買い取る対象株式の数（種類株式発行会社にあっては，対象株式の種類および種類ごとの数）を定めなければならない（140条1項）。

この決定は，株主総会の特別決議によらなければならない（140条2項・309条2項1号）。上記の会社による買取りは特定の株主からの自己株式取得の一例であって（155条2号），したがって上述したようにその決定には株主総会の特別決議が必要とされ，かつ，譲渡等承認請求者は，その譲渡等承認請求者以外の株主の全部がその株主総会において議決権を行使することができない場合を除いては，その株主総会において議決権を行使することができないものとされる（140条3

項)。

なお，この譲渡等承認請求に応ずる自己株式の買取りについては，財源制限（分配可能額を限度とする制限）がある（461条1号。〔685〕①)。

(ii) 指定買取人による買取り　(i)の定めにかかわらず，会社は，対象株式の全部または一部を買い取る者（以下「指定買取人」という）を指定することができる（140条4項)。

上記の指定は，定款に別段の定めがある場合を除き，株主総会（取締役会設置会社にあっては，取締役会）の決議によらなければならない。この株主総会の決議も特別決議によることを要する（140条5項本文・309条2項1号）が，定款で別段の定めがあるときはその限りではない（140条5項但書)。ここでは，(i)の場合と異なり，自己株式の取得には該当しないから，定款で別段の定めをすることを認めている。

(iii) 会社または指定買取人による買取りの手続，売買価格の決定等　会社が譲渡制限株式の譲渡を承認しない旨の決定をした場合には，その旨の通知をしなければならない（139条2項）ことは前述した（(a)(iii))。さらに会社が対象株式を買い取る場合にはその旨およびその対象株式数等（140条1項）を，また指定買取人が買取りの指定を受けたときはその旨および買い取る対象株式数（142条1項1号2号）を譲渡等承認請求者に対して通知をしなければならないものとされる。さらにまた，会社または指定買取人がこの通知をしようとするときは，1株当たり純資産額として法務省令で定める方法により算定された額（141条2項括弧書。基準純資産額を基準株式数で除して得た額に1株当たり純資産額を算定すべき株式についての株式係数を乗じて得た額。会社則25条1項〔「基準純資産額」「基準株式数」「株式係数」については，同3項−5項〕）に対象株式数を乗じた額を供託所に供託し，かつ，その供託を証する書面を譲渡等承認請求者に交付しなければならないものとされる（141条2項・142条2項)。譲渡等承認請求者Aとしては，前述の例では，自分が譲渡したい相手方B以外の会社または指定買取人との間には信頼関係がないのが普通であるので，そのための手当てとして，買い取る側に対象株式の簿価に相当する金額の供託をさせることによって，承認等請求者に信頼させようとするものである。また，対象株式が株券発行会社の株式である場合には，上記の書面の交付を受けた譲渡等承認請求者は，その交付を受けた日から1週間以内に，対象株式にかかる株券をその株券発行会社の本店の所在地の供託所に供託しなければならないものとされ（141条3項・142条3項)，かつ，この場合においては，その譲渡等承認請求者は，買い取る側の株券発行会社または指定買取人に対し，遅滞なく，その供託をした旨を通知しなければならない（141条3項・142条3項）ものとされ，この譲渡等承認請求者が上記の期間内にその供託をしなかったときは，株券発行会社または指定買取人は，対象株式の売買契約を解除することができることになる（141条4項・142条4項）。

対象株式を買い取る側の会社または指定買取人にとっても，譲渡等承認請求者の素性が必ずしも分かっていないことがあるので，株券を供託させて，その者の契約履行の確実性を保証しようというものである。株券発行会社以外の会社の場合には，株主名簿記載事項を記載した書面の交付を受けて（122条），自分が株式所持人であることを示すことになろう。

売買価格の決定は，まず，会社と譲渡等承認請求者Aとの間の協議でなされるが（144条1項），その協議が調わないときは，当事者は売渡請求があった時から20日内に裁判所に対してその決定を請求することができ（144条2項），その間に請求がなされないとき（協議が調った場合を除く）は，前述の供託金額が売買価格となる（144条5項）。したがって，この請求をするのは，供託金額が売買価格となることに不満な者である。この請求があったときは，裁判所は，売渡請求時における会社の資産状態その他一切の事情を斟酌しなければならない（144条3項）。なお，その適正な価格を算定する目的でなされた会計帳簿の閲覧請求が認められた事例がある（〔631〕）。その申立てにより裁判所が定めた額が対象株式の売買価格とされる（144条4項）。

株式の売買価格が確定したときは，その確定した時（協議の成立時または裁判所の決定の確定時）に供託額を限度として代金の支払があったものとみなされ（144条6項），Aは売買価格に相当する金額の払渡しを供託所に請求できることになる。売買価格が供託額を超える場合においてその差額の支払がないときは（供託金額に相当する部分は売買価格の確定時に支払があったものとみなされる），Aは債務不履行として契約を解除することができる（民541条）が，解除した場合には，Bに対する株式譲渡につき次に(ト)③で述べるように，取締役会の承認があったものとみなされる（145条3号）。

上記の売買価格の決定等（144条1項－6項）の規定は指定買取人が指定されて譲渡等承認請求者に対して，前述の通知をした場合について準用される（144条7項）。

〔196〕 (ト) 譲渡承認請求が承認されたものとみなされる場合

次の場合には，譲渡承認請求の承認をする旨の決定をしたものとみなされる(145条本文)。ただし，会社と承認請求者との合意により別段の定めをしたときは，この限りではない(145条但書)。

① 株主または株式取得者による承認請求（136条・137条1項）の日から2週間（これを下回る期間を定款で定めた場合には，その期間）以内に会社が承認するかどうかの決定の通知（139条2項）をしなかった場合（145条1号）。

② 会社が譲渡を承認するかどうかの決定（139条2項）の通知の日から40日（これを下回る期間を定款で定めた場合にはその期間）以内に会社が買い取る旨（140条1項）の決定を譲渡等承認請求者に通知（141条1項）をしなかった場合（指定買取人が譲渡の承認をするかどうかの決定をしたことを通知の日から10日——これを下回る期間を定款で定めた場合にあっては，その期間——以内に譲渡等承認請求者に対して通知をした場合を除く）(同2号)。

③ ①および②の場合のほか，法務省令で定める場合(3号)。法務省令で定める場合としては，譲渡の承認をするかどうかの通知（139条2項）の日から40日(これを下回る期間を定款で定めた場合はその期間）以内に譲渡等承認請求者に一定の金額の供託を証する書面を交付しなかったとき，承認請求者が解除したとき等の場合が規定されている(会社則26条1号—3号)。

(チ) 会社の買取りの場合の財源規制，違反の効果 〔197〕

会社による買取りの場合には，自己株式取得に関する財源規制の関係からの制約がある。すなわち株主に交付する金銭等の帳簿価額の総額はその行為が効力を生ずる日における分配可能額を超えてはならない(461条1項1号)。その内容は，定款授権に基づく取締役会決議による自己株式の買受け（〔172〕)，または子会社の有する自己株式の買受け（〔180〕）に関する財源規制と同様である。

これに違反した場合には，自己株式の不正取得として刑事罰の制裁があること，さらに解釈上，私法上の効力については，違法な自己株式取得と同様の問題がある（〔174〕)。その賠償責任の額については，自己株式の取得の場合と同様である(違法な自己株式の買受けに関する〔173〕)。

さらに期末の会社の財産の予測による制約がある。株式の売買価格が上記の制限の範囲内であっても，期末に資本の欠損が生ずるおそれがあるときは自己株式を取得することができない。自己株式の取得に関して前述したのと同様である(465条1項1号)。

その事業年度の終わりにおいて，資本の欠損が生じた場合に，自己株式を取得した取締役（指名委員会等設置会社の場合には取締役または執行役）は，資本の欠損が生ずるおそれがないと認めるにつき注意を怠らなかったことを証明しない限り，賠償責任を負うが，その賠償責任の額は一般の自己株式の取得の場合について前述した通りである（〔173〕）。

Ⅷ　株式の譲渡　(2)――株式譲渡等の方法を中心に

〔198〕　平成16年改正前商法は，会社は成立後または新株の払込期日後遅滞なく株券を発行することを要するものとし，株式を譲り渡すには株券を交付することを要するものとしていたが，平成16年改正商法により株券不発行制度が導入され，会社は定款で株券を発行しない旨の定めをすることができるものとされ，その定めをした会社の株式を譲渡する場合には，株券を交付することを要しないものとされた。会社法は，この株券不発行制度をさらに徹底させて，定款で定めた場合にのみ，会社はその株式（種類株式発行会社にあっては，その全部の株式）にかかる株券を発行することができることとされている（214条）。したがって，定款で定めなければ株券を発行しない会社（以下，「株券不発行会社」という）となる。214条の括弧内の定めによれば，種類株式発行会社では，その一部の種類株式についてのみ株券を発行する定めをすることは許されず，株券を発行するときは，すべての種類の株式につきそれを発行しなければならない趣旨と解される。

株式を書面に結合させて有価証券としての株券を発行する制度は，株券発行会社について後述するように（〔201〕），本来は株式の流通性を高めるためのものであり，平成16年改正前商法はこれをすべての会社について（株券不所持制度の適用される会社〔207〕については別である），その発行を強制していたことになる。

ところが，2つの異なる立場から，株券不発行制度の導入を求める要望がなされてきた。その1つは，中小企業を中心とする株式の流通の少ない会社の立場からであって，これらの会社の場合には，株式の譲渡が稀であり，株式の流通を高めるための株券制度の必要がないというものである。そして，そのような会社では，現実には商法の規定に反して株券が発行されていない例が多かったといわれている。他の1つは株式の流通の多い上場会社等の立場から要望されているものであって，本来は株式の流通を高めるためのものである株券発行制度が株式流通の高度の大量化のために，株式市場において迅速かつ大量の取引を決済する障害となっており，また経費，労力等の負担も大きくなるというものである。げんにこのような会社においては，多くの投資家は昭和59年に成立した「株券等の保管及び振替に関する法律」（以下，「株券保管振替法」という）に基づく株券保管振替制度により，株券を株券保管振替機関に預託して，現実の株券の交付をせずに株式の譲渡を行っていた。このような立場から，株券不発行制度創設の要望がなされ，その要望が平成16年改正で実現され，それが会社法により，さらに徹底された形で受け継がれたことになる。

以上の株券不発行制度の導入により，会社法のもとでは，会社は，株券の発行に関連して，次のものに分かれることになる。①第1に，株券発行会社と「株券不発行会社」である。②第2に，株券不発行会社のうちその発行する株式について振替制度を利用するもの（以下「振替株式発行会社」という。社債株式振替128条1項参照）と，それを利用しないものである。なお，株券保管振替法は平成21年1月5日に廃止され，株券保管振替制度を利用していた会社は，その時期に振替株式利用会社になった（〔243〕(a)〔253〕)。さらに③第3に，①および②と異なり，会社の種類とはいえないが，①のうちの株券発行会社において，株券不所持制度のもとですべての株式につき不所持の申出がなされて株券が発行されない場合がある。また，④第4に，③と同じく，株券発行会社であるが，公開会社以外の会社において，どの株主からも株券発行の請求がないために株券が発行されない場合がある（③および④を準株券不発行会社ということがある。株式の併合に関する〔143〕および〔235〕参照）。

以下には，とりあえずこれらの会社の種類を，A　株券発行会社，B　株券不発行会社で振替株式制度を利用していないもの，およびC　株券不発行会社で振替株式制度を利用しているものに分けて取り上げていきたい。なお，説明の便宜上，株券発行会社の叙述の中で，株券不発行会社で振替株式制度を利用していないものの叙述も含むことがありうる（特に株式を目的とする担保権について）ことをお断りしたい。

A　株券発行会社の場合

1　株券を利用する会社　〔199〕

株券不発行制度が導入された平成16年改正商法のもとでも，従来通り，会社が株券を発行してその交付により株式を譲渡し（128条1項本文。自己株式の処分による譲渡については，後述する)，会社がその呈示を受けて株主の株主名簿の名義書換請求に応ずるという制度を選択する可能性は残されている。どのような会社がこれを利用するかについては必ずしも明らかでないが，株券を発行すれば，株主にとっては，そのたんなる交付で株式が譲渡され，またそれを呈示するだけで名義書換を受けることができ，会社としても株券を呈示した者に名義書換をすれば免責される等いろいろな利点があることは否定できない。一般的にいえば，振替制度利用会社のようには公開度が進んでいないが，ある程度の株式の流通性がある会社に利用される可能性があるということがいえよう。

〔200〕 **2 株　券**

(イ) 株券の意義，性質，記載事項等

(a) 意義　株券とは株式――株主の地位――を表章する有価証券である。有価証券とは権利を表章している証券――権利を結合している証券といってもよい――であって，その権利の行使および譲渡に証券を要するものをいう（前田・手形法・小切手法入門1頁以下）。株券は剰余金配当請求権，議決権等の株主の権利（〔100〕）を表章しており，それらの権利の行使および譲渡に株券を要することになる（なお，〔269〕〔225〕参照）。

〔201〕 **(b) 性質**　株券の発行と株式の発行とは別個の概念である。すなわち，株式は，株券の発行とは無関係に，会社の設立（〔55〕以下），株式の発行（〔300〕以下）または新株予約権の行使（〔352〕）によって発行され，そのようにして成立した株式を株券という有価証券に結合することが株券の発行である。このように，株券は，すでに成立している権利――株式――を結合したものにすぎず，その発行によって権利が創設されるものではないから，手形と異なり（手形の設権証券性については，前田・手形法・小切手法入門41頁），設権証券ではなく，非設権証券である。また，いったん有効に株券の発行がなされても，それに結合している株式が設立無効の訴え（828条1項1号。〔85〕以下）または新株発行無効の訴え（828条1項2号。〔340〕以下）によって無効とされれば，株券自体も無効となり，したがって，株券は，手形と異なり，無因証券ではなく（手形の無因証券性については，前田・手形法・小切手法入門38頁以下），有因証券である（株券については，手形法17条のような無因性を前提とする規定が設けられていない）。はじめから株式が有効に成立していないのに，株券だけが発行されても（いわゆる二重株券の発行等がそれである），それは無効な株券であることはいうまでもない。

株式を株券に結合するのは，株式の流通性を高めるためである。株式を株券に結合すれば，株式の譲渡は，株券の交付だけで，また，株主名簿の名義書換も株券の呈示だけですることができ，株券に結合されない場合の株式譲渡または権利行使の手続（〔205〕参照）と比較して，その手続が簡易化されて，株式の流通性が高められる（有価証券の機能については，前田・手形法・小切手法入門2頁以下）。そうでなければ，その譲渡には，民法467条に規定されているような確定日付ある証書による債務者（会社）への譲渡の通知が必要になり，また株主名簿の名義書換にも名簿上の株主と譲受人との共同しての請求等（〔272〕参照）が必要となるからである。なお，株式の流通性を高めるためには，それを無因証券としたほうが望ましいが，株式の性質上，それは不可能なのである（株式が発行されていないのに発行された株券が有効だとすると，結局，株式が無償で有効に発行されたのと同じ結果になり，発行済株式総数が増加して，他の株主の権利が薄められて――「希薄化」――しまう）。

〔202〕 (c) **記載事項**　株券には法定の記載事項（216条1号―4号）を記載し，代表取締役（指名委員会等設置会社の場合には代表執行役）が署名または記名押印しなければならない（216条柱書）。法定の記載事項として，株券の番号（216条柱書）のほか①会社の商号，②その株券にかかる株式の数，③譲渡によるその株券にかかる株式の取得について会社の承認を要することを定めたときは，その旨，および④種類株式発行会社にあっては，その株券にかかる株式の種類およびその内容が掲げられている。旧会社法のもとで記載事項とされていた株主の氏名（改正前商225条柱書），会社成立の年月日（同225条2号）等は，会社法のもとでは記載事項とされていない。このように記載事項が法定され，その記載を欠けば，有価証券としての効力を生じないものを，要式証券という。有価証券は，その交付によって権利が譲渡されるから，権利の内容が証券の記載によって判明することが望ましく，したがって，程度の差はあるが要式証券である。株券も有価証券である以上，要式証券である。

〔203〕 (d) **株券に表章されている株式数**　1枚の株券には1個の株式しか表章されないのではなく複数の株式を表章することが可能である（株券にはその株式数が記載される。216条2号）。通常は，定款で株券を1株券，10株券，100株券および1000株券に限るというように定めている。もっとも，1株の譲渡も認められなければならないから，1株券を発行しないという定款の定めは無効と解される。株券は，上記のような定款に定められた株式数の株券の範囲内で，たとえば，100株券1枚を10株券10枚に換え（株券の分割〔株式の分割ではない〕），または10株券10枚を100株券1枚に換える（株券の併合〔株式の併合ではない〕）ように請求することができる。

〔204〕 ### (ロ) 株券の発行，公開会社でない会社の場合の取扱い等

(a) **発行時期**　株券発行会社は，株式を発行した日以後，遅滞なく株券を発行しなければならない（215条1項。その違反に対する制裁につき976条14号。その例外については〔207〕）。また株券発行会社が株式の併合または株式の分割をした場合には，その効力発生日（180条2項2号・183条2項2号）以後，遅滞なく株券を発行しなければならない（215条2項3項）。株式の譲渡は株券の交付によってなされ（128条1項本文），株券が発行されなければ，株主の株式譲渡による株式の換価に支障をきたすからである。ここで，遅滞なく発行しなければならないとは，株券の発行に要する合理的期間内に発行しなければならないという意味と解される（なお，〔205〕参照）。なお，株券は，株式の発行等の効力発生日以後でなければ発行できないが，このことは，株券が，非設権証券および有因証券であることから当然のことである。もっとも，株券の記載事項の記載された書面が事前に株主になるべき者に交付された場合には，株式の発行の効力が生ずれば，それが株券として有効になると解してよい。

なお，公開会社でない株券発行会社（株式譲渡制限会社。〔16〕①④）では，株主からの請求がある時までは，株券を発行しないでよい（215条4項）。

〔205〕 (b) **合理的期間が経過しても株券が発行されない場合**　株券の発行に要する合理的期間が経過したにもかかわらず，会社が株券を発行しない場合に，株券の交付なしの株式譲渡の効力が認められないかが問題となる。判例は，かつては株券の発行前の譲渡方法に一定されたものがないことを理由にその会社に対する効力を認めなかったが（最判昭和33・10・24民集12巻14号3194頁），その後その効力を認める最高裁大法廷判決が出されている（最大判昭和47・11・8民集26巻9号1489頁）。株券の発行前の株式譲渡の会社に対する効力を否定する会社法128条2項の規定は，会社の株券発行事務の便宜のためであり（〔182〕），そうだとすると，そのために必要な合理的期間内にのみ適用されるべきであって，その期間経過後は，その規定の適用はなく，株券の発行前でも株式譲渡の会社に対する効力を認めるべきである。

その譲渡方法に関しては，株券が発行されていない以上，株券の交付による旨の規定が適用されないことはいうまでもなく，意思表示によるほかないが，その会社その他の第三者に対する対抗要件については，株券廃止会社で振替株式発行会社でないものの会社その他の第三者に対する対抗要件に関する会社法130条1項（なお同2項参照）の規定を類推適用すべきである。

(c) **株券の効力の発生時期**　株券の効力が発生するのがどの時点かについて〔206〕見解が分かれている。すなわち，会社は，法定の記載事項を記載し，代表取締役または代表執行役が署名をした書面を作成し，それを株主に交付するが，株券の効力が発生するのは，①その書面が作成された時点か（作成時説，創造説），②その書面が株主に交付された時点か（交付時説，交付契約説），それとも③会社がその書面を株主に交付するためにその占有を第三者（たとえば郵便局）に移転した時点か（発行時説，発行説）について，意見が分かれている。判例は交付時説をとっている（最判昭和40・11・16民集19巻8号1970頁）。作成時説によれば，書面の作成により株券が成立するから，それが株主Aに交付されるまでの間に喪失して第三者Bがそれを善意で取得した場合には，Bの善意取得が認められ，株式取引の安全が図られるが，Aは株主の地位を失うことになる。これに対して，交付時説によれば，書面はAに交付されるまでは株券ではないから，上記の場合にBの善意取得は成立せず，したがって株式取引の安全は損なわれるが，Aの株主としての地位は保護されることになる。このような見解の対立は，手形理論の対立に相当するものであるが（手形理論の詳細については，前田・手形法・小切手法入門19頁以下），手形理論においては，交付契約説や発行説には権利外観理論がつけ加えられて，どの説によっても結果的には大差がないのに対して（取引の安全に重点が置かれる結果になる），株券の効力発生時期に関しては，交付時説や発行説がそのまま（権利外観理論をつけ加えずに）主張されているために，いずれの説をとるかによって，株式取引の安全の保護か既存の株主の保護かについて顕著な差異が生ずることになる。同じ有価証券である手形と株券とで，前者についてはその取引の安全を重視すべきで，後者についてはそれを重視しなくてよいというように区別すべきではないと考えられるから，株券の効力発生時期についても株式取引の安全を重視する作成時説をとるべきだと考える（手形につき創造説をとるのが妥当であることにつき，前田・手形法・小切手法入門24頁以下）。もっとも，株券は会社が作成するから，それが株主Aに交付されるまでの間に紛失してBに善意取得されると，株主Aは自分の関知しない事情により権利を失うことになるが（この点は，手形の場合と異なる。手形の場合には，手形所持人が手形を喪失して第三者が善意取得することになるので，手形を喪失した者と権利を失う者とは同一人である），これによって株主Aが蒙る損害は，会社に対する損害賠償請求で処理するしかない。実際にも，会社は，株券を株主に送付する場合には，その株券の喪失に備えて運送保険契約を締結し，株券喪失の事故が発生した場合には，株主は株券の価額相当の保険金の支払を受けることになっている。このことは，その段階ですでに株券の効力が発生していることを前提とするものである。

〔207〕 (ハ) **株券不所持制度**

会社は，株式を発行した日以後遅滞なく株券を発行しなければならない（215条1項）のが原則であるが，その例外が株券不所持制度である（217条）。この制度は，株券不発行会社に適用されないことはいうまでもない。

(a) **制度の趣旨**　後述するように，株主の権利行使は，株主名簿の記載または記録によってなされるから（〔269〕），いったん株主名簿にその氏名および住所が記載または記録されれば，その後は株主の権利行使のためにいちいち株券を呈示する必要がない。したがって，株主名簿に記載または記録されている株主にとって，株券の発行を受け，または株券を所持しておく必要があるのは，株式を譲渡しようとする場合だけであって，当分，株式を譲渡するつもりのない株主にとっては，その間は株券は不要である。逆に，株券を所持していると，それを喪失した場合には第三者に善意取得されて（〔228〕），株主の権利を失う危険がある。そこで，当分，株式を譲渡するつもりのない株主にとっては，株券を所持しないで（株式を譲渡する等のために株券が必要になったら，株券の発行または返還を請求できる），その喪失による危険を防止することが認められると便利である。株券不所持制度は，以上のような趣旨から設けられたものである。

旧会社法のもとでは，定款に別段の定めをすれば，この制度を排除することができる旨が規定されていた（改正前商226条ノ2第1項前段）が，会社法では，そのような規定は設けられていない。この株券不所持制度は，株主の便宜のために認められたものであるが，会社にとっては事務処理上煩雑な面があるので，とくに定款変更の手続をとって，本制度をとらない旨の定めをした場合には，それを排除することを認めたのが旧会社法の上記の規定の趣旨であったが，会社法のもとでは，それは許されないことになる。

〔208〕 (b) **株券不所持の申出**　株券発行会社の株主は，その株券発行会社に対し，その有する株式にかかる株券の所持を希望しない旨を申し出ることができる（217条1項）。この申出は，その申出にかかる株式の数（種類株式発行会社にあっては，株式の種類および種類ごとの数）を明らかにしてしなければならない（217条2項前段）。また，この申出は，株式の発行の際のように，まだ株券が発行されていない場合にすることができることはもちろん，すでに株券の発行を受けてしまっている場合にもすることができるが，後者の場合には，株券を会社に提出して

することを要する（217条2項後段）。この申出があれば，会社は株主に株券不所持申出受付証等を発行するのが通常である（〔210〕参照）。なお，すべての株式につき株券不所持の申出がなされたため株券が発行されていない準株券不発行会社については，前述した（〔198〕）。

(c) **会社のとるべき措置，その場合の法律関係**　株券不所持の申出があったときは，会社は，遅滞なく，株券を発行しない旨を株主名簿に記載または記録する（株券不発行の措置。217条3項。その違反に対する制裁につき，976条7号）。この措置がとられれば，株式の譲渡，質入れ等の処分はできなくなる（相続・合併による移転はありうる）。平成16年改正前商法では，この申出があった場合に株券の不発行と株券の寄託とを選択することが認められていたが，同年改正で寄託制度は廃止された。〔209〕

会社が株券不所持の措置をとった場合には，株券を発行することができないことはもちろんのこと（217条4項），すでに発行された株券が会社に提出されているときは，株券を発行しない旨の株主名簿への記載または記録の時点でその株券は無効となる（217条5項）。

(d) **株券の発行の請求**　不所持の申出をした株主は，株式譲渡等のために株券の所持を必要とするにいたったときは，いつでも株券の発行を請求することができる（217条6項前段）。この請求があったときは，会社は合理的期間内に株券を発行しなければならない（この期間内に発行されない場合には，株式の発行日以後合理的期間内に株券が発行されない場合と同じ法律関係になると解すべきである。〔205〕）。会社が株券を発行する場合にその発行費用の負担については，株主が株券の発行を受けた後に会社に株券を提出して株券不所持の制度を利用し，その後にその株主がたとえば株式譲渡のために株券の発行を請求したときは，その費用は株主の負担とされる（217条6項後段）。会社はいったんは株券を発行しているからである。この規定の解釈として，株券が発行されていないときに株券不所持の申出がなされた株式について株主が株券発行請求をした場合における株券発行費用は会社の負担とされると解される。たとえば，公開会社でない株券発行会社においては，株主の請求がなければ株券を発行することを要しないが（215条4項），その請求がなかったために株券が発行されなかった場合において，その後株主からの株券発行の請求がなされたときは，その株券発行の費用は会社の負担とされることになる。〔210〕

株券の発行の請求にはどのような手続が要求されるか，いいかえれば，どのような手続で株券の発行等をすれば会社が免責されるかが問題となる。株券不所持制度は，株主の株券喪失による損失を阻止するためのものであることを考えると，その手続が慎重になされないと，制度の趣旨に反すると考えられる。実務上は，届出印鑑（その意義については，〔280〕）を押捺した請求書を提出させて株券の発行等をしているが，届出印鑑が盗取されて請求書が偽造された場合に，それだけで株券の発行等をしたときは，会社は原則として免責されないと解されよう。預金の払戻しについてさえ，預金通帳と届出印の押捺された払戻請求書がなければ原則として免責されないと解されていることを考えると，株券の発行等の請求につき，原則として不所持申出受付証と届出印の押捺された請求書の双方の提出を求める手続をとるべきである。もっとも，この受付証は有価証券ではなく，預金通帳と同様の証拠証券にすぎないから，その提出がなければ株券の発行等を請求できないと解すべきではないが，その提出がないときは，届出の住所にあてて請求書が真正かどうかの照会状を出す等，それに代わる手続が要求されると解すべきである。

〔211〕　㈡　**株券の提出等**

⒜　**改正前との比較**　旧会社法のもとでは，株券発行会社が，たとえば株式の併合をする場合には，株主は旧株券を提出して新株券の交付を受けることになり，旧株券を提出できない者には簡易な異議催告手続をとることが規定されていた。会社法でも，これと同じ手続について規定されている点では，同様である。異なるのは，旧会社法では，会社が旧株券の提出が必要な行為をする場合ごとに，個々的に規定が設けられていたのに対して，会社法では，旧株券の提出が必要となる行為を１つの条文（219条）の中に網羅的に列挙し，その条文の中で，旧株券の提出および提出が不可能な者にとっての異議催告手続について規定されている。この点について，会社法219条は，次のように規定している。株券交換手続について，ここで会社法の包括的規定について取り上げる（なお，下記①－④については，個別的に取り扱っている。〔109〕〔111〕〔140〕〔189〕等）。

⒝　**株券の提出に関する公告等**　株券発行会社は，次に掲げる行為をする場合には，その行為の効力が生ずる日（⑤の行為をする場合には，特別支配株主が売渡株式を取得する日〔179条の2第1項5号〕）（以下「株券提出日」という）までにその株券発行会社に対しそれぞれに定める株式にかかる株券を提出しなければならない旨を株券提出日の１か月前までに，公告し，かつ，その株式の株主およびその登録株式質権者には，各別にこれを通知しなければならない（219条1項本文）。た

だし，その株式の全部について株券を発行していない場合は，この限りでない（219条1項但書）。

① 発行する全部の株式について株式譲渡制限についての定款の定め（107条1項1号）を設ける定款の変更の場合には，全部の株式（種類株式発行会社にあっては，当該事項についての定めを設ける種類の株式）（1号）。

② 株式の併合の場合には，全部の株式（種類株式発行会社にあっては，180条2項3号の種類の株式）（2号）。

③ 全部取得条項付種類株式（171条1項）の取得の場合には，その全部取得条項付種類株式（3号）。

④ 取得条項付株式の取得の場合には，その取得条項付株式（4号）。

⑤ 特別支配株主の株式売渡請求の対象会社がその承認（179条の3第1項）をする場合には，売渡株式（4号の2）。

⑥ 組織変更の場合には，全部の株式（5号）。

⑦ 合併（合併によりその会社が消滅する場合に限る）の場合には，全部の株式（6号）。

⑧ 株式交換の場合には，全部の株式（7号）。

⑨ 株式移転の場合には，全部の株式（8号）。

(c) **株券提出までの金銭等の交付の拒否および株券の失効**　株券発行会社は，(b)に掲げる行為をする場合に，株券提出日までに株券発行会社に対して株券を提出しない者があるときは，その株券の提出があるまでの間，その行為によってその株券にかかる株式の株主が受けることのできる金銭等の交付を拒むことができる（219条2項）。

(b)①から⑨までに定める株式にかかる株券は，株券提出日に無効となる（219条3項）。

(d) **株券を提出することができない場合――異議催告手続**　(b)の①から⑨までに掲げる行為がなされた場合において，株券を提出することができない者があるときは，株券発行会社は，その者の請求により，利害関係人に対し異議（株券を提出することができずにこの請求をした者に対して会社が金銭等の交付をすることに対する異議）があれば一定の期間内にこれを述べることができる旨を公告することができる（220条1項本文）。ただし，その期間は，3か月を下ることができない（220条1項但書）。

この公告をした場合において，上記の期間内に利害関係人が異議を述べなかったときは，株券発行会社は，上記の請求をした者に対し，(c)の金銭等を交付することができる（220条2項）。この公告の費用は，請求をした者の負担とする（220条3項）。

なお，利害関係人に対する異議催告手続（株主名簿上の株主等に対する各別の催告を含む）は，ここで述べたもののほか，株式の併合（〔142〕），所在不明株主の株式の売却の場合に認められる（〔293〕）。また，会社債権者に対する異議催告手続は，資本金の額の減少（449条〔639〕），合併（789条・799条・810条〔761〕〔762〕），会社分割（789条〔780〕〔781〕），株式交換・株式移転（789条1項3号・799条1項3号〔801〕）および組織変更（779条〔820〕）の場合に債権者保護手続の一環として認められている。

〔212〕 **(ホ) 株券失効制度**

(a) 株券失効制度の意義 株券を喪失した場合の株券喪失者の救済のための制度として，株券喪失の場合に特有の株券失効制度が，平成14年改正商法（法44号）により創設され，会社法は基本的にそれを受け継いでいる。

株券を喪失した者は，そのままでは，①株主名簿の名義書換前に喪失した場合には，名義書換を受けられない（〔271〕）から，会社に対して株主の権利を行使することができず，②また名義書換え後に喪失した場合には，株主の権利行使は可能であるが，株式の譲渡・質入れをすることができず，かつ，①および②のいずれの場合にも，喪失株券を第三者に善意取得されて（〔228〕）株主の地位を失う危険がある。そこで，株券喪失者にとって，喪失株券の第三者による善意取得を排除し，会社から株券の再発行を受けるための手続が必要になる。平成14年改正前商法のもとでは，株券も他の有価証券一般とともに公示催告手続（旧公示催告手続ニ関スル法律777条以下）の対象とされ，その手続のもとで除権判決（同784条）を得れば，株式と株券との結合が解かれて，株券はたんなる紙片となり（同改正前商230条1項），善意取得の対象にならなくなり，かつ，除権判決を得た者は株券の再発行を受けることができるものとされていた（同改正前商230条2項）。ところが，公示催告に基づく除権判決制度に対しては，証券喪失者にとっては，喪失した証券の価額いかんによっては公示催告のための費用が多額に上ること，公示催告期間（公示催告がなされてから除権判決がなされるまでの期間。少なくとも6か月）中に喪失証券が善意取得されてしまうと，せっかく，費用をかけて公示催告手続をとっても無駄になってしまうこと，また，喪失証券の取得者にとっては，除権判決の公告を見逃すと，除権判決後に悪意・重過失なく喪失証券を取得しても権利者となることができず，不測の損害を生ずること，さらに証券上の義務者にとっては，公示催告制度と証券上の権利行使との間に連関がないので，公示催告期間内でも証券上の権利の行使がなされればそれに応じないわけにはいかないことなどの問題が指摘されていた。そこで，かねてから証券喪失の場合の喪失者の救済方法を改善すべきだということが主張されていた（前田庸・手形法・小切手法 541 頁以下等）。

そこで，平成 14 年改正商法は，株券に限って，その喪失の場合の救済について新たな方策を実現した。この改正により，現行の公示催告に基づく除権決定制度は株券に関する限り適用されないことになる（233 条）。もっとも，除権決定制度（公示催告・除権判決制度は平成 16 年法 152 号により改正され，非訟事件手続法第 3 編に規定された後，新非訟事件手続法〔平成 23 法 51〕第 4 編に規定されている）自体が廃止されたわけではなく，それは株券以外の証券については適用される。なお，ここで株券についてのみ，以下に述べる新しい制度を適用し，それ以外の証券についてそれを適用しないのは，この制度が株主名簿制度およびそれに関連する株式の名義書換制度を前提としており，これをそれらの制度が存在しない他の証券に適用しても効果がないからである。

振替株式制度と株券失効制度との関係についても便宜上ここで取り上げている。

(b) **株券喪失登録簿の作成**　株券発行会社は，株券喪失登録簿を作成し（221 条柱書），それに①株券喪失登録の請求にかかる株券の番号（1 号），② ①の株券を喪失した者の氏名または名称および住所（2 号），③ ①の株券にかかる株式の株主または登録株式質権者として株主名簿に記載され，または記録されている者（以下「名義人」という）の氏名または名称および住所，および④請求にかかる株券につき①から③までに掲げる事項を記載し，または記録した日（以下，「株券喪失登録日」という。4 号）を株券喪失登録簿に記載または記録することを要する（221 条）。この株券喪失登録簿は，利害関係を有する者の閲覧に供されるので（株券喪失登録簿の閲覧については，231 条 2 項。〔223〕），株券を取得しようとする者は，その株券の発行会社の株券喪失登録簿を閲覧することにより，取得しようとしている株券につき株券喪失登録がなされていないか（株券が失効していないかも含む）を容易に調べることができる。〔213〕

ここで株券発行会社には，その会社がその株式（種類株式発行会社にあっては，全部の種類の株式）にかかる株券を発行する旨の定款の定めを廃止する定款の変更をした日の翌日から起算して 1 年を経過していない場合におけるその会社が含まれる（221条柱書括弧書）。その期間は喪失登録の効力が継続している可能性があるからである（〔220〕(i)，〔222〕(i)）。もっとも，この点については，株券喪失登録の請求（223条），名義人が株券喪失登録者である場合のこの定款変更による株券喪失登録の抹消（227条）および株券の無効による株券の再発行（228条2項）の関係は除かれる（221条柱書括弧書）。

会社が株券につき株主名簿管理人（〔289〕）を置いたときは（123条），その株主名簿管理人は，株券喪失登録の手続についても事務を行う（222条）。すなわち株主名簿管理人は株券喪失登録簿の作成および備置きその他の株券喪失登録簿に関する事務を行う。本制度においては，株券喪失登録の事務は，名義人等に対する株券喪失登録がなされた旨等の通知（②），株券喪失登録がなされた株券につき名義書換請求等のその株式についての権利行使がなされた場合のその行使者に対する株券喪失登録がなされている旨の通知（〔215〕(ii)），株券喪失登録がなされた株券にかかる株式の名義書換の制限（〔222〕）等で株主名簿制度と密接に関連している。この点で，公示催告・除権決定が株主名簿上の株主の存在等の株主名簿制度とまったく無関係になされているのと異なるところである。そこで，会社が株主名簿管理人を置いているときは，その株主名簿管理人が株券喪失登録事務も担当するものとされるのである。

〔214〕 (c) **株券喪失登録の請求**　株券を喪失した者は，法務省令で定めるところにより，株券発行会社に対し，その株券についての株券喪失登録簿記載事項を株券喪失登録簿に記載し，または記録すること（以下「株券喪失登録」という）を請求することができる（223条，会社則47条）。公示催告手続が，株券喪失者が裁判所に対して公示催告の申出をするとされていることと異なり，株券発行会社に請求することになる。公示催告制度のもとでは，官報に公示催告の公告がなされ，それに相当の費用がかかるとされているが，本制度のもとでは，発行会社に対して株券喪失登録の申請をするものとされ，発行会社は株券喪失登録簿を原則として本店に備え置いて閲覧に供するだけなので，公示催告制度のもとにおけるのと比較して費用が少なくて済むことが期待される。

株券喪失登録の請求は，法務省令で定めるところによりなされなければならない（223条，会社則47条）。

まず，その請求は，喪失登録申請をする者の氏名または名称および住所ならびに喪失株券の番号を明らかにしてしなければならない（会社則47条2項）。これを明らかにする資料としては，印鑑証明書のほかにパスポート，運転免許証の写し，健康保険証等があげられよう。株券喪失登録の請求者の住所等の記載は正確にしないと，不正にこの制度が利用される可能性がある。また，喪失登録の対象となっている株券を所持している者からその喪失登録の抹消の申請（225条1項）がなされた場合には，株券喪失登録者は会社から登録抹消の申請をした者の氏名および住所等の通知を受け，その通知から2週間を経過した日に喪失登録が抹消されるという手続がとられることになるが（225条3項4項），この通知が到達しないと，この手続に支障を来すことになる（この通知の宛先等につき，232条。〔216〕(ii))。

申請書に添付して会社に提出することを要する資料は，申請者がその株券にかかる株式の名義人とそうでない者とで区別される。①株券喪失登録請求者が名義人である場合には，株券の喪失の事実を証する資料だけでよい（会社則47条3項1号）。②①の場合以外の場合には，㋑株券喪失登録請求者が株券喪失登録請求にかかる株券を，その株券にかかる株式につき取得の日として株主名簿に記載または記録がされている日（121条3号）以後に所持していたことを証する資料，および㋺株券の喪失の事実を証する資料が必要である（会社則47条3項2号）。

公示催告の申立ては裁判所に対してなされ，裁判所が盗難等の申立ての理由の疎明がなされたかどうかを判断することになる。これに対して，株券失効制度のもとでは，申請は発行会社に対してなされ，したがって，その申請書に，上記に掲げた資料が添付されているかどうかは，発行会社が判断することになる。したがってまた，そのような書類であるかどうかは，画一的に判断できるものでなければ実務の運用上困難が生ずる。

①の場合には，会社に名義書換を請求した時点で株券を会社に提出しており，かつて株券を所持していた事実は会社にとって明らかであるので，株券喪失の事実を証する書面のみでよい（②㋺も同様である）。それは，公示催告制度では，この疎明資料としては，警察署等の発行する「盗難届証明書」，「遺失届証明書」，「焼失届証明書」，「罹災証明書」等があげられ，また，紛失して所在が明らかでない場合には，その紛失者の上申書等があげられているが，株券失効制度のもとでもそれらと同様のものが利用されることになろう。

②㋑としては，株券の取得が証券会社を通してなされている場合にはその売渡証明書（それには売渡しの日付も記載されている）がそれに当たり，また個人的に売買がなされた場合には売買の日付が記載された契約書がそれに当たることになろう。それは，名義人がもはや株券を所持していないことを証する一応の資料となる。

また，前述したように，その会社が株券を発行する旨の定款の定めを廃止する定款の変更をしたときは，その日から起算して1年を経過していない場合でも，喪失登録の請求をすることができない（221条1項括弧書で，223条が除かれている）。

〔215〕　(d)　**名義人等に対する株券喪失登録の通知義務**

(i)　名義人に対する通知義務——株券喪失登録者が名義人以外の者である場合　株券喪失登録がなされた場合において，株券喪失登録簿に株券喪失者として記載または記録されている者（以下，これを「株券喪失登録者」という）がその株券にかかる株式の名義人でないときは，会社は遅滞なくその名義人に対して，その株券につき，株券喪失登録がなされた旨，および株券喪失登録簿の記載事項中（前述(i)）の①，②および④に掲げる事項を通知しなければならない（224条1項）。名義人に対して，その所持している株券につき株券喪失登録がなされた場合に，それに登録の抹消の申請（225条1項）をして株券喪失登録を抹消させる機会を与えるものである。この規定により，名義人が知らない間に株券喪失登録により株券を失効させられることを防止することができる（公示催告制度のもとでは，株主名簿上の株主等が除権決定によりその所持する株券が失効させられることがありえた。〔212〕）。したがってまた，株券を取得する者が，その株券につき株券喪失登録がなされていないことを確認して取得し，それから1年内（228条1項参照）に株主名簿上の株主となれば（その間に名義書換を受ければ），株券の失効により不測の不利益を受けることはありえないことになる。なお，次に(ii)で述べるように，株券喪失登録のなされた株券が名義書換等の権利行使のために会社に提出されたときは，会社は遅滞なくその株券提出者に対して株券喪失登録がなされている旨の通知義務を負う（224条2項）。

(ii)　株主の権利行使のために株券を提出した者に対する通知義務　株券喪失登録のなされた株券がその株券にかかる株式についての権利の行使のため会社に提出されたときは，会社は遅滞なくその株券を提出した者に対し，その株券につき株券喪失登録がなされた旨を通知しなければならない（224条2項）。たとえば，Aによって株券喪失登録のなされた場合において，その株券が流通しており，Bによってその株券が取得され，そのBがその株券を会社に提出して名義書換を請求する等の権利を行使することがありうる。この場合には，会社がBに対して，その呈示した株券につき株券喪失登録がなされている旨を通知することが義務づけられるのである。Bによる株券喪失登録に対する抹消の申請（225条1項）をする機会を与えるものであることはいうまでもない。公示催告制度のもとで，公示催告期間中に喪失証券（とくに株券）による権利行使がなされた場合に，証券上の義務者が権利行使者に対してその証券につき公示催告がなされていることを告知する義務を負うかが問題とされていた（前田・手形法・小切手法534頁）が，この問題が立法的に解決されたことになる。なお，BはAの株券喪失登録がなされたままの状態でその株券につき名義書換をうけることができない（230条1項。〔222〕(i)）。そのためには，その名義書換請求にかかる株券の喪失登録につき後述する抹消の申請をして喪失登録を抹消させることが必要である。

この結果，株主名簿の名義書換後に名義人以外の者から株券喪失登録がなされた場合には，その旨等が会社から名義人に通知され，また，株券喪失登録のなされた株券にかかる株式につき名義書換請求がなされた場合にも，会社からその請求者に対して株券喪失登録がなされた旨が通知されることとなり，株券喪失登録と株主名簿制度とが密接に連動することになる。

〔216〕 **(e) 株券喪失登録の抹消，その申請の登録者に対する通知等**　株券喪失登録の抹消は，株券所持者の申請によるもの（(i)）および株券喪失登録者の申請によるもの（(iv)）のほか，株券不発行の定款変更決議がなされた場合の株券発行会社によるもの（(v)）がある。なお，登録抹消日後でなければ，株券喪失登録がなされた株券の再発行ができない旨の規定がある（230条2項）。株券喪失登録抹消違反につき過料の制裁がある（976条16号）。

(i) 株券所持者による抹消の申請　株券喪失登録のなされた株券を所持する者（その株券についての喪失登録者を除く）は，法務省令で定めるところにより，会社に対してその株券喪失登録につき登録抹消の申請をすることができる（225条1項本文，会社則48条）。この申請をしようとする者は，株券発行会社に対して株券を提出しなければならない（225条2項）。Aが株券を喪失したとしてその株券につき株券喪失登録を受け，Bがその株券を所持しているときは，Bが会社に対して，その株券喪失登録の抹消を申請することを認めるものである。この登録抹消の申請によって，株券喪失登録を抹消させ（後述(iii)），その株券が失効させられることを防止するとともに，その株券にかかる株式につき権利を行使することができるようにするためである。抹消を申請しようとする者は，前述したように，会社に対し，喪失登録のなされた株券を提示するとともに，その申請をする者の氏名または名称および住所を明らかにしてしなければならない（会社則48条。同条は「株券を提示」してとあるが，会社法225条2項は「提出」とある）。この氏名等を明らかにすることは登録抹消によって株券喪失登録が抹消されるに至るまでの間に，株券喪失登録者が登録抹消の申請者に対して自己の権利を主張する際の主張先についての手掛りを与えるためのものである。株券の提出は株券を所持していることを明らかにするためであることはいうまでもない（その返還につき，225条4項後段）。

もっとも，上記の登録抹消の申請は，株券喪失登録のなされた日から起算して1年を経過したときは，することができない（225条1項但書）。その時点で，喪失登録株券が失効してしまうからである（228条1項）。

なお，前述したように株券喪失登録がなされている旨等は，名義人（224条1項）またはその株券につき会社に対する権利行使がなされた場合のその権利行使者に通知され（224条2項），登録抹消の申請の機会を与えている。逆にいえば，名義人等が株券を所持している場合に，その株券につき株券喪失登録がなされた旨の通知があったにもかかわらず，登録異議の申請をしないで放置すれば，株券喪失登録の翌日から起算して1年を経過することにより，その所持する株券が失効してしまうことになる。

(ii) 抹消申請の株券喪失登録者に対する通知，通知の宛先等　登録抹消の申請を受けた場合には，会社は，遅滞なく株券喪失登録者に対してその申請者の氏名または名称および住所ならびに会社に提出された株券の番号の通知をしなければならない（225条3項）。株券喪失登録者が，登録抹消申請者に対して，その株券にかかる株式の権利が自分にあること，したがってその申請者の所持する株券を自分に引き渡すべきこと等の権利行使をする機会を与えるためのものである。この会社の株券喪失登録者に対する登録抹消の申請に関する通知は，それが株券喪失登録の抹消をする時点の決定の基準となるものである（この通知がなされた日から2週間を経過した日に株券喪失登録が抹消される。225条4項）。そして，その抹消がなされるまでは株券喪失登録がなされた株券にかかる株式の名義書換等の権利行使が制限されるものである。したがって，この通知が遅れると，株券喪失登録の抹消も遅れることになり，したがってまた，登録抹消の申請をした者の株主としての権利行使も遅れることになる。本制度のもとで，この通知は登録抹消の申請がなされたときは，会社は遅滞なくなされなければならないものとされているのはそのためである。そして，この点について，会社が株券喪失登録者に対してする通知（催告も同様である）は，株券喪失登録簿に記載し，または記録したその株券喪失登録者の住所（株券喪失登録者が別に通知または催告を受ける場所または連絡先を株券発行会社に通知した場合にあっては，その場所または連絡先）にあてて発すれば足りるものとされる（232条1項）。そして，前述の通知（催告）は，その通知（催告）が通常到達すべきであった時に，到達したものとみなされる（232条2項）。

(iii) 登録抹消の申請による株券喪失登録の抹消　会社は，(ii)により登録抹消の申請につき会社から株券喪失登録者に通知がなされた日から2週間を経過した日に，登録抹消の申請のなされた際に提出された株券にかかる株券喪失登録を抹消しなければならない（225条4項前段）。この株券喪失登録の抹消の場合に株券が登録抹消の申請者に返還されることはいうまでもない（225条4項後段）。株券喪失登録の抹消が登録抹消の申請後，このように2週間の期間を経過してからなされるものとしているのは，株券喪失登録者の登録抹消申請者に対する(ii)で前述した株券引渡請求等の権利行使の便宜のためである。たとえば，Aが株券喪失登録者であり，Bが株券喪失登録のなされている株券を拾得もしくは盗取し，またはその拾得者からの悪意もしくは重大な過失ある取得者であるにもかかわらず，Bがその株券を提出して登録抹消の申請をしたような場合において，登録抹消の申請と同時に株券喪失登録を抹消し，したがって会社に提出された株券がBに返還されてしまうと，Bがただちにその株券を第三者に譲渡して，第三者に善意取得されてしまうことがありうる。そのようになったのでは，Aとしては，せっかく費用を支払って株券喪失登録を受けたことが無駄になってしまう。Aにとって，このようなBの行動を阻止するためには，同株券に対し，占有移転禁止の仮処分を申請して，第三者の善意取得の機会を阻止した上で，その株券が自分に属することの確認訴訟を提起することが必要になる。そのために，株券喪失登録は，会社からAに対して，Bの氏名，住所等の通知がなされた日から2週間を経過しなければ抹消しないこととしたのである。その間にAが上記の仮処分の申請をすることが期待される。なお，登録抹消の申請に際して会社に提出された株券がその申請者に返還されるのも，上述した通りその期間が経過してからになる。また，登録抹消の申請者は株券を所持していて権利者と推定される者であり，かつ，会社に株券が提出されていてその所在が明らかであるから，喪失登録者としては，その株券につき占有移転禁止の仮処分を申請する等の措置をとることが手続上可能であると考えられる。〔217〕

(iv) 株券喪失登録者による抹消の申請　株券喪失登録者自身が，法務省令で定めるところにより，会社に対して株券喪失登録の抹消の申請をすることができる（226条1項，会社則49条）。紛失したと思って株券喪失登録の申請をしたが，〔218〕

その株券が発見されたとか，自分がその株券を第三者に譲渡したことを思い出したり，相続人がそのことを知ったというような場合に利用されよう。もっとも，その株式（種類株式発行会社にあっては全部の種類の株式）にかかる株券を発行する旨の定款の定めを廃止する定款の変更をした場合には，前述(i)により株券所持人から提出された株券についての株券喪失登録の抹消の申請をすることはできない（226条1項括弧書）。株券喪失登録者自身が株券喪失登録の抹消の申請をする場合には，それ以外の者による登録抹消の申請の場合（(i)の場合）と異なり，その申請書に株券を添付する必要がなく，たんにどの株券についての株券喪失登録の抹消の請求なのかを明らかにするために，申請書にはその抹消の申請をする者の氏名または名称および住所ならびに申請にかかる株券喪失登録がなされた株券番号を明らかにしてなされる（会社則49条）。また，株券喪失登録者の便宜（前述(iii)）のために一定期間の経過を待って株券喪失登録を抹消するというような配慮も必要がないので，株券喪失登録者からの抹消の申請がなされた日に，会社によりその申請にかかる株券喪失登録が抹消されることになる（226条2項）。

〔219〕 (v) 株券発行会社による抹消　①株式（種類株式発行会社にあっては，全部の種類の株式）にかかる株券を発行する旨の定款の定めを廃止する定款の変更をする場合には，株券発行会社は，その定款の変更の効力が生ずる日に，株券喪失登録を抹消しなければならない（227条）。

もっとも，その株券喪失登録がされた株券にかかる株式の名義人が株券喪失登録者であるものに限られ，株券所持人による抹消の申請に際してその申請をしようとする者により提出された株券（225条2項。〔216〕(i)）についてのものは除かれる（227条後の括弧書）。その株券については，その株券に関する登録抹消の手続で抹消される（225条3項4項。〔216〕(i)）。また，②会社は異議催告手続としての公告をした場合（220条1項。〔211〕(d)）には，その公告をした日に，その公告にかかる株券についての株券喪失登録を抹消しなければならない（229条2項）。その株券については，異議催告手続によることになる（後述〔221〕参照）。

〔220〕 **(f) 株券喪失登録がなされた株券の無効，株券の再発行等**

(i) 株券喪失登録のなされた株券の無効　株券喪失登録のなされた株券は，株券喪失登録がなされた日の翌日から起算して1年を経過した日に無効となる（228条1項）。この1年を経過した日が3月31日であって，その日が法定の休日であった場合にも，その日に株券が失効する。もっとも，その間に株券喪失登録が株券所持者の登録抹消の申請（〔216〕(i)，株券喪失登録者自身による抹消申請

(〔218〕) または株式併合手続等における異議催告手続における公告 (〔219〕(v)②〔221〕等) 等によって抹消されてしまった場合には，その株券は失効しない (228条1項括弧書)。

株券の失効が，株券喪失登録の日の翌日から起算して1年の経過の日と定められたのは，株券喪失登録のなされている株券の取得者がその期間内に会社に対して名義書換を請求する機会を与えるためである。というのは，その間に名義書換の請求その他の株式についての権利を行使するために会社に株券を提出すれば，その株券につき株券喪失登録がなされている場合には会社からその旨の通知がなされ (224条2項。〔215〕(ii))，株券喪失登録の抹消の申請をする機会が与えられるからである。公示催告制度において公示催告期間が6か月とされていたのに対して，この期間が1年とされているのは，株券を取得した者が事業年度の期末に名義書換の請求をする——それまでは名義書換請求をしない——ことが多いとされていることに配慮したものである。

(ii) 株券の再発行　(i)により株券が無効になった場合には，会社はその株券についての株券喪失登録者に対し，株券の再発行をしなければならない (228条2項)。すなわち，株券喪失登録者は，株券が失効した後にはじめて株券の再発行を受けることができることになる。公示催告制度のもとで，株券を喪失した者が除権決定を得なければ株券の再発行を請求することができない旨が規定されていた (平成16年改正前商230条2項) のと同趣旨である。

(g) 異議催告手続との関係　株券発行会社において，たとえば株式の併合の場合 (219条1項2号。〔141〕〔142〕) のように株券喪失者が会社に株券を提出しなければならない場合 (219条。〔211〕(d)) にもかかわらず株券を提出できないためにその者の請求により異議催告手続 (220条1項) がとられた場合には，その異議催告期間 (3か月を要する。220条1項但書) の末日が株券喪失登録日の翌日から起算して1年を経過する日前に到来するときに限り，異議催告の公告をすることができるものとされる (229条1項)。1年を経過してしまえば，株券が失効してしまうので (〔220〕(i))，異議催告の公告をするまでもないからである。異議催告の公告をした場合の株券喪失登録の抹消については前述した (〔219〕)。株式所在不明株式の売却等に関する規定 (197条・198条) との関係については別に扱う (〔294〕〔222〕(iv))。　〔221〕

(h) 株券喪失登録の効力　〔222〕

(i) 登録抹消まで等の名義書換等の禁止　株券発行会社は，喪失登録のなされた株券については，①その株券喪失登録が抹消される日まで（前述(e)(i)(iv)(v)），または②株券喪失登録の翌日から起算して1年を経過した日（株券が失効する日。228条2項）のいずれか早い日（「登録抹消日」という）まではその株券にかかる株式を取得した者の氏名または名称および住所を株主名簿に記載し，または記録すること――名義書換――ができない（230条1項）。それまでは，株券喪失登録者と株券取得者とのいずれが権利者か確定しない状態にあるからである。たとえば，Aが株主名簿上の株主であり，かつ，株券喪失登録者である場合に，Bが株券喪失登録のなされた株券を取得したと主張し，その株券を提出して名義書換を請求しても，Bは名義書換を受けることはできない。Bが名義書換を受けるためには，登録抹消の申請をして，株券喪失登録の抹消（225条）をしてからでなければならない。そして，この株券喪失登録の抹消は，前述したように登録抹消に関して株券喪失登録者に通知がなされた日から2週間を経過した日（225条4項。〔217〕）になされる。この2週間の期間がおかれるのは，AのBに対する何らかの措置をとることを保障するためであることは前述した（〔217〕）。株券失効制度と株主名簿の記載とをできるだけ連動させようという趣旨である。

また，株券喪失登録がなされた株券の株式については，その後に振替株式になった場合でも，発行者はその登録抹消日までは，振替機関に対する株主等である加入者の氏名等についての通知をすることができない（社債株式振替159条。なお，社債，株式等の振替に関する命令〔以下，「社振命令」〕26条。〔251〕）。

(ii) 登録抹消日までの株券の再発行の禁止　株券発行会社は，登録抹消日（230条1項括弧書）後でなければ，株券喪失登録がされた株券を再発行することができない（230条2項）。株券喪失登録がされた株券は，株券喪失登録の日の翌日から起算して1年を経過した日に無効となるが（228条2項），その場合には株券発行会社が株券喪失登録者に対し，株券を再発行しなければならないことは前述した（228条2項。〔220〕(ii)）。なお，登録抹消の場合には株券が無効になった場合と異なり，必ずしも常に株券の再発行が必要になるものではない。たとえば，(e)(i)(iv)(v)①（〔216〕〔218〕〔219〕）等の場合には，再発行の必要がないのが普通であろう。

(iii) 株券喪失登録者が名義人でない場合の取扱い　株券喪失登録者が株券喪失登録をした株券にかかる株式の名義人でないときは，その株式の株主は，登録抹消日までの間は，株主総会または種類株主総会において議決権を行使することができない（230条3項）。その間は，その者が真の株主であるかどうか確定していない状態であるからである。株券喪失登録者が喪失登録株券にかかる株式の名義人であるときは，株主名簿の記載により（〔269〕〔272〕〔274〕），それらの権利を行使することができることはいうまでもない。

(iv) 所在不明株式の株券の取扱い　株券喪失登録がされた株券にかかる株式については，所在不明株主の株式の競売（197条1項。〔293〕）または売却（197条2項。〔293〕）をすることができない（230条4項）。その株式については株券喪失登録手続によって処理されるべきだからである（〔294〕）。

〔223〕 (i) **株券喪失登録簿の備置きおよびその閲覧・謄写等の請求権**　株券発行会社は，株券喪失登録簿を作成しなければならないことは前述したが（〔213〕），これを本店に備え置かなければならない（231条1項）。もっとも，株主名簿管理人がある場合には，その営業所に備え置くことになる（同項括弧内）。

何人も，会社の営業時間内はいつでも利害関係のある部分に限り，株券喪失登録簿につき，次の請求をすることができる（231条2項前段）。この場合には，その請求の理由を明らかにしてしなければならない（231条2項後段）。①株券喪失登録簿が書面で作られたときはその書面の閲覧または謄写（231条2項1号），②株券喪失登録簿が電磁的記録で作られたときはその電磁的記録に記録された事項を法務省令で定める方法（会社則226条7号）により表示したものの閲覧または謄写の請求（同2号）である。株券喪失登録簿は，株券を取得しようとする者が，自分の取得しようとしている株券につき株券喪失登録の記載もしくは記録または株券が無効となった旨の記載もしくは記録の有無をたしかめるために閲覧等を求めるものであるから，その閲覧権者等を株主および債権者に限定することはできない。そこで，その閲覧権者については限定されず，何人も閲覧等を請求することができる。しかし，プライバシー等との関係もあるので，閲覧の対象は利害関係のある部分に限定される。自分が取得しようとし，または担保にとろうとする株券等に限定される趣旨である。もっとも，この利害関係のある部分ということがあまり厳格に解されると，この閲覧等の趣旨をみたさなくなるおそれがあり，合理的に解される必要があろう。

〔224〕 (j) **喪失登録株券についての善意取得等**　株券喪失登録がなされ，または，失効した株券について，それを取得した者の地位が問題になる。明らかなことは，失効した株券については，それを取得した者が保護されることはありえないことである（このことは公示催告制度のもとで除権決定のなされた証券を取得した者が保護されないのと同様である）。問題なのは，喪失登録のなされた株券について，株券喪

失登録簿を閲覧しないで取得した者が善意取得の保護を受けるかである（公示催告制度のもとで公示催告を閲覧しないで取得した者についても同様の問題がある）。この問題に関して，会社法上，何ら規定が設けられていないため，解釈に委ねられているというほかない。解釈論としては，株券喪失登録簿を閲覧しなかったからといって，ただちに善意取得が排除されるということはできない。それが排除されるというためには，その旨の規定を設けるべきであったということができよう。したがって，その問題は取得者が取得に際して悪意・重過失がなかったかによって決するしかない（131条2項但書参照）。そして，たとえば，見ず知らずの者から株券を取得する場合に喪失登録簿を閲覧しなかったときは，その取得の状態にもよるが，重過失と判断されることもありえよう。ことに株券失効制度のもとでは，前述したように公示催告制度による官報の閲覧よりも株券喪失登録簿が閲覧しやすくなった以上，このように解される可能性については，公示催告制度の場合と事情が変わったということができよう。

〔225〕

3　株式の譲渡方法，株券占有者の形式的資格，株式の善意取得

(イ)　株券の交付による株式の譲渡

株式の譲渡は，株券の交付によってなされる（128条1項。なお，合理的期間内に株券が発行されない場合につき，〔205〕）。株券の交付には，現実の引渡しだけでなく，簡易の引渡し，占有改定および指図による占有移転（民182条−184条）も含まれる。一般に，株式の譲渡は，証券会社を通じてなされるが，その場合には，株券を証券会社に預けておき，株式を譲渡するときは，譲受人のために株券の占有をするようにという指図による占有移転によってなされるのが通常である。

なお，自己株式の処分による株式の譲渡については，新株の発行の一場合として取り扱われ（199条1項），会社は自己株式を処分した日（それが株式の発行の効力日となる）以後遅滞なく，その自己株式を取得した者に対して株券を交付しなければならないとされ（128条1項但書・129条），公開会社でない株券発行会社は，自己株式を取得した者からの請求がある時までは株券を交付しないでよい（129条2項）。

その譲渡の会社に対する対抗要件は，株主名簿へのその株式を取得した者の氏名または名称および住所の記載または記録——名義書換——である（130条2項）。会社に対する対抗要件の意味については，株券不発行会社におけるそれ（〔236〕）と同様である。この名義書換の手続については後述する（〔271〕）。会社以外の第三者に対する対抗要件は株券の所持そのものと解される。この会社以外の第三者

に対する対抗要件の意味も，株券不発行会社のそれと同様である（〔236〕）。

その株式に対する強制執行の方法は，動産に対する執行の方法によることになる（民執122条―142条）。

(ロ) 株券保管振替制度のもとにおける株式の譲渡 〔226〕

株券保管振替制度を利用していた会社は，社債株式振替制度の施行日（平成21年1月5日〔一斉移行日〕。〔253〕）において株券不発行会社になったものとみなされた（平16法88附則3条・6条等）。したがって，株券保管振替制度のもとにおける株式譲渡の方法についての説明の必要はなくなったが，口座間の振替記載による方法であった点では，基本的に社債株式振替法による方法（〔254〕）と同様であったといってよい。

(ハ) 株券の占有者の形式的資格 〔227〕

株券を占有する者は適法の所持人――株式の実質的権利者――と推定される（131条1項）。株券の占有者は，株券を盗取し，または拾得して占有している場合には，実質的権利者ではないが（その場合には，被盗取者，遺失者が実質的権利者である），株式は株券の交付によって譲渡されるので，株券の占有者は，株券の交付により株式の譲渡を受けて株券を占有している可能性が大きく，このような可能性が大きいことを法的にも承認して，この者を実質的権利者と推定することにしたのである。このように実質的権利者と推定される者のことを形式的資格者という。

株券の占有者は，権利者と推定される結果，自分が権利者であることを立証しないでも，会社に対して株主の権利を行使すること（具体的には株式名義書換を請求すること）ができ，会社は，その者が無権利者であること（株券の盗取者または拾得者であること等）を立証しなければ，それを拒むことができない。この結果，会社は，株券の占有者の権利行使に応ずれば，悪意・重過失がない限り免責され，真実の権利者（株券の被盗取者・遺失者等）に対して責任を負わないでよい。ここで悪意・重過失とは，たんに無権利者であることを知っていること，あるいは知らないことに重過失があることではなく，その者が無権利者であることを立証しうるにもかかわらず，故意にまたは重過失によって権利を行使させたことを意味する（この点の詳細については，前田・手形法・小切手法入門266頁以下）。

なお，株券の占有者が権利者と推定されるということは，株式の譲渡が株券の交付によってなされることを前提とするものであるから（131条は128条1項を前提としている），株券の占有者が相続または合併（包括承継）によって株式を取得した者であると主張して権利を行使している場合には，そのような推定は働かず，会社はその者に相続または合併による権利取得の事実の証明を求めることができると解される。しかし，その権利行使に応ずれば，悪意・重過失がある場合（この場合の悪意・重過失の意味は，通常のそれである）を除き，免責されると解すべきである（手形債務者の免責について，最後の被裏書人と手形の請求する者とが同一人でない場合のように，手形の裏書の形式的資格の効力が及ばない場合と同様に解される。前田・手形法・小切手法入門268頁）。すなわち，会社は，相続または合併による取得者であると主張する者に対しては，その事実の立証を求めることができるが，その事実を調査する義務は負わないと解される。

〔228〕 ### (二) 株式の善意取得

株券の占有者は権利者と推定されるから，株券の占有者から株券の交付により株式を譲り受けた者は，譲渡人が無権利者（株券の盗取者，拾得者等）であったとしても，譲受けの時にそのことにつき悪意・重過失（その意味は，通常のそれである）がある場合でない限り，株主の権利を取得し，その反射として，それまで権利者であった者（被盗取者，遺失者等）は権利を失う。このように，株式の譲渡行為が無効であっても（無権利者は権利を譲渡することができず，その譲渡行為は無効である），株券の交付により株式を譲り受けた者が，そのことにつき悪意・重過失がある場合を除き権利を取得することを善意取得という（131条2項）。善意取得の適用範囲として，譲渡人が無権利者であるために譲渡行為が無効な場合にだけ適用されるのか，それとも，株式の譲渡行為が無効な場合一般について適用されるのか（たとえば譲渡人が権利者ではあるが制限行為能力者である場合）について見解が分かれているが，善意取得の適用範囲を広く認める後者の見解が妥当である（この点の詳細についても，前田・手形法・小切手法入門196頁以下）。

株券喪失登録のなされた株券の善意取得については前述した（〔224〕）。

〔229〕 ## 4　株式の質入れ，譲渡担保および信託の設定

株式は経済的価値のある権利であるから，質入れの対象となり（146条1項），また譲渡担保の対象となり，また株式につき信託を設定することができる。

(イ) 略式質と登録株式質

株式の質入れは，一般に，質権者の氏名等が株主名簿に記載され，または記録された登録株式質（その質権者を登録株式質権者という。149条1項の括弧書参照）と，それ以外の略式質とに分けられる。また，それぞれにつき，株券発行会社か株券不発行会社かで区別される。特例登録質権者については後述する（〔238〕）。

略式質は，株券発行会社の場合（〔230〕〔238〕）および株券不発行会社であって振替株式制度利用会社の場合（〔275〕）にのみ認められる。それ以外の株券不発行会社の場合には認められない（〔238〕）。

登録株式質は，株券発行会社の場合にも株券不発行会社の場合にも，また後者については振替株式制度を利用している会社のみならず，それを利用していない会社の場合にも認められる。振替株式利用会社における質権設定の仕組みについては振替株式の場合の中で取り扱う（〔275〕）。

(ロ) 質権設定の効力要件および会社その他の第三者に対する対抗要件 〔230〕

(a) 効力要件　株券発行会社の場合には，株式の質入れは，その株式にかかる株券を交付しなければ，その効力を生ぜず，株券の交付が効力要件となる（146条2項）。株券不発行会社の場合には，一般原則により，たんなる合意で効力が生ずる。

(b) 対抗要件　会社法147条は，①その第1項で，株式の質入れは，質権者の氏名または名称および住所を株主名簿に記載し，または記録しなければ，会社その他の第三者に対抗することができないと規定し，また②その第2項で，第1項の規定にかかわらず，株券発行会社の株式の場合には，その質権者は，継続してその株式にかかる株券を占有しなければ，その質権をもって株券発行会社その他の第三者に対抗することができないと規定する。債権質の対抗要件に関する民法364条の規定は，株式については，適用されない（147条3項）。この①と②との関係については，次のように理解すべきだと考える。まず，株券不発行会社（振替株式発行会社を除く。振替株式については〔241〕以下）の場合には，①の株主名簿への記載または記録（質権設定者の請求による〔148条〕。その記載等の事項については148条1号2号）が会社その他の第三者に対する対抗要件であることはいうまでもない。しかも，株主名簿に記載または記録された質権者――登録株式質権者という（149条1項括弧書）――は，会社法152条から154条までの規定により，物上代位物である株式につき会社から株主名簿に記載または記録を受け，または引渡しを受ける等の取扱いを受けることができる（〔232〕(ハ)）。これに対して，株券発行会社の場合には，②の株券の継続占有が会社その他の第三者に対する対抗要件である（会社に対する対抗要件の意味については次に述べる）。しかし，株券発行会社の場合にも，質権設定者が請求すれば，質権者は，①のその氏名等の株主名簿への記載または記録を受けることができ（148条），それにより登録株式質権者となることができる（149条1項括弧書）。そして，その結果，前述した会社法152

条から154条の規定による取扱いを受けることができる。株券発行会社の場合で，②の株券の継続占有をしながら株主名簿への記載または記録を受けない質権者がいわゆる略式質権者（〔232〕(i)）であり，この略式質は株券発行会社および株券不発行会社で振替株式制度を利用しているものにのみ認められることは前述した（〔229〕(イ)）。

旧会社法のもとでは，①は株券不発行会社の「会社その他の第三者」に対する対抗要件として規定され（改正前商207条ノ2第1項），②はたんに「第三者」に対する対抗要件として規定されていた。会社法が上記のように規定するにいたったのは，会社法における「会社その他の第三者」に対する対抗要件の意味が改正前のそれと異なるからであると考えられる。すなわち，会社法のもとでは，登録株式質権者として物上代位の目的物を直接に会社から株券や金銭の引渡しを受ける（株券発行会社の場合）等の場合のみならず，物上代位権行使の手続としてその株券等の引渡し前に差押えを必要とする場合（旧会社法のもとでは会社に対する対抗要件を必要とする場合として取り扱われていなかったと考えられる）も含めて，会社に対する対抗要件として必要な場合として取り扱われていると考えられる。したがって，株券発行会社の場合には，②の株券の継続占有が「会社」その他の第三者に対する対抗要件として必要とされるのである。そして株券発行会社については，②の要件のみならず，①の手続も満たせば，登録株式質として（〔229〕）会社から直接物上代位の目的物の引渡しを受けることができることになる（〔232〕(ii)）。なお，略式質の場合の物上代位権の行使の手続について，後述するように，株券と引換えになされる場合（株式の併合の場合等。219条1項1号参照）には差押えを要せず，株券と引換えに株券等の交付を請求できるという立場（〔232〕）をとれば，略式質の場合にも発行会社に対する対抗要件をみたしているという構成が必要なはずであり，会社法の上述の立法はその必要をみたすものということができる。

株式に質権を設定した者は，会社（株券発行会社と株券不発行会社の双方を含む）に対し，①質権者の氏名または名称および住所（1号）および②質権の目的である株式（2号）を株主名簿に記載し，または記録することを請求することができる（148条柱書）。これらの株主名簿への記載により，質権設定の会社その他の第三者に対する対抗要件（147条）がみたされ，かつ，質権者は登録株式質権者として，後述の効果（〔232〕(ii)）が生ずることになる。この請求は，質権者ではなく，質権設定者によってなされることが必要である。略式質にするか登録株式質にするかの選択を質権設定者にゆだねる趣旨である。

(ハ) 登録株式質権者に対する通知等

会社が登録株式質権者に対してする通知または催告は，株主名簿に記載し，または記録したその登録株式質権者の住所（その登録株式質権者が別に通知または催告を受ける場所または連絡先を会社に通知した場合にあっては，その場所または連絡先）にあてて発すれば足りる（150条1項）。この通知または催告は，その通知または催告が通常到達すべきであった時に，到達したものとみなされる（150条2項）。

(ニ) 株式の質入れの効果，物上代位の目的物，その行使の手続等 〔231〕

(a) 物上代位の目的物　会社が次に掲げる行為をした場合には，株式を目的とする質権は，その行為によってその株式の株主が受けることのできる金銭等（金銭その他の財産をいう）について存在すると規定されている（151条1項）。すなわち，①取得請求権付株式（167条1項）の取得，②取得条項付株式（170条1項）の取得，③全部取得条項付種類株式の取得（173条1項・171条1項），④株式の併合，⑤株式の分割，⑥株式無償割当て（185条），⑦新株予約権の無償割当て（277条），⑧剰余金の配当，⑨残余財産の分配，⑩組織変更，⑪合併（合併によりその株式会社が消滅する場合に限る），⑫株式交換，⑬株式移転および⑭株式の取得である（⑭については，①から③までに掲げる行為は除かれる）。さらに，特別支配株主による売渡請求により取得された株式を目的とする質権は，当該取得によって当該売渡株式の株主が受けることのできる金銭について存在する（151条2項）。

これらの規定は，物上代位の効力が及ぶ場合について列挙したものである。なお，⑧の剰余金の配当（旧会社法のもとにおける利益配当）として受けるべき金銭に質権の効力が及ぶとされている点については，旧会社法のもとでは，それは質権の目的である株式から派生するものであってその代位物とは認められず，しかも，登録質にはそれに及ぶ旨の明文の規定（改正前商209条1項）があるのに対して略式質にはそのような規定がないところから，否定すべきだと考えられていた（通説）。しかし，明文で上記のように剰余金の配当につき登録株式質に限定せずに物上代位の対象として列挙されている以上，略式質の場合にもそれに効力が及ぶといわざるをえない。それにつき物上代位権を行使するには，登録株式質を除いては，次に述べる差押えが必要である。物上代位の効力が及ぶ範囲については，上記列挙のものに限られない。会社法840条1項6項および841条2項で，新株発行等の無効の場合の株主が支払を受ける金銭について物上代位の効力が及ぶと規定されているのがその例である。

(b) 物上代位権行使の手続 〔232〕

(i) 略式質の場合　物上代位権行使の手続については，株券発行会社の場合であって登録株式質でないときは，一般には，株主に対して代位物の目的物の払渡し（金銭の場合）または引渡し（株券の場合）がなされる前に差押えをすることを要すると解されているが（民304条1項但書），目的物の払渡しまたは引渡しが，①株主名簿の記載または記録に基づいてなされる場合と，②株券と引換えになされる場合（株式の消却，併合，買取り等）とで区別すべきである。すなわち，略式質の場合には，たんに株券の交付がなされるだけで，株主名簿上には質権設定の旨の記載がなされておらず，したがって，①の場合には，会社は，差押えがなければ，目的物を質権設定者たる株主に払い渡しまたは引き渡ししてしまうから，一般原則に従って，払渡しまたは引渡し前の差押えを要すると解すべきである。これに対して，②の場合には，株券は質権者が占有している以上，会社は株券を占有していない質権設定者に対しては，その者が株主名簿上の株主であっても，目的物の払渡しまたは引渡しをしてしまうことはありえず，逆に，質権者は，株券を提出して，その払渡しまたは引渡しを受けることができると解すべきであり，したがって，物上代位権の行使に差押えを要しないと解すべきことになる。このことと，株券継続占有の会社に対する対抗要件との関係については前述した（〔230〕(b)）。

(ii) 登録株式質権者の場合　登録株式質権者については，質権者からの手続を要せずに，物上代位の効力が及ぶ趣旨が，以下のように規定されている。

会社は，(a)①から③までおよび⑥の行為（〔231〕）をした場合には，登録株式質権者の受けることができる株式について，その債権者の氏名または名称および住所を株主名簿に記載し，または記録しなければならない（152条1項）。株式の併合または株式の分割をした場合も同様である（152条2項3項）。

また株券発行会社にあっては，(a)①から③までおよび⑥の行為（〔231〕），をした場合には，株主が受ける株式にかかる株券を株式登録質権者に引き渡さなければならない（153条1項）。また，株式の併合をした場合には，併合した株式にかかる株券を登録株式質権者に引き渡さなければならない（153条2項）。さらに，会社は，株式の分割をした場合には，分割した株式について新たに発行する株券を登録株式質権者に引き渡さなければならない（153条3項）。合併等（(a)⑪－⑬）の際には，対価の柔軟化により（〔743〕），その会社と関係のない株式等が交付される場合もありうるが，その場合には(i)に述べたと同様に差押えを要すると解される。

さらに，登録株式質権者は，物上代位によって引渡しを受ける（151条）ものが金銭の場合には，それを受領し，他の債権者に先立って自己の債権の弁済に充てることができる（154条1項）。また，その債権の弁済期が到来していないときは，登録株式質権者は，会社または特別支配株主にその金銭等に相当する金額を供託させることができる。この場合において，質権は，その供託金について存在する（同2項3項）。

金銭以外のものについては，質権が効力が生じているから（151条），担保権実行の方法により自己の債権の弁済に充てることができる。

(ホ) 株式の譲渡担保 〔233〕

株式の譲渡担保も，たんに株券の交付によるもの（略式譲渡担保と呼ぶことができる）と，株主名簿の名義書換までするもの（登録譲渡担保と呼ぶことができる）とに分けることができる。

略式譲渡担保と略式質とは，ともに担保の目的で株券の交付をする方法によってなされるので，外形上どちらであるかを判断できず，また当事者自身としても明確でない場合もありうる。ところが，譲渡担保の場合には，①その実行方法として，競売の方法によることなく，債権者が任意に売却し，または自ら担保物を取得して元利金に充当しうる等，法定の手続によらないで株式を処分しうること（質権では商事質の場合や質屋営業法19条の場合を除いて，競売等法定の手続によらなければならない），②国税徴収法との関係で，質権よりも有利な取扱いを受ける（税徴24条1項6項と同15条1項を比較）など，質権よりも有利である。したがって，当事者の意思がどちらであるかが明確であるときは問題がないが，それが明確でないときは担保権者に有利な譲渡担保の設定と推定すべきである。それ以外の点では，略式質について述べたことがそのまま妥当する。

登録譲渡担保の場合には，株主名簿上，担保権者が株主として記載されることになる（登録株式質の場合に質権者として記載されるのと異なる）から，会社に対して株主の権利を行使できるのは担保権者であり，ただ議決権の行使等は当事者間で担保権設定者に代理行使させる等，担保権設定者の意思に従う義務を負うと解される。

(ヘ) 信託の設定 〔234〕

株式に信託を設定するについては，次のような方法によると解される。すなわち，信託法3条によれば，信託は信託契約（同1号）等（遺言〔同2号〕および自己信託〔同3号〕を含む）の方法によってするとされており，信託契約の方法による例を取り上げると，株主である委託者（A）と受託者（B）との間で信託契約すなわちＡがＢに対して株式の譲渡等の処分をする旨ならびにＢが一定の目的に従い株式の管理または処分その他の目的の達成のために必要な行為をすべき契約を締結する方法によってなされ，それによって信託の効力を生ずるものとされ（信託4条），それが効力要件となる。そして，株券発行会社の場合には，株式の譲渡等のために委託者から受託者へ株券を交付することが必要となる（128条・146条2項）。また，信託の対抗要件については，会社法154条の2第1項から第3項まででは，信託財産であることの会社その他の第三者に対する対抗要件として株主名簿への記載等について規定されているが，その第4項では，これらの規定は株券発行会社には適用されないと規定されている。また，信託法14条は，登記または登録をしなければ権利の得喪および変更を第三者に対抗することができない財産（不動産，自動車等）については，信託の登記または登録をしなければ，当該財産が信託財産に属することを第三者に対抗できないと規定する。しかし，株券は上記の財産に該当せず，それ以外に信託の対抗要件に関する規定は存在しないから，株券の場合には特別の要件を必要とせずに信託を第三者に対抗できることになる。しかし，そのためには，その株式が信託財産であることを立証することが必要である。もっとも，受託者にとっては，信託財産をその固有財産および他の信託財産と分別して（外形上区別することができる状態で保管する方法で）管理する義務（信託34条1項2号イ）を負っており，そのような分別管理がなされている場合には，上記の立証が容易であろう。信託の対抗要件の意味については，振替株式の信託のところで後述する（〔256〕）。

株券不発行会社の場合（〔240〕）および振替株式利用会社の場合（〔256〕）については後述する。

B　株券不発行会社で振替株式制度を利用していない会社の場合

〔235〕　1　株券の不発行の定め，株券不発行会社への移行手続等

定款で株券を発行する旨を定めない会社は，株券不発行会社となる。平成16年改正商法により，定款で株券を発行しない旨を定めることができる規定が設けられたが（〔198〕），会社法では，株券を発行する旨を定款で定めることができることとされ（214条），定款でいずれかを定めない場合には株券不発行会社となることは前述した。

会社設立の段階から株券不発行制度を利用する場合には，設立に際して作成す

る定款において，株券を発行する旨を定めなければよい。なお，株券を発行する旨の定款の定めは，たとえば普通株式に限定して定め，優先株式については株券を発行しないというように，一部の種類の株式についてのみおくようなことはできないことも前述した（214条括弧書。〔198〕）。

株券発行会社が株券を発行しない旨の定めをする定款の変更の決議をした場合の株券不発行会社への移行手続については，①一般の会社の場合（次の②以外の会社の場合）と，②発行済株式の全部につきⓘ譲渡制限株式（この会社においては，定款で株券を発行する旨の定めがなされている場合でも，株主の請求がないかぎり，株券を発行することを要しない。215条4項）につき，株主より株券発行の請求がないために，またはⓘⓘ株券不所持制度（217条1項）のもとで不所持の申出がなされたために株券が発行されない会社（一部の株主につきⓘの株主の請求がなく，かつ他の株主につきⓘⓘの申出がなされた場合を含む。ⓘとⓘⓘを合わせて「準株券不発行会社」と呼んでいる。〔143〕〔198〕）とで，次のように区別して規定されている。

まず，①の会社の場合には，会社は，㋑ⓐその株式（種類株式会社にあっては全部の種類の株式）にかかる株券を発行する旨の定款の定めを廃止する旨（218条1項1号），ⓑ定款の変更がその効力を生ずる日（2号）およびⓒⓑの日において株券が無効となる旨（3号）をその日の2週間前までに公告し，かつ，㋺株主および株主名簿に記載（記録を含む。以下同じ）のある質権者（登録株式質権者）に各別にその旨の通知をすることを要する（218条1項）。㋑の公告がなされるのは，株式を取得しながらまだ株主名簿の名義書換を受けていない株主に対して名義書換を促すためである。株券不発行の効力発生後に名義書換を受けるには，それまでと異なり，たんに株券を呈示するだけではすまなくなるので（〔272〕），その機会に名義書換をしておくことを促す必要があるからである。これにより略式質権者に後述する特例登録質権者になる機会も与えられている（〔238〕）。それまでに名義書換をしなかった場合（失念株主の場合）には，後述する130条に規定される要件（〔236〕）をみたした上で，名義書換を請求するほかない。㋺の通知がなされるのは，会社が株券不発行制度をとったことを知らせるためであることはいうまでもない。②の会社の場合には，会社は株主および登録株式質権者に対して上記のⓐおよびⓑに掲げる事項をその日の2週間前までに通知をするか（218条3項），公告をすればよい（同4項）。

株券不発行の定款の定めの設定の効力は，上記のⓑの一定の日に生ずる。株券の回収の手続はとられず，株券はその日にすべて無効になってしまう。もっとも，上記の公告および通知をしなければ，この効力は生じない。この効力の発生後にさらに定款を変更して株券発行会社になることもできる。

株券不発行会社への移行手続における略式質権者の取扱いについては後述する（〔238〕）。

株券不発行会社に移行した場合には，株券発行会社である旨の登記（911条3項10号）の変更登記（915条1項）が必要である。

〔236〕 **2 株式の譲渡の効力発生，対抗要件等**

(イ) 株式の譲渡の効力要件，対抗要件，強制執行の方法等

株券不発行会社においては，株券が発行されていないから，その株式を譲り渡す場合には，128条1項本文の適用はなく，株券を交付することを要しない。したがって，譲渡当事者間の意思表示によって株式譲渡の効力が生ずることになる。また，譲渡以外の株式の移転，相続もしくは合併または強制執行による移転は，それぞれの効力発生（たとえば，相続は被相続人の死亡，合併はその登記等）によってその効力が生ずることになる。

また，株式の譲渡を会社およびその他の第三者に対抗するためには，取得者の氏名および住所を株主名簿に記載しなければならない（130条1項）。株主名簿の名義書換を株式譲渡の会社その他の第三者に対する対抗要件としている。相続または合併等の包括承継による移転，強制執行による移転等の場合には，その地位を証することによって名義書換を請求できる（〔272〕）。会社に対する関係で対抗要件とは，会社に対して株主の権利を行使するための要件である（〔269〕以下参照）。会社以外の第三者に対する対抗要件とは，たとえば株式がAからBに譲渡されたにもかかわらずAの債権者がその株式をAの財産として差し押さえた場合に，Bがその株式は自分の財産であることを主張してその差押えに異議を述べるためには，AからBに株主名簿の名義書換を受けていなければならないことを意味する。

その株式に対する強制執行の方法は，民事執行法上の「その他の財産権」に対する執行の方法によることになる（民執167条）。

名義書換の請求をすることができる場合については，株主名簿制度と関連して後述する（〔271〕）。

〔237〕 **(ロ) 株主名簿記載事項を記載した書面の交付の請求等**

株券不発行会社の場合には，株主が株券を所持していないから，自分が株主であることを示すものが必要である。そこで株主名簿上の株主は会社に対し，その株主についての株主名簿に記載もしくは記録された株主名簿記載事項を記載した書面の交付またはその株主名簿記載事項を記録した電磁的記録の提供を請求することができることとされている（122条1項）。この書面には，株式会社の代表取締役（指名委員会等設置会社にあっては，代表執行役）が署名しまたは記名押印しなければならず（同2項），電磁的記録の場合には，会社の代表取締役が法務省令で定める署名または記名押印に代わる措置をとらなければならない（同3項。これらの違反の制裁につき976条4号）。この制度は株券不発行会社に関するものであるから，株券発行会社については適用されないことはいうまでもない（122条4項）。株式を譲渡しようとする場合に，株券発行会社においては，株主は株式を譲り受けようとする者に株券を提示して株主であることを示すことができるが，株券不発行会社ではそれができないので，それに代わる手当てをしたものである。株券不発行会社の登録株式質権者についても同様の権利が認められている（149条1項。〔239〕）。

3　株式の担保差入れ

〔238〕

(イ)　略式質および略式譲渡担保の取扱い（含む，特例登録質権者）

株券不発行会社（準株券不発行会社については，株主が株券の発行を受けて担保権を設定することになるので，以下に述べることは妥当しない）については，登録質のみが認められ，略式質は認められない。略式質は，株券の交付を要件とするものであって（〔229〕），株券不発行会社にはなじまないからである（なお振替株式制度利用会社においては，略式質または略式譲渡担保に相当するものが認められることにつき〔275〕）。略式譲渡担保についても同様である。

例外的に，株券発行会社が株券不発行会社に移行する時点で略式質の設定を受けていた者について，次のような取扱いが認められる。すなわち，会社が株券不発行の定款変更決議をした場合において，株主名簿に記載のない質権者（略式質権者）が株券不発行の効力の発生する日の前日までに，会社に対して自分の氏名または名称および住所ならびに質権の目的である株式（148条）を株主名簿に記載することを請求したときは，会社は質権者の氏名または名称および住所ならびに質権の目的である株式を株主名簿に記載することを要する（218条5項）。それにより株主名簿に記載された質権者（これをここでは「特例登録質権者」ということにする）は，質権設定者の請求によって質権者として記載された者ではなく，質権者の請求により記載されたものであるから，次に(ロ)で述べる登録株式質の規定の適用はない。したがって，差押えの手続をとらないかぎり会社から剰余金の配当，残余財産の分配，金銭の支払等を受けることはできず，株券発行会社の略式質権者と同じ取扱いを受けられるにすぎない。しかも，株券発行会社の略式質権者に認められるような質権設定についての会社との関係での匿名性も認められない。この特例登録質権の取扱いを受けるのは，あくまで株券不発行の効力の発生する日の前日までにその請求をした略式質権者に限られ，その請求をしなかった略式質権者は，必要があれば，あらたに次に述べる登録株式質の設定を受けることになる。

〔239〕 **(ロ) 登録株式質および登録譲渡担保**

株券不発行会社における登録株式質の設定は，質権設定者の請求により株主名簿に質権者の氏名または名称および住所を記載または記録すれば足り（その氏名を株券に記載することを要しない），その株主名簿への記載または記録が会社その他の第三者対抗要件となる（147条1項）。株券不発行の定款の定めの設定の効力発生前から登録株式質権者であった者は，その効力の発生後もそのまま登録質権者と認められる。質権者は，その氏名または名称および住所が株主名簿に記載または記録されているかどうかを確認するため，その質権者につき株主名簿に記載または記録された事項を証明した書面の交付を請求することができる（149条）。

株券不発行会社の登録株式質の物上代位の目的物は，株券発行会社の場合（〔231〕(a)）と同様である。会社は，①から③までに掲げる行為をした場合（これらの行為に際して会社が株式を交付する場合に限る）または⑥に掲げる行為をした場合において，質権者（株券を発行する旨の定款の定めを廃止する場合において，質権者の請求により株主名簿に質権者の氏名等の記載等をされた場合は除かれる）が登録株式質権者であるときは，(a)の株主が受けることができる株式について，その質権者の氏名または名称および住所を株主名簿に記載し，または記録しなければならない（152条1項）。また，会社が④株式の併合をした場合は，併合した株式について（152条2項），会社が⑤株式の分割をした場合は，分割した株式について，その質権者の氏名または名称および住所を株主名簿に記載しまたは記録しなければならない（同3項）。合併等の場合には，その対価の自由化により，その会社と関係のない株式等が配られることもあるから，必ずしも以上のような効果は生じさせられず，差押えを要することになる。

上記の質権者は，会社から剰余金の配当，残余財産の分配または株式の消却等によって株主が受けるべき金銭の支払を受け他の債権者に先立って自己の債権の弁済に充てることができる（154条1項）。

登録譲渡担保（〔233〕参照）の設定は，株主名簿の名義書換を受けることによってなされる（略式譲渡担保が認められないことは〔238〕）。

4 信託の設定

〔240〕

株券不発行会社における信託の設定の効力要件については，基本的には株券発行会社について前述したこと（〔234〕）が妥当する。もっとも，株券発行会社の場合には，委託者から受託者への株券の交付を要するが，株券不発行会社ではそれが問題にならない点が異なる。信託財産に属することの会社その他の第三者に対する対抗要件については，株券不発行会社については会社法に規定がある。すなわち154条の2第1項によれば，その株式が信託財産であることの対抗要件としては，その株式が信託財産であることを株主名簿に記載し，または記録をすることと規定されている。株主名簿上の株主（121条1号。この場合には信託の受託者）は，その有する財産が信託財産に属するときは，会社に対し，その旨を株主名簿に記載し，または記録することを請求できる（154条の2第2項）。株主の株主名簿記載事項について書面等の交付等の請求について規定がある（154条の2第3項）。株券発行会社については，この規定の適用が排除されていることは前述した（〔234〕）。信託の第三者対抗要件の意味については後述する（〔256〕）。

C 振替株式の場合

〔241〕

株券を発行する旨の定めのない会社（譲渡制限株式を除く。社債株式振替128条括弧書）の株式で振替機関で取り扱われるものを振替株式という。振替株式については会社法にではなく，社債株式振替法に規定されている。ここでは，振替株式制度自体および振替株式の譲渡等に関連するものを主として取り扱い，それによる発行会社における株主の権利行使については，主として株主の権利行使のところで別に取り扱う（〔269〕。なお〔261〕－〔266〕では株主の権利行使についても取り扱っている）。

1 振替株式制度の意義等

〔242〕

(イ) 振替株式制度の意義

振替株式制度とは，株券不発行会社において，その株式の全部について，その権利関係（株主，株式質権者等の権利）を振替機関または口座管理機関が備える振替口座簿に記載し（社債株式振替129条－139条），その権利の帰属は振替口座簿の記載により定まるものとされ（社債株式振替128条1項），振替株式の譲渡，質入れ等は，振替口座簿の口座の記載（振替）によってなされ（社債株式振替140条－

142条），株主名簿の記載は振替機関等からの通知に基づいてなされるものである（社債株式振替151条・152条）。前述した株券保管振替制度（〔198〕）と比較すると，株券の存在を前提とするかどうかの点で基本的な差異があるが，口座の振替によって株式の譲渡等が行われる点（〔226〕参照）は共通する。もっとも，株券保管振替制度では，保管振替機関の下に参加者およびその顧客が存在するという2層構造になっていたのに対して，振替株式制度では，振替機関の下に，口座管理機関が多層構造をなしうる（口座管理機関の下にさらに他の〔下位の〕口座管理機関が存在しうる。図Ⅰ〔246〕の口座管理機関Aと口座管理機関Cとの関係がそれである）点で差異がある。

〔243〕 **(ロ) 振替株式制度利用の要件**

(a) 発行者の同意　振替機関は，あらかじめ会社（社債株式振替法では，社債，株式等の発行会社等〔会社以外のものも含まれる〕を発行者という。以下もそれに従う）からその振替機関において取り扱うことについて同意を得た株式でなければ，取り扱うことができない（社債株式振替13条1項）。発行者がその株式についてこの同意を与えるには，発起人全員の同意または取締役会の決議によらなければならない（社債株式振替128条2項）。この同意は撤回することができない（社債株式振替13条3項。〔249〕）。

上記の同意につき，発行者は，特定の種類の株式（複数の種類の株式が発行されている場合については(c)参照）について1つの振替機関に同意をしたときは，その株式について他の振替機関に同意をしてはならない（社債株式振替13条2項）。ある種類の株式については，それを取り扱う振替機関は1つとされることになる。

振替制度を利用することを選択した会社においては，その会社の株式の全部，種類株式発行会社であって，ある種類の株式についてのみ振替制度を利用することを選択した場合には，その種類の株式の全部につき振替制度が適用され，株主がその有する株式について振替制度を利用しないという選択をする余地がない（なお，〔244〕参照）。

(b) 振替制度を利用できる会社　振替株式制度を利用できる会社は，株券不発行会社であって，その株式が振替機関の業務規程等により振替機関により取り扱われるものとされているものであり，かつ，譲渡制限株式でないものである（社債株式振替128条1項括弧書）。それらの株式について振替制度を利用するかどうかの選択が会社によりなされることになるが，事実上は上場会社および店頭登録会社の株式は振替制度を利用することになる。

(c) **複数の種類の株式の種類ごとの同意等**　振替株式制度利用会社が複数の種類の株式を発行している場合に，ある種類（銘柄。社債株式振替 129 条 3 項 2 号）のものについてのみ振替制度を利用し，他の種類のものについてはそれを利用しないということは可能である。振替株式制度利用会社が新株予約権または新株予約権付社債を発行する場合についても，それにつき振替制度を利用するかどうかを選択することができる（社債株式振替 163 条・192 条参照）。

(ハ) 振替株式における株式についての権利の帰属　〔244〕

振替株式制度利用会社において振替機関が取り扱う株式（振替株式）についての権利の帰属は，振替口座簿（〔246〕）の記載によって定まる（社債株式振替 128 条 1 項）。すなわち，振替株式制度のもとでは，振替制度を利用した会社のその種類の株式の全部につき振替口座簿の記載により権利の帰属が決められ，個々の株主の意思によりその有する株式につき振替制度を利用しないということは認められないことになる。もっとも，会社が複数の種類の株式を発行している場合には，ある種類の株式についてのみ振替制度を利用すること等については前述した（(ロ)(c)）。

(ニ) 振替機関，口座管理機関，加入者等　〔245〕

振替株式制度においては，振替機関および口座管理機関および加入者の存在が前提となる。

振替機関とは，振替業（振替に関する業務）を営む者として主務大臣から指定を受けた株式会社をいう（社債株式振替 2 条 2 項）。振替機関は，他の者のために，その申出により株式等の振替を行うための口座を開設しなければならず（社債株式振替 12 条 1 項），振替口座簿を備えなければならない（社債株式振替 12 条 3 項。なお社債株式振替 44 条 2 項参照）。また，振替機関は，善意取得により振替株式の総数がその発行総数を超えることとなる場合に負わされている超過数の株式の取得およびその権利放棄義務（社債株式振替 145 条 1 項 3 項。〔259〕(i)）等を履行する目的のために振替を行う必要を生ずることがあり，そのため口座を開設することができ，これを機関口座という（社債株式振替 12 条 2 項）。

口座管理機関とは，証券会社，金融機関等（社債株式振替 44 条 1 項各号に列挙されている）であって，振替機関の業務規程の定めるところにより他の者（後述の加入者）のためにその申出により振替のための口座を開設した者であり，あらかじめその振替機関またはその振替機関の下の口座管理機関（上位機関）から株式振替のための口座の開設を受けているものである（社債株式振替 2 条 4 項・44 条 1 項）。

振替機関が他の振替機関の業務規程の定めるところにより，他の者のためにその申出により口座を開設する場合には，その振替機関も口座管理機関になる（社債株式振替2条4項・44条2項)。口座管理機関は振替口座簿を備えなければならない（社債株式振替45条2項)。

加入者とは，振替機関または口座管理機関（以下，両者をあわせて「振替機関等」という。社債株式振替2条5項）が株式等の振替を行うために口座を開設（社債株式振替12条1項・44条1項2項）した者をいう（社債株式振替2条3項)。もっとも，株式振替制度のもとでは，前述のように多層構造とすることが認められ（〔242〕)，したがって振替機関等について上位機関（社債株式振替2条7項）または下位機関という概念が設けられ（社債株式振替2条9項)，加入者にとってその口座が開設されている振替機関等を直近上位機関（社債株式振替2条6項）といい，振替機関等によってその口座が開設された口座振替機関を直近下位機関（社債株式振替2条8項）という。したがって，加入者には口座管理機関とそれ以外の者とが含まれる（社債株式振替129条1項参照)。

これらを，次に述べる口座の区別等も含めて図示すると図Ⅰ（次頁）の通りである。

〔246〕 ㈭ **振替口座簿**

振替口座簿は振替機関等によって作成され，備え置かれるものである（社債株式振替12条3項・45条2項)。振替口座簿は電磁的記録（主務省令で定めるものに限る）によって作成することができる（社債株式振替129条6項)。

(a) 各加入者ごとに区分　振替口座簿は，各加入者の口座ごとに区分する（社債株式振替129条1項)。図Ⅰにおいて，たとえば振替機関甲の振替口座簿においては，加入者乙，口座管理機関Aおよび同Bの口座に区分される。機関口座も置かれている。

(b) 口座管理機関の口座の区分　加入者のうち口座管理機関であるものの口座（振替機関によって開設されるものも，直近上位機関である口座管理機関によって開設されるものもありうる）は，次の①および②に区分する（社債株式振替129条2項)。

① 自己口座（1号)。その口座管理機関自身がその振替株式についての権利を有するものを記載する口座である。図Ⅰの振替機関甲の振替口座簿におけるそれぞれ口座振替機関であるAおよびBの自己口座がそれである。

② 顧客口座（2号)。加入者（その口座管理機関の加入者のみならずその下位口座管理機関の加入者がいる場合にはそれも含まれる）が振替株式についての権利を有す

図Ⅰ

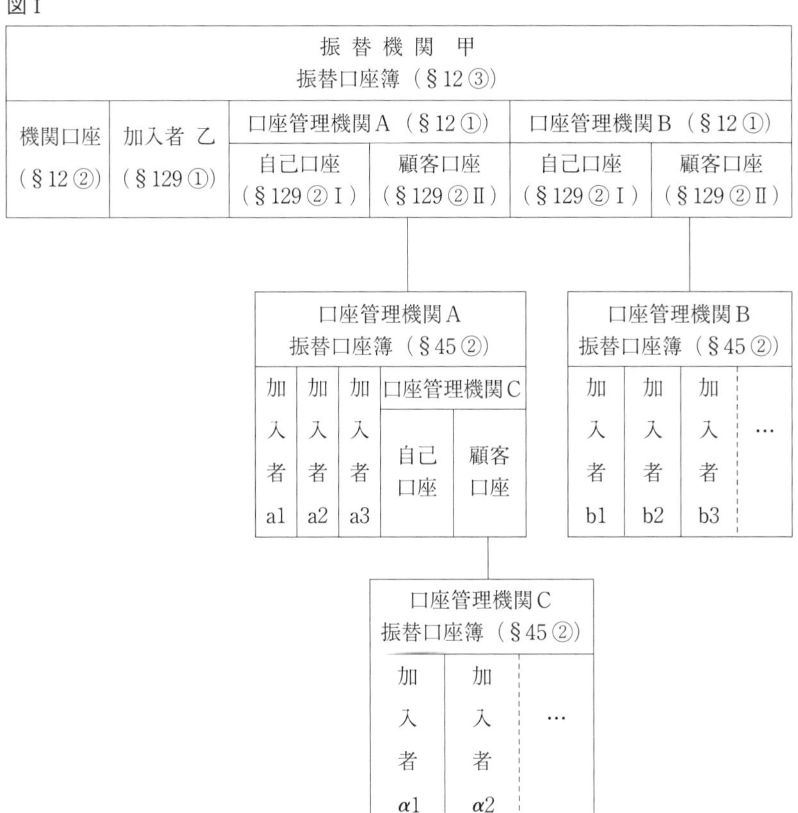

るものを記載する口座である。図Ⅰの例で，振替機関甲の振替口座簿におけるそれぞれ口座管理機関であるAおよびBの顧客口座がそれである。

(c) **各口座（顧客口座を除く）の記載事項**　振替口座簿中の顧客口座を除く各口座については，次に掲げる事項を記載する（社債株式振替129条3項）。顧客口座については別に規定されている（後述(d)）。また振替機関の機関口座についても別に規定されている（後述(e)）。したがって，図Ⅰの振替機関甲の振替口座簿を例にとると，ここで対象になるのは，口座管理機関でない加入者乙とそれぞれ口座管理機関であるAおよびBの自己口座である。〔247〕

① 加入者の氏名等（1号）。その発行者の株主（信託の受託者を含む）または質権者の氏名または名称および住所が記載される（質権者については④，信託の受託者については⑤参照）。

② 発行者の商号および発行者が種類株式発行会社であるときは振替株式の種類（2号。これを「銘柄」という。種類株式を発行している場合の，そのそれぞれが銘柄である）。

③ 銘柄ごとの数（④に掲げるものを除く。3号）。

④ 加入者が質権者であるときは，その旨，質権の目的である振替株式の銘柄ごとの数，その数のうち株主ごとの数ならびにその株主の氏名または名称および住所（4号）。質権者が複数の銘柄の株式を目的として質権の設定を受けているときは，その銘柄ごとの数が記載される。また，質権設定者である株主ごとの数ならびに当該株主の氏名もしくは名称および住所が記載されるのは，基準日等を定めた場合には，振替機関は，質権設定者である株主に関する事項を発行者に通知しなければならないからである（〔274〕(i)。なお⑥参照）。

⑤ 加入者が信託の受託者であるときはその旨，③および④のうち信託財産であるものの数（5号）。株主（その銘柄につき質権者を設定した者を除く）がその銘柄につき信託の設定をし，または質権者がその質権の目的である銘柄につき信託の設定をしたときは，その信託の受託者が加入者となるが，その場合には，受託者の氏名等とともに③および④の数のうち，信託が設定されたものの数を記載することになる。これらの記載が信託の第三者対抗要件となる（社債株式振替150条。その意味については後述する〔256〕）。

⑥ ③および④の数の増加または減少の記載がなされたときは増加または減少の別，その数およびその記載がなされた日（6号）。株式の譲渡，質権または譲渡担保権の設定等がなされた場合に記載される事項であり，この記載が口座振替の内容となる。少数株主権行使の際にも問題となる（〔278〕）。

⑦ その他政令で定める事項（7号。社振政令28条）。振替株式の処分の制限に関する事項（社振政令28条1号）や外国人等の保有制限がなされている会社についての株主が外国人等である旨（同2号―4号）である。

〔248〕 (d) **顧客口座簿の記載事項** 振替口座簿中の顧客口座には，次の事項が記載される（社債株式振替129条4項）。

① (c)の①および②に掲げる事項（1号）。加入者の氏名等や銘柄等が記載されるが，加入者の氏名としては，図Ⅰの振替機関甲の備える振替口座簿の口座振替機関Aの顧客口座についてはA，Bの顧客口座についてはBが記載される。

② 銘柄ごとの数（2号）。ここで銘柄ごとの数とは，図Ⅰの振替機関甲の備える振替口座簿におけるAの顧客口座については，a1，a2，a3およびC（その自

己口座の分）ならびに加入者 α1 および α2 等の合計数をいう。それぞれ a1，a2，a3，C，α1 および α2 の個々の数は A および C の備える振替口座簿で明らかにされる。ここで銘柄ごとの数については，顧客口座を除く口座（前述(c)）と異なり，質権や信託財産と区別はなされない。

③ その他政令で定める事項（3 号）。

(e) **機関口座の記載事項** 振替機関がそれを開設する場合には，振替口座簿に機関口座の区分を設け，次の事項を記載する（社債株式振替 129 条 5 項。機関口座開設の目的については〔245〕）。

① 銘柄（1 号）。

② 銘柄ごとの数（2 号）。

③ その他政令で定める事項（3 号）。

(f) **記載の変更手続** 振替機関等は，各口座（社債株式振替 129 条 3 項－5 項）の記載事項について加入者の住所・商号等の変更が生じたことを知ったときは直ちにその振替口座簿の記載を変更しなければならない（社債株式振替 139 条）。この記載の変更は，変更を生じた者からの変更の届出がなされた場合になされるものであり，振替機関等がこの変更についての調査義務を負わされると解すべきではないと考えられる。なお，振替株式の数，口座等について誤記入がなされた場合には，ここでいう記載事項の変更には当たらないが，善意取得が生じていないときは当然に正しい記載に修正する義務を負っていると解される（〔258〕(b)）。

(ヘ) 振替制度利用の撤回の禁止 〔249〕

発行者は，(ロ)(a)により振替機関に同意を与えたときは，その同意を撤回することができず（社債株式振替 13 条 3 項），振替制度の利用を止めることができない。振替株式制度利用会社は，前述のように（〔243〕(b)），上場会社または店頭登録会社であるので，振替制度の利用を中止することは，その会社の株主にとって株式の譲渡が困難になって不利益を受け，また証券市場を混乱させることになるからである。

もっとも，振替機関の業務規程により発行者が上場会社等と限定されているから，発行者の株式が上場廃止等になった場合には，その会社は振替制度を利用できなくなり，その株式の譲渡は，株券不発行会社で振替制度を利用しないものの譲渡方法によってなされることになる（〔236〕）。その会社が定款を変更して株券発行会社になることは可能であり（〔235〕），その場合には振替機関を利用することができなくなることはいうまでもない。

〔250〕 **2　振替株式制度利用会社になるための手続**

株券不発行会社がその発行する株式について振替制度を利用するには，振替機関等を規律する法令において別に定めるところに従うほか，次の手続によることを要する。ここであらかじめその手続を大別すると，①会社の設立時に発行する振替株式について発行者が振替機関に同意を与える場合（社債株式振替150条）と，②㋑すでに振替株式になっているものを発行者が発行した場合および㋺会社成立後に発行者が振替機関に同意を与える場合とがあり，平成17年改正前は①，②㋑および②㋺が別々に規定されていたが，同年改正で②の㋑と㋺が共通に規定され，㋺については特に「成立後同意」（社債株式振替130条1項括弧書）という表現が用いられている。

(イ)　設立時から振替株式制度利用会社となる場合の特則

(a)　定款の定めおよび振替機関による取扱いについての発起人全員の同意　設立時から振替株式制度利用会社になるためには，原始定款で株券不発行の定めを設けるほか，振替機関に関する発起人全員の同意が必要である（社債株式振替128条2項）。

(b)　株式引受けの書面等への振替のための口座の記載等　会社が設立に際して発行する株式について特定の振替機関において取り扱うことについての同意を与える場合には，発起人は，設立時発行株式に関する事項を定める際に（会社32条1項），自分のために開設されたその振替株式の振替を行うための口座（特別口座は除かれる）を示さなければならない（社債株式振替150条1項）。このことは，発起人が事前に振替機関等と口座開設契約を締結していることが前提とされる。この場合の特別口座とは，発起人が別の発行者のためにすでに特別口座を有している場合のその口座をいい，それが除かれるということは，それを利用することは許されないという趣旨である。発起設立の場合にはそれだけですむが，募集設立の場合において発起人以外の者が株式の申込みをしようとするときは，その者は，①自分のために開設されたその振替株式の振替を行うための口座（特別口座は除かれる）を株式申込みの書面（会社203条2項）に記載し，または②総数引受けの場合（会社205条1項）には新株総数を引き受ける契約を締結する際に上記の口座をその振替株式の発行者に示さなければならない（社債株式振替150条4項。これを示さない株式申込みは無効と解される）。このことは，株式を引き受けようとする者も，事前に振替機関等と口座開設契約を締結していることが前提とされる。振替株式制度のもとでは，株式についての権利の帰属は振替口座簿の記載により定められ（社債株式振替128条1項），また振替株式の譲渡等は口座の数の増減によってなされるので（社債株式振替140条），上記のような方法によりその口座を発行者に示すことが要求されることになる。

また，発行者は設立時募集株式の引受けの申込みをしようとする者に対する通知（会社59条1項）または振替新株予約権付社債の償還の通知（社債株式振替203条1項）において，その振替株式についてこの法律の適用がある旨を示さなければならない（社債株式振替150条2項）。さらに振替株式を発行する会社の株主名簿には，その振替株式について，この法律の適用がある旨を記載し，または記録しなければならない（社債株式振替150条3項）。

(ロ) 振替株式の発行時および成立後同意時の新規記載または記録手続 〔251〕

(a) 発行者のとるべき措置 特定の銘柄の振替株式の発行者は，その振替株式の発行（その発行者が会社の成立後に社債株式振替13条の同意を与える場合にあってはその同意。「成立後同意」）後，遅滞なく，その発行者がその振替株式を取り扱うことに同意した振替機関に対して，所定の事項を通知しなければならない（社債株式振替130条1項。株券発行会社において設立後遅滞なく株券を発行しなければならないとされているのと同じ意味を有する）。その通知事項の内容は，①発行する振替株式の銘柄（1号），②①の振替株式の株主または登録株式質権者である加入者の氏名（2号），③②の加入者のため開設された①の振替株式の振替を行うための口座（3号），④加入者ごとの①の振替株式の数（4号），⑤加入者が登録株式質権者であるときはその旨，加入者ごとの質権の目的である①の振替株式の数およびその数のうち株主ごとの数（5号），⑥⑤の株主の氏名または名称および住所（6号），⑦加入者が信託の受託者であるときは，その旨ならびに④および⑤の数のうち信託財産であるものの数（7号），⑧その他政令または主務省令で定める事項（8号9号）である。政令で定める事項としては外国人の保有制限が付されている会社の振替株式の株主につき外国人である旨である（社振政令29条）。主務省令では株式の内容とされる（社振命令11条）。なお，株券喪失登録がなされた株券の株式については，その登録抹消日（会社230条1項）までは，発行会社からのこの通知をすることができない（社債株式振替159条1項。〔222〕）。

(b) 振替機関のとるべき措置 (a)の通知を受けた振替機関は，直ちに，その通知にかかる振替株式の銘柄について，次の措置をとらなければならない（社債株式振替130条2項）。

① その振替機関が(a)③の口座を開設したものである場合には，次に掲げる記

載または記録（同130条2項1号）。

㋑　その口座の銘柄ごとの数（同129条3項3号）を記載し，または記録する欄（以下「保有欄」という）における加入者（(a)②の株主であるものに限る）にかかる振替株式（(a)④）の加入者ごとの数の増加の記載または記録。

㋺　その口座の加入者が質権者であるときに（同129条3項4号）記載し，または記録する欄（以下「質権欄」という）における(a)②の加入者（登録株式質権者であるものに限る）にかかる(a)⑤の振替株式の数およびその数のうち株主ごとの数の増加の記載または記録。

㋩　その口座の質権欄における(a)⑥の記載または記録。

㊁　その口座における信託財産であるもの（(a)⑦）の数の増加の記載または記録。

㋭　その口座における発行者が知り得る事項として政令で定める事項の記載または記録。

②　その振替機関が(a)③の口座を開設したものでない場合には，その直近下位機関であって加入者（(a)②）の上位機関であるものの口座の顧客口座における当該加入者にかかる(a)④の数と(a)⑤の振替株式の数を合計した数の増加の記載または記録および当該直近下位機関に対する(a)①から⑧に掲げる事項の通知（社債株式振替130条2項2号）。

(c)　口座管理機関のとるべき措置　　口座管理機関が(a)②の通知を受けた場合には，(b)に準じた措置をとる必要がある（社債株式振替130条3項）。

(d)　発行者の株主総会および取締役会の決議　　振替機関はあらかじめ発行者からその振替機関において取り扱うことについて同意を得た株式でなければ取り扱うことができないが（社債株式振替13条1項），会社成立後に発行者がその同意を与えるには，株券不発行の定款変更のための株主総会の特別決議のほか，振替機関による取扱いについての取締役会の決議が必要である（社債株式振替128条2項）。

〔252〕　**(ハ)　会社が株主等の口座を知ることができない場合の手続**

(a)　発行者から，口座を通知すべき旨等の株主等に対する通知　　会社が特定の銘柄の振替株式を交付しようとする場合において，その振替株式の株主または登録株式質権者のために開設された振替株式の振替を行うための口座を知ることができないときは，会社（新設合併に際して振替株式を交付する場合その他の主務省令で定める場合〔合併，株式交換または株式移転に際して振替株式を交付する場合（社振命令12

条)〕にあっては，当該会社に準ずる者として主務省令で定めるもの〔合併，株式交換および株式移転に際して振替株式を交付する場合には合併消滅会社，株式交換をする会社および株式移転をする会社（社振命令13条)〕。以下「通知者」という）は，次に掲げる事項を①の一定の日の1か月前までに当該振替株式の株主または登録株式質権者となるべき者として主務省令で定めるもの（社振命令14条に列挙されている）に通知しなければならないとされる（社債株式振替131条1項)。

① 発行者が一定の日における株主（登録株式質権者がいるときは，その質権の目的である株式の株主を除く）およびその登録株式質権者について振替機関に対して加入者の氏名，口座等を通知（社債株式振替130条1項。(ロ)(a)）または振替の申請をする旨（同131条1項1号)。

② ①の株主または登録株式質権者のために開設されたその振替株式の振替を行うための口座を①の一定の日までに発行者に通知すべき旨（社債株式振替131条1項2号)。その会社がその株主等のために開設の申出をした特別口座（同131条3項）は除かれる（2号括弧書。その意味は(イ)(b))。この発行者から株主等への通知は，株主等から発行者に対して株主等の株式振替のための口座を通知することを求めるためのものである。その口座の開設は振替機関または口座管理機関によってなされることはいうまでもない。

③ 株主または登録株式質権者からの発行者に対する②の振替を行うための口座の通知がなかった場合に，発行者がその株主等のために口座の開設の申出をする振替機関等（社債株式振替131条2項）の氏名または名称および住所（社債株式振替131条1項3号)。株主等が②の通知をしない場合には発行者が株主等のために次に述べる特別口座の開設をすることになるので（(c))，その場合に発行者が株主等のために口座を開設する振替機関等を株主等に通知をしておくものである。

④ その他主務省令で定める事項（社債株式振替131条1項4号。社振命令15条1号－5号に列挙されている)。

(b) 発行者の振替機関等に対する特別口座開設の申出 名義株主または登録質権者のなかに，前述(a)②による発行者からの通知に応じないで，一定の日までに発行者に対して口座の通知をしなかった者がいる場合には，発行者による特別口座が開設される。すなわち，この場合には，その発行者は，前述③で株主等に通知をした振替機関等に対してこれらの者のために振替株式の振替を行うための口座――これを特別口座という――の開設の申出をしなければならない（社債株式振替131条3項本文)。振替株式制度のもとでは，口座等の通知をしない名義株主等については，そのまま放置すると，それらの株主等に対する株式についての権利行使の機会が与えられないことになってしまうので，特別口座の開設によりその権利行使の機会を与えようとするものである（特別口座の取扱いについては〔267〕参照）。

なお，その発行者がその株主または質権者のために開設の申出をした特別口座があるときは，口座開設の申出をする必要がない（社債株式振替131条3項但書）。ここで特別口座というのは，たとえばその発行者がすでに振替株式になっている別の銘柄の株式（他の種類の株式）につきその株主等のために開設した特別口座（たとえば普通株式について特別口座を開設した後に優先株式について振替株式としようという場合等）をいい，それが開設されているときはそれを利用すればよく，あらたに口座開設の申出をする必要がないという趣旨である。

特別口座は，振替機関または口座管理機関のいずれにでも開設することができ，また口座管理機関のなかのいずれにするか等は発行者の選択にゆだねられることになる。

(a)に規定する場合において，会社が前述(ロ)(a)の通知（社債株式振替130条1項）をするときは，(a)①の株主等から通知を受けた②の口座（通知がないときは③の特別口座）を(ロ)(a)③（加入者の口座。社債株式振替130条1項3号）の口座として振替機関に通知をしなければならない（同131条5項。なお，〔267〕〔268〕）。

〔252の2〕 (ニ) 組織再編の場合の移管先特別口座

平成26年改正会社法の施行に伴う整備法において，上場会社間の合併等の組織再編により，同一の銘柄の振替株式について複数の振替機関等に特別口座が開設されることになった場合に，これらの特別口座を一括して，1つの口座（移管先特別口座）にまとめるための規定が設けられた（社債株式振替133条の2等）。

〔252の3〕 (ホ) 振替株式に関する買取口座開設の申出

平成26年改正会社法の施行に伴う整備法において，買取口座の創設に関する規定が設けられた。

会社法では，反対株主の買取請求につき規定が設けられている（〔132〕〔759〕）。そこでは，買取請求を行った反対株主は，買取請求の相手方である会社の承諾を得た場合に限りこれを撤回することができるものとされている（116条7項・785条7項等。なお，価格決定の申立てがない場合の撤回につき117条3項・786条3項等）。この撤回の制限は，買取請求をした株式の投機に利用することを防止するためである（〔759〕(d)）。

しかし，いくらこのように撤回を制限しても，買取請求をした反対株主がその株式を市場で売却してしまえばそれは意味がなくなってしまう。そこで，このような反対株主の株式買取請求において株式を投機に利用することを防止するために，振替株式について，その発行者との関係で，買取口座の創設に関する規定が設けられた。

すなわち，振替株式の発行者（〔242〕）は，反対株主に株式買取請求が認められるような行為（〔132〕〔133〕）をしようとする場合には，振替機関等に対して，株式買取請求にかかる振替株式の振替を行うための口座（以下「買取口座」という）の開設の申出をしなければならないものとされる（社債株式振替155条1項）。振替株式の発行者が反対株主の株式買取の対象となる行為をする場合の公告をするときは，あわせて買取口座を公告しなければならない（社債株式振替155条2項）。そして，①振替株式の株主が株式買取請求をしようとする場合には，その株主は，その振替株式について買取口座を振替先口座とする振替の申請をしなければならず（同3項），しかも，②発行者は，反対株主の株式買取請求が生ずるような行為（〔132〕）がその効力を生ずる日までは，上述の申請により買取口座に記載または記録された振替株式について，自己の口座を振替先口座とする振替申請をすることができないものとされ（同4項），その結果，投機的に利用するような買取請求が防止される。なお，③発行者は，①の申請をした株主による株式買取請求の撤回を承諾したときは，遅滞なく，①の申請により買取口座に記載され，または記録された振替株式について，その株主の口座を振替先口座とする振替の申請をしなければならないものとされる（同5項。新株予約権買取請求についても同様とされる。社債株式振替183条）。

(ヘ) 保管振替制度利用会社の特例——一斉移行 〔253〕

保管振替制度の利用会社が，振替制度施行日（〔226〕。平成21年1月5日）において株券を発行する旨の定款の定めを設けていた場合（この定めを設けた場合には〔235〕）には，その会社の株式につき，施行日を効力発生日とする株券発行の定めを廃止する定款の変更決議をしたものとみなされ，また，これと同時に株券保管振替法は廃止された（平16法88附則2条）。保管振替制度と振替株式制度を両立させないという趣旨である。それを両立させることは，関係者の負担を増加させ，投資家に混乱を生じさせるからである。

保管振替機関は振替株式制度のもとにおける振替機関の指定を受けることになるが，施行日において発行者（振替株式制度利用会社になろうとする会社）がそれを振替機関（これを「特定振替機関」という）として施行日の1か月前の日――同意期限日――までに社債株式振替法13条1項の同意を与えた場合（同附則7条1項参照）には，預託株券にかかるものか株主が自分で保管している株券であるかを問わず，また株主の特別の手続を必要とせずに，保管振替制度から振替株式制度へ自動的に移行するものとされた（これを「一斉移行」といっている）。

〔254〕

3 振替の効果等

(イ) 振替株式の譲渡

振替株式の譲渡は，特定の銘柄の振替株式について株式を譲渡しようとする加入者（その口座において減少の記録がなされる加入者）の申請により（社債株式振替132条2項），譲受人がその口座における保有欄（機関口座にあっては，振替口座簿に機関口座の区分を設け，銘柄ごとの数を記載し，または記録する欄。社債株式振替129条5項2号）にその譲渡にかかる株式数の増加の記載（記録を含む。以下同じ）を受けなければ，その効力を生じない（社債株式振替140条）。図Ⅰの口座管理機関Aの振替口座簿を例にとると，口座管理機関以外の加入者a1が振替株式を譲り受ける場合には，a1の口座の保有欄に，また口座管理機関である加入者Aが譲り受ける場合には自己口座の保有欄に株式数の増加の記載がなされることが，それぞれa1およびAの振替株式の譲受の効力要件である。ここで保有欄とは，振替株式の質入れにおける質権欄に対する意味で用いられている（社債株式振替141条参照）。この株式数の増加の記載と合わせて，譲渡人の口座の保有欄の株式数が同数だけ減少され，振替が行われることになる（社債株式振替132条2項4項1号）。

Aの加入者a1がBの加入者b1にたとえば1万株の振替株式を譲渡する場合には，Aの振替口座簿上の加入者a1の口座の保有欄および甲の振替口座簿上のAの顧客口座からそれぞれ1万株を減少させ，甲の振替口座簿上のBの顧客口座およびBの振替口座簿上のb1の口座の保有欄に1万株の増加の記載をすることになる。市場取引の場合には清算機関による一括清算・ネッティングのもとで工夫がなされることになろう。

特定の銘柄の振替株式についての振替の申請および振替の手続について詳細な規定が設けられている（社債株式振替132条）。株券発行会社では株券の交付により，また株券不発行会社で振替株式制度利用会社でないものは譲渡当事者間の意思表示により（会社またはその他の第三者に対する対抗要件としては株主名簿の名義書換〔譲渡以外の移転を含む〕），株式譲渡の効力が生ずるのに対して，振替株式の場合には，譲渡人の申請（振替の申請は振替によりその口座において減少の記載がなされる加入者が，直近上位機関に対して行う〔社債株式振替132条2項〕ことは前述した。上記の例ではa1のAに対する申請によってなされることになる）による譲受人の口座への株式数の増加の記載によりその効力が生ずることになる。譲り受けようとする者がそれまで口座管理機関に口座の開設を受けていない場合には，あらたに口座管理機関との契約により口座の開設を受けなければならないことになる。

なお発行者は，振替株式につき反対株主等から株式買取請求権を行使された場合には，株主に対して株式の代金（会社116条等）の支払をするのと引換え（同時履行の関係になる）にその代金の支払にかかる特定の銘柄の振替株式についてその発行者の口座を振替先口座とする振替をその株主の直近上位機関に申請をすることを請求し（社債株式振替155条8項），その振替により発行者がその自己株式を買い受けることになる（社債株式振替140条）。

なお，譲渡以外の株式の移転，たとえば相続による移転の場合には，相続人が加入者の地位を承継しており，その地位を証する書面を提出して振替の申請をし，相続人の口座に株式数の増加の記載を受けることによりなされると解される。合併による承継の場合も同様である。

(ロ) 振替株式の質入れおよびそれを目的とする譲渡担保権の設定 〔255〕

振替株式の質入れは，質権を設定しようとする加入者の申請により（社債株式振替132条2項参照），質権設定者の口座からの振替により，質権者がその口座における質権欄にその質入れにかかる株式数の増加の記載または記録を受けなければその効力を生じない（社債株式振替141条）。図Ⅰの口座管理機関Aの振替口座簿を例にとると，加入者a1が振替株式に質権の設定を受ける場合にはa1の口座の質権欄に，Aが質権の設定を受ける場合には自己口座の質権欄に株式数の増加の記載を受けることが，それぞれa1およびAの質権設定を受けるための効力要件である。譲渡担保の設定は，担保権設定者の口座からの振替により，担保権者の口座の保有欄への株式数の増加等の記載または記録を受けることによりなされる（社債株式振替140条）。

株券不発行会社で振替株式制度利用会社でないものにおいては，登録株式質のみが認められ，略式株式質は認められず，また，登録譲渡担保に相当するものが認められ，略式譲渡担保に相当するものが認められないことは前述した（〔238〕）が，振替株式については，そのいずれに相当するものも認められる。このように，振替株式について略式株式質と登録株式質または略式譲渡担保と登録譲渡担保とがどのように区別されるかは，株主等の権利行使のための振替機関からの振替株式の発行者に対する株主の氏名，その有する株式の種類およびその数等の通知と結びついているので，株主の権利行使に関する説明のところで取り上げたい（〔275〕）。

〔256〕　(ハ)　信託の対抗要件

振替株式の株主X（質権につき信託が設定された場合には質権者。以下同じ）がYを受託者とし，自らまたは他人を受益者としてその有する振替株式について信託を設定する場合には，信託は，社債株式振替法129条3項5号の規定（〔247〕⑤）によりその振替株式が信託財産に属する旨を振替口座簿に記載し，または記録しなければ，その株式が信託財産に属することを第三者に対抗できない（社債株式振替142条。その振替口座への記載または記録の申請等については社振政令33条−38条）。信託の場合には口座には受託者が加入者として記載されるが，その者が信託の受託者として記載されていなければ，たとえば受託者の債権者は，その株式を受託者の財産として，それに対して差押え，強制執行等をすることができることになる。ところが，その口座に，上述のように加入者が信託の受託者である旨等の記載がなされていれば，受益者は，その株式が信託財産である旨，したがって，受託者の債権者の差押え，強制執行等を排除することができることになる。なお，株券不発行会社については，平成18年会社法改正により，信託は，株主名簿に記載等をしなければこれを会社その他の第三者に対抗することができない旨の規定が新設された（154条の2。〔240〕）が，振替株式についてはその規定の適用がないことはいうまでもない。

〔257〕　(ニ)　加入者の権利推定

加入者は，その口座（買取口座を除き，口座管理機関の口座の場合には自己口座に限られ，顧客口座は含まれない）における記載がなされた振替株式についての権利を適法に有するものと推定される（社債株式振替143条）。これを口座の記載の権利推定的効力ということができる。株券発行会社において株券の占有者が適法の所持人と推定されるが（会社131条1項），振替株式制度利用会社においては，それと同じ効果が加入者につきその口座の記載に認められることになる。したがって，加入者は，その口座に記載された振替株式についての権利を行使するにあたって，自分が実質的権利者であることを立証する必要はない。逆に，その者の権利行使を拒もうとする者が実質的無権利を立証しなければならない。いいかえれば，口座の記載が株券発行会社の株券の占有に代わる効果を有することになる。なお，振替機関は加入者ではないから，その機関口座につき権利推定的効力は及ばない

(もっとも次に述べる善意取得は明文で認められている。社債株式振替 144 条括弧書)。

(ホ) 善意取得

〔258〕

(a) 要件，悪意または重過失の意味等　振替株式についての株式数の増加の記載を受けた加入者につき，善意取得の効果が認められる。すなわち，振替株式につき，その口座（株主権は保有欄，質権は質権欄。口座管理機関の口座にあっては自己口座に限る）において特定の銘柄の振替株式についての株式数の増加の記載を受けた加入者（機関口座を有する振替機関を含む）は，その加入者に悪意または重大な過失がないかぎりその銘柄の振替株式についてのその増加の記載にかかる権利を取得する（社債株式振替 144 条)。

その加入者に悪意または重過失があるときは善意取得が認められないが，それは，たとえば口座の記載が無権限によってなされたものであることを知って取得した者またはそれを知らなかったとしても知らなかったことに重過失があると認められる者――重過失の意味についてはいろいろな解釈がありうるが，直接に知っていたとする立証はできないが，四囲の事情から知らなかったはずはないと認められる状況にある者という意味に解する――には善意取得の保護が与えられないという意味である。

(b) 範囲，無権限者による記載との関係等　善意取得が生ずるには振替の申請が権限のある者によってなされることは必要でない。むしろ，それが無権限者によってなされる場合に，善意取得が問題となるのが通常である。たとえば，①口座管理機関の担当者が加入者Ｘからの申請がないにもかかわらず，その申請があったものとして，無権限でＸの口座に株式数の減少の記載をし，Ｙから対価を得て（必ずしも対価の授受が善意取得の要件とはいえないが，対価の授受がない場合には，重過失が認定される可能性が大きいであろう。以下，対価の授受につき同じ）Ｙの口座に株式数の増加の記載をした場合において，Ｙにその担当者の無権限につき悪意または重過失がなかったときは，Ｙが増加の記載のなされた振替株式を善意取得し，その結果として，Ｘがその振替株式につき権利を失うことになる。さらに②口座管理機関の担当者が，たとえばＸの口座の株式数を減少させることなく，一方的にＹから対価を得てその口座の株式数の増加の記載をした場合（Ｘの口座の減少した振替株式数を超えてＹの口座の株式数を増加させた場合も同様である）にも，Ｙに悪意または重過失がないかぎり，Ｙはその銘柄の株式を増加の記載を受けた数だけ善意取得することになり，その結果，振替株式の総数がその発行を超過することになり，その超過数の処理が振替機関等の義務の内容となる（〔259〕―

〔266〕参照)。なお，図Ⅱの例(〔261〕)において，a1の口座に2万株分誤記載され，a2がその2万株を善意取得してa2の株式数が合計4万株となり，Aの加入者全員の保有株数6万株が甲の振替口座簿上の顧客口座の4万株を超えた場合において，同じ振替機関甲のもとに別の口座管理機関Bがあったとしてその加入者b1(図Ⅰ〔246〕参照)に対する振替株式の譲渡は，甲の振替口座簿上のAの顧客口座の4万株の限度でなしうるにすぎない。このような譲渡は甲の振替口座簿上のAの顧客口座(譲渡人であるa2またはa3の口座についても同様である)から譲渡株式数だけ減少させ，Bの顧客口座(b1の口座についても同様である)にその分の増加の記載をすることになるからである。Bが誤って，b1にたとえば6万株の増加の記載をしたときは，b1にとって4万株を超える分については善意取得の問題が生ずることになる。さらに③振替株式制度のもとで，安全装置を十分に施しておいたにもかかわらず，ハッカー等による口座の記載がなされたという例のように，振替機関等に全く帰責事由がない場合に善意取得を認めるかが問題となりうる。このような場合にも，②の場合と同じく，後述するように(〔259〕)，振替株式の総数がその発行総数を超過する等の事態が生ずることになり，その超過数の処理が振替機関等の義務の内容となっていることを考えると，善意取得を認めて振替機関等にその超過数についての処理義務を負わせることは酷であるが，法文の規定からいっても，また善意者保護の立場からいっても，それを認めざるをえないと考えられる。もっとも，ハッカーの関与者はもちろん悪意または重過失が認められるはずであり，それ以外の者でハッカーによって増加の記載を受けた者も，対価の授受がない以上，重過失があると認定される可能性が大きいと考えられ，このような悪意または重過失の認定によって，振替機関等に対して酷になることを防止するようにすべきであると考えられる。しかし，その者からの善意の譲受人による善意取得が生ずることは避けられない。

このように，振替株式については加入者の口座に株式数の増加の記載がなされれば，その加入者に悪意または重過失がないかぎり善意取得が認められ，社債株式振替法144条の規定の仕方からも明らかなように，他の加入者の口座に同じ数だけの減少の記載がなされたかどうかは，善意取得の成否に影響がない。増加の記載がなされた加入者にとっては，他の加入者の口座に同じ株式数の減少の記載がなされたかどうかは知りえないということも，以上のように規定がなされた理由の1つにあげることができよう。

これを株券の善意取得(基本的には小切手についても同様である。会社131条2項，小切手法19条。手形についてもそこでは裏書の連続が要件とされる点を除いては同様である。手16条2項）と比較すると，次の点を指摘することができる。①株券の場合には，前述したように，株券が有効に発行されたものであることが前提とされ（「為替手形ノ占有ヲ失ヒタル者」〔手16条2項〕の「為替手形」とは有効に成立したものであることが前提である），したがって，それが偽造されたものであるときは，いかにそれを悪意または重過失なく取得したとしても善意取得はありえない（二重株券，予備株券等についても同様である）。これに対して，振替株式制度のもとでは，株券が存在せず，したがってその偽造ということも問題にならない。②株券発行会社の場合には，千株券が変造されて1万株券とされた場合にも，善意取得が生ずるのは1000株についてのみであるのに対して，振替株式制度のもとでは，Xの口座に1000株の減少の記載がなされ，Yの口座に1万株の増加の記載がなされた場合にも，Yは1万株につき善意取得する。③手形（株券についても，基本的には同様である）の善意取得について手形法16条2項では，「為替手形ノ占有ヲ失ヒタル者アル場合ニ於テ」と規定されているので，たとえば制限行為能力者甲が手形を譲渡した場合に，それを甲の能力の制限について悪意または重過失のなく取得した乙が善意取得するか，乙の善意取得は認められず（甲は「占有ヲ失ヒタル者」に該当しない），乙からさらに悪意または重過失なく取得した丙がはじめて善意取得するかが争われている（近時は乙の善意取得を認めるのが多数である。前田・手形法・小切手法434頁）。しかし，振替株式については，その場合にその規定の仕方からいっても，善意者保護の立場からいっても乙の善意取得が認められると解される。

なお，発行者等の誤った通知，振替機関等の誤記載等により口座に誤った増加記載がなされた場合において，その振替株式について善意取得が生じていないときは，口座の記載の訂正をすべきであることはいうまでもない（〔248〕(f)）。

発行者の誤った通知に基づき振替機関が次に述べる超過記載の責任を負わされた場合には振替機関の発行者に対する損害賠償を請求できることになる。

4　善意取得により生ずる超過数の処理　〔259〕

(イ)　振替機関等の超過数の取得およびその権利の放棄の意思表示をする義務の発生

前述したように，振替株式の善意取得がなされることにより，株主の有するその銘柄の振替株式の総数がその銘柄の振替株式の発行総数を超える結果が生ずることがあるが，それをどのように処理するかが問題になる。上位機関の顧客口座に記載された振替株式の総数とその直近下位機関の加入者の口座に記載されている振替株式の合計数との間にも同様の問題が生ずる。この問題に関しては，振替機関等に超過数についての①振替株式の取得義務および②その数の振替株式についての権利の全部を放棄する旨の意思表示をする義務を負わせることによって処理される。この義務を負うのは超過数を生じさせた振替機関等に限定されている（社債株式振替 145 条・146 条。パーティションといわれる）。これらの義務については，振替機関と口座管理機関とで別々に規定されているので，ここでもそれらを分けて取り上げたい。

なお，このように振替機関等につき，善意取得によって生じた超過数の取得および権利放棄の意思表示の義務が生ずるが，それによってその善意取得が否定されるものではないことはいうまでもない（〔261〕(i)）。もっとも，(ロ)で述べるように，振替機関等に，この義務の不履行があるときは，その数につき株主が発行者に対抗できない事態が生ずることになる。

(a) **振替機関の場合**

(i) 超過数の振替株式の取得　　振替機関は，上述の超過数につきその銘柄の振替株式の取得義務を負う。すなわち，善意取得による振替株式の取得によりすべての株主の有するその銘柄の振替株式の総数が当該銘柄の振替株式の発行総数（消却された振替株式の数は除かれる）を超えることとなる場合において，①振替機関の備える振替口座簿における振替機関の加入者の口座に記載されたその銘柄の振替株式の数の合計数が，②その銘柄の振替株式の発行総数（消却された振替株式の数および株券喪失登録のなされた株券について社債株式振替 159 条 1 項の規定により同項の通知をすることができない振替株式の数は除かれる）を超えるときは，振替機関はその超過数に達するまで，その銘柄の振替株式を取得する義務を負う（社債株式振替 145 条 1 項）。

図Ⅱ（〔261〕）の例において，振替機関甲が加入者乙$_1$ に 4 万株の誤記載をし，加入者乙$_2$ がそれを善意取得してその口座に 5 万株（それまでの 1 万株と善意取得した 4 万株の合計数）と記載され，その結果，その発行者の振替株式の発行総数 10 万株（②の発行総数）に対して，加入者乙$_2$ の 5 万株および口座管理機関 A の自己口座の 5 万株およびその顧客口座の 4 万株の総数が 14 万株となり，4 万株の超過数を生じている。この場合には，甲には 4 万株の取得義務が生ずることになる。したがってまた，その例において，振替機関がその誤記載につき乙$_2$ に悪意または重過失があったことを立証した場合のように，誤記載がなされた数の振替株式を取得した者のないことが証明されたときは誤記載がなかったものとして取り扱われることになる（社債株式振替 145 条 2 項）。

なお，振替機関による振替株式の取得にあたって，その銘柄の振替株式の発行者の有する自己株式を譲り受けることもありうるが，この場合の発行者による自己株式の振替機関に対する処分については，処分する自己株式を引き受ける者を募集する場合に募集株式の発行と同様の取扱いを要求する規定（会社 199 条以下）の適用はなく，たんに公正な価額で行わなければならないものとされている（社債株式振替 145 条 6 項）。振替機関による義務の履行の便宜を図ったものである。ここで公正な価額とは，会社法 201 条 2 項のそれと同じ意味と解される（〔317〕参照）。また，この便宜を認めることにより，市場での「売り惜しみ」等が発生して株価が急騰する可能性を防止する一助とすることができる。

(ii) 権利放棄の意思表示をする義務等　　振替機関は，(i)により振替株式を取得したときは，ただちに発行者に対して，その振替株式についての権利の全部を放棄する旨の意思表示をする義務を負い（社債株式振替 145 条 3 項），この意思表示がなされたときは，その振替株式についての権利が消滅する（同 4 項）。これにより，前述(i)の善意取得の結果生じた超過数が解消することになる。振替機関は，この放棄の意思表示をしたときは，直ちに，その振替株式について振替口座簿の抹消をしなければならない（同 5 項）。すなわち振替機関甲が取得した 4 万株はいったん機関口座（〔245〕）に記載されるが，その記載につき振替口座簿（機関口座）から抹消することになる。

(b) 口座管理機関の場合　　口座管理機関については，振替機関の場合（(a)）と異なり，条文上は，超過数の権利放棄の意思表示をする義務が超過数の取得義務の前に規定されているが，ここでは，(a)と同様に超過数の取得義務を先に取り上げる。なお，両者でこのように規定の仕方が異なっているのは，口座管理機関においては自己口座を有する場合があり，そこで有している振替株式の数が超過数を上回る場合には取得義務を負わせる必要がないからである。図Ⅲ（〔262〕）の例で，口座管理機関 A の振替口座簿の a2 および a3 の口座の合計数が振替機関甲の振替口座簿上の A の顧客口座の数を上回っていたとしても，振替機関甲の振替口座簿における A の自己口座の振替株式数がそれ以上であれば，A は取得義務を負わず，たんにその分の権利放棄の意思表示を負わせれば足りることになる。　〔260〕

(i) 超過数の取得義務が生ずる場合　　①その口座管理機関の備える振替口座簿におけるその口座管理機関の加入者の口座に記載されたその銘柄の振替株式

の数の合計数が，②その口座管理機関の直近上位機関の備える振替口座簿におけるその口座管理機関の口座の顧客口座に記載されたその銘柄の振替株式の数を超える場合において，口座管理機関は，その超過数に相当する数のその銘柄の振替株式を有していないときは，(ii)による放棄の意思表示をする前にその超過数に達するまで，その銘柄の振替株式を取得する義務を負う（社債株式振替 146 条 3 項）。

図Ⅲ（〔262〕）の口座管理機関 A を例にとると，②振替機関甲の A の顧客口座に記載された銘柄の振替株式数が 4 万株であって，①その加入者 a2 および a3 の口座に記載された振替株式のそれぞれが 3 万株でその合計数が 6 万株であり，A は 2 万株を取得する義務を負うことになる。もっとも，前述したように，A が振替機関の振替口座簿における自己口座においてその銘柄の 2 万株以上の振替株式を有しているときは（図Ⅲの例もそうである），取得義務を負わず，たんに(ii)で述べる権利放棄の意思表示をする義務を負えば足りる。なお，口座管理機関がその振替株式を取得した場合には，いったんその自己口座（A の例では振替機関の振替口座簿における A の自己口座）に記載されることになる。

このような超過数の取得義務が生ずるのは，(a)の場合と同様に，それが善意取得がなされたことによって生じたことが必要である。したがって，たとえば，その口座管理機関 A がいったん a1 の口座に 2 万株の誤記載をし，さらに a1 がそれを a2 に譲渡し，a2 が悪意重過失なく自分の口座に 2 万株の増加記載を受けたような場合にその義務が発生することになる。したがって，a2 に悪意重過失があったという事実が証明された場合には，前述の超過数の計算にあたってその記載がなかったとした場合の数とされることはいうまでもない（社債株式振替 146 条 2 項・145 条 2 項）。

また，この取得にあたって，自己株式を譲り受ける場合の発行者による自己株式の処分については，振替機関の場合（〔259〕(a)(i)）と同様である。

(ii) 権利放棄の意思表示をする義務等　前述(i)における①の数が②の数を超えることとなる口座管理機関があるときは，その口座管理機関は，発行者に対してその超過数に相当する数のその銘柄の振替株式について権利の全部を放棄する旨の意思表示をする義務を負う（社債株式振替 146 条 1 項）。前述の例では，A は，その超過数の 2 万株につき発行者に対しその権利の全部を放棄する旨の意思表示をしなければならないことになる。

口座管理機関（上記の例では A）は，発行者に対してその権利放棄の意思表示をしたときは，ただちにその直近上位機関（上記の例では振替機関甲）に対し，①

その権利放棄の意思表示をした旨ならびに②その権利放棄の意思表示にかかる振替株式の銘柄および数を通知しなければならない（社債株式振替146条4項）。その直近上位機関（振替機関甲）は，この通知を受けたときは，ただちにその振替株式について，その備える振替口座簿において，次の㋑および㋺に掲げる記載をしなければならない（社債株式振替146条5項）。

㋑　直近上位機関（振替機関甲）の備える口座管理機関の口座の自己口座におけるその権利放棄の意思表示にかかる振替株式の銘柄および数の減少の記載（1号）。前述の例によれば，振替機関の備えるAの自己口座において権利放棄の意思表示をした2万株の減少の記載をすることになる。

㋺　直近上位機関（振替機関甲）における口座管理機関の顧客口座における口座管理機関による権利放棄の意思表示にかかる振替株式の数の増加の記載（2号）。前述の例では，振替機関甲の備える口座管理機関Aの口座の顧客口座に2万株の増加の記載をすることになる。

振替機関甲の振替口座簿の口座において超過数が生じた(a)の場合と異なり，ここでは口座管理機関Aの振替口座簿の口座において超過数が生じた場合であるので，振替機関甲の振替口座簿の口座の振替株式の合計数についてはAの権利放棄の意思表示の前後で変化は生じない。そしてまた，甲の振替口座簿におけるAの顧客口座の振替株数が2万株分増加の記載がなされたことにより，a2が2万株の善意取得をしたことの甲の振替口座簿の顧客口座における裏付けがなされたことになる。

以上の措置をとることにより，前述の善意取得により生じた超過数の問題が解消することになる。

(ロ)　超過数の権利放棄の意思表示をする等の義務の不履行の場合の取扱い　〔261〕

(a)　発行者に対抗できない振替株式数

(i)　基本的な考え方　　前述の権利放棄の義務（〔259〕）の不履行があった場合には，その義務の全部を履行するまでの間は，各株主は，その有するその銘柄の振替株式のうち，次に定められる数に関する部分について，発行者に対抗できないものとされる（社債株式振替147条1項柱書）。前述（〔259〕）のような善意取得が生じた場合に，加入者の口座に記載されたその銘柄の振替株式の全部につき株主の権利を行使させたのでは，その振替株式の発行総数を超える数の株主の権利を行使させるという不都合を生ずるからである。ここでは，株主の権利行使の面も便宜上取り扱うことになる（〔241〕参照）。

発行者に対抗できない振替株式の数についての基本的な考え方は，振替機関等の義務の不履行の場合に，その義務の不履行をしている振替機関等の加入者の間で，その有する株式数に応じて平等に不利益を負担させようというものである。そして，多層構造がとられている社債株式振替法の制度（〔242〕）のもとでは，同一の銘柄の振替株式について，振替機関に不履行がある場合には，その傘下のすべての株主につき発行者に対抗できない振替株式が生じ，また振替機関とその下位機関の双方に義務不履行がある場合も同様のことが生じ，それらの場合には，その傘下の加入者について平等に取り扱う必要が生ずることになる。このように，ある口座管理機関に義務の不履行が生じた場合には，その口座管理機関およびその下位機関が開設した口座の株主が平等にその不利益を負担するが，振替機関ならびに他の口座管理機関およびその加入者には不利益が及ばないことになる（後述(iii)および(b)参照）。

このように，加入者が一定の株式数につき会社に対抗することができないという結果になるとしても，そのような結果を生ぜしめた善意取得の効力を否定するものでないことはいうまでもない。善意取得者としては，義務の不履行をしている振替機関等の傘下の加入者である場合には，他の加入者とともに，以下に定める内容にしたがって，その有する振替株式につき発行者に対抗できないことになるが，その振替株式の譲渡，振替機関等に対する損害賠償請求（〔263〕）等との関連では，善意取得の効力が認められることになる。もっとも，同じ振替機関の傘下の異なる口座管理機関の加入者間の譲渡については，振替機関の振替口座簿上の譲渡人の口座管理機関の顧客口座に記載された振替株式数との関係で制約があることは前述した（〔258〕(b)）。

以下には，振替機関のみに義務不履行があった場合，その下位の口座管理機関のみに義務不履行があった場合および振替機関とその下位機関の双方に義務不履行があった場合に分けて取り扱う。

(ii)　振替機関にのみ不履行がある場合　　振替機関にのみ不履行がある場合には，その傘下のすべての振替株式につき，発行者に対抗できない部分が生ずることになる。その発行者に対抗できない数の計算は，次のようにしてなされる。

振替機関が超過数の振替株式の取得および権利放棄の意思表示をする義務（社債株式振替145条。〔259〕(a)）の全部を履行するまでの間は，各株主は，その株主の有するその銘柄の振替株式のうち，①その株主の有するその銘柄の振替株式の数が②すべての株主の有するその銘柄の振替株式の総数に占める割合を，その権利放棄の意思表示をする等の義務を負う超過数（その義務の一部が履行されたときは，その履行にかかる数を控除した数）に乗じた数に関する部分について，発行者に対抗することができない（社債株式振替147条1項）。

図Ⅱ

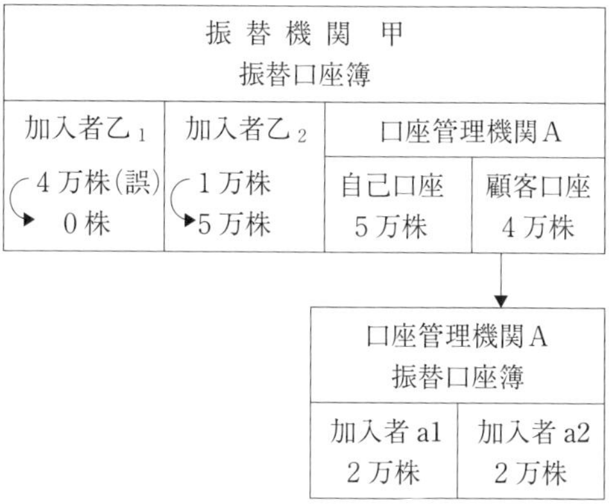

<table>
<tr><td colspan="4">振替機関　甲
振替口座簿</td></tr>
<tr><td rowspan="2">加入者乙1</td><td rowspan="2">加入者乙2</td><td colspan="2">口座管理機関A</td></tr>
<tr><td>自己口座</td><td>顧客口座</td></tr>
<tr><td>4万株(誤)
→ 0株</td><td>1万株
→ 5万株</td><td>5万株</td><td>4万株</td></tr>
</table>

↓

<table>
<tr><td colspan="2">口座管理機関A
振替口座簿</td></tr>
<tr><td>加入者a1
2万株</td><td>加入者a2
2万株</td></tr>
</table>

図Ⅱは，振替機関甲にのみ義務の不履行があり，その傘下の口座管理機関Aには不履行がない場合の例である。たとえば甲がその誤りにより加入者乙$_1$の口座に4万株の記載をし，加入者乙$_2$がそれを善意取得し，その口座にそれまでの1万株と合わせて5万株と記載された結果，振替株式の発行総数10万株に対して，加入者乙$_2$，Aの自己口座およびAの顧客口座の全部の株式数の合計数が14万株となり，その4万株について甲に義務不履行の状態が生じている。この場合には，乙$_2$およびAの自己口座のみならず，Aの顧客口座したがってAの振替口座簿上のa1およびa2にも影響し，発行者に対抗できない株式数は次のようになる。

振替株式の発行総数10万株（義務不履行分4万株）

顧客口座分 $4万株 \times \frac{4万株}{14万株} = \frac{8}{7}万株$ $\left(残り\ \frac{20}{7}万株\right)$

乙$_2$および自己口座分それぞれ

$4万株 \times \frac{5万株}{14万株} = \frac{10}{7}万株$ $\left(残り\ \frac{25}{7}万株\right)$

a1およびa2の分それぞれ $\frac{8}{7}万株 \times \frac{1}{2} = \frac{4}{7}万株$ $\left(残り\ \frac{10}{7}万株\right)$

〔262〕 ⅲ　口座管理機関にのみ不履行がある場合　　口座管理機関が超過数の振替株式の取得および権利放棄の意思表示をする義務（社債株式振替146条。〔260〕）の全部を履行するまでの間は，株主（その口座管理機関またはその下位機関が開設した口座に記載された振替株式についての株主に限る）は，その有するその銘柄の振替株式のうち，①その株主の有するその銘柄の振替株式数が②その口座管理機関またはその下位機関が開設した口座（ここでは，その下位機関の口座については考慮しな

図Ⅲ

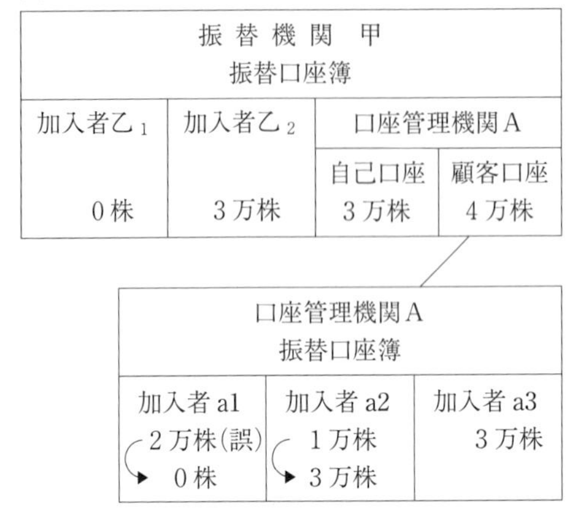

い）に記載された振替株式についてのすべての株主の有するその銘柄の振替株式の総数に占める割合を，その権利放棄の意思表示をする等の義務を負う超過数（義務の一部が履行されたときはその履行にかかる数を控除した数）に乗じた部分について，発行者に対抗することができない（社債株式振替 148 条 1 項)。

図Ⅲにおいて，たとえば口座管理機関Aの誤りにより，加入者 a1 の口座に 2 万株と記載され，a1 がそれを全部加入者 a2 に振替をし，その結果，a2 が 2 万株善意取得し，a2 の口座に 3 万株（それまで 1 万株）と記載された。加入者 a3 の 3 万株の記載には誤りはない。A の不履行分は 2 万株となる。この場合において，次の数式により，a2 および a3 の 3 万株のうち，それぞれ 1 万株分が発行者に対抗できないことになる。

振替株式の発行総数 10 万株（A の義務不履行分 2 万株）

$$2\text{万株}\times\frac{3\text{万株}\ (\S 148①[\mathrm{I}])}{6\text{万株}\ (\S 148①[\mathrm{II}])}=1\text{万株}\ (\text{残り}\ 2\text{万株})$$

図Ⅳ

振 替 機 関　甲 振替口座簿の記載		
加入者乙₂	口座管理機関A	
	自己口座	顧客口座
5万株	5万株	4万株

口座管理機関A 振替口座簿の記載	
加入者 a2	加入者 a3
3万株	3万株

振替株式の発行総数 10 万株
超過数　　4 万株

(iv)　振替機関とその下位機関の双方に不履行があった場合　　この場合には，社債株式振替法 147 条 1 項 1 号 2 号の括弧書を考慮に入れなければならない。

図Ⅳにおいて，図Ⅱの事例により，振替機関甲の振替口座簿に 4 万株の超過数が生じ，図Ⅲの事例により口座振替機関Aの振替口座簿に 2 万株の超過数が生じたとする。この場合には，まず，図Ⅳの a2 および a3 について，発行者に対抗することができない数として，まずAの振替口座簿において，その超過数 2 万株をそれぞれその保有数に応じて負担させなければならないが，それは図Ⅲの例によりそれぞれ1万株（残り2万株）となる（社債株式振替148条1項。前述(iii)）。さらに，甲の振替口座簿上の顧客口座の超過数についても，それぞれa2およびa3の保有数に応じて負担させなければならないが，それは図Ⅱにおける顧客口座の負担分$\frac{8}{7}$万株を2分の1ずつ負担することになり，それぞれa2およびa3とも，その負担は$\frac{4}{7}$万株ある。そしてAの振替口座簿の上に述べた負担分1万株と合計すると，a2およびa3の負担はそれぞれ$\frac{11}{7}$万株ということになる。その結果，a2およびa3が会社に対抗できない振替株式数はそれぞれ$\frac{11}{7}$万株となる。また，甲の振替口座簿上，顧客口座以外の口座である乙$_2$およびAの自己口座については，図Ⅱの例がそのままあてはまり，それぞれ$\frac{10}{7}$万株を負担する。それをまとめて，発行者に対抗できない振替株式数と対抗できる株式数を図示すると，図Ⅴの通りである。

図Ⅴ

加入者乙$_2$	口座管理機関A	
	自己口座	顧客口座
$3\frac{4}{7}$万株 （$1\frac{3}{7}$万株）	$3\frac{4}{7}$万株 （$1\frac{3}{7}$万株）	$2\frac{6}{7}$万株 （$1\frac{1}{7}$万株）

加入者a1	加入者a2
$1\frac{3}{7}$万株 （1万株＋$\frac{4}{7}$万株＝$1\frac{4}{7}$万株）	$1\frac{3}{7}$万株 （1万株＋$\frac{4}{7}$万株＝$1\frac{4}{7}$万株）

括弧内が発行者に対抗できない振替株式数

(b) 義務を負う振替機関等の不履行によって生じた損害の賠償責任，加入者保護信託 〔263〕

(a)の義務を負う振替機関等は，自己またはその下位機関の加入者に対して，その義務の不履行によって生じた損害につき賠償義務を負う（社債株式振替147条2項・148条2項）。

善意取得によって全株主の有する振替株式の総数がその銘柄の振替株式の発行総数（振替機関の場合）または直近上位機関の備える振替口座簿における顧客口座簿に記載された振替株式の数（口座管理機関の場合）を超えることとなる場合において，振替機関等がその超過数の取得および権利放棄義務を履行しなかったときは，自分の加入者のみならず下位機関の加入者にとってもその有する株式の一部につき(a)によって会社に対して対抗することができなくなり，損害が生ずる。この損害につき，上記の義務を負う振替機関等が加入者に対して賠償義務を負うものとされるのである。

上記の損害賠償義務を負うのは，前述の超過数の取得および権利放棄義務を負う振替機関等である。複数の上位機関および下位機関で構成される多層構造の機構のもとで，全構成員の連帯責任とされることは，個々の構成員に酷であると考えられたためである。

この関係で，この損害賠償義務を負う振替機関等が倒産等により損害賠償義務を履行しえなくなったときは，加入者が自らなんの帰責事由もないのに損害を蒙らされることになる。そこで，このように加入者に損害が生ずることがありうる場合に備えて，加入者保護信託が整備されている（社債株式振替51条−65条の2）。それは，振替機関が委託者となり，信託会社等（実際には信託銀行）を受託者とし，加入者を受益者として締結される信託契約によって設定される信託であって，その内容は，受益者が上に述べたような損害を蒙った場合に，受託者から政令で定める額の損害額の支払を受けられるというものである。振替機関等は，主務省令の定めるところにより，受託者に対して，上記の信託のための負担金の支払をする義務を負い，それが信託財産となって加入者に対する損害額の支払の財源となる。なお，加入者は，自己が口座の開設を受けた口座管理機関に対して損害賠償についての連帯保証責任を追及することもできる（社債株式振替11条2項により，連帯保証責任を負う旨を口座管理契約で定めなければならないとされている）。自分の顧客分の権利の縮減についてはそれを負担するという政策判断によるものである。

〔264〕 **(ハ) 振替機関等が事後的に権利放棄義務等を履行した場合の取扱い等**

(a) 基準日等の通知後2週間内に義務を履行した場合における議決権等の行使の関係

振替株式制度のもとでは，振替機関が，基準日における振替口座簿に記載された株主について発行者に通知（総株主通知）をし，発行者はその通知に従って株主名簿の記載をし，株主の権利行使は，その記載に基づいてなされる（社債株式振替151条1項1号。詳細は〔**274**〕）。また，事業年度を1年とする発行会社については，事業年度ごとにその事業年度の開始の日から起算して6か月を経過したときはその日の株主（中間配当に関する定款の定めにより事業年度中の一定の日を定めている場合にはその日の株主）についても，それと同様の通知がなされる（社債株式振替151条1項4号）。

ところで，そのような基準日等における権利行使と振替機関の取得義務等の履行（社債株式振替145条1項）との関係について，次のような救済的な取扱いがなされる。すなわち，超過数の取得義務等を負う振替機関（口座振替機関についても同様である。社債株式振替148条3項による同147条3項の準用。以下同じ）が①基準日の通知（その日の株主等の通知。社債株式振替151条1項1号）または②事業年度を1年とする発行者において事業年度の開始日から起算して6か月を経過したときの通知（その時点の株主の通知。社債株式振替 151 条 1 項 4 号。中間配当の定めがある場合には定款に定める一定の日の株主等の通知）の後 2 週間内に，超過数の振替株式について権利の全部を放棄する旨の意思表示をしたときは，次のような効果が認められる（社債株式振替 147 条 3 項）。すなわち，振替機関がその総株主通知において，その振替株式の株主として通知をした特定の者（以下，特定被通知株主という。その株主についての制限はないが，議決権等の放棄をしなければならないから，会社関係者が通常であろう）以外の株主に関する①基準日における議決権等の権利の行使および②中間配当を受ける権利（以下，①と②を合わせて「議決権等」という）の行使については，超過数について各株主が発行者に対抗できない旨の規定（社債株式振替 147 条 1 項）は適用せず，その分を発行者に対抗できるものとされる（社債株式振替 147 条 3 項本文）。しかし，そのためには，その振替株式について次のいずれかに該当する場合に限られる（社債株式振替 147 条 3 項但書）。そうでないと，議決権等の二重行使が生ずるからである。

① 特定被通知株主がその通知の後 2 週間以内に発行者に対し，その議決権等（会社 124 条 1 項に規定する権利）の全部を放棄する旨の意思表示をした振替株式である場合（社債株式振替 147 条 3 項 1 号・148 条 3 項。この場合の振替機関からの通知および株主名簿上の取扱いについては，〔274〕(i)①および〔277〕(v)）。

② 自己株式である場合（社債株式振替 147 条 3 項 2 号）。

③ 発行者が議決権を行使する者のみを定めるために基準日を定めた場合における単元未満株式の場合（会社法 189 条 1 項の単元未満株式をいう。社債株式振替 147 条 3 項 3 号）。

④ ③の場合（発行者が議決権を行使する者を定めるためにのみ基準日を定めた場合）における株式の相互保有の理由により議決権を有しないものとされる相互保有株式の場合（社債株式振替 147 条 3 項 4 号）。

それらの振替株式については，いったん後述する（〔274〕(i)①）振替機関からの発行者に対する総株主通知（社債株式振替 151 条 1 項）において議決権を行使することができないものの数として示されているが（社債株式振替 151 条 5 項），①から④までの場合には，その振替株式について議決権等の行使が放棄され（①の場合），または法律上認められない（②，③および④）ので，この取扱いが認められるのである（この場合には，株主名簿には，議決権を行使できないものの数として示された事項を記載してはならないものとされる〔社債株式振替 152 条 3 項〕。〔274〕(i)①，〔277〕(v)）。振替機関等の義務の不履行により議決権等の株主の権利が縮減されることは望ましいことではないので，通知後2週間以内に振替機関からの振替株式の権利の全部を放棄する旨の意思表示がなされたときは，そのおくれは大目に見て，①から④以外の振替株式株主にその権利行使を認めてそれらの者に不利にならないように配慮したものである。

もっとも，実際上は，①の場合に特定被通知株主からその権利の全部の放棄を受けることが困難なことが多いと考えられ，したがって，発行者が自己株式を保有しているときは，振替機関等としては，その自己株式の譲渡を受けて取得および権利放棄義務を履行しておくことが処理しやすいであろう。そのような便宜も考慮して，発行者は，超過数の取得等の義務を自ら振替機関等に対し公正な価額で譲渡するときは，会社法の特例として自己株式の処分につき一般的に要求される手続——新株発行に準じた手続——はとらないでよいものとされていることは前述した（〔259〕(i)，〔260〕(i)）。

〔265〕 **(b) 単独株主権または少数株主権の行使要件との関係——権利放棄義務の遡及効**

前述したように（(ロ)(ハ)(a)），振替機関等の権利放棄の意思表示をする義務の不履行により，加入者がその有する株式につき発行者に対抗しうる数の減少が生ずることがありうるが，その結果，加入者の単独株主権または少数株主権に影響を生ずることがある。たとえば，株主提案権は，6か月前より引き続き総株主の議決権の100分の1または300個以上の議決権を有する株主に与えられるが，加入者がそれまでその株主提案権行使の要件をみたしていたにもかかわらず，振替機関等の義務の不履行により，その要件をみたさなくなるということがありうる。しかしまた，その振替機関がその義務を履行した結果，持株数の要件が回復することはありうる。しかし，そのまま何の手当てをしなければ，株式の継続保有期間については，持株数の要件を回復してからさらに6か月の保有が必要となり，加入者に酷な結果になる。そこで，振替機関等がその義務の全部を履行した場合には，単独株主権または少数株主権の継続保有要件等の関係では，はじめから要件をみたしていたものとして取り扱われるものとされる。ここでも義務の履行の遡及効が認められている（社債株式振替147条4項・148条4項。なお社債株式振替154条参照。詳細は〔278〕）。(a)の場合と異なり，株主の時期の定めのない個別的な権利行使なので，とくに義務履行の時期について制約が設けられていない。

(c) 振替機関等の義務不履行により端数または単元未満株主が生じた場合の措置

この場合には，そのような株主を救済するためその端数または単元未満株につき議決権が認められることになる（社債株式振替153条。詳細は〔277〕(vi)）。

(二) 発行者が誤って振替株式につき剰余金の配当をした場合の取扱い 〔266〕

発行者が振替機関等の義務の不履行により対抗できないものとされた振替株式についてした剰余金の配当について規定されている（社債株式振替149条）。すなわち，①その配当は，発行者が善意であっても，その銘柄の他の振替株式に関する発行者の債務を消滅させる効力を有しないことはいうまでもない（同条1項）。②しかし，配当を受けた株主は，発行者に対してその剰余金の配当に関する金額を返還する義務を負わない（同条2項）。株主は，善意取得または承継取得により株主としての権利を取得しているのであって，振替機関等にその分につき義務違反があっても，そのことにより株主の地位に影響を与えるべきではないからである。さらに③その結果，発行者に生じた不利益につき，発行者は，①の配当をしたときは，②の金額の限度で振替機関等に対する損害賠償請求権（147条2項・148条2項）を取得することになる。

5 特別口座の開設される場合およびそれに記載された振替株式の振替の制限 〔267〕

(イ) 特別口座が開設される場合

(a) 株主等が発行者に振替のための口座を通知しなかった場合　特別口座は前述のように（〔252〕(a)等），発行者が，発行済株式を振替株式とする等のために振替機関に振替株式を取り扱うことにつき同意を与えようとする場合において，発行者から株主（株主名簿上の株主）または登録株式質権者に対してその振替株式の振替を行うための口座を通知するように求めたにもかかわらず，その口座の通知をしなかったために，発行者から振替機関等に対する申出により開設される（社債株式振替131条3項本文）。もっとも，発行者が別の種類の株式について振替株式制度を採用しており，その制度のもとでその株主の特別口座が開設されている場合等には，その特別口座（「既存特別口座」といわれる）を利用すればよく，あらたに特別口座を開設する必要がないことも前述した（〔252〕(b)）。

(b) 取得者と特別口座の加入者との共同の請求等による場合　特別口座は，さらに①特定の種類の株式が振替株式となる前に株式を取得した者（法文上，「取得者等」というものとされる。社債株式振替133条2項柱書括弧書）であって株主名簿に記載または記録されていないもの――いわゆる失念株主――その他主務省令で定める者（社振命令16条に規定されている）が，その株式が振替株式となった後に，その振替株式についての記載がなされた特別口座（(a)によって開設されている）の加入者と共同して請求した場合（社債株式振替133条2項前段），②その共同して請求をすべきことをその加入者に命ずる判決であって執行力を有するものの正本もしくは謄本もしくはこれに準ずる書類として主務省令で定めるもの（主務省令では，この書類として和解調書，その他上述の判決と同一の効力を有するものとされる。社振命令17条）を取得者が添付して請求した場合（社債株式振替133条2項後段）または③その取得者の請求により次に掲げる行為（次の㋑および㋺）をしてもその加入者その他の利害関係人の利益を害するおそれがない場合として主務省令で定める場合（社債株式振替133条2項後段。相続人その他の一般承継人が相続を証する書面その他の一般承継を証する書面を提出して請求した場合ならびに株券発行会社が株券を発行する旨の定款の定めを廃止した日から1年以内に加入者の口座に記載または記録された株式にかかる株券およびその廃止の日の前にその株式を取得し，またはそれにつき質権の設定を受けたことを証する書面を提出して請求した場合。社振命令18条）に，発行者の申出により開設される（社債株式振替133条2項1号・131条3項本文）。すなわち①，②および③の場合には，発行者は，㋑(a)の特別口座を開設した振替機関等に対する上記の取得者のための口座の開設の申出（社債株式振替133条2項1号・131条3項本文）および㋺その申出により開設された口座を振替先口座とするその株式についてその振替機関等に対する振替の申請（社債株式振替133条2項2号）をしなければならないものとされる。

〔268〕 (ロ) 特別口座の振替の制限

(イ)の(a)および(b)による特別口座は，株主自らが口座の通知をしないか，株主名簿に株主または登録株式質権者として記載されていない者のためのものであって，それにもかかわらず，発行者によりその株主または株式質権者としての権利を保障するために開設されたものである。したがって，振替株式制度のもとでは，特別口座のままで，通常の口座と同じように，振替株式の譲渡，質入れ等のための振替にそれを利用させる必要はない。そこで，特別口座に記載された振替株式については，次のように振替が制限されている。この点は，株券発行会社の株式につき，株主名簿への記載の有無にかかわらず，株券の交付により譲渡，質入れ等をすることができるのと異なるところである。

前述(イ)(a)の発行者からの申出によって開設された特別口座に記載された振替株式については，①その加入者（株主等）または②その振替株式の発行者の口座を振替先口座とする振替の申請のみが認められ，それ以外の口座を振替先口座とする振替の申請をすることができない（社債株式振替133条1項）。①は，加入者が通常の口座を開設してその口座の振替により振替株式の譲渡をすることができるようにするためのものである。②その振替株式の発行者への振替が許容されるのは，所在不明株主の株式の売却，単元未満株式の買取請求や買増請求の場合等に必要になるからである。これらの制限は，特別口座を利用して株式の譲渡をすることを阻止しようというものであるから，強制執行により取得した者への振替等は妨げられない。相続等の場合の一般承継人に対する振替が可能なことは当然である（〔254〕参照）。

前述の(b)によって特別口座が開設された場合には，発行者が，その口座を振替先口座とする振替株式の(a)により開設された口座からの振替の申請をすることになる（社債株式振替133条2項2号）。発行者以外の加入者がこの申請をすることはできない。

Ⅸ　株主の権利行使等

1　株主の権利行使　〔269〕

(イ)　株券発行会社の場合

(a)　株主名簿の記載または記録の意義・機能　株主の権利行使は，原則的には，株主名簿の記載または記録（電磁的方法による場合。以下，記載または記録を単に「記載」と略す）に基づいてなされる。会社法130条1項は，株式の譲渡は取得者の氏名または名称および住所を株主名簿に記載しなければ会社その他の第三者に対抗することができない旨を規定するが，それは株主の権利行使が株主名簿の記載に基づいてなされることを前提とするものである。この点は，株券発行会社か，株券不発行会社か，または振替株式利用会社かで相違がない。

なお，株券発行会社においては，株主名簿の記載は会社に対する対抗要件とされるが（130条2項），そのことは会社以外の第三者に対しては，株券の所持により株主であることを対抗することができることを意味すると解される。

株式が株券に結合されている場合（株券発行会社の場合）には，有価証券の一般法理によれば，それに結合している権利の行使は証券によってなされる（権利の種類によって，たんに証券を呈示・供託するにすぎない場合と，証券と引換えになされる場合とがある）ことになる（〔198〕）。しかし，株主の権利行使は，多数の株主によって集団的に，かつ株主総会（議決権の場合）または剰余金配当（剰余金配当請求権の場合）等のたびごとに反覆的になされるので，そのたびごとに株券の呈示または供託が必要になるのでは，会社にとっても株主にとっても煩雑である。そこで，株主名簿制度が設けられ，株主名簿の記載または記録を基準として権利行使がなされることになっているのである。すなわち，会社は，株式を発行した場合等は，株主名簿に株主の氏名および住所，その有する株式の種類および数等（以下「株主の氏名等」という）を記載または記録し（132条1項），株式の併合（132条2項）および株式の分割がなされた場合（132条3項）にも同様である（それらの手続については〔271〕(i))。株主の権利行使はその記載または記録に基づいてすることにしている。また，その後に株式が譲渡されたときは，取得者の請求により，株主名簿にその氏名等が記載または記録（これを「名義書換」という）され（133条。その手続については〔271〕）なければ，株式の譲渡は会社に対抗できず（130条2項），さらにそれが名義書換を受ければ，株主名簿の記載または記録に基づいて株主の権利を行使することができることにしている。このような株主名簿の制度により，株主の権利行使は株主名簿の記載または記録によってなされ，いちいち株券を呈示する煩雑さを省くことができる。さらに，この制度によれば，会社は株主の権利を行使する者の氏名および住所を把握できるから，株主総会における定足数を確保するために委任状を勧誘することも可能になる。

〔270〕 **(b) 株主名簿の作成，備置き，閲覧請求**

(i) 株主名簿の作成，備置き　会社は，株主名簿を作成し，次の事項を記載しなければならない（121条)。①株主の氏名または名称および住所（1号)，②各株主の有する株式の数（種類株式発行会社にあっては，株式の種類および種類ごとの数）（2号)，③各株主が株式を取得した日（3号)，および④会社が株券発行会社である場合には，株主の有する株式（株券が発行されているものに限る）にかかる株券の番号（4号）である。

株主名簿の作成は，書面によることが可能であることはいうまでもないが，電磁的記録によることも許容される（125条2項2号参照)。

株券不発行会社では，株主は会社に対し，株主名簿記載事項を記載した書面の交付を請求できることは前述した（122条。〔237〕)。

会社は，株主名簿をその本店（株主名簿管理人がある場合にはその営業所）に備え置かなければならない（125条1項)。

(ii) 株主名簿の閲覧請求等　株主および会社債権者は，会社の営業時間内は，いつでも，株主名簿が書面をもって作成されているときは，その書面の閲覧または謄写の請求，株主名簿が電磁的記録をもって作成されているときは，その電磁的記録に記録された事項を法務省令で定める方法（会社則226条6号）により表示したものの閲覧または謄写の請求をすることができる。この場合においては，その請求の理由を明らかにしてしなければならない（125条2項）。

会社は，この請求があったときは，次のいずれかに該当する場合を除き，これを拒むことができない（125条3項）。

① 請求を行う株主または債権者（以下「請求者」という）がその権利の確保または行使に関する調査以外の目的で請求を行ったとき（1号）。

② 請求者が会社の業務の遂行を妨げ，または株主の共同の利益を害する目的で請求を行ったとき（2号）。

③ 請求者が株主名簿の閲覧または謄写によって知り得た事実を利益を得て第三者に通報するため請求を行ったとき（3号）。

④ 請求者が，過去2年以内において，株主名簿の閲覧または謄写によって知り得た事実を利益を得て第三者に通報したことがあるものであるとき（4号）。

平成26年改正により，改正前125条3項3号および252条3項3号の規定，すなわち「請求者が当該株式会社の業務と実質的に競争関係にある事業を営み，又はこれに従事するもの」を閲覧請求の拒絶事由とする規定が削除された。請求者が株式会社と実質的に競争関係にあるという理由のみで閲覧等請求の拒絶を認めるのは合理的でないと考えられたからである。

なお，元総会屋の閲覧請求を権利濫用として退けた判例がある（最判平成2・4・17判時1380号136頁）。

会社の親会社社員は，その権利を行使するため必要があるときは，裁判所の許可を得て，その会社の株主名簿について株主名簿の閲覧等の請求をすることができるが，この場合においては，その請求の理由を明らかにしてしなければならない（125条4項）。親会社社員の場合には，直接に対象会社の株主ではないので，裁判所の許可を得ることを必要とされている。親会社社員の閲覧請求についても，前述の拒否事由のいずれかに規定する事由があるときは，裁判所は，閲覧の許可をすることができない（同5項）。

〔271〕 **(c) 株主名簿への株主の氏名等の記載または記録――名義書換の手続** 株主名簿への株主の氏名等の記載または記録の手続は，株式の発行等の場合――会社設立および新株の発行の場合――と，すでに発行された株式が移転した場合とで異なる。

(i) 会社による記載――株式の発行等の場合 ①株式の発行の場合（〔272〕参照），②自己株式を取得した場合および③自己株式を処分した場合には，会社は，株主の氏名等を把握しているから，その株式の株主にかかる株主名簿記載事項の株主名簿への記載または記録は，株券の作成およびその発行（株券発行会社に限る）とともに，株式発行事務の一環として，株主の請求を待つまでもなく，会社によってなされることになる（132条1項）。④株式の併合をした場合（132条2項）および⑤株式の分割をした場合（132条3項）も同様である。

(ii) 株主の請求による記載――共同請求と単独請求　株式をその発行会社以外の者から取得した者は，会社に対し，その株式にかかる株主名簿記載事項を株主名簿に記載し，または記録することを請求することができる（133条1項）。その請求は，利害関係人の利益を害するおそれがないものとして法務省令で定める場合を除き，その取得した株式の株主として株主名簿に記載され，もしくは記録された者またはその相続人その他の一般承継人と共同してしなければならないものとされる（133条2項）。法務省令で定める場合のうち，株券発行会社の場合については，会社法施行規則22条2項に規定されている。すなわち，①株式取得者が株券を提示して請求をした場合（1号），②株式取得者が株式売渡請求によりその会社の発行する売渡株式の全部を取得した者である場合において，その株式取得者が請求したとき（2号），③株式取得者が株式交換（組織変更株式交換を含む）によりその会社の発行済株式の全部を取得した会社である場合において，その株式取得者が請求をしたとき（3号），④株式取得者が株式移転（組織変更株式移転を含む）によりその会社の発行済株式の全部を取得した会社である場合において，株式取得者が請求をしたとき（4号），⑤株式取得者が所在不明株主の株式を取得した者である場合（197条1項）において，競売（197条1項）または売却（197条2項）にかかる代金の全部を支払ったことを証する書面その他の資料を提供して請求をしたとき（5号）および⑥株式取得者が234条1項もしくは235条1項の規定による競売または234条2項（235条2項で234条2項を準用する場合を含む）の規定による売却（端数処理に関する規定である。〔156〕）にかかる株式を取得した者である場合において，その競売または売却にかかる代金の全部を支払ったことを証する書面その他の資料を提供して請求したとき（6号）である（株券発行会社以外の場合に単独請求が認められる場合（会社則22条1項）については〔272〕(ii)）。

株券が発行されている場合に株券の占有者は，権利者と推定されるので（131条。〔227〕），株券を会社（株主名簿管理人が置かれているときは株主名簿管理人。〔289〕）に呈示しさえすれば，自分が権利者であることを立証しないでも，名義書換を請求することができ，会社は，その者が無権利者であること（たとえば，その者が株券の盗取者または拾得者であること等）を立証しない限り，これを拒むことができず，また，その者の名義書換請求に応ずれば，悪意・重過失がある場合(悪意・重過失の意味については，〔227〕）を除き，免責される（相続または合併による取得を主張する者に対する関係は〔227〕)。有価証券においては権利の行使および譲渡は証券によることを要するが，株券の場合にも，株式の譲渡に株券の交付を要することはもちろん，株主の権利の行使にも，その行使する地位を取得するためには株券を呈示して名義書換を受けなければならないという意味で株券が必要であり，権利の行使および譲渡に証券を要するという有価証券の定義（〔198〕）が妥当する。会社は，株券の呈示による名義書換の請求に応じたときは，株券上に新名義人を表示することが慣行とされている。この表示は，その名義人の記載のある新株券を発行するか，呈示された株券（通常はその裏面）に新名義人を記載して返還する方法によってもなされるが，わが国では通常後者の方法によってなされている。株式の譲渡がたんに株券の交付によってなされ，また株主の権利行使が株主名簿の記載または記録によってなされる以上，この慣行はどうしても必要というものではなく，事務手続の簡易化からこの表示をしなくても違法ではないと解する。なお，会社が株券の発行に要する合理的期間を経過しても株券を発行していない場合には，名義書換請求は，株式譲渡の事実を立証し，またはその上に会社に対する対抗要件を満たす（株券の発行前の株式譲渡の場合。〔205〕）ことによってなされると解される。②から⑤までは株券を提示するまでもなく，名義書換を請求できることになる。相続，合併等の包括承継の場合には，その事実を立証することによってなされると解される。

なお，(ii)の規定（133条）は，株式取得者が取得した株式が譲渡制限株式である場合については適用されない（134条本文)。もっとも，その者が株式譲渡の承認を受けた場合（134条但書1号2号)，指定買取人である場合（3号）および相続その他の一般承継により取得した者である場合（4号）は，この限りではない(譲渡制限株式については，〔188〕−〔197〕)。

また，反対株主の株式買取請求にかかる株式の譲受人についても，(ii)の規定(133条）は適用されない（116条9項等。〔134〕〔274〕)。

(ロ) 株券不発行会社で振替株式制度を利用していないものである場合 〔272〕

株券不発行会社で振替株式制度を利用していないものにおいても，株式の発行等の場合には，株券発行会社の場合と同じく，株主の請求によるまでもなく株主名簿の記載は会社によってなされる（132条1項1号)。株式を発行した場合（132条1項1号）としては，発起人および募集株式引受人の引受けによる株式の発行

（50条1項・102条2項・209条1項），取得請求権付株式または取得条項付株式による他の株式の種類の発行（167条2項4号・108条2項5号ロ・170条2項4号・108条2項6号ロ），株式の併合（182条1項），株式の分割（184条1項），株式の無償割当てによる株式の発行（187条），新株予約権の行使による株式の発行（187条）ならびに合併，会社分割，株式交換および株式移転による株式の発行（たとえば吸収合併については，合併の対価が存続会社の株式であるとき。749条1項2号イ・750条3項1号）等があげられる。会社がその会社の株式（自己株式）を取得した場合および自己株式を処分した場合も同様である（132条1項2号3号）。また，株式の併合および株式の分割の場合も同様である（132条2項3項）。これらのことは前述した（〔271〕(i)）。

株主名簿の機能，閲覧請求等は株券発行会社の場合と同様である（130条1項・125条）。

もっとも，株券不発行会社の場合には，株主名簿の記載または記録は，会社その他の第三者に対する対抗要件とされ（130条1項），株券発行会社の場合に，それが会社に対する対抗要件とされているのと異なるところである（〔269〕）。

株式譲渡の場合の株主名簿の名義書換は，次の場合に認められることになる。それは，次の(i)のほか，(ii)利害関係人の利益を害するおそれがないものとして法務省令で定める場合である（133条2項，会社則22条1項）。

(i) 共同請求　　株主（株主名簿に株主として記載された者〔以下，「名義株主」という〕をいう）またはその相続人その他の一般承継人と株式を取得した者が共同して請求した場合（133条2項）。

(ii) 株式取得者の単独請求が認められる場合　　①株式取得者が名義株主またはその一般承継人に対してその株式取得者の取得した株式にかかる株主名簿の名義書換を請求をすべきこと（133条1項）を命ずる確定判決を得た場合において，その確定判決の内容を証する書面その他の資料を提供して請求をしたとき，②株式取得者が①の確定判決と同一の効力を有するものの内容を証する書面その他の資料を提供して請求をしたとき，③株式取得者が指定買取人である場合において，譲渡等承認請求者に対して売買代金の全部を支払ったことを証する書面その他の資料を提供して請求をしたとき，④株式取得者が一般承継によりその会社の株式を取得した者である場合において，その一般承継を証する書面その他の資料を提供して請求をしたとき，⑤株式取得者がその会社の株式を競売により取得した者である場合において，その競売により取得したことを証する書面その他の資料を提供して請求をしたとき，⑥株式取得者が株式売渡請求によりその会社の発行する売渡株式の全部を取得した者である場合において，その株式取得者が請求したとき，⑦株式取得者が株式交換（組織変更株式交換を含む）によりその会社の発行済株式の全部を取得した会社である場合において，その株式取得者が請求をしたとき，⑧株式取得者が株式移転（組織変更株式移転を含む）によりその会社の発行済株式の全部を取得した株式会社である場合において，その株式取得者が請求をしたとき，⑨株式取得者が所在不明株主の株式を取得した者である場合（197条1項）において，売却（197条2項）にかかる代金の全部を支払ったことを証する書面その他の資料を提供して請求をしたとき，⑩株式取得者が株券喪失登録者である場合において，その株式取得者が株券喪失登録日の翌日から起算して1年を経過した日以降に，請求をしたとき（株券喪失登録がその日前に抹消された場合を除く）および⑪株式取得者が234条2項（235条2項で234条2項を準用する場合を含む）の規定による売却（端数処理に関する規定である。〔156〕）にかかる株式を取得した者である場合において，その売却にかかる代金の全部を支払ったことを証する書面その他の資料を提供して請求したときである（会社則22条1項）。

株式譲渡制限株式の取得者の名義書換請求については特則が規定されている（134条。〔271〕）。

(ハ) 株券不発行会社で振替株式制度を利用しているものの場合 〔273〕

(a) 特定銘柄の振替株式につきあらたに株式の発行，併合等があった場合の口座の記載　特定銘柄の振替株式の発行者は，その振替株式の発行，併合等があった場合には，まず，その発行等のあった株式につき，その発行等の後遅滞なく振替機関に通知する（〔144〕〔251〕）等の措置により，加入者の口座に振替株式の増加の記載がなされる（社債株式振替130条。株主名簿の名義書換については〔276〕）。

〔274〕 **(b) 総株主通知 —— 株主名簿の名義書換**　振替株式については，株式の譲渡等は前述したように（〔254〕），口座の振替によってなされる。また，株式の併合等による振替株式の発行等も振替口座簿に記載され，振替株式は端数を含めて，振替口座簿で管理されている。したがって，どのような振替がなされたか，現在の株主がだれかは，発行者にとっては振替機関から通知されないかぎり知りえないのが通常であり，振替機関等も下位機関から報告を受けないかぎり同様である。そこで，社債株式振替法は振替機関等に対し，次のような通知または報告の義務を課している。

(i) 振替機関からの通知，株主として通知する者等　振替機関は，次の①

から⑥までの場合には，発行者に対して，それぞれ次に定める株主について，その氏名または名称および住所ならびにその株主の有する振替株式の銘柄（種類）および数その他主務省令で定める事項（通知事項）をすみやかに通知しなければならない（社債株式振替151条1項）。この通知がすみやかになされることを要するのは，そうでないと，発行者の事務処理ひいては株主の権利行使に支障を来すからであり，その通知が不当に遅延した場合には，損害賠償責任を負わされることがありうる。ここで主務省令で定める事項としては，外国人等保有制限を課している会社（放送会社，航空会社および日本電信電話株式会社）について株主が外国人である場合のその旨である（社振命令20条）。名義書換許否の判断のために必要な事項を知らせるためである。

この通知は，株主全員についてなされるので，後に述べる単独株主権または少数株主権の行使のための個別株主についてなされる個別株主通知に対して，総株主通知と呼ばれている。この通知に基づいて株主名簿の名義書換がなされることについては後述する（〔276〕）。この場合には，名義書換は，総株主通知の基準となる一定の日になされたものとみなされる（社債株式振替152条1項後段，会社130条1項）。

① 発行者が基準日を定めた場合には，振替機関はその基準日における振替口座簿に記載された株主について通知しなければならない（社債株式振替151条1項1号）。株主総会招集等の基準日の通知がその例である。

② 株式の併合がその効力を生ずる日が到来したときはその日の株主（同2号）。

③ 振替機関等が特定銘柄の振替株式についての記載または記録の全部を抹消しようとする場合において，その全部を抹消する日にその振替株式についての記載または記録がなされている口座においてその振替株式の全部の抹消をしたときは（社債株式振替135条3項），その抹消にかかる振替株式の株主について通知しなければならない（同3号）。

④ 事業年度を1年とする発行会社について，事業年度ごとに，その事業年度の開始の日から起算して6か月を経過した場合（その会社が定款で事業年度中の一定の日の株主に中間配当〔会社454条5項〕をすることができる旨を定めている場合において，その中間配当にかかる基準日を定めたときは除かれ，①による）には，その事業年度の開始の日から起算して6か月を経過した日の株主について通知しなければならない（同4号）。

⑤ ㋑特定の銘柄の振替株式を取り扱う振替機関の指定の取消し（社債株式振

替22条1項4号）または㋺指定の失効（社債株式振替41条）の場合であってその振替機関の振替業を承継する者が存しないときは，その指定が取り消され，または効力を失った日の株主（同5号），特定の銘柄の振替株式が振替機関によって取り扱われなくなったとき（発行者の総会で株券発行，株式譲渡制限等の定款の定めをおいたとき等）のその取扱いをやめた日の株主（同6号），㋩その他政令で定めるときに政令で定める日の株主（同7号）について通知しなければならない。振替機関がその地位を失った等の場合には，株主管理は株主名簿によることになるから，振替口座簿の内容を株主名簿に転記しておく必要があり，総株主通知がなされる。「政令で定めるとき」とは，会社更生法194条による更生計画案決議のための基準日を定めたときであり，「政令で定める日」とは，当該基準日である（社振政令39条）。

⑥　会社は，正当な理由がある場合には，振替機関に対して，費用を支払って，発行者が定める一定の日における振替口座簿に記載された株主についての通知事項の通知をすることを請求することができる（社債株式振替151条8項前段）。発行者からこの請求がなされたときは，その日における振替口座簿に記載された株主についての通知事項を通知する必要がある。この通知も総株主通知に含まれるものであり（社債株式振替151条1項から6項までが準用される。社債株式振替151条8項後段。特定の株主の口座について知りたい場合については〔279〕），ここでそれを請求する正当な理由がある場合とは，会社にとって一斉に株主を確定する必要がある場合であり，株主優待の対象となる株主を確定する必要がある場合，組織再編に際して非振替株式を発行する場合等があげられている（①から④までに掲げた場合とは若干性質を異にする）。

発行者は，上記の一定の日等を定めたとき（前述①，②，③および⑤㋩を含み，⑥は除かれる）は，主務省令で定めるところにより，その日等を振替機関に通知しなければならない（社債株式振替151条7項）。そうでなければ，振替機関がいつ総株主通知をすればよいかを知ることができないからである。主務省令では，基準日時点で株主等が行使できる権利の内容（議決権，剰余金配当請求権等）および発行者が通知すべき時期をその日の2週間前までにすべきこと等が規定されている（社振命令23条）。

なお，振替機関は，上記の通知にあたって，だれを株主として通知するかが問題となるが，次に掲げる場合の区分に応じ，それぞれ次に掲げる者を株主として通知しなければならないものとされる（社債株式振替151条2項）。㋑前述の振替機関またはその下位機関の備える振替口座簿中の加入者の口座（顧客口座〔社債株式振替 129 条 3 項 4 項参照〕および買取口座〔社債株式振替 155 条 1 項〕を除く）の保有欄に振替株式についての記載がある場合には，その口座の加入者であるが（社債株式振替 151 条 2 項 1 号），㋺その加入者がその直近上位機関に対し，その振替株式につき他の加入者を株主として通知することを求める旨の申出をしたときはその振替株式にかかる他の加入者である（同条同項 1 号の後の括弧書。その株主を特別株主という）。㋺については後述する（〔275〕(β)）。㋩㋑の加入者の口座の質権欄に振替株式についての記載がなされている場合には，その質権欄に株主としてその氏名または名称の記載がなされている者であるが（2 号。社債株式振替 129 条 3 項 4 号参照），㋥振替株式の質権欄に記載されている口座の加入者からの申出（この申出は直近上位機関を通じてする。社債株式振替 151 条 4 項）があるときは，その通知においてその株式の質権者の氏名等（社債株式振替 129 条 3 項 4 号に掲げる事項その他主務省令で定める事項）をも示さなければならない（社債株式振替 151 条 3 項）。㋩および㋥についても後述する（〔275〕(α)）。㋭買取口座に振替株式についての記載がなされている場合には，株式買取請求に際し買取口座を振替先口座とする振替の申請をした株主（同条 2 項 3 号）である。

また，振替機関等の上記の通知には，善意取得によりすべての株主の有する振替株式の総数が振替株式の発行総数を超過し，振替機関等がその超過数について取得義務および権利放棄義務を履行しておらず，したがってその分につき発行者に対抗することができないものとされた数の株式についても通知しなければならず（社債株式振替 151 条 5 項），この事項も株主名簿に記載する（社債株式振替 152 条 1 項 2 項）。その数について株主の発行者に対する権利行使が認められないことを明らかにするためである。もっとも，総株主通知から 2 週間以内に超過数に関する振替機関等の義務が履行され（社債株式振替 147 条 3 項本文），かつ，特定被通知株主の議決権放棄等の意思表示がなされた場合等（社債株式振替 147 条 3 項但書）には，株主名簿等にその記載（発行者に対抗できないものの数の記載）をしてはならず（社債株式振替 152 条 2 項。〔264〕），特定被通知株主については放棄した分を控除した数を株主名簿に記載する（社債株式振替 152 条 3 項。後述(v)）。

(ii) 口座管理機関からの報告　図Ⅰ（〔246〕）の例によれば，振替機関甲の振替口座簿に，その直近下位口座管理機関 A の自己口座および顧客口座が開設され，その口座管理機関 A の振替口座簿に加入者である a1 等株主の氏名，住所，銘柄ごとの株式数等が記載されている場合には，振替機関が前述(i)による発行者に対する通知をするためには，その直近下位口座管理機関Aからa1等の口座に記載された株式について報告を受ける必要がある。そこで，口座管理機関は，その直近上位機関（前述の例では振替機関甲）から，その口座管理機関Aの口座に記載された振替株式につき，(i)の通知のために必要な事項（上述した質権に関する事項および発行者に対抗できない振替株式数等も含まれる）の報告を求められたときは，速やかに，自己の加入者について，その事項を報告しなければならないものとされる（社債株式振替151条6項）。口座管理機関Aのもとにさらに直近下位口座管理機関Cが存在し，その加入者α1等の口座に記載された株式につき，Aが振替機関甲に対する報告のためにCに対して必要な事項の報告を求めたときの口座管理機関Cについても同様である。

(iii) 略式質，登録株式質，譲渡担保の設定等　〔275〕

(α) 略式質および登録株式質の設定――質権者からの申出　振替株式制度のもとでの略式質と登録質の区別は，次のようにしてなされる（なお，この区別は，前述の(b)に述べた総株主通知において，その通知にあたってだれを株主として通知するかと密接に関係するので，この株主の権利行使のところで取り上げたことは前述した。〔255〕）。すなわち，振替機関は，総株主通知（社債株式振替151条1項）の場合において，振替株式が質権欄に記載されている口座の加入者からの申出があったときは，総株主通知においてその振替株式の質権者の氏名もしくは名称および住所，質権の目的である振替株式の銘柄およびその銘柄ごとの数，その数のうち株主ごとの数ならびにその株主の氏名もしくは名称および住所（社債株式振替129条3項4号）その他主務省令で定める事項をも通知しなければならない（社債株式振替151条3項。前述〔274〕(i)㊂）。ここで主務省令で定める事項としては，質権者が転質権である場合の転質をした質権者が登録株式質権者であるときのその氏名等および住所とされる（社振命令22条）。加入者からのその申出はその直近上位機関を経由してしなければならない（社債株式振替151条4項）。発行者は，次の(iv)で述べるように，その通知に従って株主名簿に質権者の記載をすることになる。したがって，その通知がなされた質権者は株主名簿にその氏名または名称および住所が記載され（社債株式振替152条1項），登録株式質権者と同様の地位を有するものとされ，会社から剰余金配当等の支払を受けて他の債権者に先立って自己の債権の弁済にあてることができる（会社152条・154条）。この申出は，質権設定者の了承のもとになされることが必要であり，それなくして申出がなされた場合には損害賠償責任を負う事態も生ずる。結局，振替株式制度のもとでは，振替口座簿に記載された質権者のうち，上述の申出をして発行者にこの通知がなされた質権者が登録株式質権者であり，その申出をなさず，発行者にこの通知がなされない質権者が略式質権者ということになる。いいかえれば，振替株式制度のもとでは，振替口座簿の口座における質権者としての記載が発行者における質権者として株券を占有しているのと同じ法的地位（略式質権者としての地位）が与えられ，特にその申出により会社に対し質権者としての通知がなされた者が登録株式質権者となることになる。したがってまた，この仕組みのもとでの略式質については，質権設定の事実が株式発行会社に知られないという株券発行会社の略式質におけると同様の匿名性は維持されることになる。そして，いずれにしても，上記の通知により，株主は議決権等の株主の権利を行使しうることになる（登録株式質権者に認められる権利については別である。なお，物上代位の効力については略式質権者についても，たとえば株式の併合の場合〔会社151条1項4号〕には社債株式振替136条3項4項，株式の分割の場合〔会社151条1項5号〕には137条3項4項，合併の場合〔会社151条1項11号〕には138条3項4項等の取扱いになる。取得条項付株式の場合のように金銭に代わるときは差押えを要すると解されよう）。

(β) 譲渡担保の設定――他の者を株主として通知する旨の申出　振替株式制度のもとで，譲渡担保権設定者が株主権を行使する略式譲渡担保の設定は，次のようにしてなされる。すなわち，振替機関からの総株主通知においては，前述したように，振替機関またはその下位機関の備える振替口座簿中の加入者の口座（顧客口座および買取口座を除く）に振替株式についての記載がなされている場合には，その口座の加入者が株主として通知されるのが原則であるが（社債株式振替151条2項1号。〔274〕），次の例外が認められる。それは，主務省令で定めるところにより（社振命令21条。株主として通知する者の氏名等および住所，振替株式の数，数の増減等を示してするものとされる），その加入者が，その直近上位機関に対し，その振替株式につき他の加入者を株主として通知することを求める旨の申出をすることが認められ，その申出がなされたときは，振替機関はその振替株式にかかる他の加入者を株主（「特別株主」）として通知しなければならない（社債株式振替151条2項1号括弧内。前述〔274〕(i)㈺）。そして，譲渡担保の場合には振替口座簿には株主として譲渡担保権者が記載されているから，それをそのまま発行者に通知したのでは譲渡担保権者が議決権等を行使することになってしまうが，譲渡担保権設定者に議決権等を行使させたい場合には，以上のように振替口座簿に株主として記載されたもの以外の者である譲渡担保権設定者を株主として通知することにより，その者に株主としての権利を行使される仕組みがとられるものであり，この仕組みはすでに株券保管振替法（平成21年1月5日に廃止された）のもとでとられていたものである（廃止前株券保管振替31条3項4項）。

なお，振替株式制度のもとでは，略式譲渡担保の設定は，他の加入者を株主として通知するという前述の方法のみによることになる。

(iv) 株主名簿への株主の氏名等の記載――名義書換およびその効力の発生時期　〔276〕 発行者は，振替機関から総株主通知を受けた場合には，株主名簿に①振替機関からの通知事項（社債株式振替151条1項柱書括弧書），②振替機関からの通知において振替株式の質権欄に記載された加入者からの申出により示された事項（社債株式振替151条3項。〔275〕(α)）のうち主務省令で定めるもの（社振命令24条。そこでは①および②の全部とすると規定されている），および③振替株式のうち善意取得により生じた超過数で発行者に対抗することができないものとされた数（社債株式振替151条5項）を記載しなければならない（社債株式振替152条1項前段）。それぞれ発行者が振替機関に一定の日の株主についてした通知事項の通知の請求をした場合も含まれる（社債株式振替151条8項・152条1項括弧書）。株主名簿の名義書換は，この総株主通知が行われた場合にのみそれに基づいてなされることになる。

そして，この場合においては，前述の(i)①から⑥までに定める日（社債株式振替151条1項各号。〔274〕(b)(i)）に会社法130条1項の名義書換がなされたものとみなされる（社債株式振替152条1項後段）。たとえば，(i)①により基準日における株主について通知がなされたときは，基準日が3月31日で，その通知がなされたのが4月5日で，実際に振替株式制度利用会社でその通知に従って株主名簿の名義書換のなされたのが，4月6日であったとしても，基準日である3月31日に名義書換がなされたものとみなされることになる。このようにみなされることによって，3月31日現在，すでに口座振替によって株式の譲渡を受けて振替口座簿の自分の口座に株式数の増加の記載がなされた者が株主名簿上，基準日現在の株主とみなされ，その株主の権利の行使が可能となることになる。そしてまた，このようにみなされることにより，振替株式制度のもとでは，株主の権利の行使にあたって決定的な意味をもつのは，振替機関からの発行者に対する(i)①から⑥までの通知それ自体であって，その通知に従う株主名簿の名義書換は付随的な意味を有するにすぎないことになる。なお，次に述べる単独株主権または少数株主権の行使の要件等（〔278〕）については，株主名簿の記載に基づかず，振替機関から発行者に対する通知の内容によって判断されることになる。

株主名簿の機能，閲覧請求等は，株券発行会社等と同じである（130条1項・125条。〔269〕〔270〕）。

〔277〕 (v) 特定被通知株主にかかる取扱い　振替機関等による基準日等の一定の日における総株主通知がなされた場合（社債株式振替151条1項）において，その通知の後2週間以内に特定被通知株主（〔264〕）が発行者に対してその議決権等の全部を放棄する旨の意思表示をした等の場合には，その振替株式等（社債株式振替147条3項。同148条3項で準用されるものを含む）については，発行者に対抗することができないものの数として株主名簿に記載してはならない（社債株式振替152条2項）が，この場合には，①総株主通知により通知された特定被通知株主の有する振替株式の数から②振替機関等が善意取得によって生じた超過数の振替株式の権利の全部を放棄する旨の義務（社債株式振替145条3項・146条1項）の全部の履行にかかる振替株式のうち特定被通知株主にかかるものの数を控除した数を，特定被通知株主の有する振替株式の数として株主名簿に記載しなければならない（社債株式振替152条3項）。①から②を控除した数の株式につき株主の権利を行使させる趣旨であることはいうまでもない。

(vi) 超過記載にかかる義務の不履行の場合の発行者に対抗できる端数または単元未満株式の議決権　善意取得によって生じた超過数の記載の場合の振替機関等の義務の不履行があった場合において，発行者に対抗できる株式について1株に満たない端数が生じたとき，または単元未満株式が生じたときは，各株主はその端数または単元未満株式については，①その端数または②その単元未満株式の数を1単元の株式数で割った数（②の数に100分の1に満たない数があるときはそれを切り捨てた数）の議決権を有するものとされ，会社法308条1項による1株1議決権または1単元株1議決権の規定は適用されない（社債株式振替153条）。②を例にとると，たとえば1000株を1単元とする会社において，振替機関等による義務の不履行があり，その結果発行者に対抗できる株式について777株の単元未満株式を生じたときは，その単元未満株式の株主は，0.77の議決権を有し，それ未満は切り捨てられる。単元未満株式が生ずるのは振替機関等の義務の不履行によるものであるから，せめて上記の範囲では，株主の立場を保護しようという趣旨である。端数①議決権の行使が認められるという意味で1株1議決権の原則の例外である（〔435〕(イ)）。

〔278〕 **(c) 単独株主権または少数株主権の行使方法——個別株主通知**　振替株式制度の

もとで，単独株主権または少数株主権の行使方法をどうするかが問題となる。口座振替によって振替株式を取得したが，まだ総株主通知に基づく株主名簿の名義書換を受けていない者が，総会決議取消しの訴え（会社831条1項）等を提起できるかが問題となり，さらに，たとえば株主代表訴訟の提起権のように株式の継続保有期間の定めのあるもの（株主代表訴訟の場合には定款でそれを下回る期間を定めた場合を除き6か月。会社847条1項）について，その始期をどの時点とするかが問題となる。少数株主権の行使にあたっては，その保有株式数の要件をみたしているかどうかを何によって判断するかも問題になる。

この点につき，振替株式制度のもとでは，発行者における単独株主権または少数株主権の行使にかかる継続保有期間，保有株式数等については，会社法130条1項の規定を適用せず（社債株式振替154条1項），したがって株主名簿の記載を基準とすることなく，振替機関の発行者に対する通知の内容によって判断するものとされている。すなわち，振替機関は，特定の銘柄の振替株式について自己または下位機関の加入者から申出（加入者がこの申出をするには，直近上位機関を経由してしなければならない。社債株式振替154条4項）があった場合には，遅滞なくその振替株式の発行者に対して次の事項を通知しなければならない（社債株式振替154条3項）。①加入者の氏名または名称および住所（社債株式振替154条3項柱書），②その加入者の口座の保有欄に記載されたその振替株式の数（他の加入者を株主として通知することを求める申出のあったものを除く。次の③参照），その数の増加または減少の記載がなされているときは増加または減少の別，その数およびその記載がなされた日（社債株式振替154条3項1号・129条3項6号），③その加入者が他の加入者の口座における特別株主である場合（社債株式振替151条2項1号。譲渡担保権設定者である場合。〔275〕）には，その口座の保有欄に記載されたその振替株式のうちその特別株主についてのものの数およびその数にかかるその数の増加または減少の記載がなされているときは増加または減少の別，その数およびその記載がなされた日等社債株式振替法129条3項6号に掲げる事項（社債株式振替154条3項2号。その特別株主が株主権を行使することになる），④その加入者が他の加入者の口座の質権欄に株主として記載された者である場合には，その質権欄に記載されたその振替株式のうちその株主についてのもの（少数株主権は質権者ではなく質権設定者である株主が行使することになる）の数およびその数にかかるその数の増加または減少の記載がなされているときはその増加または減少の別，その数およびその記載のなされた日等社債株式振替法129条3項6号に掲げる事項（社債株式振替154条3項3号)，⑤その加入者が株式買取請求に際し買取口座を振替先口座とする振替申請をした振替株式の株主である場合には，買取口座に記載された振替株式のうちその株主についての数およびその数に係る社債株式振替法129条3項6号に掲げる事項（同154条3項4号)，⑥善意取得により生じた超過数で発行者に対抗できない振替株式があるときはその数（社債株式振替154条5項・151条5項)，⑦その他主務省令で定める事項（社債株式振替154条3項柱書）である。主務省令では発行者が一般放置事業者等である場合に加入者が外国人等であるときのその旨である（社振命令25条・20条。なお，〔274〕(b)(i)参照)。なお，②でその数の増減，その数およびその記載がなされた日が通知事項とされているのは，少数株主権等の行使の要件との関係からである。また⑥の超過数については，いったんそれが発生しても，権利行使までにそれが解消していれば，権利は縮減しなかったものとして取り扱い（社債株式振替147条4項・148条4項)，継続保有期間等の関係で不利にならないようにしている。これらの通知を一般に総株主通知に対し，個別株主通知といっている。この個別株主通知にあたっても，振替機関その他の直近上位機関が，口座振替機関に対しこの通知のために必要な事項の報告を求めることがありうる（社債株式振替154条5項・151条6項。〔274〕(ii))。

このように振替株式制度のもとでは，振替機関からの通知の内容によって単独株主権または少数株主権の行使の要件がみたされているかどうかが判断される——継続保有または期間の始期についても，その通知の内容（振替口座に増加の記載を受けた日から起算される）による——のであり，株主名簿に株主としての記載されている者でも，その行使をするためには，その申出により振替機関から会社に対する通知がなされることが必要である。たとえば，Aが総株主通知に従って株主名簿に株主として記載された後，BがAから口座振替によりAの株式全部を譲り受けたが，株主名簿には，Bはまだ株主として記載されておらず，Aが株主として記載されたままだとする。この場合には，振替株式制度のもとでは，Bがその申出による振替機関から会社への通知の内容により単独株主権または少数株主権を行使することができ，Aはそれを行使できなくなる。少数株主権等の行使につき会社法130条1項を適用しないということは（社債株式振替154条1項)，以上のことも含む趣旨である。

なお，振替株式について全部取得条項付種類株式の取得価格の決定申立て事件において，会社が申立人が株主であることを争った場合には，その審理終結までの間に個別株主通知がなされることを要するとされる（最決平成22・12・7民集64

巻8号2003頁)。会社が申立人が株主であることを争った時点で当該株式について振替機関の取扱いが終了していた場合も同様である(最決平成24・3・28民集66巻5号2344頁)。

以上のように,振替株式制度のもとにおける単独株主権または少数株主権の行使については,株主名簿の記載とは完全に切りはなされて,振替機関からの通知の内容によることになる。この通知がなされても,それに従って株主名簿の記載がなされることもない。株主名簿の記載の変更は総株主通知によってなされることになっているからである(社債株式振替152条。〔276〕)。

上記の振替機関からの通知が「遅滞なく」なされなければならず(社債株式振替154条3項),また下位機関からの報告が「速やかに」なされなければならない(社債株式振替154条5項・151条6項)とされているのは,そうでないと,少数株主権等の行使に支障を来すことがありうるからであり,それに違反した振替機関等に対する損害賠償請求ということもありうることになる。

この方法による株主の権利行使の期間については,次のような制約がある。すなわち,株主は,振替機関がこの通知をした後政令で定める期間内でなければ,この権利を行使することができない(社債株式振替154条2項)。この通知は,その通知の時点でのその株主の株式の保有状況についてなされるものであって,その通知の時からその期間が経過した後までその保有状況が継続するとは限らず,権利行使の要件をみたさなくなってしまうこともありうるからである。したがって,株主にとっては,この通知がいつなされたかを知る機会が与えられる必要がある。政令で定める期間は,それぞれの権利の性質を考慮して決められており,4週間である(社振政令40条)。

なお,その期間内でも,その株主の株式保有状況に変化が生ずることがありうる。さらに,単独株主権または少数株主権については,その行使中は株式を継続保有していることを要件とされるものがある。たとえば,株主代表訴訟の提起については,6か月前から引き続き株式を保有しており,かつ,訴訟終了時までそれを継続して保有していることが要件とされる。このような要件をみたしていることを,どのようにして確認するかが問題になるが,それについては,次に取り上げる。

(d) 加入者等の振替口座簿記載情報の提供請求権および振替機関の加入者に対する公示義務 〔279〕

(i) 加入者等の情報提供請求権　振替株式制度のもとでは,株主にとって,振替口座簿に記載された情報の提供を請求する必要性が生ずることがある。たとえば，口座振替により株式を取得した加入者が振替口座簿に自分が譲り受けて保有する株式について正確に記載されているかどうかを確認する必要が生ずることがある。単独株主権または少数株主権を行使しようとする場合や他の者にその保有株式を譲渡するためにその保有状況を証明する場合には，その必要を生ずることになろう。そこで，加入者は，その直近上位機関に対し，費用を支払って，その直近上位機関が備える振替口座簿に記載された事項を証明した書面の交付またはその事項にかかる情報を電磁的方法であって主務省令で定めるものにより提供することを請求することができるものとされる（社債株式振替 277 条前段）。その口座につき利害関係を有する者として政令で定めるものについても，正当の理由があるときは同様とされる（社債株式振替 277 条後段）。その口座につき利害関係を有する者として政令で定めるものには，発行者も含まれる。ここで正当の理由とは何かは解釈に委ねられているが，発行者についてはこれを限定的に解釈する必要はなく，濫用的な行使を阻止すれば足りると解される。これにより，株主から少数株主権の行使を受けた発行者も，その株主が現在でもその行使の要件をみたしているかを確認することができる。この発行者の請求は，特定の加入者の口座を開設している振替機関等に対してなされることになる。この権利を行使した結果，株主名簿の名義書換がなされるものではないことはいうまでもない（〔278〕）。

(ii) 振替機関の振替株式に関する事項についての加入者に対する公示義務

さらに一定の場合には一定の事項について，会社の費用により振替機関に対して加入者が知ることができるようにする義務を課している。すなわち，下記の①および②の通知があった場合には，その通知を受けた振替機関は，直ちにその通知がなされた振替株式の銘柄について加入者がその各号に定める事項を知ることができるようにしなければならない（社債株式振替 162 条 1 項）。その知ることができるようにする方法については政令で定める（電磁的方法が規定されている。社振政令 41 条）。振替株式について株券に記載されるべき内容について公示させるとともに，その費用を発行者が負担することを定めたものである。①振替株式の発行者がその振替株式の発行後振替機関に対してする通知（社債株式振替 130 条 1 項。〔251〕(a)）があった場合に，その発行がなされた振替株式の総数その他主務省令で定める事項（社債株式振替 130 条 1 項 9 号）（1 号）および，②合併により消滅する会社または株式交換もしくは株式移転をする会社（消滅会社）の株式が振替株式である場合において，存続会社等または新設会社等が吸収合併等に際して振替株式を交付しようとするときに振替機関にその通知がなされたとき（社債株式振替 138 条 1 項前段。〔765〕）は，その振替株式のうちその発行にかかるものの総数その他主務省令で定める事項（社債株式振替 138 条 1 項 7 号）（2 号），である。

振替機関が①および②の通知を受けた場合に，その事項を加入者が知ることができるような措置がとられることにより，加入者にとって前述のような株式の発行等があった場合に必要な事項を知ることができる機会が与えられることになる。

(二) 印鑑届出の意義 —— 名義人との同一性の確認 〔280〕

このように，株主の権利行使は株主名簿の記載または記録に基づいてなされるが（振替株式制度利用会社における単独株主権または少数株主権行使については，振替機関からの通知の内容によってなされる。〔278〕），現実に株主の権利を行使する場合には，自分が株主名簿上の名義人と同一人であることを立証しなければならず，会社にとってもその同一性を確認する必要がある。そこで，会社は株式の発行または名義書換に際し，株主に印鑑を届け出させ，株主の権利を行使させる場合（住所変更届等を受ける場合も同様である。以下同じ）には，届出印を押捺した書面によることにし，そこに押捺された印影と届出印との照合により，名義人と現実に権利を行使する者との同一性を確認することにしている。この場合には，相当の注意をもって印鑑の照合をしてその同一性を確認すれば，他に過失が認められない限り，会社は免責されると解される（民 478 条）。なお，議決権行使の際には，現在は，いちいち印鑑照合をすることなく，会社の発する招集通知書（議決権行使書を添付した場合にはその書面。〔416〕）を呈示した者に権利を行使させている。

(ホ) 株主名簿への記載・名義書換の効力 〔281〕

(a) 会社に対する株式譲渡の対抗要件，権利推定等　株主の権利の行使は株主名簿の記載または記録に基づいてなされるから（〔269〕），株式の発行後の株式取得者は，株主名簿の名義書換を受けない限り，株主の権利を行使することができず，名義書換は株式を取得した者の会社に対する対抗要件としての効力を有する（130 条 1 項）。そして，株主名簿の名義書換は，①株券発行会社の場合には，株券の呈示に基づいてなされる以上，株券の呈示に代わる効果を有するということができ，したがってその記載には権利推定的効力が認められ，名義書換を受けた者は，自分の権利を立証しないでも，会社に対して株主であることを主張することができ，会社はその者が無権利者であることを立証できない限り，その者の株主の権利の行使を拒むことができない。そしてまた，会社は，その者に株主の権利を行使させれば，その者が無権利者であっても，悪意・重過失がある場合でない限り免責される（〔227〕〔271〕）。なお，株券発行会社の場合には，会社以外の第三者に対する対抗要件は株券の所持によるから，名義書換による対抗要件は会社に対するものに限られる（131条2項）。②株券不発行会社で振替株式制度利用会社でないものの場合にも，前述したように（〔272〕），株主名簿の名義書換には名義株主と株式取得者との共同しての請求その他の慎重な手続でなされるので（〔271〕），その記載には，①の場合と同様の権利推定的効力が認められると解される。③振替株式制度利用会社の場合には，加入者の口座の記載に権利推定的効力が認められ（社債株式振替143条），株主名簿の記載は，その口座に記載された内容の振替機関からの通知によってなされるので，それに権利推定的効力が認められると解される。もっとも，③の場合の単独株主権または少数株主権の行使の要件をみたしているかどうかは，振替機関からの通知の内容によって判断され，したがって株主名簿の記載にはそのような権利推定的効力は認められない。

〔282〕 (b) **株主，登録株式質等に対する通知等**　このほかに，株主名簿の記載または記録には，次のような効果が認められる。㋑株式の質権者の氏名および住所を株主名簿に記載すれば，登録株式質として，質権者は会社から剰余金配当等を受けて他の債権者に先立って自己の債権の弁済に充てることができる（147条1項・152条・153条。〔232〕）。㋺会社の株主に対する通知または催告（株式申込人，株式引受人または質権者に対する通知または催告も同様である）は，株主名簿に記載または記録した株主の住所またはその者が会社に通知した宛先に対して発すれば足り（126条1項。一定の条件のもとに，電子情報処理組織を使用する方法等による通知または催告が認められる），その通知または催告は，通常その到達すべかりし時に到達したものと認められる（126条2項）。㋩会社がその株主（株式の質権者を含む）に配当する剰余金は，株主名簿に記載し，または記録した株主の住所または株主が会社に通知した場所で支払わなければならないものとされる（457条1項）。なお，㊁株券発行会社において株主が株券不所持の申出をした場合において，会社は株券不所持の旨を株主名簿に記載もしくは記録したときは，株券は発行されず，かつ，それまでに発行されていて会社に提出された株券は無効とされる（217条5項）。

〔283〕 **(ヘ) 名義書換請求の不当拒絶，失念株主，名義書換前の株主の地位等**

株主名簿の名義書換に関連して，次のことが問題とされている。

(a) **名義書換請求の不当拒絶**　株券発行会社の場合に株式を取得した者が会

社に対して株券を呈示して名義書換を請求したにもかかわらず，会社が故意または過失によってそれに応じなかった場合——これを名義書換請求の不当拒絶ということができる（故意による拒絶の場合に限ってこのようにいうこともある）——には，会社は，この請求をした者に対して損害賠償責任を負うことはいうまでもないが，さらに，その者の株主の権利行使を拒むことができないと解すべきである（最判昭和41・7・28民集20巻6号1251頁）。株券不発行会社で振替株式制度を利用していないものの場合において，株式を取得した者が名義書換の要件をみたしていてその請求をしたにもかかわらず，会社がそれに応じなかったとき，または振替株式利用会社の場合において，総株主通知を受けたにもかかわらず，株主名簿にその記載または記録をしなかったときも同様と解される。

(b) **名義書換失念株主と剰余金配当金・株式の割当てを受ける権利等の帰属**　剰余金配当金は，決算期現在の株主名簿上の株主に支払われ（〔286〕），また会社が株主に与える株式の割当てを受ける権利（202条）はそのための基準日（124条1項）現在の株主名簿上の株主に与えられるが（〔319〕），株式を譲り受けた者がそれまでに名義書換の請求をしなかった場合には，その者（これを名義書換を失念した株主という意味で「失念株主」という）は，これらの権利を行使できず，剰余金配当金の支払を受け，または株式の割当てを受ける権利が与えられるのは，すでに株式を譲渡している名簿上の株主ということになる（したがって，名簿上の株主が払込みをして割当てを受ける権利を行使すれば，新株は名簿上の株主に帰属する。なお，振替株式制度利用会社の場合には，名義書換は振替機関からの総株主通知に従ってなされるから，失念株の問題は生じない）。問題は，譲渡人である名簿上の株主が剰余金配当金の支払を受け，あるいは払込みをして株式の割当てを受ける権利を行使した場合における名簿上の株主と失念株主との間の法律関係である。この点に関連して，最判昭和35年9月15日（民集14巻11号2146頁）は，失念株主が株式の割当てを受ける権利（判決当時における新株引受権）を行使した名簿上の株主に対して，払込金と引換えに新株券の引渡しを請求し，予備的に市場価格と払込金額との差額を請求した事案につき，名簿上の株主が株式の割当てを受ける権利を取得し，失念株主はこれを取得しないとして，いずれの請求も棄却している。会社との関係で名簿上の株主が株式の割当てを受ける権利を取得することはたしかであるが，譲渡人と譲受人との間では，株式の割当てを受ける権利は（剰余金配当金の支払を受ける権利も同様である），譲受人に帰属すべきであると考えられるから，この場合には不当利得（民703条）が成立し，譲渡人は譲受人に対して，その利

〔284〕

益の存する限度でこれを返還する義務を負うと解すべきである。ここで利益の存する限度とは，譲渡人が株式の割当てを受ける権利を行使した場合には，株式の割当てを受ける権利の価格に相当する金額──具体的には募集株式の発行直後の株式の時価と払込金との差額──を上限とし（したがって，新株の発行後いかに株式の時価が上がっても，その金額である），かつ，いったん株式の時価が下がったときは，下がったときの時価と払込金額との差額──それが現に存する利益となる──に限られることになる。このように解することによって，失念株主が，新株の発行後の株価の変動を利用して利益を受けるという結果を阻止することができることになる。また，最判平成19年3月8日（民集61巻2号479頁）は，XがYから上場株式を取得したが，株主名簿の名義書換未了の間に発行会社による株式の分割がなされ，それにより増加した新株が名簿上の株主であるYに交付され，Yはそれを売却して売却代金を取得したため，Xが不当利得の返還を請求した事案につき，Yは売買代金相当額の不当利得返還義務を負うと判示している（判決はXの請求金額が売却代金の半額であったためYに対してそれに応ずる金額と遅延利息の支払を命じている）。なお，日本証券業協会の統一慣習規則では，協会員──証券業者──間では，権利者を確定するための名義書換最終日の翌日から6か月に限り，配当金，新株式等の返還を請求することができ，譲渡人は，この返還に際して，払込金その他の必要経費のほか，所定の基準によって算出した額の支払を受けることができる旨が定められている。もっとも，この規則が当然に一般顧客を拘束するということはできないであろう（なお，前掲の平成19年判決の事件でXの請求金額が売却代金の2分の1だったのは，この慣習規則によったものであろうか）。

〔285〕　(c)　**名義書換前の株主の地位**　名義書換前の株式の譲受人は，会社に対して株主であることを主張できないが（〔269〕），会社の側からこの者に株主の権利の行使を認めることができないかが問題とされている。この点については，見解が分かれており，これを許すと，会社側に名簿上の株主と名義書換前の譲受人とのどちらに権利行使を認めるかの裁量を認めることになって不都合だとして，これを否定する見解もあるが，名義書換は，株式譲渡の会社に対する対抗要件であって（130条1項の文言参照），効力要件ではないから，これを肯定すべきである（最判昭和30・10・20民集9巻11号1657頁も同旨）。もっとも，ある譲受人については，名義書換前でも株主の権利行使を認め，他の譲受人についてはそれを認めないということは，株主平等の原則に反することから許されないと解すべきである。

〔286〕　(ト)　**株主名簿の基準日**

(a) **制度の目的**　株主名簿の基準日の定めをする目的は，他の時点における株主に権利を行使させ，または一定の行為（たとえば株式分割）の効力を及ぼさせる者を確定するためである。一般の会社では，決算期（事業年度の末日）を3月31日としており，定時株主総会の基準日を年度末とする場合には，決算期から3か月以内（その意味については〔287〕）に計算書類および剰余金処分案の承認のための定時総会を開催しなければならない（438条1項）。たとえば，その定時総会を6月30日に開催するとして，その総会で議決権を行使し，それによって承認された剰余金配当を受けるのはどの時点における株主かが問題になるが，その総会では，前事業年度すなわち前年の4月1日から今年の3月31日までの事業年度における事業成績の決算をしてその結果を確定し，決算期時点で生じた剰余金をその時点における株主に配当する議案を承認するためのものであるから，その定時総会で議決権を行使し，かつ，それによって承認された剰余金配当を受けるのは，3月31日現在の株主であるべきであり，その後に株式を譲り受けて株主になった者ではないはずである。このように，現実に株主の権利（この場合には議決権および剰余金配当請求権）を行使する時点（この場合には6月30日）と異なる時点（この場合には3月31日）における株主に権利を行使させる必要がある場合に，この例で，4月1日以降定時総会終了までの間も名義書換請求には応ずるが，定時総会において議決権を行使する者は一定の日（3月31日）現在の株主名簿上の株主と定めることができ，この一定の日を基準日という（124条1項）。その定めがなされた場合には，株主名簿上，基準日（3月31日）現在の株主と現実に議決権および剰余金配当請求権を行使する時点における株主とは異なるが，基準日後の株主名簿の記載の変更はこの権利行使との関係では無視されることになる（なお，〔680〕(b)参照）。

なお，平成16年改正前商法のもとでは，上記の例で，4月1日以降定時総会終了まで名義書換に応じないと定めることも認められ，これを株主名簿の閉鎖といっていたが，この制度は事務のコンピュータ化の進歩にともない不用となったので，同年改正でその制度は廃止された。また，旧会社法では基準日のほかに，割当日の規定（その日現在の名簿上の株主に株式の割当てを受ける権利を取得する者を確定させる制度）が設けられていたが，会社法は，それも基準日制度に一本化されている。

〔287〕

(b) **基準日の定め方**　基準日の定めについては，基準日から権利を行使する日までの期間を必要以上に長くすることを認めるべきではないから，この期間を

3か月を超えることができないものとした（124条2項括弧書）。それを長く認めると，前述の例で，たとえば基準日から権利を行使するまでの期間を6か月とすると，3月末日の決算期を基準日とする剰余金配当請求権が9月30日まで具体化しない（それまで定時総会が開催されない）ことになり，権利行使がいたずらにおくらされる結果を認めることになるからである。

基準日を定める場合には，会社は，基準日に行使することができる権利の内容（上記の例では剰余金配当請求権および定時総会における議決権）を定めなければならない（124条2項）。

また，基準日株主が行使することができる権利が株主総会または種類株主総会における議決権である場合には，会社はその基準日後に株式を取得した者の全部または一部をその権利を行使しうる者と定めることができるが，その株式の基準日株主（124条1項の後の括弧書）の権利を害することができないと規定されている（124条4項）。基準日後に新株発行がなされた場合にはこの規定の適用がある。基準日後の新株発行によって株主になった者が大勢で，基準日現在の株主に剰余金を配当するという議案を否決するような場合に基準日株主の権利を害すると判断される可能性があろう。なお，124条4項の規定は，基準日後に株式を「取得した者」と規定しているから，その規定振りからは基準日後に株式の譲渡を受けた株主にも議決権の行使を認めるようにも読めなくはない。そうだとすると，たとえばBが名簿上の株主Aから基準日後に株式を譲り受けた場合に，Bを権利行使者と定め，Aの権利行使を認めないこともできるように読めないではない。しかし，そのようなBに権利行使を認めることは，基準日株主Aの権利を害することが明らかであり，そのようなことは認められないと解される。

〔288〕　(c)　**定款による基準日の定め，またはその公告**　株主名簿の基準日の定めをするときは，それをあらかじめまだ名義書換をしていない株式取得者に知らせておかないと，その者は株主の権利行使の機会を失うことになる。そこで，あらかじめ定款で基準日および行使できる権利の内容が指定されている場合にはそれでよいが（124条3項但書），そうでない場合には，基準日および行使できる権利の内容を2週間前に公告しなければならない（124条3項本文）ものとし，その間に株式取得者が名義書換を受けることを促し，権利行使の機会を失わないように配慮した。定時総会の開催のように，あらかじめ株主の権利行使の時期が決まっているときは，定款に定めておけばよい（もっとも，実務上は，定款で定めている場合にも公告をする例が多い）が，臨時株主総会の開催等の場合には，定款で定めておく

ことができず，公告によって知らせる必要がある。

振替株式制度利用会社において，基準日を定めたときは，発行者は振替機関に対してその日等を通知し（社債株式振替 151 条 7 項），振替機関は発行者に対してその日の株主について総株主通知をする（社債株式振替 151 条 1 項 1 号。〔274〕(i)①）。

(チ) 株主名簿管理人，登録機関 〔289〕

会社は，会社に代わって株主名簿の作成および備置きその他の株主名簿に関する事務を行う者として株主名簿管理人を置く旨を定款で定め，その事務を行うことを委託することができる（123 条）。株主名簿管理人とは，会社との委任契約により，株主名簿（121 条。〔269〕），株券喪失登録簿（222 条。〔213〕）または新株予約権者原簿（251 条。〔375〕）の記載もしくは記録またはその変更の事務を代行する者であって，実際には，その他の株式事務（招集通知の発送，株券発行会社の場合の株券の発行等）をも代行している。旧会社法の名義書換代理人に相当するが，その業務が名義書換だけに限られないので，名称を改めたものである。法律的には株式事務に関する会社の履行補助者としての性質を有する。したがって，たとえば，会社は，株主名簿管理人の過失により招集通知を欠いたときは当然に責任を負い，その選任・監督につき無過失であったことを立証しても，責任を免れるものではない。わが国では，信託銀行証券代行部または独立の証券代行会社――これらを証券代行機関といっている――がこれを担当し，金融商品取引所の証券上場審査基準においても会社の株式事務の証券代行機関への委託が要求されている。

株主名簿管理人が置かれたときは，その旨の登記がなされ（911 条 3 項 11 号），それによって公示される。また，株主名簿もしくはその複本，株券喪失登録簿または新株予約権者原簿は株主名簿管理人の営業所に備え置くことができ（125 条 1 項括弧書），その場合には，名義書換請求は株主名簿管理人の営業所でなされることになる。

2 共有株式による権利の行使および共有株主に対する通知等 〔290〕

株式が数人の共有に属するとき（株主名簿にそのような記載がなされていることを要する）は，共有者のうち株主の権利を行使する者 1 人を定め，その者の氏名または名称を通知しなければ，その株式についての権利を行使することができない（106 条本文）。しかし，それは，会社の便宜のためであるから，会社が共有者個々の権利行使に同意した場合は，この限りではない（106 条但書）。その定めは，共有者の全員一致による必要はなく，共有株式数の多数決によると解される（民

252条参照。有限会社持分の共有の場合につき，権利行使者は，持分価格に従って過半数で決定するという最高裁判決がある。最判平成9・1・28判時1599号139頁)。前述した会社が共有者個々の権利行使に同意した場合であっても，民法の共有に関する規定に従った権利行使である必要があり，管理行為である権利行使については各共有者の持分の価格に従いその過半数で決せられなければならない（民252条。最判平成27・2・19民集69巻1号25頁)。会社から株主に対して通知・催告する場合は，共有者は，受領する者1人を定め，会社に対し，その者の氏名または名称を通知しなければならず，この場合においては，その者を株主とみなして，会社からの通知・催告の宛先となる（126条3項)。共有者の通知がない場合には，会社はそのうちの1人に対して通知・催告すれば足りる（同4項)。

〔291〕

3　所在不明株主またはその株式の取扱い

(イ)　所在不明株主に対する通知または催告の不要

前述したように（126条1項。〔282〕)，会社の株主に対する通知または催告は，株主名簿に記載または記録した株主の住所等に発すれば足りるものとされるが，さらに所在不明株主についてはその通知または催告をすることを要しないものとされる。すなわち，会社が株主名簿に記載または記録した住所等に発した催告または通知が継続して5年間到達しなかった場合には，会社は株主（登録株式質権者についても同様である。196条3項）に対する通知および催告をすることを要せず（196条1項)，この場合の株主に対する会社の義務の履行の場所は会社の住所地とされる（196条2項)。

〔292〕

(ロ)　所在不明株主等の株式売却等の制度

(a)　制度の趣旨　所在不明株主等（質権者を含む。以下同じ）について，(イ)の手当てだけでは，そのような株主等についても株主等としての管理を省くことができず，株式事務の合理化の支障になり，また，所在不明株主が増加し，議決権を行使しない株式の数が増加しているという問題が指摘されてきた。そこで，平成14年改正商法のもとで，株式事務の合理化に資するものとして所在不明株主等の株式の売却の制度が設けられ，会社法にも受け継がれている。ここで売却等といっているのは，競売，競売に代える売却および会社による買受けを含むからである（〔294〕)。その基本的構想は，取締役会の決議により所在不明株主等（〔293〕）の有する株式の売却等をして，その代金を従前の株主に支払うというものである。なお，この制度は，会社の株式事務の合理化のためのものであるから，これに要する費用は会社が負担しなければならないと解される。

ここでいう所在不明株主等の株式売却等の制度は，直接には株式を対象とするものであり，それには単元株制度をとる会社における単元未満の所在不明株主の株式も含まれる。

なお，株券喪失登録がなされた株券にかかる株式については，この制度による競売または売却をすることができない（230条4項）。その株式については株券喪失登録制度によって処理されるべきだからである（〔294〕。なお〔222〕(iv)）。

(b) 所在不明株主等の株式等の売却等のための要件　会社は，次の要件のもとに，所在不明株主等の株式の競売（197条1項），売却（197条2項）または売却する株式の会社による買取り（197条3項・197条4項）をすることができる。〔293〕

(i) 売却等の対象となしうる株式　売却等の対象となしうる株式は，次の①から③までの要件をみたすものでなくてはならない（197条1項）。

①その株式につき株主名簿に記載または記録のある株主に対する通知および催告が，継続して5年間到達しておらず，その結果，196条1項および294条2項の規定により通知および催告を要しないもの（1号），かつ，②その株式の株主が継続して5年間，剰余金の配当を受領しなかったもの（2号）であり，また，③その株式につき登録質権者があるときは，㋑その質権者に対する通知および催告もまた，継続して5年間到達しておらず，その結果通知および催告を要しないものであり（196条3項・196条1項・197条5項1号），かつ㋺継続して5年間剰余金の配当（154条1項）を受領しなかった者（197条5項2号）である。

②および③㋺は，株主名簿に記載または記録された株主等（登録質権者を含む。以下同じ）に対する通知等が到達しなくても，株主が会社に通知した場所（株主の取引銀行の口座である場合が多いであろう）における剰余金の配当は受領される例が少なくないといわれており，このような場合にその株式を競売してしまうのは不適当であることから規定されたものである。したがって，株主に対する通知が5年間継続して到達しなくても，その間に利益が受領されていれば，その株式の売却等をすることができない。その会社が当初の4年間は無配会社であって，最後の5年目に配当がなされ，それが受領されたときは，①および③㋑に該当する場合であっても，その株式の売却等をすることはできない。①および③㋑に該当する場合であって，しかも，その5年間，その会社が1度も剰余金の配当をしなかった場合には，その株式の売却等が可能である（以下には，①から③までに該当する株式を「所在不明株主等の株式」という）。

(ii) 異議の公告および各別の催告　所在不明株主等の株式の競売または売

却をする場合には，会社は，所在不明株主その他の利害関係人が一定の期間内に異議を述べることができる旨，競売または売却をする旨，株主として株主名簿に記載または記録がされた者の氏名または名称および住所，株式の数（種類株式発行会社にあっては，その株式の種類および種類ごとの数），株券が発行されているときは，当該株券の番号を公告し，かつ，その株式の株主および登録株式質権者には，各別にこれを催告しなければならない（198条1項本文，会社則39条）。この期間は，3か月を下ることができない（198条1項但書）。

各別の催告は，株主名簿に記載しまたは記録したその株主および登録株式質権者の住所（別に通知・催告を受ける場所または連絡先を会社に通知した場合にあっては，その場所または連絡先を含む）にあてて発しなければならず（198条2項），株式が共有に属するときは，その中の1人ではなく，共有者にあてて発しなければならない（同3項。126条3項4項参照）。

所在不明株主に対する催告を要しない旨の規定（196条1項）は，上記催告については，適用されない（198条4項）。

株主の有する株式を，その株主（質権者を含む）が所在不明とはいえ，その者の同意を得ないで売却等をして代金債権に代える措置をとるという重要な場合であるから，結局は効果がない可能性が大きいとはいえ，上述の措置をとることを知らせる手段を講じようというものである。それと合わせて，株券発行会社の場合であってその株式にかかる株券が発行されている場合には，後述するように（〔294〕），その株式の売却には株券の交付が必要であるが（128条1項本文），その株券は株主とともに所在不明であるはずであるから，株券の売却等のためにはその再発行の手続をとらなければならず，この公告および催告はその手続の一環としての意味をも有することになる。

〔294〕 **(ハ) 売却等の実行，競売に代わる売却および会社による買取り，喪失登録がなされている株券の取扱い**

株券発行会社の場合には，所在不明株主等の株式の売却等をすることも株式の譲渡であるから，それには株券の交付が必要である（128条1項本文）。ところが，所在不明株主等の株式にかかる株券もまた所在不明となっているはずであるから，その売却等をするためには，株券失効手続により，所在不明株券を失効させてあらたに株券を発行する手続をとることが必要となる。そのため，所在不明株主等の株式にかかる(ロ)(b)(ii)の異議催告の期間内に利害関係人が異議を述べなかったときは，その株券はその期間の満了の時に無効となる（198条5項）。

もっとも，その株券につき株券喪失登録がなされている場合には，上述の手続によって売却等をすることができない（230条4項）。株券喪失者が株券喪失登録制度によって救済を受ける手続をとっている場合に，所在不明株主の売却等の要件を備えているとはいえ，会社がその株券の売却等をしてしまうことは許されないからである。したがって，この場合には，株券喪失登録による株券失効手続により処理されることになる（〔222〕(iv)）。

株券不発行会社であって振替株式制度利用会社でないものの場合には，上記の株式等の売却等のための要件がみたされている株式等については，株主名簿の名義書換をしても利害関係人の利益を害するおそれがないものとして法務省令で定められ，その株主等の譲受人に名義書換がなされることにより売却等が実行される（133条2項，会社則22条1項9号。〔272〕(ii)⑧）。また，振替株式制度利用会社の場合には，上記の売却等の要件をみたしている振替株式については，口座の振替により譲渡がなされるための手当てがなされている（社債株式振替133条1項。〔268〕②）。

会社は，前述(b)(i)の要件をみたす株式を競売し，その代金をその株式の株主に交付する（197条1項）が，この競売に代えて次の方法をとることができる。

市場価格のある株式については市場価格として法務省令で定める方法により算定される額（会社則38条）をもって，市場価格のない株式については裁判所の許可を得て競売以外の方法により，これを売却することができる（197条2項前段）。この場合において，その許可の申立ては，取締役が2人以上あるときは，その全員の同意によってしなければならない（197条2項後段）。

また，会社は，売却する株式の全部または一部を買い取ることができ（197条3項），この場合においては，買い取る株式の数（種類株式発行会社にあっては，その種類および種類ごとの数），株式の買取りと引換えに交付する金銭の総額を定めなければならない（197条3項）。この買取りの決定は，取締役会設置会社では，取締役会の決議をもってすることを要する（197条4項）。これを要求しているのは，その売却等が所在不明株主から株主としての法的地位を奪うことになるために，その決定を慎重ならしめるためである。指名委員会等設置会社においてはその決定を執行役に委任することができる（416条4項本文）。取締役会設置会社以外の会社では，取締役が定款に別段の定めがある場合を除きその過半数（取締役が1人の場合にはその1人）で決定するものと解する（348条2項。このように解する根拠については〔516〕(イ)(ii)(iii)）。

この会社による自己株式の取得につき，分配可能額を限度とする財務制限がなされている（461条1項6号。〔685〕⑥）。

〔295〕 ㈡ **従前の株主に対する代金の支払**

以上のような株式の売却の結果，会社は，売却等の代金を従前の株主に交付することになる（197条1項柱書）。結局，従前の株主は，株主たる地位を失って，会社に対してその代金の支払を請求しうる債権者の地位に代わることになる。

会社が株式の売却代金を従前の株主に支払わなければならないとされても，株式の売却等はその株式を有する株主等が所在不明であることからなされるのであるから，現実に従前の株主にその代金の支払をすることは，事実上不可能なはずである。債務の弁済は，一般原則としては債権者主義がとられ，債権者の住所においてなされることになっているが（民484条1項），債権者の所在が不明である以上，債務者である会社としては，とりあえず弁済の準備をしていることを通知してその受領を催告し（民493条。もっとも，この通知も到達しないことになろう），あとは従前の株主の請求を待っているほかないと解される。なお，会社としては，その過失がなくて債権者を確知することができないとして，供託をしてその債務を免れることもできる（民494条2項）。

X　特別支配株主の株式等売渡請求
――いわゆるキャッシュ・アウト

〔296〕 **1 規定の内容・目的**

平成26年会社法は，特別支配株主の株式等の売渡請求についての規定を設けた（179条－179条の10）。特別支配株主とは，ある株式会社（以下「A会社」という）の総株主の議決権の10分の9（これを上回る割合をその会社の定款で定めた場合にあってはその割合）以上を，ある者BおよびBが発行済株式の全部を有する株式会社その他これに準ずるものとして法務省令で定める法人（以下，この法人を「特別支配株主完全子法人」という）が有している場合におけるBをいう（179条1項括弧書，会社則33条の4）。

特別支配株主に関連しては，平成26年改正以前にも合併において存続会社が消滅会社の特別支配会社である場合（略式合併の場合）に，消滅会社の株主総会の承認を要しない旨（784条1項本文。〔757〕。その他の略式組織再編等でも同様である。〔778〕〔799〕），また事業譲渡等において，その契約の相手方（甲）会社がその事業譲渡をする乙会社の特別支配会社である場合に甲株主総会の承認を要しない旨（468条1項。〔816〕）が規定されていた。

平成26年会社法においてあらたに特別支配株主について設けられた規律は，次の①から③に掲げるようなものである。すなわち，①A会社の特別支配株主Bは，A会社（以下「対象会社」という）の株主C（その会社およびその特別支配株主は除かれる）の全員（以下に述べる②および③の新株予約権者も含む。以下同じ）に対して，その有するそのA会社の株式の全部をその特別支配株主Bに売り渡すことを請求することができる（179条1項本文）。そして，② ①の請求（以下，「株式売渡請求」という）をするときは，特別支配株主Bは，あわせてその対象会社の新株予約権の新株予約権者（対象会社およびその特別支配株主を除く）の全員に対し，①と同様にその有する対象会社の新株予約権の全部をその特別支配株主Bに売り渡すことを請求できる（179条2項本文）。さらに③特別支配株主Bは，新株予約権付社債に付された新株予約権について新株予約権売渡請求（②による請求）をするときは，あわせてその新株予約権について別段の定めがある場合を除き，新株予約権付社債についての社債の全部をその特別支配株主に売り渡すことを請求しなければならないものとされる（179条3項）。

なお，特別支配株主は，特別支配株主完全子法人に対して株式売渡請求または新株予約権売渡請求をしないこととすることができる（179条1項但書・2項但書。その理由については，次の2(イ)①参照）。

このように，対象会社A会社の特別支配株主Bに対して，A会社の他の株主等C（その有するA会社の株式の合計数はA会社の発行済株式総数の10分の1未満に当たることになる）の全員の有するA会社株式，新株予約権等につき売渡請求を認めたのは，いわゆるキャッシュ・アウトといって，A会社の株主および新株予約権者（上述のC）に対して，現金等を支払って，そのA会社の株主等の地位を失わせるためである。このような規定が設けられることについては，特別支配株主Bにとっては，BがA会社を支配しているから，A会社が株主等C（合計してもA会社の発行済株式総数の10分の1未満の株主等）について，その株主等として取り扱わなければならないことは，A会社の株主管理事務の煩雑さ等から不都合であること，また，Cらにとっては，株主としての権利を行使しても，その持株割合の少なさの関係で影響力を及ぼすことがほとんどないと考えられること，その対価の適正ささえ保証されれば，その売渡請求を認めても株主Cにとって不都合がないこと等が理由になっていると考えられる。しかし，株主等Cにとっては，少数株主とはいえ，その株式等を保有し続けることに執着することがありうること，ことに閉鎖会社ないし中小企業にとっては，株主総会で少数株主の意見を述べる機会を与えられることを強く希望していることも考えられること，しかも，この売渡請求につき，株主総会の決議が要求されておらず，したがって株主総会決議取消しの訴えの対象とならないこと（決議を要求しても特別支配株主により可決されることはいうまでもない）等からいって，キャッシュ・アウト制度には問題があるという指摘がなされる可能性があろう。そうだとすると，立法上，この特別支配株主に株式売渡請求を認める以上は，その手続は適正なものでなければならないというべきであろう。

なお特別支配株主Bは，A会社の発行済株式の90％以上を保有してA会社を支配しているから，A会社の意思を支配していると考えられるが，株式等売渡請求の主体は，法律上は，A会社ではなく特別支配株主Bとされている。

〔297〕 **2　売渡請求の手続等**

(イ)　この請求にあたって明らかにしなければならない事項

売渡請求（株主〔特別支配株主B〕の売渡請求）は，次に掲げる事項を定めてしてしなければならない（179条の2第1項。A会社に対する通知は次の(ロ)）。

①　特別支配株主完全子法人に対して株式売渡請求をしないこととするときは，その旨およびその特別支配株主完全子法人の名称（1号）。

前述したように，特別支配株主完全子法人とは，A会社の株主Bが発行済株式の全部を有する株式会社その他これに準ずる者として法務省令で定める法人であって（179条1項，会社則33条の4），Bにとっては，この特別支配株主完全子法人をそのまま存置させておいても支障がないことがあり，売渡請求の対象としないこともありうるから，その対象からはずすことを認めたのであろう。

②　対象会社（A会社）の株主（C）（以下「売渡株主」という。対象会社，特別支配株主および①の特別支配株主完全子法人は除かれる）に対して，その有する対象会社の株式（以下「売渡株式」という）の対価として交付する金銭の額またはその算定方法（2号）。売渡しの対価であり，その適正さの保証については後述する（〔299の12〕）。

③　売渡株主（売渡新株予約権者を含む）に対する②の金銭の割当てに関する事項（3号）。この定めは，売渡株主の有する売渡株式の数（種類株式ごとに異なる取扱いをする旨の定めがある場合には各種類ごとの数）に応じて金銭の交付をすることを内容とするものでなければならない（179条の2第3項）。

④　株式売渡請求にあわせて新株予約権（新株予約権付社債についての社債を含む。以下同じ）売渡請求をするときは，その旨および上述①から③と同趣旨の事項（4号）。

⑤　特別支配株主Bが売渡株式および売渡新株予約権を取得する日（以下「取得日」という）（5号）。この取得日の20日前までに売渡株主等に対する通知等が要求される（次の(ハ)①）。

⑥　①から⑤までに掲げるもののほか，法務省令で定める事項（6号。会社則33条の5）。

(ロ)　特別支配株主Bの対象会社Aに対する通知およびAの承認　〔298〕

特別支配株主（売渡請求株主）Bは，株式売渡請求（新株予約権売渡請求に関する前述1②の請求を含む。以下，これを株式売渡請求とあわせて「株式等売渡請求」という）をしようとするときは，対象会社（A会社）に対して，その旨および上述(イ)①から⑥までに掲げる事項を通知し，対象会社Aの承認を受けなければならない（179条の3第1項）。ここで株式等売渡請求につき特別支配株主Bが対象会社（A会社）の承認を受けなければならないとしても，事実上はBは，Aの発行済株式総数の10分の9以上の株式等を有してA会社を支配しているから，この承認が受けられないということはきわめて稀であろう。もっとも，以下に述べるように，取締役会によるチェックがなされる。

対象会社は，上述の株式等売渡請求の場合に，新株予約権売渡請求だけを承認することはできず，それと株式売渡請求との双方につき承認するかどうかを決定しなければならない（179条の3第2項）。この承認は，取締役会設置会社においては，取締役会の決議によらなければならない（179条の3第3項）。取締役会において，この株式買取等の売渡請求につき定められた事項が少数株主の不利益にならないかチェックする機能をはたすことが期待されることになろう。

対象会社が上述の承認をする場合において，ある種類株式の種類株主に損害を及ぼすおそれがあるときは，この承認は，その種類株主を構成員とする種類株主総会の決議がなければその効力を生じない（322条1項1号の2。〔130〕）。

(ハ)　取得日の20日前までの売渡株主等に対する通知または公告　〔299〕

対象会社（A会社）は，(ロ)の承認をしたときは，取得日（(イ)⑤）の20日前までに，次の①および②に掲げる者に対し，①および②に掲げる事項を通知しなければならない（179条の4第1項）。その事項が定められ，対象会社に承認されたことを，売渡株主等に知らせるためである。

① 売渡株主および売渡新株予約権者（以下「売渡株主等」という）に対して，その承認（上述(ロ)参照）をした旨，特別支配株主（B）の氏名または名称および住所，上述(イ)の①から⑤までに掲げる事項その他法務省令で定める事項（会社則33条の6）。

② 売渡株式の登録株式質権者および売渡新株予約権の登録新株予約権質権者に対して，その承認をした旨。

なお，この通知は公告をもってこれに代えることができる（179条の4第2項）。公告をもって通知に代えることについては，公告だけでは売渡株主等がその有する株式を知りえず，価格決定の申立ての機会を失わせるのではないかということが問題とされたが，そこで売渡株主等の価格決定の申立てに20日間の余裕を与えている（179条の8）。また，振替株式を発行している対象会社は，振替株式である売渡株式の株主またはその登録質権者に対する通知に代えて，その通知すべき事項を公告しなければならないものとされる（社債株式振替法161条2項は，会社法179条の4第1項につき，通知に代えて公告しなければならないと規定している）。振替株式については，株主名簿の記載は必ずしもその時点の真実の株主とは一致しておらず，株主名簿に記載された株主に通知しても無意味であるからである。上記の通知または公告の費用は，特別支配株主の負担とされる（179条の4第4項）。対象会社が通知義務（売渡株主に対する通知に限る）に違反した場合の差止請求等について規定されている（179条の7第1項2号）。

〔299の2〕
(ニ) (ハ)の通知または公告による株式等売渡請求

対象会社が(ハ)の通知または公告をしたときは，特別支配株主から売渡株主等（(ハ)①参照）に対し，株式等売渡請求（(ロ)参照）がなされたものとみなされる（179条の4第3項）。個別的な通知のみならず，公告でもこのような効果が生ずる（特別支配株主の売渡株式等の取得については(チ)参照）。

〔299の3〕
(ホ) 取得日後6か月までの書面の備置き，閲覧等の請求

対象会社（A会社）は，売渡株主等（(ハ)①）に対する(ハ)の通知の日または公告の日のいずれか早い日から取得日（(イ)⑤）後，対象会社が公開会社の場合には6か月，公開会社でない場合には1年を経過する日までの間，次に掲げる事項を記載し，または記録した書面または電磁的記録をその本店に備え置かなければならない（179条の5第1項）。そして，売渡株主等は，対象会社に対して，その営業時間内はいつでも，それらの書面等の閲覧等請求をすることができる（179条の5第2項）。株主名簿や社債の閲覧請求（125条・682条。〔270〕〔702〕〔704〕）等と同

趣旨のものといってよいであろう。

① 特別支配株主（B）の氏名または名称および住所（1号）

② (イ)①から⑥までに掲げる事項（2号）。

③ 対象会社（A会社）が特別支配会社Bの株式等売渡請求を承認した旨（前述(ロ)，(ハ)①参照）（3号）。

④ 上述の①から③までに掲げるもののほか，法務省令で定める事項（4号，会社則33条の7）

これに違反すれば売渡株主の差止請求が認められる（179条の7第1項2号）。

(ヘ) 株式等売渡請求の撤回　〔299の4〕

特別支配株主は，(ロ)の承認を受けた後は，取得日（(イ)⑤）の前日までに対象会社（A会社）の承諾を得た場合に限り，株式等売渡請求を撤回することができる（179条の6第1項）。取締役会設置会社がこの承諾をするかどうかの決定をするには，取締役会決議によらなければならない（同2項。売渡請求の承認につき上述(ロ)参照）。特別支配株主の財政状態が悪化し対価の交付が困難になったような場合に備えて，取締役会の承認を受けることによってのみ，売渡請求の撤回を認めることにしたのである。対象会社は，撤回の承諾をしたときは，遅滞なくその承諾をした旨を売渡株主等に対して，通知し，または公告をしなければならない（同4項5項）。その通知公告の費用は，特別支配株主の負担とされる（同7項）。株式売渡請求にあわせて新株予約権売渡請求がなされた場合には，株式売渡請求のみを撤回することができず，また新株予約権売渡請求のみを撤回することもできない（同8項）。

(ト) 特別支配株主による売渡株式等の取得　〔299の5〕

株式等売渡請求をした特別支配株主は，取得日に，売渡株主の全部を取得することになる（179条の9第1項）。その取得経緯は，まず取得日が定められ（(イ)⑤），それが取得日の20日前までに売渡株主等に通知または公告されて，特別支配株主から売渡株主に対して株式等売渡請求がなされたものとみなされ（(ニ)），そして取得日に特別支配株主は売渡株式等の全部を取得するものとされるのである。このように売渡株主等にとっては取得日に当然に売渡株式等を特別支配株主に取得されるが，後述するように，それに対する売渡株主等がとりうる救済措置が定められている（〔299の8〕〔299の9〕）。

(チ) 取得日後の書面等の備置——事後開示，閲覧請求　〔299の6〕

対象会社は，取得日後遅滞なく，株式等売渡請求により特別支配株主（B）が取得した売渡株式等の数その他の株式等売渡請求による売渡株式等の取得に関する事項として法務省令で定める事項（会社則33条の8）を記載し，または記録した書面または電磁的記録を作成し，取得日から6か月（対象会社が公開会社でない場合にあっては取得日から1年間），その書面等をその本店に備え置かなければならない（179条の10第1項2項）。取得日に売渡株主等であった者は，対象会社に対して，その営業時間内はいつでも，その書面等の閲覧等の請求をすることができる（同3項）。後述**4**・**5**に規定されている売渡株主に与えられた差止請求，取得無効の訴え等を行使する機会を与えるための措置である。

〔299の7〕

3　裁判所に対する売買価格の決定の申立て

株式等売渡請求があった場合には，売渡株主等は，取得日の20日前の日から取得日の前日までの間に，裁判所に対し，その有する売渡株式等の売買価格の決定の申立てをすることができる（179条の8第1項）。売渡株主等に裁判所による売買価格の決定の申立てを認めたものである。この申立てによる裁判所の決定を参考にして，次に述べる株式売渡請求の差止めを請求することも可能になろう。なお，㈡の公告後に売渡株式を譲り受けた者は，価格決定の申立てをすることができない（最決平成29・8・30民集71巻6号1000頁）。

特別支配株主は，裁判所の決定した売買価格に対する取得日後の法定利率による利息をも支払わなければならないことになる（179条の8第2項）。

なお，特別支配株主は，売渡株主等に対し，売渡株式等の売買価格の決定がなされる前に，その特別支配株主が公正な売買価格と認める額を支払うことができる（179条の8第3項）。特別支配株主にとって，上述の法定利率による利息を支払うことを避けることを認めたものである。売渡株主等にとっては，特別支配株主の支払う額に不満な場合には，その差額の支払請求，または売渡請求等の差止請求さらには売渡請求等の全部の取得の無効の訴え（846条の2−846条の9）等の措置を講ずることになろう。

〔299の8〕

4　売渡株主等による差止請求

次に掲げる場合において，売渡株主が不利益を受けるおそれがあるときは，売渡株主は，特別支配株主に対して，株式等売渡請求による売渡株式等の全部の取得をやめることを請求することができる（179条の7第1項）。

株式等売渡請求は，これまで述べてきたところから明らかなように，株主総会決議を経ずに行われることになっており，売渡株主にとって総会決議取消しの訴えを提起する機会が与えられていない（〔296〕）ところから株式等売渡請求の差止請求が認められたものである。売渡新株予約権者についても同様である（179条の7第2項）。

① 株式売渡請求が法令に違反する場合。2(ロ)の通知事項の欠落等が考えられる。

② 対象会社が2(ハ)（売渡株主に対する通知に係る部分に限る）または同(ホ)（書面の備置き・閲覧等）に違反した場合。2(ハ)の通知の時期（取得日の20日前），(ホ)および(チ)の書面等の開示事項，開示期間等の違法等が考えられる。

③ 2(イ)②または③に掲げる事情が対象会社（A）の財産の状況その他の事情に照らして著しく不当である場合。すなわち，売渡株主等に対してその有する対象会社の株式の対価として交付する金銭の額またはその算定方法または売渡株主に対する上述の金銭の割当に関する事項の著しい不当性が差止請求の対象になる。対価の不当性の問題である。

5 株式等売渡請求による売渡株式等の全部の取得の無効の訴え 〔299の9〕

株式等売渡請求による売渡株式等の全部の取得について，次のような無効の訴えが認められる（846条の2）。ここでも，設立無効の訴えについて前述したような（〔86〕〔88〕―〔90〕），可及的制限（次の(イ)および(ロ)），遡及効阻止（後述(ホ)）および対世効（後述(ホ)）が認められる。

(イ) 主張期間および主張方法の制限

株式等売渡請求による売渡株式等の全部の取得の無効は，取得日から6か月以内（対象会社が公開会社でない場合には取得日から1年以内）に，訴えをもってのみ主張することができる（846条の2第1項）。

この請求は，「訴えをもってのみ主張することができる」と規定されている。この規定の仕方は設立無効の訴え（〔86〕）および募集株式の無効の訴え（〔341〕）と同様に，この訴えが形成訴訟であることを意味する。また6か月以内（公開会社の場合。それ以外の場合は1年以内）に無効の訴えを提起しなければ，もはや無効を主張することができなくなる（〔341〕）。

(ロ) 提訴権者 〔299の10〕

(イ)の訴え（以下「売渡株式等の取得の無効の訴え」という）の提起権者は，次の通りである（846条の2第2項）。

① 取得日において売渡株主または売渡新株予約権者であった者。これらの者は特別支配株主の株式等売渡請求により直接不利益を受けるものであることから，提訴権が認められたということができよう。

② 取得日において対象会社の取締役，監査役もしくは執行役であった者，または対象会社の取締役，監査役，執行役もしくは清算人。上述の規定は，㋑取得日において対象会社の取締役等であった者と，㋺取得日において取締役等であったかを問わず，訴え提起時に対象会社の取締役等であった者との双方を指すものである。いずれも，業務執行の公正さ，妥当性を確保するために認められた提訴権者である。

(ハ) 被　　告

この訴えの被告は，特別支配株主である（846条の3）。被告が対象会社ではなくて，特別支配株主が無効手続の被告となる。

(ニ) 管　　轄

売渡株式等の取得の無効の訴えは，対象会社の本店所在地を管轄する地方裁判所の専属管轄とする（846条の4）。会社法の訴えにおいては，このように，管轄裁判所が関連会社の本店所在地とされるのが通例である（たとえば責任追及の訴えにつき848条。〔494〕）。

〔299の11〕

(ホ) 遡及効阻止および対世効

売渡株式等の取得の無効の訴えに係る請求を認容する判決が確定したときは，株式等売渡請求による売渡株式等の全部の取得は将来に向かってその効力を失うものとされ（846条の8），その判決は，第三者に対してもその効力を有する（846条の7）。

このように，ⓘ売渡株式等の無効判決については「将来に向かって」とは，遡及効が否定されるということであり（「遡及効の否定」），またⓘⓘ「第三者に対してもその効力を有する」とは，いわゆる「判決の対世効」を認めたものであり（以上5の冒頭参照），原告である提訴株式等売渡株主等が勝訴した場合にはその判決の効力は，その他の売渡株主等にも及ぶ（その者が敗訴した場合は別である）。すなわち，ⓘその遡及効が否定されるから，かりにそれまでに支払がなされてしまった場合に無効とされたときは，差額の調整で処理されることになろう。またⓘⓘそれに対世効が認められるから，ある売渡株主等がこの無効の訴えを提起してその無効の主張が認容されると，その訴えを提起していない他の売渡株主にもその効力が及び，その後は勝訴した売渡株主と同様の取扱いがなされることになる。

〔299の12〕

(ヘ) 無効原因

無効原因については特に規定が設けられていない。この点は，募集株式発行無効の訴え（828条1項2号3号。〔340〕），合併無効の訴え（828条1項7号8号。

〔766〕）等についてと同様である。しかし，売渡株主等による差止事由がある場合に，その差止請求の時間的余地がなく取得日が到来した場合には無効原因となると解されよう。たとえば，合併の無効原因について，合併条件が不利益であるにもかかわらず合併承認（特別決議。783条1項・309条2項12号）が可決された場合に無効事由にあたるかが争われているが，一般にはその決議が手続的に適法である限り，無効事由にならないと解されている（〔766〕(イ)）。ところが，株式等売渡請求の場合には，はじめから株主総会の承認決議は予定されておらず，売渡対価の条件いかんにより，無効原因とするかどうかを決めると解する余地もないではない。合併の場合にも，当事者の一方が特別支配会社である場合には，原則として株主総会の承認を要せず（784条1項。〔756〕〔757〕），その場合には，合併条件のいかんを問わず無効原因とはならないと解されていることを考慮すると，株式等売渡請求の場合にも，必ずしも売渡対価のいかんによって無効原因とするかどうかを決めると解することにも問題がないわけではない。しかし，株式等売渡請求は，特別支配株主に，株主総会の承認を要せずに当然に少数株主をキャッシュ・アウトしてしまうことを認める制度であり，このような制度のもとでは，キャッシュ・アウトされる株主を強く保護することが必要であると考える。このように考えると，売渡対価がキャッシュ・アウトされる株主に不利であることが立証される場合には，そのことを理由に株式等売渡請求の無効を主張できると解する余地もあろう。差止請求の原因として，対象会社の株式に代えて交付する金銭の額，その算定方法または，金銭の割当てが差止請求の原因になっていることも，これらを無効原因となると解する余地もあろう。

第4節　募集株式の発行等

I　募集株式の発行等の意義等

〔300〕　会社法は,「募集株式の発行等」という概念を用いている（第2編第2章第8節〔199条−213条〕)。それは, 旧会社法の①会社成立後の「新株の発行」(改正前商第2編第4章第3節ノ2〔280条ノ2−280条ノ18〕）と, ②会社の処分する自己株式を引き受ける者の募集という2つの概念を含むものである。会社成立後の新株の発行は, 募集設立の手続における株式の発行（そこでは,「設立時発行株式を引き受ける者の募集」(57条1項）という表現が用いられている。〔65〕）に相当するものであるので, ①「発行する株式を引き受ける者の募集」という表現が用いられ, また, 会社が取得した自己株式を処分する行為については, 改正前は, 新株の発行に準ずるものとしてそれに関する規定のほとんどが準用されていたが（改正前商211条3項), 会社法は②処分する自己株式を引き受ける者の募集を①と同列に取り扱うこととして, ①および②を「募集株式の発行等」に含めることとしている。このように, 会社法は, 旧会社法における「新株の発行」という言葉を直接には使用しておらず,「成立後における株式の発行」(828条1項2号・829条1号）という言葉を使用しているが（もっとも829条の見出しに「新株発行等」という言葉を使用している), その理由は「自己株式の処分」も「成立後の株式の発行」と同じ取扱いをするためと考えられる。ちなみに, 会社法は,「募集株式」の定義については, その発行する株式またはその処分する自己株式を引き受ける者を募集しようとするときの, その募集に応じてこれらの株式の引受けの申込みをした者に対して割り当てる株式をいうと規定している（199条1項柱書括弧書)。ここでも共通の実態を有する行為は統一的に取り扱うという会社法の考え方が実現している。もっとも, 募集株式の発行等の無効の訴えについては, 成立後における株式の発行（828条1項2号）または新株の発行（840条）と自己株式の処分（828条1項3号・841条）というように表現を区別しているが, 実質的には差異がないと考える。

いずれにしても, それは会社資金調達の手段である。会社資金調達の手段には,社債の発行も含まれるが，株式と社債との比較については，社債のところで取り上げる（〔693〕）。

会社法は，募集株式の募集事項の決定の手続について，原則として株主総会の特別決議によらなければならないとしており（199条2項・309条2項5号），ただ，公開会社については，有利発行の場合（199条3項）を除き，取締役会の決議によるものとされている（201条1項）。そして，会社は，募集株式について株主に株式の割当てを受ける権利を与えることができ（202条1項前段），その決定方法については，原則として――定款で，取締役の決定による旨（202条3項1号）または取締役会決議による旨（202条3項2号）の定められている場合を除く――，会社が公開会社である場合には取締役会決議で（202条3項3号），それ以外の場合には株主総会の特別決議で（202条3項4号・309条2項5号）定めなければならないものとされている。公開会社でない会社（株式譲渡制限会社）で株主総会の特別決議が要求されているのは，既存の株主の持株比率維持の利益を保障するためであることは後述する（〔309〕(e)）。

なお，ここでは，募集株式を引き受けた者に出資をさせて株式の発行をする場合（自己株式の処分を含む。なお，旧会社法のもとで，「通常の新株の発行」といっていた。もっとも自己株式の処分はそこには含まれなかった）のみを取り扱い，株式の分割，併合，株式の交換，吸収分割等のように，あらたな出資をさせないで新株を発行する場合（旧会社法のもとで，「特殊の新株の発行」といっていた）についてはここでは取り扱わず，それぞれの箇所で取り扱う。新株予約権および新株予約権付社債の新株予約権の行使による株式の発行については，新株予約権者に出資させることもあるが，ここでは取り扱わず，別に取り扱う（第5節）。

II　募集株式の発行等の態様

〔301〕

募集株式の発行等にあたっては，株式を引き受ける者（株式引受人）を決め，その者に出資の履行をさせるという手続がとられるが，この株式引受人を決定する方法につき，次のような態様がある。そこで述べることは処分する自己株式を引き受ける者を募集する場合にも妥当する。

1　株主に株式の割当てを受ける権利を与える場合

株主に対して，その持株数に応じて株式の割当てを受ける権利（発行される新株を優先的に引き受ける権利）を与えてする募集株式の発行等である（202条）。株主にその持株数と関係なしに株式の割当てを受ける権利を与えるときは，2に述べる第三者割当てである（〔302〕）。株主に株式の割当てを受ける権利を与えて募集株式の発行等をする場合には，払込金額は時価より低くても株主総会の特別決議を要しない（〔319〕以下）。

〔302〕 **2　第三者に株式の割当てを受ける権利を与える場合**

株主以外の者に対して株式の割当てを受ける権利を与えてする募集株式の発行等である。結果的に株主に株式の割当てを受ける権利が与えられる場合であっても，それが一部の株主に限られる等，その持株数と関係なしに与えられるときは，これに属する。第三者割当てによる募集株式の発行等は，払込金額が時価による限り特別の手続を要せず，取締役会の決議（公開会社の場合。それ以外の会社の場合には株主総会の特別決議〔199条2項・309条2項5号〕。以下，特に断わらない限り同じ）だけですることができるが，公開会社では株主に新株発行事項を公示することが必要である（201条3項4項。〔318〕）。もっとも，時価より低い払込金額で発行する場合（有利発行の場合）には，株主総会の特別決議が必要であり（199条3項・309条2項5号。〔316〕），この場合には株主に対する公示は不要である（〔318〕）。

なお，平成21年7月30日，東証は有価証券上場規程を改正し，上場会社による第三者割当増資について，原則として，①希釈化率が300％を超えるときは，株主の利益を侵害するおそれが少ないと認められる場合を除き上場廃止とする，②希釈化率が25％以上となるか，または支配株主が異動することになるときは，独立した第三者委員会等からの客観的な意見の入手，または株主総会の決議など株主の意思確認を求めるものとした。さらに，平成22年4月1日，日本証券業協会は，「第三者割当増資の取扱いに関する指針」を策定し，会員は，上場銘柄の発行会社が行う第三者割当てについて，発行会社に対して，払込金額は，株式の発行に係る取締役会決議の直前日の価額（直前日における売買がない場合は，当該直前日からさかのぼった直近日の価額）に0.9を乗じた額以上の価額であること，ただし，直近日または直前日までの価額または売買高の状況等を勘案し，当該決議の日から払込金額を決定するために適当な期間（最長6か月）をさかのぼった日から当該決議の直前日までの間の平均の価額に0.9を乗じた額以上の価額をすることができる旨，定めている。なお，この指針は，株式の発行が会社法に基づき株主総会の特別決議を経て行われる場合は，適用されない。

3　だれにも株式の割当てを受ける権利を与えないでする募集株式の発行等

だれにも株式の割当てを受ける権利を与えず，株式を引き受ける者を募集し，応募した者のなかから株式を割り当てる者を決定する方法（割当自由の原則。〔327〕）による募集株式の発行等である。このうち，募集する範囲を従業員，取引先等一定の者に限定する場合を縁故募集といい，これを限定しない場合を公募または一般募集という。いずれの場合にも，第三者割当ての場合と同じ手続で新株を発行することができる。

Ⅲ　募集株式の発行等の特殊性
——設立時募集株式の発行との比較

1　募集株式の発行等と既存の株主の利益の保護　〔303〕

設立の際の株式の発行の場合には，既存の株主が存在しないが，会社成立後の募集株式の発行等の場合（処分する自己株式を引き受ける者を募集する場合を含む）には，既存の株主が存在するので，その者の利益に対する配慮が必要になる。募集株式の発行等に関連して既存の株主が有する利益としては，それが会社法上，保障されているかどうかは別として，理論的には，次の2つが考えられる。その第1は，株価下落による経済的損失を蒙らないという利益である。その第2は，総株主の議決権総数中に占めるそれぞれの株主の有する議決権の比率の維持の利益である。それぞれにつき，会社法がそのような利益を保障しているかをみてみよう。

(イ)　経済的損失を蒙らない利益　〔304〕

(a)　問題点　　会社が時価より低い払込金額で募集株式の発行等をすれば，株式の時価が下落するのが通常であり，その結果，既存の株主は，その有する株式の価値が下落して，経済的損失を蒙ることになる。たとえば，会社の株式の時価が10万円の場合に，払込金額を5万円で倍額増資（既発行株式数と同数の新株を発行し，発行済株式総数を2倍にするもの）をしたとすると，計算上は，募集株式の発行後の株式の時価は7万5000円に下落するはずである。したがって，100株を有する既存の株主は，募集株式の発行等の前は，その有する株式の時価が1000万円であったのに対して，その発行等の後はその時価が750万円に下落し，その差額だけ経済的損失を蒙ることになる。

(b)　経済的損失を蒙らないようにするための募集株式の発行の方法　　それでは，〔305〕どのような募集株式の発行等をすれば，既存の株主の経済的損失を蒙らないという利益を保障することができるかが問題になる。

① まず既存の株主に株式の割当てを受ける権利を与えて株式の発行等をすれば，上記のような利益を保障することができる。そのようにすれば，前述の倍額増資の例で，既存の株主は，その有する既存の株式については，その時価の下落により，1株当たり2万5000円の損失を蒙るが，募集株式につき，5万円の払込みで7万5000円の株式を取得することができて，1株当たり2万5000円の利益を得ることができ，結局，プラス・マイナスすると，経済的損失を蒙らないことになる。したがって，公開会社では取締役会の決議，非公開会社では株主総会の決議により，既存の株主に株式の割当てを受ける権利を与えて募集株式を発行する場合には，株式の時価が下がるような募集株式の発行等すなわち時価よりも低い払込金額による募集株式の発行等をしても，既存の株主はその株式の割当てを受ける権利を行使することにより経済的損失を蒙らないことができる。しかし，会社法上，一般的には既存の株主に株式の割当てを受ける権利が保障されておらず（〔306〕参照），したがって，既存の株主に株式の割当てを受ける権利を与えないで株式の発行等がなされた場合に，どのような方法によれば，既存の株主に経済的損失を与えないことができるかが問題になる。

② 既存の株主に株式の割当てを受ける権利を与えないで株式の発行等をしても，払込金額が時価を下回らなければ，株式の時価が下がらないから，既存の株主は経済的損失を蒙らない。したがって，既存の株主に株式の割当てを受ける権利を与えないで株式の発行等をする場合に，既存の株主の経済的損失を蒙らないという利益を保障するためには，払込金額が時価を下回らないようにすることが必要になる。

〔306〕 (c) **この点に関する会社法の規定**　会社法は，募集事項の決定は株主総会の決議によることを原則とし（199条2項），公開会社ではその特則として取締役会決議によることを認めながら（201条1項），払込金額が募集株式を引き受ける者に特に有利な金額である場合（199条3項）には，その特則の適用を排除している（201条1項で，199条3項に規定する場合が除外されている）。これらの規定によれば，既存の株主に株式の割当てを受ける権利を与えないで，時価よりも低い払込金額で株式の募集をするには，取締役会の決議だけではなく（201条1項），株主総会の特別決議を要求していることになる（199条2項・309条2項5号）。このことは，会社法が既存の株主に経済的損失を蒙らせるような募集株式の発行等をするには株主総会の特別決議を要求しているという限度で（株主総会の特別決議でそのような株式の発行等が承認されれば，それに反対の株主も経済的損失を甘受せざるをえない），

既存の株主に対し，募集株式の発行等にあたって経済的損失を蒙らないという利益を保障していることになる（〔316〕）。

(ロ) 議決権比率維持の利益 〔307〕

(a) 問題点　会社が新株を発行してその総株主の議決権数が増加した場合（議決権のない株式を発行等をした場合は別である。以下同じ）に，既存の株主にとって，その増加の比率に応じてその議決権数を増加しなければ，その総株主の議決権数に対する議決権比率が下がる。たとえば，総株主の議決権数が倍になったにもかかわらず，既存の株主の議決権数が増加しなければ，その株主の議決権比率はそれまでの2分の1に下がってしまう。既存の株主にとって，議決権比率を維持することができれば利益になることは否定できない。このことは，たとえば，総株主の議決権の10分の1の議決権比率を維持していれば，すべての少数株主権（〔100〕）を単独で行使できるのに対して，それが20分の1に下がれば，総株主の議決権の10分の1の株式数を有することを要件とする少数株主権が単独では行使できなくなることから，明らかである。

(b) 議決権比率維持の利益を保障するための株式募集の方法　それでは，どのような株式の募集をすれば，株主の議決権比率維持の利益を保障することができるか。それは，既存の株主にその持株数に応じて株式の割当てを受ける権利を与えて株式の募集をすること，すなわち，株主割当てによる株式の募集をすることである。もちろん，既存の株主に株式の割当てを受ける権利が与えられている場合でも，株主が株式の割当てを受ける権利を行使しなければその議決権比率を維持することができないが，それを行使すれば持株比率を維持することができる点で，議決権比率維持の利益が保障されているということができる。 〔308〕

(c) この点に関する会社法の立場　そこで，会社法上，株式の募集にあたって既存の株主に株式の割当てを受ける権利が保障されているかが問題になる。この点につき，202条1項前段で，会社は募集株式の発行等の場合に，株主に株式の割当てを受ける権利を与えることができる旨が規定されている。このことは，募集株式の発行等の際に取締役会決議（公開会社の場合。202条3項3号）で株主に株式の割当てを受ける権利を与える旨が定められる場合にのみ，株主に株式の割当てを受ける権利が与えられ，それ以外の場合には株主の株式の割当てを受ける権利が認められないこと（以下に述べるように，この点は公開会社と非公開会社とで異なる），いいかえれば，会社法上，公開会社では，株主の株式の割当てを受ける権利が保障されておらず，既存の株主の議決権比率維持の利益が保障されていな 〔309〕

いことを意味する。

〔309の2〕 **(d) 公開会社の場合**

(i) 一般の場合　前述のように，公開会社では，取締役会によって株主に株式を割り当てる権利を与えることを定めないかぎり，議決権比率維持の利益が保障されていないが（202条3項3号），それは公開会社の場合には，通常個々の株主が有する総株主の議決権に対する議決権比率はそれほど大きくないことが想定されており，それを維持する利益もそれほど大きくないと考えられる（たとえば，議決権比率が1000分の1の場合には，それを維持する利益はそれほど大きくはなく，したがって，それが2000分の1に下がっても，それほど不利益を蒙るとは考えられない）。一般的には既存の株主に株式の割当てを受ける権利が保障されず，その議決権比率維持の利益が保障されていないのは，このように，その利益がどうしても保障されなければならないほど大きいものではなく，それよりも株式の募集による資金調達の便宜（株主に株式の割当てを受ける権利を与えて株式を募集するよりも，公募したほうが会社の資金調達にとって便利なことがありうる）を優先させることとしたからであると説明することができる。

(ii) 支配株主の異動を伴う募集株式の発行に対する規制――その理由，内容

① 規制の理由　平成26年改正前会社法のもとでは，公開会社の場合には，募集株式の発行における既存の株主の利益の保護に関して，その経済的利益は保護するが，議決権比率維持の利益は保護されないことは前述した（〔306〕〔309〕）。その理由として，個々の株主の有する議決権比率維持の利益がそれほど大きくないからであることがあげられていることも前述した（(i)）。

ところが，実務では，公開会社において，大規模な第三者割当増資により支配株主を異動させて，既存の株主の利益を害することが行われてきた。

② 規制の内容――株主に対する通知，総会による承認等

㋑ 支配株主の異動を伴う募集株式の発行の意味　そこで，公開会社において，支配株主の異動を伴うような募集株式の発行等について，既存株主の意思を株主総会の決議に反映させるために，平成26年改正会社法は，次のような規制をしている。まず，支配株主の異動を伴う募集株式の発行とは，ⓐⓘ当該引受人（以下，「特定引受人」という）がその引き受けた募集株式の株主となった場合に有することとなる議決権の数，およびⓘⓘその引受人の子会社等が有することとなる議決権の数の合計数の，ⓑその募集株式の引受人の全員がその引き受けた募集株式の株主となった場合における総株主の議決権の数の割合が2分の1を超え

る場合である。この場合には，公開会社は，募集株式引受人に対して，㋺の通知等をしなければならない。もっとも，その特定引受人がその公開会社の親会社等である場合または株主割当て（202条）により株主に株式の割当てを受ける権利を与えた場合は別であり，この場合には，㋺に述べる通知を要しない（206条の2第1項）。

㋺　特定引受人等の通知・公告　　上述の場合には，公開会社は，金銭の払込期日または現物出資の財産の給付期日または期間（期間の定めをした場合にはその期間の初日）の2週間前までに，株主に対して，次の事項その他法務省令で定める事項（会社則42条の2）を通知しなければならないものとされる。その事項とは，その特定引受人の氏名および住所のほか，その特定引受人についてその引受人が引き受けた前述の㋑ⓐの合計数である（206条の2第1項）。この通知は，公告をもって代えることができる（206条の2第2項）。

もっとも，この通知は，公開会社が上述の通知事項について，上述の通知の期日の2週間前までに金融商品取引法4条1項から3項までの届出（有価証券の発行者による有価証券の募集または売出しに関する内閣総理大臣に対する届出）をしている場合その他の株主の保護に欠けるおそれがないものとして法務省令で定める場合（会社則42条の3）には，することを要しない（206条の2第3項）。

㋩　反対株主の通知　　通知または公告に対して，総株主（ここの株主総会で議決権を行使することができない株主は除かれる）の議決権の10分の1（これを下回る割合を定款で定めた場合にはその割合）以上の議決権を有する株主が㋺による通知または公告の日（㋺に述べた通知を要しない場合には法務省令で定める日〔会社則42条の4〕）から2週間以内に，特定引受人による募集株式の引受けに反対する旨を公開会社に対して通知したときは，株主総会の決議によって，その特定引受人に対する募集株式の割当てまたはその特定引受人との間の205条1項の契約（株式総数引受けの契約）の承認を受けなければならないものとされる（206条の2第4項）。

その株主総会は，議決権を行使することができる株主の議決権の過半数（3分の1以上の割合を定款で定めた場合にあってはその割合以上）を有する株主が出席し（定足数），出席したその株主の議決権の過半数（これを上回る割合を定款で定めた場合にあってはその割合以上）をもって行わなければならないものとされる（206条の2第5項）。それは，普通決議の要件と同様であるが，通常の普通決議の場合には定款で別段の定めをすることができる（たとえば，定足数を定款の定めにより排除することができる。309条1項。〔432〕）のに対して，ここでは，定款で定足数を3分の１未満というように別段の定めをすることが許されない。

㈡　株主総会の承認を要しない場合――会社の財産状況の悪化の場合等　ところが，その公開会社の財産の状況が著しく悪化している場合において，その公開会社の事業の継続のため緊急の必要があるときは，その例外として株主総会の承認を要しないで，第三者割当増資を可能としている（206条の2第4項但書）。総株主の議決権の10分の１以上の議決権を有する株主の反対があるにもかかわらず，株主総会の承認を受けないで第三者割当増資をしてしまった場合に，以上に述べたような要件がみたされているかどうかは，株主，監査役，監査委員等による取締役の行為の差止請求訴訟（360条・385条・407条）または新株発行等の無効の訴えによって，裁判所で判断されることになろう。

以上の仕組みにより，濫用的な第三者割当増資等を防止しようとしている。

〔309の3〕　**(e)　公開会社でない会社の場合**　旧会社法のもとでは，明文の規定により，有限会社においては，社員は増加する資本の額につきその持分に応じて出資の引受けをする権利を有するものとされ（廃止前有51条本文），特別決議で別段の定めをしたときはこの限りでないとされ（同51条但書），株式譲渡制限株式会社においても同様に株主は新株引受権（会社法の株式の割当てを受ける権利）を有するものとされ（改正前商280条ノ5ノ2第1項本文），株主以外の者に発行すべき旨の株主総会の特別の決議があったときはこの限りではないとされていた（同280条ノ5ノ2第1項但書）。これに対して，会社法は，公開会社でない会社（株式譲渡制限会社）につき，前述したように（〔306〕），募集事項の決定は一般的に株主総会の特別決議によるものとされる（199条2項・309条2項5号）。したがって，株主に株式の割当てを受ける権利を与えないで株式の募集をする場合には株主総会の特別決議が必要とされることになる（202条3項4号・309条2項5号。株主に株式の割当てを受ける権利を与える場合には適用されない。202条5項）。会社法における非公開会社の株主の議決権比率維持の利益については，以上のように位置づけることができ，その限度で保障されているということができる。

〔310〕　**2　資本確定の原則の放棄等**

発起設立の場合には，発起人がその出資の全部の払込みまたは給付をすることが必要であり，失権手続も定められている（36条。〔60〕(d)）が，募集株式の発行等の場合の出資を履行しない株式引受人は，募集設立の場合の株式引受人と同様に（〔75〕(d)），当然に失権し，履行された出資の限度で新株の発行等の効力が生ずることになる。ここでも，資本確定の原則（〔25〕）は放棄されていることになる。

Ⅳ　募集事項の決定等——株主割当て以外の場合

1　決 定 事 項　〔311〕

会社は，その発行する株式またはその処分する自己株式を引き受ける者の募集をしようとするときは，その都度，募集株式について次に掲げる事項を定めなければならない（199条）。株主割当ての場合については後述する（〔319〕以下）。

(イ)　募集株式の数

募集株式の数（種類株式発行会社にあっては，募集株式の種類および数）を定める（199条1項1号）。それは，定款で定められた発行可能株式総数（37条）から発行済株式総数（登記事項。911条3項9号）を控除した数の範囲内でどのように定めてもよい。もっとも，新株予約権および新株予約権付社債が発行されているときは，新株予約権の行使によって発行すべき株式数を留保して，募集株式の数を決定しなければならない。ここで定められた募集株式の数は，発行予定株式数であって，予定通りにいかずにその全部については引受けがなされなくても，払込みがなされた分につき株式発行等の効力が生ずる（〔310〕）。

(ロ)　募集株式の払込金額またはその算定方法　〔312〕

募集株式一株と引換えに払い込む金銭または給付する金銭以外の財産の額が払込金額として定められる（199条1項2号）。

旧会社法のもとでは，発行価額および引受価額という言葉が用いられ，株主は株式申込証に会社が定めた発行価額よりも高い引受価額を記載することができ，会社は割当自由の原則により，引受価額の高い額の順に株式の割当てをすることができる仕組みになっていたが，実際にはそのような仕組みは利用されなかったといわれている。会社法は，そのような区別を設けず「払込金額」という言葉に統一している。

払込金額については，株主割当てによるときは，制約がなく，また株主割当てによる以外の募集株式の発行等のときは，既存の株主に経済的損失を与えないという利益との関係で，原則として——公開会社で株主総会の特別決議によらない限り（199条3項。なお200条2項）——，有利発行にならない金額すなわち株式の時価を基準とする価額でなければならないという制約がある（〔305〕）。払込金額がこの制約に反するときは，株主は募集株式の発行または自己株式の処分をやめることを請求することができる（210条）。このような募集株式の発行等の差止めの事由となるほか，取締役（指名委員会等設置会社の場合には，執行役を含む）の任務懈怠の責任（423条）や通謀した引受人の責任（212条）が生ずる。新株発行無効事由になるかどうかについては，後述する（〔340〕以下）。

なお，公開会社における払込金額の決定につき，公正な価額による払込みを実現するために適当な払込金額の決定の方法を定めることができる旨の規定がある（201条2項。〔317〕）。

(ハ) 金銭以外の財産を出資の目的とするときのその財産の内容および価額

金銭以外の財産を出資の目的とするときは，その旨ならびにその財産の内容および価額を定めなければならない（199条1項3号）。設立の場合と同じように（〔56〕−〔58〕〔79〕〔80〕），現物出資財産の過大評価によって資本の充実を害することを防止するために，原則として厳重な調査手続がとられる（207条。〔330〕−〔332〕）。

(ニ) 金銭の払込みまたは財産の給付の期日またはその期間

募集株式と引換えにする金銭の払込みまたは現物出資財産を出資の目的とするときの財産の給付の期日またはその期間を定める（199条1項4号）。その期日は，その日までに株式の払込みまたは現物出資の履行をするべき日であり，その日に株式発行の効力を生じ，募集株式の引受人が株主になる（209条1項柱書1号）。「その期間」とは，会社法において設けられたものであって，その期間内に払込みまたは給付をすればよく，その払込みまたは給付がなされた日から株主となる（209条1項2号）。

(ホ) 株式を発行するときは，増加する資本金および資本準備金に関する事項

会社の資本金の額は，原則としてその株式の発行に際して株主になる者が会社に対して払込みまたは給付をした財産の額とされるが（445条1項），払込金額の2分の1を超えない額を資本金として計上せず（同2項），資本準備金として計上することができる（同3項。〔635〕(ii)）。そこで，これらの定めをすることになる（199条1項5号）。この定めをしないときは，全額が資本金に組み入れられる。

〔313〕 2 発行条件の均等

株式の払込金その他の発行条件は，発行ごとに均等に定めることを要する（199条5項）。恣意的に一部の者に対して特に有利な条件で新株を発行するのを抑制しようとする趣旨である。株主平等の原則と同じ考え方を株式を引き受ける者——まだ株主にはなっていない——に及ぼしたものということができる。しかし，①同じ発行決議で発行する新株のうち，その一部につき株主に株式の割当て

を受ける権利を与える場合（202条。〔319〕）および，②一部につき株主以外の者に対する有利発行のための株主総会の特別決議を得た場合（〔314〕）には，それ以外のものと異なる発行条件を定めることができる（199条3項・309条2項5号）。また，異なる種類の株式を同時に発行する場合には，種類ごとに異なる発行条件を定めることができることはいうまでもない。

3　公開会社以外の会社（株式譲渡制限会社）の場合の募集株式の発行　〔314〕

(イ)　募集事項の決定機関

公開会社以外の会社においては，募集事項の決定（その内容は〔311〕〔312〕）は，株主総会の特別決議によらなければならない（199条2項・309条2項5号。この規定は株主に対する割当発行の場合には適用されない。202条5項による199条2項の適用排除。〔319〕）。この規定は，旧会社法のもとで，株式譲渡制限会社（〔16〕）において，株主の新株引受権を排除するためには株主総会の特別決議を要する旨の規定（改正前商280条ノ5ノ2第1項但書）を会社法のもとで原則的規定としたものである。そして，このように規定した結果，株式譲渡制限会社においては，有利発行についてもこの原則的規定でまかなえることになった（なお，(ロ)参照）。いわば，株主の新株引受権排除と有利発行とを一体化して規定したということができる。

もっとも，株主総会の特別決議によって，募集事項の決定を取締役（取締役会設置会社にあっては，取締役会）に委任することができ，この場合においては，その委任に基づいて募集事項の決定をすることができる募集株式の数の上限および払込金額の下限を定めなければならない（200条1項・309条2項5号）。募集株式の数および金額に制限を付したうえで，取締役（取締役会設置会社では取締役会）に募集事項の決定を委任することができることとしたのである。

上記の募集事項の決定の委任のための株主総会の決議は，払込期日（期間を定めた場合にあっては，その期間の末日）がその決議の日から1年以内の日である募集についてのみその効力を有する（200条3項）。1年を経過したらあらためて株主総会の特別決議によって募集事項の決定の委任をしなければならないことになる。

(ロ)　有利発行の場合

払込金額が募集株式を引き受ける者に特に有利な金額である場合には，募集事項の決定の取締役への委任が認められず（200条1項は199条2項および4項にのみ言及し，199条3項に言及していない），株主総会の特別決議を経なければならず（199条2項3号・309条2項5号），また，取締役は，募集事項を決定する株主総会において，その払込金額でその者の募集をすることを必要とする理由を説明しなければならない（199条3項。株主に対する割当発行の場合には適用されない。202条5項。〔321〕）。この理由の説明は，株主が議案について合理的な判断をするのに必要な程度になされなければならない。有利の発行とはどのようなものかについては，株式の簿価を含む会社の資産状態，経営成績等を加味して判断されることになろう。なお，この問題については，公開会社について後述する（〔316〕）のと同様のことが妥当する（〔316〕(イ)参照）。

問題なのは，説明された理由が客観的合理性を有することが必要か，いいかえればそれが客観的合理性を有しない場合に，その決議取消し（831条1項1号）の訴えの事由になるかであって，これについては見解が分かれている。一般にこれを肯定する見解を厳格説といい，これを否定する見解を寛大説といっている。たとえば，社長の身内の者に対する有利発行の提案がなされ，代表取締役がその者に対する有利発行が必要である旨の説明をし，株主総会が特別決議によりその新株の発行を承認したが，それに反対の株主が，そのような有利発行には客観的に合理的な必要性が認められないと主張して，決議取消しの訴えを提起した場合に，その主張が認められるべきかどうかが問題となる。しかし，説明された理由が客観的に合理的かどうかは必ずしもいちがいに決することができず，したがって，裁判所はその点の判断に介入せず，有利発行を認めるかどうかは株主総会の判断に委ねるというのが法の趣旨と解され，したがって，そのような主張は認められないと解すべきである（寛大説）。もっとも，取締役の説明が不十分であり，または虚偽であった場合に決議取消事由に該当することは当然である。

〔315〕　**(ハ)　募集株式の種類が譲渡制限株式であるとき**

種類株式発行会社において，募集株式の種類（199条1項1号）が譲渡制限株式であるときは，その種類の株式に関する募集事項の決定は，原則として，その種類株主総会の特別決議（324条2項2号・200条4項。その種類の株式の種類株主を構成員とする種類株主総会の決議。なお〔325〕〔326〕参照）がなければ，その効力を生じない（199条4項本文・200条4項。この規定は株主に対する割当発行には適用されない。202条5項による199条4項の適用排除。〔319〕）。譲渡制限の付された種類株式の株主につき，その種類株式における自分の持分比率維持の利益を保障するためである。その例外は，①定款で，その種類を引き受ける者の募集についてその種類株主総会の決議を要しない旨が定められている場合（199条4項本文）および②その種類株主総会において議決権を行使できる種類株主が存在しない場合（同但書）である。

なお，会社法では1つの募集決議における募集株式は1種類のものに限られることが前提とされており（199条1項1号括弧書），複数の種類の株式の発行には，複数の手続を同時に行うことになる。

4　公開会社の場合の特則　〔316〕

(イ)　決定機関，有利発行の場合等

公開会社においては，払込金額が特に有利な金額である場合を除き，募集事項の決定（その内容は〔311〕〔312〕）は，取締役会の決議によってなされる（201条1項前段）。この場合に，募集事項の決定の取締役等に対する委任の規定（200条）が適用されないことはいうまでもない（201条1項後段）。

有利発行の場合には，株主総会の特別決議で決定することになり（199条2項3項・309条2項5号），かつ，その株主総会で，その払込金額でその者の募集をすることを必要とする理由を説明しなければならず，その理由に客観的合理性が必要かが問題になるが，これらの点は，非公開会社について述べたことが妥当する（〔314〕(ロ)）。

問題は，「特に有利な金額」とはどういうものかである。このような新株の発行に株主総会の特別決議を要求する趣旨は，前述のように既存の株主が経済的損失を蒙らないという利益を保障することにあり，このことから考えると，「特に有利な金額」とは，既存の株主に経済的損失を蒙らせるような払込金額ということになる。それは新株の発行によって株式の時価がそれまでより低くなるような払込金額，具体的には時価よりも低い払込金額ということになる。しかし，この点に関しては，既存の株主の利益の保護という観点からの考慮のほかに，新株の発行による資金調達の目的の達成の可能性という観点からの考慮も必要である。すなわち，取締役会（執行役）において，その決議の時点における株式の時価を払込金額と決めた場合に，その後，払込期日までの間に時価が下落したとすると，株式を引き受けた者が払込期日に時価より高い払込金額による株式の払込みをすることは期待することができず，結局，新株の発行による資金調達の目的を達成することが不可能になるという事態が生ずる。取締役会（執行役）による払込金額の決定は，後述する新株発行事項の公示（201条3項−5項。〔318〕）との関係で，遅くとも払込期日の2週間前にはなされなければならないから，その間に株価が下落して上記のような事態が生ずる可能性があることは，予期しておかなければならない。そこで，そのような可能性を回避するためには，払込金額は時価よりも若干低く定めることが必要になる。「特に有利な金額」による新株の発行の場

合に株主総会の特別決議を要すると定められているのは，以上のような考慮によるものである。すなわち，払込金額の決定の時から払込期日までの間の株式の時価の下落の結果，新株の発行による資金調達の目的の達成が不可能になることを回避するために必要な限度で時価より低い価額で定められた払込金額は「特に有利な金額」に該当せず，それに該当するのは，その必要な限度を超えて時価より低い払込金額を指すと解される。そこでさらに，具体的にどの程度まではそれに該当しないかが問題であり，その判断には，株式市場の動向，その会社の資産ないし損益の状況等に対する考慮が必要である。一応の基準として，払込金額を決定する際の時価の10パーセントないし15パーセントを下回る程度まではそれに該当しないと解する見解がある。かつては，証券業界で自主ルールが設けられていたが，現在では，そのようなルールは存在せず，発行の都度，適正な払込金額を決めている。株価が一時的に高騰した場合には，その高騰した時価ではなく，一定期間の平均値を基準として考えられることになろう。もっとも，非上場会社が第三者割当増資をするに際し，客観的資料に基づく一応合理的な算定方法によって払込金額が決定されていたといえる場合には，その金額は，特別の事情のない限り特に有利な払込金額にはあたらない（最判平成27・2・19民集69巻1号51頁）。

〔317〕 (ロ) **市場価格のある株式の払込金額の決定**

取締役会の決議によって募集事項を定める場合において，市場価格のある株式を引き受ける者の募集をするときは，会社の決定する払込金額またはその算定方法（199条1項2号）に代えて，公正な価額による払込みを実現するために適当な払込金額の決定の方法を定めることができる（201条2項）。この規定は，払込金額の決定の方法としていわゆる「ブック・ビルディング方式による」という決定方法を是認するものということである。すなわち，市場価格のある株式の時価発行をする際の払込金額の決定方法として，主幹事証券会社が発行会社の事業内容，株式の市場価格の動向，機関投資家等へのヒアリング等を総合的に勘案して払込金額を決定する方式である（株主に対する割当発行の場合には適用されない。202条5項）。

〔318〕 (ハ) **募集事項の公示**

(a) **趣旨**　募集株式の発行等は，その発行方法によっては，既存の株主の利益を損なうおそれがあり（たとえば，第三者に対して有利発行をするのに，株主総会の特別決議を経ない場合等。〔306〕），そのような新株の発行も，いったんなされてしまえば，株式流通の保護の要請から，これに対して無効を主張することは極力制限する必要がある（募集株式の発行等の無効事由につき，〔338〕）。そこで会社法は，取締役会の決議によって募集事項を定めたときは違法または著しく不公正な募集株式の発行により既存の株主の利益が損なわれることを防止するために，株主に対して募集株式の発行等の効力が発生する前に（募集株式の発行等の効力の発生前なら株式流通保護の要請は働かない）募集株式の発行等の差止めを請求する権利を認めている（210条。〔338〕）。ところが，この権利は募集株式の発行等の効力の発生前に行使されなければならないことから，どのような募集株式の発行等がなされるかをその効力発生の一定期間前に株主に知らせなければ，株主はこの権利を行使することができない。そこで設けられたのが募集事項の公示の制度である（201条3項−5項。違反の場合の罰則につき，976条2号）。

この制度は，株主に株式を割当てを受ける権利を与えた場合には適用されない（202条5項。〔322〕）。また，株式の有利発行の場合で株主総会の特別決議により募集事項が定められたときも同様である（201条3項は，この制度の適用を募集事項が取締役会決議によって定められた場合に限定しているからである）。

なお，会社が募集事項について上記期日の2週間前までに金融商品取引法上の届出（金商4条1項−3項）をしている場合その他の株主の保護に欠けるおそれがないものとして法務省令で定める場合（会社則40条）にも，適用しない（201条5項）。省令では，金商法5条1項の届出書，同24条1項の有価証券報告書等が列挙されている（会社則40条1号−6号）。

(b) **公示の内容**　会社は，取締役会の決議によって募集事項を定めたときは，払込・給付期日（期間を定めた場合はその期間の初日）の2週間前までに，株主に対し，その募集事項（(ロ)の払込金額の決定の方法を定めた場合にあっては，その方法を含む）を通知しなければならない（201条3項。通知は，公告をもってこれに代えることができる。同4項）。

公示と払込期日（払込期間を定めた場合にはその初日）との間に丸2週間あることが必要である。その2週間が，募集株式発行等の差止めの請求をする必要があるかを公示事項から判断する期間として与えられていることになる。公示方法は，各株主に個別的に株主名簿に記載された住所に通知をするか，定款に定めた方法による公告をするか，会社がいずれかの方法を選択することができる（201条3項4項）。

V　株主に株式の割当てを受ける権利を与える場合

〔319〕 **1　株主に株式の割当てを受ける権利を付与する意義，基準日制度との関係等**

募集株式の発行をするにあたり，会社は，既存の株主に対して株式の割当てを受ける権利を与えることができる。旧会社法のもとでは，これを「株主に対する新株引受権の付与」といっていたが，会社法ではその言葉は使われていない。後述する新株予約権と両立させる必要がないことがその理由であろう。いずれにしても他の者に優先して募集株式の割当てを受ける権利が付与されることを意味する。ここで募集株式の割当てを受ける権利という場合には，会社の有する自己株式の割当てを受ける場合も含まれることはいうまでもない。

株主に募集株式の割当てを受ける権利を与えて募集株式が発行される場合において，それが議決権のある株式であるときはその株主の総株主の議決権に対する議決権の比率が維持されることになる。したがって，既存の株主の議決権の比率を維持したい会社――中小規模の会社の中にはそのような会社が少なくないであろう――の場合には，株主に株式の割当てを受ける権利を与えて募集株式が発行されることになろう。また株主に対して株式を割り当てるときは，その払込金額が時価より低い場合――有利発行の場合――でも，株主が不利益を蒙むることがない（〔304〕）ので，その点についての制約（199条3項。〔314〕(ロ)〔316〕）もない（202条5項・199条3項）。また，募集事項の公示の規定等（201条3項－5項。〔318〕）も適用されない（202条5項）。なお，株主の株式の割当てを受ける権利の譲渡（旧会社法のもとにおける新株引受権の譲渡）については，会社法のもとでは新株予約権の問題として取り扱われている（254条・255条。〔378〕）。

なお，株主に株式の割当てを受ける権利を与える場合には，名義未了株主に名義書換を促す必要があり，基準日制度（124条3項）が適用されることになる。もっとも，株主の変動が少なく，かつ募集事項等の決定が株主総会において扱われている会社など，公告をしても無駄なことが明らかな会社では，基準日の公告を行わなくても違法でないという見解もある。この募集株式の発行等の場合には，一部はすでに述べたが，次の規定は適用されない（202条5項）。すなわち，募集事項の株主総会による決定（199条2項。〔314〕(イ)），有利発行の場合の規定（199条3項。〔314〕(ロ)），募集株式の種類が譲渡制限株式である場合の規定（199条4項。〔315〕(ハ)），募集事項の決定の委任（200条。〔314〕(イ)）および公開会社における募集事項の決定の特則（201条。〔316〕。募集事項の公示を含む。〔318〕）に関する規定である。

募集株式の割当てを受ける権利と新株予約権との関係については後述する（〔353〕）。

2　決定事項および決定の方法等　〔320〕

(イ)　決定すべき事項

会社が株主に株式の割当てを受ける権利を与える場合には，前述した募集事項（〔311〕）のほかに，①株主に対し，募集株式の引受けの申込みをすることによりその会社の募集株式（種類株式発行会社にあっては，その株主の有する種類の株式と同一の種類のもの）の割当てを受ける権利を与える旨および②①の募集株式の引受けの申込みの期日を定めなければならない（202条1項。②の期日までに申込みをしない場合には失権する。204条4項）。

上記の決定により，株主（当該会社を除く）は，その有する株式の数に応じて募集株式の割当てを受ける権利を有することになる（202条2項本文）。もっとも，「当該会社を除く」（202条2項括弧書）とされているから，会社の有する自己株式については，会社はその株式につき株式の割当てを受ける権利を有しない。また，その株主が割当てを受ける募集株式の数に1株に満たない端数があるときは，それは切り捨てられる（202条2項但書）。

(ロ)　決 定 機 関　〔321〕

(イ)①および②の事項を定める場合には，募集事項（199条1項）および(イ)①および②の事項は，次の区分に応じ，そこに定める方法によって定めなければならない（202条3項）。

㋑　取締役会設置会社である場合を除き，取締役の決定によって定めることができる旨の定款の定めがある場合は，取締役の決定（1号）。

㋺　公開会社である場合を除き，取締役会の決議によって定めることができる旨の定款の定めがある場合は，取締役会の決議（2号）。

㋩　公開会社の場合には，取締役会の決議（3号）。

㊁　㋑から㋩以外の場合は，株主総会の決議（特別決議によることを要する。309条2項5号）（4号）。

(ハ)　株主に対する通知　〔322〕

会社は，(イ)①および②の事項を定めた場合には，申込期日（(イ)②）の2週間前までに，株主（当該会社を除く）に対し，㋑募集事項，㋺その株主が割当てを受ける募集株式の数および㈥申込期日を通知しなければならない（202条4項）。株主に申込みをするかどうかの判断の機会を与えるためである。

なお募集事項の公示の制度（201条3項－5項。〔318〕）は，この場合には適用されないことは前述した（〔319〕）。

㈡　株主の申込み

㈠の通知に応じて申込期日（2週間の余裕が認められることになる。202条4項）までに申込みをすることによって募集株式の割当てを受けることになる。

Ⅵ　募集株式の申込みおよび割当て

〔323〕　募集株式を引き受ける者の決定は，会社が株式の申込みを募集し――契約における申込みの勧誘に当たる――，それに対して株式を引き受けようとする者がその申込みをし――契約における申込みそのものである――，それに対して会社が割当て――契約における申込みの承諾――をすることによってなされる。

会社法は，募集株式の申込み，その割当ておよび引受けについて，次のように規定している。

1　募集株式の申込み

㈦　会社からの通知

会社は，その発行する株式またはその処分する自己株式を引き受ける旨の募集（募集株式。199条1項柱書）に応じて募集株式の引受けの申込みをしようとする者に対し，①会社の商号，②募集事項，③金銭の払込みをすべきときは，払込みの取扱いの場所，④そのほか法務省令で定める事項（会社則41条），を通知しなければならない（203条1項）。省令では，会社の発行可能株式総数等が列挙されている（会社則41条1号－7号）。

上記通知は，会社が①から④の事項を記載した目論見書（金商2条10項）を申込みをしようとする者に対して交付している場合その他募集株式の引受けの申込みをしようとする者の保護に欠けるおそれがないものとして法務省令で定める場合（会社則42条）には，必要でない（203条4項）。省令では，金商法の規定に基づき目論見書に記載すべき事項を電磁的方法により提供している場合等があげられている（会社則42条1号・2号）。

また，①から④の事項について変更があったときは，直ちに，その旨および変更があった事項を申込みをした者（「申込者」という）に通知しなければならない

(203条5項)。

会社が申込者に対してする通知または催告は，次に述べる(ロ)①の住所（申込者が別に通知または催告を受ける場所または連絡先を会社に通知した場合にあっては，その場所または連絡先）にあてて発すれば足り（203条6項），その通知または催告は，それが通常到達すべきであった時に，到達したものとみなされる（同7項）。

(ロ) 引受けの申込み 〔324〕

募集に応じて募集株式の引受けの申込みをする者は，①その氏名または名称および住所および②引き受けようとする募集株式の数，を記載した書面を会社に交付しなければならない（203条2項）。旧会社法における株式申込証の用紙（この制度自体は会社法では廃止されている）に相当するものである。

申込みをする者は，書面の交付に代えて，政令で定めるところにより，会社の承諾を得て，書面に記載すべき事項を電磁的方法により提供することができ，この場合には，その申込みをした者は，書面を交付したものとみなされる（203条3項，会社令1条1項4号，会社則230条）。

2 募集株式の割当て 〔325〕

(イ) 割当てを受ける者，割当数の決定

会社は，申込者の中から募集株式の割当てを受ける者を定め，かつ，その者に割り当てる募集株式の数を定めなければならず，この場合に，その申込者に割り当てる募集株式の数を，申込者が引き受けようとする募集株式の数（前述1(ロ)②）よりも減少することができる（204条1項）。

募集株式が譲渡制限株式である場合には，割当てを受ける者および割当数の決定は，定款に別段の定めがある場合を除き，株主総会の特別決議（取締役会設置会社にあっては，取締役会決議）によらなければならない（204条2項・309条2項5号。なお，〔315〕参照）。

会社は，払込期日（期間を定めた場合にあっては，その期間の初日。199条1項4号）の前日までに，申込者に対し，その申込者に割り当てる募集株式の数を通知しなければならない（204条3項）。

株主に株式の割当てを受ける権利を与えた場合（202条。〔319〕）において，その株主が払込期日までに申込みをしないときは，その株主は，募集株式の割当てを受ける権利を失う（204条4項）。その際にあらたに第三者に対して募集する手続をとることは可能である。

(ロ) 総数引受けの特則，譲渡制限株式の場合 〔326〕

募集株式の割当て（申込みについても同様である）について述べたこと（203条・204条）は，募集株式を引き受けようとする者がその総数の引受けを行う契約を締結する場合，すなわち総数引受けの場合には，適用されない（205条1項）。総数引受けとは，証券会社等が募集株式の総数を一括して引き受けることであり，それを投資家に順次売却していくことになる。

平成26年改正会社法は，募集株式が譲渡制限株式である場合等の総数引受契約について，あらたに次のような規定を置いている。すなわち，募集株式を引き受けようとする者が，その総数の引受けを行う契約を締結する場合（205条1項）であって，その募集株式が譲渡制限株式であるときは，定款に別段の定めがある場合を除き，会社は株主総会の特別決議（取締役会設置会社にあっては取締役会決議）によって，その契約の承認を受けなければならないものとされる（205条2項・309条2項5号）。募集新株予約権についても同様とされる（244条3項。以下，それを含めて「譲渡制限株式等」という）。改正前会社法のもとでは，このような規定が設けられていなかったから，譲渡制限株式等についても，総数引受けの場合には会社法205条により，上述(イ)のような規定は適用されないこととされていた。しかし，総数引受けといえども，それによって株主に変更が生ずるから，実質的・結果的には株式の譲渡と同様であり，したがって譲渡制限株式等の総数引受けも，その譲渡に関する204条2項と同様の規制に服せしめるべきものと考えられる。そこで，改正法では，あらたに譲渡制限株式等の総数引受契約につき上述のような株主総会の特別決議を要する旨の規定を設けたのである。

〔327〕 **(ハ) 割当自由の原則と申込証拠金**

株式の申込みに対して，会社が株式を割り当てることにより，株式の申込人は株式引受人となり（206条），その割り当てられた株式の数に応じて払込みをする義務を負うことになる（208条）。

株式申込人は株主ではなく，その間には株主平等の原則の適用がなく，したがって，株式の申込みをした者のうちのだれに割当てをするかは，株主に株式の割当てを受ける権利を与えた場合（202条。〔319〕）は別として（この場合には，その権利を有する者に割当てをしなければならない），会社の自由であって，申込みの順序や申込株式数等によって拘束されない（設立の場合の〔68〕参照）。しかし，実際上は，株式の申込みをする者に，株式の申込みの際に払込金額と同額の申込証拠金を払込取扱場所に払い込ませ（払込期日にそれを株式払込金に充当する），申込みの順に割当てをし，発行予定数に達すれば申込みの受付を中止するというやり方がとられるのが通常であり，このやり方がとられる場合には，割当自由の原則が妥当する余地はない。会社法のもとでも，同様の取扱いがなされることになろう。

かつて，株主に新株引受権を与えて新株を発行する場合の株式申込証拠金の適法性について，最高裁判所で，争われたことがある（最判昭和45・11・12民集24巻12号1901頁）。最高裁判決は，「会社が新株を発行するにあたり，その資金計画を予定通り達成するため，払込期日前に失権株を確定し，これにつき右期日までに他に引受人を求めて，所定の株式全部の発行を完了しようとすることには十分な理由があり，そのために，会社が右の手続を行なうにつき必要最少限度の期間を見込み，払込期日よりも若干前の日を申込期間の末日と定め，株主がその新株引受権を行使する条件として，株式申込の際に払込金額と同額の申込証拠金を添えることを要求することは，実際上その必要があるばかりでなく，それ自体不当ないし不合理なものということはできない。そして，この場合，その申込証拠金が払込期日に払込金に充当されるまでの期間中これに利息をつけないとすることも，その期間が右のように短いものであるかぎりは，利息をめぐる事務処理に伴う著しい煩を避ける方法として，必ずしも不当なものとはいえ」ないと判示して，その適法であることを認めた。学説の多数も，この判旨の考え方を是認しており，この考え方は会社法のもとでも妥当すると考えられる。

3　募集株式の引受け　〔328〕

(イ)　引受けの効果

申込者は，会社の割り当てた募集株式の数について，また総数引受契約により募集株式の総数を引き受けた者は，その者が引き受けた募集株式の数につき，募集株式の引受人となる（206条）。

この株式引受人は，出資の履行をすることを条件として，金銭の払込みまたは財産の給付の期日を定めた場合にはその期日に，またその期間を定めた場合には出資の履行をした日に株主となる（209条1項）。

(ロ)　株式の申込みまたは引受けの取消しまたは無効の主張の制限　〔329〕

募集設立の場合と同様に（102条5項。〔67〕），募集株式の発行等の場合にも，法律関係の安定のために，株式の申込みまたは引受けの無効または取消しの主張が制限される。すなわち，株式の申込み，割当てならびに総数引受契約にかかる意思表示については，心裡留保による無効の主張は会社側に悪意または過失がある場合にも許されず，かつ，通謀虚偽表示も無効とされない（211条1項による民法93条1項但書および94条1項の適用排除)。また，募集株式の引受人は，株主になった日（209条1項）から1年を経過し，または株式につき株主の権利を行使した後は，錯誤，詐欺もしくは強迫を理由としてその引受けの取消しを主張することができなくなる（211条2項)。

〔330〕 **4 現物出資財産の調査等**

現物出資については，目的物の過大評価により資本充実が損なわれることを防止するために，原則として検査役の調査が行われることは，会社設立の場合(〔56〕〔79〕）と同様である。自己株式の処分についても現物出資が可能であることはいうまでもない。

〔331〕 **(イ) 検査役の調査**

会社は，募集事項において金銭以外の財産（以下，「現物出資財産」という。207条1項括弧書）を出資の目的とする旨ならびにその財産の内容および価額（199条1項3号）を定めたときは，募集事項の決定の後遅滞なく，現物出資財産の価額を調査させるため，裁判所に対し，検査役の選任の申立てをしなければならず(207条1項)，裁判所は，その申立てがあった場合には，これを不適法として却下する場合を除き，検査役を選任しなければならない（同2項)。

検査役は，必要な調査を行い，その調査の結果を記載しまたは記録した書面または電磁的記録（法務省令で定めるもの。会社則228条）を裁判所に提供して報告し(207条4項。その謄本が募集株式の発行による変更登記の添付書類とされることについては商登56条4号)，会社に対し，その書面の写しを交付しまたは電磁的記録に記録された事項を法務省令で定める方法（会社則229条）により提供しなければならない（207条6項)。裁判所は，その報告について，その内容を明瞭にし，またはその根拠を確認するため必要があると認めるときは，検査役に対し，さらに調査の報告を求めることができる（207条5項)。

裁判所は，検査役の報告を受けた場合において，現物出資財産について定められた価額（199条1項3号）を不当と認めたときは，これを変更する決定をしなければならない（207条7項)。この変更の決定により現物出資財産の価額の全部または一部が変更された場合には，その現物出資財産を給付する者は，その決定の確定後1週間以内に限り，その募集株式の引受けの申込みまたは総数引受契約にかかる意思表示を取り消すことができる（207条8項)。

〔332〕 **(ロ) 検査役の調査が不要な場合，デット・エクィティ・スワップ等**

会社設立の場合と同じく（〔57〕〔79〕)，募集株式の発行等の場合にも，現物出資財産につき，検査役の選任の申立てが不要な場合につき規定されている（207条9項）。次の場合である。

①募集株式の引受人に割り当てる株式の総数が発行済株式の総数の10分の1を超えない場合（1号），②現物出資財産について定められた価額の総額が500万円を超えない場合（2号），③市場価格のある有価証券について定められた現物出資財産の価額がその有価証券の市場価格として法務省令で定める方法（会社則43条）により算定されるものを超えない場合（3号），④現物出資財産について定められた価額が相当であることについて弁護士，弁護士法人，公認会計士，監査法人，税理士または税理士法人の証明（現物出資財産が不動産である場合にあっては，この証明および不動産鑑定士の鑑定評価）を受けた場合（4号）および⑤現物出資財産が会社に対する金銭債権（弁済期が到来しているもの）であって，その金銭債権について定められた価額がその金銭債権にかかる負債の帳簿価額を超えない場合（5号）である。

①は，その性質上設立時には問題とならず，成立後の現物出資に特有のものとして規定されている。⑤も同様であり，会社の債権者がその会社に対する債権――履行期が到来しているものに限られる――を現物出資する場合において，その出資財産の価額（199条1項3号），具体的には金銭債権について定められた出資の価額（たとえば1000万円とする）がその債権にかかる負債の帳簿価額以下の場合（帳簿価額がたとえば1200万円であった場合）には検査役の調査を要しないものとしたのである。会社に対する債権を株式にかえる，いわゆるデット・エクイティ・スワップを容易にするためである。履行期が到来していれば，会社が弁済しなければならない額が確定しており，評価の問題が生じないという考え方によるものであろう。履行期の到来は，期限の利益を放棄することにより満たすことができると解する見解がある。しかし，債権者であった者に発行する新株の数は債権の実際の価値を基準として決定されるべきで，そうでないと有利発行になるという考え方も主張されている。なお，払込金債務と会社に対する相殺との可否については後述する（後述〔334〕）。

②，③および④は基本的に設立の場合と同様である。（〔57〕〔79〕）。④の場合につき，弁護士等が，㋑取締役，会計参与，監査役もしくは執行役または支配人その他の使用人，㋺募集株式の引受人，㋩業務の停止の処分を受け，その停止の期間を経過しない者，㋥弁護士法人，監査法人または税理士法人であって，その社員の半数以上が㋑または㋺に掲げる者のいずれかに該当するものである場合には，

その証明をすることができない（207条10項）。㋑㋺および㊁は，その証明につき利害関係を有する者であり，㋩はその証明をするのにふさわしくない者であり，そのために欠格事由とされている。欠格事由のある者のした証明は，効力を有しないと解される。

Ⅶ 出資の履行

〔333〕 1 出資の履行および払込場所

募集株式の引受人は，出資を履行しなければならないが，その方法は，①金銭の払込みをする者か，②現物出資財産を給付する者かによって，それぞれ次のように区別される。すなわち，①金銭の払込みをする株式引受人は，払込みの期日または払込期間内（199条1項4号）に，会社が定めた銀行等の払込みの取扱いの場所において，それぞれの募集株式の払込金額の全額を払い込まなければならず（208条1項），②現物出資財産を給付する募集株式の引受人は，給付の期日またはその期間内（199条1項4号）に，それぞれの募集株式の払込金額の全額に相当する現物出資財産を給付しなければならない（208条2項）。これらの出資の履行による資本金等の増加額等については後述する（〔634〕以下）。

①の払込みは，会社が定めた銀行等の払込みを取扱う場所においてなされるが，募集設立の場合と異なり払込金保管証明制度に関しては規定が設けられておらず（発起設立の場合と同様である。〔60〕。募集設立に関する64条と対比。〔72〕），銀行口座の残高証明等の任意の方法により，払い込まれた額を証明することにより，募集株式の発行をすることができる。払込みがあったことを証する書面が登記の際の申請書の添付書面とされる（商登56条2号）。また，現物出資の場合についての登記申請書の添付書面についても規定されている（商登56条3号）。

出資の履行をすることにより募集株式の株主となる権利――権利株――は，その譲渡を会社に対抗することができず（208条4項。設立の場合と同様である。〔69〕），また募集株式の引受人が出資の履行をしないときは，その権利を失い，募集設立の場合の募集株式の引受人（〔76〕）と同様に，失権手続（〔60〕(d)）はとられない（同5項。〔310〕）。

〔334〕 2 引受人からの出資の履行をする債務を受働債権とする相殺の禁止

募集株式の引受人は，払込みまたは給付（以下「出資の履行」という）をする債務と会社に対する債権とを相殺することができない（208条3項）。旧会社法のもとでは，株主は，払込みにつき相殺をもって会社に対抗することができないと規定されていた（改正前商200条2項）。この規定が会社からの相殺または会社との合意による相殺に適用されるかが問題とされ，払込義務を相殺によって処理することは，実質的には，会社に対する債権による代物弁済であって，会社に対する債権を現物出資するのと同じ結果になり，会社の財産状態が悪く，会社に対する債権の実質的価値がその名目額より低いときは（たとえば会社に対する債権の名目額は100万円であるが，回収可能額は30万円であるとき），名目額でそれと払込義務とを相殺することは，会社に対する債権を過大評価したことになるということを理由に，会社からの相殺または会社との合意による相殺も，現物出資に関する手続をふまない以上，許されないと解すべきであるという意見も存在した。この点につき会社法は，明文では，引受人からの相殺を禁止するのみで，会社からの相殺は禁止されない旨を規定している。会社にとって，出資者に対する債務につき弁済期が到来しているときは，出資者からの払込金を弁済期の到来した債務（会社に対する債権）の弁済に充てることができ，相殺で処理したのと同じ結果（100万円につき債務を免れる）になるから，そのような相殺を禁止する理由はないというのが（期限が到来した会社の債務をその債権者が現物出資とする場合に検査役の選任を要しないことは前述した。207条9項5号。〔332〕）その理由であろう。しかし，期限未到来の債務につき期限の利益を放棄して相殺をすることについては，上述の例で，会社が100万円の債務につきその全額を返済する能力がない場合にも，名目額である100万円につき資本金増加の効果が生ずることになり，資本充実の原則の観点からも，また善管注意義務の観点からも問題が残るように思われる。いわば，30万円しか支払えないにもかかわらず，100万円を支払わされたのと同じ結果になるのではなかろうか。

Ⅷ　効力の発生，株主となる時期

〔335〕 会社法は，募集株式の発行等の効力の発生時期について直接には規定していない。しかし，株主となる時期について，次に述べるように規定しており，それと募集株式の発行等の効力の発生時期とは一致すると考えてよい。

募集株式の引受人が株主となる時期については，前述したように（〔328〕），募集株式の引受人は，①払込みまたは給付の期日を定めた場合にはその期日（209条1項1号），また，②払込みまたは給付の期間を定めた場合には出資の履行をした日に，出資の履行をした募集株式の株主となる（209条1項2号。変更登記の申請書の添付書面について，商登56条）。

②の期間を定めた場合には，株式引受人は出資の履行をした日に株主となるので，株主になる時期がそれぞれの株主相互に一致しないことになる。しかし，会社法のもとでは日割配当はなされないので（〔680〕），剰余金の配当に差異が生ずることはない。

Ⅸ　違法発行等に対する措置

〔336〕　会社の成立後における募集株式の発行等に瑕疵（法令・定款違反等）がある場合につき，会社法は，募集株式の発行等の効力の発生前には募集株式の発行等をやめることの請求をする措置（210条。以下，募集株式の発行等の差止請求という）を，また募集株式の発行等の効力発生後には募集株式の発行等の無効の訴えの措置（なお，著しく不公正な価額で株式を引き受けた者の責任について〔348〕）を設けている（828条1項2号3号・2項2号3号）。このほか，会社法は新株発行不存在確認の訴えについて規定を設けている（829条）。以下には，まず，募集株式の発行等の差止請求と募集株式の発行無効の訴えについて取り上げ，その後に新株発行等の不存在確認の訴えおよび不公正な価額で株式を引き受けた者の責任について取り上げる。

〔337〕　1　募集株式の発行等の差止請求および募集株式の発行等の無効の訴え

(イ)　両者の関係

募集株式の発行等の差止請求は募集株式の違法発行等を事前に差し止めるという事前の救済手段であるのに対して，募集株式の発行等の無効の訴えは違法な募集株式の発行等がなされてしまった場合に，いったん生じた募集株式の発行等の効力を否定するという事後的な救済手段である。法は，募集株式の発行等の差止事由については，明文の規定を設けている（後述(ロ)）のに対して，募集株式の発行等の無効事由については規定をしておらず，解釈に委ねている。募集株式の発行等の差止請求は，募集株式の発行等の効力発生前に請求されるものであって，株式取引の安全に対する配慮をする必要がないから，差止事由も，とくに制限的に解する必要がない。これに対して，募集株式の発行等の無効は，募集株式の発行等の効力の発生後に主張されるものであって，株式取引の安全に対する配慮が必要となるので，無効原因も限定的に解さざるをえず，とくに重大な法令・定款違反の場合に限られると解されている。したがって，株主としては，違法な募集株式の発行等によって利益を害されるおそれがある場合には，まず募集株式の発行等の差止めの措置をとることによってその不利益を回避しなければならず，その措置がとられずに募集株式の発行等の効力が生じてしまったときは，それに重大な違法等がある場合に限って，募集株式の発行等を無効とする方法による救済を受けることができるにすぎないことになる。会社法が公開会社につき募集株式の発行等の事項の公示を要求しているのは（201条3項），まさに，株主に募集株式の発行等の差止めの措置をとる機会を与えるためであることは前述した（〔318〕）。

(ロ) 募集株式の発行等の差止め（210条） 〔338〕

(a) 差止事由 募集株式の発行または自己株式処分の差止事由は，①㋑募集株式の発行等が法令もしくは定款に違反するか，または㋺著しく不公正な方法によるものであって，②株主がそれによって不利益を受けるおそれがあることである。ここで法令もしくは定款違反の募集株式の発行等とは，株主総会の特別決議を経ないで株主以外の者に対して有利発行をし（199条2項3項・201条1項・309条2項5号），または取締役会（公開会社の場合。202条3項3号）が定めた株主の株式の割当てを受ける権利を無視して発行した場合等である。著しく不公正な方法による募集株式の発行等としては，反対派株主の議決権の割合を低下させる目的をもって，自分または自派の株主にのみ割り当てる方法によるものがあげられる（公示事項に関する〔318〕参照）。しかし，公募の方法により，結果的に反対派の株主の議決権の比率が下がったような場合には，原則として，著しく不公正な方法によったとはいえないと解される。①に該当する募集株式の発行等であっても，②株主が不利益を受けるおそれがある場合でなければ，募集株式発行等の差止事由にはならないことになる。会社法360条等（385条・407条を含む）が規定する取締役または執行役の違法行為等に対する株主，監査役，監査等委員または監査委員の差止請求権が会社の利益を保護するために認められているのと異なり（〔500〕〔555〕〔605〕〔616の2〕），ここでいう募集株式発行等の差止請求権は，株主自身の利益のために認められるものであるからである。たとえば，定款で株主に株式の割当てを受ける権利が与えられている場合に，会社がその定款の規定を無視して，公募により時価で募集株式を発行しようとしているときは，会社に損害が生ずるわけではなく，360条等による差止請求の対象にはならないと解するとしても，株主が不利益を受けることになるから，ここでいう募集株式発行等の差止請求の対象にはなる。

第三者割当増資以外に，不公正発行が問題となるケースとして，次の3つの類型がある。第1は，公募による場合である。公募の場合には取締役に反対する株主の支配権を減弱させる確実性は小さいことを理由の1つとして，支配権の維持・確保を主要な目的とするものではないとした裁判例がある（東京高決平成29・7・19金判1532号57頁)。第2は，株主割当ての場合である。基準日の株主に新株予約権を割り当て，その後，敵対的買収者が出現したときに，新株予約権が行使され議決権割合を希釈するという方法で，現在の取締役が支配権を維持することを企図した新株予約権の発行は不公正発行にあたるとされた（東京高決平成17・6・15判時1900号156頁)。第3は，株主総会の特別決議に基づいて第三者割当増資を行った場合である。より高い払込金額であり株式の希釈化の程度が低い増資の選択肢があったにもかかわらず新株発行を選択する理由について説明していなかったとして不公正発行と認めた裁判例がある（京都地決平成30・3・28金判1541号51頁)。

〔339〕 (b) **差止請求権者，請求の手続・方法等**　差止めの請求をすることができるのは，募集株式の発行等により不利益を受ける株主である。議決権を有する株主かどうかを問わない。請求の相手方は会社である。

株主は，会社に対して，裁判外でも，書面または口頭で差止請求をすることができる。会社がそれに応じて募集株式の発行等をやめれば，請求の目的を達するが，会社がそれに応じないときは，募集株式発行等差止めの訴えを提起せざるをえない（管轄裁判所は，本店所在地の地方裁判所。民訴4条1項4項)。しかし，この訴えの終局判決を待っていたのでは，その間に募集株式発行等の効力が生じてしまって，差止めの目的を達しなくなってしまう（訴えは却下されることになる）おそれがあるような場合には，その訴えを本案として，募集株式発行等差止めの仮処分を求めることになる（民保23条1項。差止請求に違反した募集株式の発行等の効力については，〔340〕(iii))。

〔340〕 **(ハ) 株式発行無効の訴え（828条1項2号3号）**

(a) **無効原因**　募集株式の発行等の無効事由については，法定されておらず，解釈に委ねられているが，株式取引の安全の観点から，とくに重大な法令・定款違反の場合に制限されると解される（〔337〕)。

(i) 無効事由とされる場合　一般に無効事由としてあげられているものは，定款に定めのない種類の株式の発行（108条)，発行可能株式総数を超過する株式の発行（113条。一部が超過する場合でも，超過する部分を限定することができないので，全部無効とするほかない。超過部分が僅少の場合には有効とする見解もある）等である。

(ii) 無効事由となるか問題となる場合——公開会社で募集株式発行等の事項の公示を欠いた場合　公開会社で募集株式発行等の事項の公示（201条3項）を欠いてなされた発行については見解が分かれている。無効説は，募集事項の公示が株主に募集株式発行等の差止めの措置を講ずる機会を与えるためになされるものであり（〔318〕），それを欠いたときは，株主がこの措置を講ずる機会を奪われたことになるから，これを無効としないと，違法発行等に対する救済措置が失われてしまうことを根拠とする。しかし，募集事項の公示を欠いたということ以外に募集株式の発行等に瑕疵がなければ——それ以外に差止事由がなければ——，かりに募集株式発行等の事項の公示がなされたとしても募集株式発行等の差止請求権を行使することができず，したがって，それを欠いても，差止請求権の行使を妨げたことにはならないはずである。ということは，差止請求権の行使が妨げられるのは，募集事項の公示を欠いたこと以外にも差止事由があるのに，その公示がなされなかった場合に限られることになる。そうだとすると，たんに募集事項の公示を欠いただけでは無効事由にはならず，それを欠いたほかにさらに募集株式発行等の差止事由があった場合にはじめて無効事由になると解すべきである。いいかえると，その公示を欠いたことは，それを欠いても，他に差止事由がないために差止請求をしてもそれが許容されないと認められる場合には，無効事由にならないということになる（最判平成9・1・28民集51巻1号71頁参照）。

(iii) 無効事由とされない場合　不公正な募集株式の発行（210条2号。〔338〕），引受人との共謀による著しく不公正な価額による募集株式の発行（212条1項1号），公開会社における取締役会の決議によらない募集株式の発行（201条。最判昭和36・3・31民集15巻3号645頁。〔530〕(b)）等は，無効事由にならないと解されている。株主総会の特別決議を経ないで株主割当てでない方法でなされた有利発行（199条2項3項・201条1項等。その総会決議に取消しまたは無効事由等がある場合も同様である）をした場合については，特別決議を欠くということは重大な法令違反であることを根拠に，無効事由になるとする見解もあるが，募集株式の発行等は業務執行の一環であり，株式取引の安全も考慮しなければならないことを根拠に，無効事由にならないとするのが通説・判例（最判昭和46・7・16判時641号97頁〔公開会社の事案〕）である。近時，最高裁は，非公開会社について，株主総会の特別決議を経ずに株主割当て以外の方法により募集株式の発行がされた場合は，無効事由になると判示した（最判平成24・4・24民集66巻6号2908頁）。募集株式発行等の差止めに違反してなされた発行については，見解が分かれているが，株式取引安全の見地から無効事由にならないと解すべきである（会社法360条等が規定する差止請求を無視した場合に関する〔502〕。もっとも，最判平成5・12・16民集47巻10号5423頁は，新株発行差止めの仮処分に違反してなされた新株の発行が無効事由になると判示している）。

〔341〕 **(b) 募集株式発行等の無効の訴えの手続等**　この訴えの被告は募集株式発行等をした会社である（834条2号3号）。

募集株式発行等無効の主張については，その無効事由が制限されると解されているほか（〔337〕〔340〕），主張権者，主張方法および主張期間についても規定上，制限されている（〔86〕参照）。主張権者は，株主，取締役または清算人，指名委員会等設置会社の場合にはそのほかに執行役，監査役設置会社の場合にはそのほかに監査役（以下，「株主等」という）に限られる（828条2項2号3号）。また，この主張は，訴えによる方法，すなわち，募集株式発行等無効の訴えを提起することによってのみ，主張することができる（828条1項柱書）。ということは，募集株式発行等無効の訴えは形成訴訟ということになる。さらに，主張期間も募集株式発行等の効力が生じた日から公開会社の場合は6か月以内，公開会社でない会社の場合には1年以内に限られる（828条1項2号3号）。払込み等が期間で定められている場合には，それぞれの株主につき払込みをした日から起算されることになる。したがって，かりに無効事由が存在しても，募集株式発行等の日からその期間内に主張権者が募集株式発行等の無効の訴えを提起しなければ，もはや無効の主張をすることができなくなり，有効な募集株式の発行等となってしまう。もちろん，そのような募集株式の発行等をした取締役の責任追及，株主の損害賠償請求等の余地は残される。

募集株式発行等無効の訴えの管轄，審理，原告株主の担保提供義務等は会社法上の訴えに共通する（835条―837条）。平成16年改正により，訴え提起の公告は不要とされた。

〔342〕 **(c) 総会決議取消し等の訴訟との関係**　募集株式の発行等が株主総会決議に基づいてなされ（たとえば199条2項3項），その決議につき，取消しまたは不存在もしくは無効確認の訴え（830条・831条）が提起された場合において，この訴訟と募集株式発行等無効訴訟との関係をどのように解すべきかについては，株主総会に関する訴えの確定判決が募集株式発行等の無効事由になるとする立場から

は，後述する合併無効訴訟の場合（〔767〕）と同様に問題となり，決議取消訴訟等は募集株式発行等の無効訴訟に吸収されると解すべきことになる。しかし，総会決議の取消し等の確定判決が募集株式発行等の無効事由にならないという立場（〔340〕）をとれば，このことを問題とする必要はない。

(d) **無効判決**　募集株式発行等の無効判決には，次の効果が認められる。〔343〕

(i) 判決の対世効——画一的確定　募集株式発行等の無効判決（原告勝訴判決）は，第三者に対しても効力を有し（838条），法律関係が画一的に確定する（〔86〕）。このこととの関係で，募集株式発行等の無効の訴えの弁論および裁判は併合してなされることは，他の会社法上の訴えの場合と同様である（837条。原告敗訴の場合の悪意・重過失のある原告の賠償責任につき，846条）。

(ii) 遡及効の否定　募集株式発行等の無効判決が確定したときは，募集株式発行等は将来に向かってその効力を失う——遡及効の否定——（839条）。したがって，その募集株式発行等によって発行された株式または処分された自己株式による株主総会における議決権行使，その株式に対する剰余金配当等，確定判決までに株式発行等が効力を生じたことを前提としてなされた行為の効力には，影響を及ぼさない。その株式の譲渡または質入れの効力についても，同様と解すべきであろう（なお，〔345〕参照）。このことによって，法律関係の安定が図られている（〔86〕）。〔344〕

(iii) 判決確定後の処理　会社は，無効判決が確定したときは，将来に向かって募集株式発行等の効力を否定する手続をとらなくてはならない。それは，あたかも株式の有償消却による資本金の額の減少と同じ手続をとることになる。なお，会社法は，募集株式発行（840条では「新株発行」という。834条2号）の無効の場合（840条）と自己株式の処分の無効の場合（841条）とで区別して規定しているが，規定の表現が異なるのみで，その実質が異なるものではないことは前述した（〔300〕）。〔345〕

① 新株発行の無効の請求を認容する判決が確定したとき，または自己株式の処分の無効の請求を認容する判決が確定したときは，会社は，判決確定時におけるその株式（自己株式の無効の場合は，自己株式。以下同じ）の株主に対し，払込みを受けた金額または給付を受けた財産の給付の時における価額に相当する金銭を支払わなければならない（840条1項前段・841条1項前段）。この場合において，会社が株券発行会社であるときは，会社は株主に対し，その金銭の支払をするのと引換えに，その株式にかかる旧株券（無効判決により効力を失った株式にかかる株

券）を返還することを請求することができる（840条1項後段・841条1項後段）。

② もっとも，返還すべきの金銭の金額が無効判決が確定した時における会社財産の状況に照らして著しく不相当であるときは，判決確定した日から6か月以内に会社または株主が申し立てることにより，裁判所は，その金額の増減を命ずることができる（840条2項3項・841条2項）。

上述の①および②は，次のような考え方による。すなわち，会社が募集株式の株主に支払うべき金額は，募集株式発行等の無効判決の遡及効が否定される以上，本来は，無効判決確定時の募集株式の価値によって算出されるべきであるが，法は，第一次的には，手続の簡便のために，払込金額または給付を受けた財産の給付時の価額の支払をすれば足りるものとし（①参照），第二次的に，その金額が著しく不相当なときは，会社（減額の請求をすることになろう）または株主（増額の請求をすることになろう）の請求によって，裁判所が支払金額の増減を命ずるものとしたのである（②参照）。したがって時価発行の場合には，募集株式発行等の後の会社の損益状況により，支払金額の増減（著しく良好なときは増額，著しく不良なときは減額）の可能性が認められる。

株主に株式の割当てを受ける権利を与えて募集株式を発行した場合において，判決確定時の募集株式の価値が，払込金額より大きいときは，判決確定時の募集株式の価値を基準として支払金額の増額を請求できるとすると，その支払の結果，会社財産が募集株式の発行時よりも減少してしまうという不都合が生ずる。したがって，そのような場合には，払込金額の支払を請求できるにすぎないと解すべきである。たとえば，募集株式発行等の前の時価が20万円であったとし，払込金額を5万円として倍額増資したとすると，募集株式発行等の後の時価は計算上12万5000円になるが，この場合に募集株式の発行等が無効とされたとしても，支払を受けられるのは5万円であって，12万5000円ではないと解すべきであろう。その募集株式が確定判決までに時価で譲渡されたときは，譲受人は譲渡人に対して，差額につき契約不適合の責任を追及できると解すべきであろう。

無効とされた株式を目的とする質権は，会社が支払う金銭について存在する（840条4項・841条2項）。物上代位の効力が及ぶ趣旨である。登録株式質権者は，会社から金銭を受領し，他の債権者に先立って自己の債権の弁済に充てることができる（840条5項・841条2項）。その債権の弁済期が到来していないときは，登録株式質権者は，会社に株主に支払う金銭に相当する金額を供託させることができ，この場合において，質権は，その供託金について存在する（840条6項・841

条2項)。

(iv) 資本金の額の減少，変更登記　募集株式発行等の無効判決が確定すると，募集株式の発行等によって増加した資本金および準備金の額ならびに発行済株式総数が増加した分だけ減少する。したがって，資本金の額および発行済株式総数について変更登記が必要になる(911条3項5号6号・915条1項)。なお，この場合の資本金の額の減少については，債権者保護手続はとられない。また，発行済株式総数の減少により，その減少した分だけ，未発行株式数が増加する。 〔346〕

2　新株発行等の不存在確認の訴え 〔347〕

新株発行不存在確認の訴えについて，最高裁平成9年1月28日判決(民集51巻1号40頁)は，新株発行無効の訴えに準じてこれを肯定する余地があり，この訴えは，少なくとも新株発行無効の訴えと同様に，会社を被告としてのみ提起することが許されると判示した。新株発行不存在事由としては，新株発行が無効であるにとどまらず，新株発行の実体が存在しないにもかかわらず，新株発行の登記がされているなど何らかの外観があるために，新株発行の不存在を訴訟によって確認を得る必要のある場合をあげている。会社法はこの判例法を引き継ぎ，これに明文の根拠を設けた(829条)。すなわち，①会社の成立後における株式の発行，②自己株式の処分および③新株予約権の発行が存在しないことの確認を，訴えをもって請求することができるとし，被告適格は判例と同じく当該会社にあるものとし(834条13号・14号)，出訴期間の制限はなく(最判平成15・3・27民集57巻3号312頁)，確認の利益を有する者には原告適格がある(管轄，担保提供命令，弁論の併合等につき，835条・836条)。このことは，かつて，株主総会決議不存在確認の訴えについて，昭和56年改正前には規定がなく，解釈上認められていたことと軌を一にするということができるであろう(それについて明文上の根拠がおかれたことは後述する。〔448〕)。募集株式発行等の無効の訴えと比較すると，出訴期間，原告適格等につき明文上の制約がない点で異なることになる。

X　募集にかかる責任

1　不公正な価額で引き受けた者等の責任 〔348〕

(イ)　金銭による出資の場合

募集株式の引受人は，取締役(指名委員会等設置会社の場合には取締役または執行役)と通じて著しく不公正な払込金額で株式を引き受けた場合は，会社に対してその払込金額と募集株式の公正な価額との差額に相当する金額の支払をする義務を負う（212条1項1号)。著しく不公正な価額かどうかは，株式の時価ないし価値を基準として決定されると解するほかないが，時価の変動等を加味して，それより若干低い払込金額はそれに該当しないと解すべきであろう。この責任が発生するためには，取締役との通謀を必要とするから，一種の不法行為に基づく損害賠償責任と解するほかないが，実質的には，公正な払込金額との差額の支払を内容とするから，追出資義務の性質を有すると解されている。

株主代表訴訟の対象となる（847条1項)。

〔349〕 (ロ) 現物出資の場合

募集株式の引受人は，募集株式の株主となった時におけるその給付した現物出資財産の価額が募集事項においてこれについて定められた価額（199条1項3号）に著しく不足する場合には，その不足額の支払をする義務を負う（212条1項2号)。旧会社法には，引受人につきこのような責任は規定されていなかったが，会社法では，取締役の責任のほかに引受人の責任の規定が追加された。ただし，現物出資財産を給付した募集株式の引受人にその現物出資財産の価額が著しく不足することにつき善意でかつ重大な過失がないときは，募集株式の引受けの申込みまたは総数引受契約にかかる意思表示を取り消すことができる（212条2項）ものとされている。

このように，会社法では，現物出資の場合にも，金銭出資の場合と共通の考え方のもとに株式引受人の責任について規定された。現物出資については，その評価につき必ずしも一義的に判断できない場合もあるので，責任を負うのが著しく不足する場合に限られ，しかも，株式引受人にとって，その不足することにつき善意で重過失がないときは，申込み等の取消権が認められたものである。「著しく」不足する場合と規定された意味については前述した（〔93〕)。

株主代表訴訟の対象となる（847条1項)。

〔350〕 2 現物出資財産不足額塡補責任

(イ) 取締役等の責任

現物出資財産（207条1項）の価額が募集事項において定められた価額に著しく不足する場合には，①募集株式の引受人の募集に関する職務を行った業務執行取締役（指名委員会等設置会社にあっては，執行役）その他その業務執行取締役の行う業務の執行に職務上関与した者として法務省令で定めるもの（会社則44条)，②現物出資財産の価額の決定に関する株主総会の決議があったときは，その株主総会に議案を提案した取締役として法務省令で定めるもの（会社則45条）および③現物出資財産の価額の決定に関する取締役会の決議があったときは，その取締役会に議案を提案した取締役（指名委員会等設置会社にあっては，取締役または執行役）として法務省令で定めるもの（会社則46条。以下①から③を「取締役等」という）は，会社に対し，不足額の支払をする義務を負う（213条1項）。法務省令で定める者は，次のとおりである。①については，㋑現物出資財産の価額の決定に関する職務を行った取締役および執行役（会社則44条1号），㋺現物出資財産の価額の決定に関する株主総会の決議があったときは，その株主総会においてその現物出資財産の価額に関する事項について説明をした取締役および執行役（同2号），㋩現物出資財産の価額の決定に関する取締役会の決議があったときは，その取締役会の決議に賛成した取締役（同3号）である。②については，㋑株主総会に現物出資財産の価額の決定に関する議案を提案した取締役（会社則45条1号），㋺㋑の議案の提案の決定に同意した取締役（取締役会設置会社の取締役を除く）（同2号），㋩㋑の議案の提案が取締役会の決議に基づいて行われたときは，その取締役会の決議に賛成した取締役（同3号）である。③については，取締役会に現物出資財産の価額の決定に関する議案を提案した取締役および執行役である（会社則46条）。

ただし，現物出資財産の価額について裁判所の選任する検査役の調査を経た場合（213条2項1号）およびその取締役等がその職務を行うについて注意を怠らなかったことを証明した場合（213条2項2号）には，取締役等は，現物出資財産についての不足額塡補の義務を負わない。

会社法は，旧会社法と異なり，現物出資不足額塡補責任も無過失責任とせず，その職務を行うについて注意を怠らなかったことを証明したときはその責任を免れるとされていることは，設立の際の発起設立の場合と同様である（〔93〕。52条2項。募集設立の場合に発起人に無過失責任を負わせている〔103条1項による52条2項の適用排除〕理由については前述した。〔93〕）。また，旧会社法と異なり，引受担保責任や現物出資給付未履行責任について規定していないが，それはその払込み・給付が失権してしまい，責任を負わせる必要がなくなったことによることも，設立について前述した（〔92〕）。

(ロ) 証明者の責任 〔351〕

平成14年改正商法は，裁判所の選任する検査役の調査に代えて弁護士等の相当であることについての証明等によることを認め，それに関する責任についても規定を設け，会社法において若干の変更をして引き継いでいる。会社設立の場合の証明者の責任と同趣旨である（〔96〕）。

すなわち，現物出資について相当である旨の証明をした者（その財産が不動産の場合の不動産鑑定士を含む〔207条9項4号括弧書〕。以下「証明者」という）は，会社に対し現物出資財産の不足額を支払う義務を負う（213条3項本文）。ただし，取締役等と同様に注意を怠らなかったことの証明により免責される（同但書）。

現物出資者が不足額の支払義務を負う場合において，取締役等が(イ)の責任を，証明者が(ロ)の責任を負う場合は，これらの者は，連帯債務者となる（213条4項）。

〔351の2〕
3　仮装払込による募集株式の引受人の責任

平成26年改正会社法は，会社設立の際の発起人・設立時募集株式の引受人・設立時取締役と同様に（〔93の2〕），見せ金によるもの等の仮装払込の場合における募集株式の引受人および仮装払込に関与した取締役等の責任等について，次のような立法的手当てをしている。

①　払込仮装とその効果　　募集株式の引受人は，次のⓘおよびⓘⓘの場合には，会社に対して，それぞれ次の行為をしなければならない（213条の2第1項）。

ⓘ　募集株式の払込金額の払込みを仮装した場合には，払込みを仮装した払込金額の全額の支払をしなければならない。

ⓘⓘ　現物出資財産の給付を仮装した場合には，その現物出資財産の給付をしなければならない。この場合に，会社がその給付に代えてその現物出資財産の価額に相当する金銭の支払を請求したときは，その金銭の全額の支払をしなければならない。現物出資の仮装の例として，振替株式を現物出資する引受人が，その株式につき口座振替機関に振替申請して振り替えて現物出資をした株式をその後にさらに自己に振り替えるように申請をし，振替株式を自己のものにする例等があげられている。この例は前述した（〔73〕）見せ金に近い例ともいうことができよう。

ⓘⓘⓘ　株主代表訴訟の対象，総株主の同意による免除　　ⓘおよびⓘⓘにより募集株式引受人の負う義務は，株主代表訴訟による責任追及等の訴えの対象とされる（847条1項）。また，その義務は，総株主の同意がなければ免除することができないものとされる（213条の2第2項）。これらにより，引受人と執行部との癒着により，引受人に対する責任の追及がなされなくなってしまうことを防止するものである。

②　仮装払込等に関与した取締役等の責任　　上述のⓘおよびⓘⓘに掲げる場合には，出資の履行を仮装することに関与した取締役（指名委員会等設置会社にあっ

ては執行役も含まれる）として法務省令で定める者（会社則46条の2）は，会社に対し，ⓘの払込金額またはⓘⓘの金銭の全額に相当する金額を支払う義務を負わされるが，その者がその職務を行うについて注意を怠らなかったことを証明した場合にはこの限りでないものとされる（213条の3第1項）。業務執行者に対して，仮装払込金額の全額または仮装の現物出資の価額に相当する金銭の全額につき支払義務を負わせ，その責任は過失責任――その職務の執行につき注意を怠らなかったことを立証したときは責任を免れる――とすることを明らかにしたものである。なお，総株主の同意によりこの責任を免除する規定はない。

③　仮装払込の場合の払込期日後の払込み等の効果　　募集株式の引受人につき，前述の仮装払込等および現物出資の仮装給付の場合（前述ⓘおよびⓘⓘの場合）には募集株式の引受人は，ⓘまたはⓘⓘによる支払がなされた後でなければ，出資の履行を仮装した募集株式について，株主の権利を行使することができないものとされる（209条2項）。このことから，ⓘまたはⓘⓘによる支払がなされた後は，出資の履行を仮装した募集株式について，株主の権利を行使することができることになる。この取扱いは，会社法208条5項の規定と密接な関係を有する。というのは，同規定によれば，募集株式の引受人が出資の履行をしないときは，出資を履行することにより募集株式の株主となる権利を失うと規定しているからである。結局，仮装払込等の募集株式につき，ⓘまたはⓘⓘの義務が履行された場合には，募集株式の株主となる権利は失わなかったことになるものとみなされると理解することになろう。払込期日後等であれ，出資義務が履行されれば，資本充実責任はみたされるから，そのようにみなしても実害はないと解される。もっとも，履行遅延による損害賠償責任等の問題は残ることになる。

④　③の募集株式の譲受人の善意取得　　③の募集株式を譲り受けた者は，その募集株式についての株主の権利を行使することができるが，その者に悪意または重大な過失があるときはこの限りではない（209条3項）。出資の履行が仮装された募集株式であっても，出資義務が履行されたものについては，その株主の権利の行使が認められるが，その譲受人についても，その者に悪意・重過失がなければ株主権の行使を認めることによって株式取引の安全が図られることになる。ここで悪意・重過失が何についてかが問題になるが，譲渡人が株主の権利を行使することができる地位を取得したか，いいかえれば①の払込み，または給付をしたことについての悪意・重過失も問題とすることになろう。悪意または重大な過失の立証責任は，株主権の行使を否定する側が負うと解される。

第5節　新株予約権の発行

Ⅰ　意義，法的性質等

〔352〕　**1　意　　義**

新株予約権の発行に関する規定は，平成13年改正商法（法128号）において設けられ，会社法に受け継がれている。会社法では，新株予約権とは，会社に対して行使することによりその会社の株式の交付を受けることができる権利をいうと定義されている（2条21号）。募集株式の発行等は，募集株式の発行等を受けようとする者が引受けの申込みをし，会社が募集株式の割当てをして申込みの承諾をすることによって成立する募集株式発行等の契約の性質を有するが（〔323〕），新株予約権の行使はそのような契約を締結することを約束する予約の予約完結権の行使としての性質を有する。

〔353〕　**2　旧会社法のもとにおける新株引受権との比較**

旧会社法のもとでは，「新株予約権」という言葉にほかに「新株引受権」という言葉も用いられていた。この両者を比較すると，新株引受権は，発行される新株を優先的に引き受ける権利であって，新株発行手続の一環として付与されるものであり，新株引受権自体の発行手続は観念されず，したがってその行使も新株発行と期間的に接近してなされることが予定されていた。新株引受権は株主に付与される場合もあるが第三者に付与される場合もあり，株主に付与される場合には，会社法における「株主の株式の割当てを受ける権利」（202条）に相当するものである。これに対して，新株予約権は，新株の発行とは別にそれ自体の発行手続が定められ，その手続によって付与または発行され，また，その付与または発行を受けた者がその権利を行使することによって募集株式が発行されることになるものであって，まさに新株発行契約の予約権の付与またはその行使としての性質を有するものである。したがって，新株予約権者は，会社の債権者として帳簿閲覧請求等が認められることになる。

会社法は，新株引受権という言葉の使用を廃止した。そして，改正前の「株主の新株引受権」を「株主の株式の割当てを受ける権利」と言いかえている（202条1項。〔319〕）。そして第三者に対する新株引受権の付与については改正前にも明文の規定は設けられていなかった（第三者に対する有利発行の場合は別に規定されていた）が，契約で付与することができると解されていた。会社法では，それは新株予約権の付与の中に吸収したものと考えられる。それによって，新株予約権と新株引受権との概念上の混乱を解消する狙いが含まれているものと考えられる。

3　新株予約権が発行される場合

〔354〕

新株予約権は，ストック・オプションを付与する場合に限られず一般的に発行することができ，また社債の発行とは別に単独で発行することが認められている。新株予約権は，ストック・オプションの付与のために発行されるほか，他の金融商品と結合することにより資金調達の手段を多様化する等のために用いられるといわれている。また，融資を受ける条件を有利にするための発行も考えられる。

また，会社法においては，企業組織再編，自己株式取得等の対価の柔軟化等にともない，その対価として新株予約権を交付することも認められている（たとえば，107条2項2号ハ・749条1項2号ハ等）。

近時は，企業買収防衛策として新株予約権が利用されることがある。すなわち，買収者が一定割合以上の株式を買い占めた場合には，買収者以外の株主に株式が発行されるような新株予約権を発行する例も見受けられる。このような敵対的買収に対する防衛策（前述した拒否権条項付種類株式を含む）については，株主の共同の利益の確保または幅広い投資者層の保護の観点から，十分な配慮が必要である等の提言がなされている。新株予約権を利用した買収防衛策に関する判例・実例等については，買収防衛策として後述する（〔373〕〔651の2〕(iii)）。

新株予約権は，それが社債に付された新株予約権付社債として発行されることが多い。新株予約権付社債については，社債のところで取り扱う（〔728〕以下）。

公開会社において，取締役，社外取締役（執行役を含む），それ以外の会社役員，使用人等に対して新株予約権を交付したときは，その内容，人数等が事業報告の内容となる（会社則119条4号・123条）。

II　新株予約権の内容と発行手続

〔355〕

新株予約権については，新株予約権の内容（236条）と新株予約権の発行（238条以下）とは，会社法上，節を分けて規定されている。新株予約権の内容としては，主として，新株予約権の目的である株式の数等，新株予約権の行使に関連する事項，その取得条項，合併等の場合の対応等に関して一般的に規定され，新株予約権の発行のところで，個々的に新株予約権を引き受ける者の募集をする場合について規定されている。

〔356〕 **1 新株予約権の内容――付・登記事項，新株予約権付社債との関係，共有者による権利行使等**

会社が新株予約権を発行するときは，次に掲げる(ロ)(a)から(k)までの事項を新株予約権の内容としなければならない（236条1項柱書）。

(イ) 登記事項

新株予約権の数（238条1項1号。〔367〕(イ)①），次の(ロ)の(a)から(d)まで，および(g)は登記事項である（911条3項12号ロニ）。新券予約権の行使に条件を定めたときは，その条件（〔360〕）も登記事項である（911条3項12号ハ）。また，新株予約権と引換えに払込みを要しないとした場合にはその旨（238条1項2号），それ以外の場合にはその払込金額またはその算定方法（238条1項3号）も登記事項とされる（911条1項12号ニ）。変更登記につき規定されている（915条1項）。また，新株予約権の行使による変更登記は，毎月末日現在により，その末日から2週間以内にすれば足りる（915条3項）。

〔357〕 **(ロ) 新株予約権の内容**

(a) 新株予約権の目的である株式の数またはその数の算定方法（1号） 「新株予約権の目的である株式の数」とは，新株予約権の発行を受けて新株予約権者になった者が新株予約権を行使して発行を受けることができる株式の数である。たとえば，ストック・オプションとして10名の取締役に1人当たり普通株式100株および100名の使用人に1人当たり普通株式10株の発行を受けられる新株予約権を発行する場合には，新株予約権の目的となる株式の数は普通株式2000株となる（なお，新株予約権の数に関する〔367〕(イ)①参照）。種類株式発行会社では，株式の種類および種類ごとの上記のような定めがその内容となることになる（1号括弧書）。

また「その数の算定方法」とは，必ずしも上記のような数で示さないでもその数の算定方法により結果的にその数が判明すればよいという趣旨である。

新株予約権者が取得することとなる株式（282条1項）の数は，発行可能株式総数から発行済株式（会社が有する自己株式を除く）の総数を控除した数を超えてはならない（113条4項）。新株予約権の行使の時点でこれを超えなければよいと解される。

(b) **出資される財産の価額またはその算定方法（2号）**　新株予約権を行使して株式の発行等を受ける際に出資すべき財産の価額であって，募集新株予約権の発行の際の払込金額（238条1項2号3号）とは異なる。会社法は新株予約権の行使に際して現物出資も認めている（236条1項3号・284条。次の(c)参照）。〔358〕

(c) **金銭以外の財産を出資の目的とする場合の財産の内容および価額（3号）**　募集株式の発行等の場合の出資につき，金銭の払込みのみならず，それ以外の財産の給付をすることも認められているが（〔312〕(ハ)），新株予約権の行使による株式の発行を受ける場合の出資についても，金銭以外のものによることができ，その場合についてはその旨ならびに財産の内容と価額を定めなければならない（なお，284条）。〔359〕

(d) **新株予約権の行使期間（4号），付・行使の条件**　新株予約権を行使して新株の発行を受けることができる期間である。この期間内に払込みをしない場合には，新株予約権を失うことになる。平成13年改正前商法のもとでの新株予約権のうちストック・オプションに相当するものについては，その行使期間の終期を10年を経過する日後とすることができないという制約が設けられていたが（同商280条ノ19第4項），現在はそのような制約はない。〔360〕

なお，新株予約権の行使には条件が付されるのが通常であり，その場合にはその条件を決める必要がある。たとえば取締役または使用人に対してストック・オプションとして新株予約権を発行するときは，取締役または使用人の地位にとどまっていることが行使の条件とされるのが通常であろうし，また会社の一定の業績や株価等を行使の条件とされることもあろう。このような条件が決せられることになる。この条件を定めたときは，登記事項となることは前述した（911条3項12号ハ。〔356〕）。

(e) **増加する資本金および資本準備金に関する事項（5号）**　新株予約権制度のもとでは，①新株予約権の発行の際の払込金額（238条1項3号）および②新株予約権の行使に際して出資する財産の価額等（236条1項2号3号）が定められ，①は新株予約権の発行時，②は新株予約権の行使時に会社に払込みまたは給付がなされる。そして，旧会社法では新株予約権の行使により新株を発行する等の場合においては，①および②の合計額の1株当たりの額がその新株1株の出資額とみなされた。会社法のもとでは，②は旧会社法と同じく出資そのものとして取り扱われる（281条参照）。これに対して，①は会社に対する債務の履行として取り扱〔361〕

われる（246条2項参照）。しかし，会社計算規則17条で，新株予約権行使時の資本金等増加限度額に関し，新株予約権の帳簿価額が②の額に加算されることになっている（会社計算17条1項1号）。そして，この帳簿価額は，新株予約権発行時の払込金額に相当するのが原則と解されるが，職務遂行の対価等が評価されれば払込金額を超えることも考えられよう（〔371〕）。これらは公正な会計基準により明らかにされよう。したがって，新株予約権の行使による株式の発行の場合には，原則として①行使時の新株予約権の帳簿価額（会社計算17条1項1号。2号以下は省略する）および②出資額の合計額が増加する資本金等増加限度額となる（〔635〕参照）。そして，払込みまたは給付の2分の1を超えない額は資本金に組み入れないことができるとされており（445条2項），したがって，新株予約権の行使による株式の発行等の場合にも，②の合計額の2分の1を超えない額は資本金に組み入れないことができ，その組み入れない額は資本準備金となることは明らかである（445条3項）。①についても，445条1項から3項までの適用があるか，すなわち，その2分の1は資本金に組み入れなければならないかは，445条1項にいう「株式の発行に際して株主となる者が当該株式会社に対して払込み……をした財産の額」といえるかが問題であるが，文言上はそれに該当しないと考えられ，したがって①の額は資本金の額とすることができるが，そうしないでもよいと解することになろうか。

なお，①の払込みについては，その払込みに代えて金銭以外の財産の給付または，その会社に対する債権をもってする相殺によることが可能である（246条2項3項括弧書。〔374〕）。

〔362〕 **(f) 譲渡制限の定め（6号）** 新株予約権について，その譲渡に取締役会設置会社では取締役会等の承認（指名委員会等設置会社の場合にも執行役に委任することはできない。それ以外の会社では株式会社の承認）を要する旨の譲渡制限をすることが認められる。株式における譲渡制限株式に相当する（107条1項1号・108条1項4号）。そこで，新株予約権の譲渡につきたとえば取締役会の承認を要するものとするときは，その旨が新株予約権の内容とされる。株式につき譲渡制限がなされている場合には，その目的（会社にとって好ましくない者が株主として会社に参加することを排除する目的）は，新株予約権も譲渡制限にしないと達せられないのが通常であるし，また，取締役または使用人に対してストック・オプションの付与のために新株予約権を発行する場合には，その発行の目的（取締役等に会社の業績向上に努めるインセンティブを与えるため）を達成するためには，新株予約権の譲渡を制

限しないと，その目的を達せられないのが通常であろう。このような場合に，新株予約権の譲渡制限の定めがなされることになろう。

なお，一つの会社が発行する新株予約権のうちの一部につき譲渡制限の定めをし，それ以外のものは譲渡制限の定めをしないということも認められる。もっとも，株式の譲渡制限と異なり，その発行後に譲渡制限の定めをする場合の手続が定められておらず，それは認められない。

新株予約権に譲渡制限が付された場合の譲渡承認請求の手続および効果（〔383〕），新株予約権原簿の取扱い（〔382〕）等については後述する。

(g) 取得条項付新株予約権（7号） 会社が，一定の事由の発生を条件として新株予約権行使期間経過前に新株予約権を強制的に取得することができることとする場合には，それが新株予約権の内容になる。株式についての取得条項付株式（107条1項3号・108条1項6号）に相当する。その場合に新株予約権者に金銭の支払をするかどうか等の取得の条件も決めておく必要がある。 〔363〕

新株予約権の取得条件としては，その発行会社が吸収合併により消滅会社となる場合，その発行会社が株式交換により完全子会社となる場合等が挙げられる。これらの場合の新株予約権にかかる義務の承継等については後述する（〔748〕〔795〕）。また，ストック・オプションの付与のために新株予約権を発行し，新株予約権者が退職した場合に新株予約権を行使することができないことにするときは，取締役等の地位の喪失を行使の条件として，会社により取得されるものとすることもできる。敵対的買収に対する対抗策とすることも考えられないではなかろう。ブルドックソース事件はその例である（敵対的買収防衛策に関しては〔373〕〔651の2〕(iii)）。このような新株予約権の内容として掲げられる事項としては，下記のように新株予約権の取得事由（①および②），一部の取得（③），取得の対価（④）等が列挙されている。

① 一定の事由が生じた日に会社がその新株予約権を取得する旨およびその事由（236条1項7号イ）。

② 会社が別に定める日が到来することをもって①の事由とするときは，その旨（同ロ）。

③ ①の事由が生じた日に①の新株予約権の一部を取得することとするときは，その旨および取得する新株予約権の一部の決定の方法（同ハ）。

④ 新株予約権取得の対価に関する事項（同ニ－チ）。

なお，取得条項付新株予約権については，上述②の日の株主総会（取締役会設置会社では取締役会）による決定，その日の新株予約権者等に対する通知等（273条），③を定めた場合のその取得する取得条項付新株予約権の決定（274条）等に関して規定がある（〔387〕）。

〔364〕　**(h)　合併等の場合の新株予約権者に対する新株予約権の交付等（8号）**　会社が次の①から⑤までに掲げる行為をする場合において，その新株予約権の新株予約権者にその①から⑤までに定める会社の新株予約権を交付することとするときは，その旨およびその条件が新株予約権の内容となる。

たとえば，株式交換（後述④）において，完全親会社となる会社が株式交換契約の定めに従い株式交換によって完全親会社となる会社の新株予約権を交付する場合には，その旨およびその条件が新株予約権の内容となる。その決定については，取締役会の決議事項とする旨の直接の規定はないが，株式交換契約の内容の決定として取締役会設置会社では取締役会決議事項となり（362条2項1号），それ以外の会社では取締役が2人以上の場合にはその過半数で決する（348条2項）。1人の場合には1人で決すると解される（このように解する理由については〔516〕(イ)(ii)(iii)）。指名委員会等設置会社の場合にそれを執行役に委任することはできない（416条4項19号）。

①　合併（合併により会社が消滅する場合に限る）の場合に合併後存続する会社または合併により設立する会社の新株予約権を交付するとき。

②　吸収分割の場合に吸収分割をする会社がその事業に関して有する権利義務の全部または一部を承継する会社の新株予約権を交付するとき。

③　新設分割の場合に新設分割により設立する会社の新株予約権を交付するとき。

④　株式交換の場合に株式交換をする会社の発行済株式の全部を取得する会社の新株予約権を交付するとき。

⑤　株式移転の場合に株式移転により設立する会社の新株予約権を交付するとき。

〔365〕　**(i)　端数の扱い（9号）**　新株予約権を行使した新株予約権者に交付する株式の数に1株に満たない端数がある場合において，これを切り捨てるものとするときは，その旨。これが定められていないときは端数もそれとして取り扱わなければならない（〔392〕(e)）。

(j)　新株予約権証券の発行（10号）　新株予約権（新株予約権付社債に付されたものを除く。新株予約権付社債については，676条6号・292条・697条1項参照。〔731〕

(c)—(e)）にかかる新株予約権証券を発行することとするときは，その旨。それが定められていないときは，新株予約権証券は発行されない。

(k) 新株予約権証券の記名式と無記名式の転換（11号）　(j)の場合において，新株予約権者が記名式の新株予約権証券と無記名式の新株予約権証券の転換の請求（290条）の全部または一部をすることができないこととするときは，その旨。

(ハ) 新株予約権付社債との関係　〔366〕

新株予約権付社債に付された新株予約権の数は，その新株予約権付社債についての社債の金額ごとに，均等に定めなければならない（236条2項）。

(ニ) 共有者による権利の行使

新株予約権が2名以上の共有に属するときは，共有者は，新株予約権についての権利を行使する者1人を定め，会社に対し，その者の氏名または名称を通知しなければ，その新株予約権についての権利を行使することができない。ただし，会社が当該権利を行使することに同意した場合は，この限りでない（237条）。株式の場合と同様である（106条。〔**290**〕）。

2 新株予約権の発行手続　〔367〕

新株予約権の発行手続については，募集株式の発行に準じて規定が設けられている。なお，会社の自己新株予約権の処分については，自己株式の処分と異なり，募集手続によることを要しない（199条1項柱書と238条1項柱書との表現に差異がある）。

(イ) 新株予約権の募集事項の決定

会社が新株予約権を引き受ける者の募集をしようとするときは，その都度，募集新株予約権（募集に応じて新株予約権の引受けの申込みをした者に対して割り当てる新株予約権をいう）について次に掲げる事項（「募集事項」という）を定めなければならない（238条1項）。①の新株予約権の数，②および③は登記事項であることは前述した（911条3項12号イニ。〔**356**〕）。

① 募集新株予約権の内容および数（1号）。新株予約権の数とは，次のことを意味する。すなわち，新株予約権の発行事項は発行ごとに均等に定めなければならない（238条5項）。そこで，10名の取締役に1人当たり普通株式100株および100名の使用人に1人当たり10株ずつ発行を受ける権利を与える場合（新株予約権の目的である株式の数に関する〔**357**〕参照）には，各新株予約権ごとに普通株式10株（またはそれを整数で割った数。以下の叙述では，各新株予約権ごとに10株とする）の株式の発行を目的とするものとする必要がある。したがって新株予約権の

総数は200ということになり，それを1人当たり取締役に対しては10および使用人に対しては1を発行することになる。1個の新株予約権（上記の例で10の普通株式の発行を受ける権利）は，申込み，譲渡，権利行使等の単位となる。

② 募集新株予約権と引換えに金銭の払込みを要しないこととする場合には，その旨（2号）。取締役（指名委員会等設置会社の場合，執行役を含む。以下同じ）または使用人に対してストック・オプションとして新株予約権を発行する場合には，無償で発行されることもありうるが（〔371〕），無償の場合には，その旨を決めることになる。

③ ②以外の場合には，募集新株予約権の払込金額（募集新株予約権1個と引換えに払い込む金銭の額をいう）またはその算定方法（3号）。新株予約権が発行される場合には，①新株予約権の発行時に払い込まれる新株予約権自身の払込金額（無償の場合もありうる）の払込みと，②新株予約権の行使時に出資される財産の額の払込みが問題となる（この①および②の性質については，〔361〕〔374〕参照）。そこでまず，①の新株予約権自身の払込金額を決める必要がある。新株予約権者が払込期日（後述⑤）までに新株予約権の払込金額の払込みをしなかった場合には新株予約権を行使することができない（246条3項。払込取扱場所等については，募集株式の発行のそれ（208条1項。〔333〕）に準ずることになる。246条1項2項）。①の払込みにつき相殺が可能であることについては後述する（〔374〕）。なお，新株予約権の有利発行の問題については後述する（〔370〕）。

④ 募集新株予約権を割り当てる日（「割当日」）（4号）。ここで「割当日」というのは，旧会社法のもとで使用されたような意味，すなわち，その日現在の株主名簿上の株主にたとえば新株引受権を与えるというものとは異なる。そのような意味での「割当日」は，会社法のもとでは，基準日に包含させている（〔286〕）。ここで「割当日」というのは，会社が新株予約権の申込者に対して割当てをする日で新株予約権の効力を生ずる日（243条3項参照）を意味するものである。なお，新株予約権の申込みをした者は払込みの有無にかかわらず割当日に新株予約権者となる（245条1項）。その時点で払込みによる新株を取得する地位が与えられるから，その者を開示する必要があるからである。

⑤ 募集新株予約権と引換えにする金銭の払込みの期日を定めるときは，その期日（5号）。その日までに全額の払込みをしないときは，前述したように（③），新株予約権を行使することができなくなり（246条3項），その新株予約権は消滅する（287条）。

⑥　募集新株予約権が新株予約権付社債に付されたものである場合には，募集社債の発行に関する事項（676条各号）（6号）。

⑦　⑥の場合において，新株予約権付社債に付された募集新株予約権についての買取請求（一定の定款の変更，組織変更，合併等。118条1項・179条2項・777条1項・787条1項・808条1項）の方法につき別段の定めをするときは，その定め（7号）。

(ロ)　発行条件の均等性　〔368〕

新株予約権の払込額その他の発行の条件は募集ごとに均等に定めなければならない（238条5項）。このことは，募集株式の発行の場合（199条5項。〔313〕）と同様である。したがって，1個の新株予約権の目的である株式の数，その払込金額，その行使に際して払込み等をすべき額，その行使期間，行使条件等も均等に定めなければならないことになる。

(ハ)　決定機関，公示等　〔369〕

公開会社では有利な条件または有利な金額による発行の場合（株主総会の特別決議を要する。309条2項6号）を除き取締役会の決議によること（240条1項），割当日の2週間前までに株主に対し募集事項の通知または公告をしなければならないこと（同2項–4項。金商法との関係につき会社則53条）等，募集株式の発行の場合（〔316〕）と同様である。それ以外の会社では株主総会の特別決議または種類株主総会の決議による（238条2項4項・309条2項6号・324条2項3号）。それにもかかわらず，株主総会の特別決議により一定の限度のもとで募集事項の決定を取締役（取締役会設置会社では取締役会）に委任することができること，その委任の有効期間等（239条），募集株式の発行等の場合（200条。〔314〕(イ)）と同様である。

自己新株予約権の処分については，自己株式の処分のような規制（〔300〕）は設けられていない。

(ニ)　有 利 発 行　〔370〕

(a)　意義　　会社法は，募集株式の有利発行に関する規定（199条2項3項。〔314〕(ロ)，〔316〕）に準じて，新株予約権の有利発行に関する規定（238条2項3項）を設けている。すなわち，無償で新株予約権を発行することが特に有利な条件であるとき（238条3項1号）および有償であるがその払込金額が特に有利な金額である場合（同2号）である。典型的な例としては，新株予約権の行使によって出資される財産の価額が新株予約権の行使時におけるその会社の株式の合理的に予測される時価よりも特に有利な条件または金額で新株予約権が発行される場合には，その新株予約権の発行がその有利発行になる。もっとも，新株予約権の有利発行とは何かについては見解が分かれている。新株予約権はそれ自体の発行時点における価額が計算され，それに見合う対価が支払われたかどうかで有利発行かどうかを判断するという見解がある。この見解によると，新株予約権の行使時の出資すべき財産の価額をいくらと設定したかどうかと無関係に，いいかえれば相当に高くしたとしても，新株の無償発行は常に有利発行になる。しかし，新株予約権制度のもとで，新株予約権の価値，したがってまた，新株予約権の有利発行かどうかの判断は，新株予約権の払込金額と新株予約権の行使に際して出資されるべき額との合計額（その他の新株予約権の行使の条件，新株予約権付社債の場合には社債の利率等も加味される）と新株予約権行使期間中における株式の時価の平均値との相関関係でなされるべきであると考える。たとえば，一般の募集株式の発行の場合に，株式の時価が10万円である場合に払込金額を5万円とした場合には，有利発行になるが，同じ状況のもとで実際にはありえないであろうが，新株の払込金額を20万円とすれば（払込期日までに特に株式の時価が値上がりを予測させるような事情が存在しないことを前提とする），有利発行とならないことは明らかである。新株予約権の場合には，新株予約権が付与されてからそれを行使するまでの間が長期間になることがありえ，その結果，新株予約権の行使期間中における株式の時価の平均値を予測することが困難になることはたしかである。しかし，新株予約権制度においては，新株予約権の行使時における株式の時価がなんらかの方法で合理的に（完全に正確に予測することが不可能であることはいうまでもない）予測することが可能であることが前提となっているということができる（現在，何らかの方法で将来の一定の時期における株価を合理的に予測することは可能なはずである。たとえばデュー・ディリジェンスの手法により，将来の企業の状況を予測した上でその企業の現在価値を算定することも行われている）。逆にいえば，たとえ新株予約権を無償で発行しても，なんらかの方法により，新株予約権行使期間中の株式の時価の平均値を合理的に予測できた場合において，新株予約権の行使に際して払込みをなすべき出資すべき財産の価額その他の条件を勘案して有利発行でないと判断されることもありうるということになる。少なくとも理論的に考えれば，現在の株式の時価が10万円であり，新株予約権の行使期間を2年とし，その間に特別にその株式の時価が上がることが予測されるような事情が存在しない場合に，新株予約権を無償で発行し，その行使の際に払い込むべき金額を10万円としたときは，有利発行にならないとしてよいと考える。会社法にも無償発行に関する場合について，それが当然に有利発行になるという規定は存在せず，新株予約権を無償で発行すれば常に有利発行になるということは想定されていないというべきである。会社法238条3項1号は，株主総会で理由を説明する必要がある場合として，「金銭の払込みを要しないこととすることが当該者に特に有利な条件であるとき」と規定しており，その表現からも無償発行が当然に有利発行になることを想定していないことは明らかである。

新株予約権の発行が有利発行となる場合には，前述したように株主総会の特別決議が必要とされ，かつ，そのような条件または金額で募集することを必要とする理由を説明しなければならない（238条2項3項）。ところが，公開会社が有利発行ではないとして株主総会の特別決議を経ずに取締役会決議（240条1項）で発行されたときは，その新株予約権の発行につき新株の発行等に準じて公示されることになる（240条2項3項。〔369〕）。そこで，それが有利発行に当たると主張する株主は，この発行に対して，新株予約権発行の差止めの措置等（247条1号）を講ずることになる。もちろん，新株予約権の発行会社としては，新株予約権の発行時にその行使期間におけるその会社の時価を予測するのであるから，結果的にはそれが新株予約権行使時のその株式の時価より低いこともありうるが，その予測が合理的根拠に基づくものである限り，有利発行にならないと解してよい。

〔371〕 **(b) ストック・オプションの取扱い**　取締役（執行役）または使用人に対するストック・オプションの付与は，平成13年改正前商法のもとでは新株引受権の付与の方式によってなされていたが，同年改正商法のもとでは新株予約権の発行という方式によることになった。そして，ストック・オプションとしての新株予約権の発行の場合には，たとえば，新株予約権行使期間中の株式の時価の平均値が10万円と合理的に予測される場合に，新株予約権の発行価額を無償とし，その行使時の払い込むべき金額を4万円というように定めるのが通常であり，それは新株予約権の有利発行に当たることになる。なお，取締役や従業員等からの職務遂行を受ける対価としてストック・オプションを用いる取引について，これを費用として処理する場合には，報酬債権との相殺等の法律構成により，有利発行に当たらないという説明もありえないではなかろうと考えられる（なお，〔361〕参照）。いずれにしても，これらのことは公正な会計慣行により明らかにされることになろう。

〔372〕 **(c) 客観的に合理的理由の必要性の有無**　前述したように，特に有利な条件をもって新株予約権を発行するには，株主総会の特別決議があることを要するほか，

株主総会において，特に有利な条件で新株予約権を発行することを必要とする理由を開示しなければならない（238条3項）。

開示された理由が客観的合理性を有することが必要かについて，これを必要と解する厳格説（この説によれば，その理由に客観的合理性がなければ，特別決議による承認がなされてもその決議に取消事由があることになる）およびこれを不要と解する寛大説とに見解が分かれうることは，募集株式の発行等の有利発行の場合と同様である。新株等の有利発行の場合に寛大説を採ると解する以上，ここでも寛大説を採るべきだと考える（〔314〕(ロ)）。

〔372の2〕 **(ホ) 支配株主の異動を伴う募集新株予約権の発行に関する規制——株主に対する通知，総会による承認等**

支配株主の異動を伴う募集新株予約権の発行につき，支配株主の異動を伴う募集新株の発行についてと同様の規制（〔309の2〕(ii)）がなされている（244条の2）。ただ，募集新株については，「引受人が引き受けた募集株式」（206条の2第1項1号）という表現が使われているが，募集新株予約権では，それに代えて「引受人が引き受けた募集新株予約権に係る交付株式」という表現が使われている点が異なる。

〔373〕 **3 株主に新株予約権の割当てを受ける権利を与える場合等**

株主に新株予約権の割当てを受ける権利を与える場合について，決定すべき事項（241条），募集新株予約権の申込み（242条，会社則54条・55条），募集新株予約権の割当て（243条），募集新株予約権の総数引受けの場合の申込みおよび割当てに関する特則（244条），新株予約権者となる日（245条。なお，〔367〕④参照），募集新株予約権にかかる払込み（246条1項）およびそれがなされないときの失権（246条3項）および募集新株予約権の発行をやめることの請求（247条）について，募集株式の発行等に関する規定（203条－206条・208条・210条）に準じた規定が設けられている。また，新株予約権付社債についての社債を引き受ける者の募集についての社債に関する規定の一部の適用を排除する規定がある（248条）。

新株予約権発行無効の訴えについても規定されている（828条1項4号・2項4号）。判決の対世効（838条）および不遡及効（839条）につき規定がある。

なお，上述の新株予約権の発行をやめることの請求について，近時，次のような東京高裁決定（平成17・3・23判時1899号56頁）がなされている。すなわち，経営権争奪（敵対的買収）に対する対抗手段として，会社が支配権の維持は会社の利益のためであるとして，大量の新株予約権を発行し，その買収者の持株比率を一方的に低下させたことに対して，買収者側から新権予約権発行差止めの請求がなされたが，東京高裁はその差止めの請求を認める決定をした。その一般論として，敵対的買収者による支配権取得が会社に回復しがたい損害をもたらす事情があることを会社が疎明・立証した場合は差し止めることができないとしているが，その事件では会社によりそのような疎明・立証がなされたことは認められなかった。

買収防衛策としての新株予約権の無償交付について最高裁平成19年8月7日決定（民集61巻5号2215頁［ブルドックソース事件］）が出された。

同決定は，会社が特定の株主による株式の公開買付けに対抗してその株主の持株比率を低下させるためにする新株予約権の無償割当てが，①株主平等の原則の趣旨に反するとはいえず，かつ，②募集新株予約権発行差止めの要件に関する会社法247条1号の「法令又は定款に違反する場合」にも，③同2号の「著しく不公正な方法により行われる場合」にも該当しないという。重要な決定であるので，以下にこの事件の内容を単純化して紹介したい。

同決定は，次のような事案に関するものである。Xが，Y会社（ブルドックソース株式会社）の発行済株式総数の約10.25％を保有しており，その発行済株式のすべてを取得することを目的としてY会社の株式の公開買付け（以下，たんに「公開買付け」という）を行う旨の公告をした。これに対して，Y会社の取締役会は，公開買付けに反対すること，および公開買付けに対する対応策として，ⓘ一定の新株予約権無償割当てに関する事項を株主総会の特別決議事項とすること等を内容とする定款変更議案およびⓘⓘ ⓘが可決されることを条件として新株予約権無償割当てを行うことを内容とする議案を定時株主総会（以下たんに「総会」という）に付議することを決定した。Y会社株主総会においては，ⓘおよびⓘⓘのいずれも，出席した株主の議決権総数の約83.4％の賛成で可決された。この総会において可決された新株予約権の無償割当ての概要は，一定日時の名簿上の株主に対し，その有するY会社株式1株につき3個（1個の行使により1株交付される）の割合による新株予約権を割り当て，払込金額を1円とするが，X関係者の有する新株予約権についてはY会社がこれを取得して，その対価として，新株予約権1個につき396円（公開買付けにおける当初の買付価格の4分の1に相当する）を交付することができ，譲渡による新株予約権の取得についてはY会社取締役会の承認を要するというものであった。Xは，総会に先立ち，本件新株予約権無償割当てにつき，法247条に基づき，株主平等の原則により法令定款に違反し，著しく不公正な方法によると主張して，その差止めを求める仮処分の申立てをした。

最高裁決定の理由の趣旨は，ほぼ次の通りである。①法 109 条 1 項の定める株主平等の原則の趣旨は，新株予約権無償割当ての場合についても及ぶべきであり，前述した X 関係者とそれ以外の株主との差別的な行使条件および取得条項が定められているため，X 関係者は，その持株比率が大幅に低下するという不利益を受けることとなるが，会社の存立，発展が阻害される等，会社の企業価値がき損され，会社の利益ひいては株主の共同の利益が害されることになるような場合（以下，たんに「企業価値がき損される場合」という）には，その防止のためにその株主を差別的に取り扱ったとしても，その取扱いが衡平の理念に反し，相当性を欠くものでない限り，これを直ちに株主平等の原則に反するものということはできない。②そして，特定の株主の経営支配権の取得に伴い，会社の企業価値がき損されるかどうかは，会社の利益の帰属主体である株主自身により判断されるべきであり，総会において議決権総数の約 83.4% の賛成を得て可決されたのであるから，X による経営支配権の取得が Y 会社の企業価値をき損される場合にあたると判断したことになるという。そして，X 関係者において，発行済株式のすべてを取得することを目的としているにもかかわらず，Y 会社の経営を行う予定がないとして経営方針を明示せず，投下資本回収の方針も明らかにしなかったことを指摘して，その判断の正当性を是認している。新株予約権無償割当てが衡平の理念に反し，相当性を欠くものであるかについて，X 関係者にとっては，その持株比率が大幅に低下することにはなるが，Y 会社取締役会決議により，対価として新株予約権の価値に見合う金員の交付を受けることができるから，無償割当てが衡平の理念に反するものではなく，相当性を欠くものとは認められないという。③著しく不公正な方法によるものとの主張についても，X 関係者に割り当てられた新株予約権に対してその価値に見合う対価が支払われることも考慮すれば，対応策が事前に示されていなかったからといって無償割当てを著しく不公正な方法によるものということはできないという。④なお，無償割当てが，専ら経営担当取締役等またはこれを支持する株主の経営支配権を維持するためのものである場合には，無償割当ては著しく不公正な方法によるものと解すべきであるが，本件はその場合に該当しないという。

本件事案において，X の新株予約権無償割当ての差止めを求める仮処分の申立てが却下された結論については，大方の賛同が得られるであろう。問題なのは，本件事案において，新株予約権無償割当てによる差止請求が却下されるためには，そこで示された条件のすべてがみたされなければならないかである。たとえば，判旨は新株予約権無償割当てを内容とする議案について，株主の議決権総数の83.4％の賛成が得られたことを指摘して，Xの申立てを却下しているが，その賛成を得られた株式数が特別決議の要件さらには普通決議の要件をみたしている程度であった場合にはどうか，本件では，X関係者の有する新株予約権につき，取得条項を付し，しかもその取得価額を相当に高額に定めているが，その取得価額いかんが本件の結果に影響を与えるか，取得条項を付さずに，たんにその新株予約権につき譲渡制限をしなかった場合はどうか等が問題となりうる。さらに取得条項を付したことに関連して，会社が取得条項の権利を行使してXの株式を取得して買収防衛を図った場合に，会社資金によって経営者が経営権を維持したという批判が生じないか，その批判をかわすためには，それについての株主の承認について，どの程度の多数が要求されるか等が問題になる。結果的に会社資金によって企業買収を防衛することが許容されるためには，それが株主の利益となるという株主の明確な意思に裏付けられる必要があると考えられるからである。また，買収防衛策を平時に（買収者が現れる前に）導入している場合はどうかも問題になる。

4 金銭以外の財産による払込み，会社に対する債権との相殺等 〔374〕

新株予約権者は，会社の承諾を得て，新株予約権と引換えにする払込みに代えて，払込金額に相当する金銭以外の財産を給付し，または会社に対する債権をもって相殺することができる（246条2項3項括弧書）。このことは，会社法のもとでは，前述したように新株予約権にかかる払込みは，出資として取り扱っておらず，たんなる会社に対する債務の履行として取り扱っていることを意味する（〔361〕）。このような取扱いのもとでは，一般原則により，①金銭以外の財産の給付を受けることは，代物弁済を受けることになり，また②払込義務者からする相殺も当然に可能になる。ただ，会社法は，①および②のいずれについても，会社の承諾を必要としており，②についてはこの点で一般原則を変容していることになる。これらの取扱いは，前述した募集事項の決定の際に定めておく必要がなく，給付された財産についての検査役の調査も要求されない。

このような取扱いは，旧会社法におけるそれとは異なるものである。旧会社法においては，㋑新株予約権の発行価額（新株予約権の発行時に払い込まれる新株予約権自身の発行価額〔無償の場合もありうる〕）と㋺新株予約権の行使に際して払込みをすべき金額の合計額の1株当たりの額がその新株1株の発行価額とみなされ

(平成17年改正前商280条ノ20第4項)，それが資本金の額の算定基準とされた。ところが，会社法のもとでは，前述したように，㋑は，たんに会社に対する債務の履行として取り扱われるので，その金額は，必ずしも，資本金の額の算定の基準にはならないことになる。もっとも，会社計算規則17条1項では，前述のように（〔361〕)，新株予約権の行使があった場合の資本金等増加限度として，①行使時におけるその新株予約権の帳簿価額（同1号)，②行使時の出資の目的である金銭（会社281条1項）の金額および金銭外の財産（会社281条2項後段）の行使時の価額（同2号)，③現物出資財産の給付を受けた場合（会社281条2項前段）のその行使時における価額（同3号）等と規定されている。②および③はまさに行使時の出資額であるが，①は新株予約権が有償の場合（238条1項3号）のその対価を意味するものと考えられ，そうだとすると，①も新株予約権の行使時における資本金等の増加額に加算することができることになる（〔361〕参照)。

Ⅲ　新株予約権原簿

〔375〕 1 新株予約権原簿の作成，備置き，閲覧，管理等

新株予約権についても，株主名簿（〔270〕以下）または社債原簿（〔702〕以下）に準じて，新株予約権原簿制度が設けられている（249条以下)。会社（具体的には業務執行取締役。指名委員会等設置会社の場合には執行役と解される）は新株予約権原簿を作成する。それは本店（株主名簿管理人がある場合はその営業所）に備え置かれ(252条1項)，株主名簿の閲覧等（125条。〔270〕）に準じて株主，債権者（新株予約権者も債権者に含まれる）および親会社株主の閲覧等に供される（252条2項−4項。平成26年改正により3項3号削除。株主名簿に関する〔270〕参照)。

会社の新株予約権者に対する通知または催告について株主に対する通知に関する規定（126条。〔282〕）に準じて規定が設けられており（253条)，新株予約権原簿に記載または記録した住所等に発すれば足りる。

会社が株主名簿管理人を置いている場合（123条。〔289〕）には，会社は株主名簿のみならず新株予約者原簿の作成および備置きについても，その事務を株主名簿管理人に委託することができる（251条)。

上述したことは記名式新株予約権証券についてはそのまま妥当するが，無記名式のものについては，そのままは妥当せず，次に記載するところ（〔376〕）によることになる。それぞれの譲渡については後述する（〔380〕)。

2　記載事項　〔376〕

(イ)　無記名式の新株予約権証券または新株予約権付社債券が発行されている場合

①無記名式の新株予約権証券が発行されている場合には，新株予約権証券の交付により新株予約権が譲渡される（255条1項本文）ので，会社は証券所持人したがって新株予約権者を把握することができない。したがって，株主名簿と異なり，新株予約権原簿には新株予約権者を記載または記録することができず（社債原簿の記載事項に関する〔702〕参照），新株予約権証券の番号およびその新株予約権証券についての新株予約権の内容および数（238条1項1号）が記載事項とされる（249条1号）。また，②無記名式の新株予約権付社債券（証券発行新株予約権付社債〔新株予約権付社債であって，その新株予約権付社債についての社債につき社債券を発行することとする旨の定めがあるものをいう。249条2号括弧書〕にかかる社債券をいう。以下同じ）が発行されている新株予約権付社債（以下「無記名新株予約権付社債」という）に付された新株予約権の場合にも，①と同様に証券の交付によって譲渡される（255条2項本文）ので，その新株予約権付社債券の番号ならびにその新株予約権の内容および数が記載事項とされる（249条2号）。

(ロ)　(イ)の新株予約権以外の新株予約権の場合

(イ)以外の新株予約権の場合すなわち無記名新株予約権または無記名新株予約権付社債に付された新株予約権以外の新株予約権の場合には，新株予約権の譲渡の対抗要件が新株予約権原簿の名義書換とされるので（257条1項2項），新株予約権原簿の記載事項は次のとおりである（249条3号）。

①新株予約権者の氏名または名称および住所，②①の新株予約権者の有する新株予約権の内容および数，③①の新株予約権者が新株予約権を取得した日，④②の新株予約権が証券発行新株予約権（新株予約権〔新株予約権付社債に付されたものを除く〕であって，その新株予約権にかかる新株予約権証券を発行することとする旨の定めがあるものをいう）であるときは，その新株予約権（新株予約権証券が発行されているものに限る）にかかる新株予約権証券の番号，⑤②の新株予約権が証券発行新株予約権付社債に付されたものであるときは，その新株予約権を付した新株予約権付社債（新株予約権付社債券が発行されているものに限る）にかかる新株予約権付社債券の番号。

3　新株予約権原簿記載事項を記載した書面の交付請求　〔377〕

前述(ロ)により新株予約権原簿にその氏名または名称および住所を記載された新株予約権者は，会社に対し，その新株予約権者についての新株予約権原簿に記載され，もしくは記録された新株予約権原簿記載事項を記載した書面の交付またはその新株予約権原簿記載事項を記録した電磁的記録の提供を請求することができる（250条1項）。この請求は，自分が新株予約権者であることを立証する手段を得るためのものであることはいうまでもない。

上記の書面には，代表取締役（指名委員会等設置会社にあっては，代表執行役）が署名し，または記名押印しなければならず（250条2項），電磁的記録には，会社の代表取締役（同）が法務省令で定める署名または記名押印に代わる措置（電子署名ー会社則225条）をとらなければならない（250条3項）。

なお，証券発行新株予約権および証券発行新株予約権付社債に付された新株予約権の場合には，その証券の所持により自分が新株予約権者であることを立証できるから，上記の請求は認める必要がなく，その規定の適用が排除されている（250条4項）。

Ⅳ　新株予約権の譲渡

〔378〕

1　自由譲渡性とその例外

新株予約権の譲渡は，原則として自由であるが（254条1項），新株予約権付社債については，それに付せられた新株予約権のみを譲渡することも，またその社債のみを譲渡することもできず（254条2項本文・3項本文），新株予約権と社債とを一体として譲渡しなければならない。もちろん，その新株予約権付社債に付された社債または新株予約権付社債に付された新株予約権が消滅した場合はこの限りではない（254条2項但書・3項但書）。

また，新株予約権を譲渡制限新株予約権とすることができ（236条1項6号。〔362〕），その譲渡については，譲渡制限株式に準じた取扱いがなされる。譲渡制限新株予約権については後述する（〔383〕）。

〔379〕

2　譲渡の効力要件

(イ)　一般の新株予約権の場合

証券発行新株予約権の譲渡および証券発行新株予約権付社債に付された新株予約権の譲渡の効力要件（自己新株予約権の譲渡は除く。それについては次の(ロ)参照）については，それぞれ，その証券発行新株予約権にかかる新株予約権証券の交付およびその証券発行新株予約権付社債にかかる新株予約権付社債券の交付を要すると規定されている（255条1項本文・2項本文）。証券の発行されていない新株予約権の譲渡の効力要件については規定がないが，一般原則により譲渡の合意によると解される。

(ロ) 自己新株予約権の場合

自己新株予約権（会社が有する自己の新株予約権）または自己新株予約権付社債の処分による証券発行新株予約権の譲渡または自己新株予約権付社債に付された新株予約権の譲渡（証券発行新株予約権に限る）による処分については，証券の交付が効力要件とはされてはおらず，自己株式の処分に関する特則（129条。〔225〕）に準じた特則が規定されている（255条1項但書・2項但書・256条）。すなわち自己株式の処分を株式の発行として取り扱うのと同様に，自己新株予約権の処分を新株予約権の発行として取り扱うものである。すなわち，会社は，自己新株予約権を処分した日以後遅滞なく，その自己新株予約権を取得した者に対し，新株予約権証券を交付しなければならない（256条1項）。もっとも，会社は，自己新株予約権を取得した者から請求がある時までは，新株予約権証券を交付しないことができる（256条2項）。

また，会社は，自己新株予約権付社債を処分した日以後遅滞なく，当該自己新株予約権付社債を取得した者に対し，新株予約権付社債券を交付しなければならない（256条3項）。したがって，社債券を発行する旨の定めがある社債の譲渡はその社債にかかる社債券の交付を効力要件とする旨の規定（687条）は，自己新株予約権付社債の処分による自己新株予約権付社債についての社債の譲渡については，適用されないことになる（256条4項）。

新株予約権原簿への記載については後述する（〔382〕(イ)）。

3 譲渡の対抗要件 〔380〕

(イ) 証券発行新株予約権でない新株予約権の場合

新株予約権の譲渡は，記名式新株予約権証券および記名式新株予約権付社債券が発行されている場合（この場合については(ロ)で取り扱う）ならびに無記名式新株予約権および無記名式新株予約権付社債券が発行されている場合（この場合については(ハ)で取り扱う）を除き，その新株予約権を取得した者の氏名または名称および住所を新株予約権原簿に記載し，または記録しなければ，会社その他の第三者に対抗することができない（257条1項）。この場合には，株券不発行会社で振替株式制度を採用していないものの株式の譲渡の会社その他の第三者に対する対抗要件（130条。〔236〕）と同様の取扱いがなされることになる。新株予約権原簿の記載事項については前述した（〔376〕）。

(ロ) 記名式新株予約権証券および記名式新株予約権付社債券が発行されている場合

記名式の新株予約権証券（新株予約者原簿に新株予約権者の氏名等が記載されるもの。249条3号。〔375〕）が発行されている証券発行新株予約権および記名式の新株予約権付社債券が発行されている証券発行新株予約権付社債に付された新株予約権については，取得者の氏名等の新株予約権原簿への記載等は会社に対する対抗要件とされる（257条2項）。会社以外の第三者たとえば差押債権者に対する対抗要件は証券の所持によりみたされる趣旨である。無記名社債以外の社債券を発行する旨の定めがある社債の譲渡の対抗要件に関する規定（688条）と同趣旨である（〔708〕）。

(ハ) 無記名新株予約権および無記名新株予約権付社債に付された新株予約権の場合

無記名新株予約権および無記名新株予約権付社債に付された新株予約権の場合については，新株予約権原簿への記載等が対抗要件である旨の規定の適用が排除されている（257条3項）。それらは，証券の所持自体で会社その他の第三者に対抗することができる趣旨である。

〔381〕 4 新株予約権証券および新株予約権付社債券の権利推定的効力，善意取得等

新株予約権証券および新株予約権付社債券（以下，「新株予約権証券等」という）の占有者は，新株予約権を適法に有するものと推定され（258条1項3項），また，その交付を受けた者は，悪意または重過失がないかぎり，新株予約権を取得する（258条2項4項）。有価証券の権利推定効，善意取得の一般法理が明文で規定されていることになる。これらの規定は，無記名式のものだけでなく記名式のものにも適用される。

〔382〕 5 新株予約権原簿記載事項の記載または記録

前述したように，無記名式新株予約権証券（無記名新株予約権付社債に付されたものを含む。以下同じ）が発行されている場合（〔380〕(イ)）を除いて，記名式新株予約権証券が発行されている新株予約権および記名式新株予約権付社債に付された新株予約権の譲渡についてはその会社に対する対抗要件として，またそれ以外の新株予約権の譲渡についてはその会社その他の第三者に対する対抗要件として，その取得した者の氏名等の新株予約権原簿への記載が必要とされる。そこで，無記名式新株予約権証券が発行されている場合を除いて，新株予約権者は，新株予約権原簿に自己の氏名等の記載を受ける必要がある。この点について，会社法は，株主名簿への記載（132条・133条。〔271〕〔272〕）に準じて，次のように規定を設けている。なお，それらの規定は無記名新株予約権および無記名新株予約権付社

債に付された新株予約権に適用されない（259条2項・260条3項）。

(イ) 会社が自ら記載する場合

会社は，自己新株予約権を取得した場合および自己新株予約権を処分した場合には，新株予約権の新株予約権者にかかる新株予約権原簿記載事項を新株予約権原簿に記載し，または記録しなければならない（259条1項）。これらの場合には，会社が新株予約権者を把握しているから，会社が自ら記載しなければならないのである。

(ロ) 新株予約権者の請求による場合

新株予約権をその新株予約権を発行した会社以外の者から取得した者（当該会社を除く。「新株予約権取得者」という）は，その会社に対し，その新株予約権にかかる新株予約権原簿記載事項を新株予約権原簿に記載することを請求することができる（260条1項）。この新株予約権の取得は，会社とは関係なしになされるので，新株予約権取得者の請求により記載されることになる。もっともその請求は，利害関係人の利益を害するおそれがないものとして法務省令で定める場合（会社則56条）を除き，その取得した新株予約権の新株予約権者として新株予約権原簿に記載された者またはその相続人その他の一般承継人と共同してしなければならない（260条2項）。法務省令で定める場合としては，株式取得者の単独の株主名簿の名義書換請求が認められる場合として前述したもの（〔272〕(ii)）のうち，①②④から⑥までに相当するもの（会社則22条1項1号2号4号−6号）が規定されている。株主名簿の名義書換についての規定（133条。〔272〕）と同様である。なお，譲渡制限新株予約権の場合（261条）については，次の新株予約権の譲渡の制限のところで取り扱う。

6 新株予約権の譲渡の制限 〔383〕

(イ) 株式の譲渡制限との比較等

会社は，新株予約権の内容として，譲渡によるその新株予約権の取得について，その会社の承認を要することとすることを定めることができる（236条1項6号。〔362〕）。株式についての譲渡制限の定め（〔188〕以下）と同趣旨のものである。もっとも，株式の譲渡制限の場合には，定款の定めによることを要し，しかもその定めをするための定款変更決議の要件がきわめて厳重になっている（309条3項・107条1項1号・108条1項6号・111条。〔189〕〔190〕）のに対して，新株予約権の場合にはそのような厳重な要件が定められていない点で差異がある。このように譲渡制限の定めをするための要件が，新株予約権の方が株式より緩やかになっているのは，新株予約権は株式になる前の段階の権利であって，株式を取得しうる権利にすぎず，払込済みの新株予約権の対価の回収を保障しなければならないものではなく，新株予約権者は，譲渡を承認されない場合でも新株予約権を行使して株式を取得し，その株式を譲渡して換価することができるからである。会社が譲渡を承認しなかった場合に，株式については換価手段が保障されている（〔194〕－〔196〕）のに対して，新株予約権についてはそれが与えられていないということは，以上のことから説明することができる。

⑽ 譲渡承認の請求

会社に対して譲渡制限新株予約権の譲渡の承認をするかどうかの決定をすることの請求は，㋑それを他人に譲り渡そうとする新株予約権者からも（262条），また㋺それを取得した新株予約権取得者からも（263条1項）することができる。もっとも，㋺の請求の場合には，利害関係人の利益を害するおそれがないものとして法務省令で定める場合（会社則57条）を除き，その取得した新株予約権の新株予約権者として新株予約権原簿に記載された者またはその相続人その他の一般承継人と共同してしなければならないものとされる（263条2項）。㋺の請求につき法務省令で定める場合とは，新株予約権原簿の記載または記録を単独で請求できる場合（〔382〕㋺として前述したもの）のうち，①②および⑤に相当するものが規定されている。㋺の場合に，会社が譲渡を承認しない旨の決定をしたとしても，その換価手段が保障されているわけではなく，譲渡人との間で解決する等の方法によるほかない。

⑾ 譲渡承認請求の方法

譲渡承認請求は，㋑新株予約権者からの請求の場合には，①その請求をする新株予約権者が譲り渡そうとする譲渡制限新株予約権の内容および数ならびに②譲渡制限新株予約権を譲り受ける者の氏名または名称を明らかにしてしなければならない（264条1号）。また，㋺新株予約権取得者からの請求の場合には，①その請求をする新株予約権取得者の取得した譲渡制限新株予約権の内容および数ならびに②新株予約権取得者の氏名または名称を明らかにしてしなければならない（264条2号）。

⑿ 譲渡の承認の決定等

会社が譲渡の承認をするか否かの決定（262条または263条1項）をするには，新株予約権の内容として別段の定めがある場合は，その定めに従うが，定めがない場合には株主総会（取締役会設置会社にあっては，取締役会）の決議によらなければならない（265条1項）。会社が譲渡承認の決定をしたときは，譲渡承認請求をした者に対し，その決定の内容を通知しなければならない（265条2項）。譲渡が承認されなくても，買取請求等の換価手段が認められていないことは前述した（(イ)(ロ)）。

会社が譲渡承認請求の日から2週間（これを下回る期間を定款で定めた場合にあっては，その期間）以内に譲渡承認の決定の通知をしなかった場合には，会社と譲渡承認請求をした者との合意による別段の定めがなければ，譲渡の承認をしたものとみなされる（266条）。

(ホ) 譲渡制限新株予約権の新株予約権原簿への記載の請求

譲渡制限新株予約権の場合には，新株予約権取得者が取得した新株予約権について，新株予約権取得者がその取得について会社の承認（262条または263条1項）を受けている場合（261条1号2号）か，その取得が相続その他の一般承継により取得した者である場合（261条3号）に限り，新株予約権原簿への記載の請求ができる（261条）。

7 新株予約権の質入れ 〔384〕

新株予約権の質入れについては，基本的に新株予約権の譲渡（〔379〕〔380〕）に準じた規定が設けられている。

(イ) 質権設定の自由，証券発行新株予約権等の質入れの効力要件，対抗要件等

新株予約権者は，その有する新株予約権に質権を設定することができるが（267条1項），新株予約権付社債については，新株予約権と社債の双方に質権を設定することになり，新株予約権のみ，または社債のみに質権を設定することはできない（267条2項本文・3項本文。それぞれ社債が消滅した場合または新株予約権が消滅した場合は，存続している方につき質権設定が可能である。267条2項但書・3項但書）。

証券発行新株予約権等（無記名式のものも含み，証券発行新株予約権付社債も含む）の質入れは，新株予約権証券等の交付が効力要件となる（267条4項5項）。

新株予約権の質入れの会社その他の第三者に対する対抗要件は，①新株予約権原簿記載事項の新株予約権原簿への記載であるが（268条1項），②証券発行新株予約権証券および証券発行新株予約権付社債に付された新株予約権の質権者にとっては，新株予約権証券等の継続占有が会社その他の第三者に対する対抗要件とされる（268条2項3項）。①と②との関係については株式質の場合と同様と解される（147条。〔230〕(b)）。また，質入れの効果については後述する（〔385〕）。なお，

無記名新株予約権および無記名新株予約権付社債については，上述のようにその証券の交付が効力要件であり，その継続占有が第三者対抗要件であるが，それについては新株予約権原簿への記載等の請求が認められておらず（269条2項。次の(ロ)），会社に対する対抗要件をみたすことは認められないことになる。

(ロ) 質権の新株予約権原簿への記載等の請求，無記名新株予約権等の場合，登録新株予約権質権者

新株予約権の質権設定者は，会社に対し，①質権者の氏名または名称および住所ならびに②質権の目的である新株予約権を新株予約権原簿に記載し，または記録することを請求することができる（269条1項）。この記載によって，質権設定の会社その他の第三者に対する対抗要件がみたされることになる（268条1項）。この請求は，質権者ではなく，質権設定者によってなされるものであることに意味がある。登録株式質の株主名簿への記載が質権設定者の請求によってなされる（147条・148条。〔230〕(b)）のと同趣旨である。その記載により，その質権者は，登録株式質権者に準じた登録新株予約権質権者になる。

上記の請求は，無記名新株予約権および無記名新株予約権付社債に付された新株予約権については，認められない（269条2項。無記名新株予約権についてはその氏名等が新株予約権原簿に記載されず，したがってそれにつき登録新株予約権質権はありえないことになる）。

登録新株予約権質権者による会社に対する新株予約権原簿の記載事項を記載した書面の交付または電磁的記録の提供の請求について，新株予約権者によるその請求（〔377〕）と同趣旨の規定がある（270条1項−3項）。証券発行新株予約権等につき適用が除外されていること（270条4項）も同様である。

登録新株予約権質権者に対する通知または催告についても，登録新株予約権者に対するそれ（253条）と同趣旨の規定がある（271条）。

〔385〕 **(ハ) 新株予約権の質入れの効果**

(a) 質権の効力，物上代位権の及ぶ範囲等　新株予約権の質入れにより，質権者は，一般原則により，その換価による売得金等を被担保債権の弁済にあてられるが，新株予約権自体の行使については，質権設定者との間のそれを認める特約がないかぎり認められないと解すべきである（もっとも，272条5項参照）。物上代位権の及ぶ範囲について，次のように規定されている（272条1項）。すなわち，会社が①新株予約権の取得，②組織変更，③合併（合併によりその会社が消滅する場合に限る），④吸収分割，⑤新設分割，⑥株式交換および⑦株式移転の行為をした場合には，新株予約権を目的とする質権は，その行為によってその新株予約権の新株予約権者が受けることのできる金銭等について存在する（272条1項）。さらに，⑧新株予約権付社債に付された新株予約権を目的とする質権は，その新株予約権の行使をすることによりその新株予約権者が交付を受ける株式について存在する（272条5項）。

①は，新株予約権の内容として，その新株予約権について会社が一定の事由が生じたことを条件としてこれを取得することができることを定めた場合（236条1項7号）のその取得と引換えに新株予約権者に交付されるもの（236条1項7号ニーチ）に質権が存在することになる。②から⑦までは，たとえば③の合併の場合については，新株予約権の内容として，合併後存続する会社の新株予約権を交付することとするとき（236条1項8号イ）は，質権がその会社の新株予約権に存することになる。⑧は，新株予約権付社債の新株予約権の行使によってその新株予約権者が交付を受ける株式に質権の効力が及ぶとされるものである。

(b) 登録新株予約権質権者の弁済充当等　登録新株予約権質権者は，(a)①−⑦の新株予約権者が受けることができるものが金銭である場合は，それを受領し，他の債権者に先立って自己の債権の弁済に充てることができる（272条2項）。その債権の弁済期が到来していないときは，会社に上述の金銭に相当する金額を供託させることができ，この場合において，質権は，その供託金について存在する（272条3項）。登録新株予約権者質権者以外の質権者（株式における略式質権者（〔232〕(b)(i)）に相当する）の場合には，物上代位の行使の手続として，原則として差押えを要する（〔232〕(i)参照）。これらの規律は，特別支配株主が新株予約権売渡請求により売渡新株予約権を取得した場合に準用される（272条4項）。

V　会社による自己の新株予約権の取得

1　自己新株予約権取得の自由　〔386〕

会社法は，自己の新株予約権の取得につき，以下に述べる取得条項付新株予約権の取得（273条以下）および買取請求の行使に応じてする取得（118条等）以外に規定が設けられていない。しかし，合意による取得や組織再編の場合の取得等も可能であり，自己新株予約権の取得が制約されているわけではない。また，その処分について一般的な規定が設けられておらず（自己株式の処分が新株の発行の一環として取り扱われている（〔300〕）のと異なる），一般原則により処分することができる。

もっとも，会社は自己新株予約権を行使することはできない（280条6項）。したがって，会社としては，取得した自己新株予約権については，それを処分するか，後述する消却（〔389〕）をすることになる。

〔387〕 **2 取得条項付新株予約権の取得**

会社法は，新株予約権の内容として取得条項付新株予約権を定めた場合の会社による自己新株予約権の取得について規定している。

(イ) 取得する日の決定，その通知等

会社が取得条項付新株予約権（236条1項7号イ）を定めた場合において，その内容として，会社が別に定める日が到来することをもって新株予約権取得の事由とする旨の定め（236条1項7号ロ）がある場合には，その取得条項付新株予約権の内容として別段の定めがある場合を除いて，会社は，その日を株主総会（普通決議でよい〔309条1項〕。取締役会設置会社にあっては取締役会）の決議によって定めなければならない（273条1項）。そして，その日を定めたときは，その新株予約権者およびその登録新株予約権質権者に対してその日の2週間前までにその日を通知するか，公告しなければならない（273条2項3項。〔363〕④）。

(ロ) 取得する新株予約権の決定，その通知等

新株予約権の一部を取得する定め（236条1項7号ハ）のある場合には，新株予約権の内容に別段の定めがないかぎり，株主総会（普通決議でよい。309条1項。取締役会設置会社では取締役会）で，その取得する取得条項付新株予約権を決定し（274条1項2項），取得条項付新株予約権者およびその登録新株予約権質権者に対し，直ちに，その取得条項付新株予約権を取得する旨を通知または公告しなければならない（274条3項4項）。

(ハ) 新株予約権証券を発行しているとき

会社は，取得条項付新株予権を取得する場合（293条1項1号の2。その他に特別支配株主の新株予約権売渡請求を承認する場合，組織変更，合併，会社分割，株式交換・移転の場合についても同様である。同1号・2号―7号。〔364〕参照）において，その新株予約権にかかる新株予約権証券（新株予約権付社債券を含む）を発行しているときは，その行為の効力が生ずる日（新株予約権証券提出日）までに会社に対してその新株予約権証券を提出しなければならない旨を新株予約権証券提出日の1か月前までに公告し，その新株予約権者および登録新株予約権質権者には各別に通知をしなければならないものとされる（293条1項柱書）。この新株予約権証券を提出しない者についての取扱い（293条2項−5項。異議催告手続を含む。同5項・220条）およびそれが提出されない場合の取扱い（294条）について規定が設けられている。

さらに会社による自己の新株予約権の取得の効力の発生日について規定が設けられている（275条）。

3　新株予約権買取請求による自己新株予約権の取得　〔388〕

会社が定款を変更して，①全部取得条項についての定め（107条1項1号）を設ける場合ならびに②譲渡制限の種類株式（108条1項4号）および全部取得条項付種類株式（108条1項7号）についての定めを設ける場合には，新株予約権者は会社に対して，自己の新株予約権を公正な価格で買い取ることを請求できる（118条1項）。新株予約権付社債に付された新株予約権の予約権者の場合には，上記の請求をするときは，別段の定めがないかぎりあわせてその社債を買い取ることを請求しなければならない（118条2項）。会社はこの買取請求に応じて自己新株予約権を取得することになる。その定款変更の手続（118条3項4項），その中止（同9項），買取請求の手続，その撤回（同5項−8項），新株予約権原簿への不記載（同10項），新株予約権の価格の決定（119条）等について規定がある。

新株予約権の買取請求は，組織変更（777条），合併等の場合に一定の要件をみたすとき（787条1項・808条1項）においても認められている。

Ⅵ　自己新株予約権の消却および消滅

〔389〕

会社は，取締役会設置会社においては，取締役会の決議によって（276条2項。それ以外の会社では原則として取締役の過半数による。348条2項。〔516〕(イ)(ii)(iii)），自己新株予約権を消却することができ，その場合には，消却する自己新株予約権の内容および数を定めなければならない（276条1項）。自己株式を取得して消却する（178条。〔176〕）のと同趣旨である。

そのほか，新株予約権者がその有する新株予約権を行使することができなくなったとき（たとえば，従業員退職時に行使できなくなる内容の新株予約権につき従業員が退職したとき）は，その新株予約権は消滅する（287条）。組織再編の一定の場合にも新株予約権は消滅する（750条4項・752条5項等）。

Ⅶ　新株予約権無償割当て

〔390〕　(イ)　**新株予約権無償割当ての可能性**

会社法は株式の無償割当て（185条－187条。〔153〕）に準じて新株予約権無償割当てについて規定している。すなわち，会社は，株主（種類株式発行会社にあっては，ある種類の種類株主）に対して新たに払込みをさせないでその会社の新株予約権の割当て（以下「新株予約権無償割当て」という）をすることができる（277条）。株主からの申込みを必要とせず，自動的に新株予約権を割り当てるものである。会社が種類株式発行会社の場合には，株主の有する株式の種類と異なる種類の株式の交付を受ける新株予約権の無償割当てをすることも可能である。

なお，近時，敵対的買収防衛策として新株予約権の無償交付がなされた事案につき，最高裁決定が出されたが，それについては敵対的買収防衛策に関する問題として前述した（〔373〕）。

(ロ)　**新株予約権無償割当てに関する事項の決定**

会社が新株予約権無償割当てをしようとするときは，その都度，次に掲げる事項を定めなければならない（278条1項）。

①　株主に割り当てる新株予約権の内容および数またはその算定方法（1号）。新株予約権の内容は，236条に列挙されている。

②　新株予約権が新株予約権付社債に付されたものであるときは，その新株予約権付社債についての社債の種類および各社債の金額の合計額またはその算定方法（2号）。

③　新株予約権無償割当てがその効力を生ずる日（3号）。

④　会社が種類株式発行会社である場合には，新株予約権無償割当てを受ける株主の有する株式の種類（4号）。

(ハ)　**新株予約権無償割当ての条件**

(ロ)①および②に掲げる事項についての定めは，株主（自己株式を有する会社は除かれる）（種類株式発行会社にあっては，④の種類の種類株主）の有する株式（種類株式発行会社にあっては，④の種類の株式）の数に応じて①の新株予約権および②の社債を割り当てることを内容とするものでなければならない（278条2項）。このことも基本的には株式無償割当ての場合と同様である（186条2項。〔153〕）。

(ニ)　**決 定 機 関**

(ロ)の新株予約権無償割当てに関する事項の決定は，株主総会（普通決議〔309条1項〕。取締役会設置会社にあっては，取締役会）の決議によらなければならない。ただし，定款に別段の定めがある場合は，この限りでない（278条3項）。このことも基本的には株式無償割当ての場合と同様である（186条3項。〔**154**〕）。

(ホ) 新株予約権無償割当ての効力の発生等

新株予約権の割当てを受けた株主は，効力発生の日に，新株予約権の新株予約権者（新株予約権が新株予約権付社債に付されたものであるときは，新株予約権の新株予約権者および社債の社債権者）となる（279条1項）。

(ヘ) 新株予約権無償割当てに関する割当通知

平成26年改正法によれば，株式会社は，新株予約権無償割当てがその効力を生ずる日（278条1項3号）の後遅滞なく，株主（種類株式発行会社である場合には，その新株予約権の無償割当てを受ける株主の有する株式の種類〔278条1項4号〕の種類株主）およびその登録質権者に対して，その株主が割当てを受けた新株予約権の内容および数（新株予約権がその新株予約権付社債〔278条1項2号〕である場合にあっては，その株主が割当てを受けた社債の種類および各社債の金額の合計額を含む）を通知しなければならないものとされる（279条2項）。もっとも，行使期間の末日が当該通知の日から2週間を経過する日より前に到来するときは，当該行使期間が通知日から2週間を経過する日まで延長されたものとみなされる（279条3項）。ライツ・オファリングによる資金調達を実現する期間を短縮するために行使期間の初日ではなく末日の2週間前までに割当ての通知をするものと改める一方，割当ての内容を株主等に迅速に知らせるための改正である。募集株式の割当ての通知（204条3項。〔**325**〕）と同趣旨の定めといえよう。

Ⅷ　新株予約権の行使等

1　新株予約権行使の手続　〔301〕

(イ) 新株予約権の行使

新株予約権の行使は，①その行使にかかる新株予約権の内容および数ならびに②新株予約権を行使する日を明らかにしてしなければならない（280条1項）。証券発行新株予約権（証券発行新株予約権付社債に付された新株予約権を含む）を行使する場合については，次のような規定がある。

(a) 新株予約権証券または新株予約権付社債券の提出・提示　証券発行新株予約

権または証券発行新株予約権付社債に付された新株予約権を行使しようとするときは，その新株予約権の新株予約権者は，㋑その新株予約権にかかる新株予約権証券を会社に提出し，また，㋺その新株予約権を付した新株予約権付社債にかかる新株予約権付社債券を会社に提示しなければならない（280条2項本文・3項前段）。もっとも，㋑については，会社が新株予約権者からの請求がないために新株予約権証券を交付しなかった場合（256条2項参照）には，その提出を要しない（280条2項但書）。また，㋺については，会社に新株予約権付社債券が提示された場合には，会社は，その新株予約権付社債券に付された新株予約権が消滅した旨を記載しなければならない（280条3項後段）。さらに，証券発行新株予約権付社債に付された新株予約権を行使しようとする場合において，新株予約権の行使により証券発行新株予約権付社債についての社債が消滅するときは，その新株予約権の新株予約権者は，新株予約権を付した新株予約権付社債にかかる新株予約権付社債券を会社に提出しなければならない（280条4項）。また，証券発行新株予約権付社債についての社債の償還後にその証券発行新株予約権付社債に付された新株予約権を行使しようとする場合には，新株予約権の新株予約権者は，新株予約権を付した新株予約権付社債にかかる新株予約権付社債券を会社に提出しなければならない（280条5項）。

(b) **自己新株予約権の行使の禁止**　会社は，自己新株予約権を行使することができない（280条6項）。会社が株式の割当てを受ける権利を取得しえないのと同趣旨である（202条2項。〔320〕。なお，186条2項参照）。

〔392〕 **(ロ) 新株予約権の行使に際しての払込み等給付等**

(a) **金銭出資**　金銭出資の払込みについては，募集株式のそれ（208条1項）と同様の規定が設けられている（281条1項）。

(b) **金銭以外の財産の出資**　金銭以外の財産の出資についても，基本的には募集株式のそれと同様である。もっとも，新株予約権については，その財産の価額が新株予約権の内容として定めた金銭以外の財産の価額（236条1項3号）に足りないときは，金銭出資の払込みの取扱いの場所（281条1項）においてその差額に相当する金銭を払い込まなければならないとする規定が設けられている（281条2項後段）点が異なる。新株予約権の行使価額が算式等により定められていて変動する場合に備えた規定である。

金銭以外の財産の出資についての裁判所の選任する検査役の調査，またその必要がない場合等についても募集株式のそれ（207条。〔330〕−〔332〕）と同様の規定が設けられている（284条，会社則59条）。この場合においてその必要がない場合の要件は，行使された新株予約権1個ごとに明定されることになる。なお，現物出資財産の価額の全部または一部が裁判所の決定により変更された場合につき，新株予約権者の取消権が認められるという手当てがなされている（284条8項）。募集株式の引受人についての取消権（207条8項。〔331〕）と同様のものである。

(c) 新株予約権者からの相殺の禁止　新株予約権者からの相殺の禁止（281条3項）についても規定がある（募集株式の出資の履行に関する208条3項と同様である。〔334〕）。

(d) 株主となる時期　新株予約権を行使した新株予約権者は，その新株予約権を行使した日に，その新株予約権の目的である株式の株主となる（282条1項）。なお，新株予約権者が新株予約権の行使により取得することとなる株式の数は，発行可能株式総数から発行済株式（自己株式を除く）の総数を控除した数を超えてはならない（113条4項）ことはいうまでもない。

(e) 1株に満たない端数の処理　新株予約権を行使した場合において，新株予約権者に交付する株式の数に1株に満たない端数があるときは，会社はその新株予約権者に対し，①当該株式が市場価格のある株式である場合にはその株式1株の市場価格として法務省令で定める方法（会社則58条）により算定される額，②それ以外の場合には1株当たり純資産額にその端数を乗じて得た額に相当する金銭を交付しなければならない（283条本文）。ただし，1株に満たない端数を切り捨てるものとする定めがある場合（236条1項9号）は，切り捨ててよい（283条但書）。

2 責任，発行の差止め，無効　〔393〕

(イ) 責　任

(a) 不公正な払込金額で新株予約権を引き受けた者の責任

募集株式の引受人の責任に関する規定（212条。〔348〕）に相当する規定，すなわち取締役と通じて著しく不公正な払込金額で新株予約権を引き受けたときのその払込金額とその新株予約予約権の公正な価額との差額に相当する金額の責任に関する規定が設けられている（285条1項2号）。

そのほか，募集新株予約権につき金銭の払込みを要しないこととする場合（238条1項2号）において，それをすることが著しく不公正な条件であり，かつ，取締役（指名委員会等設置会社にあっては，取締役または執行役）と通じて新株予約権を引き受けた場合は，その新株予約権の公正な価額を支払う義務を負う（285条1

項1号）とされている。この規定は，特に金銭の払込みを要しない新株予約権の発行については，特に取締役または執行役と通じてその不公正な条件である新株予約権を引き受けたという疑いが持たれることから，特に注意を喚起する意味で設けられたものであり，その場合には，公正な価額の全額について支払義務を負うことになる。しかし，基本的な考え方は，取締役と通じて著しく不公正な払込金額で新株引受権を引き受けたときのその払込金額とその公正な価額との差額支払義務（285条1項2号）と異なるものではない。

(b) 出資された財産の価額が不足する場合の新株予約権者，取締役等の責任

募集株式の発行等の場合（〔349〕－〔351〕）と同じく，募集新株予約権の募集の場合の給付された現物出資財産等の価額が著しく不足する場合の新株予約権を行使した新株予約権者（285条1項3号）および取締役，証明者等（286条，会社則60条－62条）の責任について規定されている。また，この場合に，現物を給付した新株予約権者について価額が著しく不足することにつき善意で重過失がないときは新株予約権の行使にかかる意思表示を取り消すことができるものとされる（285条2項）。募集株式の発行等の場合（212条2項。〔349〕）と同趣旨である。

(c) 仮装の払込みの場合の責任　払込みを仮装した場合の払込金額の支払責任につき，会社設立および募集株式の発行の場合と同様の規律がある（286条の2・286条の3。〔93の2〕〔351の2〕）。

(ロ) 発行の差止め

募集新株予約権の発行が法令または定款に違反する場合またはその発行が著しく不公正な場合には，株主は会社に対して，新株予約権の発行をやめることを請求できる（247条）。募集株式の発行の差止めの規定と同趣旨である（〔337〕－〔339〕）。

(ハ) 新株予約権の発行の無効

新株予約権の発行についても，その無効の訴えについて規定されており，その無効は訴えをもってのみ主張しうること（828条1項柱書），訴え提起期間（828条1項4号），提起権者（828条2項4号）等のその訴えの提起についての可及的制限，請求認容判決の対世効（838条），その判決の遡及効阻止（842条）等が認められている。募集株式の無効の訴えの規定と同趣旨である（〔340〕－〔348〕）。

IX　新株予約権にかかる証券

1　新株予約権証券の発行　〔394〕

会社は，証券発行新株予約権を発行した日以後遅滞なく，その新株予約権にかかる新株予約権証券を発行しなければならない（288条1項）。このことは，株券発行会社かどうかにかかわらない。もっとも，新株予約権者からの請求がある時までは，この新株予約権証券を発行しないことができる（同2項）。ここで証券発行新株予約権とは，新株予約権の内容として，新株予約権証券を発行する旨（236条1項10号。〔365〕(j)。249条3号ニ参照。新株予約権付社債に付されたものは除かれ〔同括弧書〕，それについては，676条6号。〔395〕〔731〕(c)）が定められたものをいう。

新株予約権証券の記載事項および代表取締役または代表執行役の署名または記名押印について規定がある（289条）。

また，新株予約権の内容として，記名式新株予約権証券と無記名式新株予約権証券との相互転換の請求につき，その全部または一部をすることができないと定めがなされている場合（236条1項11号。〔365〕(k)）を除き，証券新株予約権の新株予約権者は，いつでも記名式のものとを無記名式とし，または無記名式のものを記名式とすることを請求することができる（290条）。無記名新株予約証券については，新株予約権原簿記載事項の会社による記載および新株予約権者の記載の請求の規定が適用されず（259条3項・260条3項），新株予約権の譲渡の新株予約権原簿の記載が会社その他の第三者に対する対抗要件とする規定も適用されない（257条3項）。記名式の新株予約権証券については，新株予約権原簿記載事項の新株予約権原簿への記載は，第三者に対する対抗要件ではなく，会社に対する対抗要件とされる（257条2項）。第三者に対する対抗要件は証券の占有となる（なお，〔376〕〔380〕参照）。

無記名証券が発行された取得条項付新株予約権につき無記名証券の提出がない場合の取扱いにつき前述した（197条1項1号・294条2項。〔387〕）。

新株予約権証券の喪失の場合において，公示催告手続により無効とすることができ（291条1項），また除権決定を得た後でなければ再発行を請求できない（291条2項）。

2　新株予約権付社債券　〔395〕

新株予約権付社債券は，新株予約権と社債の双方を表章する有価証券である。それについては，社債券の記載事項（697条1項）と新株予約権の記載事項の双方を記載しなければならない（292条1項）。また，証券発行新株予約権付社債についての社債の償還をする場合において，その証券発行新株予約権付社債に付された新株予約権が消滅していないときは，会社は，その証券発行新株予約権付社債にかかる新株予約権付社債券と引換えに社債の償還をすることを請求することができない（292条2項前段）。この場合には，会社は，社債の償還をするのと引換えに，新株予約権付社債券の提示を求め，新株予約権付社債券に社債の償還をした旨を記載することができる（292条2項後段）。

記名式新株予約権付社債券については，その新株予約権についての会社に対する対抗要件は新株予約権原簿の記載であり（257条2項。〔380〕(ロ)），社債についてのそれは社債原簿への記載である（688条2項）。

3 新株予約権証券等の提出およびその提出をすることができない場合

取得条項付新株予約権の取得，組織変更等の場合の新株予約権証券（新株予約権付社債券を含む）の提出に関する公告等につき，株券の提出に関する公告等に関する規定（219条）に相当する規定が設けられ（293条），かつ，無記名式の新株予約権証券等の提出がされない場合についても規定がある（294条。〔387〕）。

X 振替新株予約権についての特例

〔396〕

1 振替新株予約権の意義，権利の帰属，新株予約権証券の不発行等

振替新株予約権とは，新株予約権の発行の決定（238条）において，その決定に基づき発行する新株予約権の全部について社債株式振替法の規定の適用を受けることとする旨を定めた新株予約権であって，振替機関が取り扱うものをいう（社債株式振替163条参照）。もっとも，その目的である株式が振替株式であるものに限られ，またその譲渡につき会社の承認を要するものとする定め（236条1項6号）があるものおよび新株予約権付社債に付されたものは除かれる（社債株式振替163条括弧書）。また，株券不発行会社になる前にすでに発行されている新株予約権証券の効力は否定されない。

振替新株予約権についての権利の帰属は振替口座簿の記載（社債株式振替165条−173条）によって定まる（社債株式振替163条）。この点は，新株予約権の場合に取得者の氏名等の新株予約権原簿の記載または記録が権利の帰属の会社その他の

第三者に対する対抗要件とされている（〔380〕）のと異なるところである（社債株式振替190条により会社法257条1項の適用が除外されている）。その数については会社法238条1項1号による。

新株予約権証券の発行（288条1項）は，振替新株予約権について禁止されている（社債株式振替164条1項）。振替新株予約権の譲渡等は，新株予約権証券の交付（255条）によらず，振替によってなされる（社債株式振替174条等）。

2　会社法の特例

〔397〕

新株予約権買取請求（118条1項・777条1項・787条1項および808条1項）があった場合の発行者がしなければならない措置（社債株式振替183条），新株予約権の発行に関する特例（同184条），取得条項付新株予約権に関する特例（同185条），総新株予約権者通知（同186条），新株予約権の消却に関する特例（同187条），新株予約権の行使に関する特例（同188条）および合併等に関する特例（同189条）ならびに会社法の適用排除（同190条）について規定がある。

3　振替口座簿・振替の効果等

〔398〕

振替口座簿について，その記載事項（社債株式振替165条。社振政令42条），振替新株予約権の発行時の新規記載手続（社債株式振替166条。社振政令43条。社振命令27条），発行者が新株予約権者等の口座を知ることができない場合の手続（社債株式振替167条。社振命令28条－31条），振替手続（社債株式振替168条），特別口座に記載された振替新株予約権についての振替手続等に関する特例（社債株式振替169条。社振命令32条－34条），特別口座の移管（社債株式振替169条の2），抹消手続（社債株式振替170条），全部抹消手続（同171条），振替新株予約権の行使期間の満了後における記載手続（同172条）および記載の変更手続（同173条）について規定が設けられている。また，振替の効果等として，振替株式のそれに相当する規定が設けられており（社債株式振替174条－182条。社振政令44条－49条），振替新株予約権の譲渡は，振替によりその口座において減少の記載がなされる加入者のその直近上位機関に対する申請（社債株式振替168条2項）による振替によってなされる（同174条）。

4　振替新株予約権の内容の公示

〔399〕

振替新株予約権の発行時の新規記載（社債株式振替166条1項）の通知があった場合にその新株予約権の総数等（同166条1項9号）の事項につき，発行者の費用負担により振替機関から公示がなされる（同191条。株式に関する前述と同趣旨である（同162条。なお同277条参照。〔279〕）。

第6節　会社の機関

I　機関の意義および種類ならびにその相互の関係

平成26年改正会社法は，会社の機関につき，監査等委員会設置会制度および多重代表訴訟制度の創設，社外取締役および社外監査役の要件の変更その他の規定をあらたに設けている。以下には，これらの改正を取り込みながら，会社の機関について取り扱いたい。

〔400〕　**1　意義および種類**

会社は，法人として，それ自体の意思決定をし，かつ行為をするが，具体的にそれらをするのは，特定の自然人または特定の自然人によって構成される会議体である。この会社の意思決定または行為をする者として法によって定められている自然人または会議体を会社の機関という。株式会社には，大規模会社から小規模会社までいろいろな会社が含まれているから，その機関について複雑な規制がなされている。

会社法では，形式的には，有限会社制度が廃止された（既存の有限会社はそのまま株式会社として存続が認められる〔整備法2条1項〕が，定款変更や登記申請等の手続を要せず，その商号中に有限会社という文字を用いて〔同3条1項〕，特例有限会社と呼ばれる〔同3条2項〕。〔13〕）が，実質的には，その機関構成が株式会社の機関構成の中に取り入れられて，株式会社のそれに一本化された。そのため，株式会社の機関構成がきわめて自由化され，選択肢の多いものになって，抜本的改正がなされたように見受けられることは否定できない。

このように，会社法が旧会社法を抜本的に改正したように見受けられるのは，基本的には，会社法がそれまでの有限会社法典を廃止して，有限会社法の規定の内容を会社法のもとでの株式会社の規定に取り込んだからであると考える。そして，廃止された有限会社法においては，取締役と社員総会のみは必置の機関とされたが，取締役会制度は設けられておらず，監査役は置いても置かなくてもよい機関，すなわち任意機関であったというように，機関構成の選択肢が広く認められていた。会社法においては，株式会社の必置機関としては，株主総会のほかに，1人または2人以上の取締役を置かなければならないと規定し（326条1項），機関構成は，最小限はそれだけで足りるように読めるが，それは，上述したように，廃止された有限会社法に基づく有限会社を株式会社として取り込んだからに他ならない。

しかし，旧商法特例法上の大会社に相当するもの（2条6号に大会社の定義がなされているが，その内容は，旧商法特例法上の大会社の定義と実質的に同じである）についてみると，大会社で，公開会社（その発行する全部または一部の株式の内容として譲渡制限の定めを設けていないもの〔2条5号。改正前の株式譲渡制限のない会社がそれに含まれる〕）であるものにおいては，取締役会を置かなければならない（327条1項）ことはもちろん，監査役会（監査等委員会設置会社および指名委員会等設置会社は除かれる）も会計監査人も置かなければならず（328条1項），これらの点は旧会社法と同様であって，会社法によって自由化されているわけではない。ただ，たとえば，親会社が大会社で公開会社であっても，その子会社が株式会社でありながら大会社でも公開会社でもない場合には，その子会社については機関構成の自由化が認められることになる。さらにいえば，小規模会社でも大規模会社と同様の機関設計を採用することができるようになっている。

会社法のもとで，会社の機関としてあげられるものは，株主総会および種類株主総会（第2編第4章第1節）のほか，取締役，取締役会，会計参与，監査役，監査役会，会計監査人，監査等委員会または指名委員会等である（326条の見出し参照）。このうち，株式会社の取締役は，旧会社法のもとでは，取締役会の構成員であり，それ自体としては機関としての地位を有しないとされていたが，会社法のもとでは機関として取り扱われている（326条1項）。また，会計参与は取締役と共同して計算書類等を作成する者（374条1項）として会社法であらたに導入された機関である。また，会計監査人は，昭和49年商法改正において導入されたものであるが，旧会社法のもとでは会社の外部にあって会社と契約関係で結ばれているものと解されており，会社の機関として位置づけられたのは会社法によるものである。もっとも，会計監査人は，会社の役員とは別に扱われている（329条・339条等の表現参照）。また，指名委員会等設置会社以外の会社の代表取締役（349条）および業務執行取締役（363条），監査等委員会設置会社の監査等委員会（399条の2）ならびに指名委員会等設置会社の代表執行役（420条），執行役（418条）および各種委員会（404条）も会社の機関として位置づけられる。なお，取締役，会計参与，監査役または会計監査人について，会社または第三者に対する損害賠償責任との関係で「役員等」という表現が用いられている（423条1項括弧書〔487〕。425条〔488〕。429条1項〔503〕。847条〔491〕等）。

〔401〕

2　必置機関とされるもの

(イ)　すべての会社にとっての必置機関とされるもの――株主総会と取締役

これらの機関のうち，どの種類の株式会社にとっても必要の機関は株主総会（295条3項・296条1項）および1人または2人以上の（取締役会設置会社では3人以上。331条5項）取締役（326条1項）である。平成17年廃止前の有限会社では，社員総会と取締役が必置機関で，監査役は任意機関であり，置かなくてもよかったが，そのような種類の会社も株式会社として認められることになる。なお，平成17年改正前の株式会社では監査役のみならず取締役会も必置機関であった。

〔402〕

(ロ)　それ以外の機関の場合

それ以外の機関については，会社の種類によって必置機関とされているものがあり，またある機関を置いた会社においては，他の機関が必置機関とされるものがある。

(a)　取締役会が必置機関とされる場合　公開会社（〔400〕），監査役会設置会社，監査等委員会設置会社および指名委員会等設置会社では，取締役会が必置機関とされる（327条1項）。監査役会設置会社とは監査役会を置く会社または会社法の規定により監査役会を置かなければならない会社である（2条10号）。監査等委員会設置会社とは，監査等委員会を置く会社である（2条11号の2）。指名委員会等設置会社とは，指名委員会，監査委員会および報酬委員会（以下「指名委員会等」という）を置く会社である（2条12号）。監査役会を置くかどうかは，大会社であっても公開会社でないものは任意であるが（328条1項），任意に監査役会を置くことを選択した会社にとっては取締役会が必置機関とされることになる（327条1項2号）。監査等委員会設置会社とするかどうかおよび指名委員会等設置会社になるかも，すべての会社にとって選択に委ねられているが，これらを選択した会社にとっては取締役会が必置機関となる（327条1項3号4号）。

(b)　監査役が必置機関とされる場合　取締役会設置会社および会計監査人設置会社において原則として監査役が必置機関とされる（327条2項本文・3項）。監査等委員会設置会社および指名委員会等設置会社の場合は監査役が置かれない（327条4項）から，それが除かれるのはいうまでもない。また，取締役会設置会社でも，公開会社でない会社で会計参与を設置しているものは，監査役を置かないでもよい（327条2項但書）。会計参与で監査役の役割を代替させる趣旨である。会計監査人と監査役とは，会計監査業務の面で密接に関係するので，会計監査人設置会社では，監査役が必置機関とされるが（327条3項），監査役が監査役会を構成するかどうかはその会社の任意である。

(c) **監査役会が必置機関とされる場合**　大会社（資本金5億円以上または負債の合計額200億円以上の会社。詳細は2条6号）では，公開会社でないもの，監査等委員会設置会社および指名委員会等設置会社を除き，監査役会が必置機関とされる（328条1項）。監査役会設置会社では，監査役は3人以上で，そのうち半数以上は社外監査役でなければならない（335条3項）。

(d) **会計監査人が必置機関とされる場合**　監査等委員会設置会社，指名委員会等設置会社および大会社（公開会社でないものを含む）は，会計監査人が必置機関とされる（327条5項・328条）。公開会社でない大会社では，このように会計監査人を置かなければならず，さらに監査役（監査役会である必要はない。328条1項）を置かなければならない（327条3項）。結局，監査等委員会設置会社および指名委員会等設置会社以外の公開会社で大会社では，取締役会，監査役会および会計監査人が必置機関となる。

3　指名委員会等設置会社以外の会社の代表取締役の地位，業務執行権　〔403〕

指名委員会等設置会社以外の会社では，取締役が会社を代表するが（349条1項本文），他に会社を代表する取締役――代表取締役――を定めた場合には，その代表取締役が会社代表権を有する（349条1項但書・3項4項）。また，定款に別段の定めがある場合を除き，取締役が業務を執行するが（348条），取締役会設置会社の場合には，代表取締役（363条1項1号）のほか，取締役会の決議で業務を執行する取締役として選定された者が業務執行権を有する（363条1項2号。〔525〕(b)(i)参照）。

4　指名委員会等設置会社の各種委員会ならびに執行役および代表執行役の地位　〔404〕

指名委員会等設置会社では，監査委員会が執行役および取締役（会計参与のいる会社ではそれを含む。以下，「執行役等」という）の職務の執行を監査し（404条2項1号），指名委員会が総会に提出する取締役の選解任の議案の内容を決定し（404条1項），報酬委員会が執行役等の個人別の報酬等内容を決定する（404条3項）権限を有する会社の機関である。また，執行役は指名委員会等設置会社の必置機関であり（402条1項），業務執行および取締役会の決議によって委任を受けた会社の業務の執行の決定をする権限を有し，取締役会により執行役の中から代表執行役が選定されて，その者が会社を代表する機関である（420条）。

〔405〕 5 機関相互の関係

(イ) 株主総会の権限と取締役会の設置の有無との関係

会社法のもとでは，株主総会の権限は，取締役会設置会社とそれ以外の会社とで区別されている。取締役会設置会社以外の会社の場合には，株主総会は，会社法に規定する事項および株式会社の組織運営，管理その他会社の一切の事項について決議するものとされ（295条1項），株主総会はいわば万能の機関として包括的権限が与えられている。これに対して，取締役会設置会社においては，株主総会の決議事項は，会社法に規定する事項および定款で定められた事項に限定されている（295条2項）。昭和25年改正前は，その権限を限定するような規定がなく，昭和25年の改正により，このように限定された。そして，株主総会の決議事項として法定されている事項は，会社の基本的事項に限定されているということができる。この改正により，株主総会は，それまでは会社の最高の機関であるとともに万能の機関とされていたのに対して，会社の最高の機関ではあるが，万能の機関ではないことになった。その趣旨については後述する（〔411〕）。

〔406〕 (ロ) 取締役会設置会社以外の会社の業務執行の決定権および取締役会設置会社の代表取締役等の業務執行の決定権との関係等

(a) 取締役会設置会社以外の会社の場合　取締役会設置会社以外の会社の場合には，取締役が業務を執行し（348条。定款に別段の定めがある場合は除かれる），そして業務執行の決定権は，取締役が2人以上ある場合には，定款に別段の定めがある場合（たとえば，各取締役に委任するとか，代表取締役として定められた者に付与すると定められた場合）を除き，取締役の過半数をもってすることになる（348条2項）。もっとも，取締役が2人以上ある場合には，取締役は，一定の事項についての決定を各取締役に委任することができないものとされる（348条3項）。この関係については後述する（〔516〕(イ)）。

〔407〕 (b) 取締役会設置会社の場合　取締役会設置会社の場合には，取締役会は，業務執行に関する決定機関である（362条2項1号）と同時に，取締役（指名委員会等設置会社の場合には執行役を含む）の職務執行の監督機関である（同2号）。代表取締役，業務執行取締役または執行役（指名委員会等設置会社の場合）は業務執行機関である（〔525〕(b)(i)参照）。この取締役会の業務執行の決定権限を代表取締役等に対して委任することができるか，できるとしてどの範囲で委任することがで

きるかが問題になる。この問題は，監査等委員会設置会社および指名委員会等設置会社については法律で明確にされているが，それ以外の会社についてはかねてから議論のあったところである。

(i) 監査等委員会設置会社および指名委員会等設置会社以外の会社の場合

取締役会が業務執行に関する意思決定機関であるということは，株主総会の招集，株式・社債の発行，会社財産の処分，営業所の設置，工場の建設等の業務執行に関する決定を取締役会がするということである。この決定された事項を実行するのは業務執行機関である代表取締役ないし業務執行取締役（以下両者を合わせて「業務執行取締役」という）である。取締役会の上記の権限に関連して，取締役会が業務執行機関である業務執行取締役に対して，どの範囲で業務執行に関する意思決定を委ねることができるかが問題となる。一方では，業務執行に関する意思決定権が取締役会にあるといっても，日々の取引等の日常の業務執行についてまですべて取締役会が決定しなければならないというのでは，取締役会が会議体であることからいっても煩雑であり，またそのような事項の決定は業務執行取締役に委ねても弊害がない。しかし，他方で，どんな事項でも業務執行取締役に委ねてもよいと解すると，業務執行取締役の権限が強くなりすぎて，その専横の可能性が生じ，取締役会による業務執行の監督権限が実効性を発揮できなくなるおそれがある。そこで，会社法上，取締役会が決し，または取締役会の決議によるものと定められている事項（株主総会の招集決定〔298条4項〕，代表取締役の決定〔362条2項3号〕，募集株式の募集事項の決定〔201条1項〕等）は，当然に取締役会が決定しなければならないが，それ以外にも一定の事項その他の重要な業務執行については，取締役会が自ら決定しなければならず，これを「取締役」（業務執行取締役と解される）に委ねることができない旨が明文で定められた（362条4項）。しかし，それでもまだ，重要な業務執行とは何かについては解釈の余地が残されている（この点の詳細については，〔516〕(ロ)〔517〕）。なお，平成14年改正商法のもとでは，一定の要件のもとに重要財産委員会制度が設けられ，それが会社法の特別取締役制度（373条）に受け継がれ，それは取締役会が決定すべき事項のうちの一部の決定の委任を受けることができるものとされている（〔518〕）。

(ii) 監査等委員会設置会社の場合　　監査等委員会設置会社においては，取締役会で決定すべき事項が具体的に列挙されており（399条の13第1項1号・2項−5項），それ以外の事項の決定については取締役会決議により取締役に委任することができる旨が明文で規定されている（399条の13第5項）。したがって，この会社においては，取締役に決定を委ねることができる範囲について紛れる余地がない（詳細は，〔616の10〕〔616の11〕）。

(iii) 指名委員会等設置会社の場合　指名委員会等設置会社においては，取締役会で決定すべき事項が具体的に列挙されており（416条1項1号・2項−4項），それ以外の事項の決定については取締役会決議により執行役に委任することができる旨が明文で規定されている（416条4項）。したがって，この会社においても，執行役に決定を委ねることができる範囲について紛れる余地がない（詳細は，〔594〕〔596〕）。

〔408〕 **(ハ) 代表権限と業務執行権限との関係**

取締役会設置会社以外の会社では，原則として，各取締役が業務執行権を有し（348条1項），かつ，各自会社代表権を有するが（349条1項本文・2項），この両機関の関係はどのように考えるべきかが問題になる。取締役会設置会社における代表取締役と業務執行取締役との関係および指名委員会等設置会社における代表執行役と執行役との関係についても同様である。これらの点については，主として取締役会設置会社の代表取締役と業務執行取締役との関係で問題になるので，そこでの叙述に譲る（〔525〕）。

〔409〕 **(ニ) 取締役会の監督権限と監査役，監査等委員会または監査委員会の監査権限との関係，適法性監査と妥当性監査等**

監査役設置会社においては，取締役会が取締役の職務の執行を「監督」し（362条2項2号），監査役が取締役（会計参与設置会社では，取締役および会計参与）の職務の執行を「監査」する（381条1項前段）と規定されている。監査等委員会設置会社においては，監査等委員会が取締役（会計参与設置会社では，取締役および会計参与）の職務の執行を「監査」する（399条の2第3項1号）と規定されている。指名委員会等設置会社においても，取締役会が執行役および取締役の職務の執行を「監督」し（416条1項2号），監査委員会が執行役および取締役（会計参与設置会社では，執行役，取締役および会計参与）の職務の執行を「監査」する（404条2項）と規定されている。ここで，このような取締役会の権限と監査役または監査委員会の権限との関係が問題になる。この点については，たとえば監査役監査が適法性監査に限られるか，妥当性監査に及ぶか等の問題も含めて，監査役設置会社と監査等委員会設置会社および指名委員会等設置会社とを分けて監査役のところで取り扱う（〔548〕）。

なお，取締役会設置会社以外の会社で取締役が2名以上の場合には，その複数の取締役および株主総会が業務執行を監督するものと考えられ（348条3項，会社則98条2項参照），取締役が1人の会社では株主総会がそれを監督すると解することになろう（会社則100条2項参照）。

6 「業務」の執行と「職務」の執行の使い分け，指名委員会等設置会社以外の会社と指名委員会等設置会社との取扱い 〔410〕

(イ) 「業務」の執行と「職務」の執行との使い分けの理由

指名委員会等設置会社以外の会社および指名委員会等設置会社に共通の問題として，条文上，たとえば一方で取締役または取締役会が「業務」執行を決定し（348条1項・362条2項1号），他方で代表取締役等または執行役が「業務」執行機関であるというように（363条1項・418条），「業務」という用語が使われている。他方で取締役会が取締役（指名委員会等設置会社の場合には執行役を含む。以下同じ）の「職務」の執行を監督し，監査役（監査等委員会設置会社では監査等委員会，指名委員会等設置会社では監査委員会）が取締役の「職務」の執行を監査するというように，「職務」という用語が使われている（381条1項・399条の2第3項1号・416条1項2号）。このように，「業務」という用語と「職務」という用語とが使い分けられているのは，次のような理由による。取締役会の構成員である取締役の中には，上述したように，①指名委員会等設置会社以外の会社では業務執行を担当する者もいるが，②それを担当しないで，たんに取締役会における業務執行の決定または取締役の職務の執行を監督する職務を行うにすぎない者——社外取締役がその典型である——も含まれる。指名委員会等設置会社においては，①業務執行を担当するのは執行役のみで，執行役以外の取締役（執行役を兼ねる者は別である）は業務執行をすることができず，②の職務のみを担当することになる（415条）。以上のような点で，業務執行取締役または執行役の業務執行と取締役の職務の執行とは区別されることになる。そして，取締役会における監督または監査役，監査等委員会もしくは監査委員会における監査の対象となるのは，①の取締役または執行役の業務執行のみならず，②の取締役会における職務の執行も含まれる。このように，業務執行者の「業務」と区別する意味で，①の業務執行の監督または監査と②の職務の執行の監督または監査の両方を含むものとして，取締役会の監督または監査役，監査等委員会もしくは監査委員会の監査の対象として，取締役の「職務」の執行という用語を使用しているのである。たとえば，社外取締役の取締役会における職務の執行につき善管注意義務違反があるときは，監査役，監査等委員会または監査委員会による監査の対象となることになる。

(ロ) **指名委員会等設置会社以外の会社と指名委員会等設置会社との本書における取扱い**

以上に述べたこと（〔403〕〔404〕〔406〕(ロ)(b)〔409〕）からも明らかなように，会社の機関については，①指名委員会等設置会社以外の会社の場合と②指名委員会等設置会社の場合とで，相当の差異が存在する。そこで，本書では，株主総会については両者を一緒に取り扱うが，それ以外の会社の機関に関する説明は原則として別々に取り扱うことにした（②指名委員会等設置会社については，〔592〕－〔616〕）。もっとも，取締役会の招集（〔512〕(e)），代表権限と業務執行権限との関係（〔525〕(ロ)(b)(c)）および監査委員会と監査役との権限の範囲についての比較（〔548〕(イ)(b)）その他，①についての説明において，②について触れているところもある。

Ⅱ　株主総会

株主総会には，種類株主総会（2条14号）も含めることもあるが，本書では種類株主総会については，種類株主のところですでに取り扱ったので（〔130〕以下），ここではそれを除いたものについて取り扱う。

〔411〕　**1　意義，権限**

株主によって構成される会議体である。株主は，種類株式の株主かどうかは問わず，その構成員になる（種類株主総会と対比。〔130〕）。もっとも，前述した議決権制限株式（〔117〕）の株主は，その株式の内容によって議決権の行使が制限される。

株主総会においては，取締役会設置会社以外の会社では決議事項に制限がなく，この法律に規定する事項および会社の組織，運営，管理その他会社に関する一切の事項について決議することができ，最高で万能の機関である（295条1項）のに対して，取締役会設置会社では，会社法または定款に定める事項に限って決議をすることができるにすぎず（295条2項），最高の機関ではあるが万能の機関ではない。

取締役会の設置が強制されないのは公開会社以外の会社に限られ（327条参照），その会社では，次に述べるように株主総会の権限を限定した方が合理的であるという事情が存在せず，そこでその権限は包括的なものとされるのである。平成17年廃止前有限会社法における有限会社の社員総会についても，その権限を限定する規定が設けられておらず，これと同様の立場がとられていたと考えられる。

これに対して，取締役会設置会社においては株主総会の権限が縮小されているが（昭和25年改正により縮小された），それは，決して株主の企業所有権を制限したものではなく，会社事業の経営に関する株主の合理的意思を反映させたものということができる。すなわち，公開会社においては，株主は原則として会社事業の経営については知識または経験を有しておらず，したがって業務執行の具体的内容についてもすべて株主総会で決議することができるとすることは，会社事業の合理的経営の観点からみて不適当であるので，株主総会の法定決議事項を基本的事項に限り，それ以外の事項の決定については，会社経営専門家である取締役が構成する取締役会に委ねたのである（〔406〕）。しかし，株主が会社事業の経営に関心がある場合があり，また法定事項ではないが総会の権限とすることを欲する場合があるので，法定事項でなくても，定款で定めることにより総会の権限とすることができるものとしたのである。このような趣旨から，定款で株主総会の権限とすることができる事項については，とくに制約がないと解すべきである。代表取締役の選任を株主総会の決議事項とすることができないと解する見解もあるが，代表取締役の選任を株主総会の決議事項としても，取締役会が代表取締役の業務執行の監督の権限を失うわけではないから，そのように解する必要はない。

その法定事項としては，会社の基礎ないし株主の利害に重要な影響のある事項，取締役・監査役の選任・解任ないし取締役の専横の危険のある事項および計算に関する事項に分けることができる。会社法または定款に定める事項以外の事項について決議がなされた場合には，決議の内容が法令に違反するものとして決議無効事由になる（830条2項。〔452〕）と解される。

招集の時期については後述する（〔414〕）。

会社法により株主総会の決議を要すると規定されている事項については，それを他の機関に決定を委託することができず，そのような決定することができるとすることを内容とする定款の定めは効力を有しない（295条3項）。当然のことを明確化するための規定である。

2 招　　集 〔412〕

株主総会は，招集権者による招集によって開催される。もっとも，株主全員が総会開催に同意をして出席したときは（代理人による出席も含む），招集手続がとられなくても，有効な株主総会が成立する（同旨，最判昭和60・12・20民集39巻8号1869頁。これを「全員出席総会」と呼んでいる）。また，株主総会は，その総会において株主の全員の同意があるときは，招集手続を経ないで開催することができるものとされている（300条本文）。この同意をした株主が総会に出席したかどうかを問わない点で，全員出席総会よりもその手続が簡略化されている。利害関係人に不利益を与えない限り，できるだけ株主の自治を認めようとするものである。もっとも，株主総会に出席しない株主が，書面または電磁的方法によって議決権を行使することができる旨（298条1項3号4号）を定めたときは，その方法により議決権を行使させなければならず，招集手続を省略することができない（300条但書）。

(イ) 招集権者

会社法は，株主総会の招集権者は，原則として取締役であり（296条3項），かつ，総会招集の決定権限を有する（298条1項）と規定している。これらの規定は，改正前有限会社法の規定（廃止前有35条・36条ノ2）に準じたものである。ところで，株主総会の招集の決定は，会社にとって重要な業務執行の決定であり，その招集は業務執行であり，かつ会社代表である側面を有する。そして，取締役会設置会社では，取締役会がその業務の決定をし（298条4項・362条2項1号），かつ，代表取締役（349条）または代表執行役（420条）が会社を代表する。そうだとすると，取締役会設置会社では，株主総会の招集権者は代表取締役または代表執行役であり，その招集の決定権は取締役会にあると解すべきである。そのほか，一定の条件のもとに，少数株主が招集権者とされる。

(a) 代表取締役または代表執行役による招集

(i) 取締役または取締役会の決議による場合——定めるべき事項等　代表取締役または代表執行役は，原則として，取締役会（清算中は清算人会。取締役会設置会社以外の会社では取締役〔298条1項2項〕。以下，取締役会設置会社について述べる）による総会招集の決定（298条1項4項）に基づいて，総会を招集する。すなわち，総会招集の決定は取締役会によってなされ（298条4項。指名委員会等設置会社の場合にもこの決定を執行役に委任することはできない。416条4項4号），代表取締役または代表執行役はその決定の執行として総会を招集することになると解される。取締役会は，①株主総会の日時および場所，②株主総会の目的である事項があるときは，その事項，③株主総会に出席しない株主が書面によって議決権を行使することができることとするときは，その旨，④株主総会に出席しない株主が電磁的方法によって議決権を行使することができることとするときは，その旨，⑤そのほか，法務省令で定める事項（会社則63条）を決定する（298条1項4項。指名委員会等設置会社の場合にもこの決定を執行役に委任することができない〔416条4項但書〕。なお，監査等委員会設置会社および指名委員会等設置会社以外の大会社の監査役の選任・解任および会計監査人の選任・解任等の議案の提出については監査役会の同意を要し〔343条3項。監査役会設置会社以外の会社では監査役の同意。343条1項〕，監査等委員会設置会社においては監査等委員会が，指名委員会等設置会社においては監査委員会が会計監査人の選解任等の議案を決定する〔399条の2第3項2号・404条2項2号〕）。③については，取締役は，株主（株主総会の目的である事項があるときはその事項〔298条1項2号・3項〕の全部につき議決権を行使することができない株主を除く）の数が1000人以上である場合には定めなければならないが，その会社が金融商品取引法2条16項に規定する金融商品取引所に上場されている株式を発行している株式会社であって法務省令で定めるものである場合（株主総会の通知に際して委任状用紙を交付することにより議決権の行使を第三者に代理させることを勧誘している場合のその会社をいう。会社則64条）は，この限りでない（298条2項）。⑤の法務省令で定める事項としては，㋑株主総会が定時株主総会である場合において，ⓐ総会の日が前事業年度の定時株主総会の日に応当する日と著しく離れた日であること，ⓑ会社が公開会社である場合において，その総会の日と同一の日において定時株主総会を開催する他の公開会社が著しく多いことのいずれかに該当するときは，その日時を決定した理由（ⓑに該当する場合にあっては，その日時を決定したことにつき特に理由がある場合における理由に限る），㋺株主総会の場所が過去に開催した株主総会のいずれの場所とも著しく離れた場所であるとき（ⓐその場所が定款で定められたものである場合およびⓑその場所で開催することについて株主総会に出席しない株主全員の同意がある場合を除く）は，その場所を決定した理由，などが掲げられている（会社則63条1号－7号）。これらの場合でも，⑤の事項の決定が違法となるわけではなく，そのような決定の理由等を招集通知に記載させて（299条4項。〔416〕(b)①㋑②㋑），株主の判断を仰ぐという趣旨である。

取締役会の決議を経ずに代表取締役または代表執行役が招集した総会で決議がなされた場合には，招集手続の法令違反として，決議取消事由になる（831条1号。〔449〕(i)）。代表取締役または代表執行役以外の者が招集した総会は，法的に有効な株主総会とは評価されず，決議不存在事由になる（830条1項。〔451〕）と解される。

(ii) 裁判所の命令による場合　　株主総会は，裁判所の代表取締役または代表執行役に対する招集命令に基づいて招集されることがある。すなわち，裁判所は，総会検査役（306条1項。〔421〕）または業務執行に関する検査役（358条。〔485〕）の調査の結果の報告があった場合（306条5項）において，必要があると認めるときは，取締役に総会を招集させることができる（307条1項1号・359条）。この場合には，取締役としては取締役会の決議の有無にかかわりなく，裁判所の命令に従って総会を招集しなければならない。取締役が裁判所の命令に違反して総会を招集しなかったときは，過料の制裁がある（976条18号）。もっとも，この場合に具体的に招集手続をとるのは代表取締役または代表執行役と解される（前述(i)参照）。

〔413〕 (b) 少数株主による招集

(i) 趣旨，内容　会社法は，株主総会の招集を少数株主権の1つとして認めている（297条。公開会社とそうでない会社とでその要件が異なる。(ii)参照）。少数株主権とされたのは，権利の濫用を阻止するためである。この権利は，取締役解任決議等を議題とする臨時株主総会の招集のために行使されるのが通常であるが，計算書類の確定等を議題とする定時株主総会の招集のために行使されることも考えられないではない（定時株主総会の意義については〔414〕）。もっとも，計算書類自体は業務執行をする取締役（指名委員会等設置会社においては取締役会の指定した執行役）が作成しなければならない（435条）ことはいうまでもない。

(ii) 少数株主による招集の要件　株主による株主総会の招集は，公開会社の場合には6か月前（これを下回る期間を定款で定めた場合にはその期間。以下同じ）から引き続き総株主の議決権の100分の3（これを下回る割合を定款で定めた場合にはその割合。以下同じ）以上を有する株主によって，株主総会の目的である事項（その株主が議決権を行使しうる事項に限る）および招集の理由を示してなされる（297条1項）。公開会社でない会社では，6か月前から引き続き株式を保有しているという要件は要求されず，たんに総株主の議決権の100分の3を保有していればよい（297条2項）。この要件は，複数の株主の有する議決権を合わせることによって満たされてもよい。自己株式および相互保有株式その他総会の目的である事項について議決権を行使することがきない株主の有する議決権は，この総株主の議決権の数に算入しない（297条3項）。また，議決権制限株式については，定款で，この規定の適用について議決権を有しないものと定めることができる。

また公開会社の場合の6か月の議決権保有期間は請求時から遡って算定される。そこで，この100分の3の議決権比率要件はこの6か月のうちのどの時点の総株主の議決権に対するものかが問題となり，①この請求時から遡って6か月間のいかなる時期においても，その時々における総株主の議決権の100分の3以上を保有していなければならない（7月1日に請求するとすると，1月1日から7月1日までのいかなる時点でも，この要件を満たさなければならない）というのが通説であるが，②請求時における総株主の議決権の100分の3にあたる数の株式を請求時から遡って6か月間保有していればよい（7月1日に請求するとすると，その日現在の議決権総数の100分の3以上を1月1日以降保有していればよい）と解する見解もある。いずれの見解が総会招集を請求する株主にとって，この要件を満たしやすいかが問題である。その期間中に総株主の議決権総数が減少することを想定すれば，②説のほうが株主に有利である。しかし，その期間中に募集株式の発行により発行済株式総数が増加することにより議決権総数が増加すること（その可能性のほうが実際には大きい）を想定すれば，その増加前の議決権総数のちょうど100分の3に相当する数の株式を保有している株主にとってみれば，①説によれば，募集株式の発行の効力発生前にその効力発生後の総株主の議決権の100分の3に相当する数まで株式を買い増すことによって要件を満たすことができるのに対して，②説によれば，それでは要件を満たさないことになる。そうだとすると，①その期間中のその時々における総株主の議決権の100分の3を保有しているか，②請求時の総株主の議決権の100分の3にあたる数の株式を請求時から遡って6か月間保有しているか，いずれかの要件を満たしていればよいと解するのが妥当である。このように解するとして，さらに，その数の議決権をいつまで保有していなければならないかが問題になり，当該総会終結時まで保有することを要するという見解と招集を許可する裁判が確定した時点まででよいとする見解もあるが，後者の見解が妥当と考える。いったん裁判所の許可を得て適法になされた招集がその後の事情で効力が否定されるというのでは，その招集によって総会に出席した株主の期待を損なうからである（この考え方は，株主提案権行使につき，基準日までの保有で足りるとする考え方と軌を一にするものである。〔418〕）。

(iii) 総会招集の手続　上記のような議決権要件を満たした株主が当然に総会を招集できるわけではなく，そのためには，次のような前提が必要である。①まず，この株主は，会議の目的である事項および招集の理由を示して請求しなければならないことは前述したが，この請求は取締役に対してなされる（297条1項）。②㋑その請求があった後遅滞なく総会招集の手続が行われない場合（297条4項1号）または㋺総会の会日が請求のあった後8週間内（これに下回る期間を定款で定めた場合にはその期間）の日とする総会の招集の通知が発せられない場合（297条4項2号）に，③裁判所の許可を得て，請求をした株主は，自ら総会を招集することができる（297条4項）。

総会の招集に関する事項の決定は請求した株主によりなされるが（298条1項柱書括弧書），招集通知（299条）等は，会社側が招集する場合と同様である。招集，総会開催等の費用は，合理的な範囲で会社に求償できると解される（民702条）。

〔414〕 **(ロ) 招集の時期――定時株主総会と臨時株主総会**

株主総会は，定時株主総会と臨時株主総会とに分けられる。

定時株主総会は，毎事業年度終了後一定の時期に開催されるものであって（296条1項），貸借対照表および損益計算書の確定，計算書類の承認，事業報告の内容の報告を受けること，剰余金配当の決議等が目的とされるが（438条参照），それと合わせて他の事項（取締役・監査役の選任，定款変更等）を議題としてもよい。会社法は，定時株主総会につき，事業年度の終了後一定の時期に招集することを要する（296条1項）旨を定めるが，このことは，定時株主総会は，事業年度の期間が1年以内であることを前提として，毎事業年度ごとに招集することを要することを意味する。これに違反して株主総会を招集しない場合には，過料の制裁がある（976条18号）。定時株主総会の招集は，決算期の後，決算をして計算書類を作成して，その監査をするのに要する期間経過後になるが，株主名簿の基準日と権利行使日との間の期間が3か月以内という制限があること（124条2項）から，決算期を基準日とした会社では決算期後3か月以内になされる（逆にいうと，これらの期間を3か月以内と定めたのは，決算，監査および総会招集に要する期間として必要な期間に合わせたものである。〔286〕）。「一定の時期」に招集されるとは，この期間に招集されることを意味する。現在大部分の会社では，1年1回，3月31日を決算期としており，定時株主総会は6月末に開催される。

臨時株主総会は，必要に応じて随時開催される（296条2項）。合併，株式交換・移転，会社分割等の承認を目的として開催される例が多い。

臨時株主総会と定時株主総会との区別については，招集時期によるという説（「招集時期説」）と，招集の時期にかかわらず，計算書類の確定・承認（場合によっては，それらの内容等の報告。439条）等が議題となっているかどうか（「議題内容説」といわれている。それらが議題になっていれば，一定の時期以外の時期に開催されても定時総会となる）によるという説とに分かれている。招集時期説によれば，一定の時期以外に開催されたものは臨時株主総会になるが，そこでも計算書類の確定・承認等を議題とすることができると解しているから，この見解の対立の実益はほとんどないが，一定の時期に総会を招集しても，その総会で計算書類の確定・承認等を議題としなかった場合には，定時株主総会を招集しなかったとして過料の制裁（976条18号）が科せられるべきであるから，議題内容説が妥当と考える（定時株主総会と取締役の任期との関係については，〔467〕）。もっとも，会社法では，臨時計算書類制度が新設され，最終事業年度の直後の事業年度に属する一定の日（臨時決算日。最終事業年度の終わりが平成28年3月31日とすると，その直後の事業年度すなわち平成28年4月1日から平成29年3月31日までの一定の日，たとえば6月30日）に臨時計算書類を株主総会の承認により確定してそれを剰余金に加算することが認められるので，定時株主総会と臨時株主総会との実質的差異はほとんど消滅したといってよいであろう。しかし，定時株主総会では計算書類の承認または報告が必ず会議の目的とされることに臨時株主総会との差異が残っているということになろう。

招集通知に記載された会場および日時で開催することが不可能になった等の事由（予約していた会場の使用を断られた等の事由）があった場合には，会社が株主の出席の機会を失わないような合理的手段を講ずれば，その変更も許される（決議の効力が否定されない）と解すべきである。

なお，定時株主総会の招集の日時につき，それが㋑前年度の定時株主総会の応答日と著しく離れたものである場合または㋺他の会社との集中日を選んだ場合には，その理由（298条1項5号，会社則63条1号）を定めなければならない。もっとも，㋺についてはその日時を決定することにつき特に理由がある場合におけるその理由に限られる（会社則63条1号括弧書）。これらは取締役会設置会社等の会社の場合には招集通知に記載される（〔416〕(b)①㋑②㋑）。

(ハ) 招集地 〔415〕

招集地は，定款に別段の定めがある場合を除いて，本店の所在地またはこれに隣接する地で招集しなければならないという平成17年改正前の制約は会社法で廃止された。もっとも，総会の場所が過去に開催した総会のいずれとも著しく離れた場所である場合（定款で定めたとき，出席しない株主全員の同意があるときは除かれる）にその場所を決定した理由を定めなければならない（298条1項5号，会社則63条2号）。取締役会設置会社等の場合は招集通知に記載される（〔416〕(b)①㋑②㋑）。

(ニ) 招集通知 〔416〕

(a) 招集通知の時期　総会を招集するには，公開会社の場合には，各株主（議決権のない株主を除く。議決権のない株主の意味については，〔436〕以下）に対して株主総会の日から2週間前までに招集通知を発することを要する（299条1項）。

また，その通知は欠席株主が書面または電磁的方法により議決権を行使しうる旨を定めた場合を除き，公開会社でない会社では，1週間前まででよく，さらに取締役会設置会社以外の会社で定款でそれを下回る期間を定めた場合にはその期間前まででよい（299条1項括弧書）。定款自治の範囲をできるだけ広く認めようとするあらわれの1つである。定款でこの定めをすることは，公開会社でない会社にのみ認められるものであって，それ以外の株式会社については認められない。公開会社では，むしろ招集通知は株主総会の日の3週間前に発送する取扱いが進んでいるといわれている。招集通知を欠いた場合等には過料の制裁がある（976条2号）。株主に総会出席の機会を与えるためであることはいうまでもない。この招集通知を一部株主に欠いた場合，招集通知期間が不足した場合等は，招集手続の法令違反として決議取消事由（831条1項1号）になるが，ほとんどの株主に招集通知を欠いた場合には決議不存在事由（830条1項）になると解されている。

(b) 招集通知の内容・方法，株主総会参考書類・議決権行使書面　招集通知の内容については，①㋑取締役会設置会社の場合（299条2項2号）および㋺そうでない会社の場合とで，また②㋑出席しない株主が書面または電磁的方法によって議決権を行使しうる旨を定めた場合（299条2項1号・298条1項3号4号）と㋺それ以外の場合とで差異が設けられている。

①㋑および②㋑の場合には，招集通知の方法については，招集通知は書面でしなければならないが（299条2項），書面の発出に代えて，政令で定めるところにより，株主の承諾を得て，電磁的方法により通知を発することができ，それにより書面による通知を発したものとみなされる（299条3項，会社令2条1項2号，会社則230条）。また，招集通知の内容については，株主総会の日時および場所，株主総会の目的である事項があるときはその事項等，総会の招集事項（298条1項に列挙されている事項）を記載し，または記録しなければならない（299条4項）。その中には，法務省令で定める事項――定時総会の日，場所等に関する事項（〔412〕(i)⑤）――も含まれる。なお，取締役会設置会社においては，株主総会は，会議の目的として定めた事項以外の事項については，決議をすることができない（309条5項本文。〔411〕）。ただし，業務財産状況の調査をする者の選任または会計監査人の出席を求めること（398条2項）については，この限りでない（309条5項但書）。会議の目的である事項には，決議事項のみならず，報告事項も含まれることはいうまでもない。株主は，総会に出席するかどうかの自由を有し，その議題によって出席するかどうかを判断し，あるいは出席のための準備をすること

になる。したがって，招集通知に会議の目的である事項の記載または記録がない場合または会議の目的として記載または記録されていない事項について決議がなされた場合には，招集手続の法令違反として決議取消事由になる（831条1項1号）。

また前述したように，株主総会の招集の決定事項として，総会に出席しない株主が書面によって行使することができることとした場合（前述②㋑。298条1項3号）には，株主総会の招集通知（299条1項）に際して，法務省令で定めるところにより，株主に対し，議決権の行使について参考となるべき事項を記載した書類（「株主総会参考書類」という）および株主が議決権を行使するための書面（「議決権行使書面」という）を交付しなければならない（301条1項）。株主総会参考書類につき，役員の選任，役員の解任等，役員の報酬等，計算関係書類の承認，合併契約等の承認および株主提案に分かれて，その記載事項が規定されている（会社則65条・73条－94条）。平成21年会社法施行規則の改正により，株主総会参考書類に記載すべきものとしては，取締役が提出する議案の一般的な事項として「提案の理由」が追加された（会社則73条1項2号）。同改正前は，取締役が提出する議案の一部については，その提案する理由が記載事項として定められていた（たとえば吸収合併を行う理由など。会社則86条1号）が，そのような記載事項が定められていない議案も含まれていた（同74条－85条等）。しかし，株主総会参考書類は，株主総会に出席しない株主であっても，その記載に基づいて議案につき賛否の判断をすることができるようにするためのものであり，取締役の提出するすべての議案について，その理由を記載事項としたものである。実務上もこの記載をするのが一般的であり，このような作成実務を参考にして，この追加がなされたといわれている。株主が提出する議案の場合にはその提案理由が記載事項とならない旨も規定されている（同73条1項2号括弧書）。

さらに，議決権行使書面に関し，賛否の記載，賛否の記載のない場合の取扱い，株主の氏名等，その他の記載事項につき規定されている（会社則66条）。取締役は，電磁的方法による招集通知の発出の承諾をした株主に対し電磁的方法による通知を発するとき（前述②㋑）は，上記の株主総会参考書類および議決権行使書面の交付に代えて，これらの書類に記載すべき事項を電磁的方法により提供することができる（301条2項本文）。ただし，株主の請求があったときは，これらの書類を当該株主に交付しなければならない（301条2項但書）。

さらにまた，株主総会の招集の決定事項として株主総会に出席しない株主が電磁的方法によって議決権を行使することができることとした場合（298条1項4号）には，招集通知をする際に法務省令で定めるところにより，株主に対し，株主総会参考書類を交付しなければならないが（302条1項，会社則65条），それに代えて参考書類に記載すべき事項の電磁的方法による提供等についての規定がある（302条2項－4項）。これらの議決権行使に関することは，また後述する（〔439〕以下）。これらの記載もしくは記録をせず，または交付をしなかった場合にも，招集手続の法令違反として決議取消事由（831条1項1号）になる。

これに対して，①㋺で②㋺の場合には，招集通知に記載すべき事項について特に法定されていない。したがって招集通知の方法としては，口頭でもよく，招集通知の内容としては，総会の日時および場所を通知すべきことは当然として，会議の目的である事項は通知しなくてもよいと解される。平成17年廃止前有限会社法の社員総会の招集通知について同様の取扱いがなされており，会社法も，①㋺で②㋺の場合にその取扱いを踏襲したものと考えられる。

〔417〕 **3 株主提案権**

(イ) 意義・趣旨

株主提案権とは，会社の招集する総会において，一定の事項を会議の目的とすることを請求し（303条1項），もしくは会議の目的につき議案を提出することを請求し（304条）または会議の目的たる事項についてその株主の提出すべき議案の要領を招集通知に記載または記録することを請求する（305条1項）権利（以下「議案要領通知請求権」という）である。この株主提案権は，昭和56年改正の際に，株主の意思が会社ないし他の株主に容易に表明されるようにして，株主・会社間の意思疎通を図るために設けられたものである。それまでは，株主がその欲する事項を総会の議題とするためには，総会招集権を行使する以外に方法がなかったが（〔413〕），わざわざ自ら総会を招集しないで，会社側が招集する総会で，その目的を達することができるようにしたのがこの権利である。

〔418〕 **(ロ) 株主提案権の内容**

(a) 議題提案権と議案提案権との区別　株主提案権は，次の3種類に分けられる。その第1は，一定の事項を総会の会議の目的とすべきことを請求する権利――議題提案権――であり（303条），第2は，議案提案権すなわち会議の目的たる事項につき議案を提出することを請求する権利である（304条）。第3は，議案要領通知請求権である（305条）。会議の目的とは議題，すなわち，取締役選任決議の場合には「取締役選任の件」を指し，議案とは，議題に対する具体案，たとえば取締役選任決議の場合の「甲を取締役の候補者とする」という案をいう。定款変更決議の場合には，「定款変更の件」が議題で，具体的にどのように変更するかという案が議案である。「取締役甲を解任する件」では，議題が同時に議案としての意味を有することになる。

(b) **議題提案権——追加提案権**　株主が議題を提案するということは，株主が会議の目的である事項の追加を請求することを意味し，したがって，これを追加提案権と呼ぶこともできる。そしてまた，取締役会設置会社等では会議の目的である事項は招集通知に記載されなければならないから（〔416〕(b)①㋑②㋑），会議の目的である事項の追加提案権が認められるということは，その事項が招集通知に記載または記録されなければならないことを意味する（299条4項）。

議題提案権は，株主が議題とすることを請求する事項が総会の決議すべきものでない場合には認められないことはいうまでもない（請求拒絶事由）。取締役会設置会社では，総会の決議すべき事項は，会社法および定款に定める事項に限られるから（295条2項），議題提案権もそれによる制約を受けることになる。

(c) **議案提案権および議案要領通知請求権——修正提案権，反対提案権**　株主が会議の目的である事項につきその議案を提案することを請求できるという場合の会議の目的である事項は，①会社側により提案されたものと，②上述の(b)により株主自身が提案するものとの双方が含まれる。すなわち，①会社側の提案する会議の目的たる事項を予測して（定時株主総会の場合には剰余金処分・損失処理が，また，取締役または監査役の任期満了の場合にはその選任が議題となることが予測される），それについての議案を提案し，またはその要領の記載を請求する場合（一定の剰余金配当の金額を提案し，取締役または監査役の候補者を提案する等）と，②株主自身が議題提案権を行使した上でそれにつき議案の提案を請求する場合（定款変更の議題を提案してその議案の要領の記載を請求する等）とがありうる。①の提案は，会社側の提案との関係で，修正提案または反対提案となりうる。

なお，自己株式の特定の者からの買受けの場合には，売主として議案に記載または記録された者以外の株主が売主に自分を加えたものとすべき旨を請求することができるが（160条3項），この請求権は，ここでいう修正提案権と異なり，招集通知に記載を請求することができるものでないことは前述した（〔171〕(ii)(β)①）。

(ハ) 権利行使の要件　〔419〕

権利行使の要件は，取締役会設置会社か，そうでない会社かで異なり，また，公開会社がそうでない会社かで異なっており，また権利行使の内容によっても異なる。

(a) **議題提案権**

(i) 取締役会設置会社以外の会社の場合　取締役会設置会社以外の会社の場合には，各株主が単独で議題を提案できる（303条1項）。この会社の場合には，前述したように，株主総会の招集通知の会議の目的である事項の記載を要求されず（299条4項の反対解釈），したがって，株主が株主総会において議題の追加提案をすることが認めらることになる。平成17年廃止前の有限会社法にならったものであることも前述した（〔416〕①㈢②㈢）。

(ii) 取締役会設置会社で公開会社の場合　取締役会設置会社で公開会社の場合には，総株主の議決権の100分の1（これを下回る割合を定款で定めた場合にあっては，その割合）以上の議決権または300個（これを下回る数を定款で定めた場合にあっては，その個数）以上の議決権を6か月（これを下回る期間を定款で定めた場合にあっては，その期間）前から引き続き有する株主に限り，当該請求をすることができる（303条2項前段）。この場合には，その請求は株主総会の会日の8週間前（これを下回る期間を定款で定めた場合にはその期間）までにしなければならない（303条2項後段）。

(iii) 取締役会設置会社で非公開会社の場合　取締役会設置会社で公開でない会社（株式譲渡制限会社）の場合には，持株数要件および請求の時期は(ii)と同様であるが，持株保有要件が要求されない（303条3項）。

取締役会設置会社の場合には，前述したように，会議の目的である事項が招集通知の記載事項とされる（299条4項）ので，これを追加する提案権についても，少数株主権としての持株数の要件が課せられ，さらに公開会社については保有期間の要件が課せられることになる。総会の日の8週間前に請求するということは，招集通知に記載するのに必要な期間である。なお，持株数要件につき議決権を行使することができない株主が有する議決権の数は，総株主の議決権の数に算入されない（303条4項）。

(b) **議案提案権**　株主は，株主総会において，株主総会の目的である事項（当該株主が議決権を行使することができる事項に限る。以下，議題と略称する）につき議案を提出することができる（304条本文）。ただし，その議案が法令もしくは定款に違反する場合または実質的に同一の議案につき株主総会において総株主（その議案について議決権を行使することができない株主を除く）の議決権の10分の1（これを下回る割合を定款で定めた場合にあっては，その割合）以上の賛成を得られなかった日から3年を経過していない場合は，この限りでない（304条但書）。たとえば，会社が議題（取締役選任の件を例にとる）を提案した場合に，株主は，会社が提案した取締役候補者と別の候補者を提案することができ，この提案については，特に上に述べた制限以外に要件は課せられない（議題と議案との関係については〔418〕）。

(c) **議案要領通知請求権**　株主には，議案要領通知請求権が認められる。この権利についても，取締役会設置会社かどうか，および公開会社かどうかで要件が異なっており，その内容は(a)で取り扱ったものと同様である（305条）。この権利については，(b)についてと同様の制限が付されている（305条4項）。

(d) **持株数・持株保有要件の算定方法等**　総会招集権行使の要件と比較すると，保有期間の要件については差異がないが，議決権数の要件については，招集権の場合に総株主の議決権の100分の3以上であるのに対して，株主提案権の場合には総株主の議決権の100分の1以上とされ，かつ，300個以上の議決権を有する者にも認められている点で，緩和されている。このように，議決権比率基準だけでなく，絶対数基準でもこの権利を認めたのは，大規模会社では，総株主の議決権数が多くなり，それに対して有する議決権比率を基準として少数株主権行使の要件が定められたのでは，実際にその要件を満たして権利を行使することが困難だからである。

100分の1の算定方法については，少数株主による総会招集の場合の100分の3の算定方法と同様である（〔413〕）。また，議決権保有期間の意味についても，少数株主による総会招集の場合と同様と解すべきである（〔413〕）。持株要件がいつまで満たされることを要するかについては，総会終結時点までとする見解もあるが，基準日までと解すべきである。その時点で株主である者は，その後に株式を失っても総会における議決権を行使しうるのであり，株主提案権は，株主の議決権を前提とするものであるから，その時点で要件を満たしている者が提案権を行使すれば，その後にその要件を欠いても，いったん有効に行使された提案権の行使の効力には影響がないと解すべきである（少数株主の総会招集権に関する〔413〕参照）。

(二) 会社側の取扱い，違反の効果等　〔420〕

会社は，上述の(b)または(c)の請求を受けた場合には，取締役（業務執行取締役または執行役〔指名委員会等設置会社の場合。以下同じ〕が担当することとされるのが通常であろう。〔408〕）は，その提案が不適法でなく，また請求拒絶事由に該当しないと判断されれば，議題提案の場合は，それを会議の目的たる事項として追加し，したがって招集通知にそれを記載または記録し，また議案要領通知請求の場合には，それを招集通知に記載または記録することになる。

業務執行取締役（執行役）が適法な議題提案権の行使に応じなかったときは，過料の制裁があるが（976条19号），そのことはそれ以外の議題についてなされた決議の効力に影響を与えるものではない。これに対して業務執行取締役（執行役）が会社または株主から提案されている議題（上述(ロ)(c)参照）についてなされた適法な議案提出権または議案要領通知請求権の行使に応じなかった場合には，その議題について招集手続に瑕疵があることになり，決議取消事由になる（831条1項1号）。

〔421〕 **4 議事の運営**

議事の運営は，定款その他の自治規則（総会規則等）または会議体の一般原則に従ってなされるが，かつて，総会屋の存在が総会の議事運営をゆがめていたことにかんがみ，昭和56年改正によりそれを規制する規定が設けられ（〔422〕－〔425〕），また，それとも関連して，総会の議長に関する規定（315条。〔429〕）ならびに取締役および監査役の説明義務に関する規定（314条。〔426〕－〔428〕）が設けられ，また指名委員会等設置会社においては取締役および執行役がこの説明義務を負うことになる（314条。会計参与も同様である）。また，延期および続行の決議についての規定がある（317条。〔431〕）。

(イ) 総会検査役等の選任等

さらに，会社または株主に対して総株主（決議事項の全部につき議決権を行使できない株主を除く）の議決権の100分の1（これを下回る割合を定款で定めた場合にはその割合）以上の議決権を有する株主に対して，総会招集の手続およびその決議の方法を調査させるために総会に先立って検査役（総会検査役といわれている）の選任を裁判所に請求する権利を与えている（306条1項）。この要件は，取締役会設置会社では，次のように変更される。すなわち，公開会社である取締役会設置会社では，総株主（総会の目的である事項〔298条1項2号〕の全部につき議決権を行使することができない株主を除く）の議決権の100分の1（これを下回る期間を定款で定めた場合にはその割合）以上の議決権を6か月（これを下回る期間を定款で定めた場合には，その期間）前から引き続き有する株主にこの権利が与えられる（306条2項）。また，公開会社でない取締役会設置会社では，100分の1以上の議決権の保有期間の要件が課せられておらず，また，総会の議決できる事項（298条1項2号）の全部につき議決権を行使することができない株主につき，総株主の議決権の100分の1の計算から除かれ，それ以外は，取締役会設置会社でない会社と同様である（306条1項）。これにより総会の手続上の瑕疵の有無等についての証拠を保全する手段が与えられることになる。この権利は，会社側がその総会招集の手続が適法になされたという証拠を保全するためにも利用される。その調査の結果は裁判所に報告され（306条5項），裁判所は必要があると認めるときは取締役をして総会を招集させることができる（307条）ことは前述した（〔412〕(ii)）。さらに，取締役，会計参与，監査役および会計監査人が総会に提出し，または提供した資料を調査する者の選任についても規定がある（316条1項）。また少数株主により招集された株主総会（297条）では，その決議によって，会社の業務および財務の状況を調査する者を選任することができる（316条2項。なお，少数株主による業務財産状況の調査のための検査役選任請求権については，433条。〔485〕）。

(ロ) 「総会屋」の規制 〔422〕

(a) 総会屋の意義，規制の経緯　「総会屋」とは，会社の株式を取得して，会社に金品を強要し，その供与を受けると，総会において一般株主の発言を抑えて会社側の議事の進行に協力し（このような役割を果たす総会屋は「与党的総会屋」といわれた。〔426〕(a)参照），会社が金品の供与を拒むと，総会において議事の進行を妨害して議場を混乱させる（このような役割を果たす総会屋は「野党的総会屋」あるいは「総会荒し」といわれた）ような者である。この総会屋は，わが国独特の存在であり，昭和56年改正商法の施行前には，6000人あまり存在し，それに対して会社から支払われる金員は年間600億円とも1000億円ともいわれた。その存在が，株主の総会における正当な発言を抑圧して一般株主を総会から遠ざけ，総会を総会屋によって主導される形骸化された存在としてしまう結果を生ぜしめた。そしてまた，総会屋の多くは暴力団と結託しているといわれ，会社から総会屋に供与された金員が暴力団の資金源になっているという批判もあった。

このような総会屋に対する規制としては，昭和56年改正前から総会荒し等に関する贈収賄罪の規定が存在したが（(b)），昭和56年改正商法は，総会屋の根絶を目的として，株主の権利行使に関する利益の供与・受供与の禁止規定およびその違反に対する罰則規定を設けた（〔423〕－〔425〕）。ところが，平成9年には，証券界・金融界を中心として各業界における利益供与事件が発覚したことが契機となって，あらたに利益供与要求罪および威迫を伴う利益受供与罪・要求罪を新設するとともに（〔425〕(v)），総会荒しに関する贈収賄罪，利益供与・受供与罪の法定刑の引上げ（(b)，〔423〕〔425〕）を中心に，会社法上の罰則を強化する改正がなされた。これらの規定が会社法にも受け継がれている（120条）。

(b)　**総会荒し等に関する贈収賄罪**　　昭和56年改正前から存在した総会屋の規制としては，総会等における発言または議決権の行使等に関して不正の請託を受けて財産上の利益を収受し，要求し，または約束した者（それを供与し，またはその申込みもしくは約束をした者も同様である）に対して，罰則の制裁を科する旨の規定（968条）がある。しかし，そこでいう「不正の請託」を受けたことを立証することが困難なため（株主の発言を暴行脅迫，威力などによって封ずるように依頼を受けること等がそれに該当するが，その立証は困難である），この規定はほとんど総会屋の規制という目的を果たさないといわれていた（最決昭和44・10・16刑集23巻10号1359頁は，総会の席上他の一般株主の発言を抑えて，原案通り成立させるよう議事進行を依頼することは「不正の請託」にあたるという）。なお，この規定に違反した場合の罰則は，平成9年改正で引き上げられたものである（同年改正前は1年以下の懲役または50万円以下の罰金であったが，同年改正により，5年以下の懲役または500万円以下の罰金とされた）。

〔423〕　(c)　**株主の権利行使に関する利益供与・受供与罪**

(i)　規定の趣旨，目的，沿革等　　昭和56年改正商法は，株主の権利行使に関して財産上の利益の供与の禁止および利益の供与を受けることの禁止ならびにその違反に対する罰則に関する規定を設けた（970条）。これと前述の968条の規定とを比較すると，その違反に対する刑罰は軽い（〔425〕参照）代わりに，その要件も軽減されて適用しやすくなっている。しかも，この禁止規定は，直接には会社に対して向けられており，総会屋の排除を，第1次的には会社が利益供与をすることを禁止することによって達成しようとしている。このような規定を設けることによって，総会屋に対する金品の供与を断る口実を会社に与え，総会屋を根絶して，総会を正常なものにしようとしたのである。なお，平成12年には，会社は，自己の計算によるのみならず，その子会社の計算で財産上の利益を供与することも禁止され，会社法に受け継がれている（120条1項括弧書）。子会社を利用した利益供与が散見されること，株式交換・移転法制および会社分割法制の創設により，今後，子会社を利用する利益供与の増加が予想されることなどからである。

(ii)　利益供与の禁止の内容

(α)　利益供与となる場合　　会社は，何人に対しても株主の権利行使に関して自己またはその子会社の計算で財産上の利益を供与をしてはならない（120条1項）。「株主の権利の行使に関し」とは，「株主の権利行使に影響を与える趣旨で」の意味と解される。なお，平成26年改正により，株主の権利には，会社に係る適格旧株主（847条の2第9項）の権利および最終完全親会社等（847条の3第1項。〔499の2〕(ロ)(a)）の株主の権利が含まれることとなった（以下，同じ）。株主総会における発言を控えてもらう趣旨で金品を供与すれば，それだけでこれに該当し，その際に「不正の請託」があることは要件とされない。財産上の利益の供与とは，金品の供与だけでなく，貸与，債務免除，信用供与等が含まれるが，地位，名誉の供与（無報酬の場合）等は含まれない。なお，株主総会の議決権行使書面を送付するに際し，その書面に，有効に議決権行使をした株主1名に500円分のQuoカード1枚を贈呈する旨の記載がなされた場合につき，会社法120条1項の禁止する利益供与違反に当たるとしてその決議の取消請求を認容した判決がある（東京地判平成19・12・6商事法務1820号32頁)。なお，この事件では，会社提案のほかに株主提案がなされているが，そのことはこの事案の解決に影響を与えるものではないと考える。条文上も「株主の権利……の行使に関」する財産上の利益の供与が禁止されており（120条1項），議決権行使自体につき財産上の利益が供与されれば違法になると解されるからである。そして，そのことは総会終了後のお土産，飲食，商品等の提供，さらには株主優待措置とは基本的に異なると考える（なお，この判決では，議決権行使の委任状の効力についても判示している。〔443〕)。「何人」に対しても利益の供与を禁止し，利益の供与の相手方を株主に限定していないのは，財産上の利益を株主である総会屋自身に対してだけでなく，その妻子等に供与する場合も含めるためである。財産上の利益の供与は，無償の場合だけでなく有償の場合も含まれる。総会屋の妻の経営する飲食店で飲食をして，代金を支払えば有償であるが，その支払によって飲食店が受ける利益に相当する額が財産上の利益の供与になる。会社が自己または子会社の計算で財産上の利益を供与することを禁止するものであるから，取締役等が自分の計算で利益を供与する場合にはこの規定は適用されないが，供与する分だけ取締役の報酬を増加させたような場合には会社の計算によるということができ，この規定が適用される。子会社の計算によるときもこの規定の適用があることは前述した。しかし，この規定は株主の権利行使に影響を与えるような利益の供与の排除を目的とするものであるから，会社の従業員を会員とする持株会社に対して会社が行う奨励金の支払，通常の取引先（総会屋でない者）が会社の株主であった場合にその者を取引先とする通例的な取引，たまたま会社の株式を有している学校法人や財団法人等に対する会社の寄附等は，それに該当しない。

(β) 推定規定　会社法は，財産上の利益の供与が株主の権利行使に関してなされたことの立証上の困難を緩和するために，次のような推定規定を設けている。すなわち，会社が特定の株主に対して，①無償で自己またはその子会社の計算で財産上の利益を供与した場合，または②有償であっても自己またはその子会社の受けた利益が供与した利益に比べて著しく少ない場合には，株主の権利の行使に関してこれを供与したものと推定される（120条2項）。たとえば，総会屋に対して無償で金品を供与したり，総会屋の出版物，パンフレット等を社会通念からみて不当に高価な値段で購入した場合には，この推定規定が働くことになる。株主が総会で質問権を行使し，その他の株主の権利を行使しようとしていることを知ってこれに饗応をする場合等も同様であろう。しかし，学校法人や財団法人等に対する寄附については，この推定が容易にくつがえされるから，懸念する必要はない。

〔424〕 (iii) 違反の民事上の効果

(α) 供与を受けた者の返還義務　会社がこの規定に違反して財産上の利益を供与したときは，その利益の供与を受けた者は，これを会社またはその子会社に返還しなければならない（120条3項前段）。この者に対する返還請求の訴えについては，株主代表訴訟が認められ，株主が会社のために訴えを提起することができる（847条1項本文）。なお，会社またはその子会社から財産上の利益の供与を受けるにあたって会社またはその子会社に対して給付したものがあるときは，利益を返還する場合にその返還を受けることができる（120条3項後段）。

(β) 取締役の価額弁済義務等　会社がこの規定に違反して財産上の利益を供与したときは，その利益の供与に関与した取締役（指名委員会等設置会社では執行役を含む）として法務省令で定める者（会社則21条）は，供与した利益の価額に相当する額を支払う義務を負う（120条4項）。会社法施行規則21条では，責任を負う者として，以下の者をあげている。①利益の供与に関する職務を行った取締役および執行役，②利益の供与が取締役会の決議に基づいて行われたときは，㋑その取締役会の決議に賛成した取締役，㋺その取締役会にその利益の供与に関する議案を提案した取締役および執行役，③利益の供与が株主総会の決議に基づいて行われたときは，㋑その株主総会にその利益の供与に関する議案を提案した取締役，㋺㋑の議案の提案の決定に同意した取締役（取締役会設置会社の取締役を除く)，㋩㋑の議案の提案が取締役会の決議に基づいて行われたときは，その取締役会の決議に賛成した取締役，㋥その株主総会においてその利益の供与に関する事項について説明をした取締役および執行役である。これらの者は職務を行うについて注意を怠らなかったことを証明したときは責任を免れる(120条4項)。しかし，その利益を供与した取締役は，無過失責任を負わされ，その職務を行うについて注意を怠らなかったことを証明しても，この責任を免れることはできない(120条4項但書括弧書。〔487〕(イ))。この者の責任については一部責任免除の規定(425条以下。〔488〕以下)の適用もないと解される。これらの責任を追及する訴えについて，代表訴訟に関する規定の適用があることはいうまでもない(847条1項)。この義務は，総株主の同意がなければ免除することができない(120条5項。なお847条の3第10項)。

〔425〕 (iv) 違反に対する刑事上の制裁　960条1項3号から6号までに定める者すなわち，指名委員会等設置会社以外の会社の場合には取締役，監査役(指名委員会等設置会社の場合には，監査役は除かれ，執行役，その代行者等も含まれる。以下同じ)またはそれらの者の職務代行者もしくは支配人，またはその他の使用人が，株主の権利行使に関して会社またはその子会社の計算で財産上の利益を人に供与したときは，刑事罰の制裁が科せられる(970条1項)。情を知って(株主の権利行使に関して会社またはその子会社の計算でなされる供与であることを認識しながら)その利益の供与を受け，または第三者にこれを供与させた者も同様である(970条2項)。刑事罰の内容は，平成9年改正前は6か月以下の懲役または30万円以下の罰金であったが，現在は，3年以下の懲役または300万円以下の罰金に引き上げられた。さらに，利益受供与罪については，情状により懲役と罰金を併科できるものとされている(970条5項。後述(v))。禁止の実効性を，その違反に対して刑事上の制裁を科することによって確保しようとするものである。968条の規定と比較すると，968条は，株主等の権利行使の公正な行使を目的とするものであるのに対して，970条は会社運営の健全性維持にあり，したがって，後者では供与者が第1次的に処罰される者とされている点が注目される。「不正の請託」が構成要件とされていない点で刑事罰は軽いが，それだけ適用が容易になっている。なお，120条2項の推定規定は刑事罰に関しては及ばないが，総会屋に対する金品の無償供与は，事実上，株主の権利行使に関する利益供与と認定される可能性が大きいであろう。処罰の対象としては，取締役，監査役等だけでなく使用人(従業員)も含まれる。この刑に処せられると，その者は取締役，監査役または執

行役の欠格事由に該当する（331条1項3号。〔460〕〔543〕〔611〕）。

(v) 利益供与要求罪および威迫を伴う利益受供与罪・要求罪　①株主の権利の行使に関し，会社またはその子会社の計算で財産上の利益を自己または第三者に供与することを取締役等（前述(iv)参照）に要求した者は，3年以下の懲役または300万円以下の罰金に処せられる（970条3項）。利益の供与を受けたかどうかを問わない。②利益の供与を受ける罪または利益要求罪を犯した者がその実行につき取締役等に対し威迫の行為をしたときは，5年以下の懲役または500万円以下の罰金に処せられる（970条4項）。①および②のいずれについても，情状により，懲役と罰金を併科できるものとされる（970条5項）。これらの規定が設けられたのは，総会屋から利益の供与の要求がなされた場合に，ことにそれが威迫を伴う場合には，禁止違反と知ってもやむなくそれに応じてしまうという事案が利益供与禁止規定が設けられた昭和56年以降も後を絶たなかったことからである。

〔426〕 **(ハ) 取締役・監査役または取締役・執行役の説明義務**

(a) 規定の趣旨　昭和56年改正商法は，取締役等（説明義務者の範囲等については(b)）の総会における株主の求めた事項に関する説明義務について規定を設け，それが会社法に受け継がれている（314条）。総会における株主の質問権に対応する取締役等の義務を規定したものである。株主が総会で会議の目的たる事項について質問をすることができ，取締役等がそれについて説明をする義務があることは，会議体の一般原則として当然のことであって，この規定はこの当然のことを確認したにすぎない。昭和56年改正商法がこの当然のことを規定したのは，それまでは，わが国の株主総会の議事は「総会屋」主導のもとに運営され，かりに株主が議題について質問をしても，それに対して総会屋が「議事進行」の動議を提出し，議長がこの動議を総会で多数決で採択して，株主の質問について説明することなく，原案を可決してしまうというやり方がなされていたといわれており，そのようなやり方は，多数決をもってしても株主の質問権を無視したものとして違法であることを明らかにして株主の質問権を保障しようとしたものである。また説明義務を負う者の範囲を明確にした意味も有する。

もっとも，昭和56年改正後は，総会屋がこの規定を根拠として長々と発言をして総会を引き延ばし，いわゆる長時間総会をもたらした例があったが，現在では，そのような例はほとんど見られず，通常の株主による発言が活発になっており，総会屋の規制および説明義務に関する規定の創設が効果を発揮しているということができる。

(b) **説明義務者**　説明義務者については，指名委員会等設置会社以外の会社とその設置会社とを分けて説明したい。

(i) 指名委員会等設置会社以外の会社の場合　指名委員会等設置会社以外の会社における説明義務者は取締役，監査役および会計参与（会計参与が置かれた場合）である（314条前段）。取締役のうちのだれが説明するかは，必ずしも説明を求める株主の指名には拘束されないと解される。会社の業務執行に関する事項は，代表取締役社長をトップとする業務執行機関の一員が説明すればよく，そのうちのだれが説明するかは，業務執行機関の責任において判断すべきであって，具体的には，代表取締役社長（議長を兼ねているのが普通であろう）が，自ら説明するか，またはその者が指名する取締役（たとえば，質問された事項を担当する取締役）が説明することになろう。業務執行の監督権限も，個々の取締役に属するものではなく，取締役会という会議体に属するものであるから，ある取締役が取締役会における業務執行の監督という職務を行うために知りえた事項があるときは，その者は取締役会に対して報告しなければならないが，直接に株主総会において説明をしなければならないものではない。もっとも，取締役会の決議に反対した取締役（たとえば，取締役会議事録に異議をとどめた取締役。369条5項参照）に対して，反対した理由等について説明が求められた場合には，その者自身が説明する必要があろう。これに対して，監査役は独任機関とされ，個々的にその調査の結果または意見を報告しなければならないが，それが一致しているときは，そのなかの1人が説明すればよく，株主の指名する者が必ず説明しなければならないものではない。監査役会設置会社では，監査役会監査報告書で各監査役はその意見を付記することができるので（〔573〕），上に述べたことには基本的に変わりがない。

取締役，監査役および会計参与（314条前段。なお，会計参与については377条参照）は，総会に出席して，株主の求めに応じて説明しなければならない。取締役等の総会出席義務については，会社法は直接には規定していないが，総会における説明義務に関する定めにより，間接的に規定されているということができる。しかし，この出席義務は，基本的には取締役等の善管注意義務に基づくものであって，やむをえない事由（病欠の場合あるいは海外勤務で業務の都合上勤務地を離れられない場合等）によって出席しないときは，善管注意義務違反にはならない。

(ii) 指名委員会等設置会社の場合　指名委員会等設置会社においては，監査役が置かれないから，説明義務を負うのは，取締役，執行役および会計参与である（314条前段）。これらのうち，だれが説明するかは，必ずしも説明を求める株主の指名には拘束されないことは，(i)の場合と同様である。数人の執行役が置かれた場合の執行役の職務の分掌および指揮命令関係その他の執行役の相互の関係（416条1項1号ハ）ならびに代表執行役（420条1項）は取締役会によって決定されることになっている。したがって，会社の業務執行に関する事項については，原則としてその決定に従って説明がなされることになる。取締役および執行役の職務の執行の監督の権限は取締役会に，またはその監査の権限は監査委員会に属するが，その監督または監査の権限に関する事項については，取締役会または監査委員会で決めた者が説明することになる。なお，指名委員会等設置会社の場合には，それ以外の会社の場合と異なり，代表取締役社長はありえず，また，監査委員会における委員の独任制は原則としては認められていないことは後述する（〔604〕）。もっとも，取締役会において議事録に異議をとどめた取締役（369条5項参照）や監査委員会で意見を付記した監査委員については，(i)に述べたのと同様のことが妥当する。これらの者の株主総会への出席義務についても，(i)に述べたのと同様である。なお，このように執行役は，総会における説明義務を負わされているから，総会への出席義務も負っていると解される（出席した執行役，会計参与等も取締役等とともに総会議事録に記載される。318条1項，会社則72条3項4号。〔446〕④）。

〔427〕　(c)　**説明義務の限界**　説明義務の限界，すなわち，取締役，監査役，会計参与（指名委員会等設置会社においては執行役を含む。以下，(c)から(f)までにおいて同じ）等がどの程度の説明をしたら説明義務を尽くしたことになるかについては，抽象的には，会議の目的である事項を合理的に判断するのに客観的に必要と認められる程度に説明することを要し，またそれで足りるということになるが，具体的にどの程度かはいちがいにはいえない。それについては，どの範囲の事項を説明しなければならないかという間口の広さと，それをどの程度詳しく説明しなければならないかという奥行きの深さとが問題となりうる。間口の広さについては，定時総会においては，会議の目的である事項は，報告事項（事業報告の内容の報告〔438条3項〕，計算書類の承認を求める必要がない場合のその内容の報告〔439条後段〕）であると決議事項であるとを問わず，その範囲に含まれるから，したがって，会議の目的である事項に関しないとして説明を拒みうることは，個人的な事項とか，企業の秘密に関するもの等を除いては，きわめて少ないといわざるをえない。臨時株主総会の場合には，その会議の目的である事項が何かによって異なることに

なる。

会議の目的である事項（報告事項も含まれることは前述した。〔416〕(b)）に関して説明を求められた場合には，どの程度詳しく説明しなければならないかという奥行きの深さ，すなわち，会議の目的である事項の判断に必要な説明とはどの程度かについては，会議体の一般原則および社会通念に従って，しかも，株主総会の特殊性を考慮した上で，決められることになる。しかし，その判断に必要な程度とは，特定の株主の主観的な満足のいくまでではなく，あくまで，客観的にみて，会議の目的である事項の判断に必要な程度であり，したがって，たとえば，特定の株主が発言を独占し，執拗に質問を続けることは，他の出席株主の存在を無視するものであり，そのような質問については適当なところで打ち切ってよい。しかしまた，株主が説明を求めた場合には，会議の目的である事項を判断するのに必要であると客観的に認められる程度までは説明する必要があり，このことは，その際に，他の株主から出された質疑打切りの動議が可決された場合でも変わりがない。説明の程度として，参考書類に記載を要求される程度を基準に説明すればよいといわれることがあるが，必ずしもそのようにいうことはできない。その程度でよいという考え方は，書面（〔439〕）または電磁的方法による議決権の行使（298条1項3号4号）をする者は，参考書類の記載または記録（以下同じ）によって議決権を行使することになるから（301条），総会に出席する株主にも，それと同じ程度の説明をすればよいということに根拠があるようであるが，株主総会に出席する者のなかには，参考書類に記載された事項につき，疑問を感じて総会の場でさらに説明を求めている者も含まれているはずであって，これを無視することは許されない。

(d) **説明を拒絶できる場合――正当な事由がある場合**　会社法は，説明拒絶事由として，株主が説明を求めた事項が，①会議の目的である事項に関しない場合，②説明をすることにより株主の共同の利益を著しく害する場合，③その他の正当の事由がある場合として法務省令で定める場合をあげている（314条但書）。この規定は，結局，正当な事由がある場合には説明を拒みうるという当然のことを定めたものであって，①および②に列挙されている場合は，③の正当な事由がある場合の例示と解される。①の説明を求めた事項が会議の目的である事項に関しない場合に説明を拒みうることは当然である（その場合に該当するかどうかの判断については，〔427〕）。②の説明をすることにより株主共同の利益を著しく害する場合とは，企業秘密に属する場合である。企業のノウハウに属する事項について説明　〔428〕

を求められた場合等がこれに属する。しかし，企業の秘密を理由とすれば，すべて説明を拒みうるわけではなく，客観的に株主共同の利益を著しく害すると判断される場合のみ，これに属する。③としては，会社法施行規則71条によれば，㋑株主が説明を求めた事項について説明をするために調査をすることが必要である場合（ⓐその株主が株主総会の日より相当の期間前にその事項を会社に対して通知した場合，ⓑその事項について説明をするために必要な調査が著しく容易である場合を除く），㋺株主が説明を求めた事項について説明をすることにより会社その他の者（当該株主を除く）の権利を侵害することとなる場合，㋩株主がその株主総会において実質的に同一の事項について繰り返して説明を求める場合，㊁その他，株主が説明を求めた事項について説明をしないことにつき正当な理由がある場合があげられている。㋭としては，自己負罪の危険すなわち，説明をすることにより自己または会社が刑罰を受ける危険がある場合等も含まれよう。

説明拒絶事由に該当すると判断されるときは，どのような拒絶事由に該当するかについてとくに示すことなしに説明を拒絶してよいと解するが，説明を拒絶する取締役等の側が，説明拒絶事由の存在について立証責任を負うと解されることは，規定の仕方からいっても明らかである。

(e) 説明を求める事項の事前通知の制度　上記の③の場合に関連して，平成17年改正前商法のもとでは，説明を求める事項の事前の通知に関して規定していた（改正前商237条ノ3第2項）。それは，株主総会の日より相当の期間前に書面で総会で説明を求める事項を通知した場合には，取締役および監査役は，調査を要することを理由として説明を拒むことができないという制度であった。この制度は，会社法のもとでは廃止されているが，実質的には前述(d)③㋑に関連することになる。

(f) 説明義務違反の効果　決議事項について説明義務違反があった場合には，その決議の方法の法令違反として（831条1項1号），その決議は取消事由を帯びることになると解する。説明義務違反はそれ自体としては取消事由を構成せず，それを基礎として決議方法が著しく不公正と認められる場合にはじめて決議の効力に影響を与えるという見解もあるが，説明義務に関する規定が法定されている以上，説明義務違反自体が決議の方法の法令違反に該当すると解すべきである。

報告事項についての説明義務違反の場合には，決議取消しの問題は生じない。しかし，たとえば，計算書類の報告（439条）についての説明義務違反が，同時に利益処分決議の説明義務違反となりうるように，直接には報告事項についての説明義務違反が，同時に決議事項についての説明義務違反となる場合も存在し，その場合には決議取消事由になるといわざるをえない。

決議事項および報告事項のいずれの説明義務違反の場合にも，過料の制裁がある（976条9号）。取締役，執行役，会計参与または監査役等のうちのだれが説明義務に違反したかについては，説明を求められた事項との関係で，個々的に判断するしかないが，たとえば個々の取締役に対して説明を求められた場合には，指名委員会等設置会社以外の会社では，経営についての最高責任者である代表取締役社長は原則として説明義務に違反したと認められることになろう。

㈡ 議　　長　〔429〕

(a) **意義および規定の沿革**　株主総会の議長は，株主総会の議事運営を主宰する者である。昭和56年改正前にも，総会の議長の存在を前提とする規定は存在していたが（たとえば，総会議事録への署名，取締役選任の累積投票の請求があった旨の宣言等），昭和56年改正法は，総会の議長について，その職務権限について規定を設け，会社法に受け継がれている（315条）。同年改正により，総会屋に対する利益の供与が禁止され，また取締役および監査役（指名委員会等設置会社においては，取締役および執行役。以下，(b)においても同じ）の説明義務が法定され，議長による総会の秩序の維持および議事整理の権限の的確な行使に期待されることが大となったため，その権限を法定することが適当と考えられたためである。

(b) **議長の選任 —— 定款の規定の効力**　旧会社法のもとでは，総会の議長は，定款に定めないときは総会において選任する旨の規定が設けられていたが（平成17年改正前商237条ノ4），会社法ではそれが削除されている。しかし，多くの会社（指名委員会等設置会社以外の会社の例をあげる）では，定款に，「株主総会の議長には社長がこれにあたり，社長に事故があるときは，あらかじめ取締役会が定めた順序により，他の取締役がこれにあたる」と定められている。明文の規定が削除された会社法のもとでも，この定款の効力を否定する必要がない。したがって，社長が総会に出席できないときは，総会で議長を選任する手続をとるまでもなく，その定款の規定により，取締役会で定めた者が当然に議長になる。もっとも，この規定は，総会のたびごとにその冒頭で議長を選出する手間を省くための便宜的な規定であって，一般の定款記載・記録事項と異なり，それを変更するために定款変更の手続をとる必要はないと解される。したがって，たとえば，総会で，社長が議長となることにつき，不信任決議が可決されて，取締役以外の者が議長に選任された場合には，「社長に事故があるときは，……他の取締役がこれにあたる」という定款の規定に違反する（決議取消事由に該当する）という見解もあるが，そのように解すべきではなく，その場合には，その定款の規定の効力が停止し，総会決議によって選任された者が適法に議長となると解すべきである。議長不信任決議を経ないで他の者が議長に選任された場合も同様である。少数株主により招集された総会あるいは少数株主の請求により代表取締役が招集した総会においては，この定款の規定が適用されず，総会で議長を選任しなければならないと一般には解されているが，そのような総会においても，別に他の者が議長に選任されなければ，定款の規定に従って社長が議長になると解してよい。指名委員会等設置会社の場合には代表執行役が取締役を兼ねているときは，その者が指定されることになろう。

議長になりうる資格については，とくに規定がないが，株主総会に出席する権利を有する者でなければならないと解され，したがって，株主であれば問題ないが，株主でなくても，取締役および監査役は議長になりうると解される。指名委員会等設置会社の場合には，執行役も総会に出席する義務を負っていると解され（〔426〕），決議取消しの訴え等の提訴権者とされており（831条1項・828条2項），その議長になりうると解されよう。

〔430〕 (c) **議長と特別利害関係**　総会で，議長不信任の動議が提出された場合に，その決議について，不信任の対象となっている議長が議長としての職務を行いうるか，それとも議長の職務を別の者に代わってもらわなければならないかが問題となる。取締役が議長になっている場合のその取締役の解任決議についても同様の問題がある。この点について，次のような見解がある。すなわち，昭和56年商法改正前には，会議体の一般原則により，そのような決議については，この議長は，特別利害関係がある者として，議長の職務を行いえないと解すべきであるとしていたが，昭和56年の商法改正後は，その改正により決議につき特別利害関係のある者の議決権排除に関する規定が削除された以上（〔450〕），会議体の一般原則もこの商法の新しい態度に譲らなければならず，特別利害関係があるからといって当然に議長の不適格者とするのではなく，これを議長にするというものである（鈴木竹雄「株主総会の議長」会社法演習Ⅱ38頁以下）。しかし，この問題は，昭和56年改正の前後で区別して取り扱われるべきものではなく，会議体の一般原則および決議取消事由である決議の方法の法令違反または著しく不公正（831条1項3号）の解釈によって決せられるべきものと考える。一般に会議体においては，議案につき特別利害関係を有する者（解任あるいは不信任決議の対象になって

いる者も含まれる）はその議題については議長の職を退くのが通常であるが，そうしなければ当然に決議が違法になるとか，著しく不公正になるとまで考えられているわけではないと解される。ことに株主総会において，たとえば，総会屋が議長不信任の動議を提出した場合に，いちいち当該議長がその職を退いて他の者に代わらなければ決議が瑕疵を帯びると解する必要はない。しかしまた，その議題について，議長が不公正な議事運営をして決議の結果をさまたげたような場合には，決議取消事由（〔449〕）に該当することになる（もっとも，議案に特別の利害関係を有する者が議決権を行使した結果，決議が成立しなかった場合には，取消しの対象となる決議が成立しておらず，決議取消しによる救済を受けられないことにつき，〔450〕参照）。

(d) **議長の権限**　議長は，総会の秩序を維持し，議事を整理する権限を有する（315条）。会議体の一般原則上当然のことであるが，確認的にその旨が規定された。この権限は，株主が総会で必要な範囲を超えて取締役または監査役の説明を求め，あるいは長々と発言を続ける場合および株主の正当な発言を他の株主が妨害する場合等に行使されることが期待される。発言者が多数であるときは，特定の者に発言を独占させることなく，それらの者の間で公平に発言できるように整理しなければならない。そして，会議の目的である事項について相当の審議をしたときは，その審議を打ち切って議事の進行を図ることができるし，必要がある場合には，そのようにしなければならない。議長は，秩序を維持し議事を整理するための命令に従わない者その他の総会の秩序を乱す者に対しては，これを退場させることができる（315条2項）。議長の退場命令に従わない者は不退去罪（刑130条）に問われる。

(ホ) 延期または続行の決議　〔431〕

総会では，延期または続行の決議をすることができる（317条）。延期とは，議事に入らないで総会を後日に延期することであり，続行とは議事に入ったが審議が終了しないために総会を後日に継続することである。これらの決議は議事の運営に関するものなので，招集通知に会議の目的たる事項として記載されないが，必要に応じていつでもすることができる。その決議に従って開催される総会（これを「継続会」という）は，あらたに招集される総会ではなく，前の総会が同一性を保ちながら引き続き開催されているのと同じことであるから，あらためて招集通知を要しない。会社法317条は，延期または決行の決議があった場合には株主総会招集の決定（298条）および招集の通知（299条）の規定の適用がない旨を明記しているが，それは理論上当然のことを念のために規定したにすぎない。したがってまた，継続会の会議の目的たる事項は前の総会と同一でなければならず，また，そこで議決権を行使することができる株主は，前の総会で議決権を行使することができた者である（前の総会の後で株主名簿の名義書換がなされた場合でも同様である）。

〔432〕

5 決議方法

総会の決議方法は次の3種類に分かれる。

(イ) 普通決議

会社法上，総会の普通決議とは，次に掲げる特別決議または特殊の決議の要件が課されていない決議であって，議決権を行使できる株主の議決権の過半数を有する株主が出席して（定足数），その出席株主の議決権の過半数で成立するものをいい，この決議の成立要件については，定款で別段の定めをすることができる（309条1項）。したがって，この定足数の要件は，定款で排除することができ，現に多くの会社では，定款で定足数を排除しており，出席株主の議決権の過半数で決議が成立する（定款でもってしても，決議要件を出席株主の議決権の半数以下とすることは許されないと解される）。しかし，取締役等の役員を選任し，または解任する株主総会の決議は，議決権を行使することができる株主の議決権の過半数（3分の1以上の割合を定款で定めた場合にあっては，その割合以上）を有する株主が出席し，出席したその株主の議決権の過半数（これを上回る割合を定款で定めた場合にあっては，その割合以上）をもって行わなければならないものとされる（341条）。結局，取締役か監査役等の選解任決議の定足数については，定款によっても，これを総株主の議決権の3分の1未満にすることができないことになる。取締役，監査役等の地位の重要性にかんがみ，その程度の株式を有する株主の意思をその選任決議に反映させる必要があるとされたものである。

〔433〕

(ロ) 特別決議

総会の特別決議とは，その株主総会において議決権を行使することができる株主の議決権の過半数（3分の1以上の割合を定款で定めた場合にあっては，その割合以上）を有する株主が出席し（定足数），出席したその株主の議決権の3分の2（これを上回る割合を定款で定めた場合にあっては，その割合）以上に当たる多数をもって行わなければならない（309条2項前段）とされている決議である。この場合においては，当該決議の要件に加えて，一定の数以上の株主の賛成を要する旨その他の要件を定款で定めることを妨げられない（同項後段）。頭割りの多数を要する旨を定めることを認めるものであって，人的会社においてこの定めがなされることがありえよう。もっとも，この定足数については，定款の定めによっても総株主の議決権の3分の1未満にすることはできない。平成14年改正前商法のもとでは，定足数は定款でも排除・軽減することができないとされていたが，実務界からは，特別決議の定足数の要件を緩和すべきだという強い要望が出されていた。外国人株主が増大し，それらの者が議決権を行使せず，また年金信託等の信託財産となる株式が増大し，その受託者が議決権を行使しないことが多く，その結果，特別決議の定足数を満たすことが困難となってきたといわれている。株式持合いの解消により株式が分散化してこの定足数を満たすことが困難になってきたともいわれている。そこで平成14年改正商法は，これらの実務界の要望に応えて，特別決議の定足数を緩和し，それが会社法に受け継がれている。もっとも，株主総会の特別決議は，株主の利害に大きな影響を与える重要な事項についてなされるものであるから，その定足数については，普通決議のそれとは異なる取扱いをしている。すなわち，まず，議決権を行使することができる株主の議決権の過半数という規定を維持しているが，定款の定めにより別段の定めをすることを妨げないものとしている。この点は，普通決議の定足数の定め方と同様であるが，それと異なるのは，普通決議についてはその下限が定められていない（定足数の要件を排除することができる）のに対して，ここでは定款の定めをもってしてもこれを総株主の議決権の3分の1未満に下げることはできないとして，その下限が定められている点である。株主にとって重大な事項をあまりに少数の議決権で決めることは認められないものとされたのであって，この点は，取締役，監査役等の役員の選解任決議の定足数が議決権を行使できる株主の議決権の3分の1を下限とするとされている（341条括弧書。〔**461**〕）のと同趣旨の取扱いがなされることになる。もちろん，取締役等の選解任決議の場合には，出席株主の議決権の過半数という単純多数決（309条1項）であるのに対して，特別決議の場合には出席株主の議決権の3分の2以上に当たる多数による（309条2項）ことを要するという差異が存在する。利害関係人に不利益を与えない限り，定款による自治をできるだけ広範囲に認めようとしていることは，この規定にもあらわれている。なお，社債権者集会の決議の定足数については，定款の定めによるまでもなく，会社法では大幅に緩和している（724条2項。〔**722**〕）。

なお，特別決議の対象となる決議は，309条2項1号から12号までに列挙されているが，本書では，個別的な決議ごとに普通決議か特別決議かを区別している。

〔434〕 ### (ハ) 特殊の決議

特殊の決議とは，個別的に特別決議よりも重い要件が定められている決議であって，その株主総会において議決権を行使することができる株主の半数以上（頭割りの半数以上が要求される。これを上回る割合を定款で定めた場合にあっては，その割合以上）であって，当該株主の議決権の3分の2（これを上回る割合を定款で定めた場合にあっては，その割合）以上に当たる多数をもって行わなければならないものであり（なお特殊の決議には，このほかに④も含まれる），それに該当するのは，次の株主総会である（309条3項）。①その発行する全部の株式の内容として譲渡によるその株式の取得について会社の承認を要する旨の定款の定めを設ける定款の変更を行う株主総会（1号），②吸収合併における消滅会社または株式交換をする会社が公開会社であり，かつ，その消滅会社等の株主に対して交付する金銭等の全部または一部が譲渡制限株式等（783条3項）である場合におけるその株主総会（2号）および③合併または株式移転をする会社が公開会社であり，かつ，その会社の株主に対して交付する金銭等の全部または一部が譲渡制限株式等である場合におけるその株主総会である（3号）。さらに，これらのほかに④公開会社でない会社が，剰余金の配当，残余財産の分配または株主総会の議決権に関する事項（105条1項）について株主ごとに異なる取扱いをする定款の定めについての定款の変更（その定款の定めを廃止するものを除く）を行う株主総会の決議は，総株主の半数以上（これを上回る割合を定款で定めた場合にあっては，その割合以上）であって，総株主の議決権の4分の3（これを上回る割合を定款で定めた場合にあっては，その割合）以上に当たる多数をもって行わなければならない（309条4項）。

①，②および③は，株式譲渡制限の結果を生じさせる株主総会については，(ロ)の特別決議よりさらに重い要件を課することとされたものである。④は，平成17年廃止前有限会社法の定款変更決議の要件を非公開会社について導入したものである。なお，取締役，執行役，監査役等の役員または清算人の責任の免除は総株主の同意によるが（120条5項・424条・462条3項但書），この総株主の「同意」は，「決議」と異なり，株主総会という会議体でなされる必要はなく，個別的になされればよいから，特殊の決議に含まれない（なおこれらの者の任務懈怠の場合の賠償責任額の制限に関しては後述する。〔488〕以下）。

〔435〕 ## 6 議決権

株主総会の表決に加わる権利を議決権という。それは，株主総会で発言し，説明を求める権利の前提となるものである（〔426〕(イ)(a)）。議決権については，1株

1議決権の原則があるが，その例外も存在する。

㈠　1株1議決権の原則

株主は，その有する株式1株につき，1個の議決権を有する（308条1項本文）のが原則である。株主平等の原則――株主はその有する株式の数に応じて平等の取扱いを受けるという原則――の議決権の面におけるあらわれである（〔104〕）。ただし，単元株制度を採用した会社（〔158〕）においては，株主は1単元の株式につき1個の議決権を有することになり，単元未満株式については議決権が与えられない（308条1項但書。このことと株主平等の関係については〔108〕。相互保有株式については㈡(c)。もっとも振替株式につき，1株の端数または単元未満株に議決権の行使が認められる場合として〔277〕(vi)）。

㈡　1株1議決権の原則の例外　〔436〕

この1株1議決権の原則には，次に列挙するような例外がある。いずれも，例外的に議決権の行使が認められないものである。なお，取締役選任における累積投票制度（〔462〕）のもとでは，1株につき選任される取締役の数と同数の議決権が認められ（342条3項），1株につき複数の議決権が認められる点で，逆の意味で1株1議決権の原則の例外であると考える見解もある。しかし，その場合でも，株主がその持株数に応じて平等の取扱いがなされている点で株主平等の原則の例外となるわけではない。

(a)　議決権制限株式のうちの議決権のない株式　議決権制限株式のうちの議決権のない株式（〔117〕）を有する株主は，その株式につき議決権を有しないことはいうまでもない。総会の決議事項の全部につき議決権を有しないもの――完全無議決権株式――と定められる場合とその一部につき議決権を有しない場合とがありうるが，それぞれの定めにより議決権を有しないことになる（〔117〕）。それは，定款の定めにより，異なる種類の株式として発行されたものである（108条1項3号）。議決権の復活についても，定款の定めによる（〔118〕）。また種類株主総会は株主総会そのものではないから，この株主は，そこでは議決権を行使できる（324条2項3項）。

(b)　自己株式　会社はその有する自己株式（他人名義のもので自己の計算で取得したものも含まれる。〔178〕）につき議決権を有しない（308条2項）。会社が違法に自己株式を買い受けた場合（財源規制に違反した場合等）はもちろんのこと，会社が自己株式を適法に保有している場合でも，それにつき議決権の行使を認めることは，取締役等による会社支配，経営権維持等に利用されて株主の意思が総会の決議に反映しない結果となる――これを議決権の歪曲化ということがある――ので，それにつき議決権を否定したのである。

〔437〕 (c) **相互保有株式** たとえばA会社とB会社とが相互に相手方会社の株式を保有している状態にある場合に，それらの株式を相互保有株式という。相互保有株式について一定の場合につき，議決権を否定している（308条1項括弧書)。最も単純な例をあげると，A会社がB会社の総株主の議決権の4分の1以上の株式を有しているときは，B会社は，A会社の株式を有していても，その株式につき議決権を有しないものとされる（B会社もA会社の総株主の議決権の4分の1以上の株式を有しているときは，A・B両会社ともそれぞれB会社・A会社の議決権を有しないことになる)。さらにたんにA会社がB会社の総株主の議決権の4分の1以上を有することのほかに，「その他の事由を通じてA会社がその経営を実質的に支配することが可能な関係にあるものとして法務省令で定める株主」も議決権を有しないこととされている（308条1項括弧書，会社則67条。以下，これを含めた意味で相互保有株式という)。A会社（その子会社を含む）が，A会社の株主であるB（株式会社の場合のみならず，持分会社，組合その他の事業体の場合も含む）の議決権の4分の1（議決権なき株式を除く）以上を有する場合には，A会社がBの経営を実質的に支配していることになり，Bはその有するA会社株式につき議決権を行使しえない。したがって，たとえば，A会社がA会社の株主である事業体Bの議決権の4分の1以上を有するときは，その事業体Bはその有するA会社の株式について，A会社の株主総会で議決権を行使しえないことになる。また，完全子会社乙が完全親会社甲の総議決権の4分の1以上の株式を保有している場合には，甲会社が乙会社の総会の議決権を行使しえなくなってしまい，完全子会社で議決権を行使できる者が存しなくなってしまうので，この場合は甲の議決権行使は否定されない（会社則67条1項最後の括弧書)。相互保有株式につきこのように議決権を否定したのは，議決権行使の公正さを確保し，その歪曲化を防止するためである。すなわち，この例で，A会社は，B会社の総株主の議決権の4分の1以上の株式を有しているときは，その持株を通じてB会社を支配している状態にあり，したがって，B会社がその有するA会社の株式につき議決権行使を認められると，その議決権行使は，結局A会社の経営者の意思に従ってなされることになり，自己株式について議決権の行使を認めるのと同じ弊害が生ずることになるからである。

A会社がB会社の総株主の議決権の2分の1を超える株式を有している場合

等であって，A・B会社間に親子会社の関係があるとき（〔183〕）にも，上記の議決権行使を否定する規定の適用があるが，その場合には，たんに議決権行使が否定されるだけではなく，B会社がA会社の株式を取得すること，すなわち株式の相互保有の状態を生ずること自体が禁じられている（135条）。その趣旨は，たんに議決権の歪曲化のみならず，資本の空洞化を生ずることも防止することにある（〔184〕）。このように，株式の相互保有には，資本の空洞化と議決権の歪曲化という2つの弊害が伴うが，会社法は，A会社が有するB会社の総株主の議決権に対する割合等によって，その規制の仕方に差異を設け，相互保有自体を禁じて，資本の空洞化と議決権の歪曲化の双方を防止する場合と，たんに議決権行使のみを否定して議決権の歪曲化を防止する場合とに区別したということができる。

なお，相互保有と同様の弊害は，株式等が環状的に保有される場合，すなわち，たとえばA会社がB会社株式を保有し，B会社がC会社株式を保有し，さらにC会社がA会社株式を保有する場合にも生ずるが，この場合については規制の仕方が困難であり，現在は規制の対象とされていない。

(d) 単元未満株式　単元未満株式についても議決権の行使が認められない（308条1項但書参照）。もっとも，振替株式につき，議決権が認められる場合がある（〔277〕(vi)，〔435〕）。

(e) 自己株式取得に関する特別決議における売主たる株主　平成6年改正商法のもとで自己株式取得規制が緩和されたが，会社が特定の者から自己株式を取得する場合には，株主総会の特別決議によることを要し，この場合に，株式を会社に売り渡そうとする株主は，その決議につき議決権を行使することができない（160条4項。〔171〕(c)(ii)(β)②）。昭和56年商法改正によって廃止されたいわゆる特別利害関係人の議決権行使の排除の制度（この制度が廃止された理由については，〔450〕）が，この決議について復活されたわけである。この株主は，(a)から(d)までに掲げた場合と異なり，一般的に議決権行使が認められないわけではなく，とくに会社の自己株式の取得の決議についてのみ，議決権行使が排除されるにすぎない。

(ハ) 議決権のない株主またはその有する株式の取扱い　〔438〕

(a) 定足数の算定にあたっての不算入　(ロ)の(a)から(d)までの株式の数は，定款に別段の定めがある場合を除き，定足数の算定にあたってそれに算入されない。このことは，定足数の定め方としては，定款に別段の定めがないかぎり，「議決権を行使することができる株主の議決権の過半数」（309条1項。なお同2項参照）

と規定されていることから明らかである。また，会社の自己株式取得に関する決議において，議決権の行使が排除されることとなった前述(ロ)(e)に掲げた株主は，前述したように，一般的に議決権行使を排除されるわけではないが，この規定の仕方から考えて，その決議については議決権を行使することができない以上，定足数の算定にあたっては，その有する株式数は，定足数の算定にあたっての出席株主の株式数にも算入されず，かつ，その特別決議における「出席した株主の議決権」の3分の2の多数決要件の算定にあたっても，出席した株主の議決権の数に算入されないと解することになるのではなかろうか。

(b) 総会出席権，招集通知の必要性の有無等　会社法は，その総会において決議をすることができる事項の全部につき議決権を行使できない株主には招集通知等を発する必要がない旨の規定をしている（298条2項括弧書）。したがって，これらの者は総会で議決権を行使できないだけではなく，総会に出席して発言をする権利もないと解すべきである。このことは，自己株式についてはもちろん，相互保有株式，単元未満株式等については，そのように解することについて見解の相違がないが，完全無議決権株式を有する株主については，見解が分かれており，総会参加権と議決権とは異なる観念であることを理由として，この者が総会に出席して意見を述べる権利を有すると解する見解もあった。しかし，そのような権利を認めるならば，その者に対して招集通知をしなくてよい理由が説明できないと考えられる。同じ議決権を行使することができない株主のうち，完全無議決権株式の株主についてのみ総会参加権を認める根拠は存在しないといわなければならない。完全無議決権株主には，一律に総会参加権を否定すべきである。もっとも，前述(ロ)(e)によって自己株式の取得につき議決権を排除される株主は，総会出席権を有し，その者に対して招集通知が必要なことはいうまでもない。

〔439〕

7 議決権の行使方法

議決権は，各株主によって行使されるが，その行使方法については，次のような規定が設けられている。なお，次に述べる書面による議決権行使と書面決議制度（319条）とは異なるものであり，書面決議制度については後述する（〔**445**〕）。

(イ) 書面による議決権行使

(a) 趣旨　会社は，株主総会の招集の決定事項として，株主総会に出席しない株主が書面によって議決権を行使できる旨を定める（298条1項3号）ことにより，株主に書面による議決権行使が認められる（〔**416**〕(b)）。もっとも，株主（完全無議決権株主は除かれる〔298条2項括弧書〕。以下同じ）の数が1000人以上である場合には，この定めをしなければならず，書面による議決権行使の制度が強制される（298条2項本文。なお，その例外につき同項但書，会社則64条参照）。

総会に出席できない株主の意思をできるだけ総会の決議に反映させようとしたものである。自ら総会に出席できない株主は，次に述べるように代理人によっても議決権を行使することができるが，書面投票制度は，他人を介在させることなく，直接に株主の意思を決議に反映させるものとして採用された（代理人による議決権行使との関係については〔443〕）。これを定めたときは，会社法施行規則63条3号4号により，取締役が定めなければならない事項が規定されている。

またこの書面による議決権行使制度は，あくまで総会の開催を前提として，それに出席できない株主に書面によってその議決権行使を保障しようとするものであって，総会を開催しないで決議をする書面決議制度（〔445〕）とは異なることに注意しなければならない。

書面による議決権行使の場合の参考書類，議決権行使書面の招集通知への添付等につき前述した（〔416〕(b)）。

(b) 書面による議決権行使の方法，効果等　総会に出席しない株主は，議決権行使書面（それにつき会社則66条）に，各議案につき賛成，反対等の記載をして，法務省令で定める時（会社法施行規則69条では，株主総会の日時の直前の営業時間の終了時，特定の期限を定めたときはその特定の時〔会社則63条3号ロ〕）までにこれを会社に提出して議決権を行使する。賛否等の記載のない議決権行使書面が提出された場合には，議決権行使書面にその場合の取扱いについての記載（〔416〕(b)）による取扱いをする（総会の場で議事進行の動議や原案に対する修正提案がなされた場合の取扱い，書面投票制度と委任状勧誘との選択等については，議決権代理行使と関連させて，後述する。〔443〕）。

書面による議決権行使は，出席して議決権を行使したのと同じ取扱いがなされ，その議決権の数は出席した株主の議決権の数に算入される（311条2項）。

会社に提出された議決権行使書面は，取締役（業務執行取締役。〔408〕(b)(ii)。指名委員会等設置会社の場合には執行役）が，総会終結の日から3か月間，本店に備え置き，株主はそれを閲覧または謄写することができる（311条3項4項）。書面に記載された通りに取り扱われたかどうかを確認する手段を与えるためである。その懈怠についても過料の制裁がある（976条4号8号）。

(ロ) 電磁的方法による議決権の行使　〔440〕

会社は，取締役会の決議をもって，株主総会に出席しないが株主が電磁的方法により議決権を行使することができる旨を定めることができる（298条1項4号。〔416〕(b)。なお，299条2項4項）。これを定めたときは，会社法施行規則63条3号4号により取締役が定めなければならない事項が規定されている。また電磁的方法による議決権行使の期限について規定されている（会社則70条・63条3号ハ）。この電磁的方法による議決権の行使は，(イ)の書面による議決権の行使に代わるものであるが，必ずしも強制されるわけではなく，取締役の選択にゆだねられるものである。

この定めをしたときは，招集通知にその旨を記載または記録することを要する（299条4項）。また，その通知に際して参考書類を交付しなければならない（302条1項，会社則65条・73条以下）。

電磁的方法による招集通知を受けることを承諾した株主に対して電磁的方法により招集通知をするときは，参考書類の交付に代わって，それに記載すべき事項を電磁的方法によって提供することができる（302条2項本文）。ただし，株主の請求があったときは参考書類を交付しなければならない（302条2項但書）。また，電磁的方法によって招集通知を受けることを承諾しなかった株主から総会の会日の1週間前までに議決権行使書面に記載した事項の電磁的方法による提供の請求があったときは，法務省令の定めるところによりその事項を直ちに電磁的方法によりその株主に提供することを要する（302条4項，会社則66条）。できるだけ，電磁的方法による議決権行使を可能とするための措置である。

電磁的方法による議決権の行使は，政令の定めるところにより，会社の承諾を得て，議決権行使書面に記載した事項を記録した電磁的記録に必要な事項を記録し，これを総会の日時の直前の営業時間の終了時まで（会社則70条）に電磁的方法により会社に提供して行われる（312条1項，会社令1条1項7号，会社則230条）。この会社の承諾は，株主が会社から受ける株主総会の招集通知について電磁的方法によることの承諾をした者であるときは，会社の側では，正当の事由がある場合でなければ，これを拒むことができない（312条2項）。株主総会に関連して，できるだけ会社と株主の双方が電磁的方法を利用することができるようにするという配慮から設けられた規定である。会社側は，正当な事由があれば，株主の電磁的方法による議決権行使を拒むことができるが，ここでいう正当の事由がある場合とは，株主の申し出た電磁的方法が会社にとって対応できない場合等があげられる。

このほかにも，書面投票または議決権行使一般に関する規定と同様の規定が設けられている（312条3項―5項。〔439〕(b)）。

(ハ) 代理人による議決権行使 〔441〕

株主は代理人によって議決権を行使することができる（310条1項前段）。

取締役は，株主総会を招集するときは，代理権の行使について代理権（代理人の資格を含む）を証明する方法，代理人の数その他代理人による議決権の行使に関する事項（定款で定めている場合を除く）を定めなければならない（298条1項5号，会社則63条5号）。

(a) 代理人の資格――定款による制限 代理人の資格について，会社法上，それを制限する明文の規定は存しないが，解釈上，会社自身が代理人になりえないことは，自己株式について議決権を行使しえないことからも当然である。同様に，相互保有株式について議決権行使が排除される者も，代理人として議決権を行使しえないと解される。

実務上，会社は，定款で，議決権行使の代理人資格を議決権を行使しうる株主に制限しているのが通常である。それ以外の第三者によって総会が混乱させられることを防止するためといわれている。「議決権を行使しうる」株主とされているのは，昭和56年改正によって採用された単位株制度のもとで，単位未満株主を排除するためであって，会社法のもとでは，単元未満株主を排除する意味を有することになる。この昭和56年改正前商法のもとで，代理人を株主に限るという定款の定め（当時は，単位株制度は存在せず，株主はすべて議決権を有していたので，この定めは，昭和56年改正後の代理人を議決権を有する株主に限るのと同じ意味を有していた）は代理人による議決権行使を認めた規定に違反して無効ではないかということが裁判上争われた。この点につき，最高裁判決は，その規定は代理人資格を合理的な理由がある場合に定款で相当と認められる程度の制限をすることまで禁止したものとは解されず，代理人を株主に限る旨の定款の規定は，総会が株主以外の第三者によって攪乱されることを防止して会社の利益を保護する趣旨に出たもので，有効であるとした（最判昭和43・11・1民集22巻12号2402頁）。学説のなかには，これを無効とする見解もないではないが，多くはこの判決の立場を是認している。もっとも，そのような定款の規定は，株主たる法人が従業員により，また国もしくは地方公共団体がその職員により議決権を行使する場合，または制限行為能力者の法定代理人が制限行為能力者の代理人として議決権を行使する場合等には適用されないと解される（最判昭和51・12・24民集30巻11号1076頁）。

(b) 代理人の数 会社は，総会に出席することができる代理人の数を制限することができる（310条5項）。総会の運営が混乱させられるのを防止するためである（この例外として，投資信託財産として有する株式については，310条5項は適用されないと規定されている。投信10条2項）。

(c) 代理人による議決権行使の方法，代理権を証する書面の備置き等　代理人による議決権行使の場合には，①株主または代理人は代理権を証する書面を会社に提出しなければならない（310条1項後段）。代理権の有無を明確にするためである。この代理権を証する書面に代えて，政令の定めるところにより，会社の承諾を得て，それに記載すべき情報を電磁的方法により提供しうるものとされる（この提供が書面の提出とみなされる。会社の承諾の条件等は譲渡制限会社の譲渡承認請求等の場合と同様である。310条3項。なお同4項参照）。また，②代理権の授与は総会ごとになされなければならない（310条2項）。総会の招集通知ないし参考書類に記載された事項を読んだ上で代理権を授与するか，だれに授与するかを判断することが期待されているためである。

業務執行取締役（指名委員会等設置会社においては執行役）は，代理権を証する書面および電磁的方法により提供された事項が記録された電磁的記録を総会終結の日から3か月間，本店に備え置き，株主の閲覧・謄写に供されることは，議決権行使書面の場合と同様である（310条6項7項。〔439〕(b)，〔440〕）。

〔442〕　**(二) 委任状の勧誘およびそれに対する規制**

(a) 委任状勧誘の意義，勧誘される場合　株主は自ら代理人を選んで議決権を行使することもできるが，会社またはそれ以外の者（株主を含む）が株主に対して，自己または第三者に議決権の代理行使をさせるように勧誘することがある。この代理行使の勧誘は，勧誘をしようとする者（勧誘者）が，勧誘を受ける者（被勧誘者）に対して，委任状用紙（勧誘者または第三者に代理行使を委任する旨の記載をした用紙）を交付して，それに必要事項を記載して，それを勧誘者に送付するように勧誘するので，一般に「委任状の勧誘」といわれている。会社が委任状を勧誘する場合には，会社が自ら代理権を行使することはできないから，第三者に代理させることを勧誘することになる（通常は，会社の総務部長等に代理権を行使させる）。昭和56年改正により大会社について書面投票制度が導入される以前は，定足数を要する決議（〔432〕－〔434〕参照）が議題とされる総会が開催される場合には，会社は，定足数を確保するために，株主に対して委任状を勧誘するのが通常であった。同年改正後でも，書面投票制度の適用のない会社では，同様である。またその適用のある会社でも，当分の間，書面投票によるか委任状の勧誘によるかの選択が認められる（〔443〕(b)）。さらに，会社の委任状勧誘のほかに，現経営者から経営権を奪取しようとする者が委任状を勧誘することがあり，経営者と反経営者とが会社経営権の争奪をめぐって委任状を勧誘し合うことを委任状合戦という。

(b)　委任状勧誘規則による規制　金融商品取引所に上場されている株式の発行会社の株式（上場株式）につき，議決権の代理行使を勧誘しようとする場合（会社が勧誘する場合に限られず，それ以外の者が勧誘する場合も含まれる）には，金融商品取引法194条およびそれに基づく「上場株式の議決権の代理行使の勧誘に関する内閣府令」（これを一般に「委任状勧誘規則」と呼んでいる。以下，「委任状規」と引用）により，規制がなされている。すなわち，勧誘者は，被勧誘者に対して勧誘と同時またはそれに先立って議決権の代理行使に関し参考となるべき書類（参考書類）を提供しなければならず，その内容は，書面投票制度における参考書類（〔416〕(b)）に類似する（委任状規1条・2条）。また勧誘者が被勧誘者に提供する委任状用紙には，決議事項の各項目について被勧誘者が賛否を明記することができるようなもの（棄権の欄を設けてもよい）でなければならない（委任状規43条）。

(ホ)　議決権の代理行使と書面投票制度との関係　〔443〕

(a)　両者の比較　議決権の代理行使と前述した議決権の書面による行使とは，いずれも，株主が自らは総会に出席することなく，しかもその意思を決議に反映させることを認める制度である点では共通しているが，次の点に差異がある。第1に，前者はすべての株式会社に認められているのに対して，後者は，株主が1000名以上のものか，取締役会等（298条1項3号・4項）でそれを定めた会社に限定されている（〔439〕(イ)(a)）点である。第2に，前者では，代理人の行為を通じて株主の意思が決議に反映される（代理人が本人の意思に反する投票をすれば，本人の意思が総会に反映しないことになる）のに対して，後者では他人の行為を介在することなく，議決権行使書面が会社に提出されることによって直接に株主の意思が決議に反映される（〔439〕(イ)(a)）。第3に，総会で議事進行に関する動議が提出された場合に，前者においては，そのような動議についても代理権を与えておけば，総会に出席している代理人はそれにつき代理権を行使できるのに対して，後者では，株主自身が総会に出席していない以上，それについては自分の意思を反映することができない（なお，後者では，修正提案がなされたときは，書面上，原案に賛成の場合は提案に反対として取り扱われると解される。原案に反対の場合は，修正提案に賛成か反対か不明であるから，棄権として取り扱うしかない）。そこで，実務上は，書面投票制度を採用する会社では，会社に協力的な大株主等に出席を求め，またはそれらから委任状を得ておいて，動議が出された場合の用意をしているのが通常である。なお，会社および株主の双方から取締役８名（この８名は，定款上選任できる最多の員数である）選任の件（監査役選任についても提案がなされているが，ここでは省略する）が提案された事案において，会社が会社提案の議案を採決する際に株主提案についての賛成の記載をした委任状にかかる議決権の数を出席議決権数に含めなかった場合につき，その決議方法が法令に違反するとしてその決議取消請求を認容した判決がある（東京地判平成19・12・6商事法務1820号32頁）。上述のような事案においては，議題は１つであって，それにつき双方の議案が存在するのであって，株主提案に賛成の委任状を提出した株主については，会社提案には賛成しない趣旨で議決権行使の代理権を授与したと解するのが相当であるという理由による。

(b)　**両者の選択**　昭和56年改正により一定の会社につき書面投票制度が強制された結果，上場会社については委任状勧誘規則による委任状勧誘制度との関係が問題とされたが，当分の間，後者の制度も存置し，会社に両者のいずれかを選択することを認めている。

〔444〕　**(ヘ)　議決権の不統一行使**

(a)　**趣旨**　株主は，２個以上の議決権を有するときは，その一部を議案に賛成に，残部を議案に反対に行使するなど，それを統一せずに行使することができる（313条１項）。このような議決権の不統一行使については，かつては同一株主が議決権を賛成と反対に行使することは矛盾であるとして，これを認めない見解もあった。これに対して，株主が他の株主の多数決に従う意思である場合には，その有する議決権の２分の１ずつ賛成と反対に行使することが考えられる（棄権は反対に扱われる）という主張もなされた。昭和41年改正商法は，不統一行使の実際上の必要からこの問題を立法的に解決した。

(b)　**不統一行使が必要な場合**　株式が共有されている場合において共有者間の意見が相違するとき，同一会社の株式が信託されていて受益者が複数人存在する場合において受益者間の意思が異なるときは，不統一行使の必要がある。また，日本の会社の株式がアメリカで流通する場合には，ADR（アメリカ預託証券 American Depositary Receipts。ヨーロッパで流通する場合は，EDR〔ヨーロッパ預託証券 European Depositary Receipts〕）が用いられるが，その場合にも不統一行使の可能性がある。すなわち，その場合には，原株券は日本の銀行（副預託機関）が預託を受けて保管し，アメリカの銀行・信託会社が預託機関として，その株式についてADRを発行して，これをアメリカの証券市場でアメリカの株券と同様の方法により，同様の効果を伴うものとして流通させる（日本の株券を直接アメリカで流通させると，株券の輸送の危険や流通の方法およびその効果の差異に伴う煩雑さ等があるので，それをADRに替えて流通させるのが普通である）ことになるが，この場合には，その株式は株主名簿上は預託機関名義になっており，預託機関はADR所持人の指図によって議決権を行使することになり，その指図が異なると，不統一行使が必要となる。

(c) **不統一行使の手続，会社が拒みうる場合**　取締役会設置会社では，株主は，議決権の不統一行使をする場合には，会日より3日前に会社に対して書面でその旨およびその理由を通知しなければならない（313条2項）。会社は，株主総会を招集する場合において，この通知の方法を定めるとき（定款に定めがある場合は除かれる）はその方法を定めなければならない（会社則63条6号）。会社は，株主が株式の信託を引き受けたこと，その他他人のために株式を有することを理由としないときは株主の議決権の不統一行使を拒むことができる（313条3項）。

8　書面決議制度　〔445〕

平成14年改正商法は，書面決議制度を設け，それが会社法に受け継がれている。前述したように（〔439〕），株主総会の議決権行使について，総会に出席しない株主に対し書面または電磁的方法によってすることを認めているが，それらは，株主総会が開催されることを前提として，総会に出席しない株主につき，認められるものである。これに対して，書面決議制度とは，株主総会を開催しないで，書面または電磁的方法により議決権を行使したときは，総会の決議があったものとされるものである。すなわち総会の決議の目的である事項につき取締役（指名委員会等設置会社とも同様である）または株主から提案があった場合において，その提案に株主（その事項について議決権を行使することができるものに限られる）の全員が，書面または電磁的記録をもって，同意の意思表示をしたときは，その提案を可決する旨の総会の決議があったものとみなされるものとされる（319条1項）。議事録の備置きおよびその閲覧もしくは謄写の請求または親会社社員の子会社のその書面または電磁的記録の閲覧もしくは謄写の請求等につき，通常の株主総会と同様の規定が設けられている（319条2項−4項）。

上記の規定（319条1項）により定時株主総会の目的である事項のすべてについての提案を可決する旨の株主総会の決議があったものとみなされた場合には，その時にその定時株主総会が終結したものとみなされる（319条5項）。

株主総会への報告事項がある場合に，取締役が株主の全員に対してその事項を通知した場合において，その事項を株主総会に報告することを要しないことにつき株主の全員が書面または電磁的記録により同意の意思表示をしたときは，その事項の株主総会への報告があったものとみなされる（320条）。計算書類・事業報告（438条3項）また場合によっては剰余金配当に関する事項が考えられよう。

〔446〕 **9　議事録の作成，備置き，閲覧等**

(イ)　作成，備置き

総会の議事については，法務省令の定めるところにより議事録を作成しなければならない（318条1項）。それは，書面または電磁的記録で作成しなければならない（会社則72条2項）。また，それは，後述する備置きまたは閲覧との関係で，総会終了後遅滞なく作成されなければならないと解される。その作成義務者が，議長か業務執行取締役（指名委員会等設置会社においては執行役と解される）かについて見解が分かれているが，その作成（およびそれを備え置いて閲覧に供すること）は業務執行の一環であると解され，かつ，議長になるのは法律的には必ずしも業務執行者に限られず（〔429〕参照），そのような者を作成義務者とするのは不適当であること等から，業務執行取締役と解すべきである（会社則72条3項6号。もっとも，少数株主が招集した総会の議事録については，招集者が作成すると解するほかなく，作成された議事録の備置き等は業務執行取締役の職務と解すべきであろう。指名委員会等設置会社においては執行役となる）。

株主総会の議事録は，①株主総会が開催された日時および場所（その場所に存しない取締役，執行役，会計参与，監査役，会計監査人または株主が株主総会に出席をした場合においてその出席の方法を含む）（会社則72条3項1号），②株主総会の議事の経過の要領およびその結果（同2号），③次の事項について株主総会において述べられた意見または発言があるときは，その内容の概要（同3号），すなわち，監査等委員会設置会社における取締役，監査役，会計監査人，会計参与の選解任，辞任等に関する意見（342条の2第1項2項4項・345条1項2項4項5項，会社則72条3項3号イ～ホ），監査等委員会設置会社における取締役の報酬に関する意見（361条5項6項，会社則72条3項ヘト），計算書類等につき会計参与と取締役とが意見を異にするときの意見（377条1項，会社則72条3項3号チ），会計参与の報酬に関する意見（379条3項，会社則72条3項3号リ），取締役の総会提出書類の法令定款違反等に関する監査役・監査等委員の意見（384条・389条3項・399条の5，会社則

72条3項3号ヌヲヨ），監査役の報酬に関する意見（387条3項，会社則72条3項3号ル），計算書類等につき会計監査人と監査役とが意見を異にするときの意見等（398条1項2項，会社則72条3項3号ワカ），さらに④株主総会に出席した取締役，執行役，会計参与，監査役または会計監査人の氏名または名称（同4号），⑤議長の氏名（同5号）ならびに⑥議事録の作成にかかる職務を行った取締役の氏名（同6号）をその内容とする。

さらに，⑦株主全員の同意により株主総会決議を省略できる場合（319条1項，会社則72条4項1号）および⑧株主全員の同意により株主総会への報告を省略できる場合（320条，会社則72条4項2号）の記載事項についても規定されている。

取締役（業務執行取締役と解される。指名委員会等設置会社の場合には執行役）は，総会議事録を10年間本店に，その写し（その作成に代えて電磁的記録の作成がなされた場合にその電磁的記録を含む）を5年間支店に備え置くことを要する（318条2項3項本文。同但書参照）。この備置きは，総会終了後遅滞なくなされなければならないと解する。違反者に対しては過料の制裁がある（976条8号）。

(ロ) 閲覧または謄写，含・親会社株主の子会社の総会議事録の閲覧または謄写 〔447〕

①株主および会社の債権者は，営業時間内はいつでも次に掲げる請求をすることができる（318条4項）。すなわち，㋑議事録が書面をもって作成されているときは，その書面または書面の写しの閲覧または謄写の請求，㋺議事録が電磁的記録をもって作成されているときは，その電磁的記録に記録された事項を法務省令で定める方法（会社則226条）により表示したものの閲覧または謄写の請求である。また，②会社の親会社社員（親会社が株式会社の場合には親会社株主）は，その権利を行使するため必要があるときは，裁判所の許可を得て，議事録について㋑または㋺の請求をすることができる（318条5項）。

②の権利は，平成11年商法改正において株式交換・移転制度により完全親会社となる会社の株主（その者は，それまでは完全子会社の株主として権利を行使しえた）の保護のために認められたものである（〔792〕参照）。ところで，①の権利と②の権利とを比較すると，ⓐ第1に，①におけるA会社の株主およびその債権者が，A会社自体の株主総会議事録の閲覧または謄写を求めることについては，特別の制約がないのに対して，②におけるA会社（B会社の親会社）の株主のB会社（子会社）の総会議事録の閲覧または謄写の請求権は，株主がその権利を行使するために必要がある場合において裁判所の許可を得た場合に認められるにすぎないという制約が設けられており，ⓑ第2に，①におけるA会社自体の総会

議事録の閲覧・謄写請求権は，A会社の株主および債権者の双方に認められるのに対して，②における子会社であるB会社の総会議事録の閲覧・謄写請求権は，親会社であるA会社の株主にのみ認められ，その債権者には認められないという差異が設けられている。

上記のⓐの差異が設けられているのは，①のようなA会社の株主のA会社自体に対する総会議事録に関する権利行使と，②のようなA会社株主の法人格を異にするB会社の総会議事録に対する権利行使との間には当然に差異を設ける必要があると考えられたためである。なお，この「権利を行使するため必要があるとき」とは，たとえば，親会社であるA会社の株主がA会社の取締役，執行役等のその子会社であるB会社に対する指揮・監督等の善管注意義務違反の責任を追及するために必要があるとき等があげられよう。また，上記のⓑのような差異が設けられたのは，親会社の債権者には，法人格を異にする子会社の総会議事録の閲覧・謄写権を認める必要はないと考えられたためである。

正当の事由なく議事録の閲覧または謄写を拒んだ場合には，過料の制裁がある（976条4号）。

〔448〕 **10 決議の瑕疵**

株主総会の決議に瑕疵がある場合には，その決議の効力を否定する必要がある。会社法は，決議の効力を否定するための訴えとして，決議取消の訴え，決議不存在確認の訴えおよび決議無効確認の訴えについて規定している（830条・831条・834条16号17号）。したがって，会社法は，決議の瑕疵を，決議取消し，決議不存在および決議無効の3種類に分けているということができる（決議不存在については，昭和56年改正前には商法上規定がなく，解釈上認められていたが，同年改正で明文で規定されるにいたった。なお，これを決議の瑕疵の一種類として取り扱って差し支えないことにつき，〔451〕）。

〔449〕 **(イ) 決議の瑕疵の種類**

(a) 決議取消事由 決議取消事由に該当するのは次の(i)，(ii)および(iii)の3つの場合である（831条1項）。

(i) 招集の手続または決議の方法が法令または定款に違反し，または著しく不公正な場合（831条1項1号）。決議の瑕疵を手続上の瑕疵と内容上の瑕疵とに分けると，これは手続上の瑕疵が存在する場合である（総会招集の手続およびその決議の方法の調査の検査役につき，306条。〔421〕）。一部の株主に招集通知を欠き（大部分の株主にこれを欠いた場合には決議不存在になる。〔451〕），決議が法律または定款で定めた要件を満たさず，また，ことさらに株主の出席困難な場所または時刻に総会を招集した場合等がこれに該当する。取締役会設置会社等では，招集通知に総会の目的である事項として記載した事項（299条2項4項）以外の事項についてなされた決議も取消事由になる。他の株主に対する招集通知の瑕疵も，取消事由になるとするのが通説・判例（最判昭和42・9・28民集21巻7号1970頁）である。しかし，招集通知を受けなかった株主が取消しの訴えを提起しないのは，決議の結果に満足しているからであると考えるべきであり，それにもかかわらず，招集通知を受けた株主に決議取消しの訴えを提起させる必要はないと考える。

(ii) 決議の内容が定款に違反する場合（831条1項2号）。決議の内容上の瑕疵であるが，その法令違反（この場合は決議無効事由になる。〔452〕）とは区別される。たとえば，取締役の員数を5名以内とする定款の定めのある会社で，5名を超える取締役を選任し，または取締役になりうる者は日本国籍を有する者に限る旨の定款の定めのある会社で，外国国籍を有する者を取締役に選任する場合等がこれに該当する。決議の内容の定款違反は，昭和56年改正前は，その法令違反と同じく，無効事由とされていたが，同年改正により，定款が会社の自治的規則であることから，決議の内容の法令違反と区別して，取消事由とされた。

〔450〕 (iii) 決議につき特別利害関係を有する者が議決権を行使したことにより著しく不当な決議がなされた場合（831条1項3号）。総会の決議につき特別の利害関係を有する株主の議決権の行使に関する取扱いについては，昭和56年商法改正によって大きく変更された。昭和56年改正前商法は，①「総会ノ決議ニ付特別ノ利害関係ヲ有スル者ハ議決権ヲ行使スルコトヲ得ズ」と規定し（昭和56改正前239条5項），特別利害関係人の議決権行使を排除していた。株主は，そのような決議につき，「株主としての利益」に基づいて議決権を行使することを期待することができず，「株主としてでない利益」すなわち，自己の個人的な利益に基づいて議決権を行使して，他の株主の利益を害するおそれがあるという理由によるものであった。そして，②その株主の議決権行使を排除した場合において，成立した決議が著しく不当で，その株主が議決権を行使したとしたら，そのような不当な決議の成立を阻止することができたであろう場合には，その株主は訴えをもってその決議の取消しまたは変更を請求することができるものとされていた（昭和56年改正前商253条）。

しかし，このような取扱いについては，次のような疑問が提起されていた。すなわち，第1は，株主の議決権ないし共益権の性質に関連するもので，共益権も自益権の価値を実現するためのものであり，議決権も株主が自分の利益のために行使できるものであるとする立場からすると（〔102〕），決議につき特別利害関係のある株主にも議決権の行使を認めるべきであって，ただその結果，著しく不当な決議がなされた場合には，その決議の効力を事後的に否定するという取扱い（昭和56年改正前の取扱いと，ちょうど逆の取扱い）をすべきであるという主張がなされていた。第2に，このように，特別利害関係人の議決権行使を事前に排除する取扱いのもとでは，その特別利害関係人の範囲をどのように解するかについて困難な問題が生じ，議決権の性質に関する前述のような考え方を反映させて，これをできるだけ制限的に解しようという傾向がみられた。たとえば，取締役選任決議において，その候補者となっている株主も，株主が企業の所有者として自己を取締役に選任することは株主の本質的権利であるとして，特別利害関係人に該当しないと解されていたし，取締役解任決議において，その対象となっている取締役についても，選任決議について述べたと同様の理由によりこれに該当しないというのが通説・判例であった（取締役会における代表取締役の解任決議については別である。〔515〕）。そして解釈の仕方によっては，その範囲がきわめて限定され，取締役の報酬を決定する決議における取締役とか，取締役の責任免除の決議における取締役に限られるとする解釈もなされていた。このような傾向から，特別利害関係人の議決権行使の排除に関する規定を存置することには疑問がもたれていた。

昭和56年改正商法は，このような考え方を反映させて，①特別利害関係人の議決権行使を事前に排除する規定を削除するとともに，②その者の議決権行使の結果，著しく不当な決議がなされた場合を決議取消事由として，事後的にその効力を否定することにしたのである。ここで著しく不当な決議とは，少数派株主に不当に不利益な結果となる決議を意味すると考えてよく，したがって，この規定は，多数決の濫用により決議の効力が否定される一場合を明文で規定したと理解すべきである。なお，平成6年改正商法により，会社の自己株式取得に関する決議において，会社に株式を売り渡そうとする株主について議決権行使が排除されることになり，特別利害関係人の議決権行使の排除がその決議につき復活したことは前述した（160条4項。〔171〕等）。この場合には，特別利害関係人の範囲が不明確だという前述の問題は生じない。

「決議について特別の利害関係を有する者」の範囲については，昭和56年改正前と改正後とでは，その株主の議決権行使に関する取扱いが異なったことから，異なる解釈をすることが必要である。すなわち，昭和56年改正前は，それに該当すれば，当然に議決権行使が排除されてしまうので，その範囲を限定する必要があったのに対して，同年改正後は，その者が議決権を行使したことだけでは決議の効力が否定されず，そのこととそれにより著しく不当な決議がなされたということとが合わされて，はじめて決議の効力が否定されるにすぎず，したがって，必ずしもその範囲を限定する必要がなくなったからである。

たとえば，昭和56年改正前は，B会社がA会社の株式を有している場合に，A会社とB会社とが合併するためのA会社の合併承認決議において，その合併の相手方会社であるB会社がA会社の株主として議決権を行使することができるか，それとも特別利害関係人として議決権行使を排除されるかについて，見解が分かれており，合併は組織法上の行為である等の理由により，排除されないとする見解も有力であった。しかし，昭和56年改正後は，その決議につきB会社は議決権を有するが，その合併の条件がA会社に著しく不利でB会社に著しく有利な場合において，B会社が自社に有利な合併に賛成の投票をした結果，承認決議が成立したときは，A会社の少数派株主は著しい不利益を受けることになり，この場合には，B会社はその合併承認決議につき特別の利害関係を有するものと解し，その者が議決権を行使したことにより著しく不当な決議がなされたものとして，831条1項3号の規定によりその決議には取消事由があると解すべきである。したがって，そのような合併承認決議が成立した場合には，これに反対した少数派株主としては，反対株主の株式買取請求権（785条1項・797条1項・806条。〔759〕）の行使と，決議取消しの訴えの提起とを選択することができることになる。

なお，決議につき特別の利害関係を有する者が議決権を行使したことにより著しく不当な決議がなされた場合には，その効力を否定するという救済があるが，その者が議決権を行使したために決議が成立しなかった場合には，取消しの対象となる決議が成立しておらず，決議取消しによる救済が受けられないことに注意しなければならない。たとえば，職務遂行に関し不正の行為をしている取締役の解任決議につき，当該取締役が株主として議決権を行使してそれに反対の投票をした結果，その決議が成立しなかった場合には，831条1項3号の適用の余地はない。というのは，否決する決議によって新たな法律関係が生じることはなく，また，当該決議を取り消すことによって新たな法律関係が生じるものではないからである（最判平成28・3・4民集70巻3号827頁）。したがって，この場合には，取締役解任の請求（856条）や損害賠償請求（423条・847条）等によって救済を受けるしかないことになる。

〔451〕　(b)　**決議不存在事由**　　決議不存在事由（830条1項）に該当するのは，決議が物理的に存在しない場合に限られず，法的に株主総会の決議として評価されるものが存在しない場合をいうと解すべきである。それがどのような場合かは，個別的に判断するしかない。判例上，決議不存在とされた事例を2つ紹介しよう。

①　株式会社白木屋では，鏡山社長派と大量の同会社株式を取得した横井英樹派との間で会社の支配権をめぐって紛糾していた。会社は，東京会館で株主総会を開催する予定であったが，会日の前日に東京会館から部屋の使用を断られたので，会場を中央クラブに移して鏡山社長のもとで同社の総会を開催し，鏡山ほか8名を取締役に選任する等の決議がなされた。ところが，横井派は，東京会館での強行開催を策して，「山下汽船の山下」の名義で部屋を借り受け，入口に「山下汽船様御席」と掲示してある部屋に集まって，発行済株式総数の過半数の株式を有する株主（委任状提出者を含む）の出席があったとして総会を開催し，横井ほか8名を取締役に選任する等の決議をし，即日取締役等の変更登記をすませてしまった。そこで鏡山社長派から東京会館における総会の決議不存在確認の訴えが提起された。判決は，総会の会場は白木屋のために準備されたものではなく，会館に参集した株主は，山下汽船の会合のため準備された部室に集合したという状態では，総会としての実質を備えないたんなる株主の集合にすぎず，白木屋の総会ということはできないとして鏡山派の請求を認めた（東京地判昭和30・7・8下民集6巻7号1353頁）。

②　Y株式会社は，その発行済株式総数が5000株，株主が9名（代表取締役Aならびにその実子であるBおよびCを含む）の会社であるが，Aは，BおよびC以外の6名の株主（その持株数2100株）には招集通知をせず，A，BおよびCの3名の株主だけが集まって取締役等の選任の決議をした。この事件につき，判決は，この総会決議は，法律所定の手続によらず，たんに親子3名によってなされたことが明白であるから，総会の決議があったものとはいえないと判示した（最判昭和33・10・3民集12巻14号3053頁）。

以上のように，事実上株主の集会による決議と認められるものが物理的に存在するとしても，やはり決議不存在とされることがあり，そうだとすると，決議不存在も決議の手続上の瑕疵の一場合である点では，決議取消事由と同一平面上にあり，そのうちでその瑕疵の程度が著しいものが決議不存在とされると理解すべきである。一部の株主に招集通知を欠いた場合には決議取消事由となり（〔449〕），大部分の株主にそれを欠いた場合には決議不存在事由になると解するのは，その一例である。その手続上の瑕疵がどの程度に著しくなったら決議不存在とされるかは，個々的に判断するしかないが，1つのメルクマールとしては，決議取消事由があるとされる場合には，たとえばその主張期間が3か月以内とされる等，その主張が制限（〔453〕）されているのに対し，決議不存在とされる場合には，その主張期間等の制限がない（〔454〕）ことからいって，手続上の瑕疵のうち，このように瑕疵の主張を制限するのが相当でないほど著しいものは，決議不存在とされると認めるのが妥当であろう。「山下汽船様御席」という名義でこっそりなされた決議（上記①），あるいは親子だけでなされた決議（上記②）は，それに該当すると考えてよい。

〔452〕 (c) **決議無効事由**　決議無効事由（830条2項）に該当するのは，総会の決議の内容が法令に違反する場合である。たとえば，取締役または監査役（監査役は監査等委員会設置会社・指名委員会等設置会社以外の会社の場合）の欠格事由に該当する者を取締役または監査役に選任する決議等がこれに該当する。配当可能利益が存しないにもかかわらずなされた剰余金配当決議については，旧会社法のもとでは，決議無効事由にあたる典型的な場合としてあげられていた。ところが，会社法のもとでは，463条1項において，「当該行為がその効力を生じた日における分配可能額を超えることにつき善意の株主」（傍点筆者）という表現等の理由（この点についてはさらに後述する。〔686〕）から無効とならないという見解が主張されている（この問題については〔686〕(i)）。

〔453〕 (ロ) **決議の瑕疵の取扱い**

会社法は，総会決議の瑕疵について，決議取消しの主張と決議不存在および決議無効の主張とで異なる取扱いをしている。それは，瑕疵の主張を，主張権者，主張期間および主張方法について制限するかどうかに関するものである。そのような取扱いの差異は，瑕疵の程度の軽重に関する差異からくるものである。

(a) **決議取消しの主張**　決議取消しについては，その主張権者，主張方法および主張期間を制限している（〔86〕）。

その主張権者は，株主等（828条2項1号），すなわち株主，取締役または清算人（監査役設置会社においては株主，取締役，監査役または清算人，指名委員会等設置会社においては株主，取締役，執行役または清算人）に限られる（831条1項柱書前段）。

なお，平成26年会社法改正により，決議取消しの主張権者について，次のような手当てがなされている。すなわち，株主総会の決議取消しにより株主となる者も，訴えをもってその決議取消しを請求することができるものとされる（831条1項柱書後段）。たとえば，全部取得条項付種類株式が総会決議によって会社に取得されると，それにより，それまで株主だった者がその地位を失うが，その総会決議に取消事由があった場合に，その株主は，その総会決議が取り消されれば株主としての地位を回復することになるのであるから，その者は決議が取り消されるまではまだ株主の地位を回復していないが，その者にも取消決議の提訴権を認めるべきであり，その旨が明文で規定されたものである。

主張方法としては必ず決議取消しの訴えによることを要し（831条1項柱書前段で，「訴えをもって」と規定しているのは，このことを意味する），かつ，その訴えの提起期間は決議の日から3か月以内とされる（831条1項柱書前段）。このように，決議取消しの訴えを提起して，その請求認容の確定判決がなされてからでないとその決議の効力が否定されないという意味で，決議取消訴訟は形成訴訟である。また，決議取消事由があっても，決議の日から3か月以内に訴えを提起しなければ，その瑕疵は治癒されて，その主張ができなくなる。3か月以内に一定の取消事由について訴えを提起した後，3か月経過後に他の取消事由を追加することができるかについても，これを否定するのが通説・判例（最判昭和51・12・24民集30巻11号1076頁）である。このように決議取消しの主張が制限されるのは，決議取消事由は，いずれも瑕疵の程度が軽いと評価されているからである。

〔454〕 (b) **決議不存在および決議無効の主張**　決議不存在および決議無効については，決議取消しについてと異なり，その主張を制限する規定は存在しない。したがって，だれでも，どのような方法でも，そしてまたいつまでもその主張をすることが許され，830条はとくに決議不存在確認の訴えまたは決議無効確認の訴えが提起された場合に適用される規定である。もっとも，解釈論として，決議不存在および決議無効についても，決議取消しに関する規定の類推適用によりその主張が制限されると解する見解もないではないが，明文の規定がないにもかかわらずそのように解しなければならない必要性がないだけでなく，そのように解することは，たとえば取締役としての欠格者の取締役選任についてみると，その確定判決までに長期間かかる可能性があることを考えると，それまではその欠格者を取締役として取り扱わなければならないことになり不都合である。そして，決議の無効を画一的に確定したい場合に決議無効確認の訴えを提起することを認めたものと解すべきである（決議の無効の画一的確定の意味については〔86〕〔457〕。対世

効につき，〔458〕参照)。したがってまた，その訴えに確認の利益が認められるのは，その確認判決に対世効があるからであると解される。主張期間についてみると，決議の内容の法令違反が一定の期間の経過によって治癒されるというのは不都合である。このように，決議不存在および無効の主張と決議取消しの主張とでその取扱いが異なるのは，前述したように，前者のほうが後者より瑕疵の程度が重いと評価されているからである。なお，830条1項および2項は，「決議が存在しないこと」，または「決議が無効であること」の「確認を，訴えをもって」請求することができると規定するが，このことは，この訴えは決議取消しの訴えと異なり形成訴訟ではなく，確認訴訟であること，したがって，必ずしも訴えによらなくても決議の不存在または無効を主張しうることを意味すると解する。

(ハ) 訴訟手続 〔455〕

訴訟手続については，決議取消訴訟と決議不存在確認訴訟および決議無効確認訴訟とで，同じ取扱いがなされる。これらの訴訟については，本店所在地の地方裁判所の専属管轄（835条1項)，数個の訴えが提起された場合の弁論および裁判の併合（837条）など，会社の組織に関する訴えにつき同じ取扱いがなされる。さらに，株主による濫訴の弊を防止し，その敗訴の場合の会社に対する損害賠償債務を担保するために，株主が訴えを提起したときは，裁判所はその者が取締役，執行役（この関係では，指名委員会等設置会社における執行役は取締役とみなされる）または監査役である場合を除き，会社がその者の悪意（不当に会社の利益を害する意図）を疎明したときは，相当の担保の提供を命ずることができる（836条)。

(ニ) 判決の効力 〔456〕

決議の瑕疵が訴えによって主張された場合の請求認容判決の効力については，決議取消判決と決議不存在確認判決および決議無効確認判決とで，区別する必要がある。もっとも，その対世効（〔457〕(i)〔458〕）および決議した事項が登記されている場合の判決の登記（〔457〕(iii)〔458〕）については，両者に共通である。

(a) 決議取消判決 〔457〕

(i) 画一的確定　　対世効　　総会決議取消判決も，会社設立無効判決と同じように（838条)，第三者に対してその効力が及び――いわゆる「対世効」を有し――，法律関係の画一的確定の要請が満たされている（〔86〕)。

(ii) 遡及効の有無　　決議取消判決の効力が決議の時まで遡るか，それとも判決確定時から将来に向かってのみ生ずるかについては，設立無効判決等の場合（この場合には，将来に向かってのみ効力が生ずる旨が明文で規定されている。〔90〕）と異なり（839条は遡及効を否定する趣旨の規定であるが，決議取消しの訴えに関する834条17号にはその規定が適用されない），とくに規定がなく，解釈に委ねられている。この点については，その遡及効を否定する規定がない以上，遡及効を認めざるをえないという見解が多数である。このことは，①たとえば，剰余金配当決議の取消判決のように，それ自体完了的意味を有する個別的決議事項に関する取消判決については，妥当である。なぜなら，その決議に基づいて剰余金配当がなされてしまった後でその取消判決が確定した場合には，剰余金配当を受けた株主からその金員の返還を請求する必要があるが，取消判決の効力が将来に向かってのみ生ずるとしたのでは，その返還を請求することができないことになり，判決を取り消す意味がなくなってしまうからである。これに対して，②たとえば，取締役選任決議の取消判決のように，その決議を前提にして諸般の社団的取引的行為がなされるような決議事項に関する取消判決については，その遡及効を否定すべきである。なぜなら，一方で，その判決に遡及効を認めて決議の時に遡って取締役でなかったことにすると，その者が取締役としてなされた取締役会決議あるいはその者がさらに代表取締役（指名委員会等設置会社の場合には代表執行役）に選定された場合に，代表取締役としてなされた総会招集や第三者との取引の効力が瑕疵を帯びることとなって法律関係の安定を害することになり，他方で，取消判決の効力を将来に向かってのみ生じさせても，その意味があるからである。立法論としては，取締役・監査役の選任決議の取消判決の効力についてその遡及効を否定する規定を設けることが望ましいが，解釈論としても，そのように解すべきである。

(iii)　決議取消しの登記　　総会決議に基づいて登記がなされた場合に，その決議取消判決が確定したときは，その登記は実体を反映しないことになるから，本店および支店の所在地において，取消しの登記をすることを要する（937条1項1号ト(2)）。たとえば，取締役または監査役の選任決議の取消判決が確定したときは，その取締役・監査役選任決議取消しの登記をすることになる。その登記は受訴裁判所の嘱託によってなされる。

(iv)　裁量棄却　　決議取消の訴えが提起され，取消事由が存在すると認められるときでも，裁判所がその裁量で請求を棄却することが認められる場合がある（831条2項）。これを一般に裁量棄却といっている。裁量棄却が認められるのは，次の2つの要件が満たされた場合に限られる。第1に，取消事由が，招集手続または決議の方法が法令または定款に違反する場合であり，したがって，それ以外の取消事由が存する場合（831条1項1号のうち招集手続または決議の方法が著しく不公正な場合および同項2号3号の場合）には，裁量棄却は認められない。第2に，その違反する事実が重大でなく，かつ，決議に影響を及ぼさないと認められる場合である。たとえば，非株主が参加して決議がなされたが，その票数を除いても決議が成立している場合，ある株主に招集通知もれがあったが，その株主が総会開催の日時，場所，議題等を事前に了知しながら，あえて欠席して，他の株主の全員一致による決議につき取消しを請求した場合等には，裁量棄却の余地があろう。

(v)　事情の変化による訴えの利益の喪失　　決議取消しの訴えがその訴訟の係属中の事情の変化により訴えの利益を喪失する場合がありうる。判例では，総会決議取消しの訴えの係属中に，その決議に基づいて選任された取締役ら役員がすべて任期満了により退任し，その後の総会決議によって取締役が選任され，その結果，取消しを求める選任決議に基づく取締役らがもはや現存しなくなった場合には，特別の事情がない限り，訴えの利益を欠くにいたるとされた事例がある（最判昭和45・4・2民集24巻4号223頁）。株式の発行決議取消の訴えの係属中に株式の発行がなされてしまった場合には，決議取消しの訴えの利益を欠くにいたるとした判例もある（最判昭和37・1・19民集16巻1号76頁）。また，役員退職金贈呈の株主総会決議取消しの訴えの係属中に当該決議と同一の内容の決議がなされた場合に，決議取消しの訴えの利益が失われるとした判例もある（最判平成4・10・29民集46巻7号2580頁）。もっとも，計算書類承認決議取消しの訴えが提起されたときは，翌期以後の計算書類が承認された場合にも，その決議が取り消されれば再決議が必要になることを理由に，訴えの利益が失われないとした判決がある（最判昭和58・6・7民集37巻5号517頁）。前述の取締役選任決議取消しの訴えの利益の有無に関する判例を例にとると，問題なのは，瑕疵ある選任決議をなさしめた取締役（指名委員会等設置会社以外の会社における業務執行取締役，指名委員会等設置会社では執行役であるのが通常であろう）につき，その責任を追及するためには，その瑕疵のある選任決議を取り消す必要があるかであって（瑕疵ある決議によって選任された取締役の在任中になした行為の責任を追及する場合には，それは取締役としての地位を前提とするものであるから，選任決議を取り消す必要がなく，決議取消しの訴えの利益を欠くことはいうまでもない），決議を取り消さないで，その者が任務を怠ったという423条1項の要件を立証できればその責任を追及しうると解すべきであり，そうだとすると，その場合には，訴えの利益は消滅すると解すべきことになろう。もっとも，この点につき，取消訴訟が相当に進行しているときは，それまでの瑕疵の有無に関する審理の成果を無駄にしてしまうことは適当でないとして，訴えの利益を肯定する見解もある。

〔458〕 **(b) 決議不存在確認・無効確認判決** 決議不存在確認判決および決議無効確認判決にも，対世効が認められること（838条）は，決議取消判決と同様である。決議不存在または決議無効を確認する利益は，まさにその判決に対世効が認められることにある（そうでなければ，それを攻撃防御方法として主張すれば足りる。〔454〕）。

その判決については，それが取締役選任決議のように，それを前提として社団的取引的行為が進展する事項の決議に関するものであっても，その判決の性質上，決議取消判決と異なり，遡及効を認めざるをえない。それは，決議がはじめから不存在または無効であることを前提として，そのことを確認するものだからである。たとえば，取締役として欠格事由のある者を取締役に選任する決議は，はじめから無効と解するほかない。なお，その者のなした取引の相手方については，不実登記の信頼者の保護規定（908条2項）その他の善意者保護規定（354条，民109条・110条・112条等）等によって保護されると解される。

決議不存在確認・無効確認判決が確定すれば，その決議が登記されているときは，決議取消判決と同じく，その登記が必要である（937条1項1号ト(1)）。

決議不存在確認・無効確認の訴えにつき，裁量棄却の余地がないことはいうまでもない。

Ⅲ 取締役，取締役会，代表取締役および業務執行取締役

A 取 締 役

〔459〕 **1 意義，業務執行・代表権等および社外取締役・独立取締役**

(イ) 機関としての地位等

取締役は株主総会で選任される（329条1項）。取締役は旧会社法のもとではそれ自体としては会社の機関としての地位を有せず，たんに会社の機関である取締役会の構成員としての意味を有するにすぎず，また，取締役のなかから代表取締役または業務執行取締役が選定され，取締役たる地位を失えば代表取締役等たる地位を当然に失うという意味で，会社の機関である代表取締役等の前提としての地位を有するにすぎなかった。ところが，会社法のもとでは，取締役は，定款で別段の定めがある場合を除き会社の業務を執行し（348条1項），他に代表取締役

を定めないかぎり，会社を代表し（349条1項），会社の必置の機関とされる（326条1項。〔400〕〔401〕）。廃止された有限会社法の規定にならったものである（廃止前有27条）。

会社と取締役との関係は委任関係である（330条。〔474〕）。

(ロ) 取締役による業務執行の決定

取締役会設置会社以外の会社では，取締役が2人以上ある場合において，一定の事項につき，取締役の過半数で決定しなければならず，その決定を各取締役に委任することができないものとされているが（348条2項3項），この点は，取締役会における決定と同趣旨のものなので（362条4項），取締役会のところで取り扱う（〔516〕(イ)）。

(ハ) 社外取締役の意義等　〔459の2〕

旧会社法（平成13年改正商法（法149号））のもとで，取締役などの責任の限度を定める規定（〔488〕-〔490〕）との関係で，社外取締役制度が設けられ（その不強制については〔459の3〕），それは，平成26年改正会社法のもとでは，次のように修正されて受け継がれている（2条15号）。

(a) **資格要件**　平成26年改正により，社外取締役の概念がそれまでより厳しいものとされた。すなわち，社外取締役の要件に，①会社の親会社等またはその取締役もしくは執行役もしくは支配人その他の使用人でないことが追加された（2条15号ハ）。ここで「親会社等」とは，株式会社の親会社および当該株式会社の経営を支配している者として法務省令で定める者をいう（2条4号の2，会社則3条の2第2項）。また，②親会社等の子会社等（当該会社およびその子会社を除く）の業務執行取締役もしくは執行役または支配人その他の使用人（以下，「業務執行取締役等」という）でないことが追加された（2条15号ニ）。また，③会社の取締役もしくは執行役もしくは支配人その他の重要な使用人または親会社等（自然人であるものに限る）の配偶者または2親等内の親族でないことが追加された（2条15号ホ）。

①は，親会社の関係者等を社外取締役から排除するものである。子会社の業務執行は，親会社の意向ないし指導によって行われており，この子会社の業務執行が親会社によって監督されることは，親会社自らの意向ないし指導を自らが監督することになって，自己監督のそしりをまぬがれないことになるからである。②は兄弟会社を社外取締役から排除するものである。社外取締役の要件に親会社等の子会社（その会社およびその子会社は除かれる。①参照）にも，①と同様のおそれ

があるので，これを排除するものである。③は社外取締役に会社の関係者の近親者を排除するものである。取締役，執行役，支配人その他の重要な使用人の配偶者または2親等内の親族でないことが要件とされる。

社外取締役の要件として，平成26年改正前会社法のもとでは，過去にその会社またはその子会社の業務執行取締役，執行役または支配人その他の使用人となったことがなく，かつ，現にその会社もしくは子会社の業務執行取締役もしくは執行役または支配人その他の使用人ではない者をいうとされていた。すなわち，1度でも，しかもいかに過去にであっても，その会社等の業務執行に携わった経験のある者は社外取締役の資格を有しないものとされていた。①ところが平成26年改正会社法のもとでは，その要件が緩和されて，10年間の待機期間が認められることになった。すなわち，社外取締役の要件として，それへの就任前10年間，会社またはその子会社の業務執行取締役等であったことがないことを要するものとされたのである（2条15号イ）。②もっとも，その就任の前10年内のいずれかの時において会社または子会社の取締役（業務執行取締役等を除く。それらの者は社外取締役になることができないから当然である），会計参与または監査役であったことがあるものにあっては，当該取締役，会計参与または監査役への就任の前10年間は会社または子会社の業務執行取締役等であったことがないことを要するものとされる（2条15号ロ）。平成27年6月の定時株主総会で社外取締役に選任されてその日に就任する者についてみると，①によれば，平成17年6月までに業務執行取締役等を退任していれば，社外取締役の要件をみたすことになる。ところが，②によれば，その者が社外取締役の要件をみたすためには，平成17年から平成27年の10年間のいずれかの時において，会社またはその子会社の取締役（業務執行取締役等は除かれる），会計参与または監査役（以下取締役等という）であったものにあっては，その取締役等への就任の前10年間会社またはその子会社の業務執行取締役等であったことがないことを要するものとされる。②については業務執行取締役であった者が①の要件に該当しない地位につき，10年以上経過した後にその会社の社外取締役になるというような社外取締役制度の趣旨を損なうような運用がなされないようにするための定めであるといわれている。

［459の3］ (b) **設置の奨励**　事業年度の末日において公開会社かつ大会社で金融商品取引法上の有価証券報告書提出会社である会社が監査役会設置会社であり，社外取締役を置いていない場合には，取締役は，当該事業年度に関する定時株主総会において，社外取締役を置くことが相当でない理由を説明しなければならない

(327 条の 2)。これは平成 26 年改正で新設された規定である。

立法論として，社外取締役の設置を義務づけることが問題とされたのは，監査役設置会社の場合（指名委員会等設置会社の場合は各委員会の委員の過半数は社外取締役でなければならない。400 条 3 項）には，取締役の全員が社長をトップとする上下関係でつながっており，このような状態では取締役会が取締役の職務の執行の監督機関であると規定されている（362 条 2 項 2 号）にもかかわらず，その機能を発揮できないという指摘がなされているからである。平成 14 年の会社法改正のための作業段階でもその旨の主張がなされたが，実現しなかった。その際には，昭和 49 年以降，会社法改正は監査役の監査権限の充実のための改正に重点が置かれ（〔542〕），取締役会の取締役の職務の監督権限の充実については，ほとんど配慮がなされなかったので，その充実のための制度として社外取締役の設置を強制することを考慮すべきではないかという主張がなされた。ことに当時，何十人もの取締役を擁する大会社で，取締役の全員が社長とその部下という上下の関係でつながっている者で占められているという会社が見受けられ，そのような会社では，取締役会による社長等の業務執行の監督機能は果たせているとはいえないのではないかという指摘もなされた。結局，そのときは，社外取締役制度は実現せず，このたびもそれは実現せず，それを置くことが相当でない理由を定時株主総会で説明し，かつ，事業報告の内容とするものとされたのである。

平成 26 年改正は，社外取締役の設置を会社法が強制するところまではしないものの，社外取締役の設置を強く推奨することとしている。この点で，ヨーロッパ諸国で採用されている「コンプライ・オア・エクスプレイン」(遵守するか，または，遵守しない場合は遵守しない理由を説明する）ルールを採用したともいわれている。すなわち，平成 26 年改正により，上場会社を含む有価証券報告書提出会社で監査役会設置会社（日本の上場会社の約 8 割が現在この形態である）は，社外取締役を置くことが義務づけられるわけではないものの，置かない場合には「社外取締役を置くことが相当でない理由」をその年度に関する定時株主総会で説明しなければならないこととなった（327 条の 2)。さらに，法務省令の改正により，事業報告でも説明しなければならないこととなり，「相当でない理由」は個々の会社の各事業年度における事情に応じて記載されなければならず，また，社外監査役が 2 人以上いることのみをもって「相当でない理由」とすることはできない（会社則 124 条 2 項 3 項)。これらに加えて，法務省令の改正により，株主総会参考書類においても，社外取締役を含まない取締役の選任議案を株主総会に提出するときは「社外取締役を置くことが相当でない理由」を説明しなければならなくなった（会社則74条の2）。

なお，上場会社向けのコーポレートガバナンス・コード（東京証券取引所有価証券上場規程445条の3参照）の原則4-8は「独立社外取締役は会社の持続的な成長と中長期的な企業価値の向上に寄与するように役割・責務を果たすべきであり，上場会社はそのような資質を十分に備えた独立社外取締役を少なくとも2名以上選任すべきである」と定めている。また，上場会社については，独立役員制度により独立役員を1名以上置くことが求められる（東京証券取引所有価証券上場規程445条の4）。

〔460〕

2 取締役の員数，資格および欠格事由

取締役の員数は，取締役会設置会社では3人以上であることを要する（331条5項）が，それ以外の会社では1人でもよい。定款でその最高限を定め，あるいは一定員数以下等と定めることができる。

会社は取締役について，公開会社でない会社の場合を除き，株主であることを要する旨を定款で定めることができないという規定がある（331条2項）。この規定の趣旨については，株主以外の者からも広く適材を取締役に選任することができるようにするため等の説明がなされている。

取締役の欠格事由が法定されている（331条1項）。①法人が取締役になることができるかは旧会社法のもとでは解釈上問題とされており，登記実務はこれを否定していたが，会社法では明文でこれを否定した（331条1項1号）。②財産を管理する能力のない者（同2号）が欠格事由にあたることは当然である。また③331条1項3号に列挙された法律の規定に違反する罪を犯し，刑に処せられ，その執行を終わり，またはその執行を受けなくなった日（刑の時効が完成した日）から2年を経過しない者も欠格者である（同3号）。さらに④それ以外の法令の規定に違反し禁錮以上の刑に処せられ，その執行を終わるまで，またはその執行を受けることがなくなるまでの者（刑の執行猶予中の者を除く）も同様である（同4号）。欠格事由に該当する者を取締役に選任する決議は，決議の内容の法令違反として決議無効事由に該当し（〔452〕），選任後にそれに該当するにいたったときは，当然に取締役たる地位を失う。

取締役の資格を定款で限定することも可能である。かつて，定款で取締役および監査役になりうる者は日本国籍を有する者に限る旨の規定を設けた会社があり，この旨の定款変更決議につき，法の下の平等を定めた憲法14条に反する等の理

由で，決議無効確認の訴え（〔452〕）が提起されたことがあるが，そのような定めをすることは私的自治の範囲内の問題であるとして，請求が棄却された（名古屋地判昭和46・4・30下民集22巻3＝4号549頁）。

3 選　任 〔461〕

(イ) 総会による選任——定足数の特例

取締役選任の株主総会決議は普通決議でよいが，その決議の重要性にかんがみ，定足数は，定款の定めをもってしても総株主の議決権の3分の1未満に下すことができない（341条）。すなわち，取締役を選任する株主総会決議は，議決権を行使することができる株主の議決権の過半数（3分の1以上の割合を定款で定めた場合にはその割合以上）を有する株主が出席し（定足数），出席した株主の議決権の過半数（これを上回る割合を定款で定めた場合にはその割合以上）でなされる。その選任を種類株主の拒否権の対象とすることもできることは前述した（108条1項8号。〔125〕）。補欠の取締役を選任しておくことができる（329条3項。会社則96条）。株主総会参考書類における記載事項につき省令に規定がある（会社則74条）。そこでは，候補者がその会社の取締役に就任した場合に重要な兼職（会社則121条8号）に該当する事実があることとなるときは，その事実が記載事項に含まれている（同74条2項2号。監査役についても同様である。76条2項2号）。この重要な兼職かどうかの判断は必ずしも候補者が他の法人等の代表者を兼任しているかどうかによるものではないものとされる。その判断時点は，参考書類の作成時点であって，その者が取締役に就任したと仮定して判断されることになる。社外取締役候補者にかかる親族関係者の開示（会社則74条4項6号ホ。監査役についても同様である。同76条4項6号ホ）等も記載事項に含まれる。さらに平成21年改正会社法施行規則により責任免除を受けた役員等に対して退職慰労金等を与える場合の記載事項に関する規定が新設された（同84条の2。〔488〕(a)(v)）。

(ロ) 累積投票制度 〔462〕

2人以上の取締役の選任については，定款で排除されていない限り，株主総会の日から5日前までに請求することにより，累積投票によることを求めることができる（342条1項2項）。累積投票制度とは，少数派からもその持株数に応じて取締役を選出する可能性を与える制度であって，取締役選任にあたって広い意味での比例代表制を実現する制度といってよい。昭和25年改正商法により，採用されたものである。実際には，大多数の会社は定款に累積投票を排除する規定を設けているので，この制度が利用される可能性はきわめて小さい。

累積投票制度の内容は，次の通りである。累積投票の請求があったときは，各株主は1株（1単元の株式を定めたときは1単元の株式）につき選任すべき取締役の数と同数の議決権が与えられ，各株主は，その議決権に基づき，1人の取締役候補者に集中して投票することもできるし，2人以上の候補者に分散して投票することもできるものとし（342条3項），その投票の最多数を得たものから順次取締役に選任されたものとされる（342条4項）。このような仕組みにより，少数派でも自分の派の候補者に集中的に投票すれば，自分の派から取締役を選出する可能性が生じうる。1人の取締役を選出するのに必要な持株数（X）につき，次のような数式が立てられている。

$$X = \frac{A}{N+1} + 1$$ （A＝出席株式数，N＝選任取締役数）

累積投票の請求があった場合の取締役の選任に関し必要な事項について法務省令で規定されている（342条5項，会社則97条）。

累積投票によって選任された取締役の解任は，それ以外の取締役のそれと異なり，特別決議が要求される（309条2項7号）。

〔463〕 **(ハ) 公開会社でない会社で指名委員会等設置会社でもない会社における種類株主総会による選解任**

(a) 公開会社でない会社で指名委員会等設置会社でない会社における種類株主総会による選任　非公開会社（株式譲渡制限会社。〔16〕）で指名委員会等設置会社でない会社が種類株主総会における取締役の選任につき内容の異なる数種の株式を発行した場合においては，取締役（監査役についても同様である。以下同じ。347条2項参照）は，定款の定め（108条1項柱書9号。〔127〕）に従い，種類株主総会において選任される。この制度の趣旨，定款に定める事項等については，種類株式のところで説明した（〔126〕〔127〕）。この場合においては，取締役は株主総会の決議で選任する旨の329条1項の規定は，当然のことながら適用されない。このような種類の異なる株式を発行した場合には，各種類の株主の種類株主総会のみにおいてその選任がなされる趣旨であり，このことは前述した（〔126〕）。

取締役の選任に関する定めがある種類株式を発行している場合における取締役の選任手続，任期等は，株主総会の規定が読み替えられた上で準用される（347条1項・329条1項・332条1項）。

種類株主総会による取締役の選任決議の定足数については，通常の株主総会における取締役の選任についてと同様の定めがなされており，普通決議でよいが，定足数は定款でもってしても3分の1未満に下すことができない（324条1項・

341条・347条)。取締役の選任がその種類の株主の有する総株主の議決権のごく少数によって決められることを防止するためであって，通常の株主総会における取締役の選任についての定足数の制約がある(〔432〕)のと同趣旨である。

また株主総会の規定が準用されることにより，自己株式または相互保有株式の議決権が排除されることになる(308条1項本文2項・325条)。単元未満株式についても同様である(308条1項但書・325条)。さらにその種類株主総会の招集通知も，株主総会のそれと同様である。

(b) 2つ以上の種類の株主が共同で取締役を選任する場合　定款に他の種類の株主と共同して選任する旨の定めがある場合(108条2項9号ロ)には，共同して選任することになる。たとえばA種類株主とB種類株主とで5名中3名の取締役を選任する旨を定めたときは，その取締役の選任については1つの種類の株式の株主として選任することになる(〔127〕)。

〔464〕 **(c) 法令または定款に定める員数の取締役を選任することができない場合**　取締役選任の種類株式を発行する旨の定款の定めがある会社(108条2項9号)は，法令または定款に定めた取締役の員数を欠くにいたった場合において法令または定款に定めた取締役の員数に足りる数の取締役を選任すべき種類の株主が存在しないときは，この定款の定めを廃止したものとみなされる(112条)。

前述したように(〔127〕)，定款にA種類株式の株主の種類株主総会で3名，B種類株式の株主のそれで2名の取締役を選任する定めがある場合において，A種類株式の株主が，たとえば株式の取得条項による株式取得その他の自己株式の取得等の事由により存在しなくなったときのように，取締役を選任する種類の株主が存在しなくなることがありうる。そのような事態が生ずる場合に備えて，定款で取締役の選任に関する事項を変更する条件およびその条件が成就した場合の取扱い(たとえば，A種類株式が存在しなくなった場合にはB種類株式の株主で5人全員を選任するというような取扱い)を定めておくことが認められている(108条2項9号ハ)。ところが，そのような定めをしておかないで，しかも法令または定款に定めた取締役の員数に足りる数の取締役を選任すべき種類の株主が存在しないという事態が生ずることがありうる。たとえば，前述の例で，3名の取締役を選任するA種類株式の株主が存在しなくなり，それに備えるための定款の定めをしておかなかったときは，B種類株式の株主によって取締役を選任するとしても，それは2名の取締役のみであるから，取締役の員数につき331条5項の定める数(3名以上)に足りないことになる。この場合には，種類株主による取締役の選任に関する定款の定めは廃止したものとみなされ，前述の例で，A 種類株主による 3 名の取締役の選任のみならず，B 種類株主による 2 名の取締役の選任に関する定めも廃止されたものとみなされることになる。この例のように，欠員を補充するために選任決議をすべき種類の株主（前述の例で，A 種類株主）が存在しなくなってしまった以上，欠員の場合の一時的取扱いについての 346 条によって問題を解決することができず，定款を定め直すしかない。定款を定め直さないで，この例で，自動的に A 種類株主が選任すべきであった 3 名の取締役を含めて，B 種類株主で 5 名全員を選任することとするということは，株主の意思に合致するということができない。したがって，この場合には，残った株主によって別途に取締役の選任について定めるべきこととしたものであり，その定めをしないかぎり，一般原則により株主総会の決議により取締役を選任するものとされたのである。

(d) **解任**　上記の種類株主総会により選任された取締役の解任（監査役の解任についても同様である。347 条 2 項・339 条 1 項・341 条）は，いつでもその選任した種類株主総会の決議により解任することができる（347 条 1 項・339 条 1 項・341条）。

〔465〕 **(二) 選任決議と取締役就任との関係**

総会（(ハ)の種類株主総会を含む）における取締役選任決議があった場合に，被選任者の承諾によって当然に取締役に就任するのか，それともさらに会社代表者の就任申込みと被選任者の承諾による任用契約によってその者が取締役に就任するのかについて，見解が分かれているが，理論的には後者の見解が妥当である（330 条参照）。もっとも，実際には，会社と取締役候補者との間で，あらかじめ総会の選任決議を条件とする任用契約を締結しているので，このような議論の実益は通常は存しない。

取締役が就任した場合には，その氏名が登記される（911 条 3 項 13 号・22 号イ）。

〔466〕 **4 終　任**

(イ) 委任の終了事由等

取締役は，会社の受任者の関係に立つから（330 条），委任関係終了の一般事由が終了事由になる。すなわち，取締役はいつでも辞任することができ（民 651 条。会社の側からの解任については，〔468〕〔469〕），また取締役の死亡，破産手続開始の決定または後見開始の審判および会社の破産手続開始の決定によって委任関係は終了する（民 653 条）。また，取締役はその欠格事由（331 条）に該当することによって当然にその地位を失う。

(ロ) 任期満了

〔467〕

取締役の任期については，その最長期が法定されている（監査役の場合に最短期も法定されているのと異なる。〔547〕）。それは，①公開会社であって指名委員会等設置会社でないもの，②公開会社でないもの（株式譲渡制限会社。〔16〕），③監査等委員会設置会社，④指名委員会等設置会社で区別されている。

①については選任後2年以内に終了する事業年度のうち最終のものに関する定時総会の終結の時までとする。たとえば，事業年度が4月1日から9月30日までと10月1日から3月31日までと定められている場合に，平成27年6月30日に取締役に選任された者の任期は平成29年6月30日以内に終了する事業年度のうちの最終のもの，すなわち平成28年10月から平成29年3月31日までの事業年度の定時株主総会の終結の時までとされるが，定款または株主総会の決議でその任期を短縮することができる（332条1項）。なお，会計監査人設置会社において，自己株式の取得，剰余金の配当等に関する事項を取締役会で定めることができる旨を定款で定めるには，前述の2年を1年としなければならない（459条1項柱書）。

②の公開会社でない会社（株式譲渡制限会社。〔16〕）は定款の定めで10年まで伸長することができる（332条2項）。

③の監査等委員会設置会社では，監査等委員である取締役は2年，それ以外の取締役は1年とされる（332条3項4項）。

④の指名委員会等設置会社では1年とされる（332条6項）。

なお，計算書類を承認する総会が定時に開催されなかった場合には，定時総会と臨時総会との区別の仕方（〔414〕）に関する考え方の相違によって，任期に差異が生ずることがある。すなわち，①の場合で，取締役の任期が就任後2年内の最終の決算期に関する定時総会の終結の時までとすると定められており（332条1項），取締役が5人で，そのうちの2人の任期が次の定時総会の終結によって到来することになっている会社において，その2人が決算期後3か月以内に定時総会を招集することを主張しているのに，他の3人がこれに反対し，その結果，その総会が招集されなかった場合を考えてみよう。この場合に，招集時期説（〔414〕）によれば，その2人の取締役は定時総会が開催されるべき時期である決算期後3か月を経た時点で取締役の地位を失う（3人の取締役が残っている以上，定款で3人を超える取締役を置く旨を定めていない限り，退任取締役としての権利義務を有することにもならない。346条1項。〔470〕）と解されることになろう。これに対して，議題内容説（〔414〕）によれば，次に計算書類の承認を議題とする総会が開催される総会（それが定時総会となる）まで任期があることになる。すなわち，招集時期説によれば，この2人を取締役会から締め出すために，この期間内に総会を招集しないという結果を認めることになる。この点からも，定時総会と臨時総会との区別については，議題内容説が妥当である（〔414〕）。

〔468〕 (ハ) 解　任

(a) **解任決議**　委任は各当事者がいつでも解除することができるが（民651条1項），会社側からの取締役（それ以外の役員についても同様である）との委任の解除は，解任という形をとる。取締役は，いつでも株主総会の決議で解任することができるが（339条1項），この決議は，ことの重要性にかんがみ定足数についての制限（定款でも3分の1未満にすることができない。341条）があることは前述した（〔432〕）。参考書類には解任の理由が記載される（会社則78条）。また，その解任に種類株主総会の承認を要する種類株式（拒否権条項付種類株式）の発行が認められることは前述した（〔125〕）。しかし，会社法は，累積投票によって選任された取締役の解任（この解任については特別決議が要求される。309条2項7号）を除き，取締役の解任は普通決議でよいことにした（旧会社法では特別決議が要求されていた。監査等委員である取締役および監査役の解任には特別決議が要求される）。取締役解任についての株主自治の範囲を広くしたものということができる。もっとも，定款で別段の定めをすることができ（309条1項），取締役の解任につき特別決議によることを定款で定めている例もある。解任決議は正当の事由の有無を問わずにすることができるが，正当の事由がある場合を除き解任された取締役はこれによって生じた損害の賠償を請求することができる（339条2項）。ここで正当の事由とは，当該取締役が不正行為ないし法令または定款に違反する行為をしていること，病気その他の事由で取締役の職務を行いえないこと等を指す。この解任決議は，株主提案権に基づいてすることも可能である。解任によって生じた損害とは，取締役を解任されなければ得べかりし残任期間中および任期満了時の所得（報酬，賞与，退職慰労金等）である。

取締役等の選解任の種類株主総会による解任については前述した（〔464〕(d)）。

〔469〕 (b) **裁判所に対する解任の請求——解任の訴え**　会社法は，取締役（それ以外の役員についても同様である）に解任されるべき事由があるにもかかわらず，総会において取締役を解任することが否決された場合には，少数株主が裁判所にその解任を請求する——解任の訴えを提起する——ことを認めている（854条）。これ

は，多数派から取締役が選任されていて，多数決による解任決議が成立しない場合に，判決によって，多数決原理を修正することを認めたものである。

この請求が認められるのは，取締役の職務の執行に関し不正の行為（少数派に対して故意に株式の割当てをしない等）または法令・定款に違反する重大な事実があるにもかかわらず，総会がその解任の議案を否決した場合または解任決議が種類株主総会の決議がないために効力が生じない場合（108条1項8号・323条）である。なお，種類株主総会による取締役または監査役の選任についての定めがある種類の株式（108条1項9号）を発行している場合には，種類株主総会（347条1項2項・339条1項）で解任決議が否決され，またはその決議がないために効力を生じない場合も含まれる（854条3項4項）。その取締役に法令等違反がある場合に限られ，経営方針についての意見の相違等は含まれない。総会で取締役の解任が否決された場合に限られず，総会で取締役の解任が適法に議題とされたとき（少数株主の株主提案権あるいは総会招集権の行使による場合が普通であろう）は，それが多数決要件を満たさなかったため否決された場合だけでなく，定足数不足で成立しなかった場合も，含まれると解すべきである。そう解しないと，多数派がこの議題の票決に欠席することによって，この請求を排除することができることになるからである。

この請求をすることができるのは，次の株主である。すなわち，①公開会社の場合には，㋑総株主の議決権の100分の3（これを下回る割合を定款で定めた場合にあっては，その割合）以上の議決権を6か月（これを下回る期間を定款で定めた場合にあっては，その期間）前から引き続き有する株主（その役員を解任する旨の議案について議決権を行使することができない株主およびその請求にかかる役員である株主を除く）か，㋺発行済株式（株主としてのその会社およびその請求にかかる役員である株主の有する株式を除く）の100分の3（これを下回る割合を定款で定めた場合にあっては，その割合）以上の数の株式を6か月（これを下回る期間を定款で定めた場合にあっては，その期間）前から引き続き有する株主である。㋑と㋺との区別は，保有持株比率（100分の3）の基準となるのが総株主の議決権か発行済株式（議決権のない株式も含まれる）かという点である。いずれもこの訴えを提起できる。②公開会社でない会社においては，公開会社の場合の保有期間の要件が課せられず，保有株式要件のみが課せられる（854条2項）。なお，この請求は，その解任請求の対象となっている取締役等である株主には認められない（854条1項1号イロ・2号イロ）。

判決確定までこの要件を満たす必要がある。総会における多数決による結果の修正を求めるものであるから，議決権を有しない株主には，この権利は認められない。この請求は，その総会の日から30日以内に訴えをもってしなければならない。請求の相手方は，会社と取締役との委任関係の解消を求めるものであるから，会社と当該取締役とを共同被告とされる（855条。同旨，最判平成10・3・27民集52巻2号661頁）。この訴えは本店の所在地の地方裁判所の管轄に専属する（856条）。解任判決は形成判決であり，その確定によって当該取締役は自動的に取締役の地位を失う（登記につき，937条1項1号）。

〔470〕 **5 欠員の場合の処置**

取締役の員数は，取締役会設置会社では法律上3人以上とされるが（331条5項），その員数を欠いた場合の処置について，会社法は次のように定めている（他の役員についても同様である。以下同じ）。定款でその員数を法律で必要とされる員数を超えて定めることができるが，その員数を欠くにいたった場合（定款で，「5人とする」または「5名以上」というように定めた場合）の処置についても同様である。

(イ) 退任後の取締役の権利義務

まず，欠員を生じた理由が任期の満了または辞任による退任の場合には，民法上の受任者の委任終了後の善処義務の規定（民654条）にならって，退任した取締役が，新しく選任された取締役が就任するまで，依然として取締役の権利義務を有する（346条1項）。その権限は在任中のそれと同様である。

〔471〕 **(ロ) 一時取締役の選任，その権限**

取締役が死亡，破産もしくは後見開始の審判または解任によって退任した場合には，退任した取締役に(イ)に述べたような取締役の権利義務を有するとすることは不可能または不適当であり，また任期満了または辞任による退任のときでも，退任取締役に取締役の権利義務を有するとすることが不適当なことがある（退任が取締役の健康上の理由による場合，または辞任が他の取締役との意見の対立による場合など）。そこで，取締役に欠員が生じた場合において，必要があるときは，利害関係人の請求により，裁判所が一時取締役の職務を行うべき者を選任することができる（346条2項）。この者を一般に「一時取締役」と呼んでいる（以下，「一時取締役」という。取締役以外の役員についても同様である）。裁判所は，この一時取締役を選任した場合には，会社がその者に対して支払う報酬の額を定めることができる（346条3項）。その権限は，職務代行者（〔473〕）と異なり，本来の取締役のそれと同様である（それを制限する旨の規定が存在しない）。代表取締役に欠員を生じた場合の一時代表取締役についても規定がある（351条2項。〔526〕）。

6　職務執行停止・職務代行者選任の仮処分　〔472〕

(イ)　趣　　旨

取締役選任決議の取消し，不存在確認，無効確認または取締役解任の訴えが提起されても，その判決が確定するまではその取締役の職務を執行することができることになるが，そうすると，取締役として欠格事由に該当する可能性の大きい者や不正行為を行っている者，そうでなくても，判決により取締役でないことが確定する可能性のある者が取締役の職務を行うことになり，そのような者に職務を執行させることが適当でない場合がある。このような場合には，民事保全法上の一般原則により，仮の地位を定める仮処分（民保23条2項）によりその職務執行を停止し，または代行者を選任することができる。もっとも，このような訴えが提起されたときは，明らかにその訴えの根拠がないような場合を除き，保全の必要性は当然に認められると解する余地があろう。そして，そのような仮処分またはその変更もしくは取消しについては，その旨を公示するため，本店または支店の所在地において登記することを要する（他の役員についても同様である。917条1号）。

(ロ)　代行者の権限　〔473〕

取締役の職務代行者の権限は，仮処分命令に別段の定めがある場合を除いて，一時取締役のそれ（〔471〕）と異なり，制限されている。すなわち，とくに本案の管轄裁判所の許可を得た場合を除き，会社の常務に属しない行為をすることはできない（352条1項）。代行者は，本案の確定までの間の暫定的地位を有するにすぎないからである。総会で取締役の解任，定款の変更等を議題とすること等は，常務に属しない行為ということになろう（最判昭和50・6・27民集29巻6号879頁は，取締役の解任を目的とする臨時総会招集は，常務に属しないという）。この規定に違反して行った取締役の職務の代行者（代表取締役の職務代表者を含む）の行為は無効であるが，会社はこれを善意の第三者には対抗できない（352条2項）。

7　取締役と会社との関係　〔474〕

(イ)　善管注意義務と忠実義務との関係

取締役は，会社と委任関係に立ち（330条），受任者としての善管注意義務（民644条）を負う。すなわち，取締役は，社会通念上，取締役たる地位にある者に通常要求される程度の注意をもってその職務を行うことが要求される。なお，近時，経営判断の原則ということがいわれ，会社は基本的には取締役の経営判断を尊重すべきであり，それにより損失を蒙ったとしても，取締役が必要な注意を怠ったとはいえないという法理として説明されている。しかし，経営判断の原則といえども，取締役の判断が著しく不当である場合には，善管注意義務違反の責任を免れることができないと解される。他方，会社法は，取締役は法令および定款の定め，ならびに総会の決議を遵守し，会社のため忠実にその職務を遂行する義務を負うと規定している（355条）。この規定は，昭和25年改正の際に新設されたものであるが，この規定の意味について，見解が分かれている。かつては，この規定は，善管注意義務と同じ内容の義務を規定したものであって，それを具体化したものであると説明するのが多数説であった。判例もこの立場をとっている。たとえば，最高裁大法廷昭和45年6月24日判決（民集24巻6号625頁［八幡製鉄政治献金事件］。〔487〕）は，商法254条ノ2（355条に相当）の規定は，通常の委任関係に伴う善管注意義務を敷衍（ふえん）し，明確にしたにとどまり，それとは別個の高度な義務を規定したものではないと判示している。たしかに，取締役が法令および定款ならびに総会の決議を遵守する義務を負うことは，当然のことであって，それは善管注意義務の内容をなすということができるであろう。問題は「会社のため忠実にその職務を行わなければならない」の意味がどういうものかであって，それが昭和25年改正の際に，英米法の考え方に影響されて設けられた規定に含まれていることにかんがみると，それは取締役と会社との間の信認関係（fiduciary relation）に基づく忠実義務，すなわち，取締役がその地位を利用して自己または第三者の利益を図って会社の利益を害してはならないという義務を意味すると解すべきである（なお，社債管理者の忠実義務に関する〔715〕参照）。取締役の会社との競業取引および利益相反取引に関する規制も，忠実義務の内容を具体化したものであるが（〔475〕以下），355条のこの部分は，このような忠実義務に関する一般的規定としての意味を有すると解すべきことになる。会社法がこの忠実義務に関する規定を競業取引および利益相反取引に関する規定（356条）の直前に置いたということは，それらの規定が忠実義務を具体化したものと解されることからも，この解釈を裏付けるものということができよう。たとえば，A会社の代表取締役甲がB会社の100パーセントまたそれに近い株式を有しているがその取締役にはなっていない場合に，A会社がB会社に貸付けをすることは，直接には利益相反取引の規定（356条1項2号3号）に該当しないとしても，忠実義務に関する355条の一般規定に違反するものとして損害賠償責任を負うものと解される（423条1項）。

平成5年改正商法により，株主代表訴訟の訴額の算定について財産権上の請求でない請求にかかる訴えとみなされる（847条6項。平成15年民訴費用法改正により，その訴額は1万3000円とされている）こと（〔494〕）に伴い，株主代表訴訟により取締役が会社に対して損害賠償責任を負わされる場合に備えて，役員賠償責任保険契約を締結する例が見受けられる。この保険料を会社が支払うことは，まさに取締役に有利で会社に不利な行為であって，そのような契約を締結した代表取締役ないし取締役会でそれに賛成した取締役は，忠実義務違反の責任を問われると解すべきである。もっとも，当該取締役が勝訴した場合には，その訴訟に関する費用は取締役としての委任事務処理費用と解され（民650条。〔497〕），したがって，そのための保険につき，会社が保険料を負担することは，これに該当しないと解される。

(ロ) 競業取引の規制 〔475〕

会社法は，取締役（代表取締役に限られない）の忠実義務に関連して，競業取引について規定している。取締役がその地位に基づいて会社の事業（旧会社法では「営業」とされていたがそれを会社法で「事業」と改めた理由については〔5〕）に関して取得した知識ことに得意先の状況等に関する知識を，会社と競業関係にある自己または第三者の事業（たとえば自分が代表取締役をしている会社の事業）のために利用して，会社に損害を与えることを防止する趣旨である。

(a) 規制の内容

(i) 取締役会設置会社の場合――取締役会の承認　　取締役が自己または第三者のために会社の事業の部類に属する取引をするには，取締役会においてその取引につき重要な事実を開示して，その承認を受けなければならない（356条1項1号・365条。執行役にも準用される〔419条2項〕）。昭和56年改正前は，株主総会において，発行済株式総数の3分の2以上の多数による認許が必要とされていたが，その要件が厳しすぎて実際には遵守されていなかったといわれており，そのため，昭和56年改正で，取締役会の承認によることに改められた（〔476〕参照）。たとえば，不動産取引を営むA会社の取締役甲がその取締役としての地位を利用して不動産取引の情報を入手し，それを甲（または第三者乙）のために利用して不動産取引をすることにより，甲または乙に有利でA会社に不利になる可能性があることから，これを規制の対象としているのである。

会社の事業の部類に属する取引かどうかは，会社と競争関係が生ずるか，具体的には顧客が競合するかどうかによって判断すべきであって，会社が現に行っている事業だけではなく，開業準備をしている事業や一時休止中の事業も含まれ，また，会社の取り扱っている商品と完全に一致する必要はなく，それと同種または類似の商品を取り扱うことも含まれると解すべきである。

「自己又は第三者のために」の意味については，①「自己の名で，または第三者の名で（第三者の代理人または代表者として）」という意味か，②「自己または第三者の計算で（経済的効果が自己または第三者に帰属すること）」という意味かで見解が分かれているが，②の意味と解すべきである。すなわち，たとえば，取締役が会社の名前で取引をしたがその経済的効果が自己または第三者に帰属する場合にはこの規定を適用すべきである。そのような場合にも同条による規制をする必要があり，他方で，それに違反して取締役会の承認を得ないでなされた競業取引が無効になるわけではないから（〔477〕），このように解しても，取引の安全に影響するわけではない（利益相反取引に関する〔480〕参照）。

取締役会の承認を受けるには，その取引についての重要な事実を開示しなければならないが，その重要な事実とは，取締役会がその競業取引によって会社が損害を受けないかどうかを判断するにあたって必要な事実を意味すると解され，具体的には，取引の相手方，目的物，数量等を意味する。

取締役会の承認の受け方としては，具体的な取引について個々的に承認を受ける必要はなく，開示された事実から，会社に損害を生じないと判断することが可能な限度では，包括的に承認を受けることも可能である。同種の営業をする会社の代表取締役に就任すること（同業である会社の代表取締役に就任した場合に，包括的に競業の承認を受ける場合など）を承認するかどうかも，このような観点から判断されるべきである。取締役会が事後的に追認することも可能である。もっとも，事後の承認については，事前に承認を得られるのに事後に承認したような場合には，それによる善管注意義務違反の責任を問われる可能性が事前のそれより大きくなることは否定しえないであろう（〔476〕参照）。

取締役会の承認にあたっては，その承認を受ける取締役は特別利害関係人として議決権行使を排除される（〔515〕）。

(ii)　取締役会設置会社以外の場合――株主総会の承認　　取締役会設置会社以外の会社では，取締役が自己または第三者のために競業取引をするときは，株主総会の承認を受けなければならない（356条1項1号）。その総会決議は普通決議でよい（309条1項）。そのほか，(i)で述べたことは，(ii)の場合にも妥当する。

(iii)　報告義務　　取締役会設置会社では競業取引をした取締役は，遅滞なく，取引につき重要な事実を取締役会に報告しなければならない（365条2項）。取締役がその取引をするにつき取締役会の承認を受けていたかどうかにはかかわりない。監督機関としての取締役会（〔510〕）およびそれに出席する権利を有する監査役が，実際になされた取引が承認された範囲に属するかどうか，その取締役に忠実義務違反がないかを判断し，会社に損害を生ずる可能性があるときはそれに対する措置を講ずる機会を与えるためである。報告義務違反については過料の制裁がある（976条23号）。

取締役会設置会社以外の会社においては，競業取引自体についての報告義務については規定されていない。しかし，取締役一般について（取締役会設置会社を含む）には会社に損害を及ぼすおそれのある事実を発見したときの株主，監査役（監査役設置会社の場合）または監査役会（監査役会設置会社の場合）または監査等委員会（監査等委員会設置会社の場合）に対する報告義務が課せられている（357条）。

(b) 競業取引の効果 〔476〕

(i) 取締役会等の承認を受けてなされた場合　取締役会または株主総会（以下，「取締役会等」）の適法な承認を受けてなされた競業取引は，356条1項1号に違反する取引とはいえず，その取引をすること自体は禁止されない。しかし，それにもかかわらずその取引によって会社に損害が生じた場合には，競業取引をした取締役に責任が生ずる可能性がある。昭和56年改正前は，競業取引については株主総会における発行済株式総数の3分の2の多数による認許が要求されたが（〔475〕），この要件を満たして認許を受ければ，それに免責的効果が認められ，競業取引の結果会社に損害が生じても，競業取引をした取締役は責任を負わないでよいと解されていた。昭和56年改正により，競業取引をするには取締役会の承認を受ければよいと改められたが，この取締役会の承認には上記のような忠実義務違反を免責するまでの効果を認めることはできず，したがって，会社に損害が生ずれば，当該競業取引をした取締役はもちろん，取締役会でその取引につき承認することに賛成した取締役も，それに賛成するにつき善管注意義務違反（会社に損害が生じないと判断するについての善管注意義務違反）があれば，やはり会社に対して損害賠償責任を負わされることになる（423条）。取締役は，会社に損害が生ずることが取締役に社会通念上要求される注意をもってしても予測することができなかった場合に，はじめて責任を免れることになる。そしてまた，競業取引を取締役会の承認にかからせていることの意味も，上記のように承認した取締役が善管注意義務違反による損害賠償責任を負わされる点にあり，それによって，安易な承認をしないことが期待されるということができる（そのような責任を負わせなければ，同じ取締役同士の関係から安易に承認してしまうおそれがある。なお，取締役等の責任については，424条以下。〔487〕以下）。

〔477〕 (ii) 取締役会等の承認なしになされた場合

(α) 違反行為の私法上の効力　356条1項1号に違反する行為の効力自体は否定されない（利益相反取引に関する〔480〕と対比）。なぜなら，この取引は取締役が自己のためにするにせよ，または第三者のためにするにせよ，その相手方との間でなされるものであって，この取引の効力を否定することは，規制の対象とされていない相手方が，この規制によって不利益を受けることになり，不都合だからである。

(β) 損害賠償責任等——損害額の立証の困難を排除するための規定　取締役会の承認なしになされた場合には，その取引はまさに356条1項1号違反として，その行為をした取締役は損害賠償責任を負わされる（423条1項・356条1項1号）ほか，解任請求の対象にもなりうる。ところが，会社側がこの場合の損害額を立証することは必ずしも容易ではない。たとえば，競業取引がなされ，その期の会社の利益が減少したとしても，その利益の減少が競業取引によるという立証は必ずしも容易ではなく，まして会社の利益が増加した場合に，競業取引がなされなければ，もっと利益が増加したはずだという立証はますます困難である。そこで会社法は，この場合の会社側の損害額の立証の困難さを排除するため，損害額の推定に関する規定を設けている。すなわち取締役（執行役にも準用される。419条2項）が356条1項1号の規定に違反して取引をしたときは，その取引により取締役もしくは執行役（それぞれ自己のためにしたとき）または第三者（第三者のためにしたとき）が得た利益の額は，会社が蒙った損害と推定される（423条2項。特許法102条1項にも同趣旨の規定がある）。したがって，違反行為をした取締役において，会社の損害がその違反行為と因果関係のないこと，または取締役もしくは第三者が得た利益より少ないことを立証すれば，責任を免れ，または責任額を減ずることができ，逆に会社側もその蒙った損害がその利益より大きいことを立証して，それ以上の損害賠償をすることも可能である（なお，取締役等の責任については，424条以下。〔487〕以下）。

なお，旧会社法に設けられていた介入権に関する規定は，会社法で削除された。介入権が自己のためになされたときというように限定的であり，また，上記の推定規定で十分であると考えられたためであろう。

(ハ) 利益相反取引の規制

〔478〕

会社法は，取締役（代表取締役に限られない）の忠実義務に関連して，会社に不利で取締役に有利になる可能性のある取引として，取締役の会社との取引およびその会社との利益相反取引について規制している。

(a) 規制の内容

(i) 取締役会設置会社の場合――取締役会の承認　①取締役（執行役にも準用される。419条2項）が自己または第三者のために会社と取引――この取引を「直接取引」といっている――をする場合，また②会社が取締役以外の者との間で会社と取締役との利益が相反する取引――これを「間接取引」といっている――をするには，取締役会の承認を要する（356条1項2号3号・365条1項）（以下では，①と②を合わせて，「利益相反取引」ということにする）。昭和56年改正前は，直接取引についてだけ規定されていたが，間接取引もこの規定に包含されると解されており（最大判昭和43・12・25民集22巻13号3511頁），同年改正により，間接取引についても規制の対象とされた。①の取引については，取締役会の承認があれば，民法108条に規定する自己契約または双方代理にあたる場合（356条1項2号の取引）でも，この取引をすること自体は禁止されない（356条2項が民法108条の規定の適用を排除しているのは，この趣旨である）。

この規定は，取締役が自己または第三者の利益を図って会社に不利益を与えることを防止するためのものであるから，「直接取引」といっても，取締役の会社に対する負担のない贈与はもちろん，運送契約，保険契約，預金契約，定価による売買契約の締結など，定型的な取引であって，会社に不利益を与える可能性のない取引は含まれない。会社の取締役に対する手形行為がこの取引に含まれるかについては見解が分かれているが，通説・判例（最大判昭和46・10・13民集25巻7号900頁）は，手形の振出が原因関係におけるとは別個のあらたな債務を負担し，しかも，その債務は，挙証責任の加重，抗弁の切断，不渡処分の危険等を伴い，原因債務よりいっそう厳格な支払義務であることを理由にこれを肯定している（なお，前田・手形法・小切手法入門81頁以下）。

間接取引とは，A会社の取締役甲がA会社以外の者乙から借入れをしている場合に，A会社が甲のこの借入金債務のために，乙と保証契約を締結し，または乙を担保権者とする担保権を設定し（物上保証），あるいは甲の債務を引き受ける等の行為をいう。これらの取引は，A会社と乙との間でなされるものであって，甲とA会社との間でなされるわけではなく，したがって直接取引には該当しないが，甲に有利でA会社に不利である点で，直接取引と同様の規制が必要とされるのである。なお，A会社を代表して乙会社とこの契約を締結するのが，甲自身か，甲以外のA会社の代表取締役（指名委員会等設置会社の場合には代表執行役）かは問わない。

なお，競業取引においては，「自己又は第三者のために」とは，自己または第三者の名でという意味ではなく，自己または第三者の計算でという意味に解すべきであることは，前述した（〔475〕）。同じことは，会社と取締役との利益相反取引についても，問題となりうる。すなわち，356条1項2号は，直接取引については，取締役が「自己又は第三者のために」会社と取引をする行為を規制しており，間接取引については，会社と取締役との利益が相反する取引をする行為を規制しているが，①前者については，「自己又は第三者のために」の意味が問題になり，②後者については，たとえば取締役が会社の名義で，しかし自己の計算で，会社と利益相反取引をした場合にこの規定の適用があるかが問題になりうる。従来，①について，一般に，取締役自身が会社の相手方として（「自己のために」の場合），または第三者の代理人または代表者として（「第三者のために」の場合）会社と取引をする場合の意味と解されている。この場合にその適用があることはいうまでもないが，自己または第三者の計算で，会社と取引をするという事例があれば，その場合を本条の適用から除外する必要はないと考える。そして，②については，A会社の代表取締役（指名委員会等設置会社の場合には代表執行役）甲がA会社名義で，しかし甲自身の計算で乙から借入れをし，A会社がその債務に担保を提供した場合には，名義上はA会社の債務にA会社が担保を提供したことになるが，実質的には甲の債務にA会社が担保を提供したのであるから，会社と取締役との利益が相反することになり，本条の適用があると解すべきである。そして，①および②について，このように解しても，本条違反の取引は，後述するように，第三者の悪意を立証してはじめて無効になるにすぎない（〔480〕）から，取引の安全を害することもない。

包括的承認および追認の可能性，当該取締役の特別利害関係人としての議決権行使の排除等は，競業取引について述べたこと（〔475〕）が妥当する（他の取締役に対する貸付けまたは間接取引において議決権行使を排除されるのは，貸付けを受ける取締役または間接取引において利益を受ける取締役〔前述の例の甲〕であって，会社を代表して契約を締結する代表取締役〔代表執行役〕ではないと解する〔両者が同一人であることもありうる〕。後者は，取締役会で承認したことを履行するだけであって，その者自身がその取引に特別の利害関係を有する者ではないからである)。なお，株主全員の同意がある場合には，取締役会の承認を要しないという判例がある（最判昭和49・9・26民集28巻6号1306頁)。

(ii) 取締役会設置会社以外の会社の場合　取締役会設置会社以外の会社の場合には株主総会の承認を受けなければならない（356条1項2号3号)。その総会決議は，普通決議でよい（309条1項)。そのほか，(i)で述べたことは(ii)の場合にも妥当する。

(iii) 報告義務　取締役会設置会社では，会社と利益が相反する取引をした取締役は，遅滞なく，その取引につき重要な事実を取締役会に報告することを要する（365条2項)。その趣旨・内容は，競業取引に関するそれと同様である(〔475〕(iii))。間接取引について報告義務を負うのは，会社を代表して取引をする取締役である。取締役会設置会社以外の会社については，特にこの場合についての報告義務は規定されておらず，取締役の一般的報告義務（357条）が設けられているにすぎないことは，競業取引の場合と同様である（〔475〕(iii))。

(b) **利益相反取引の効果** 〔479〕

(i) 取締役会等の承認を受けてなされた場合，任務懈怠の推定等　会社法のもとでは，取締役は，原則としてその任務を怠った場合に会社に対し，これによって生じた損害を賠償する責任を負うものとされ（423条1項)，旧会社法におけるような無過失責任を負う場合については規定されていない（旧会社法のもとでは，たとえば，利益相反取引につき取締役会の承認を得てなされた場合でも，会社に生じた損害については当然に賠償責任を負うものとされ〔改正前商法266条1項3号4号〕，無過失責任を負うものとされた)。

利益相反取引が取締役会の承認を受けてなされたが，その取引が忠実義務または善管注意義務に違反するときは，任務を怠った責任を問われることになる。たとえば，明らかに会社に不利で取締役に有利な取引が取締役会の承認を得てなされた場合には，当該取締役にとっては忠実義務違反の責任（355条)，また取締役会でこの取引の承認に賛成した取締役にとっては善管注意義務違反の責任（330条，民644条）が問われることになる。もっとも，利益相反取引において任務を怠ったことにつき，次のような推定規定が設けられている。すなわち，利益相反取引によって会社に損害が生じたときは，①その取引をした取締役または執行役，②会社がその取引をすることを決定した取締役または執行役，または③その取締役会の決議（365条1項参照）に賛成した取締役（指名委員会等設置会社においては，その取引が指名委員会等設置会社と取締役との間の利益が相反する取引である場合に限る）は，その任務を怠ったものと推定される（423条3項）。旧会社法のもとで前述のように無過失責任とされたものが，会社法のもとでは，過失責任とされるが，任務懈怠の推定規定が設けられ，任務を怠らなかったことを立証しないかぎり責任を負わされることになる。この任務懈怠の推定は，その取引につき取締役会における承認があったことを前提とするものであることは，その文言からも明らかである。なお，監査等委員会設置会社において，監査等委員でない取締役と会社との利益相反取引について，監査等委員会の事前の承認があったときは，①から③の者の任務懈怠の推定が生じない（423条4項）。

さらに，取締役または執行役が自己のために会社との取引（365条1項2号。直接取引に限り，しかも，第三者のためにするものは除かれる）をしたときは，その取締役または執行役については，その取引についての任務懈怠の責任は，任務懈怠がその取締役または執行役の責めに帰することができない事由によるものであることをもって免れることができないものとされる（428条1項）。また責任の一部免除等に関する規定（425条－427条）は，この責任については適用されない（428条2項）。取締役または執行役自ら会社と取引をし，その結果，会社に損害を蒙らせた場合には，その任務を怠ったことを他人のせいにすることは許さないというものであり，天災地変等の場合を除いて無過失責任を認めるものということができよう。

取締役等の任務懈怠の責任を免除するには，総株主の同意が必要になる（424条）。取締役等の責任の一部免除制度が設けられている（425条以下。〔488〕以下）。

〔480〕 (ii) 取締役会等の承認なしになされた場合

(α) 違反取引の私法上の効力　直接取引については，会社と取締役との間（自己のためにする場合）または第三者との間（第三者のためにする場合）では無効である。規制の直接の対象である取締役自身を保護する必要がないことはもちろん，第三者のためになされた場合であっても，取締役自身がその第三者を代理または代表している以上，その第三者を保護する必要がないからである。この点で，取締役が自己または第三者のために他の者と取引をする競業取引と異なるところである（〔477〕）。問題なのは，①直接取引において，たとえばA会社が売主になり，その取締役甲を買主として（甲が第三者のためにした場合も同様である）売却された物品もしくは不動産がBに転売され，または，A会社が甲を受取人として振り出した約束手形がBに譲渡され，Bが，その譲受けの際に，甲がそれを会社・

取締役間の取引で取得したものであること，または取締役会（取締役会設置会社でない会社の場合には，株主総会。以下同じ）の承認を得ていないことについて善意であった場合，ならびに，②間接取引において，A会社と取引をした者B（たとえば，Bが取締役甲に貸付けをして，A会社と保証契約を締結し，またはA会社から担保権の設定を受けた場合）がその取引の当時，その取引が貸付先である甲にとってA会社との間の利益相反取引であること，またはそれに関し取締役会の承認がないことにつき善意であった場合に，Bに対する関係で，A会社が無効を主張することができるかである。かつて，判例は，A会社は善意のBにも無効を主張しうるとしていたが，判例が変更され，取引の安全の見地から，会社は，その取引について取締役会の承認を受けなかったことのほか，相手方（B）が悪意であること（その旨を知っていること）を主張し，立証してはじめて，その無効をBに主張しうるという，いわゆる相対的無効説をとるにいたり（間接取引につき，最大判昭和43・12・25民集22巻13号3511頁。手形取引につき，最大判昭和46・10・13民集25巻7号900頁），学説の支持を受けている。

(β) 損害賠償責任等　取締役会（取締役会設置会社以外の会社では株主総会）の承認を受けない場合には，まさに356条・365条1項の規定に違反するから，その行為をした取締役は，任務を怠ったことにつき損害賠償責任を負わされる（423条）ほか，解任請求（854条）の対象にもなる。損害賠償責任を負わされるのは，直接取引においては，会社と取引をした相手方である取締役（その者が第三者のためにした場合も含む）甲だけでなく，会社を代表して甲と取引をした取締役も含まれる（この者もこの規定に違反したことに変わりがない）。間接取引においては，会社を代表して取引をした取締役であり，利益を受ける取締役については，会社が保証債務を履行し，またはその提供した担保権を実行されて損害を蒙ったときは，会社は，当然にその取締役に対して求償権を取得する（取締役等の責任については424条以下。〔487〕以下）。

(二) 報酬に関する規制　〔481〕

(a) **規制の態様，理由**　会社と取締役との間の関係は，委任に関する規定に従うから（330条），取締役は，特約がなければ報酬を請求することができないが（民648条1項），実際には，報酬を受けるのが原則である。会社と取締役との間の報酬に関する契約は，取締役・会社間の取引（〔478〕以下）に含まれると解することができ，他に規定がなければ，取締役会の承認を受けなければならないことになる。しかし，会社法は，取締役の報酬を取締役会の決議に委ねたのでは，自分たちの報酬を自分たちで決めるという手盛りの弊害を生じて会社に不利益を与える可能性があることにかんがみ，それを定款で定めるか，そうでなければ株主総会の決議（普通決議でよい）で定めるものとしている（361条1項）。実際には，それを定款で定めることは稀で（定款で定めると，その変更のために定款変更の手続を要し，不便だからである），株主総会の決議で定められるのが通常である。取締役が取締役の報酬等に関する議案を提出する場合の参考書類の記載事項について規定がある（会社則82条。その他の役員の報酬の議案についても同様である。会社則83条・84条）。また，指名委員会等設置会社においては，取締役会のもとに置かれる報酬委員会が取締役および執行役の報酬を決定する権限を有するが（404条3項），この点については後述する（〔607〕）。なお，取締役でない執行役員が置かれる例があるが，そのような執行役員は使用人であって，その報酬についてこの規制の適用はない。監査役の報酬についても同様の規制があるが，その趣旨は，取締役の場合と異なる（〔560〕）。取締役の報酬については（監査役その他の役員のそれについても同様である），事業報告の記載事項とされている（会社則121条3号4号）。

平成9年改正商法によりストック・オプション制度が認められたが，それは(c)に述べる「金銭でないもの」（361条1項3号）に該当するものとして取り扱われる。したがって，株主総会で，ストック・オプションの具体的内容を決議しなければならないものとされる。取締役会決議のみで発行することを許さない趣旨である。

〔482〕 **(b) 報酬の意義・範囲，賞与との関係**　会社法361条は，取締役の報酬，賞与その他の職務執行の対価として会社から受ける財産上の利益（以下「報酬等」という）について，一定の事項につき，定款にその事項を定めていないときは，株主総会の決議によって定めると規定している。取締役工場長，取締役総務部長等のように取締役の地位と使用人の地位を兼ねる，いわゆる使用人兼務取締役については，異論がないわけではないが，「取締役の……職務執行の対価」とはいえないからその使用人分の給与はそれに含まれず，取締役の分のみが規制の対象になると解する（その決定方法につき，〔483〕(e)。責任免除の計算上は使用人分も含まれる。たとえば425条1項1号，会社則113条1号柱書最初の括弧書）。取締役退職時に支払われる退職慰労金も在任中の職務執行の対価としての面を有することは否定できず，その規制に服すると解すべきである。通説・判例も同旨である（最判昭和39・12・11民集18巻10号2143頁）。

会社法は，賞与も会社から受ける財産上の利益として剰余金処分の手続などの他の手続と切りはなして一括して「報酬等」に含めている。

(c) **決定の仕方**　取締役の報酬等の決定の仕方については，①額が確定したものにつき決める場合，②額が確定しないものについて決める場合および③金銭以外のものについて決める場合とで異なる。業績連動型の報酬のように不確定金額を報酬とする場合または金銭以外のものを報酬とする場合について適切に対応することができるようにするために，この①，②および③について，次のように規定されている（361条1項）。すなわち，①の場合にはその額（1号），②の場合にはその具体的な算定方法（2号）および③の場合には具体的な内容（3号）を定めるものとしている。そして，②および③の場合においては当該議案を提出した取締役は，株主総会において，その事項を相当とする理由を説明しなければならないものとされている（361条4項）。②の具体的な算定方法としては，たとえばその期の利益の5分の1に相当する金額とするなどというように定めることになろう。③の具体的な内容としては，社宅の割安な提供等の金銭以外のものが具体的にあげられることになろう。②および③のいずれも，確定金額と異なって，その報酬としての相当性がそれだけでは明らかでないので，さらにそれを相当とする理由を開示することが要求されるのである。①の場合に，取締役の報酬等の額の決定は，必ずしも個々の取締役ごとにする必要はない。実際には，報酬については，総会では，取締役全員の分をまとめてその1年間分の報酬の最高限度または総額を定め，その取締役間における配分は取締役会に委ねるのが通常であり，このような定め方も適法である。同様に，②および③の場合にも，取締役の総額を定めればよいと解される。

(d) **退職慰労金の場合**　判例・学説上争われたのは，退職慰労金（弔慰金についても同様である）の決定方法である。実際には，総会では，一般の報酬の場合と異なり，退職慰労金については，その総額ないし最高限度としての金額が明らかにされず，その金額，時期および方法を取締役会に一任する旨の決議がなされている。その理由は，退職慰労金は退任者が1人のこともあるので，金額を明らかにして決議をすると，特定の退任者に支払われる金額が明らかになってしまうことにあるようである。退職慰労金が361条の報酬に含まれるとすると，上記のような決議が361条の規定に違反しないかどうかが判例上問題となり，一部の下級審判決がそのような決議を無効としたが，最高裁判決は，無条件に取締役会の決定に一任することは許されないが，この決議は，その金額，支給期日および支 〔483〕

給方法を無条件に一任した趣旨ではなく，明示的または黙示的に一定の基準を示して，取締役会がその基準に従って定めるものとしてその決定を取締役会に任せる趣旨であり，そのような決議は無効でないという趣旨の判決をした（最判昭和39・12・11民集18巻10号2143頁，同昭和44・10・28判時577号92頁等）。法務省令は，これらの判決を受けて，総会の議案が取締役または監査役の退職慰労金に関するものである場合において，議案が一定の基準に従い退職慰労金の額を決定することを取締役，監査役その他の第三者に一任するものであるときは，株主総会参考書類にその基準の内容を記載するか，そうでなければ，各株主がその基準を知ることができるようにするための適切な措置（たとえば一定の店舗に備え置く等の措置）を講じておくか，いずれかの方法をとるべき旨を規定している（会社則82条2項。旧会社法のもとでも同趣旨の規則が設けられていた）。

(e) **使用人兼務取締役の場合**　使用人兼務取締役については，その額の決定にあたり，使用人分給与が含まれない旨を明らかにしなければ使用人分給与を受けることができないと解する見解もある。使用人分給与の決定については，あらかじめ取締役会で定められた給与体系に従ってなされる限り，定型的取引として（〔478〕）356条1項2号の取引にあたらず，代表取締役等に委ねてよい。

〔484〕
8　取締役の監査役等に対する報告義務

取締役には，会社に著しい損害を及ぼすおそれのある事実があることを発見したときは，直ちにその事実を監査役設置会社にあっては監査役，監査役会設置会社にあっては監査役会，監査等委員会設置会社にあっては監査等委員会，それ以外の会社では株主に報告しなければならない（357条。指名委員会等設置会社については，419条。〔614〕(iv)）。

〔485〕
9　業務の執行に関する株主の検査役選任の申立権

株主には，会計の帳簿・資料の閲覧等の請求が認められるが（433条。〔630〕），その請求権を行使したとしても，たとえば会計帳簿に不実の記載・記録があると疑われるときは，会社財産の状況を現実に調査することが必要になる。このように，株主の権利の適切な行使のためには，株主に会社の業務および財産の状況を調査する機会を与えることが必要になる場合があるが，このように会社の業務および財産の状況を調査する権利は，強力なものであるだけに，濫用の危険も大きい。そこで，会社法は，会社の業務および財産の状況を調査させるため，裁判所に対し，株主が検査役の選任の申立てをすることを認めている（358条）。

(イ) 請求の要件

この申立てが認められるのは，会社の業務の執行に関し，不正の行為または法令もしくは定款に違反する重大な事実があることを疑うに足りる事由がある場合であり，この申立てをすることができるのは，①総株主（株主総会において決議をすることができる事項の全部につき議決権を行使することができない株主〔完全無議決権株式の株主〕〔117〕を除く）の議決権の100分の3（これを下回る割合を定款で定めた場合にあっては，その割合）以上の議決権を有する株主および②発行済株式（自己株式を除く）の100分の3（これを下回る割合を定款で定めた場合にあっては，その割合）以上の数の株式を有する株主である（358条1項）。

(ロ) 選任および検査手続

検査役選任の申立てがあった場合には，裁判所は，これを不適法として却下する場合を除き，検査役を選任しなければならない（358条2項）。裁判所は，検査役を選任した場合には，会社がその検査役に対して支払う報酬の額を定めることができる（358条3項）。

検査役は，その職務を行うため必要があるときは，会社の子会社の業務および財産の状況を調査することができ（358条4項），また，必要な調査を行い，当該調査の結果を記載し，または記録した書面または電磁的記録（法務省令で定めるもの。会社則228条）を裁判所に提供して報告をしなければならない（358条5項）。裁判所は，この報告について，その内容を明瞭にし，またはその根拠を確認するため必要があると認めるときは，検査役に対し，さらに報告を求めることができる（358条6項）。検査役は，その報告をしたときは，会社および検査役の選任の申立てをした株主に対し，その書面の写しを交付し，または電磁的記録に記録された事項を法務省令で定める方法（会社則229条）により提供しなければならない（358条7項）。

(ハ) 裁判所による株主総会招集等の決定 〔486〕

裁判所は，検査役の報告があった場合において，必要があると認めるときは，取締役に対し，①一定の期間内に株主総会を招集する措置，または②検査役の調査の結果を株主に通知する措置の全部または一部を命じなければならない（359条1項）。

裁判所が①の株主総会招集を命じた場合には，取締役は，検査役の調査結果の報告の内容をその株主総会において開示しなければならず（359条2項），その場合には，取締役（監査役設置会社にあっては，取締役および監査役）は，検査役の調査結果の報告の内容を調査し，その結果を株主総会に報告しなければならない

（同条3項）。このように，この会社の業務および財産の検査役による調査は，株主の請求を契機としてなされるが，その請求がなされた後は，裁判所が介在して，株主総会による団体的処理がなされることになる。株主は（検査役選任請求をした者に限られない），この総会において取締役の解任の提案権を行使することも可能であり，また，代表訴訟を提起することも可能である。

〔487〕 **10 取締役の会社に対する責任，含む・役員等の責任**

(イ) 責任原因の列挙および無過失責任の原則の廃止等

旧会社法のもとでは，取締役の会社に対する責任が生ずる事由として，①剰余金の違法配当（中間配当を含む），②株主の権利行使に関する財産上の利益の供与，③他の取締役に対する金銭の貸付け，④利益相反取引および⑤法令・定款違反行為を列挙して会社に対する損害賠償責任について規定がなされていた。それらの行為のうち①から④までの責任は無過失責任と解されていた。しかも㋑それらの行為が取締役会の決議に基づいてなされたときは，その決議に賛成した取締役はその行為をなしたものとみなされ，かつ，㋺その決議に参加した取締役であって議事録に異議をとどめなかった者は，その決議に賛成したものと推定する旨の規定が設けられていた。

会社法は，このように取締役の会社に対する責任の原因を列挙することをやめ，取締役だけでなく「役員等」（取締役，会計参与，監査役および執行役の役員のほか会計監査人を含む）一般につき，その任務を怠ったことによる会社に対する損害賠償責任について規定している（423条）。取締役会決議に基づいてなされた場合の前述㋑の責任についての規定は削除された。なお，取締役会決議に参加した取締役であって議事録に異議をとどめなかった者はその決議に賛成したものと推定する旨の㋺の規定は残されているが（369条5項），㋑の規定が削除された以上，㋺の規定は，取締役が取締役会の構成員としてその任務を怠っていないかどうかの判断の材料としての意味を有するにすぎないことになる。

このような改正の結果，上記の①から④までの行為については無過失責任とする解釈は成り立たなくなり，いずれも過失責任とされることになる。もっとも，②の行為（利益供与）については，会社法120条4項括弧書により，利益供与をした取締役（指名委員会等設置会社では執行役も含まれる）は，供与した利益の額に相当する額の支払義務を負うことになり，その者がその職務を行うについて注意を怠らなかったことを証明しても責任を免れないこととされ，この場合には無過失責任を負わされることになる（〔424〕）。また，競業取引（356条1項1号）における損害額の推定（423条2項。〔477〕(β)），利益相反取引（356条1項2号3号）における取締役または執行役の任務を怠ったことの推定（423条3項。〔479〕），および自己のために会社・取締役間の取引（356条1項2号・419条2項）をした場合には，任務を怠ったことがその責めに帰することができない事由であることをもって責任を免れず，無過失責任を負う旨（428条。〔479〕）等の規定が設けられている。これらの点も前述した。第三者に対する責任についての規定も設けられている（430条。〔503〕―〔509〕）。

なお，会社法第2編では，「役員等の損害賠償責任」（423条―430条。「役員等」の意味については，423条1項。〔400〕）について規定されているほか，「発起人等の責任」（52条―56条。〔92〕以下）について規定され，また，募集株式の募集にかかる責任（212条・213条。〔348〕以下），「新株予約権の発行に関する責任」（285条・286条。〔393〕）および「剰余金の配当等に関する責任」（461条―465条。〔686〕以下）が規定され，さらに「持分会社」では，「社員の責任等」（580条―584条・586条・589条・596条・597条・600条等。〔854〕〔864〕〔865〕）等の規定がある。これらのうち，発起人等の責任については，すでに取り扱った。ここでは，主として，「役員等の損害賠償責任」について取り扱いたい。

取締役（他の役員等も同様であるが，ここでは取締役を中心に論ずる。ここで論ずることは，特に排除する事由がない限り，他の役員等にも妥当する）は，会社と委任関係にあるから，その任務を怠った場合に会社に対する受任者として責任を負う（423条）。

(ロ) 責任の内容

取締役が法令または定款に違反する行為をした場合には，当然に任務を怠ったことになり，会社が蒙った損害を賠償する責任を負う。会社の受任者としての取締役の当然の責任である。競業取引，利益相反取引等に関する規定（356条）のような具体的な規定に違反する場合だけでなく，善管注意義務（民644条）や忠実義務（355条）に関する規定のような一般的抽象的な規定に違反する場合も含まれる。なお，取締役は，この具体的な規定を遵守する義務を有し，この義務に違反して会社をしてこれらの規定に違反することになる行為をさせたときは，その行為が一般規定の定める義務に違反することになるかどうかを問うことなく，法令に違反する行為をしたことになるとする最高裁判決がある（最判平成12・7・7民集54巻6号1767頁。もっとも，この事案では，具体的個別的規定に違反――独禁法19条違反――することの認識を欠いたことにつき過失がなかったとして，取締役の損害賠償責任が否定されている）。取締役会の承認なしに競業取引をした場合には，その競業行為をした取締役が任務を怠ったことによる責任を負うが（なお，423条3項・428条参照。この場合の損害額については推定規定がある〔423条2項〕），取締役会の承認を得て競業取引がなされたがそれにより会社に損害を生じた場合において，その承認をした取締役が承認につき注意を欠いたときは善管注意義務違反の責任を負うことになる（〔476〕〔477〕）。

なお，取締役が会社を代表して政党に政治献金をしたことが定款所定の目的の範囲外の行為をしたとして定款違反による責任（忠実義務違反の主張がなされた）を問われた事案（八幡製鉄政治献金事件）について，最高裁大法廷昭和45年6月24日判決（民集24巻6号625頁）は，「取締役が会社を代表して政治資金の寄附をなすにあたっては，その会社の規模，経営実績その他社会的経済的地位および寄附の相手方など諸般の事情を考慮して，合理的な範囲内において，その金額等を決すべきであ」るとして，その範囲を超えれば忠実義務違反になると判示した（その事件では，その範囲を超えていないと認められた。なお，〔36〕〔474〕）。

この任務を怠ったことによる責任については，その免除およびその限度につき特則が設けられている。この点については(ハ)で取り扱う（〔488〕－〔490〕）。

責任を負う取締役が複数いる場合には，それらの取締役の連帯責任とされ，監査役も責任を負うときは，その監査役と取締役も連帯債務者とされ，さらに会計監査人その他の役員等が責任を負うときは，それらの役員等が連帯責任を負う（430条）。

取締役の会社に対する責任を免除するには，総株主の同意を要する（424条）。さらに，責任の免除に総株主の同意を要する旨の会社法424条の規定については，職務を行うことにつき善意で重過失がなかったときの取締役の責任に関する，次の〔488〕－〔490〕((a)(b)および(c)) に掲げる場合には，その例外として（たとえば，(a)の場合につき，425条1項柱書で「前条の規定にかかわらず」と規定されている。426条1項の(b)の場合および427条の(c)の場合も同様である），役員等の賠償責任額の制限に関する規定が設けられている。

〔488〕 **(ハ) 役員等の賠償責任額の制限等**

平成13年の議員立法（法149号）により，法令・定款違反の場合の取締役の責任につき，その賠償責任額を制限する規定が設けられた。それは，(a)株主総会の特別決議による場合と，(b)定款の定めに基づく取締役会の決議による場合があり，さらに(c)社外取締役については，定款に定めた範囲であらかじめなされた契約による場合がある。なお，このような取締役の賠償責任額の制限にともない，同年改正により監査役の任期の伸長，社外監査役の強化など監査役制度の充実に関する規定も設けられた。さらに会社法においては，その他の役員等（監査役，会計参与および会計監査人。〔400〕参照）についても，(a)，(b)および(c)の責任制限が認められている（425条1項，426条1項および427条1項）。

なお，次の(a)，(b)および(c)のいずれにより責任を免除された役員等に退職慰労金等を与える場合の株主総会参考書類の記載事項について，平成21年改正会社法施行規則に規定が設けられた（同84条の2。〔488〕(a)(v)）。

(a) **株主総会の特別決議による場合**　役員等の責任は，株主総会の特別決議をもって，次のような条件のもとに一定の額を控除した額を限度として免除することができる（425条1項柱書・309条2項8号）。

(i) 責任制限の対象となる場合――任務を怠ったことにつき悪意・重過失がない場合　取締役がその任務を怠ったことによる会社に対する責任（423条の責任）は，その役員等が職務を行うにつき善意で重過失がないときは，賠償の責任を負う額（たとえば1億円とする）より一定の額――最低責任限度額（後述(iv)参照）という（425条1項柱書）――（6000万円とする。その詳細は(iv)参照）を控除した額（4000万円。これをたんに「限度額」という）を限度として免除することができる。したがって，取締役が任務を怠ったことにつき軽過失がある場合にのみ，この免除の対象になる。その金額（最低責任限度額）を控除した額（限度額）を限度として免除することができるということは，少なくともその最低責任限度額までは賠償責任を負わなければならないということである。そして，役員等の責任は当然にこの一定の額までに縮減されるのではなく，縮減される金額は株主総会の特別決議によって決定される。したがって，それを超える額の責任を負わされ，または一切免除されないこともありうることになる。それは，424条の規定（取締役の責任は総株主の同意がなければ免除することができないという規定）の例外規定としての意味を有することになる。

(ii) 株主総会における開示事項　上記の責任の免除に関する決議をする株主総会では，取締役は，①責任の原因となった事実および賠償の責任を負う額，②免除することができる額の限度およびその算定の根拠ならびに③責任を免除すべき理由および免除額を開示することが必要である（425条2項）。①の賠償の責任を負う額とは，責任が免除されなかったら賠償責任を負うべき額のことである。②の額の限度および算定の根拠としては，代表取締役，取締役および社外取締役等の役員等のそれぞれについて定められている限度額とその限度額を算定した後述(iv)①，②および③等の根拠を記載することになる。①②および③のいずれも，責任を免除される個々の役員等ごとに記載されるべきである。もっともその内容が同じであることもありえよう。

(iii)　免除議案の提出に関する監査役，監査等委員または監査委員の同意　取締役――監査等委員会設置会社では監査等委員である者，指名委員会等設置会社では監査委員である者は除かれる――または執行役が責任免除に関する議案を株主総会に提出するには，監査役設置会社では監査役（監査役が数人いるときは，各監査役）の同意，監査等委員会設置会社では各監査等委員の同意，指名委員会等設置会社では各監査委員の同意を得ることが必要である（425条3項）。

(iv)　責任を負わなければならない額　　責任免除の限度額については，次のような定めがある。ここで限度額の意味は，前述したように（(i)），この限度額までは株主総会の決議で責任を免除することができるというだけである。したがって，賠償の責任を負う額からこの限度額を控除した額――(i)の最低責任限度額――までは少なくとも責任を負わなければならず，さらにそれを控除した限度額についても，そもそも責任免除をするか，するとしてその限度額までの範囲でいくら免除するかは株主総会の特別決議にかかっていることであって，その限度額までは当然に免除されることになるものではない。免除することができる額は賠償責任を負う額から，次の①から③までの額の合計額を控除して得た額である（425条1項柱書参照）。

①　その役員等がその在職中に会社から職務執行の対価として受け，または受けるべき財産上の利益の1年間当たりの額に相当する額として法務省令で定める方法（会社則113条1号）により算定される額（各事業年度ごとの合計額のうち最も高い額）に，次の㋑から㋩までに掲げる役員等の区分に応じ，その㋑から㋩までに定める数を乗じて得た額，すなわち，㋑代表取締役または代表執行役の場合は6倍，㋺代表取締役以外の取締役（業務執行取締役等に限る）または代表執行役以外の執行役の場合は4倍，㋩㋑㋺を除く取締役，会計参与，監査役または会計監査人の場合は2倍（425条1項1号）の額の責任を負わなければならない。

たとえば，平成28年6月の総会で，ある役員等（業務執行取締役。㋺が該当する者）の免除決議がなされるとして，その者が平成23年4月から役員等の地位にあるときは，平成23年度以降の各事業年度において会社から職務遂行の対価として受け，または受けるべき財産上の利益の額（平成28年度に受けるべき額を含む）の事業年度ごとの合計額（たとえば月収として受けていればその1年分。ボーナスも含む）が，23年度から25年度まで3000万円，26年度から28年度までが4000万円とすると，4000万円の4年分（4倍）である1億6000万円は少なくとも責任を負う額になる。すなわち，その者の賠償の責任を負う額が3億円であったとした場合に，1億4000万円までは免除でき，その全額が免除されたとすると，その者の負う賠償責任の額は1億6000万円ということになる。平成27年に役員等に就任した者が27年度にも28年度にも2000万円の報酬を受け，または受けるべきである場合には，2000万円の4年分（4倍）の8000万円が少なくとも責任を負う額となる。

② 退職慰労金を受けた場合は，次の㋑に掲げる額の合計額を㋺に掲げる数で割って得た額とされる。

㋑ 役員等が会社から受けた退職慰労金の額等の合計額（会社則113条2号イ）。

㋺ 役員等がその職についていた年数（その役員等についての次の数が在職年数を超えている場合は，その数。代表取締役または代表執行役の場合は6，代表取締役以外の取締役〔社外取締役を除く〕または代表執行役以外の執行役の場合は4，社外取締役，会計参与，監査役または会計監査人の場合は2）。

これを社外取締役が在職2年間で1億円の退職慰労金を受けた場合には，責任限度額の算定上，その退職慰労金について次のようになる。上記の㋑の額が1億円であって，㋺は在職2年の2と上記の取締役についての4とのうちのいずれか多い数は4となるから，㋑の合計額の1億円を4で割ると，2500万円となる。上記の例で，その在職期間が5年であるときは，㋑の1億円を5で割って2000万円となる。いずれにしても，これに会社法425条1項1号により，2倍した額が最低責任限度額に加算されることになる。

③ その役員等がストック・オプションとして，その会社の新株予約権を引き受けた場合（新株予約権と引換えに払込みを要しない場合またはその払込金額が特に有利な金額であるとき。238条3項）におけるその新株予約権に関する財産上の利益に相当する額として法務省令で定める方法（会社則114条）により算定される額（425条1項2号）の責任を負わなければならない。

(v) 免除決議後に退職慰労金等が与えられ，または新株予約権の行使等をした場合の措置　①前述の株主総会の責任免除の決議があった場合において，会社が決議後にその役員等に対し退職慰労金その他の法務省令で定める財産上の利益（会社則115条）を与えるときは，株主総会の承認を受けなければならない

(425条4項前段)。これらの退職慰労金等は，免除決議前に与えていた場合には，前述したように（(iv)③）少なくとも責任を負う額に含まれるものであるので，その決議後に与える場合には，株主総会の承認を要するものとされるのである。なお，平成21年会社法施行規則の改正により，総会役員等の責任を免除した場合において，株主総会に，退職慰労金等の財産上の利益を与える議案（会社425条4項）を提出するときは，株主総会参考書類には，責任を免除し，または責任を負わないとされた役員等が得る新株予約権等の利益（会社則114条各号）および役員等に与える退職慰労金（会社則115条各号）等の内容を参考書類に記載しなければならないものとされた（会社則84条の2第1号。次の(b)および(c)による場合も同様である〔会社則84条の2第2号3号〕)。②取締役等が免除決議後に新株予約権を行使し，または譲渡するときも同様の取扱いがなされる（425条4項後段)。新株予約権の行使または譲渡が免除決議前になされたときは，それによりその取締役が受けた利益の額が少なくとも責任を負う額とされるので，決議後にその役員等がそのような利益を受ける場合には，株主総会の承認を要するものとされるのである。この承認決議に関する議案を提出する場合の株主総会参考書類の記載事項について，平成21年改正会社法施行規則で規定が新設された（会社則84条の2)。すなわち，責任が免除され，または責任を負わないとされた役員等が，新株予約権を行使し，もしくは譲渡する場合（会社則114条)，またはその者に退職慰労金等を与える場合（会社則115条）の利益の額等が記載事項になる。

(vi)　新株予約権証券の措置　　(i)から(iv)による株主総会の責任免除に関する決議があった場合において，その役員等が(iv)③の新株予約権証券を所持しているときは，その役員等は遅滞なくこれを会社に預託しなければならず（425条5項前段)，この場合には，その役員等は，(v)②の譲渡について譲渡の承認を得なければ，その新株予約権証券の返還を請求することができないものとされる（425条5項後段)。その役員等が免除決議を得た後に新株予約権を行使し，またはそれを譲渡するには(v)により株主総会の承認を要することになるが，その譲渡については，その行使についてと異なり（行使の場合には，それは会社に対してなされるから，会社はそれを知ることができる)，このような措置をとらないと，会社の知らない間に新株予約権証券の交付により譲渡され，株主総会の承認を得る機会がなくなってしまうおそれがあるからである。このように新株予約権証券を会社に預託した場合には，新株予約権者は，新株予約権証券の添付なしに新株予約権を行使しうる。

(b) **定款の定めに基づき，取締役会決議等による場合**　役員等の責任は，(a)による株主総会の特別決議によるほか，定款の定めに基づき，取締役会設置会社にあっては取締役会またそれ以外の会社にあっては取締役（その責任を負う取締役は除かれる）の過半数の同意（以下には，取締役会設置会社について取り扱う）によっても免除することができる（426条1項）。この責任免除が認められるのは，監査役設置会社で取締役が2人以上である場合または監査等委員会設置会社もしくは指名委員会等設置会社に限られる。このような会社に限られるのは，この免除の制度を監査役または監査等委員会（監査等委員会設置会社の場合）もしくは監査委員会（指名委員会等設置会社の場合）の監査権限が及ぶ会社に限る趣旨である。取締役2人以上の会社に限られるのは，取締役1人で免除することは適当でないと考えられるからである。免除するかどうか，いくら免除するかが取締役会決議によることになる。株主総会の特別決議によってそれが決められる場合と同様である（〔488〕(a)(i)(iv)）。もっとも，個々の責任免除については，それが取締役会決議によってなされるため，株主総会の特別決議による免除と比べると，次に述べるように，その免除をするにつき，いろいろな条件が定められている。 〔489〕

(i) 免除の対象となる場合，その会社等　定款の定めに基づき，取締役会の決議で免除することができるのは，次の場合に限られる（426条1項）。①役員等の任務懈怠の責任（423条1項）につき，その役員等が職務を行うにつき善意で重過失がない場合にのみ，責任免除の対象となる。このことは，株主総会の免除決議による免除の場合（〔488〕(a)(i)）と同様である。424条の例外規定としての意味を有すること等も，株主総会の免除決議による場合と同様である（〔488〕(a)(i)）。また，②この責任免除の対象になるのは，責任の原因たる事実の内容，その役員等の責任の原因となった事実の内容，その役員等の職務遂行の状況その他の事情を勘案して特に必要があると認められる場合であることを要する（426条1項）。(a)の株主総会の特別決議による免除と異なり，定款の定めに基づくとはいえ，取締役会の決議で取締役の責任を免除することになることから，特にこのような要件が課せられたものである。対象会社が監査役設置会社で取締役が2人以上，または監査等委員会設置会社もしくは指名委員会等設置会社に限られることは前述した。

(ii) 責任免除に関する議案提出に対する監査役，監査等委員または監査委員の同意　会社が定款を変更して責任免除に関する定款の定め（取締役〔監査等委員・監査委員であるものを除く〕および執行役の責任を免除する旨の定めを設ける場合に限られる）を設ける議案を株主総会に提出する場合および責任免除の議案を取締役会に提出する場合には，各監査役，各監査等委員または各監査委員の同意が必要である（426条2項・425条3項）。(a)の株主総会の特別決議による責任免除の場合には，個々の免除に関する議案ごとに監査役の同意を要するものとされるが（〔488〕(a)(iii)），定款の定めに基づく取締役会決議による免除においては，定款の定めに基づき個々の免除議案を取締役会決議に提出する場合のほか，この定款変更の議案を総会に提出する場合にも，監査役・監査等委員・監査委員の同意を要するものとされることになる。

(iii) 取締役会による免除決議がなされた場合の措置――株主に対する異議を述べる機会の提供等

(α) 免除決議の公告または株主に対する通知　定款の定めに基づき取締役会が責任の免除の決議をしたときは，取締役は次の事項を公告し，または株主に通知することを要する（426条3項）。この公告または通知すべき事項は，①責任の原因となった事実および賠償の責任を負う額，②免除することができる額の限度およびその算定の根拠，③責任を免除すべき理由および免除額ならびに④免除に異議があれば一定の期間内に述べるべき旨である（426条3項本文・425条2項）。④の一定の期間は1か月を下ってはならない（426条3項但書）。この公告または通知の趣旨は，次に述べる株主に対して免除に対する異議を述べる機会を与えるためであることはいうまでもない。公開会社でない会社については，株主に通知するのみである（426条4項）。

(β) 株主の異議　取締役会において役員等の責任免除の決議がなされた場合においても，次のような株主の異議があれば，会社は役員等の責任を免除をすることができない。すなわち，総株主（責任を負う役員等であるものは除かれる）の議決権の100分の3（これを下回る割合を定款で定めた場合にあってはその割合）以上を有する株主が(α)の④の期間内に取締役の責任免除に異議を述べたときは，定款の定めに基づく免除をしてはならない（426条7項）。

(iv) 免除後の退職慰労金等の付与もしくは新株予約権の行使等の場合または新株予約権証券を所持する場合の措置　取締役会の決議により責任免除がなされた場合（前述(iii)(β)により株主の異議により免除をすることができない場合は除かれる）において，会社がその後にその取締役に退職慰労金・退職手当もしくは財産上の利益を与える場合またはその取締役が決議後に新株予約権を行使し，もしくは譲渡するときは，株主総会の承認を得ることを要すること，および免除された取締役が新株予約権証券を所持するときはそれを預託することを要する点も，株主総会の特別決議による場合と同様である（426条8項・425条4項5項。その総会の承認を得る場合の株主総会参考書類につき，会社則84条の2。その趣旨は，〔488〕(a)(v)(vi)）。

(c) **非業務執行取締役に関する定款の定めに基づく契約による場合** 〔490〕

(i) 趣旨　業務執行取締役等（2条15号イ）以外の取締役・会計参与・監査役・会計監査人（以下「非業務執行取締役等」という）については，定款の定めに基づき，会社と非業務執行取締役等との契約によってその責任の限度額を定めることができる（427条1項）。平成26年改正により，この方式での責任免除が可能な者の適用範囲が拡大した。非業務執行取締役等については特に，(a)および(b)で前述した責任免除（株主総会の特別決議または定款の定めに基づく取締役会決議による）のほかに，このような方法による責任の限度を定めることが認められるのは，あらかじめ賠償責任を負う額の上限を定めることができるようにし，いくら賠償責任を負わされるかの予測を可能にして，社外取締役等の非業務執行取締役等に就任しやすくするためのものである。前述した(a)または(b)による賠償責任の免除においては，前述したように（〔488〕(a)(i)(iv)，〔489〕），そこで定められている限度額までは免除できるというだけであって，そもそも責任免除されるか，されるとして，その限度額までの範囲でいくら免除されるかは，株主総会または取締役会の決議にかかっていることであって，その限度額までは当然に免除されるという保障は必ずしも存在しない。そのため，それだけでは非業務執行取締役等に就任するのを躊躇する可能性もないわけではなく，そこでこのようにあらかじめ契約で責任限度額を定めることを認めたのである。

(ii) 免除の対象となる場合　その取締役等につき，その職務を行うことにつき善意で，かつ重過失がないことが必要である（〔488〕(a)(i)と同様である）。

(iii) 契約の定め，責任を負う額等　まず，定款で，会社と個々の非業務執行取締役等との間で，次のような内容の契約を結ぶことができる旨を定めておくことが必要である。その契約の内容とは，①定款の定めた範囲内で，②あらかじめ会社が定めた額と③次に述べる最低責任限度額とのいずれか高い額を限度として，その賠償の責任を負うというものである。すなわち，この場合の定款には，定款の定めにより会社・非業務執行取締役等間の契約によりその非業務執行取締役等の責任の範囲を定めることができる旨およびその責任の範囲を定めておくことが必要である。そして，③最低責任限度額とは，株主総会の特別決議または定款の定めに基づく取締役会決議による責任を負わなければならない額と同額である。

以上によれば，この契約による非業務執行取締役等が責任を負うべき額は，③株主総会または取締役会決議の場合の責任を負うべき額（法定額。基本的に報酬等の2年分等）より少ない額とすることができず，それと②あらかじめ契約で定めた額とのいずれか高い額ということになる。たとえば，定款で①1000万円の範囲内と定められ（この範囲では賠償の責任を負わなければならない），②あらかじめ会社と非業務執行取締役等との間で定められた額が2000万円とされた場合において，③上記の法定額が1500万円だとすると，2000万円の責任を負わされ，③上記の法定額が3000万円だとすると，3000万円の責任を負わされることになる。①「定款に定めた範囲内」の意味は必ずしも明確ではないが，その範囲までは賠償責任を負わなければならないという意味と解するほかなく（そのように解しないと，この範囲を定めたことが無意味になってしまう），そうだとすると，以上に述べたように解することになると考えられる（したがって，②の額を①の額より低く定めることは無意味である）。このように，責任を負う額が②の額に限定されない結果になるが，そのようになっても，責任を負わされる額は，株主総会または取締役会の決議に左右されることなく，あらかじめ予測することができる（最低責任限度額も自分の受けている報酬等の額により予測が可能である）から，非業務執行取締役等に就任する者にとって，不測の賠償責任を負わされることがないことになる。

(iv)　非業務執行取締役等でなくなった場合の契約の失効　　この契約を結んだ非業務執行取締役等がその会社の業務執行取締役等となったときは，その契約が将来に向って効力を失うことはいうまでもない（427条2項）。

(v)　定款変更の場合の監査役の同意　　定款を変更して，あらたに，定款に，契約による責任の限度に関する定め（この場合は，非業務執行取締役等と契約を締結することができる旨の定めに限られる。もっとも監査等委員会設置会社の監査等委員と契約・指名委員会等設置会社の監査委員と契約を締結する旨の定めは除かれる）をすることができる旨の規定を設ける場合には，その議案の株主総会の提出につき，監査役・監査等委員または監査委員の同意が必要であり，また，監査役・監査等委員または監査委員が数人であるときは各監査役・各監査等委員または各監査委員の同意が必要である（427条3項・425条3項）。

(vi)　会社が非業務執行取締役等の行為により会社に損害を生じたことを知った場合の措置――株主総会に対する開示　　非業務執行取締役等とこの責任の限定に関する契約をした会社がその契約の適用のある事態が生じたこと――非業務

執行取締役等が任務を怠ったことにより会社が損害を受けたこと――を知ったときは，株主総会にその内容等を開示する必要がある。すなわち，その相手方である非業務執行取締役等による任務を怠ったことにより損害を蒙ったことを知ったときは，会社は，その後最初に招集される株主総会において，次の事項を開示することを要する（427条4項）。

① ㋑責任の原因となった事実および賠償の責任を負う額ならびに㋺免除することができる額の限度およびその算定の根拠（427条4項1号）。

② その契約の内容およびその契約をした理由（427条4項2号）。

③ 非業務執行取締役等の任務懈怠により会社に生じた損害のうち責任を負わないとされた額（427条4項3号）。

(vii) 定款に基づく契約による限度で責任を負った後の退職慰労金等の付与もしくは新株予約権の行使等の場合または新株予約権証券を所持する場合の措置

非業務執行取締役等が定款の定めに基づく契約による限度で責任を負った場合において，その後に退職慰労金等の付与を受け，または新株予約権の行使もしくは譲渡をするときは株主総会の承認が必要である。また，その後に新株予約権証券を所持するときはそれを預託することを要する（427条5項・425条4項5項。その総会の承認を得る場合の株主総会参考書類につき，会社則84条の2。その趣旨は，〔488〕(a)(v)(vi)）。

11 責任追及等の訴え――株主代表訴訟制度 〔491〕

(イ) 株主代表訴訟制度の意義

取締役等の会社に対する責任は，本来は，会社自身が追及すべきものである。しかし，会社といってもそれは実質的には取締役会ないし代表取締役，代表執行役等によって支配されており，会社に対して責任を負っている取締役等（退職後でも同様である）とそれ以外の取締役等との親密な関係等から，この責任追及を会社に委ねていたのでは，事実上，その追及がなされずに会社したがって株主の利益が害される可能性がある。また，取締役の会社に対する責任を訴訟上追及する場合には，後述するように（〔554〕），監査役設置会社では監査役が会社を代表するが（386条1項。監査等委員会設置会社の場合には監査等委員〔399条の7〕，指名委員会等設置会社の場合には監査委員〔408条〕），監査役も必ずしもこの権限を行使するとは限らない。そこで，会社法は，株主が会社に代わって取締役等の会社に対する責任（その範囲については，〔492〕）を追及する訴訟を提起することを認めた。それが株主代表訴訟制度（847条以下）である。この制度は，以上のように，会社の業務執行機関または監査役による取締役等に対する責任追及の機能が働かない場合の措置として認められたものである。なお，株主が取締役の責任追及のためにこの訴訟を提起する（他の役員等の責任追及の訴訟は代表取締役または代表執行役に対して提起する）には，原則としてまず，監査役に対して取締役等の責任を追及する訴えを提起するように請求することを要するものとされている（386条2項1号。〔493〕）。前述の八幡製鉄政治献金事件訴訟（〔487〕）は，この制度によるものである。この判決の効果が会社に及ぶことはいうまでもない（民訴115条1項2号）。

株主には，取締役または執行役の違法行為等に対する差止請求権が認められており（360条・422条。〔500〕以下。〔555〕），これは会社に著しい損害が生ずる可能性のある行為がなされることを事前に差し止める権利であって，いわば，事前の防止手段であるのに対して，代表訴訟制度はすでに取締役または執行役の違法行為等（責任の範囲については〔492〕）によって会社に損害が生じた後の，いわば事後的救済措置である。

この制度は，①発起人，設立時取締役もしくは設立時監査役（52条・53条。〔93〕〔94〕）または役員等（423条1項。〔487〕）もしくは清算人の責任（486条。〔830〕）を追及する訴え，仮装払込みをした募集株式の引受人に支払を求める訴え（102条の2・213条の2・286条の2），不公正な払込金額で株式・新株予約権を引き受けた者に支払を求める訴え（212条1項・285条1項）あるいは利益供与を受けた者に対する利益の返還を受ける訴え（120条3項。〔424〕）または不公正な価格で株式または新株予約権を引き受けた者の公正な価額との差額に相当する金額の支払を求める訴え（責任追及等の訴え）（212条1項・285条1項。〔348〕〔349〕）について適用される（847条1項）。

〔492〕 **(ロ)　この制度の適用のある取締役の責任の範囲**

代表訴訟制度によって追及できる取締役（この問題の対象は，責任追及の相手方が取締役の場合に限られる）の会社に対する責任の範囲については，見解が対立している。一部の学説は，これを任務を怠ったことに基づく責任および資本充実責任（〔350〕）に限定しているが，通説は，それらに限定せず，取引上の債務を含めて取締役の会社に対する一切の責任が含まれると解している。この責任の範囲を限定する説は，会社が提訴しないことの当・不当にかかわりなく，本制度による取締役の責任追及が認められていることから，この制度の適用範囲を限定しなければ不都合であることをその理由とする。しかし，上述のように責任の範囲を限定する規定上の根拠がなく，しかも本制度が認められた趣旨，すなわち取締役同士の親密な関係等から取締役の責任追及がなされない可能性があるという趣旨は取締役の責任の種類にかかわらず妥当するから，通説の立場が妥当であると考える（同旨，最判平成21・3・10民集63巻3号361頁）。たとえば，会社が取締役に対して貸付けをした場合には，貸付行為をした代表取締役の責任は会社に対する任務懈怠として代表訴訟の対象になるが，貸付けを受けた取締役の責任は取引上の債務としてその対象にならない（その者は特別利害関係人として取締役会で決議に参加することができない）というのは，バランスを失する。このような取締役は，善管注意義務ないし忠実義務に違反する責任を負うと解する余地もないではないかもしれないが，そのように解することは，責任の範囲を限定することが無意味であることを示すものである。なお，本制度の適用は，取締役の在任中に生じた責任に限定されるとともに，その在任中に生じた責任に関する限り，その退任後にも及ぶと解される。

(ハ)　提訴権者，提訴を請求できない場合，提訴するための手続等　〔493〕

公開会社では，代表訴訟を提起できるのは，6か月前より引き続き株式を有する株主である（847条1項）。このような要件を課したのは，この権利の濫用を防止するためである。この要件は，この権利を行使した時点で満たしていなければならないが，さらに訴訟終了時まで継続して満たしていることを要する。公開会社でない会社については，この持株保有期間の必要はなく，たんに株主であればよい（847条2項）。

株主が代表訴訟を提起するには，原則として，まず会社（監査役設置会社の場合に取締役の責任を追及するときは監査役。386条2項1号。監査役が複数いる場合にはそのいずれに請求してもよいと解される。それ以外の者の責任を追及するときは，代表取締役または代表執行役）に対して書面その他法務省令で定める方法（会社則217条）により，取締役等の責任を追及する等の訴え（「責任追及等の訴え」という）を提起するように請求しなければならない（847条1項本文）。第1次的には，会社が取締役等の責任を追及するという考え方がとられているのである。ただし，この責任追及等の訴えがその株主もしくは第三者の不正な利益を図り，またはその会社に損害を加えることを目的とする場合には，責任追及等の訴えの提起を請求することができない（847条1項但書）。なお，平成17年改正に係る法制審議会要綱では責任追及等の訴えによりその会社の正当な利益が著しく害されること，その会社が過大の費用を負担することとなること，その他これに準ずる事態が生ずることが相当の確実さをもって予測される場合にも訴えの提起を請求できない場合としてあげられていたが，国会審議の過程でその規定を設けると代表訴訟提起権の行使に支障が生ずるという理由で削除された。

会社がこの請求に応じて，請求の日から60日以内にこの責任を追及する訴えを提起したときは（この訴えについては，監査役設置会社で取締役の責任を追及する訴訟においては監査役が会社を代表する。386条1項），その訴訟でその請求の目的が実現されることになるが（株主はこの訴訟に参加できる。〔496〕），会社がその請求の日から60日以内に訴えを提起しない場合に，請求をした株主が会社のために訴えを提起することができることになる（847条3項）。なお，会社は，60日以内にこの訴えを提起しない場合において，その請求をした株主またはその発起人，役員等もしくは清算人から請求を受けたときは，その請求をした者に対し，遅滞なく，責任追及等の訴えを提起しない理由を書面その他の法務省令で定める方法（会社則218条）により通知しなければならない（847条4項）。会社法であらたに設けられた規定である。法務省令で定める方法としては，調査の内容（会社則218条1号），責任または義務についての判断およびその理由（同2号）および被告となるべき者に損害を賠償する責任があると判断した場合において訴えを提起しないときはその理由（同3号）である。請求金額に比べて弁護士費用が高い場合等もその理由の1つとして考えられよう。

この原則に対して，この期間が経過したのでは会社に回復することができない損害が生ずるおそれがある場合には，上に述べた会社に訴えの提起を請求する手続をとることなく，直ちに代表訴訟を提起することができる（847条5項）。上の手続をとっていたのでは会社の債権が時効にかかってしまうとか，被告たるべき取締役が財産を隠匿するおそれがあるとき等がその場合に該当する。なお，この場合に該当しないにもかかわらず，株主が代表訴訟を提起し，会社がこの訴訟手続においていずれかに訴訟参加したときは，提訴前の手続欠缺の瑕疵は治癒されると解される。

〔494〕 ㈡ 訴訟の目的の価額，管轄，訴訟手続，担保提供等

株主が代表訴訟の申立てにあたって納めなければならない手数料（訴状に貼付する印紙の額）は次の通りである。民事訴訟費用等に関する法律によれば，申立手数料は，訴訟の目的の価額によって算定されることになっており（民訴費4条1項），①訴訟の目的の価額は，訴えをもって主張する利益によって算定され（民訴費4条1項，民訴8条1項），②財産権上の請求でない請求にかかる訴えについて

は，訴訟の目的の価額は160万円とみなす（民訴費4条2項。その結果，この場合の申立手数料は一律に1万3000円になる）とされている（なお，解釈上，財産権上の請求にかかる訴えでも，訴えをもって主張する利益が算定不能の場合には，民訴費用法4条2項に準じて手数料を算定している例がある。住民訴訟に基づく損害賠償請求について，最判昭和53・3・30民集32巻2号485頁）。代表訴訟は，取締役等の会社に対する責任を株主が会社に代わって訴訟上請求する制度であるが，その請求が認容されても，その効果は直接には会社に及び，株主に及ぶわけではなく，株主が受ける利益は会社が利益を受けることによって間接に受けるものにすぎず，それを算定することは事実上不可能である。また，この場合の申立手数料を請求金額によって算定すると，株主にとって代表訴訟を提起することが事実上困難となることは否定できない。そしてまた，代表訴訟を提起しやすくすることは，取締役等の違法な業務執行を防止するためにきわめて有効である。そこで平成5年改正商法は，株主の代表訴訟は，目的の価額の算定については，財産権上の請求ではない請求にかかる訴えとみなす（民訴費4条2項参照）旨を規定して，この点を立法的に解決し，会社法に受け継がれている（847条の4第1項）。

取締役等の責任を追及する訴訟の管轄は，本店所在地の地方裁判所に専属する（848条）。その訴訟が会社と株主のいずれによって提起されたかを問わない。会社または株主の訴訟参加（〔496〕）の便宜のためである。株主が代表訴訟を提起した場合に，その訴えが悪意に出たことを被告である取締役等が疎明したときは，裁判所は被告の請求により，株主に相当の担保を供すべきことを命ずることができる（847条の4第2項3項）。被告である取締役がこの訴訟によって蒙るであろう損害の賠償請求権の支払を確保し，それによって，株主の濫用的な代表訴訟の提起を防止する趣旨である。ここに悪意とは，担保提供の趣旨からいって，株主の地位に名を借りて不当な個人的利益を追及し，または取締役に対する私怨を晴らすことを目的とするなど，株主としての正当な権利や利益を擁護する以外のことを目的とする場合またはその代表訴訟において取締役の責任が認められる可能性が低く，かつ，このことを株主が知り，または知りうべきである場合を意味すると解される。

㈭ 訴訟告知，会社からの通知または公告 〔495〕

代表訴訟を提起した株主は，訴えを提起した後，遅滞なく会社に対して訴訟の告知をすることを要する（849条4項。監査役設置会社において取締役の責任を追及する訴えを提起された場合には，監査役が会社を代表してその訴訟告知を受ける。386条2

項2号。指名委員会等設置会社では監査委員であるが，その者が訴えの当事者である場合は除かれる。408条3項2号）。会社に訴訟参加の機会を与えるためである。その訴訟告知を怠った場合には，損害賠償責任を生ずる。

また，会社は，取締役等の責任を追及する訴えを提起した場合には訴えを提起した旨を，また株主代表訴訟の訴えを提起した株主から上記の訴訟告知を受けた場合にはその旨を，遅滞なく，公告をするか，または株主に通知しなければならない（849条5項。公開会社でない会社については株主に対する通知とされる。同条9項）。他の株主に，次に述べる訴訟参加の機会を与えるためである。

〔496〕 **(ヘ) 訴訟参加，会社の被告側への補助参加――馴合訴訟の防止**

取締役等の会社に対する責任を追及する訴訟において重要なことは，馴合（なれあい）訴訟によって，会社したがって株主が損害を蒙るのを防止することである。すなわち，訴訟法上，二重起訴が禁止され（民訴142条），会社が取締役等の責任を追及する訴訟を提起した場合には，株主は重ねて同じ訴訟を提起することができず，またある株主がこの訴訟（代表訴訟）を提起した場合には，会社または他の株主が同じ訴訟を提起することができなくなる。また，株主が訴えを提起した場合でも，その判決の効力が会社に及ぶ（民訴115条1項2号）。そのため，訴訟を提起した会社または株主が，被告である取締役等と馴れ合って的確な訴訟追行をせず，わざと敗訴するなどして，会社ひいては株主に損害を与える可能性がある。このような結果を防止することが必要であり，そのために(a)に述べるような方法が考えられるが，さらに(b)に述べるような問題も提起されている。

(a) 会社または他の株主の原告側への訴訟参加　会社法は，後述する再審の訴えの制度（853条）のほかに，訴訟参加の制度を認めている（849条1項本文）。すなわち，会社がこの訴訟を提起した場合には株主が，また株主がこの訴訟を提起した場合には会社または他の株主が，その訴訟の原告側に参加することができる。訴訟参加によって，参加者は，被参加者の訴訟追行が不適切なときは，自ら訴訟行為をすることによって馴合訴訟を防止することができる。訴訟参加できる株主は，6か月前から引き続き株式を有していることを要しない。すでに他の者によって提起されている訴訟に参加するにすぎず，権利濫用のおそれがないからである。この訴訟参加は，不当に訴訟手続を遅延させ，または裁判所の事務負担を著しく増大させるときは，認められない（849条1項但書）。

旧会社法のもとではこの訴訟参加が共同訴訟参加（民訴52条）か共同訴訟的補助参加かについて見解が分かれていたが，会社法849条1項は，共同訴訟人として，または当事者の一方を補助するため参加できるとしている。民事訴訟法の一般原則上，両者の差異は，第1に，参加人の資格について，前者では参加人がその訴訟の当事者適格を有することを要するのに対して，後者ではそのような適格を有することを要しない点であり，第2に，参加人の地位について，前者では参加人が本訴による請求を拡大することができ，また原告が訴えを取り下げた場合に参加人が訴訟を続行する等の強い権能が認められるのに対して，後者ではそのような権能が認められない点である。そこでまず，第1の点についてみると，会社が訴訟を提起した場合には株主には当事者適格がなく，また株主が代表訴訟を提起した場合には，代表訴訟を提起する手続をふんでいない株主（6か月前から引き続き株式を有していない株主はもちろんである）は当事者適格を有しないから，民事訴訟法の一般原則上は，その参加は共同訴訟参加ではなく，共同訴訟的補助参加だといわなければならない。しかし，問題は，会社法の上記の訴訟参加に関する規定が，たんに民事訴訟法の一般原則を確認したものにすぎないと解するか，それとも，民事訴訟法の一般原則上は認められない共同訴訟参加をとくに認めたものと解するかであって，会社法でとくにこのような規定を設け，共同訴訟人としての参加を認めている以上は，上記のように馴合訴訟の防止のために，参加人に強い訴訟追行権能を与える共同訴訟参加を認めたと解される。旧会社法のもとでも同様に解するのが有力な見解であった。

(b) **会社の被告側への補助参加**　平成13年の議員立法による商法改正（法149号）前は，株主代表訴訟において，会社が被告取締役の側に補助参加をすることが認められるかについては，学説上見解が分かれていた。株主代表訴訟においては，会社の正規な意思決定に基づいて行われた役員の行為の適否・当否が争われる場合があり，この場合には，会社がその意思決定の違法または不当と認められないことに独自の利益を有することを理由に，これを認める見解もあり，判例（最決平成13・1・30民集55巻1号30頁）は，取締役会の意思決定の違法が主張されている株主代表訴訟においては補助参加が認められるとした。しかし，これを許すと，会社の補助参加により，被告は会社から物心両面にわたる支援を受けることができることになり，その結果，取締役等は会社の業務執行者に同調しておけば安心であるという安易な気持を起こさせ，善管注意義務または忠実義務の遂行を十分に果たさないという結果を招来するおそれがあるからそれは認められないという見解もあった。また，会社が被告取締役に対する補助参加をするということは，それにより事実上被告取締役の訴訟費用等を会社が負担する結果になり，このことは，被告取締役が敗訴した場合にもその訴訟費用を会社が負担することを意味し（〔497〕），補助参加した代表取締役の忠実義務違反の問題が生ずるという指摘もなされていた。

平成13年の議員立法による改正商法のもとでは，会社が取締役を補助するため株主代表訴訟に参加する旨の申出をする場合に，①監査役設置会社では監査役の同意を得ることを要し，②指名委員会等設置会社では各監査委員の同意を要する旨が規定されており，会社法がそれを受け継いでおり（849条3項），会社の被告取締役の側への補助参加が可能であることが前提とされたことになる。

(c) **和解等の可否**　平成13年商法改正（法149号）前は，馴合訴訟の防止に関連して，取締役の責任を追及する訴訟において，原告である会社または株主が，和解や訴えの取下げ等をすることが認められるかが争われていた。これを認めて，それによる弊害は訴訟参加によるべきだという見解もあったが，これを認めると，会社の権利を処分することになり，また，訴訟参加では十分でないとして，これを認めない見解もあった。しかし，株主についてみると，代表訴訟を提起するかどうかは株主の自由であり，したがって，いったん訴訟を提起した後にそれを取り下げることも自由であるはずであるという意見も見受けられた。

平成13年改正商法のもとでは，取締役の責任を追及する訴えにおいて，和解をすることができることを前提とする規定が設けられたが，会社法は，基本的にそれを受け継いで，次のような規定を設けている。まず，①株主代表訴訟につき和解をする場合において，会社が和解の当事者でないとき，たとえば株主代表訴訟の原告である株主と被告取締役との間で和解をするときは，民事訴訟法267条の規定（和解を調書に記載したときはその記載が確定判決と同一の効力を有するという規定）は，その訴訟の目的については適用しないが（850条1項本文），会社の承認がある場合にはその限りではない旨を規定している（850条1項但書）。会社の承認がある場合には，和解が確定判決と同一の効力を有することになる。逆にいえば，会社が承認しない場合には，そのような効力を有しないことになる。次に，②①の場合において，裁判所は会社に対してその内容を通知し，かつ，和解に異議があれば2週間以内に異議を述べるべき旨を催告することを要するものとされる（850条2項）。この通知および催告を受ける場合には，監査役設置会社の場合で取締役の責任を追及するときは監査役（386条2項2号），監査等委員会設置会社については監査等委員（399条の7第5項2号），指名委員会等設置会社については監査委員（408条5項2号）が会社を代表してその通知または催告を受ける。

そして，会社がこの期間（2週間）内に異議を述べなかったときは，裁判所から通知された内容で株主が和解をすることを承認したものとみなされる（850条3項）。そしてこの訴訟につき会社が和解をする場合には，取締役の責任につき総株主の同意がなければ免除することができないという規定（55条・102条の2第2項・103条3項・120条5項・213条の2第2項・286条の2第2項・424条・462条3項・464条2項・465条2項・486条4項）は適用されない旨が規定された（850条4項）。和解をすることと総株主の同意がなければ免除することができないこととは両立しないという指摘がなされていたことに対応する規定である。この期間内に会社が異議を述べたときは，和解することができず，判決を得るまで訴訟を続けるほかないことになる。

(ト) 勝訴株主の費用支払請求権，敗訴株主の損害賠償責任，被告取締役の弁護士費用等の会社による負担等 〔497〕

代表訴訟は，株主が会社のために提起するものであり，また，株主がその訴訟に参加することも会社のためである。したがって，その訴訟で原告側が勝訴して，その利益が会社に帰属したときは，その代表訴訟を提起し，または訴訟参加をして，その訴訟のために株主が支出した費用は，合理的な範囲で会社が負担するのが当然である。そこで会社法は，この株主が勝訴した場合において，その訴訟を行うのに必要と認められる費用であって訴訟費用でないもの（訴訟費用は敗訴した被告の負担となる）を支出したとき，または弁護士もしくは弁護士法人に報酬を支払うべきときは，会社に対しその費用の額の範囲内で，相当な額の費用支払請求権を認めている（852条1項）。この額の決定にあたっては，勝訴判決によって会社の得た利益が考慮されることはいうまでもない。ここで勝訴判決には，一部勝訴判決も含まれるが，それが馴合訴訟にあたるときは，この請求は認められないと解される。その費用には，事実関係の調査費（代表訴訟を提起するためには取締役の違法行為等により会社に損害が生じた事実があるかどうかを調査する必要がある），司法書士手数料，裁判所への出頭の費用等が含まれる。

代表訴訟を提起して敗訴した株主および訴訟に参加した株主は，会社に損害を与えた場合であっても，悪意のあるときでなければ，会社に対して損害賠償責任を負わない（852条2項）。悪意があるときとは，会社を害することを知って不適当な訴訟追行をしたときと解される。なお，これとは別に，被告である取締役が敗訴株主等に対して，不法行為に基づく損害賠償請求権を取得することがある（そのための担保の提供につき，〔494〕。847条7項8項）。

被告取締役の弁護士費用等の訴訟に要する費用を会社が負担することが許されるかが問題とされている。この問題は，結果的には被告取締役が勝訴した場合か（会社に対する責任が否定されたか），敗訴した場合かで区別されるべきだと考える。前者の場合には，その費用は当該取締役の会社の受任者としての委任事務の処理に必要と認められる費用に該当し，したがって，会社が負担することが許されると解される（民650条）。これに対して，後者の場合には，それに必要と認められる費用ということはできず，許されないと解すべきである。もちろん，被告取締役が勝訴するかどうかは判決が確定するまでは判明しない。そこで問題になるのは，会社が被告取締役のそのような費用を立て替えることが許されるかであるが，この立替えは利益相反取引（間接取引。356条1項3号）に他ならず，取締役会等（取締役会設置会社の場合）の承認（356条1項柱書）のもとにすることは許されると考える。しかし，被告取締役が敗訴した場合には，その承認をした取締役等は任務を怠ったものと推定されることになる（423条3項1号）。

〔498〕　**(チ)　訴えの提起・訴訟参加後に株主でなくなった者の訴訟追行**

たとえばA会社の株主甲がA会社の取締役の責任追及の代表訴訟を提起した（訴訟参加した場合も同様である。以下同じ）が，その後，その訴訟の係属中に，株式交換（767条。〔794〕）によりA会社がB会社の完全子会社となってしまうと，甲はB会社の株主となってA会社の株主でなくなってしまう。この場合に，甲は，A会社の取締役を被告として提起したこの株主代表訴訟を追行できるかどうかが問題になる。この問題について，旧会社法のもとで，甲がA会社の株主でなくなったことを理由に，原告適格を喪失すると判示した下級審裁判例があった。この結果は甲にとって酷であることは明らかであり，会社法は，甲の訴訟追行権を認めた（851条）。株主でなくなった者が訴訟追行権を認められるのは，次の場合である。①その株主甲がA会社の株式交換または株式移転によりその会社の完全親会社（847条の2第1項柱書参照）Bの株式を取得した場合（851条1項1号）および②その株主甲がそのA会社が合併により消滅する会社となる合併により，合併により設立するB会社または合併後存続するB会社もしくはその完全親会社の株式――合併の対価が完全親会社の株式であった場合――を取得した場合（同1項2号）である。③①の場合において，その株主甲が訴訟の係属中にその会社の完全親会社Bの株主でなくなった場合，すなわち甲がB会社の株式交換または株式移転によりB会社の株主でなくなり，B会社の完全親会社Cの株式を取得した場合（851条2項），および④②の場合において，その株主甲がその訴訟の係属中に合併により設立するB会社または合併後存続するB会社の株主でなくなった場合，すなわち，B会社が合併により消滅する会社となる合併により，合併により設立するC会社または合併後存続するC会社もしくはその完全親会社の株式を取得した場合も同様である（同3項）。

(リ) 再審の訴え

〔499〕

取締役の責任を追及する訴訟については，訴訟参加による馴合訴訟の防止が図られているが（〔496〕），それにもかかわらず，馴合訴訟によって判決がなされてそれが確定し，会社の権利を害することがないではない。そこで会社法は，さらに，再審の訴えの制度を設けた。すなわち，この訴訟が提起され，原告（会社の場合と代表訴訟を提起した株主の場合とがある）と被告が共謀して訴訟の目的である会社の権利を詐害する目的で判決をさせたときは，会社または株主は，確定の終局判決に対して再審の訴えで不服を申し立てることができる（853条1項1号）。いわば，訴訟参加が馴合訴訟による会社の損失の事前の防止策であるのに対し，再審の訴えの制度は馴合訴訟による損失を事後的に塡補しようとするものということができる。会社または株主が和解または請求の放棄をした場合も，確定判決と同一の効力を有するので（民訴267条），この制度が適用されると解される。会社の権利を詐害する目的で判決をなさしめるとは，原告または参加人が不適切な訴訟追行をして，故意に敗訴したり，故意に一部についてのみ勝訴し，残部について敗訴したりすることである。

再審の訴えは，民事訴訟法上も認められているが（民訴338条以下），それは確定した訴訟手続に重大な瑕疵があり，またはその判決の基礎となった資料に異常な欠点があったことを理由として，訴訟の当事者が求めるものである。これと比較すると，会社法上，取締役の責任を追及する訴えのそれは，再審を求めることができる事由および申立権者が異なるが，その他の点では，民事訴訟法の一般原則の適用がある。勝訴株主等の費用支払請求権および悪意のある敗訴株主等の損害賠償責任に関する規定（852条）は，再審の訴えについて準用される（853条2項）。

12 多重代表訴訟

〔499の2〕

(イ) 多重代表訴訟の創設された理由

平成11年商法改正により，株式交換・株式移転制度が創設され，それらがそのまま会社法に組み入れられている（767条以下・772条以下）。株式交換制度においては，既存のA株式会社の株主がその有するA会社の全株式を既存のB会社に移転し，A 会社の株主が B 会社からその対価として B 会社の株式等の交付を受けて B 会社の株主等となって，A 会社の株主の地位を失い，A 会社が B 会社の完全子会社となる。また，株式移転制度においては，既存の A 株式会社の株主が新設の B 会社に移転して，新設の B 会社から少なくとも B 会社の株式の移転を受けて――そうでないと新設の B 会社が成立しない――（社債等の移転を受けることもありうる）B 会社の株主となって，A 会社の株主の地位を失い，A 会社が B 会社の完全子会社となる。いずれも，簡易に既存会社を他の既存会社または新設会社の完全子会社とするための仕組みである（〔797〕〔806〕）。

このような制度のもとでは，それまで A 会社の株主として A 会社を直接支配していた者が A 会社の完全親会社である B 会社の株主となってしまい，A 会社をその株主として直接に支配することができなくなってしまうという状態が生ずる。そして，A 会社は，B 会社の完全子会社になってしまっているが，その取締役等は従来通り，A 会社の業務執行に直接携わっている例が少なくない。ところが，A 会社の株主は，たとえば株主代表訴訟についてみると，株式交換・株式移転前は，直接に A 会社の取締役に対して株主代表訴訟の提起を請求することができたが，株式交換・株式移転の後は，B 会社の株主となってしまい，そのままでは，B 会社を通じて間接的に A 会社の取締役等の責任を追及するほかなく，A 会社の取締役の業務執行の支配監督の観点からは不利益な立場に置かれることになる。平成 11 年株式交換・株式移転制度の創設当時から，A 会社の株主であった者で，これらの制度により，親会社 B 会社の株主とされた者の保護の必要性がうたわれていた。

より一般的に，当初から完全親会社の株主であった者が重要な完全子会社の取締役等の責任を追及できないのは，子会社の取締役の業務執行の支配監督の観点から適切でないと考えられる。そこで，このたび平成 26 年会社法改正により，多重代表訴訟制度が創設されたのである（847 条の 3）。多重代表訴訟とは，上述のような場合（必ずしも株式交換・株式移転の場合に限られない）に，A 会社の完全親会社 B 会社の株主に，A 会社の取締役の責任について A 会社に代わって代表訴訟の提起を請求することを認める制度である。

ここで多重代表訴訟とは，くり返しになるが，株式交換・移転の場合に限られるわけではなく，株式会社（A 会社）の最終完全親会社（その意味については(ロ)(a)）の少数株主（その要件については(ロ)(a)）は取締役等（その内容については(ロ)(a)）の訴えの提起を請求することができるものとする制度である。

なお，平成26年改正により，株式交換・株式移転制度により完全親会社の株式を取得し，引き続きその株式を有するとき，また吸収合併により，吸収合併の存続する株式会社の完全親会社の株式を取得し引き続きその株式を有するときについての規定も新設された（847条の2〔499の3〕。851条については〔498〕参照）。

また，この多重代表訴訟制度創設の基本には，株式会社ならびにその親会社および子会社から成る企業集団における業務の適正を確保するための体制（362条4項6号。会社則100条1項5号）の整備という考え方が含まれる。平成26年改正会社法により，その旨が会社法に定められた。

(ロ) 多重代表訴訟提起の要件

多重代表訴訟の提起の要件に，以下のような要件が課せられているが，それは，濫用の防止という観点からも説明できるであろうが，完全親会社の株主が完全子会社の取締役の責任を追及する訴えの提起を請求するという間接的な責任追及であることが理由であるという説明も可能であろう。

(a) 最終完全親会社等の株主の持株要件・保有期間（公開会社の場合） 最終完全親会社等の総株主の議決権の100分の1（これを下回る割合を定款で定めた場合はその割合）以上の議決権またはその親会社の発行済株式の100分の1（これを下回る割合を定款で定めた場合はその割合）以上の数の株式を有する株主が，発起人，設立時取締役，設立時監査役，取締役，会計参与，監査役，執行役，会計監査人または清算人（以下，「取締役等」という）の責任を追及する訴え（特定責任追及の訴え）の提起を請求することができる（847条の3第1項本文）。

しかも，親会社が公開会社である場合には，子会社の取締役等の責任を追及する訴えの提起を請求することができる株主は，6か月前から引き続き上述の割合以上親会社の議決権または株式を有する者に限られる（847条の3第1項6項）。通常の代表訴訟の場と同様の要件である（847条1項。〔493〕）。

なお，会社の取締役等の責任（(c)による請求の対象とすることができるものに限る）は，その親会社の総株主の同意がなければ，免除することができない（847条の3第10項。〔487〕。一部免除に関する規律についても所要の規定が整備されている）。このように，この権利は，単独株主権ではなく，少数株主権とされたが，なかでもその要件は，次に述べるように，他の少数株主権の例の中では，軽いものとされている（たとえば株主提案権と比較〔419〕）。

ここで最終完全親会社等とは，株式会社の完全親法人である株式会社であって，そのまた完全親会社（株式会社であるものに限られる）というものがないものをいう（847条の3第1項。完全親会社等の定義について，847条の3第2項）。たとえばB会社がA会社の完全親会社，C会社がB会社の完全親会社である場合に，A会社の取締役等の責任を追及する訴え，すなわち多重代表訴訟の提起を請求することができるのは，C会社の株主のみであって（親子会社関係の頂点に立つ完全親会社），B会社の株主はそれを請求できない。B会社はA会社の完全親会社ではあるが，最終完全親会社等ではないので（C会社がA会社の最終完全親会社である），多重代表訴訟を提起できないという意味である（なお以下では，「最終完全親会社等」をたんに「親会社」といい，またA会社をたんに「子会社」ということがある）。子会社（A会社）に少数株主が存在する場合には，その少数株主に子会社の取締役の責任の追及を委ねることができることが理由とされているという。

なお，親会社（C会社）の株主が子会社（A会社）の取締役等の責任を追及する訴えの提起を子会社に請求する場合には，その子会社が監査役設置会社のときは，その株主は子会社の監査役を相手に請求することになろう（386条2項1号）。

(b) 株主等の不正な利益を図る等の場合の権利行使の排除　次の2つの場合には，子会社の取締役等の責任を追及する訴えの請求は認められない。

① その訴えがその株主もしくは第三者の不正な利益を図り，またはその株式会社（前述のA会社）もしくはその最終完全親会社等（前述のC会社）に損害を加えることを目的とする場合（847条の3第1項1号）。帳簿閲覧請求の拒否事由である433条2項2号と同趣旨であろう。

② その訴訟にかかる責任の原因となった事実によってその最終完全親会社等に損害が生じていない場合（847条の3第1項2号）。この場合には，親会社株主にとって，子会社の取締役等の責任追及の利益がないからである。

(c) 多重代表訴訟の請求の対象とすることができる責任の規模　株式会社（前述の完全子会社A会社）の取締役等の責任は，その原因となった事実が生じた日において，その会社の最終完全親会社等（前述のC会社）が有する当該会社（前述の完全子会社A会社）の株式の帳簿価額（その最終完全親会社等の完全子法人が有するその株式会社の株式の帳簿価額を含む）がその最終完全親会社等の総資産額の5分の1を超える場合に限り，請求の対象とすることができる（847条の3第4項）。会社法467条1項2号括弧書および784条2項等簡易の事業譲渡，簡易合併等は，事業譲渡または組織再編等につき，譲り渡す資産の帳簿価額がその会社の総資産等の5分の1を超えない場合等につき簡易な手続を認めている（株主総会の承認決議を要しない等。〔756〕〔778〕(b)〔787〕(b)〔799〕(iv)(α)〔815〕等）。多重代表訴訟は，前述のように責任の原因となった事実が生じた日において親会社が有する子会社の株式の帳簿価額が親会社の総資産額の5分の1を超える場合についてのみ，親会社の株主による子会社の取締役等の責任追及の代表訴訟が認められていることになる。親会社にとって，子会社の規模が小さい場合には，その子会社の取締役につき多重代表訴訟による責任追及の請求の対象とするまでもないと考えられたのであろう。

(d) 多重代表訴訟の提起，訴訟参加，訴訟告知等

(i) 多重代表訴訟の提起──子会社が親会社株主から提訴請求を受けた日から60日以内に訴えを提起しない場合　上述の要件をみたした最終完全親会社等（上述のC会社）の株主は，次の場合に自らこの代表訴訟を提起できる。すなわち子会社（A会社）が親会社（C会社）の株主による子会社の取締役等の責任を追及する訴えの提起の請求をした日から60日以内に子会社Aがその訴えを提起しないときは，その請求をした親会社（C会社）の株主は，自ら，子会社のために，取締役等の責任を追及する訴え（多重代表訴訟）を提起することができる（847条の3第7項）。このように，通常の代表訴訟の場合（847条3項。〔493〕）と同様に，多重代表訴訟を提起する場合にも，C会社株主は，いったん会社（A会社―子会社）に対して取締役等の責任を追及する訴えの提起を請求し，それにもかかわらず，会社が一定期間（上述の請求の日から60日）以内にその訴えを提起しない場合にみずから，子会社のために取締役等の責任追及の訴えを提起することができるのである（通常の代表訴訟の場合も同様である。847条1項本文3項。〔493〕）。

(ii) 他の株主の訴訟参加，訴訟告知等　多重代表訴訟については，通常の代表訴訟の場合に相当する規定が設けられている（849条。〔496〕）。

すなわち，会社に最終完全親会社等がある場合には，当該株式会社またはその株主のほか，当該最終親会社等（C会社）の株主は，共同訴訟人として，または当事者（訴訟提起をしたC会社の株主または被告取締役等）の一方を補助するため上述の多重代表訴訟に参加することができる（849条1項）。また，最終完全親会社等（C会社）は，当事者の一方を補助するため，その訴訟に参加することができる（同2項）。親会社は，被告であるA会社取締役の側に共同訴訟人または補助参加者として参加するのが通常であろう。

また，これらの親会社の株主等に共同訴訟人として，また当事者の一方の補助人として参加する機会を確保するため，次のような仕組みが設けられた。①親会社の株主が多重代表訴訟を提起したときは，遅滞なく当該会社（子会社A会社。

その取締役等が被告となっている）に対して訴訟告知をしなければならず（849条4項），②子会社が前述(d)(i)に含まれる訴訟を自ら提起したとき，または①の訴訟告知を受けたときは，遅滞なくその旨をその親会社（C会社）に通知しなければならず（同5項），かつ，③②による通知を受けた親会社（C会社）は，遅滞なくその旨を公告し，または親会社の株主に通知しなければならないものとされる（同7項）。

(e) **責任の免除**　A会社に最終完全親会社等であるC会社がある場合には，A会社の取締役等の特定責任（(a)による請求の対象とすることができるものに限る）は，当該会社の総株主とその最終完全親会社等の総株主の同意がなければ，免除することができない（847条の3第10項）。

〔499の3〕

13　株式交換等をした場合における旧株主による株主代表訴訟

(イ) 株式交換・株式移転または吸収合併の場合の代表訴訟の提起の可能性

株主は，A株式会社の株主でなくなっても，次の①および②に掲げるときは，A会社の取締役等の責任を求めるため訴えの提起を請求することができる（847条の2第1項）。すなわち，その①会社の株式交換または株式移転によりそのA会社の完全親会社の株式を取得し，引き続きその株式を有するとき，または②その会社が吸収合併により消滅する会社となる吸収合併により，吸収合併後存続する会社の完全親会社の株式を取得し，引き続きその株式を有する場合である。それを認めないと，株式交換・株式移転または吸収合併により株主たる地位を失わせて，それらがなければ提起できた代表訴訟を提起することができなくなってしまうからである。

(ロ) 訴え提起の請求の相手方

(イ)の請求は，①株式交換・株式移転の場合には株式交換完全子会社または株式移転完全子会社，②吸収合併の場合には吸収合併存続会社に対して行うものとされる。①の場合には，株式交換・株式移転で子会社になった会社が存続しているので，その会社に対して請求することになる。これに対して，②の場合には，この提起を請求している者が株主であった会社が合併により消滅しているので，それを相手に請求することができず，存続会社に対して請求することになる（以下，請求の相手方を「株式交換等完全子会社」という）。

(ハ) 株式保有期間

前述(イ)の①株式交換・株式移転または②吸収合併（以下，「株式交換等」という）の効力が生じた日において会社が公開会社である場合にあっては，取締役等の責任の追及等の訴えの提起を請求することができる株主は，その日の6か月前からその日までその株式会社の株式を有するものに限られる。通常の株主代表訴訟の場合には，提訴前から6か月である（847条1項。〔493〕）が，ここでは，株式交換等の効力が発生した日の6か月前からその日までとされる。株式交換等の効力が発生した時点で株主代表訴訟を提起することが可能であった者に限って提訴資格を認める趣旨である。

㈡ 責任追及等請求の対象

上述の責任追及等の訴えの提起の請求は，株式交換等が効力を生じた時までにその原因となった事実が生じた責任または義務にかかるものに限って，その対象とすることができるものとされる。それ以降に生じたものについては，多重代表訴訟制度が利用できるかどうかということが問題になろう。

㈭ 株主による代表訴訟の提起，責任の免除の要件，訴訟参加等

株式交換等完全子会社が取締役等の責任追及等の訴えの請求をした日から60日以内に責任追及の訴えを提起しないときに，この請求をした株主が株式交換等完全子会社に上述の訴えを提起できる（847条の2第6項）ことは一般の場合と同様である（847条3項。〔493〕）。

㈫ 責任の免除

この請求の対象とすることができる責任の免除については総株主の同意がなければならないが（424条参照。〔487〕），さらに，株式交換等完全子会社の総株主の同意に加えて，または吸収合併消滅会社の総株主の同意に加えて，取締役等の責任追及等の訴えの提起を請求することができる株主の全員の同意がなければ，免除することができない（847条の2第9項）。

㈦ 共同訴訟人参加，補助参加等

責任追及の訴えの提起を請求できる株主は，共同訴訟人または一方の当事者を補助するため，その訴訟に参加することができ，また完全親会社が一方の当事者を補助するため，その訴訟に参加することができる（849条）。

14 取締役または執行役の違法行為等に対する株主の差止請求権 〔500〕

㈠ 意義，差止権等

取締役（指名委員会等設置会社の場合には執行役。以下同じ）が会社の目的の範囲外の行為その他法令または定款に違反する行為をしようとしており，それにより監査役設置会社・監査等委員会設置会社・指名委員会等設置会社でない会社の場合には会社に著しい損害を生ずるおそれがあるとき（360条1項），監査役設置会

社・監査等委員会設置会社・指名委員会等設置会社の場合には会社に回復することができない損害を生ずるおそれがあるとき（360条3項）は，6か月前から引き続き株式を有する株主（公開会社でない会社については，たんに株主であればよい。360条2項）は，会社のため取締役または執行役に対して，その行為をやめるべきことを請求することができる（360条1項・422条）。取締役が法令または定款に違反する行為をしようとしているときは，会社はその行為を差し止めることができるが，会社と取締役との密接な関係から，現実に会社がその差止請求権を行使するとは限らないので，株主が会社に代わってその差止請求権を行使することを認めたのである。株主の代表訴訟の提起権が事後的救済手段であるのに対して，この差止請求権は，取締役の違法行為等に対する事前的防止手段である（〔491〕参照。なお，取締役が法令に違反する等の新株の発行により株主が不利益を受けるおそれがある場合の株主の新株発行差止請求権につき，〔338〕）。「著しい損害」と「回復することができない損害」との区別は，後者の方が前者よりも損害の程度が大きい場合である（〔501〕）。なお，監査役設置会社，監査等委員会設置会社または指名委員会等設置会社の場合には，監査役，監査等委員または監査委員には，会社に著しい損害を生ずるおそれがあるときも差止請求をすることが認められている（385条〔555〕・399条の6第1項・407条1項〔605〕(viii)）。

〔501〕　(ロ)　要　件

差止請求権が認められるためには，次のような要件を満たしていることが必要である。①第1に，取締役が法令または定款に違反する行為をしようとしている場合でなければならない。取締役会（取締役会設置会社の場合）の承認を得ずに会社と取締役が取引をしようとしている場合（356条1項2号・365条1項）や，定款で一定の行為につき株主総会の承認を得る旨の定めがなされているのに，その承認を得ないで行為をしようとしている場合のように，法令または定款の具体的規定に違反する場合だけでなく，善管注意義務や忠実義務に関する規定（330条，民644条，会社355条）のような一般的規定に違反する行為をしようとしている場合を含む。また代表取締役の権限濫用の場合（〔531〕）も，差止めの対象となる。その行為が有効になるかどうかにかかわりなく適用される。それが有効となれば（代表取締役の権限濫用の場合には，相手方が善意のときは有効である），会社がその行為に拘束されて損害を蒙ることになるが，それが無効となって法律的には原状回復によって会社の損害を塡補できる場合であっても，現実に塡補できるかどうか不明であり，またそのような手続をとらなければならないこと自体が会社にとって不利益だからである。会社法があげている「会社の目的の範囲外の行為」(360条1項)は，定款違反の一場合であり，その行為を有効と解するかどうかにかかわりなく(〔36〕参照)，差止請求の対象となる。②第2に，監査役設置会社，監査等委員会設置会社または指名委員会等設置会社では，取締役の上記の行為により会社に回復することができない損害が生ずるおそれがある場合，それ以外の会社では会社に著しい損害が生ずるおそれがある場合であることを要する(その差異については前述(イ))。このような要件が課せられているのは，株主の差止請求権はこの限度で認めれば十分であり，そうでないと濫用のおそれがあるからであろう(監査役が差止請求をする場合に関する〔555〕参照)。損害の回復が不可能な場合に限られず，それに多くの費用や手数がかかって回復が困難な場合も含まれる。監査役設置会社，監査等委員会設置会社または指名委員会等設置会社においては，監査役，監査等委員または監査委員には，著しい損害がある場合にも認められているので(385条1項・399条の6第1項・407条1項)，とりあえずは監査役，監査等委員または監査委員の差止請求に期待しているということもできよう。

(ハ) 差止請求権の行使，差止請求を無視した行為の効力 〔502〕

差止請求権の行使は，裁判外でしてもよいが，その取締役を被告として訴えを提起してもよく，取締役が裁判外の差止請求に応じようとしないときは，訴えを提起するほかないであろう。その判決の効力は会社に及ぶ(民訴115条1項2号)。この訴訟については，担保の供与，管轄，訴訟参加，勝訴株主の権利等について代表訴訟の規定が類推適用されると解されている(〔494〕〔497〕等)。また，差止めの対象となる行為がなされてしまえば差し止めることができなくなってしまうから，差止めの訴えを本案として仮処分を申請することも必要になろう(民保23条2項)。差止めの仮処分を申請するには，担保を立てさせられることがある(民保14条。監査役による差止請求に関する385条2項・407条2項と対比)。

差止請求を無視してなされた行為の効力については，場合を分けて考える必要がある。①株式等の発行や社債の発行のように多数の者につき画一的にその効力が決められるべきものについては，取引の安全または取得者の保護の見地から差止請求を無視してなされたこと自体によっては無効にならないと解すべきであろう(株式等の発行については，〔340〕(iii)参照)。②取締役会の承認を得ないで会社・取締役間の利益相反取引がなされようとしていること，あるいは代表取締役の権限濫用がなされようとしていることを理由に差止請求がなされたのに，それを無視してその行為がなされた場合には，取締役会の承認を得ない利益相反取引自体あるいは代表権限の濫用行為自体の効力として，悪意の第三者に対しては無効を主張しうると解されているが（〔480〕〔531〕），このことはその行為が差止請求を無視してなされたかどうかにかかわりがないから，差止請求権行使の効果ということはできない。せいぜい差止請求を無視してなされたことにつき悪意の者は，その行為につき取締役会の承認を得ていないこと，あるいは代表権限濫用であることについて悪意とされる可能性が大きいという意味を有する程度であろう。さらに競業取引につき取締役会の承認を得ていないとして差止請求がなされた場合には，取締役会の承認を得ない競業取引自体（356条1項1号・365条1項）は無効でないにもかかわらず（〔477〕），その差止請求を無視してなされたことにつき悪意の競業取引の相手方に無効を主張しうるかが問題になるが，取締役個人と第三者との取引につき，その第三者と関係のない株主が差止請求をすることによって，その効力が影響を受けると解するのは不都合であり，無効にはならないと解すべきであろう。

以上のように，差止請求権行使の取引に及ぼす影響は少なく，その違反に対しては取締役の責任ないし解任等により対処するほかないと解される。

〔503〕 **15　役員等の第三者に対する責任**

429条は，役員等の第三者に対する責任についての規定である。役員等（〔400〕）は会社と委任関係にあるから（330条），その任務違反の責任は会社に対する関係で問題になり，また第三者に対する関係では民法の不法行為責任が問題になるが，会社法はそのほかにその第三者に対する責任について特別の規定を設けている（429条・430条）。この規定の適用の範囲については，とくにその429条1項について見解が複雑に対立している（〔504〕以下）。取締役選任決議を欠き，たんに登記簿上取締役として登記されているにすぎない者であっても，その不実の登記につき承諾を与えた取締役は，908条2項の類推適用により，本条の責任を負うという判例がある（最判昭和47・6・15民集26巻5号984頁）。また，辞任した取締役は，辞任登記未了でも，不実の登記を残存させることにつき明示的に承諾を与えているときは，908条2項の類推適用により，429条1項の責任を負うという（最判昭和62・4・16判時1248号127頁。なお，この事件では，明示の承諾があったことは認められなかった）。

〔504〕 **(イ)　429条1項の責任**

(a)　責任の性質——不法行為責任説と法定責任説　役員等がその職務を行うにつき悪意または重大な過失があるときは，その役員等は第三者に対してもまた連帯して損害賠償の責任を負う（429条1項）。この責任の性質については，意見が分かれている。この議論は，旧会社法のもとでは取締役の第三者に対する責任に関するものであったが，会社法のもとでは，取締役に限らず，役員等の第三者に対する責任について共通に問題になると考えられる。

まず，これを不法行為責任とみるか（不法行為責任説），それとも特別の法定責任とみるか（法定責任説）について，見解が分かれている。不法行為責任説によれば，この取締役の第三者に対する責任は不法行為責任であって，民法709条の不法行為責任と比較すると，役員等の職務執行上の行為による第三者に対する権利侵害による責任については，役員等に重過失がある場合にのみ発生し，たんなる過失があっても発生せず，この意味で，民法の一般原則を緩和したもの（責任成立の要件を厳しくしたもの）と解している。そして，このように役員等の責任を緩和する根拠としては，取締役は繁雑な事務を迅速に処理しなければならないからだという。これに対して，法定責任説は，この責任を不法行為責任とは別に法律が定めた特別責任と解し，役員等は一般の不法行為責任を負うほかに，この規定による責任を負うと解する。この説によれば，役員等の第三者に対する責任は，不法行為責任説による場合とは逆に，本規定により一般原則によるよりも加重されることになる。そして，この説によれば，役員等が職務執行について悪意・重過失があれば，第三者の権利侵害（第三者に対する加害）について故意・過失がなく，一般の不法行為責任の要件を満たしていなくても責任を負わされる点で，不法行為責任説と異なる（職務執行と第三者の損害との間に因果関係があることを要するのは，損害賠償責任の性質上，当然である）。そして，このように役員等の責任が加重されるのは，役員等の職務が多岐にわたることから，それにより損害を受ける第三者を保護しようとすることにある。役員等の第三者に対する責任が一般原則より緩和される根拠は存しないから，不法行為責任説はとりえず，法定責任説をとるべきである。判例（最大判昭和44・11・26民集23巻11号2150頁）・通説もこの立場に立っている。なお，この責任の消滅時効は，不法行為責任説によれば，民法724条の適用があると解する余地もあるが，法定責任説によるべきである以上，10年（民167条1項）と解すべきである。判例もこの考えをとっている（最判昭和49・12・17民集28巻10号2059頁）。なお，平成29年民法改正（2020年4月1日施行予定）により，商法522条（消滅時効）は削除され，民事消滅時効に一本化されている。

(b)　直接損害と間接損害の区別と第三者が株主か債権者かの区別　〔505〕

(i) 直接損害と間接損害――その意義および責任の性質との関係　次に，この責任が第三者の直接損害と間接損害の双方に及ぶのか，そのどちらかに限られるのかについても，見解が分かれている。直接損害とは，役員等の悪意・重過失のある職務執行により直接に第三者が蒙った損害をいい，間接損害とは，役員等のこのような職務執行により会社に損害が生じ，その結果第三者が蒙った損害をいう（〔506〕参照）。間接損害が発生する場合には，役員等の悪意・重過失ある職務執行によって会社に損害が生じているから，役員等は会社に対して損害賠償責任を負っており，したがって，それと合わせて，第三者に対しても責任を負うかが問題となる。直接損害は，会社が損害を蒙ったかどうかにかかわりなく生ずる損害である。この区別を前述の責任の性質に関する見解と組み合わせると，不法行為責任説によれば，429条1項の規定による役員等の責任は，当然に第三者（株主または債権者）が直接損害を受けた場合に限定され，間接損害については，株主が代表訴訟（847条以下）を提起し，または債権者が債権者代位権（民423条以下）を行使するほかないことになる。これに対して，法定責任説によった場合には，同条を直接損害と間接損害との双方の場合に適用することが可能である。

〔506〕 (ii) 第三者が株主か債権者かの区別との関連　このような第三者の直接損害と間接損害との区別は，さらに，第三者がその会社の株主か，それとも債権者かの区別と関連して論ずる必要がある。

(α) 株主の蒙る直接損害　たとえば，取締役が会社の新製品の開発について発表したため価格が高騰した株式を取得したが，その発表が虚偽であったため，株価が下落してその株式取得者が損害を蒙ったとする。この損害は，会社が損害を蒙ったかどうかにかかわりなく蒙る損害であるので，直接損害に属するが，この損害は，不法行為によって損害賠償を請求できる可能性もある。そこで問題になるのは，このような株主は，会社に対して不法行為に基づいてのみ損害賠償を請求すべきなのか，429条1項に基づく請求も可能かである。この場合には，不法行為の規定に基づいてのみ責任を追及でき，429条1項による責任を追及できないという考え方もあり（この考え方によると，株主の直接責任については，この規定の適用がないことになる），また，不法行為責任説によると，この場合は，一般の不法行為責任は排除されるから（〔504〕）429条1項による責任しか追及できないことになる。しかし，法定責任説の立場からは，それぞれの要件を満たす限り（〔504〕），どちらの請求も可能と解すべきことになる。

(β) 株主の蒙る間接損害　役員等の職務執行につき悪意・重過失があった

(放漫経営，会社財産の着服等）ために，会社の財産状態が悪化し，その結果，その会社の株式の価値が下落し（持分が減少し），株主が損害を蒙ったとする。この損害は，会社がその役員等から423条に基づく損害の賠償を受ければ，株式の価値も上がって塡補されるはずのものである。そこで問題は，①会社のこの役員等に対する423条に基づく請求と株主の本規定に基づく請求とのどちらの請求も可能と解するか，それとも，②会社が請求できるだけであって，もし，会社が請求しないときは株主が代表訴訟制度（〔491〕以下）によって，会社に代わって請求することになるにすぎないと解するかである。①の見解をとると，役員等の会社に対する責任は，株主に損害賠償をすることによって，その分だけ消滅することになるが，このことは，会社に対する責任の免除には原則として（例外は〔488〕−〔490〕〔476〕(c)）総株主の同意を要すること（424条）と矛盾し，また，会社ないし総株主に帰属すべき財産を特定の株主が早い者勝ちに奪いとることを是認するという不都合な結果になる。したがって，②の見解をとるべきだと考える。もっとも，②の見解によった場合には，株主が代表訴訟を提起するためには，6か月の株式保有期間の要件（公開会社でない会社を除く。847条2項）を満たさなければならず（847条1項），また担保提供を命ぜられることもあって（847条7項8項），必ずしも会社の損害を回復することが保障されないという批判もあるが，しかし，そのことが会社に帰属すべき財産を特定の株主が早い者勝ちに奪いとることを是認する根拠にはならないと考える。また，直接損害と間接損害の区別が必ずしも明確でないことが②の見解を批判する根拠とされることもあるが，少なくとも株主の蒙る損害に関する限り（債権者については別である。後述），②の見解は，会社が423条によって取締役に対して損害賠償を請求でき，それが実現すれば株主の損害が塡補される場合には，株主が429条1項による取締役の責任を追及することができないというものであって，この場合に該当することの立証の必要性がこの考えの前提とされているのであるから，上記の批判も妥当しないと考える。

(γ) 債権者の蒙る直接損害　たとえば，財産状態・経営成績の悪い会社の取締役が，会社の再建のために，しかし，善良な管理者の注意をもって判断すれば返済の見通しがないにもかかわらず，第三者から借入れをし，または満期に支払の見込みのない手形を振り出し，結局，その返済または支払をなしえず，第三者に損害を与えたという場合には，この第三者は債権者として直接損害を蒙ったことになる。この場合についても，株主の直接損害の場合について述べたと同じように，不法行為に基づく請求と本規定に基づく請求との関係が問題になり，見解が分かれているが，本規定の性質について法定責任説をとるべきであるから，それぞれの要件を満たすことを立証できる限り（〔504〕），いずれの請求も可能だと解すべきである。

(δ) 債権者の蒙る間接損害　役員等の職務執行に悪意・重過失があって会社の財産状態が悪化し，その結果，会社債権者が債権の満足を受けることができなくなって損害を蒙った場合には，この債権者の損害は間接損害である。この場合に，その役員等に対して，①会社の423条の請求と，債権者の本規定に基づく請求とのいずれの請求も可能と解するか，②会社が請求できるだけであって，債権者はその会社の権利を債権者代位権に基づいて代位行使をすること（民423条以下）ができるにすぎないと解するかが問題になる。この点については，株主が間接損害を蒙った場合と異なる事情が存在する。というのは，会社の債権者の場合には，株主の場合と異なり，会社に帰属すべき財産を特定の債権者が早い者勝ちに奪いとることになっても，そもそも債権者は会社財産から弁済を受ける権利を有しており，破産手続等による場合を除き，それが早い者勝ちになることも禁止されていない以上，そのことが不都合とはいえないからである。したがって，この場合については，①の見解によるべきだと考える。

〔507〕 (c) **本規定が適用される事例**　以上によれば，429条1項の規定は，株主の間接損害の場合を除いて適用されると解すべきであって，この見解が通説といってよい。

この規定に基づく責任を追及する事例は数が多い。そして，この規定は，中小企業において，会社債権者が会社の背後にある会社経営者の責任を追及する手段として利用されている面がある。いいかえれば，この規定は，実質的には法人格否認の法理（〔826〕）に代わる機能という面をも有するのである。

そしてまた，本規定が，これまであげたような事例に適用されるだけではなく，業務執行取締役等の業務執行に対する取締役会（取締役会設置会社の場合）の監督権限に関連しても，適用されている。すなわち，会社の運営を特定の代表取締役Y_1に任せきりにし，Y_1は会社業務を独断専行し，その任務懈怠により，会社が倒産するにいたった場合に，会社債権者が，Y_1の責任を追及するほか，他の代表取締役Y_2およびY_3に対して監督義務違反による責任を追及した事案につき，取締役会を構成する取締役は，必要があれば，取締役会を自ら招集し，あるいは招集することを求めて取締役会を通じて業務執行が適正に行われるようにする職務を有するとし，Y_2およびY_3にもその職務を行うにつき重大な過失があったとして，その責任を認めた判例がある（最判昭和48・5・22民集27巻5号655頁）。

(ロ) 429条2項の責任 〔508〕

429条2項は，役員等の一定の通知事項等通知すべき重要な事項についての虚偽の記載もしくは記録，または虚偽の登記もしくは公告についての第三者に対する責任に関する規定である。1項の責任が職務執行について役員等に悪意または重大な過失がある場合の責任であるのに対して，2項の責任は，上記の記載・記録，登記または公告をするについての過失責任であるが，挙証責任が転換されて，役員等の側でその行為をするについて注意を怠らなかったこと，すなわち過失がなかったことを証明した場合にのみ責任を免れることができるものである（429条2項但書）。

具体的には，各役員ごとに次のように規定されている（429条2項）。①取締役および執行役については，㋑株式，新株予約権，社債もしくは新株予約権付社債を引き受ける者の募集をする際に通知しなければならない重要な事項についての虚偽の通知またはその募集のためのその会社の事業その他の事項に関する説明に用いた資料についての虚偽の記載もしくは記録，㋺計算書類および事業報告ならびにこれらの附属明細書ならびに臨時計算書類に記載しまたは記録すべき重要な事項についての虚偽の記載または記録，㋩虚偽の登記，㊁虚偽の公告（計算書類に関する情報を提供する措置を含む），②会計参与については，計算書類およびその附属明細書，臨時計算書類ならびに会計参与報告に記載しまたは記録すべき重要な事項についての虚偽の記載または記録，③監査役，監査等委員および監査委員については，監査報告に記載しまたは記録すべき重要な事項についての虚偽の記載または記録，④会計監査人については，会計監査報告に記載しまたは記録すべき重要な事項についての虚偽の記載または記録である。なお，金融商品取引法も，一定の書類（有価証券届出書，目論見書等）等の虚偽の記載・表示についての責任について規定している（金商17条・18条等）。

(ハ) 役員等の連帯責任 〔509〕

役員等が第三者に生じた損害を賠償する責任を負う場合において，他の役員等もその損害を賠償する責任を負うときは，これらの者は，連帯債務者とされる（430条）。

B 取 締 役 会

1 意義，権限等 〔510〕

取締役会は，取締役の全員で構成される会議体であって（362条1項），①業務執行に関する意思決定の権限と②取締役および執行役の職務執行の監督権限とを有する機関である（362条2項1号2号）。③代表取締役の選定および解職も取締役会でなされる（362条2項3号）。ちなみに指名委員会等設置会社では，業務執行の決定（416条1項1号），執行役等の職務の執行の監督（同2号），執行役の選定（402条2項）および代表執行役の選定（420条1項）等が取締役会でなされる（〔594〕-〔598〕）。取締役会設置会社かどうかで株主総会の権限に，総会が万能の機関かどうかに関して，差異があることは前述した（295条1項2項。〔411〕）。また，取締役会で決定しなければならない事項とその決定を代表取締役等に任ねられる事項との関係については後述する（〔516〕）。さらに取締役会の職務執行の監督権限と監査役の職務執行の監査権限との関係については，監査役の監査権限のところで後述する（〔548〕）。公開会社，監査役会設置会社，監査等委員会設置会社および指名委員会等設置会社は，取締役会を設置しなければならない（327条1項。〔402〕(a)）。また取締役会設置会社（監査等委員会設置会社・指名委員会等設置会社を除く）は監査役を置かなければならない（327条2項。〔402〕(b)。公開会社でない会計参与設置会社は除かれる）。取締役会設置会社以外の会社の業務執行の決定等については後述する（〔516〕(イ)。なお前述〔406〕）。

〔511〕 **2　招　　集**

(イ)　招 集 権 者

(a)　**原則——各取締役**　　取締役会の招集権は，各取締役が有するのが原則である（366条1項本文）。

(b)　**招集権者を定めた場合**　　定款または取締役会で招集すべき取締役を定めたときはその者が招集権を有することになる（366条1項但書）。実際には，取締役会規則等で，社長または取締役会長等を招集権者と定めることが多い。そして，このように招集権者が特定の取締役に限定されている場合に，その取締役（A。招集権者）が招集しないときは，他の取締役（B）は，①まず会議の目的たる事項を示して取締役会の招集を請求することができ（366条2項）——請求の相手方は招集権者と定められた取締役Aである——，②Aがそれに応じて取締役会を招集したときは，それでBの目的は達せられるが，③Aが5日以内にその請求の日より2週間以内の日を会日とする取締役会の招集の通知を発しなかったときは，Bが自ら取締役会の招集をすることができる（366条3項）。少数株主権者による株主総会の招集（297条1項4項）と類似の手続が要求されていることになる。

(c) **株主による招集請求**　会社法は，株主に取締役会招集請求権を認めている。すなわち，監査役設置会社，監査等委員会設置会社および指名委員会等設置会社を除く取締役会設置会社の株主は，取締役が会社の目的の範囲外の行為その他法令もしくは定款に違反する行為をし，またはこれらの行為をするおそれがあると認めるときは，取締役会の招集を請求することができる（367条1項）。この請求は，取締役（招集権者を定めた場合は，招集権者）に対し，取締役会の目的である事項を示して行わなければならない（367条2項）。その請求の手続・方法は，前述(b)と同様である（367条3項による366条3項の準用）。この請求を行った株主は，その請求に基づき招集され，または招集した取締役会に出席し，意見を述べることができる（367条4項）。

上に述べたように，この株主による取締役会招集請求は，監査役設置会社，監査等委員会設置会社および指名委員会等設置会社では認められない。ということは，次に述べるように，それらの会社では監査役，監査等委員または監査委員に取締役会招集請求権が認められているのでそれに委ね（(d)参照），それ以外の会社では，それらの代替措置として上記の株主の取締役会招集請求権が認められたと理解することが可能である。

(d) **監査役の招集請求権**　監査役設置会社の場合には，監査役にも，一定の場合に，一定の手続により取締役会を招集する権限を認めている（特別取締役による取締役会は除かれる。383条4項・373条2項。〔518〕）。すなわち，取締役が不正の行為をし，もしくはその行為をするおそれがあると認められるとき，または法令もしくは定款に違反する事実もしくは著しく不当な事実があると認められる場合において，これを取締役会に報告する（382条・406条）ために必要があるときは，招集権者が定められている場合のそれ以外の取締役が招集するのと同じ手続で（383条3項），監査役が自ら招集することができる（383条2項）。この請求には，前述の取締役Bの請求の場合（前述(b)）と異なり，会議の目的たる事項を示す必要はない。上記の報告を目的とするものであることが明らかだからである。〔512〕

(e) **指名委員会等設置会社・監査等委員会設置会社の場合の招集**　指名委員会等設置会社では，招集権者Aが定められている場合（(b)の場合）であっても，(c)または(d)と異なり，いったんAに請求しないでも，委員会（どの委員会でもよい）がその中から選定する者Bは，直接に取締役会を招集することができる（417条1項）。また執行役の場合には，取締役会の招集請求を受ける取締役（416条1項1号ニ）に対し，取締役会の目的である事項を示して，(b)および(c)の場合と同じ手続・方法で取締役会の招集請求をすることができる（417条2項）。監査等委員会設置会社の場合も同様の規定が置かれている（399条の14）。

〔513〕 **(ロ) 招集手続――議題の記載の必要の有無等**

取締役会を招集する者は，会日より1週間前（これを下回る期間を定款で定めた場合にはその期間）に各取締役および各監査役（監査役設置会社の場合。監査役は，取締役会における議決権を有しないが，取締役の職務の監査権限の一内容として取締役会出席権を有する。383条1項）に招集通知を発することを要する（368条1項）。取締役および監査役の全員の同意があるときは，招集手続を経ないで開くことができる（368条2項）。このように，取締役会の招集手続は，株主総会のそれに比べて，構成員が少人数であることから，簡易化されている。取締役および監査役の全員が出席して取締役が業務執行に関して決議をしたときは，全員出席総会の決議（〔412〕）と同じように，取締役会決議として有効であると解される。

取締役会の招集通知については，株主総会のそれについてと異なり（〔416〕），会議の目的である事項（議題）の記載を要する旨の規定が設けられておらず，それを要しないと解される。株主総会の場合には，取締役会設置会社等（書面による議決権行使等が認められる場合を含む）においては，株主に対して，総会に出席するかどうかを判断する材料として，また出席するとしてその準備の材料として，議題の記載が要求される（299条4項・298条1項2号）のに対して，取締役会の場合には，取締役はその職務として取締役会に出席する義務があり，それに出席するかどうかの自由を有せず，また，業務執行に関する諸般の事項が議題とされることを予期すべきであるからである。したがって，たとえば，招集通知に一定の事項を議題とする旨の記載がなされていても，それに拘束されることなく，それ以外の事項も議題にすることができると解される。たとえば代表取締役解任決議をするについても，招集通知にそれを議題とする旨の記載は不要と解すべきである。このように解しないと，代表取締役解任を取締役会の議題とすることは，事実上不可能になるであろう。その代表取締役が招集通知に自分の解任を議題として記載することを承認するはずがないからである。議題ないし議案は，各取締役が提起することができる。

〔514〕 **3 議事の運営，決議方法ならびに決議の省略**

取締役会の運営は，会議体の一般原則によるほか，取締役会規則等の自治規則による。

取締役会の決議は，どのような議題についても，議決に加わることのできる取締役の過半数（これを上回る割合を定款で定めた場合にはその割合以上）が出席して，その取締役の過半数でなされる（369条1項）。株主総会のそれについてと異なり，普通決議と特別決議等の区別は存しない（株主総会に関する〔432〕以下参照）。定款でこの要件を緩和することは許されない（369条1項括弧書）。このように，取締役会の決議については，各取締役が平等に1個の議決権を有し，株主総会と異なり，そこでは資本多数決の原則すなわちその持株数に応ずる多数決の原則は妥当しない。もっとも，決議につき特別の利害関係を有する取締役は決議に参加することができない（369条2項。この点については，〔515〕で取り上げる）。監査役については，取締役会へ出席して発言する権利義務等が定められている（383条1項本文。その趣旨につき〔551〕）。

電話会議の方法による取締役会については，その議題について構成員の全員が自由に意見を交換しうるようなものである場合には，それが許容されると解される。日本の企業と外国のそれとの合弁会社や取締役が外国に駐在している会社等においては，そのような方法による取締役会を許容された方がより多くの構成員の意見を集約することができるし，技術の進歩により自由に意見を交換できるような電話会議も可能となっており，そのような方法を認めることによる取締役会の形骸化のおそれはないからである。

定款の定めによる取締役会の決議の省略について規定がある。すなわち，取締役会設置会社は，取締役が取締役会の決議の目的である事項について提案をした場合において，その提案につき取締役（その事項について議決に加わることができるものに限る）の全員が書面または電磁的記録により同意の意思表示をしたとき（監査役設置会社にあっては，監査役が当該提案について異議を述べたときを除く）は，その提案を可決する旨の取締役会の決議があったものとみなす旨を定款で定めることができるものとされる（370条）。

4　特別利害関係人の議決権行使の排除　〔515〕

前述したように取締役会決議につき特別の利害関係を有する取締役は，決議に参加することができない（369条2項）。株主総会の場合には，昭和56年改正により，それまでは特別利害関係人の議決権行使を排除していたのを改めて，その議決権行使を認め，その結果著しく不当な決議がなされたときは決議取消事由となるとされているのに対して（〔450〕。もっとも〔171〕参照），取締役会の場合には，特別利害関係人の議決権行使を排除している。このように，決議につき特別利害関係を有する者に対する取扱いが，取締役会と株主総会とで異なるのは，取締役の取締役会における議決権と株主の株主総会におけるそれとの性質の差異によるものである。すなわち，株主は自己の利益のために株主総会における議決権を行使してよいのに対して，取締役は会社の受任者（330条）として会社の利益のために議決権を行使すべきであり，自己の利益のために議決権を行使することは許されない。そのため，その決議につき特別の利害関係があって，自己の利益のために議決権を行使するおそれのある取締役については，事前にその議決権行使を排除することにしているのである。

特別利害関係人の議決権行使の排除の規定の適用範囲については，競業取引（356条1項1号）もしくは会社との利益相反取引（356条1項2号3号）の承認決議において，会社とそのような取引をする取締役（取締役に対する貸付けまたは間接取引においては，貸付けを受け，または間接取引において利益を受ける取締役。〔478〕）また，業務執行の決定としての取締役に対する株式（新株予約権についても同様である）の有利発行（自己株式の有利処分を含む）の取締役会決議（362条2項）における有利発行を受ける取締役がこれに該当することはいうまでもない。代表取締役選任決議については，取締役全員が平等の立場で参加するから，その候補者になっている者もそれには該当しない。問題とされているのは，代表取締役解任決議においてその対象となっている取締役が特別利害関係人として議決権行使を排除されるかである。自ら適任者であるとしてそれに反対の1票を投ずることは会社に対する忠実義務の遂行の一環であるとして，排除されないとする見解もある。しかし，取締役会においては，株主総会と異なり，資本多数決の原則は妥当せず，代表取締役解任決議はもっぱらその対象となった者に関する決議として，その者に議決権行使を認めたのでは公正な行使を期待できないから，特別利害関係人に該当することを肯定すべきである。通説・判例（最判昭和44・3・28民集23巻3号645頁）も，この結論をとっている。

特別利害関係人がその議題につき意見陳述権を有するか，それを有しないとして議題の審議中，取締役会の席にとどまる権利を有するかが問題になる。「議決に加わることができない」という規定の文言からすると，審議には参加することができると解する余地もある。しかし，議題につき議決権の行使を排除されている者が，その議題につき自ら意見を陳述してその成否に影響を与える権利が認められると解することは不都合であり，意見陳述権はないと解すべきであり，そうだとすると，その議題の審議中は取締役会の席にとどまる権利も有しないと解すべきである。もっとも，取締役会がその者に意見陳述ないし釈明の機会を与え，あるいは席にとどまることを認めることは自由である。

取締役が特別利害関係を有する決議に関しては，特別利害関係人として議決権行使を排除される取締役の数は，定足数算定の基準となる取締役総数にもまた出席取締役数にも算入されない。369条1項に「議決に加わることができる」取締役と規定されているのは，この意味である。したがって，たとえば取締役総数6名として，そのうちに特別利害関係のある取締役が1名（Aとする）いるときは，その決議に関する限り，Aを除いた5名の取締役中，Aを除いた3名が出席していれば定足数を満たし，出席取締役中，Aを除いた過半数の賛成により決議が成立することになる。

特別利害関係を有する取締役が取締役会の議決に加わった場合には，当該取締役を除外してもなお議決の成立に必要な多数が得られているときは，議決の効力は失われないとするのが判例である（最判平成28・1・22民集70巻1号84頁〔ただし，水産業協同組合法に基づく漁業協同組合の事案〕）。

5　取締役会等で決する事項，内部統制システム，特別取締役制度および業務執行状況の報告等　〔516〕

会社法では，取締役会設置会社とそれ以外の会社とで，業務執行権および業務執行の決定権に関する取扱いが異なっている。ここで，取締役会設置会社以外の会社と，その設置会社との区別を整理しておきたい。

(イ)　取締役会設置会社以外の会社の場合

(a)　取締役が2人以上ある場合　　会社法は，取締役会設置会社以外の会社で，取締役が2人以上ある場合において（1人の場合には後述(c)），取締役の過半数をもって決定しなければならず（348条2項），各取締役にその決定を委任することができない事項を列挙している（348条3項）。ここに掲げられている事項は，㋑支配人の選任および解任，㋺支店の設置，移転および廃止，㋩株主総会の招集事項（298条1項各号），㋥取締役の職務の執行が法令および定款に適合することを確保するための体制その他会社の業務ならびに会社およびその子会社から成る企業集団の業務の適正を確保するために必要なものとして法務省令で定める体制（会社則98条）の整備および㋭定款の定めに基づく責任の免除に関する事項である。

重要な業務執行の決定は，2人以上の場合には，その取締役の過半数で決定しなければならないことを意味するものである。

このうちの㋥の法務省令で定める体制の整備については，取締役会設置会社についての後述(ハ)「内部統制システム」（〔517〕）の①―⑤と同様である。

(b)　取締役会設置会社では取締役会で決するとされている場合の取締役会設置会社以外の会社の取扱い　取締役会設置会社では取締役会で決することが明文で規定されている事項について，取締役会設置会社以外の会社については，株主総会で決する旨が明文で規定されている事項もあり，取締役が決する旨を規定している事項もあり，また取締役の過半数で決する旨を定めている事項もあり，さらにどこで決するかについて明文で規定されていない事項もある。そこで，他の規定から株主総会で決すると解される事項は除いて，その決定が業務執行の決定のルールにより取締役の過半数で足りると解すべきか，株主総会の決議を要するかが問題になる。その点については，特に別段の解釈をする理由がないかぎり，取締役の過半数で決定する（348条2項）ことができると考える。

たとえば，会社法447条3項は，会社が株式の発行と同時に資本金の額を減少する場合において減資の効力発生日後の資本の額がその日前の資本金の額を下回らないときは，減少する資本の額等の決定の規定（447条1項1号）の適用については取締役が決定（取締役会設置会社では取締役会の決議）をすると規定している（〔638〕(i)(β)）。448条3項も同様である。298条1項は，取締役が株主総会招集事項を定める旨を規定しているが，これも上述の例である。296条3項は，招集権者について同様である（なお，取締役会設置会社については，298条4項・362条2項1号・420条2項）。

これに対して，自己株式の消却については，消却する自己株式の数を定めるのは取締役会設置会社においては取締役会の決議によらなければならない旨が規定されているが（178条2項），取締役会設置会社以外の会社については規定されていない。本書では，これらの例につき，取締役が2人以上の場合には定款に別段の定めがある場合を除き，その過半数で決定することができると解している（〔176〕）。自己新株予約権の消却についても同様である（〔389〕）。所在不明株主等の株式を会社が買い取ることについても同様である（197条4項。〔294〕。なお，〔364〕，株式交換等の場合の新株予約権の交付に関する〔364〕(h)参照）。

自己株式の市場取引等による取得以外の取得の場合の決定事項（157条1項）につき，取締役会設置会社においては取締役会の決議によらなければならないこととされているが（157条2項），取締役会設置会社以外の会社については規定が設けられていない。ところが，462条1項2号イでは，剰余金配当等に関する責任につき，157条1項の規定による決定にかかる株主総会の決議があった場合について規定がなされており，この規定の仕方からいっても，また事柄の重要性にかんがみても，取締役会設置会社以外の会社では株主総会の決議によるものと解するのが妥当であると考える。

さらに163条1項前段は，子会社の有する親会社株式の親会社による取得の場合に，156条1項の株主総会の決議によるという規定の適用につき，「株主総会」とあるのは，「株主総会（取締役会設置会社にあっては，取締役会）」とするものと規定しているが，この規定の解釈上，取締役会設置会社以外の会社では株主総会の決議によると解することになる（〔180〕）。募集株式事項の決定も株主総会の決議（199条3項），取締役会設置会社では取締役会と規定されている（201条1項）ので，同様である。取得条項付株式（107条2項3号ハ）に掲げる事項の定めに関する169条2項の規定についても同様である（〔123〕(d)。なお，139条1項参照。〔109〕）。株式の分割に関する183条2項も同様である。

(c) 取締役が1名の場合　定款に別段の定めがないかぎり，業務執行はその者がすることができることはいうまでもないが（348条1項），その業務の決定も，定款で別段の定めがある場合は別として，また(b)で別段の解釈をすべき場合を除き，その取締役が決定できると解される（348条2項の反対解釈）。

〔516の2〕

(ロ) 取締役会設置会社の場合（指名委員会等設置会社以外の会社の場合）――取締役会で決しなければならない事項

取締役会は会社の業務執行を決定するが，その決定をすべて自らしなければならないわけではなく，その一部は業務執行取締役（〔536〕）に委ねることができる（〔407〕）。

以下では，監査等委員会設置会社および指名委員会等設置会社以外の取締役会設置会社（監査等委員会設置会社および指名委員会等設置会社については後述する。〔616の10〕〔594〕－〔596〕）について取り上げるが，取締役会設置会社以外の会社についてもその決定事項の内容は前述したように（〔516〕(イ)(a)），基本的に同様である（後述の①②および⑤が除かれているだけである）。取締役にその決定を委ねることができる範囲については，特別取締役制度を設けている会社かどうかで異なる。ここでは，特別取締役制度を設けていない会社について取扱う（この制度を設けている会社については〔518〕(b)）。なお，監査等委員会設置会社においては取締役に，指名委員会等設置会社においては執行役に，多くの事項の決定を委ねることができるものとされているが，この点については別に監査等委員会設置会社および指名委員会等設置会社につきまとめて取り扱う（〔616の2〕〔594〕）。

会社法上，取締役会が決し，または取締役会の決議によると定められている事項は当然に取締役会自らが決しなければならないが，それ以外にも，取締役会が自ら決定しなければならず，代表取締役その他の業務執行取締役にその決定を委ねることができない事項として，362条4項各号に列挙している事項その他重要な業務執行を掲げている（362条4項。その趣旨については〔406〕(a)）。そこで取締役会で決しなければならず，代表取締役等に決定を委任することができない事項――以下，「付議事項」という――かどうかを区別する基準として用いられている「重要な」（362条4項1号）とか，「多額の」（同2号）という概念は，相対的なものであって，すべての会社にとって共通な画一的基準であるわけではなく，会社の規模，業種等によって異なり，また取引に関係する事項であれば，取引の種類または取引の相手方等により，具体的個別的に決するほかない。たとえば，同じ1億円の取引でも，大規模会社ならそこに列挙されている重要な財産の処分または譲受けに含まれないが，小規模会社ならそれに含まれるとか，同じ1億円の貸付けでも，貸付け（そこに列挙されている財産の処分に含まれる）を営業の通常の過程でしている金融業者がする場合には，重要な財産の処分に含まれないが，金融業者以外の者がする場合にはそれに含まれる可能性があり，また，取引の相手方が，子会社か，関連会社か，あるいは海外企業か，さらには経営成績の悪化している企業か等によっても異なりうる。重要な財産の処分に当たるかどうかは，当該財産の価額とその会社の総資産に占める割合，その他，保有目的，処分行為の態様等の事情を考慮して判断されるという判例がある（最判平成6・1・20民集48巻1号1頁）。取締役会で決すべき事項かどうかは，これらの基準のもとに客観的に決められるものであって，客観的にみてそれに該当するにもかかわらず，取締役会に付議しないで行為をした取締役は法令違反の責任を負わされる。多くの会社では，取締役会規則または取締役会決議により，取締役会に付する基準――付議基準――を定めており，それは上述したように絶対的意味を有するわけではないが（付議事項とされていなかったものでも，客観的にみて取締役会で決すべきものと判断されるときは，取締役会にかけなければ，法令違反の責任を問われる），付議事項が善良な管理者の注意をもって適切に決められたものである以上は，それによって行動した場合には，法令違反の責任を問われることは稀であろう。

①重要な財産の処分および譲受け（362条4項1号）という場合の「財産の処分及び譲受け」は広い概念であって，動産，不動産等の譲渡および譲受けだけではなく，貸付け，出資，寄附，債務免除等も含まれる。事業の譲渡・譲受けについては，取締役会付議事項となるほかに株主総会の特別決議事項になることもあり

うる（467条・309条2項11号）。②多額の借財（362条4項2号）という場合の「借財」には，金銭の借入れ，債務保証，リース契約，手形割引を受けること等が含まれる。③支配人その他の重要な使用人の選任および解任（362条4項3号）には，使用人兼務取締役の選・解任が含まれるのは当然として，その他の部長，重要な支店の支店長等のそれが含まれることになろう（業務担当取締役，たとえば，副社長，専務取締役，常務取締役は，使用人には該当しないが，当然取締役会で決すべきことである）。④支店その他の重要な組織の設置，変更および廃止（362条4項4号）としては，事業部制の採用，常務会の設置等が含まれよう。その他の重要な業務執行（362条4項柱書）としては，年間事業計画の決定，年間予算の設定・変更，主力製品の決定・変更，年間新規採用予定人員等が含まれよう。

なお，会社法で次の事項が追加された。⑤社債の募集に関する事項（676条）その他の社債を引き受ける者の募集に関する重要な事項として法務省令で定める事項（362条4項5号，会社則99条），⑥取締役の職務の執行が法令および定款に適合することを確保するための体制その他会社の業務ならびに当該会社およびその子会社から成る企業集団の業務の適正を確保するために必要なものとして法務省令で定める体制（会社則100条）の整備（362条4項6号），⑦定款の定めに基づく任務を怠った責任（423条1項）の免除（362条4項7号）に関する事項である。⑤については社債のところで取り扱う。⑥については内部統制システムとして次の(ハ)で取り扱う。

取締役会で決すべき事項の事後承認ないし包括承認が許されるかについては，善良な管理者の注意義務に基づいて判断すべきである。たとえば，緊急事態が生じて取締役会の決議を待つことができない場合に，代表取締役等が善良な管理者の注意に基づき判断して自ら措置をとり，事後的に取締役会の追認を得るという取扱いは，適法である。これに対して，事前に取締役会にかける余裕があるにもかかわらず，それにかけないで措置をとり，取締役会も，すでになされてしまった措置だからという理由で追認をしたというような場合には，代表取締役等もまた追認に賛成した取締役も善管注意義務違反の責任を問われる可能性があろう。包括的承認についても，その行為の会社に対する影響等を善良な管理者の注意に基づいて判断しうる限りは可能と解される（取締役会で決すべき事項を取締役会で決しないでなされた代表取締役の行為の効力については，〔530〕）。

(ハ) 内部統制システム 〔517〕

前述(ロ)の⑥は，いわゆる内部統制システムを定めるものである。⑥に掲げる事項については，大会社である取締役会設置会社においては，取締役会が必ず決定しなければならないものである（362条5項）。それ以外の会社では，必ずしもその決定が義務づけられているわけではなく，決定するならば，取締役会で決定しなければならず，それを取締役に委任することは許されないという趣旨である。取締役会設置会社以外の会社で，取締役が2名以上ある場合には取締役の過半数で決定しなければならないことは前述した（〔516〕(イ)(a)）。そこでは，取締役の職務の執行が法令および定款に適合することを確保するための体制が例示されており，したがって，取締役の職務の執行の内部統制システムについて定める必要があることを意味する。それは，使用人の職務について後述する④と同趣旨のものとなるであろう。なお，内部統制システムは事業報告の内容となり（348条3項4号・362条4項6号・399条の13第1項1号ロハ・416条1項1号ロホ，会社則118条2号。〔651の2〕），監査役または監査役会の監査の対象となる（381条1項・390条2項1号，会社則129条1項5号・130条2項2号。〔658〕）。

法務省令で定められているものは以下のとおりである。

まず，一般的に，すべての会社について，次に掲げる体制を定める（会社則100条1項）。①取締役の職務の執行にかかる情報の保存および管理に関する体制（1号），②損失の危険の管理に関する規程その他の体制（2号），③取締役の職務の執行が効率的に行われることを確保するための体制（3号），④使用人の職務の執行が法令および定款に適合することを確保するための体制（4号），⑤次に掲げる体制その他の当該会社ならびにその親会社および子会社から成る企業集団における業務の適正を確保するための体制——㋑当該会社の子会社の取締役，執行役，業務を執行する社員，598条1項の職務を行うべき者その他これらの者に相当する者（㋩および㋥において「取締役等」という）の職務の執行に係る事項の当該会社への報告に関する体制，㋺当該会社の子会社の損失の危険の管理に関する規程その他の体制，㋩当該会社の子会社の取締役等の職務の執行が効率的に行われることを確保するための体制，㋥当該会社の子会社の取締役等および使用人の職務の執行が法令および定款に適合することを確保するための体制（5号。平成27年に改正）である。

それぞれについて説明すると次のようになる。①取締役会が取締役の職務の執行を監督するにあたっては，まず取締役がどのような職務の執行（主として業務執行）をしているかについて，現在のみならず過去に遡って知る必要がある。ところで取締役がどのような職務の執行をしているかについての情報，たとえば常務会議事録とか業務執行の記録，メモ等の情報を保存し，かつ，管理する必要がある。それらの議事録，記録，メモ等をどのように作成し，どこでどの期間，どの範囲で保存し，どの範囲でその閲覧を認めるか等の体制を整備する規定に関するものである。

②いわゆるリスク管理体制の整備に関するもので，信用リスク，オペレーショナル・リスク等や個人情報の漏洩やコンピュータのシステム・ダウン等の事故をどのようにして予防ないし防止するか，いったん損失ないしリスクが発生した場合の措置をどうするか等について適切な規定ないしマニュアルを作成し，体制を整備する規定に関するものである。

③会社も営利法人である以上，利益を上げる必要があり，そのためにどのような経営をするか，どのようにして経営の無駄を省いて経営の効率性を確保するか等の体制を整備する規定に関するものである。

④使用人についてのコンプライアンス体制の整備が要求される。まず，使用人に法令等を遵守するという意識を植え付けるための体制，企業ごとに法令等に違反しやすい取扱い（談合，抱き合せ取引等）についての予防体制等を整備する規定に関するもの等である。内部からの有益情報の通知の制度は後述する監査役設置会社についての監査役への報告の体制について規定されているが（後述㋛），業務執行体制の中に組み込むことも考えられよう。企業内部からの通報が企業の不祥事発覚の端緒となっている例が少なくないことを考えると，このシステムの構築は重要なものである。なおこれは使用人のコンプライアンス体制の整備に関する規定であるが，取締役の職務の執行のコンプライアンス体制の整備については会社法自体に規定されており（362条4項6号），上述したことの大部分が妥当しよう。

⑤企業集団の業務の適正さを確保するための体制の整備が要求される。親会社にとっては子会社を利用して不当に利益をあげること，場合によっては粉飾決算の手段とすること等を抑制する体制，子会社にとっては親会社のいいなりになって不利益を強いられることを予防する体制，特に正当化される理由もないのに，企業集団の利益のたらいまわしをするのを防止する体制の整備等の規定に関するものである。なお，100パーセント親子会社間の場合には，子会社の利益を親会社に移しても，またはその逆のことをしても，結局は株主が同一であるから，どちらにも不利益が生じないと思われそうである。しかし，そのような場合でも，それぞれの会社の債権者の立場に配慮しなければならず，その立場からも，それ

それの会社の利益に配慮することが必要である。さらに少数株主が存在する会社においては，その少数株主の利益に対する配慮も必要なことはいうまでもない。持株会社の傘下企業に対する支配ないし管理にあたっても，上述のような配慮が必要である。

なお，平成26年改正（会社則の平成27年改正）により，次の内容の追加の規定が設けられた。すなわち，株式会社ならびにその親会社および子会社から成る企業集団における業務の適正を確保するために必要な体制について，グループレベルで上記①～④の体制を整備することが求められた。

次に，監査役設置会社（監査役の監査の範囲を会計に関するものに限定する旨の定款の定めがある会社を含む）は，上記の体制は，次に掲げる体制を含むものとする（会社則100条3項）。㋑監査役がその職務を補助すべき使用人を置くことを求めた場合におけるその使用人に関する事項，㋺㋑の使用人の取締役からの独立性に関する事項，㋩監査役の㋑の使用人に対する指示の実効性の確保に関する事項，㊁取締役，会計参与および使用人が監査役に報告をするための体制その他の監査役への報告に関する体制，㋭㊁の報告をした者が当該報告をしたことを理由として不利な取扱いを受けないことを確保するための体制，㋬監査役の職務の執行について生ずる費用の前払または償還の手続その他の当該職務の執行について生ずる費用または債務の処理に係る方針に関する事項，㋣その他監査役の監査が実効的に行われることを確保するための体制である。

それぞれについて説明すると次のようになる。㋑監査役が職務を補助する使用人を置くことを求めた場合に，それを置くかどうか，置くとして何人置くか，その任命に関して監査役が関与するか，監査役がその指揮命令権を持つか，それについての同意権を持つか，勤務条件をどうするか，監査役室を設けるか，設けるとしてそれについての上述したことをどうするか等の体制についての規定に関するものである。この使用人により常勤監査役に代替する機能を果す者を使用できることになる。

㋺㋑の使用人が社長以下の業務執行体制から独立しているか，その指揮命令権がだれにあるか等についての，規定に関するものがある（㋑とも関連する）。

㋩監査役の使用人への指示の実効性を担保するためである。

㊁監査役に対する取締役および使用人からの報告をするための体制に関するものである。監査役は取締役および使用人に対して事業の報告を求めることができるが（381条2項3項），取締役等から報告する体制も整備しておくことが必要と

考えられるからである。なお，④で前述したように，業務執行の体制のなかにこの内部通報制度が設けられている場合には，それを監査役に通知する体制を作ることも考えられよう。

㋭㊁の報告をした者が不利な取扱いを受けないようにするためである。

㋬監査役の職務の執行について生ずる費用又は債務の処理を確実なものとするためである。

㋣としてはいろいろありえようが，内部監査体制や会計監査人との連携，社長その他の代表取締役との会合による両者の意思疎通の機会を設けること等が考えられよう。

取締役会設置会社でも監査役設置会社でもない会社においては，株主総会が取締役の業務執行を監督または監査することになるが（〔409〕参照），そのためには株主が取締役から業務執行についての報告を受ける必要があり，その取締役が株主に報告すべき事項の報告をするための体制の整備に関するものを含むと規定されている（会社則 100 条 2 項）。

ここに掲げられている事項の多くは，平成 17 年改正前商法のもとでは，委員会設置会社（現在の指名委員会等設置会社）について，監査委員会の職務の遂行のため必要なものとして法務省令で定める事項（改正後の 416 条 1 項 1 号ロに相当する）として規定されていた。会社法は，それに相当する規定に若干の規定を追加した上で，指名委員会等設置会社についてのみならず，かつ，監査委員会の職務の遂行に限定されず（もっとも㋑から㋣までは監査役の職務の遂行に関するものである），広く会社の業務の適正を確保するために必要なものとして，取締役会（取締役に委任することができない）で決定すべきことを要求し，ことに大会社である取締役会設置会社ではこれを決定することを義務づける（362 条 5 項）という規定の仕方をしている。

これを指名委員会等設置会社の場合と比較すると，後述するように（〔595〕⑤），指名委員会等設置会社の取締役会においては，その業務執行の決定をするが（416 条 1 項 1 号），その中に，まず，監査委員会の職務の執行のため必要なものとして法務省令で定める事項が掲げられ（同 2 号），法務省令では，前述の㋑から㋣（会社則 100 条 3 項）までに相当する事項が掲げられている（会社則 112 条 1 項。監査役が監査委員会と置きかえられている）。指名委員会等設置会社の取締役会においては，さらに，業務の執行の適正を確保するために必要なものとして法務省令で定める体制として，前述①から⑤（会社則 100 条 1 項）までに相当する事項が掲げられている（会社則112条2項。取締役が執行役と置きかえられている）。また，監査等委員会設置会社についても，監査役設置会社についてと同様の規定が設けられている（会社則110条の4）。以上のように，業務の適正を確保するために必要なものとして法務省令で定める事項は，当然のことながら監査役設置会社，指名委員会等設置会社，監査等委員会設置会社の間で基本的に共通するということができる。

〔518〕 **(二) 特別取締役制度を設けている会社の場合**

(a) 制度の趣旨　特別取締役制度を設けている会社の場合には，取締役会は，362条4項1号――重要な財産の処分および譲受け――および同項2号――多額の借財――に掲げる事項の決定を，あらかじめ選定した3人以上の取締役（以下，「特別取締役」という）で組織される取締役会で行うことができる旨が規定されている（373条1項）。ここに掲げる事項は，特に迅速に決定すべき必要が多いことにかんがみ，取締役会の形骸化を導かないような配慮をした上で，それらの事項の決定を取締役会自体でなく，特別取締役による取締役会決定ですることが認められる。平成14年改正商法特例法のもとで，取締役会の特例として規定され，若干の修正の上で会社法に受け継がれたものである。

(b) 取締役会の決議，特別取締役を置くことができる会社，その組織等　取締役会の決議でこの会議体を置くことができる。本来は取締役会で決議すべき事項を，とくに迅速に決する必要性があることから特別取締役による取締役会が決定することができるものとされたのであるから，そのような特別取締役を置くには取締役会の決議が必要とされたものである。

特別取締役を置くことができる会社については，取締役会設置会社であることのほかに，次のような要件が課されている。①取締役の数が6人以上であるもの（373条1項1号）であり，かつ，②取締役のうち1人以上が社外取締役であるもの（同2号）である。社外取締役がこの会議体の構成員になることは要件とされない。取締役3人以上で組織し，それを組織する特別取締役は取締役会の決議によって選定される（373条1項柱書）。この組織体を置くことができる会社につき①の要件を課したのは，取締役が少なければここに掲げた事項を取締役会自体に決定させればよく，取締役の人数が多いものでは，機動的に取締役会を開催することができず，そのような会社において，特にこのような特別取締役を置く必要性が大きいからである。②を要件としたのは，特別取締役を設けるためには，取締役会の監督機能の強化が前提となるからである。すなわち，この組織体の決議の内容は，取締役会に報告され，そこでの監督に服することになるので，この制度を設けるためには，上記のような要件を課することが必要と考えられたのである。

指名委員会等設置会社には，特別取締役に関する規定は適用されない（373条1項柱書の括弧書）。その会社においては，執行役自体に大幅に業務執行の決定権限を委ねることができる（416条4項）ものとされているからである（〔594〕）。

この組織体が3人以上の取締役で組織するものとされている（373条1項）のは，それ未満の人数では，その組織の形骸化を導くおそれがあるからである。

(c) **権限**　取締役会の決議により362条4項1号および2号に掲げる事項の決定をすることである（373条1項柱書）。362条4項のうちの1号および2号に限定したのは，同条4項各号は，その4項の柱書の記載から重要な業務執行の例示として掲げられているものであって，それをまとめて特別取締役の権限としてしまうことは取締役会自体の権限との関係上不適当と考えられるからである。まして，362条4項各号のほか，新株の発行や社債の発行等，個別的に取締役会の決定事項とされているものまでこの組織体が決定しうるものとしてしまうことは，さらに不適当と考えられる。後述する指名委員会等設置会社において，その業務の決定を大幅に執行役に委ねているのは，後述するように取締役会自体の監督機能が大幅に強化されているからであると考えられるからである（〔592〕〔594〕〔597〕等）。362条4項1号2号においては，「重要な」財産の処分および譲受け，または「多額の」借財が掲げられるが，その範囲が必ずしも明確ではなく，したがって，どこまで取締役会で決定しなければならないか明確でないという問題が指摘されていた。しかも，これらの事項については機動的な決定を要する場合が多いと考えられる。そこで，これらの事項については，この組織体に決定を委ねても不都合ではなく，またその必要があると考えられたものである。　〔519〕

(d) **運営および登記**

① 特別取締役以外の取締役は，特別取締役の取締役会に出席することを要しない（373条2項前段）。

② 特別取締役による取締役会は，各特別取締役が招集する（373条2項後段・366条1項本文）。

③ 取締役会の招集通知につき，取締役会を招集する者はその取締役会の日の1週間（これを下回る期間を取締役会で定めた場合にはその期間）前までに各特別取締役に通知を発しなければならない（373条2項・368条1項）。

④　③にかかわらず，特別取締役（監査役設置会社では特別取締役および監査役）の全員の同意があるときは招集手続を経ることなく開催することができる（373条2項・368条2項）。

⑤　監査役は，その互選によって，監査役の中から特に特別取締役による取締役会に出席する監査役を定めることができる（383条1項但書）。

⑥　取締役会の決議方法および議事録の作成閲覧については基本的に通常の取締役会のそれと同じ取扱いがなされる（369条）。

⑦　取締役会の招集に関する招集権者を定めた場合（366条1項但書・2項3項。〔511〕(b)），株主による招集（367条。〔511〕(c)），取締役会の決議（369条1項），取締役会の決議の省略（370条）および監査等委員会による取締役会の招集（399条の14）に関する規定は，特別取締役による取締役会には適用されない（373条4項）。②については，少数の取締役による機動的な業務決定をすることにその機能があり，その機能を働かせるためには機動的に開催される必要があるから，366条（1項本文を除く）の規定の適用はなく，各自が自由に招集できるものとされていることになる。

特別取締役を置いたときは，それを置く旨および特別取締役の取締役の氏名が登記事項とされる（911条3項21号）。特別取締役に関する事項の公示の手段である。

〔520〕　(ホ)　**業務執行状況の報告**

代表取締役および業務執行取締役は，3か月に1回以上，自己の職務の執行の状況を取締役会に報告することを要する（363条2項）。取締役会における監督の機能を十分に発揮させるためには，各取締役がそれぞれの業務執行取締役の業務執行の状況について情報を得ていることが必要だからである。そしてまた，監査役設置会社においては監査役は取締役会に出席する権限が与えられているから（〔513〕〔551〕），この報告は，監査役に対してもなされることになり，監査役の監査の充実に役立つことになる。なお，この業務執行状況の報告も，業務執行の一環としての性質を有するものと解されるから，この報告は業務執行を統轄している者（社長）がその責任において，自らするか，他の適当な業務執行取締役にさせるかを選択することができると解すべきである。

(ヘ)　**取締役会への報告の省略**

取締役（会計参与，監査役または会計監査人についても同様である）が取締役（監査役設置会社にあっては，取締役および監査役）の全員に対して取締役会に報告すべき事項を通知したときは，その事項を取締役会へ報告することを要しない（372条1項）。しかし，このことは，取締役の(ホ)の3か月に1回の自分の職務の状況の取締役会に対する報告（363条2項）については，認められない（372条2項）。

6 議 事 録 〔521〕

(イ) 作成・備置き

取締役会の議事については，法務省令で定めるところにより議事録を作成しなければならない（369条3項，会社則101条）。議事録は電磁的記録によっても作成することができる（会社則101条2項）。議事録には，議事の経過の要領およびその結果を記載または記録し，取締役会終了後遅滞なく作成されなければならないこと，取締役会議事録の作成も業務執行の一環として，その作成義務者は業務執行機関である業務執行取締役と解すべきこと（もっとも，この点についても，取締役会の議長と解する見解もある）など，株主総会議事録と同じである（〔446〕）。なお，取締役会議事録には，取締役会の決議に参加した取締役で議事録に異議をとどめなかった者は，取締役の責任に関連して，その決議に賛成したものと推定されるという効果が与えられる（369条5項）。平成17年改正前と異なり，取締役会の決議に賛成した者がその任務を怠ったもの（423条1項）とみなされることはないが，上記のように推定され，取締役会の決議をするにあたっての善管注意義務を尽くしたか否かの判断材料とされることになる。さらに利益相反取引の承認決議に賛成した取締役については，その任務を怠ったものと推定される（423条3項3号）。

業務執行取締役（指名委員会等設置会社では，執行役）は，上記の議事録（取締役会の意思表示があったものとみなされる場合にはその意思表示を記載したもの）を10年間本店に備え置くことを要する（371条1項）。違反者には罰則の制裁がある（976条8号）。総会議事録と異なり，支店には備え置くことを要しない。

(ロ) 閲覧・謄写請求権 〔522〕

(a) **請求権者**　①㋑株主または㋺親会社の株主および②会社の債権者は，営業時間内はいつでも，(b)に述べる要件のもとに上記の取締役会議事録の閲覧または謄写を求めることができる（株主および親会社の株主については371条2項5項，債権者については371条4項）。この請求の内容は，議事録が書面で作られたときはその書面の閲覧または謄写であり（371条2項1号），議事録が電磁的記録で作られたときは，その電磁的記録に記録された情報の内容を法務省令に定める方法（会社則226条）により表示したものの閲覧または謄写の請求である（371条2項2

号)。この閲覧または謄写を拒んだ場合には，罰則の制裁がある（976条4号)。親会社の株主の閲覧・謄写権は，平成11年商法改正により，親会社の株主の権利の充実のために認められたものである（〔792〕)。

〔523〕 (b) **権利行使の要件**　上記の権利行使のためには，次のような要件をみたすことが必要である。

(i) 株主または会社の債権者の場合　①㋑株主（㋺親会社の株主については，(ii)）については，株主の権利を行使するために必要がある場合であるが，監査役設置会社，監査等委員会設置会社または指名委員会等設置会社については，裁判所の許可を得る必要がある（371条3項。その理由については(i)の中で後述する)。②会社債権者については，取締役または監査役の責任を追及するために必要がある場合であって，かつ，裁判所の許可を得ることである（371条4項)。ここで，①㋑株主の権利行使のために必要があるという場合の株主の権利とは，共益権および自益権を含む。株主が自己の持株を処分するかどうかを判断するのに必要な場合が含まれるかについては見解が分かれている。②取締役または監査役の責任を追及するために必要がある場合ということも，結局は，会社債権者の権利行使すなわちその債権の満足を得るためにそれらの者の責任を追及する必要がある場合という意味であって，それらの者の責任を追及しなくても債権の満足を得られることが確実なときは，閲覧・謄写請求は認められないと解すべきである。以上のような要件が満たされている場合であっても，裁判所は，閲覧・謄写をさせることにより会社またはその親会社もしくは子会社に著しい損害を生ずるおそれがあるときは，閲覧・謄写の許可をしてはならない（371条6項)。この著しい損害を生ずるおそれとは，会社の機密がもれることによって著しい損害が生ずるおそれ等を意味する。この閲覧または謄写の請求をする者は，裁判所に対して，閲覧・謄写の許可申請をするが，その場合には，その必要性について書面で疎明する必要がある。

昭和56年改正前は，株主および会社の債権者の取締役会議事録の閲覧・謄写請求権は，その株主総会議事録の閲覧・謄写請求権（〔447〕の①の説明参照。定款・株主名簿等または計算書類等の閲覧・謄写請求権についても同様である）と同じく，会社の営業時間中は無条件に認められていた。同年改正により，取締役会議事録についてのみは，株主総会議事録等と異なり，前述のような要件が定められたのは，次のような理由による。すなわち，株主総会は決議事項が限定されており，またそれ自体がある程度公開の場なので，その議事の内容・結果が公になっても，会社に不利益をもたらすことがない（定款等についても同様である）。これに対して，監査役設置会社，監査等委員会設置会社および指名委員会等設置会社において，取締役会議事録の閲覧等に上記のように裁判所の許可を得ることを要件とされたのは，取締役会においては，重要な業務執行について決議がなされ，公開されれば会社に不利益となるような企業の秘密にわたる事項が議題とされることもないではなく，その議事録を株主・債権者に無条件に閲覧・謄写をさせるとすると，会社は企業秘密の漏洩，権利濫用的な閲覧・謄写を懸念して，その記載内容をあたりさわりのないものにし，閲覧・謄写をしても意味のないようなものにする可能性がある。そこで，一方では，その閲覧・謄写請求の要件を厳格にし，またその要件を満たしても企業秘密の漏洩のおそれがあるときはその請求を拒否しうることにして，会社の懸念を解くとともに，他方では，記載内容は閲覧・謄写をする実質的意味のあるものになることを期待したものである。

(ii) 親会社の株主の場合　①㊀親会社の株主は，その権利を行使するために必要があるときは，裁判所の許可を得て，子会社の上記の議事録の閲覧または謄写を求めることができる（371条5項）。このように，その要件は，総会議事録の閲覧等と異なり，株主と親会社の株主とで差異がない。親会社の債権者にはこの権利が認められない（その趣旨については，前述した（〔447〕）。

7　取締役会決議の瑕疵　〔524〕

取締役会決議の瑕疵については，株主総会決議の瑕疵と異なり，会社法上，規定が設けられていない。したがって，それについては解釈に委ねられることになるが，その招集手続もしくは決議方法または決議の内容が法令または定款に違反する限り，それは当然無効と解するほかない（同旨，最判昭和44・12・2民集23巻12号2396頁。なお，この判決は，決議の結果に影響がないときは決議の効力に影響がないという）。したがって，無効の主張方法には制限がなく，またその無効の主張をすることに利益を有する者はその主張が可能と解する。そして，決議無効確認の訴えの提起も認められると解するが，それについては，株主総会の決議無効確認の訴えに関する会社法830条が類推適用され，その認容判決には対世効（838条適用。〔86〕参照）が認められると解すべきではなかろうか。代表取締役選任決議（362条2項3号）または計算書類承認決議（438条2項）等の効力が個々的に決められたのでは，会社をめぐる法律関係の画一的確定の要請に反するからである。

取締役会決議に瑕疵がある場合に，その瑕疵のある決議に基づいてした代表取締役の行為の効力については，取締役会の決議なしになされた代表取締役の行為と同じに論ずることができる（〔530〕）。

C　代表取締役

〔525〕

1　意義，代表権限と業務執行権限との関係

(イ)　意　　義

代表取締役は，会社を代表する機関であって（349条1項3項），かつ，業務執行機関である（363条1項1号。〔408〕）。その代表機関の側面としてその者が会社の事業に関して第三者とした行為の効果は会社に帰属する（代表取締役の代表機関としての意味と業務執行機関としての意味との関係については後述(ロ)）。なお，代表取締役がその職務を行うにつき第三者に加えた損害については，会社も不法行為責任を負わされる（350条）。

(ロ)　代表権限と業務執行権限との関係

(a)　取締役会設置会社以外の会社の場合　　取締役会設置会社以外の会社の場合には，原則として各取締役が業務執行権を有し（348条1項），かつ各自会社代表権を有する（349条1項本文・2項）が，定款の定めに基づく取締役の互選または株主総会の決議で取締役の中から代表取締役を定めることができる（349条3項。〔459〕）。

(b)　取締役会設置会社の場合

(i)　これまでの経緯等――指名委員会等設置会社以外の会社を中心に　　代表取締役は，会社の代表機関であるとともに業務執行機関である。代表取締役が会社の代表機関であることは，その者が第三者となした行為の効果が会社に帰属することを意味し，このことは，会社法上，代表取締役が会社の事業に関する一切の裁判上または裁判外の行為をする権限を有するという規定（349条4項）によって，明文で定められている。これに対して，平成14年改正前商法のもとでは，代表取締役が業務執行の権限を有することについては，商法上明文の規定は存在せず，解釈上それが認められていた。すなわち，理論上，会社代表の権限は会社の業務執行の権限を前提とするものであり，会社の業務執行の一環として第三者となした行為の効果が会社に帰属する面をとらえたのが会社代表という観念であり，それは代表取締役の業務執行権の対外的側面ということができる。したがって，会社代表の権限を有する代表取締役は，当然に業務執行権を有することになると解されていた。「代表取締役」という名称は，その会社代表の面を表現したものである。そしてまた，同年改正前商法のもとで，業務執行の権限を有する者

が代表取締役に限られるわけではなく，業務執行の権限は与えられているが，対外的な行為をする権限――代表権――は与えられていない取締役も存在しうるのであり，それがいわゆる業務担当取締役であって，専務取締役，常務取締役等の名称が与えられているが代表権を与えられていない者がこれに属すると解されていた。平成14年改正商法は，委員会設置会社以外の会社の場合に，代表取締役のほかに業務を執行する取締役について規定し，会社法がそれを受け継いでいるが（363条1項2号），それは上記のように解釈として認められてきたことを明文で規定したことになる（本書では，代表取締役を含めて業務を執行する取締役を「業務執行取締役」と呼んでいる）。次に(c)で取り上げる指名委員会等設置会社について業務執行権が明文で規定されていることと平仄を合わせたものである。

(ii) 会社法上「取締役」と規定されている場合等の取扱い　会社法では，必ずしも個々の規定上，①代表取締役，②業務執行取締役および③それ以外の取締役（社外取締役も含まれる）の区別がなされておらず，したがってたんに「取締役」と規定されている場合には，それを，①，②または③のいずれかに読み分けなければならないことになる。まず，業務執行が対外的関係を含むときは①代表取締役が担当し，それを含まないときは②業務執行取締役が担当すればよい。ところがさらに，指名委員会等設置会社における規定の仕方との関係で，それ以外の会社において，会社法上「取締役」と規定されている場合に，それが①，②および③のいずれと解すべきかが影響を受けることにならざるをえないことに注意する必要がある。というのは，指名委員会等設置会社において，「執行役」と規定されている場合には，それ以外の会社におけるそれに相当する規定における「取締役」は，①および②のいずれかと解されることになる。これに対して，指名委員会等設置会社において「取締役」と規定されている場合には，指名委員会等設置会社における取締役は業務執行権が原則として否定されていることから，それ以外の会社におけるそれに相当する規定における「取締役」も，権衡上，業務執行の権限を含まない者，すなわち③も含むと解さざるをえないことになる。たとえば，㋑株式の併合について取締役が株主総会で説明する「取締役」（180条4項。指名委員会等設置会社について，特に「執行役」とする規定が設けられていない）もその例に含まれ，したがって解釈上は，③の取締役も含まれることになるが，その場合には，たとえば，取締役の間で①または②の取締役がその任に当たると決めておくという処理を定めておけばよい。ところがたとえば，㋺株主提案権を行使するに際して，株主が「取締役」に請求する場合（303条）もその例に含まれるが，この場合には，株主としては，少なくとも理論的には，取締役のうちのだれを相手にしてその請求をすることもできると解するほかない（株主代表訴訟において取締役の責任追及の請求をする場合にどの監査役を相手に請求するかという問題と同様である。〔493〕）。そうだとすると，会社としては，たとえば，③の取締役にその請求がなされた場合の措置についてあらかじめ決めておくことが必要になると考えられる。

(c) **指名委員会等設置会社の場合**　指名委員会等設置会社においては，執行役が業務を執行する旨が明文で規定されている（418条2号）。そして，取締役は，この法律またはこの法律に基づく命令に別段の定めがある場合を除き，会社の業務を執行することができない旨も明文で規定されている（415条）。そしてまた，会社代表機関は，前述したように（〔404〕），執行役の中から取締役会によって選任された代表執行役が担当することになる（420条）。したがって，業務執行権限を有する者の中から会社を代表する権限を有する者が選任されるという側面は上述した指名委員会等設置会社以外の会社の場合と同様であるが，指名委員会等設置会社の場合には，業務執行の権限を有する者が執行役とされ，さらにそれが取締役であるとは限られない（取締役と執行役とを兼ねることは妨げられない。402条6項）点で，それ以外の会社と異なることになる。

〔526〕 **2　選任および終任**

取締役会設置会社においては代表取締役は，取締役のなかから取締役会によって選任され，かつ取締役会によって解任される（362条2項3号）。取締役会設置会社以外の会社においては，取締役が2人以上ある場合には，取締役は，各自，会社を代表するが（349条2項），定款，定款の定めに基づく取締役の互選または株主総会の決議によって，取締役の中から代表取締役を定めることができる（349条3項）。以下には，取締役会設置会社における代表取締役について取り扱うこととするが，そこで取り扱っている内容は，特に指摘しないかぎり，それ以外の会社の代表取締役についても妥当するものである。

取締役会における代表取締役の解任決議については，当該取締役は特別利害関係人として取締役会での議決権行使を排除されるが（〔515〕），その成立要件は選任決議のそれと同じである。このような選任・解任権を通じて，取締役会による代表取締役の職務執行の監督がなされることになる（362条2項2号）。もっとも，選任・解任権を定款で株主総会の権限とすることも許される（295条2項）と解すべきであり，そのように解したからといって，取締役会による代表取締役の職務執行の監督権限が害されると解する必要はない（その場合には，取締役会は，総会に代表取締役の解任を提案することができる。298条4項）（取締役会設置会社である非公開会社において，取締役会決議によるほか，株主総会の決議によっても代表取締役を定めることができる旨の定款の定めを有効と判示した最決平成29・2・21民集71巻2号195頁参照）。代表取締役は，取締役会によって解任されても，取締役の地位を失うものではない（取締役の解任については，〔468〕〔469〕）。

代表取締役の員数は1人でも複数でもよく，通常は定款でその員数が定められており，それに社長，副社長，専務取締役または常務取締役等の名称が与えられているのが通常である（もっとも，このような名称が与えられれば，当然に代表取締役になるわけではない。表見代表取締役に関する〔533〕参照）。

代表取締役に欠員を生じた場合には，取締役に欠員が生じた場合と同じ取扱いがなされ（〔470〕以下），任期満了または辞任による代表取締役はあらたに選定された代表取締役が就任するまでは，引き続き代表取締役の権利義務を有し（351条1項。しかし，このことは取締役の地位を有するか，取締役の権利義務を有する場合に限られると解すべきである），必要があれば，一時代表取締役が選任される（351条2項。なお，一時取締役に関する〔471〕参照）。また，代表取締役の職務執行停止・職務代行者選任の仮処分（民保23条2項）も認められる（〔472〕）。

代表取締役の選任および終任は登記事項である（911条3項14号・915条1項）。

3　権限――包括的・不可制限的権限　〔527〕

代表取締役は，会社を代表する権限――代表権――を有する。代表権とは，その者甲（A会社の代表取締役）が第三者Bとなした行為の効果が，甲自身にではなく，A会社に帰属する権限を意味する。この点では，本人Aの代理人甲が第三者Bとなした行為の効果がAに帰属する権限すなわち代理権と差異がないが，代表取締役の権限は，次に述べるように包括的かつ不可制限的である点で，たんなる代理権と区別される。代表取締役の権限は，取引の安全のために，このように法定されたものであって，これを定款で変更してもその効力は認められない（〔529〕）。したがってまた，取引の相手方としては，代表取締役を相手に取引をすれば安全である。代表取締役がだれかは登記を閲覧することによって確認できる（〔526〕）。

(イ)　包括的権限　〔528〕

代表取締役は，会社の業務に関する一切の裁判上または裁判外の行為をする権限を有する（349条4項）。会社の業務に関する行為とは，事業としてなされる行為であると（絶対的商行為または営業的商行為。商501条・502条），事業のためになされる行為（附属的商行為。商503条1項）であるとを問わない。運送事業を営む会社において，運送契約を締結する行為は事業としてなされる行為であり（502条4号），そのためにトラックを購入し，あるいはその資金を借り入れる行為は事業のためになされる行為であるが（商503条1項），そのいずれも代表権の範囲内である。また会社が数種の事業を営み，または複数の営業所を有しているときも，代表権は事業の種類ごとまたは営業所ごとに限定されない（支配人の代理権がそれに限定されるのと異なる）。さらに会社の業務に関するかどうかは，客観的に判断され，その主観的意図は問わない。したがって，会社の代表取締役の資格で借入れをすれば，その代表取締役の借入れの主観的意図が自分の個人的目的のためであっても（代表権の濫用。〔531〕），相手方が悪意でないかぎり，借入れの効果は会社に帰属する。また，代表取締役は裁判上または裁判外の一切の行為をする権限を有するから，その資格で，会社のために事業に関して，訴えを提起すること（裁判上の行為）もでき，また，第三者と契約を締結し，裁判外の請求をすること（裁判外の行為）もできる。以上のような意味で，代表取締役の権限は包括的である（定款所定の目的と代表権との関係につき，〔36〕）。もっとも，監査役設置会社においては取締役・会社間の訴訟（取締役を被告とする株主代表訴訟を含む）における代表取締役の会社代表権は排除され，監査役が代表する（386条1項1号2項1号・349条4項〔554〕）。監査等委員会設置会社では監査等委員会が選定する監査等委員または取締役会が定める者等が代表し（399条の7），指名委員会等設置会社では監査委員会が選定する監査委員または取締役会が定める者等が代表する（408条）。

〔529〕 ㈺ **不可制限的権限**

代表取締役の代表権に制限を加えても，この制限を善意の第三者に対抗することができない（349条5項）。たとえば，取締役会の決議により，代表取締役の権限を，ある種類の事業（運送事業と百貨店事業を営んでいる会社で，その一方に限定する）もしくは一定地域の事業（京浜地区というように）に限定し，または一定金額を超える取引について取締役会の承認を要する旨等の制限をしても，そのような制限について善意の第三者に対してはこの制限を主張することができない。このような意味で，代表取締役の権限は不可制限的権限——制限することができない権限——である。

〔530〕 ㈻ **取締役会の決議を欠いた行為の効力**

(a) **取引行為**　A会社の代表取締役甲が，取締役会で決議すべき事項について（362条4項参照），その決議を経ないで第三者Bと行為をした場合（瑕疵ある決議による場合も同様である）に，その行為の効力がどうなるかについて，意見が分かれている。心裡留保の規定（民93条）を類推し，原則として有効であって，Bが決議を経ていないことを知り，または知りうべかりしとき（Bが悪意であるか過失があるとき）に限って無効であるという見解もある（最判昭和40・9・22民集19巻6号1656頁も同旨）。しかし，この見解によると，Bに過失がある場合には，その効力が否定されてBの保護に欠けるだけでなく，理論的にも，甲はその行為の効力を会社に帰属させる意思で行為したのであるから，表示行為と真意（内心的効果意思）とは一致しており（その行為の効果を会社に帰属させることが甲の真意ではないことを甲自らが知ってした――このことが心裡留保になる――わけではない），そもそも心裡留保に該当しないといわなければならない。代表取締役が取締役会で決議すべき事項をその決議なしでしたということは，まさに代表取締役がその権限に加えられた制限に反して行為したことになるから，その行為については，代表権の制限に関する規定（349条5項）を適用すべきであり，会社は，Bが悪意でない限り，過失の有無を問題にせず，取締役会の決議がなかったことをBに対抗することができないと解すべきである（取締役会の承認を得ない取締役の利益相反取引についても，結果は同じになる。〔480〕）。なお，平成29年民法改正（2020年4月1日施行予定）により，民法93条の規律は改正され，それとは別に，新しく代理権の濫用に関する規定（改正後の民法107条）が設けられている。

(b) **募集株式の発行等**　代表取締役が取締役会の決議（瑕疵ある取締役会決議も含む）によらないで募集株式の発行等をした場合に，その新株の発行は有効であるとするのが通説・判例である（〔340〕(iii)）。新株予約権の発行についても同様であろう。社債の発行についても同様に解することができる。取締役会の決議なしになされた総会招集は決議取消事由になる（〔412〕）。

(二) **代表権の濫用**　〔531〕

代表取締役が，会社の利益のためではなく，自己または第三者の利益のためにその権限を行使することを代表権の濫用という。たとえば，自己または第三者の借財の返済のために，A会社代表取締役甲としてBから借入れをする行為等がこれにあたる。この行為の効力についても，前述した取締役会の決議なしになされた行為の効力についてと同様に，見解が対立しており，心裡留保説も有力であるが（最判昭和38・9・5民集17巻8号909頁），結果的に過失の有無を問題とする点で，また理論的にも表示行為と真意との不一致が存在しないのに心裡留保という構成をとる点で，妥当とはいえない。代表権の行使にあたってその濫用が許されないことはその当然の前提であって，そのことは代表権の当然の制限ということができるから，代表権の濫用の場合における代表行為の効力についても，代表権の制限に関する規定を適用すべきであり（349条5項），それによれば，過失の有無を問題とする必要がない点で，結果的にも妥当である（〔530〕）。なお，平成29年民法改正（2020年4月1日施行予定）により，民法93条の規律は改正され，それとは別に，新しく代理権の濫用に関する規定（改正後の民法107条）が設けられている。

〔532〕 **4 共同代表取締役制度の廃止**

代表取締役の権限は，前述したように，強大であり（〔527〕以下），それが濫用されれば，会社は大きな損害を蒙る。そこで旧会社法は，この権限濫用を防止するために，共同代表取締役の制度を設けていた。共同代表取締役とは，複数の代表取締役がいる場合に，取締役会において，その数人——たとえば甲と乙——が共同して会社を代表すべきことが定められた代表取締役であって，この定めがなされると，甲と乙とが共同して会社を代表する行為をしなければ，その効果が会社に帰属しないとするものであった。その結果，甲と乙とが相互に牽制し合うことにより，代表権の濫用が防止されることが期待されていた（甲と乙とが結託して代表権を濫用したら，それを防止しようがない）。ところが共同代表制度は，共同代表の定めがある会社と取引をする相手方にとっては，共同代表の定めのあることを知らないで代表取締役の1人と取引をしても，その効果が会社に帰属しないことになって，損害を蒙ることになり，取引の安全にとってマイナスの面を有することは否定できない。この意味で，この制度は，立法論としては問題があることが指摘されていた。そこで会社法ではそれが廃止された。

〔533〕 **5 表見代表取締役**

(イ) 意義——会社法908条1項との関係

代表取締役かどうかは，取締役会（取締役会設置会社の場合。〔526〕）において代表取締役として選任されたかどうかによって決められる。したがって，代表取締役らしい名称が与えられても，代表取締役として選任されていなければ，代表取締役でない。そして，だれが代表取締役かは登記によって公示されるから（911条3項14号），会社と取引をする者としては，登記で，だれが代表取締役であるかを確認してから取引をすることになる。

しかし，取引の相手方としては，取引に際していちいち登記を確認するということは煩雑であり，代表権を有すると認められるべき名称が与えられている者を代表取締役と信頼して取引をすることがありうる。たとえば，会社と継続的に取引をする相手方としては，取引を開始するにあたっては，登記でだれが代表取締役かを確認した上で，その者と取引をすることが期待されるとしても，その後の取引のたびごとにいちいちその者が依然として代表取締役であることを登記で確認することを期待するのは困難であり，その間にその者が代表取締役でなくなり，その旨の登記がなされたとしても，依然として同様の資格で取引をしていた場合には，相手方を保護すべきであると考えられる。この趣旨で設けられたのが表見代表取締役の制度（354条）である。すなわち，会社が代表取締役らしい名称を与えた者を代表取締役と信頼して取引した相手方は，登記でだれが代表取締役かを確認しないでも保護されるという制度である。

会社法は，登記をすべき事項を登記すれば，第三者が正当の事由によってその事項を知らなかった場合を除きその事項を善意の第三者にも対抗でき，第三者の悪意が擬制される旨を規定している（908条1項後段。そこでいう「正当な事由」とは，天災地変など，きわめて限定された事由にすぎない）。そこで，表見代表取締役に関する会社法354条と908条1項との規定との関係が問題になるが，354条は特別規定であり，前者が適用ないし類推適用される限りでは，後者は適用されないと解すべきである。

(ロ) 適用範囲 〔534〕

(a) **要件**　甲の行為につき，表見代表取締役制度の適用があるためには，次の要件が満たされなければならない。

第1に，甲が代表権限を有するものと認めるべき名称を付して行為することを要する。そのような名称として，法は，社長および副社長を例示しているが，このほかにも，頭取，副頭取や会長，副会長，専務取締役，常務取締役等も含むと解されよう。会長という名称は，本来は取締役会の主宰者（取締役会長）という意味であって，会社代表とは関係のない地位の名称であるが，実際上は代表取締役である場合が多いことから，この名称に含まれると解される。

第2に，甲の上記のような名称の使用につき，会社側に帰責事由があることを要する。甲が会社と無関係に勝手にこのような名称を冒用しても，この制度は適用されない。しかし，会社が甲にこのような名称の使用を積極的に許諾した場合だけでなく，甲が冒用しているのを知りながら適当な手段（その使用を禁止し，継続的取引先に対してその旨を通知するなど）をとらないで黙認することも含まれる。甲が社長を解任され，その旨の登記がなされたが，その者が依然として社長として行為するのを会社が知りながら放置したような場合はこれに該当する。会社に帰責事由があるかどうかは，代表取締役について判断されると解すべきである（代表取締役が許諾し，または黙認したときは，会社に帰責事由があることになる）。

第3に，甲と取引をした相手方が悪意でないことを要する。本制度が取引の相手方を保護するためのものである以上，当然のことである。相手方が無過失であることを要しないが，重過失がないことを要すると解するのが一般である（最判昭和52・10・14民集31巻6号825頁）。代表取締役がだれであるかを登記により確認しなかったことは，重過失にはならない。このように解しないと，この制度の存在意義がなくなってしまう（〔533〕）。会社側が相手方の悪意・重過失の存在を立証しなければならないと解する。

〔535〕 (b) **取締役以外の者に対する代表権限を有すると認めるべき名称の付与**　会社法354条は，「代表取締役以外の取締役に……会社を代表する権限を有するものと認められる名称を付した場合」（傍点筆者）と規定しており，その規定の仕方からすると，そのような名称を与えられた者（甲）が取締役であることを要すると解される。そして，そうだとすると，取引の相手方にとっては，同条によって保護されるためには，甲が取締役であることを確認することが必要であり，そのためには登記を確認することが必要になる（911条3項13号）。しかし，そのように解したのでは，代表取締役らしい名称を与えられた者を信頼して取引をした者は登記を確認しないでも保護されるという同条の立法趣旨（〔533〕）が貫徹されないことになる。したがって，同条の立法趣旨を生かすために，取締役でない者，たとえばたんなる使用人に代表取締役らしい名称を与えた場合にも，同条の類推適用があると解すべきである。通説・判例（最判昭和35・10・14民集14巻12号2499頁）も，このことを認めている。

D　業務執行取締役

〔536〕 平成14年改正商法により，会社の業務を執行する者が明文で規定された（それまでの解釈については，〔525〕(ロ)）。それは取締役会設置会社以外の会社では，定款に別段の定めがないかぎり，取締役が会社の業務を執行する（348条1項）。取締役会設置会社の場合（指名委員会等設置会社を除く）には，代表取締役（363条1項）および代表取締役以外の取締役であって取締役会の決議により会社の業務を

執行する取締役として選定された者（363条1項2号）が会社の業務を執行する。指名委員会等設置会社では執行役である（418条2号）。会社の業務執行を決定するのは原則として，取締役会設置会社以外の会社では定款に別段の定めがある場合を除き取締役の過半数であり（348条2項。〔459〕），取締役会設置会社では取締役会であり（362条2項1号。〔510〕），その決定を執行するのがこの業務執行取締役であるが，一定の範囲でこの取締役が自ら決定をして（362条4項参照。〔525〕㈺），それを執行することができる。その対外的側面が会社代表であり，代表取締役（指名委員会等設置会社では代表執行役）によってなされることは前述した（〔525〕㈺）。

Ⅳ　会 計 参 与

1　その意義・機能　〔537〕

会社法は，役員の1つとして，取締役および監査役のほかに会計参与に関する規定を設けている（329条1項・333条・334条）。それは，定款の定めにより，監査役設置会社のみならず，監査等委員会設置会社や指名委員会等設置会社にも置くことが認められる（326条2項。374条1項6項参照）。その職務権限は，取締役（指名委員会等設置会社の場合には執行役。以下同じ）と共同して，計算書類およびその附属明細書（435条2項），臨時計算書類（441条1項）ならびに連結計算書類（444条1項）を作成し（374条1項前段），かつ，法務省令で定めるところにより会計参与報告（会社則102条）を作成することである（374条1項後段）。

会社と会計参与との関係は委任関係である（330条）。

2　会計参与の選解任　〔538〕

会計参与になりうる者は，公認会計士もしくは監査法人または税理士もしくは税理士法人に限られる（333条1項。なお同条2項参照。その資格，任期につき333条2項後段・3項，334条）。

会計参与の選解任は，その他の役員の選解任と同様である（329条・339条）。補欠の選任しておくことも可能である（329条3項）。解任も普通決議でなされる。選解任（辞任を含む）につき，会計参与に意見陳述権が与えられる（345条1項2項）。

3　会計参与の権限　〔539〕

その個別的権限・義務について，監査役または会計監査人に準じた規定が設けられている（374条2項―6項・375条・377条・380条）。会計参与の計算書類承認についての取締役会についての出席義務につき規定がある（376条）。その報酬については，監査役に準じた規定が設けられている（379条）。会計参与報告について規定がある（374条1項，会社則102条）。

会計参与を置いた場合には，計算書類等は取締役（執行役）が会計参与と共同して作成しなければその効力が認められないと解される。したがって，取締役と会計参与との意見の一致が必要となる。

〔540〕 4 会計参与とそれ以外の機関等との間の関係

一般に取締役会設置会社は，監査等委員会設置会社・指名委員会等設置会社を除いて（327条4項），監査役を置かなければならないが（327条2項），公開会社でない取締役会設置会社は，会計参与を置けば，監査役を置かなくともよい（327条2項但書。公開会社でない大会社は会計監査人は置かなければならないことは前述した。328条2項）。この点では，会計参与は，監査役に代わる機能を果たす側面を有しているということができる。

そして，会計参与は，監査役・会計監査人・監査等委員会・監査委員でないから，監査役等の監査の職務権限を有するものを設置した会社でも，それを置くことができる。しかし，事実上は，会計監査人を置いていない中小株式会社において，会計に関する専門家である会計参与を置いて，それと共同して計算書類を作成することにより，その書類の信頼性が高められ，それを置かない会社よりも他から融資を受けるのに優遇的な取扱いを受ける等のことが期待できるということが考えられよう。その意味ではそれは中小企業の計算書類の内容の適正化を図る制度ということができる。

会計参与についても，社外取締役等と同様の責任限定に関する規定が設けられている（425条1項1号ハ）。

〔541〕 5 計算書類等の備置き等

会計参与は，計算書類および附属明細書ならびに会計参与報告（374条，会社則102条）を自ら5年間保存しなければならず，株主または債権者はその閲覧等の請求をすることができる（378条，会社則103条・104条）。その結果，株主および債権者は，直接に会社に赴かなくとも，会計参与の定めたところで，会社に知られることなくこの書類の閲覧等をすることが可能になる（378条2項3項）。

V　監査役および監査役会ならびに会計監査人

A　監査制度の沿革

〔542〕昭和49年改正商法は，昭和40年前後の山陽特殊製鋼事件をはじめとするいくつかの倒産事件の発生を直接の契機として，監査制度について大幅な改正をした。これらの事件では，粉飾決算（債権の過大計上ないし債務の過小計上等の手段により，不正に利益を計上すること）がなされていたにもかかわらず，監査役が株主総会でその違法な計算書類等を適正・妥当であると報告しており，そのため監査制度について各方面から強い批判が加えられた。そこで監査制度の充実のための商法改正が要望され，昭和49年に改正が実現した。

昭和49年の監査制度改正は，株式会社を規模によって，大会社，中会社および小会社の3つに分けて，それによって監査制度の内容を区別した。すなわち，昭和49年に，商法改正と合わせて「株式会社の監査等に関する商法の特例に関する法律」（商法特例法）が制定され，そこで，主として監査制度につき，商法特例法上の大会社と同法上の小会社に関し，商法の特例を規定したのである。商法特例法上の大会社は，資本の額が5億円以上の株式会社（昭和56年同法改正により，最終の貸借対照表の負債の部に計上した金額の合計額が200億円以上の株式会社も，大会社とされた）とされ，小会社としては，資本の額が1億円以下の株式会社（昭和56年改正により，負債総額200億円以上の会社は大会社とされるため小会社から除かれることになった）である。この結果，①商法特例法上の大会社，②小会社，および③そのどちらにも属しない会社――以下，「中会社」という――によって，監査制度の内容が異なることになった。このように複雑な規制になったのは，各方面の異なる意見の調整の結果ということができる。このことを前提として，昭和49年の監査制度の改正の要点として，次の諸点をあげることができる。

まず，第1に，監査役の権限が強化された。それまでは，監査役の権限は会計監査に限られていたが，同年の改正により，商法特例法上の小会社の場合を除き，監査役は取締役の職務一般に対する監査権限を有することとされ，それに伴う取締役会出席権その他の各種の権限および各種の訴え提起権が認められ，取締役の監査役に対する報告義務等について規定された。また，すべての会社の監査役に共通に認められる権限として，子会社調査権（〔552〕），取締役に対して報告を求める権利（昭和56年改正により，使用人に対しても報告を求めることができることとされた）があげられ，さらに監査の充実のために，監査期間の伸長について規定された。

第2に，会社の規模の大小と関係なく監査役一般に関する改正の要点として，監査役の地位の取締役会または業務執行取締役からの独立性を強化するための規定が設けられたことがあげられる。すなわち，監査役の任期が1年から2年に伸長されるとともに，その最短限も法定され，さらに，監査役の選任・解任について総会で意見を述べる権利が認められることとされた。

第3に，商法特例法上の大会社において，監査役の監査のほかに，会計監査人という会社の外部の者による会計監査が強制されることになったことである。従来から，証券取引法（現・金融商品取引法）上，上場会社等が大蔵大臣等に提出する財務諸表について公認会計士または監査法人の監査証明が要求されていたが，昭和49年改正で，会計監査人――その資格は公認会計士または監査法人に限られる――による会計監査が商法上の制度として，すなわち，その監査結果を株主総会に提出する制度として採用された。

以上によれば，昭和49年改正法のもとでの監査制度は，①商法特例法上の小会社では，昭和49年改正前のそれと同じく，監査役は会計監査の権限しか有せず，②中会社では，監査役に取締役の職務を監査する権限が与えられているが，会計監査人監査は要求されず，③商法特例法上の大会社では，監査役に取締役の職務の監査権限が与えられるとともに，会計監査人の会計監査が要求されるというように，三本立てになったということができる。

さらに，昭和56年改正商法でも，昭和51年のロッキード事件，昭和53年のダグラス・グラマン事件等の会社資金不正支出という不祥事が明るみに出された結果，このような事件を会社が自治的に防止できるような措置を講ずるために，再び監査制度の充実のための改正がなされた。監査役の報酬，監査費用に関する規定，監査役の取締役会招集権，取締役の取締役会における報告義務等に関する規定が設けられ，さらに，商法特例法上の大会社について，複数監査役制度および常勤監査役制度が法定されたのがその例である。

平成5年改正商法（商法特例法の改正を含む。以下同じ）は，平成3年6月に発覚した証券・金融不祥事件（証券会社が一部の大口投資家に損失を補塡し――平成3年証取法改正で損失補塡の禁止が明文で規定された〔現・金商39条〕――，あるいは金融機関が偽造の預金証書を担保に融資した等の不祥事件）を契機として，さらに監査制度を充実すべきだという要請から，監査役の任期の2年から3年への伸長ならびに商法特例法上の大会社における監査役の員数の増加，監査役会の法定および社外監査役制度の導入等の改正がなされた。

平成13年には，議員立法により，取締役の責任免除に関する規定を設けることと関連して（監査役自体についてもその責任免除の定めがなされている。〔566〕），監査役の任期の伸長（4年。336条1項。〔547〕），商法特例法上の大会社における社外監査役の要件の厳格化，数の増加等監査制度の充実のための規定が設けられ，また，取締役の責任の限度額を定める場合の監査役の関与に関する規定が設けられた（法149号）。

平成14年には，商法特例法上の大会社以外の会社においても，資本の額が1億円を超える株式会社が定款で会計監査人監査を受ける旨を定めることができることになった。また，商法特例法上の大会社につき連結計算書類の作成が義務づけられ，それに伴い，その監査役および会計監査人の調査権限が連結子会社に及ぶ旨の規定が設けられた。

これらの監査役制度に関する改正の内容が，次に述べるように，基本的には会社法に受け継がれている。

なお，会社法は，廃止前有限会社法において監査役が必置の機関でなかったことにならって，監査役を置かない機関構成を認めている（326条2項）。以下に述べることは監査役設置会社についてである。監査等委員会設置会社および指名委員会等設置会社において監査役が置かれないことは当然である（327条4項）。

B 監 査 役

1 監査役の員数，資格，欠格事由，兼任禁止等 〔543〕

(イ) 監査役会設置会社以外の会社の場合

(a) 員数，資格，欠格事由等 監査役会設置会社以外の会社の場合には，監査役の員数についてとくに規定がなく，1人でもよい（335条3項参照。複数の場合にも各監査役がその権限を行使しうる）。定款でその最低限または最高限を定めることもできる。またすべての会社で監査役を必ず置かなければならないわけではなく，公開会社である取締役会設置会社および会計監査人設置会社（監査等委員会設置会社・指名委員会等設置会社を除く）においては，監査役を置かなければならない（327条2項3項）。もっとも，取締役会設置会社で公開会社でない会社は，会計参与を置けば監査役は置かなくてよい（327条2項但書）。欠格事由については，取締役のそれに関する規定が準用されており（335条1項・331条参照），また定款で資格を限定することも可能であるが，株主であることを要する旨を定めることはできない（この趣旨については，〔460〕）。

(b) **兼任禁止**　監査役については，兼任禁止の規定が設けられており，会社もしくは子会社の取締役もしくは支配人その他の使用人または子会社の会計参与（会計参与が法人であるときは，その職務を行うべき社員）もしくは執行役を兼ねることができない（335条2項）。監査する者と監査される者とが同一人であっては，監査が無意味となるからである。なお，子会社の取締役等を兼ねることも禁じられたのは，昭和49年改正によってであり，同年改正により監査役に子会社調査権が認められたことにより，その兼任を認めると監査する者と監査される者とが同一人に帰することから，兼任が禁止されたのである。また子会社の執行役を兼ねることが禁じられたのは，平成14年改正によってである。ここで子会社の執行役というのは，その子会社が同年改正商法のもとにおける委員会設置会社であることを前提とする。この委員会設置会社においては，業務執行の権限を有するのは執行役であり，子会社の執行役が監査役を兼ねることは，監査役の子会社調査権との関係で，監査する者と監査される者とが同一人となるので，その兼任が禁止されたのである。ここで使用人とは，会社法上のいわゆる会社の使用人等（10条以下）に限られず，会社と雇用関係にある者をいうと解すべきである。会計参与との兼任が禁止されるのは，会計参与は取締役等と共同して計算書類等の作成をする者であり（374条1項），監査役はその作成したものを監査する立場にあるからである。この兼任禁止の規定は，監査役の欠格事由を定めたものではなく，監査役に選任される者が取締役等の地位を辞任することは選任決議の効力要件ではないとする判例がある（最判平成元・9・19判時1354号149頁）。もっとも，兼任禁止の規定に違反して，会社または子会社の取締役等が監査役に選任された場合には，その選任は現在の地位を辞任することを条件としてなされたものと解すべきである。それにもかかわらず，事実上その取締役等の職務を引き続き行った場合には，監査の効力がないとはいえないが，監査役として善管注意義務違反になり，監査の公正度に疑問を生じさせると解する見解が有力である。これとは逆に，監査役がその会社または子会社の取締役等に選任されたときは，その就任を承諾したときは監査役を辞任したものと解され，したがってその者が監査をしたとしても，監査役の監査とはいえないと解されている（弁護士である監査役が，会社から委任を受けて特定の事件につき訴訟代理人になることは禁止されないという判例がある。最判昭和61・2・18民集40巻1号32頁)。

(ロ) 監査役会設置会社の場合の特例——社外監査役，監査役の員数および常勤監査役 〔544〕

監査役会設置会社については，上記に述べた監査役の資格，欠格事由，兼任禁止等に関する規定が適用されるほか，次のような特則が設けられている。なお，公開会社である大会社（2条6号。監査等委員会設置会社・指名委員会等設置会社は除かれる）は監査役会を置かなければならず（328条1項），監査役会設置会社では，取締役会を置かなければならない（327条1項2号）。

(a) 社外監査役

(i) 制度の趣旨，要件，人数等——付・独立役員　平成5年改正により，商法特例法上の大会社について，社外監査役制度が導入された。それが導入されたのは，次のような理由による。すなわち，それまでは監査役は大部分がこれまで会社または子会社の取締役または支配人その他の使用人（以下「社内者」という）としてその業務執行の体制に組み込まれていた者がそのまま横滑りした者によって占められており，監査役としては，自分がそのなかに組み込まれていた業務執行の体制について自ら監査するという結果になっている場合が大部分であった。会社の事情に通暁した者，ことにもとの社長，副社長等の大物が監査役に就任することは，それなりに長所があるが，自らが組み込まれていた業務執行の体制が違法であり，または不当であった場合には，監査役になったからといって，その業務執行体制の違法性等を指摘するということは期待できないので，平成5年改正法は，社外監査役制度を導入し，監査役の中に業務執行体制に組み込まれなかった者すなわち社外者が含まれることを要求し，客観的・第三者的な立場で業務執行の是非について意見を述べることができるようにしようとしたのである。

社外監査役の要件および人数については，平成13年の改正により，取締役の責任免除および株主代表訴訟における会社の取締役への補助参加に関して監査役または監査役会の同意を要するものとされたことに伴い，平成5年の社外監査役の導入の当時に比べて，その要件も厳格にされ，かつ，人数も増加されており，それが会社法に受け継がれている。すなわち，まず社外監査役の要件については，平成5年改正当時は，「その就任の前5年間会社又はその子会社の取締役又は支配人その他の使用人でなかった者でなければならない」として，5年間の待機期間経過後は社外監査役としての資格が認められていた。

社外監査役制度導入の趣旨からいえば，その資格としては社内者としての経験が一切ない者であることを要求することが望ましいが，適任者が得られないという懸念があること，5年間の待機期間経過後であれば（たとえば旧社内者が監査役を1期――4年間〔547〕――経験しただけでは，この要件を満たさない），客観的第三者的な立場から監査することが期待できること等の理由から，上記のように定められた。ところが，平成13年改正商法（さらに平成14年改正で，子会社等の執行役等との兼任禁止の関係で若干の手当てがなされ，さらに会社法で会計参与の関係等で手当てがなされている）およびそれを受け継いだ会社法では，「過去に当該株式会社又はその子会社の取締役，会計参与（会計参与が法人であるときは，その職務を行うべき社員）若しくは執行役又は支配人その他の使用人となったことがないものをいう」として（2条16号），完全社外者であることを要求するにいたっており，またその人数については，平成5年改正商法のもとでは，監査役3人以上のうちの1人以上は社外監査役であることを要するものとされていたのが，監査役が3人以上で，そのうち半数以上は社外者でなければならないものとされている（335条3項）。その後，社外取締役を含めて，社外性の要件をさらに厳しくし，たとえば親会社・兄弟会社の業務執行経験者等もそれに含まれないとする独立役員を必要とする制度が検討されていたが，平成17年会社法によりそれが実現している。その内容は社外取締役について前述したのとほぼ同様である（〔459の2〕）。さらに平成26年会社法改正により，社外取締役の要件の場合と同じく，社外監査役の要件に，株式会社等の親会社等またはその取締役・監査役もしくは執行役もしくは支配人その他の使用人でないことが追加された（2条16号ハニ）。ここで「親会社等」とは，株式会社の親会社およびその株式会社の経営を支配しているものとして法務省令で定める者をいう（2条4号の2，会社則3条の2第2項）。また，社外取締役の要件の場合と同じく兄弟会社の関係者および株式会社の関係者についても社外監査役の欠格事由として規定されている（親族要件・過去要件については，社外取締役と同様である。〔459の2〕参照）（2条16号ホ）。

社外監査役を含む社外役員を設けた会社の場合の事業報告の記載事項について規定が設けられている（会社則124条。登記事項につき911条3項25号）。会計参与および会計監査人についても同様である（会社則125条・126条）。

(ii) 社外監査役を置かなかった場合の効果，一時監査役の選任　社外監査役の選任を怠った場合には，過料の制裁が科せられる（976条20号）。

社外監査役が置かれないで監査がなされた場合に，その監査が瑕疵を帯びるかが問題である。常勤の監査役が定められていなかった場合の監査の効力については，瑕疵を帯びないと解する見解が有力である（その理由については〔545〕）が，社外監査役を欠いた場合には，常勤の監査役を欠いた場合と同一に論ずることはできない。法定数の社外監査役を欠くときは，法定の監査役の員数を欠くといわざるをえず，そうだとすれば，社外監査役を欠いて監査がなされた場合には，その監査は手続的瑕疵を帯びると解される。したがって，その場合の計算書類承認の定時総会の決議は，取消しの訴えの対象になる。もっとも，社外監査役の死亡等の理由で一時的に社外監査役を欠いたような場合には，一時的に監査役の法定員数を欠いた場合と同様に，監査が瑕疵を帯びるものではない。

監査役の法定の員数を欠いた場合において，裁判所は，必要があると認められるときは，利害関係人の申立てにより，一時監査役の職務を行うべき者——一時監査役——の選任することができる（346条2項）。このことは社外監査役についても妥当する。前述のように，社外監査役を欠いた場合には監査の効力に影響を及ぼすことがありうるとすると，この規定の適用を認めないと不都合である。ことに，決算期の終了後，計算書類の監査の途中で社外監査役を欠いたような場合には，臨時株主総会を開催して後任の社外監査役を選任するという時間的余裕もないことがありうるからである。

(b) **員数，常勤監査役制度**　監査役会設置会社においては監査役の員数は3人以上とされ（335条3項），またそのうちから監査役の互選で常勤の監査役を定めなければならない——常勤監査役——（390条3項）。〔545〕

監査役の員数については，昭和56年改正により，大会社の場合には，監査役が1人だけで取締役の業務執行を監査することは無理であるということから，2人以上と定められた。さらに，平成5年改正により，企業の内容が複雑になったという一般的理由と合わせて，社外監査役制度が導入されたことに伴い，この制度の導入について，常勤の監査役の員数の減少をもたらして総体的に情報収集能力を低下させるという批判に応えるという理由から，監査役の員数を3名以上とすることとされた。なお，平成13年改正により，そのうち半数以上が社外監査役でなければならないとされたことは前述した（〔544〕(i)）。常勤監査役の意味については見解が分かれており，画一的に解することはできないが，他に常勤の仕事がなく，原則として毎日監査役としての仕事をなしうる者と解するのが一般である。しかし，他に常勤の仕事を有する者が常勤監査役になっても，その選任やその者の監査が無効になるわけではなく，監査役としての任務を十分に果たさなかった場合に善管注意義務違反が問題となり，その際に常勤監査役については，監査にあてる時間と機会がより多いことが期待されることから，より厳しい判断がなされると解されよう。そうだとすると，常勤監査役とはフルタイムの監査役としての責任を負わされる監査役と解することができよう。大会社については，このような常勤監査役とそれ以外の監査役との協力により適確な監査がなされることが期待されている。

常勤監査役が置かれなくても，監査の効力には影響がないと解すべきである。法定の員数の監査役が存在しており，また，かりに常勤の監査役が選任されたがその職務に専念しなかったとしても監査に瑕疵を帯びることがない以上，常勤の監査役を欠くことによって監査に瑕疵を帯びると解するのは適当でないからである。

〔546〕 **2　監査役の選任および終任**

(イ)　選任――監査役の意見陳述権

監査役も，取締役と同様に株主総会で選任され（329条1項。補欠を選任しておくことができる。329条3項），その選任決議の定足数につき取締役選任のそれと同様の特則がある（341条）。監査役選任の議案の決定は取締役会設置会社では取締役会（298条4項），それ以外の会社では取締役（298条1項）にあるが，取締役（〔408〕(b)(ii)参照）が株主総会に監査役選任の議案を提出するには，監査役（監査役が2人以上ある場合には，その過半数）の同意を得なければならない（343条1項）。この議案の提出に監査役の同意を要するものとされたのは，平成13年の商法改正による取締役の賠償責任額の免除の規定を設けることに伴う監査役の地位の強化の一環である（〔512〕）。また，取締役の場合と異なり，監査役の選任については（解任についても同様である），監査役がその株主総会で意見を述べることができる（345条1項4項。辞任の場合の意見陳述権等につき〔547〕）。監査役の選任（解任も同様である）議案は，原則として取締役会（298条4項）または取締役（298条1項）によって決められるので（株主提案権の行使による場合でも，株主が取締役会に代わって提案することもありうるので，監査役のこの意見陳述権は排除されていない），監査役の独立性を維持するために，監査役にこのような意見陳述権を与えて，取締役会で監査役の選任（解任）について議案を作る場合に，監査役の意向を尊重することが期待されていることになる。監査役が取締役会への出席の権利義務（〔551〕）があること（383条）も，この場合に監査役の意向を尊重する一助となりうるであろう。現に監査役である以上，任期が残っている者だけでなく任期満了により退任する者または解任の対象になっている者も，自分が再任されないこと，または解任されること等について意見を述べることができる。なお，監査役は，取締役が株主総会に提出する議案，書類その他のものに法令もしくは定款に違反し，または著しく不当な事項があるときは株主総会に意見を報告する義務を負うが(384条)，監査役のこの選任等についての意見陳述権は，それと異なり，違法または著しく不当な場合に限られず，たんに適当かどうかについても行使することができる。監査役が株主総会で意見陳述を求めたのにその機会を与えなかった場合には，決議取消しの事由になりうる。

株主総会参考書類の記載事項については取締役の選任の場合とほぼ同様である(会社則76条。〔461〕)。

選任の登記（911条3項17号18号)，欠員の場合の処置（346条1項)，職務執行停止・代行者選任の仮処分（民保23条2項。取締役のそれに関する〔472〕参照。なお，取締役代行者の権限に関する352条1項は監査役には準用されない）等については，取締役の場合と同様である。

(ロ) 終任――任期，辞任についての意見陳述権等 〔547〕

監査役の任期は，選任後4年以内に終了する事業年度のうち最終のものに関する定時株主総会の終結の時までとされる（336条1項)。平成5年改正前は2年とされていたが，同年改正により3年とされ，さらに平成13年の改正により4年に伸長されたものである。このような任期の伸長は，それにより安定した立場で監査することを期待してなされたということができる（社外監査役にとっては，任期が伸長されたことによって，会社の事情に通暁することが期待されるということもできる)。たとえば，3月31日決算期の会社において，平成26年6月20日の定時総会で選任される監査役については，その選任後4年以内に終了する事業年度のうち最終のものは平成30年3月31日であるから，その事業年度のうち最終のものに関する定時総会の日までがその監査役の任期である。その定時総会が同年6月30日に開催されると，任期は4年を超えることになり，それが同年6月10日に開催されると，4年より短いことになる。監査役の任期をたんに4年とすると，上記の例で，平成30年6月20日に任期が到来することになり，それから6月30日まで監査役が欠けることになってしまうので，4年以内の事業年度のうち最終のものに関する定時総会の終結の時を基準に任期が定められた。任期の起算点は，就任の時からではなく，選任の時からであることが規定上明らかにされた(336条1項)。

取締役の任期と比較して重要なことは，監査役の任期のほうが取締役のそれより長いというだけではなく，取締役の任期は2年を超えることができない（332

条1項）というように最長限だけが定められている（それを短縮することは許される）のに対して，監査役の任期は，それを伸長できないだけでなく，短縮することもできないことである。このことも，監査役の独立性を保障するためであって，その任期を短くすることができるとすると，落ち着いて十分な監査をすることができなくなるおそれがあることにかんがみて，昭和49年改正によりこのような定め方がなされたものであって，監査役の地位の強化のあらわれである。この監査役の任期を短縮することが許されないという原則は，補欠監査役について例外が認められている。すなわち，任期満了前に退任した監査役の補欠として選任された監査役の任期については，定款で，退任した監査役の任期の満了すべき時までとすること（前任者の残任期間とすること）ができる旨が明文で規定されている（336条3項）。その任期を他の監査役と合わせて監査役全員につき，一挙に選任することができるようにするためである。取締役の場合には，その任期は最長限が法定されているだけなので，定款でそのような定めをすることは，その旨の明文の規定がなくても可能であるが，監査役の場合には，その任期を定款で短縮することができないので，補欠監査役の任期をこのように短縮するためには，その旨の明文の規定が必要となるわけである。

監査役の任期については，監査役会設置会社かどうか，ひいては会社の規模の大小による差異はない。小会社の監査役についても，その独立性およびその地位の安定性が保障される必要があるからである。

任期中に監査役を株主総会で解任することは可能であるが，それには株主総会の特別決議が必要である（339条1項・309条2項7号。取締役は累積投票により選任された取締役および監査等委員である取締役の場合を除き〔309条2項7号〕，普通決議でよい。339条1項・309条1項）。また，それについても監査役に意見陳述権が認められている（345条4項・1項。〔**546**〕）。なお，正当事由なき解任の場合の損害賠償請求については，取締役の場合と同様である（〔**468**〕）。また，取締役についてと同じように（〔**469**〕）少数株主による解任の訴えが認められている（854条）。

また，平成13年の改正商法により，監査役を辞任した者に対しても，株主総会における意見陳述権等が与えられている。すなわち，監査役を辞任した者は，辞任後最初に招集された株主総会に出席して辞任した旨およびその理由を述べることができるものとされる（345条4項・2項）。そしてこの権利を行使する機会を保障するために，会社は，辞任した監査役に対し，辞任後最初の総会が招集される旨および株主総会の日時および場合を通知することを要するものとされる

(345条4項・3項)。前述したように，監査役の任期については法定されているが，実際には法定の任期を全うしないで辞任する例が少なくないとされており，しかも，それが業務執行取締役等からの勧告，依頼ないし事実上の強制によることが少なくないとされることにかんがみて設けられた規定である。監査役の選任および解任について監査役に意見陳述権が与えられていることについては前述したが(〔546〕)，辞任についても同様の権利が与えられていることになる。

監査役と会社との関係は，委任の規定に従うから（330条)，委任関係終了の事由が監査役の終任事由となること，欠員の場合に辞任・任期満了による退任監査役が一時職務を行い，必要あるときは一時監査役の選任が認められること（346条1項2項）など，取締役の場合と同じである（〔471〕)。

3　監査役の職務・権限等　〔548〕

(イ)　適法性監査と妥当性監査

監査役には取締役の職務の執行についての監査権限があるが，取締役会も取締役の職務の執行についての監督権限がある。そこで，両者の監査または監督権限の関係が問題になる。

(a)　監査役設置会社の場合　　監査役設置会社において，取締役会が取締役の職務執行の監督機関であるということと，監査役が職務執行の監査機関であることとの関係が問題となる。この点に関して，取締役会における監督権限は，職務執行の適法性だけではなく，その妥当性ないし相当性にも及ぶことに異論がないが，監査役の監査権限は，その適法性監査には及ぶが，妥当性監査にまで及ぶかどうかが問題とされている。適法性監査に限られるという考え方も有力である。旧会社法のもとでは監査役および監査役会（以下，監査役等という）の監査報告の内容は計算書類および取締役の業務執行等の法令定款違反の有無等の適法性いかんに限られていた（平成17年改正前商281条ノ3，同廃止商特14条3項)。そして，このことが監査役の権限が適法性監査に限られるという考え方の根拠とされていた。ところが，会社法のもとでは，監査報告の内容が大幅に拡充されている。すなわち，監査役等（監査役会を含む）の監査報告の内容として，取締役会で決定したいわゆる内部統制システム（348条3項4号・362条4項6号・5項・416条1項1号ホ）につき，監査役等が相当でないと認めるときはその旨およびその理由が掲げられている（会社則129条1項5号・118条2号。〔658〕)。そして，その内部統制システムには，取締役の職務の執行が効率的に行われることを確保するための体制とか，企業集団の業務の適正を確保するための体制等が含まれている（会社則

100条1項3号5号)。このほか，会社が会社の財務および事業の方針の決定を支配する者の在り方に関する基本方針――いわゆる買収防衛策――が事業報告の内容となっているときは，その事項についての意見が監査報告の内容となっている(会社則129条1項6号。〔658〕)。このような監査報告の内容の拡充振りをみると，もはや監査役の権限は，たんに適法性監査に限られるとはいえず，相当性に関する監査にも及んでいるといわなければならないと考える。監査役等の取締役を被告とする株主代表訴訟に関連する権限（会社が訴えを提起しない場合の理由等の通知，会社の被告側への訴訟参加についての同意等。847条4項・849条3項。〔493〕〔496〕(b))，監査役の選解任議案ならびに会計監査人の報酬についての同意権および会計監査人の選解任議案の決定権（343条1項・344条1項・399条。〔579〕(b)，〔582〕(ii)，〔590〕）等からも，上述したことがいえよう。したがって，監査役の取締役会における発言（383条1項）においても，適法性に関するものに限定されず，妥当性または相当性に関するものにも及ぶことができると解される。もっとも，業務執行の決定権は取締役会にある（362条2項1号)。したがって，たとえば，企業の海外進出に関して，取締役会は，その時期に海外に進出するのが妥当かどうかを判断する権限を有し，それが妥当でないと判断すれば，取締役会として，そのような海外進出の決定をしないことができる。監査役は，上述したことから，取締役会でそれにつき意見を述べることができるが，業務執行に関する決定は取締役会の決議によってなされ，それは取締役の過半数でなされ（369条1項)，監査役はそれに参加できないという限界が存することは否定できない。これに対して，取締役会の監督権限については，それは，そのような限定がなく，しかも業務執行取締役の選解任権および業務執行の決定権等を通じて（362条2項1号3号・363条1項2号)，当然に適法性のみならず妥当性にも及ぶと解される。

取締役会の監督権と監査役等の監査権とを比較すると，両者の間に内容的な差異があり，法は監査役による監査には，より精緻な奥行の深い監査を期待しているということができる。それは，次のような根拠による。すなわち，監査役は，自らは業務執行の決定には関与せず，もっぱら取締役の職務の執行の監査のみを職務とする者であって，会社法は，後述するように（〔552〕以下)，監査役に対して，監査の手段として，取締役および使用人に対する事業の報告請求権または会社の業務財産調査権（381条2項)，子会社調査権（381条3項)，取締役の違法行為等の差止請求権（363条1項2号・385条）等の権限を与え，また必要な監査費用の支出を保障しようとしている（388条)。かつ，その地位の取締役会や業務執行取締役からの独立性を保障して不安なしに監査をすることができるようにするために，任期の4年間の法定（336条1項），監査役の選任についての監査役の同意権（343条1項），会社または子会社の取締役または使用人との兼任禁止（335条2項），各監査役の報酬の監査役の協議による決定（387条）等の規定を設けている。このように監査役については，各種の権限が与えられており，かつ，その地位の代表取締役等からの独立性が保障されているという手当てがなされている。さらに監査役は3人以上でそのうち半数以上は社外監査役ではならないという社外監査役制度も導入されている（335条3項）。これに対して，取締役会の構成員である取締役についてはこのような手当てがなされておらず，しかも，実際上，取締役は，いわゆる社外取締役を除いては，業務担当取締役ないし使用人兼務取締役として，代表取締役社長を筆頭とする業務執行の体制のなかに上下の関係で組み込まれていることが多く，一方で業務執行の一翼をにないながら，他方で，取締役会の構成員として，取締役会による業務執行の監督をするという職務を負わされており，自己監督的な結果になっている例が多い。したがって，取締役会においては，そこにおける議決権，ことにその業務執行取締役等の選解任権および業務執行の決定権を通じて大局的な立場から業務執行を監督することが期待されていると解することが可能である。

(b) **指名委員会等設置会社の場合**　指名委員会等設置会社において，前述したように，一方で，そこでも取締役会の取締役および執行役（会計参与設置会社においては会計参与を含む。以下同じ）の職務の執行の監督権限が規定されており（416条1項2号），他方で，監査委員会の取締役および執行役の職務の執行の監査権限が規定されている（404条2項1号）。そこで両者の関係が問題になる。監査委員会の構成員として取締役会における議決権を有し，取締役会における執行の妥当性ないし相当性についても判断する立場にあることも考慮しなければならない。同じ取締役が監査委員会の構成員としては適法性監査の権限しか有しないで取締役会の構成員としては妥当性監査の権限も有するという区別をすることは適当ではないと考えられるから，監査委員会の権限もその両者に及ぶとすることが適切である。また，監査委員会またはそれを組織する取締役には，監査役に与えられている業務財産調査権等の権限が与えられており（405条），精緻な奥深い監査が期待されることは，監査役の場合と同様である。その地位の業務執行を担当する者からの独立性については，各委員会において社外取締役が過半数を占めている点（400条3項），執行役等は監査委員会を組織する取締役にはなれないとする点（400条4項）等から，それが保障されるということがいえよう。そして，そのような監査委員会の精緻な奥深い監査に基づいて，それと指名委員会および報酬委員会の権限の行使が合わさって，取締役会において強力な監督権限が行使されると理解されることになろう。

(c) 監査等委員会設置会社の場合　監査等委員会設置会社の場合も，指名委員会等設置会社と同様に，取締役会の取締役（会計参与設置会社では取締役・会計参与）の職務の執行の監督権限が規定されており（399条の13第1項2号），監査等委員会の監査権限が規定されている（399条の2第3項1号）。監査等委員会が取締役の職務の執行の妥当性を監査する権限も有する点は，指名委員会等設置会社の監査委員会と同様である。

(ロ) 基本的職務・権限 ―― 業務監査と会計監査

監査役の職務・権限は，①一般の会社（次の②の会社を除いた会社）の監査役と，②公開会社でない会社であって，定款で監査役の監査の範囲を会計に関するものに限定する旨を定めた会社（389条1項）の監査役とで異なる。すなわち，①については，会社法上，「監査役は，取締役（会計参与設置会社にあっては，取締役及び会計参与）の職務の執行を監査する」と規定されて（381条1項前段），取締役の職務執行一般を監査し（そのなかには会計監査が含まれることはいうまでもない），この場合において，監査役は，監査報告を作成しなければならない（381条1項後段，会社則105条）。総会提出議案等の意見もその権限に含まれる（384条。〔550〕(a)(i)）。

これに対して，②については，監査報告を作成し（389条2項，会社則107条。なお，会社則108条），「監査役は，取締役が株主総会に提出しようとする会計に関する議案，書類その他の法務省令で定めるものを調査し，その調査の結果を株主総会に報告しなければならない」と規定され（389条3項），会計に関する監査に限定されることが明らかにされている（会社則107条・108条）。②の定款の定めが登記事項とされていることは前述した（〔83〕）。取締役が株主総会に提出しようとする会計に関する議案書類とは，435条2項の計算書類が主なものであるが，合併承認，事業譲渡，資本金の額の減少等が総会の議題となる場合には，総会にはここに掲げた以外の議案（合併契約等）も提出されることがあり，その会計に関する部分は監査の対象となる。435条2項の書類のうち，貸借対照表，損益計算書その他会社の財産および損益の状況を示すため必要かつ適当なものとして法務省令で定めるもの（会社計算59条。株主資本等変動計算書および個別注記表）については全般的に監査の対象となるが，事業報告およびこれらの附属明細書については，そのなかには会計に関する以外の記載も含まれるので，監査の対象になるのは，そのうちの会計に関する部分に限られる。

監査役は，職務および会計に関する専門知識を有することを必要とするものではないが，それに関する相当程度の知見を有しているものであるときはその事実が事業報告の記載事項となる（会社則 121 条 9 号）。

株主総会は，監査役の監査報告書等を調査させるため，検査役を選任することができる（316 条。取締役，会計参与，監査役会および会計監査人が提供した資料についても同様である。〔421〕）。

(ハ) 個別的職務・権限等 〔549〕

(ロ)①の監査役の基本的職務・権限と，②の監査役のそれとの差異に応じて，その個別・具体的職務・権限も両者で異なっている。監査役に認められる権限は，それを行使することが同時に監査役の義務でもあり，それを行使すべきときに行使しなければ，任務懈怠の責任を問われることになる。また，監査役が複数いる場合でも，その権限の行使は，他の監査役に拘束されず，単独で行使できるのが原則であり，このことにより監査役には独任制の長所が認められる。なお，監査役会設置会社における監査役と監査役会との権限の分配については，後述する（〔569〕－〔573〕）。

(a) ①の監査役に認められる個別的職務・権限 —— 業務監査権に基づく職務・権限 〔550〕

(i) 総会提出議案・書類の調査および報告義務　監査役は，取締役（代表取締役）が株主総会に提出しようとする議案，書類その他のものを調査しなければならない（384 条 1 項前段）。この場合において法令もしくは定款に違反し，または著しく不当な事項があると認めるときは，株主総会にその意見を報告することを要する（384 条 1 項後段）。このことが監査役の職務の中心をなすものである。ここで議案とは，総会に付議される原案であり，書類とは議案に関連して提出される書類をいう。もっとも，この両者を区別する実益はない。なお，各事業年度にかかる計算書類（貸借対照表，損益計算書その他株式会社の財産および損益の状況を示すために必要かつ適当なものとして法務省令で定めるものをいう。会社計算 58 条・59 条。そこでは株主資本等変動計算書および個別注記表があげられている。以下同じ）および事業報告書ならびにこれらの附属明細書も作成される（435 条 2 項）が，それらについては事前に監査報告書が作成され（会社計算 124 条・132 条），招集通知に際して株主に提供される（会社計算 133 条 1 項 2 号ロ・3 号ホ。〔659〕）。これ以外の議案・書類としては，定款変更が議題とされる場合の変更される規定の内容または合併契約の承認が議題とされる場合の合併契約書等を指すことになる。

監査役の総会に対する意見の報告は，上記の議案または書類が法令・定款に違反し，または著しく不当な場合にのみすればよい。この点は監査役の監査報告と異なるところである（監査報告では，適法な場合等もその旨の記載が要求されることがある）。この報告は書面によっても，口頭によってもよい。監査役が数名いるときは，各自が意見を報告する必要があるが，各自の意見が同じときは，そのうちの1人が連名で報告してもよい。

監査役は，取締役会に出席し（〔551〕），総会提出議案・書類が取締役会の議題になれば，そこで調査をして，法令・定款に違反し，または著しく不当な総会議案が提出されることを阻止する機会が与えられるが，監査役の意見陳述が無視されて，または取締役会にはかられることなく，そのような議案・書類が総会に提出されようとするときは，監査役は総会で意見を述べることになる。監査役は，総会提出議案・書類の調査をするにあたって，業務・財産調査権（〔552〕），取締役・使用人等からの報告徴収権（〔553〕）等を行使することが必要になることがあろう。

〔551〕　(ii)　取締役会出席権・報告義務・招集権等　　監査役は取締役会に出席することを要し，この場合において必要があると認めるときは意見を述べなければならない（383条1項本文）。取締役会で，法令・定款に違反する決議または著しく不当な決議がなされることを防止するためである。昭和49年改正により，監査役に取締役会に出席して意見を述べる権利が与えられ，平成13年改正により，その表現がこのように改められた。前述したような取締役の損害賠償額の限定の代償としての監査役制度の充実の一環をなすものと考えられる。もっとも，昭和49年改正により監査役が取締役会に出席して意見を述べる権利が与えられたということは，取締役会に出席することが職務上の義務であり，必要があると認められときは意見を述べる義務を負うと解されるから（〔549〕），平成13年改正によって実質的な変更がなされたということではなく，精神的な効果が期待されているということになろう。監査役は，もちろん取締役会の構成員ではなく，したがって議決権が認められないから，取締役会で意見を述べても，それが無視されれば違法な決議等がなされることを防止できない。しかし，取締役会に出席していれば，そのような決議がなされたことはその場で知りうるから，その際には，取締役の違法行為等の差止請求権（〔555〕）を行使するなどの適切な措置を講ずる

ことが期待されることになり，最終的には監査報告に記載されることになる。

監査役が2人以上ある場合において，特別取締役による議決――特別取締役による取締役会による議決――の定めがあるときは，監査役の互選によって，監査役の中から特にその特別取締役による取締役会に出席する監査役を定めることができる（383条1項但書）。

取締役が不正の行為をし，もしくはその行為をするおそれがあると認められるとき，または法令もしくは定款に違反する事実もしくは著しく不当な事実があると認められるときは，監査役は，遅滞なくその旨を取締役会（取締役会設置会社の場合）に報告することを要する（382条）。この報告に基づいて取締役会において，その業務執行の監督権による適切な措置を講ずることが期待されている。昭和56年改正により設けられた規定である。しかし，取締役会が開催されなければ，この報告をすることができないので，同じく昭和56年の改正で，監査役に対して，この報告をするために必要がある場合に，取締役に対し（招集権者の定め〔366条1項但書〕があるときは，その招集権者に対し）取締役会の招集を請求する権利を認めた（383条2項。〔512〕）。

(iii) 会社および子会社の業務・財産調査権　監査役は，①いつでも，会社（自分が監査役をしている会社）の業務および財産の状況を調査することができ（381条2項），かつ，②その職務を行うために必要があるときは，子会社（その意義については，〔183〕以下）について同様の調査をすることができる（381条3項）。会社または子会社が正当な理由なく，これらの調査を妨げたときは，その取締役等に罰則の制裁が科せられる（976条4号）。〔552〕

(α) 会社の業務・財産の調査権　会社の業務・財産の調査権は，いつでも，したがって権限濫用にならない限り，時期・方法に限定なしに認められる。会社の帳簿・書類については，会計に関するものに限定されずに，その閲覧・謄写が認められ，また，本店，支店，工場，倉庫等に赴いて現実に財産の状況を調査することができる（381条2項。取締役等に対する事業報告請求権については(iv)参照）。

(β) 子会社調査権　子会社調査権は，昭和49年改正前は認められていなかった。ところが，その当時の倒産事件において，子会社を利用して粉飾決算をする事例が見受けられた。たとえば，子会社に対して架空売上を計上すること，すなわち，実際には子会社に対して製品を売却していないにもかかわらず売却したように仮装して，子会社から製品の受領証の交付を受けるなどして，親会社の債権を水増しするようなことが見受けられた。そして，このような手段による粉飾決算を発見するためには，子会社の財産状況の調査が必要であるが（計上されている子会社に対する債権に対応する製品が実際に子会社に引き渡されているかどうかを調査する必要がある），そのためには，親会社の監査役に子会社調査権を認める必要がある。そこで，昭和49年改正で，この権限が認められた。

親会社の監査役は，その職務を行うため必要があるときは，①子会社に対して事業の報告を求め，または②子会社の業務および財産の状況を調査することができる（381条3項）。①は自分の会社の取締役および使用人に対する事業報告請求権（381条2項。〔553〕）に相当するものであり，②は自分の会社の業務・財産調査権（前述(α)）に相当するものである。もっとも，①または②の権利は，親会社の監査役がその職務を行うため必要がある場合にのみ認められるにすぎない（自分の会社の調査権については，そのような制約は設けられていない）。しかし，完全親会社もしくはそれに近い親会社の場合または子会社が重要なものである場合には，通常はその必要性が是認されると考えられ，ことに純粋持株会社の場合にはなおさらである。

子会社は，正当な理由があるときは，親会社の監査役から求められた事業の報告または親会社監査役による業務・財産の状況の調査を拒むことができる（381条4項）。子会社の独立性を尊重し，親会社監査役による調査権の濫用によって子会社の利益が損なわれることを阻止することがその趣旨である。たとえば，子会社にとって不適当な時期に調査権が行使され（たとえば子会社の決算の時期に会社の帳簿・書類の調査をする等），しかもその時期に調査することが親会社の監査にとって必ずしも必要でない場合には，それを拒否しうることは明らかである。子会社の事業上の秘密保持の必要がある場合にこの拒否権を行使できるかについては，見解が分かれているが，その調査が権限濫用にならない限り，そのことを口実に調査を拒否することは許されないと解される。したがって，この拒否権に関する規定は，不必要な調査または権限濫用的な調査を拒みうるという，当然の事理を注意的に規定したものと解すべきである。

〔553〕　(iv)　取締役，会計参与および使用人に対する事業報告請求権　　監査役は，いつでも取締役および会計参与ならびに支配人その他の使用人に対して事業の報告を求めることができる（381条2項）。会社法による会計参与制度の創設にともない，それに対する報告請求権も認められるにいたった。取締役（業務執行取締役）は取締役会において3か月に1回以上，業務の執行の状況を報告することを要し（363条2項），監査役には取締役会出席権が認められるが（383条1項），監

査役は，その機会に限られず，いつでも，また取締役に限られず会計参与，支配人その他の使用人からも，事業に関する報告を求めることができる。その方法についても自由であり，口頭によるだけでなく，書面によって報告することを求めてもよく，これに対して取締役等は，監査役の要求が権限濫用的なものでない限り，時期・方法を限定することができない。

(v) 会社・取締役間の訴えの会社代表権，株主代表訴訟に関連する権限等 〔554〕

一般的に，代表取締役が包括的権限を有する旨（349条4項），会社と取締役との訴訟については，株主総会で定める者が会社を代表する旨（353条）および取締役会設置会社ではその訴えにつき株主総会の定めがある場合を除き，取締役会が取締役会設置会社を代表する者を定めることができる旨（364条）が規定されている。これに対して，監査役設置会社では，会社が取締役（取締役であった者を含む）に対し，または取締役が会社に対して訴えを提起する場合には，その訴えについては，監査役が監査役設置会社を代表することになる（386条1項）。さらに，①監査役設置会社が取締役の責任を追及する訴えの提起の請求を受ける場合および②監査役設置会社が取締役の責任を追及する訴えを提起した旨の訴訟告知（849条4項）ならびにその責任追及の訴訟において裁判所がする和解の内容の通知および催告（850条2項）を受ける場合には，監査役が監査役設置会社を代表する（386条2項）。会社・取締役間の訴えにおいて，会社を代表する者を一般原則どおり代表取締役とすると（349条4項），訴訟の相手方である取締役がその代表取締役である場合はもちろん，それ以外の取締役の場合でも，適切な訴訟追行がなされないおそれがあるので，取締役会ないし代表取締役からの独立性が保障されている監査役が会社を代表することとされている。また，会社の取締役に対する責任を追及する訴訟については，株主に代表訴訟提起権が認められるが（〔491〕以下），その前提として，会社に対して訴えの提起を請求することを要し，この請求を受けるのは監査役設置会社では監査役である（386条2項1号）。この請求を受けた場合にそれに応じなかった場合の理由の開示につき規定がある（847条4項，会社則218条）。しかし，監査役としては，この請求がなされた場合に限られず，取締役の責任を追及する訴訟を提起する必要があると判断したときは，会社を代表してその訴訟を提起することができる（386条1項）。しかも，監査役の場合には，その訴訟を提起する必要がある場合に，それを怠れば，任務懈怠の責任を負わされる可能性があり，この訴訟における会社代表権を行使するのは，その権利であるとともに義務でもある点で（〔549〕），株主の代表訴訟提起権がもっぱら権利であるのと異なる。監査役が数名いる会社の場合には，取締役が会社に対して訴えを提起したときは，会社を代表する監査役は，監査役の合意で決めることになると解されるが，会社が取締役に対して訴えを提起するときは，それを必要と考える監査役に会社代表権があると解すべきである。

また，平成13年改正商法（法149号）により，株主代表訴訟において会社が被告取締役の側に補助参加するには監査役の同意を得ることが必要とされ（849条3項。〔496〕(b)），さらに，裁判所から株主代表訴訟の和解の内容について通知を受け，かつ，和解に異議があれば2週間内に異議を述べるべき旨の催告を受けるのも監査役とされている（386条2項2号・850条2項。〔496〕(c)）。

〔555〕 (vi) 取締役の違法行為等に対する監査役の差止請求権　取締役が会社の目的外の行為その他法令または定款に違反する行為をし，またはこれらの行為をするおそれがある場合において，それらの行為により会社に著しい損害を生ずるおそれがある場合には，監査役は取締役に対し，その行為をやめるべきことを請求することができる（385条1項）。業務監査の一環として，昭和49年改正により認められたものである。取締役が違法行為等をして会社に損害が生じてしまった場合には，監査役は取締役に対して会社を代表してその責任を追及する訴えを提起することができるが（386条1項），この差止請求権は，取締役が違法行為等をすることを阻止して，会社に損害が生ずることを事前に防止する権限である。

取締役の違法行為等の差止請求権は株主にも認められるが（360条。〔500〕以下），監査役の差止請求権を株主のそれと比較すると，第1に，株主にとっては，取締役の違法行為等の差止めは権利であって義務ではないのに対して，監査役にとっては，必要があるときは，これを行使することが権利であるとともに義務でもあり，それを怠れば任務懈怠の責任を負わされる点である。第2に，法令・定款違反行為の意味については，株主の差止請求権の場合と同様である（〔501〕①）が，株主の場合には，「回復することができない損害」を生ずるおそれがあるときに認められる（360条3項。〔501〕②）のに対して，監査役の場合には，取締役の違法行為等により著しい損害が生ずるおそれがあれば，損害の回復の可能性の有無にかかわらずに認められ，株主の場合よりも広く，この権利行使が認められる点である。第3に，その仮処分につき，株主の場合には担保を立てさせられる場合がある（〔502〕）のに対して（民保14条），監査役の場合にはその必要がない点である（385項2項）。これを必要とすると，監査役はこれを会社に対して監査費用として請求することになるが，そのような煩雑な手続をとることなく，この権利を行使できるようにしたものである。

行使方法は，株主の場合と同様に必ずしも訴えによることを要しないが，訴えにより，あるいはさらにそれを本案として仮処分の申請を必要とすることもある。

差止請求を無視してなされた取締役の行為の効力については，株主の差止請求の場合と同様である（〔502〕）。

〔556〕 (vii) 取締役の賠償責任額の制限の議案等の同意権　平成13年改正商法（法149号）において，各監査役には，取締役の賠償責任額の制限の株主総会議案の提出の同意権（425条3項。〔488〕(iii)），取締役会で賠償責任額の制限をする旨の定款変更の株主総会議案および賠償責任額の制限の取締役会議案の提出の同意権（426条2項。〔489〕(ii)）ならびに非業務執行取締役との責任限度の契約をする旨の定款の定めをする場合の定款変更の議案の提出の同意権（427条3項。〔490〕(v)）が与えられた。会社法で，その権限が取締役以外の役員等のそれらに拡大されている（425条1項柱書で「役員等」とされている）。

〔557〕 (viii) 各種の訴え提起権，特別清算申立権　監査役には，その業務監査権の一環として，株主総会決議取消の訴え，新株発行無効の訴え，株式交換無効の訴え，株式移転無効の訴え，新設分割無効の訴え，吸収分割無効の訴え，資本金の額の減少無効の訴え，合併無効の訴えおよび会社設立無効の訴え等の会社の組織に関する行為の無効の訴えの提起権が認められ（828条2項1号），特別清算（511条）の申立権もが認められる。

(ix) 会計監査人の選任，解任ならびに会計監査人を再任しないことに関する議案の内容についての決定権がある（344条）。

〔558〕 (x) 取締役の報告義務　取締役は，会社に著しい損害を及ぼすおそれのある事実を発見したときは，直ちに監査役（監査役会設置会社では監査役または監査役会，監査役非設置会社では株主）に報告することを要する（357条1項2項）。このような事実が発生した場合には，監査役はこの報告によって，直ちにこの事実を知って，それについての原因もしくは責任の所在を調査し，または取締役が善管注意義務を尽くして事にあたっているかどうかを監視する手掛りを得ることができる（会計監査人の監査役会に対する報告義務については，〔589〕）。会社に著しい損害を及ぼすおそれがある事実とは，たとえば会社財産に多額の横領があったとき，大口の取引先や投資先が倒産し，もしくはそのおそれがあるとき，工場，営業所等が火災に遭ったとき等を指す。ここで，取締役とは，業務執行取締役に限られず，そのような事実を発見した取締役と解すべきである。報告の時期，方法等につい

ては，取締役の善管注意義務に基づいて判断して相当と認められればよい。

〔559〕 (b) **②の会計監査に限定された権限を有する監査役に認められる個別的職務・権限——会計監査に関する権限** 前述②（〔548〕(ロ)）の公開会社でない会社であって，定款で監査役の監査の範囲を会計に関するものに限定する旨を定めた会社の監査役の具体的職務・権限は，次に列挙するものに限定される。監査役は，その権限が会計監査に限定されている結果（〔548〕），381条から386条までの規定が適用されない（389条7項）。すなわち，取締役会出席の権利義務（〔551〕），会社・取締役間の訴えの会社代表権（〔554〕），取締役の違法行為等の差止請求権（〔555〕），各種の訴え提起権，特別清算申立権（〔557〕），取締役の報告義務（〔558〕），取締役の責任免除に関する議案を株主総会または取締役会に提出する場合の同意（〔556〕），株主代表訴訟における会社の取締役側への補助参加に関する同意（〔554〕）等に関する規定は適用されない。なお，会社・取締役間の訴訟において会社を代表するのは，株主総会で定めた者である（353条）。

(i) 監査報告の作成　監査役は，法務省令で定めるところにより，監査報告を作成しなければならない（389条2項，会社則107条・108条）。

(ii) 総会提出議案等の調査および報告義務　監査役は，取締役が株主総会に提出しようとする会計に関する議案，書類その他の法務省令で定めるもの（会社則108条）を調査し，その調査の結果を株主総会に報告しなければならない（389条3項）。

(iii) 取締役等に対する会計に関する報告請求および会計帳簿等の閲覧・謄写請求権　監査役は，いつでも，会計帳簿またはこれに関する資料について，それが書面をもって作成されているときは当該書面，電磁的記録をもって作成されているときは，その電磁的記録に記録された事項を法務省令で定める方法（会社則226条）により表示したものの閲覧および謄写をし，または取締役および会計参与ならびに支配人その他の使用人に対して会計に関する報告を求めることができる（389条4項）。監査役の閲覧請求の対象としての（株主のそれについては後述する。〔631〕）会計の帳簿または資料の意味については，意見が分かれており，会計の帳簿としてたんに432条で作成が要求されている会計帳簿に限定され，また会計の資料として，その会計帳簿の作成の材料となった資料に限定されるという見解もあるが，それらに限定されず，会計の帳簿として会社が任意に作成する帳簿でもそれが会社の経理状態を明らかにするものは含まれ，また会計の資料として，その会計の帳簿の記入の材料となった資料は，伝票，受領証はもちろん，契約書または信書等も含むと解すべきである。正当な理由なく，この閲覧または謄写を拒んだ場合には，過料の制裁がある（976条4号）。

(iv) 子会社調査権　監査役は，その職務を行うため必要があるときは，会社の子会社に対して会計に関する報告を求め，または会社もしくはその子会社の業務および財産の状況の調査をすることができる（389条5項）。その場合に，子会社は，正当な理由があるときは，報告または調査を拒むことができる（389条6項）。

4　監査役の報酬等　〔560〕

(イ) 規制の趣旨，沿革

昭和56年改正により監査役の報酬に関する規定が設けられた。昭和56年改正前は，監査役について，取締役の報酬に関する規定が準用され，定款でその額が定められていないときは株主総会の決議で定める旨が規定されているにすぎなかった。しかも，実務上は，監査役の報酬は取締役のそれと一括して役員報酬としてその最高限が株主総会で決められ，その限度内で取締役会または代表取締役が各監査役の報酬の具体的な額を決定するのが通常であった。

このように昭和56年改正前に，監査役の報酬につき取締役の報酬に関する規定が準用されていたとしても，その規制の趣旨は，取締役に関するものとは基本的に異なるものであったといわなければならない。すなわち，取締役の報酬についての規制の趣旨は，前述したように（〔481〕），手盛りの弊害を防ぐためであるが，監査役には業務執行ないしその決定の権限がないから，その報酬について手盛りの弊害ということはありえない。それにもかかわらず，それについて，取締役のそれと同様の規制がなされていた趣旨は，監査役の報酬が取締役会あるいは業務執行取締役の意思によって左右されることを阻止して，監査役の地位の独立性を確保するためであると考えるべきである。そうだとすると，上に述べたような監査役の報酬の決め方は，その規制の趣旨に合致していなかったといわなければならない。そこで，昭和56年改正法は，監査役の報酬について，取締役に関する規定を準用することをやめて，独立の規定を設けて，監査役の報酬に関連して，その独立性を保障しようとしたものと考えるべきである。それが会社法に受け継がれており，定款で定めないときは株主総会の決議によって定められる旨が規定されている（387条1項）。

また，平成14年改正商法のもとでは，取締役の報酬について，不確定額によるもの，または金銭によらないものによるものに関する規定が設けられたが

(361条1項2号3号。〔482〕(c)），監査役については，そのような規定は設けられていない。監査役の場合には，その職務柄，たとえば業績連動型の報酬を受けるということは適当でないと考えられるからである。

〔561〕 (ロ) **規制の内容**

(a) **定款または総会の決議による定め，監査役の意見陳述権** ここでいう報酬等の意味は取締役の報酬等に関する361条1項（〔481〕）のそれと同じであり，したがって賞与等も含まれることになる。監査役の報酬の額は，定款でその額を定めなかったときは，株主総会で定めなければならない（387条1項）。このような独立の規定が設けられたことは，総会で，監査役の報酬を取締役のそれと一括して定めることは許されないことを意味する。なお，監査役が複数いるときは，その総額を決めても，また各監査役の報酬を個々的に決めても，いずれでもよい（前者の場合については，〔562〕）。実務上は，昭和56年改正後は，監査役の報酬は，総会において，取締役のそれと別にその最高限が定められるようになった。なお，定款で監査役の報酬を定める例がほとんどみられないことは，取締役の場合と同様である。

監査役の報酬を定款で定めるにしても，または総会の決議で定めるにしても，その総会の議案は取締役会設置会社では取締役会で決められる（298条4項。株主提案権による場合は別である）。そこで，昭和56年改正商法は，監査役の独立性の保障という立場から，監査役の報酬の決定についても，選任・解任についてと同様に（〔546〕〔547〕），監査役に対して総会で意見を述べる権利を与えた（387条3項）。

〔562〕 (b) **監査役が複数の場合――監査役の協議** 監査役が数人いる場合であって，定款または総会の決議でその総額のみが定められ，各監査役の報酬の額について定められないときは，その額はその総額の範囲内で監査役の協議で定められる（387条2項）。監査役の取締役会または業務執行取締役からの独立性を保障するためには，監査役の報酬の総額を，取締役のそれと別に定款の定めまたは総会の決議で定めるとするだけでは足りず，各監査役が受ける報酬の額も，取締役会ないし代表取締役の意思とは独立に決められなければならない。そこで，それを監査役の協議で決めることとしたのである。監査役間で協議が調わないときは，監査役は報酬を受けることができないと解するほかない。たとえば，各監査役の報酬の決定を代表取締役に一任するというような監査役の協議は，監査役の独立性を保障しようとする規定の趣旨に反するから，効力が認められないが，たとえば

業務執行取締役に原案の作成を依頼し，それについて各監査役が了承して，それに従って決定することは差し支えない。

5 監査費用 〔563〕

(イ) 規定の趣旨，沿革

昭和56年改正商法は，監査役が監査のために要する費用の会社に対する前払請求および償還請求等について規定を設けた。改正前は，監査費用についてとくに規定がなく，したがって委任事務費用の前払・償還請求に関する民法649条および650条の規定が適用され，その場合には，監査役は，その費用が監査のために必要であり，または必要であったことを立証しなければならず，会社がそれについて争うような場合には，費用の点から十分な監査をすることが妨げられるおそれがあった。そこで，昭和56年改正商法により，挙証責任を転換して，会社が監査のため不必要であることを立証しない限り，費用の前払または償還を拒むことができないものとして，監査の充実を図っている。会社としては，この監査役の請求が監査と無関係のものである場合を除き，その費用が監査に不必要であることを立証することは困難であろうから，監査に必要な合理的な範囲の支出が法律上保障されるにいたったといえよう。それが次のように会社法に受け継がれている（388条）。

(ロ) 監査費用の会社に対する請求 〔564〕

監査役（その権限が会計監査に限られる者を含む）が会社に対して，①監査費用の前払の請求をした場合，②支出した監査費用およびその支出の日以後の利息の償還を請求した場合，ならびに③負担した債務の債権者に対する弁済（その債務が弁済期にない場合にあっては，相当の担保の提供）の請求をした場合には，会社は，その費用が監査役の職務の執行に必要でないことを証明しなければ，これを拒むことができない（388条）。監査役は，会社がこの請求を拒んだときは，これを訴訟上請求することができ，その場合には，それらの費用が監査のため不必要であることを会社が立証しない限り，勝訴することができるし，また，取締役の法令違反としての責任を追及することができ，さらにその結果，監査のために必要な調査をすることができなかった旨を監査報告書に記載することができる。

この監査費用とは，監査のために必要な一切の費用であり，自分で監査し，またはその権限を行使するための費用，すなわち実地に会社もしくは子会社の業務または財産の状況を調査し，あるいは取締役の責任追及の訴訟を提起するための費用だけでなく，補助者を使用して監査し，あるいは監査のために公認会計士または弁護士を依頼する費用も含まれると解される。

〔565〕
6　会社との関係，責任，代表訴訟，免責等

(イ)　会社との関係

監査役と会社との関係は，取締役のそれと同じく，委任に関する規定が適用される（330条）から，監査役は会社に対して善良な管理者としての注意義務を負う（民644条）。取締役と異なるのは，監査役には業務執行権限が認められないため，それについては，監査役と会社との利益衝突を防止するための規定，すなわち競業取引や利益相反取引に関する規定（356条）は設けられていない。忠実義務に関する規定（355条）についても同様である。

〔566〕
(ロ)　監査役の会社に対する責任，その責任の限定，代表訴訟

監査役は，会社に対して，任務懈怠による責任を負う。複数の監査役がいてそれらの監査役が任務を怠ったときは，会社に対して連帯責任を負い（423条），取締役または会計監査人と監査役との双方が会社に対して責任を負うときは，それらの者が連帯責任を負う（430条）。もちろん，それらの者の内部関係においては，その任務懈怠の軽重に応じて負担部分が決められる。

監査役の責任についても，平成13年改正商法（法149号）により株主総会の特別決議または定款の定めに基づく取締役会決議により，賠償責任額を免除することができることとなった（〔488〕(a)(b)）。また，会社法により，社外監査役について，社外取締役に認められている定款の定めに基づく契約による責任の限定に関する規定と同様の規定が適用されることとなったが，平成26年改正により，社外監査役以外の監査役についてもこれが適用されることとなった（427条。〔488〕(c)）。免除の対象となる場合は取締役の場合と同じである（425条1項）。その限度額は，株主総会決議，定款の定めに基づく取締役会決議または定款の定めに基づく契約による社外取締役のそれと同じである。株主総会決議による場合の総会における開示事項（425条2項），決議後の退職慰労金の付与もしくは新株予約権の行使等の場合の取扱い，新株予約権証券の措置等も，取締役の責任免除におけるそれらと同様である（425条4項5項）。定款の定めに基づく取締役会決議による免除についても，取締役会による免除決議がなされた場合の株主に対する異議を述べる機会の提供（426条3項），総株主の議決権の100分の3以上を有する株主が異議を述べたときは免除をすることができないこと等も取締役の責任の免除と同様である。また，取締役の責任免除議案の株主総会提出の場合の監査役の同意（425条3項），定款を変更して取締役会決議により責任免除をすることができる

ようにする定めを設ける議案を提出する場合の監査役の同意および社外監査役の定款の定めに基づく契約による責任限定の議案の提出についての定款変更に関する監査役の同意（427条3項）に関する規定（426条1項）は，ことの性質上，監査役の免除については妥当せず，この点については取締役会の議案提出権限に委ねられる（425条3項括弧書・426条2項括弧書・427条3項括弧書）。

監査役の会社に対する責任の追及については，取締役のそれについてと同じく，株主に代表訴訟の提起権が認められる（〔491〕）。この代表訴訟において会社を代表するのは，一般原則に戻って，代表取締役である。したがって，代表訴訟を提起する前提として，会社に対して監査役の責任を追及する訴えの提起を請求する場合（847条1項）の請求の相手方も，規定上，「会社に対し……請求する」とされている以上，代表取締役と解することになろう。また，その責任は，賠償責任額の限定の規定が適用される場合を除いて，すべての株主の同意がない限り免責されない（424条）。

(ハ) 監査役の第三者に対する責任 〔567〕

監査役がその職務を行うにつき悪意または重大な過失があるときは，その監査役は第三者に対しても連帯して損害賠償の責任を負う（429条1項。〔503〕）。この責任の性質，責任を負う相手方，あるいは損害の範囲等については，取締役のそれらと同様である（〔503〕以下）。もっとも，監査役がこの規定により第三者に対して責任を負う事例としては，監査役の職務の性質上，監査をするにつき悪意または重過失がある場合に限定される。また，監査役が監査報告に記載すべき重要な事項につき虚偽の記載もしくは記録をしたときは，そのような記載をしたことにつき注意を怠らなかったことを証明しない限り，第三者に対して連帯責任を負う（429条2項3号）。役員等との連帯責任については，会社に対する責任の場合と同様である（430条）。

C 監査役会

1 監査役会の意義，法定の趣旨 〔568〕

監査役会は，すべての監査役で組織され（390条1項），その職務が法定されている（390条2項）。

大会社（2条6号）で公開会社（2条5号）である会社（監査等委員会設置会社・指名委員会等設置会社は除かれる）は，監査役会を置かなければならない（328条1項）。なお，この会社は，そのほか会計監査人を置かなければならず（同項），また，取締役会を置かなければならない（327条1項2号）。さらに監査役会設置会社では，監査役は3人以上で，そのうち半数以上は社外監査役でなければならないものとされる（335条3項）。

監査役会は，平成5年に法定されたが，監査役の員数が前述のように3人以上とされる場合には，監査役会を法定するのが自然であるし，また，同年に社外監査役が法定されることとも関連して，監査役の間で役割を分担し，かつ，それぞれが担当した調査の結果を監査役全員の共通の情報とし，組織的かつ効率的な監査をすることができるようにするためには，監査役会を法定するのが適当である。そしてまた，監査役会として業務執行陣に意見を述べることにより，監査役が個々的に意見を述べるよりも，経営陣に対する影響が大きくなるということが期待される。以上のことが，その法定の理由としてあげられよう。

〔569〕 2 監査役会の権限等

(イ) 問 題 点

監査役会を法定する場合に問題となるのは，それによって監査役の独任制の長所（〔549〕参照）が損なわれてはならないという点である。390条2項3号は，監査の方針等の決定等を監査役会の職務としており，また同条同項但書でその決定は，監査役の権限の行使を妨げることができないとしているのは，このことを規定したものである。たとえば，監査報告において，監査役の1人でも会計監査人の計算書類に関する適法意見について相当でない旨の意見を記載した場合には，その計算書類は確定せず，それについて株主総会の承認を得る必要がある（なお，〔473〕参照）。ところが，監査役会を法定したことによって，たとえば監査役会の多数決により計算書類が確定してしまうとすると，監査役の独任制の長所が損なわれてしまう。また，監査役の1人が，取締役の違法行為の差止請求権（385条1項）または会社を代表して取締役の責任を追及する訴訟を提起する権利（386条1項）を行使する必要があると判断したにもかかわらず，監査役会の多数決でその権利行使が拒否されることとなってしまうといった場合等も同様である。監査役の会社の業務・財産の調査権（381条2項）や子会社調査権（381条3項）についても同様の問題がある。

そこで，監査役会を法定した場合に，監査役の権限とされているもののうち，どれを監査役会の権限とし，どれを個々の監査役の権限としておくかが問題となる。この点につき，たとえば，監査報告の作成については，監査役会の権限とされるとともに，各監査役が自己の監査報告の内容を付記できるものとする等の工夫がなされている（〔573〕）。

(ロ) 監査役会と監査役との権限の分配 〔570〕

(a) 監査役会の権限　監査役会の権限としては，次のものがあげられる。

(i) 監査役の職務の執行に関する事項の決定権，監査役の独任制との関係　監査役会は，次に掲げる掲げる職務を行う（390条2項）。①監査報告の作成（1号），②常勤の監査役の選定および解職（2号）ならびに③監査の方針，監査役会設置会社の業務および財産の状況の調査の方法その他の監査役の職務の執行に関する事項の決定（3号）である。

この規定により，たとえば監査役の全員が個々的に会社の業務執行の全部にわたって調査をするのではそれぞれが詳細に調査することができずに適当でない場合には，監査役会の決議をもって，それぞれの監査役について職務分担を定めることができることになる（そのそれぞれの調査の結果の報告については，〔571〕〔573〕）。常勤の監査役とそれ以外の監査役ことに社外監査役のそれぞれの役割も，この監査の方法ないし職務分担に関する決議によって定められることになろう。この決議によって組織的監査を可能にすることが期待される。

このような定めは監査役会の決議によってなされるが，それは後述のように（〔574〕(ロ)），監査役の過半数をもって行われる（393条1項）。そこで問題になるのは，監査役の独任制の長所が損なわれないかという点である。たとえば，取締役の違法行為等の差止請求権（385条1項）や，会社の取締役に対する損害賠償請求訴訟の提起権（386条1項）は，前述のように個々の監査役の権限として残されることになるが，このように，監査役会がその決議をもって監査役の職務の執行に関する事項について定めることができるとすると，その権限の行使の可否を監査役会の決議によらなければならないと定めることができるように解される可能性が生ずる。また，事業報告請求権・業務財産状況調査権等（381条2項3項・397条2項）も個々の監査役の権限とされているが，監査役会で職務の分担について定めることにより，実質的にその権限の行使を制限することができると解される可能性がある。そこで会社法390条2項但書において，上記の③の決定は，監査役の権限の行使を妨げることはできない旨を定めている。ここで「監査役の権限の行使」とは，たんに事業報告請求権，業務財産調査権等だけでなく，取締役の違法行為等の差止請求権，取締役・会社間の訴訟の代表権等，法律上，個々の監査役の権限と定められているもののすべてに及ぶと考えられる。したがって，たとえば，会社・取締役間の訴訟における会社代表権の行使についても，取締役が会社を被告として訴訟を提起した場合（たとえば総会決議取消しの訴え等）には，監査役会でだれが会社を代表するかを決することになろう。また会社が取締役の責任を追及する訴訟を提起するかどうかを決定する場合（株主が代表訴訟提起の前提として監査役に訴訟の提起を請求した場合にそれに応ずるかどうかを決定する場合〔386条2項1号〕も同様である）においては，かりに監査役会で多数決でそれを否定したとしても，それに反対の監査役は，自ら会社を代表して訴訟を提起することができることになる。

そうだとすると，監査役会が監査役の職務の執行に関する事項について定めることができるとされていることがどのような意味をもつかが問題となるが，それは次のようなものと考えられる。たとえば職務分担の定めが提案された場合に，監査役の全員がそれに賛成して可決されたときは，監査役の全員がそれに拘束されるとともに，その定めが善良な管理者の注意義務を尽くして判断して相当であるときは，その定めに従って職務を行えば責任を負わされないことになる。これに対して，その定めが多数決で可決されたが，一部の監査役がこれに反対したときは，それに賛成した監査役にとっては，その定めに拘束されるとともに，その定めが善管注意義務を尽くして判断して相当と認められるときは，その定めに従って職務を行えば責任を負わされない。その意味でこの決議の効力が認められる。また，その定めに反対した監査役は，その定めに拘束されず，自ら必要と考える調査を行うことになる。さらに各監査役がその定めに従って，またその定めに反対の監査役は自らの判断でした調査の結果については，次に述べるように，監査役会の求めにより監査役会に報告しなければならないことになる。そこで，各監査役としては，その報告を聞いて，善管注意義務を尽くして判断して相当と認めたときは，その結果に基づいて自己の監査の結果を発表してよい。しかし，さらに自ら調査の必要がある，または担当監査役に調査させる必要があると判断したときは，自らさらに調査し，あるいは監査役会で定めるところにより，さらに調査させることができ，または監査役会でそれを議題として審議するように取りはからうようにする義務があると解される。

〔571〕 (ii) 監査役からの調査結果の報告徴収　監査役は，監査役会の求めがあるときは，いつでもその職務の執行の状況を監査役会に報告しなければならない(390条4項)。前述のように，監査役会において職務分担を定めた場合には，この報告を受けることによって，それぞれの監査役が分担した調査の結果をすべての監査役の共通の知識とし，それにつき疑問があるときは，さらに監査役会にお

いて調査する方法を定め，あるいは個々の監査役が自らの調査権に基づいて調査をする契機とすることができる。これによって組織的な監査が可能になると考えられる。監査役会の法定に伴って，調査の結果の情報を各監査役が共有することができるようにするとの趣旨で監査役会に認められた権限である。

この義務に違反したときは，任務懈怠の責任を負うことはいうまでもない。

監査役の監査役会に対する報告義務は，後に述べるように（〔573〕），監査を終えた場合にも負わされている。

(iii) その他に監査役会の権限とされたもの　(i)および(ii)のほかに，監査役から監査役会に移されている権限は，次のとおりである。

第1は，取締役および会計監査人から報告を受け，または取締役から計算書類・附属明細書を，会計監査人からは監査報告を受領する権限である。すなわち，取締役が会社に著しい損害を及ぼすおそれのある事実を発見した場合に，取締役から報告を受ける権限（357条1項2項），会計監査人が取締役の職務遂行に関し不正の行為または法令等に違反する重大な事実を発見した場合に，会計監査人から報告を受ける権限（397条1項3項）は監査役会に属する。

第2は，会計監査人の選任，不再任および解任に関連する権限である。具体的には，会計監査人の選任，不再任および解任の議案の内容を決定する権限（344条1項3項），会計監査人の解任権（340条1項4項）ならびに一時会計監査人の選任権（346条4項6項）は監査役会に属する。

第3に，監査報告の作成に関連する権限である（この点については，〔573〕）。

(b) **監査役の権限**　上に掲げたもの以外は，個々の監査役の権限として残されている。監査役の職務権限として前述したもの（〔548〕－〔558〕）は，取締役の監査役への報告義務としてあげたもの（〔558〕）を除き，監査役の権限とされている。したがって，注意すべきことは，業務監査の権限自体も監査役にあり（381条2項3項），ただ，監査報告の作成権限は監査役から監査役会に移行したということである。なお，役員等の責任制限に関連する旧商法特例法上の大会社における監査役会の同意を要する旨の規定は，会社法では一般的に各監査役の同意を要する旨の規定に改められた（425条3項。〔556〕）。　〔572〕

(ハ) 監査報告についての報告，その作成・提出　〔573〕

監査役は，①前述のように（〔571〕），監査役会の求めに応じ，いつでもその職務の執行の状況を監査役会に報告しなければならず（390条4項），さらに，②監査役は，その職務を行うため必要があるときは会計監査人に対して監査に関する報告を求めることができる（397条2項）。

監査役会は，後述する（〔653〕）計算関係書類を受領したときはそれを受領したときから一定の期間内（〔654〕(ix)）に監査報告を作成して（その記載事項は〔653〕），取締役に提出し，かつ，その謄本を会計監査人に送付しなければならない（会社計算124条）。このように，業務監査の権限を従来通り監査役に留保しながら，監査報告の作成権限を各監査役から監査役会に移行させた。

監査役会による監査報告書の作成は，監査役の監査に関する報告に基づいて作成される（会社計算123条）。各監査役は，自己の調査の結果または他の監査役の調査の結果（それは監査役会で報告される）に基づいて，監査役会において自己の監査の結果について意見を表明し，監査役会は，その各監査役の監査の結果に基づいて監査報告を作成することになる。

問題なのは，各監査役の監査の結果について意見が異なる場合である。たとえば，会計監査人により貸借対照表および損益計算書が法令および定款に従い会社の財産および損益の状況を正しく示したものである旨の意見が表明され，監査役のなかの1人を除く全員がそれを相当と認めたが，1人だけが会計監査人の監査の方法または結果を相当でないという意見を表明した場合に，監査役会はどのような監査報告を作成すべきかである（会計監査に関する会計監査人の監査と監査役の監査との関係については，〔587〕）。この点につき，監査報告には，「各監査役の監査役監査報告の内容を監査役会監査報告に付記することができる」旨を定めている（会社計算123条2項柱書後段）。すなわち，この例において，監査役の1人が会計監査人の貸借対照表等に関する適法意見を相当でないと認めるときは，自己の報告を監査役会の作成する監査報告に付記することができることになる。その結果，貸借対照表等につき取締役会の承認のみではすまされず，定時総会の承認を要することになる場合もありうることになる（438条2項・439条，会社計算135条参照。なお，〔660〕参照）。

〔574〕

3　監査役会の運営

(イ)　招　　集

監査役会の招集権者については，各監査役が招集でき（391条），取締役会で招集権者たる取締役を定めた場合に関する規定（366条）は準用されていない。したがって，監査役会で招集権者を定めた場合の効果については，解釈に委ねられることになるが，その効果は，事実上一応の拘束力が認められるが，それは絶対的なものではなく，それ以外の者が招集した場合には，その招集も効力があり，その定めは拘束力を有しないと解されることになろう。ここでも監査役の独任制を維持しようとしたものと考えられる。

監査役が監査役会を招集するには，監査役会の日の１週間（これを下回る期間を定款で定めた場合にあっては，その期間）前までに，各監査役に対してその通知を発しなければならないが（392条1項），監査役の全員の同意があるときは，招集の手続を経ることなく開催することができる（同2項）。

(ロ) 決議の方法

決議の方法については，監査役の過半数によるのが原則であるが（393条1項），会計監査人の解任（340条1項）の決議は，監査役の全員の同意で行う（340条2項）。

(ハ) 議事録の作成，閲覧等の請求等 〔575〕

監査役会の議事については，法務省令で定めるところにより，議事録を作成し，議事録が書面をもって作成されているときは，出席した監査役は，これに署名し，または記名押印しなければならない（393条2項，会社則109条。議事録が電磁的記録をもって作成されている場合における署名または記名押印に代わる措置については法務省令で定められる。393条3項）。

監査役会の決議に参加した監査役であって議事録に異議をとどめないものは，その決議に賛成したものと推定される（393条4項）。

上記の議事録は，監査役会の日から10年間，その本店に備え置かなければならない（394条1項）。株主は，その権利を行使するため必要があるときは，裁判所の許可を得て，①議事録が書面をもって作成されているときはその書面の閲覧または謄写の請求，②①の議事録が電磁的記録をもって作成されているときは，その電磁的記録に記録された事項を法務省令で定める方法により表示したものの閲覧または謄写の請求をすることができる（394条2項）。債権者が役員の責任を追及するため必要があるときおよび親会社社員がその権利を行使するため必要があるときにも，裁判所の許可を得て①および②の請求をすることができる（394条3項）。裁判所は，上記の請求にかかる閲覧・謄写をすることにより，その会社またはその親会社もしくは子会社に著しい損害を及ぼすおそれがあると認めるときは，閲覧・謄写請求を許可することができない（394条4項）。

(ニ) 監査役会への報告の省略 〔576〕

取締役，会計参与，監査役または会計監査人が監査役の全員に対して監査役会に報告すべき事項を通知したときは，その事項を監査役会へ報告することを要しない（395条）。

D　会計監査人

〔577〕　**1　会計監査人の地位，その設置の必要な会社等**

昭和49年改正により，計算書類等を監査し，会計監査報告を作成する権限を有するものとして，大会社につき会計監査人による決算監査の制度が導入された（〔542〕）。会計監査人は，監査役と同じく，株主総会で選任されるが（329条1項），旧会社法のもとでは，監査役とは異なり，会社の機関を構成するものではなく，会社の外部の者であって，会社との契約によって会計監査の委任を受ける者とされていた。会社法では，会社の機関の1つとして取り扱われているが（326条2項。〔400〕），役員の中には含まれていない（329条1項。役員と会計監査人とを含めて役員等という。423条1項括弧書。〔400〕）。

会社と会計監査人との関係が委任関係である（330条）。このことは会社と役員との関係と差異がない。

会社法のもとでは，大会社に限らず，定款の定めにより，会計監査人を置くことができる（326条2項）。大会社，監査等委員会設置会社および指名委員会等設置会社は会計監査人を置かなければならない（328条1項・327条5項）。

会計監査人の業務執行機関からの独立性等の監査が適正に行われることを保障するための措置が講じられている（会計監査人の選解任等についての会計監査人の意見陳述権に関する345条1項5項。〔580〕(d)，〔581〕〔582〕および会計監査人から監査役に対する独立性等に関する通知に関する会社計算131条1項。〔585〕〔654〕(viii)等）。

〔578〕　**2　会計監査人の資格，欠格事由等**

会計監査人の資格として，公認会計士（外国公認会計士を含む）または監査法人であることが規定されている（337条1項）。公認会計士とは，公認会計士法の定める公認会計士（会計士17条）である。外国公認会計士については特則がある（会計士16条の2）。監査法人とは，公認会計士の業務を組織的に行うことを目的として，公認会計士法の定めるところにより，公認会計士が共同して設立した法人（会計士34条の2の2以下）である。会計監査の実効性を期するため，会計監査人の資格を，会計監査について専門的能力を有する者に限定したのである。

また，会計監査人の欠格事由が規定されている（337条3項）。会計監査人の被監査会社からの独立性を維持し，監査の公正さを保障するとともに，会計監査人としてふさわしくない者を排除しようとするものであって，欠格事由としては，次の2つに大別される。その第1は，被監査会社と特別の利害関係を有する公認会計士または監査法人であって，①その会社の役員（取締役または監査役）であり，もしくは過去1年以内に役員であった者もしくはその配偶者または使用人もしくは過去1年以内に使用人であった者など，会社と著しい利害関係がある公認会計士（会計士24条，公認会計士法施行令7条，337条3項1号），②その会社の株式を所有する監査法人など，会社と著しい利害関係がある監査法人（会計士34条の11，公認会計士法施行令15条，337条3項1号），③その会社の子会社もしくは連結子会社もしくはそれらの取締役，会計参与，執行役もしくは監査役から，公認会計士もしくは監査法人の業務以外の業務（税理士業務など）により継続的な報酬を受けている者またはその配偶者（337条3項2号）および④監査法人でその社員の半数以上が③に掲げる者であるものである（337条3項3号）。第2は，業務停止期間中の者であって，⑤公認会計士または監査法人が虚偽または不当な監査証明をし，または公認会計士法またはそれに基づく命令に違反した等の理由により，業務停止の処分を受け（会計士29条−31条・34条の21第1項），その停止の期間を経過しない者または⑥監査法人でその社員のうちに⑤に該当する者があるものである。

会計監査人としての資格を有しない者または欠格事由のある者を会計監査人に選任しても，その選任は無効であり，また選任後にそれに該当すれば，その時点から会計監査人の地位を失う。そして，そのような者が監査報告を作成してもそれは法律上の効力を有しない。

なお，会計監査人として監査法人が選任されたときは，その監査法人は，その社員のなかから，その職務を行うべき社員を選定して，これを会社に通知しなければならないが，この場合にも，前述③に該当する者を指名することができない（337条2項3項2号）。

なお，会計監査人は，その職務を行うにあたって，補助者を使用することができるが，補助者についても欠格事由が定められている。すなわち，㋑補助者が公認会計士の場合には，会計監査人としての欠格事由（前述の①②③⑤）に該当する者を使用してはならない。㋺補助者が公認会計士以外の者であるときは，ⓐ会社またはその子会社もしくは連結子会社の取締役，会計参与，執行役，監査役または支配人その他の使用人である者，およびⓑ会社または子会社もしくは連結子会社から公認会計士または監査法人の業務以外の業務（税理士業務等）により継続的な報酬を受ける者を使用してはならない（396条5項）。

3　選任および終任　〔579〕

(イ) 選　任

(a) **株主総会における選任**　会計監査人の選任は，株主総会でなされる（329条1項）。監査役会による選任議案の内容の決定権，会計監査人による意見陳述権等について規定がある（〔580〕）。また，会社の設立（合併，株式移転および会社分割による会社の設立を含む）の場合の会計監査人の選任方法については，まだ株主総会を開催できず，そこでの選任が不可能なので，選任について特則がある（38条3項3号・40条4項・88条・753条1項5号ハ・773条1項4号ハ・763条1項4号ハ等）。

〔580〕 (b) **会計監査人の選解任等の議案の内容の決定**　平成26年改正会社法のもとでは，監査役（監査役会設置会社においては監査役会）が，株主総会に提出する会計監査人の選任および解任ならびに会計監査人を再任しないことに関する議案の内容についての決定権を有するものとされる（344条1項3項）。平成26年改正前は，これらの会計監査人の選解任等の議案の内容の決定権は取締役（取締役会設置会社では取締役会。〔412〕(イ)(a)(i)）にあり，監査役（監査役会）にはその同意権が与えられているのみであったが（平成26年改正前344条1項3項），平成26年改正により，たんに同意権のみならず，決定権が与えられることになり，監査役（監査役会）の権限が強化された。さらに会計監査人と監査役（監査役会）との連携をより強化して，監査の充実を図ろうというものである。

(c) **会計監査人の意見陳述権**　会計監査人は，会計監査人の選任（不再任または解任についても同様である。〔581〕以下）について株主総会で意見を述べることができる（345条1項5項）。会計監査人の独立性を保障するための権利であり，監査役の選任等についての監査役の意見陳述権と同趣旨である（〔546〕）。もっとも，ここで意見陳述権が与えられるのは，現在の会計監査人であるから，自己の選任については，その選任の対象となっている者が意見を述べることはできない（自己の不再任については，〔581〕）。したがって，選任については，自分以外に追加して会計監査人を選任する場合について意見を述べることができるにすぎない。

〔581〕 (ロ) 終　任

(a) **任期ならびに再任および不再任，会計監査人の意見陳述権，監査役等の同意**
会計監査人の任期は，就任後1年以内の最終の決算期に関する定時株主総会の終結の時までとされる（338条1項）。それは，監査役の任期の場合と同じく，伸長することも短縮することも許されない。任期が1年とされたのは，従来の実務を考慮したものである。また，任期が長すぎると，会社との癒着が生ずる可能性もあるという指摘もある。

取締役や監査役の場合と異なるのは，会計監査人は，その定時株主総会で別段の決議がなされなかったときは，その総会で再任されたものとみなされ（338条2項），自動的に更新されることになっている点である。これによって，任期の短いこととの調整が図られているということができる。ここでいう別段の決議——不再任の決議——とは，再任しない旨の意思が明確になされていることを要する。したがって，その者を再任しない旨または他の者をその者の後任として選任する決議はこれに含まれるが，甲が会計監査人である場合にたんに乙を会計監査人に選任する旨の決議は，それに含まれず，甲，乙双方が会計監査人となる。

会計監査人を再任しないことに関する株主総会の議案の内容は，監査役設置会社では監査役，監査役会設置会社では監査役会が決定する（344条1項3項）。

会計監査人は，会計監査人の不再任（選任および解任についても同様である。〔580〕(d)）について株主総会で意見を述べることができる（345条1項5項）。その独立性を保障するためである。複数の会計監査人がいる場合に，他の会計監査人の不再任について意見を述べることができるのは当然である。問題なのは，会計監査人が自分の不再任について意見を述べることができるかについてであって，会計監査人が自己の再任について有する期待感は法律的な保護の対象となる利益ではないことを理由に，自己の不再任を不当とする意見を株主総会で述べることは実際上考えられないという主張もなされている。しかし，法律上，自己の不再任についての意見陳述権が排除されるとまで解する必要はないと考える。

(b) 解任，会計監査人の意見陳述権，監査役または監査役会の同意　会計監査人〔582〕は，株主総会の決議で解任することができるほか，一定の事由に該当するときは，監査役会の決議で解任することができる。

(i) 株主総会の決議による解任　会計監査人は，取締役および監査役と同じように，いつでも事由のいかんを問わず株主総会の決議（普通決議でよい。309条1項）で解任することができる（339条1項）。その解任について正当な事由がある場合（任務を怠った場合または心身の故障のため職務の遂行に支障がある場合等）を除いて，解任された会計監査人が会社に対して損害賠償を請求できることは（339条2項），取締役および監査役の解任の場合（〔468〕〔547〕）と同様である。

会計監査人の解任を株主総会の会議の目的とするときは，会計監査人の選任を議案とする場合と同様に，監査役または監査役会の決定がなければならない（344条1項・3項）。会計監査人は，会計監査人の解任について，株主総会で意見を述べることができる（345条5項・1項。他の会計監査人の解任についてだけでなく，自己の解任についても意見陳述権が認められると解する）。

(ii) 監査役または監査役会による解任　会計監査人に信頼関係を失わしめる重大事由または職務の遂行に支障をきたし，もしくはこれに堪えがたい事由が生じたときは，監査役または監査役会の決議でその会計監査人を解任することができる（340条1項4項）。この決議は，監査役の全員の同意をもって行う（340条2項4項）。会計監査人の解任は，前述のように，株主総会でなされるのが原則であるが，このような緊急に会計監査人を解任しなければならない事由が生じたときは，臨時株主総会を招集するまでもなく，監査役または監査役会の決議による解任の方法が認められているのである。なお，指名委員会等設置会社の場合には監査委員会が，監査等委員会設置会社では監査等委員会が，会計監査人の選任，解任等についての株主総会提出議案の内容の決定権を有していることは後述する（399条の2第3項2号・404条2項2号。〔616の8〕〔605〕(x)）。

監査役または監査役会による解任の事由は，会計監査人が，①職務上の義務に違反し，または職務を怠ったとき（粉飾決算がなされていることを知りながらそれを指摘せず，または当然行うべき監査をしなかったとき等），②会計監査人たるにふさわしくない非行があったとき（他の会社の監査において，粉飾決算を見逃したとき等。また，私行上の非行も破廉恥罪に該当するようなものであれば，これに該当しよう），および③心身の故障のため，職務の遂行に支障があり，またはこれに堪えられないとき（心身の病気により，補助者を使用しても，その職務を遂行することができないとき等）である。

監査役または監査役会がこのような事由がないにもかかわらず会計監査人を解任してしまった場合に，その解任の効力がどうなるかが争われている。そのような解任は無効であって，解任された者は依然として会計監査人としての地位を有し，したがってその者の監査を受けない計算書類に瑕疵があるとする見解もある。このように解しないと解任権の濫用の危険があることを理由とする。しかし，そのような解任は遡って効力がないと解すると，監査役または監査役会としては，列挙されている解任事由が必ずしも一義的ではなく，判断の余地のあるものであるから，それに該当すると考えても，裁判所により後にそれに該当しないと判断されて法律関係が混乱することをおそれて，この解任権の行使を控えるようになり，そのような規定を設けた意味がなくなってしまう可能性がある。したがって，解任事由がないにもかかわらず解任がなされた場合には，監査役は損害賠償責任を負う可能性があることはもちろんであるが，解任の効力は否定されず，その者が監査しないでなされた計算書類の効力は否定されないと解すべきである（他の会計監査人または一時会計監査人による監査がなされることになる。〔584〕）。

監査役または監査役会が会計監査人を解任したときは，監査役，2人以上のときはその互選による監査役または監査役会が選定した監査役は，その旨および解任の理由を解任後最初に招集される株主総会に報告しなければならない（340条3項4項。なお，虚偽の報告等に対する制裁につき，976条6号）。また，監査役または監査役会によって解任された会計監査人は，その株主総会に出席して，その解任について意見を述べることができる（345条5項・2項）。解任された会計監査人は，その総会の時点では，もはや会計監査人たる地位を失っているが，その者にも自分の解任について意見を述べさせる必要があるからである。なお，他の会計監査人がいる場合にはその者もその解任について意見を述べることができる（345条5項・1項）。

(c) **委任の終了事由**　会社と会計監査人との関係は監査についての委任関係であるから，委任事務の終了事由（民651条・653条）が会計監査人の終任事由となる。したがって，会計監査人もいつでも辞任することができ，またその死亡，破産手続開始の決定，後見開始の審判等によって終任する。 〔583〕

(ハ) 会計監査人の欠員の場合――一時会計監査人の選任 〔584〕

会計監査人の辞任，死亡，解任，欠格事由の発生等によって，それが全く欠けた場合または定款で定めた会計監査人の員数が欠けた場合には，会社は，遅滞なく，会計監査人を選任しなければならないが，そのためにわざわざ臨時株主総会を開催することが困難なことがある。そこで，その員数が欠けた場合において，遅滞なく定時株主総会または臨時株主総会が開催される見込みがないときは，監査役（監査役会設置会社では監査役会）は，その決議で一時会計監査人の職務を行うべき者を選任しなければならない（346条4項6項。これを怠った場合の制裁につき，976条22号）。この一時会計監査人制度は，取締役または監査役の員数を欠いた場合の一時取締役または一時監査役の選任と同趣旨のものであるが，裁判所による選任ではなく，監査役または監査役会による選任である点で，それと異なる。この選任についても，会計監査人の資格，欠格事由，会計監査人が監査法人の場合のその職務を行うべき社員の指名およびその欠格事由ならびに監査役または監査役会による解任の場合の株主総会に対する報告の規定が準用される（346条5項・337条・340条）。

一時会計監査人の職務・権限は，会計監査人のそれと全く同じである（それを制限する旨の規定は存在しない）。その任期については，その性質上，会計監査人のそれに関する規定（338条）は適用されない。すなわち，業務執行取締役は，選任後最初に招集される株主総会で会計監査人を選任する手続をとらなければならず（それを怠った場合の制裁につき，976条22号），そこで会計監査人が選任されて欠員が補充されることによって一時会計監査人は当然にその地位を失う。もっとも，この選任手続で一時会計監査人を会計監査人に選任することはもちろん可能である。

〔585〕

4　会計監査人の職務・権限

(イ)　基本的職務・権限

会社の計算書類およびその附属明細書，臨時計算書類ならびに連結計算書類を監査し，法務省令の定めるところにより会計監査報告を作成することである（396条，会社則110条）。このように，その職務・権限が計算書類等の監査すなわち会計監査に限定され，業務監査一般には及ばない。しかし，その基本的職務権限を行うのに必要な個別的職務・権限が与えられている。なお，会計監査人は業務執行者からの独立性を確保しなければならず，その他その職務の遂行が適正に行われることを確保しなければならず，それに関する会計監査人からの監査役に対する通知について規定されている（会社計算131条。その内容については〔654〕(iii)）。

〔586〕

(ロ)　個別的職務・権限

会計監査人の個別的職務・権限は，次の通りである。

(a)　書類の閲覧・謄写等または取締役等に対する報告請求権　会計監査人は，いつでも，会計帳簿またはこれに関する資料について，それが書面をもって作成されているときはその書面，電磁的記録をもって作成されているときは，その電磁的記録に記録された事項を法務省令で定める方法（会社則226条）により表示したものの閲覧および謄写をし，または取締役および会計参与ならびに支配人その他の使用人に対し，会計に関する報告を求めることができる（396条2項）。

(b)　会社または子会社の業務財産調査権等　会計監査人は，その職務を行うため必要があるときは，会社の子会社に対して会計に関する報告を求め，または会社もしくはその子会社の業務および財産の状況の調査をすることができる（396条3項）。子会社は，正当な理由があるときは，上記の報告または調査を拒むことができる（396条4項）。ここでは，(a)と異なり，会計監査人の調査については，その職務を行うため必要があるときという限定が付されている。

(c)　**定時総会における意見陳述**　計算書類等が法令または定款に適合するかどうかについて会計監査人が監査役（監査役会設置会社においては監査役会または監査役，監査等委員会設置会社においては監査等委員会またはその委員，指名委員会等設置会社においては監査委員会またはその委員）と意見を異にするときは，会計監査人（会計監査人が監査法人である場合にあっては，その職務を行うべき社員）は，定時株主総会に出席して意見を述べることができる（398条1項3項～5項）。また，定時株主総会において会計監査人の出席を求める決議があったときは，会計監査人は，定時株主総会に出席して意見を述べなければならない（398条2項）。

5　監査役との関係等　〔587〕

(イ)　一般的関係

監査役が原則として（389条1項参照）取締役等の職務一般についての監査（そのなかには，会計監査を含む）の職務・権限を有する（381条）のに対して，会計監査人は，計算書類およびその附属明細書等の会計に関する監査をする権限を有する（396条1項）。したがって事業報告ならびにそれらの附属明細書の監査は監査役によってなされ，会計監査人には事業報告およびその附属明細書にはその監査権限は及ばない（436条2項2号・435条2項）。しかし，いずれにしても計算書類等の会計に関する監査については，この両者の職務・権限が競合することになり（436条2項1号），この点についての両者の職務・権限の関係が問題になる。計算書類等の会計に関する監査については，その間の無意味な重複を避けるため，第1次的には会計監査人が行い（会社計算126条），監査役または監査役会は，その会計監査人の監査を前提として，会計監査人の監査の方法または結果についての各監査役の報告に基づき，会計監査人の監査の方法または結果を相当でないと認めた場合に，その旨および理由ならびに監査役の監査の方法の概要または結果を監査報告に記載するという構造をとっている（会社計算127条2号・128条2項2号・129条1項2号。〔653〕(iv)―(vi)。なお，〔673〕参照）。このことから，監査役と会計監査人との間には，緊密な連携関係があることが不可欠である。そこで，会社法は，この間の緊密な連携関係を維持するために，次のような規定を設け，監査制度の充実を期している。なお，会計監査人からの監査役に対する独立性等に関する通知がなされることは前述した（〔585〕）。

(ロ)　監査役の会計監査人に対する説明・報告請求権　〔588〕

監査役は，前述のように（〔587〕），計算書類の会計に関する監査については，会計監査人の監査報告書の相当性を判断して自分のした監査について監査役会に報告し，監査役会は，それに基づいて監査報告を作成することになる。そのため，監査役は，その判断にあたって，会計監査人に対して，その監査報告について説明を求めることが当然必要になる。そこで，監査役にはその職務を行うため必要があるときは，会計監査人に対して，その監査に関する報告を求める権限が与えられている（397条2項）。

この権限は，会計監査人の作成した監査報告に関する説明請求に限定されず，時期や対象を限定しない一般的なものである。監査役が報告を求めることができるのは，その職務を行うために必要な場合に限定されるが，その職務は会計監査に限られず，業務監査一般を意味する。その報告を求める内容としては，会計監査人が一定の事項に関して調査資料を有しているかどうか，どのような資料を得ているか，それに対してどのような評価をしているか等が考えられる。

会計監査人がこれらの説明・報告請求に応じなかった場合に，とくに過料の制裁は規定されておらず，解任事由となることがありうるにすぎない。

〔589〕 **(ハ) 会計監査人の報告義務**

会計監査人がその職務を行うに際して，取締役の職務遂行に関し不正の行為または法令もしくは定款に違反する重大な事実があることを発見したときは，その会計監査人は，これを監査役または監査役会に報告しなければならない（397条1項3項。〔571〕。監査等委員会設置会社では監査等委員会，指名委員会等設置会社では監査委員会。397条4項5項。〔605〕(v)）。会計監査人は，業務監査の権限を有するものではないが，その職務である会計監査を行うに際して，取締役の不正行為等を発見することがあるので，その場合には，その事実を監査役または監査役会に報告する義務を課したのである。この報告を怠った場合の効果については，(ロ)で述べたのと同様である。

〔590〕 **(ニ) 報酬等の決定に関する監査役の関与**

取締役が，会計監査人または一時会計監査人の報酬等を定める場合には，監査役（監査役が2人以上ある場合にあっては，その過半数）の同意を得なければならない（399条1項）。平成26年改正により，監査役（監査役会）は，会計監査人等の選任等の総会の議案の内容を決定する権限が与えられたが（〔580〕(b)），それらの報酬を定める権限については，平成26年会社法でも改正されることなく，従来通り監査役にはその同意権が与えられているにすぎない。報酬の決定は，経営判断に密接に関係するものであり，業務執行権者に委ねるべきものと考えられたのであろう。しかし，監査役等の同意権の適切な行使により，会計監査人の報酬の妥当な決定がなされることが期待される。監査役会設置会社の場合には，監査役会の同意が，監査等委員会設置会社の場合には，監査等委員会の同意が，指名委員会等設置会社の場合には，監査委員会の同意が必要である（399条2項～4項）。報酬が適正な額であるかを監査役の立場から判断させるためである。

6　会計監査人の責任 〔591〕

会計監査人の任務懈怠による会社に対する連帯責任（423条），監査報告書の虚偽記載による第三者に対する連帯責任（429条），ならびに取締役または監査役も会社または第三者に対して責任を負う場合の会計監査人と取締役および監査役との連帯責任（430条）については，他の役員等の場合と同様である。また，会社法はあらたに会計監査人の責任追及のための株主代表訴訟の提起を認めている（847条）。また社外取締役等と同様の責任限定に関する規定が設けられている（425条1項1号ハ）。

Ⅵ　指名委員会等設置会社の場合

1　指名委員会等設置会社の定義，制度の趣旨，選択制等 〔592〕

指名委員会等設置会社とは，定款の定めにより指名委員会，監査委員会および報酬委員会（以下，Ⅵにおいて「委員会」という）を置く旨の定めをした会社である（2条12号）。旧会社法のもとでは，それを置くことができるのは大会社（みなし大会社も含まれていた）に限られていた（廃止前商特1条の2第3項）が，会社法では，会社の規模に関係なく，定款で定めれば，指名委員会等設置会社になることができる。指名委員会等設置会社は，取締役会（327条1項4号）および会計監査人を置かなければならない（327条5項）。なお，会計参与（374条）は指名委員会等設置会社でも置くことができる。

その会社の仕組みは，概略次のとおりである。すなわち，その会社では，取締役会の構成，権限等については基本的にはそれ以外の会社と同じであるが，監査役が置かれず，その代わりに，それぞれ取締役3人以上（それぞれ過半数は社外取締役でなければならない）で構成される指名委員会，監査委員会および報酬委員会が置かれなければならず（400条1項3項。「指名委員会等設置会社」と呼ぶのは，このためである），また，この他に，取締役会により選任される1人または数人の執行役が置かれなければならず，それが取締役会から委任を受けた事項の決定および指名委員会等設置会社の業務を執行するというものである（402条1項2項）。

それは，基本的にアメリカ型の機関制度（それと全く同じではない）を採用することを是認しようというものである。この制度のもとでは，取締役会からの執行役に対する業務執行の決定権限の大幅な委任を認めて迅速な決定をすることを可能にするとともに，取締役会による業務執行に対する監督機能を大幅に強化するために，執行役による業務の執行と取締役会による業務執行の監督とを区別し，かつ，上記に述べたような3つの各委員会が置かれることによって，取締役会による業務執行の監督機能を強化しようとするものである。

この制度は，平成14年改正商法のもとで導入されたが，定款の定めによる選択的なものである。これを選択しなかった会社については従来の制度が適用されることになる。この制度は，これまで長年とられてきた制度と大きく異なっており，また各委員会を構成する取締役の過半数は社外取締役とされており，これを確保することが困難であるという主張がなされていること等にかんがみ，これを強制することは避けられたものである。したがって，会社法のもとでも，株式会社は，指名委員会等設置会社以外の会社と指名委員会等設置会社とに区別され，両者が並存することとなる。そして，平成26年改正後は，監査等委員会設置会社・指名委員会等設置会社以外の会社，監査等委員会設置会社，指名委員会等設置会社に区別され，それらが併存する。

〔593〕 **2 指名委員会等設置会社に関する特例**

(イ) 取締役に関する特例

(a) 選任等の議案の決定　まず，株主総会に提出する取締役の選任または解任に関する議案の内容は，指名委員会によって決定される（404条1項）。したがって，この決定された議案は取締役会による修正，変更等がされることなく，直接に株主総会に提出されることになる（その趣旨については〔602〕）。それ以外の会社において，この議案の内容が原則として取締役または取締役会によって決せられる（〔412〕(イ)(a)(i)）のと異なるところである。したがってまた，指名委員会等設置会社においては，それが株式譲渡制限会社である場合の取締役の選解任に関する内容の異なる種類の株式の発行の制度は適用されないことになる。(〔602〕)。

(b) 任期　取締役の任期は，選任後1年以内に終了する事業年度のうちの最終のものに関する定時株主総会の終結の時までとされる（332条6項）。それ以外の会社（監査等委員会設置会社は別。〔616の4〕）の取締役の任期が原則として2年とされている（332条1項）のに比較して，短縮されている。それは指名委員会等設置会社においては，後述するように（〔683〕），計算書類の確定のみならず自己株式の取得，剰余金の配当等の決定も一定の条件のもとに取締役会が定めることができるものとされているので（459条1項2項），株主に対して，1年ごとに取締役の選任決議により配当政策の当否をはじめ取締役の経営およびその監督についての信任を問う機会を与えようとするものである。指名委員会等設置会社以外の会社も，会計監査人設置会社で，取締役の任期が選任後1年以内のものは，定款で定めれば，指名委員会等設置会社と同様に自己株式取得，剰余金の配当等につき，取締役会で定めることができる（459条1項柱書。〔683〕）。

(c) 業務執行権限の否定　取締役は，この法律またはこの法律に基づく命令に別段の定めがある場合を除いて，指名委員会等設置会社の業務を執行することができない（415条）。したがって，それ以外の会社において一般的に置かれている代表取締役社長とか業務担当取締役（専務取締役，常務取締役等）や使用人兼務取締役等を置くことは許されないことになる。もっとも，取締役が執行役を兼ねることは許容されており（402条6項），取締役に選任された者も執行役としては業務執行を行うことが可能である。

(d) 使用人兼務の禁止　会社法は，指名委員会等設置会社について取締役が使用人を兼務することを禁止している（331条4項）。取締役は取締役会を通じて執行役等の業務執行を監督する立場にある。その立場にある者が執行役の指導命令を受ける使用人になることは，業務執行の監督と執行とを峻別する指名委員会等設置会社の趣旨に反すると考えられるからである。

(ロ) 取締役会の権限　〔594〕

指名委員会等設置会社の取締役会の権限としては，次の(a)(ii)の①から⑤までに掲げる5つの事項の業務執行の決定（416条1項1号）および執行役等の職務の執行の監督があげられている（416条1項2号）。

(a) 業務執行の決定

(i) 執行役に対する大幅な委任の可能性　業務の決定については，指名委員会等設置会社以外の会社（監査等委員会設置会社は別〔以下(a)において同じ〕。〔616の10〕）では，取締役会がその決定を取締役（代表取締役を中心とする業務担当取締役を意味すると解される）に委任することができることを前提として，その範囲を制限し，取締役に委任することができない一定の事項を列挙した上で，その他の重要な業務執行については取締役に委任することができないものとされている（362条4項。〔516〕）。これに対して，指名委員会等設置会社においては，取締役会で決定しなければならない事項を列挙して，それ以外の事項は執行役に決定させることができるものとしている（416条1項4項）。ここで，業務の決定権限の範囲が明確にされ，かつ，その取締役会からの執行役に対する大幅な委任が可能とされている。それにより，会社の迅速な意思決定が可能とされている。なお，指名委員会等設置会社では，取締役会は，業務執行の決定を取締役に委任することはできない（416条3項）。このことは，原則として取締役が業務の執行をすることができない旨の規定（415条）と合わせて，取締役の地位と執行役の地位とを截然と区別するものである。これらの規定において，取締役は取締役会の構成メンバーとして，基本的な業務の決定と取締役および執行役の職務の監督を行い，執行役が業務執行（取締役会によって委任された事項の決定を含む）を行うという指名委員会等設置会社の体制があらわされているということができる。

指名委員会等設置会社以外の会社においては，重要な業務執行の決定は取締役会自らが行うことになっており，ただ前述した特別取締役の取締役会を置いた会社において362条4項1号および2号に掲げる事項について特別取締役の取締役会が決定することができるものとされているにすぎない（〔518〕）。これに対して，指名委員会等設置会社においては，上述のように大幅に業務決定権限の執行役に対する委任が認められる。その理由は，取締役会および各委員会による執行役の業務執行に対する充実した監督または監査がなされることからである。なお，指名委員会等設置会社においては，特別取締役の取締役会はそれを置く必要がなく，それに関する規定は適用されない。

〔595〕　(ii)　取締役会で決定すべき事項(1)　　取締役会が決定すべき事項については，5つの例示がなされ，その他会社の業務執行を決定すると規定されている（416条1項1号）。その5つの事項は，次の通りである。なお，旧会社法では，次の①から⑤までの決定事項のうち②についてのみ法務省令でさらに詳しい規定が設けられていたが，会社法では，それのみならず，⑤についても，法務省令で詳細な規定が設けられている（会社則112条）。②は監査委員会に関するものであり，⑤は会社の業務執行一般に関するものである。

①　経営の基本方針を決定する（416条1項1号イ）。それは，それぞれの会社によって異なりうるが，一般的にいえば，取締役会が業務の決定ならびに取締役および執行役の職務の執行の監督をするにあたって，また執行役が業務の決定または執行をするにあたって遵守すべき基本的な方針を指すと解されよう。

②　監査委員会の職務の遂行のために必要な事項として法務省令で定める事項を決定する（416条1項1号ロ）。法務省令では，次に掲げるものがあげられてい

る（会社則112条1項）。㋑監査委員会の職務を補助すべき取締役および使用人に関する事項，㋺㋑の取締役および使用人の執行役からの独立性に関する事項，㋩㋑の取締役および使用人に対する指示の実効性の確保に関する事項，㊁取締役（監査委員である取締役を除く），執行役，会計参与ならびに使用人および子会社のそれらのもの，監査役が監査委員会に報告するための体制その他の監査委員会への報告に関する体制，㋭㊁の報告をした者が当該報告をしたことを理由として不利な取扱いを受けないことを確保するための体制，㋬当該会社の監査委員の職務の執行（監査委員会の職務の執行に関するものに限る）について生ずる費用の前払または償還の手続その他の当該職務の執行について生ずる費用または債務の処理に係る方針に関する事項，および㋣その他監査委員会の監査が実効的に行われることを確保するための体制である。これらは会社法362条4項6号に基づく会社法施行規則100条3項の監査役設置会社についての規定と基本的に同じであり，異なるのは「監査役」が「監査委員会」に入れ替えられているだけである。そして，会社法施行規則100条3項については，指名委員会等設置会社以外の会社についてではあるが，内部統制システムとして取り扱っているので，ここでの㋑から㋣までの説明は，そちらに譲る（〔517〕）。

③ 執行役が2人以上ある場合における執行役の職務の分掌および指揮命令関係その他の執行役の相互の関係に関する事項を決定する（416条1項1号ハ）。ここでは，執行役が複数いる場合の執行役の相互の関係について取締役会が決定する旨を定めている。そうでないと，執行役による円滑かつ迅速な業務の決定またはその執行をすることができないことを考慮したものである。その中心になるものとして，職務の分掌および指揮命令関係が例示されている。なお，指名委員会等設置会社以外の会社では，実務上，取締役会で代表取締役の中から社長，副社長等を定め，また業務執行取締役の業務の担当を定めて，業務執行の体制が決められることになる。指名委員会等設置会社においては，上述したように，執行役による業務執行の体制が取締役会によって決定されることが法定されていることになる。また，指名委員会等設置会社においては，別に代表執行役（執行役が1人の場合にはその執行役が当然に代表執行役になる）を定めなければならないものと規定されている（420条1項）。そして執行役の指揮命令関係としては，代表執行役がその指揮命令体制のトップ（代表執行役が複数の場合にはそれらの者がトップとその次の順位等）として定められることが多いであろうが，必ずしもそうしなければならないわけではなく，会社代表と業務執行体制とは別々に定めることも可

能である。

④ 執行役が取締役会の招集を請求する場合の請求を受ける取締役を決定する（416条1項1号ニ）。執行役は，業務執行をするにあたって取締役会の決議を必要とすることがある（416条4項）。そのために後述するように（〔608〕(ii)），執行役には取締役会の招集請求権が与えられている（417条2項）。そこで，執行役がこの請求をする場合にその請求を受ける取締役も，取締役会で決定しておくことになる。なお，取締役会の招集権者については，366条が適用されることになる。したがって，取締役会を招集すべき取締役が定められたときは（366条。取締役会で決められる），その者がこの請求を受ける取締役と決められるのが通常であろう。

⑤ 執行役の職務の執行が法令および定款に適合することを確保するための体制その他会社の業務ならびに当該会社およびその子会社から成る企業集団の業務の適正を確保するために必要なものとして法務省令で定める体制の整備を決定する（416条1項1号ホ）。法務省令では，次のように定められている（会社則112条2項）。㋑執行役の職務の執行にかかる情報の保存および管理に関する体制，㋺損失の危険の管理に関する規程その他の体制，㋩執行役の職務の執行が効率的に行われることを確保するための体制，㊁使用人の職務の執行が法令および定款に適合することを確保するための体制および㋭その会社ならびにその親会社および子会社から成る企業集団における業務の適正を確保するための体制である。

これらは，指名委員会等設置会社以外の会社に関する会社法362条4項6号に基づく会社法施行規則100条1項の監査役設置会社についての規定と基本的に同じであり，異なるのは「取締役」が「執行役」に入れ替えられているだけである。そして，会社法施行規則100条1項については，指名委員会等設置会社以外の会社についてではあるが，内部統制システムとして取り扱っているので，ここでの㋑から㋭までの説明は，そちらに譲る（〔517〕）。

〔596〕 (iii) 取締役会で決定すべき事項(2)――執行役に決定を委任できない事項

指名委員会等設置会社においては，取締役会が執行役に決定させることができず，自ら決定しなければならない事項を具体的に列挙し，それ以外の業務執行の決定は執行役に委任することができる旨を規定している（416条4項）。そこでは，執行役に決定させることができない事項について，それ以外の会社におけるようなその他の重要な業務執行の決定というような抽象的な表現による規定の仕方はなされていない。ここに，執行役の業務執行の決定の範囲が明確にされ，かつ，それについての権限の執行役に対する大幅な委任を可能とする考え方があらわれている。取締役会が自ら決定しなければならない事項は，次のとおりである。それらは株式等の譲渡承認等に関する事項，取締役会内部の組織等に関する事項，執行役の職務の監督に関する事項，株主総会に責任を負う関係で必要な事項等であり，次の通りである。

まず，前述(ii)の①から⑤に掲げた事項があげられる。経営の基本方針，監査委員会の職務の遂行のために必要なものとして法務省令で定める事項，執行役の相互の関係に関する事項，取締役会の招集の請求を受ける取締役および内部管理体制に関する事項であり，それぞれ原則として指名委員会等設置会社のあり方を定める基本的事項であり，取締役会が自ら決定しなければならず（416条2項），取締役に委任することもできない（416条3項）。

また，次に掲げる事項の決定は執行役に委任することができない（416条4項但書）。

①譲渡制限株式の取得について承認するかどうかの決定（136条）またはその取得者からの承認請求を承認するかどうかの決定（137条1項）および指定買取人の指定（140条4項）（1号），②自己株式を市場取引により取得することを取締役会の決議によって定める場合（165条2項3項）の取得する株式数等の決定（156条1項各号）（2号），③譲渡制限新株予約権の譲渡の承認をするかどうかの決定（262条・263条）（3号），④株主総会の招集の決定（298条1項各号・4項）（4号），⑤株主総会に提出する議案（取締役，会計参与および会計監査人の選任および解任ならびに会計監査人を再任しないことに関するものを除く）の内容の決定（5号），⑥競業および利益相反取引における取締役会の承認（365条1項・356条1項。執行役のこの取引についても同様である。419条2項）（6号），⑦取締役会を招集する取締役の決定（366条1項但書）（7号），⑧委員の選定およびその解職（400条2項・401条1項）（8号），⑨執行役の選任（402条2項）および解任（403条1項）（9号），⑩会社と取締役または執行者との間の訴えにつき会社を代表する者の決定（408条1項1号）（10号），⑪代表執行者の選定（420条1項前段）およびその解職（420条2項）（11号），⑫定款の定めに基づく取締役会による役員等の責任（423条1項）の免除（426条1項）（12号），⑬計算書類等の承認（436条3項・441条3項・444条5項）（13号），⑭剰余金の配当（中間配当）に関する事項の決定（454条5項・454条1項）（14号），⑮事業の全部譲渡等の行為（467条1項各号に掲げる行為）の内容の決定（15号），⑯合併契約の内容の決定（16号），⑰吸収分割契約の内容の決定（17号），⑱新設分割計画の内容の決定（18号），⑲株式交換契約の内容の決定（19号）お

よび⑳株式移転計画の内容の決定（20号）である。

なお，⑮から⑲までについては，その会社の株主総会の承認を要しないもの（簡易合併等）は除かれ，それらはその内容の決定を執行役に一任してよい（それぞれの規定の括弧書）。

ここに掲げられた事項以外は，執行役に決定させることができる。具体的には，株式募集事項の決定（199条1項。自己株式の処分の決定もそれに含まれる），子会社からの自己株式の買受け（163条），自己株式の消却（178条），株式の分割（183条），株式の分割の場合の会社の発行する株式の総数の分割の割合に応じて増加する旨の定款の変更（184条），書面投票の許容（298条1項3号），電磁的方法による議決権行使（298条1項4号），準備金の資本組入れ（448条1項3項），新株予約権の発行（238条1項），簡易株式交換，簡易分割，簡易合併等である。これらの事項は，前述したように，それ以外の会社では取締役会が自ら決定しなければならないとされているものである。

〔597〕 **(b) 取締役および執行役の職務の執行の監督**　指名委員会等設置会社においては，取締役会が監督する対象は，取締役および執行役の職務の執行である（416条1項2号）。それ以外の会社では，取締役会が取締役の職務の執行について監督するとされている（362条2項2号）のと異なるところである。指名委員会等設置会社においては，業務執行を担当するのは執行役であるから，その職務の執行（業務執行が内容となる）が取締役会の監督の対象となることはいうまでもない。これに対して，そこでは取締役は，前述したように，法定の例外の場合を除き業務執行をすることができないから（415条），その法定の例外の場合を除き業務執行が取締役会の監督の対象となることはありえない。しかし，取締役は，取締役会の構成員としての職務を有しており，その職務の執行が取締役会の監督の対象になる（なお，「業務」の執行と「職務」の執行との関係については〔410〕(イ))。たとえば，取締役または執行役の競業取引や会社・取締役間の利益相反行為等については取締役会の承認を要するが（356条・365条1項），その承認をするにあたって，各取締役が善管注意義務を尽くしているか，また妥当な判断をしているか（妥当性の監査にも及ぶことについては後述する。〔603〕）等が監査の対象となりうる。その点では指名委員会等設置会社以外の会社において業務執行を担当していない取締役が監査役の監査の対象となり，取締役会の監査の対象になる（もっとも妥当性には及ばない）のと同様の意味を有することになる。また，指名委員会等設置会社においては，取締役は各委員会の構成員となっている者もあり，その職務の執行

についても同様である。そして，指名委員会等設置会社においては，後述するように（〔601〕以下），取締役および執行役の職務の執行が監査委員会の監査の対象となり，取締役の選任および解任の議案の内容の決定が指名委員会の権限とされ（執行役の選任および解任は取締役会によってなされる。48条・402条），取締役および執行役の報酬の内容の決定が報酬委員会の権限とされており，取締役会における取締役および執行役の職務の執行についての監督権限は，これらの各委員会との密接な連携が前提となってきわめて強化されているということができる（取締役会と委員会との関係については，〔601〕）。

(c) **取締役会の招集権者，取締役会議事録の備置・閲覧等**　取締役会の招集権者の決定（366条1項但書）は執行役に委任できない（416条4項7号）。取締役会議事録については，執行役によって備え置かれ（369条3項），その閲覧については，債権者は取締役のみならず執行役の責任を追及するため必要がある場合にも認められる（371条4項）。なお，上述の416条4項柱書で「業務執行」の決定という表現を用い，同1項で「職務」の執行という表現を用いている理由については前述した（〔410〕(イ)）。〔598〕

3　各委員会に関する規定の内容　〔599〕

(イ)　各委員会の設置の強制

指名委員会等設置会社においては，指名委員会，監査委員会および報酬委員会の3つの委員会が必置のものとされる（2条12号）。そのいずれか1つまたは2つのみを採用することは許容されない。そしてまた，指名委員会等設置会社においては，監査役を置くことができない（327条4項）。したがって，たとえば，それ以外の会社における監査役制度をそのまま採用して，そのほかに指名委員会および報酬委員会を採用したとしても，そのような組織を採用した会社は，指名委員会等設置会社ではない。監査委員会が取締役会の構成メンバーである取締役によって構成され，しかもその過半数が社外取締役であることが要求されることによって，業務執行の適法性のみならず，その妥当性についても，取締役会（各委員会を含む。以下同じ）における充実した監査または監督がなされることが期待されるからである（適法性のチェックと妥当性のチェック，さらに監督と監査との関係等については，監査委員会の権限のところでまた取り上げる。〔603〕。なお，独立役員につき〔544〕）。

(ロ)　委員会の組織　〔600〕

委員会は，それぞれ取締役3人以上で組織し，各委員会につき，その過半数は，社外取締役でなければならない（400条1項3項。その登記および責任につき〔83〕〔490〕）。1人の取締役がいくつかの委員会に属することは，これを禁止する規定が設けられていないことから，妨げられない。したがって，社外取締役2名を含む3名の取締役がいれば，最小限，取締役会および各委員会を組織することが可能になる。取締役会および各委員会が協力して執行役の業務執行を中心とする取締役および執行役の職務の執行の監督および監査をするということが期待されているということができる。

監査委員会を組織する取締役（監査委員という）については，さらに次のような特則が規定されている。すなわち，監査委員は，指名委員会等設置会社もしくはその子会社の執行役もしくは支配人その他の使用人または当該子会社の業務を執行する取締役を兼ねることができない（400条4項）。ということは，一口でいえばその会社および子会社の業務を執行する者は監査委員となることができないことになる。監査委員会の主要な職務は，執行役等の業務執行を監査することにあり，執行役を兼ねる取締役等のように業務執行を担当する者が監査委員会を組織することになると，監査する者と監査される者が同一の者になるからである。監査委員が兼ねることができない者として，ここでは会社もしくはその子会社（この子会社も指名委員会等設置会社の監査委員会の監査の対象となる）の執行役もしくは業務執行取締役または会社の子会社の会計参与（それが法人であるときはその職務を担うべき社員）もしくは，支配人その他の使用人が挙げられている。したがって，監査委員会を組織する取締役としては，社外取締役の要件を満たしているか，それを満たさないが上に掲げられたような者でないもの，たとえばその会社の業務執行取締役，執行役等を退任した者等が挙げられる。このことにより，監査委員の業務執行機関からの独立性が保障されていることになる（〔603〕）。

各委員会を組織する取締役は，取締役会の決議で定められ，この決定を執行役に委ねることができないことは前述した（〔596〕）。

〔601〕 **(ハ) 各委員会の権限**

(a) 取締役会の権限との関係，取締役会の内部機関としての意味と独立性　ここで，取締役会と各委員会との関係についてみてみると，次のようなものと考えることができる。まず，各委員会は，いずれも取締役会を組織する取締役によって組織されており，かつ，その委員会を組織する取締役は取締役会の決議により定められる（400条2項）点で，それは取締役会の内部機関としての意味を有するということができる。各委員会の権限の行使を通じて，取締役会の業務の決定権限および取締役および執行役の職務の執行の監督権限を的確かつ妥当に行使することが期待されている。後述するように，各委員会を組織する取締役であってその所属する委員会が指名した者が当該委員会の職務の執行の状況を取締役会に遅滞なく報告しなければならないものとされ（417条3項。〔609〕(iii)），また，各委員会を組織する取締役であってその所属する委員会が指名した者に取締役会招集権が与えられている（417条1項。〔608〕(ii)）ということは，委員会が取締役会の内部機関として，取締役会と緊密な連携関係にあることが期待されているあらわれということができよう。

しかし，各委員会には，取締役会とは独立した地位が認められている面があることも否定できない。①指名委員会は，株主総会に提出する取締役の選任等に関する議案の内容の決定権限を有しており，それ自体としては取締役会からは独立したものである（404条1項。〔602〕）。②監査委員会の取締役および執行役の職務の執行の監査ならびに株主総会に提出する会計監査人の選任等に関する議案の内容の決定権限についても同様である（404条2項。〔603〕）。さらに③報酬委員会は執行役等（取締役および会計参与設置会社では会計参与を含む。404条2項1号括弧書）が受ける個人別の報酬の内容の決定権限を有している（404条3項。〔607〕）。このように各委員会に取締役会から独立した権限が与えられている場合があるのは，取締役会を組織する取締役の構成と，各委員会を組織する取締役のそれとの間の相違から生ずるものであると考えられる。すなわち，取締役会は取締役の全員によって組織されるが，取締役は執行役を兼ねることを妨げられず（402条6項。〔610〕），しかも，取締役会における社外取締役，それ以外の取締役さらに執行役兼任取締役等の比率について何の規制もない（委員会の構成との関係で，社外取締役が最低2人が必要である）。これに対して，各委員会は，前述したように（〔600〕），それぞれ取締役3人以上で組織され，そのうち過半数は社外取締役でなければならないものとされている。しかも，そのうちの監査委員会については，執行役等を中心とするその会社または子会社の業務執行を担当する者および使用人が排除されており，その構成においてその会社および子会社等の業務執行と完全に分離されている。そして，上に挙げた①，②および③の権限については，社外取締役が過半数を占める委員会に取締役会と独立して行使させることが妥当であり，特に②の権限については，その会社および子会社の業務執行を担当する者を排除した委員会に，取締役会と独立して行使させることが妥当であると考えられたものである（もっとも，一定の条件のもとに計算書類等の確定権限が取締役会にあることは，

〔660〕)。このように委員会にある程度独立した権限を与えないと，取締役会において執行役兼務取締役が過半数を占めているときは，委員会の決定が取締役会で覆される可能性が生じ，業務執行と業務監督との分離の実効性がそこなわれることから，委員会に以上のような独立した地位を認めたのである。以上のことから，取締役会と各委員会との関係については，後者が前者の内部機関としてその間の緊密な関係が前提とされているが，一定の権限については，各委員会が取締役会とは独立に行使されるという意味でその独立性が認められているということができる。

〔602〕 (b) **指名委員会の権限**　指名委員会は，株主総会に提出する取締役（会計参与設置会社にあっては，会計参与を含む）の選任および解任に関する議案の内容を決定する権限を有する（404条1項)。指名委員会等設置会社以外の会社では，①株主総会の招集は，本法で別段の定めがあるほか取締役会が決定すると規定され（298条4項)，②この規定から，会議の目的たる事項（議案も含むと解される。株主提案権が行使された場合は別である）等も取締役会が決定するものと解されている。指名委員会等設置会社においては，①の株主総会の招集の決定が取締役会によることは，それ以外の会社と同様であるが（416条4項4号・362条2項1号)，取締役の選任および解任に関する議案の決定権は指名委員会が有するものとされる。したがって，そこで決定された議案を取締役会で否決したり，修正，変更等をしたりすることは許されない。社外取締役が過半数を占める指名委員会に決定させることになり，かりに取締役会の大半が執行役兼務取締役によって構成されている場合（〔601〕）にも，その取締役会の意向に影響されずに取締役の選任および解任の議案の内容を決定することができることとしたのである。これにより，業務執行に対する監督を取締役の選解任を通じて充実させようとするものである。そして，このような指名委員会の権限が法定されたことにより，指名委員会等設置会社においては，それが株式譲渡制限会社であっても，取締役の選任に関する内容の異なる種類の株式を発行することは許されない（108条1項但書・9号)。もっとも，株主提案権による取締役の選任の提案（303条・304条）は排除されず，それがなされたときは指名委員会の提案と株主の提案とがいずれも招集通知に記載されることになる。累積投票制度（342条）も排除されていない。

株主総会における取締役の選任および解任の要件等については，それ以外の会社の場合と同じである（329条1項・339条1項・341条。〔461〕〔468〕等)。

〔603〕 (c) **監査委員会の権限**

(i) 基本的権限——適法性監査と妥当性監査との関係　監査委員会の権限としては，①取締役および執行役（会計参与設置会社では会計参与を含む。以下，これらを含めて「執行役等」という。404条2項1号）の職務の執行の監査および監査報告の作成および②株主総会に提出する会計監査人の選任および解任ならびに会計監査人を再任しないことに関する議案の内容の決定があげられている（404条2項）。

①監査役設置会社では，取締役の職務の執行は，㋑監査役によって監査され（381条1項），かつ，㋺取締役会によって監督される（362条2項2号）という二重のチェック・システムがとられている。そしてこの監査役の監査権限と取締役会の監督権限との関係については，必ずしも適法性監査に限られるものでないことは前述した（〔548〕(イ)）。

指名委員会等設置会社においては，監査役設置会社と異なり，その常勤監査役に相当する制度は設けられていない。指名委員会等設置会社においては，監査役のように自ら実査を行うことにより監査を行うのではなく，会社の内部統制システムを利用して監査を行うことをその機能とされているからである。

指名委員会等設置会社においても，取締役会による執行役等の職務の執行の監督権限が規定されており（416条1項2号），かつ，ここで監査委員会の取締役および執行役等の職務の執行の監査権限が規定されているので，適法性監査と妥当性監査の関係がどのように取り扱われるかが問題になる。この点については，監査委員は取締役として，取締役会において議決権を行使しうる立場にあり，それには業務執行の妥当性の判断も含まれるから，監査委員としてもそれに及ぶと解すべきである。同じ取締役が監査委員会の構成員としては適法性監査の権限しか有しないで，取締役会の構成員としては妥当性監査の権限も有するという区別をすることは適当ではないと考えられるからである。また，監査委員会またはそれを組織する取締役には，後述するように（〔605〕），監査役設置会社の監査役に与えられているのと同じ業務財産調査権等の権限が与えられており（405条－408条等），精緻な監査が期待されることは，監査役の場合と同様である。その地位の業務執行を担当する者からの独立性については，各委員会において社外取締役が過半数を占めている点，また前述したように（〔600〕），執行役等は監査委員会を組織する取締役にはなることができないとする点（400条4項），会社に対する費用の請求に関する規定（それは各委員会についても同様である。404条4項）の点等から，それが保障されるということができる。そして，そのような監査委員会の精緻な監査に基づいて，それと指名委員会および報酬委員会の権限の行使が合わさって取締役会において強力な監督権限が行使されると理解すべきである。

なお監査委員が財務および会計に関する相当程度の知見を有しているものであるときはその事実が事業報告の記載事項となる（会社則121条9号)。

②監査役設置会社では，会計監査人の選任および解任ならびに会計監査人を再任しないことに関する議案の内容の決定は，監査役または監査役会においてなされる（344条1項3項)。これに対して，指名委員会等設置会社においては，監査委員会においてなされることになる（404条2項2号)。監査委員会と会計監査人との密接な関係を考慮したものである。監査委員会の決定について取締役会で修正，変更等ができないことは，指名委員会のそれ（〔602〕）と同様である。

〔604〕 (ii) 権限行使の方法――独任制との関係　監査役会設置会社においては，監査役の全員で監査役会を組織するものとされるが（390条1項)，他方では各監査役が独立に行使しうる権限も認められており（これは監査役の独任制といわれる)，監査役会と監査役との間の権限の分配が問題とされている（〔570〕）。同様のことは，指名委員会等設置会社において，監査委員会とそれを組織する監査委員との間でも問題となりうる。この点について，監査委員会を組織する個々の監査委員に属する権限として，①執行役または取締役が法令もしくは定款違反行為をし，またはそれをするおそれがあると認める場合の取締役会に対する報告（406条。382条参照）をする権限および②執行役または取締役の違法行為等の差止請求権（407条1項。385条1項参照）があげられている。そして，監査委員会が選定する監査委員に属するものとして，③他の取締役等に対する報告徴収権または会社の業務・財産調査権（405条1項。381条2項参照）および④子会社等についての事業報告徴収権および業務・財産調査権（405条2項。381条3項参照）があげられ，⑤会社が取締役または執行役に対して訴えを提起する場合も同様である（408条1項。386条参照。監査委員が訴えの当事者である場合を除く)。結局，指名委員会等設置会社においては，監査委員としての権限の行使は，原則として監査委員会が選定した監査委員の権限とされ，例外的に上の①および②のみがそれを組成する個々の監査委員の権限とされていることになる。監査委員会による組織的かつ効率的な監査に重点が置かれているということができる。③および④の権限を行使するにあたって，監査委員は報告の徴収または調査に関する事項についての監査委員会の決議があるときはこれに従わなければならないとされている（405条4項）のも，そのあらわれである。そして，①および②については，それが緊急に行使

されることを要することから，例外的取扱いが定められたものである。

(iii) 報告徴収権および業務・財産調査権　監査委員会が選定する監査委員は，いつでも執行役等および支配人その他の使用人に対してその職務の執行に関する事項の報告を求め，または指名委員会等設置会社の業務および財産の状況を調査することができる（405条1項）。この権限が監査委員会の選定する監査委員に与えられている点で，監査役設置会社において同種の権限が各監査役に与えられている（381条2項）のと異なる。報告を求める相手方に執行役が含まれている点もそれ以外の会社と異なる。報告の徴収または調査について監査委員会の決議があるときはそれに従わなければならない（405条4項）。これらは，組織的な監査に重点がおかれているあらわれであることは前述した（〔604〕）。なお，執行役は会社に著しい損害を及ぼすおそれのある事実を発見したときは，ただちに監査委員に報告しなければならない（419条1項。〔614〕(iv)）。〔605〕

(iv) 子会社等に対する事業報告聴取権およびその業務・財産調査権　監査委員会が選定する監査委員は，監査委員会の権限を行使するために必要があるときは，子会社もしくは連結子会社に対して事業の報告を求め，または子会社もしくは連結子会社の業務および財産の状況を調査することができる（405条2項）。この場合には，子会社または連結子会社は，正当の理由があるときは，この報告または調査を拒むことができる（405条3項）。監査役設置会社における監査役の子会社調査権等（381条3項）に相当するものである。監査委員が報告の徴収または調査に関する事項についての監査委員会の決議があるときはこれに従わなければならないことは(iii)と同様である（405条4項）。

(v) 会計監査人に対する報告聴取権等　①会計監査人がその職務を行うにあたって執行役または取締役の職務遂行に際して，不正の行為または法令・定款に違反する重大な事実があることを発見したときはその会社監査人は監査委員会にこれを報告しなければならない（397条5項1項）。②監査役が選定した監査委員は，その職務を行うため必要があるときは，会計監査人に対して，その監査に関する報告を求めることができる（397条5項2項）。

(vi) 執行役等の違法行為等の取締役会に対する報告義務　監査委員は，執行役または取締役が不正の行為をし，もしくはその行為をすると認められるとき，または法令もしくは定款に違反する事実もしくは著しく不当な事実があると認めるときは，遅滞なく，その旨を取締役会において報告しなければならない（406条）。監査役設置会社における取締役の違法行為等の監査役による取締役または取締役会に対する報告義務（382条。〔551〕）に相当するものである。なお，監査役設置会社における取締役の総会提出議案その他の違法等の場合の総会に対する報告義務（384条。〔550〕）に関する規定は設けられていないが，それはここでいう監査委員の取締役会における報告でまかなわれることになる。この報告は緊急を要する場合があるので，監査委員の単独の権限とされていることは前述した（〔604〕①）。なお，このこととも関連して，執行役は，会社に著しい損害を及ぼすおそれのある事実を発見したときは，ただちに監査委員にその事実を報告しなければならない（419条1項。〔614〕(iv)）。取締役会の招集については，各委員会を組織する取締役であってその所属する委員会が選定する者が招集できる旨が規定されている（417条1項）。また，この取締役の各委員会の職務の執行の状況の取締役会に対する報告義務についても規定がある（417条3項）。

(vii)　執行役等の違法行為等の差止請求権——含む・株主の差止請求権　監査委員は，執行役または取締役が指名委員会等設置会社の目的の範囲外の行為その他法令もしくは定款に違反する行為をし，またはこれらの行為をするおそれがある場合において，その行為によってその指名委員会等設置会社に著しい損害を生ずるおそれがあるときは，その執行役および取締役に対し，その行為をやめることを請求することができる（407条1項）。この場合においては，裁判所は，仮処分で執行役および取締役に対してその行為をやめることを命ずるには担保を立てさせることを要しない（407条2項）。監査役設置会社における取締役の違法行為等の監査役による差止請求権（385条）に相当するものである。監査委員の単独の権限とされていることも，(vi)と同様である（〔604〕②）。

なお，指名委員会等設置会社においても，株主による違法行為等の差止請求に関する規定が適用されるが，そこで差止めの対象とされる行為に取締役のほか執行役の行為も含まれる（422条・360条）。また，それは，監査委員のそれと異なり，取締役または執行役が上記の行為によって会社に回復することができない損害を生じさせるおそれがあるときにのみ認められる（この点は前述したように指名委員会等設置会社以外の会社のそれと同様である。〔500〕〔501〕）。

(viii)　会社と取締役または執行役との訴訟における会社代表権　①会社が取締役もしくは執行役に対し訴えを提起し，または取締役もしくは執行役が会社に対して訴えを提起するときは，監査委員がその訴えの当事者である場合を除き，監査委員会が選定する監査委員が会社を代表する（408条1項2号）。監査役設置会社の会社・取締役間の訴訟における監査役の会社代表権（386条。〔554〕）に相当する。監査委員会の選定した監査委員の権限とされている点は，前述の(iii)，(iv)および(v)②と同様である。②監査委員自身がその訴えの当事者である場合には，株主総会で会社を代表する者を定めたときはその者が，そうでないときは取締役会の定める者（その決定を執行役に委任することはできない。416条4項10号）が会社を代表することになる（408条1項1号）。

①および②のいずれの場合にも，取締役または執行役が会社に対して訴えを提起する場合においては，監査委員（②の場合には，その訴えを提起する者以外の監査委員）に対してなされた訴状の送達は会社に対して効力を有するものとされる（408条2項）。そうしないと，訴えを提起しようとする取締役または執行役にとって，その段階ではまだ会社を代表する者が決まっていないか，またはだれを相手に訴えを提起したらよいか分からないことになるからである。

(ix) 株主代表訴訟に関連する会社代表権　指名委員会等設置会社における株主代表訴訟の訴訟の会社代表権について取り上げる。①会社が株主から書面による取締役または執行役の責任を追及する訴えの提起の請求（847条1項）を受ける場合には，執行役または取締役の責任を追及する訴えにかかる訴訟に関するものについては，監査委員が会社を代表する（408条5項1号）。②株主は，代表訴訟を提起したときは，会社に対し，訴訟告知をしなければならず（849条4項），また株主代表訴訟において和解をする場合において会社が和解の当事者でないときは，裁判所は会社に対してその内容を通知し，かつ，和解に異議があれば2週間以内にこれを述べるべき旨の催告がなされるが（850条2項），その訴訟告知またはその通知および催告を受ける場合にも，執行役または取締役の責任を追及する訴えにかかる訴訟に関するものについては，監査委員が会社を代表する（408条5項2号）。もっとも，①および②の場合には，訴えの相手方になる監査委員が除かれる。

(x) 会計監査人の選解任等に関する議案の決定権およびその解任権等　前〔606〕述したように，監査委員会は，総会に提出する会計監査人の選任，解任およびその再任しないことに関する議案の内容を決定する権限を有する（404条2項2号。〔603〕(i)②）。さらに会計監査人の選解任等について次のような権限が与えられる。それは，基本的には監査役または監査役会による会計監査人の解任（340条1項－3項。〔582〕(ii)）と同様である。すなわち，①会計監査人が職務上の義務に違反する等法定の事由に該当するときは監査委員会の決議（全員一致を要する。340条2項6項）で解任することができ（340条1項6項），②①の場合は監査委員会の選定した監査委員が最初の株主総会でその旨および解任の理由を報告しなければならない（340条3項6項）。さらに③会計監査人が欠けた場合において遅滞なく会計監査人が選任されないときは，監査委員会が一時会計監査人の職務を行う者を選任しなければならず，このことも監査役等について前述したことと同様である（346条4項8項。〔584〕）。

計算書類等が法令・定款に適合するかどうかについて，会計監査人が監査委員会またはその委員と意見を異にするときは，会計監査人は定時株主総会に出席して意見を述べることができる（398条1項5項）。

(xi) 報酬の決定に関する関与　取締役が会計監査人（一時会計監査人の職務を行う者を含む）の報酬等を定める場合には，監査委員会の同意を得なければならない（399条1項4項）。

〔607〕 (d) 報酬委員会の権限

(i) 最終的決定権限　前述したように（〔601〕），報酬委員会は，執行役等（取締役および会計参与を含む。404条2項1号括弧書。以下同じ）が受ける個人別の報酬の内容を決定する権限を有する（404条3項前段）。執行役が会社の支配人その他の使用人を兼ねているときは，その支配人等の報酬の内容についても同様とする（404条3項後段）。報酬委員会のこの決定は最終的であって，指名委員会や監査委員会のように，そこで株主総会に提出する議案を決定する権限とは異なるものである。指名委員会等設置会社以外の会社においては，取締役または会計参与の報酬に関する事項は，定款に定めなかったときは株主総会の決議で定めるものとされている（361条・379条1項2項。〔481〕）。ところで，指名委員会等設置会社においては，報酬委員会は過半数が社外取締役で構成されており，また，報酬委員会は，後述するように，報酬の内容の決定に関する方針を定め（(ii)参照），その方針に従って権限を行使しなければならず，そしてその方針は事業報告において開示される（会社則121条6号）ことと合わせて考えると，そこでは執行役等の報酬を報酬委員会に決定させても，手盛りの弊害が生ずるとはいえない。またその決定によって，執行役等に対する監督権限が強化される。なお，社外取締役の報酬については，社外取締役が過半数を占める報酬委員会で決定することになるが，その報酬については社会的に基準が決められており，それが報酬の内容の決定の方針に反映することになると考えられるので，手盛りの弊害という必要はないと考える（なお，取締役の報酬総額等に関する事業報告については会社則121条5号）。

(ii) 決定に関する方針の定め　報酬委員会は，執行役等が受ける個人別の報酬の内容の決定に関する方針を定めなければならない（409条1項）。その方針の決定にあたっては，善管注意義務を尽くすことが必要である。報酬委員会は，取締役，執行役または会計参与が受ける個人別の報酬の内容を決定するにあたっては，この方針によらなければならない（409条2項）。この方針の内容の概要は事業報告に記載しなければならない（会社則121条6号）。

(iii) 決定の方法　報酬委員会においては，執行役等の報酬について，次のように定めることになる（409条3項）。①確定金額を報酬とする場合には個人別にその金額を定める。②不確定金額を報酬とする場合，たとえば業績連動型報酬を定める場合には，個人別の具体的な算定方法を定める。③金銭以外のものを報酬とする場合，たとえば社宅を廉価で提供する場合には，個人別のその具体的な内容が定められる。会計参与の個人別報酬等は①によらなければならない（409条3項但書）。なお，ストック・オプションの取扱いについては，前述した（〔481〕）。

〔608〕 (e) **各委員会に共通する権限，その運営，議事録等**　委員会がその権限を行使するにあたっては，取締役，執行役，会計参与または取締役会との関係ならびにその費用の関係につき手当てがなされる必要があり，さらに委員会も会議体であるからその招集等について取締役会に準じた手当てがなされる必要がある。以下に，これらの点について取り上げる。

(i) 執行役等に対する報告徴収権　委員会は，その権限を行使するにあたって，執行役等に対して説明を求める必要がある場合がある。その場合には，その委員会は，執行役等に対して説明を要求することができ，その要求があったときは，その要求を受けた執行役等はその要求をした委員会に出席し，その委員会の求めた事項について説明をしなければならない（411条3項）。たとえば，指名委員会が取締役の選任の議案の内容を決定するにあたって各取締役にその職務の執行の状況につき説明を求め，また報酬委員会が各取締役および執行役の報酬の内容を決定するにあたって取締役および執行役にその職務の執行の状況の説明を求めることが必要なことがあり，これを求めた場合に，取締役および執行役はその説明をしなければならないことになる。なお，監査委員会においては，このほかにその選定する監査委員がいつでも他の取締役および執行役のみならず，支配人その他の使用人に対してその職務の執行に関する事項の報告を求め，（405条1項）ならびに子会社および連結子会社に対して事業の報告を求めることができる（405条2項）ことは前述した（〔605〕(iii)(iv)）。

(ii) 取締役会招集権　取締役会において招集をすべき取締役を定めた場合（366条1項但書）にも，その取締役以外の委員会を組織する取締役であってその所属する委員会が選定する者は，その定めにもかかわらず，直接に取締役会を招集することができる（417条1項）。この点は，指名委員会等設置会社（および監査等委員会設置会社）以外の会社においては，その定めがなされた場合には，定められた取締役以外の取締役は，会議の目的である事項を記載した書面（電磁的方法によるものを含む）を提出して，取締役会の招集を請求し，それから一定期間内に招集の通知が発せられないときにはじめて，自ら招集することができる（366条2項3項）のと異なるところである。指名委員会等設置会社において，このような取扱いがなされているのは，その取締役会と各委員会との緊密な連携の必要性および委員会の重要性のあらわれである。たとえば，各委員会は，職務の執行の状況を遅滞なく取締役会に報告しなければならない場合が生ずるが（417条3項。なお，406条参照），そのためには取締役会を招集する必要が生ずることがある。また，指名委員会として取締役の解任のための議案を臨時株主総会に提案しなければならない場合が生ずるが，総会の招集は取締役会の決定事項なので（416条4項4号5号），取締役会を招集する必要が生ずることになる。

〔609〕 (iii) 職務の執行の状況の取締役会に対する報告義務　委員会を組織する取締役であって，その所属する委員会が選定する者は，その委員会の職務の執行の状況を取締役会に遅滞なく報告しなければならない（417条3項）。取締役会とその各委員会との間の連携を緊密にする方法として，各委員会にこのような報告をする義務を課したのである。ここでも，この報告をするのは，各委員会がその委員の中から選定する者とされる。遅滞なく報告することとされているのは，報告すべき事項が生じたら遅滞なくという意味に解される。しかし，遅滞なく報告すべき事項が生じたかどうかは判断の余地があり，曖昧さを含むことは否定しえない。したがって，指名委員会等設置会社以外の会社において，取締役が3か月に1回以上は取締役会に業務の執行の状況を報告することを要するものとされていること（363条2項。それは指名委員会等設置会社には適用されない。もっとも執行役については3か月に1回以上の報告義務がある〔417条4項〕）にならって，せめて各委員会としても3か月に1回はその報告をするのが適当であろう。もちろん，たとえば監査委員にとって遅滞なく報告すべき事項が生じたら（406条），取締役会を招集してそこに報告しなければならないこともある。指名委員会および報酬委員会については必ずしも常時，報告すべき事項が生ずるとは限られず，定時総会の

前ないし報酬の改訂時期の前というように時期が限定されるのが通常であろう。しかし，たとえば指名委員会において取締役を解任すべき事情が生じたと判断したときは，遅滞なく取締役会に報告する必要が生じ，場合によっては臨時株主総会の招集を取締役会に要請する必要も生じうる。監査委員においても，前述したように執行役が違法行為をし，またはこれらをするおそれがあると認めるときは，取締役会にその旨を報告しなければならない旨が別に定められているが（406条），そこまでの事情が生じない場合でも，監査権限の行使を通じてある取締役を解任する必要があると判断したときは，取締役会においてもその旨を報告し，指名委員会のその解任の議案の決定を促すという事態も生じえよう。

(iv)　費用の前払，または償還等の請求　　各委員会を組織する取締役がその職務を執行するためには，当然に費用の支出が必要となるはずである。この費用の支出が保障されていないと，各委員会においてその職務権限を十分に行使することができない。そこで，各委員会にこの費用の支出を保障するための規定が設けられている（404条4項）。監査役設置会社においては，監査役に監査費用の支出が保障されているが（388条），それに相当するものが監査委員会のみならず，他の2つの委員会にも保障されていることになる。その内容は次の通りである。

委員会を組織する取締役がその職務の執行につき会社に対して，①費用の前払，②支出した費用の償還およびその支出した日以後における利息の償還ならびに③負担した債務の債権者に対する弁済（当該債務の弁済期にならないときは相当の担保の提供）を請求したときは，会社は，原則としてこれを拒むことができず，例外としてこれを拒むことができるのは，その請求にかかる費用または債務がその取締役の職務の執行に必要でないことを証明した場合である（404条4項）。ここでその取締役の職務の執行とは，その取締役が所属する委員会の権限の行使に関するものに限られる（404条4項柱書括弧書）。

(v)　欠員の場合　　委員会の委員に欠員が生じた場合（委員会を組織する取締役が3人未満になった場合のみならず，その社外取締役が過半数未満になった場合を含む）において，委員会を組織する取締役が任期満了または辞任により退任したことによりその欠員が生じたときは，後任の委員が選任されるまではその取締役がその権利義務を有し，また必要な場合には裁判所が利害関係人の請求により一時委員の職務を行う者を選任することができる（401条2項3項）。

(vi)　委員会の招集，運営，議事録等　　委員会の招集については，委員会の各委員に招集権限がある（410条）。委員会において招集すべき取締役を定めても，それ以外の者の招集権は否定されない。

委員会を招集するには，その委員は，委員会の日の１週間（これを下回る期間を取締役会で定めた場合にあっては，その期間）前までに，その委員会の各委員に対してその通知を発しなければならない（411条1項）。もっとも，その委員会の委員の全員の同意があるときは，招集の手続を経ることなく委員会を開催することができる（411条2項）。

委員会の決議は，議決に加わることができる委員の過半数（これを上回る割合を取締役会で定めた場合には，その割合以上）が出席し，その過半数（これを上回る割合を取締役会で定めた場合には，その割合以上）で行う（412条1項）。この決議について特別の利害関係を有する委員は，議決に加わることができない（412条2項）。指名委員会がその委員を取締役に選任またはそれを解任する議案を決定する場合のその委員はこれに該当すると解されよう。

委員会の議事については，法務省令の定めにより，議事録を作成し，議事録が書面をもって作成されているときは，出席した委員は，これに署名し，または記名押印しなければならず（412条3項，会社則111条），議事録が電磁的記録をもって作成されている場合は，法務省令で定める署名または記名押印に代わる措置をとらなければならない（同4項）。委員会の決議に参加した委員であって議事録に異議をとどめないものは，その決議に賛成したものと推定する（412条5項）。

上記の議事録は，委員会の日から10年間，その本店に備え置かなければならない（413条1項）。取締役は，委員以外の者でも，議事録の閲覧および謄写をすることができる（413条2項）。また，株主がその権利を行使するため必要があるとき，指名委員会等設置会社の債権者が委員の責任を追及するため必要があるとき，および親会社社員，親会社が株式会社の場合には親会社株主がその権利を行使するため必要があるときは，裁判所の許可を得て，議事録の閲覧および謄写の請求をすることができる（413条3項4項）。裁判所は，上記の請求にかかる閲覧または謄写をすることにより，会社またはその親会社もしくは子会社に著しい損害を及ぼすおそれがあると認めるときは，その許可をすることができない（413条5項）。

執行役，取締役，会計参与または会計監査人が委員の全員に対して委員会に報告すべき事項を通知したときは，その事項を委員会へ報告することを要しない（414条）。執行役の監査委員に対する報告義務（419条1項。〔614〕(iv)），会計参与の監査委員会への報告義務（375条4項。〔539〕），会計監査人の監査委員会に対する報告義務（397条5項。〔589〕）等がそれに含まれる。

4 執 行 役　〔610〕

(イ) 意義――業務執行とその監督との分離

執行役は，指名委員会等設置会社の業務執行（取締役会によって委任を受けた業務の決定を含む。以下同じ）をする機関であり（418条2号），それ自体としては，会社を代表する権限を有するものではない（〔615〕）。それは指名委員会等設置会社では必置の機関である（402条1項）。それ以外の会社では，取締役の全部または一部の者が業務執行を担当するものであり，業務執行を監督する機関である取締役会を組織する者と業務執行を担当する者とが制度的に分離されていない。なお，指名委員会等設置会社以外の会社を含めて，執行役員制度を設ける会社が見受けられるが，それは法律的には使用人である。これに対して，指名委員会等設置会社においては，取締役会を組織する取締役のほかに執行役を置かなければならないものとされ，基本的には，執行役の業務執行とそれを監督する取締役会とが分離されている。もっとも，取締役は執行役を兼ねることができるものとされており（402条6項），しかも，執行役を兼ねる取締役の数に制限がなく，その意味で両者が完全に分離しているとはいえない。取締役会において全員が業務執行を担当しない者である場合に適切な業務の決定や監督が可能かという問題もあり，また比較法的にみてもそこまで両者の分離が徹底していない例があることも参考とされて，上記のような取扱いがなされている。しかし，取締役の選任および解任に関する議案の決定は指名委員会によってなされ（404条1項），しかもその委員会を組織する取締役3人以上の過半数は社外取締役でなければならず（400条3項），したがって，取締役会および委員会のそれぞれの権限の適切な行使によって，業務執行とその監督との分離の関係を適切な状態におくことができるものと考えられる。

(ロ) 選解任，任期，人数，資格，欠格事由，職務執行停止の仮処分等　〔611〕

執行役は，取締役会において選任され（402条2項），その解任も取締役会の決議による（403条1項）。それらの決定を執行役に委任することができないことはいうまでもない（416条4項9号）。この点は，指名委員会等設置会社以外の会社において業務執行取締役が取締役会で決定されるのと同様である（363条1項2号）。指名委員会等設置会社において，取締役の選任および解任の議案の決定は指名委員会によってなされるにもかかわらず，執行役の選任および解任は指名委員会によることなく取締役会によってなされるものとされているのは，執行役についてはその職務の分掌，指揮命令関係その他の執行役相互の関係も定めなければならず（それは取締役会で定められている。416条1項1号ハ），それと執行役の選任および解任とは密接に関係することなので，その双方につき業務執行の決定の一環として取締役会の決議によるものとされたと考えられる。そして，前述したように，指名委員会による取締役の選任等の議案の内容が適切に決められ，取締役会の構成が適切になされ，そこでの執行役の選任等も適切になされることによって，業務執行の適切さおよび取締役会による業務執行の監督の適切さを保障しようとしているということができる。なお，執行役の報酬は報酬委員会（そこでも社外取締役が過半数を占める）によって決定され，報酬の決定の面からの取締役会による業務執行の監督の適切さが保障されているということができるが，同時にその報酬の決定と執行役の職務の分掌および指揮命令関係とは密接に関連することなので，報酬委員会と取締役会との密接な連携が必要である。

執行役の任期は，選任後1年以内に終了する事業年度のうち最終のものに関する定時株主総会の終結後最初に招集される取締役会の終結の時までとされる（402条7項）。取締役の任期がその定時株主総会の終結の時までとされる（332条6項）が，執行役は，取締役会によって選任されるので，その定時株主総会で選任された取締役によって組織される取締役会で新執行役が選任されるまではその地位にとどまることになる。

人数には制限がなく，1人でも数人でもよい（402条1項）。執行役が数人ある場合には，取締役会でその相互の関係に関する事項が決定される（416条1項1号ハ）。その場合にも，執行役会のような会議体は法定されていない。しかし，実務上，たとえば取締役会で委任された業務の決定を，執行役全員で執行役会を組織して，そこで決定することとすること等は妨げられないと解される。

執行役を欠いた場合の措置につき，一時取締役の選任など，法定または定款に定めた取締役の人数を欠いた場合の規定が準用される（403条2項・401条2項－4項）。

定款をもってしても執行役が株主でなければならない旨を定めることはできない（402条5項本文）。この点は取締役の場合と同様である（331条2項本文。〔460〕）。公開会社でない会社ではその限りでないことも取締役と同様である（402条5項但書・331条2項但書）。また，その欠格事由につき取締役のそれが準用される（402条4項・331条1項）。

執行役の氏名も登記事項とされる（911条3項23号ロ）。

執行役の職務執行停止，職務代行者選任の仮処分等については後述する（〔614〕(vii)）。

(ハ) 会社と執行役との関係 〔612〕

会社と執行役との関係は，基本的に会社と取締役の関係と同様である。すなわち，会社と執行役との関係は委任に関する規定に従い（402条3項），したがって執行役は会社に対して善管注意義務を負う（民644条）。また，執行役は法令または定款の定め，ならびに総会の決議を遵守し，会社のため忠実にその職務を遂行する義務を負う（419条2項・355条）。忠実義務の内容は取締役のそれと同様である（〔474〕）。また会社との競業および会社との利益相反取引につき取締役と同様の規制がある（419条2項・356条・365条）。したがって，執行役がそれらの行為をするには，取締役会の承認を受けることが必要であり，取締役会はその承認を執行役に委任することはできない（416条4項6号）。その報酬は報酬委員会が決定すること，およびそのこととその選任が取締役会によってなされることとの関係については前述した（〔611〕）。

(ニ) 執行役の権限 〔613〕

(a) 基本的権限　執行役の権限は，①取締役会の決議により委任を受けた事項に関する業務の決定を行うこと（418条1号），および②業務を執行すること（418条2号）である。①に関しては，取締役会は416条4項に列挙されている一定の事項（〔596〕）を除いては，執行役に業務の決定を委任することができる。②業務執行権限が執行役に属し，取締役会によるその監督と業務執行とを分離するものであることは前述した（〔610〕）。以下には，特に区別する必要がある場合を除いて，①と②を合わせて，執行役の業務の執行と呼ぶことにする。

(b) 個別的権限（義務を含む） 〔614〕

(i) 取締役会における報告義務　執行役は，3か月に1回以上，取締役会において，自己の職務の執行の状況を報告しなければならない（417条4項前段）。指名委員会等設置会社以外の会社における取締役の取締役会における業務執行状況の報告義務（363条2項。〔520〕）に相当するものである（なお，各委員会の報告につき，〔609〕）。上記の場合において，執行役は代理人（執行役に限る）によりこの報告をすることができるものとされており（417条4項後段），執行役相互間でこの報告につき役割分担をすることも認められることになる。

(ii) 取締役会の要求があった場合の説明義務　執行役は，取締役会の要求があったときは，取締役会に出席し，取締役会の求めた事項について説明しなければならない（417条5項）。取締役会にとってその執行役の業務執行の監督のための手段となるものである。執行役は取締役とともに，委員会に対しても，この説明義務を負うことは前述した（〔608〕(i)）。

(iii) 取締役会招集権　執行役には，取締役会の招集請求権が与えられている（417条2項）。

この取締役会の招集請求権は，各委員会がその委員の中から選定する者の取締役会招集権（417条1項）と異なり，直接に取締役会を招集することができるものではなく，取締役会招集権者が定められた場合（366条1項。〔511〕(b)）のそれ以外の取締役の招集請求権と同様である。すなわち，まず執行役は，取締役会において執行役からの取締役会の招集の請求を受ける者として定められた取締役（416条1項1号ニ）に対して会議の目的たる事項を記載した書面を提出して取締役会の招集を請求する。その請求があった場合において，5日以内にその請求の日より2週間以内の日を会日とする取締役会の招集の通知が発せられないときは，その請求をした執行役が自ら招集することができる（417条2項）。執行役が業務を執行するにあたって，たとえば，株式交換・移転，会社分割，合併等を行おうとする場合には，株主総会の決議が必要であり，株主総会の招集の決定には取締役会の決議が必要である（416条4項4号5号）。そのような場合のために，執行役には取締役会招集請求権が与えられているのである。もっとも，執行役は，それ自体としては（取締役を兼ねている者でない限り），取締役会を組織する者ではなく，したがって取締役会への出席権限を有しない。そのような場合には，前述の(ii)により，取締役会からそこで説明を求められるのが通常であろう。

(iv) 監査委員に対する報告義務　執行役は，会社に著しい損害を及ぼすおそれのある事実（その内容については〔558〕参照）を発見したときは，ただちに監査委員にその事実を報告しなければならない（419条1項）。指名委員会等設置会社以外の会社における取締役の監査役等に対する報告義務（357条。〔558〕）に相当するものである。監査委員による権限行使（406条・407条等。〔605〕(iii)(iv)等）の機会を与えるものである。

(v) 各種の訴訟の提起権　執行役は，総会決議取消の訴え，総会決議無効・不存在確認の訴え，新株発行等の無効の訴え，株式交換無効の訴え，株式移転無効の訴え，新設分割無効の訴え，吸収分割無効の訴え，資本金の額の減少無効の訴え，合併無効の訴えおよび設立無効の訴えの提起について，その提起権を有する（828条2項）。

(vi) 総会における説明義務　執行役は，総会において株主の求めた事項について説明義務を負うことは指名委員会等設置会社以外の取締役等の場合と同様である（314条。〔426〕(ii)）。

(vii) 執行役の職務執行停止，代行者選任の仮処分等，職務代行者の権限等　執行役（その他の役員についても同様である）の業務執行停止もしくは代行者選任の仮処分またはその仮処分の変更もしくは取消しがあった場合の登記につき，規定が設けられている（917条1号）。また，民事保全法56条の仮処分命令によって選任された執行役の職務代行者につき，仮処分命令に別段の定めがある場合を除いて，原則として会社の常務に属しない行為（指名委員会等設置会社以外の会社の場合の取締役代行者と同様である。〔473〕）をすることができないが，特に裁判所の許可を得た場合はその限りではない（420条3項・352条1項）。職務代行者がその規定に違反したときでも，会社は善意の第三者に対しては責任を負う（420条3項・352条2項）。執行役を欠いた場合の措置については前述した（〔611〕）。

(ホ) 代表執行役および表見代表執行役　〔615〕

会社は，取締役会の決議（執行役にその決定を委任することはできない。416条4項11号）をもって，その会社を代表すべき執行役（以下，「代表執行役」という）を選定しなければならず（420条1項前段），執行役の員数が1人である場合には，その執行役が当然に代表執行役となる（420条1項後段）。指名委員会等設置会社以外の会社では，取締役の中から会社を代表する者を取締役会の決議で定めることになっている（362条3項。〔526〕）。指名委員会等設置会社においても，会社を代表する権限（その者がなした行為の効果が会社に帰属するという権限）を有する者を選定しなければならないことは当然である。ところで，執行役は，会社の業務執行権を有するが（〔610〕），それ自体としては会社代表権を有するものではない。したがって，会社を代表する権限を有する者を定めなければならない。そして，会社代表権は，前述したように，会社の業務執行権の対外的側面であるから（〔525〕(ロ)(b)），執行役の中から会社代表権限を有する者が定められることになる。それは1人でも複数人でもよい。その者が会社代表執行役の資格でなした行為の効果は，会社に帰属する。その権限の範囲については，代表取締役のそれと同様である（420条3項・349条4項5項。〔528〕〔529〕）。代表執行役の氏名等は登記事項とされる（911条3項23号ハ）。

共同代表の執行役の制度は廃止された（共同代表取締役制度が廃止されたことは前述した。〔532〕）。代表執行役を欠いた場合についても，代表取締役を欠いた場合と同様の規定がある（420条3項・401条。〔526〕）。

代表権限を有しない者が代表権を有するような名称を付された場合には，その者がその名称でした行為の効果を会社に帰属させることにしないと不当である。そこで，表見代表取締役に相当する表見代表執行役に関する規定が設けられている（421条）。その適用範囲等については表見代表取締役についてと同様に考えてよい（〔533〕）。

〔616〕 ㈪ 取締役および執行役の責任

旧会社法のもとでは，委員会設置会社における取締役および執行役の会社に対する責任は，それ以外の会社におけるそれと比べて，緩和されていた。すなわち，それ以外の会社では，前述したように（〔487〕）無過失責任を負わされる場合が少なくなく，また，一定の行為が取締役会の決議に基づいてなされた場合にはその行為をしたものとみなされる等の規定が設けられていた。これに対して，委員会設置会社では，その会社に対する責任は原則として過失責任とされ，かつ，取締役会の決議に賛成したことがその行為をしたものとみなされるという規定も設けられていなかった。

ところが，会社法においては，前述したように（〔487〕），指名委員会等設置会社以外の会社においても，取締役の会社に対する責任が緩和された結果，指名委員会等設置会社の取締役の会社に対する責任とそれ以外の会社の取締役の責任とで差異が解消した。すなわち，会社に対する責任は，取締役および執行役を含む役員等について，指名委員会等設置会社のそれかどうかの区別をせずに，しかも，その任務を怠ったことによる責任（責任の限定を含む）に一括して規定されている。そこでは，指名委員会等設置会社の取締役についての特別の規定は設けられていない。しかも，指名委員会等設置会社の執行役についても，役員等の責任に関するものに含まれて規定されており（423条），したがって執行役も，会社に対して他の役員等と同じ責任を負うことになり，それについての特別の規定は設けられていない。

したがって，指名委員会等設置会社の取締役および執行役の責任については，それ以外の会社の取締役について前述したことが妥当する。その第三者に対する責任についても同様である。損害賠償額の限定や代表訴訟についても同様である（〔487〕－〔499〕）。

Ⅶ　監査等委員会設置会社の場合

1　定款の定めによる設置，その地位，構成等

〔616の2〕

平成26年改正会社法は，あらたに監査等委員会設置会社制度を設けている（2条11号の2)。それを置くためには定款の定めによることを要する（この点は指名委員会等設置会社の場合〔2条12号〕と同様である)。監査等委員会設置会社では，常勤の監査役の制度が設けられていないことも指名委員会等設置会社と同様である（〔603〕)。なお，法務省令では，監査等委員会設置会社が常勤の監査等委員を選定した場合には，その理由およびその常勤の監査等委員に関する事項を，またそれを選定しない場合にあってはその理由を，それぞれ事業報告の記載事項としている（会社則121条1項10号イ)。

監査等委員会設置会社では，取締役会および会計監査人が必ず置かれなければならないが，監査役は置かれない（327条1項4項5項)。

監査等委員は，すべて取締役である（399条の2第2項)。したがって，指名委員会等設置会社の監査委員と同じく，取締役会の構成員であり，取締役会の議決権を有し，代表取締役の決定にも参加する。

2　監査等委員の提案権等

〔616の3〕

また，監査等委員会は，業務執行取締役に対し，監査等委員である取締役の選任を株主総会の目的とすること（いわゆる議題提案権。たとえば「監査等委員選任の件」を株主総会の議題とすること)，または監査等委員である取締役の選任に関する議案（いわゆる議案提案権。たとえば「○○を監査等委員に選任する件」を議案とする旨の提案）を株主総会に提出することを請求することができる（344条の2第2項)。また，監査等委員である取締役は，辞任または解任について意見を述べることができ（342条の2第1項)，またそれを辞任した者は辞任後最初に招集される株主総会に出席して辞任した旨およびその理由を述べることができる（同条2項)。これらの規定も監査等委員の独立性を確保するためのものといえよう。

監査等委員会の取締役は，それ以外の取締役とは区別して，株主総会の決議によって選任される（329条2項)。指名委員会等設置会社の場合には，すべての取締役が株主総会の決議によって選任され（329条1項)，各委員会の委員は，取締役の中から取締役会決議によって選任される（400条2項）のに対して，監査等委員会設置会社の監査等委員は，はじめから株主総会で他の取締役と区別して選任

される点で異なることになる。監査等委員会設置会社において，監査等委員である取締役の選任に関する議案を株主総会に提出するには，監査等委員会の同意を得ることが必要である（344条の2第1項）。これらのことは，監査等委員の独立性を確保するためのものということができる。

〔616の4〕

3 取締役および監査等委員の任期

監査等委員会設置会社においては，監査等委員の任期は2年（正確には，選任後2年以内に終了する事業年度のうち最終のものに関する定時株主総会の終了の時まで。以下同じ）とされ，定款または株主総会の決議によってその任期を短縮することはできないものとされている（332条1項4項）。その他の取締役の任期が1年とされている（同3項）のと異なるところである。さらに，指名委員会等設置会社の監査委員の任期が他の取締役と同様に1年であり，監査役設置会社の監査役の任期が4年，その取締役の任期が2年以内等とされていることとも異なるところである。監査等委員会設置会社の監査等委員の任期のみが2年と法定された理由については，必ずしも明確にその理由を説明することはできないが，実務的にそれが取り扱いやすいということがその理由としてあげることができよう。たとえば監査役設置会社の監査役は4年とされるが，それが再任された場合には合計すると8年ということになるが，それは長過ぎるのではないか等の問題が生ずるからである。

〔616の5〕

4 指名委員会等設置会社との比較等

結局，指名委員会等設置会社と監査等委員会設置会社とを比較すると，指名委員会等設置会社においては，監査委員会のみならず，指名委員会および報酬委員会の3委員会が必置の機関とされるのに対して，監査等委員会設置会社においては指名委員会等設置会社の監査委員会に相当するもののみが必置の機関とされるのが異なる点である。指名委員会等設置会社の委員が取締役会で選任されるのに対して，監査等委員会の監査等委員の選任が，直接に株主総会でなされるのは，このことから説明されよう。すなわち，監査等委員会設置会社では，指名委員会および報酬委員会を置かないでよいかわりに，その委員の選任については要件が重くされているということができよう。監査等委員会（委員のそれを含む）の権限と監査委員会のそれ（委員のそれを含む）については，基本的に相違がないということができる。監査等委員会設置会社において，指名委員会または報酬委員会を置くことは，法律上は予定されていないが，任意の機関として置くことは可能である。言い方を変えれば，取締役会の中に，監査委員会に相当するもの（監査等委員会）のみを設け，指名委員会および報酬委員会を設けないでよいようにするためには，監査等委員会設置会社制度を利用すればよいことになる。

なお，監査役設置会社の監査役と監査等委員会設置会社の監査等委員とを比較すると，前者は取締役会の構成員ではなく，したがって取締役会の議決権を有しないのに対して，監査等委員会設置会社の監査等委員は，取締役会の構成員なので，取締役会における議決権を有しており，したがって代表取締役の選任議案等の人事にも参加することができることになる。

5 報 酬 等

〔616の6〕

監査等委員の報酬については，それ以外の取締役の報酬とは区別して，定款または株主総会の決議によって定めるものとし（361条1項2項），監査等委員である取締役の個人別の報酬等について定款の定めまたは株主総会の決議がないときは，その報酬等は，定款または株主総会の決議によって定められた報酬等の総額の範囲内において，監査等委員である取締役の協議によって定めるものとされる（361条3項）。監査等委員の報酬等が他の取締役と区別して決められる点で，監査役設置会社の報酬等の決定と異なる。なお，指名委員会等設置会社では，執行役等（執行役，取締役，会計参与。404条2項1号）の報酬は報酬委員会で決められる（404条3項。〔607〕）。

6 監査等委員会の構成

〔616の7〕

監査等委員会は，監査等委員3人以上で組織されるものであり，その委員は取締役でなければならず，かつ，その過半数が社外取締役でなければならないものとされており（331条6項），これらは指名委員会等設置会社の各委員会の構成と同様である（指名委員会等設置会社につき400条1項2項。〔600〕）。また，委員が会社もしくはその子会社の業務執行取締役等を兼ねることができない点（331条3項）も指名委員会等設置会社の監査委員会の委員と同様である（400条4項）。

7 監査等委員または同委員会の権限

〔616の8〕

監査等委員会は，取締役および会計参与の職務の執行の監査および監査報告の作成，会計監査人の選任，解任または再任しないことに関する議案の内容の決定の権限を有する（399条の2第3項）ことは，基本的に（取締役と執行役等の差異はある）指名委員会等設置会社の監査委員会（404条2項。〔603〕）と同様である。

監査等委員は，報告徴収権および業務・財産調査権，子会社等に対する調査権等，取締役の違法行為等の取締役会に対する報告義務，取締役の法令違反行為等の差止請求権等，指名委員会等設置会社の監査委員会または各監査委員が有する権限と同様の権限を有する（399条の3・399条の4・399条の6）。さらに，監査等委員は，取締役が株主総会に提出しようとする議案，書類その他法務省令で定めるもの（会社則110条の2）について法令違反等があると認めるときは，その旨を株主総会に報告しなければならないものとされる（399条の5）。指名委員会等設置会社には設けられておらず，監査役設置会社に認められているものである（384条）。監査等委員は取締役であるため，指名委員会等設置会社の監査委員と同様にこれを株主総会に直接報告させる必要はないようにも考えられるが，指名委員会，報酬委員会の存在しない監査等委員会設置会社では，監査役と同様に監査等委員が直接株主総会に報告するものとされたといわれている。

〔616の9〕

8　監査等委員会の運営等

監査等委員会は，各監査等委員（以下，ここでは「委員」「委員会」と略する）が招集し，その決議は議決に加わることができる委員の過半数が出席し，その過半数で行い，その決議について特別の利害関係を有する委員は議決に参加することができないものとされる（399条の10）点は，指名委員会等設置会社と同様である（410条・412条1項2項。〔609〕(vi)）。

取締役および会計参与は，委員会の要求があったときは，委員会に出席し，委員会が求める事項について説明しなければならない（399条の9第3項）。前述した報告徴収権の一環といえよう。

委員会において，取締役会の招集については，それを招集する取締役が定められた場合（366条1項但書）であっても，委員会が選定する委員は取締役会を招集することができる（399条の14）。

〔616の10〕

9　監査等委員会設置会社の取締役会の権限

監査等委員会設置会社の取締役会は，362条の規定（取締役会設置会社に関する指名委員会等設置会社を除く一般の規定）にかかわらず，次に掲げる職務を行うものとされる（399条の13第1項2項）。

①　次に掲げる事項その他監査等委員会設置会社の業務執行の決定

㋐　経営の基本方針

㋑　監査等委員会の職務の執行のため必要なものとして法務省令で定める事項（会社則110条の4第1項）

㋒　取締役の職務の執行が法令および定款に適合することを確保するための体制その他会社の業務ならびに当該会社およびその子会社から成る企業集団の業務の適正を確保するために必要なものとして法務省令で定める体制の整備（会社

則110条の4第2項)

② 取締役の職務の執行の監督

③ 代表取締役の選定および解職

取締役会に②の取締役の職務の監督権限が与えられていることは，監査役設置会社（〔510〕）および指名委員会等設置会社（〔597〕）と同様である。

③の代表取締役の選定については，指名委員会等設置会社以外の取締役会設置会社と同様であり（362条2項3号。指名委員会等設置会社の場合は代表執行役の選任等になる），選定される代表取締役には監査等委員である取締役は除かれる（399条の13第3項)。

10 取締役に委任できる範囲

〔616の11〕

以上の取締役会の決定について，指名委員会等設置会社についても問題とされたように（〔594〕），取締役（代表取締役と解される）に委任することができる範囲が問題になる。

まず監査役設置会社において取締役会から代表取締役に委任できる範囲について，基本的に362条4項により規定されているのと同様に，重要な財産の処分および譲受け等の重要な業務執行を取締役に委任することができないのが原則であるが，次のような例外が認められる。

① 過半数が社外取締役の場合　監査等委員会設置会社の取締役の過半数が社外取締役である場合には，監査等委員会設置会社の取締役会は，その決議によって重要な業務執行の決定を代表取締役に委任することができるものとされる。ただし，指名委員会等設置会社において執行役に決定を委任することができないものとされている事項（〔596〕）は，代表取締役に委ねることができない（399条の13第5項)。

② 定款で定めた場合　監査等委員会設置会社は，定款で，取締役会の決議によって重要な業務執行の全部または一部の決定を代表取締役に委任することができる旨を定めることができる。ただし，例外①と同じく，指名委員会等設置会社において，執行役に決定の委任をすることができないとされる事項は代表取締役に委任することができない（399条の13第6項)。

①および②のいずれも，指名委員会等設置会社において，取締役会決議による執行役への業務執行の委任と同じ範囲で委任を可能としていることになる。

監査等委員会設置会社においては，監査等委員会のみが設けられ，指名委員会等設置会社には3委員会が設けられているにもかかわらず，監査等委員会設置会社に指名委員会等設置会社と同範囲の業務執行の委任が認められている。この問題につき，このように，監査等委員会設置会社において，その取締役に，指名委員会等設置会社の執行役に対すると同じような重要な業務執行の決定の委任が認められているのは，監査等委員会には，委員以外の取締役の選解任・辞任およびその報酬につき直接株主総会における意見陳述権が認められていることによると考えられる。

11　株主総会における報告義務・意見陳述権等

監査等委員は，取締役が株主総会に提出しようとする議案，書類その他法務省令で定めるもの（会社則 110 条の 2）につき，法令違反等があると認めるときは，その旨を株主総会に報告しなければならない（399 条の 5。監査役につき同様。384 条。指名委員会等設置会社にはない。指名委員会等設置会社ではその報告の差止請求ですまされると考えられたのであろう）。

監査等委員会の決定した内容（399 条の 2 第 3 項 3 号）に基づき，監査等委員である取締役以外の取締役の選任解任等についての委員会の意見の陳述権（342 条の 2 第 4 項），監査等委員である取締役以外の取締役の報酬等についての総会における委員会の意見の陳述権（361 条 6 項）も認められている。また委員以外の取締役との利益相反取引について，監査等委員会が事前に承認した場合には，取締役の任務懈怠の推定規定（423 条 3 項）は適用されない（同 4 項）。

なお，会社と取締役との間の訴訟については，前述したように（〔528〕），代表取締役に代表権はなく監査等委員会が選定する監査等委員または取締役会が定める者等が代表する（399 条の 7）。

第7節　会社の計算

I　公正妥当と認められる企業会計の慣行

会社法431条は，株式会社の会計（持分会社の会計についても同様である。614条）〔617〕は，一般に公正妥当と認められる企業会計の慣行に従うものとすると規定している。旧会社法のもとでは，「商業帳簿ノ作成ニ関スル規定ノ解釈ニ付テハ公正ナル会計慣行ヲ斟酌スベシ」と規定していた（改正前商32条2項）。会社法において，たんに「会計慣行を斟酌」するだけでなく，企業会計の慣行に「従う」ものとすると改められたことによって，企業会計の慣行の拘束力が強化されたということは否定しえない。もっとも旧会社法で「斟酌」という言葉が用いられていたとしても，公正な会計慣行に従わない商業帳簿の作成が許容されていたわけではないから，この改正によって実質が変更されたものではないと解されている。一般に公正妥当と認められる企業会計の慣行とは何かについては，企業会計原則は，「企業会計の実務の中に慣習として発達したもののなかから，一般に公正妥当と認められたところを要約したもの」とされている（昭和24・7・9経済安定本部企業会計制度対策調査会中間報告「企業会計原則の設定について」2(1)。現在は，金融庁の諮問機関である企業会計審議会の所管）が，さらに明文化されたものに限られず，規定のない事項についての公正妥当と認められる企業会計の慣行も含まれ，会社の計算がそれに従わなければならないと解すべきであろう。なお，会社計算規則3条は，「この省令の用語の解釈及び規定の適用に関しては，一般に公正妥当と認められる企業会計の基準その他の企業会計の慣行をしん酌しなければならない」と規定している。そして，企業会計基準委員会が公表している基準等は，株式会社にとっては，一般に公正妥当と認められる企業会計の基準に該当すると解される。

なお，会社法431条が「会計の慣行に従う」と規定しているのに対して，会社計算規則3条が「企業会計の基準その他の……慣行をしん酌しなければならない」と規定しているのは，会社計算規則上，会計慣行のみならず，「企業会計の基準」も斟酌するものとして，企業会計基準委員会の公表している基準等に，少なくとも金融商品取引法適用会社については，会社計算規則上の根拠を与えたものと理解することも可能であろう（〔623〕の棚卸資産等の評価基準に関する〔627〕参照）。

また，平成21年会社計算規則の改正により，会社計算規則と公正な会計慣行についての役割分担につき，組織再編の場合に会計上当然に定まるべきものであるのれんの額，株式の特別勘定の額（改正前30条－35条），組織再編等によって変動する株主資本等（会社計算2条3項30号参照）の総額に関しては，会計慣行に委ねれば足りるものとされて，会社計算規則からは，その算定に関する基本的事項に関するものを除き，それらに関する規定は削除された。そして，資本金，準備金および剰余金については債権者と株主の利害調整の観点から会社法で規定すべきものであるので，会社計算規則で取り扱われている（〔635〕以下参照）。結局，会社計算規則の規定は，同年改正により，大幅に削除され（たとえば改正前12条－35条等），条文番号も付し直されている。

なお，平成21年6月30日に取りまとめられた企業会計審議会「我が国における国際会計基準の取扱いに関する意見書（中間報告）」は，IFRS（国際財務報告基準・国際会計基準）について，平成22年3月期から一部の上場会社の連結財務諸表について任意適用をすることおよび平成24年を目途として強制適用について判断することを表明した（ただし，その後，平成23年に検討時期の延期がされることとなった）。これに対応して，平成21年12月11日に，会社計算規則の一部改正が公布・施行された（平成21年法務省令46号）。

その後，平成23年11月16日に，会社法施行規則と会社計算規則の一部改正が公布・施行された（平成23年法務省令33号）（そのうち一部の施行は11月24日）。これは，企業会計基準委員会の連結会計基準の改正を受けての子会社の範囲に関する特別目的会社の特則の改正，②米国会計基準に関する規定の本則化（IFRSの検討時期が延期されたため，平成21年12月改正前の状態に戻した〔上記参照〕），③資産流動化に関する法律の改正に伴う整備をしたものである。

そして，平成25年6月19日，企業会計審議会は「国際会計基準（IFRS）への対応のあり方に関する当面の方針」を公表し，IFRSへの対応の当面の方針として，「任意適用要件の緩和」「IFRSの適用の方法」「単体開示の簡素化」について，考え方を整理した。この結果，日本では，当面は，日本基準・米国基準・ピュアIFRS・エンドースメントされたIFRSという4つの基準が並存することとなった。

その後，平成26年7月31日に，企業会計基準委員会は，公開草案「修正国際基準（国際会計基準と企業会計基準委員会による修正会計基準によって構成される会計基準）（案）」を公表し，その後の審議を経て，平成27年6月30日に企業会計基準委員会「修正国際基準の適用」が公表された（同日付の企業会計基準委員会「『修正国際基準（国際会計基準と企業会計基準委員会による修正会計基準によって構成される会計基準）』の公表にあたって」参照）。また，同日，企業会計基準委員会による修正会計基準第1号「のれんの会計処理」および企業会計基準委員会による修正会計基準第2号「その他の包括利益の会計処理」が公表された。

これを受けて，平成27年9月4日に連結財務諸表規則の改正が公布された。また，平成27年11月6日に会社計算規則の改正案が公表され，この改正は，平成28年1月8日に公布・施行された（平成28年法務省令1号）。改正後の会社計算規則120条の2は，平成28年3月31日以後に終了する連結会計年度に係る連結計算書類について適用される。

なお，修正国際基準は，その後数度にわたって一部改正がなされ，最新版の修正国際基準は，平成30年4月11日改正のものとなっている。

Ⅱ　規制の目的――株式会社等と合名会社等との比較

〔618〕 株式会社――物的会社――と個人商人ならびに合名会社および合資会社（合同会社を除く）――人的会社――とでは，計算に関する規制の仕方が異なっている。両者で計算に関する規制の仕方に差異があるのは，会社債権者に対する責任の負い方に差異があることによる。すなわち，前者では，社員が間接有限責任を負うにすぎず，会社債権者にとって債権の満足を得るためにあてにできる財産が会社財産だけであるのに対して，後者では，個人商人自身または社員が直接にその個人財産で会社債権者に対して会社債務を弁済する責任を負う。このことから，計算に関する規制について，前者の場合には，たんに会社の合理的経営による株主・社員の利益を保護することだけではなく，会社債権者のために会社財産を確保することを目的とする必要があるのに対して，後者の場合には，主として企業の合理的経営を目的とすればよいという差異が生ずることになる。たとえば，前者では，剰余金配当等の限度について規定が設けられ（461条），その違反の場合には，取締役（指名委員会等設置会社の場合には執行役を含む）がその限度を超えて配当した額について会社に弁済する責任を負う旨の規定（462条・465条），取締役等に対する罰則の規定（963条5項2号）等が設けられているのに対して，後者

ではそのような規定が設けられていない（もっとも，合資会社の有限責任社員の責任につき623条参照）のは，上記に述べたことから説明することができる。

Ⅲ　会社の計算に関する規制のあり方と規制の経緯

〔619〕　会社の計算に関する規制のあり方については，大別して，財産計算の方法（財産法）と，損益計算の方法（損益法）とがある。財産法とは，企業の解体（会社の清算）を前提として，会社の個々の財産を処分した場合の処分価額の総額をもって会社財産として表示することを目的とするものである。これを会社債権者の立場からいえば，会社財産を処分してその売得金からその会社に対する債権の満足を得ることを想定するものである。損益法とは，企業の継続を前提として，企業の収益力を正確に把握し，かつ，これを表示することを目的とするものであり，そのために，費用収益対応の原則により期間損益計算をする（一定の期間――一事業年度――に帰すべき費用がどの程度で，その費用によってどの程度の収益があげられるかを計算する）方法がとられる。これを会社債権者の立場からいえば，会社財産を処分することなく，会社があげる収益からその会社に対する債権の満足を得ることを想定する方法である。たとえば，資産の評価についていえば，財産法によれば，時価を基準とする時価主義ないし時価以下主義がとられるのに対して，損益法によれば，原価主義がとられることになる。通常の場合（破産のような非常の場合は別である）の会社の計算のあり方としては，会社債権者が会社財産の処分による売得金から債権の満足を得ることを前提とする財産法は実体に即せず，会社の収益によって債権の満足を得ることを前提とする損益法が実体に即するといわなければならない。

商法の計算に関する規制は，昭和37年改正前は，資産の評価につき時価以下主義を原則とする規定が設けられ，財産法に重点が置かれていたが，昭和37年の改正により，資産の評価につき原価主義（取得価額または製作価額で評価する主義）を原則とすることに改められ（会社法のもとでも同様である。会社計算5条1項），繰延資産の項目が拡大され（〔624〕参照），引当金の計上を許容する規定（〔625〕参照）が設けられたことなどからも明らかなように，損益法に重点が移行された。平成11年の改正により，資産の原価主義の例外として，市場価格のある金銭，社債等および株式すなわちいわゆる金融資産といわれるものにつき時価を付するものとすることができる旨の規定が設けられた。それらについては，国際的に時価主義を採用する傾向にあり，わが国でもこれを導入することが必要と考えられたからである。これらの資産については，客観的な価額としての時価を把握することが可能であり，企業の業績ないし収益力を適正に表示するには時価による評価が合理的であること，時価を表示することが株主にとって有用な情報であること等を理由とするものである。なお，このような金融資産につきいったん時価主義を採用した場合には，それについては継続性の原則が適用されると解される（企業会計原則第1の5）。しかし，上記の改正により時価評価が認められるのは金融資産に限られ，株式会社の計算のあり方が基本的に損益法によっていることには変わりがないと考えるべきである（企業会計原則第2の1参照）。

Ⅳ　会 計 帳 簿

1 意　　義

〔620〕

会計帳簿とは，会社についていえば，その事業より生ずる一切の取引を継続的かつ組織的に記録する帳簿である。会計帳簿は，日記帳，仕訳帳および元帳からなる。日記帳とは日々の取引を網羅的に記録したものであり，仕訳帳とは日記帳に記載された会計上の事業を貸方・借方に分けて記帳したものであり（日記帳と仕訳帳を合併するのが通常である），元帳とは仕訳された会計上の事実を資産，株主資本（旧会社法の資本）その他の純資産，負債，費用または収益のいずれかに属させて，それまでの勘定を集合したものである（それと貸借対照表および損益計算書との関係は後述する）。

なお平成14年改正商法において会社の会計帳簿に記載または記録すべき財産の評価は，法務省令の定めるところにゆだねるものとされ，それが基本的には会社法に受け継がれて，会社は，法務省令で定めるところにより，適時に，正確な会計帳簿を作成しなければならないとしている（432条1項）。ここで「適時に」と「正確な」とが明文で規定されている。会計帳簿に記載すべき事象が発生した場合には，適時にこれを会計帳簿に記載しなければならず，しかもその内容が正確でなければならないという，当然のことを要求したものである。実際には適時にではなくまとめて記載する例があり，それが不正の温床になりうることから，このような明文の規定がおかれたものである。

会計帳簿に付すべき「資産」（会社計算5条），「負債」（同6条）および「純資産」（同13条以下）の価額その他会計帳簿の作成に関する事項については，会社計算規則第2編で定められている（会社計算4条1項）。会計帳簿は，書面または，電磁的記録で作成しなければならない（同4条2項）。なお，組織再編等の場合の資産および負債の評価につき，原則として帳簿価額による旨が規定されている（会社計算7条―10条）。

〔621〕 **2 資産の内容およびその評価**

(イ) 原価主義の原則とその特則

会社計算規則においては，資産の評価については，①原則としてその取得原価を付さなければならない（5条1項）と規定され，原価主義を原則とする旨を明らかにしている（〔619〕参照）。②償却すべき資産については，事業年度の末日（それ以外の日に評価すべき場合にはその日）において相当の償却をしなければならない旨が規定されている（5条2項）。③㋑事業年度の末日における時価がその時の取得原価より著しく低い資産は，その資産の時価がその時の取得原価まで回復すると認められるものを除き，事業年度の末日における時価，㋺事業年度の末日において予測することができない減損が生じた資産または減損損失を認識すべき資産は，その時の取得原価から相当の減額をした額を付さなければならない（5条3項）。④取立不能のおそれのある債権については，事業年度の末日においてその時に取り立てることができないと見込まれる額を控除しなければならない（5条4項）。⑤債権については，その取得価額が債権金額と異なる場合その他相当の理由がある場合には，適正な価格を付すことができる（5条5項）。⑥㋑事業年度の末日における時価がその時の取得原価より低い資産，㋺市場価格のある資産（子会社および関連会社の株式ならびに満期保有目的の債券を除く），㋩その他，事業年度の末日においてその時の時価または適正な価格を付すことが適当な資産につき，事業年度の末日においてその時の時価または適正な価格を付すことができる（5条6項）。

〔622〕 **(ロ) 減価償却の強制**

(a) 減価償却の意義　②の減価償却とは，旧会社法のもとでは固定資産の評価額につき，その価値の減少に応じて減額していくことによって，固定資産の原価をその耐用年数に応じて費用として配分することであった。たとえば，1億円で取得した固定資産の耐用年数が10年であり，10年後には，その価値（残存価額）がゼロになるとすると，1年ごとの価値の減少を1000万円として，それを取得した年度以降，その評価を毎決算期に1000万円ずつ減額して計上していく（償却方法として定額法を採用した場合。後述(c)参照）のが，減価償却である。会社法のもとでは，これを固定資産に限らず，償却すべき資産についてこれが強制されていることになる（航空機，自動車等）。以下，主として固定資産につき取り扱う。

(b) 減価償却の強制の理由　株式会社において固定資産につき減価償却を強制する規定は，昭和37年改正によって設けられた（株式会社および有限会社以外の商人については，昭和49年改正によって，それが設けられた）。このことからも推察されるように，減価償却の強制も，期間損益計算により企業の収益力を正確に表示するという損益計算の方法を採用したことと関係し（〔619〕），固定資産の原価（前述の例で1億円）を資産が使用される期間（前述の例で10年）の収益に負担させるための費用の配分手続である。すなわち，その固定資産によって生ずる収益を年間2000万円として，それがその固定資産の耐用年数の10年間継続するとした場合，もし，減価償却をしないとすると，その取得した年度から9年間はその固定資産から生ずる収益2000万円がそのまま利益として計上され（ここでは，計算を単純化するため，減価償却以外に，人件費等の費用は考えないことにする），耐用年数が尽きる10年目に，その固定資産の評価が1億円からゼロに下がるから，8000万円の損失が計上されることになり，本来，この企業の収益力には変化がないはずなのに，その取得後9年間と最後の10年目とで収益力に大きな変化があるように表示されることになる。これに対して，当該固定資産について前述したような減価償却をしたとすると，その取得後10年間，毎年，2000万円の収益に対して，減価償却による費用が1000万円計上されるから，利益として計上されるのは，その差額の1000万円となる。そして，10年間，費用として毎年1000万円ずつ計上されてきた合計額1億円で，それまでと同じ固定資産を取得することができ，その後の10年間も同様に1000万円の利益が計上されることになる。以上のように，固定資産の減価償却をすることによって，費用と収益とを対応させて（費用収益対応の原則），期間損益計算による企業の収益力が正確に表示されることになる。

(c) 減価償却の方法　減価償却をするためには，各固定資産について，その償却方法，耐用期間（資産の本来の用途に使用できる期間），残存価額（耐用期間満了時の処分価額から除去費を除いた額）等を決めなければならないが，それは公正な会計慣行に従ってなされなければならない。その方法としては，定額法（原価を耐用年数で除した額を毎期の償却額とする方法），定率法（資産の額に耐用年数に応じた一定の償却率――たとえば10パーセント――を乗じた額を毎期の償却額とする方法。この方法によると，初期に多額の償却をし次期以降その額が逓(てい)減していくので，たとえば，機械や設備のように次第に修繕費が多くなるような資産に適用すれば，次第に償却額を減じていって，修繕費と償却額の合計額を償却期間を通じて均衡させることができるため，そのような資産に適している），生産高比例法（資産の原価〔減価総額。前述の例で1億円〕を，その固定資産による総生産可能額〔たとえば2億円と見積もる〕で除し，その商〔$\frac{1億円}{2億円} = 0.5$〕を各期の実際の生産高〔たとえばその期の2000万円〕に乗じた額〔2000万円×0.5＝1000万円〕を各期の償却額とする方法。この方法は，航空機，自動車のように，減額がその使用に比例する資産に適する）等がある。そのいずれを採用するかは，公正な会計慣行による（〔617〕。企業会計原則注解・注20参照）。なお，個々の固定資産について，償却期間の途中で，その1つの方法から他の方法に変更することができるかについては，そのいずれも公正な会計慣行上，「相当な」償却方法といえるかがまず問題であり，かりに，両者が相当な償却方法であるといえる場合には，さらに会社法上，継続性の原則が要求されるかが問題となる（継続性の原則については，企業会計原則第1の5，〔619〕参照）。

〔623〕 **(ハ) 時価評価の強制または許容，棚卸資産または有価証券にかかる会計基準**

③㋑（〔621〕）の時価の強制については，時価が低下した理由は限定されないが，損失，変質等の物質的減損あるいは新製品，新技術等の出現による機能的減損（いわゆる陳腐化）等が考えられる。ここで時価とは，一般に処分価格と解されている。その資産を処分する予定の時期までに価格が回復すると見込まれる場合には時価評価が強制されない。このように時価評価が強制される場合があるのは，財産法の立場が残存しているあらわれである。③㋺についても基本的に同様であろう。

⑥㋑（〔621〕）については，時価（この場合の時価の意味については，処分価格と解する見解と再調達価格とする見解に分かれている）が原価より低いときは，時価を付することが許容される。このように時価と原価のいずれか低い価額による評価をする方法を低価主義といい，会社法が資産の評価につき低価主義を許容した（会社計算5条6項。強制しているのではない）のは，やはり財産法の立場の残存（損益法の立場からいえば，財産法の立場への妥協）であり，余裕をもった資産評価により会社の財産的基礎の安全を図る（「安全性の原則」ないし「保守主義」）ことを是認するものである。低価主義を採用して時価で評価した後にその時価が上がった場合に，原価の範囲内で上がった時価で評価すること，したがってまた，評価益を計上すること（たとえば，取得価額または製作価額が10万円であったとして，時価が6万円に下がったときに低価主義により6万円と評価し，その後その時価が8万円に上がった

場合に8万円と評価して2万円の評価益を計上すること――時価が12万円に上がった場合にそれによって評価すること――が許されないことは，いうまでもない）が許されるか（これを許す方式を「洗い替え主義」，許さない方式を「切り放し主義」という）については，見解が分かれている。評価益は収益力とは関係がなく，したがってその計上は，損益法の立場からは是認できないものであり，健全な会計慣行に反するから，それは許されないと解すべきであろう。

⑥㊂（〔621〕）については，市場価格のある資産については，時価を付するものとすることができる。平成11年商法改正により認められたものであることは前述した（〔619〕）。

ここで「市場価格のある」という表現は，上記の改正により，改正前の社債その他の債券または株式について用いられていた「取引所ノ相場アル」という表現に代えて用いられるようになったものである。「市場価格のある」という表現に改められたのは，取引所の相場のあるものに限らず，市場で形成されている取引価格，気配，指標その他の相場のあるものを含めるためである。市場価格のあるものというのは，金銭債権については譲渡性預金証書（CD）取引，デリバティブ取引等に基づく金銭債権が想定されている。これらの取引に基づく債権は，まさに時価評価の対象とされるものである。

市場価格のある金銭債権についての時価評価は，それが許容されているだけであって，それが強制されるものではない。しかし，時価と原価とのいずれで評価するかが完全にそれぞれの会社の選択に委ねられていると解すべきではないと考える。ここにも，公正な会計基準または会計慣行により，時価評価が必要であると解される場合には，時価評価しなければならないと解すべきである（棚卸資産等の評価に関する〔623〕。このことは，引当金の計上に関する〔627〕と同様である）。

なお，「棚卸資産の評価に関する会計基準」（平成18・7・5企業会計基準委員会。平成20・9・26改正）によれば，棚卸資産の評価基準は次の通りである。まず，通常の販売目的（販売するための製造目的を含む）で保有する棚卸資産（販売用不動産を含むと解される）は，取得原価をもって貸借対照表価額とし，期末における正味売却価額が取得原価よりも下落している場合には，その正味売却価額をもって貸借対照表価額とするとされ，取得原価と当該正味売却価額との差額は当期費用として処理される（同会計基準7項）。またトレーディング目的（当初から加工や販売の努力を行うことなく単に市場価格の変動により利益を得る目的）で保有する棚卸資産については，市場価格に基づく価額をもって貸借対照表価額として時価が強制され，帳簿価額との差額（評価差額）は，当期の損益として処理するものとされる（同会計基準 15 項)。

また，「金融商品に関する会計基準」（平成11・1・22 企業会計審議会。平成 20・3・10 最終改正）によれば，有価証券につき次のように処理される。①売買目的有価証券（時価の変動により利益を得ることを目的として保有する有価証券。会社計算 2 条 3 項 26 号）については，時価で貸借対照表価額とし，その評価差額は当期の損益として処理される（同会計基準 15 項)。②満期保有目的債券（満期まで所有する意図をもって保有する債券。会社計算 2 条 3 項 27 号）については，取得原価で貸借対照表価額とするが，債券を債券金額より低い価額または高い価額で取得した場合において，取得価額と債券金額との差額の性格が金利の調整と認められるときは，償却原価法に基づいて算定された価額をもって貸借対照表価額としなければならない（同会計基準 16 項)。償却原価法とは，金融資産または金融負債を債権額または債務額と異なる金額で計上した場合に，その差額を弁済期または償還期にいたるまで毎期一定の方法で取得価額に加減する方法をいう（同会計基準・注 5)。満期保有目的の債券の保有目的を変更した場合には，変更後の保有目的に係る評価基準によって処理される（同会計基準・注 6)。③子会社株式および関連会社株式については，取得原価が貸借対照表価額とされる（同会計基準 17 項)。①—③以外の有価証券（「その他有価証券」という）については，時価で貸借対照表価額とし，評価差額は，洗い替え方式に基づき，ⓐその合計額を純資産の部に計上するか，ⓑ時価が取得原価を上回る銘柄に係る評価差額は純資産の部に計上し，時価が取得原価を下回る銘柄に係る評価差額は当期の損失として処理するか，ⓐまたはⓑのいずれかの方法によって処理される（同会計基準 18 項。なお，純資産の部に計上される評価差額については，税効果会計の適用が義務づけられる)。したがって，評価差額の合計額を当期利益として処理することはできないことになる。なお，時価を把握することが極めて困難な場合，時価が著しく下落した場合等について規定がある（同会計基準 19 項—22 項)。

上述の会計基準による通常の販売目的の棚卸資産の低価主義の強制およびトレーディング目的の棚卸資産の時価の強制ならびに売買目的の有価証券の時価の強制等は，公正な会計基準によるものである。すなわち，上述の棚卸資産の低価主義または時価の計上は，会社計算規則 5 条 6 項 1 号・2 号等では，時価と適正な価格との選択の余地が認められるような規定ぶりであるが（上述⑥㋑または⑥㋺参照)，上述のような強制は公正な会計基準によるものと理解される（〔617〕参照)。

以上によれば，旧会社法のもとでは，評価益は配当可能利益の算定にあたって，資産額からの控除項目とされ（改正前商 290 条 1 項 4 号），利益に算入されなかったが，上述の会計基準①によれば，評価差額が当期の損益として処理されることもありうることになる。

(二) 繰延資産の取扱い，付・繰延税金資産および繰延税金負債 〔624〕

旧会社法のもとでは，商法施行規則により，前述した損益計算の立場から，具体的にその計上することができる繰延資産の項目について，規定が設けられていた。そこで繰延資産とは，すでに支出された費用であって，その支出の効果が次期以降に及ぶ（次期以降の収益の原因となる）ことが予想される場合に，それを次期以降の収益に負担させるために貸借対照表の資産の部に計上されたものであり，それは，一定期間内に償却することを要するものとされていた。たとえば，ある事業年度に，新製品の研究のために 1 億円の費用が支出され（研究費），その新製品の販売により，それ以後 5 事業年度にわたって 3000 万円の収益があがることが予想されるとしよう。この場合に，財産法の立場では，1 億円はすでに支出された費用であるから，これを資産の部に計上することは是認されない（清算の場合にはそれは全く資産性を有しない）。ところが，損益法の立場から費用収益対応の原則を満たすためには，この場合には，その新製品の研究のために支出された 1 億円の費用を，その期以降 5 年間は，3000 万円の収益に対して負担させて，費用と収益を対応させることが合理的であると考えられる。そこで，ある事業年度にすでに支出された費用を次年度以降の収益にも負担させるためには，当該事業年度においては，支出された費用の 1 億円のうち，その年度に負担すべき額（それを 5 年間にわたって均等に負担させるとすると，2000 万円）を控除した残額（8000 万円）を資産の部に計上し，次年度以降は毎年，その期に負担すべき額（2000 万円）を資産の部に計上された上記の額から控除（償却）していくという方法がとられることになる。このようにして資産の部に計上されたものが繰延資産である。この繰延資産の計上が認められることによって，この研究費が支出された年度以降，5 年間，毎年，3000 万円の収益に対して 2000 万円の費用を負担させることになり，費用と収益とを対応させることができる。このように，繰延資産の計上が認められる理論的根拠は，費用収益対応の原則からであるが，それが認められる実際的効果として，支出された費用の負担を数年にわたって分散することができるため，剰余金配当を平均化することができることになる。それは，次に述べる引当金の計上とは，費用収益対応の原則を図るという意味で，共通するものである。

そして，旧会社法のもとでは繰延資産の計上は任意的であって，強制的なものではない。損益法の立場から，これを強制すべきだという主張もあったが，会社破産等の場合には全く資産としての意味がないものを，資産の部に計上することを強制することは，保守主義の立場から是認できず，旧会社法はこれを任意的なものとしていた。

会社法のもとでは，繰延資産については，資産の部を流動資産，固定資産および繰延資産に区別すべきものとされ（会社計算74条1項），繰延資産として計上することが適当であると認められるものを繰延資産に属するものと規定されている（同74条3項5号）。しかし，具体的にどのような項目を繰延資産として計上すべきかについては会社法には規定が設けられていない。したがって，繰延資産の計上を認めるとして，どの項目について認められるか，計上された場合にどのように償却すべきかは，一般に公正妥当と認められる企業会計の慣行に委ねられることになる。企業会計原則によると，創立費（〔47〕），開業費（〔43〕），新株発行費用（〔303〕），社債発行費用，社債発行差金，開発費，試験研究費および建設利息が繰延資産に属するものとされる（同第3の4㈠C。なお，財務規36条・37条）。繰延資産については，これをいつまでも資産として計上しておくものではなく，上述したように，その効果が及ぶ合理的期間に配分して償却していくことになる（企業会計原則注解・注15）。なお，研究開発費については，発生時に将来の収益を獲得できるか否か不明である等の理由で，発生時に費用として処理しなければならない等とされ，ほとんど認められなくなったといわれている（研究開発費等に係る会計基準〔平成10・3・13企業会計審議会〕三）。

繰延資産に関連して，繰延税金資産（会社計算74条3項4号ホ）および繰延税金負債（会社計算75条2項2号ホ）に触れておく。いずれも，いわゆる税効果会計（会社計算2条3項24号）により認められるものとされている。たとえば，その期に負担させるべき税額（税引前当期利益に対応する税額）よりもその期に納付することを要する税額が多い場合（その期の利益に負担させるべき税額に比べて払い過ぎになる場合）のその差額は繰延税金資産として資産の部に計上され，その逆の場合には，その差額は繰延税金負債として負債の部に計上される。法人税等の金額につき期間配分することにより，費用収益対応の原則（〔619〕）を図ろうとするものである。

なお，繰延資産については，資産として計上されたのれんとともに，分配可能額の算定につき，のれん等調整額による調整がなされる（〔684〕⑥の説明参照）。

3　負債の内容およびその評価，引当金の計上等

(イ)　引当金の意義

負債については，その評価に関する規定が設けられ，債務額を付さなければならないとされるとともに（会社計算6条1項），次に掲げる負債については，事業年度の末日においてその時の時価または適正な価格を付すことができるものとされる（同6条2項）。①㋑退職給付引当金（使用人が退職した後にその使用人に退職一時金，退職年金その他これらに類する財産の支給をする場合における事業年度の末日において繰り入れるべき引当金。2項1号イ），㋺返品調整引当金（常時，販売する棚卸資産につき，販売の際の価額による買戻しにかかる特約を結んでいる場合における事業年度の末日において繰り入れるべき引当金。2項1号ロ），㋩そのほか将来の費用または損失（収益の控除を含む）の発生に備えて，その合理的な見積額のうち当該事業年度の負担に属する金額を費用または損失として繰り入れることにより計上すべき引当金（株主等に対して役務を提供する場合において計上すべき引当金を含む。2項1号柱書），②払込みを受けた金額が債務額と異なる社債（2項2号），③ ①および②の負債のほか，事業年度の末日においてその時の時価または適正な価格を付すことが適当な負債（2項3号）である。

上記の①㋑，㋺および㋩については，将来，特定の支出がなされ，または損失が生ずることが相当確実に予想される場合に，そのうちの当事業年度の費用または損失とすることを相当とする額を，貸借対照表上，負債の部に計上することが是認されているものである。この規定も，昭和37年の改正であらたに設けられたものであって，損益法の立場から，費用収益対応の原則による企業の収益力を正確に表示することを目的とするものである。

引当金に関する規定は，昭和56年改正により，基本的に会社計算規則6条2項1号柱書のような規定に改められ，その限度で貸借対照表能力（貸借対照表に計上できること）を認める旨を定めることによって，引当金の計上が期間損益計算の立場から認められる――その期の負担に帰すべき範囲でその計上が認められる――ものであることを，明確にしたということができる。

たとえば，船舶による運送を業としている会社においては，5年に1度の船舶のドック入りによる修繕が必要とされているが，このように，5年後にドック入りによる修繕の費用が1億円かかると見積もられ，かつ，その船舶による運送によって年間3000万円の収益があがるとしよう。この場合に，損益法の立場から，期間損益計算を正確に把握するためには，5年後に支出することが見積もられる

1億円の修繕費を，それまでの5年間にわたる収益に配分して，たとえば，1年に2000万円ずつ負担させるのが適当である。そこで，現実には5年後の事業年度に支出されることが予定されている1億円のうち，2000万円を今年度の費用として負担させるためには，その2000万円を負債の部に計上し，次年度以降2000万円ずつ増額していくことを認める必要がある。このことが引当金を負債の部に計上することを認める理由である。

〔626〕 ㈺ **引当金の範囲等**

会社法は，引当金の計上につき上述のように，具体的項目をいくつかあげた上で一般的な規定（会社計算6条2項3号。〔625〕③）を設けている。

引当金として貸借対照表の負債の部に計上することができるためには，次のような要件を満たしていなくてはならない。①将来に当該支出または損失の発生することが合理的に予測されること。前述の船舶の修繕費についてみれば，5年後にそのような支出が発生することは，相当に確実性をもって予測される。②発生する支出または損失の額も合理的に見積もることが可能であること。前述の船舶修繕費も，継続的に5年に1度はなされているから，その額の見積りが可能である。③その支出または損失のうち，その事業年度の負担に帰属する額に限られること。前述の船舶修繕費については，5年間にわたって毎年平均して負担させるとして，その5分の1が当期に負担すべき額になる。①および②の要件があげられるのは，それを満たさないと，引当金の計上そのもの，またはその額が恣意的になって，費用収益対応の原則に反する結果となるからである。③の要件があげられるのは，期間損益計算の立場からである（〔625〕）。なお，過年度の負担に帰すべきものとして計上されていたものを累積して計上できることはいうまでもない。たとえば，前述の船舶修繕費の例では，2年目には前期の2000万円と当期の2000万円とを合わせて4000万円を当該引当金として計上できることになる。

上記の要件を満たさないものは，いかに特定の支出または損失に備えるためのものであっても，引当金として負債の部に計上することは，許されない。それは利益留保性のものであるから，利益処分の一環として株主総会の承認のもとに剰余金の部に任意積立金として計上すべきものである。そうでないと，剰余金処分が株主総会の権限とされているにもかかわらず，引当金の計上という方法で，株主総会の承認を得ずに剰余金処分をすることが認められることになり，株主総会の権限を害することになるからである。このことは，会計監査人および監査役会の適法意見等があれば，定時総会の承認なしに計算書類が確定するという制度

(昭和56年改正により採用された。〔573〕〔660〕）のもとでは，なおさらである。

結局，何が引当金として計上できるか，また計上しなければならないかについては一般に公正妥当と認められる会計慣行に委ねられることになる。

(ハ) 引当金の計上の要否，計上の方法 〔627〕

会社法は，引当金につき，これを貸借対照表の負債の部に計上することができる旨を規定し，その貸借対照表能力を認めているが，それを計上する必要があるかどうかについては触れていない。しかし，その事業年度の負担に帰すべき金額を引当金として計上することは，期間損益計算を明らかにする上で不可欠であり，一般に公正妥当と認められる会計慣行上（431条。〔617〕）必要とされる範囲で引当金の計上は必要的ないし強制的であると解すべきである。

4 のれんの計上 〔628〕

旧会社法のもとでは，のれんは，有償の譲受けまたは吸収分割もしくは合併により取得した場合に限り，しかも貸借対照表の資産の部に計上するものとされていた。そこでは，いわゆる自家創設のれん，すなわち，会社の有償の譲受け，または企業再編と関係なしにのれんを計上して資産の額を増加させることは許されていなかった。そこでののれんとは，経済的価値のある事実関係としてとらえられていた。その具体的内容としては，得意先関係，仕入先関係，営業の名声，営業上の秘訣，経営の組織等が含まれ，それらが一体となって財産的価値のある事実関係を形成している。営業権とも呼ばれ，営業譲渡の対象となる営業から営業用財産（個々的に貸借対照表に計上される財産）を除いたものがのれんということもできる。これらののれんを構成するものは，個々的には貸借対照表に計上される財産にまではいたっていないが，それらが一体とされることにより，経済的価値があるものとして，一括して，のれんとして貸借対照表に計上することが認められていた。たとえば，長年にわたって営業活動——羊かんの販売を例にとろう——を継続することにより，営業の名声が培われ，その羊かんの名声をしたって多くの顧客がつき，そこに得意先関係が培われる。また小豆や砂糖等の原料についても，長年の継続的取引によって，良質の原料の仕入れが確保され，仕入先関係が培われる。さらには，羊かんを作る技術についても，長年の工夫がなされることによって，その企業に独特の営業上の秘訣が培われる。このようにして，その企業には，たんなる営業用財産のほかに事実関係が培われる。これらの事実関係は，その一つ一つは，財産ないし権利として取り扱われず，したがって，貸借対照表に計上することも認められない。しかし，たとえば，そのような事実関係を伴った営業を譲り受ける場合と，そのような事実関係を伴わない営業を譲り受ける（たんなる営業用財産の譲受け）場合とでは，その対価が異なり，前者のほうが高いはずである。その対価の差が，まさに上記のような事実関係の財産的価値であり，このような事実関係を財産的価値ある事実関係ということができる。営業譲渡の場合に，特別の意思表示がない限り，譲渡人の競業が禁止されるのは（〔812〕），その譲渡の対象である営業に，得意先関係等の上記のような事実関係が含まれ，したがって譲渡の対価にも，その財産的価値の評価が含まれていることが前提とされているからであると理解することができる（営業の譲渡人がその営業を継続することは，得意先関係，仕入先関係，営業の秘訣等の事実関係が譲渡されなかったことになる）。

そして，旧会社法のもとでは，たとえば貸借対照表上，債務超過に陥っている会社を消滅会社として吸収合併をする場合に，消滅会社につき債務超過を解消する手段としてのれんを計上するという措置がとられていた。

会社法のもとでは，吸収型再編，新設型再編または事業の譲受けの場合において，適正な額ののれんを計上することができるとされていること（会社計算11条），いいかえれば，自家創設のれんの計上が許されないとされていることは，基本的には旧会社法と同様であるが，資産の部に計上しうるのみならず，負債の部にも計上することが認められている点（会社計算11条）では，旧会社法と異なっている。資産の部に計上することが認められる根拠としては，旧会社法のもとでのれんの計上が認められていた説明がそのまま妥当するということができよう。しかし，承継する企業の評価が承継する資産の貸借対照表上の合計額より低い場合には，負債の部にのれんとして計上することがありうるというのが会社法の立場であろう。たとえば，合併の存続会社が交付する合併対価（再編対価簿価。200とする）が存続会社の承継する財産の簿価（150とする）を上回っている場合には，その差額（50）が資産としてのれんに計上され，逆にそれが下回っている場合（合併対価が150，取得する簿価が200の場合）には，その差額が負債としてのれんに計上されることになる。もっとも，「企業結合に関する会計基準」（平成15・10・31企業会計審議会〔平成25・9・13最終改正〕。以下，「企業結合会計基準」という）においては，国際的な会計基準（〔617〕参照）とのコンバージェンス（収れん）のために，負ののれんの負債計上が禁止されることとなるとされており，そのため，企業結合会計基準に従う会社については，負債として計上することができるのれんの適正な額は，ゼロということになる。したがって，それまでに負ののれんを計上していた会社は，それが禁止されることによって，その発生時に一括して利益を計上しなければならなくなるが，それは損益計算書等において特別利益に属する利益として計上することになる（会社計算88条2項）。

資産として計上されたのれんについては，繰延資産として計上されたものとともに，分配可能額の算定につき，のれん等調整額による調整がなされる（〔684〕⑥の説明参照）。

のれんについては，20年以内のその効果が及ぶ期間にわたって定額法その他の合理的方法により規則的に償却すべきものとされる（企業結合会計基準32項）。

平成21年改正前会社計算規則においては，たとえば，吸収合併の時価で評価する場合におけるのれんの計上について，次のように規定されていた（改正前会社計算12条2項）。①吸収型再編対象財産（たとえば吸収合併により存続会社が承継する財産。改正前会社計算2条3項34号イ）の全部の取得原価を吸収型再編対価（吸収合併に際して消滅会社の株主に対して交付する財産。改正前会社計算2条3項36号イ）の時価その他当該吸収型再編対象財産の時価を適切に算定する方法をもって測定することとすべき場合には，存続会社は，吸収合併に際して，資産または負債としてのれんを計上することができる旨（改正前会社計算12条1項）。そして，①により計上するのれんの額を算定する場合において，②㋑存続会社が吸収合併の直前に消滅会社の株式（それには存続会社の株式は割り当てられない。749条1項3号。〔747〕(c)）を有しているときは，その株式（改正前12条2項1号），㋺吸収合併の直前に消滅会社が新株予約権を発行しているときは，その新株予約権の新株予約権者に対して交付する財産（改正前12条2項2号），㋩吸収合併にかかる費用があるときは，その費用のうち吸収型再編対価として考慮すべきもの（改正前12条2項3号）をも吸収型再編対価として考慮するものとされた。これらの支出額を取得対価に含めるのが合理的と考えられるからである。さらに，同年改正前会社計算規則では，吸収合併において，共通支配下関係にある場合および子会社と合併をする場合におけるのれんの計上等につき規定が設けられていた（改正前13条−15条）。同年改正後会社計算規則では，これらの規定はすべて削除され，一般に公正妥当と認められる企業会計の基準その他の企業慣行を斟酌して処理されることになる。しかし，実質には大差がないと考えられる。

5 純 資 産 〔629〕

会社計算規則では，会計帳簿（〔620〕）に純資産が計上されることになっており（会社計算4条1項），貸借対照表でも，資産の部，負債の部および純資産の部に区分される（会社計算73条1項）。純資産の部は次のように区分される（会社計算76条）。

まず，株主資本，評価・換算差額等，新株予約権の区分がある（会社計算76条1項1号）。連結貸借対照表の場合には，非支配株主持分も含まれる（会社計算76条1項2号ニ）。

① 株主資本にかかる項目は，㋑資本金，㋺新株式申込証拠金，㋩資本剰余金，㊁利益剰余金，㋭自己株式（控除項目），㋬自己株式申込証拠金に区分しなければならない（会社計算76条2項）。

② 資本剰余金にかかる項目は，㋑資本準備金，㋺その他資本剰余金に区分しなければならない（会社計算76条4項）。

③ 利益剰余金にかかる項目は，㋑利益準備金，㋺その他利益剰余金に区分しなければならない（会社計算76条5項）。

②㋺および③㋺に掲げる項目は，適当な名称を付した項目に細分することができる（会社計算76条6項）。

④ 評価・換算差額等またはその他の包括利益累計額にかかる項目は，次に掲げる項目その他適当な名称を付した項目に細分しなければならない（会社計算76条1項1号ロ・2号ロ・7項）。㋑その他有価証券評価差額金，㋺繰延ヘッジ損益，㋩土地再評価差額金，㊁為替換算調整勘定，㋭退職給付に係る調整累計額。ただし，㊁㋭は，連結貸借対照表に限る（会社計算76条7項但書）。

⑤ 新株予約権にかかる項目は，自己新株予約権にかかる項目を控除項目として区分することができる（会社計算76条1項1号ハ・2号ハ・8項）。

連結貸借対照表についても規定がある（会社計算76条9項）。

〔630〕 6 株主の会計帳簿・資料の閲覧等の請求等

(イ) 制度の目的

株主は，取締役等の違法行為等の差止請求権（〔500〕以下），取締役等の責任追及のための株主代表訴訟提起権（〔491〕以下），さらには取締役等の解任請求権（〔469〕）等の行使によって，取締役等の業務執行を是正することができるが，これらの権利を適切に行使するためには，会社の業務・財産の状態を正確に知り，取締役等に不正行為がないかどうかを調査できるようになっていることが不可欠である。会社法はそのために，①取締役会設置会社においては計算書類等およびその監査報告書を定時総会の招集通知の際に交付し（437条），かつ，それらの書類（電磁的記録を含む）およびその附属明細書を備え置いて株主および会社債権者の閲覧に供する（〔661〕）という制度を設けている（442条）。しかし，これらの書類・記録は，業務執行取締役（指名委員会等設置会社の場合には執行役）が株主等の閲覧に供するために作成したものなので，それを閲覧するだけで取締役等の不正行為等の有無を判断することは困難である。そこで，会社法は，②少数株主権として，会計の帳簿および資料の閲覧請求権を認めている（433条）。さらに，③取締役等の不正行為等の重大な事実があることを疑うべき事由がある場合に，会社の業務・財産の状況を調査させるための検査役選任請求権（358条1項）を認めている。③については，業務の執行に関する株主の検査役選任の申立権として前述した（〔485〕）。以下では，上述の②について取り扱う。②は，③と異なり，取締役等の不正行為等を疑うべき事由がない場合にも認められる。

(ロ) 会社および子会社の会計の帳簿・資料の閲覧・謄写請求権 〔631〕

従来から，株主には①一定の要件のもとに，その会社の会計帳簿および資料の閲覧・謄写請求権が認められていたが，平成11年商法改正により，②親会社の株主にも，①よりは厳格な要件のもとにではあるが，子会社の会計帳簿および資料の閲覧・謄写請求権が認められるにいたった。②の権利が認められたのは，前述したように（〔552〕），子会社を利用する不祥事が少なくないことから，このような不祥事を発見しやすくするためである。

(a) 会社の会計の帳簿・資料の閲覧請求権

(i) 請求の要件，閲覧の対象　総株主（株主総会において決議をすることができる事項の全部につき議決権を行使することができない株主を除く）の議決権の100分の3（これを下回る割合を定款で定めた場合にあっては，その割合）以上の議決権を有する株主または発行済株式（自己株式を除く）の100分の3（これを下回る割合を定款で定めた場合にあっては，その割合）以上の数の株式を有する株主は，株式会社の営業時間内は，いつでも，その請求の理由を明らかにして，会計帳簿またはこれに関する資料の閲覧または謄写の請求（電磁的記録をもって作成されているときは，その電磁的記録に記録された事項を法務省令で定める方法〔会社則226条〕により表示したものの閲覧または謄写の請求）をすることができる（433条1項）。

上記のように，閲覧請求権が総株主議決権比率によるのみならず，発行済株式比率によることが認められたのは，議決権を行使しえない株主（無議決権株式か相互保有により議決権を行使しえない株主等）にもその権利を行使することができるようにするのが妥当と考えられるからであって，会社法により認められたものである。少数株主権とされたのは，濫用の危険が考慮されたものである（なお，平成5年改正商法により，10分の1から100分の3に要件が緩和された。少数株主による業務執行に対する監督是正機能を強化しようとする趣旨である)。複数人が共同でこの要件を満たしたときは，その複数人が共同して，またはその代表者がこの権利を行使する。

会計の帳簿とは，日記帳，仕訳帳および元帳からなる会計帳簿を意味する(〔620〕)。会計の資料とは，伝票，受取証など，会計帳簿を作成する材料となった資料を意味する。契約書も会計帳簿の作成材料として使用されているときは，これに含まれる。結局，閲覧請求の対象となるのは，会計帳簿およびその作成材料となった資料である(限定説)。間接に会計に関係するものを含めて，会計に関する一切の帳簿・資料を意味するという見解もあるが(非限定説)，そのように解することは，規定の文言からいっても無理である。そこまで調査の必要があるときは，業務・財産の調査のための検査役選任請求(〔485〕)の方法(358条1項)によるべきである。

上記の請求は，理由を明らかにしてしなければならないが，理由は具体的であることを要し，会社側は，上記の会計帳簿・資料のうち，その付された理由と関係がないことを立証しうる帳簿・資料については，閲覧を拒みうる(閲覧請求の目的が具体的でなく，かつ，閲覧の対象も特定されていないとして，請求が棄却された事例がある。最判平成2・11・8判時1372号131頁)。また，請求の理由は具体的に記載されなければならないが，記載された理由を基礎づける事実が客観的に存在することについての立証を要すべき法的根拠はないとした判例がある(最判平成16・7・1民集58巻5号1214頁。なお(ii)参照)。

株主の請求は，裁判外でもすることができるが，会社が拒む場合には，閲覧請求の訴えを提起し，帳簿・資料の廃棄，隠匿，改ざん等に備えて帳簿・資料保全の仮処分を求めることができるが，さらに閲覧請求の訴えを本案として帳簿・資料閲覧の仮処分を求めることができると解するのが近時の多数説である。この仮処分を認めると，本案訴訟の目的を達してしまうこと(このような仮処分を「満足的仮処分」という)が問題となるが，閲覧請求権者の重大かつ緊急な保全の必要性と会社が仮処分によって受ける不利益との比較衡量をした上で，保全の必要性が上回る場合には(満足的仮処分を認める場合には，この必要性の認定は，厳格になされることになろう)，この仮処分が認められると解されよう。その後，本案訴訟でこの請求が棄却されたときは，請求者の会社に対する損害賠償によって対処するほかない。

(ii) 会社が拒みうる場合　株主から帳簿・資料の閲覧請求があったときは，

業務執行取締役または執行役はそれに応じなければならないのが原則であるが，法は，これを拒みうる場合を列挙している（433条2項）。

①当該請求を行う株主（以下「請求者」という）がその権利の確保または行使に関する調査以外の目的で請求を行ったとき，②請求者が会社の業務の遂行を妨げ，株主の共同の利益を害する目的で請求を行ったとき，③請求者が会社の業務と実質的に競争関係にある事業を営み，またはこれに従事するものであるとき，④請求者が会計帳簿またはこれに関する資料の閲覧または謄写によって知りえた事実を利益を得て第三者に通報するため請求したとき，⑤請求者が，過去2年以内において，会計帳簿またはこれに関する資料の閲覧または謄写によって知りえた事実を利益を得て第三者に通報したことがあるものであるとき，である。①および②は，株主の権利行使に関する制約の一般的原則を定めたものということができよう。そして，③以下の場合も，①または②のいずれかの場合に該当するか，該当する可能性がある場合を具体的に掲げたものということができる。すなわち，③の事由は，①または②のいずれかの場合に該当するか，その可能性がある場合であり，④の事由は，②に該当することが明らかである。なお，株式譲渡制限会社の株式を相続により取得し，それを他に譲渡しようとする株主がその株式の適正な価格を算定する目的でした会計帳簿の閲覧請求は，特段の事情が存しない限り，株主等の権利の確保または行使に関して調査するために行われたものであって，①の拒絶事由に該当しないとした判決がある（前掲最判平成16・7・1）。

(b) 親会社の株主の子会社の会計帳簿・資料の閲覧・謄写請求権　総株主の議決権の100分の3以上等を有する株主に認められる点および理由の明示が必要な点は(a)と同様であるが，(a)と異なるのは，請求権行使は，株主の「権利を行使するため必要があるとき」に限って認められ，かつ，その行使には裁判所の許可を必要とされる点である（433条3項）。このような要件が課せられている趣旨は，親会社の社員（親会社が株式会社の場合の親会社株主）の子会社の株主総会議事録の閲覧請求権について同様の要件が課せられている趣旨（〔447〕）と同様である。

なお，親会社社員について(a)(ii)のいずれかに規定する事由があるときは，裁判所は，許可をすることができない（433条4項）。

(ハ) 会計帳簿の提出命令 〔632〕

裁判所は，申立てによりまたは職権で，訴訟の当事者に対し，会計帳簿の全部または一部の提出を命ずることができる（434条）。この提出命令により会社関係の訴訟における証拠資料として利用することができることになる。計算書類等

（〔633〕）についても同様の制度が認められている（443条）。

V　計算書類等

〔633〕

1　計算書類等の意義

旧会社法は，貸借対照表について，会社以外の商人については開業時のほか毎年1回一定の時期，会社にあっては成立時のほか毎決算期に作成すべき旨を定め，株式会社に関しては，毎決算期に，①貸借対照表のほか，②損益計算書，③営業報告書および④利益処分または損失処理に関する議案ならびに⑤それらの附属明細書を作成すべき旨を定めていた。そして，法文では計算書類という用語は使用されていなかったが，一般に①から④までの書類を一般に計算書類と呼び，⑤を計算書類附属明細書と呼んでいた。

ところが，会社法は，「計算書類」として，㋑貸借対照表，㋺損益計算書，その他㋩会社の財産および損益の状況を示すために必要かつ適当なものとして法務省令で定めるもの（株主資本等変動計算書および個別注記表。会社計算59条1項）をいうと明確に定義している（435条2項括弧書。なお，会社計算2条3項2号も同様の定義づけをしている。会社則2条3項10号も同様である）。そして，会社は，法務省令の定めるところにより，各事業年度にかかるこれらの計算書類および事業報告ならびにこれらの附属明細書を作成しなければならないものとしている（435条2項）。なお，会社計算規則2条3項3号（会社則2条3項11号，同116条は「計算関係書類」を列挙している）は，「計算関係書類」として，ⓐ成立の日における貸借対照表，ⓑ各事業年度にかかる計算書類およびその附属明細書，ⓒ臨時計算書類およびⓓ連結計算書類を掲げている（連結計算書類については〔668〕）。

また，会社法435条2項は，上記の㋑から㋩までの計算書類および事業報告の作成を義務づけ，さらにこれらの附属明細書の作成も義務づけており，これらの書類につき，会社法435条は「計算書類等」という見出しをつけている。

以上によれば，会社法上，旧会社法のもとで解釈上計算書類とされていた①貸借対照表および②損益計算書は，上述の会社法の㋑および㋺として計算書類に含まれているが，旧会社法の③営業報告書（会社法の事業報告に相当する）は会社法では計算書類に含まれていない。その理由としてその記載内容が必ずしも「計算」に関するものといえないからであると説明されている。それに相当するものとして事業報告の作成が義務づけられているが（435条2項），それは計算書類ではなく，したがって事業報告およびその附属明細書は会計監査人の監査の対象とされておらず（436条2項2号），監査役（監査等委員会設置会社では監査等委員会，指名委員会等設置会社では監査委員会）の監査の対象とされている（436条1項）。また，旧会社法の④利益処分または損失処理に関する議案に関する規定は，会社法のもとでは削除されており，剰余金の配当（453条）をはじめとして，資本金または準備金の増減・処分（447条・448条・450条−452条）等として個別に取り扱われている。なお，旧会社法では，取締役賞与は利益処分として取り扱われていたが，会社法では取締役の報酬等として取り扱われている（361条）。剰余金の配当（自己株式の取得を含む）の取扱いは必ずしも定時株主総会における決算の確定手続とは無関係に，回数に制限なく行うことができる（〔679〕）。

会社法は，㋑貸借対照表および㋺損益計算書のほかに，あらたに㋩会社の財産および損益の状況を示すために必要かつ適当なものとして法務省令で定めるものを計算書類に含めており，法務省令では「株主資本等変動計算書」および「個別注記表」が掲げられている（会社計算59条1項）。

なお，株式会社の計算書類等については，会社法上の規制のほかに，金融商品取引法上の規制もなされている。すなわち，一定の公開会社（上場有価証券等の発行会社等の金融商品取引法適用会社。金商24条1項1号−4号）について，公益または投資者保護のため必要かつ適当として内閣府令で定めた事項を記載した事業年度ごとの報告書（以下「有価証券報告書」という。金商24条）のほか，四半期報告書（金商24条の4の7），内部統制報告書（金商24条の4の4。企業集団および財務計算に関する書類等の適正性を確保するために必要な体制について評価した報告書）等を内閣総理大臣に提出させ，かつ，これらの書類等を公衆の縦覧に供させる（金商25条）。そして，この法律により提出される貸借対照表，損益計算書その他の財務計算に関する書類は，内閣総理大臣が一般に公正妥当であると認められるところにしたがって内閣府令で定める用語，様式および作成方法により作成しなければならないとされる（金商193条，財務諸表等の用語，様式及び作成方法に関する規則）とともに，その公認会計士または監査法人による監査（内部統制報告書の監査を含む。金商193条の2第2項）を受けることを要求している（金商193条の2第1項，財務諸表等の監査証明に関する内閣府令）。さらに有価証券報告書（四半期報告書を含む）につき，その記載内容に同法に基づき適正である旨を記載した確認書の提出が義務づけられ（金商24条の4の2・24条の4の8），それら（上述の確認書を含む）は公衆縦覧に供される（同25条）。したがって，上記の会社については，会社法と金商法との二重の規制を受けることになる。なお，会社法との関連では，大会社であって金融商品取引法24条1項により有価証券報告書を内閣総理大臣に提出しなければならないものは，その事業年度にかかる連結計算書類を作成しなければならないものとされる（会社444条3項。〔670〕）。また，金融商品取引法24条1項の規定により有価証券報告書を内閣総理大臣に提出しなければならない会社については，会社法上の計算書類の公告に関する規定（440条1項−3項）は適用されない（440条3項）。重複を避ける趣旨であることはいうまでもない（〔661〕）。

〔634〕 **2 株主資本——資本金および準備金**

貸借対照表には，資産の部，負債の部および純資産の部が設けられる（会社計算73条1項）。資産の部では，法務省令で定められた価額（会社計算5条。〔621〕−〔624〕）が付された資産が一定の区分に分けて計上される（会社計算74条）。負債の部には負債の額が一定の区分に分けて計上される（その中に引当金も含まれる。会社計算75条。〔625〕−〔627〕）。

貸借対照表上，純資産の部は，㋑株主資本，㋺評価・換算差額等および㋩新株予約権の各部に区分される（会社計算76条1項1号）。そのうち㋑株主資本にかかわる項目は，資本金，新株式申込証拠金，資本剰余金，利益剰余金，自己株式および自己株式申込証拠金に区分され，自己株式は控除項目とされる（会社計算76条2項）。なお，会社計算規則2条3項30号によれば，「株主資本等」について定義しており，それは資本金，資本剰余金および利益剰余金とされている。

以下には，純資産の部のうちの株主資本すなわち資本金ならびに資本剰余金および利益剰余金（会社計算2条3項30号）のうちの資本準備金および利益準備金について取り上げる（会社計算25条・28条）。

〔635〕 **(イ) 資 本 金**

(a) 資本金の算定　資本金は法の規定に基づき，次のようにして算定される。

(i) 原則　資本金は，会社法に別段の定めがある場合（次に述べる(ii)(iii)ならびに企業再編の場合〔648〕等）を除き，設立または株式の発行に際して株主となる者が会社に対して払込み，または給付をした財産の額（会社成立後のそれを資本金等増加限度額という。会社計算13条1項）である（445条1項）。会社計算規則は，まず，募集株式を引き受ける者の募集を行う場合の会社成立後の資本金等増加限度額について規定している（同14条1項）。そこでは，㋑金銭出資に関するものと

㋺現物出資に関するものとに区別して規定している。㋑金銭出資に関しては，日本円による払込みの場合には払込みを受けた金銭の額（同14条1項1号柱書），外国通貨による払込みの場合には払込期日等（会社法199条1項4号の期日。期間を定めた場合には払込みを受けた日）の為替相場により算出された額（会社計算14条1項1号イ）とされる（なお，引受人の払込み直前の帳簿価額による場合も規定されている。同14条1項1号ロ）。㋺現物出資については，まず，現物出資財産の給付期日等（会社法199条1項4号の期日。期間を定めた場合には給付を受けた日）の価額（いわゆる時価）とされ（会社計算14条1項2号柱書），このような処理は時価処理といわれているが，現物出資財産の給付者が共通支配下関係（会社計算2条3項32号）にある場合等には給付者の給付直前の帳簿価額とされる（同14条1項2号イロ）。募集株式の交付費用等の減額について規定がある（同14条1項柱書・3号4号）。なお，ここでいう資本金等増加限度額には，新株予約権の行使による新株の発行の場合には，原則として①新株予約権の払込金額（会社計算17条1項1号の行使時における新株予約権の帳簿価額は，原則として新株予約権の払込額となる〔会社計算17条1項2号柱書〕。なお外国通貨による払込み等の場合の処理につき，株式の発行の場合と同趣旨の規定がある〔同17条1項2号イロ〕。もっとも，従業員の労務等を評価した場合には，その払込金額がゼロでも，帳簿価額がプラスとされることもあろう。〔361〕）と②新株予約権の行使に際して払込みをすべき金額（〔358〕）との合計額となることは前述した。

次に会社計算規則43条1項は設立時の株主資本の額について規定しているが，金銭出資と現物出資に分けて規定しており（同43条1項1号2号），それぞれの内容も，上述の会社成立後の資本金等増加限度額に関するものと基本的に同様である（新株予約権の行使に関する規定が設けられていないことはいうまでもない）。

(ii) 例外(1)　(i)の例外として，払込み，または給付にかかる額の2分の1を超えない額は，資本金として計上しないことができる（445条2項。逆にいうと，上記の額のうち2分の1以上は必ず資本金としなければならないことになる。なお，〔361〕参照）。

その額中，資本金として計上しないこととした額（これを「払込剰余金」という）は，株式の発行のたびごとに定められ，会社の設立に際して発行する株式については，定款の定め，または発起人全員の同意により（32条1項3号），また会社成立後に発行される株式については，定款で株主総会が決する旨を定めた場合を除き，取締役会（公開会社の場合。そうでないときは株主総会）によって（199条1項5

号2項・201条1項）定められる。この定めがなされないときは，原則通り，払込みまたは給付の額の総額が資本金とされる。資本金として計上しない額は，資本準備金として計上しなければならない（445条3項）。実務上は，資本金に組み入れない額の定めがなされるのが通例である（その理由については，〔647〕）。

(iii) 例外(2)　(i)の例外として，①剰余金または準備金を資本金に組み入れた場合（450条1項2号・448条1項2号。〔675〕〔645〕），②資本金の減少（447条。〔637〕）の場合等があげられる。①の場合には，資本金は増加するが，株式の発行等がなされず，したがって，株式の払込・給付財産の額は増加しないので，(i)の原則の例外とされる。②の場合には，株式が発行されたときの払込・給付財産の額と無関係に，資本金が減少するから，この意味で，(i)の原則の例外となる。

〔636〕 (b) **資本金の公示**　資本金の額は，授権資本制度が採用されている関係から，定款には記載または記録されないが（〔20〕〔39〕），株主にとってだけでなく，会社債権者にとっても重要な意味を有するので（〔20〕），登記によって公示される（911条3項5号。資本金が増加し，または減少したときは，変更登記がなされる。915条1項）。

〔637〕 (ロ) **資本金の額の減少**

(a) **資本金の額の減少の意義，目的，態様等**　資本金は，会社財産を確保するための基準となる一定の数額であり，その額を容易に減少することは許されないが，絶対に許されないのではなく，一定の厳重な手続をふんだ場合にのみ，許される（資本不変の原則。〔24〕）。

資本金の額の減少の目的については，とくに制約がない。資本金の額の減少は，①事業の縮小等によって不要となった財産を株主に返還する目的のためにも行われるが，②しばしば行われるのは，損失を蒙って窮境に陥った会社が再建をする

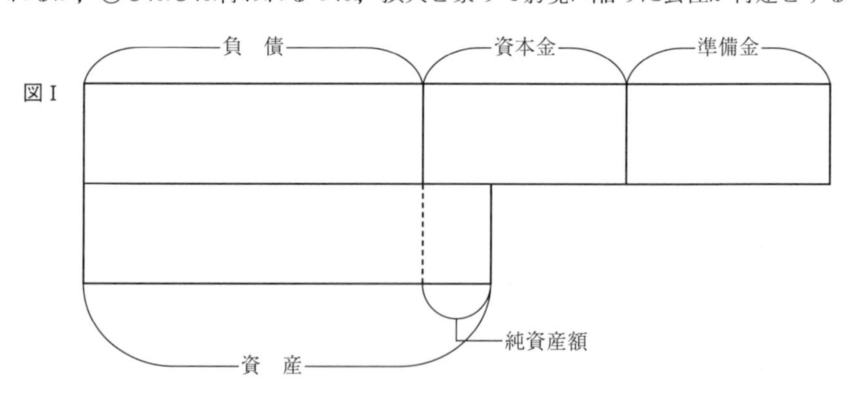

ための手段としてである。図Ⅰは，資本の欠損のある会社の例であるが，純資産額が資本金の額よりも小さく，したがって，資本の欠損の塡補のために準備金を使用（減少）しても（〔645〕），まだ資本の欠損の状態にある。このように窮境に陥った会社を再建するためには，あらたに資金を導入して施設を改善し，あるいは経営陣を交替させることが必要であるが，そのためには，資本金の額を減少することが不可欠である。というのは，第1に，資本金の欠損が存在したままでは，あらたに出資をして株主になっても，当分剰余金の配当を受けられないから，出資しにくいこと，第2に，既存の資本金をそのままにしておいては，たとえば，あらたに出資して5000株の株主になったとしても，その段階での経営陣の持株数が1万株であれば，既存の株主が依然として会社の支配権を握っており，あらたな出資者は，会社の支配権を把握しにくいことである。この場合に，資本金の額を減少して欠損を解消すれば，第1に，剰余金の配当が受けられやすくなるし，第2に，まず資本金をたとえば20分の1に減少しておけば，旧経営陣の持株数は500株に減少するから，あらたな出資者は会社の支配権を握ることができる。

また，会社法は，資本金の額を減少して準備金に計上することも，また剰余金とすることも認めている（447条1項2号・446条3号）。

資本金の額の減少の態様には，次の2つがある。

第1は，会社財産を株主に返還するためになされる場合のように，資本金の額の減少に際して，株主に対する払戻しにより会社財産が減少する態様のもので，これを実質上の減資と称する（図Ⅱ。次頁）。この場合に，減少した資本金の額が減少した資産の額よりも大きく，差益が生じた場合のその差額（もっとも欠損がある場合には，欠損の塡補に充てた額を控除する）を減資差益という。たとえば，資本金の額10億円，純資産額10億円の会社において，5億円の資本減少をし，2億円を株主に払い戻したとすると，資本金の額が5億円で純資産額が8億円となる。この場合の減少した資本の額5億円と株主に払い戻した額（減少した純資産額）2億円との差額3億円が減資差益ということになる（図Ⅱ参照）。減資差益は，平成13年改正前商法のもとでは資本準備金として積み立てることを要するものと規定されていたが，同年改正商法（法79号）によりその規定が削除されたので，自己株式取得の財源とし，または剰余金として配当の財源とすることができることになり，それが会社法に受け継がれている（461条2項）。

第2は，資本金の欠損の塡補のためになされる場合のように，資本金の減少に際して，株主に払戻しをせず，したがって会社財産が減少しない態様のもので，

図Ⅱ

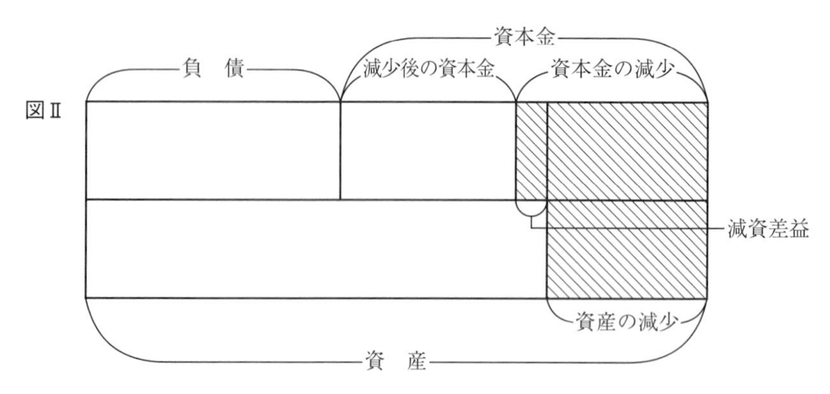

これを名義上の減資と称する。窮境に陥った会社の再建の手段として，利用されることが多い。この場合に，資本金の欠損の額を超えて資本金を減少した場合の差額もまた，減資差益である（図Ⅲの例）。たとえば，資本金の額10億円で純資産額で8億円の会社（資本の欠損が2億円の会社）において5億円の名義上の減資をし，2億円の欠損を塡補した場合には，減資差益は3億円であり，それは自己株式取得の財源とし，また剰余金として配当の財源とすることができる。

資本金の額10億円，純資産額8億円の会社（資本の欠損が2億円の会社）において，5億円の名義上の減資をし，欠損を塡補しないで減資差益5億円をそのまま剰余金にすることが可能かが問題となるが，資本金の欠損を塡補しなければ剰余金を計上することができない旨の規定がなく，かつ，純資産額が剰余金を超えている以上，それは可能と解される。その場合には，この会社は資本金の額5億円，剰余金5億円，純資産額8億円，資本金の欠損の額2億円ということになる。これに対して，資本金の欠損の額がその剰余金の額を超える場合，たとえば資本金の額が10億円，純資産額が2億円（資本金の欠損の額が8億円）の会社が，5億円の名義上の減資をしても，それをそのまま剰余金にすることはできず，剰余金は純資産額2億円の範囲に限られることになると解すべきである。その場合の資本金の欠損の額は5億円ということになる。純資産額を超える剰余金を観念することができないからである。そうでないと，その会社はその剰余金を株主に払い戻し，または配当した結果，債務超過になってしまうことになる。

〔638〕　(b)　**資本金の額の減少の手続**　資本金の額の減少は，次のように，原則として株主総会の特別決議および債権者保護手続という厳重な手続をとることによってのみ，可能である。

(i)　株主総会の特別決議，その必要がない場合　資本金の額の減少は，株

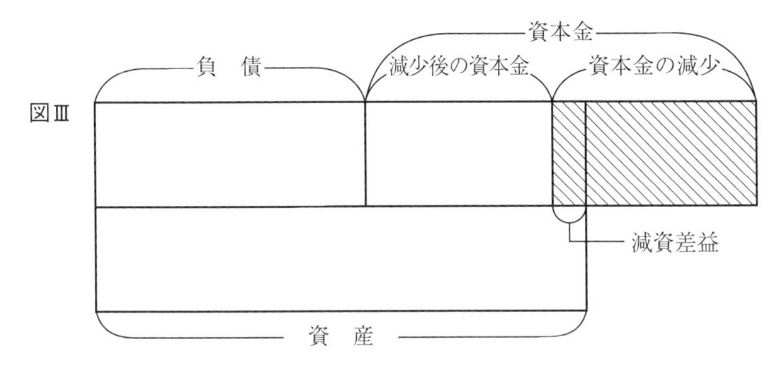

主の権利を縮減させ，会社事業の規模を縮小させる等の効果が生じ，株主の利害に重大な影響を与えるので，株主総会の特別決議が要求される（447条1項柱書後段・309条2項9号）。この株主総会の特別決議においては，資本金の額の減少をする旨を定めるほか，①減少すべき資本金の額，②減少する資本金の額の全部または一部を準備金とするときは，その旨および準備金とする額，および③資本金の額の減少がその効力を生ずる日を定めることを要する（447条1項）。

①の額から②の額を控除した残額が剰余金の額の増加となる。また，①の額が③の日における資本金の額を超えてはならない（447条2項）。ということは，資本金の額はゼロ未満になってはならないが，ゼロになってもよいこと，また，その制約は，その決議の日ではなく，減資の効力発生日における資本金の額がこの基準となること（その間に増資がなされた場合に意味がある）を意味する。

株主総会の特別決議を要しない場合として，次の(α)および(β)の2つがあげられる。

(α)　欠損塡補のため資本金の額の減少　　次の㋑および㋺のいずれもみたす場合には，普通決議でよく特別決議である必要はない（309条2項9号括弧書・447条1項柱書後段）。㋑定時株主総会で資本金の額の減少に関する事項（447条1項各号）を定めること，および㋺減少する資本金の額（447条1項1号）が㋑の定時株主総会の日における欠損の額として法務省令で定める方法（会社則68条）により算定される額を超えないことである。欠損の額として法務省令で定める方法は，ゼロとゼロから分配可能額を減じて得た額のうちいずれか高い額をもって欠損の額とする方法とされる。この場合には，定時株主総会で資本金を欠損の塡補に充てることになり，この場合（分配可能額がプラスにならない場合）には普通決議でよいことになる。欠損塡補の目的の場合には資本金制度の趣旨からいって，特別決議を要求する必要がないからである。

(β) 株式の発行と同時に資本金の額を減少する場合　会社が株式の発行と同時に資本金の額を減少する場合において，その資本金の額の減少の効力が生ずる日後の資本金の額がその日の前の資本金の額を下回らないときは，株主総会の決議ではなく取締役の決定（取締役会設置会社では取締役会の決議）でよい（447条3項）。この場合には結局，資本金の額の減少が生じないからである。

〔639〕 (ii) 債権者保護手続　資本金（準備金についても同様である。以下同じ）は，会社財産を確保する基準となる金額であって（〔20〕），その額がいくらかは会社債権者にとって重大な利害関係を有し，それを減少することは，会社債権者に不利益を与えるから，資本金の減少には，会社債権者を保護するための手続（債権者に異議を述べさせる機会を与える手続なので，債権者異議手続とも呼ばれる）が要求される（その違反につき，過料の制裁がある。976条26号）。債権者保護手続については，官報のみによる公告がなされる場合と，官報による公告のほか時事に関する日刊紙または電子公告がなされる場合とで，債権者に対する各別の催告が必要かに関して差異が生ずる。

(α) 官報のみによる公告の場合　会社が資本金の額を減少する場合には，会社債権者は，会社に対し，資本金の額の減少に対して異議を述べることができる（449条1項本文）。

会社の債権者が異議を述べることができる場合には，会社は，①資本金の額の減少の内容，②会社の計算書類に関する事項として法務省令で定めるもの（会社計算152条），③債権者が一定の期間内に異議を述べることができる旨（1か月を下ることができない。449条2項但書）を官報に公告しなければならない（公告および催告の始期については〔671〕）が，公告が官報のみによる場合には，次の(β)により官報のほかに日刊紙による公告または電子公告をしている場合と異なり，知れている債権者には，各別にこれを催告しなければならない（449条2項本文）。この①および③だけでは，その会社の財産状態は明らかにされない。会社にとって，その財産状態を公告および催告の対象とすることは困難であるが，債権者にとっては資本金の額の減少に異議を述べるかどうかの判断にあたっては，会社の財産状態を知ることが必要である。そこで，ここではさらに，②が公告および催告の対象とされている。ここで②の法務省令で定めるものは，公告の日または催告の日のいずれか早い日における次の場合の区分に応じて定められている（会社計算152条）。

㋑貸借対照表またはその要旨について，官報で公告をしているときは，その官報の日付およびその公告が掲載されている頁，時事に関する事項を掲載する日刊新聞紙で公告をしているときは，その新聞紙の名称，日付およびその公告が掲載されている頁，電子公告により公告をしているときは，不特定多数の者が提供を受けるために必要な事項で法務省令で定めるもの（911条3項28号イ，会社計算152条1号），㊁貸借対照表につき会社が440条3項に規定する措置（電磁的方法による公告）をとっている場合は不特定多数の者が提供を受けるために必要な事項で法務省令で定めるもの（911条3項26号，会社計算152条2号），㊂会社が有価証券報告書を提出しなければならない会社（440条4項）である場合において，会社が有価証券報告書（金商24条1項）を提出している場合にはその旨（会社計算152条3号），㊃特例有限会社（〔13〕）であって計算書類の公告が必要ない場合は，その旨（同4号），㊄会社に最終事業年度がない場合は，その旨（同5号）および㊅それ以外の場合は，最終事業年度にかかる貸借対照表の要旨の内容（同6号）である。

各別の催告の対象となる債権者の範囲については，会社分割のところで取り扱う（〔781〕）。

そして，債権者が上述③の期間に異議を述べなかったときは，債権者は，その資本金の額の減少について承認したものとみなされる（449条4項）。これに対して，債権者がその期間内にその公告または催告に応じて資本金の額の減少に異議を述べたときは，次に述べる例外の場合を除き，会社は，弁済期の到来している債権については弁済をすること，また弁済期未到来の債権については，期限の利益を放棄して弁済するか，そうでなければ債権者に相当の担保を供し，または債権者に弁済を受けさせる目的で信託会社または信託業務を営む金融機関に相当の財産を信託することが必要である（449条5項）。その例外の場合とは，資本金の額を減少してもその債権者を害するおそれがない場合であって，その場合には，弁済等をする必要がないが，そのおそれがない場合については，会社が立証しなければならず，会社の資産状態が良く，かつ，債権の期限が短い等の事実の立証等がそれに該当すると解されることになろう（その詳細や登記手続との関係については合併の場合に関する，〔762〕参照）。

なお，社債権者がこの異議を述べるには，社債権者集会の決議によることを要し，個別的に異議を述べることは許されない（740条1項前段。この場合の異議の期間の伸長につき，同後段）。もっとも，社債管理者は，管理委託契約に別段の定めがないかぎり，社債権者のために異議を述べることができ（740条2項），社債発行会社は社債管理者に対しても異議の催告をすべきこととされる（740条3項。後述〔714〕(iv)）。

この公告・通知の懈怠または弁済等の規定の違反については，過料の制裁がある（976条2号）。その結果，債権者としては，自分の意に反して資本金の額の減少がなされようとするときは，その債権の満足を得られるか，または確実に満足を得られることの保障が与えられることになり，保護されることになる。

(β) 官報による公告のほか時事に関する日刊新聞紙による公告または電子公告がなされた場合　　ここでは，資本金の額の減少の場合に限定せずに，債権者保護手続一般について取り扱う。

平成16年改正商法においては，債権者保護手続としての異議催告の公告につき，①官報による公告のほか②定款に定めた時事に関する事項を掲載する日刊新聞紙によるもの，または③電子公告（939条1項2号3号。電子公告制度の内容，公告期間，公告の中断，電子公告調査機関等については，定款の任意的記載事項として前述したが〔50〕，そこで述べたことはここでも妥当する）によるものを認め，①のほか（①の公告は必ずしなければならない趣旨である）②または③によった場合には，原則として知れている債権者に対する各別の催告はしなくてもよいこととしている（449条3項）。すでに平成9年商法改正により，合併の場合の債権者保護手続に限っては，合併手続の簡易化および合理化の観点から，官報のほかに時事に関する日刊新聞紙に掲げて債権者異議の公告をしたときは，知れている債権者に対する各別の催告を要しないものとされていた（789条3項）。平成16年改正においては，合併の場合の債権者保護手続に限らず，資本金の額の減少および準備金の額の減少ならびに会社分割の場合の債権者保護手続についても（449条3項・789条3項・810条3項），しかも，公告の方法として①官報による公告のほかに②時事に関する事項を掲載した日刊新聞紙による公告のみならず，官報による公告と③電子公告によるという選択肢も認められて，①のほかに②または③のいずれかをすれば，知れている債権者に対する各別の催告は要しないものとされたのである。知れている債権者に対する各別の催告を要するとされることは，莫大な費用と手数を要し，しかも比較法的にも先進諸国がこの制度を採用している例がないことから，その廃止が要望されていたところであり，日刊新聞紙での公告または電子公告をすることを条件としてこれを廃止したのである。

もっとも，会社分割の場合については，分割会社に対する不法行為により生じた債権の債権者については，従来通り，この公告がなされた場合でも各別の催告をしなければならないものとされている（789条3項括弧書・810条3項括弧書）。会社分割の場合には，分割会社がその積極財産を承継会社に集中し，債務の大部分を分割会社に残して分割会社の債権者とされた者に不利益を与えるという可能性があり，しかも，分割会社の不法行為債権者の場合には，債務者たる会社との間に契約関係がなく，したがって，各別の催告を受けないと，知らないままに異議催告期間を経過してしまう可能性が大きいという不利益が生ずるからである（この分割会社の不法行為債権者で個別催告を受けなかった場合の取扱いについては，〔783〕〔789〕(ホ)）。

結局，債権者保護手続としての公告の方法および各別の催告の要否については，会社分割の場合の分割会社の不法行為債権者に対しては各別の催告を要するとされた点を除いては，資本金および準備金の額の減少，合併ならびに会社分割のすべてについて共通したものとされたことになる。

債権者が異議を述べたときの措置については，官報のみによる公告について前述したと同様である（〔639〕(α)）。

〔640〕 **(c) 資本金の額の減少の方法**　資本金の額の減少の方法には株式数を減少してするものと，それを減少しないでするものとがある。

(i) 株式数を減少しないでする方法　株式数の減少をしないで，たんに資本金の額を減少させることも可能である。額面株式制度がとられていた平成13年改正前商法のもとでは，資本金の額は，株金総額（1株の額面金額に発行済額面株式総数を乗じた額）を下回ってはならないという制約があったため，株式数を減少させないで資本金の額を減少すると，資本金の額が株金総額を下回る可能性があった（もっとも，それを下回らなければ，株式数の減少なしの資本金の減少も可能であると解されていた）が，額面株式制度が廃止され（〔103〕），資本金の額が株金総額を下回ってはならないという制約もなくなった現在では，株式数の減少なしの資本減少についてもこのような制約がなくなったことになる。

〔641〕 (ii) 株式数を減少してする方法　株式数を減少する方法には，株式の併合と株式の消却の方法がある。

(α) 株式の併合　株式の併合は，資本金の額の減少と無関係にもなされるが（〔137〕以下），資本金の額の減少の方法としても利用され（180条），たとえば，資本金の額を20分の1に減少しようとするときは，20株を1株に併合すればよい。株式の併合は，全株式につき一律に行われるので，すべての株主につき平等に取り扱わなければならない名義上の減資の方法として利用される。

(β) 株式の消却　株式の消却とは，会社が自己株式を取得してそれを消却すること（178条。〔146〕）であって，これも資本金の額の減少と無関係になされることもあるが，資本金の額の減少の方法としても利用される。株式の消却については，会社更生手続においてよく見られるように，100パーセント減資の方法として全部の株式についてなされることがある（同時に株式の発行がなされる）。

〔642〕 **(d) 資本金の額の減少の効力発生時期等**

(i) 効力発生時期　資本金の額の減少は，前述した株主総会の決議で定めた資本金の額の減少がその効力を生ずる日（447条1項3号。〔638〕③）に効力が生ずるが，債権者保護手続（449条2項－5項）が終了していないときはその終了した時となる（449条6項）。このこととも関連して，会社は効力発生日前は，いつでもその日を変更することができるとされており（449条7項），その変更によって定められた日にその効力が生ずることになる。

(ii) 資本金の額の減少と変更登記　資本金の額の減少は，登記事項の変更（911条3項5号・915条1項）にあたるから，資本金の額の減少がなされたときは，変更登記が必要であるが，それは資本金の額の減少の効力自体には影響がなく，すでに効力が生じている資本金の額の減少を公示する意味を有するにすぎない。

(iii) 株式数の減少の方法による資本金の額の減少と未発行株式総数　株式数の減少による資本金の額の減少がなされた場合には，発行済株式総数が減少することはいうまでもないが，それは発行可能株式総数には影響を与えない（〔39〕）。

〔643〕 **(e) 資本金の額の減少の無効**　会社法は，会社法上の訴え（〔86〕）の1つとして，資本金減少無効の訴えについて規定している。

(i) 無効原因　無効原因については，とくに規定がなく，解釈に委ねられているが，資本金の額の減少の手続の瑕疵（減資決議に瑕疵があるとか，債権者保護手続がなされず，または法定の要件を満たしていないとき等）が無効原因となる。

(ii) 資本金の額の減少無効の訴え　資本金の額の減少の無効は，訴えをもってのみ主張することができ（828条1項柱書5号。主張方法の制限），したがって資本金の額の減少無効の訴えは形成訴訟である。なお，総会決議に瑕疵がある場合には，その瑕疵の主張は，資本金の額の減少無効の訴えに吸収され，それとは別に独立に総会決議取消しの訴え等を提起することはできないと解すべきである（詳細は合併無効の訴えに関する〔767〕参照）。提訴権者は，株主等（株主，取締役または清算人，監査役設置会社にあっては，監査役を含み，指名委員会等設置会社にあっては執行役を含む）のほか，破産管財人または資本金の額の減少について承認をしなかった債権者（異議の申立てをした債権者だけではなく，異議申立ての催告を受けなかったため，異議を申し立てることができなかった債権者も含まれると解される）も提起できるが，これらの者に限られ（828条2項5号。主張権者の制限），さらに，その主張は，資本金の額の減少の効力が生じた日から6か月内とされる（828条1項5号。主張期間の制限）。なお，いつからこの訴えを提起できるかについては，資本金の額の減少の効力の発生がその登記によるものではないとされること（〔642〕(ii)）を理由に，その手続完了の時から提起できるという最高裁判決がある（最判昭和42・2・17判時481号124頁）。管轄，弁論の開始，訴えの併合，債権者または株主が提起した場合の担保の提供等につき規定がある（835条−837条）。

(iii) 資本金の額の減少無効の判決　資本金の額の減少無効の判決の効力は第三者に及ぶ（対世効。838条）。また，会社法は，その判決にその遡及効を阻止する規定を適用しており（839条），無効判決の効果は将来に向かってのみ効力を生ずる。無効判決は，裁判所の嘱託によって登記される（937条1項1号）。原告が敗訴の場合の会社に対する損害賠償責任につき規定がある（846条）。

(ハ) 準備金　〔644〕

設立または株式の発行に際して株主となる者が払い込み，または給付した額の2分の1までは資本金にしないことができるが（445条2項），資本金として計上しないこととした額は資本準備金としなければならないことは前述した（445条3項）。また会社は，剰余金を配当する場合には，法務省令（会社計算22条）の定めるところにより，剰余金の配当により減少する剰余金の額に10分の1を乗じて得た額（445条4項。なお会社計算規則22条の基準金額等を参照）を資本準備金または利益準備金（以下「準備金」と総称する）として計上することを要する（445条4項。なお，人的分割の場合の適用除外について〔775〕。組織再編の場合については〔648〕）。そのいずれとして計上するかは，公正な会計慣行にゆだねられるが，たとえば利益性の財源のものは利益準備金にするというような定め方がなされることになろう。

なお，このように，準備金については，これを「積み立てる」という表現が用いられることがある（会社法では「計上する」という表現を使っているが，平成17年改正前は「積み立てる」という表現を使っていた）が，積み立てられるべき金額が金銭で現実に積み立てられる（たとえば預金される）わけではなく，たんに，貸借対照表上その金額が準備金の部に計上される（すでに計上されている場合には，その分だけ額を増加する）にすぎない。そして，後述するように，準備金は，資本金とともに，剰余金（446条1号ニ）したがって分配可能額（461条2項1号）の算定にあたって，資産の額等からの控除項目とされる点に，その意義ないし機能を有することになる（〔674〕〔684〕）。

この積立義務違反に対しては，過料の制裁がある（976条25号）。

〔645〕 ㈡ 準備金の額の減少

(a) 準備金の額の減少の手続等 旧会社法のもとでは，計上された準備金の減少は，㋑資本の欠損の塡補に充てる場合および㋺準備金を資本に組み入れる場合ならびに㋩準備金の合計額からその資本金の額の4分の1に相当する額を控除した額を限度として準備金を減少する場合に認められていた（改正前商289条1項2項）。そして，㋩によって減少した準備金の額は，資本剰余金または利益剰余金として，剰余金の分配，自己株式取得等の財源とすることができるものとされていた。会社法では，㋑および㋺のような目的規制ならびに㋩のような金額規制を設けることなく，次のように準備金の額を減少することができることとされている。なお，上述の㋩に相当する場合（資本金の4分の1に相当する額を控除した額を限度とする制限はない）には，減少した準備金の額は，資本準備金の減少であればその他資本剰余金，利益準備金の減少であればその他利益剰余金に計上される（会社計算27条1項2号・29条1項1号）。それにより分配可能額が増加する。もっとも，減少した準備金を資本金に組み入れた場合（448条1項2号）にはこの限りではない。なお，平成21年改正前会社計算規則では，準備金の額を減少して資本金の額を増加するのは資本準備金の額の減少の場合に限定されていた（改正前48条1項1号最初の括弧書）が，同年改正会社計算規則25条1項1号では，そのように限定する規定（上述括弧書）が削除され，したがって利益準備金の資本組入れによる資本金の額の増加も認められる旨が明文で規定された。また，旧会社法では，準備金の額の資本金への組入れは取締役会決議ですることができたが，会社法ではその資本組入れは，株主にとって，資本金の方が準備金より拘束が強いことから，株主総会の決議を要するものとされる（448条1項後段）。すなわち，会社は，準備金の額を減少する場合においては，株主総会の決議によって，①減少する準備金の額，②減少する準備金の額の全部または一部を資本金とするときは，その旨および資本金とする額および③準備金の額の減少がその効力を生ずる日を定めなければならない（448条1項）。

上記の株主総会の決議は，資本金の額の減少の場合（309条2項9号）と異なり，特別決議による必要はない。すなわち，資本金の額の減少と比較すると，株主総会の決議が必要である点では同様であるが，株主総会の普通決議で足り，資本金の額の減少において原則として特別決議が必要とされている（309条2項9号・447条1項）のと異なり，軽減されている。また，会社が株式の発行と同時に準備金の額を減少する場合において，その準備金の額の減少の効力が生ずる日後の準備金の額がその日前の準備金の額を下回らないときには，株主総会の決議でなく，取締役の決定（取締役会設置会社にあっては，取締役会の決議）でよい（448条3項）。資本金の額の減少の場合の前述（〔638〕(β)）と同様の趣旨である。なお，減少する準備金の額が欠損の額を超えない場合において，一定の要件を備えた会社で一定の条件のもとで取締役会決議でなしうることについては後述する（459条1項2号。〔683〕㋺)。

減少する資本準備金の額（①）が，効力発生日（③）における準備金の額を超えてはならないことはいうまでもない（448条2項)。

〔646〕 **(b) 債権者保護手続，それが不要の場合**　債権者保護手続については原則として資本金の額の減少の場合と同様であるが（〔639〕)，その必要がない場合が規定されている。㋑まず準備金の全部の資本金組入れについてはその必要がない（449条1項柱書後の括弧書)。㋺準備金の額のみの減少であって，定時株主総会でその減少の額等が定められ，その額が法務省令で定める方法（会社計算151条。分配可能額がマイナスの場合のその額）により算定される欠損額を超えない場合には債権者異議手続をとることを要しない（449条1項但書)。

上記㋑は，旧会社法のもとにおける準備金の資本金への組入れに相当する。準備金の資本金組入れとは，図Ⅳのように，準備金の額を減らして，その分だけ資本金の額を増加させることである。会社債権者にとっては，準備金を資本金に組み入れることは，それだけ資本金が増加するから，債権者にとって有利でこそあ

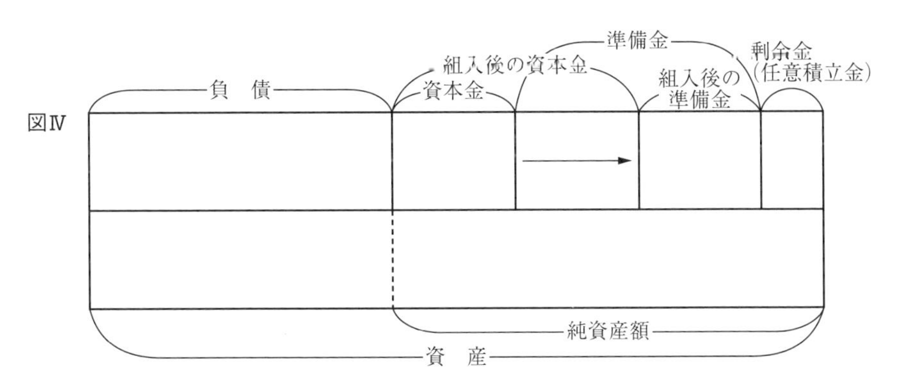

れ，不利になることはなく，したがって，そのために債権者保護の手続をとる必要はない。他方，株主にとっては，それにより，剰余金の配当が受けにくくなるという不利益を受けることは否定できない。なぜなら，それにより利益準備金が減少すれば，資本準備金の額と合わせて資本の4分の1に達するまで積み立て直す必要があり，また資本金の額が増加するので，積み立てるべき利益準備金等の額が増加する。さらに資本金の額の減少には債権者保護手続という煩瑣な手続が必要とされることになるからである。そこで旧会社法は，準備金の資本金への組入れは，たんに取締役会の決議だけでできるとしていたが，会社法はこれを株主総会決議事項としたのである（448条1項後段。〔645〕）。㋺については，準備金を欠損の塡補のために使用する場合であって，旧会社法のもとでも債権者保護手続が必要とされず，会社法もそれを受け継いだものである。

〔647〕 ㈥ 資本金と準備金との関係

資本金も準備金も剰余金の額の算定にあたって，資産の額から控除される金額である点で共通している（446条1項1号イニ）。旧会社法のもとでは，その減少についての目的規制，数額の限度規制等で差異が設けられていたが，会社法ではその差異は解消している。債権者保護手続についても，共通の規定が設けられている（449条）。もっとも準備金のみによる欠損の塡補につき，債権者保護手続を要しない旨の規定が設けられている（449条1項但書。〔646〕㋺）。資本金の欠損塡補のための減少にはそのような規定が設けられていない点は，資本金と準備金との差異が設けられているもっとも大きな意義ということができよう。また，資本金の額の減少については，原則として株主総会の特別決議が必要である（447条1項・309条2項9号）のに対して，準備金の額の減少については，普通決議でよいという差異もある（448条1項。この規定については，309条2項で，特別決議事項として列挙されていない）。結局，全体としてみれば，資本金に対する規制は準備金に対する規制よりは厳しくなっているということができる。前述したように（〔635〕(ii)），株式の発行にあたって株主となる者が会社に払込みまたは給付をした財産の額の2分の1は資本金としないことができ（445条2項），その場合には資本金としなかった額は，資本準備金として計上することになり（445条3項），実務上，払込みまたは給付した財産の総額が資本金に組み入れられることは稀であり，上述の方法によって許される限度で資本金に計上しないで，資本準備金とするのが通常であるが，それは，このように資本準備金についての規制が資本金のそれよりも緩やかであるからである。

(ヘ) 企業再編等の場合における株主資本 〔648〕

会社計算規則では，株主資本について，吸収合併（35条・36条），吸収分割（37条・38条）および株式交換（39条）に際しての株主資本と，通常の設立（43条），新設合併（45条－48条），新設分割（49条－51条）および株式移転（52条）に際しての株主資本に分けて規定しているが，それらについては，後述する合併（〔746〕），会社分割（〔775〕④㋑）および株式交換・株式移転（主として〔795〕②）のところで取り上げる。

3 計算書類等の方式

(イ) 貸借対照表および損益計算書と会計帳簿――誘導法 〔649〕

会社は，会計帳簿に基づいて貸借対照表および損益計算書を作成しなければならない（成立の日の貸借対照表につき会社計算58条）。このように貸借対照表および損益計算書を会計帳簿に基づいて作成する方法を誘導法という。成立時の貸借対照表を会計帳簿に基づいて作成しなければならないことは，明文で規定されている。損益計算書も会計帳簿に基づいて作成されることが前提とされていると解される。すなわち，元帳の資産，負債および資本の勘定科目から貸借対照表を誘導し，費用および収益の勘定科目から損益計算書を誘導する方法がとられることになる。

(ロ) 各書類等の方式 〔650〕

(a) **貸借対照表**　貸借対照表は，決算期における会社の有する資産，負債および純資産（旧会社法の資本）を適当な区別，配列および分類に従って記載し，会社の財産状態を明らかにする表である。会社計算規則によれば，貸借対照表には，資産の部，負債の部および純資産の部を設けて，各部にはその部の合計額を記載または記録しなければならないとされる（会社計算73条1項。連結会社の場合につき規定がある。同65条）。そして，資産の部は，流動資産，固定資産（これは，さらに有形固定資産，無形固定資産および投資その他の資産の各部に区分される）および繰延資産の各部に区分される（会社計算74条1項2項。それぞれに属する資産が定められている。同3項）。負債の部は，流動負債および固定負債の各部に区分される（会社計算75条1項）。純資産の部の区分については前述した（会社計算76条。〔629〕）。

貸倒引当金等の表示については，次のように規定されている。①各資産にかかる引当金（貸倒引当金等）は，次の②のほか，その各資産の項目に対する控除項目として，貸倒引当金その他当該引当金の設定目的を示す名称を付した項目をもって表示しなければならない。ただし，流動資産，有形固定資産，無形固定資産，投資その他の資産または繰延資産の区分に応じ，これらの資産に対する控除項目として一括して表示することを妨げない（会社計算78条1項）。②各資産にかかる引当金は，各資産の金額から直接控除し，その控除残高を当該各資産の金額として表示することができる（会社計算78条2項）。

有形固定資産に対する減価償却累計額の表示（会社計算79条），有形固定資産に対する減損損失累計額の表示（会社計算80条），無形固定資産の表示（会社計算81条），関係会社株式等の表示（会社計算82条），繰延税金資産等の表示（会社計算83条），繰延資産の表示（会社計算84条），新株予約権の表示（会社計算86条）等についての規定がある。

〔651〕 (b) **損益計算書等**　損益計算書等は，①売上高，②売上原価，③販売費および一般管理費，④営業外収益，⑤営業外費用，⑥特別利益，⑦特別損失の項目に区分して表示しなければならない（会社計算88条1項前段）。各項目について細分することが適当な場合には，適当な項目に細分することができる（同後段）。

売上高から売上原価を減じて得た額（売上総損益金額）は，売上総利益金額として表示しなければならず（会社計算89条1項），売上総損益金額から販売費および一般管理費の合計額を減じて得た額（営業損益金額）は，営業利益金額として表示しなければならない（会社計算90条1項）。さらに，営業損益金額に営業外収益を加えて得た額から営業外費用を減じて得た額（経常損益金額）は，経常利益金額として表示しなければならず（会社計算91条1項），経常損益金額に特別利益を加えて得た額から特別損失を減じて得た額（税引前当期純損益金額）は，税引前当期純利益金額（連結損益計算書にあっては，税金等調整前当期純利益金額）として表示しなければならない（会社計算92条1項）。

当該事業年度にかかる法人税等，法人税等調整額（税効果会計の適用により計上される法人税等の調整額をいう），税金等調整前当期純利益または同当期純損失として表示した額に法人税等および法人税等調整額を加減して得た額等の金額は，その内容を示す名称を付した項目をもって，税引前当期純利益金額または税引前当期純損失金額の次に表示しなければならない（会社計算93条1項）。

税引前当期純損益金額等に税金の各項目等の金額を減じて得た額は，当期純利益金額として表示しなければならない（会社計算94条1項）。

(c) **株主資本等変動計算書等**　会社は，各事業年度における会社の財産および損益の状況を示すために必要かつ適当なものとして株主資本等変動計算書および個別注記表を作成しなければならない（435条2項，会社計算59条1項）。

株主資本等変動計算書等の区分および表示項目について会社計算規則96条に規定されている。

(d) **事業報告**　事業報告は，上述の貸借対照表等とともに計算書類等に含まれるので（〔633〕），ここで取り扱う。〔651の2〕

(i) その内容　会社は，法務省令（会社法施行規則）の定めるところにより各事業年度にかかる事業報告およびその附属明細書を作成しなければならない（435条2項）。その内容とすべき事項等が法務省令で定められている（会社則117条−128条）。まず会社の状況に関する重要な事項が掲げられ（同118条1号。計算書類およびその附属明細書ならびに連結計算書類の内容となる事項は除かれる。同括弧書），内部統制システム（会社法348条3項4号・362条4項6号・399条の13第1項1号ロハ・416条1項1号ロホ。〔517〕）の整備についての決定または決議がある場合はその内容の概要およびその体制の運用状況の概要も含まれ（会社則118条2号），会社の支配に関する基本方針を定めているときはその内容の概要（同118条3号。買収予防策もこれに含まれる。その具体的内容については次の(ii)で取り扱う）が含まれる。さらに，平成26年改正を受け，当該会社に特定完全子会社（最終完全親会社等の株主による特定責任追及の訴えの対象となる子会社）がある場合における当該特定完全子会社に関する事項（会社則118条4号），個別注記表（会社計算112条1項）等に表示された親会社等との利益相反取引に関し，会社の利益を害さないように留意した事項，当該取引が会社の利益を害さないかどうかについての取締役（取締役会）の判断およびその理由等（会社則118条5号）が追加された。また，公開会社の特則として，株式会社の現況に関する事項（会社則119条1号・120条），会社役員に関する事項（同119条2号・121条）および株式に関する事項（同119条3号・122条），新株予約権等に関する事項（同119条4号・123条）が掲げられ，さらに社外役員を設けた会社の特則として，その主な活動状況（同124条4号），報酬の総額等（同124条5号6号），会計参与設置会社の特則（同125条），および会計監査人設置会社の特則（同126条）が掲げられ，事業報告の附属明細書についても規定されている（同128条）。株式に関する事項としては，発行済株式の総数に対する保有割合において上位10名（株主名簿における保有株式数を基準として算出され，自己株式は分子からも分母からも除外される）の株主の氏名等が事業報告の内容とされる（会社則122条1号）。事業報告およびその附属明細書は計算書類（会社435条2項括弧書）には含まれず（〔633〕），会計監査人設置会社でも会計監査人の監査の対象にはならず（〔653〕(i)），監査役または監査役会，監査等委員会設置会社においては監査等委員，指名委員会等設置会社においては監査委員会の監査の対象となる（会社436条1項2項2号，会社則129条1項2号・130条2項2号・131条1項2号。〔658〕）。なお，取締役会設置会社では，以上の監査を受けた事業報告およびその附属明細書は，取締役会の承認を受け（会社436条3項），定時総会に提出または提供され（会社438条1項1号），その内容は定時総会で報告される（会社438条3項。〔660〕）。

(ii)　社外取締役制度の強制の否定と事業報告への記載　　平成26年改正に係る要綱案の作成作業の段階で，金融商品取引法24条1項により有価証券報告書提出義務のある会社等につき，1人以上の社外取締役の選任を義務づけるかどうかが議論されたが，結局それは否定された。それに代えて，監査役会設置会社（公開会社であり，かつ，大会社に限られる）のうち，有価証券報告書の提出を義務づけられている会社（金商24条1項）において，社外取締役が存しない場合には，社外取締役を置くことが相当でない理由を定時株主総会で説明し（327条の2），かつ，事業報告の内容とするものとされた（会社則124条2項。〔459の3〕）。

(iii)　敵対的買収防衛策　　上述したように（(i)），会社法施行規則118条3号は，会社の事業報告において，会社の財務および事業の方針の決定を支配する者の在り方に関する基本方針を定めているときは，①その内容の概要を事業報告の内容としなければならないと定めているが（同3号イ），そのほか，②次に掲げる取組みの具体的な内容の概要として，ⓘその株式会社の財産の有効な活用，適切な企業集団の形成その他の基本方針の実現に資する特別な取組みおよびⓘⓘ基本方針に照らして不適切な者によって当該株式会社の財務および事業の方針の決定が支配されることを防止するための取組みを掲げ（同3号ロ），さらに③上述の②の取組みについての3つの要件（その取組みがⓘ基本方針に沿うものであること，ⓘⓘその株式会社の株主の共同の利益を損なうものではないこと，およびⓘⓘⓘその株式会社の会社役員の地位の維持を目的とするものではないこと）への該当性に関するその株式会社の取締役（取締役会設置会社にあっては，取締役会）の判断およびその理由（その理由が社外役員の存否に関する事項のみである場合におけるその事項を除く）を掲げている（同3号ハ）。それらは，会社がいわゆる敵対的買収防衛策について定めをしている場合の，それについての事業報告の内容を規定しているものである。なお，会社の支配者のあり方に関する基本方針の開示に関する規定については，平成21年改正前の会社法施行規則では127条で規定されていたが，同年改正により，上述したように，事業報告に関する規定の冒頭である118条3号に位置づけられた。また，それまで用いていた「基本方針の内容」（改正前127条1号）および「取組みの具体的な内容」（改正前127条2号）という表現を「基本方針の内容の概要」および「取組みの具体的な内容の概要」（いずれも傍点筆者）と改め，それらの「概要」で足りることを明らかにしている（改正後118条3号イロ）。敵対的買収防衛策としては，種類株式としての拒否権条項付株式――いわゆる黄金株――の発行が問題とされていることは前述したが（〔125〕），そのような種類株式が発行されることが敵対的買収防衛策として定められている場合には，それに関して上述したことが事業報告の内容とされることになる。この敵対的買収防衛策が監査役，監査役会または監査委員会の監査の対象となることは前述した（上述(i)，会社則129条1項6号・130条2項2号・131条1項2号。なお〔658〕(a)）。

新株予約権の発行が敵対的買収防衛策として利用される例があることについても前述した（〔354〕〔373〕）。

4　計算書類等の監査および定時株主総会への提出等　〔652〕

(イ)　計算書類等の監査

「計算書類」，「計算書類等」および「計算関係書類」とは何かについては前述した（〔633〕参照）。計算書類等の監査については，会社の種類によって，だれの監査を受けるかが異なっており，したがってまた，定時株主総会に提出する計算書類等についてもだれによって監査を受けたものかが異なっている。

(a)　監査役設置会社の場合　監査役設置会社（監査役の監査の範囲を会計に関するものに限定する旨の定款の定めがある会社を含み，会計監査人設置会社を除く）においては，計算書類および事業報告ならびにこれらの附属明細書は，法務省令（会社計算121条1項・122条―124条）で定めるところにより，監査役の監査を受けなければならない（436条1項。会計監査人設置会社については，(b)で取り扱う。また，事業報告の監査については(ロ)で取り扱う）。なお，監査を受けるべき計算関係書類作成に関する職務を行った等の取締役（その他会社計算124条4項に規定されている）を「特定取締役」という。また，監査報告の内容を通知すべき監査役として定められた監査役等を「特定監査役」という（会社計算124条5項）。監査を受けた計算書類および事業報告（取締役会設置会社ではこれらにつき取締役会の承認を受ける。436条3項。後述(c)参照）は，定時株主総会に提出し，または提供しなければならない（438条1項1号）。

(b)　会社監査人設置会社の場合　〔653〕

(i) 会計監査人の監査と監査役または監査委員会の監査との関係　会計監査人設置会社においては，次の①および②に掲げるものは，法務省令（会社計算121条1項・125条－132条）で定めるところにより，それぞれその①および②に定める者の監査を受けなければならない（436条2項）。

① 計算書類およびその附属明細書は監査役（監査等委員会設置会社にあっては監査等委員会，指名委員会等設置会社にあっては監査委員会）および会計監査人（1号）。その監査については次に述べる（(ii)以下）。

② 事業報告およびその附属明細書は監査役（監査等委員会設置会社にあっては監査等委員会，指名委員会等設置会社にあっては監査委員会）（2号）。その監査報告については後述する（〔658〕）。

会計監査人設置会社では（監査等委員会設置会社および指名委員会等設置会社を除く。327条4項），監査役も置かなければならないとされる（327条3項）。①計算書類およびその附属明細書の監査は，会計監査人と監査役（監査等委員会設置会社では監査等委員会，指名委員会等設置会社では監査委員会）との双方でなされる。両者の間の分担については後述する（(ii)～(vi)）。これに対して，②事業報告およびその附属明細書の監査は，監査役（監査等委員会，監査委員会）のみでなされる。会計監査人の監査は会計に関するものに限る趣旨である。

この監査を受けた計算書類および事業報告は，定時株主総会に提出し，または提供しなければならない（438条1項2号）。

(ii) 計算関係書類の会計監査人（監査役，監査等委員および監査委員を含む）に対する提供　計算関係書類（〔633〕）を作成した取締役（指名委員会等設置会社にあっては，執行役）は，会計監査人に対して計算関係書類を提供しなければならないが，それを提供しようとするときは，監査役（監査等委員会設置会社にあっては監査等委員会の指定した監査等委員，指名委員会等設置会社にあっては監査委員会の指定した監査委員）に対しても計算関係書類を提供しなければならない（会社計算125条）。

(iii) 会計監査人の監査報告の内容　会計監査人は，計算関係書類（連結計算書類も含まれる。〔633〕）を受領したときは，次に掲げる事項を内容とする会計監査報告を作成しなければならない（会社計算126条1項）。その監査役等に対する通知期限については後述する（〔654〕(vii)）。

①会計監査人の監査の方法およびその内容，②計算関係書類が会社の財産および損益の状況をすべての重要な点において適正に表示しているかどうかについて

の意見があるときは，㋑無限定適正意見，すなわち，監査の対象となった計算関係書類が一般に公正妥当と認められる企業会計の慣行に準拠して，当該計算関係書類にかかる期間の財産および損益の状況をすべての重要な点において適正に表示していると認められる旨，㋺除外事項を付した限定付適正意見，すなわち，監査の対象となった計算関係書類が除外事項を除き一般に公正妥当と認められる企業会計の慣行に準拠して，当該計算関係書類にかかる期間の財産および損益の状況をすべての重要な点において適正に表示していると認められる旨ならびに除外事項，㋩不適正意見，すなわち，監査の対象となった計算関係書類が不適正である旨およびその理由，という区分および事項，③ ②の意見がないときは，その旨およびその理由，④追記情報（内容は，会社計算126条2項），⑤会計監査報告を作成した日（なお，会計方針の変更等につき，会社計算102条の2）。

(iv) 監査役の監査報告の内容　監査役は，計算関係書類および会計監査報告（会社計算130条3項に規定する場合――期限までに会計監査人の監査報告の内容の通知がなかった場合〔654〕――にあっては，計算関係書類）を受領したときは，次に掲げる事項（監査役会設置会社の監査役の監査報告にあっては，①から⑤までに掲げる事項）を内容とする監査報告を作成しなければならない（会社計算127条）。その通知期限については後述する（〔654〕(ix)）。なお，事業報告およびその附属明細書を受領したときの監査報告の内容についても後述する（〔658〕(a)）。

①監査役の監査の方法およびその内容，②会計監査人の監査の方法または結果を相当でないと認めたときは，その旨およびその理由（会計監査人が通知すべき日〔会社計算130条1項〕までに会計監査報告の内容を通知しない場合〔同130条3項〕にあっては，会計監査報告を受領していない旨。この場合には，会計監査を受領しないまま，監査役の監査手続を進めることになる），③重要な後発事象（会計監査報告の内容となっているものを除く），④会計監査人の職務の遂行が適正に実施されることを確保するための体制に関する事項，⑤監査のため必要な調査ができなかったときは，その旨およびその理由，⑥監査報告を作成した日。

(v) 監査役会の監査報告の内容等　監査役会設置会社においては，計算書類および会計監査報告を受領したときは監査役会は，(iv)により監査役が作成した監査報告（以下「監査役監査報告」という）に基づき，監査役会の監査報告（以下「監査役会監査報告」という）を作成しなければならない（会社計算128条1項）。その通知期限については後述する（〔654〕(ix)）。なお，事業報告およびその附属明細書を受領したときの監査報告の内容についても後述する（〔658〕(b)）。

監査役会監査報告は，監査役および監査役会の監査の方法およびその内容，上述の(iv)②から⑤までの事項および監査役会監査報告を作成した日を内容とするものでなければならない。この場合において，監査役は，その事項にかかる監査役会監査報告の内容が監査役の監査役監査報告の内容と異なる場合には，その事項にかかる各監査役の監査役監査報告の内容を監査役会監査報告に付記することができる（会社計算128条2項）。

監査役会が監査役会監査報告を作成する場合には，監査役会は，1回以上，会議を開催する方法または情報の送受信により同時に意見の交換をすることができる方法により，監査役会監査報告の内容（前述の付記を除く）を審議しなければならない（会社計算128条3項）。

(vi) 監査等委員会・監査委員会の監査報告の内容等　監査等委員会（監査等委員会設置会社の場合）・監査委員会（指名委員会等設置会社の場合）は，計算関係書類および会計監査報告（会計監査人が通知すべき日〔会社計算130条1項〕までに会計監査報告の内容を通知しない場合〔同130条3項〕にあっては，計算関係書類）を受領したときは，①監査等委員会・監査委員会の監査の方法およびその内容，②上述の(iv)②から⑤までの事項，③監査報告を作成した日を内容とする監査報告を作成しなければならない。この場合において，監査等委員・監査委員は，その事項にかかる監査報告の内容がその監査等委員・監査委員の意見と異なる場合には，その意見を監査報告に付記することができる（会社計算128条の2第1項・129条1項）。

監査報告の内容（前述の付記を除く）は，監査等委員会・監査委員会の決議をもって定めなければならない（会社計算128条の2第2項・129条2項）。なお，事業報告およびその附属明細書を受領したときの監査報告の内容については後述する（〔658〕(c)）。

〔654〕 (vii) 会計監査報告の会計監査人による監査の通知期限等　会計監査人は，次の会計監査報告の区分に応じ，それぞれに定められる日までに，特定監査役および特定取締役（〔652〕(a)）に対し，会計監査報告の内容を通知しなければならない（会社計算130条1項）。①各事業年度にかかる計算書類およびその附属明細書についての会計監査報告は，㋑計算書類の全部を受領した日から4週間を経過した日，㋺計算書類の附属明細書を受領した日から1週間を経過した日，㋩特定取締役，特定監査役および会計監査人の間で合意により定めた日があるときはその日のうちいずれか遅い日，②臨時計算書類（〔662〕）についての会計監査報告は，

㋑臨時計算書類の全部を受領した日から4週間を経過した日，㋺特定取締役，特定監査役および会計監査人の間で合意により定めた日があるときはその日のうちいずれか遅い日，③連結計算書類についての会計監査報告は，連結計算書類の全部を受領した日から4週間を経過した日（特定取締役，特定監査役および会計監査人の間で合意により定めた日がある場合にあっては，その日）。

計算関係書類（〔633〕）については，特定監査役および特定取締役が上記の会計監査報告の内容の通知を受けた日に，会計監査人の監査を受けたものとする（会社計算130条2項）。

会計監査人が上記の通知をすべき日までに会計監査報告の内容の通知をしない場合には，その通知をすべき日に，計算関係書類については，会計監査人の監査を受けたものとみなされる（会社計算130条3項）。

旧会社法のもとでは，たとえば計算書類等の取締役から会計監査人に対する提出は定時株主総会の会日の8週間前までと定められていたが（旧商特12条1項），会社法のもとでは，そのような規定は設けられておらず，上記のように，会計監査人の監査役等に対する会計監査報告の内容の通知期限が定められているにすぎない。そして，その通知期限も，取締役，監査役および会計監査人との間の合意で定めることができる（会社計算130条1項1号ハ・2号ロ）。また，会計監査人が取締役から計算関係書類を受領する期限は，特に規定されておらず，会社と会計監査人との合意により定めることになろう。そしてまた，会社計算規則130条3項の規定によれば，会計監査人が通知期限までに会計監査報告の内容を通知しないときは，監査役または監査役会はその会計監査報告を受領しないまま監査手続を進め，期限におくれて提出された場合には，提出されたものとして取り扱ってよいことを前提としていると考えられる。もっとも，会計監査人の適正意見がない以上，会社法459条2項の規定により，計算書類の確定等を取締役会のみですることはできないことになろう。

(viii) 会計監査人の独立性等に関する事項等の通知　会計監査人は，(vii)による特定監査役に対する会計監査報告の内容の通知（会社計算130条1項）に際して，その会計監査人について，①独立性に関する事項その他監査に関する法令および規程の遵守に関する事項，②監査，監査に準ずる業務およびこれらに関する業務の契約の受任および継続の方針に関する事項および③会計監査人の職務の遂行が適正に行われることを確保するための体制に関するその他の事項を通知しなければならない（会社計算131条本文）。その定めがない場合にはその旨（会社計算131

条本文括弧書)，また，すべての監査役等が既にその事項を知っている場合には通知の必要がない（同但書)。会計監査人の不祥事が発生していることにかんがみ，このような規定が設けられたものであろう。

(ix) 会計監査人設置会社の監査役等による監査報告の通知期限　会計監査人設置会社の特定監査役（〔652〕(a)）は，次の監査報告の区分に応じ，それぞれに定める日までに，特定取締役および会計監査人に対し，監査報告（監査役会設置会社にあっては，会社計算128条1項の規定により作成した監査役会の監査報告に限る）の内容を通知しなければならない（会社計算132条1項)。

①連結計算書類以外の計算関係書類についての監査報告は，㋑会計監査報告を受領した日（130条3項に規定する場合——会計監査人が通知をすべき時までに通知をしなかった場合——にあっては，同項の規定により監査を受けたものとみなされた日）から1週間を経過した日，㋺特定取締役および特定監査役の間で合意により定めた日があるときはその日のうちいずれか遅い日，②連結計算書類についての監査報告は，会計監査報告を受領した日から1週間を経過した日（特定取締役および特定監査役の間で合意により定めた日がある場合にあっては，その日)。

計算関係書類については，特定取締役および会計監査人が上記の監査報告の内容の通知を受けた日に，監査役（監査等委員会設置会社にあっては監査等委員会，指名委員会等設置会社にあっては監査委員会）の監査を受けたものとされる（会社計算132条2項)。特定監査役が通知すべき日までに通知しない場合には，その通知をすべき日に計算関係書類について監査役（監査等委員会，監査委員会）の監査を受けたものとみなされて（会社計算132条3項)，手続を進めることができるが，そのままでは適法な手続による監査がなされたということはできない（〔654〕(vii)参照)。

(x) 計算書類等の定時株主総会への提出等　会計監査人設置会社は，会計監査人および監査役の監査を受けた計算書類およびその附属明細書等（436条2項の監査を受けた計算書類および事業報告）を定時株主総会に提出しなければならない（438条1項2号)。

〔655〕 **(c) 会計監査人設置会社以外の会社の監査報告の通知期限等**　会計監査人設置会社以外の会社の監査役または監査役会の監査報告の内容の通知について，基本的に会計監査人設置会社の会計監査報告の通知期限等に準じた規定が設けられている（会社計算124条)。

〔656〕 **(d) 取締役会設置会社の場合——取締役会の承認，定時株主総会への提出等**　取

締役会設置会社では，計算書類および事業報告ならびにこれらの附属明細書は，取締役会の承認を受けなければならない（436条3項）。なお，取締役会設置会社では，監査役が置かれ（公開会社でない会計参与設置会社，監査等委員会設置会社および指名委員会等設置会社を除く。327条2項），また会計監査人が置かれることもある（328条）が，その会社で監査役または会計監査人の監査を受けた場合には，その監査を受けたものについて取締役会の承認を受けることになる（436条3項括弧書）。旧会社法のもとでは，監査役設置会社の計算書類の監査と取締役会の承認との先後関係につき明文の規定がなく（指名委員会等設置会社では監査が先行することが明文で規定されていた），解釈上は取締役会の承認が先行するものとされ，実務上もそのように運用されていた。会社法では上述したように監査役設置会社等で監査役の監査が先行する旨の明文の規定が設けられた。その理由として，旧会社法の取扱いについては，監査の結果適法でないことが発見された場合の取扱いについて疑義があったことがあげられ，取締役会で承認する際に監査意見を参照することができるようにするためと説明されている。

この承認を受けた計算書類および事業報告は，定時株主総会に提出し，または提供しなければならない（438条1項3号）。

また取締役会設置会社においては，取締役は，定時株主総会の招集の通知に際して，法務省令（会社計算133条）で定めるところにより，株主に対し，取締役会の承認を受けた計算書類および事業報告（監査役の監査報告または会計監査人の会計監査報告を含む）を提供しなければならない（437条）。取締役会設置会社においては株主総会の招集の通知に議題が記載または記録される（299条2項2号・4項）こともあって，その情報を定時株主総会前に提供して，定時株主総会における審議の参考にさせようとするものである。

〔657〕 **(e) それ以外の会社の場合**　それ以外の会社の場合（取締役会設置会社以外の会社（非公開会社）の場合および取締役会設置会社で会計参与設置会社の場合。監査役設置会社および会計監査人設置会社については前述した〔(a)，(b)(x)〕）には，監査がなされないから計算書類および事業報告自体を定時株主総会に提出し，または提供され，株主総会で監査されることになる（438条1項4号）。

〔658〕 **(ロ) 事業報告等の監査**

事業報告およびその附属明細書は法務省令（会社則117条2号・129条－132条）で定めるところにより，監査役（監査等委員会設置会社では監査等委員会，指名委員会等設置会社では監査委員会）の監査を受けなければならない（436条1項・2項2

号)。計算書類および会計監査報告についての監査報告については前述した(〔653〕(iv)―(vi))。

(a) **監査役の監査報告の内容**　監査役は，事業報告およびその附属明細書を受領したときは，①監査役の監査（計算関係書類にかかるものを除く）の方法およびその内容，②事業報告およびその附属明細書が法令または定款に従い会社の状況を正しく示しているかどうかについての意見，③会社の取締役（当該事業年度中に会社が指名委員会等設置会社であった場合にあっては，執行役を含む）の職務の遂行に関し，不正の行為または法令もしくは定款に違反する重大な事実があったときは，その事実，④監査のため必要な調査ができなかったときは，その旨およびその理由，⑤取締役の職務の執行が法令および定款に適合することを確保するための体制その他会社の業務の適正を確保するために必要なものとして法務省令で定める体制の整備についての決定または決議（348条3項4号・362条4項6号・399条の13第1項1号ロハ・416条1項1号ロホ。いわゆる内部統制システムに関する決議。〔516〕〔517〕）（監査の範囲に属さないものを除く）がある場合において，その事項の内容が相当でないと認めるときは，その旨およびその理由，⑥会社がその会社の財務および事業の方針の決定を支配する者の在り方に関する基本方針（敵対的買収に対する対応策等。〔373〕〔651の2〕(iii)）についての意見（会社則118条3号），⑦親会社等との利益相反取引に関する事項（同5号。〔651の2〕(i)）についての意見および⑧監査報告を作成した日を内容とする監査報告を作成しなければならない（会社則129条1項）。

ただし，監査役の監査の範囲を会計に関するものに限定する旨の定款の定めがある会社の監査役は，上記の事項に代えて，事業報告を監査する権限がないことを明らかにした監査報告を作成しなければならない（会社則129条2項）。

(b) **監査役会の監査報告の内容等**　監査役会は，(a)の監査役が作成した監査報告（以下「監査役監査報告」という）に基づき，監査役会の監査報告（以下「監査役会監査報告」という）を作成しなければならない（会社則130条1項）。

監査役会監査報告は，①監査役および監査役会の監査の方法およびその内容，②前述の(a)②から⑥までに掲げる事項および③監査役会監査報告を作成した日を内容とし，この場合において，監査役は，当該事項にかかる監査役会監査報告の内容とその事項にかかる当該監査役の監査役監査報告の内容が異なる場合には，その事項にかかる監査役監査報告の内容を監査役会監査報告に付記することができる（会社則130条2項）。

監査役会が監査役会監査報告を作成する場合には，監査役会は，1回以上，会議を開催する方法または情報の送受信により同時に意見の交換をすることができる方法により，監査役会監査報告の内容（上記の付記の内容を除く）を審議しなければならない（会社則130条3項）。

(c)　監査等委員会設置会社における監査等委員，指名委員会等設置会社における監査委員会の監査報告の内容等　　監査等委員会（監査等委員会設置会社の場合），監査委員会（指名委員会等設置会社の場合）は，事業報告およびその附属明細書を受領したときは，①監査等委員会・監査委員会の監査の方法およびその内容，②前述の(a)②から⑥までの事項および③監査報告を作成した日を内容とする監査報告を作成しなければならず，この場合に，監査等委員・監査委員は，当該事項にかかる監査報告の内容が当該監査等委員・監査委員の意見と異なる場合には，その意見を監査報告に付記することができる（会社則131条1項）。

監査報告の内容（上記の付記の内容を除く）は，監査等委員会・監査委員会の決議をもって定めなければならない（会社則131条2項）。

特定監査役（監査等委員会設置会社・指名委員会等設置会社で特定監査役を定めた場合にはその者，それ以外の場合には監査等委員・監査委員のいずれかの者。会社則132条5項3号4号，会社計算130条5項3号4号）が①事業報告を受領した日から4週間を経過した日，②事業報告の附属明細書を受領した日から1週間を経過した日または，③特定取締役（会社則132条4項，会社計算130条4項）および特定監査役の間で合意をした日のいずれか遅い日までに，特定取締役に対して監査報告の内容を通知する（会社則132条1項）。

(ハ)　計算書類等の株主への提供　　〔659〕

取締役会設置会社においては，取締役は，定時総会の招集の通知に際して，法務省令（会社計算133条1項，会社則133条）で定めるところにより，株主に対し，取締役会の承認（436条3項）を受けた計算書類および事業報告（監査報告または会計監査報告を含む。436条1項2項）を提供しなければならないものとされる（437条）。

会計監査人設置会社の場合に株主に対して提供しなければならないものは，㋑計算書類，㋺計算書類にかかる会計監査報告があるときは，その会計監査報告，㋩会計監査人が存しないとき（一時会計監査人の職務を行うべき者が存する場合〔346条4項〕を除く）は，会計監査人が存しない旨の記載または記録をした書面または電磁的記録，㊁会計監査人が会計監査報告書の内容を通知すべき日までに通知をしない場合において，通知すべき日に監査を受けたものとみなされたとき（会社計算130条3項）は，その旨の記載または記録をした書面または電磁的記録，㋭計算書類にかかる監査役（監査役会設置会社にあっては監査役会，監査等委員会設置会社にあっては監査等委員会，指名委員会等設置会社にあっては監査委員会）の監査報告があるときは，その監査報告（2以上の監査役が存する株式会社〔監査役会設置会社を除く〕の各監査役の監査報告の内容〔監査報告を作成した日を除く〕が同一である場合にあっては，1または2以上の監査役の監査報告），㋬特定監査役が監査報告の内容を通知すべき日までに通知をしない場合において，通知すべき日に監査を受けたものとみなされたとき（会社計算132条3項）は，その旨の記載または記録をした書面または電磁的記録である（会社計算133条1項3号）。

それ以外の会社についても，規定が設けられている（会社計算133条1項2号。事業報告については会社則133条1項）。

〔660〕 ㈡ **計算書類の定時株主総会における承認――その承認を受ける必要がない場合，事業報告の報告**

計算書類は，定時株主総会の承認を受けなければならず（438条2項），事業報告については，取締役は，その内容を定時株主総会に報告しなければならない（同3項）。

会計監査人設置会社においては，取締役会の承認（436条3項。〔656〕）を受けた計算書類が法令および定款に従い会社の財産および損益の状況を正しく表示しているものとして法務省令で定める要件（「承認特則規定」。会社計算135条）に該当する場合――会計監査人の会計監査報告の内容に無限定適正意見が含まれ（会社計算135条1号。〔653〕(iii)②㋑），監査役等の監査報告の内容として会計監査人の監査の方法または結果を相当でないと認める意見がない場合（会社計算135条2号。〔653〕(iv)―(vi)）等――には，定時総会の承認を要しないものとされ，この場合には，取締役は，計算書類の内容を定時株主総会に報告しなければならないものとされる（439条）。会計監査の専門家である会計監査人が適法意見を表明し，監査役がそれに同意見であれば，監査役および会計監査人とも株主総会で選任され，かつ，法律上重い責任を負わされていること，およびそれらの書類が複雑で技術的かつ専門的なものであることにもかんがみ，それだけで，それらの書類が確定することを認め，その内容を報告することとすることが合理的であるという考慮に基づくものである。事業報告の内容は常に報告事項となる。

〔661〕 ㈭ **計算書類の公告**

①会社は，定時株主総会の終結後遅滞なく，法務省令で定めるところ（会社計

算136条）により，貸借対照表（大会社にあっては，貸借対照表および損益計算書）を公告しなければならない（440条1項）。もっとも，②その公告方法が官報に掲載する方法（939条1項1号）または時事に関する事項を掲載する日刊新聞紙に掲載する方法（939条1項2号）である会社は，貸借対照表の要旨を公告することで足りる（440条2項）。大会社にあっては，貸借対照表および損益計算書の要旨を公告しなければならない（440条1項括弧書，会社計算137条。なお，電磁的方法による公告については次に扱う）。

①および②の貸借対照表（大会社では損益計算書を含む）の官報または日刊新聞紙による公告の制度については，紙面の都合もあって要旨の公告でも足りることとしているため（440条2項，会社計算137条），情報量が少なすぎること，1回限りの公告で足りるため見落しもある上，後に検索することも不便であること，また費用がかかるため履行するのが大会社の一部にかぎられること等，開示方法として不十分であるという指摘が長年にわたってなされてきた。電子公告によれば，貸借対照表または損益計算書それ自体の公告を要求することができ，そのような指摘を解消することができることになる。

すなわち，①または②の公告が電磁的方法によって代えることが認められており，一般的な公告方法としての電子公告（939条）と合わせて認められている。すなわち，会社は定時株主総会の承認を得またはその報告をした日の後遅滞なく①または②に掲げるものに記載または記録された情報を法務省令で定めるものにより，株主総会の承認を得た日または報告の日から5年を経過する日までの間継続して不特定多数の者がその提供を受けることができる状態に置く措置をとることができるものとされており（440条3項），一般に電子公告によるときは，定款の定めが必要であるが（939条），上記の電磁的方法によることは，たんに取締役会の決議（取締役会設置会社の場合）によればよく，かつ，電子公告調査機関による調査を求める必要もない（941条括弧書）。したがって，たとえば会社が自らのホーム・ページを利用して計算書類を開示することも可能にした。これらの措置により会社の負担を軽減しながら，開示の実効性が高められることが期待されている。

なお，金融商品取引法24条1項の規定により有価証券報告書を内閣総理大臣に提出しなければならない会社については，上述の会社法上の貸借対照表等の公告に関する規定（440条1項−3項）は適用されない。重複を避ける趣旨である。

5　臨時計算書類の作成等　〔662〕

(イ) 制度の概略，その作成

会社法は，臨時計算書類制度を導入している。その概要は，次の通りである。すなわち，会社は，最終事業年度（たとえば平成27年度を例にとり，事業年度の末日を平成28年3月31日とする）直後の事業年度（平成28年度）に属する一定の日（これを「臨時決算日」という。たとえば平成28年6月末日，9月末日，12月末日等が考えられよう）におけるその会社の財産の状況を把握するため，法務省令（会社計算60条）で定めるところにより，①臨時決算日における貸借対照表および②臨時決算日の属する事業年度の初日から臨時決算日までの期間（上述の例では，たとえば平成28年4月1日から9月末日まで）にかかる損益計算書（①および②を臨時計算書類という）を作成することができる（441条1項）。なお，その定義規定がある（会社則2条3項13号）。

そして，次に述べる手続（〔663〕〔664〕）により確定された臨時計算書類は，剰余金の配当等に関して定時総会で確定した計算書類と同じ取扱いを受け，その期間の損益計算（461条2項2号イ。なお，損失につき同5号）およびその期間内に自己株式を処分した場合の対価を分配可能額に加算することができる（461条2項2号ロ）。その他に旧会社法から認められていた中間配当の制度はそのまま維持されていることは後述する。

臨時計算書類は，本支店における備置きおよび閲覧等の対象にはなるが（442条1項2号・2項2号・3項），公告の対象にはならない（440条参照）。

〔663〕 (ロ) 臨時計算書類の監査，取締役会による承認

① 監査役設置会社または会計監査人設置会社においては，臨時計算書類は，法務省令で定めるところにより，監査役または会計監査人（監査等委員会設置会社にあっては監査等委員会および会計監査人，指名委員会等設置会社にあっては監査委員会および会計監査人）の監査を受けなければならない（441条2項）。

② 取締役会設置会社においては，臨時計算書類（監査役設置会社または会計監査人設置会社にあっては，①の監査を受けたもの）は，取締役会の承認を受けなければならない（441条3項）。

〔664〕 (ハ) 株主総会における承認等

①監査役設置会社または会計監査人設置会社で取締役会設置会社でない会社は，(ロ)①の監査を受けた臨時計算書類，②取締役会設置会社は，(ロ)②の承認を受けた臨時計算書類，および③それ以外の会社は，臨時計算書類について，株主総会の承認を受けなければならない（441条4項本文）。ただし，臨時計算書類が法令お

よび定款に従い株式会社の財産および損益の状況を正しく表示しているものとして法務省令で定める要件に該当する場合（会社計算135条。〔660〕参照）は，この限りでない（441条4項但書）。この場合には，株主総会の承認を受けなくとも，それを受けたのと同じ取扱いを受けることになる（定時株主総会の承認を要しない場合に関する〔660〕参照）。

6　計算書類等の備置きおよび閲覧等　〔665〕

(イ)　計算書類等の備置き

(a)　本店における備置き　会社は，それぞれ以下に掲げる計算書類等を，それぞれその定める期間，その本店に備え置かなければならない（442条1項）。

①各事業年度にかかる計算書類および事業報告ならびにこれらの附属明細書（監査役設置会社または会計監査人設置会社の場合には，監査報告または会計監査報告を含む）については，定時株主総会の日の1週間（取締役会設置会社にあっては，2週間）前の日（株主総会の決議が省略できる場合〔319条1項〕にあっては，その提案があった日）から5年間，②臨時計算書類（監査役設置会社または会計監査人設置会社の場合には，その監査報告または会計監査報告を含む）については，臨時計算書類を作成した日から5年間である。

(b)　支店における備置き　会社は，支店においては，それぞれ本店におけるのと同様の書類の写しを3年間備え置かなければならない（442条2項本文）。しかし，計算書類等が電磁的記録で作成されている場合であって，支店における閲覧等の請求に応じることを可能とするための措置として法務省令で定める（会社則227条）ものをとっているときは，この限りでない（442条2項但書）。

(ロ)　株主等および債権者の閲覧請求権　〔666〕

以下に述べるように，株主等に対する計算書類等の閲覧等の請求をすることが認められる。親会社社員の請求については，要件が加重されていることは，会計帳簿の閲覧等の場合（433条3項）と同様である（〔631〕）。

株主および債権者は，会社の営業時間内は，いつでも，次の①から④の請求をすることができる（442条3項本文）。ただし，②または④の請求をするには，当該会社の定めた費用を支払わなければならない（442条3項但書）。

①　計算書類等が書面をもって作成されているときは，その書面またはその書面の写しの閲覧の請求（1号）。

②　①の書面の謄本または抄本の交付の請求（2号）。

③　計算書類等が電磁的記録をもって作成されているときは，その電磁的記録

に記録された事項を法務省令で定める方法（会社則226条）により表示したものの閲覧の請求（3号）。

④　③の電磁的記録に記録された事項を電磁的方法であって会社の定めたものにより提供することの請求またはその事項を記載した書面の交付の請求（4号）。

会社の親会社社員は，その権利を行使するため必要があるときは，裁判所の許可を得て，その会社の計算書類等について上記①から④の請求をすることができる（442条4項本文）。ただし，②または④の請求をするには，会社の定めた費用を支払わなければならない（442条4項但書）。

〔667〕　(ハ)　**計算書類等の提出命令**

裁判所は，申立てによりまたは職権で，訴訟の当事者に対し，計算書類およびその附属明細書の全部または一部の提出を命ずることができる（443条）。

会社関係の訴訟における証拠資料として利用できるようにするためのものであって，会計帳簿・書類についても同様の取扱いがなされていることは前述した（434条。〔632〕）。

〔668〕　7　連結計算書類

(イ)　趣旨，経緯および連結の範囲

会社法では，連結計算書類については，その会計監査人設置会社（連結計算書類の作成を会計監査人設置会社に限っている理由，およびその作成が義務づけられている会社については〔670〕）およびその子会社から成る企業集団の財産および損益の状況を示すために必要かつ適当なものとして法務省令（会社計算61条）に定めるものをいうと定義されている（444条1項括弧書）。

平成14年改正商法により大会社につき，連結計算書類の作成が義務づけられた。同年改正時の証券取引法上は，有価証券報告書の添付書類として，その報告書の提出を義務づけられている会社については，かねてから「連結財務諸表の用語，様式及び作成方法に関する規則」（同規則1条）に基づき作成された連結財務諸表の内閣総理大臣への提出が義務づけられていた（証取24条）。企業集団の財産および損益状況の開示は株主にとっても重要であり，商法上も，連結計算書類の作成を義務づけるべきであるという主張はかねてからなされており，平成14年改正商法のもとでそれが実現したのである。なお，ここで連結計算書類の導入というのは，あくまで開示規則としてであって，配当規制としてではない。配当規制として連結計算書類制度を導入するためには，連結各会社の債権者の利益保護のための配慮が必要であり，そこまで踏み込むものではなかった。なお，法人

税法上は，100パーセント親子会社関係にある内国法人に限ってであるが，連結納税が認められる（法税4条の2）。会社法は，会計監査人設置会社につき，連結計算書類を作成することができるものとしている（444条1項。それを義務づけられる会社については後述〔670〕）。

連結の範囲について，そのすべての子会社を連結の範囲に含めることを原則とし（会社計算63条1項），①財務および事業の方針を決定する機関（株主総会その他これに準ずる機関をいう）に対する支配が一時的であると認められる子会社および②連結の範囲に含めることにより会社の利害関係人の判断を著しく誤らせるおそれがあると認められる子会社，のいずれかに該当する子会社は，連結の範囲に含めないものとする（会社計算63条1項但書・1号2号）。また，連結の範囲に含めるべき子会社のうち，その資産，売上高等からみて，連結の範囲から除いてもその企業集団の財産および損益の状況に関する合理的な判断を妨げない程度に重要性の乏しいものは，連結の範囲から除くことができる（会社計算63条2項）。

連結の範囲に含まれる子会社を連結子会社といい（会社計算2条3項19号），株式会社およびその連結子会社を連結会社という（会社計算2条3項21号）。

(ロ) 内　容 〔669〕

連結計算書類としては，会計監査人設置会社およびその子会社から成る企業集団の財産および損益の状況を示すために必要かつ適当なものとして法務省令で定めるものとされることは前述したが（444条1項括弧書。〔668〕），具体的には，①連結貸借対照表，②連結損益計算書，③連結株主資本等変動計算書および④連結注記表があげられている（会社計算61条）。

作成者は，業務執行者と解される。作成時期については規定されていないが，それは，後述するように，取締役会設置会社では定時総会の招集通知に際して株主に対して提供し（444条6項），また定時総会に提出しなければなければならないものとされるので（444条7項），それに間に合うように作成されなければならないことはいうまでもない。

連結計算書類は電磁的記録で作成することができる（444条2項）。

(ハ) 連結財産諸表を作成できる会社および作成しなければならない会社 〔670〕

会社法は，各事業年度にかかる連結財務諸表を作成することができる会社として，会計監査人設置会社に限っている（444条1項）。それは，作成される連結計算書類を監査する専門的知識を有する会計監査人の置かれている会社に限定するのが適当と考えられたからである。

また，事業年度の末日において大会社であって金融商品取引法24条1項の規定により有価証券報告書を内閣総理大臣に提出しなければならないものは，当該事業年度にかかる連結計算書類を作成しなければならないものとされる（444条3項。〔633〕）。

〔671〕 ㈡ 監査および報告

連結計算書類は，前述したように，法務省令で定めるところにより（会社計算121条1項・126条－129条にいう計算関係書類には連結計算書類が含まれる。会社計算2条3項3号。〔633〕），監査役（監査等委員会設置会社にあっては監査等委員会，指名委員会等設置会社にあっては監査委員会）および会計監査人の監査を受けなければならない（444条4項。監査の内容は，〔653〕(iii)(v)）。監査役および会計監査人に子会社調査権等が認められていることは前述した（381条3項・396条3項）。なお，会計監査人の調査権は明文で会計に関する事項に限られているが，監査役のそれについてはそのような限定はなされていない（「会計に関する報告」というように限定されておらず，「事業に関する報告」と規定されている）。したがって，監査役の連結子会社調査権は，会計に関するものに限られないと解される。旧会社法は会計に関するものに限定する趣旨の規定が設けられていた。監査役の子会社の取締役等との兼任禁止は，この監査とも関連するものである。

監査を受けた連結計算書類は，会計監査人設置会社が取締役会設置会社である場合には，取締役会の承認を受けなければならない（444条5項）。計算書類等の場合（436条3項。〔656〕）と同様である。

会計監査人設置会社が取締役会設置会社である場合には，取締役は，定時株主総会の招集の通知に際して，法務省令で定めるところにより（会社計算134条），株主に対し，取締役会の承認を受けた連結計算書類を提供しなければならない（444条6項）。

定時株主総会において，取締役は，会計監査人設置会社が取締役会設置会社である場合は取締役会の承認を受けた連結計算書類を，それ以外の会計監査人設置会社は監査役（監査等委員会設置会社にあっては監査等委員会，指名委員会等設置会社にあっては監査委員会）および会計監査人の監査を受けた連結計算書類を提出し，または提供しなければならない。この場合においては，連結計算書類の内容および監査の結果を定時株主総会に報告しなければならない（444条7項）。

〔672〕 ㈭ 連結計算書類に関するその他の規定

連結計算書類に関して，連結会社（その株式会社およびその連結子会社。会社計算

2条3項21号）が2つ以上の異なる種類の事業を営んでいる場合の貸借対照表の区分（会社計算73条3項），純資産の部の項目（同76条1項2号），繰延税金資産等の表示（同83条3項），のれん（同85条），連結株主資本等変動計算書（同96条9項），連結配当規制適用会社に関する注記（同98条1項14号），連結注記表等（同98条2項4号），連結計算書類作成の基本となる重要な事項に関する注記（同102条），連結株主資本等変動計算書に関する注記（同106条），関連当事者との取引に関する注記（同112条。関連会社につき，会社計算2条3項18号）等につき規定がある。

Ⅵ　剰余金およびその配当等

1　剰余金等の取扱い　〔673〕

会社法のもとでは，旧会社法のもとでの配当可能利益またはその処分という概念に代えて，剰余金（446条。〔674〕），分配可能額（461条。〔684〕），剰余金の配当（〔678〕）および剰余金の処分（〔677〕）という概念を用いている（452条－465条）。そして会社法においては，剰余金の処分（452条）とは，会社の財産の処分を伴わずに剰余金を構成する各科目の間の計数を変更することであることを前提として規定されている（452条前段括弧書。〔677〕）。

結局，会社法のもとでは，剰余金は，剰余金の額の減少（後述〔675〕〔676〕）の額の限度を画し，次に触れる分配可能額（〔684〕）を算定する場合の要素となっている。会社法では，剰余金の変動（後述〔674〕②－⑦）を分配可能額に反映させることとし，損益計算書を経由しないで剰余金の額を増減させることができることとされている。なお，会社法が旧会社法で用いていた「利益配当」という言葉を用いないで剰余金の配当という言葉を用いているのは，その原資が利益に限られず，配当をすることによって「その他資本剰余金」が減少する場合もあるからであるという説明がなされている。

また会社法では分配可能額という言葉を用いている（461条）が，剰余金と分配可能額との関係については，次のように考えられる。すなわち，剰余金とは，446条に規定されているように（〔674〕），最終事業年度の末日における純資産額から，最終事業年度の末日後における自己株式の処分，資本金・準備金の減少（446条2号－4号）等の額の合計額を加算し，それから，その間の自己株式の消却，剰余金の配当等の額（446条5号－7号）を控除した額であって，最終事業年度の純資産額を基準とした額である勘定科目に着目した概念である。これに対して，分配可能額は446条の規定により計算される最終事業年度の末日の剰余金をスタートとして，その後の剰余金の配当等の額を減額し，また後述する会社法により導入された臨時決算日における臨時計算書類による損益を加減した額であるということができる（詳細は〔684〕）。

〔674〕 **2 剰余金の額の算定**

剰余金の額は，次の①から④までに掲げる額の合計額から⑤から⑦までに掲げる額の合計額を減じて得た額とする（446条）。

① 最終事業年度の末日における㋑資産の額および㋺自己株式の帳簿価額の合計額の合計額から，㋩負債の額，㊁資本金および準備金の額の合計額および㋭法務省令で定める各勘定科目に計上した額の合計額（会社計算149条）の合計額を減じて得た額（1号）。㋭の額として「その他資本剰余金の額」（会社計算149条3号・76条4項2号）および「その他利益剰余金の額」（会社計算149条4号・76条5項2号）が規定されている。

② 最終事業年度の末日後に自己株式の処分をした場合におけるその自己株式の対価の額から当該自己株式の帳簿価額を控除して得た額（2号）。

③ 最終事業年度の末日後に資本金の額の減少をした場合における当該減少額（減少する資本金の額の全部または一部を準備金とするときはその準備金とする額〔447条1項2号〕を除く）（3号）。

④ 最終事業年度の末日後に準備金の額の減少をした場合におけるその減少額（減少する準備金の額の全部または一部を資本金とするときはその資本金とする額〔448条1項2号〕を除く）（4号）。

⑤ 最終事業年度の末日後に自己株式の消却をした場合（178条1項）におけるその自己株式の帳簿価額（5号）。

⑥ 最終事業年度の末日後に剰余金の配当をした場合において，㋑配当財産の帳簿価額の総額（454条1項1号。同4項1号に規定する金銭分配請求権を行使した株主に割り当てた配当財産の帳簿価額を除く），㋺金銭分配請求権（454条4項1号）を行使した株主に交付した金銭の額の合計額および㋩一定の数未満の数の株式を保有する株主（基準未満株式の株主）に金銭以外の財産の割当てをしないことにした場合（454条4項2号）に，その基準未満株式の株主に支払った金銭の額（456条）の合計額（6号）。

⑦ ⑤⑥のほか，法務省令で定める各勘定科目に計上した額の合計額（7号，

会社計算150条)。この額は，次の㋑から㊁までに掲げる額の合計額から㋭および㋬に掲げる額の合計額を減じて得た額とされる。

㋑ 最終事業年度の末日後に剰余金の額を減少して資本金の額または準備金の額を増加した場合における当該減少額（会社計算150条1項1号)。

㋺ 最終事業年度の末日後に剰余金の配当をした場合における資本準備金および利益準備金を計上した場合のその計上した額（会社計算23条1号ロ・2号ロに掲げる額)（同2号)。

㋩ 最終事業年度の末日後に株式会社が吸収型再編受入行為（会社計算2条3項34号。吸収合併による消滅会社の権利義務の全部の承継等）に際して処分する自己株式にかかるその対価の額からその帳簿価額を控除して得た額（446条2号)（同3号)。

㊁ 最終事業年度の末日後に会社が吸収分割会社または新設分割会社となる吸収分割または新設分割に際して剰余金の額を減少した場合におけるその減少額（同4号)。

㋭ 最終事業年度の末日後に会社が吸収型再編受入行為をした場合におけるその受入行為にかかるⓘ再編後の会社のその他資本剰余金の額からその再編の直前のその会社のその他資本剰余金の額を減じて得た額およびⓘⓘ再編後の会社のその他利益剰余金の額からその再編の直前のその会社のその他利益剰余金の額を減じて得た額の合計額（同5号)。

㋬ 最終事業年度の末日後に設立時または成立後の株式の交付に伴う義務が履行された場合（会社計算21条）に増加した会社のその他資本剰余金の額（同6号)。

吸収型再編受入行為等については別に取り扱う（〔736〕以下)。

3 剰余金の減少——資本組入れ 〔675〕

会社は，剰余金の額を減少して，資本金の額を増加することができる（450条1項前段)。この場合には，株主総会の決議（450条2項。剰余金の処分に相当するものであり，普通決議でよい。それは特別決議が要求される309条2項に列挙されている株主総会に該当しない）で，①減少する剰余金の額および②資本金の額の増加がその効力を生ずる日を定めなければならない（450条1項後段)。旧会社法のもとにおける利益の資本組入れに相当する（改正前商293条ノ2)。なお，平成21年改正前会社計算規則では，剰余金の額を減少して資本金の額を増加するのは資本剰余金の額の減少の場合に限定されていた（改正前48条1項2号括弧書）が，同年改正会社計算規則25条1項2号では，そのように限定する規定（上述括弧書）が削除され，利益剰余金の資本組入れによる資本金の額の増加も認められる旨が明文で規定された。

①の額は，②の日における剰余金の額を超えてはならない（450条3項）ことはいうまでもない。

〔676〕 **4 剰余金の減少——準備金組入れ**

会社は，剰余金の額を減少して，準備金の額を増加することができる（451条1項前段）。旧会社法のもとでは，この点について規定は設けられていなかったが，解釈上はそれを可能と解されていた。それを明文で認めたものである。この場合においては，株主総会（普通決議でよい）の決議（451条2項）で，①減少する剰余金の額および②準備金の額の増加がその効力を生ずる日を定めなければならない（451条1項後段）。①の額は，②の日における剰余金の額を超えてはならない（451条3項）。

〔677〕 **5 剰余金の処分**

会社法は，前述したように（〔673〕），次に取り上げる剰余金の配当（453条以下）という概念のほかに剰余金の処分（452条，会社計算153条）という概念を用いている。会社は，株主総会の決議（普通決議でよい。309条1項）によって，損失の処理，任意積立金積立てその他の剰余金の処分をすることができる（452条前段）。ここで剰余金の処分とは，剰余金の額を減少して資本金または準備金の額を増加させること（これらは450条および451条で規定されている）および剰余金の配当その他会社の財産を処分するものは除かれ（452条前段括弧書），剰余金を構成する各科目の間の計数を変更することに限られる（〔673〕）。剰余金の処分の場合においては，その処分の額その他法務省令（会社計算153条）で定める事項を定めなければならない（452条後段）。法務省令で定める事項は，剰余金の処分（株主総会の決議を経ないで剰余金の項目にかかる額の増加または減少をすべき場合〔会社計算153条1項柱書括弧書・2項〕を除く）にかかる①増加する剰余金の項目，②減少する剰余金の項目および③処分する各剰余金の項目にかかる額とされる（会社計算153条1項）。

旧会社法のもとで利益処分として一般に行われている取締役等の役員の賞与は，財産の処分を伴うから剰余金の処分として取り扱うことはできない。すなわち，会社法のもとでは，取締役等に対する職務遂行の対価の支払は，すべて報酬等（361条）と定義され，定款に定めていないときは，株主総会の決議によることとされている（〔482〕）。

6　剰余金の配当　〔678〕

⑴　剰余金の配当請求権──抽象的剰余金配当請求権，その固有権性，純資産額300万円未満の場合の配当禁止

剰余金配当請求権には，抽象的な意味でのそれと具体的な意味でのそれとがある。

会社は各事業年度ごとに決算をして，そこで生じた剰余金を株主に配当することを予定しており，株主となる者は，剰余金の配当を受けることを当然に期待している。このように，株主が剰余金の配当を受けることができる抽象的な権利を抽象的意味での剰余金配当請求権といい，それは一般に固有権と認められている（105条1項1号参照。〔101〕）。会社法453条では，会社はその株主（その会社を除く）に対し，剰余金の配当をすることができると規定されている。この規定はそのまま読めば，当然のことを規定したものということができるが，株主の剰余金配当請求権の固有権性を認めたものと解することも不可能ではないであろう。しかし，後述する分配可能額を必ず配当しなければならないわけではなく，そのうちから任意準備金を積み立て，またはそれを次期に繰り越し，さらに資本金または準備金に組み入れることができ（〔675〕〔676〕），その意味で，その固有権性は弾力的に解すべきものとされている。しかし，合理的な範囲または期間を超えてこれを剝奪したり制限したりすることは，株主総会の多数決をもってしても許されないと解される。なお，会社法のもとでは，臨時計算書類制度が設けられており（〔662〕），その制度も含めると，剰余金の配当は，その制度のもとで生じた期間損益も含めて考慮することになる。また，会社の有する自己株式については剰余金の配当はなされない（453条括弧書。〔178〕）。

剰余金の配当は金銭でなされるのが通常であるが，会社法のもとでは現物配当も許容されている（後述(e)）。旧会社法のもとでは現物配当が可能かについては意見が分かれていた。

会社法のもとでは，中間配当は剰余金の配当に含まれることについて，後述する（〔679〕〔682〕）。

また，一定の要件を備えた会社で一定の条件のもとで取締役会決議でなしうることについても後述する（459条1項2号。〔683〕(h)）。

なお，会社の純資産額が300万円未満の場合には，会社は株主に対する剰余金の配当をすることができないこととされている（458条）。前述したように（〔21〕），

会社法では最低資本金制度は廃止されたが，株主有限責任制度のもとで，純資産額があまりにも小さい場合には，計算上，剰余金が生じたとしてもその配当を許さないとするものである。

〔679〕 **(ロ) 回数制限の撤廃，中間配当を含むこと等**

旧会社法では，会社法における剰余金の配当に相当するものは，利益処分として行う利益配当と事業年度を1年とする会社について1回のみ認められる中間配当に制限されていた。

会社法のもとでは，株主に対する払戻しという観点からは剰余金配当と同様の意味を有する自己株式の取得につき回数制限がないこととの比較から，また分配可能額の範囲内でなされるかぎり剰余金配当の回数制限をする必要がないという理由から，剰余金の配当の回数制限を撤廃している。具体的には，たとえば定時総会において，計算書類が承認され（438条2項。一定の条件のもとに取締役会の承認〔436条3項〕のみでよい場合もある。439条。〔660〕），剰余金が100億円と確定し，定時総会でそのうち50億円を配当する決議をしたとすると（その分については期末の欠損について責任を負わされない。465条1項10号イ。〔690〕(ii)②ⓐ），残りの50億円はその後随時に配当してよく（それについては期末の欠損の責任を負わされる。465条1項10号柱書。〔690〕⑩），また，臨時計算書類を作成して（441条），利益等を加算して配当することができる（461条2項1号2号）ものとされる（期末の欠損の責任は負わされる。465条10号柱書）。

そして，このこととの関連から，中間配当について，旧会社法のもとでは，利益処分と異なる金銭の分配として規定されていたが，会社法のもとでは，剰余金の配当の一環であって，その決定する機関が取締役会である点にその存在意義があるものとして把握されている。すなわち，取締役会設置会社が一事業年度（旧会社法は事業年度を1年とする会社に限定されていたが，会社法ではその限定もなくなった）に1回，取締役会決議によってなされる剰余金の配当が中間配当である（454条5項。〔682〕）。

〔680〕 **(ハ) 具体的剰余金配当請求権**

(a) **意義**　会社が分配可能額の範囲内で，原則としては株主総会の決議によって（454条1項。普通決議でよい），場合によっては取締役会決議により（459条1項柱書・436条3項。〔683〕），剰余金の配当に関する事項の決定（454条1項）をすることにより，具体的な剰余金配当請求権が発生する。

(b) **帰属者**　剰余金の配当は，①各事業年度において定時株主総会（場合によっては取締役会。〔683〕）によって確定された剰余金を期末現在の株主および登録質権者に，または②それ以外の時期に配当する場合たとえば臨時計算書類が作成された場合には，臨時決算日時点において株主総会等によって確定された剰余金を剰余金の配当が効力を生ずる日（454条1項3号）時点の株主に対してなされるべきものである。そこで，①ついては，定款では，剰余金配当を受けるべき者を毎事業年度末日時の株主名簿に記載または記録された株主または登録質権者に支払う旨の定め（基準日の定め。〔286〕－〔288〕）をすることになり，②についても実務的には基準日の定めにより処理することになる。なお，定時総会の決議（定款で取締役会決議とすることを定めることも可能である。以下同じ。〔683〕）によってなされるいわゆる期末配当（前述①の配当）は，このように，慣行的には期末現在の株主（3月31日を決算日とする会社ではその日を基準日とする株主）に対してなされている（定款でその旨が定められているのが一般である）。しかし，理論的には，たとえば6月末の定時総会の決議によってなされるいわゆる期末配当を，定時総会の開催日の2週間前を基準日とする株主に対して配当することも不可能ではない。後述する中間配当（〔682〕）は，通常は9月末日現在の基準日株主になされるが，それも剰余金配当としての性質を有する以上，同じ剰余金配当である上述の期末配当も，理論的には，基準日をたとえば上述のように定時総会の2週間前と定めること（その公告につき〔288〕）も不可能ではないことになる。

(c) **性質**　このように具体化した剰余金配当請求権は，株式とは分離した通常の会社に対する指名債権であり，その後に株式が譲渡されてもその譲受人に移転することはない。

(d) **手続——原則として株主総会の決議，総会決議を必要としない場合，剰余金の配当に関する事項の決定，日割配当の禁止等**　会社は，その株主に対して剰余金の配当をしようとするときは，その都度，株主総会の決議（一定の条件を備えた会社においては，取締役会決議によることができる。〔683〕）によって，①配当財産の種類（金銭か金銭以外の財産か，金銭以外の財産だとしてどういう財産か等。その会社の株式等は除かれる。その趣旨については次に述べる）およびその財産の帳簿価額の総額，②株主に対する配当財産の割当てに関する事項および③その剰余金の配当がその効力を生ずる日を定めなければならない（454条1項）。

上記の剰余金の配当をする場合において，剰余金の配当について内容の異なる2つ以上の種類株式（以下剰余金配当種類株式という）を発行しているときは，会社はその種類株式の内容に応じて次のような割当てに関する事項を定めることができる（454条2項)。④ある種類の株式の株主に対して配当財産の割当てをしないこととするときは，その旨および当該株式の種類（1号）および回④に掲げる事項のほか，配当財産の割当てについて株式の種類ごとに異なる取扱いを行うこととするときは，その旨およびその異なる取扱いの内容（2号）を定めなければならない。

上記のような割当てに関する事項の定め（454条1項2号。前述②）は，株主（剰余金配当種類株式の株主を除く）の有する株式の数に応じて配当財産を割り当てることを内容とするものでなければならない（454条3項)。また，剰余金配当種類株式についての定めがあるときは，各種類の株式の数に応じて割当てをすることを内容とするものでなければならない（454条3項括弧書)。これらは会社は株主をその有する株式の内容および数に応じて平等に取り扱わなければならないという株主平等の原則（109条1項。〔104〕〔105〕）のあらわれである。したがって，会社法のもとでは，旧会社法のもとで見受けられた，事業年度の途中で新株の発行がなされた場合に新株には日割で配当する，いわゆる日割配当は認められないことになる。

なお，上記①の配当財産の種類に関し，「その会社の株式等」が除かれている（454条1項1号括弧書）が，その会社の「株式等」には，株式，新株予約権および社債が含まれ（107条2項2号ホ)，それらが除かれるのは，それらについては，募集株式等の発行（199条以下・238条以下・676条以下。〔323〕以下，〔355〕以下，〔699〕以下)，無償割当てによる交付（185条以下・277条以下。〔153〕以下，〔390〕以下）等の定めがなされているので，それらの定めに従うべきものとされているからである。

〔681〕 (e) 現 物 配 当

(i) 現物配当の許容　会社法のもとでは，配当を金銭以外の財産（以下現物配当という。その会社の株式等は除かれる。454条1項1号括弧書。〔680〕(d)参照）ですることが認められる（454条4項）が，現物配当であるときは，次に述べるような金銭分配請求権に関する制度が設けられている。

すなわち，現物配当であるときは，会社は，株主総会の決議によって，①株主に対して金銭分配請求権（その配当財産に代えて金銭を交付することを会社に請求する権利をいう）を与えるときは，その旨および金銭配当請求権を行使することができる期間（454条4項1号）および②一定の数未満の数（基準未満株式数という）の株式を有する株主に対して配当財産の割当てをしないこととするときはその旨およびその数（同2号）を定めることができる（454条4項本文）。この①の期間の末日は，前述の（〔680〕）(d)③の剰余金の配当の効力発生日以前でなければならない（454条4項但書）。

この現物配当に関する株主総会の決議は，株主に対して上記の金銭分配請求権を与える場合（454条4項1号）には普通決議でよい（取締役会決議によることができる場合もある。後述(h)）が，それを与えないこととする場合には，特別決議によることを要する（309条2項10号。取締役会決議によることはできない。459条1項4号但書）。現物の評価が適正か等の問題が生ずるからである。

以下に，①の金銭分配請求権を与える場合については(ii)で，②の基準未満株式数を定めた場合については(iii)で取り扱う。

(ii) 現物配当の場合の株主の金銭分配請求権――金銭分配請求権についての通知，財産の価額等　会社は，現物配当に代えて株主に金銭分配請求権を与えるときは，その行使期間（454条4項1号）の末日の20日前までに，株主に対して，それを与える旨およびその行使期間を通知しなければならず（455条1項），かつ，金銭分配請求権を行使した株主に対して，その株主が割当てを受けた配当財産に代えて，その配当財産の価額に相当する金銭を支払わなければならない（455条2項前段）。この場合おいて，その配当財産の価額とは，①それが市場価格のある財産であるときは，その市場価格として法務省令で定める方法（会社計算154条）により算定される額であり（455条2項1号），②それ以外の財産であるときは会社の申立てにより裁判所が定める額である（同2号）。この金銭分配請求権は，株主がその請求によって現物に代えて金銭の分配を受けるものであり，次に述べる(iii)は会社の選択により一定数未満の株式の株主に対して現物に代えて金銭の支払をするものである。

(iii) 現物配当につき基準株式数を定めた場合の処理　現物配当の定めをする場合において，一定数未満の数の株式を有する株主には現物配当財産の割当てをしない旨およびその数（「基準株式数」という）を定めたときは，その数の株式につき，次のように金銭による処理がなされる。すなわち，会社はその数に満たない数の株式（「基準未満株式」という）を有する株主に対して，前述(i)②の基準未満株式数の株式を有する株主が割当てを受けた配当財産の価額として定められた額（455条2項後段の規定の例による。前述(ii)①および②）にその基準未満株式の数の基準株式数に対する割合を乗じて得た額に相当する金銭を支払わなければならない（456条）。たとえば，基準株式数が100株と定められた場合に，30株の株主に対し，100株の株主が割当てを受ける配当財産の価額として定められる額が10万円だとすると，その株主は3万円の金銭の支払を受けることになる。

〔682〕　(f) **中間配当**　中間配当とは，定款の定めにより，一事業年度の途中において，1回限り，取締役会の決議によって剰余金の配当をすることである（454条5項）。

中間配当の制度は，沿革的には昭和49年商法改正の際に設けられた。同年商法改正においては，監査制度の充実を図る観点から，監査期間が伸長され，その結果，決算期から定時株主総会までの期間も，一般的にいって，それまでに比べて1か月伸長されたので，実務界においては，それまでは，年2回決算をして年2回利益配当をしていた多くの会社が年1回決算に移行することを予定するとともに，事業年度の中間において，実質的には剰余金配当の機能を有する金銭の分配の制度を設けることが実務界から強く要望された。中間配当の制度は，これに応えたものである。それは配当可能利益を確定する手続をとらずに株主に金銭の分配をする制度であったので，利益配当ではなく，株主に対する金銭の分配として取り扱われていた。

会社法のもとでも，実質的には中間配当の制度は維持されているが，それは剰余金の配当の一環として取り扱われている（454条5項において「剰余金の配当」という用語が用いられている）。したがって，たとえば毎年3月31日を決算日とする会社において，平成28年3月31日に分配可能額が確定した場合，その分配可能額の範囲で同年6月の期末配当および中間配当がなされる（臨時計算書類を作成して利益等を加算する場合は別である〔以下同じ。461条2項1号2号〕）。すなわち，たとえば平成28年12月になされる中間配当の財源は，同年6月に配当される期末配当とともに，平成28年3月31日に確定した分配可能額の範囲内である。しかし，その剰余金の配当に関する事項の決定は，株主総会の決議ではなくて，取締役会の決議によるとされている点で，それ以外の剰余金の配当が原則として株主総会の決議によるとされている（〔680〕(d)）のとは異なるところである。その配当財産が金銭であるものに限られる点でも，それ以外の剰余金の配当（現物配当が認められる。〔681〕）とは異なる。もっとも，剰余金の配当等を取締役会が決定する旨の定款の定めがなされており，その場合の要件をみたす会社の場合（後述〔683〕(h)）には，その差異が解消する。したがって，中間配当制度は，取締役会設置会社においてのみ適用される。金銭分配の可能な財源の規制，期末に欠損が生じた場合の取締役の責任等については，旧会社法のもとではそれらに中間配当制度固有の規定が設けられていたが，会社法のもとでは，それらも剰余金の配当についての後述する規定（〔684〕－〔686〕）に包含され，中間配当自体に特有の規定は設けられていない。

(g) 配当財産の交付　現物配当を含む配当財産は，株主名簿に記載し，または記録した株主（登録株式質権者を含む。以下同じ）の住所または株主が会社に通知した場所（以下，「住所等」という）において，これを交付しなければならない（457条1項）。ここで配当財産の交付とは，現物配当の定めがある場合において，①金銭分配請求権の行使の定めがなされているときの金銭の分配（455条。〔681〕(ii)），または②基準株式数が定められたときの基準未満株主に対する金銭の支払（456条。〔681〕(iii)）が含まれる（457条1項括弧書）。配当財産の交付は会社にとって持参債務（商516条1項，民484条参照）とされることになる。もっとも，所在不明株主に対する関係では，会社の義務の履行を行う場所は会社の住所地（本店。4条）とされる（196条2項）。

配当財産の交付に要する費用は，会社の負担とされるが，株主の責めに帰すべき事由によってその費用が増加したときは，その増加額は，株主の負担とする（457条2項）。

以上に述べたことは，日本に住所等を有しない株主に対する配当財産の交付については，適用されない（457条3項）。

(h) 剰余金の配当等を取締役会で決定できる旨の定款の定め　剰余金の配当等（その範囲については，次の㋑から㊁まで）に関する事項の決定は，前述したように，原則として株主総会（454条1項。〔680〕(d)。原則として普通決議でよい。なお現物配当に関する(e)(i)参照）によるものとされるが，次に示すような条件がみたされているときは，定款の定めにより取締役会決議によってすることができる。その条件とは，①会計監査人設置会社で，②取締役の任期の末日が選任後1年以内に終了する事業年度のうち最終のものに関する定時株主総会の終結の日以前の日のものであること，すなわち，取締役（監査等委員会設置会社にあっては，監査等委員である取締役以外の取締役）の任期が1年以内であること，および③監査役会設置会社，監査等委員会設置会社，または指名委員会等設置会社であることである（459条1項・460条1項）。そして，この定款の定めが効力を生ずるためには，④最終事業年度に関する計算書類が法令および定款に従い会社の財産および損益の状況を正しく表示しているものとして法務省令で定める要件（会社計算155条）に該当する場合である（459条2項・460条2項。これを会社計算規則では「分配特則規定」と呼ん

〔683〕

でいる。会社計算155条柱書括弧書)。会社計算規則155条では，ⓘ会計監査人の監査報告が無限定適正意見であり（会社計算126条1項2号イ）（同155条1号），ⓘⓘその会計監査報告にかかる監査役会，監査等委員会または監査委員会の監査報告の内容として，会計監査人の監査の方法または結果を相当でないと認める意見がないこと（同2号），ⓘⓘⓘ会計監査報告にかかる監査役会，監査等委員会または監査委員会の監査報告に付記された内容がⓘⓘの意見でないこと（同3号），およびⓘⓥ分配特則規定に規定する計算関係書類につき，特定監査役が通知すべき日までに監査報告の内容を通知しないために会社計算規則132条3項の監査を受けたものとみなされたものでないこと（同4号）である。結局，適法な計算書類であることが条件とされている。①，②および③は会社の組織それ自体のものであるが，④は各事業年度ごとにその要件をみたしているかどうかが判断されることになる。

なお，旧会社法のもとでは，委員会設置会社においては，定款の定めを要せずに利益配当等を取締役会で定めることができたが，会社法では指名委員会等設置会社か，そうでないかにかかわりなく，定款の定めを要するものとされる。もっとも，既存の委員会設置会社については，459条に関する定款の定めがあるものとみなされ（整備法57条），あらためて定款の定めをする必要はない。

上記の①，②，③および④の条件をみたした会社においては，次に掲げる㋑から㊁までに掲げる事項を取締役会で定める旨を定款で定めることができることになる。それ以外の会社は株主総会の決議が必要である。なお，上記の取締役会決議で定める旨の定款の定めがある場合には，会社は，これらの事項を株主総会の決議によっては定めない旨を定款で定めることができる（460条1項）。この点に関して株主総会の決議によらせるかどうかにつき定款の自治を認めようとするものである。この定款の定めをすることにより，剰余金の配当等につき株主提案権が排除される。この定款の定めも，計算書類等が適法であることを条件として効力を有することになる（460条2項）。

取締役会決議で定める旨の剰余金の配当等に関する事項は，次に掲げるように，自己株式の取得，準備金の額の減少等をも含むものである（459条）。

㋑　会社が株主との合意によりその会社の株式（自己株式）を有償で取得するために定める取得する株式数等の事項（156条1項各号。〔169〕）。特定の株主に対して取得する株式数等を通知する場合は除かれ，この場合は株主総会の特別決議が要求される（160条1項・309条2項2号）（459条1項1号）。

㋺　減少する準備金の額が欠損の額として法務省令で定める方法（会社計算151

条）により算定される額（減少する決議をする定時株主総会の日におけるもの）を超えない場合（449条1項2号）の減少する準備金の額（448条1項1号）およびその減少が効力を生ずる日（448条1項3号）（同2号）。この準備金の減少が欠損を超えず，たんに塡補に充てられる場合には，株主総会の決議によるまでもなく，取締役会の決議ですることができるものとされる。また，株式の発行と同時に準備金（資本金についても同様である）の額の減少をする場合において準備金の減少の前後で準備金の額の減少が生じないときも取締役会の決議でよいとされることは前述した（448条3項。〔645〕。資本金については447条3項。〔638〕(β))。なお，この事項について定める場合の取締役会とは，取締役会設置会社において各事業年度の計算書類等につき（435条2項。監査役設置会社または会計監査人設置会社においてはその監査，監査等委員会設置会社では監査等委員会，指名委員会等設置会社では監査委員会の監査を受けたもの。436条3項括弧書）承認を受けるその取締役会（436条3項。〔656〕〔663〕）に限られる（459条1項柱書括弧書）。

㈥　剰余金の処分（〔677〕）について，その処分の額その他の法務省令で定める事項（452条後段，会社計算153条）（同3号）。

㈢　剰余金の配当に関する事項（454条1項各号）および現物配当の場合の金銭分配請求権，基準株式数等に関する事項（454条4項各号）（同4号本文）。ただし，現物配当の場合で，金銭分配請求権を与えない場合は除かれ，その場合には株主総会の特別決議が必要である（459条1項4号但書・309条2項10号括弧書。〔681〕(i))。

上記の459条の定款の定め（剰余金の配当等を取締役会で決定する定款の定め）がある場合においては，準備金の額の減少につき債権者保護手続を要しない場合（449条1項但書）の要件と1つとして定時株主総会において準備金の額の減少に関する事項を定めることとされている規定（449条1項1号）の適用については，定時株主総会とあるのは，定時株主総会または436条3項の取締役会（計算書類等は取締役会の承認を受けなければならないとされるその取締役会）とされることは前述した（459条3項。〔646〕）。

〔684〕 (i)　**分配可能額**　会社法は，剰余金の配当等の規制として，剰余金の額という概念のほかに分配可能額という概念を導入している。分配可能額は，次に述べるように，前述した剰余金の額（446条。〔674〕）を前提として，そこから一定の金額を加減して算出されるが，ここで加減される項目の概略を述べると，次の通りである。まず，決算期後の損益取引による会社財産の増減は，臨時決算によ

り確定した額だけ加減される（461条2項2号イ）。また，剰余金の配当や自己株式の消却による会社財産の減少は，分配可能額を減少させる（446条5号6号）。自己株式の処分による増加は臨時決算により確定した額だけが分配可能額を増加させる（461条2項2号ロ）。

具体的に「分配可能額」とは，次の①および②の合計額から③から⑥までの合計額を減じて得た額をいう（461条2項）。

① 剰余金の額（1号）。

② 臨時計算書類につき株主総会の承認（441条4項本文。もっとも，臨時計算書類が法令・定款に従い会社の財産・損益状態を正しく表示している等の要件をみたしている場合にはその必要がない。441条4項但書，会社計算135条。〔664〕）を受けた場合における，㋑臨時決算日の属する事業年度の初日から臨時決算日までの期間（441条1項2号）の利益の額として法務省令で定める各勘定科目に計上した額の合計額および㋺同期間内に自己株式を処分した場合における当該自己株式の対価の額（2号）。㋑の法務省令で定める額（会社計算156条）とは，臨時計算書類の損益計算書に計上された当期純損益金額（ゼロ以上の金額）である。

③ 自己株式の帳簿価額（3号）。

④ 最終事業年度の末日後に自己株式を処分した場合におけるその自己株式の対価の額（4号）。

⑤ ②の場合における臨時決算日の属する事業年度の初日から臨時決算日までの期間（441条1項2号）の損失の額として法務省令で定める各勘定科目に計上した額（会社計算157条）の合計額（5号）。

⑥ ③④および⑤に掲げるもののほか，法務省令で定める各勘定科目に計上した額（会社計算158条）の合計額（6号）。

前述したように，会社法では，臨時計算書類制度が設けられたので（〔662〕），それが作成された場合には，臨時決算日（441条1項括弧書）の属する事業年度の初日から臨時決算日までの期間損益が剰余金（最終事業年度の末日を基準とされる。446条）に加算される（②の㋑および⑤が加算される）ものであり，⑤が損失として減少させられたものである。逆に，臨時計算書類を作成しないかぎり，この期間損益は分配可能額に反映しない。③の額が控除項目とされているのは，これを控除しないと，その額が剰余金の算定にあたって加算されている（446条1号ロ）から，自己株式の取得の財源上の制約がなくなってしまうことになるからである。④で自己株式の処分による自己株式の対価の額を控除項目としているのは，自己株式の処分による利益は分配可能額としないことにするためと解される。

⑥には，のれん等調整額に関するものが含まれる（会社計算158条1号柱書）。のれん等調整額とは，資産の部に計上したのれんの額を2で除して得た額および繰延資産の部に計上した額の合計額をいう（同柱書の最後の括弧書。〔624〕〔628〕）。そして，⑥によれば，それが最終事業年度末の資本金および準備金の合計額（資本等金額という。会社計算158条1号イ）を上回る場合には，その差額の合計額が分配可能額の計算上，上述の①および②の合計額から控除されることになる（会社計算158条1号イロハ(1)。なお同(2)参照）。のれん等の資産性が必ずしも確実でないからこのような規定が設けられたのであって，旧会社法のもとで繰延資産として計上された開業費，試験研究費，開発費等が一定の額（資本準備金および利益準備金の合計額）を超える場合に，その超えた分が配当可能利益の算定にあたって控除項目とされた（改正前商290条1項4号）のと同じ考え方に基づくものであろう。また，⑥には，事業年度末の貸借対照表上の「その他有価証券評価差額金」および「土地再評価差額金」がマイナスである場合のそのマイナスの額が分配可能額の算定にあたっての控除項目として規定されている（会社計算158条2号3号）。それがプラスであった場合に，そのプラスの額が分配可能額に加算されるわけではない（158条2号3号の括弧書参照）。この点は，売買目的有価証券とは異なる取扱いになる（これらの点は〔623〕参照）。売買目的有価証券，棚卸資産等の取扱いについては前述した（〔623〕）。

(j)　分配可能額により制限される行為として列挙されているもの　〔685〕

(i)　分配可能額によって制限される行為として列挙されているもの　　次の行為については，株主に対して交付する金銭等の帳簿価額の総額がその行為の効力が生ずる日における分配可能額を超えてはならないものとされる（461条1項柱書）。これらの行為についての財源規制としての意味を有する規定である。結局，分配可能額によって制限されるのは自己株式の取得（次の(ii)に述べる場合を除く）と剰余金の配当である（461条1項）。

①　譲渡制限株式の譲渡等承認請求に応ずる自己株式の買取り（1号。138条1号ハ・2号ハ。〔195〕(i)）。

②　株主総会の決議による株主との合意による自己株式の有償取得（子会社からの自己株式の取得（163条。〔179〕）または市場取引等による取得（165条1項。〔170〕）に限る。2号。156条1項）。

③　ミニ公開買付等による自己株式の取得（3号。157条1項。〔171〕(ii)）。

④　全部取得条項付種類株式の全部の取得（4号。173条1項。〔124〕(f)）。

⑤　相続人等に対する売渡し請求に基づく自己株式の買取り（5号。176条1項。〔179〕(b)）。

⑥　所在不明株主からの自己株式の買取り（6号。197条3項。〔294〕）。

⑦　売却する端数の株式の買取り（7号。234条4項。〔156〕(d)）。

⑧　剰余金の配当（8号。中間配当を含む。〔678〕〔679〕〔682〕）。

旧会社法のもとでは，①，②，③，⑥，⑦等はそれぞれ個別に配当可能利益（その後の処分により，減少した場合にはその減少した額）の範囲内である旨が規定されていたが，会社法では，それらを1つの条文にまとめて，分配可能額の範囲内として規定していることになる。このような規制の仕方を横断的な規制がなされているといわれることがある。

(ii)　分配可能額によって制限される行為として列挙されていない自己株式の取得　　以上に対して，このような分配可能額によって制限される行為に列挙されていない自己株式の取得がある。会社が義務としてする自己株式取得であって，具体的には次の場合である。㋑単元未満株式の買取請求（192条1項）に応じて取得する場合（〔162〕(i)），㋺反対株主の買取請求に応じて取得する場合（〔132〕の①－④に列挙されている場合），および㋩取得請求権付株式を有する株主の請求に応ずる場合（107条1項2号・108条1項5号・167条1項。〔122〕）および取得条項付株式を取得条件に従って取得する場合（107条1項3号・108条1項6号。〔123〕）がある。このうち，㋺の場合のなかには，464条の責任（116条1項，182条の4第1項の反対株主の買取請求〔133〕の場合）が発生するものがあり，これについては〔689〕(v)で後述する。また，㋩の場合において，それらの株式を取得するのと引換えに社債，新株予約権または株式等以外の財産（107条2項2号ロからホまでの財産〔166条1項但書の場合〕，または107条2項ニからトまでの財産〔170条5項の場合〕）を交付するときに，これらの財産の帳簿価額がその請求の日の分配可能額（461条2項）を超えているときは，166条1項但書および170条5項の規定により取得の効力が生じないとされる（取締役等の職務執行と無関係なので，その責任は生じない）。さらに，後述する期末に欠損が生じた場合の責任については規定が設けられている（〔690〕④⑤）。

〔686〕　**(k)　分配可能額を超える行為の効力，剰余金の配当に関する責任等**

(i)　分配可能額を超える行為の効力　　旧会社法のもとでは，配当可能利益を超える利益配当決議は，決議の内容の法令違反として無効となると解されていた。会社法のもとで，たとえば会社の分配可能額を超える剰余金の配当決議の効力がどうなるかについては，その行為自体は無効とせず，次に取り上げる462条1項に規定されている者が法定の特別責任を負うことになるという見解が主張されている。このように，461条1項に列挙された行為（〔685〕(i)の①−⑧）のうち分配可能額を超えるものの効力が有効であるとすることの条文上の根拠としては，この行為についての株主に対する求償権の制限等に関する463条1項（この規定については後述(iv)で取り扱う）の規定中に「当該行為がその効力を生じた日における分配可能額を超えること」（傍点筆者）という表現が用いられていることがあげられている。そして，その実質的な根拠としては，それを無効とすると，たとえば自己株式の取得についての分配可能額違反の場合には，その後の会社と株主との2つの不当利得の返還請求権が同時履行の関係に立ち，株主が交付した株式の会社からの返還があるまでは自分（株主）が交付を受けた金銭等の返還をしないという主張を許すことになって不都合であることを根拠とする。どちらの立場をとっても，解釈の仕方によっては結果的には大差がないと思われるが，分配可能額を超える剰余金の配当決議が決議の内容の法令違反（830条2項）であることは否定されず，またこれまで長年にわたって，それらの行為が無効とされ，株主総会決議無効確認の訴えの典型的な事例とされていたものを，あえて有効とするまでのことがあるかという疑問を感ずる（取得請求権付株式および取得条項付株式については無効とされている。上述(j)(ii)㋩の場合）。

(ii) 剰余金の配当等に関して責任を負う者　会社が分配可能額の限度に関する規定（461条1項）に違反して，株主に対する金銭等の交付（(j)(i)に列挙した①から⑧までの行為）をした場合には，次の①から③までの三者が会社に対して連帯して，その金銭等の交付（金銭に限らず，現物配当の現物等も含まれる）を受けた者が交付を受けた金銭等の帳簿価額に相当する金銭（ここは金銭に限られる）の支払義務を負うものとされる（462条1項柱書）。後述する期末に欠損が生じた場合の責任（〔690〕）と区別される。

① 第1に，株主に対する金銭等の交付により金銭等の交付を受けた者（株主）である（462条1項柱書）。もっとも，その株主に対する求償権の行使については制限がある（463条。(iv)で取り扱う）。

② 第2に，その行為に関する職務を行った業務執行者（業務執行取締役〔指名委員会等設置会社では執行役〕その他業務執行取締役の行う業務の執行に職務上関与した者として法務省令〔会社計算159条〕で定める者〔462条1項柱書〕。以下同じ）である。

会社計算規則159条は，責任を負う者として，461条1項1号から8号までに掲げる行為（前述(j)(i)①－⑧に掲げる行為。会社計算159条1号－8号），116条1項各号（反対株主の株式買取請求の場合の規定）の行為（同9号），465条1項4号（取得請求権付株式の取得により期末に欠損が生じた場合の責任に関する規定）に掲げる行為（同10号）および465条1項5号（取得条項付株式の取得により期末に欠損が生じた場合の責任に関する規定）に掲げる行為（同11号）に区分して規定している。

たとえば，461条1項1号に掲げる行為については，それは譲渡制限株式の買取請求があった場合に会社がその請求に応じて自己株式を買い取る行為であるが（138条1号ハ・2号ハ。〔685〕(i)①），この行為について責任を負う者は，㋑株式の買取りによる金銭等の交付に関する職務を行った取締役および執行役（会社計算159条1号イ），㋺買取りを決定した株主総会（140条2項）において株式の買取りに関する事項について説明をした取締役および執行役（同ロ）および㋩分配可能額の計算に関する報告を監査役（監査等委員会および監査委員会を含む）または会計監査人が請求したときは，その請求に応じて報告をした取締役および執行役とされるのである（同ハ。それ以外の会社計算159条の規定については省略する）。465条1項4号および5号については，期末に欠損が生じた場合の責任の問題となるものと考えられる（〔690〕(i)）。

③　第3に，金銭等の交付につき株主総会または取締役会の決議があった場合におけるその議案提案取締役等である。さらに，次のように場合に分けて規定されている。

㋑　〔685〕(i)②の行為（461条1項2号）すなわち株主との合意により自己株式を取得する行為のうち子会社から自己株式を取得する場合（163条）および市場取引等により取得する場合（165条1項）については，ⓐ株主との合意による取得の決定についての株主総会決議があったとき（その決議によって定められた金銭等の総額がその決議の日における分配可能額を超える場合に限る。以下同じ）は，その株主総会について総会議案提案をした取締役として法務省令で定められた者（462条1項1号イ），ⓑその決定についての取締役会の決議があったときは，取締役会に取締役会議案提案をした取締役として法務省令で定められた者（462条1項1号ロ）である。ⓐの法務省令で定めるものは，ⓘ株主総会に議案を提案した取締役，ⓘⓘその議案の提案の決定に同意した取締役（取締役会設置会社の取締役を除く）およびⓘⓘⓘその議案の提案が取締役会の決議に基づいて行われたときは，その取締役会において決議に賛成した取締役とされ（会社計算160条），ⓑの法務省令で定めるものは，取締役会に議案を提案した取締役および執行役とされる（同161条）。

㋺　〔685〕(i)③の行為（461条1項3号）すなわち自己株式のミニ公開買付け等による取得の決定についての株主総会の決議があった場合（157条1項）のその総会の議案提案取締役およびその決定についての取締役会の決議があった場合のその取締役会の議案提案取締役である（462条1項2号。なお，会社計算159条3号）。

㋩　〔685〕(i)④の行為（461条1項4号）すなわち全部取得条項付種類株式の全部の取得を定める株主総会決議があった場合（171条1項）の総会議案提案取締役である（462条1項3号。なお，会社計算159条4号）。

㋥　〔685〕(i)⑤の行為（461条1項5号）すなわち相続人に対する譲渡請求に基づく自己株式の取得があった場合の株主総会（175条1項）において説明をした取締役および執行役員ならびに分配可能額の計算について監査役等に報告した場合のその取締役および執行役である（会社計算159条5号）。

㋭　〔685〕(i)⑥の行為（461条1項6号）すなわち所在不明株主の自己株式の買取りの決定に関する株主総会決議があった場合（197条3項後段）の総会議案提案取締役およびその決定についての取締役会決議があった場合におけるその取締役会についての取締役会議案提案取締役である（462条1項4号。なお，会社計算159条6号）。

㋬　〔685〕(i)⑦の行為（461条1項7号）すなわち売却する端数の株式の買取りの決定に関する株主総会決議があった場合（234条4項後段）のその総会についての総会議案提案取締役，その決定につき取締役会決議があった場合の取締役会議案提案取締役である（462条1項5号。なお，会社計算159条7号）。

㋣　〔685〕(i)⑧の行為（461条1項8号）すなわち剰余金の配当の決定に関する株主総会決議があった場合（454条1項）の総会議案提案取締役およびその決定につき取締役会決議があった場合の取締役会議案提案取締役である（462条1項6号。なお，会社計算159条8号）。

法令または定款に違反する剰余金の配当につき，一定の者に罰則の制裁が科せられる（963条5項2号・960条1項3号―7号）。

〔687〕
(iii)　責任を負わない場合――注意を怠らなかったことの証明があった場合および総株主の同意があった場合　　上述の②業務執行者および③議案提案取締役については，その職務を行うにつき注意を怠らなかったことも証明したときは，前述の義務を負わないでよい（462条2項）。また，これらの者の負う義務は原則

として免除することができないが，461 条 1 項に掲げる行為の時における分配可能額を限度としてその義務を免除することについて総株主の同意がある場合には，免除することができる（462 条 3 項）。このことは，分配可能額を超える額については，総株主の同意があっても免除されないことを意味する。分配可能額の定めは，たんに株主の利益のためにあるのではなく，債権者の利益のためにあるのであるから，それを超える分については債権者を無視して免除することは許されないものとされるのである。この規定からは，逆にいうと，総株主の同意がない場合には，交付を受けた金銭等の帳簿価額の全額（分配可能額の分を含む）について支払義務を負うことになると解されようか。

〔688〕 (iv) 株主に対する求償権の制限　会社が分配可能額を超えて株主に金銭等の交付――461 条 1 項に列挙されている前述〔685〕(i)①から⑧までの行為――をした場合には，①その交付を受けた株主ならびに②その業務執行者等および③それらの行為が株主総会または取締役会の決議に基づいてなされた場合のそれらの議案を提出した取締役が連帯して会社に対して責任を負うことは前述した（〔686〕(ii)。462 条 1 項）。そこで，この②業務執行者または③議案提案取締役がこの責任を履行した場合に，㋑会社からその金銭等の交付を受けた①の株主に対して求償権を行使することができるか，また，㋺会社の債権者がこの株主に対してその交付を受けた金銭等の帳簿価額の請求をすることができるかが問題になる。会社法は，これらの点について次のように規定している。まず，㋑については，会社が分配可能額を超えて株主に金銭等の分配をした場合（462 条 1 項）において，会社が前述〔685〕(i)の①から⑧までの行為により株主に対して交付した金銭等の帳簿価額の総額がその行為がその効力を生じた日における分配可能額を超えることにつき善意の株主は，その株主が交付を受けた金銭等について，金銭を支払った業務執行者および議案提出取締役からの求償の請求に応ずる義務を負わないこととされている（463 条 1 項）。このように，善意の株主に対する求償権の行使を否定したのは，善意の株主を保護するためである。会社からの金銭等の帳簿価額に相当する金銭の支払請求に応じなければならないことは，462 条 1 項柱書の文言からも明らかである。次に，㋺の会社が分配可能額を超えて金銭等の分配をした場合につき，会社の債権者がその交付を受けた株主に対してこの請求をすることができるかについては，会社法は，会社の債権者が前述の義務を負う株主（462 条 1 項）に対し，その交付を受けた金銭等の帳簿価額（その額がその債権者の会社に対して有する債権額を超える場合にあっては，その債権額）に相当する金銭を支

払わせることができる旨を規定する（463条2項）。この規定は，民法の債権者代位権の特則（債務者の無資力を要件としない等）としての意味を有し，また，債権者が直接給付判決を求めることができることになる。結局善意の株主が保護されるのは，②業務執行者または議案提出取締役が金銭支払義務を履行した場合に限られることになる。

(v) 反対株主の買取請求に応じて株式を取得した場合の責任　会社法では，〔689〕反対株主の買取請求について，いくつかの条文を置いている（116条・469条・785条1項等）。この買取請求に応じてする自己株式の取得による支払については，分配可能額を超えても原則として責任を負わない。例外として買取請求をした株主に支払った金銭の額が分配可能額を超える場合の責任について規定しているのは，会社法116条1項または182条の4第1項の規定による請求の場合に限られている（464条。なお〔135〕）。この116条1項の規定による請求については，定款の変更（同1項1号2号），株式の併合または株式の分割，単元株式についての定款変更等（同3号イ－ヘ。ある種類株主に損害を及ぼすおそれがあるとき）の場合が列挙されている。そして，会社がその場合の反対株主の請求に応じて株式を取得する場合において，その請求をした株主に対して支払った金銭の額がその支払の日における分配可能額を超えるときは，その株式の取得に関する職務を行った業務執行者は，会社に対し，連帯して，その超過額を支払う義務を負う。なお，会社計算規則159条9号に責任を負う者について規定されている。もっとも，その者がその職務を行うについて注意を怠らなかったことを証明した場合は，責任を負わないでよい（464条1項但書。この点については〔135〕でも前述した）。その義務は，総株主の同意がなければ，免除することができないものとされる（464条2項）。

この場合は，株主の株式買取請求という株主の保護のための制度に関するものなので，462条に列挙された場合（〔686〕(ii)(iii)）と異なり，金銭等の交付を受けた株主には責任を負わされていない。また業務執行者等の義務の免除についても，462条の場合（〔687〕）とは区別されている（行為時の分配可能額を限度として総株主の同意による免除に関する462条3項と上述の464条1項との対比）。

業務執行者にとって，この列挙されている行為を株主総会等に提案してみなければ，反対株主の買取請求がなされるか，それに応じて支払をしなければならない金銭の額が分配可能額を超えるかどうか判明しないが，それが分配可能額を超えることが判明した場合には，この責任を負わないようにするためには，その行為を中止することによって株式買取請求の効力を失わせる（116条8項）という方法をとるしかないことになる。

〔690〕 (I) **期末に欠損が生じた場合の責任**

(i) 責任を負わされる場合，その責任の内容　会社が次の①から⑩までに掲げる行為（剰余金の配当または自己株式の取得）をした場合において，期末に欠損が生じたときの責任について，次のように規定されている（465条1項本文）。すなわち，その行為をした日の属する事業年度（3月31日を事業年度の末日とする会社において，平成27年6月30日に定時総会が開催され，その行為がたとえば平成27年10月1日になされた場合には，平成28年3月31日を末日とする事業年度）にかかる計算書類につき定時総会（平成28年6月末に開催されるのが通常である）の承認（438条2項。一定の要件をみたすときは取締役会の承認〔439条前段・436条3項〕。〔660〕）を受けた時における㋑自己株式の帳簿価額（461条2項3号），㋺最終事業年度の末日後に自己株式を処分した場合におけるその自己株式の対価の額（461条2項4号）および㋩法務省令で定める各勘定科目に計上した額（461条2項6号，会社計算158条）の合計額が剰余金の額（461条2項1号・446条。〔674〕）を超過するとき――期末に資本の欠損が生じたとき――は，その行為に関する職務を行った業務執行者は，会社に対して連帯して次の額の責任を負う（465条1項本文）。その額とは，そのⓐ超過額，もし，その超過額が①から⑩までの行為に定める株主に対して支払等をした額を超える場合にはⓑその支払等をした額である。たとえば，ⓐ超過額――欠損額――が10億円であり，①から⑩までの行為に定めるⓑ株主に支払等をした額が3億円であった場合には，その差額の7億円は①から⑩までの行為によって生じた欠損ではないので，その場合には3億円の支払義務を負えばよいことになる。

なお，旧会社法のもとにおける中間配当や自己株式の取得をした場合の責任の発生の有無の判定時期は事業年度の末日であったが，会社法のもとでは，計算書類の承認を受けた時とされる。そして，その時点で責任の発生の有無を判断する対象となる行為は，前期（上述の例では，たとえば平成27年6月30日）の計算書類の承認時から当期の計算書類の承認時期（上述の例では，たとえば平成28年6月末）までとされている（465条1項柱書）。

① 譲渡制限株式の株式譲渡承認請求に応ずる自己株式の取得の場合にその自己株式を買い取る場合（138条1号ハまたは2号ハ。〔685〕(i)①）には，その株式の買取りにより株主に対して交付した金銭等の帳簿価額の総額と超過額のいずれか小さい額（465条1項1号）。

② 株主総会の決議による株主との合意による自己株式の有償取得（156条1項）の決定をした場合（子会社からの自己株式の取得〔163条〕および市場取引による取得〔165条1項〕に限る。〔685〕(i)②）には，その株式の取得により株主に対して交付した金銭等の帳簿価額の総額と超過額のいずれか小さい額（465条1項2号）。

③ ミニ公開買付による自己株式の取得（157条1項。〔685〕(i)③）の場合には，その取得により株主に交付した金銭等の帳簿価額の総額と超過額とのいずれか小さい額（465条1項3号）。

④ 取得請求権付株式の取得請求による自己株式の取得の場合（167条1項）には，その株式の取得により株主に対して交付した金銭等の帳簿価額の総額と超過額とのいずれか小さい額（465条1項4号）。

⑤ 取得条項付株式の一定の事由の発生（107条2項3号イハ）による自己株式の取得（170条1項）の場合には，その株式の取得により株主に対して交付した金銭等の帳簿価額と超過額とのいずれか小さい額（465条1項5号）。

⑥ 全部取得条項付種類株式の取得（173条1項）の場合（〔685〕(i)④）には，その株式の取得により株主に対して交付した金銭等の帳簿価額の総額と超過額とのいずれか小さい額（465条1項6号）。

⑦ 相続人等に対する売渡請求に基づく自己株式の買取りの場合（176条1項。〔685〕(i)⑤）には，その株式買取りにより株主に対して交付した金銭等の帳簿価額の総額と超過額とのいずれか小さい額（465条1項7号）。

⑧ 所在不明株主からの自己株式の買取りの場合（197条3項。〔685〕(i)⑥）には，その株式の買取りより株主に対して交付した金銭等の帳簿価額の総額と超過額とのいずれか小さい額（465条1項8号）。

⑨ 売却する端数の自己株式の買取りの場合（234条4項。〔685〕(i)⑦）には，その株式の買取りにより株主または社員（234条1項）に対して交付した金銭等の帳簿価額の総額と超過額とのいずれか小さい額（465条1項9号）。

⑩ 剰余金の配当の場合（454条1項。〔685〕(i)⑧）には，最終事業年度の末日後に剰余金の配当をした場合の次の㋑から㋩までに掲げる額の合計額と超過額とのいずれか小さい額（446条6号イ－ハ）（465条1項10号）。㋑配当財産の帳簿価額の総額（454条1項1号。金銭分配請求権〔454条4項1号〕を行使した株主に割り当てたその配当財産の帳簿価額は除かれる），㋺金銭分配請求権（454条4項1号）を行使した株主に交付した金銭の額の合計額および㋩基準株式数未満株式（456条）の株主に支払った金銭の額。なお，責任を負わされない場合がある（(ii)②ⓐ－ⓒ）。

上述した①～⑩までのうち，④（465条1項4号）と⑤（465条1項5号）は分配可能額により制限される行為として列挙されているもの（〔685〕(i)①－⑧）には含まれていない。分配可能額によって制限される行為として列挙されないもの（〔685〕(ii)）として掲げたものの㊁に該当するものであり，そこで述べたこととの関係で期末に欠損が生じた場合には，次の(ii)①に該当する場合を除き，責任を問われることになるものと考えられる（なお，会社計算規則159条10号および同11号では，465条1項4号および465条1項5号の行為につき責任を負う者について規定がある）。

ここに定める欠損が生じた場合の義務は，総株主の同意がなければ免除することができない（465条2項）。この責任免除については，前述〔687〕に述べた分配額を超える額については総株主の同意があっても免除されないという結果は生じない。期末に欠損が生じてしまった場合なので，分配可能額を超えた分の責任（〔686〕(ii)〔687〕）よりは緩和されていると説明することが可能である。

(ii) 欠損が生じた場合に責任を負わされない場合　① その業務執行者がその職務を行うについて注意を怠らなかったことを証明した場合は，責任を負わないでよい（465条1項但書）。旧会社法のもとで，中間配当や自己株式の取得をした場合に，期末に資本の欠損を生じた場合の責任に相当する規定が，その場合に限らず，一般的に(i)①から⑩までの行為につき規定されたことになる。中間配当（剰余金の配当の一環である。〔682〕(f)）をする際には分配可能額に十分の余裕があったが，その後の予測できない事態の発生により期末に欠損が生じてしまったような場合にこの説明が可能になることがありえよう。

② (i)⑩の剰余金の配当の場合に，次のⓐからⓒまでに掲げるものは責任を負わないでよい（465条1項10号イ－ハ）。旧会社法のもとで定時株主総会における配当および資本金・準備金の額の減少に伴う払戻しの実質を有する剰余金の配当については，事後の塡補責任が課せられなかったが，会社法のもとでも同様に465条の責任に関する規定を適用しないこととしたものである。

ⓐ 定時株主総会――会計監人設置会社でその計算書類が適法である等の要件をみたしている場合には取締役会でもよい（439条前段・436条3項。〔683〕）――において剰余金の配当に関する事項（454条1項各号）を定める場合の剰余金の配当。なお，この規定は定時株主総会が定める場合（取締役会のみでよい場合を含む）であることが必要なので，臨時計算書類については適用されない。

ⓑ 資本金の額の減少に関する事項（447条1項各号）を定めるための株主総

会において剰余金の配当に関する事項（454条1項各号）を定める場合における剰余金の配当。もっとも配当財産の帳簿価額の総額（454条1項1号。基準未満株式の株主に支払う金銭があるとき〔456条〕は，その額を合算した額）が減少する資本金の額（447条1項1号）の額を超えない場合であって，減少する資本金の額の全部または一部を準備金とする旨およびその額についての定めがない場合に限られる。

ⓒ　準備金の額の減少に関する事項（448条1項各号）を定めるための株主総会において剰余金の配当に関する事項（454条1項各号）を定める場合における剰余金の配当。もっとも，配当財産の帳簿価額の総額（454条1項1号。基準未満株式の株主に支払う金銭があるとき〔456条〕は，その額を合算した額）が減少する準備金の額（448条1項1号）を超えない場合であって，減少する準備金の額の全部または一部を資本金とする旨およびその額についての定めがない場合に限られる。

第8節　社　　債

I　社債の意義，法的規制の態様，株式との比較等

〔691〕　**1　社債の意義――企業資金調達の方法**

社債とは，会社法の定義規定によれば，会社法の規定により会社が行う割当てにより発生するその会社を債務者とする金銭債権であって，社債を引き受ける者の募集をしようとするときに定められる事項（676条1号−12号）についての定めに従い償還されるものをいう（2条23号）ものとされる。通常は公衆から巨額かつ長期の資金を調達する手段として発行されるが，銀行等の特定の者からの金融を受ける手段として発行されることもある（これを「私募債」という）。この「会社を債務者とする」という場合の会社については，特に限定されていないから，合名会社および合資会社（旧会社法のもとでは認められなかった）ならびに合同会社も発行できると解される。さらには特例有限会社（既存の有限会社がそのまま有限会社形態をとるもの）も同様である。社債に関して「第2編　株式会社」ではなく，「第4編　社債」に規定されているのはそのためである。その要件をみたせば，発行地が日本国内かどうかを問わないが，社債契約の準拠法が外国法のもの，外国会社が発行したもの等は会社法でいう社債の定義にあてはまらず，会社法の適用がない。ここでは株式会社が発行するものについてのみ取り扱う。国および地方公共団体が発行する国債および地方債（これらを「公債」と呼んでいる）とは，その発行主体に差異がある。

企業の資金調達の面からみて，借入れによる資金調達を間接金融というのに対して，社債の発行による資金の調達は，株式の発行によるそれとともに，直接金融といっている。

なお，平成13年に「短期社債等の振替に関する法律」（法75号）が制定され，翌年には，同法を短期社債だけでなく社債一般に適用するための改正が行われ（平成14年法65号），法律名も「社債等の振替に関する法律」に改められた。それによれば，短期社債（同法66条1号）および社債発行の決議においてその発行す

る社債の全部について同法の適用を受けることとする旨を定める社債（同法66条2号）については，社債券を発行しないで（同法67条），その権利の帰属は振替口座簿の記載または記録により定まるものとされる（同法66条柱書）。社債等につきいわゆる完全なペーパレス化（無券面化）を実現しようとするものである（〔696〕）。なお，さらに平成16年改正により，株券不発行制度，振替株式制度等もこの法律の中に含まれ，その法律名が「社債，株式等の振替に関する法律」（法88号）と改められた。

2　法的規制の態様　〔692〕

社債は，会社の債務であるが，通常は前述したように公衆に対する起債である点で集団性を有し，かつ，巨額かつ長期的であるのが普通なので，会社法は，社債権者の保護あるいはその団体的取扱いの観点等から，社債の発行について規制をしている。社債に関する法的規制の主たるものとしては，社債に関する一般法としての会社法の規定と，担保付社債に関する担保付社債信託法（以下，「担信法」という）がある。平成5年改正により，会社法の社債に関する規定を社債に関する一般法とし，担信法は担保付社債に関する特別法とするものと改められ，かつ，両者間に存在していた抵触や重複を調整した。

3　株式との比較　〔693〕

(イ)　資金調達の面からの比較

株式の発行による資金調達と社債の発行によるそれとを比較すると，まず，資金調達コストの点からは，資金調達額に対して同じ比率の剰余金配当（株式の発行の場合）または利息の支払（社債の発行の場合）をすることを前提とすれば，税法上，社債の発行によるほうが有利なことはいうまでもない。前者の場合には，剰余金の配当は剰余金について行われるのに対して，利息の支払は費用として処理することができるからである。しかし，前述したように，近時は株式の時価発行が一般化し，しかも上場会社における剰余金配当額の株式の時価に対する比率がきわめて低い状況のもとでは，いちがいに社債の発行による資金調達のほうが株式の発行によるそれよりも資金調達コストの点で有利だともいいきれない。また，両者の比較は，必ずしも資金調達コストの点だけによることはできない。社債の場合には，会社の経営成績のいかんを問わず，一定額の利息の支払をしなければならないから，その額が増加すると，景気の変動に対する企業の抵抗力を弱めることになる。そして，このこととも関連して，社債の額が増加することは，それにより負債の額が増加するから，自己資本比率（負債の額と純資産額〔資本金，準備金および剰余金の額の合計額〕を加えた額に対する純資産額の部の比率）を下げることになるが，自己資本比率は企業の財務内容の優劣を判断するための１つの材料とされているということも考慮に入れなければならない。たとえば，自己資本比率の大小が社債の格付け（格付機関が，発行される社債ごとにその元利金の支払の確実性の程度に応じて，たとえば，最も支払の確実性の高いものをAAA格債〔トリプルA債〕というように段階づけをすること）のための重要な基準とされている。企業がその時々において，両者のいずれを選択するかは，このようにいろいろな要素を考慮して決められることになる。

〔694〕　(ロ)　**法律的側面からの比較**

社債も株式も，企業資金調達の手段として発行される点で類似点があるが，両者間には，株主は，会社内部の構成員であるのに対して，社債権者（社債を有する者）は会社に対する債権者にすぎないという差異があり，このことから，法律的には，次のような具体的な差異が生ずる。第１に，株主は，会社の経営に関与する権利として，株主総会における議決権や各種の監督是正権（共益権）が認められる（〔100〕）のに対して，社債権者にはそのような権利は認められない（社債権者にも社債権者集会における議決権が認められるが（〔722〕），社債権者集会は社債元利金の支払を確保するために必要がある場合に招集されるにすぎない）。第２に，株主には分配可能額が生じた場合にのみ剰余金の配当がなされるが（〔678〕以下），その額がいくらか，あるいはさらに配当されるかどうかが不確定であるのに対して，社債権者には原則として分配可能額の有無にかかわらず，一定額の利息が支払われる。第３に，株式の場合には，株主に対して株金の払戻しをすることは，原則として，資本維持の原則（〔23〕）から許されない。もっとも，取得請求権付株式の場合の取得請求が認められている（〔122〕）。また，反対株主等の株式の買取請求等も認められる（〔132〕以下等）。さらに自己株式取得の解禁により（〔166〕以下），分配可能額の範囲内等の財源規制のもとに自己株式の取得が認められる。これに対して，社債の場合には，償還期限が定められていて，それが到来すれば財源規制とかかわりなしに償還される。第４に，会社の清算の場合には，株主は，社債権者等に対する債務の弁済をした後に会社財産が残った場合にのみ，株式数に応じてその分配（残余財産の分配）を受けることになり，したがって，その場合には，株主は社債権者等に対して劣後的な地位に置かれることになる（502条参照）。

法律的には以上のような差異があるが，現実には，株主が株主総会において議決権等を行使することは稀であり，また，株主に対する剰余金の配当も，各企業ができるだけ平均化していわゆる安定配当をするようにつとめており，したがって，両者の経済的機能はきわめて接近しているといわれている。そしてまた，株式には，種類株式として，完全無議決権株式（〔117〕。前述の第1の差異が解消する）や，非参加的累積的優先株式（前述の第2の差異がほとんど解消する。〔113〕）や，さらに取得請求権付株式（前述の第3の差異が解消する。〔122〕）が認められ，これらを組み合わせた種類の株式は，法律的にも社債ときわめて近似するものになる（このような株式を「社債型優先株式」と呼ぶことがある）。しかし，上記の第2の差異，すなわち，株式の場合には，分配可能額がなければ株主が剰余金の配当を受けられない（上記の社債型優先株式の場合にも，この点は同様である）こと，および，第4の清算の場合の差異は，両者間の基本的差異として残ることになる。

Ⅱ　社債の種類

社債は，次のような種類に分けることができる。〔695〕

1　無担保社債と担保付社債

社債の元利金の支払を担保するための物上担保権が設定されているかどうかによって，無担保社債と担保付社債とに区別される。わが国では，かつては金融債（金融機関が発行する社債）および電力債（電力会社が発行する社債。電力債については，電気事業法27条の30第1項により，社債権者はその会社財産について優先弁済受領権を有するが，特定の担保権が設定されているものではない）が無担保社債であるほかは担保付社債であったが，最近は，無担保社債も稀ではない。

担保付社債については，社債に関する一般法としての会社法の規定のほかに，担保付社債に関する特別法としての担信法によって規制されている。社債に担保を設定しようとするときは，担保の目的である財産を有する者と信託会社との信託契約に従わなければならないとされる（担信2条1項前段）。信託とは，信託契約等（遺言，自己信託を含む）の方法により，特定の者（受託者を指す）が一定の目的（専らその者の利益を図る目的を除く）に従い財産の管理または処分およびその他のその目的の達成に必要な行為をすべきものとすることをいう（信託2条1項。〔256〕参照）。ここで信託契約による場合について述べると，その契約の一方の当事者が委託者であり，他方の当事者が受託者であり，かつ信託の利益を受ける者が受益者である。これを担保付社債にあてはめると，その担保権の設定は，原則として社債発行会社が委託者として，その有する財産につき，受託会社（信託業法上の信託会社および銀行がなることができる。信託業5条，銀行12条，長銀6条の2）との間で，総社債権者を受益者とし，受託会社を担保権者とする信託契約を締結するという方法によってなされることになる。受託会社は，担保権者として，総社債権者のために，信託契約による担保権を保存し，かつ，実行する義務を負う（担信36条）。このように担保付社債の場合に，担保権の設定が信託方式によるべきものとされているのは，多数の社債権者を直接に担保権者として個々的に担保権を設定し，あるいは社債権者が個々的に担保権を管理し，または実行することは，社債権者にとっても発行会社にとっても煩瑣にたえないからである。

担保の目的である財産を有する者が社債を発行しようとする会社または社債を発行した会社以外の者である場合（物上保証である場合）も認められるが，その場合には，この信託契約は，発行会社の同意がなければ効力が生じないものとされる（担信2条1項後段）。なお，信託契約による担保権は社債の効力発生前にも効力を生ずる（担信38条）。

また，担信法2条1項前段の規定によれば，無担保で発行された社債についても，そこで規定されている信託契約を締結することにより，担保を付することが可能になる。

さらに，信託会社は，社債権者のためにたんに担保の管理をするだけではなく，社債の管理をする（社債管理者〔711〕の地位に立つ）旨の規定が設けられている（担信2条2項）。

担保付社債に関する信託事業は，内閣総理大臣の免許を受けなければならない（担信3条）。

〔696〕 2　振替社債とそれ以外の社債

振替社債とは，①短期社債（元本の償還について，社債の総額の払込みがあった日から1年未満の日とする確定期限の定めがあり，かつ，分割払の定めがないこと等，社債株式振替法66条1号に掲げる要件のすべてに該当する社債）および②当該社債の発行の決定において当該決定に基づき発行する社債の全部について社債株式振替法の適用を受けることとする旨を定めた社債（社債株式振替66条2号）をいい，それ以外の社債と区別される（振替社債の特例等については別に取り上げる〔732〕）。

〔697〕 3　普通社債と新株予約権付社債

社債には，普通社債のほかに，株式と関連づけられた新株予約権付社債が認められている。この点については後で取り上げる（〔728〕）。

4　金融債と事業債，利付債と割引債等　〔698〕

法律的な区別ではないが，金融機関が発行するものを金融債，事業会社が発行するものを事業債という。また，満期まで一定期間（通常半年）ごとに利息の支払がなされる社債（利付債）と，社債の発行価額を社債の金額（満期に償還される金額）より低い額として発行（割引発行）し，利息の支払をしない社債（割引債）とがある。

Ⅲ　社債の発行

1　発行手続　〔699〕

(イ)　募集社債に関する事項の決定

(a)　決定すべき事項　会社は，その発行する社債を引き受ける者の募集をしようとするときは，その都度，募集社債（募集に応じて社債の引受けの申込みをした者に対して割り当てる社債。676条柱書括弧書）について，次の事項を定めなければならない（676条）。①募集社債の総額（1号），②各募集社債の金額（2号），③募集社債の利率（3号），④募集社債の償還の方法および期限（4号），⑤利息支払の方法および期限（5号），⑥社債券を発行するときは，その旨（6号），⑦社債権者が記名式と無記名式との転換の請求（698条）の全部または一部をすることができないこととするときは，その旨（7号），⑧社債管理者が社債権者集会の決議によらずに訴訟手続，破産手続等に属する行為（706条1項2号）をすることができることとするときは，その旨（8号），⑨各募集社債の払込金額（各募集社債と引換えに払い込む金銭の額）もしくはその最低金額またはこれらの算定方法（9号），⑩募集社債と引換えにする金銭の払込みの期日（10号），⑪一定の日までに募集社債の総額について割当てを受ける者を定めていない場合において，募集社債の全部を発行しないこととするときは，その旨およびその一定の日（11号），⑫以上に掲げるもののほか，法務省令で定める事項（12号。会社則162条）。

①の募集社債の総額は，発行後に償還された社債の金額を再度その枠の中に組み込むことができる。たとえば，その総額を100億円と定めた場合に，50億円を発行した後それを償還すれば，さらに100億円の限度で発行することができる。いわゆるプログラム発行を許容する趣旨である。これに対して，たんに「社債の総額」とは償還した額も加算したものとされる。

⑥の社債券を発行する定めがあるときの取扱いについては後述する（〔705〕以下）。

⑪はこれを定めなければ，いわゆる打切発行（募集社債の総額の割当てを受ける者がいなくても，割当てがあっただけで社債を発行すること）を原則として，そうでない場合（総額の割当てがなければ募集社債の全部の発行をしない場合）にはその旨を決めておくことにしたものである。旧会社法ものとでは，割当てが総額に達しないときでも社債を成立させる旨の定めがある場合に応募額につき社債を成立させることとされていたが，会社法ではそれを逆転させたことになる。

なお，旧会社法は，すでに発行された社債の総額の払込みがなされていないときは，新社債の発行が禁止され，また償還額が券面額を超過するときは，その超過額は各社債につき同率であることを要するとされていたが，会社法にはその制約は設けられていない。会社法では，償還すべき額を各募集社債の金額として定め（676条2号），社債券を発行する場合には，その金額を社債券に記載することにしている（697条1項2号）から，償還すべき額と券面額は一致することになる。また，改正前は，同一種類の社債にあっては（担保付社債については同一担保ごと，無担保社債については発行される回ごとにという意味である），各社債の金額は均一か，または最低額の整数倍でなければならないとされていたが，そのような制約も廃止された。

⑫に基づく会社法施行規則162条では，数回に分けて払込みをさせる場合のその旨および各払込期日における払込金額（1号），他の会社と合同して発行する場合のその旨および各会社の負担部分（2号），金銭による払込みに代えて金銭以外の財産を給付する場合のその契約の内容（3号），社債管理者の約定権限の内容（4号。〔714〕(ii)），委託契約で社債管理者の辞任を認める事由を規定した場合のその事由（5号）および募集社債が信託社債であるときは，その旨およびその信託を特定するために必要な事項（6号）について定めるものとされている。

(b) 取締役会で決定すべき事項と取締役等に委任できる事項——取締役会設置会社の場合　取締役会設置会社においては，362条4項各号に掲げる事項は，その決定を取締役に委任することができず（362条4項柱書），取締役会が決定しなければならないものとされ（362条2項1号），その中に，前述(a)の①募集社債の総額その他の社債を引き受ける者の募集に関する重要な事項として法務省令で定める事項が掲げられている（同4項5号）。同省令では，募集社債の総額の上限（会社則99条1項2号），利率の上限その他の利率に関する事項の要綱（重要なポイント）（同3号），払込金額の総額の最低金額その他の払込金額に関する事項の要綱（同4号）等が掲げられている。社債の発行も企業資金調達の方法として業務執行の一態様であるが，巨額の，かつ長期間にわたる資金調達であるのが通常なので，社債募集に関する重要な事項は取締役会決議によることを要するものとしたのである。その範囲で具体的な利率，払込金額等は代表取締役（指名委員会等設置会社では代表執行役）等に一任することができることになり，時宜に応じた機動的な社債発行を可能にしている。と同時に取締役会で決定すべき範囲と取締役等にその決定を委任することができる範囲とが明確にされた。

(ロ) 募集社債の申込み・割当て 〔700〕

(a) 募集社債の申込み

(i) 会社からの申込みをしようとする者に対する通知　会社は，募集に応じて募集社債の引受けの申込みをしようとする者に対し，①会社の商号，②当該募集にかかる会社法676条1項に規定する①から⑫までに掲げる事項（〔699〕(a)。その中には約定権限も含まれている），③そのほか，法務省令で定める事項（会社則163条）を通知しなければならない（677条1項）。法務省令では，社債管理者を定めた場合のその者の名称および住所（会社則163条1号）および社債原簿管理人を定めた場合のその者の名称および住所（会社則163条2号）について規定されている。

上記の通知は，会社が上記①から③までに掲げる事項を記載した目論見書（金商2条10項）を申込みをしようとする者に対して交付している場合その他募集社債の引受けの申込みをしようとする者の保護に欠けるおそれがないものとして法務省令で定める場合（会社則164条）にはしないでもよい（677条4項）。

(ii) 申込み　募集に応じて募集社債の引受けの申込みをする者は，①氏名または名称および住所，②引き受けようとする募集社債の金額および金額ごとの数および③会社が払込金額の最低金額を定めたときは，希望する払込金額を記載した書面を会社に交付しなければならない（677条2項）。申込みをする者は，書面の交付に代えて，政令で定めるところにより，会社の承諾を得て，書面に記載すべき事項を電磁的方法により提供することができ，この場合において，申込みをした者は，上記の書面を交付したものとみなされる（677条3項，会社令1条1項，会社則230条）。

旧会社法のもとでは，会社が社債を引き受ける者を募集しようとするときは，前述(イ)に掲げられた事項に相当するものを記載した社債申込証を作成し，募集に応じようとする者はそれに引き受けようとする社債の数および住所を記載して署名する方法によって応募するものとされていた（社債申込証主義）。会社法は，上述した通り，社債申込証主義を廃止して，会社からの通知（(i)）および申込者の一定の事項を記載した書面等の会社に対する交付または提供という方法を採用している。もっとも，申込者からの書面の交付による場合には，実務上は，会社が法定の通知事項を記載した応募用紙を作成して，申込者に交付し申込者がそれに上記の①から③までの事項を記入して会社に交付するという方法がとられることになろう。

会社は，通知事項について変更があったときは，直ちに，その旨および変更があった事項を社債募集の申込みをした者に通知しなければならない（677条5項）。会社から申込者に対してする通知また催告の送付先および効力発生時は，設立時募集株式の場合と同様である（677条6項7項。〔66〕(d)）。

(b) **割当て**　会社は，申込者の中から募集社債の割当てを受ける者を定め，かつ，その者に割り当てる募集社債の金額および金額ごとの数を定めなければならない（678条1項前段）。この場合において，会社は，その申込者に割り当てる募集社債の金額ごとの数を，申込者が引き受けようとする数よりも減少することができる（678条1項後段）。

会社は，金銭の払込期日（676条10号）の期日の前日までに，申込者に対し，その申込者に割り当てる募集社債の金額および金額ごとの数を通知しなければならない（678条2項）。

社債発行費用および社債発行差金（償還金額と社債発行によって得た実額とのプラスの差額）につき繰延資産として計上することができる（〔624〕）。

(c) **総額引受けの特則**　前述の(a)募集社債の申込みおよび(b)割当てについて述べたことは，いわゆる総額引受けについては適用されない（679条）。総額引受けとは，募集社債を引き受けようとする者がその総額の引受けを行う契約を締結することである。総額引受けをした者がそれを他に売り出すこともあるが，自ら保有していることもある。この場合には，会社とその総額引受けをしようとする者との間の契約によってその者が社債権者となり，したがってその契約の内容に委ねておけばよいからである。

(d) **売出発行の可否**　売出発行とは，社債総額を確定せず，一定の売出期間を定め，その期間内に応募された総額をもって社債の総額とするものであり，旧会社法のもとでは特別法（平成17年改正前長銀11条2項3項）で認められていた。会社法のもとで，特別法の根拠なしに売出発行が認められるかが問題になるが，それは認められると解してよいと考えられる。というのは，会社法のもとでは，前述した（(イ)(a)①）募集社債に関して決定すべき事項で募集社債の総額があげられているが，原則として，その総額の割当てがなされないでも社債の発行を認める打切発行が認められ，かつ，社債申込証主義が廃止されたからである。いいかえれば，一応形式的に社債総額を定めておき（売出予想額に相当する），募集社債の利率の上限および払込金額の総額の最低金額のみを定めておけば（362条4項5号，会社則99条1項）その範囲で募集社債を売り出すことは可能と考えられる。

2 社債権者となる者 〔701〕

結局募集社債の社債権者になるのは，①申込者で割当てを受けた者および②総額引受者である（680条）。すなわち①は会社の割り当てた募集社債につき，②はその者が引き受けた募集社債につき，社債権者となる。また前述した（〔700〕(d)）売出発行が可能だと解する以上，③その発行を受けた者も社債権者となる。結局，社債発行の方法としては，この①，②および③があげられる。

Ⅳ 社 債 原 簿

1 社債原簿の記載事項，その備置き，閲覧等 〔702〕

社債について，株式についての株主名簿に準じて，社債原簿の制度が整備されている。

会社は，社債を発行した日以後遅滞なく，社債原簿を作成し，これに社債原簿記載事項を記載し，または記録しなければならない（681条）。そして，社債原簿の記載事項としては，①前掲〔699〕(a)③から⑧までに掲げる事項その他の社債の内容を特定するものとして法務省令で定める事項（以下「種類」という。会社則165条），②種類ごとの社債の総額および各社債の金額，③各社債と引換えに払い込まれた金銭の額および払込みの日，④社債権者（無記名社債〔無記名式の社債券が発行されている社債をいう〕の社債権者を除く）の氏名または名称および住所，⑤④の社債権者が各社債を取得した日，⑥社債券を発行したときは，社債券の番号，発行の日，社債券が記名式かまたは無記名式かの別および無記名式の社債券の数，⑦そのほか，法務省令で定める事項（会社則166条）が掲げられている。

そして，社債権者（無記名社債の社債権者を除く）は，社債発行会社に対するその社債権者についての社債原簿に記載され，もしくは記録された社債原簿記載事項を記載した書面の交付または記録した電磁的記録の提供を請求することが認められる（682条1項。社債券が発行されているものについては除かれる。同4項。書面への署名等につき同2項3項)。

〔703〕 **2 社債原簿への記載または記録**

社債原簿への記載または記録についても，次の(イ)または(ロ)に述べるように株主名簿への記載または記録（132条・133条。〔271〕〔272〕）に相当する規定が設けられている。無記名式社債については除かれる（690条2項・691条3項)。無記名社債については，その権利の帰属は社債原簿の記載によらないからである。

(イ) 社債権者の請求によらない社債原簿記載事項の記載または記録

社債発行会社は，①当該社債発行会社の社債を取得した場合および②当該社債発行会社が有する自己の社債を処分した場合には，社債の社債権者にかかる社債原簿記載事項を社債原簿に記載し，または記録しなければならない（690条1項)。

(ロ) 社債権者の請求による社債原簿記載事項の記載または記録

社債を社債発行会社以外の者から取得した者（当該社債発行会社を除く）は，その社債発行会社に対し，その社債にかかる社債原簿記載事項を社債原簿に記載し，または記録することを請求することができる（691条1項)。

上記の請求は，利害関係人の利益を害するおそれがないものとして法務省令で定める場合（会社則168条1項。確定判決を得た場合等が掲げられている）を除き，その取得した社債の社債権者として社債原簿に記載され，もしくは記録された者またはその相続人その他の一般承継人と共同してしなければならない（691条2項)。この請求の条件も株主名簿の記載の条件と同じである（133条2項。〔271〕)。

なお，社債取得者が取得した社債が社債券を発行する定めのあるものである場合には，社債取得者が社債券を提示して，社債原簿への記載を請求できる（会社則168条2項)。

〔704〕 **3 社債原簿の機能，閲覧請求等**

社債の譲渡は，その社債を取得した者の氏名または名称および住所を社債原簿に記載し，または記録しなければ，社債発行会社その他の第三者に対抗することができない（688条1項。社債券発行会社については後述する。〔706〕〔708〕)。このように，社債原簿の記載等は，株主名簿の記載が株式譲渡の会社（株券発行会社の場合）または会社その他の第三者（株券不発行会社の場合）に対する対抗要件である（130条1項。〔269〕〔271〕）のと同様に，会社（社債券発行会社の場合。688条2項）に対する，または会社その他の第三者（社債券不発行会社の場合。688条1項）に対する対抗要件とされる。その社債につき募集社債に関する決定事項の中に社債券（記名社債と解される。無記名社債については次に述べる）を発行する旨の定めがある場合（676条6号。〔703〕⑥）には，社債原簿への記載は，たんに社債発行会社に対する対抗要件とされる（688条2項）。社債発行会社以外の第三者に対する対抗要件は社債券の所持によるものと考えられる。さらに無記名社債については，社債券の所持により社債発行会社に対しても対抗できることになる（688条3項）。

また，株主名簿管理人（123条。〔289〕）に相当する社債原簿管理人（683条。その募集社債の申込みをしようとする者に対する通知につき，677条1項3号，会社則163条2号。〔700〕），株主名簿の備置き，閲覧等（125条。〔270〕）に相当する社債原簿の備置き，閲覧等に関する規定（684条。閲覧拒否事由につき，同3項）が設けられており，閲覧権者として社債権者その他の社債発行者の債権者および社債発行者の株主または社員があげられている（会社則167条）。さらに，株主に対する通知等（126条。〔182〕）に相当する社債権者に対する通知等の規定が設けられている（685条）。

なお，社債が2人以上の者の共有者に属する場合の共有者の権利行使についても，株式の共有者の権利行使（106条。〔290〕）に相当する規定が設けられている（686条）。

以上のように，このように社債原簿については，株主名簿に相当する規定が設けられ，社債原簿は株主名簿に準ずるものとして取り扱われている。しかし，株主の地位と社債権者の地位とは，前者は，株主総会（少なくとも事業年度ごとに開催される）における議決権の行使が与えられているのに対して，後者は，社債権者総会が開催されるのが稀であるところから，異なっており，したがって，株主名簿の機能と社債原簿の機能との間には，実質的に相当のへだだりがあることは否定しえない。具体的には，株主の場合には，株券が発行されている場合でも，株主は議決権，剰余金配当請求権等のような株主としての権利を行使しようとすれば，必ず株主名簿の名義書換を受けなければならないが，社債の場合には，無記名社債が発行されている場合にはそのような手続をとることなしに社債権者としての権利を行使できることになる。

V 社 債 券

1 社債券の記載事項，記名式と無記名式の転換，喪失の場合の取扱い等 〔705〕

社債発行会社は，社債券を発行する旨の定めがある社債（676条6号。〔699〕(a)⑥）を発行した日以後遅滞なく，その社債にかかる社債券を発行しなければならない（696条）。

社債券の記載事項として，①社債発行会社の商号，②その社債券にかかる社債の金額，③その社債券にかかる社債の種類，および④その番号を記載し，社債発行会社の代表者がこれに署名し，または記名押印しなければならないものと規定されている（697条1項）。

また，社債券には，利札を付することができるものとされている（697条2項。〔725〕）。

記名式と無記名式との間の転換請求が認められる。すなわち，社債券が発行されている社債の社債権者は，転換ができない旨の定め（676条7号。〔699〕(a)⑦）がされている場合を除き，いつでも，その記名式の社債券を無記名式とし，またはその無記名式の社債券を記名式とすることを請求することができる（698条）。

社債券は，公示催告手続（非訟100条）によって無効とすることができ（699条1項），社債券を喪失した者は，除権決定（非訟106条1項）を得た後でなければ，その再発行を請求することができない（699条2項）。

〔706〕 2 社債券を発行する場合の社債の譲渡に関する効力要件

定められた募集社債に関する事項の中に，社債券を発行する旨の定め（676条6号。〔699〕(a)⑥）がある社債の譲渡は，その社債券を交付しなければ，その効力を生じない（687条）。その社債発行会社に対する対抗要件はその取得者の氏名等の社債原簿への記載である（688条1項2項。〔704〕〔708〕）。さらに無記名社債については，その社債発行会社その他の第三者に対する対抗要件は社債券の所持自体である（688条3項。〔704〕）。

〔707〕 3 権利の推定および善意取得

社債券の占有者は，その社債券にかかる社債についての権利を適法に有するものと推定される（689条1項）。したがって，社債券の交付を受けた者は，その社債券にかかる社債についての権利を取得する（689条2項本文）。ただし，その者に悪意または重大な過失があるときは，この限りでない（同但書）。善意取得に関する規定である。いずれも株券に関するもの（131条。〔227〕〔228〕）と同様の規定である。

Ⅵ　社債の譲渡，質入れおよび信託の設定

1　譲　　渡　〔708〕

社債券を発行する旨の定めがある社債の譲渡は，債券の交付によって効力を生ずることは前述した（687条。〔706〕）が，それを会社に対抗するためには，記名社債の場合には取得者の氏名および住所を社債原簿に記載または記録しなければならないことも前述した（688条1項2項。〔704〕。その記載等の請求は社債券の提示によってすることができる。会社則168条2項）。社債券を発行する旨の定めのない社債については取得者の氏名等の社債原簿への記載が会社その他の第三者に対する対抗要件である（688条1項。その記載等につき690条・691条2項，会社則168条1項。〔703〕）。もっとも，わが国では無記名社債が発行され，記名社債券はほとんど発行されないので，社債原簿の実際的な意義は少ない。

無記名式社債の場合には，上述の対抗要件に関する規定の適用がない（688条3項）。社債原簿への記載等についても同様である（690条2項・691条3項）。

2　質入れ，付・譲渡担保　〔709〕

(イ)　質入れの効力要件・対抗要件

社債券を発行する旨の定めがある社債の質入れは，当該社債にかかる社債券（無記名社債を含む）を交付しなければ，その効力を生じない（692条。株券の場合も同様である。146条2項。〔230〕(a)）。

社債の質入れは，その質権者の氏名または名称および住所を社債原簿に記載し，または記録しなければ，社債発行会社その他の第三者に対抗することができない（693条1項。株式についても同様である。147条1項。〔230〕(b)）。もっとも，社債券を発行する旨の定めがある社債の質権者は，継続してその社債にかかる社債券を占有しなければ，その質権をもって社債発行会社その他の第三者に対抗することができない（693条2項。株券についても同様である。147条2項。〔230〕(b)）。

社債に譲渡担保を設定する場合には，社債の譲渡（〔708〕）の形式がとられる。

(ロ)　社債原簿の記載等の請求

社債に質権を設定した者は，社債券を発行する旨の定めがある場合を除き（694条2項），社債発行会社に対し，①質権者の氏名等，②質権の目的である社債を社債原簿に記載し，または記録することを請求することができる（694条1項）。これらの事項が社債原簿に記載され，または記録された質権者は，社債発

行会社に対し，それらの事項を記載した書面の交付または記録した電磁的記録の提供を請求することができる（695条1項。その署名等につき，同2項3項）。

〔710〕 **3 信託の設定**

社債に信託を設定するについては，株式に信託を設定する場合について前述したこと（株券発行会社については〔234〕，株券不発行会社については〔240〕，振替株式については〔256〕）と同様のことが妥当する。すなわち，平成18年会社法改正により，695条の2の規定が追加されたが，それは信託財産に属する社債についての対抗要件等に関するものであり，信託財産に属する株式についてのそれに関する154条の2の規定と全く同じ内容のものである。したがって社債への信託設定の説明については，株式のそれに関する説明に譲ることにする（なお振替社債等については，〔732〕〔733〕）。

Ⅶ 社債権の管理

〔711〕 社債は，通常，償還期限が長く，かつ巨額になり，また公衆に対して発行されるものであるから，その元利金の支払を確保して社債権者を保護すること，すなわち，社債権の管理が必要である。会社法および担信法は，そのために次のような規定を設けている。

1 社債管理者または担保付社債の受託者

(イ) 無担保社債における社債管理者

(a) 沿革　平成5年改正前商法は，「社債募集ノ委託ヲ受ケタル会社」（一般にこれを「社債募集の受託会社」あるいはたんに「受託会社」と呼んでいた）について規定を設けていた。同法のもとにおける社債募集の受託会社は，これを置くかどうかは社債発行会社の自由であったが，それが置かれたときは，それは，社債発行会社と応募者との間にあって社債発行に必要な事務を行うほか，社債権者のために社債の管理および償還をする権限が与えられていた。

平成5年改正商法は，①社債募集の受託会社という概念を廃止して，社債管理会社という概念を採用し，社債管理会社につき，②これを原則として必置のものとし，③社債発行に必要な事務を行う権限に関する根拠規定（平成5年改正前304条参照）を設けず，④社債の管理に関する権限を充実させ，⑤その公平誠実義務および善管注意義務ならびにその損害賠償責任に関する規定をあらたに設けた。

会社法は，基本的にこの平成5年改正を受け継いでいる。なお，会社法は社債管理会社という表現を社債管理者という表現に改めているが，それは会社以外の者が社債管理を行うことがありうるからである（703条3号。〔713〕）。

なお，社債管理者を定めた場合の募集社債の申込みをしようとする者に対する通知につき規定がある（677条1項3号，会社則163条1号。〔700〕）。

(b) 社債管理者の設置の強制 〔712〕

(i) 社債管理者の設置の強制　会社法は，一部の例外を除いて，社債管理者の設置を強制している。すなわち，会社は，社債を発行する場合には，社債管理者を定め，社債権者のために，弁済の受領，債権の保全その他の社債の管理を行うことを委託しなければならないと規定している（702条本文。例外については(ii)）。このように社債管理者の設置を原則として強制したのは，社債権者の保護のためである。すなわち，社債は，原則として公衆から巨額かつ長期の資金を調達する手段として利用されるものであり，その償還期日までに社債の償還または利息の支払が遅滞するという事態が生ずることもありえないではなく，そのような事態が生じた場合には，公衆である社債権者がそれに対応することは困難であり，その面での専門家である社債管理者（その資格について703条）に的確な措置をとらせることが社債権者保護に資するという考慮に基づくものである。また，期限の利益の請求による喪失条項が定められている場合に期限の利益を喪失させるかどうかの判断も，いちいち社債権者集会の決議によるまでもなく社債管理者に委ねるのが適当である。そしてまた，それとも関連して，社債発行会社の業務および財産の状況を調査する必要がある場合にも，それを社債権者が個々的に調査することは適当ではなく，社債管理者にこれを委ねることが適当である。これらの理由のほかに，さらに平成5年改正による社債発行限度の撤廃（〔2〕）との関連からも社債管理者の設置強制が必要条件と考えられたのである。

社債管理者を置かないで社債が発行された場合には，過料の制裁が科せられることになるが（976条33号），その場合の社債の効力がどうなるかは，解釈に委ねられることになる。この場合の社債の効力が否定されると解釈することは無理であり，期限の利益を喪失すると解すべきであろう。

会社が外国で社債を発行する場合でも，社債管理者を定めないでよい場合として定められている場合を除き，社債管理者の設置義務を負う。もっとも，会社が外国法を準拠法として債券を発行する場合は，わが会社法上の社債とはいえず，会社法の適用はない。また外国会社が社債を発行する場合においては，会社法が「社債」とは，「会社が行う割当てにより発生する当該会社を債務者とする金銭債権……」と定義しており（2条23号），そこでの会社とは，会社法2条1号に定義されているそれであり，外国会社は含まれないから，社債管理者の設置義務を負わない。

(ii) 社債管理者の設置強制の例外　例外として社債管理者の設置を強制されない場合がある（702条但書）。すなわち，①各社債の金額が1億円以上である場合，②その他社債権者の保護に欠けるおそれがないものとして法務省令で定める場合が掲げられている。そして，②としては，ある種類の社債の総額を各社債の金額の最低額で除した数が50未満の社債を発行する場合があげられている（会社則169条）。①は1口の金額が大口であり，そのような社債を取得する者は，その社債について専門的知識および経験を有する者――いわば金融商品取引法の適格機関投資家に相当する（金商2条3項1号）――と考えられ，社債元利金の支払の懈怠等の事態が発生したときも自らそれに対応できると考えられる場合である。②は社債発行の相手方が50人未満であって，一般公衆に対する発行には該当しないと考えられる場合である。長期信用銀行法等に基づく銀行等が社債を募集する場合に社債管理者の設置が強制されるかについては，それぞれの法律でその例外が定められている（長銀10条2項）。

〔713〕 (c) **社債管理者の資格**　社債管理者の資格としては，①銀行，②信託会社または③①および②に掲げるもののほか，これに準ずるものとして法務省令で定める者（会社則170条）と規定されている（703条。なお保険会社がこの資格を認められたことにつき会社則170条8号）。社債管理者は，社債権者のために，社債の償還や利息の支払を受ける権限その他の重要な権限が与えられるので，その資格についてこのような制限がなされているのである。なお，担保の受託会社については，内閣総理大臣（内閣総理大臣の職権は，担信法3条の免許および同12条のその取消しを除き，金融庁長官に委任される〔担信66条〕）の免許が必要であるが（担信3条），無担保社債の社債管理者についてはその必要はない。

〔714〕 (d) **社債管理者の行為の方式，二以上の社債管理者の場合，その権限等**　社債管理者の地位は，社債発行会社との間の社債管理の委託契約に基づくものであるが，そのような地位に置かれたときは，法律上，社債権者のために，次に述べる(i)に定められた権限が与えられ，これを一般に法定権限といっている。なお，法定権限以外に，社債発行会社と社債管理者との間の委託契約によって社債管理者が与えられた権限を行使した効果が社債権者に及ぶかが問題とされ，これを(ii)で取り扱う。

社債管理者等の行為の方式について，社債管理者または特別代理人（707条。社債権者と社債管理者との利益相反の場合には特別代理人をおかなければならない。〔718〕）が社債権者のために裁判上または裁判外の行為をするときは，個別の社債権者を表示することを要しないとされる（708条）。

また，2以上の社債管理者がある場合について，これらの者が共同してその権限に属する行為をしなければならず（709条1項），この場合において，社債管理者がその権限として（705条1項）社債にかかる債権の弁済を受けたときは，社債管理者は，社債権者に対し，連帯して，当該弁済の額を支払う義務を負う（709条2項）。

(i) 法定権限

(α) 社債権の弁済受領・債権保全の権限　　社債管理者は，社債権者のために，社債にかかる債権の弁済を受け，または社債にかかる債権の実現を保全するのに必要な一切の裁判上または裁判外の行為をする権限を有する（705条1項）。ここで社債にかかる債権の弁済を受けるとは，社債の償還および利息の支払を受けることを指す。また債権の実現を保全するとは，たとえば発行会社に対して時効の完成猶予の措置をとること等を指す。なお，その社債の全部についてする訴訟行為または破産手続，更生手続もしくは清算手続に関する行為等（弁済，償還，時効の完成猶予等は除かれる）については次の(β)で取り扱う。「社債権者のために」と規定されているのは，社債管理者がこのような権限を行使した効果が社債権者に帰属することを明らかにするためである。したがって，社債管理者が社債の償還または利息の支払を受けた場合には，その限度で社債発行会社の債務は消滅し，社債権者は社債管理者に対して支払の請求をすることになる（705条2項前段）。この場合において，社債券を発行する旨の定めがあるときは，社債権者は，社債券と引換えに当該償還額の支払を，利札と引換えに当該利息の支払を請求しなければならない（705条2項後段）。この請求権は，これを行使することができる時から10年間行使しないときは，時効によって消滅する（705条3項。705条4項の調査権につき後述(iii)）。

(β) 社債権者集会の決議に基づく権限　　社債管理者は，社債権者集会の決議（特別決議によることを要する。724条2項）によらなければ，①社債の全部についてするその支払の猶予，その債務の不履行によって生じた責任の免除または和解（②の行為を除く），および②その社債の全部についてする訴訟行為または破産手続，再生手続，更生手続もしくは特別清算に関する手続に属する行為（(α)の行為を除く）をしてはならない（706条1項本文）。ただし，②に掲げる行為（①の行為は除かれる）については，募集社債に関する事項の決定（676条）において，社債管理者が社債権者集会の決議によらずにそれをすることと定められているとき（676条8号。〔699〕(a)⑧）は，社債権者集会の決議によらないですることができる（706条1項但書）。社債のデフォルト時の迅速な対応を可能にするためである。これにより社債権者集会の決議によらず②に掲げる行為をしたときは，遅滞なく，その旨を公告し，かつ，知れている社債権者には，各別にこれを通知しなければならない（706条2項。公告の方法，電子公告等について規定がある。同3項）。

これらの権限の行使に社債権者集会の決議，しかも，特別決議（724条2項）を要するものとされているのは，この権限の行使の効果は，社債権者に重大な影響を与える――たとえば，更生手続において，債務免除の社債の全部について支払猶予，責任の免除等をすれば，社債権者の権利が減少する――からである。なお，②については，それは①よりは社債権者に与える影響が小さいので，上述のような中間的な措置がとられたものであろう。

(ii) 法定権限以外の権限――約定権限　約定権限については，募集事項でその内容を定めることを要するものとされ（676条12号，会社則162条4号。〔699〕⑫），それは申込人に通知され（677条1項2号。〔700〕(i)⑫），社債原簿にも記載される（681条1号，会社則165条8号）。社債発行会社と社債管理者との間の社債管理委託契約のなかで，社債管理者に，たとえば財務制限条項（他の債務のために担保を提供することを制限し，あるいは一定の財務比率を維持することを約束する条項）違反の場合の期限の利益喪失宣言をする権限が与えられることがある。このような場合に，その権限行使の効果が社債権者に及ぶかどうかが問題になるが，期限の利益喪失条項は，会社の社債募集の引受けの申込みをしようとする者に対する通知事項の中に含まれている（677条1項2号・676条4号）ので，社債を申し込む者はそれに記載されたこの約定を前提としており，したがって，その権限行使の効果は社債権者に及ぶと解される。それ以外の約定権限が与えられた場合にも，社債権の内容としてそれを通知することになり，同様の結果になると解される。これを社債管理者の立場からみれば，このような約定された条項にも権限――約定権限――が及ぶと解すべきことになる。

(iii) 調査権　社債管理者は，その管理の委託を受けた社債につき，(i)の行為をするために必要があるときは，裁判所の許可を得て発行会社の業務および財産の状況を調査する権利を有する（705条4項・706条4項）。たとえば，社債管理者としては，社債の支払の猶予，債務の免除または和解をすることがやむをえないかどうか等は，発行会社の業務および財産の状況を調査した上ではじめて判断できることなので，このような調査権が与えられたのである。問題なのは，約定権限を行使するためにこの調査権が認められるかであって，たとえば社債管理者が期限の利益喪失を宣言する権限を行使する必要があるかどうかを判断するには，期限の利益喪失の前提となる財務制限条項の違反の有無等の発行会社の業務および財産の状況を調査することが必要である。会社法の規定の文言からも，そのような調査権を否定する根拠は存在しないと考えられる（なお，702条）。したがって，この調査権についても発行会社と社債管理者との約定に委ねられていると解してよいと考えられる。その結果，約定権限行使のための調査についても当事者間で約定することになり，その約定の内容に従って調査することができることになると解される。

(iv) 債権者保護手続における異議権　会社法は，社債に関する債権者保護手続における異議権については，社債権者集会の決議による（740条1項）ほか，その決議によらないで行使することができる措置を講じている。すなわち，社債発行会社は，債権者保護手続をとるべき場合においては，社債管理者に対しても催告すべきこととし（740条3項），社債管理者は社債権者のために異議を述べることができるとされている（740条2項本文）。もっとも，社債管理委託契約に別段の定めがある場合はこのかぎりではない（740条2項但書）。以上の措置により，社債権者のための異議の申立てが容易になり，社債権者の利益に資することができる（〔639〕(α)）。

(e) **社債管理者の義務**　社債管理者は，社債権者のために，①公平かつ誠実に社債の管理をする義務を負うとともに（704条1項），②善良な管理者の注意をもって社債の管理をする義務を負う（同2項）。いずれも，平成5年商法改正により，それまで担保付社債の受託会社に負わされている義務を無担保社債の社債管理者にも負わせることとしたものである。　〔715〕

①の公平誠実義務のうちの公平に社債を管理する義務ということは，いうまでもなく，社債権者をその有する社債権の内容および数額に応じて（株主平等に関する109条1項参照）公平に取り扱わなければならないということであって，当然の義務ということができる。①の誠実義務と②の善管注意義務との関係は，取締役の会社に対する忠実義務と善管注意義務との関係と同様のものと考えることができる（〔474〕）。すなわち，①の誠実義務は，担信法の表現をそのまま利用した

ものであるが，それは，355条が取締役の義務として規定しているいわゆる忠実義務と同じ内容を有するものと考えられる。その解釈については，見解が分かれているが，善管注意義務とならべて規定されているところから判断して（なお，取締役の忠義義務に関する355条についての〔474〕参照），善管注意義務とは異なる意味，すなわち，社債管理者の利益——社債権者以外の第三者を含む——と社債権者の利益が相反する場合に，社債管理者が自己または第三者の利益を図って社債権者の利益を害することは許されないという内容のものと考えられる。②の義務は，委任関係における受任者のそれ（民644条）と同様である。なお，社債管理の委託契約の当事者は，発行会社と社債管理者であり，したがって社債管理者が社債発行会社に対して②の義務を負うことは民法644条の規定から当然であり，会社法は，そのほかに社債権者に対しても善管注意義務を負うことを規定した点に意味を有する。なお，担信法35条では，受託会社は担保付社債の管理に関してはこの法律に特別の定めがある場合を除き社債管理者と同一の権限を有し，義務を負うと規定され，受託会社が上述の公平・誠実義務および善管注意義務を負っていることが明らかにされている。

①の誠実義務が問題となる典型的な例としては，社債管理者が社債発行会社に債権を有しており，かつ社債発行会社の資産状態が悪化している場合があげられる。この場合には，社債管理者がその社債発行会社に対して有する債権の弁済を受ければ，社債権の弁済が受けられなくなるという可能性が生じ，自己の利益を図って社債権者の利益を害するという状態が生ずることになり，①の誠実義務に違反することになるからである（なお，この場合の効果につき，〔717〕）。

②の義務は，民法644条の規定の解釈問題であり，たとえば，社債管理の委託契約により，社債管理者に期限の利益喪失宣言をする権限が与えられている場合において，善良な管理者の注意をもって判断すれば期限の利益喪失宣言をすべきだったのに，その注意を怠ってその宣言をしなかったために社債権者に不利益を与えたときは，②の義務に違反したことになる（その効果については，〔716〕）。

〔716〕 **(f) 社債管理者の損害賠償責任**　会社法は，社債管理者の社債権者に対する2種類の損害賠償責任について規定している。

(i) 法令違反等についての責任　第1は，社債管理者が会社法または社債権者集会の決議に違反する行為をしたことによる損害賠償責任である（710条1項）。ここで会社法に違反する行為には，前述した公平誠実義務および善管注意義務に違反する行為が含まれることはいうまでもない。したがって，この規定は，社債管理者のそれらの義務違反を含む法律違反および社債権者集会の決議違反の場合の一般的責任について定めたものということができる。

(ii) 利益相反行為に基づく責任　第2は，利益相反行為に基づく責任であり，それに関しては，一般的には公平誠実義務に違反する行為をした場合の損害賠償責任として，(i)の規定に含まれているものであるが，さらに，ここでは利益相反行為の一定の場合について，特別の損害賠償責任を負わせている（710条2項)。逆にいえば，ここに規定する要件を満たさない場合でも，(i)の一般的規定により損害賠償責任が生ずることは否定されないと解される。〔717〕

ところで利益相反行為をどのように規制するか，これを厳しく規制するかどうかは立法論の問題である。厳しい規制の仕方としては，利益相反の地位につくこと自体を禁止する規制の仕方もありうる。これを前述の誠実義務の例に関連させると，社債管理者が社債発行会社に対して債権を取得すること自体を禁止するという規制の仕方である。これに対して，そこまで厳しい規制をせず，利益相反の地位につくこと自体は禁止しないが，その地位につくことによって生じた損害について賠償責任を負わせるという規制の仕方もある。この損害賠償責任についても，無過失責任とする立法例もありうるし（旧会社法のもとで，会社・取締役会の利益相反行為につき無過失責任を負わせていた。会社法のもとでは423条3項・428条。〔487〕)，過失責任としながら挙証責任を転換し，あるいは，一定の事項を立証した場合に責任を免れるという規制の仕方もありうる。社債管理者のこの場合の利益相反行為に関する責任については，この最後の規制の仕方を採用したということができる。

この損害賠償責任が生ずる要件については，次のように規定されている。すなわち，社債管理者は，社債発行会社が社債の償還もしくは利息の支払を怠り，もしくは社債発行会社について支払の停止があった後またはその前3か月以内に，次に掲げる行為をしたときは，社債権者に対し，損害を賠償する責任を負う（710条2項本文)。ここでは，支払停止後の行為も対象とされる。なお，以下に述べる責任の規定は社債管理者が社債発行者に支払を怠たる等の事由があった後またはその前3か月以内に，委託にかかる契約（702条）に定めた事由により（711条2項）辞任した社債管理者にも準用される（712条。〔718〕③)。

① その社債管理者の債権にかかる債務について社債発行会社から担保の供与または債務の消滅に関する行為を受けること（710条2項1号)。

② その社債管理者と法務省令で定める特別の関係（会社則171条）がある者

に対してその社債管理者の債権を譲り渡すこと（同2号。その特別の関係がある者が当該債権にかかる債務について社債発行会社から担保の供与または債務の消滅に関する行為を受けた場合に限る）。ここで会社法施行規則171条では，この特別の関係として，㋑法人の総社員または総株主の議決権の100分の50を超える議決権を有するもの（「支配社員」という）とその法人（被支配法人という）との関係および㋺被支配法人とその支配社員の他の被支配法人との関係等があげられている（なお，会社則171条2項参照）。

③　その社債管理者が社債発行会社に対する債権を有する場合において，契約によって負担する債務をもっぱら当該債権をもってする相殺に供する目的で社債発行会社の財産の処分を内容とする契約を社債発行会社との間で締結し，または社債発行会社に対して債務を負担する者の債務を引き受けることを内容とする契約を締結し，かつ，これにより社債発行会社に対し負担した債務と当該債権とを相殺すること（710条2項3号）。

④　その社債管理者が社債発行会社に対して債務を負担する場合において，社債発行会社に対する債権を譲り受け，かつ，当該債務と当該債権とを相殺すること（同4号）。

この責任の基本的な考え方は，社債発行会社が社債の償還もしく利息の支払を怠り，またはそれにつき支払停止があった後か，またはその前3か月以内（この間をかりに「その一定の時期」と呼ぶことにする）に，社債管理者が社債発行会社からその債務の消滅等，社債管理者に有利で，その結果社債権者に不利な結果になる行為をした場合を列挙し，そのような場合に，社債管理者が社債権者に対し，損害賠償責任を負うものとされるのである。

それらの行為のうち，社債発行会社が社債の償還等を怠った場合に，その一定の時期に，社債管理者（①）のみならず，②社債管理者と特別の関係にある者（会社則171条），具体的には社債管理者の親会社または子会社等も含めて，社債発行会社からの担保の供与または債務の消滅に関する行為を受けた場合が列挙されている点が注目される（旧会社法のもとでは①のみで，②は列挙されていなかった）。また，③および④で相殺についても，列挙している点が注目される（これらも旧会社法では列挙されていなかった）。③は，社債管理者が銀行であると想定すると，その銀行が社債発行会社に対して貸付債権を有する場合において，その銀行が社債発行会社に対して，もっぱらその貸付債権をもってする相殺に供する目的でする債務負担行為を掲げていると考えられる。その債務を負担する行為としては，

㋑社債発行会社の財産の処分を内容とする契約（社債管理者が社債発行会社から財産の処分を受けることを内容とする契約）を社債発行会社との間で締結し，または㋺社債発行会社に対して債務を負担する者の債務を引き受けることを内容とする契約――その結果，社債管理者が債務を負うことになる――を締結しかつ，これにより社債発行会社に対して負担した債務とその社債管理者の貸付債権とを相殺することがあげられよう（なお，破71条1項2号参照）。④は，たとえば社債管理者である銀行が社債発行会社に預金債務を負っている場合において，その一定の期間内に，社債発行会社に対して他の銀行が有している貸付債権を譲り受けて預金債務と相殺するような場合を規定している（なお，破72条1項1号参照）。③および④は，社債管理者と社債発行会社との間の相殺によって，社債権者に損害を与える行為である。

ここで社債権者の損害とは，社債にかかる債権の弁済を受けられなくなった額と解される。

社債管理者は，上記の①から④までの要件を満たしていても，㋑社債管理会社がその利益を受けるについて誠実になすべき社債の管理を怠らなかったこと，または㋺その損害が前述した行為によって生じたものでないことを証明した場合には，損害賠償責任を負わないでもよい（710条2項但書）。㋑の例としては，いったん債権を回収してつなぎ融資をすること（貸付金の弁済期が到来したが，それを回収してしまうと，発行会社が倒産してしまうので，いったん回収した上でさらに融資をすること。その場合にはその回収の後3か月内に社債権者が元利金の支払を受けられなくなっても，つなぎ融資をしているので，誠実に事務を処理すべき義務を怠っていないことを立証したことになる），または救済融資をし，このために担保の供与を受けること（発行会社が社債権の支払不能にいたらないようにするためにあらたに融資をし，それから3か月内に社債権者が元利金の支払を受けられなくなっても，そのつなぎ融資により社債権者の損害が減少したような場合には誠実義務に違反しない）等があげられよう。㋺の例としては，社債管理者が社債の支払懈怠等が生ずる3か月より前に自己の債権について担保権の設定を受けていた場合において，支払停止等の前3か月内にその担保権の実行によりその債権を回収したとき等があげられよう。この場合にはその担保権の設定については上記の①から④の要件に該当せず，したがって，その担保財産は，被担保債権額の限度では，その担保が実行されるかどうかにかかわりなく社債権の満足の対象にならず（社債発行会社が破産した場合には別除権の対象になる），したがってまた，かりに社債管理者が社債の支払懈怠等の前3か月内に担保権を実行して自己の債権の満足を受けていなくても，社債権者は損害を受けることになるからである。

〔718〕 (g) **辞任・解任，事務承継者・特別代理人の選任** ①社債管理者は発行会社との委託契約によって就任するが，辞任は，発行会社および社債権者集会の同意を得てすることができ（711条1項前段），この場合において，他に社債管理者がないときは，社債管理者は，あらかじめ，事務承継者を定めなければならない（711条1項後段。事務承継者の公告・通知につき，714条4項）。また，②辞任はやむをえない事由があるときは裁判所の許可を得たときにのみ，可能である（711条3項。担保付社債信託法の受託会社〔以下「担保の受託会社」という〕については，信託契約に別段の定めがある場合を除き，委託者，発行会社および社債権者集会の同意を得て辞任することができる。担信50条，信託57条1項）。

また，③社債管理者は，発行会社との間の社債管理委託契約においてその契約に事務を承継する社債管理者に関する定めをしたときは，その契約で定めた事由が生じた場合に辞任することができる（711条2項本文）。ただし，その契約に事務を承継する社債管理者に関する定めがないときは，辞任することができない（711条2項但書）。社債発行会社が社債の償還もしくは利息の支払を怠り，もしくは社債発行会社について支払の停止があった後またはその前3か月以内（前述の「一定の期間」）に社債管理者が前述③の社債管理委託契約の定め（711条2項）により辞任したときは，その社債権者に対して損害を賠償する責任（710条2項）を負う（712条。〔717〕）。社債管理者が誠実にすべき社債の管理を怠らなかったこと，またはその損害がその辞任によって生じたものでないことを証明したときは，責任を免れる（710条2項但書）。

社債管理者がその義務に違反したとき，その事務処理に不適任であるときその他正当な理由があるときは，社債発行会社または社債権者集会は，裁判所にその社債管理者の解任を申し立てることができる（713条）。

社債管理者が①社債管理者の資格者（703条各号）でなくなった場合，②やむを得ない事由があって裁判所の許可を得て辞任した場合（711条3項），③解任された場合（713条）および④解散した場合において，他に社債管理者がないときは，社債発行会社は，事務を承継する社債管理者を定め，社債権者のために，社債の管理を行うことを委託しなければならない（714条1項前段）。この場合においては，社債発行会社は，社債権者集会の同意を得るため，遅滞なく，これを招集し，かつ，その同意を得ることができなかったときは，その同意に代わる裁判所の許可の申立てをしなければならない（714条1項後段）。そして，社債管理者がなくなった後2か月以内に発行会社が，①事務承継者を定めるについて社債権者の同意を得るために，社債権者集会の招集の手続をとらず，または，②その同意を得られない場合にその同意に代わる裁判所の許可を請求しない場合には，社債の総額について期限の利益を喪失する旨を定めている（714条2項）。この規定は，社債管理者の設置が強制される場合に適用されることは当然であるが，それが強制されず，任意に社債管理者を設置した場合にも適用されると解される。後者の場合にも，いったん社債管理者が設置された以上，社債権者としては，社債管理者を信頼して社債権を取得し，または保持していると考えられるからである。上記①から④までの場合において，やむを得ない事由があるときは，利害関係人は，裁判所に対し，事務を承継する社債管理者の選任の申立てをすることができる（714条3項）。社債発行会社は，事務を承継する社債管理者を定めた場合（社債権者集会の同意を得た場合を除く）または事務を承継する社債管理者の選任があった場合には，遅滞なく，その旨を公告し，かつ，知れている社債権者には，各別にこれを通知しなければならない（714条4項）。なお，担信法では，担保の受託会社の辞任，解任または免許取消し，信託事務の承継等について規定がある（担信50条－57条。これらについては信託法57条1項・58条1項2項4項7項・62条4項および63条1項の規定を引用している）。

また，社債権者と社債管理者との利益が相反する場合において，社債権者のために裁判上または裁判外の行為をする必要があるときは，裁判所は社債権者集会の申立てにより，特別代理人を選任しなければならない（707条。担保の受託会社につき，担信45条1項2号）。たとえば，社債管理者が弁済を受けた社債金額を費消してしまい，社債権者に対して損害賠償責任を負った場合に，その責任を裁判上または裁判外において追及するときは，社債管理者自身が請求することは適当でなく，特別代理人が選任されることになる。なお，担信法のもとでは，上述の裁判上または裁判外の行為をする必要があるとき（担信45条1項2号）のみならず，受託会社が任務を怠っているときも特別代理人の選任が認められる（担信45条1項1号）。会社法上は，後者の場合には解任によって処理することが予定されている（713条）。

(ロ) 担保付社債の受託会社 〔719〕

社債に担保を設定しようとする場合には，担保の目的である財産を有する者と信託会社との信託契約に従って発行すべきものとされ（担信2条1項前段），当然に受託会社が置かれること等は前述した（〔695〕）。

担保の受託会社は，社債権者のために社債の管理をすることになる（担信2条2項）。担保付社債の管理に関して，別に担信法に規定されている場合を除いて，社債管理者と同一の権限を有し，義務を負い（担信35条），したがって，無担保社債の社債管理者と同様の公平誠実義務および善管理意義務を負う（704条1項2項）。その権限行使（特別代理人についても同様である）については社債管理者のそれと同様に個別の社債権者を表示することを要しない（担信46条。〔714〕）。担保の受託者が置かれた場合に社債管理者の設置強制の規定（会社702条）が適用されないことはいうまでもない（担信2条3項）。さらに担保の受託会社は，総社債権者のために信託契約による担保権を保存し，かつ実行する義務を負う（担信36条。なお，その実行の義務に関連して担信41条・43条参照），それに関連して，受託者，委託者および社債権者の合意（その合意は社債権者集会の特別決議〔担信32条〕によることを要する）により，担保の変更，担保権の順位の変更等の権限を有する（担信41条・42条）。③担保の追加および担保変更後の価額が未償還の元利金を担保するに足りるときの担保の変更は，受託会社および委託者との合意ですることができる（担信40条・41条3項。担保変更の公告等につき担信41条4項）。その責任については，担信法35条の規定により，社債管理者と同一の義務を有し，会社法710条の責任を負うと解される（その就任，辞任，解任，事務承継者・特別代理人の選任等については，〔718〕参照）。

〔720〕

2 社債権者集会

同じ種類の社債権者は，利害を共通にしており，一種の利益共同団体を構成しているので，法は，社債権者集会を法定し，団体的行動をとることを認めている。そしてまた，会社としても，その決議があれば，個々の社債権者を相手にせず，団体的取扱いをすることができることになる。

(イ) 社債権者集会の意義，費用の負担等

社債権者は，社債の種類ごとに社債権者集会を組織する（715条）。社債権者集会とは，その社債の種類ごとに社債権者で組織される会社外に存在する臨時的な合議体であって，発行会社が元利金の支払を懈怠する等，社債権者の共同の利害に重大な関係がある場合に招集される（株主総会が定期的に招集される〔414〕のと異なる）。決議事項については後述する（〔721〕）。

それは同じ種類の社債権者によって構成されるものであるが（株主総会の場合は，株式の種類を問わない〔411〕。種類株主総会は株主総会とは異なる。〔130〕），担保付社

債と無担保社債または普通社債と新株予約権付社債等はそれぞれ異なる社債であることはいうまでもない。同じく無担保普通社債であっても，それが数回にわたって発行されているときは，各回ごとに利率や償還期限が異なるから，別個の社債というべきである。担保付社債については，担保が異なれば別個の社債となる。

社債権者集会に関する費用は，社債発行会社の負担とする（742条1項）。決議の認可の申立て（732条）に関する費用は，社債発行会社の負担とするが，裁判所は，社債発行会社その他利害関係人の申立てによりまたは職権で，その費用の全部または一部について，招集者その他利害関係人の中から別に負担者を定めることができる（742条2項）。

(ロ) 権限——決議事項 〔721〕

社債権者集会の決議事項は，会社法によって規定されている。すなわち，①会社法に規定されている事項および②社債権者の利害に関する事項について決議することができる（716条）。②については，旧会社法では，裁判所の許可を得る必要があったが，会社法はそれを不要としている。決議の効力の発生に裁判所の認可が必要とされる（734条1項）ので，二重に裁判所の関与を要求する必要がないからである。社債権者集会は，社債権者を多数決によって拘束し，その集団的な力で決議事項を実行しようとするものであるから，この目的のために必要な限度で決議しうるものとされているのである。

法律で具体的に定められた事項としては，社債管理者または担保の受託会社が支払の猶予・責任免除等をする場合に関するもの（706条1項，担信35条），元利払遅延の場合の期限の利益喪失の措置に関するもの（739条1項），社債管理者および担保の受託会社の辞任の同意・解任請求（711条1項・713条，担信50条・51条）に関するもの，資本金の額の減少または合併に対する異議（740条1項），特別代理人の選任（707条，担信45条），社債管理者・担保の受託会社の事務承継会社の選任（714条1項，担信53条），集会の代表者・決議執行者の選任（736条1項・737条1項但書），社債権者集会の延期または続行（730条），不公正な行為の取消請求の訴えの提起（865条3項）に関するものなど，担保付社債にのみ問題となるものとして，前述した担保の変更（担信41条1項2項），担保権の順位の変更に関するもの等（担信42条）などがある。

なお，社債権者集会は，招集通知に記載または記録される（720条3項）社債権者集会の目的である事項（719条2号）以外の事項については，決議をすることができない（724条3項）。

〔722〕 ### (ハ) 招集，議決権および決議方法

招集権者は，発行会社，社債管理者または少数社債権者である（717条2項・718条1項，担信31条。なお，少数社債権者は，まず社債発行会社または社債管理者に集会の招集の請求をすることが必要なことにつき，718条1項・3項，また無記名社債の社債権者の社債券の提示につき，718条4項）。

各社債権者の議決権の数については，社債権者は，社債権者集会において，その有する当該種類の社債の金額の合計額（償還済みの額を除く）に応じて，議決権を有するものとされる（723条1項）。旧会社法のもとでは，社債の最低額（各社債の金額が最低額で割りきれる〔整除される〕ものであること等を要求していた）ごとに1個の議決権を有するものとされていたが，会社法で上記のように改められた。

社債発行会社は，その有する自己の社債については，議決権を有しない（723条2項）。

議決権を行使しようとする無記名社債の社債権者は，社債権者集会の日の1週間前までに，その社債券を招集者に提示しなければならない（723条3項）。旧会社法では社債券の供託を要求していたが，会社法は提示で足りることにし，権利行使を容易にしている。

決議方法は，特別決議と普通決議とに分かれる。普通決議は，出席した議決権者（議決権を行使することができる社債権者をいう）の議決権の総額の2分の1を超える議決権を有する者の同意がなければならないものである（724条1項）。特別決議とは，それにつき社債権者集会において可決するには，議決権者の議決権の総額の5分の1以上で，かつ，出席した議決権者の議決権の総額の3分の2以上の議決権を有する者の同意がなければならないとされるものである（724条2項，担信32条）。

特別決議が必要とされるのは次に掲げる事項に限られ，それ以外は普通決議事項とされる。特別決議事項とされるのは，①支払猶予，債務不履行によって生じた責任の免除，和解およびその社債の全部についてする訴訟行為等，706条1項各号に掲げる行為に関する事項（724条2項1号），②支払猶予等（706条1項），代表社債権者の選任（736条1項），決議執行者の選定（737条1項但書）および代表債権者または決議執行者の解任もしくは変更（738条）で社債権者集会の決議を必要とする事項（724条2項2号）である。そのほかに担保付社債については担保の変更（担信41条），担保権の順位の変更（担信42条）等が特別決議事項になる（担信32条。〔719〕）。

社債権者集会では，社債権者集会の目的である事項以外の事項について決議することができないことは前述した（724条3項。〔721〕）。

社債権者集会においては，社債発行会社または社債管理者は，その代表者もしくは代理人を社債権者集会に出席させ，または書面により意見を述べることができる（729条1項本文）。ただし，社債管理者にあっては，社債権者と社債管理者との利益が相反するとして社債権者のための特別代理人の選任のために社債権者集会が招集されたものであるときは，この意見陳述は認められない（729条1項但書）。また，社債権者集会または招集者は，必要があると認めるときは，社債発行会社に対し，その代表者または代理人の出席を求めることができるが，この場合には，社債権者集会において，これをする旨の決議を経なければならない（729条2項）。

社債権者集会の招集およびその決定（717条・719条，会社則172条），社債権者集会の招集の通知（720条），社債権者集会参考書類および議決権行使書面の交付等（721条，会社則173条・174条），議決権の代理行使（725条），書面による議決権の行使（726条，会社則175条），電磁的方法による議決権の行使（727条，会社則176条），議決権の不統一行使（728条）および延期または続行の決議，議事録の作成，備置，閲覧等の請求等（731条，会社則177条）について株主総会に準じて規定されている。なお，担保付社債について，社債管理者を受託会社と読みかえる規定がある（担信31条）。

(二) 決議の効力，裁判所の認可 〔723〕

社債権者集会の決議は，裁判所の認可によってその効力を生じ（734条1項），その種類の社債を有するすべての社債権者に対しその効力が生ずる（734条2項）。社債権者集会の決議があったときは，招集者は，決議があった日から1週間以内に，裁判所に対し，決議の認可の申立てをしなければならない（732条）。裁判所は，①社債権者集会の招集の手続またはその決議の方法が法令または676条の募集のための当該社債発行会社の事業その他の事項に関する説明に用いた資料に記載され，もしくは記録された事項に違反するとき，②決議が不正の方法によって成立するに至ったとき，③決議が著しく不公正であるとき，または④決議が社債権者の一般の利益に反するとき，のいずれかに該当する場合には，社債権者集会の決議の認可をすることができない（733条）。このように，裁判所の認可を決議の効力発生要件としたのは，社債が通常公衆に対して発行されることにかんがみ，決議により当然にその効力を発生させた上で社債権者等にその瑕疵を争わせるという方法よりも，社債権者の保護になると考えられたためである。社債発行会社は，社債権者集会の決議の認可または不認可の決定があった場合には，遅滞なく，その旨を公告しなければならない（735条）。

〔724〕 ㈭ **集会代表者および決議の執行**

社債権者集会は，その決議（特別決議。724条2項2号）をもって，その種類の社債の総額（償還済みの額および社債発行会社の自己の社債金額〔736条2項・718条2項〕を除く）の1000分の1以上に当たる社債を有する社債権者のなかから，1人または2人以上の代表社債権者を選任して，その者に社債権者集会において決議をする事項についての決定を委任することができる（736条1項。なお，代表者が数人いる場合につき，同3項）。社債権者集会をたびたび，あるいは迅速に開くことが困難であり，また社債権者集会が細目を決定することにも適しないことから認められた制度である。

集会の決議のなかには，その効力が生じただけでその目的を達成するものもあるが，その執行を要するものもある（たとえば，元利金支払遅滞の場合の期限の利益喪失の通知）。その執行を要する場合には，集会自体は執行にあたりえないので，それを執行する者が定められる。執行者としては，原則として，社債管理者ないし担保の受託会社がなるが，社債権者集会の決議によって別に決議を執行する者を定めることできる（社債権者と受託会社との利益相反の場合等につき特則がある。737条1項，担信34条。その権限等につき，737条2項）。

代表社債権者の解任等につき規定がある（738条）。

Ⅷ 利息の支払，期限の利益喪失，社債の償還等

〔725〕 **1 利息の支払，利札の取扱い，利払の懈怠の取扱いおよび利息請求権の時効等**

記名社債の場合には，発行会社は社債原簿の記載に基づいて社債権者に利息を支払う（688条参照）。

無記名社債の場合には，利息の支払には利札（りさつ）が利用され，利札と引換えに支払われる（705条2項後段）。利札とは，利息支払請求権を表章する無記名式の有価証券であり，債券とは切り離されて，債券とは別に流通させることができる。利札所持人は，利息の期限にそれを提示して支払を受ける。

支払期未到来の利札が切り離されているときは，無記名社債を期限前に償還（繰上償還）する場合に，本来ならば，償還額を償還すれば，期限未到来の利札の

支払を要しないはずであるのに（支払期到来後の利札は，会社がすでに支払義務を負っているから，別である），利札は債券と別に流通しているという状態が生ずる。そこで，その場合には，償還額から期限未到来の利札の額（その券面額）を控除するものとし（700条1項），利札の所持人はいつでもそれと引換えに控除金額（利札の金額）の支払を請求することができるものとされている（700条2項）。債券所持人は，すでに利札を譲渡してその対価を得ているから，それで不利益を受けることはない。

発行会社が利息の支払を怠ったとき（定期に社債の一部の償還をすべき場合にそれを怠ったときも同様である）は，社債権者集会の決議により，決議を執行する者は，会社に対して一定の期間（2か月を下ってはならない）内に弁済をすべき旨およびその期間内に弁済しないときは社債総額につき期限の利益を喪失する旨を書面により通知することができ（739条1項。書面による通知に代えて電磁的方法によることにつき739条2項），その期間内に弁済されないときは，社債総額につき期限の利益を失う（739条3項）。なお，実際にはこれとは別に，社債発行の際に期限の利益喪失条項を定める（〔714〕(ii)(iii)）のが普通である。利息支払請求権および利札に基づく請求権の時効期間は，これらを行使することができる時から5年である（701条2項）。

2 社債の償還 〔726〕

償還の方法としては，一定の据置期間の経過後に定期的に一定額（償還の対象となる社債の決定は，通常，抽籤によってなされる）以上を償還し，一定期日に全額の償還をするという方法がとられる（定時分割償還）ことが多いが，発行会社が任意に社債を取得してそれを消滅させるという方法もとられる（買入償還）。償還金額は，券面額であるのが普通である。利息の支払を懈怠したときだけでなく，定時分割償還の定めがある場合にそれを怠ったときも，期限の利益を喪失させることができる（739条1項）。償還請求権の時効期間は，これを行使することができる時から10年である（701条1項）。

3 元利金の支払，社債管理者等の報酬 〔727〕

無担保社債の場合において，社債管理者が置かれているときは，社債管理者は当然に社債権者のために元利金の支払を受ける一切の権限を有する（705条1項）。担保付社債の場合の担保の受託会社についても同様である（担信35条）。そこで，社債管理者（担保付社債の受託会社についても同様である。以下，同じ）は，社債権者に代わって発行会社から償還額または利息の支払を受け（これにより，発行会社の債務は消滅する)，社債権者は社債管理者から，社債券が発行されている場合には債券ないし利札と引換えに元利金の支払を受けることになる（705条2項)。いいかえれば，社債管理者が発行会社から元利金の支払を受けたことにより，社債権者の発行会社に対する権利は消滅し，社債券が発行されている場合には利札ないし債券は社債管理者に対する権利を表章するものになる（〔714〕(i)(α)。なお，担保付社債については，担信44条)。通常，発行会社は，社債管理者等に元利金支払事務を委託し，その店舗を支払場所と定めるので，社債権者はその支払場所で支払を受けられる。この社債権者の社債管理者に対する償還額等の請求権の時効期間もこれを行使することができる時から10年である（705条3項)。

なお，社債管理者の報酬，費用の弁済その優先弁済受領権等につき規定がある(741条，担信47条・48条)。

Ⅸ　新株予約権付社債

〔728〕　**(イ)　平成13年改正前商法のもとにおける特殊の社債との関係，MSCB等**

平成13年改正前商法のもとで，普通社債のほかに，特殊の社債として転換社債と新株引受権付社債が認められていたが，平成13年改正商法により新株予約権の発行が認められたことに伴い（〔352〕〔353〕)，転換社債および新株引受権付社債に相当するものについて，規定が整備された。すなわち，以下に述べるように，改正前の転換社債も新株引受権付社債もいずれも新株予約権付社債に包含され，それが会社法に受け継がれている。したがって，会社法のもとでは，社債は，普通社債と新株予約権付社債とに分けることができ，新株予約権付社債は，新株予約権の付せられた社債である（2条22号)。新株予約権とは，会社に対して行使することによって会社の株式の交付を受けることができる権利をいう（2条21号。〔352〕)。そこで，新株予約権が付与されていない社債を普通社債（Straight Bond）といい，新株予約権付社債を特殊の社債ということができる。

平成13年改正前商法のもとにおいて特殊の社債といわれていたものが会社法のもとでどのように取り扱われているかというと，それは次の通りである。すなわち，同年改正前商法のもとにおける転換社債と非分離型新株引受権付社債（新株引受権と社債とを分離して譲渡することができないもの）は会社法のもとでは新株予約権付社債として取り扱われる。すなわち，①転換社債に相当するものは，新株予約権を行使しようとする者の請求により社債の全額の償還に代えて新株予約権の行使に際して払込みをすべき額の全額の払込みがあったものとされるものとされ，かつ，新株予約権を行使したときにこの請求があったものとされるものであり（〔729〕），②非分離型新株引受権付社債に相当するものは，新株予約権の行使に際して払込みをすべき額の全額の払込みがなされるものである（〔730〕）。これに対して，③分離型新株引受権付社債（新株引受権と社債を分離して譲渡することができるもの）は，新株予約権と社債とが同時に募集されて同一人に割り当てられたものとして取り扱われ，新株予約権と普通社債の規定が適用され，したがって特殊の社債の範疇には含まれないことになる。

新株予約権付社債についても振替新株予約権付社債が認められる（その特例等につき〔733〕）。

新株予約権付社債の新株予約権については，株価がその権利を行使すべき価額まで上昇しない場合に備えて，権利行使価額を，株式の時価を基に，下方修正をする条項（下方修正条項）を定める例があるといわれている。また，MSCB の発行が問題とされている。これは，Moving Strike Convertible Bond（転換価額修正条項付転換社債型新株予約権付社債）の略称であり，転換価額について発行後一定期間経過後ごとにその時点での時価で算定し直す条項が付されている転換社債型の新株予約権付社債である。従来の転換社債が発行時に転換価額が決定されていたのと異なる。それを引き受けた投資家（単独で引き受けることもあるという）がヘッジと称して空売りを実施することがあり，そのため株価の下落につながるとか，転換価額が下方修正され，株式の転換による株式数が増加することによって株式の希薄化につながる等の指摘がなされている。このような状況をふまえて日本証券業協会は，MSCB 等の取扱いについてその規則を制定している（横田裕「MSCB 等の取扱いに関する理事会決議の概要」商事法務 1805 号 4 頁以下）。

(ロ) 新株予約権付社債の機能 〔729〕

(a) 転換社債に相当する新株予約権付社債の場合　前述(1)（〔728〕）の社債は，社債権者に対して，社債発行会社の株式の発行を受ける権利（新株予約権）が与えられた社債であって，社債権者は会社の経営成績のいかんにかかわらず確定額の利息の支払を受けられるという社債権者としての安全性と，会社の業績が上がって株価が上昇すれば新株予約権を行使して株式を取得できるという投機性との双方を享受できる点で，普通社債におけるよりも有利である。このように，新株予約権が社債の発行の甘味剤として機能することになるので，社債発行会社にとっては，その利率を普通社債のそれよりも低く定めることができ，資金調達コストを下げることができるという利点がある。次に述べる(b)との差異は，(a)の社債の場合には，新株予約権が行使されると社債が消滅するのに対して，(b)の社債の場合には，新株予約権を行使する者が原則として払込みをすることを要するものとされ，したがって新株予約権を行使しても社債は存続する点である。

〔730〕 **(b) 新株引受権付社債に相当する新株予約権付社債の場合**　前述②（〔728〕）の社債および③の社債も，①の社債と同じように，社債権者に与えられる新株予約権が甘味剤として機能し，社債発行会社にとっては，その利率を普通社債のそれより低く定めることができ，資金調達コストを下げることができるという利点がある。

昭和56年商法改正において，②および③に相当する社債の発行を認める規定が新設されたが，その新設された理由としては，企業の資金調達手段を多様化するということのほかに，為替変動による損失を防止するために利用できるようにするということがあげられる。すなわち，長期の外貨建債権（外貨によって金額が表示された債権）を有する会社にとって，外貨と円との間の為替相場の変動による損失を蒙らないようにするには，その有する外貨建債権の額と同じ額の外貨建の社債を発行すればよいが（たとえば，ドル安になれば，1億ドルの外貨建債権を有する会社はそれだけ円に換算した債権額が減少し，損失を蒙るが，同じ1億ドルの社債を発行しておれば，円に換算した債務額が減少して，その損失を塡補することができる），その発行する社債の利率を低くして利息の負担を軽減するためには，このタイプの新株引受権付社債にすればよいとされていた。①の社債を発行したのでは，新株引受権の行使によって社債が消滅してしまうから，外貨建債権の為替相場の変動による損失を塡補するという目的を果たさないからである。会社法のもとでの②および③に相当する社債もこれと同じ機能を有しうることになる。

〔731〕 **(ハ) 新株予約権付社債の内容**

(a) 新株予約権付社債の発行の許容，その譲渡等　新株予約権付社債に付された新株予約権の数はその新株予約権付社債についての社債の金額につき均等に定めなければならない（236条2項。新株予約権の数については〔357〕〔367〕(イ)①）。

新株予約権付社債については，会社法上，株券不発行会社だからといって当然に証券不発行となるものではなく，振替新株予約権制度によって証券不発行制度が実現されている（社債株式振替193条2項）。したがって，振替新株予約権付社債でないものについては，株券不発行会社でも，証券発行新株予約権付社債の場合にはその交付により権利が譲渡されることになる（255条2項本文。自己新株予約権付社債については同但書・256条)。

新株予約権付社債について新株予約権のみを譲渡することはできない(254条2項本文)。しかし,それについての社債が消滅した場合はその限りでない(254条2項但書)。同様に,新株予約権付社債についての社債のみを譲渡することはできない(254条3項本文)が,それに付された新株予約権が消滅したときはその限りでない(254条3項但書)。新株予約権付社債についての質権設定についても同様のことが妥当する(267条2項3項)。

その他,新株予約権付社債の譲渡(〔378〕-〔383〕)または質入れ(〔384〕〔385〕),新株予約権原簿の機能等(〔375〕-〔377〕)については,新株予約権付社債にも妥当する(267条5項・269条2項等)。

(b) 募集事項の決定 募集事項の決定としては,募集新株予約権に関する募集事項(238条。〔367〕)とともに,募集社債に関する事項(676条)も定めなければならない(238条1項6号)。新株予約権の有利発行に関する規定(238条3項)も適用される。もっとも,新株予約権付社債を引き受ける者の募集については,その都度の募集社債についての事項の決定(676条),募集社債の申込み(677条),その割当て(678条),申込みおよび割当ての特則(679条)および募集社債の社債権者(680条)に関する規定は適用されず(248条),これらの事項については新株予約権に関する規定が適用される(238条-245条)。また,募集事項の決定の場合において,その新株予約権付社債に付された募集新株予約権についての一定の定款変更の場合の新株予約権買取請求(118条1項),株式売渡請求(179条2項),組織変更(777条1項),吸収合併,吸収分割および株式交換(787条1項)または新設合併,新設分割および株式移転(808条1項)の場合の新株予約権の買取請求の方法につき別段の定めをするときは,その定めをしなければならない(238条1項7号)。

(c) 証券発行新株予約権付社債券 証券発行新株予約権付社債にかかる新株予約権付社債券(その発行については676条6号)には,社債券に記載すべき事項(697条1項)のほか,その証券発行新株予約権付社債に付された新株予約権の内容および数を記載しなければならない(292条1項)。

新株予約権付社債券の占有者は権利者と推定され(258条3項),その悪意または重過失のない取得者には善意取得が認められる(258条4項)。新株予約権証券の場合(258条1項2項)と同様である(〔381〕)。

(d) 証券発行新株予約権付社債に付された新株予約権の行使 証券発行新株予約

権付社債に付された新株予約権を行使しようとする場合には，その新株予約権者は，新株予約権付社債券を会社に提示しなければならず，この場合に会社は，その新株予約権付社債券に証券発行新株予約権付社債に付された新株予約権が消滅した旨を記載しなければならない（280条3項）。もっとも，証券発行新株予約権付社債に付された新株予約権を行使しようとする場合において，その新株予約権の行使により証券発行新株予約権付社債についての社債が消滅するときは，その新株予約権者は，新株予約権付社債券を会社に提出しなければならない（280条4項）。新株予約権を行使しようとする者が新株予約権に付された社債の全額の償還に代えて新株予約権の行使に際して払込みをすべき額の全額の払込みがあったものとされる場合に，新株予約権の行使によりその社債が消滅することになる。それは前述した転換社債型新株予約権ということになる（〔729〕）。

また，証券発行新株予約権付社債についての社債の償還後に証券発行新株予約権付社債に付された新株予約権を行使しようとする場合には，その新株予約権者は，新株予約権付社債券を会社に提出しなければならない（280条5項）。

(e) **証券発行新株予約権付社債についての社債の償還**　証券発行新株予約権付社債についての社債の償還をする場合において，その証券発行新株予約権付社債に付された新株予約権が消滅していないときは，会社は，その新株予約権付社債にかかる新株予約権付社債券と引換えに社債の償還をすることを請求することができず，この場合においては，会社は，社債の償還をするのと引換えに，その新株予約権付社債券の提示を求め，その新株予約権付社債券に社債の償還をした旨を記載することができる（292条2項）。

X　振替社債および振替新株予約権付社債の特例等

〔732〕 1 振替社債

振替社債（〔696〕）についての権利（差押えを受けることなく弁済期が到来した利息の請求権を除く。その請求権については，元本債権とは別に指名債権の帰属ルールに従って取り扱われる〔社債株式振替66条柱書後の括弧書〕。振替社債の単純化のためである）の帰属は，振替口座簿の記載または記録により定まるものとされる（社債株式振替66条柱書）。

振替社債については，社債券を発行することができないが（社債株式振替67条1項），当該社債を取り扱う振替機関が主務大臣からその指定を取り消された場合または振替業の廃止または解散により指定が効力を失った場合であって，振替業の承継者がいないときは，振替社債の社債権者は発行者に対して社債券の発行を請求することができる（社債株式振替 67 条 2 項）。その社債券は無記名社債とされる（同 3 項）。

振替社債の発行に関する特例として，①その振替社債についての振替社債の申込みをしようとする者に対する通知（会社 677 条）において，その振替社債について社債株式振替法の規定の適用がある旨を示し（社債株式振替 84 条 1 項），またそれについての社債原簿（会社 681 条）には社債株式振替法の適用がある旨を記載しなければならない（社債株式振替 84 条 2 項）。また，②振替社債の引受けの申込みをしようとする者は，自分のために開設された振替社債の振替を行うための口座（特別口座は除かれる）を社債申込みの書面（会社 677 条 2 項）に記載しなければならない（社債株式振替 84 条 3 項）。

振替社債の譲渡は，振替の申請により，譲受人がその口座における保有欄にその譲渡にかかる金額の増額の記載または記録を受けなければ，その効力を生じない（社債株式振替 73 条）。

振替社債の質入れは，振替の申請により，質権者がその口座における質権欄に当該質入れにかかる金額の増額の記載または記録を受けなければ，その効力を生じない（社債株式振替 74 条。その信託の設定については同 75 条）。

加入者は，その口座における記載または記録がなされた振替社債についての権利を適法に有するものと推定される（社債株式振替 76 条）。

振替の申請によりその口座における増額の記載または記録を受けた加入者は，当該加入者に悪意または重過失がないかぎり，当該銘柄の振替社債についての増額の記載または記録にかかる権利を取得する（社債株式振替 77 条）。その善意取得によって生じた金額の取扱い等について，振替株式の超過数の取扱いに準じた規定が設けられている（社債株式振替 78 条－82 条・85 条。〔258〕－〔263〕）。

振替社債の社債権者集会における議決権または少数社債権（社債権者集会の招集権等）の行使は，口座に記載されたその振替社債についての口座簿の記載事項についての書面（証明書）の交付を受けてそれを供託することによってなされる（社債株式振替 86 条 1 項 2 項）。

この書面は，社債株式振替法 86 条 3 項に規定されており，それによれば，振替社債の社債権者は，その直近上位機関に対し，その上位機関が備える振替口座簿の自己の口座に記載されている当該振替社債についての社債株式振替法 68 条

3項各号に掲げる事項を証明した書面の交付を請求することができるとされている。

なお，株式と異なり（〔229〕－〔233〕，社債については，質権と譲渡担保との区別は問題とされていない。

〔733〕 **2　振替新株予約権付社債の特例等**

振替新株予約権付社債とは，新株予約権付社債の発行の決定（会社239条）において，その決定に基づき発行する新株予約権付社債（その新株予約権付社債に付された新株予約権の目的である株式が振替株式であるものに限られ，その譲渡に会社の承認を要するものとする事項〔236条1項6号〕の定めがあるものは除かれる）の全部について社債株式振替法の規定の適用を受けることとする旨を定めた新株予約権付社債であって，振替機関が取り扱うとされたものをいう（社債株式振替192条1項。差押えを受けることなく弁済期の到来した利息請求権について別に取り扱われることは，振替社債と同様である。〔732〕。社債株式振替192条1項・205条等の括弧書等で除外されている）。そのような定めのなされない新株予約権付社債は振替新株予約権付社債ではないから，株券不発行会社が発行したものでも新株予約権付社債券を発行し（会社288条），その交付により譲渡することになる（会社255条2項。〔731〕）。いずれを選択するかは，その発行ごとに決めることになる。

その銘柄については，それに付された新株予約権の消却後もしくは行使後のものであるとき，または社債の償還済みのものであるとき等により区別されることになる（社債株式振替199条3項2号）。

振替新株予約権付社債についての権利の帰属は振替口座簿の記載（社債株式振替194条－204条）により定まり（社債株式振替192条1項），振替新株予約権付社債の数はその振替新株予約権付社債に付された新株予約権の数によるものとされる（社債株式振替192条2項本文。新株予約権が消滅した場合については，社債株式振替192条2項但書）。

振替新株予約権付社債については新株予約権付社債券（会社288条）を発行することができない（社債株式振替193条1項。なお同2項参照）。新株予約権付社債については，前述したように（〔731〕），株券不発行会社一般については社債券の発行は禁止されておらず，したがってそれが発行されている場合には，その交付により権利の譲渡等がなされることになるが，振替新株予約権付社債については社債券の発行が禁止され，口座の振替により権利の譲渡等がなされることになる（社債株式振替205条）。

新株予約権付社債の発行に関する特例として，①振替新株予約権付社債についての新株予約権付社債の申込みをしようとする者に対する通知（会社 242 条 1 項）において，その振替新株予約権付社債について社債株式振替法の規定の適用がある旨を示し（社債株式振替 216 条 1 項），またそれについての新株予約権原簿（会社 249 条）および社債原簿には，社債株式振替法の規定の適用がある旨を記載しなければならない（社債株式振替 216 条 2 項 3 項）。また，②振替新株予約権付社債の引受けの申込みをしようとする者は，自分のために開設されたその振替新株予約権付社債の振替を行うための口座（特別口座は除かれる）を新株予約権付社債の申込みの書面（242 条 2 項）に記載する等の規定がなされている（社債株式振替 216 条 4 項）。

振替新株予約権付社債の社債権者による社債権者集会の招集請求（会社 718 条 1 項 3 項），議決権の行使等のような社債権の行使については，振替新株予約権付社債権者が直近上位機関から自己の口座の記載事項を証明した書面の交付を受け，その提示をするという方法によりなされる（社債株式振替 222 条 1 項）。

振替新株予約権付社債に付された新株予約権の行使について，新株予約権自体の行使（社債株式振替 188 条）と同趣旨の会社法（会社 280 条）の特例が設けられている（社債株式振替 150 条 5 項・202 条・220 条。〔397〕）。

振替口座簿の記載事項（社債株式振替 194 条，社振政令 51 条），発行時の新規記載手続（社債株式振替 195 条，社振政令 52 条，社振命令 36 条），振替新株予約権付社債の社債権者等の口座を知ることができないとき（社債株式振替 196 条，社振命令37条－40条），振替手続（社債株式振替 197 条），特別口座（社債株式振替 198 条，社振命令41条－43条），特別口座の移管（社債株式振替 198 条の 2），抹消手続（社債株式振替 199 条），新株予約権の行使期間の満了後における記載手続（社債株式振替 201 条），新株予約権の行使に関する記載手続（社債株式振替 202 条，社振命令 44 条），社債の償還に関する記載手続（社債株式振替 203 条，社振命令 44 条），記載の変更（社債株式振替 204 条）ならびに振替の効果（社債株式振替 205 条－214 条，総新株予約権付社債権者通知等に関する 218 条，社振命令 45 条・20 条），証明書の提示（社債株式振替 222 条等）について規定が設けられている。株主が新株予約権付社債の引受権を与えられている場合には，基準日の株主につき振替機関から発行者に対する総株主通知がなされる（社債株式振替 151 条 1 項 1 号）。

振替新株予約権付社債の内容の公示について規定されている（社債株式振替 225 条，社振政令 59 条）。

第9節　定款の変更

I　意義・態様等

〔734〕　定款は，会社の基本的規則であり，設立の際に作成されるが，会社成立後，あらたに規定を追加したり（たとえば，株式譲渡制限の定めを設ける等），すでに設けられている規定を変更し（たとえば，会社が発行する株式の総数を増加する。113条3項），またはそれを削除することがあり（たとえば，会社の設立に際して出資される財産の価額またはその最低額〔27条4号〕および発起人の氏名および住所〔27条5号〕や変態設立事項は，設立の段階でのみ必要なものなので，それらは会社成立後に削除されるのが普通である），これらを定款の変更という（定款変更の諸場合として，株式譲渡制限の定めの新設，会社が発行する株式の総数の増加等については，個々的にすでに述べた。〔189〕〔39〕等）。

II　手　　続

〔735〕　**1　原　則――株主総会の特別決議**

定款の規定のうち，事実に基礎を置くもので，その事実が変更になった場合，たとえば本店の所在地（27条3号）の行政区画の変更や会社の公告方法（939条1項）とされている日刊新聞紙の名称の変更等の場合には，特別の手続を要せず，その事実の変更により定款も当然に変更される。また次に述べる例外の場合を除き，定款の変更は原則として株主総会の特別決議が必要である（466条・309条2項11号）。

2　例　　外

(イ)　取締役会決議でなしうる場合

例外的に定款の変更が取締役会決議（取締役会設置会社の場合）によってなしうる場合がある。たとえば，①株式の分割をして，会社が発行する株式の総数を株式の分割の割合に応じて増加する場合（184条2項。〔149〕）および②単元株制度のもとで，一単元の数を減少し，またはその数の定めを廃止する場合（191条・195条1項。〔160〕）である。

(ロ) 株主総会の特殊の決議を要する場合

株式譲渡制限のための定款変更決議には，その株主総会において議決権を行使することができる株主の半数以上であって，当該株主の議決権の3分の2以上の多数による決議――特殊の決議――を要し，議決権制限株式の株主も議決権を有する等，特殊な取扱いがなされていること（309条3項）については前述した（〔189〕）。その他，特殊の決議が必要とされる場合については，特殊の決議に関する説明のところで列挙されている（〔434〕）。

(ハ) 株主全員の同意を要する場合

①全部取得条項付株式（107条1項3号）とする定款の定めを設け，またはその事項についての定款の変更をしようとする場合には株主全員の同意を得なければならないことは前述した（110条。〔111〕(ロ)）。また，②特定の株主からの自己株式取得につき，他の株主の売主追加請求権を排除する旨の定款の定めをし，またはその変更（廃止は除かれる）をする場合にも，株主全員の同意を要することも前述した（164条2項。〔171〕(β)②）。

(ニ) 種類株主総会の決議またはその種類株式の株主全員の同意を要する場合等

①種類株式発行会社がある種類の株式の内容として株式譲渡制限の定め（108条1項4号）またはその種類の株式につき会社が株主総会の決議によってその全部を取得する旨（108条1項7号）の定款の定めを設ける場合には種類株主総会の決議が必要である（111条2項。〔80〕(v)②，〔124〕(b)(ii)，〔130〕(ロ)(b))。②設立しようとする会社が種類株式発行会社である場合において，㋑株式の種類の追加，㋺株式の内容の変更，㋩発行可能株式総数または発行可能種類株式総数の増加についての定款の変更により，ある設立時種類株主に損害を及ぼすおそれがあるときは，その定款の変更は，種類創立総会の決議を要する（101条1項本文。〔80〕③)。もっとも，③ある種類の株式の発行会社がその種類の株式の発行後に定款を変更してその種類の株式の内容として取得条項付株式（108条1項6号）についての定款の定めを設け，またはその事項についての定款の変更（その定めを廃止するものを除く）をしようとする場合（111条1項。〔80〕(v)①，〔123〕(b))，④ある種類の株式につき，上述(ハ)②の定款の定めを設け，もしくは定めを変更する場合（164条1項括弧書・2項。〔171〕(β)②)，または⑤種類株主に損害を及ぼすおそれがある行為をするときも種類株主総会決議を要しない旨（株式買取請求権に関する規定がある。116条

1項3号柱書括弧書）の定款の定めを設けようとする場合（322条2項）には，その種類の種類株主全員の同意を要する（322条4項。〔80〕(v)，〔130〕(ロ)(a)）。

3　定款変更に反対の株主・新株予約権者の株式・新株予約権買取請求権

定款変更に反対する株主につき株式買取請求権が，それに反対する新株予約権者につき新株予約権買取請求権が認められる例がある。前述(ロ)の場合（116条1項1号）および(ニ)①の場合（116条1項2号）等がそれである（〔124〕(b)(ii)，〔133〕①②）（その手続については，合併の場合の記述を参照。〔759〕）。前述(ハ)または(ニ)③−⑤の場合のように株主全員または種類株主全員の同意を要する場合には，反対株主の買取請求権が認められないことはいうまでもない（〔123〕(b)等）。

第10節　組織変更，組織再編行為および事業の譲渡等

I　概　　説

組織再編成のための制度として，合併，会社分割および株式交換・株式移転の3つがあげられる。この3つの制度の基本的な区別について，ここでもっとも単純な事例で取り扱いたい。〔736〕

(a)　**合併**　　合併（吸収合併と新設合併とがあるが，ここでは吸収合併を例にとる）とは，それぞれ既存のa会社とb会社との間で合併契約を締結し（748条），そのうち，a会社（存続会社）がb会社（消滅会社）のすべての権利義務を承継して，a会社が人的物的規模を拡大し，b会社の株主に対して，合併対価として，a会社の株式（旧会社法ではそれに限られていた）その他の金銭等が交付されるものである（749条1項2号3号・750条1項）。

合併には原則として，株主総会の特別決議による合併契約の承認が要求される（783条1項・795条1項・309条2項12号）。a会社およびb会社の株主にとっては，合併の相手方の業務および財産の状況ならびに合併対価が自己に有利であるかどうかの判断をして，合併に賛成するかどうかを決めることになるが，それに反対であるにもかかわらず，多数決で承認されたときは，反対株主として株式買取請求権を行使することができる（785条1項・797条1項）。

a会社またはb会社の債権者にとっても，合併の相手方の業務および財産の状況が自己にとってプラスかどうかの判断をすることになるが，そのような債権者の利益を図るために債権者保護手続がとられて，合併の公告および個別の催告および異議を述べた場合の弁済またはそれに準ずる手続が用意されている（789条・799条）。

(b)　**会社分割**　　会社分割（吸収分割と新設分割とがあるが，ここでは吸収分割を例にとる）とは，たとえば既存のb会社（分割会社）が鉄道事業と百貨店事業を営んでおり，既存のa会社（承継会社）が百貨店事業を営んでいる場合に，a会社とb会社が会社分割契約を締結して（757条），b会社がその百貨店事業を分割し〔737〕

てそれをa会社に承継させ，a会社がその事業に関して有する権利義務の承継の対価（分割対価という）としてb会社に対してa会社の株式その他の金銭等が交付されるものである（758条2号－5号・759条1項)。ここで，承継の対価の交付を受けるのが分割会社b自体であり，b会社の株主ではない（旧会社法ではb会社の株主に交付する規定も設けられていた）点で，合併の場合と異なるが，b会社はその交付を受けた金銭等をb会社の株主に対して交付することができるから，この差異は基本的なものではない。

この会社分割においても，b会社の事業に関して有する権利義務のa会社に対する分割の仕方やこの分割対価いかんによって，a会社およびb会社のみならず，そのそれぞれの株主にとっても有利かどうかが分かれるが，そのために合併の場合と同様に，原則として株主総会の特別決議による会社分割契約の承認（783条1項・795条1項）が必要とされ，またそれぞれの株主に反対株主の株式買取請求権が与えられる（785条・797条1項)。

債権者保護手続については，合併の場合よりも複雑になっている。というのは，合併の場合には消滅会社の権利義務が包括的に存続会社に承継されるのに対して，会社分割の場合には，分割契約によって，b会社の権利義務の全部または一部がa会社に承継されることになり，たとえば，前述の例では，b会社の鉄道事業の経営状態がよく，百貨店事業の経営状態が悪い場合において，それまでb会社の全体の財産をあてにしてb会社に対する貸付けをしていた債権者が百貨店事業とともにa会社に対する債権者とされてしまい，b会社に請求できなくなることもありうることになるからである（債務をどちらが負うかは分割契約の内容によることになる)。そこで平成12年の会社分割法制の創設のときは，債権者に対しては，個別的に異議を述べるかどうかを催告し，その個別催告をしなかった場合には，分割契約の内容にかかわらず，a会社とb会社の双方がその債務を負担することとしていたが，平成16年改正では，会社が官報のほかに日刊新聞紙または電子公告のいずれかの方法で公告したときは，不法行為債権者を除いて，個別催告をすることを要しないこととされ，したがって，それをしなくても，分割契約通りに債務免責の効力が生ずることとされ，それが会社法に受け継がれている（789条3項・799条3項)。ここでは，このように債権者保護手続が制度創設のときよりも緩和され，自己責任で公告等に気を配っておいて自己の債権を保護するという立場に変更されたことになる。

〔738〕 (c) **株式交換・移転**　株式交換（ここでは株式移転については触れないが，それ

は完全親会社が新設会社である点で株式交換と異なるのみである）とは，それぞれ既存のａ会社とｂ会社との間で，ａ会社をｂ会社の完全子会社とする仕組みである。すなわち，ｂ会社（完全親会社となる会社）がａ会社（完全子会社となる会社）の発行済株式の全部を取得し，ｂ会社がａ会社の株主に対してｂ会社の株式その他の金銭等の交付（株式交換というのは，ｂ会社がａ会社に対して株式を交付する場合を想定して付せられた呼び方である）をするものである。そこでは，ａ会社の株式の全部がｂ会社に移転し，その対価がｂ会社からａ会社の株主に交付されるのみで，ａ会社の業務財産状態は全体としては変化がない。しかし，その株式交換の対価いかんによっては，ａ会社またはｂ会社のいずれかに有利不利が生ずるので，原則として株主総会の特別決議による株式交換契約の承認決議を要し（783条1項・795条1項・309条2項12号），それに反対の株主に対しては，反対株主の株式買取請求権が与えられる（785条1項・797条1項）。

これに対して，ａ会社およびｂ会社の債権者にとっては，株式交換によって必ずしも不利益を受けるものではない。したがって，株式交換の場合には，合併または会社分割の場合（〔736〕〔737〕）と異なり，原則として債権者保護手続は必要とされていない（必要とされるのは，その対価がｂ会社の株式以外の場合等。〔801〕）。株式交換制度のもとでは，完全親会社となるｂ会社にとっては，完全子会社となるａ会社の株式の移転に伴い，会社財産と資本金の額が増加し，会社債権者にとって有利にこそなれ，不利になることはなく，また，完全子会社となるａ会社にとっても，会社財産の減少も資本金の額の減少も生ぜず，したがって，会社債権者に不利益を生じないと考えられるからである。

なお，会社法は，それらの組織再編行為のほかに，組織変更について規定しており（743条－747条），さらにそれらとは離れて事業の譲渡・譲受け等について規定している（467条－470条）。これらについては後に取り上げる。

以下には，それぞれ組織再編行為の制度について取り扱う。

Ⅱ　合　　　併

1　意義，方法，合併当事会社の種類，法的性質，改正の経緯等　〔739〕

(イ)　合併の意義，方法，経済的目的，改正の経緯

合併とは，2個以上の会社の間の契約により，その一部の会社または全部の会社が解散・消滅して（以下，「消滅会社」という），その財産が合併後存続する会社

(吸収合併の場合。以下,「存続会社」という)または合併により設立される会社(新設合併の場合。以下,「新設会社」という)に包括的に承継されるという効果が生ずるものである。合併には,吸収合併と新設合併の2種類があり,吸収合併とは,会社が他の会社とする合併であって,合併により消滅する会社の権利義務の全部を合併後存続する会社に承継させるものをいい(2条27号),新設合併とは,2以上の会社がする合併であって,合併により消滅する会社の権利義務の全部を合併により設立する会社に承継させるものをいう(2条28号)。実務上は,手続の簡便さ,および登録免許税の節減等の関係から,吸収合併の方法によるものが圧倒的に多い。登録免許税は,原則として,新設合併の場合には資本金の額の1000分の1.5,吸収合併の場合には増加した資本金の額の同じく1000分の1.5が課せられるので(登税9条・別表第1第24号(一)ホへ),ともに資本金1000億円の会社が合併して2000億円の会社になったとすると,新設合併の場合には3億円,吸収合併の場合には1億5000万円ということになる。

本書では,原則として吸収合併の場合に限って取り上げている。なお,平成26年改正会社法により,新設合併等における発行可能株式総数につき,いわゆる4倍規制に関する規定が設けられた(〔39〕)。

合併も解散の一場合であるが(471条4号),その他の解散の場合と異なり,解散する会社について清算手続がとられずに,合併の効力の発生(〔763〕)によって消滅し(〔822〕参照),その財産が存続会社または新設会社に包括的に承継され,社員(株主)も原則としてその会社に吸収される点に特色がある。もっとも,後述するように,会社法は,解散する会社の株主に対して,存続する会社の株式以外の対価の交付を認めており,その場合には,消滅する株主の存続する会社への吸収は生じない。吸収合併の存続する会社は解散しないことはいうまでもない(471条4号括弧内)。

経済的には,合併は企業結合の典型的な形態である。すなわち,企業の規模を拡大して,競争力強化,競争回避,市場の占拠率拡大等の目的でなされる。また窮境に陥った会社甲が,他の会社乙の力を借りて倒産を免れようとする場合に,乙会社が甲会社を吸収合併することもある。

合併法制については,昭和13年改正商法(法72号)によって規定の整備が図られ,平成9年改正商法(法56号)は,合併手続を簡素合理化することによって,合併に要する時間を短縮し,そのための費用を節減することができるようにして企業組織の再編を容易にするとともに,株主および会社債権者に対する合併に関する情報の充実を図るという観点から，合併法制を改正した。その際の主要な改正点をあげると，報告総会・創立総会の廃止，事前開示の充実（合併承認総会の2週間前に本店に備え置く書類の充実），債権者保護手続の簡素合理化（債権者に対する各別の通知しないでよい場合が認められたこと等），簡易合併制度の創設（存続会社において合併承認決議が省略できる制度の創設）等である。会社法でも，それらが受け継がれているが，さらにいくつかの改正が行われている。

(ロ) 合併当事会社の種類 〔740〕

合併は，同じ種類の会社同士の合併（たとえば株式会社と株式会社の合併）によって，存続会社または新設会社がそれと同じ種類のもの（株式会社）になるだけではなく，株式会社と合名会社，合資会社または合同会社等の持分会社との間の合併のように，異なる種類同士のものも可能である。このことは，会社法748条で，他の会社と合併をすることができる旨を規定しているだけで，その種類について制限していないことから明らかである（合併の定義に関する2条27号28号でも，その制限がなされていない。なお，持分会社を存続会社とする751条1項および持分会社を新設会社とする755条1項参照）。

(ハ) 法的性質，持分プーリング法（簿価処理方式）とパーチェス法（時価処理方式）等 〔741〕

合併の法的性質については，人格合一説と現物出資説との両説がある。人格合一説は，合併を会社の合体を生ずる一種特別の組織法上の契約と理解するのに対して，現物出資説は，合併を，消滅する会社の事業全部の現物出資による存続会社の新株の発行（吸収合併の場合。なお，会社法のもとでは，新株の発行のみならず，その他の合併対価の交付もありうる）または会社の設立（新設合併の場合）と理解するものである。合併が会社の合体を生ずる組織法上の契約であることはいうまでもないが，それは，あまりにも当然のことであって，それにより合併の法的性質が明らかになるものでもない。そしてまた，合併が消滅会社の事業を対価として株式が発行される等の点で現物出資的な面を含むことはたしかであるが，その場合の現物出資者は消滅会社自身であるのに対して，現物出資によって株式の割当て等を受けるのは消滅する会社の株主である点で，現物出資とは異なる面があることも否定できない。要するに，人格合一か現物出資かという合併の性質論は，合併に関する規定の解釈にあたって必ずしも参考となるものではなく，それほど実益のある議論ということはできない。いずれにせよ，合併に関する個々の規定について，妥当な解釈を検討することが必要である。

また，存続会社（新設会社についても同様である）が消滅会社の権利義務を承継する場合に，消滅会社の資産等の評価替えを行わず，その帳簿価額のまま引き継ぐ会計処理と，その時価による評価替えを行って計上する会計処理とがあり，前者を持分プーリング法（簿価処理方式），後者をパーチェス法（時価処理方式。企業結合会計基準17項−33項〔売買による取得と同様の方式〕）という。なお，「企業結合に関する会計基準」（平成15・10・31企業会計審議会〔平成25・9・3最終改正〕。以下，「企業結合会計基準」という）においては，国際的な会計基準（〔617〕）との調整（このことを一般に国際会計基準とのコンバージェンス〔収れん〕という）のために，持分プーリング法（簿価処理方式）が原則として廃止された（同会計基準70項）。したがって，持分プーリング法（簿価処理方式）が廃止された後の企業結合会計基準においては，例外として認められる場合を除き，それによることはできないことになる（詳細については，〔746〕①参照）。

合併については，会社法のほか，「私的独占の禁止及び公正取引の確保に関する法律」にも規定が設けられており，私的独占，不当な取引制限または不公正な取引方法を禁止するという立場から合併を規制している（独禁15条。なお独禁1条参照）。これに対して，会社法は，合併当事会社の利害の調整，当事会社の株主または債権者の保護等の立場から合併を規制している。以下には，会社法の合併に関する規定について取り上げる。

〔742〕

2 合併の効果

合併は，それによって，次の(イ)から(ハ)までに述べるような効果が発生する。合併手続は，そのような効果の発生に向けての一連の手続からなる。そして，合併手続の理解のためには，合併によってどのような効果が発生するかを理解しておく必要があり，合併手続について取り扱う前にここで合併の効果について取り扱うことにする。

(イ) 合併当事会社の一部または全部の解散・消滅

合併により，合併当事会社のうち，吸収合併の場合には存続会社を除く会社が，また，新設合併の場合にはその全部の会社が解散する。しかし，それらの会社は，一般の解散の場合と異なり，それらにつき清算手続はとられず，合併の効力が生ずると同時に解散または消滅する。

〔743〕

(ロ) 消滅する会社の株主に対する株式等の交付

合併により，消滅会社の株主に対して，存続会社の株式等または新設会社の株式等が交付される。合併契約には，存続会社または新設会社が消滅会社の株主に対して交付する合併対価の種類等に関する事項が定められ（749条1項2号），合併の効力発生日（750条1項）に株主等になる（750条3項）。

なお，会社法のもとでは，吸収合併の場合において，消滅会社の株主に対して，存続会社の株式を交付せず，金銭その他の財産を交付することもできるものとされており，このことを一般に合併対価の柔軟化といっている。すなわち，存続会社が吸収合併に際して，消滅会社の株主（持分会社である消滅会社の社員の場合も同様である。以下同じ）に対してその株式（持分会社の持分）に代わる金銭等を交付する場合に，合併契約において定めるべき事項が規定され（749条1項2号），そこでは，存続会社の株式のみならず，社債等，株式以外の財産に関する事項もあげられている。それにより，消滅会社甲の株主に存続会社Aの親会社Bの株式を交付すること（三角合併。甲はAとだけでなくBとも合併したのと同様の効果が生ずる）や消滅会社の株主に金銭のみを交付するキャッシュ・アウト・マージャー（現金合併。それにより消滅会社の株主は，株主としての地位を失う）等も可能となる。

もっとも，このような対価の柔軟化が認められるのは，吸収合併，吸収分割および株式交換の場合，いわゆる吸収型再編（会社計算2条3項33号）の場合のみである。新設合併，新設分割および株式移転の場合には妥当しない。その場合には，設立される会社の株式が対価とされなければ，会社が成立しないことになるからである。

(ハ) 消滅会社の権利義務の存続会社または新設会社による承継 〔744〕

合併により，合併の効力発生日に存続会社または新設会社は，消滅会社の権利義務を承継する（750条・754条）。その承継は，いわゆる包括承継であって，その際に個々の権利または義務の承継のための手続はとられない。また一般原則によれば，債務の引受けのためには，債権者の承諾が必要とされているが，存続会社または新設会社による消滅会社の債務の引受けについては，個々的に債権者の承諾の手続はとられず，その代わりに，合併自体に対する債権者保護手続（〔761〕）がとられる。また，合併による権利の承継は，権利の譲渡（意思表示の合致による権利の移転）ではないから，それに関する対抗要件（たとえば民法178条および467条に規定されている動産譲渡および債権譲渡の対抗要件）は必要ではない。しかし，権利の得喪または変更あるいは権利の移転には該当するから，それに関する対抗要件は必要である（民法177条および会社法130条1項に規定されている不動産物権変動の第三者に対する対抗要件または株式移転の会社に対する対抗要件）。もっとも法律の規定上，または解釈上，包括承継について不必要とされているものは除かれる（特許98条1項1号・2項参照）。なお，企業担保法によれば，消滅会社の総財産を目的とする企業担保権は，存続会社の総財産につき，効力を有する（企業担保8条1項）。

合併によって消滅する会社の株式を目的とする質権については，物上代位の効力が及ぶ（151条1項11号）。

〔745〕 **3　合併契約の内容**

(イ)　合併契約で定めるべき事項

会社が合併をする場合には，合併契約において，次に掲げる事項を定めなければならない（749条1項柱書）。以下には，原則として，吸収合併について，かつ，存続会社が株式会社の場合について取り扱うこととする。

(a)　存続会社および消滅会社の商号等　株式会社である存続会社および消滅会社の商号および住所を定めなければならない（749条1項1号）。

〔746〕 **(b)　消滅会社の株主等に交付する金銭等に関する事項**　存続会社が吸収合併に際して消滅会社の株主に対してその株式またはそれに代わる金銭等を交付するときは，その金銭等についての次に掲げる事項を定めなければならない（749条1項2号。消滅会社が持分会社の場合には，社員に対する持分に代わる金銭等の交付ということになる。以下同じ）。この金銭等の交付は，消滅会社の株主（または社員）に対する合併の対価としての意味を有することになる。それは，旧会社法のもとでは，存続会社の株式に限られていたが，会社法においては，次の②以下にあげるように，それ以外のものも認められるにいたった。いわゆる合併対価の柔軟化である（〔743〕）。

①　存続会社の株式であるとき（749条1項2号イ）は，その株式の数（種類株式発行会社にあっては，株式の種類および種類ごとの数）またはその数の算定方法ならびに存続株式の資本金および準備金の額に関する事項である。合併対価の全部が存続会社株式以外のものである場合には，資本金および資本準備金等の額は変動しない。ここでの株式の数は，各株主に対する割当数ではなく（この割当てについては別に定められている。749条1項3号），株式の総数を意味すると解される。存続会社の株主資本等（会社計算2条3項30号）などの額は法務省令で定められる（445条5項，会社計算35条・36条）。

会社計算規則35条は，吸収合併存続会社において吸収合併によって変動する株主資本等の総額（株主資本等変動額）に関する規定（同1項）と，株主資本等変動額の範囲内で計上することができる資本金，資本剰余金（資本準備金およびその他資本剰余金。会社計算76条4項）および利益剰余金（利益準備金およびその他利益剰余金。同5項）に関する規定（会社計算35条2項）を区別して規定している。なお，上述の規定は，主としていわゆるパーチェス法（時価処理方式）に基づくものであって，持分プーリング法（簿価処理方式）による場合については，主として後述する同規則36条で規定されている。

まず，会社計算規則35条1項によれば，吸収合併存続会社において変動する株主資本等（会社計算2条3項30号）の総額（株主資本等変動額）は，次の3つの場合の区分に応じ，それぞれの方法に従い定まる額とする（会社計算35条1項柱書）。そこでは，次に述べるように㋑ではパーチェス法（時価処理方式）によることとされ，㋺および㋩は持分プーリング法（簿価処理方式）がとられる。

㋑　吸収合併が支配取得に該当する場合（吸収合併消滅会社による支配取得に該当する場合は除かれる）には，吸収型再編対価時価または吸収型再編対象財産（存続会社が承継する財産。会社計算2条3項35号イ）の時価を基礎として算定する方法である（同35条1項1号）。ここで吸収型再編対価とは，吸収合併に際して吸収合併存続会社が吸収合併により消滅する会社の株主等に対して交付する財産であり（会社計算2条3項36号イ。吸収分割および株式交換については〔会社計算2条3項36号ロハ〕，それぞれのところで後述する。〔775〕〔795〕），吸収型再編対価時価とは，吸収型再編対価の時価その他適切な方法により算定された吸収型再編対価の価額をいう（会社計算2条3項37号）。

㋺　吸収合併存続会社と吸収合併消滅会社が共通支配下関係にある場合には，吸収型再編対象財産の吸収合併の直前の帳簿価額を基礎として算定する方法（㋑に規定する方法によるべき部分にあっては，その方法。会社計算35条1項2号）。

㋩　㋑および㋺に掲げる以外の場合には，㋺に掲げる方法（会社計算35条1項3号）。

㋑でいう「支配取得」とは，A会社が他のB会社（そのA会社と他のB会社が共通支配下関係にある場合におけるその他のB会社は除かれる）またはその他のB会社の事業に対する支配を得ることをいう（会社計算2条3項31号）。この消滅会社による支配取得に該当する場合が除かれるのは（会社計算35条1項1号括弧書），企業結合会計基準における逆取得（吸収合併などの企業結合において，存続会社など株式を交付した企業が取得企業――事業を取得する企業〔同会計基準10項〕――とならない場合を逆取得という。同会計基準20項・34項―36項・50項・78項・79項・112項等）に該当する場合を除く趣旨である。また，ここで「共通支配下関係」とは，2以上の者が同一の者に支配（一時的支配を除く）をされている場合，または2以上の者のうちの1の者が他のすべての者を支配している場合におけるその2以上の者にかかる関係をいう（会社計算2条3項32号）。この場合は㋺で取り扱われることになる。同じく㋑でいう，「吸収型再編対価時価または吸収型再編対象財産の時価を基礎として算定する方法」というのは，前述したパーチェス法（時価処理方式）を意味するものである（企業結合会計基準17項―33項）。また，「……基礎として算定する……」という表現が用いられているのは，次に述べるように，たとえば，対価に自己資本が含まれる場合（先行取得分株式等が含まれる場合も同様である）にはその帳簿価額が株主資本等変動額の算定にあたって控除される（企業結合会計基準80項）等，会計上，株主資本等変動額の算定のために当然に必要な調整がなされることを前提とする趣旨である。すなわち，吸収型再編対価に存続会社の自己株式が含まれている場合（これを対価自己株式がある場合という。会社計算2条3項38号）または，存続会社が合併に先立って消滅会社の株式を取得している場合もしくは消滅会社が自己株式を有している場合（これらを先行取得分株式等がある場合という。会社計算2条3項39号）には，存続会社が有していた資産の帳簿価額対価または消滅会社から受け入れる資産の帳簿価額が減少するから，それらの帳簿価額をその他資本剰余金の額から減ずることが必要である。このことは，明文では規定されていないが（持分プーリング法〔簿価処理方式〕の場合にはその旨の明文の規定が設けられている。会社計算36条1項但書），パーチェス法（時価処理方式）のもとでは，計算の過程で会計上当然にそれらの調整がなされるからであるといわれている。

㋺の場合には，簿価処理がなされることを意味する。㋩の場合も簿価処理がなされるが，それには，企業結合会計基準における共同支配企業の形成と逆取得がこれに該当するという。

会社計算規則35条2項は，吸収型再編対価の全部または一部が存続会社の株式である場合に計上できる資本金，資本準備金，資本剰余金および利益剰余金の額について規定する。それによれば，存続会社の資本金および資本剰余金の増加額は，株主資本等変動額の範囲内で，存続会社が合併契約の定めに従いそれぞれ定めた額とし，利益剰余金の額は変動しない。ただし，株主資本等変動額がゼロ未満の場合には，その株主資本等変動額のうち，対価自己株式の処分により生ずる差損の額をその他資本剰余金の減少額とし，その余の額をその他利益剰余金の減少額とし，資本金，資本準備金および利益準備金の額は変動しないものとされる。すなわち，存続会社の資本金および資本剰余金の増加額は，上述した株主資本等変動額の範囲内で，それぞれどのような額にするかを合併契約で定めることになる（同2項本文）。その場合に，利益剰余金は変動しないことになる。もっとも，株主資本等変動額がゼロ未満という例外的な場合については，そのことが自己株式の処分により生ずる差損によるものはその他資本剰余金を減少させることにより処理し，その消滅会社が簿価債務超過であること等に起因するものは，その他利益剰余金を減少させるという処理をすることになる。

このように，存続会社の増加する資本金，資本準備金または資本剰余金の額は，株主資本等変動額が基準となり，それらの合計額が株主資本等変動額と一致する。それは，原則としてⓐ合併対価の時価であり，合理的に処理がなされるとすると，それは存続会社が消滅会社から承継する純資産額に相当することになると考えられる。そして，ⓑ合併対価として，存続会社がその有する自己株式を消滅会社の株主に対して処分するときは，その帳簿価額の分だけ存続会社の純資産額が減少するから，増加する資本額の算定上はⓐからその帳簿価額分を減じなければならない。このⓐからⓑを減じた額，ⓑの自己株式の処分がない場合にはⓐの額が株主資本等変動額に相当することになると考えられる。その額の範囲内で，吸収合併契約に従って，増加する資本金および資本準備金の額が定められ（会社計算35条2項），その残額が資本剰余金（会社計算35条2項）として分配可能財産となる（会社461条1号・178条1項4号イ）。以上に述べたことは，基本的には会社分割（会社計算37条。〔775〕④㋑），株式交換（会社計算39条。〔795〕）および株式移転（会社計算52条。〔807〕）の場合にも妥当する。なお，株式交換および株式移転の場合に債権者保護手続がとられない場合については特則があるが，これについては後述する（〔795〕）。

会社計算規則36条は，吸収合併において，持分プーリング法（簿価処理方式），すなわち，存続会社が消滅会社の吸収合併直前の株主資本等を引き継ぐものとして処理する場合に関する規定である。このような処理が適切である場合に限って適用されることになる（会社計算36条1項本文）。前述のように，国際的な会計基準との調整（コンバージェンス〔収れん〕）のため，企業結合会計基準においては，持分プーリング法（簿価処理方式）が廃止された（同会計基準70項。〔741〕）。したがって，企業結合会計基準に従う会社については，その後にも，持分プーリング法（簿価処理方式）に準じた処理が許容される場合（共通支配下の取引，共同支配企業の形成等の場合については前述した。会社計算35条1項2号3号）を除き，本条の適用はないことになる。企業結合会計基準に従わない会社——従わないでよい会社

——に持分プーリング法（簿価処理方式）が適用される余地があるが，その場合には，吸収合併の直前の消滅会社の資本金，資本剰余金および利益剰余金の額をそれぞれその存続会社の資本金，資本剰余金および利益剰余金の変動額とすることができる（会社計算36条1項本文）。もっとも，吸収型再編対価に存続会社の自己株式が含まれている場合（これを対価自己株式がある場合という。会社計算2条3項38号）または，存続会社が合併に先立って消滅会社の株式を取得している場合もしくは消滅会社が自己株式を有している場合（これらを先行取得分株式等がある場合という。会社計算2条3項39号）には，その対価自己株式または当該先行取得分株式等の帳簿価額を吸収合併の直前の消滅会社のその他資本剰余金の額から減じて得た額を存続会社のその他資本剰余金の変動額とするものとされる（会社計算36条1項但書）。

吸収型再編対価が存在しない場合——合併が無対価で行われる場合——の持分プーリング法（簿価処理方式）の適用についても規定が設けられている（会社計算36条2項）。この規定の適用があるのは，完全親会社に支配されている場合といわれている。先行取得分株式等の帳簿価額についての調整についても規定が設けられている（同但書）。なお，無対価の吸収合併については，対価自己株式は存在しないので，それについての規定は設けられていない（同1項但書と対比）。

新設合併の場合の株主資本等の計算については，会社計算規則45条から48条までに規定されている。

② 存続会社の社債（新株予約権付社債についてのものを除く）であるとき（749条1項2号ロ）は，その社債の種類および種類ごとの各社債の金額の合計額またはその算定方法である。

③ 存続会社の新株予約権（新株予約権付社債に付されたものを除く。それは④による）であるとき（2号ハ）は，その新株予約権の内容および数またはその算定方法である。新株予約権の内容の定めは，236条に規定されているところによる。

④ 存続会社の新株予約権付社債であるとき（2号ニ）は，その新株予約権付社債についての②の事項およびその新株予約権付社債に付された新株予約権についての③の事項である。

⑤ 存続会社の株式等以外の財産であるとき（2号ホ）は，その財産の内容および数もしくは額またはこれらの算定方法である。ここで「株式等」とは，①から④までに掲げられたものを指すと解される（107条2項2号ホ括弧書参照）。

なお，⑤については，子会社が存続会社となり，消滅会社株主に対して合併対価として親会社の株式を交付する場合——三角合併といわれている——には，子会社の親会社株式の取得禁止について，次のような例外的措置が認められている。すなわち，会社法上，子会社による親会社の株式の取得は禁止されていることは前述した（135条1項。〔185〕）。しかし，消滅会社の株主に対して交付する金銭等の全部または一部が存続会社の親会社株式である場合には，存続会社は，吸収合併に際して消滅会社の株主に対して交付するその親会社株式の総数を超えない範囲でその親会社株式を取得し（800条1項），かつ，効力発生日までの間は，その親会社株式を保有することが認められる（800条2項本文）。Cの子会社Aが存続会社として他の会社Bを消滅会社として吸収合併をする場合に，AがBの株主に対して，合併対価としてAの親会社C（外国会社であることがありうる）の株式を交付することがありうるが（749条1項2号3号），そのために必要な範囲で子会社Aが親会社Cの株式を取得し，保有することを認めようというものである。したがって，この吸収合併を中止したときは，そのような保有は認められず，処分しなければならない（800条2項但書）。三角合併の規定については，親会社Cが外国会社である場合に，その親会社による日本企業の敵対的買収に利用される可能性があるところから，交付金合併（消滅会社の株主に対して存続会社から金銭のみが交付される合併）も含めてその施行が1年延期され，その間に敵対的買収に対する防衛策を講ずる猶予を与えて，平成19年から施行された（会社法附則4項）。

(c) 金銭等の割当てに関する事項　上記(b)①から⑤までの場合には，消滅会社の株主（消滅会社および存続会社を除く）に対する(b)①から⑤までの金銭等の割当てに関する事項を定めなければならない（749条1項3号）。〔747〕

ここで消滅会社の株主として，消滅会社および存続会社が除かれていること（749条1項3号の前の括弧書）は，それらの有する消滅会社の株式に対しては割当てがなされないことを前提としていると考えられる。なお，このことは，のれんを計上する場合のその額について吸収型再編対価として考慮される（〔628〕）。

この金銭等の割当てに関する定めは，消滅会社の株主の有する株式の数に応じて金銭等の交付を受けることを内容とするものでなければならない（749条3項）。株主平等の原則のあらわれということができる。もっとも，それには次のような例外がある。①上述の株主として，㋑消滅会社および㋺存続会社ならびに㋩消滅会社が種類株式発行会社であって，その発行する種類の株式の内容が金銭等の割当てに関する事項としてその種類の株式の株主に対して金銭等の割当てをしないと定められている種類（749条2項1号の種類）の株式の株主は除かれる（749条3

項の前の括弧書）。また，②金銭等の割当てについて株式の種類ごとに異なる取扱いを行うこととする（749条2項2号）という定めがある場合には，各種類の株式の数に応じて金銭等の交付を受けることを内容とするものでなくてはならないとされる（749条3項の後の括弧書）。

①は，そのような㋑，㋺および㋩の株主については，その有する株式の数に応じて金銭等の交付を受けることを内容とするものでなくてもよい旨を規定したものである。したがって，それらの者には，金銭等の交付をしないという定めをすることも許されることになるということを意味するものであろう。②は，種類株ごとの平等を要求するものと理解されよう。

この金銭等の割当てに関する事項は，存続会社および消滅会社――合併当事会社――の株主（消滅会社が持分会社である場合にはその社員を含む）にとって，その合併が公正であるかを判断する重要な資料となるものである。なお，旧会社法のもとでは，合併対価が存続会社の株式および合併交付金としての金銭の交付に限られていたので，合併の公正さは，株式の割当比率によって判断されていた。会社法のもとでは，合併対価が多様化されたので，その公正さの判断が複雑になったものと考えられる。この公正さに疑いを抱かせないように，それに関する第三者的立場からの意見書を添付することが望ましいということもいえるであろう。なお，事前開示において，対価の内容の相当性に関する事項の事前開示が要求されている（782条1項，会社則182条1項1号。〔752〕(b)）のは，それに対応するものである。

なお，この割当てに関する事項として，交付する金銭等の一部を(b)①から⑤までのいずれかとし，その他の部分を(b)①から⑤まで以外のものとするということも許されると解される。

また，旧会社法のもとでは，合併の効力が発生するまでの間に剰余金配当（中間配当を含む）をする場合に備えて，剰余金の配当をする場合にはその限度額も合併契約において定めるべき事項としてあげられていた。それが合併の条件に影響を与えるからである。会社法のもとでも，金銭等の算定方法または割当てに関する事項として，この事項を合併契約に含めることは可能であると解される。

〔748〕 (d) **消滅会社が新株予約権を発行している場合の措置**　消滅会社が新株予約権を発行しているときは，存続会社が吸収合併に際してその新株予約権の新株予約権者に対して交付するその新株予約権に代わるその存続会社の新株予約権または金銭についての次に掲げる事項を定めなければならない（749条1項4号）。

① 消滅会社の新株予約権の新株予約権者に対して存続会社の新株予約権を交付するときは，その新株予約権の内容および数またはその算定方法。

② ①の場合において，①の消滅会社の新株予約権が新株予約権付社債に付された新株予約権であるときは，存続会社が新株予約権付社債についての社債にかかる債務を承継する旨ならびにその承継にかかる社債の種類および種類ごとの各社債の金額の合計額またはその算定方法。

③ 消滅会社の新株予約権の新株予約権者に対して金銭を交付するときは，その金銭の額またはその算定方法。

吸収合併の場合の新株予約権の買取請求について規定がある（787条）。

(e) (d)の措置としての金銭等の割当てに関する事項 (d)の場合には，消滅会社の新株予約権の新株予約権者に対する存続会社の新株予約権または金銭の割当てに関する事項を定めなければならない（749条1項5号）。

(f) 効力発生日およびその変更 吸収合併がその効力を生ずる日（「効力発生日」という）を定めなければならない（749条1項6号）。

会社法では，その日に吸収合併の効力が発生し，消滅会社の権利義務の承継がなされ，その消滅会社の解散の登記は解散の効力の第三者対抗要件とされる（750条1項2項）。旧会社法においては，合併の効力発生は登記の日であったのが，会社法では，上述のように改められたものである（〔763〕参照）。

合併の効力発生日については，両当事会社の合意により変更することができる（790条1項）。合併契約で定めた効力発生日（749条1項6号）までに，合併手続が進行しない場合，たとえばその日までに債権者保護手続が終了しないためにその効力発生日を変更すること等が考えられよう。この場合には，消滅会社は，変更前の効力発生日（変更後の効力発生日が変更前の効力発生日前の日である場合にはその変更後の効力発生日）の前日までに，変更後の効力発生日を公告しなければならない（790条2項）。効力発生日を変更したときは変更後の効力発生日を効力発生日とみなしてその日に存続会社が消滅会社の権利義務を承継する（790条3項）。

(ロ) 合併契約で定めることができる事項 〔749〕

吸収合併をする場合において，消滅会社が種類株式発行会社であるときは，存続会社および消滅会社は，消滅会社の発行する種類の株式の内容に応じ，消滅会社の株主に対する金銭等の割当てに関する事項（〔747〕〔748〕(e)）として次に掲げる事項を定めることができる（749条2項）。

① ある種類の株主に対して金銭等の割当てをしないこととするときはその旨

およびその株式の種類を定めることができる（1号）。たとえば残余財産劣後株式につき割当てをしないこと等が考えられよう。

② ①に掲げる事項のほか，金銭等の割当てについて株式の種類ごとに異なる取扱いを行うこととするときは，その旨およびその異なる取扱いの内容を定めることができる（2号）。

この定めがある場合には，消滅会社の株主に対する金銭等の割当てに関する事項の定め（749条1項3号）は，各種類の株式の数に応じて金銭等を交付することを内容とするものでなくてはならない（749条3項）。

〔750〕 **4 合併の手続**

会社が合併をするには，まず合併契約の内容を定める必要がある（749条1項柱書。〔745〕－〔749〕）。そして，①株主総会の承認を受け（783条1項・795条1項），②債権者保護手続がとられ（789条・799条），さらに③反対株主の買取請求権行使の機会が与えられる（785条1項・797条1項）。そして，その効力発生日にその効力が生じ（750条。〔748〕(f)），最後に合併の登記によって消滅会社の解散を第三者に対抗できることになる（750条2項）。もっとも，簡易合併の場合には，存続会社の株主総会による合併契約の承認決議は不要であり（796条2項。〔756〕(c)），略式合併の場合には原則として，存続会社または消滅会社の株主総会による承認を要しない（784条1項・796条1項。〔757〕）。なお，会社法では，上述の①，②および③の手続につき，時間的な先後関係が定められておらず，平行的になしうるものとされ，効力発生日の前日までにそれらの手続を終了しておく必要がある。

以下には，原則として，吸収合併について，かつ，存続会社が株式会社の場合に限って取り扱うこととする。

〔751〕 **(イ) 合併契約の締結**

合併契約の内容は業務執行取締役（指名委員会等設置会社においては執行役）によって合意されると解される。合併は重要な業務執行に当たるのが通常であり，取締役会（取締役会設置会社の場合。それ以外の会社では取締役の過半数によると解される。〔516〕(イ)(a)(b)。指名委員会等設置会社の場合には，執行役に委ねられない。416条4項16号。簡易合併等の場合は除かれる。〔596〕⑯）が自ら決定する。また，合併は，合併当事会社の契約なので，その代表取締役（指名委員会等設置会社の場合には代表執行役）による合併契約の締結が必要であると解される。

〔752〕 **(ロ) 事前開示**

(a) 事前開示の必要性 株主が合併契約を承認するかどうかを判断するにあ

たっては，直接の関心事は，合併条件（合併対価の割当て）が公正かどうか，すなわち，合併条件が合併当事会社の株式の価値に見合ったものかどうかである。また，会社債権者が合併に異議を述べるかどうかを判断するにあたっては，合併の相手方の財産状態がどうかが重大な関心事である。そして，合併当事会社の株主または債権者にとって，合併条件が公正かどうか，または相手方会社の財産状態がどうかを判断するには，合併承認決議のための総会が開催される前に，その判断に必要な書類が開示されていること，すなわち，事前開示が必要である。株主にとっては総会招集前の開示が必要なことは当然であるが，債権者にとっても，その合併に異議を述べる手続が承認決議の日から2週間内に開始されることから，同様である。そこで，取締役（業務執行取締役。指名委員会等設置会社においては執行役）は，一定の書類を本店に備え置くことを要するものとされる（消滅会社につき782条1項，存続会社につき794条1項。違反の制裁につき976条7号8号）。

(b) **事前開示の内容**　事前開示の内容として，備え置かなければならないものは，消滅会社については，782条1項により吸収合併契約の内容その他法務省令で定める事項（会社則182条）を記載した書面または記録した電磁的記録とされ，存続会社については，794条1項により基本的に同様の事項（会社則191条）とされる。会社法施行規則182条に掲げる消滅会社の事前開示事項については，平成19年改正により三角合併等（株式交換を含む）の規定の施行（〔746〕）に伴い，その明確化が図られ，かつ大幅に拡充されており，次の事項が含まれている（一部省略する）。

すなわち，①合併対価（存続会社が消滅会社株主に対してその株式に代えて交付する金銭等をいう。会社則182条2項）の相当性に関する事項（同1項1号）であって，その内容として，その交付する金銭等およびその割当てに関する事項についての定めにつき，㋑その総数または総額の相当性に関する事項（同3項1号），㋺合併対価としてその種類の財産を選択した理由（同3項2号），㋩存続会社と消滅会社とが共通支配下関係（2以上の者が同一の者に支配されている場合または2以上の者のうちの1が他のすべての者を支配している場合の関係。会社計算2条3項32号）にあるとき（企業グループ内の合併等の場合を指すことになろう）は，消滅会社の株主（消滅会社と共通支配下関係にある株主を除く）の利益を害さないように留意した事項（その事項がない場合にはその旨。会社則182条3項3号）である。②合併対価について参考となるべき事項（同182条1項2号）であって，その内容として，㋑合併対価の全部または一部が存続会社の株式等である場合には，ⓘ存続会社の定款の定め

（同4項1号イ），ⓘⓘ合併対価の換価の方法に関する事項として，合併対価を取引する市場，合併対価の取引の媒介等を行う者，合併対価の譲渡その他の処分に制限があるときはその内容等（同4項1号ロ），㋺合併対価の全部または一部が存続会社以外の法人等の株式等である場合には，ⓘその法人等の定款その他これに相当するものの定め（同4項2号イ），ⓘⓘ法人等が会社でないときは剰余金，残余財産の分配を受ける権利，総会における議決権等に相当する権利その他の合併対価にかかる権利等（同4項2号ロ），ⓘⓘⓘ日本語以外の言語を使用して情報を提供することとされている場合のその言語（同4項2号ハ）その他（同4項1号ハニ・2号ニ―ヌ・3号―5号）である。③吸収合併にかかる新株予約権の定めの相当性に関する事項（同1項3号）であって，その内容として，消滅会社の新株予約権者に対して交付する存続会社の新株予約権を交付する場合の新株予約権の内容および数または算定方法および新株予約権または金銭の割当てに関する事項（会社則182条5項）である。④計算書類等に関する事項（同1項4号）であって，その内容として，㋑存続会社についてのⓘ最終事業年度にかかる計算書類等の内容（同6項1号イ），ⓘⓘ臨時計算書類等があるときはその内容（同6項1号ロ）およびⓘⓘⓘ最終事業年度の末日後に会社財産の状況に重要な影響を与える事象が生じたときのその内容（同6項1号ハ）ならびに㋺消滅会社について，ⓘ上述㋑ⓘⓘⓘと同様のもの（同6項2号イ）およびⓘⓘ最終事業年度がないときの成立の日における貸借対照表（同6項2号ロ）である。⑤吸収合併が効力を生ずる日以後における存続会社の債務（789条1項により吸収合併について異議を述べることができる債権者に対して負担する債務に限る）の履行の見込みに関する事項（会社則182条1項5号）ならびに⑥吸収合併契約等備置開始日後，①から⑤までに掲げる事項に変更が生じたときは，変更後のその事項である（会社則182条1項6号）。

①㋑の合併等対価の相当性に関する事項については，合併対価の総数・総額を決定する際に合併当事会社の企業価値を算定するために採用した方法，その結果，その決定に際して考慮したその他の事情等が記載されることが予想される。またその決定にあたって信頼できる第三者の意見を添付することもこの事項に含まれよう（〔747〕）。次で①㋩として述べる共通支配下会社間の合併では，この意見書の添付が重要な意味を有することになろう。㋩の事項は，敵対的買収とその後の少数株主の締出しのための吸収合併等（いわゆる二段階買収）がもたらす弊害が指摘されたこと等に対応するものであるといわれている。すなわち，企業グループ内の会社間の合併等においては，企業グループの親会社ないし企業グループ全体

の利益を優先して合併等対価が決定される等のおそれがあるところから，少数株主の利益を害さないように配慮した事項が掲げられたものである。②の合併対価について参考となるべき事項としては，消滅会社の株主が合併対価等として存続会社その他の法人等の株式，持分等であって，その交付を受けてその構成員となるときは，その定款の内容が重要であることから，それが開示事項とされている(㋑ⓘ㋺ⓘ)。⑤の吸収合併が効力を生ずる日以後における存続会社の債務の履行の見込みに関する事項は，債権者が異議を述べるかどうかを判断する上できわめて重要な事項で，かつ，判断の要素が含まれるので，これまた第三者的専門的立場（公認会計士等）からの意見等の添付が望ましいといえるであろう。

(c) **事前開示の期間**　会社は，(b)に掲げた書面等を，次に述べる備置開始日から，合併の効力発生日後6か月を経過する日まで（消滅会社については効力発生日まで）の間，その本店に備え置かなければならないものとされる（782条1項柱書・794条1項)。〔753〕

事前開示の始期――この始期を会社法では「合併契約等備置開始日」といっている（782条1項）――については，次に掲げる日（①から④まで）のいずれか早い日をいうとされている（消滅会社につき782条2項，存続会社につき794条2項)。

① 吸収合併契約について株主総会（種類株主総会を含む）の決議によってその承認を受けなければならない場合（783条1項・795条1項）には，その株主総会の日の2週間前の日，また，その提案につき株主の全員が書面または電磁的記録により同意の意思表示をし，その提案を可決する旨の株主総会の決議があったものとみなされる（319条1項）場合にはその提案があった日とされる（782条2項1号・794条2項1号)。

② ①以外の場合には，両当事会社は，効力発生日の20日前までに反対株主に株式買取請求をする機会を与えるために，その株主に対し，合併をする旨を通知（消滅会社につき785条3項，存続会社につき797条3項）または公告（785条4項・797条4項）をしなければならないが，その通知を受けるべき株主があるとき（合併対価が持分等であるときは，その全員の同意を得なければならないので〔783条4項〕除かれる）は，この通知の日または公告の日のいずれか早い日（782条2項2号・794条2項2号)。

③ 消滅会社（③は消滅会社の場合に限られる）は効力発生日の20日前までに全部の新株予約権の新株予約権者に対し，吸収合併をする旨等を通知（787条3項1号）または公告（787条4項）しなければならないが，その通知を受けるべき新株

予約権者があるときは，この通知の日または公告の日のいずれか早い日（782条2項3号）。

④　消滅会社の債権者は消滅会社に対し，また存続会社の債権者は存続会社に対し，それぞれ吸収合併に対し異議を述べることができるが（789条1項1号・799条1項1号），その場合には，消滅会社または存続会社は吸収合併をする旨，一定の期間内に異議を述べることができる旨等を官報に公告し，かつ，知れている債権者（異議を述べることができるものに限る）には，各別にこれを催告しなければならないこととされているが（789条2項・799条2項），この場合には，この公告の日または催告の日のいずれか早い日（782条2項4号・794条2項3号）である。

(d)　両当事会社の株主および債権者の閲覧請求等　　消滅会社の株主および債権者は，消滅会社に対して，また存続会社の株主および債権者は存続会社に対して，その営業時間内は，いつでも，①(b)の書面の閲覧，②(b)の書面の謄本または抄本の交付，③電磁的記録に記録された事項を法務省令で定める方法（会社則226条）により表示したものの閲覧および④電磁的記録に記録された事項を電磁的方法であって消滅会社の定めたものにより提供すること，またはその事項を記載した書面の交付を請求することができる（782条3項・794条3項）。

②または④の請求をするには，消滅会社または存続会社の定めた費用を支払わなければならない（782条3項但書・794条3項但書）。

これらの閲覧請求等を拒否した場合には，過料の制裁がある（976条4号）。

〔754〕　**(ハ)　合併契約の承認等**

(a)　株主総会における承認，説明を要する場合等

(i)　特別決議または特殊の決議による承認　　両当事会社は，効力発生日の前日までに，株主総会の決議によって，吸収合併契約の承認を受けなければならない（783条1項・795条1項）。この承認には特別決議が要求される（309条2項12号）。合併は，株主に対して，相手方会社の財産・営業成績の状態が悪い場合，ことに合併条件が不利な場合には，株主に対して不利益を与えるなどの重大な影響を与えるからである。さらに，合併により消滅する会社が公開会社であり，かつ，その会社の株主に対して交付する金銭等の全部または一部が譲渡制限株式等（783条3項）である場合における株主総会の決議は，株主総会において議決権を行使することができる株主の半数以上（これを上回る割合を定款で定めた場合にあっては，その割合以上）であって，当該株主の議決権の3分の2（これを上回る割合を定款で定めた場合にあっては，その割合）以上に当たる多数をもって行わなければならない（309条3項2号3号）。この場合には，公開会社株主が合併により譲渡制限株式の株主になってしまうので，株式譲渡制限の定款の定めをする場合（〔189〕〔735〕(ロ)）と同様の要件を課したものである。

存続会社の株主総会においては，①存続会社が承継する消滅会社の債務の額として法務省令で定める額（「承継債務額」。会社則195条1項）が存続会社が承継する消滅会社の資産の額として法務省令で定める額（「承継資産額」。会社則195条2項）を超える場合および②存続会社が消滅会社の株主に対して交付する金銭等（存続会社の株式等を除く）の帳簿価額が承継資産額から承継債務額を控除して得た額を超える場合には，取締役は，その旨を説明しなければならない（795条2項）。③さらに，承継する消滅会社の資産に存続会社の株式が含まれている場合にも，その株主総会において，その株式に関する事項を説明しなければならない（795条3項）。

①は，消滅会社が債務超過の場合であって，旧会社法のもとでは，消滅会社が債務超過の場合には合併は許されないという考え方もあったが，会社法のもとでは，それが許されることを前提として，そのような合併をする旨を説明することを要することになる。この場合には，それにもかかわらず，消滅会社の株主に合併対価としての金銭を交付するか，交付するとしてそれはどのような理由に基づくか（のれんの計上等）等を説明することになろう。②は，帳簿価額の上で，消滅会社の株主に交付する合併対価（存続会社の株式等を除く）が消滅会社の純資産額を超えるときは，合併の公正さ，相当性等について説明を必要とするものである。③は，存続会社が自己株式を取得することになるので，その株式数，その消滅会社における帳簿価額，場合によってはその取扱いの予定（処分するか，消却するか，金庫株とするか）等について説明することになろう。

(ii)　消滅会社の総株主の同意を得なければならない場合　　消滅会社が種類株式発行会社でない場合において，消滅会社の株主に対して交付する金銭等（以下「合併対価等」という）の全部または一部が持分等（持分会社の持分その他これに準ずるものとして法務省令で定めるもの〔権利の移転または行使に債務者その他第三者の承諾を要するもの。会社則185条〕をいう）であるときは，吸収合併契約について消滅会社の総株主の同意を得なければならない（783条2項）。

(b)　種類株主総会の決議が必要な場合等　〔755〕

(i)　消滅会社の場合

(α)　種類株主に対する合併対価が譲渡制限株式である場合　　消滅会社が種

類株式発行会社である場合であって，消滅する会社の株主に対して交付する金銭等（以下，「合併対価等」という）の全部または一部が法務省令で定める譲渡制限株式等であるときは，吸収合併は，その譲渡制限株式等の割当てを受ける種類の株式（譲渡制限株式を除く）の種類株主を構成員とする種類株主総会の決議がなければその効力を生じない（783条3項本文）。ある種類の株式につき，吸収合併により，譲渡制限株式等の割当てがなされることは，通常の譲渡ができる株式の割当てがなされるよりも不利になるので，その種類株式の株主の種類株主総会が必要となるのである。もっとも，すでに譲渡制限株式であるものが除かれているのは，譲渡制限株式の種類株主については，それまでと同じ譲渡制限株式等が割り当てられることになるので，特に不利とはいえないからである。その種類株主総会において議決権を行使することができる株主が存しない場合（たとえば無議決権株主のみの場合等）には，この種類株主総会は必要がない（783条3項但書）。ここで上述の法務省令で定める譲渡制限株式等とは，譲渡制限株式（2条17号）その他これに準ずるものとして，法務省令で定めるものをいい，法務省令で定めるものは，取得条項付株式（108条2項6号ロの他の株式の種類が譲渡制限株式であるものに限る）または取得条項付新株予約権（236条1項7号ニの株式が譲渡制限株式であるものに限る）である（会社則186条1号）。

(β) 種類株主に対する合併対価等が持分等である場合——全員の同意　消滅会社が種類株式発行会社である場合において，合併対価等の全部または一部が持分等であるときは，吸収合併は，その持分等の割当てを受ける種類の株主の全員の同意がなければ，その効力を生じない（783条4項）。前述(ハ)(a)(ii)に相当する規定である。

(ii) 存続会社の場合　存続会社が種類株式発行会社の場合において，消滅会社の株主に交付する金銭等が存続会社の株式である場合であって，それが譲渡制限株式であるときは，吸収合併は，この存続会社の種類株式（749条1項2号イ）の株主を構成員とする種類株主総会の決議がなければ効力が生じない（795条4項1号）。譲渡制限株式の発行には，その種類株主総会の決議が必要であり（199条4項本文。〔309〕(e)，〔315〕），それはその種類株式におけるその持株比率の維持の利益を保障するためである。その種類株主にかかる株式の種類が2以上ある場合には，その2以上の株式の種類別に区分された種類株主を構成員とする各種類株主総会の決議が必要である（795条4項の後の括弧内）。もっとも，それが譲渡制限株式であって，種類株主総会の決議を要しない旨の定款の定め（199条4項の定款の定め）があるときは別である（795条4項柱書括弧書）。

(c) 存続会社の株主総会の承認が必要でない場合――簡易合併の場合 〔756〕

(i) 基本的構想　平成9年改正商法は，合併法制の簡易化の一環として，あらたに簡易合併制度を採用した。その基本的構想は，吸収合併の場合において，存続会社の規模が消滅会社の規模に比して，著しく大きく，存続会社の株主の利害に重要な影響を及ぼさないとき――比喩的に，「鯨がめだかを呑み込むようなとき」という表現が使われることもある――は，存続会社において，合併承認決議をすることを要しないというものである。諸外国で採用されている例にならったものである。この制度は，存続会社と消滅会社との規模の差を縮小して会社法に受け継がれている。もっとも，簡易合併に反対の株主が相当数に達するときは株主総会の承認が必要とされる（後述(iii)）。

また，旧会社法（平成17年改正前商413条ノ3）のもとでは，存続会社について，株主総会の承認を要しない旨の定めがなされているのみであったが，会社法では，「特別支配会社」という概念を導入して，存続会社および消滅会社の双方についてそれを要しない場合が定められている。特別支配会社については(d)で取り扱う。

(ii) 存続会社の株主総会の承認が不要の場合　次の①の額の②の額に対する割合が5分の1（これを下回る割合を存続会社等の定款で定めた場合にあっては，その割合。以下同じ）を超えない場合には，株主総会の承認等の必要がない（796条2項本文）。

① ㋑消滅会社に対して交付する存続会社等の株式の数に1株当たり純資産額を乗じて得た額，㋺消滅会社の株主に対して交付する存続会社の社債，新株予約権または新株予約権付社債の帳簿価額の合計額および㋩消滅会社の株主に対して交付する存続会社の株式等以外の財産の帳簿価額の合計額の合計額。

② 存続株式会社等の純資産額として法務省令で定める方法（会社則196条）により算定される額。

ただし，例外として，前述(a)(i)（〔754〕）において，株主総会で説明を要するものとされる①，②および③の場合（795条2項各号）および消滅会社の株主に対して交付する金銭等の全部または一部が存続会社の譲渡制限株式であって存続会社が公開会社でない場合（796条1項但書）には，この限りではなく，株主総会の承認が必要とされ，株主総会における説明も必要である（796条2項但書）。

結局，消滅会社の株主に対して交付する金銭等――合併対価――の価値の合計額（それが1株当たり純資産額〔㋑の場合〕または帳簿価額〔㋺および㋩の場合〕で算出される）が存続会社の純資産額の５分の１を超えない場合には，存続会社の株主の利害に大きな影響がないので，その総会の承認を要しないとされるのであって，この場合が旧会社法のもとで，簡易合併（当時は５分の１が20分の１であった）として，株主総会の承認を要しないものとされていたものである。

ここで存続会社が消滅会社の株主に対して交付する金銭等が存続会社の純資産額の５分の１以下という要件をみたすかどうかの判断は，どの時点でなされるべきかが問題になるが，結論としては，合併の効力発生日にその要件をみたしていることを要すると解するほかないと考えられる。

親会社が完全子会社を吸収合併する場合には，通常，親会社――存続会社――が有する子会社株式については合併に際して株式の割当て等がなされないといわれており，その場合には簡易合併の要件をみたすことになる。完全子社会に準ずる子会社を吸収合併する場合にも，合併に際して子会社の親会社以外の株主（親会社が有する子会社株式には合併に際して株式が発行されないのが通常である）に割り当てられる株式数はわずかであり，簡易合併の要件をみたすことが多いであろう（もっとも，事前開示に関する〔752〕(b)①㋩参照）。

(iii) 存続会社の株主総会の承認が必要な場合　もっとも，この場合において，法務省令で定める数（会社則197条。６分の１超等。同１号）の株式（合併承認のための株主総会において議決権を行使することができるものに限る）を有する株主が効力の発生日の20日前までの株主に対する通知または公告（797条３項・４項）日から２週間以内に吸収合併に反対する旨を存続会社に対し通知したときは，その存続会社は，効力発生日の前日までに，株主総会の決議によって，吸収合併契約の承認を受けなければならない（796条３項）。株主総会承認を要しないことについて相当数の反対があったときは，株主総会の決議を要するものとしたのである。

〔757〕　**(d) 合併当事会社が合併の相手方の特別支配会社である場合**

(i) 株主総会の承認が必要でない場合――略式合併の場合　①存続会社が消滅会社の特別支配会社である場合には，原則として（例外は(ii)で取り扱う），消滅会社の株主総会の承認を要しない（784条１項本文）。また，②消滅会社が存続会社の特別支配会社であるときは，原則として（例外は(ii)で取り扱う），存続会社の株主総会の承認を要しない（796条１項本文）。また②の場合には，存続会社株主総会における説明（795条２項３項）も要しない（796条１項では，795条の１項のみならず，その２項および３項も適用を排除している）。①の場合には，はじめから株主総会における説明は必要とされていない（783条２項には795条２項３項に相当する規定が存在しない)。

ここで，特別支配会社とは，基本的には，ある会社Aの総株主の議決権の10分の9以上を他の会社Bが有している場合のそのA会社に対する関係でのB会社をいう(468条1項括弧書)。さらにこの10分の9は，それを上回る割合をA会社の定款で定めた場合にはその割合で決められる。またB会社のほかに，そのB会社が発行済株式の全部を有する株式会社(B会社の完全子会社)その他これに準ずるものとして法務省令で定める法人(会社則136条)がA会社株式を有している場合には，それもB会社の有するA会社株式に加算されて，B会社が特別支配会社かどうかが判断される。

この場合に，それぞれの株主総会の決議による合併の承認が不要とされるのは，存続会社または消滅会社が消滅会社または存続会社の株式の10分の9以上を有しているので，その10分の9を所有されている会社が，株主総会で承認を否決することはありえず，わざわざ消滅会社または存続会社の株主総会による承認を必要とするまでのことはなく，業務執行の判断に委ねればよいと考えられるからである(なお，差止請求につき〔765の2〕参照)。

(ii) 株主総会による承認が必要とされる場合

(α) 消滅会社の承認を要する場合　　存続会社が消滅会社の特別支配会社である場合にも，株主総会の承認(特別決議)を要する場合がある。それは，吸収合併における合併対価等の全部または一部が譲渡制限株式等である場合であって，消滅会社が公開会社であり，かつ種類株式発行会社でない場合である(784条1項但書)。その場合には，それまで公開会社の株式を有していた消滅会社の株主が譲渡制限株式を割り当てられることになって不利になるので，消滅会社の株主総会の承認を必要とされるのである。

(β) 存続会社の承認を要する場合　　消滅会社が特別支配会社である場合にも，その株主に対して交付する金銭等の全部または一部が存続会社の譲渡制限株式である場合であって，存続会社が公開会社でないとき(全部が譲渡制限株式のとき)は，存続会社の株主総会の承認(特別決議)を要するのみならず，795条2項3項に定める株主総会における説明をしなければならないものとされる(796条1項但書)。公開会社でない存続会社の株主にとっては，存続会社の譲渡制限株式が消滅会社の株主に交付されることは，持株比率の維持との関係(199条4項。〔309〕(e)，〔315〕)からいって，大きな利害関係を有するからである。また，存続会社にとって承継債務額が承継資産額を超える場合(消滅会社が債務超過会社である場合）等，795条2項各号に規定している場合（〔754〕）には，それらについての株主総会における説明が必要である（796条2項但書）。

〔758〕 **(e) 消滅会社の登録質権者等に対する通知** 消滅会社は，効力発生日の20日前までに，その登録株式質権者（後述する略式合併の場合の登録株式質権者を除く）および全部の新株予約権の登録新株予約権質権者に対し，吸収合併をする旨を通知し（783条5項），または公告をしなければならない（783条6項）。物上代位の効力が生じたことを質権者に知らせるためである。

〔759〕 **(二) 反対株主の株式買取請求**

(a) 買取請求をすることができる株主，公正な価格の意味等 吸収合併をする場合には，消滅会社の反対株主は消滅会社に対して，また存続会社の反対株主は存続会社に対して，自己の有する株式を公正な価格で買い取ることを請求することができる（785条1項・797条1項）。公正な価格とは，買取価格にいわゆるシナジー効果が含まれることを意味する。きわめて単純な例をあげれば，合併がなかったならば1株の価値が10万円であるが，合併がなされたために1株の価値が15万円になったと想定すれば，反対株主は15万円を基準とした価格で買取りを請求することができる。なお，合併対価等が持分会社の持分等であるとき等は消滅会社の総株主の同意を要するから（783条2項），消滅会社の株主に株式買取請求権は認められない（785条1項1号。なお新設合併に関する806条1項1号参照）。

ここにいう反対株主とは，次に掲げる者をいう（785条2項・797条2項）。

① 吸収合併をするための株主総会の決議（種類株主総会を含む）を要する場合には，㋑その株主総会決議に先立ってその吸収合併に反対する旨を，消滅会社の株主はその消滅会社に対して，また存続会社の株主は存続会社に対して通知し，かつ，その株主総会で吸収合併に反対した株主（その株主総会で議決権を行使することができる者の場合）および㋺その株主総会で議決権を行使することができない株主である（1号）。㋺としては無議決権株主等が含まれると解されよう。

② ①以外の場合すなわち，株主総会の承認を要しない場合にはすべての株主である（2号）。

平成26年改正前は，吸収合併等や事業譲渡等につき，簡易合併等かどうかを問わず，すべての株主に反対株主の株式買取請求権が認められていたが（改正前797条2項2号・469条2項2号），平成26年会社法改正により，①簡易組織再編（簡易組織再編とは，単純化して説明すれば，簡易吸収合併を例にとると，存続会社の消滅会社の株主に交付する株式が存続会社の発行済株式総数の5分の1を超えない場合をいう。

詳細は〔756〕(ii)），具体的には簡易合併（〔756〕），簡易分割（〔778〕〔779〕）および簡易の株式交換・株式移転（〔799〕〔800〕）および譲受会社において簡易事業譲渡（〔815〕）の場合（株主総会の特別決議が不要の場合）には，反対株主は，株式買取請求権を有しないものとされた（797条1項但書）。②また略式再編（以下，略式合併等を「略式再編」という）または略式事業譲渡の要件を満たす特別支配会社（略式再編および略式の事業の譲渡とは単純化すると，A会社の総株主の議決権の10分の9以上をB会社が有している場合のB会社をいう。468条。詳細は〔757〕(i)）は株式買取請求権を有しないものとされ，また，株式買取請求に関する通知の対象である株主から特別支配会社は除かれることになった（785条2項2号括弧書・797条2項2号括弧書）。①の場合に株主総会の特別決議が不要とされているが，それは，それらの場合には，会社やその株主に及ぼす影響が軽微であるからであり，そうだとすると，それらの場合には，反対株主には株式買取請求権を認める必要がないと考えられたのである。②は当然のことであり，このような場合に特別支配株主を保護する必要はない。

(b) **株主に対する通知または公告**　消滅会社および存続会社は，合併の効力発生日の20日前までに，それぞれその株主に対して，吸収合併等をする旨ならびに消滅会社の場合には存続会社の商号および住所を，また存続会社の場合には消滅会社の商号および住所を通知しなければならない（785条3項・797条3項）。株主総会の承認を受ける必要がなく，それが招集されなかった場合にも株式買取請求を可能にするためであることはいうまでもない。消滅会社または存続会社が①公開会社である場合または②それぞれの会社が株主総会の決議によって吸収合併の承認を受けた場合には，この通知は公告で代えることができる（785条4項・797条4項）。

(c) **買取請求の期間および方法**　反対株主の株式買取請求は，効力発生日の20日前から効力発生日の前日までの間にその株式買取請求にかかる株式の数（種類株式会社にあっては，株式の種類および種数ごとの数）を明らかにし，株券を提出してしなければならない（785条5項6項・797条5項6項）。前述したように（(b)），株主に対して吸収合併をする旨の通知または公告がなされ，買取請求の機会が与えられることになる。

(d) **買取請求の撤回，買取請求の失効**　株式買取請求の撤回は，それぞれ消滅会社または存続会社の同意を要する（785条7項・797条7項）。撤回に会社の承諾を要求しているのは，株式買取制度を利用した投機的行動（とりあえず買取請求をしておいて，市場で売却したほうが有利になれば請求を撤回して市場で売却するというような方法）を防ぐためである。もっとも，次に述べる価格の決定について協議が調わない場合において，効力発生日から60日以内に裁判所に価格決定の申立てがないときは，その期間の満了後は，株主は，いつでも，株式買取請求を撤回することができる（786条3項）。

また，会社が吸収合併を中止したときは，株式買取請求は効力を失う（785条8項・797条8項）。

(e) 株式の価格の決定・支払　株式買取請求があった場合において，株式の価格の決定について，株主と会社との間に協議が調ったときは，会社は，効力発生日から60日以内にその支払をしなければならない（786条1項）。株式の価格の決定について効力発生日から30日以内に協議が調わないときは，株主または会社は，その期間の満了の日後30日以内に，裁判所に対し，価格の決定の申立てをすることができる（同2項）。会社は，裁判所の決定した価格に対する効力発生日から60日の期間の満了の日後の法定利率による利息をも支払わなければならない（同4項）。

なお，平成26年改正会社法により，反対株主の株式買取請求が発生するような行為をする会社は，株主から株式買取請求または価格決定の申立てがなされた場合に，その株主に対して，株式の価格の決定がなされる前に，公正な価格と認める額を支払うことができる旨の規定が設けられた（786条5項）。ある種類の株式を譲渡制限株式または全部取得条項付種類株式とする定款の変更を行う場合（116条1項1号2号），ある種類株式を有する種類株主に損害を及ぼすおそれがある株式の併合・分割等の行為をする場合（116条1項3号。〔133〕(イ)），全部取得条項付種類株式を取得する会社（172条5項），株式売渡請求をする特別支配株主（179条の8第3項），株式併合をする会社（182条の5第5項），事業譲渡等をする会社（470条5項）について同旨の規定が設けられた。新株予約権買取請求等についても同様の規定が設けられた（788条5項）。

この制度がないと，会社は，決定した価格に対して期間満了の日後の法定利率による利息金をも支払わなければならない（786条4項。剰余金も支払わなければならないか等の問題もある）等の不利益を受けるので，上述のような規定が設けられたのである。反対株主がこの支払を受け取らないときは，弁済供託をすることができることになる（民494条）。なお，会社の支払う額について，株主が不満とするときは，裁判所が決定した価格を受けて，その決定された額により，その支払を受けた額との差額の支払を請求することになろう。

判例は，株式価格の決定について，買取請求権の趣旨に基づき，合併等の組織再編により企業価値の増加が生じるかどうかで，異なる基準を適用している。すなわち，反対株主の買取請求権の趣旨は，反対株主に会社からの退出の機会を与えるとともに，退出を選択した株主には，合併等がされなかったとした場合と経済的に同等の状態を確保する一方（いわゆる「ナカリセバ基準」），合併等により組織再編によるシナジー効果その他の企業価値の増加が生じる場合には，これを適切に分配することにより，反対株主の利益を一定の範囲で保障する（いわゆる「シナジー分配基準」）ことにあるとする。

そして，相互に特別の資本関係がない会社間において株主の判断の基礎となる情報が適切に開示された上で株主総会において承認されるなど一般に公正と認められる手続によって合併等の効力が発生した場合には，特段の事情がない限り，当該合併等の条件は公正なものとみるのが相当であるとする（最決平成23・4・19民集65巻3号1311頁）。なお，公開買付け後に全部取得条項付種類株式によるキャッシュ・アウトが行われその取得価格の決定が問題となった事件であるが，最高裁は，独立した第三者委員会や専門家の意見を聴くなど意思決定過程が恣意的になることを排除するための措置が講じられ，公開買付けに応募しなかった株主の保有する株式も公開買付けに係る買付け等の価格と同額で取得する旨が明示されているなど一般に公正と認められる手続により上記公開買付けが行われた場合には，公開買付価格には多数株主等と少数株主との利害が適切に調整された結果が反映されていると判示している（最決平成28・7・1民集70巻6号1445頁）。

これに対し，合併等によりシナジーその他の企業価値の増加が生じない場合には，当該合併等を承認する旨の株主総会決議がなければその株式が有したであろう価格すなわち「ナカリセバ価格」をもって公正な価格とすべきであるとされる（企業価値の増加が生じないとされた事案として，前掲最決平成23・4・19，最決平成23・4・26判時2120号126頁参照）。

買取価格の決定は，非訟事件手続において行われ，裁判所の合理的な裁量に委ねられているとされる（最決昭和48・3・1民集27巻2号161頁参照）。株式市場で取引されている場合には，企業の客観的価値を反映していないことをうかがわせる事情がなければ，その算定における基礎資料として市場株価を用いることには合理性が認められるとする（前掲最決平成23・4・19）。また，公表等がされた後株式買取請求がされるまでの間に当該合併等以外の市場の一般的な価格変動要因により，当該株式の市場株価が変動している場合に，これを踏まえて参照した株価に補正を加えることは裁判所の合理的な裁量の範囲内であるとされる（前掲最決平成23・4・26）。他方，独立した第三者委員会や専門家の意見を聴くなど多数株主等と少数株主との間の利益相反関係の存在により意思決定過程が恣意的になることを排除するための措置が講じられ，公開買付けに応募しなかった株主の保有する上記株式も公開買付けに係る買付け等の価格と同額で取得する旨が明示されているなど一般に公正と認められる手続により上記公開買付けが行われ，その後に公開買付価格と同額で全部取得条項付種類株式を取得した場合には，公開買付価格を採用せずに公開買付け公表後の事情を考慮した補正をするなどして改めて取得価格を算定することは，裁判所の合理的な裁量を超えているとされる（前掲最決平成28・7・1〔全部取得条項付種類株式の取得価格決定の事案〕）。

市場価格の存在しない非上場会社の株式について，収益還元法を用いた上で上場会社に比べて流動性が低いことを理由として非流動性ディスカウントを行うことは，裁判所の合理的な裁量を超えているとした最高裁の決定がある（最決平成27・3・26民集69巻2号365頁〔全部取得条項付種類株式の取得価格決定の事案〕）。

なお，買取価格を算定する基準日は，売買契約が成立したのと同様の法律関係が生ずる時点であり，かつ，株主が会社から退出する意思を明示した時点である株式買取請求がされた日であるとするのが確定した判例法理である（前掲最決平成23・4・19）。

(f) **株式買取の効力発生日**　株式買取の効力は，合併等の効力発生日に生じる（786条6項等）。なお，平成26年改正前会社法の下では合併存続会社等に対する株式買取請求の場合における買取の効力は代金の支払時とされていたが，効力発生日に改められた（〔134〕）。

〔760〕 **(ホ) 吸収合併の場合の新株予約権の買取請求**

会社法は，吸収合併の場合につき，消滅会社が新株予約権を発行している場合にその合併対価および割当てに関する事項（749条1項4号5号）が合併後存続する会社の新株予約権を交付する条件（236条1項8号イ）に合致する新株予約権以外の新株予約権につきその買取請求を認め（787条1項1号・2項−10項），その場合の新株予約権の価格の決定等につき規定を設けている（788条）。新株予約権付社債に付せられた新株予約権の買取請求についての規定も設けられている（787条2項）。

〔761〕 **(ヘ) 債権者保護手続**

合併は，その当事会社の株主に対してだけでなく，その債権者に対しても重大な影響を与える。たとえば，甲会社が乙会社を吸収合併する場合に，合併によって甲会社は乙会社の権利・義務を包括的に承継するので，甲会社の債権者にとっては，乙会社の財産状態あるいは経営成績が悪いときは，合併後の甲会社の財産状態・経営成績が悪化して，債権の回収が困難になる可能性がある（乙会社の債権者にとっても，甲会社のそれらが悪いときは同様の結果になる)。そこで，会社法は，合併手続の一環として，次のように，消滅会社および存続会社の双方に対して，債権者に対して，吸収合併に異議を述べる手続――一般に債権者保護手続といっている――をとることを要求している（789条・799条。その違反については，過料の制裁がある〔976条26号〕)。資本金の額の減少の場合の債権者保護手続（〔639〕）と基本的に同じである。

(a)　**公告または各別の催告**　　合併当事会社は，その債権者に対して，次のような内容の催告をしなければならない（789条2項・799条2項)。①吸収合併をする旨（1号)，②相手方会社である存続会社または消滅会社の商号および住所（2号)，③消滅会社および存続会社の計算書類に関する事項として法務省令で定めるもの（3号。会社則188条・199条）および④債権者が一定の期間内（1か月を下ってはならない。789条2項但書）に異議を述べるべき旨（4号）を，㋑官報で公告し（939条1項1号)，かつ，㋺会社に知れている債権者には，各別に異議を述べるように催告しなければならない。各別の催告の対象となる債権者の範囲については，会社分割のところで触れる（〔781〕(ii))。③の法務省令で定める事項は，基本的に資本金の額の減少の場合の債権者保護手続のそれと同様である（〔639〕(α))。これらのうち，㋺の各別の催告は，会社がその公告を，官報のほか（前述㋑)，定款に定めた時事に関する事項を掲載する日刊新聞紙（939条1項2号）または電子公告（939条1項3号）によってした場合には省略することができる（789条3項・799条3項)。この点も資本金の額の減少の場合の債権者保護手続と同様である（〔639〕(β))。ここでは，会社分割の場合の分割会社におけると異なり（〔781〕(i))，不法行為債権者に対しても，各別の催告を要しない。なお，この公告または催告については，それをしたことを証する書面が登記申請書の添付書面となる（商登80条3号8号)。

なお，旧会社法のもとでは，債権者保護手続としての公告および催告（催告は省略できることがある）の始期について，たとえば合併について，合併承認決議がなされる場合には，合併承認決議の日から2週間内になされるべきものとされ，合併承認決議がなされない簡易合併の場合には，合併契約書の作成の日から2週間内にすることを要するものとされていた。会社法のもとでは，公告の始期について特に規定が設けられていない。しかし，異議催告期間が1か月とされていることに変わりがなく，しかも，合併等の効力の発生には債権者保護手続が完了していることが前提とされていると考えられ，合併の効力の発生までには債権者保護手続が終了していなければならないということから公告の始期も事実上制約されることになると考えられる（なお，合併の効力発生日に関する790条参照。〔763〕）。

〔762〕　(b)　**債権者が異議を述べた場合の措置**　債権者がその期間内に上記の公告または催告に応じて合併に異議を述べたときは，原則として，会社は，弁済期の到来している債権については弁済をしなければならず，また弁済期未到来の債権についても，期限の利益を放棄して弁済するか，そうでなければ債権者に相当の担保を供し，または債権者に弁済を受けさせることを目的として信託会社または信託業務を営む金融機関に相当の財産を信託することを要する（789条5項本文・799条5項本文）。これらの違反については，過料の制裁がある（976条26号）。その結果，債権者としては，自分の意に反して合併がなされようとするときは，その債権の満足を得られるか，または確実に満足を得られることの保障が与えられ，保護されることになる。会社がこれらの措置をとったことを証する書面が登記申請書の添付書面とされる（商登80条3号8号）。なお，社債権者がこの異議を述べるには，社債権者集会の決議によることを要し，個別的に異議を述べることは許されないが，社債委託契約に別段の定めがないかぎり社債管理者が社債権者のために異議を述べることができることは前述した（740条1項前段。この場合の異議の期間の伸長につき，740条1項後段。また社債管理者の社債権者のための異議につき740条2項3項。〔714〕(iv)）。

上記の原則に対して，次のような例外が認められる。すなわち，合併をしてもその債権者を害するおそれがないときは，会社は，債権者に弁済等の上述したような措置をとることを要しない（789条5項但書・799条5項但書。なお，この例外は，会社分割や資本金の額の減少の場合にも認められる。〔639〕(ii)(α)）。その立証責任は会社が負うと解される。たとえば，異議を述べた債権者の債権には十分な担保が設定されている場合，その債権額と合併の相手方会社の財産状況からみて，その弁済がおびやかされることがないと考えられる場合等には，合併をしても債権者を害するおそれがない例としてあげられよう。また，合併前から全額弁済の可能性がなく，合併をしても同様である場合にも，その例としてあげられよう。このように，合併をしても債権者を害するおそれがない場合には，債権者が異議を述べたとしても，弁済等の措置をとらなくてもよいということは，そのような場合には，会社は，その債権者の異議を無視して，合併の登記を申請することができることを意味する。このことによって，理由のない債権者の異議により合併手続が遅延させられることを阻止することができる。

問題なのは，これと合併登記手続との関係である。合併登記手続においては，合併手続，したがって債権者保護手続が完了しているかどうかは，登記申請の際に添付された書面の審査によって判断される。したがってまた，債権者が異議を述べたにもかかわらず，合併によっても債権者を害するおそれがないとして合併登記の申請がなされる場合には，そのおそれがないことを証する書面が登記申請書の添付書面とされる（商登80条3号8号）。このような書面としてどのようなものが考えられるかが問題になる。この点については，おそらく一般的には決められず，それぞれの場合によって異なることになろう。異議を述べた債権者の債権に十分な担保が設定されているということを理由とする場合には，その債権の担保の写しを添付することによって判断されることになろう。また，合併の相手方会社の財産状況を理由とする場合には，相手方会社の貸借対照表等のその財産状況を示す書面によることになろう。債権者は，異議を述べたにもかかわらず会社が債権者を害するおそれがないとして合併登記申請がなされ，合併登記がなされたときは，合併無効の訴え（828条1項7号・843条）を提起することによって救済を求めることになる。その場合には，会社が，債権者を害するおそれがない旨の立証責任を負うことになる。

(c) 債権者が異議を述べない場合　債権者が異議申立期間内に異議を述べなかった場合には，合併を承認したものとみなして（789条4項・799条4項），合併手続を進行させることになる。

(ト) 合併の効力発生および合併の登記 〔763〕

旧会社法のもとでは，合併の効力は合併の登記によって効力が生ずるものとされていたが，会社法のもとでは，合併契約に定めた効力発生日に消滅会社の権利義務を承継するものとされ，その日に効力を生ずるものとして取り扱っている（750条1項）。そして，登記については，その効力が生じてから2週間以内に，その本店所在地において消滅会社については解散の登記，存続会社については変更の登記がなされる（921条）が，これらの吸収合併の登記は，消滅会社が吸収合併により解散することの第三者対抗要件として取り扱われている（750条2項）。

したがって，その登記がなされるまでは，消滅会社が消滅したことを主張できないことになる。なお，新設合併の場合には，新設会社の成立の日（登記の日。49条）にその効力が生ずる（754条1項）。

金銭等の割当ての定め（749条1項3号）がなされた場合に消滅会社の株主が効力発生日に，それぞれ契約で定められた株主（750条3項1号。749条1項2号イの場合），社債権者（750条3項2号。749条1項2号ロの場合）および新株予約権者（750条3項3号4号。749条1項2号ハニの場合）となる。

消滅会社の新株予約権は，効力発生日に消滅する（750条4項）。その他新株予約権の取扱いについて規定されている（750条5項）。

以上に述べたことは，債権者保護手続（789条・799条）が終了していない場合または合併を中止した場合には，妥当しない（750条6項）。債権者保護手続が終了しない場合には，効力発生日をその終了する時点に変更する手続がとられることになろう（790条）。

〔764〕 **(チ) 存続会社による合併に関する事項を記載した書面等の備置き等――事後開示**

平成9年改正前商法のもとでは，合併に関する事項の報告は，合併登記の前に開催される報告総会および創立総会でなされていたが，平成9年改正商法は，それらの制度を廃止して，それに代わるものとして，いわゆる事後開示の制度を創設し，それが会社法に受け継がれている（801条）。すなわち，存続会社の業務執行取締役（指名委員会等設置会社の場合には執行役）が合併に関する事項を記載した書面等を合併の効力発生日から6か月間（801条3項）本店に備え置くことを要する。それは，存続会社にのみ要求される点で，事前開示（〔752〕）の制度（それは消滅会社と存続会社の双方でなされる。782条・794条）に対比されるものである。すなわち，存続会社は，効力発生後遅滞なく，吸収合併により存続会社が承継した消滅会社の権利義務その他の吸収合併に関する事項として法務省令で定める事項（会社則200条）を記載し，または記録した書面または電磁的記録を作成しなければならない（801条1項）。株主および会社債権者にこの備置書面の閲覧または謄本もしくは抄本の交付（謄本もしくは抄本の交付請求には会社の定めた費用を支払う必要がある）の請求が認められることはいうまでもない（801条4項）。電磁的記録の作成による代替およびその閲覧ないし謄本もしくは抄本等の閲覧請求等については，事前開示の場合と同様である（801条1項―4項）。株主および債権者は，この書面を閲覧し，その結果，必要があれば合併無効の訴えを提起することになる。備置期間が合併の効力発生日から6か月間とされており，合併無効の訴えの提起期間と合わせているのは，そのためである。

この書面に記載すべき事項としては，①合併が効力を生じた日，②反対株主の株式買取請求権行使手続の経過，③債権者保護手続の経過，④合併によって消滅会社から承継した重要な権利義務に関する事項，⑤事前備置書面または電磁的記録に記載または記録された事項（合併契約書の内容を除く），⑥変更の登記（921条）の日および⑦その他合併に関する重要な事項とされている（会社則200条1号−7号）。①および④は，平成9年改正前商法のもとで報告総会または創立総会で報告されている事項である。③については，前述したように（〔762〕(b)），債権者が異議を述べた場合でも，合併によってその債権者を害するおそれがないときは弁済等の措置をとらなくてもよいとされており，それに該当する事実があったときは，そのことも記載する必要がある。④は，消滅会社から承継した財産状態を明らかにするためのものである。なお，合併の日から本店における合併の登記までの期間が前述のように（〔763〕）原則として2週間内と短く，その間に，④の事項を詳細に記載することは困難であるという事情もありうるかもしれない。しかし，そのような記載が不可能になるということはなく，事前に準備していることが必要となるということがいえよう。なお，合併の日に判明した額を記載したものをいったん備え置き，その後さらに詳細なものに差し換えるというやり方も許されるであろう。

前記の書面に記載すべき事項を記載せず，もしくは不実の記載をしたときまたは備置義務違反につき過料の制裁がある（976条7号8号）。書面の閲覧，謄本の交付の拒否についても同様である（976条4号）。

(l) 合併に関する振替株式の振替口座簿の記載手続等 〔765〕

合併によって発行される株式が振替株式である場合等の振替口座簿の記載手続等について規定が設けられている。その規定が設けられているのは，消滅会社の株式が振替株式である場合において存続会社（新設合併の場合の新設会社についても同様である。以下同じ）が振替株式を発行しようとするとき（社債株式振替138条）である。

①消滅会社は合併の効力発生日の2週間前までに同意を与えた振替機関に対して合併に関する通知（通知事項は社債株式振替138条1項各号。社振命令19条）をし（社債株式振替138条1項柱書），通知を受けた振替機関は②直ちにその振替株式についてその直近下位機関に対し通知を受けた事項とほぼ同様の通知をし（社債株式振替138条2項），かつ，③合併効力発生日においてその備える振替口座簿中の

消滅会社の振替株式についての記載がなされている保有欄等において，振替株式の数に割当比率を乗じた数の合併に際して発行する振替株式（存続会社株式）についての増加等の記載をし，かつ，消滅会社の振替株式の全部についての記載の抹消をする措置をとらなければならない（社債株式振替138条3項）。③の合併効力発生日は債権者保護手続との関係で，必ずしも確実には予想されないので，事前の調整が必要になろう。②および③は，②の通知があった場合のその通知を受けた口座管理機関についても同様である（社債株式振替138条4項）。存続会社が合併に際して株式の発行に代えて自己の振替株式を移転する場合につき規定されている（社債株式振替138条6項）。端数の処理についても，規定がなされている（社債株式振替138条5項。社振政令32条）。

また，消滅会社の株式が振替株式でない場合または消滅会社が持分会社である場合において，新設会社または存続会社が合併に際して振替株式を発行する場合（その有する自己株式を移転する場合を含む）等について規定されている（社債株式振替160条）。

〔765の2〕

5　合併の差止め

(イ)　一　　般

合併の効力が生じた後に，合併無効の訴えにより事後的な救済を実効的に受けることには実務上多くの困難があり，事前の救済方法の必要性が強く求められる。そのため，平成26年改正により，株主による合併の差止請求制度が新設された。すなわち，①合併が法令または定款に違反し，②消滅会社または存続会社の株主が不利益を受けるおそれがある場合には，合併の差止めを求めることができる（784条の2第1号・796条の2第1号・805条の2）。なお，①について，合併当事会社の取締役・執行役の善管注意義務違反または忠実義務違反は，会社の法令違反ではないため，差止事由ではないとされる。

(ロ)　略式合併における合併条件の著しい不当

存続会社または消滅会社が消滅会社または存続会社の特別支配会社である場合（784条1項本文，796条1項本文に規定する場合。〔757〕(i)の場合）において，合併契約において定められた存続会社が消滅会社の株主に対して交付する金銭等の交付または割当てに関する事項（749条1項2号3号）が消滅会社または存続会社の財産の状況その他の事情に照らして著しく不当である場合であって，消滅会社の株主が不利益を受けるおそれがあるときは，消滅会社の株主が，消滅会社に対し（784条の2第2号），また存続会社の株主が不利益を受けるおそれがあるときは存続会社の株主が存続会社に対して（796条の2第2号），吸収合併をやめることを請求することができる。会社法は，合併承認決議が行われない上記の場合につき，存続会社または消滅会社の株主の保護を図ったものである。

6 合併の無効

〔766〕

合併無効の訴えも，会社の組織に関する訴えの1つとして，その画一的確定，遡及効の阻止および無効の主張の可及的制限の3つの要請が問題となるが（〔86〕），合併無効の訴えの場合には，以下に述べるように，その3つに関して，明文で規定がなされている。

(イ) 無効原因

合併手続の瑕疵が無効原因となるが，明文の規定は存在しない。具体的には，合併契約にその法定の事項が定められていないとき，合併契約の承認決議が必要であるのにそれがなされなかったとき，それに瑕疵（取消事由，無効事由または不存在事由）があるとき，債権者保護手続がとられなかったとき等である。合併条件が不利益であるにもかかわらず合併承認決議が可決された場合に無効事由にあたるかが争われているが，その決議が手続的に適法である限り，無効事由にならないと解すべきであろう（もっとも，決議取消事由に関する831条1項3号〔450〕参照）。

(ロ) 合併無効の訴え

〔767〕

(a) **主張方法──承認決議取消しの訴え等との関係**　合併の無効は，訴えをもってのみ主張することができる（828条1項柱書7号8号）。すなわち，合併の無効を主張するためには，合併無効の訴えを提起して，その確定判決を得なければならない。したがって，合併無効訴訟は形成訴訟である。

問題とされているのは，合併契約の承認決議に取消事由があった場合に，決議取消しの訴えと合併無効の訴えとの関係をどのように理解するかである。決議無効確認・不存在確認の訴えと合併無効の訴えとの関係も同様に問題となるが，決議取消しの訴えの場合には，その提訴期間が決議後3か月内に限られている（831条1項柱書。決議取消事由の存在を理由とする合併無効の訴えも決議後3か月以内に提起されなければならない）ので，とくに問題が顕著である。すなわち，合併手続の進行状況によっては，合併の効力発生前に決議取消しの訴えを提起しないと，決議取消しの提訴期間を徒過してしまうこともあるから，合併の効力発生前に決議取消しの訴えの提起を認めるべきであり（合併の効力発生前は合併無効の訴えは提起できない。828条1項7号8号の文言参照），この点については，ほぼ異論がない。

問題は，合併の効力発生後に，決議取消しの訴えを提起できるか，またその前に提起されていた決議取消しの訴えが合併無効の訴えの提起によってどうなるかである。一部の学説は，いずれの訴えも提起することができ（決議取消事由の主張は決議取消しの訴えによらなければならないとする説もある），決議取消判決が確定すれば当然に合併も無効となるとする（併存説）が，通説は，合併の効力発生後は決議取消しの訴えは提起できず，またそれ以前に提起されていた決議取消しの訴えは，訴えの変更の手続により，合併無効の訴えに移行すべきであると解する（吸収説。訴えの変更の手続をとるまでもなく，当然に移行するという説もある）。合併の無効は，合併無効の訴えによってのみ主張しうるとする立場から，吸収説が妥当である。

〔768〕 (b) **主張権者および主張期間**　合併無効の訴えは，吸収合併をする会社の株主等（株主，取締役，監査役，執行役および清算人。合併対価が存続会社の株式ではなく，そのため，合併後に株主でなくなった者も含まれる）のほか，吸収合併後存続する会社の株主等，破産管財人もしくは合併を承認しなかった債権者（異議の申立てをした債権者および異議申立ての催告がなされるべき場合にそれを受けなかったため異議申立てをしなかった債権者を含むと解される。資本金額減少無効の訴えに関する〔643〕(ii)）に限って提起することができる（828条2項7号）。株主，取締役および監査役のほか，清算人，破産管財人および合併を承認しない債権者も提訴権者とされているのは，資本金の額の減少無効の訴えの場合と同様である（828条2項5号。〔643〕(ii)）。このほか，独禁法は，一定の独禁法違反の場合に，公正取引委員会にも提訴権を認め（独禁18条），また企業担保法は，企業担保権者も合併無効の訴えを提起しうる旨を規定している（企業担保8条3項）。

主張期間は，合併の効力が生じた日から6か月内である（828条1項7号。公正取引委員会の提訴権については，期間の制限がないと解されている）。

(c) **管轄，訴えの手続等**　合併無効の訴えについては，本店所在地の地方裁判所の専属管轄とされ（835条1項），数個の訴えが同時に係属するときは弁論および裁判を併合してすることが要求される（837条）など，設立無効の訴え（〔88〕）と同様の手続が要求される。なお，合併無効の訴えにつき，提訴者が債権者である場合または株主であって取締役もしくは監査役でない場合には，その者に対する会社の担保請求の制度が設けられている（836条1項2項）。会社がその請求をするには，訴えが悪意によるものであることの疎明を要する（836条3項）。

〔769〕 **(ハ) 合併無効判決**

(a) **画一的確定——対世効**　合併を無効とする判決は，第三者に対してもその効力を有する（対世効。838条）。他の会社法上の訴えにおける場合と同様である（〔86〕）。

(b) **遡及効の否定**　合併無効判決は，合併後存続する会社（吸収合併の場合）または合併によって設立した会社（新設合併の場合），その株主および第三者の間に生じた権利義務に影響を及ぼさない（839条）。すなわち，吸収合併の場合を例にとれば，合併の後合併無効判決が確定するまでの間に，存続会社と第三者との間の契約の締結によって生じた権利義務関係または消滅会社の株主が合併により存続会社の株主となってした剰余金配当の受領，総会における議決権の行使等は，合併無効判決の確定によっても影響を受けず，いずれもその効力を保持する。このように，合併無効判決は，遡及効が否定される（〔86〕）。

その結果，合併無効判決の確定により，将来に向かって，合併は無効とされ，新設会社は消滅し（新設合併の場合），消滅会社が復活して，存続会社または新設会社がそれぞれ合併以前の状態に分割される形になる。そして，合併当事会社が合併当時に有していた権利義務で，合併無効判決確定当時に残存しているものは，それぞれその属していた会社に復帰する。合併後合併無効判決確定までに存続会社または新設会社が負担した債務および取得した財産の帰属については，法はその負担した債務については合併当事会社が連帯して弁済の責任を負うものとし（843条1項1号2号），その取得した財産についてはその共有に属するものとしている（843条2項本文）。そして，その負担部分（債務の場合）または持分（財産の場合）については，当事会社の協議で定めるが，協議が調わないときは，裁判所が，当事会社の請求により，合併当時の各会社の財産の額その他一切の事情を斟酌して定めることにしている（843条3項4項）。

(c) **合併の無効の登記**　合併無効判決が確定したときは，存続会社については変更登記，新設会社については解散の登記，また消滅会社については回復の登記がなされる（937条3項2号3号）。

Ⅲ　会 社 分 割

1　意義，立法趣旨，新設分割と吸収分割，適用範囲等　〔770〕

(イ) 意　　義

会社分割（株式会社または合同会社。以下，株式会社についてのみ取り上げる）とは，会社がその事業に関して有する権利義務の全部または一部を，既存の（吸収分割），または，新設する（新設分割）会社に承継させることである（2条29号30号）。合併および株式交換・移転制度とともに，企業組織再編の手続の一環をなすものである。平成12年商法改正により，会社分割法制が整備された。

㈺ 立 法 趣 旨

平成12年改正前商法のもとでは，会社分割については特別の規定が設けられていなかった。したがって，同年改正前商法のもとでは，会社分割は事業（旧会社法では営業といっていた）の全部または一部の譲渡（467条1項1号2号参照），現物出資（28条1号・199条1項3号）または財産引受け（28条2号）等の方法によってするほかなかった。ところが，事業の譲渡または財産引受けの方法による場合には，譲り受ける会社がその対価としての資金を用意しなければならず，それは譲り受ける事業が大規模な場合等には容易ではないという問題があった。また，事業の現物出資または財産引受けの方法による場合には，原則として，裁判所の選任する検査役の調査手続が要求され（33条・207条），その対象が事業のようないろいろな権利義務ないし経済的価値のある事実関係が含まれているものについては，相当の時間と費用がかかり，また，それに要する日数の予測がつかず，手続の進行の予定が立てられないという問題があった。さらに，いずれの方法によるにしても，分割する会社の負っている債務を承継する場合——会社分割においてはそれが含まれるのが通常である——には，その債権者全員からの個別的な同意を得なければならず（免責的債務引受けの場合の一般原則としては，それが必要とされる），それは債権者が多数のときは困難であるという問題があった。

平成12年改正商法は，以上のような問題を解消し，会社分割を円滑に実現することができるようにするために，会社分割に関する規定を新設し，それが会社法で受け継がれている。その具体的内容については後述するが，ここで上記の問題を解消するためにどのような取扱いをしているかについて概略を述べると，次の通りである。まず，平成12年改正法は，会社分割を現物出資的に構成せず，合併と同様に権利義務の包括承継の効果を伴う組織法上の行為として把握する立場から立法している。すなわち，そこでは，合併と同様に，分割をする会社（以下，「分割会社」という）の権利義務が分割によって事業を承継する既存の他の会社（吸収分割〔773〕の場合。2条29号，たんに「承継会社」という）または分割により設立する会社（新設分割〔785〕の場合。2条30号，たんに「新設会社」という）に包括的に承継され，それに対して株式等（旧会社法では原則として株式に限られていたが，会社法により，株式の発行以外の対価の交付も可能となった）が発行されるので，必ずしも事業の承継の対価としての資金の用意は不要となる。また，会社分割の手続についても，合併と同様の手続が必要とされるが，裁判所の選任する検査役の調査が不要とされる。さらに，債務の承継の場合の個々の債権者の同意を要するという問題については，債権者保護手続を合併よりも厳格にし，原則として，各債権者に対する各別の催告をし，かつ，各別の催告を受けられなかった債権者に対する関係では，分割会社と新設会社または承継会社の両方が弁済の責任を負うことにし（〔783〕），また事前開示として，各会社の負担すべき債務の履行の見込みに関する事項を記載した書面の備置きを要求する（〔777〕）等の手当てをすることによって，個々の債権者の同意を不要としている。なお，平成16年改正により，この債権者保護手続について，後述するように（〔781〕），各別の催告を要しない場合が認められるように緩和された。

(ハ) 吸収分割と新設分割 〔771〕

会社法は，会社分割として，吸収分割と新設分割に関して規定を設けている。吸収分割とは，A会社がその事業に関して有する権利義務の全部または一部を既存のB会社に承継させるものであり（2条29号），新設分割とは，A会社がその事業の全部または一部を新設するB会社に承継させるものである（2条30号）。そして，そのいずれについても，B会社が事業の承継の対価として発行する株式等の分割対価をA会社に割り当てることになる。なお，旧会社法のもとでは，B会社の株式をA会社の株主に割り当てる場合も規定されており，これを人的分割または分割型分割といっていた（A会社にB会社の株式を割り当てるものを物的分割または分社型分割といっていた）が，会社法のもとでは，それについての規定は設けられていない。A会社が交付を受けたB会社株式等をA会社株主に交付することは妨げられず，それにより旧会社法のもとにおける実質的な人的分割または分割型分割をなしうることからである。なお，分割会社が分割効力発生日に対価として受けた承継会社または新設会社の株式その他承継会社または新設会社の株式を剰余金の配当（全部取得条項付種類株式の取得を含む）により分割会社の株主に分配する場合（758条8号イロ）には，その配当等については財源規制が課せられないこととされている（792条・812条）。この点の詳細については後述する（〔775〕⑧④回参照）。新設分割でA会社に関する事業の全部がB会社に承継されれば，A会社はB会社の純粋持株会社（〔792〕参照）になる。

(ニ) 適 用 範 囲 〔772〕

会社分割は，株式交換・移転と異なり（〔792〕），持分会社についても認められている。中小企業についても，分割により企業組織の再編を認めようとする趣旨である。もっとも，持分会社（合名会社および合資会社。合同会社を除く）が株式会社に分割することは認められていない（757条・2条29号・762条1項・2条30号）。吸収分割または新設分割をする会社を株式会社または合同会社に限っているのはそのあらわれである。持分会社が承継会社または新設会社になりうることについては規定がある（760条・765条等）。

〔773〕 **2 吸収分割**

(イ) 吸収分割契約の締結

会社法は，株式会社または合同会社（以下，株式会社に限る）は吸収分割をすることができる旨を規定し（757条前段），その会社（以下，「分割会社」という）がその事業に関して有する権利義務の全部または一部をその会社から承継する会社（以下，「承継会社」という）との間で，吸収分割契約を締結しなければならないと規定している（757条後段）。重要な業務執行なので取締役会設置会社では取締役会，それ以外の会社では取締役の過半数で決せられると解される（〔516〕(b)）。指名委員会等設置会社の場合には執行役に委ねられない（416条4項17号）。簡易分割等の場合は除かれる。

〔774〕 **(ロ) 意義，「事業に関して有する権利義務の全部又は一部」の意味，合併等との比較等**

吸収分割とは，前述のように，A会社がその事業に関して有する権利義務の全部または一部を分割して，それをB会社に承継させ，B会社がA会社に株式の割当てその他金銭の交付（旧会社法のもとではB会社の株式の割当てに限られていた）をすることである。

旧会社法のもとでは，B会社によって承継されるのは，A会社の「営業ノ全部又ハ一部」と規定されていた（改正前商373条・374条ノ6）。このことは，分割会社の個々の権利義務の承継は，会社分割制度の対象にならないことを意味していた。会社分割は，前述のように合併等と同様の組織法的な行為であり，このことと個々の権利義務の承継をその対象とすることは相容れないと考えられるからである。具体的にも，個々の権利の承継による株式の発行には，現物出資手続が必要とされ，また，個々の義務の承継は一般原則により権利者の同意が必要とされるのに対して，会社分割では，そのような手続が必要とされていないことも，このように考えなければならない根拠となっていた。そうでないと，会社分割がこのような手続を免れる手段として利用されることになってしまうからである。

そこで，事業の全部または一部という場合の「事業」とは何かが問題になる。この点に関連して，平成17年改正前商法245条1項1号の株主総会の特別決議が要求される「営業ノ全部又ハ重要ナル一部ノ譲渡」（会社法における事業の譲渡。467条・309条2項11号）という場合の営業の全部または重要なる一部の意味との比較が問題になる。この意味については，最高裁大法廷昭和40年9月22日判決（民集20巻6号1600頁）の多数意見によれば，譲渡会社が譲渡の限度で法律上当然に会社法21条の競業避止義務を負う結果を伴うものをいうものとされる。ところが，会社分割に関しては，立法の経緯からいって（審議の過程で作成された中間試案においては，分割会社の競業避止義務に関する規定が設けられていたが，改正商法では分割計画または分割契約の記載に委ねる趣旨でそれが採用されなかった），競業避止義務を伴わないものも事業の全体または一部の承継に含まれると解される。たとえば，A会社が甲工場で乙物品を製造して販売していたが，そのA会社が甲工場を分離してB会社に承継させたとする。そして，それにより，A会社が他の工場で乙物品を製造して販売することをしてはならないという競業避止義務を負ったとすれば，この甲工場の承継は，前述の最高裁大法廷判決にいう営業の一部の承継に当たることになる。しかし，A会社が他の工場で乙物品を製造して販売することを禁止されない——競業避止義務を負わない——が，B会社は，その工場で乙物品を製造して販売することができる状態で，したがって財産関係のみならず，原料の仕入先，企業組織，労働関係等（いわゆる経済的価値のある事実関係）もそのままで承継したとする。この場合には，A会社が競業避止義務を負っていないが，それでもB会社は甲工場を有機的一体として承継しているということができる。そこで，このように，いわば格別の開業準備行為をすることなく，そのまま営業をすることができる状態で承継することが会社分割の場合の営業の承継ということができるという解釈が主張されていた。営業譲渡人の競業避止義務を定めた平成17年改正前商法25条（改正後会社21条）1項で，当事者が別段の意思表示をすることによって営業譲渡人の競業避止義務を排除することができる旨が規定されていることも，このように解する根拠とされていた。

以上に述べたことが，会社法の「事業に関して有する権利義務」の解釈に妥当するかが問題となるが，会社分割が現物出資手続等の脱法等の手段として利用されないようにする必要があることは改正前と同様であり，そうだとするとそれが妥当すると解釈すべきであろう。

もっとも，「事業に関して有する権利義務の全部又は一部」を以上のような意味に限定せず，個々の権利の承継も許されないものとして抑制する必要はないという見解も主張されている。しかし，会社分割法制は，個々の権利の承継について検査役の調査を免れる手段として利用されることは許されないということを前提として立法されたことは明らかであり，また，「会社分割に伴う労働契約の承継等に関する法律」（以下，「労働契約承継法」という）における「承継される事業に主として従事するもの」（同法2条1項1号）という規定も維持されており，それは上述したことを，同様の理解のもとに規定されたものであることにかんがみると，上述の考えを維持したいと考える。条文の表現からいっても，その考えを維持することを否定しなければならないとは考えられない。

〔775〕 (ハ) **分割契約の内容**

(a) **分割契約において定めるべき事項**　吸収分割契約においては，次に掲げる事項を定めなければならない（758条）。

① 分割会社および承継会社の商号および住所（1号）。

② 承継会社が分割会社から承継する資産，債務，雇用契約その他の権利義務（分割会社および承継会社の株式ならびに分割会社の新株予約権にかかる義務を除く）に関する事項（2号）。

③ 吸収分割により分割会社から承継する分割会社または承継会社の株式を承継会社に承継させるときは，その株式に関する事項（3号）。

④ 承継会社が吸収分割に際して分割会社に対してその事業に関する権利義務の全部または一部に代わる金銭等を交付するときは，その金銭等についての次の㋑から㋭までに掲げる事項（4号）。前述したように（〔771〕），旧会社法のもとでは分割会社の株主に対する承継会社株式の交付――分割型分割――についても規定されていたが，会社法のもとでは，分割会社のみが株式等の対価の交付を受けることとされており，分社型分割についてのみ規定されていることになる。もちろん，分割会社はそれにより取得した承継会社株式を分割会社の株主に交付して分割型分割と同じ結果にすることができることも前述した（〔771〕）。

㋑ その金銭等が承継会社の株式であるときは，その株式の数（種類株式発行会社にあっては，株式の種類および種類ごとの数）またはその数の算定方法ならびに承継会社の資本金および準備金の額に関する事項（4号イ）。この資本金および準備金の額に関する事項は法務省令で定められる（445条5項，会社計算37条・38条）。

会社計算規則37条は，吸収分割におけるパーチェス法（時価処理方式）による処理をする場合等の定めであって，そこで定められている内容は基本的に前述した吸収合併につき会社計算規則35条で定められているもの（〔746〕）と同様である。すなわち，まず，吸収分割によって変動する株主資本等変動額の規定（同37条1項）と，その範囲内で計上することができる資本金，資本剰余金および利益剰余金に関する規定（同37条2項）とを区別している。35条と異なるのは，パーチェス法（時価処理方式）が適用されるのが支配取得に該当する場合（吸収合併においては，パーチェス法〔時価処理方式〕はその場合に限られていた。同35条1項1号）に限られず，それ以外の場合も予定されている点である（同37条1項2号）。共通支配下関係にある会社間の取引（吸収合併においては，その場合は，持分プーリング法〔簿価処理方式〕によるとされている。同35条1項2号）であっても，企業結合会計基準等における「事業」に該当しない財産（この点については〔774〕参照）が吸収分割の対象となるような場合がこれに該当するといわれている。

会社計算規則38条は，吸収分割における持分プーリング法（簿価処理方式）による処理をする場合の定めであって，その内容は，会社計算規則36条で定められている内容（〔746〕）と基本的に同様である。同条と異なるのは，吸収分割の場合には，先行取得分株式等の帳簿価額をその他資本剰余金から控除する規定が存在しないこと（同36条1項但書と比較）である。吸収分割の場合には，先行取得分株式等が消滅しないから，この額をその他資本剰余金から控除する必要がないからである。対価自己株式については，その額をその他資本剰余金から控除する旨の同36条1項但書と同様の規定がおかれている（同38条1項但書）。

なお，会社が吸収分割の対価として株式または持分を取得する場合には，その株式または持分にかかる適正な額の特別勘定を負債として計上することができる（会社計算12条）。適正な額は会計慣行に従い定められる。

㋺　その金銭等が承継会社の社債（新株予約権付社債についてのものを除く）であるときは，その社債の種類および種類ごとの各社債の金額の合計額またはその算定方法（4号ロ）。

㋩　その金銭等が承継会社の新株予約権（新株予約権付社債に付されたものを除く）であるときは，その新株予約権の内容および数またはその算定方法（4号ハ）。

㋥　その金銭等が承継会社の新株予約権付社債であるときは，その新株予約権付社債についての㋺に掲げる事項およびその新株予約権付社債に付された新株予約権についての㋩に掲げる事項（4号ニ）。

㋭　その金銭等が承継会社の株式等以外の財産であるときは，その財産の内容および数もしくは額またはこれらの算定方法（4号ホ）。

⑤　承継会社が吸収分割に際して分割会社の新株予約権の新株予約権者に対してその新株予約権に代わる承継会社の新株予約権を交付するときは，その新株予約権についての次の㋑から㋩までに掲げる事項（5号）。

㋑　承継会社の新株予約権の交付を受ける分割会社の新株予約権の新株予約権者の有する新株予約権（以下「吸収分割契約新株予約権」という）の内容（この新株予約権の内容は236条に規定されている）（5号イ）。

㋺　吸収分割契約新株予約権の新株予約権者に対して交付する承継会社の新株予約権の内容および数またはその算定方法（5号ロ）。

㋩　吸収分割契約新株予約権が新株予約権付社債に付された新株予約権であるときは，承継会社がその新株予約権付社債についての社債に関する債務を承継する旨ならびにその承継に関する社債の種類および種類ごとの各社債の金額の合計額またはその算定方法（5号ハ）。

吸収分割の場合の新株予約権の買取請求について規定がある（787条）。

⑥　⑤の場合には，吸収分割契約新株予約権の新株予約権者に対する⑤の承継会社の新株予約権の割当てに関する事項（6号）。

⑦　吸収分割がその効力を生ずる日（効力発生日）（7号）。この効力発生日に吸収分割の効力が生ずる（759条1項。〔782〕）。

⑧　分割会社が効力発生日に次に掲げる行為をするときは，その旨（8号）。

㋑　全部取得条項付種類株式に関する規定（171条1項）による株式の取得（その取得と引換えに金銭等を交付する取得対価〔171条1項1号〕が承継会社の株式〔分割会社が吸収分割をする前から有するものを除き，承継会社の株式に準ずるものとして法務省令で定めるもの（会社則178条）を含む〕のみであるものに限られる）（8号イ）。

なお，上述の括弧書で承継会社の株式に準ずるものとして法務省令で定めるものとしては，以下の2つが挙げられる。

第1に，次のⓘに掲げる額からⓘⓘに掲げる額を減じて得た額がⓘⓘⓘに掲げる額よりも小さい場合における吸収分割に際して吸収分割株式会社が吸収分割承継会社から取得した金銭等であって，法758条8号（760条7号にも触れられているが，ここではそれは省略する。以下同じ）の定めに従い取得対価（758条8号イの場合）または配当財産（758条8号ロの場合）として交付する承継会社株式等以外の金銭等である（会社則178条1号）。

ⓘ　法758条8号イまたはロに掲げる行為により吸収分割株式会社の株主に

対して交付する金銭等の合計額。

ⅱ　ⅰに規定する金銭等のうち承継会社株式等の価額の合計額

ⅲ　ⅰに規定する金銭等の合計額に20分の1を乗じて得た額

すなわち，たとえば，ⅰに掲げる額――全部取得条項付種類株式の取得により吸収分割会社の株主に対して交付する金銭等――を10億円とし，その金銭等のうちの承継会社株式の価額の合計額が9億6000万円とすると，ⅲの額は10億円$\times\frac{1}{20}$＝5000万円となり，ⅰからⅱを減じて得た額4000万円は上述の5000万円より小さい額に当たるから，ここでいう法務省令で掲げるものに該当する。結局，⑧㋑は，その取得対価の全部またはそのほとんど全部（95％以上）が承継会社の株式であるものをいう。

第2に，特定株式取得をする場合における取得対価として交付する吸収分割株式会社の株式である（会社則178条2号）。

なお，次の⑧㋺の剰余金の配当についても同様の取扱いがなされる（758条8号イの括弧書）。

そして，これらについては，財源規制が課せられない旨が規定されている（792条）。このような取扱いが認められるのは，次のような理由による。すなわち，旧会社法のもとでは，前述したように（〔771〕），分割会社に分割対価として承継会社の株式を交付する物的分割（分社的分割ともいっていた）のみならず，分割会社の株主に分割対価として承継会社の株式を交付する人的分割（分割型分割ともいっていた）について規定されていた（改正前商374条ノ17第2項4号で，「分割ヲ為ス会社又ハ其ノ株主ニ対スル新株ノ割当ニ関スル事項」が分割契約書の記載事項とされていた）。会社法で，それが規定されていないのは，分割会社が承継会社から交付された分割対価を分割会社の株主に交付することは妨げられず，それにより実質的な人的分割がなしうるからであることも前述した（〔771〕）。そして，上述した⑧㋑および後述⑧㋺の場合は，実質的には，分割会社の株主に分割対価として株式を交付する場合に相当する。なお，5％未満は承継会社の株式以外の財産の交付が認められているのは，それは旧会社法における会社分割交付金（改正前商374条ノ17第2項4号）に相当するものであると解され，その限度で実質的に旧会社法のもとにおける会社分割交付金（会社法のもとでは金銭に限られない）に相当するものを認めたものと理解することが可能である。そして，旧会社法のもとでも，上述の場合に配当規制が課せられていなかったことも，上述のような財源規制が課せられない取扱いをする理由となっているといえよう。

㈡　剰余金の配当（配当財産が承継会社の株式のみのものに限られる。なお，上述㋑と同様の取扱いがなされる。758条8号イの括弧書の中に「ロにおいて同じ」と規定されている）（8号ロ）。

なお，平成26年改正会社法は，吸収分割会社が吸収分割の効力を生ずる日（新設分割設立会社の場合には，その成立の日）に吸収分割承継会社の株式または持分のみ（新設分割にあっては新設分割設立会社の株式または持分のみ）によって剰余金の配当をする場合，すなわちいわゆる人的分割の場合には，445条4項の規定による準備金の計上を要しない旨を規定している（792条）。445条4項は，剰余金の配当をする場合には，それにより減少する剰余金の額の10分の1を準備金として計上しなければならない旨を規定している（〔644〕）が，上述の新設規定は，その計上を要しない旨を定めたものである。人的分割においては，分配可能額の有無にかかわらず剰余金の配当がなされるものであるから，準備金の計上を義務づける必要はないという理由による。

〔776〕　**(b)　承継会社が分割会社から承継する権利義務に関する事項**　(a)②に述べたように，承継会社が分割会社から承継する債権債務，雇用契約その他の権利義務に関する事項が分割契約の内容とされる。この定めにより，承継会社がどのような権利を取得し，どのような義務を負うかが明らかにされる。会社の吸収分割とは，分割会社がその事業の全部または一部を既存の会社に承継させ，その事業に属する権利義務の包括承継を伴うものである。

(i)　権利義務の帰属範囲等　この記載により分割会社に残存する権利義務に関する事項も明らかにされることになる。いい方を変えると，この記載により，分割前に分割会社に存在する権利義務のすべてにつき，承継会社と分割会社のいずれに帰属させるかが明らかにされるべきことになる。承継会社が債務を承継する場合には，それが免責的か重畳的か，すなわち，分割会社がその債務を免れるか，引き続きその債務を負っているかも記載しなければならないと解される（〔782〕）。ここで分割会社から承継する権利義務とは，労働契約上の権利義務，継続的契約上の権利義務，非金銭債権債務等を含む広い意味である。雇用契約は「承継する権利義務」に当然に含まれるのであり，したがって，それに関する記載（前述(a)②）は当然のことを明確にするためのものである。

以下に，承継される権利義務のいくつかについて付言しよう。

(ii)　雇用契約上の権利義務の承継　会社分割と雇用契約上の権利義務との関係については，次のように考えることができる。たとえば，A会社が，①鉄道事業部門と②百貨店事業部門とから成っており，従業員の採用も，①部門と②部門とで別々にしており，①部門と②部門とで原則として人事交流がない場合に，②部門がB会社に承継されるときは，②部門の従業員も原則としてB会社に承継されることになろう。この場合に，雇用関係の承継を一般的に除外することは，事業の譲渡とはいえず（〔774〕），会社分割の対象となりえないと解されることになろう。これに対して，たとえば，A会社が銀行業を営んでおり，そのうちの外国為替部門をB会社に承継させる場合に，A銀行としては従業員を部門別にではなく一括して採用しており，しかも部門間で人事交流が通常に行われているようなときは，その分割の時点で外国為替部門に属していた従業員の多くがそのままB会社に承継されることになろうが，その時点で一部人事交流をすることもありうるであろう。いずれにしても，このような労働契約上の権利義務の承継について承継会社が分割会社から承継する権利義務に関する事項として，分割契約に定めておくことになる。

なお，会社分割はこのように雇用契約に影響を与えるため，労働契約に関連して，①まず，分割会社は，会社分割に伴う労働契約の承継に関して，労働契約承継法2条1項の規定による通知をすべき日までに，労働者と協議するものとする旨が規定されている（平成12年商改正附5条1項。「5条協議」）。会社分割は，前述したように，分割の対象となる事業に属する権利義務の包括承継を伴うものであり，労働契約上の地位も個々の労働者の承諾なしに当然に承継される（民法625条1項の適用がない）ことから，この規定が設けられたものである。もっとも協議をすることが義務づけられたといっても，協議が調わなければ会社分割の手続が進められないというものでもない。上記の協議の対象となる労働者は，承継される事業に従事している者を指すと解される。ただし，5条協議がまったくなされなかったときや協議が行われた場合であっても分割会社からの説明や協議の内容が著しく不十分であるときは，労働者は，労働契約承継法3条に定める労働契約承継の効力を争うことができる（最判平成22・7・12民集64巻5号1333頁）。②また，上記に規定するもののほか，会社分割に伴う労働契約の承継に関連して必要となる労働者の保護に関しては，別に法律で定める旨が規定され（平成12年商改正附5条2項），平成12年商法改正と同時に労働契約承継法が制定された。この法律によれば，会社分割においては，㋑分割会社が雇用する労働者であって，承継会社（新設分割の場合の新設会社を含む。以下同じ）に承継される事業に主として従事しているものについては，次のような手当てがなされている。すなわち，そのような労働者であって，分割契約（新設分割の場合には分割計画）にその者が分割会社との間で締結している労働契約を承継会社が承継する旨の記載があるものは，分割の効力が生じた時に承継会社に承継され（労働承継3条），その記載がないものは，当該分割会社に対して，労働契約の承継がないことにつき書面で異議を申し出る機会が与えられ（労働承継4条1項），この申出をしたときは，その者が分割会社との間に締結している労働契約は分割の効力発生時に承継会社に承継されるものとされる（同4項）。また，㋺分割会社が雇用する㋑以外の労働者（承継会社に承継される事業に主として従事する者以外のもの）であって，分割契約等にその者が当該会社との間で締結している労働契約を承継会社が承継する旨の記載のある者については，分割会社に対して，労働契約が承継されることにつき異議を述べる機会が与えられ（労働承継5条1項），異議を述べたときは労働契約が承継されないものとされる（労働承継5条3項）。

(iii)　根抵当権に関する権利義務の承継　　根抵当権についても，その権利義務の分割による承継がなされることがあるが，民法上，①根抵当権者を分割会社とする会社分割があった場合と②根抵当権の債務者を分割会社とする会社分割があった場合とのそれぞれにつき，立法的手当てがなされている。すなわち，①元本の確定前に根抵当権者を分割会社とする分割があったときは，根抵当権は，分割の時に存する債権のほか，分割会社および承継会社（新設分割の場合には，新設会社）が分割後に取得する債権を担保するものとされる（民398条の10第1項）。また，②元本の確定前に債務者を分割会社とする分割があったときは，根抵当権は，分割の時に存する債務のほか，分割会社および承継会社（新設分割の場合には，新設会社）が分割後に負担する債務を担保するものとされる（民398条の10第2項）。そして，①および②のいずれの場合にも，根抵当権設定者（債務者が根抵当権設定者であるときは除かれる）は一定の期間内（分割があったことを知った日から2週間，分割の日から1か月。民398条の9第5項）に元本の確定請求をすることができるものとされる（民398条の10第3項・398条の9第3項─5項）。

(iv)　のれんの計上　　のれんの計上については別に取り扱っている（〔628〕）。

(v)　競業避止義務　　会社分割制度においては，事業を承継させる分割会社についての競業避止義務は定められていない。会社法総則において事業の譲渡人につき競業避止義務を規定している（21条1項）のと異なるところである。会社分割における競業避止義務の有無は，分割契約の記載に委ねる趣旨である。なお，分割契約に競業禁止について何ら規定されなかった場合に，分割会社または承継会社（新設会社においても，分割会社に残った事業につき競業避止義務を負うものとされることはありうる）が競業避止義務を負うことになるかどうかが解釈論として問題となりうる。この問題は，分割会社と新設会社または承継会社とで区別して論ずる余地があるのではないかと解される。会社分割において承継の対象になるのは，事業の全部または一部に限定されていることは前述したが，その事業の譲渡人については，会社法21条1項で，事業譲渡の場合において，当事者が別段の意思表示をしないときは，譲渡人が同一市町村および隣接市町村内において20年間競業を禁止される旨が規定されている。この規定の趣旨からいって，分割会社は，事業の全部または一部を承継させる者として，分割契約に別段の定めがない限り，上記の規定の範囲で競業避止義務を負うと解されよう。これに対して，承継会社等は，分割契約に競業が禁止される旨の規定が設けられない限り，その義務を負わないと解される。

(vi) 契約上の地位　　契約上の地位も，会社分割による承継の対象となり得る。ただし，賃借人が契約当事者を実質的に変更したときは賃貸人は契約を解除して違約金を請求することができるなどの定めのある賃貸借契約における賃借人の地位を吸収分割により承継させた事案において，吸収分割後に生じた賃貸借契約違反に基づく違約金債権に係る債務を分割会社が負わないと主張することは，信義則に反し許されないとされた例がある（最判平成29・12・19民集71巻10号2592頁）。

(二) 事 前 開 示　〔777〕

分割会社および承継会社は，吸収分割契約等に関する書面等を備置開始日（782条2項・794条2項）までに作成し，その本店において効力発生日後6か月を経過する日までの間その書面等の備置きをし，かつ，その株主および債権者の閲覧等に供することを要する（782条1項3項・794条1項3項，会社則183条・192条。備置開始日につき782条2項・794条2項）。事前開示の趣旨等は吸収合併の場合（〔752〕）のそれと同様である。その内容も，分割会社のそれ（会社則183条）および承継会社のそれ（会社則192条）とについて規定されているが，両者の内容は基本的に同一であり，合併対価の相当性に関する事項，それにつき参考となるべき事項（会社則183条1号・192条3号），各会社の負担すべき債務の履行の見込みに関する事項等（会社則183条6号・192条7号）が含まれている。

(ホ) 吸収分割契約の承認等　〔778〕

(a) 株主総会・種類株主総会の承認を要する場合等　　分割会社および承継会社

は，効力発生日の前日までに株主総会の決議（特別決議によることを要する。309条2項12号）により承認を受けなければならない（783条1項・795条1項）。この総会における承継会社の取締役の説明しなければならない事項は，合併の場合と同様である（795条2項3項，会社則195条。〔754〕）。

承継会社が種類株式発行会社の場合において，分割会社に対して交付する金銭等が承継会社（譲渡制限会社の場合。種類株主総会の決議を要しない旨の定款の定め〔199条4項〕があるものは除かれる）の株式である場合には，その種類の株主を構成員とする種類株主総会（株式の種類が2以上ある場合にはそれぞれの株主総会）の決議がなければその効力を生じない（795条4項2号）。これも合併の場合と同様である（〔755〕(i)(α)）。

分割会社は，効力発生日の20日前にその登録株式質権者および新株予約権の登録予約権質権者（787条3項2号）に対して吸収分割をする旨を通知または公告しなければならない（783条5項6項）。その趣旨も合併の場合と同様である（〔758〕）。

(b) 株主総会の承認を要しない場合

(i) ①承継会社に承継させる資産の帳簿価額の合計額が分割会社の総資産額の5分の1（これを下回る割合を定款で定めることは可能）を超えない場合には，分割会社の承認を要しない（784条2項，会社則187条）。また②分割会社に対して交付する承継会社の株式等の分割対価が承継会社の純資産額の5分の1（これを下回る割合を定款で定めることは可能）を超えない場合には（796条2項，会社則196条），承継会社の総会決議による承認も総会における説明も要しない（796条2項による795条2項3項の適用除外）。もっとも，②についてはそれに反対する旨を通知した株主が一定数（法務省令で定められる。会社則197条。6分の1超等）を超えるときは，株主総会の承認を要するとされる。①は後述する簡易の事業譲渡の場合（〔815〕）と同様であり，②は，吸収合併の簡易合併の場合と同様である（796条3項。〔756〕）。

(ii) ①承継会社が分割会社の特別支配会社の場合（784条1項）または②分割会社が承継会社の特別支配会社の場合（796条1項）に，それぞれ①の場合には分割会社の株主総会を，②の場合には承継会社の株主総会の承認を要しない。②の場合には承継会社の株主総会における説明（795条2項3項）も要しない。①の場合にははじめから株主総会における説明は要求されていない（783条2項には795条2項3項に相当する規定は存在しない）。その理由等については，吸収合併の場合と同様である（〔757〕）。

(ヘ) 反対株主の株式買取請求権，新株予約権買取請求 〔779〕

分割会社の反対株主の株式買取請求権（785条）および新株予約権買取請求（787条1項2号）ならびに承継会社の株主のそれ（797条）について，基本的に吸収合併に相当する規定が設けられている（〔759〕〔760〕）。

(ト) 債権者保護手続 〔780〕

会社分割の場合の債権者保護手続については，平成16年改正により，その公告の方法および知れている債権者に対する各別の催告等の点で，合併等の場合と共通のものとされたことは前述した（〔761〕(a)）。しかし，会社分割の場合には，債権者保護手続として分割会社の知れている不法行為債権者への各別の催告を要するものとされており，合併の場合に比べて厳重となっている。また，会社分割の性質上，例外として，債権者保護手続を要しない場合についても規定されている。

(a) 債権者保護手続が必要な場合と必要でない場合

（i） 分割会社の債権者の場合　　吸収分割をする場合には，分割会社の債権者は，次の場合に異議を述べることができる旨が規定されている（789条1項2号）。

① 吸収分割をする場合において，分割後分割会社に対して債務の履行を請求することができない分割会社の債権者が異議を述べることができる。ここで，分割会社に対して債務の履行を請求できない債権者とは，それまで分割会社の債権者であったにもかかわらず，分割契約により，分割会社が免責的に債務を免れ，承継会社がその債務を承継した場合のその債権者をいうと解される。その債務の保証人として承継会社と連帯して負担する保証債務の履行を請求することができない分割会社の債権者についても同様である（789条1項2号の前の括弧書）。

ということは，逆にいうと，上記の債権者が分割会社に債務の履行を請求することができる場合には，債権者保護手続が不要であることになる。

会社分割においては，前述したように，分割契約の定めに従って分割会社の権利義務が承継会社に承継されるから，原則としては，会社債権者の債権の満足を受ける可能性に影響を与えることになる。したがって，また，原則として，会社分割において債権者保護手続をとることが要求されることは当然である。ところが，①の債権者に対する関係で，分割会社に債務の履行を請求することができる場合に債権者保護手続を要しないとされているのは，①の債権者にとっては，会社分割によってその債権の満足を受けるために担保となる財産に減少が生じていないということにある。分割会社にとっては，その財産を承継会社に承継させることによりその減少が生ずるが，その減少分は承継会社が分割に際して交付する会社分割の対価等を受けることによって塡補されて，その資本構成に変更がなく，その債権者にとって債権の満足を受けるための担保財産に減少を生じないことになり，しかも，分割会社が引き続きその債務を負う場合には，債権の満足を受ける可能性に影響を生じないことになる。このことは事業の全部または重要な一部の譲渡（467条）において，譲渡会社にとっては現実に譲渡される分の減少がその対価によって塡補されるものとして，債権者保護手続が要求されていないのと同様である。なお，ここでは，承継会社に承継される分割会社の財産の価値と，分割会社が承継会社から割り当てられる株式等の金銭の価値とが一致することが前提とされている。ここでいう分割は，旧会社法のもとで，いわゆる物的分割の場合（〔771〕参照）に相当するものであって，旧会社法のもとでも物的分割が，分割会社に債務の履行を請求できる債権者については債権者保護手続が認められていなかった。

もっとも，分割会社にとって，承継会社から分割の対価として交付を受けたものが分割した財産より少なかった場合には，その債権者にとって担保財産が減少することになる。また，共同分割の場合において，他の分割会社との関係で不利な割当比率——不公平な割当比率——が定められて，それが株主総会で承認された場合には，承継会社に承継される分割会社の財産の価値とその分割会社が承継会社から割り当てられる株式の価値とが一致しないことがありうる。しかし，このことは，事業譲渡の場合に，譲渡されたものの価値と譲渡の対価が一致しないことがありえないではないこと（〔811〕参照）と同様である。一般論としては，そのような取引をした取締役の責任（423条）で対応することが期待されているということになろう。さらに，事前開示の対象として，前述したように会社分割の対価に関する事項の相当性や各会社の債務の履行の見込みに関する事項についての記載をした書面の備置きが要求され（〔777〕），取締役の責任追及が容易になっており，その点では事業譲渡の場合以上に債権者保護のための措置が講じられているということができる。さらにいえば，不公平な割当比率が株主総会で承認されることは稀であると考えられ，そのような稀な場合のために一般的に債権者保護手続が要求されることは立法論として適切でないということからも，このような取扱いがなされたということができよう。

② 分割会社が対価として受けた承継会社の株式（それに準ずるものとして取り扱われるものが会社則178条に定められている。〔775〕(a)⑧㋑と同様である）を全部取得条項付株式の取得の対価として（758条8号イ），および剰余金の配当として分割会社の株主に分配する場合（758条8号ロ。なお，この場合は，旧会社法における人的分割に相当し，旧会社法のもとでも債権者保護手続が認められていた。〔771〕参照）には，分割会社のすべての債権者が異議を述べることができる（789条1項2号の後の括弧書）。この場合には，分割会社の債権者にとって，その担保となる財産状態に減少を生ずる可能性があるからである。

(ii) 承継会社の債権者の場合　承継会社の債権者については，無条件に承継会社に異議を述べることを認めている（799条1項2号）。承継会社の債権者については，分割会社の債権者について(i)①に述べたような限定をする理由が存しないからである。

(b) 債権者保護手続の内容 〔781〕

(i) 公告の方法と各別の催告の要否等　債権者保護手続，ことにその公告の方法および各別の催告の要否については，会社分割の場合を含めて資本金の額の減少のところで一般的に取り上げた（789条2項。〔639〕）。債権者保護手続として，公告を官報のほか時事に関する日刊新聞紙または電子公告によってしたときは，不法行為によって生じた債権者を除き，各別の催告を要しないものとされた（789条3項）。ということは，公告が官報のみによってなされた場合および債権者が不法行為債権者である場合には，債権者に対しては各別の催告を要することになる（会社法では債権者保護手続としての公告，催告等の始期について規定が設けられていないことにつき〔761〕）。ここで不法行為債権者には各別の催告を要するものとする理由については，資本金の額の減少の場合の債権者保護手続について取り扱った（〔639〕(β)）。

(ii) 各別の催告の対象となる債権者の範囲　債権者保護手続として，知れている債権者（異議を述べることができる者であることはいうまでもない。789条2項本文括弧書）に各別に異議を述べるべき旨の催告をすることが要求される（789条2項本文）場合に，各別の催告の対象となる知れている債権者の意味，具体的には，将来の労働契約上の債権者，継続的供給契約上の債権者等がこれに含まれるかが問題となる。この点については，各別の催告の効果の観点から検討すべきものと考えられる。すなわち，会社法上，知れている債権者への個々の催告を要求することによって，そのような債権者に異議を述べる機会を与え，異議を述べた債権者に対しては弁済，担保提供等の措置が講じられることになっている（789条5項）。そうだとすると，この債権者の範囲としては，債権者が異議を述べた場合に会社が弁済すべき額，提供すべき担保の額等を決定する具体的基準がある場合のその債権者と解すべきであろう。たとえば，労働債権については，具体的に給与債権または退職金債権が発生している場合には，その債権者は債権者保護手続の対象になると一般的に解されており，社内預金をしている者についても，同様のことがいえよう。しかし，将来の労働契約上の債権，継続的供給契約上の将来の債権等の債権者はこれに含まれないと解される。継続的供給契約のように双方未履行の場合には，その双方未履行の部分についてまで債権者が担保の提供を求めることができるとするのは不公平だという主張もある。

以上によれば，会社分割制度（合併制度においても，基本的には同様である）における債権者の範囲は，分割契約の記載事項としての債権の承継という場合のそれ（〔775〕），および事前開示または事後開示の閲覧権者等としてのそれ（〔777〕〔784〕）と債権者保護手続の対象となるそれとでは，解釈上異なることになる。すなわち，後者の債権者の範囲は前者のそれよりも限定されたものと解されることになる。

(iii)　異議催告期間，異議があった場合の措置等　　異議催告期間は1か月を下ることができない（789条2項但書・799条2項但書）。また，異議催告期間内に異議を述べなかった場合には，承認をしたものとみなされる（789条4項・799条4項）。債権者が異議を述べた場合には弁済等の措置をとることを要するが，債権者を害するおそれがないときはその措置をとる必要がないことは合併の場合と同様である（789条5項・799条5項。〔762〕参照）。社債権者が異議を述べるには社債権者集会の決議によるが，社債管理者も社債権者のために異議を述べることができる（740条1項2項。〔714〕(iv)）。

(iv)　分割会社等に知れていない債権者の保護　　平成26年改正前会社法のもとでは，会社分割に異議を述べることができる分割会社の債権者であって（789条1項2号。〔780〕），各別の催告（789条2項等）を受けなかったものは，①吸収分割契約または新設分割計画において会社分割後に，分割会社に対して債務の履行を請求できないものとされているときであっても（〔775〕〔785〕），分割会社に対して，分割会社が会社分割の効力が生じた日に有していた財産の価額を限度として，その債務の履行を請求することができるものされ，かつ，②承継会社等に対して債務の履行を請求することができないものとされているときであっても，承継会社等に対して，承継した財産の価額を限度として，その債務の履行を請求することができるとされていた。以上の①および②のいずれについても，分割会社が官報に加え日刊新聞紙に掲載する方法または電子公告による公告を行う場合（789条3項等）にあっては，不法行為によって生じた債務の債権者を除き，各別の催告を要しないとされていた。

①の請求は分割会社に対する，その会社が会社分割の効力が生じた日に有していた財産の価額を限度とするものであり，②は承継会社に対する，承継した財産の価額を限度とするものであって，いずれも分割会社に知れていない債権については各別の催告を要しないため，官報公告のみが行われた場合に各別の催告を受けなくても①②の保護を受けることができなかった。

そこで，平成26年改正により，吸収分割会社に知れているかどうかを問わず，各別の催告を受けなかった債権者（官報公告に加え日刊新聞紙に掲載する方法または電子公告による公告を行った場合は不法行為債権者のみ）は，分割会社等（①の場合）または承継会社等（②の場合）に対して，債務の履行を請求することができることとされた（759条2項・3項）。

(v) 詐害的な会社分割等における債権者の保護

① 詐害的会社分割をした会社の責任　最判平成24年10月12日（民集66巻10号3311頁）は，会社分割につき，詐害行為取消権（民424条）の対象となることを認めた。平成26年改正会社法は，以下のように，詐害的な会社分割等における債権者の保護に関する規定を設けた。

吸収分割会社または新設分割会社（以下「分割会社」という）が吸収分割承継会社または新設分割設立会社（以下「承継会社」という）に承継されない債務の債権者（以下「残存債権者」という）を害することを知って会社分割をした場合には，残存債権者は，承継会社に対して，承継した財産の価額を限度として，その債務の履行を請求することができる（759条4項本文・764条4項）。

ただし，吸収分割の場合であって，吸収分割承継会社が吸収分割の効力が生じた時において残存債権者を害することを知らなかったときはこの限りでない（759条4項但書）。なお，分割会社が吸収分割の効力が生ずる日または新設分割設立会社の成立の日に全部取得条項付種類株式の取得または剰余金の配当（取得対価または配当財産が承継会社等の株式または持分のみであるものに限られる）をする場合には，上記の規定は適用されない（759条5項・764条5項）。

② ①の責任の期間の経過による消滅，破産手続開始等の決定との関係等

①の債務を履行する責任は，分割会社が残存債権者を害することを知って会社分割を知った時から2年以内に請求または請求の予告をしない残存債権者に対しては，その期間を経過した時に消滅する。会社分割の効力が生じた日から10年を経過したときも，同様である（759条6項・764条6項)。

また，①の請求権は，分割会社について破産手続，再生手続または更生手続の開始の決定がなされたときは行使することができないものとされる（759条7項・764条7項)。

事業譲渡および営業譲渡（商16条）についても，①および②が妥当する（23条の2，商18条の2)。

〔782〕 **(チ) 吸収分割の効力発生日，効力の内容等**

(a) 分割契約の定めに従う権利義務の承継等 吸収分割の効力は，吸収分割契約に定めた「効力発生日」（758条7号）に効力が生ずる。すなわち，承継会社は，効力発生日に，分割契約の定めに従い，分割会社の権利義務を承継する（759条1項)。会社分割の登記がなされる（923条)。

また，分割会社は，分割契約の定めるところに従い（758条4号―6号)，承継会社の株主，社債権者，新株予約権者等になる（759条8項9項)。

なお，(チ)で述べること（(b)以下も含む）は，債権者保護手続が終了していない場合または吸収分割を中止した場合には適用されないことはいうまでもない（759条10項)。

(b) 契約に定めるところによる権利義務の承継

(i) 債務の承継の関係 分割契約に，分割会社が負っていた債務を承継会社が承継する旨の記載がなされているときは，承継会社が当然にその債務を履行する責任を負う。この承継会社による分割会社の債務の承継によって，分割会社がその債務を免れるかどうか――免責的債務承継かどうか――も分割契約に定められるから（〔776〕)，免責的債務承継の旨の記載がなされているときは，承継会社のみがその債務の履行の責任を負うことになる（もっとも，〔783〕参照)。これとは逆に，承継会社がそれを承継する旨の記載がない債務については，分割会社のみがその債務の履行の責任を負うことになる。

(ii) 権利移転の手続など 承継会社が分割契約の内容に従って分割会社の権利を承継した場合には，分割会社から承継会社に対する権利移転が生ずることになる。民法177条は不動産物権の得喪または変更に関する第三者対抗要件について規定し，会社法130条は株式の譲渡の会社その他の第三者に対する対抗要件について規定しているが，これらの規定は会社分割による権利の移転にも適用されると解されることになろう。また，民法178条は動産に関する物権の譲渡の第三者対抗要件について規定し，同467条は債権譲渡の債務者その他の第三者に対する対抗要件について規定しており，これらの規定が会社分割による権利の移転について類推適用されるかが問題となるが，会社分割においても，二重譲渡（動産または指名債権の場合）や債務者に対する対抗（指名債権の場合）が問題となりうるので，やはりその類推適用があると解されることになろう。もっとも，債権譲渡の債務者その他の第三者に対する対抗要件については，金銭の支払を目的とする債権の場合には，「動産及び債権の譲渡の対抗要件に関する民法の特例等に関する法律」の規定により，債権譲渡登記ファイルへの譲渡の登記によってなされることが多いであろう（同法4条1項）。

(c) 官報による公告しかされなかった場合または債権者が不法行為債権者の場合における各別の催告を受けなかった債権者に対する会社の責任 〔783〕

(i) 問題点　　債権者保護手続として，会社の公告を官報によるほか時事に関する日刊新聞紙または電子公告によってした場合には，分割会社の不法行為によって生じた債権者を除き各別の催告を要しないものとされた（789条3項・799条3項）。ということは，公告が官報のみによってなされた場合には債権者に対しては各別の催告が必要とされ，また，公告の方法を問わず，債権者が分割会社の不法行為債権者であった場合には，会社はその債権者に対しても，各別の催告をする必要があることになる。そして，これらの場合において，各別の催告を受けなかった債権者に対して，会社がどのような責任を負うかについては，次のような問題点がある。すなわち，前述のように（〔782〕），会社分割においては，分割会社が負っていた債務を承継会社が承継し，分割会社がその債務を免れる場合がある（分割会社と承継会社の双方が債務を負う場合にはこのような問題は生じない）。一般原則によれば，このような免責的債務引受けは，各債権者の同意を必要とされるが（民472条参照），会社分割において，このような場合に各債権者の同意というような個別的な取扱いをしたのでは円滑な会社分割を実行することができず，どうしても集団的な取扱いが必要となる。そこで，会社分割による債務の承継は，前述したように債権者保護手続をとることを前提として（789条1項2号2項・799条1項2号2項。〔780〕〔781〕），分割契約の記載に従って効力を生ずるという集団的取扱いをすることとされている。しかし，そのままでは，債権者保護手続において，単に公告のみで各別の催告を受けなかったにもかかわらず，分割契約における承継会社の免責的債務引受けの記載により分割会社が債務を免れてしまい，債権者に不利な結果が生ずることがありうる。そこで，会社法では，各別の催告を受けなかった債権者に対する関係で，次のような措置を講じている。

(ii) 分割契約で債務を負担するものとされない会社の責任　債権者保護手続に規定する（789条2項・799条2項）各別の催告を受けなかった債権者に対する分割会社の債務（分割時に分割会社が負っていた債務）については，分割契約の内容にかかわらず，その債務を負担するものとされなかった会社もまたその弁済の責任を負うものとされる。具体的には，各別の催告を受けなかったときは，分割契約で①その債権者に対する債務を分割によって承継会社が負担し，分割会社はその債権を負担しない旨の定めがあった場合でも（759条2項），また，その逆に，②その債務を分割会社が負担し，承継会社はそれを負担しない旨の定めがあった場合でも（759条3項），分割会社と承継会社の双方がその債務を負担することになる。すなわち，①の場合には分割会社も，また，②の場合には承継会社もその債務を負担することになる。この両会社の債務は，不真正連帯債務関係になると解される。しかし，その債権には，次のような限度が定められている。

(iii) 物的有限責任　分割契約の内容にもかかわらず負わされる上記の弁済の責任は，分割会社の場合には，効力発生日に有していた財産の価額を限度として（759条2項），また承継会社の場合には承継した財産の価額が限度（759条3項）とされている。それぞれの会社の責任の限度が効力発生日におけるその会社が有する純資産額基準ではなく，その有していた財産の額または承継した財産の額が基準とされている点が注目される。たとえば，分割するA会社が分割前に100億円の財産（債務の額は関係がない。以下同じ）を有し，分割によりそのうちの90億円を分割により承継するB会社に承継させた場合において，20億円分の債権者が債権者保護手続において官報による公告のみで，または不法行為債権者が，各別の催告を受けなかったときは，A会社は分割の日におけるその有する財産の価額である10億円（100億円から承継させた90億円を排除した額）を限度として，またB会社は承継した財産の価額である90億円を限度として，その弁済の責任を負うものとされることになる。両会社の分を合計すると100億円が限度となる。分割時に分割会社の有している責任財産（100億円）の範囲で両会社が責任を負えば足りることとされたのである。ここで財産の価額は，規定の趣旨からいって処分価額と解される。その財産の価額の立証責任は，その規定の仕方からいって有限責任を主張する側が負うことになる。なお，分割契約の定めにより債務を負担するものとされなかった会社がこの規定により債務を負うに至ったときは，その会社の貸借対照表には，その債務の額が計上されることになるが，その弁済をしたときに生ずる求償債権も計上されるか，注記等がなされることになろう。

(iv) 各別の催告を受けなかった債権者の範囲　会社が物的有限責任を負わされる各別の催告を受けなかった債権者とは，官報によるほかに時事に関する日刊新聞紙または電子公告による公告方法がとられなかった場合の債権者および不法行為債権者である。また，会社に知れている債権者であって会社が本来各別に催告をすべきであったにもかかわらずそれを受けなかったものだけではなく，会社に知られていない債権者であって，会社が各別の催告をする必要がなかったためにそれを受けなかったものも含まれる。もっとも，分割後も分割会社に対し債権の弁済の請求をすることができる債権者については，前述のように（〔780〕(a)(i)①），そもそも債権者保護手続の対象とされておらず，したがって，その者に対する各別の催告がなされなくても，この規定の適用がないことはいうまでもない。継続的契約の将来の債権者等についても同様である（〔781〕(ii)）。

(リ) 吸収分割に関する書面等の備置き —— 事後開示　〔784〕

分割会社は，効力発生後遅滞なく，吸収分割により承継会社が承継した分割会社の権利義務その他の吸収分割に関する事項として法務省令で定める事項（会社則189条）を記載し，または記録した書面または電磁的記録を作成しなければならない（791条1項1号・801条2項）。

分割会社は，効力発生日から6か月間，この書面等をその本店に備え置かなければならない（791条2項・801条3項2号）。

分割会社および承継会社の株主および債権者（その他の利害関係人も含まれる）は，上記の書類等の閲覧請求等が認められる（791条3項・801条5項。費用の支払について規定がある。791条3項但書・801条5項・4項但書）。

これらの事項は，基本的に合併の場合の事後開示について述べたことが妥当する（〔764〕）。

(ヌ) 会社分割の差止め

基本的に吸収合併の場合と同様である（784条の2・796条の2。〔765の2〕）。

(ル) 吸収分割無効の訴え，無効判決の効力

基本的に吸収合併無効の訴えと同様である（828条1項9号・2項9号・834条7号・835条－839条・843条1項3号。〔767〕－〔769〕）。

(ヲ) 振替株式を交付する場合等

承継会社が分割会社に振替株式を交付しようとする場合には，契約に分割会社のために開設された振替を行うための口座（既存特別口座は除かれる。その意味については〔250〕(b)）を定めなければならない（社債株式振替160条5項）。

〔785〕 3 新 設 分 割

(イ) 新設分割計画の作成およびその内容

会社（複数の場合もありうる）は，新設分割をすることができる。この場合においては，新設分割計画を作成しなければならず（762条1項），2以上の会社が共同して新設分割をする場合には，当該2以上の株式会社または合同会社は，共同して新設分割計画を作成しなければならない（762条2項）。新設分割の場合には，その効力発生までは新設会社がまだ存在していないから，吸収分割と異なり，分割契約の締結という構成はとることができず，分割計画の作成という構成をとることになる。

分割計画に定めるべき事項としては，吸収分割に定めるべき事項と同様のもの（763条1項5号－12号。吸収分割についての758条2号－8号に相当する）のほかに，新設会社の設立に関する事項が含まれる（763条1項1号－4号）。すなわち①新設会社の目的，商号，本店の所在地および発行可能株式総数（1号），②①に掲げるもののほか，新設会社の定款で定める事項（2号），③新設会社の設立時取締役の氏名（3号），④㋑新設会社が会計参与設置会社である場合には新設会社の設立時会計参与の氏名または名称，㋺新設会社が監査役設置会社（監査役の監査の範囲を会計に関するものに限定する旨の定款の定めがある会社を含む）である場合には新設会社の設立時監査役の氏名，㋩新設会社が会計監査人設置会社である場合には新設会社の設立時会計監査人の氏名または名称（4号）である。

新設分割の場合には，新設会社から分割会社に交付される分割の対価に新設会社の株式が含まれていなければならないことはいうまでもない（763条1項6号。新設合併の場合〔753条1項6号〕，株式移転の場合〔772条2項5号〕も同様である）。

新設分割の場合の株式資本等の計算に関しては，会社計算規則49条から51条までに規定されている。同49条では，単独新設分割に関するものであって，新設分割の直前の帳簿価額を基礎として算定する方法（持分プーリング法〔簿価処理方式〕）を原則とする旨が規定されている（同1項）。持分プーリング法（簿価処理方式）が原則とされるのは，単独新設分割は，分割会社の100％子会社を設立するものであり，原則として共通支配下の取引（同35条1項2号・37条1項3号等参照）に該当するものであるからである。なお，「事業」に該当しない財産が新設分割の対象となる場合に時価処理の対象となりうる旨を規定している（同49条1項の2番目の括弧書・37条1項2号。なお，〔775〕参照）。

上述の単独新設分割のうち，対価の全部が設立会社の株式である場合の分割型新設分割の場合には，株主資本等が引き継がれる処理がなされる（同50条）。

共同新設分割の場合の株主資本等についても規定されている（同51条）。

会社が新設分割の対価として株式または持分を取得する場合には，その株式または持分にかかる適正な額の特別勘定を負債として計上することができる（会社計算12条）。適正な額は会計慣行に従い定められる。

また2以上の会社が共同して新設分割をするときの株式の割当てに関する事項も含まれている（763条1項7号）。

分割会社から承継する分割会社の権利義務の意味，内容等については，吸収分割について前述したこと（〔776〕）があてはまる。

(ロ) 分割計画等に関する書面の備置き，閲覧等 ── 事前開示 〔786〕

分割会社は分割計画の内容その他法務省令で定める事項（会社則205条。その内容については合併または吸収分割会社のそれと基本的に同じである。〔752〕(b)〔777〕）を記載し，または記録した書面または電磁的記録を新設会社の成立の日後6か月間その本店に備え置かなければならない（803条1項）。

備置開始日についても，吸収分割のそれと基本的に同じである（803条2項。吸収合併についての782条2項と対比）。

株主および債権者の閲覧請求についても吸収分割のそれと同様である（803条3項。吸収合併についての782条3項参照）。

(ハ) 分割計画の分割会社による承認 〔787〕

(a) 承認を要する場合　分割会社は，株主総会の決議により分割計画の承認を得なければならない（804条1項）。新設分割の場合には，分割会社のみの株主総会の承認を得ればよい点で，吸収分割の場合に，分割会社と承継会社とで，分割契約を定めて，その両方の株主総会の承認を受ける（783条1項・795条1項）のと異なることになる。特別決議であることを要することも吸収分割の場合と同様である（309条2項12号）。

この株主総会の決議の日から2週間以内に登録質権者および登録新株予約権質権者に対し，新設分割とする旨の通知をしなければならない点も吸収分割の場合と基本的に同様である（804条4項。〔778〕）。

(b) 承認を要しない場合　新設会社に承継させる資産の帳簿価額の合計額が

分割会社の総資産額として法務省令で定める方法（会社則207条）により算定される額の5分の1（新設会社の定款でこれを下回る割合を定めうる）を超えない場合——簡易分割の場合——には，株主総会の決議による承認を要しない（805条）ことも，吸収分割の場合と同様である（〔778〕(b)）。なお，吸収分割の場合と異なり，「特別支配会社」という概念（784条1項・796条1項）は，新設分割の場合には存在しない。

〔788〕 (ニ) 反対株主の株式買取請求および新株予約権の買取請求

分割会社の反対株主に株式買取請求が認められる（806条1項2項）ことは，吸収分割の場合と同様であり，その手続等，価格の決定等（807条）も吸収分割および合併の場合と同様である。新株予約権買取請求が認められること（808条・809条）も，吸収分割および合併と同じである（〔779〕〔759〕〔760〕）。

〔789〕 (ホ) 債権者保護手続

分割会社の債権者が新設分割に異議を述べることができること（810条1項2号・2項−5項，会社則208条）およびその手続，内容等は，吸収分割の場合の分割会社の債権者の異議の場合（789条1項2号・2項−5項）と同様である（〔780〕〔781〕）。

(ヘ) 新設分割の効力発生，効力の内容，設立登記等

設立会社は本店の所在地において設立の登記をすることによって，成立する（49条）。そして，新設会社は，その成立の日に分割計画の定めに従い，分割会社の権利義務を承継する（764条）。新設分割の登記をすべき時期について規定がある（924条）。

吸収分割の分割会社およびその債権者について述べたことは，新設分割の分割会社およびその債権者についてあてはまり，吸収分割の承継会社およびその債権者について述べたことは，新設分割の新設会社およびその債権者にあてはまる（〔782〕。差止請求につき〔784〕(ヌ)。会社分割の無効につき〔784〕(ル)）。

〔790〕 (ト) 新設分割に関する書面等の備置き——事後開示

分割会社は，新設会社の成立の日後遅滞なく，新設会社と共同して，新設会社が承継した分割会社の権利義務その他の新設分割に関する事項として法務省令で定める事項（会社則209条）を記載し，または記録した書面または電磁的記録を作成し（811条1項1号），分割会社は，新設会社成立の日から6か月間，その書面等をその本店に備え置かなければならない（811条2項）。その閲覧請求等は吸収分割の場合と同様である（811条3項4項。〔784〕(リ)）。

(チ) 振替株式を発行する場合等の特例 〔791〕

新設分割の場合において新設会社が分割会社に振替株式を交付する場合（吸収分割についても，新設会社が承継会社におきかえられる点を除いて同様である。以下同じ）について，次のような特例が設けられている。すなわち，分割計画（吸収分割の場合には分割契約）に分割会社のために開設されたその振替株式の振替を行うための口座（既存特別口座は除かれる。その意味については〔250〕(b)）を定めなければならない（社債株式振替160条5項）。

Ⅳ 株式交換・株式移転制度

1 意義，立法趣旨，立法論的構成等――合併との比較 〔792〕

(イ) 意義，立法趣旨等

平成11年商法改正により，完全親会社を創設するための制度として，株式交換制度（767条以下）および株式移転制度（772条以下）が新設された（以下には，両方を合わせていうときは，「株式交換・移転制度」という）。株式交換は，株式会社がその発行済株式の全部を他の株式会社または合同会社に取得させることをいい（2条31号），株式移転は，1または2以上の株式会社がその発行済株式の全部を新たに設立する株式会社に取得させることをいう（2条32号）。「完全親会社」とは，たとえばA会社がB会社の発行済株式の全部を有する場合のA会社のように，他の会社の発行済株式の全部を有する会社のことである（767条後段・774条1項参照。なお，この場合のB会社を完全子会社という）。いいかえると，B会社は，A会社のみが株主である一人会社になることになる。このような完全親会社の創設に関する規定が設けられる契機となったのは，平成9年の独禁法の改正により持株会社が解禁されたことである。持株会社とは，他の会社の株式を保有することによってその他の会社を支配することを目的とする会社のことである。平成14年改正独禁法では，持株会社とは，子会社の株式の取得価額の合計額の総資産の額に対する割合が100分の50を超える会社をいうと定義している（同法9条4項1号）が，典型的な持株会社とは，A会社がB会社の発行済株式の全部を有し，A会社がB会社の完全親会社となり，B会社がA会社の完全子会社となる場合のA会社をいう。そのうち，A会社が他に事業をせず単にB会社の持株会社である場合に，A会社を純粋持株会社といい，A会社が他に事業を営みながらB会社の持株会社である場合に，A会社を事業持株会社という。

ところで，既存のA会社が完全子会社であるB会社を設立してこのようなB会社の純粋持株会社になることについては，株式交換制度によらなくとも，従来からしばしば行われてきたことであるが，そのためには，たとえばA会社が発起人となってその完全子会社であるB会社を設立し，A会社の事業の全部を現物出資する，いわゆる，抜け殻方式をとること等が考えられていた。しかし，その方式では，現物出資の対象となる営業につき裁判所の選任する検査役の調査が必要とされ，さらに物権譲渡の要件をみたさなければならない等の煩雑な手続が必要となる。株式交換・移転制度は，このような煩雑な手続を要しないで持株会社を円滑に創設するためのものということができる。すなわち，株式交換制度は，既存の会社を完全子会社として，既存の会社をその完全親会社とするための制度であり，株式移転制度は，既存の会社を完全子会社としてその完全親会社を設立するための制度である。

この株式交換・移転制度のもとでは，それまでB会社――完全子会社となる会社――の株主であった者が，A会社――完全親会社となる会社――の株式の移転を受けてその株主になるという効果が発生する（株式交換という用語はそのことに基づく。なお会社法のもとでの対価の自由化につき，後述する）。しかも，A会社はB会社の純粋持株会社となる場合には，その収益をB会社の剰余金配当に依存することになる。したがって，A会社の株主としては（株式交換・移転によりA会社株主になった者が含まれることはいうまでもない），B会社の業務および財産の状況に重大な関心を持たざるをえない。そこで，株式交換・移転制度を創設した平成11年改正商法は，同時に，親会社の株主の子会社の業務内容等の開示請求権等に関する規定を設けている（〔447〕〔522〕〔666〕等）。会社法は，これらの規定を受け継いでいる。なお，会社法のもとでは，株式交換・移転の対価の柔軟性が認められ，その株式（上述の例ではA会社株式）以外の金銭等の交付を受けることも認められるにいたった（768条1項2号・773条1項7号）。

株式交換・移転制度は，その名称からも分かるように，旧会社法のもとでは株式会社についてのみ認められていたが，会社法のもとでは，株式会社のほか，合同会社も完全親会社となることができる（767条括弧書）。

〔793〕 ㈺ 合併との比較

株式交換・移転制度は，完全子会社となる会社の立場からみれば，その株主がその個別的意思と関係なしにその地位を失って，その代わりに完全親会社の株主（場合によってはその他の財産の所有者）となるという点で，合併の場合の消滅会社の株主がその個別的意思と関係なしに存続会社または新設会社の株主になるのに類似する。また，完全親会社の立場からみれば，完全子会社となる会社の株式の全部の移転を受けてその株式を有する株主に自分の会社の株式その他の財産を交付するという点で，合併の場合に存続会社または新設会社が消滅会社の権利義務を包括的に承継して，その会社の株主に自分の会社の株式その他の財産を交付するのに類似する。さらにいえば，株式交換制度は吸収合併に，株式移転制度は新設合併に類似するということができる。しかし，完全子会社となる会社にとっては，それが株式交換・移転制度によっても消滅せずに存続する点で合併の場合と異なり，完全親会社となる会社にとっても，完全子会社となる会社の株式を取得するだけでその会社の権利義務を包括的に承継するものではない点で，合併の場合と異なる。そして，立法論としては，合併の場合との以上に述べたような相違点に注目して，株式交換・移転制度を，完全親会社となる会社にとって，完全子会社となる会社の株主の有するその会社の株式の現物出資に対する株式その他の財産の交付（株式交換制度の場合）またはそれによる会社の設立（株式移転制度の場合）という構成（以下に，これを「現物出資的構成」という）をとることも考えられないではない。このような構成をとると，具体的には，たとえば，現物出資の対象となる完全子会社となる会社の株式につき原則として裁判所の選任する検査役の調査（33条1項・207条）が必要となる。ところが，平成11年改正商法は，株式交換・移転制度につき，これが前述のような合併に類似する点に着目して，合併に類似する組織法的行為として把握する立場から立法した（以下に，これを「組織法的構成」という）。この立場に立てば，現物出資の目的物の調査の制度は問題とならない（資本金の増加額〔株式交換制度の場合〕または資本金の額〔株式移転制度の場合〕につき〔648〕参照）。なお，会社分割制度においても，現物出資的構成がとられず，組織法的構成として把握する立場から立法されていることは前述した（〔770〕）。

2 株式交換 〔794〕

(イ) 基本的仕組みおよびその効果

株式交換制度は，既存の会社が既存の他の会社の完全親会社になるための制度である（767条）。すなわち，株式交換により完全子会社となる会社の株主の有するその会社の株式を株式交換の効力発生日（〔802〕）に株式交換によって完全親会社となる会社に移転し，その完全子会社となる会社の株主は，その完全親会社となる会社から金銭その他の株式交換の対価の交付を受けるというものである。そして，その対価が完全親会社となる会社の株式であるときは，その交付を受けるときはその効力発生日においてその会社の株主となることになる（769条3項1号)。具体的には，既存のA会社が既存のB会社の完全親会社になる場合を想定すると，それは，B会社の株主の有するB会社の株式が株式交換の効力発生日にA会社に移転し，B会社の株主は，A会社から株式交換の対価の交付を受けるものである。その結果，A会社にとっては，株主数が増加し，またB会社株式の移転があった分だけ会社財産も増加する。また，その対価がA会社の株式だとすると，発行済株式総数および資本金または資本準備金の額が増加することになる。これに対して，B会社にとっては，株主はA会社のみとなるが，会社財産および資本構成（資本金の額等）には変化がない。「株式交換」という言葉は，この制度のもとでは，B会社の株主にとって，その有するB会社の株式がA会社に移転され，A会社から株式交換の対価として，A会社の株式の交付を受ける場合には，A会社株式とB会社株式とが交換されるところから用いられている（民586条1項)。もっとも，会社法のもとでは，株式交換の対価が必ずしもA会社の株式の交付に限られなくなったので，文字通りには，必ずしもB会社株式とA会社株式との交換ということにはならないが，会社法はこれまでの用語をそのまま維持しているということになる。ここでは完全親会社を創設する制度に特有の言葉として用いられていることはいうまでもない。

〔795〕 (ロ) 株式交換契約の内容

株式交換契約において定めなければならない事項は，基本的には吸収合併契約におけると同様である（768条。758条と比較)。すなわち，以下の通りである。

(a) 株式交換契約で定めなければならない事項

① 株式交換をする会社（「完全子会社」という）および株式交換により完全親会社となる会社（「完全親会社」という）の商号および住所（768条1項1号)。

② 完全親会社が株式交換に際して完全子会社の株主に対してその株式に代わる金銭等を交付するときは，その金銭等が，㋑完全親会社の株式であるときは，その株式の数（種類株式発行会社にあっては，株式の種類および種類ごとの数）またはその数の算定方法ならびに当該完全親会社の資本金および準備金の額（その計上すべき額については，445条5項により，法務省令で定められる。会社計算39条）に関する事項（旧会社法のもとでは，株式交換対価としては，この親会社となる会社の株式の交付〔株式交換交付金は除く〕のみに限られていたことは前述した）を定めなければならない（768条1項2号イ)。

会社計算規則39条は，株式交換における主としてパーチェス法（時価処理方式）により処理をする場合等の定めであって，そこで定められている内容は債権者保護手続（会社799条・802条2項。〔801〕）がとられている場合には，前述した吸収合併につき会社計算規則35条に定められているもの（〔746〕。したがって吸収分割につき会社計算37条に定められているもの。〔775〕）と基本的には同様である（同39条1項2項本文）。すなわち，まず，株式交換によって変動する株主資本等変動額の規定（同1項）と，その範囲内で計上することができる資本金，資本剰余金および利益剰余金に関する規定（同2項）とを区別している。なお，対価自己株式の処分の場合につき同規則39条3項に規定がある。

株式交換において債権者保護手続がとられていない場合には，会社計算規則39条2項但書の規定が適用される。そこでは，株式交換完全親会社の資本金および資本準備金の増加額は，一定の額の範囲内で株式交換契約で定められた額とされる（株式交換契約で定められた額とされる点は，吸収合併〔746〕または吸収分割〔775〕と同様である）が，その一定額の範囲については，次のように規定されている。すなわち，株主資本等変動額（同39条1項参照）に対価自己株式の帳簿価額を加えて得た額に株式発行の割合を乗じて得た額から株主資本等変動額までの範囲である。ここで株式発行割合とは，その株式交換に際して発行する株式の数をその株式の数および対価自己株式の数の合計数で割って得た割合をいう（同39条2項の2番目の括弧書）。その発行する株式数10万株，対価自己株式数5万株とすると，株式発行割合は3分の2となる。さらに，その範囲は，株主資本等変動額に対価自己株式の帳簿価額を加えて得た額に株式発行割合を乗じて得た額が株主資本等変動額を上回る場合には株主資本等変動額とされる（同39条2項の3番目の括弧書）。

会社は，株式交換の対価として株式または持分を取得する場合には，その株式または持分にかかる適正な額の特別勘定を負債として計上することができる（会社計算12条）。適正な額は会計慣行に従い定められる。

債権者保護手続をとらない以上は，債権者保護のために以上のような措置を講ずることが要求されることになるのである（吸収合併および吸収分割の場合には計算処理の仕方と関係なしに原則として債権者保護手続をとることが要求される。〔761〕〔762〕〔780〕〔781〕）。したがって，株式交換に際して自己株式を対価として処分しないとすると，株主資本等変動額（それは，子会社となる会社の純資産額に相当すると考えられる。合併の場合の〔746〕①参照）は，資本金の額または資本準備金の額として計上しなければならないことになる。株式交換に際して，親会社となる会社がその有する自己株式を対価として処分する場合には次のようになる。たとえば親会社となる会社が株式交換に際して，子会社となる会社の株主に対して10万株の株式を発行するとし，また，その有する自己株式5万株を対価処分するとすると，その発行する10万株を，処分する自己株式5万株との合計数15万株で割った割合，すなわち $\frac{10万}{15万}=\frac{2}{3}$ が「株式発行割合」となり，これを上述の株主資本等変動額に対価自己株式の帳簿価額を加えて得た額に乗じた額が増加すべき資本金の額とするか，そうでなくても資本準備金の額としなければならない（会社計算39条2項）。

以上に述べたことは，別の言い方をすると，株式交換の場合にも，債権者保護手続をとれば，株式交換契約の定めにより株主資本等変動額を資本金または資本準備金とせず，資本剰余金として計上することも認められることを意味する。旧会社法のもとでは，株式交換の場合には，合併の場合と異なり，完全子会社となる会社と完全親会社となる会社とが併存することから，完全親会社となる会社には剰余金の計上を認めなかった。それを認めると，剰余金が子会社となる会社と親会社となる会社とに二重計上されることになるからである。その結果，完全親会社となる会社において，少なくとも株式交換の日の属する事業年度の決算期に関しては剰余金配当がしにくくなるという指摘がなされていた。会社法は，上述のように，債権者保護手続をとることを前提として，株式交換の場合の資本剰余金の計上を認めることとしたのである（合併の場合の資本剰余金の計上〔会社計算35条2項〕と同様である。〔746〕①）。

㋺完全親会社が完全子会社の株主に対してその株式に代わる完全親会社の社債（新株予約権付社債についてのものを除く）を交付するときは，その社債の種類および種類ごとの各社債の金額の合計額またはその算定方法（768条1項2号ロ），㋩それが完全親会社の新株予約権（新株予約権付社債に付されたものを除く）を交付するときは，その新株予約権の内容および数またはその算定方法（2号ハ），㊁それが完全親会社の新株予約権付社債を交付するときは，その新株予約権付社債についての㋺の事項およびその新株予約権付社債に付された新株予約権についての㋩の事項（2号ニ），および㋭完全親会社の株式等以外の財産であるときは，その財産の内容および数もしくは額またはこれらの算定方法（2号ホ）も定めなければならない。

③　完全子会社の株主（完全親会社を除く）に対する②の金銭等の割当てに関す

る事項（768条1項3号）。

④　完全親会社が株式交換に際して完全子会社の新株予約権の新株予約権者に対してその新株予約権に代わる完全親会社の新株予約権を交付するときは，その新株予約権について，㋑完全親会社の新株予約権の交付を受ける完全子会社の新株予約権の新株予約権者の有する新株予約権（「株式交換契約新株予約権」という）の内容，㋺株式交換契約新株予約権の新株予約権者に対して交付する完全親会社の新株予約権の内容および数またはその算定方法，および，㋩株式交換契約新株予約権が新株予約権付社債に付された新株予約権であるときは，完全親会社がその新株予約権付社債についての社債にかかる債務を承継する旨ならびにその承継にかかる社債の種類および種類ごとの各社債の金額の合計額またはその算定方法（768条1項4号）。この場合には，株式交換契約において債権者保護手続の対象となる一例である。

株式交換の場合の新株予約権の買取請求について規定がある（787条）。

⑤　株式交換契約新株予約権の新株予約権者に対する④の完全親会社の新株予約権の割当てに関する事項（768条1項5号）。

⑥　株式交換がその効力を生ずる日（以下「効力発生日」という）（768条1項6号）。効力発生日の意味については後述する（〔802〕）。

前述①から⑥までに規定する場合（768条1項1号－6号）には，その③に掲げる金銭等の割当てに関する事項についての定めは，完全子会社の株主（完全親会社および金銭の割当てをしない種類の株式の株主を除く）の有する株式の数（金銭等の割当てを株式の種類ごとに異なる取扱いをする定めがある場合にあっては，各種類の株式の数）に応じて金銭等を交付することを内容とするものでなければならない（3項。もっとも，次の(b)参照）。

(b)　株式交換契約で定めることができる事項　前述(a)①から⑥までに規定する場合において，完全子会社が種類株式発行会社であるときは，完全子会社および完全親会社は，完全子会社の発行する種類の株式の内容に応じ，その上述(a)③に掲げる事項として次に掲げる事項を定めることができる（768条2項）。

①　ある種類の株式の株主に対して金銭等の割当てをしないこととするときは，その旨およびその株式の種類（1号）。

②　①に掲げる事項のほか，金銭等の割当てについて株式の種類ごとに異なる取扱いを行うこととするときは，その旨および当該異なる取扱いの内容（2号）。

(ハ)　株式交換の手続　〔796〕

(a)　**株式交換契約の締結**　　会社が株式交換をするには，まず当事会社で株式交換契約を締結する（767条)。当事会社はそれにつき，原則として株主総会の承認を得ることを要する（783条1項)。その内容の決定は重要な業務執行の決定なので，取締役会設置会社の場合，取締役会で決し，それ以外の会社の場合には取締役の過半数で決する（〔516〕(b))。指名委員会等設置会社では，執行役に委ねることができない（416条4項19号)。もっとも，株主総会によることを要しないものはこの限りではない。合併の場合に合併契約を作成して株主総会の承認を得ることを要するものとされていること（〔754〕）と同趣旨である。電磁的記録の作成による代替について規定がある（「株式交換契約」という場合には，電磁的方法によるものも含む)。ここで当事会社とは，完全子会社となる既存の会社と完全親会社となる既存の会社との双方を意味する。また完全子会社となる既存の会社は，1つであるとは限らず，複数であることもありうる。

〔797〕　(b)　**事前開示――株式交換契約等の備置き・公示**

(i)　事前開示の意義等，内容等　　両当事会社の取締役（業務執行取締役。指名委員会等設置会社の場合には執行役）は，株式交換契約の承認をすべき株主総会の会日の2週間前から株式交換の日後6か月を経過する日までの間，株式交換契約の内容その他法務省令で定める事項（会社則184条・193条）を記録した書面または電磁的記録をその本店に備え置かなければならないものとされる（782条1項・794条1項)。完全親会社となる会社と完全子会社となる会社の双方の株主に対して，株式交換契約の承認のための株主総会に先立って，それを承認するかどうかを判断するための資料を閲覧等をする機会を与えるための規定であることはいうまでもない。備置書類として掲げられているものも，合併の場合の事前開示の備置書類と基本的に同一である（〔752〕参照)。すなわち，完全子会社となる会社の事前開示事項は，合併消滅会社の事前開示事項（会社則182条。〔752〕(b)）と同様である。すなわち，①交換対価の相当性に関する事項（会社則184条1項1号)，②交換対価について参考となるべき事項（同2号)，③株式交換にかかる新株予約権の定めの相当性に関する事項（同3号)，④計算書類等に関する事項（同4号)，⑤完全親会社の債務の履行の見込みに関する事項（同5号)，⑥効力発生までに①～⑤までに掲げる事項に変更が生じたときの変更後の事項（同6号）である。完全親会社になる前の事前開示事項もそれに準じて規定されている（会社則193条)。それらは，とくに①は株式交換比率の公正さ，相当性を判断するための資料である。株式交換比率が一方に不利で他方に有利な場合，たとえば完全親会社となる会社の株式の時価が1000円しており，完全子会社となる会社の株式が500円しかしていないのに，後者の株主に対して1対1で完全親会社となる会社の株式を割り当てる場合には，一方の株主，この例では完全親会社となる会社の株主としては，株式交換契約の承認に反対し，多数決で承認された場合には，株式買取請求権（〔800〕）を行使することになろう。さらに，この株式交換比率理由書に虚偽の記載がなされている場合には，株式交換無効の訴え（〔804〕）を提起することも考えられよう。

(ii) 事前開示の期間――株式交換契約等の備置開始日　株式交換の両当事会社は，(i)に掲げた事前開示資料を次に述べる備置開始日から株式交換の効力発生日後6か月を経過する日までの間，本店に備え置かなければならないものとされる（782条1項・794条1項）。〔798〕

その備置開始日については，合併のそれに準じて次に掲げる日のいずれか早い日とされる（782条2項・794条2項）。すなわち，①株式交換につき株主総会の承認を受けなければならないときはその2週間前の日（782条2項1号・794条2項1号。319条1項の場合も合併と同様である。〔753〕），②反対株主の買取請求のための通知または公告のいずれか早い日（782条2項2号・794条2項2号），③完全子会社となる会社が新株予約権の新株予約権者に対して株式交換をする旨，その親会社となる会社の商号等を通知しなければならない場合（789条3項）のその通知の日（787条3項）または公告（787条4項）のいずれか早い日（782条2項3号。これは完全子会社となる会社のみに要求されるものである），④債権者保護手続をとらなければならない場合（789条1項3号・799条1項3号）の公告または催告の日のいずれか早い日（782条2項4号・794条2項3号）および⑤以上に規定する場合以外の場合には，株式交換契約の締結の日から2週間を経過した日である（782条2項5号）。

(iii) 両当事者の株主，債権者または新株予約権者の閲覧請求等

(α) 株主の場合　株主については，合併の場合と同様の閲覧請求等が認められる（782条3項・794条3項。〔753〕(d)）。

(β) 債権者または新株予約権者の場合　旧会社法のもとでは，株式交換については，債権者保護手続がとられず，したがってまた債権者については，閲覧請求が認められなかったが，会社法は，株式交換の場合にも，次に述べるような限度で債権者保護手続をとることとし，その結果，債権者にも事前開示の閲覧請求等を認めている。すなわち，完全子会社となる会社においては，株主のほかに，

新株予約権者に閲覧請求が認められる（782条3項柱書括弧書）。また，完全親会社となる会社にあっては，株主のほか，次の場合を除いては，債権者にも閲覧請求が認められる。除かれるのは，完全子会社となる会社の株主に対して株式交換の対価として交付される金銭等が完全親会社となる会社の株式その他これに準ずるものとして法務省令で定めるもののみの場合である（794条3項括弧書）。そして法務省令に定めるものとは，次の①に掲げる額から②に掲げる額を減じて得た額が③に掲げる額よりも小さい場合における株式交換の対価として交付される金銭等である（会社則194条）。

① 株式交換完全子会社の株主に対して交付する金銭等の合計額——たとえば10億円とする——（1号）。

② ①の金銭等のうち株式交換完全親会社の株式の価額の合計額——たとえば9億8000万円とする——（2号）。

③ ①の金銭等の合計額に20分の1を乗じて得た額（3号）。

上述の例では，③は①の20分の1であるから5000万円となり，この場合には，①から②を減じた額2000万円は，③の5000万円より小さいから，債権者保護手続を要しないことになる。結局，交換対価の大部分（95パーセント超）が親会社となる会社の株式であるときは，債権者の閲覧請求が認められないということになる。この場合には，債権者保護手続が認められないことも後述する（〔801〕(ii)①）。

旧会社法のもとでは，株式交換制度の場合に債権者保護手続がとられなかった（債権者保護手続に関する〔801〕参照）のは，完全親会社となる会社にとっては，完全子会社となる会社の株式の移転に伴い，会社財産と資本金の額が増加し，会社債権者にとって有利にこそなれ，不利になることはなく，また，完全子会社となる会社にとっても，会社財産の減少も資本金の額の減少も生ぜず，したがって，会社債権者に不利益を生じないと考えられるからである。会社法のもとでは，対価の柔軟化のために債権者保護も必要とされるが，上述のように交換対価の大部分が親会社の株式である場合には，債権者保護手続を要求せず，したがって事前開示の閲覧請求を認めないこととしたものである。

もっとも，この場合でも，株式交換新株予約権が新株予約権付社債に付されて新株予約権であるときは（768条1項4号ハ），その社債権者にも閲覧請求等が認められる。これらの場合に閲覧請求等が認められる理由については債権者保護手続のところで取り上げる（〔801〕(i)）。

(c) 株式交換契約の承認　〔799〕

(i) 株主総会における承認等　両当事会社が効力発生日の前日までに，株主総会の特別決議によって，株式交換契約の承認を受けなければならないことは，合併契約のそれと同様である（783条1項・795条1項・309条2項12号。〔754〕(i)）。また株式交換の対価が譲渡制限の株式の場合には特殊の決議が要求される（309条3項2号。〔189〕〔735〕2(ロ)）。

吸収合併の場合には，この承認を受けるに際して，存続会社の取締役からたとえば存続会社が承継する消滅会社の債務の額がその資産の額を超える場合等にはその旨を株主総会で説明しなければならないが（795条2項3項。〔754〕(i)①等），株式交換契約の承認にはそれは適用されない。株式交換の場合には，前述したように，資産の承継が存在しないからである。

完全子会社となる会社の株主に交付する金銭等の全部または一部が持分等である場合の完全子会社となる会社の総株主を同意を要することは，吸収合併の場合と同様である（783条2項。〔754〕(ii)）。

(ii) 登録質権者に対する通知　株式交換の効力発生日の20日前までに，登録株式質権者および登録新株予約権質権者に対し，株式交換をする旨の通知または公告が必要であることも吸収合併と同様である（783条5項6項。〔758〕）。

(iii) 種類株主総会の決議が必要な場合等　完全子会社となる会社が種類株式発行会社である場合において株式交換の対価の全部または一部が譲渡制限株式等であるときはその種類株主総会の承認を要し（783条3項本文。〔755〕(i)(α)），またはそれが持分等であるときはその種類の株主の全員の同意を要すること（783条4項。〔755〕(i)(β)）も，吸収合併の場合と同様である。完全親会社となる会社が種類株式発行会社である場合において完全子会社の株主に対して交付する金銭等が完全親会社の株式である場合には，完全親会社となる会社の種類株式（768条1項2号イ）の種類株主総会の決議が必要である（795条4項3号。〔755〕(ii)）。

(iv) 株主総会の承認が必要でない場合等

(α) 完全親会社の完全子会社の株主に交付する金銭等の額が小さい場合――簡易株式交換　株式交換契約につき，合併の場合の株主総会の承認を要しない場合の基本構想が妥当する（〔756〕）。すなわち，完全親会社となる会社が完全子会社となる会社の株主に対して交付する金銭等の価値の合計額が親会社の純資産額の5分の1（親会社定款でこれを下回る定めをすることは可能）を超えない場合には，原則として完全親会社となる会社の株主総会の決議による承認等を要しない

(簡易株式交換。株主総会における説明も不要。796条2項。その例外とされる場合も合併の場合と同様である。796条2項但書・3項。〔756〕(ii))。

(β) 特別支配会社の場合　①完全親会社が完全子会社の特別支配会社である場合には，完全子会社の株主総会の承認を要しない（784条1項本文）。また，②完全子会社が完全親会社の特別支配会社である場合には，完全親会社の株主総会の承認を要しない（796条1項本文。①および②の趣旨については〔757〕）。また②の場合には，完全親会社の株主総会での①の説明（795条2項3号）も要しない（796条1項）。①の場合には，はじめから株主総会における説明は要求されていない（783条2項には795条2項に相当する規定が存在しない。〔757〕(i))。

例外的に特別支配会社の場合でも株主総会の決議による承認が必要とされる場合があるが，それは合併の場合と同様である（784条1項但書・796条1項但書。〔757〕(ii))。

〔800〕 (v) 反対株主の株式買取請求，新株予約権の買取請求　株式交換契約の承認が，一部の株主の反対にもかかわらず，多数決で成立したときは，反対株主は，株式買取請求権を行使することができる（785条・797条）。合併の場合と同じ規定である（〔759〕）。なお，株主総会の承認がない場合にも，反対株主の株式買取請求権を行使することができる。株式交換制度につき現物出資的構成をとれば（〔793〕），完全親会社となる会社については，新株発行手続において株主に認められている法的手段，すなわち新株発行差止めおよび新株発行無効の訴えの手段を認めれば足りることになるが，これを合併に類似した組織法的行為ととらえる立場から（〔793〕），両方の会社の株主に買取請求の権利を認めていることになる。たとえば，株式交換比率が完全子会社となる会社に有利で完全親会社となる会社に不利な場合には，後者の株主に株式買取請求権を行使する機会を与えようとするものである。反対株主の株式買取請求権の手続・方法等は合併の場合（〔759〕）と同様である。完全子会社の新株予約権の買取請求についても合併と同様の規定が設けられている（787条1項3号。〔760〕）。なお，合併の場合と同じく（〔759〕），交換対価が持分会社の持分であるとき等は，総株主の同意が必要であるから（783条2項），子会社となる会社の株主には買取請求権は認められない（785条1項2号）。

〔801〕 **(d) 債権者保護手続**　旧会社法のもとでは，株式交換（株式移転の場合も同様であった）の場合については，債権者保護手続は設けられていなかった。株式交換制度のもとでは，完全親会社となる会社にとっては，完全子会社となる会社の

株式の移転に伴い，会社財産（子会社となる会社の株式）と資本金の額が増加し，会社債権者にとって有利にこそなれ，不利になることはなく，また，完全子会社となる会社にとっても，会社財産の減少も資本金の額の減少も生ぜず，したがって，会社債権者に不利益を生じないと考えられるからである。ところが，会社法のもとでは，株式交換手続のもとでも，次の場合につき，債権者に異議を述べる権利を与えている。

(i)　完全子会社となる会社に対する異議申立て　　株式交換契約新株予約権が新株予約権付社債に付された新株予約権である場合におけるその新株予約権付社債についての社債権者である（789条1項3号）。その債権者にとって免責的債務引受けまたは債務者の交替になるので，特に異議を述べる機会を与えたものであろう。なお，合併の場合（787条1項1号）と同様完全子会社となる会社の新株予約権について買取請求が認められる場合がある（787条1項3号。合併の場合の〔760〕参照）。

(ii)　完全親会社となる会社に対する異議申立て　　①　完全子会社の株主に対して交付する金銭等が完全親会社となる会社の株式その他これに準ずるものとして法務省令で定めるもの（会社則198条）のみである以外の場合には，その完全親会社となる会社の債権者に認められる（799条1項3号）。ここで法務省令で定める内容は，債権者の事前開示の閲覧請求が認められない場合として規定されているもの（会社則194条。〔798〕(iii)）と同様である。大部分が親会社株式の場合には異議申立てを認めないというものである。それ以外の場合には，交付する金銭等がいろいろな種類になりうるので，債権者に不利を与える可能性があるからである。

②　株式交換契約新株予約権が新株予約権付社債に付された新株予約権であるときは，完全親会社が当該新株予約権付社債についての社債にかかる債務を承継する場合（768条1項4号ハ）には，親会社の債務が増加するので，完全親会社となる会社の債権者に認められる（799条1項3号）。

③　株式交換に際して，完全親会社が株主資本等変動額に「株式発行割合」を乗じて得た額の全額を資本金・資本準備金として計上（会社計算39条。〔795〕②）せず，その他資本剰余金を増加させる場合（これにより親会社の株主に対する剰余金の配当の財源とすることができる）には，完全親会社となる会社の債権者に認められる（同39条2項参照）。

(e)　**株式交換の効力の発生**　　株式交換の効力発生日は，定款で定めた効力発　〔802〕

生日である（〔795〕(a)⑥)。

完全親会社は，効力発生日に，完全子会社の発行済株式（完全親会社の有する完全子会社の株式を除く）の全部を取得する（769条1項)。その場合には完全子会社の譲渡制限株式（完全親会社が効力発生日前から有するものを除く）については，それを取得したことについて，完全子会社が株式譲渡の承認（137条1項）をしたものとみなされる（769条2項)。株式交換により完全子会社の株式が全部完全親会社によって取得されるが，それが譲渡制限株式であったときは，譲渡承認の擬制がなされる必要があるからである。

株式交換については，旧会社法のもとでも，株式交換の日に効力が生ずるものとされていたのと同様である。

合併の場合と異なり，株式交換の場合には完全子会社も存続するので，解散の登記がなされることはなく，発行済株式総数，資本金の額等の変更の登記がなされるにすぎず，その効力もそれらの変更を確認する意味を有する。

金銭等の割当ての定めがなされた場合に，完全子会社の株主が，効力発生日にそれぞれ株式交換契約で定められた株主等になる（769条3項―5項)。

債権者保護手続（789条・799条）未了の場合または株式交換を中止した場合の取扱いについては合併の場合と同様である（759条10項。〔763〕)。

〔803〕 **(f) 株式交換に関する事項を記載した書面等の備置き等——事後開示**

(i) 完全子会社による完全親会社と共同してする書類等の作成　完全子会社は，効力発生日後遅滞なく，完全親会社と共同して，株式交換により完全親会社が取得した完全子会社の株式の数その他の株式交換に関する事項として法務省令で定める事項（会社則190条）を記載し，または記録した書面または電磁的記録を作成しなければならない（791条1項2号)。

(ii) 完全親会社による備置き　完全親会社は効力発生日から6か月間，(i)に定めるものを本店に備え置かなければならない（801条3項3号)。完全子会社についても同様である（791条2項)。

(iii) 株主または債権者の閲覧等の請求　その内容は，基本的に合併の場合と同様であるが（794条3項。〔764〕)，債権者については，一定の者が除かれている（801条6項括弧書，会社則202条。その趣旨は，債権者事前開示の閲覧請求が認められる場合に関する〔798〕(iii)(β)参照。また，791条3項4項参照)。

(g) 株式交換により完全子会社となる会社の株式が振替株式である場合等　株式交換についても，①株式交換により完全子会社となる会社の株式が振替株式である場合において，完全親会社となる会社が振替株式を発行するとき（自己株式を移転するときも同様である），②株式交換により完全子会社となる会社が振替株式でない場合において，完全親会社となる会社が振替株式を発行するとき，および③株式交換により完全子会社となる会社の株式が振替株式である場合において完全親会社となる会社が振替株式でない株式を発行しようとするときにつき，合併と共通の規定が設けられている（社債株式振替138条・160条。〔765〕）。

〔803の2〕 (h) **株式交換の差止め**　株式交換差止めの請求をなしうる場合についても合併の場合と同様である（784条の2・796条の2。〔765の2〕）。

〔804〕 (i) **株式交換無効の訴え**　株式交換制度においては，合併における合併無効の訴えに相当する株式交換無効の訴えについて規定が設けられている（828条1項11号）。

(i) 提訴期間，主張方法，提訴権者および管轄　提訴期間が6か月とされていること，および株式交換無効は訴えをもってのみ主張しうること（828条1項柱書11号）は，合併無効の場合（828条1項9号）と同様である（〔766〕以下）。提訴権者としては，株式交換の効力が生じた日において株式交換契約をした会社の株主等であった者または株式交換契約をした会社の株主等，破産管財人もしくは株式交換について承認をしなかった債権者とされる（828条2項11号）。旧会社法のもとでは債権者が含まれていなかったが，会社法では債権者保護手続がとられることになったので，それも提訴権者に含まれることになる。株式交換無効の訴えは，完全親会社となった会社の本店所在地の地方裁判所の専属管轄とされる（835条2項）。合併無効の訴えが本店所在地の地方裁判所の専属管轄とされることに相当する。

(ii) 訴えの手続および担保の提供　口頭弁論は，提訴期間経過後に開始され，数個の訴えが同時に係属するときは弁論および裁判は併合してなされる（837条）。株主または債権者が訴えを提起した場合の担保の提供に関する規定がある（836条）。

(iii) 無効判決の効果等　株式交換無効判決は，第三者に対してもその効力を有する――いわゆる対世効を有する――（838条）。前述した弁論および裁判の併合等は，このことを前提とする。なお，原告敗訴の場合の損害賠償に関する規定がある（846条）。

株式交換無効判決がなされたときは，株式交換によって発行された新株は将来に向かって，その効力が否定される（839条）。したがって，新株による株主総会における議決権の行使，新株に対する剰余金配当等，確定判決までに株式交換による新株の発行が効力を生じたことを前提としてなされた行為の効力には影響を及ぼさないことになる。このことと関連して，株式交換を無効とする判決が確定したときは，完全親会社となった会社は，株式交換に際して旧完全親会社株式を交付したときは，旧完全親会社は，その判決確定時における旧完全親会社株式にかかる株主に対して，その者が有していた旧完全子会社の株式を交付しなければならない（844条1項前段）。すなわちA会社を完全親会社とし，B会社を完全子会社とする株式交換契約が無効とされれば，株式交換までB会社の株主であって株式交換によりA会社の株主になった者（判決確定時の同会社株主とされる）に対して，B会社の株式が交付されることになる。この場合において，旧完全親会社が株券発行会社であるときは，旧完全親会社は，株主に対し，旧完全子会社株式を交付するのと引換えに，旧完全親会社株式にかかる旧株券を返還することを請求することができる（844条1項後段）。

完全子会社の株主であった者が株式交換により交付を受けた完全親会社株式に質権を設定した場合において，株式交換が無効となったときは，その質権は，その株主が受けるべき完全子会社であった会社の株式について存在する（844条2項）。

質権者が登録株式質権者であるときは，旧完全親会社は，株式交換無効判決の確定後遅滞なく，旧完全子会社に対し，当該登録株式質権者についての債権者の氏名等（148条各号に掲げる事項）を通知しなければならない（844条3項）。その通知を受けた旧完全子会社は，その株主名簿に登録株式質権者の質権の目的である株式にかかる株主名簿記載事項を記載し，または記録した場合には，直ちに，当該株主名簿に当該登録株式質権者についての債権者の氏名等（148条各号に掲げる事項）を記載し，または記録しなければならない（844条4項）。旧完全子会社が株券発行会社であるときは，旧完全親会社は，登録株式質権者に対し，旧完全子会社株式にかかる株券を引き渡さなければならない。ただし，その株主が旧完全子会社株式の交付を受けるために旧完全親会社株式にかかる旧株券を提出しなければならない場合において，旧株券の提出があるまでの間は，この限りでない（844条5項）。

〔805〕 **3 株式移転制度**

株式移転制度は，前述したように（〔792〕），既存の会社が，自らは完全子会社となって完全親会社を設立する制度である。株式移転の場合には，株式交換の場合に認められる制度で完全親会社となる会社がすでに存在することを前提とするものが認められないことは当然である。

なお，完全親会社が設立されることになるから，株式移転の対価として完全子会社となる会社の株主に交付される金銭等の中に親会社株式が含まれる必要がある（773条1項5号参照）。

ここでは，以下に述べるものを除いて，基本的には株式交換の叙述に譲る。

(イ) 株式移転の意義，効果等 〔806〕

会社は完全親会社を設立するために株式移転をすることができ，その効果として，株式移転によって完全子会社となる会社の株主の有するその会社の株式は，株式移転により設立する完全親会社に移転し，その完全子会社となる会社の株主は，その完全親会社が株式移転に際して発行する株式の割当てを受けることにより，その完全親会社の株主となる（772条以下）。

株式の移転とは，株式の所有権の移転を意味する一般的な用語であるが，ここで用いられている「株式移転」という語は，完全親会社を設立する場合に限定して用いられているものであることはいうまでもない。

また，株式移転制度は，完全親会社を設立するものであるが，そこでは，発起人の存在は予定されていない。それは，株式移転制度が新設合併に類似する組織法的行為としてとらえられているからであって，この点では，株式交換制度が吸収合併に類似する組織法的行為としてとらえられていること（〔793〕）と軌を一にするということができる。

(ロ) 株式移転計画の作成

株式交換と異なり，成立の時までは相手方会社――完全親会社となる会社――が存在しないので，完全子会社となる会社――複数もありうる――だけで株式移転計画を作成しなければならないことになる（772条）。

(ハ) 株式移転計画の内容 〔807〕

株式移転の場合には，完全親会社となる会社が設立されることになるので，株式交換の場合の株式交換契約に定めるべき事項のほかに，次の事項を定めなければならない（773条1項）。

① 株式移転により設立する完全親会社の目的，商号，本店の所在地および発行可能株式総数（1号）。

② ①に掲げるもののほか，完全親会社の定款で定める事項（2号）。

③ 完全親会社の設立時取締役の氏名（3号）。

④　㋑完全親会社が会計参与設置会社である場合は，完全親会社の設立時会計参与の氏名または名称，㋺完全親会社が監査役設置会社（監査役の監査の範囲を会計に関するものに限定する旨の定款の定めがある会社を含む）である場合は，完全親会社の設立時監査役の氏名，㋩完全親会社が会計監査人設置会社である場合は，完全親会社の設立時会計監査人の氏名または名称（4号）。

株式交換の効力発生日（768条1項6号）に相当する事項の定めはない（株式移転の効力発生については〔808〕）。

株式移転の場合の株主資本の総額についても，基本的に吸収合併と類似の取扱いがなされている。すなわち，まず設立時の株主資本の総額につき，会社計算規則35条1項と同様にⓐ支配取得に該当する場合，ⓑ子会社が共通支配下関係にある場合ならびにⓒ ⓐおよびⓑ以外の場合に区別して，ⓐはパーチェス法（時価処理方式），ⓑおよびⓒは持分プーリング法（簿価処理方式）によることになる（同52条1項）。資本金および資本剰余金の額についても，同規則35条2項と類似の規定がおかれている（同52条2項）。

会社は，株式移転の対価として株式または持分を取得する場合には，その株式または持分にかかる適正な額の特別勘定を負債として計上することができる（会社計算12条）。適正な額は会計慣行に従い定められる。

上記の事項以外は，基本的に株式交換契約の内容と差異がない（773条1項5号−10号）。完全子会社が種類株式発行会社の場合の株式移転計画で定めることができる事項についても，株式交換完全子会社が種類株式発行会社である場合と同様である（773条3項）。株主に対する割当てが完全子会社の有する株式数に応じてする必要があること（773条4項5項）も株式交換の場合と同様である（〔795〕）。

㈡　完全子会社における株式移転の手続

完全子会社となる会社による株式移転計画の承認（804条1項。特別決議が要求され〔309条2項12号〕，株式移転対価が譲渡制限株式の場合には特殊の決議が要求される〔309条3項3号〕。取締役会等による決定につき，株式交換に関する〔796〕と同様である），それが種類株式発行会社である場合の種類株主総会の承認（804条3項），登録質権者に対する通知または公告（804条4項5項）など，株式交換の場合と同様である（〔799〕）。株主総会の承認を要しない場合については，当然のことながら株式交換と異なり，簡易手続および特別支配会社がありえず，したがってそれについての規定がない。反対株主の買取請求，新株予約権の買取請求および債権者保護手続について株式交換の場合に準じた規定がある（806条・808条1項3

号・810条1項3号。〔800〕－〔802〕)。

株式移転に関する事前開示（803条1項3号，会社則206条）および事後開示(811条1項2号・815条3項3号)，その備置きおよびその株主，債権者および新株予約権の閲覧の請求等について，株式交換（〔797〕〔798〕〔803〕）に準じた規定がある。

(ホ) 株式移転の効力発生，株式移転の登記等 〔808〕

完全親会社は，その成立の日に株式移転の効力が発生し，完全子会社の発行済株式の全部を取得する（774条1項)。会社は，その本店の所在地において設立の登記をすることによって成立するから（49条)，その登記の日に株式移転の効力が生ずることになる。

1または2以上の株式会社が株式移転をする場合には，次に掲げる日のいずれか遅い日から2週間以内に，株式移転により設立する会社について，その本店の所在地において，設立の登記をしなければならない（925条柱書)。

① 完全子会社となる会社の株主総会における株式移転の承認（804条1項）の株主総会の決議の日（1号)。

② 株式移転をするために種類株主総会の決議を要するときは，その決議の日(2号)。

③ 反対株主の買取請求のための株主に対する株式移転をする旨の通知または公告（806条3項・4項）をした日から20日を経過した日（3号)。

④ 新株予約権の買取請求のための新株予約権者に対する株式移転をする旨の通知を受けるべき新株予約権者があるときは，その通知をした日または公告(808条3項・4項）をした日から20日を経過した日（4号)。

⑤ 債権者異議手続をしなければならないとき（810条）は，その手続が終了した日（5号)。

⑥ 株式移転をする会社が定めた日（2以上の株式会社が共同して株式移転をする場合にあっては，当該2以上の株式移転をする株式会社が合意により定めた日)（6号)。

(ヘ) 株式移転により完全子会社となる会社の株式が振替株式である場合

株式交換の場合と同様の規定がある（社債株式振替138条・160条。〔803〕(g))。

(ト) 株式移転の差止め

株式移転の差止めについては，株式交換の差止めと同様である（〔803の2〕)。

(チ) 株式移転無効の訴え

株式移転無効の訴えおよびその判決の効力については，株式交換無効の訴えおよびその判決の効力と同様である（〔804〕）。

V　事業の譲渡・譲受け等

〔809〕

1　規制の目的・対象，事後設立，事業の譲渡人・譲受人の責任等

(イ)　規制の目的

以上に述べたように，平成9年に合併法制が整備され，平成11年に持株会社創設のための株式交換・移転法制が，また平成12年に会社分割法制が制定された。これらの法制は，企業組織の再編ないし企業結合のための有力な手段とされるものである。ところで，企業組織の再編ないし企業統合の手段としては，これらのほか，事業の全部または重要部分の譲受け，事業財産の全部または重要部分の譲受け，事業の全部または重要部分の賃借，経営の受任および営業上の損益共通契約（以下，これらを「事業の譲受け等」という）もあげられる。そのため独禁法は，事業の譲受け等について，合併（独禁15条）と同様の立場から規制している（独禁16条）。これに対して，会社法は，①事業の全部の譲渡，②事業の重要な一部の譲渡（後述するように，簡易の事業譲渡は除かれる。〔815〕），③子会社の株式または持分の全部または一部の譲渡，④他の会社（外国会社その他の法人を含む）の事業の全部の譲受け，⑤事業の全部の賃貸，事業の全部の経営の委任，他人と事業上の損益の全部を共通にする契約その他これらに準ずる契約の締結，変更または解約，⑥会社（設立手続により設立したものに限る）の成立後2年以内におけるその成立前から存在する財産であってその事業のために継続して使用するものの取得につき，株主保護の立場から規制している（467条1項）。このうち，①から⑤までに掲げる行為を「事業の譲渡等」という（468条1項括弧書）。なお，旧会社法のもとで使われていた「営業」という用語が会社法のもとでは「事業」という用語に置きかえられている。その理由は，会社が複数の営業（たとえば鉄道営業と百貨店営業）を営んでいる場合に，その総体につき個々の営業と区別して，事業という用語を用いたものと説明されている。これらの行為は，会社の運命に重大な影響を及ぼすものであるため，原則として株主総会の特別決議によることを要するものとされ（467条1項柱書・309条2項11号），①から⑤までについては反対株主に株式買取請求権が認められている（469条。〔814〕）。以下には，これらの制度について取り上げたい。なお，②については，平成12年商法改正により，一定の要件のもとに（467条1項2号括弧書），株主総会の特別決議を要しないもの

(②から除かれるもの）も認められる（〔815〕）。

(ロ) 事後設立 〔810〕

(イ)の⑥は，旧会社法のもとにおける事後設立に関する規定に相当するものである。すなわち，現物出資（28条1号。〔42〕）および財産引受け（28条2号。〔43〕）については変態設立事項（〔41〕）としての規制がなされるが，変態設立事項としての規制は，会社設立の段階で問題とされるものであって，会社成立後の開業準備行為には及ばない。会社成立後は，業務執行取締役（指名委員会等設置会社の場合には執行役。以下同じ）は，業務執行として開業準備行為をすることができる。したがって，事業用の財産の取得行為も，会社成立後は代表取締役（代表執行役）が会社を代表してすることができるはずであるが，それについて何らの規制もしないとすると，現物出資または財産引受けに関する厳重な規制が免れられてしまう。このことは，たとえば，発起人が代表取締役（指名委員会等設置会社の場合には代表執行役）に就任する例が多く，そのような者が発起人として財産取得につき事実上の約束をしておいて，代表取締役（代表執行役）になってから正式に契約を結ぶという例を考えれば，明らかであろう。そこで，会社法は，(イ)の⑥について株主総会の特別決議を要求するとともに，規模の小さなものについては，それを要しないものと定めたのである。なお，旧会社法のもとでは，事後設立につき，裁判所の選任する検査役の調査手続を要求していたが，会社法はそれを要しないものとしている。この手続は，新設合併，新設分割および株式移転により設立された場合に適用されないことはいうまでもない。その適用は，発起設立または募集設立（25条1項）により設立したものについて，その設立後2年内になされた行為に限っている（467条1項5号括弧書）。

(ハ) 事業の譲渡人および譲受人の責任 〔811〕

合併の場合には，債権者保護手続がとられるのに対して（〔761〕），事業の譲渡の場合にはそれがとられていない。それは，事業の譲渡の場合には，その譲渡会社は譲渡後も引き続きその債務につき弁済の責任を負うからである（この点で，分割会社も債務を負うときと同様の状態になる。〔703〕参照。対価が不当に低い場合には譲渡会社の財産状態が悪くなり，吸収分割の場合に割当比率が不公正なときと同様の問題がある。〔780〕）。

また，事業の譲受人が，①商号を続用する場合（22条），または②譲渡人の事業によって生じた債務を引き受ける旨を広告した場合（23条）には，譲受人も譲渡人の債務につき弁済の責任を負うものとされるが，このように譲受人が責任を負う場合には，譲渡人の責任は事業の譲渡（①の場合）または広告（②の場合）の後2年内に請求またはその予告をしない債権者に対しては，2年を経過した時に消滅する（22条3項・23条2項）。

〔812〕 **2 規制の対象となる行為**

(イ) 事業の全部または重要な一部の譲渡

(a) 事業の譲渡の意義，譲渡会社の競業禁止 会社法467条1項は，事業の全部の譲渡（1号）および事業の重要な一部の譲渡（2号）につき，株主総会の特別決議（309条2項11号）を要求している。これらの内容の決定は取締役会（取締役会設置会社の場合。それ以外の会社では取締役の過半数で決せられると解される〔516〕(b)）によることを要し，指名委員会等設置会社の場合には執行役に委任できない（416条4項15号。後述の株主総会の承認を要しない場合（〔815〕－〔817〕）を除く）。ここで，この場合の事業の譲渡の意義について取り上げたい。

ここで事業の譲渡の意義については，事業譲渡人の競業避止義務を定めた会社法21条の規定とも関連して見解が分かれている。①最高裁大法廷昭和40年9月22日判決（民集19巻6号1600頁）および同じく大法廷昭和41年2月23日判決（民集20巻2号302頁）の多数意見は，この「営業の譲渡とは，……一定の営業目的のため組織化され，有機的一体として機能する財産（得意先関係等の経済的価値のある事実関係を含む。）の全部または重要な一部を譲渡し，これによって，譲渡会社がその財産によって営んでいた営業的活動の全部または重要な一部を譲受人に受け継がせ，譲渡会社がその譲渡の限度に応じ法律上当然に同法〔商法〕25条〔会社法21条〕に定める競業避止義務を負う結果を伴うものをいう」（傍点筆者）とする。これに対して，②これらの判決の少数意見は，「『営業の全部の譲渡』とは，いわゆる客観的意義における営業，すなわち，会社の営業財産の全部の譲渡を意味し，営業的活動の承継は営業譲渡の要件でない」として，競業避止義務を負うことは不可欠の要件でないと解している。両者の見解の間には，事業の譲渡とは組織化された有機的一体としての財産の譲渡と解する点では差異がないが，競業避止義務を負う結果になることを要件とするかどうかに差異があるということができる。この問題は，株主総会の特別決議を要する場合に，それを経ないときは事業の譲渡が無効になると解することを前提として，法律関係の明確性と取引の安全の確保（譲受人の保護）に重点を置くか（①説），それとも譲渡会社の株主の保護に重点を置くか（②説）ということと関連する。すなわち，法律関係の明確性と取引の安全の確保を重視する立場からは，①説をとれば，譲受人にとって，譲渡人が競業避止義務を負うかどうかでここでいう事業の譲渡に該当するかどうかを区別することができて，法律関係が明確になる。そして，事業の重要な一部の譲渡の場合にも，譲渡人が何らの競業避止義務も負わなければ，それに該当せず，したがって譲渡人がその義務を負う場合に，それが会社の運命に重要な影響を与えるかを判断すればよいことになる点で，②説をとるよりは（②説では，譲受人にとって，有機的一体としての価値を有する財産の譲渡かどうかの区別が曖昧であり，さらに営業の「重要な一部」の譲渡かどうかの区別も必ずしも明確でないから，取引の安全が害されるおそれがある），法律関係が明確になり，取引の安全に資することになる。これに対して，譲渡会社の株主の保護を重視する立場からは，②説をとり，株主総会の特別決議が要求される事業の譲渡の範囲をできるだけ広く解し，したがって，競業避止義務を伴わないものも事業の譲渡の範疇に含めて，株主総会の特別決議を要するものと解することになる。

いいかえれば，①説は，譲渡会社が競業避止義務を負うことによって，たんに事実上のみならず，法律上も会社の運命に重大な影響を受ける場合に限って株主総会の特別決議を要すると解するのに対して，②説は，事実上会社の運命に重大な影響を受ける場合には，法律上はそのような影響を受けない（法律上は同じ事業を営むことができる）場合でも，特別決議を要すると解するものである。

なお，近時は，③基本的には②説に立ちながら，譲受人の保護を図るために，株主総会の特別決議を要する場合にそれを経ない譲渡の効力につき，そのような場合であることを知らず，かつ知らないことに重大な過失もない譲受人に対しては無効を主張しえないと解する見解も主張されている。しかし，この立場によっても，組織化された有機的一体性の基準が明確にされない限り，譲受人の悪意・重過失の有無が何について判断されるのかが明確にならず，したがって，譲渡会社の株主にとっても，譲受人にとっても，法律関係が不安定になるという問題は残されることになる。そして，この立場では，譲受人に悪意・重過失があると認定される場合がほとんどなくなってしまって，株主保護の目的を達しなくなってしまうという可能性も生じうる。なお，最高裁判決のなかに，株主総会の特別決議を経ない営業譲渡は，譲渡人のみならず譲受人も無効を主張しうるとした上で，譲受人が契約後20年を経て無効を主張した等の事由により，その主張は信義則違反で許されないとしたものがある（最判昭和61・9・11判時1215号125頁）。

事業の譲渡に関する株主総会決議については，反対株主に株式買取請求権が与えられているが，ほかに反対株主の株式買取請求権が認められている例が，合併契約承認決議，株式譲渡制限の定款変更決議，株式交換契約承認決議，株式移転承認決議，会社分割承認決議および組織変更の決議の場合等というように，会社ないし株主の運命が法律的に重大な影響を受ける場合に限られていること，ならびに，組織化された有機的一体としての事業財産とは，たんなる事業用財産の集合ではなく，財産的価値のある事実関係（〔628〕参照）を伴ったものであり，そのなかには顧客関係が含まれており，そのことから会社法21条において事業の譲渡が競業避止義務を伴う旨が規定されていることにかんがみると，株主総会の特別決議が要求される事業の譲渡の意味については，①説をとるべきではないかと考えられる。したがって，一定の物品の製造・販売をする会社が，その工場およびその施設の全部を譲渡（譲渡担保の場合はもちろんである）する場合であっても，その譲渡会社が，工場を新設して同じ物品の製造・販売を続けるようなときは，株主総会の特別決議を要しないことになる（ここで「競業」の意味については，次の(b)参照。会社分割の場合の事業の承継の意味については，競業避止義務を負わないときも含むことは前述した〔774〕）。

会社法21条は，事業を譲渡した会社の競業の禁止について規定している。すなわち，①事業譲渡会社は，当事者の別段の意思表示がないかぎり，同一市町村（東京都の特別区および政令指定都市にあっては，区）の区域内およびこれに隣接する市町村の区域内においては，その事業を譲渡した日から20年間は，同一の事業を行ってはならないものとされる（21条1項）。②当事者間での競業禁止の特約は，その譲渡の日から30年間に限り，その効力が認められる（21条2項）。この特約については，このように期間の制限はあるが，旧会社法と異なり，地域的制限（旧会社法では，同府県および隣接府県内という制限があった）は設けられていない。もっとも，①および②のいずれについても不正の競争の目的をもって同一の事業を行うことは許されない（21条3項）。

(b) 事業の全部の譲渡とその重要な一部の譲渡　会社法（467条1項）は，上述したように，事業について，その全部の譲渡だけでなく，その重要な一部の譲渡（なお，簡易の事業譲渡につき〔815〕）についても，株主総会の特別決議を要求している。①説をとれば，事業の全部の譲渡とは，譲渡会社が事業財産の全部を譲渡し，かつ，全面的に競業避止義務を負う場合を指す。もっとも，ここで競業というのは，それまでしてきた行為，たとえば前述の物品の製造・販売の会社についていえば，その物品の製造および販売の双方を指し，したがって，通常の競業というよりも広く，製造活動も含まれることになる。

事業の重要な一部の譲渡とは，次のような場合を指すと考えられる。たとえば，上に掲げた会社を例にとれば，譲渡会社が工場およびその施設の全部を譲渡して，その物品の製造活動はしないという競業避止義務を負うが，その販売活動については競業避止義務が及ばない（したがって譲渡会社が譲受人その他の者が製造した当該物品を仕入れて，それを販売することはできる）場合に，その製造活動につき競業避止義務を負うことが会社の運命に重大な影響を及ぼすとすれば，それは事業の重要な一部の譲渡にあたると解することになる。競業避止義務が地域的に限定されている場合で，その義務を負うことにより会社の運命に重大な影響を及ぼすときも同様である。

(ロ) 親会社による支配権の異動を伴う子会社の株式等の譲渡 〔812の2〕

会社は，その子会社の株式または持分（合同会社の場合）の全部または一部の譲渡をする場合であって，その譲渡が，財産的価値または議決権数の観点からいって，その子会社の支配権の異動を伴う，すなわち，支配権を失うときは，その譲渡契約について，その会社の株主総会の特別決議によって承認を受けなければならないとされる（467条1項2号の2・309条2項11号)。条文上は，この株主総会の特別決議を要する場合として，次の①および②が規定されている。①その譲渡により譲り渡す株式または持分の帳簿価額がその株式会社の総資産額として法務省令に定める方法により算定される額（会社則134条）の5分の1（これを下回る額を定款で定めた場合にはその割合）を超える場合，および②その会社が，その譲渡の効力発生日にその子会社の議決権の総数の過半数の議決権を有しなくなるときである。それ以外のときは，その譲渡契約につき，その譲渡の効力発生の前日までに株主総会の特別決議による承認は必要とされない。その理由は，会社がその子会社に対する支配力を失う場合には，会社またはその株主の運命に重大な影響を及ぼすからであり，それは事業の重要な一部の譲渡と同様だからである（〔812〕(b)参照)。その他，事業の重要な一部の譲渡については，株主総会の特別決議による承認が必要とされるほか，反対株主の株式買取請求権が認められている（469条。〔814〕）が，ここでの子会社株式の譲渡の場合にも同様の取扱いがなされる等，事業譲渡に関する規律（467条－470条）の適用がある。

(ハ) 事業全部の賃貸，その経営委任，その損益全部の共通契約その他これに準ずる契約の締結または解約および他の会社の事業全部の譲受け 〔813〕

「事業の全部の賃貸」とは，賃借人が事業全部につき，自己の名前で，かつ，自己の計算で，使用または収益をし，賃貸人にその賃料の支払をする契約である。

賃貸借期間中は事業の管理および経営権は賃借人に帰属する。「事業の全部の経営の委任」とは，事業全部の経営を他人に委任し，受任者は委任会社の名前で事業の経営をすることであるが，事業の損益が委任者に帰属する場合（これを「経営管理契約」ということがある）と受任者に帰属する場合（これを「狭義の経営の委任」ということがあり，事業の賃貸借に近いが，受任者が委任会社の名前で事業の経営をする点で，事業の賃貸借と異なる）の双方が含まれる。「他人と事業上の損益の全部を共通にする契約」とは，会社が他人と一定期間における事業上の損益を合算し，それをあらかじめ定められた割合で各自に分配する契約である。「その他これらに準ずる契約」には，販売カルテル（販売価格の維持，引上げ等を目的とする企業結合）等が含まれると解されている。たんに契約の締結だけでなく，その変更または解約についても規制の対象になる。「他の会社の事業の全部の譲受け」については，とくに説明を要しないが，事業の譲受けについては，事業の譲渡と異なり，重要な一部の譲受けは規制の対象になっていない。事業の譲渡はその重要な一部についてのそれであっても，譲渡会社の株主にとって重要な意味を有するのに対して，事業の譲受けについては，たとえば，譲受会社の事業の規模と比較して小さな事業の譲受けは，譲受会社の株主にとってそれほど重要な意味を有しないが，その全部の譲受けの場合には，合併に近い形態なので，その場合に限って特別決議を要するものとしたと説明されている。しかし，平成12年商法改正により，株主総会の特別決議を要しない事業全部の譲受けの制度が設けられた（〔815〕）。

〔814〕 **3　株主総会の特別決議，反対株主の株式買取請求権**

〔809〕①から⑥までに掲げた行為（②については4で述べるものは除かれる）をするには，株主総会の特別決議が要求される。なお，それらのうちの他の会社の事業全部の譲受けをする場合においてその行為をする会社が譲り受ける資産にその会社の株式が含まれているときは，取締役はその株主総会で，合併の場合と同様に（795条3項。〔754〕(i)③）その株式に関する事項を説明しなければならない（467条2項）。さらに会社が事業譲渡等（①から⑥までの行為）をする場合には，効力発生日の20日前までにその行為をする旨をその株主（〔816〕の特別支配株主を除く）に通知しなければならない（469条3項。公告によりうる場合，469条4項）。

これらの行為のうち①から⑤までに掲げる行為については反対の株主には株式買取請求権が与えられる（469条）。⑥の事後設立については，旧会社法のもとでも，反対株主の株式買取請求権は認められていなかった。また②の事業の重要な一部の譲渡からは，4に述べる簡易の事業譲渡は除かれるから（467条1項2号括弧書），それについては反対株主の株式買取請求権は認められない（〔134の2〕）。簡易の会社分割の場合に反対株主に株式買取請求権が認められない（〔779〕）のと同趣旨と考えられる。その手続，内容等は合併等のその他の場合のそれと同様である（〔759〕以下）。

4　株主総会の承認を要しない場合

(イ)　簡易の事業譲渡　〔815〕

事業の重要な一部の譲渡は，合併等の組織再編方式の一環をなすものである。そして，前述したように，合併等において，株主総会の承認を要しない場合について，規定が設けられた（〔756〕〔778〕(b)，〔787〕(b)(i)，〔799〕(iv)(α)）。そこで，事業の重要な一部の譲渡（前述の事後設立に相当するものも含む）についても，平成12年改正商法は，簡易の事業譲渡につき株主総会の特別決議を要しない場合を規定し，会社法はそれを受け継いでいる。すなわち，その譲渡により譲り渡す資産の帳簿価額がその会社の総資産額として法務省令で定める方法（会社則134条）により算定される額の5分の1（これを下回る割合を当該株式会社の定款で定めた場合にあっては，その割合。旧会社法のもとでは20分の1であったが，会社法で，このように軽減された）を超えないものについては，ここでいう事業の重要な一部の譲渡から除かれ（これをここで「簡易の事業譲渡」という），株主総会の承認を要しないものとされる（467条1項2号括弧書。指名委員会等設置会社の場合には，取締役会はその内容の決定を執行役に委任できる。416条4項15号括弧書。反対株主の株式買取請求権が認められないことは前述した。〔814〕）。前述した簡易合併等と同様の趣旨である。

ここでは，事業の重要な譲渡に該当する場合において，上述した譲渡資産の帳簿価額が会社の総資産額の5分の1を超えないときは総会の特別決議を要しないとされているのであるから，上述したような意味で（〔812〕）事業の重要な譲渡に該当しないと判断される場合には，総会決議を要しないことになる。

(ロ)　特別支配会社の場合　〔816〕

事業譲渡等（〔809〕①から④までに掲げる行為）にかかる契約の相手方A会社がその事業譲渡等をするB会社の特別支配会社（総株主の議決権の10分の9〔これを上回る割合を定款で定めた場合にはその割合〕以上を他の会社およびその他の会社の完全子会社を有する会社その他これに準ずるものとして法務省令で定める法人〔会社則136条。完全子法人等〕が有している場合のその他の会社）である場合には，株主総会の承認を要しない（468条1項）。合併等の場合の特別支配会社の取扱いと同様である（〔757〕〔778〕(b)(ii)，〔799〕(iv)(β)）。

〔817〕 **(ハ) 簡易の他の会社の事業の全部の譲受け**

他の会社の事業の全部を譲り受ける場合（467条1項3号）において，他の会社の事業の全部の対価として交付する財産の帳簿価額の合計額の，その会社の純資産額として法務省令で定める方法（会社則137条）により算定される額に対する割合が5分の1（定款でこれを下回る割合を定めたときはその割合）を超えないときは，総会決議を要しない（468条2項）。もっとも，定款で定めた数の株式等（法務省令で定める数の株式。会社則138条。たとえば6分の1超等。同条1号等）を有する株主が一定の期間内（469条3項の通知または4項の公告の日から2週間以内）に反対の意思を通知したときは，その会社は効力発生日の前日までに，株主総会決議によってその承認を受けなければならない（468条3項。合併の場合の〔756〕(iii)参照）。

VI 組織変更

〔818〕 **1 組織変更の意義，株式会社と持分会社との組織変更**

組織変更とは，会社の法人格の同一性を保ちながら，組織を変更して他の種類の会社になることである。旧会社法のもとでは，その株主または社員が間接有限責任を負う会社である株式会社と有限会社との間および社員が直接責任を負う合名会社と合資会社との間でのみ組織変更が認められていた。会社法のもとでは，有限会社は存続しないから，その組織変更はありえなくなったが，株式会社と持分会社（合名会社，合資会社または合同会社）との間で組織変更をすることが認められている（2条26号参照）。ということは，株式会社が組織変更をして持分会社になり，または，持分会社が組織変更をして株式会社になることができるということである。組織変更にあたっては，債権者保護手続がとられる。株式会社と持分会社とでは，双方の株主・社員の責任の態様（間接有限責任か直接無限または直接有限責任か等。〔7〕－〔11〕）が異なりうるので，その点に関する事項を含めて，組織変更計画を作成しなければならない。

以下には，株式会社の組織変更について取り扱う（持分会社の組織変更については746条および747条で規定されている）。

〔819〕 **2 組織変更計画の内容**

会社が組織変更する場合においては，組織変更計画を作成しなければならない（743条）。組織変更計画には，次に掲げる事項を定めなければならない（744条1項）。

① 組織変更後の持分会社（「組織変更後持分会社」という）が合名会社，合資会社または合同会社のいずれであるかの別（1号）。

② 組織変更後の持分会社の目的，商号および本店の所在地（2号）。

③ 組織変更後の持分会社の社員について，㋑その社員の氏名または名称および住所，㋺その社員が無限責任社員または有限責任社員のいずれであるかの別および㋩その社員の出資の価額（3号）。

④ ②および③に掲げるもののほか，組織変更後持分会社の定款で定める事項（4号）。

⑤ 組織変更後の持分会社が組織変更に際して組織変更をする株式会社の株主に対してその株式に代わる金銭等（組織変更後の持分会社の持分を除く）を交付するときは，㋑当該金銭等が組織変更後の持分会社の社債であるときは，その社債の種類（107条2項2号ロ）および種類ごとの各社債の金額の合計額またはその算定方法，㋺当該金銭等が組織変更後の持分会社の社債以外の財産であるときは，その財産の内容および数もしくは額またはこれらの算定方法（5号）。

⑥ ⑤の場合には，組織変更をする会社の株主（組織変更をする会社を除く）に対する金銭等の割当てに関する事項（6号）。

⑦ 組織変更をする会社が新株予約権を発行しているときは，組織変更後の持分会社が組織変更に際して当該新株予約権の新株予約権者に対して交付する当該新株予約権に代わる金銭の額またはその算定方法（7号）。

⑧ ⑦の場合には，組織変更をする会社の新株予約権の新株予約権者に対する金銭の割当てに関する事項（8号）。

⑨ 組織変更がその効力を生ずる日（「効力発生日」）（9号）。

組織変更後持分会社が合名会社であるときは，③㋺の事項として，その社員の全部を無限責任社員とする旨を，合資会社であるときは，③㋺の事項として，その社員の一部を無限責任社員とし，その他の社員を有限責任社員とする旨を，さらに組織変更後持分会社が合同会社であるときは，③㋺の事項として，その社員の全部を有限責任社員とする旨を定めなければならない（744条2項－4項）。

なお，組織変更をすることを理由にその有する資産および負債の帳簿価額を変更することはできない（会社計算7条）。

3 組織変更の手続 〔820〕

組織変更の手続としては，変更計画に関する書面等の備置き，および閲覧等（775条，会社則180条），組織変更計画の承認──総株主の同意を得なければならない―― (776条1項), 登録株式質権者および新株予約権質権者に対する通知・公告 (776条2項3項), 新株予約権の買取請求 (777条。その価格の決定等を含む。778条), 債権者保護手続 (779条) 等について規定がある。なお, 債権者保護手続については, たとえば, 株式会社が合同会社に組織変更した場合に, 前者の株主および後者の社員はいずれも間接有限責任を負うにすぎないから, その責任の態様には変更がないが, 株式会社が大会社であれば会計監査人を置く必要がある (328条) が, 合同会社にはその必要がないから, 会社債権者にとっては, そのような組織変更によって不利益を蒙る可能性があるので, その手続が必要とされるのである。

〔821〕 **4 組織変更の効力の発生等**

組織変更をする株式会社は, 組織変更計画で定めた効力発生日 (〔819〕⑨) に, 持分会社となる (745条1項)。

効力発生日に, 組織変更をする会社は, 前述〔819〕②から④までに掲げる事項についての定めに従い, その事項にかかる定款の変更をしたものとみなされ (745条2項), 会社の株主は, 〔819〕③に掲げる事項についての定めに従い, 組織変更後の持分会社の社員となる (745条3項)。

前述〔819〕⑤㋑に掲げる事項についての定めがある場合には, 組織変更をする会社の株主は, 効力発生日に, ⑥に掲げる事項についての定めに従い, ⑤㋑の社債の社債権者となる (745条4項)。

組織変更をする株式会社の新株予約権は, 効力発生日に消滅する (745条5項)。

以上述べたことは, 債権者異議手続 (779条) が終了しない場合または組織変更を中止した場合は適用されない (745条6項)。

効力発生日の変更について規定がある (780条)。

第11節　解散および清算

I　解　　散

1　意義および解散原因　〔822〕

(イ)　意　　義

解散とは，会社の法人格の消滅をきたすべき原因となる事実である。会社の法人格は，合併の場合を除き（合併の場合には，その効力の発生によって消滅する会社の法人格が消滅する。〔742〕），解散によって当然に消滅せず，その消滅のためには清算手続が終了することが必要である（〔834〕以下。破産の場合には破産手続の終了）。解散を，法人格の消滅をきたすべき原因となる事実というのは，そのためである。

(ロ)　解散原因　〔823〕

解散原因としては，次の事由があげられる。

①定款で定めた存続期間の満了（471条1号）。②定款で定めた解散の事由の発生（471条2号）。定款では，存立時期または解散事由を定めることができるが，それは客観的・具体的に認識しうるものでなくてはならない。これらの事由は，登記事項とされる（911条3項4号）。③株主総会の決議（471条3号）。それは特別決議であることを要する（309条2項11号）。④会社の合併。会社の合併によって，吸収合併の場合には存続会社以外の会社が，また新設合併の場合には，合併当事会社全部が解散する。この解散の場合には清算手続を要しないことは前述した（〔742〕）。⑤会社の破産手続開始の決定（471条5号）。会社の破産手続開始の決定が解散原因となる。⑥解散を命ずる裁判（471条6号）。これには解散命令（824条1項）と解散の訴え（833条1項）とがある。

解散命令は，裁判所が一定の事由がある場合において，公益を確保するため，会社の存立を許すべきでないと認めるときに，法務大臣，株主，債権者その他の利害関係人（取締役，執行役，監査役，検査役，会社更生法上の管財人等）の請求により，非訟事件手続（868条以下）で命ずるものであって，会社の設立が準則主義（〔81〕）によってなされるための弊害を，国家が事後的に法人格を剥奪することによって是正する作用を営む（824条1項）。この一定の事由としては，㋑会社の設立が不法の目的に基づいてされたとき（824条1項1号），㋺正当の事由なく，1年以上事業を開始せず，または事業を休止したとき（同2号），および㋩取締役（業務執行取締役〔指名委員会等設置会社の場合には執行役〕）が法務大臣の書面による警告にもかかわらず，法令・定款に定める会社の権限を逸脱・濫用する行為または刑罰法令に違反する行為を継続・反覆したとき（同3号）があげられている（会社財産の保全処分につき825条，官庁等の法務大臣に対する通知義務につき826条，また法務大臣の関与につき904条，会社財産の保全処分についての特則につき905条・906条）。

解散の訴えは，少数株主（総株主の議決権の10分の1以上の議決権を有する株主または発行済株式〔自己株式を除く〕の10分の1以上の株式を有する株主。これを下回る割合を定款で定めた場合にはその割合）の請求（解散を求める訴えを提起する）によってなされるもので，解散命令が公益を維持するために認められるのに対して，株主の救済のために認められる。この請求が認められるのは，ⓐ会社の業務の執行上著しく困難な状況に至り，会社に回復することができない損害を生じ，または生ずるおそれがある場合（833条1項1号。取締役間に分裂が生じて業務が停滞している場合等），およびⓑ会社財産の管理または処分が著しく失当で会社の存立を危険にさせる場合（同2号。取締役が会社財産の不当な流用・処分をしている場合等）において，やむをえない事由があるとき（833条1項柱書）である。やむをえない事由があるときとは，解散以外に株主の利益を保護する方法がないことを意味する。したがって，この請求は，取締役（執行役）の改選，その解任請求，取締役（執行役）の行為の差止請求等で解決できる場合には認められない。株主の正当な利益を保護するために解散するしかない場合に，株主総会の解散決議（特別決議。前述③）を成立させることができないときは，解散判決を請求することになる。

〔824〕 **(ハ) 休眠会社のみなし解散**

長期間登記の変動のない会社には，事業を廃止したにもかかわらず，解散の登記をしないで放置されたままになっているものが多く，弊害をもたらしているので，昭和49年改正により，休眠会社に関する規定が設けられた。すなわち，休眠会社（最後の登記後12年〔公開会社でない会社の取締役の任期が10年に伸長されたので（332条2項），この期間も旧会社法の5年から会社法では12年に伸長された〕を経過した会社）は，①法務大臣が休眠会社に対し2か月以内に法務省令で定めるところにより本店の所在地を管轄する登記所にまだ事業を廃止していない旨の届出

（会社則 139 条）をするように官報に公告した場合において，その届出をしないときは，その 2 か月の期間の満了時に解散したものとみなされる（472 条 1 項本文）。登記官の職権によって解散の登記（〔827〕）がなされる（商登 72 条）。ただし，2 か月の期間内に休眠会社に関する登記がされたときは，この限りでない（472 条 1 項但書）。登記所は，法務大臣による公告があったときは，休眠会社に対し，その旨の通知を発しなければならない（472 条 2 項）。しかし，この通知は，登記簿上の本店所在場所に宛てて発すれば足り，また，この発送ないし到達の有無は，解散したものとみなされるための要件ではない。

(二) 一人会社 〔825〕

株主が 1 人しかいない会社を一人（いちにん）会社という。一人会社については，かつては，会社が社団であることと矛盾するということから，これを認めない（株主が 1 人になったことは解散事由になる）とする見解も一部で主張されていたが，通説はこれを認めていた。その根拠としては，旧会社法のもとでは，①合名会社および合資会社においては，社員が 1 人になったことが解散事由として掲げられていた（平成 17 年改正前 94 条 4 号。会社法では，持分会社〔合名会社を含む〕でも社員が欠けたことが解散事由となるのみで〔641 条 4 号〕，1 人になったことは解散事由にならない）のに対して，株式会社においては，株主が 1 人になったことが解散事由として掲げられていなかったこと（会社法のもとでも同様である。471 条），②全株式が 1 人に帰属してもそれが他に譲渡される可能性があること等をあげていた。実際上も，100 パーセント子会社にみられるように，一人会社は多数存在している。平成 2 年改正商法は，設立の際にそれまで発起人が 7 人以上であることが必要とされていた規定を削除して，1 人でもよいこととされ，設立当初から一人会社であるものが認められるにいたった（〔27〕）。

株式交換・移転制度のもとでは，完全親会社（他の会社の発行済株式の総数を有する会社），すなわち一人会社が創設されることになる（〔792〕）。

会社法のもとでは，合名会社についても，前述のように，社員が欠けたことが解散事由とされ（641 条 4 号），一人会社も認められることとされた。

(ホ) 法人格否認の法理 〔826〕

会社は法人格を有し，それは設立無効または解散を原因として消滅するが，会社の法人格の存続中に，特定の法律関係に限ってではあるが，会社の法人格を否認することが判例・学説上認められており，これを法人格否認の法理という。たとえば，前述した一人会社においては，たしかに，会社は株主とは別個の法人格を有し，会社の債務につき株主が責任を負わないのが建前であるが，会社財産と株主の個人財産とを区別せず，会社財産を株主の個人的目的に費消しているような場合には（一人会社の場合には，このようなことが往々にしてありうる），その債務の弁済の関係に限って会社と株主とを同一視して，株主にも，その個人財産でその会社債務を弁済する責任を負わせるというのが，法人格否認の法理である。会社とその社員とが別個の法人格を有する以上，この法理を安易に適用することは慎むべきであり，できるだけ現行の個々の規定の弾力的な解釈によって具体的に妥当な結論を導くべきであるが，それでは妥当な解決ができない場合には，この法理によって妥当な結論を導くことを否定すべきではないと考える。法人格否認の法理が適用される可能性があるのは，法人格が形骸にすぎない場合（上記の例のように，会社財産と株主個人の財産とを混同している場合等）および法人格が濫用されている場合（法定の競業避止義務を負っている者〔21条・356条1項1号など〕がその義務を免れるために会社を設立して，会社を通じて競業をする場合等）が考えられよう（同旨，最判昭和44・2・27民集23巻2号511頁。この判決は，Y会社が実質的にAの個人企業である場合に，AがXとの間で，Y会社がXから賃借していた店舗を明け渡す旨の和解契約を締結した行為をY会社の行為と認めて，その明渡し義務を認めた）。

〔827〕 **2　解散の効果，その公示**

会社は，解散により，合併の場合には当然に法人格が消滅するが，それ以外の場合のうち，破産の場合には破産手続に入り，その他の場合には清算手続に入る。解散したときは，解散の登記がなされる（926条）ことにより，公示される。なお，休眠会社の場合には，登記官の職権登記がなされる（商登72条〔824〕）。

会社が解散した場合には，当該会社は，①合併（その会社が存続する場合）に関する行為および②吸収分割による他の会社がその事業に関して有する権利義務の全部または一部の承継に関する行為をすることができないことになる（474条）。

〔828〕 **3　会社の継続**

会社が解散したときでも，それが，前述（〔823〕）の①存立時期の満了その他②定款に定めた事由の発生の場合，または③株主総会の決議による場合には，株主総会の特別決議によって，会社を継続することが認められる（473条・309条2項11号）。④休眠会社の場合にも解散したものとみなされた後3年以内に限っては，同様である（473条括弧内）。本店所在地における解散登記後でも可能であり，この場合には，継続の登記をする必要がある（927条）。持分会社の解散（642条1項）またはその設立の無効もしくは取消しの判決（845条）のときの会社の継続の場合も同様である（927条）。これらの場合に会社の継続を認めても，何ら弊害がないし，これを認めるのが便利と考えられるからである。解散を命ずる裁判が解散原因の場合には，会社の継続は認められない。

Ⅱ 清　　算

1 意義，種類，清算中の会社の性質等 〔829〕

会社が合併以外の原因で解散した場合および破産手続により解散した場合であって破産手続が終了した場合ならびに設立無効および株式移転無効の訴えにかかる請求を認容する判決が確定した場合（475条）に，会社の法律関係の後始末をすることを清算という。

株式会社の清算は，株主および債権者の利害に関係するため，法定の手続——法定清算（475条−574条）——によることを要する。合名会社および合資会社（合同会社は除かれる）において，社員間に人的信頼関係があり，かつ，社員が解散後も債権者に責任を負う（673条）ことから，任意清算が認められる（668条）のと異なる点である。もっとも，それらの会社でも，解散事由が破産手続開始の決定や解散命令および解散判決である場合は，任意清算は認められない（668条1項）。法定清算には，①通常清算（特別清算でないもの）と，②清算の遂行に支障を来すべき事情があるか債務超過（会社の財産がその債務を完済するのに足りない状態をいう）の疑いがある場合の特別清算（510条以下）とがある。

会社は，解散後でも清算の目的の範囲内においては，存続するものとみなされる（476条）。清算中の会社は解散前の会社と同一の法人格を有するが，その目的が清算の範囲に縮減されることになる。すなわち，事業を拡大し，またはこれを前提とする行為をすることは認められない（〔832〕参照）。会社法は，この点を条文上明確にしている（509条）。すなわち，自己株式の取得（155条），計算書類等（435条−443条。435条4項等は除かれる），連結計算書類（444条），資本金の額の減少，剰余金の配当等（445条−460条），組織変更，株式交換・移転の手続にかかる部分等の規定は適用されない（509条1項）。したがって，剰余金の配当もすることができない。資本金等の額の増減もすることができない。特別支配株主に対する株式等売渡請求に関する規定（〔296〕−〔299の12〕）も，適用されない（509条2項）。なお，清算会社の自己株式の取得については，無償で取得する場合その他法務省令で規定する場合（会社則151条）に限り，自己株式を取得することができる（509条3項）。取締役（監査等委員会設置会社の場合には監査等委員である取締役以外の取締役，指名委員会等設置会社の場合には監査委員以外の取締役）はその地位を失って清算人となる（〔830〕）。株主総会や監査役の地位は，清算の目的の範囲内で存続する。株主総会は，取締役の退職慰労金の贈呈の決議をすることはできるが，剰余金配当決議をすることはできない（残余財産の分配に代わる）。

〔830〕 ## 2 通常清算

法定清算のうち，特別清算でないものを一般に通常清算といっている。以下，通常清算について取り扱う（特別清算は〔835〕以下）。

(イ) 清算会社の機関，清算人となる者等

(a) 清算会社の機関 清算会社には，1人または2人以上の清算人を置かなければならない（477条1項）。さらに，定款の定めによって，清算人会，監査役または監査役会を置くことができる（477条2項）。もっとも，監査役会を置く旨の定款の定めがある清算会社は，清算人会を置かなければならず（477条3項），清算開始原因となる場合に該当することとなった時において，公開会社または大会社であった清算会社は，監査役を置かなければならず（477条4項），それが，監査等委員会設置会社や指名委員会等設置会社の場合も監査役設置会社となり，監査等委員である取締役または監査委員が監査役となる（477条5項・6項）。株主総会以外の機関の設置に関する326条から328条までの規定は清算会社には適用されない（477条7項）。

公開会社か大会社かの判定時点は，清算開始時点である。

(b) 清算人 清算会社は，清算人を置かなければならない（清算人の登記につき，928条）。清算人になる者は，定款で定める者または株主総会の決議によって選任された者がいない場合には取締役である（478条1項。解散原因〔475条各号〕に該当することとなった時において監査等委員会設置会社であった清算会社においては監査等委員である取締役以外の取締役，指名委員会等設置会社であった清算会社においては監査委員以外の取締役である〔478条5項6項〕。また，335条3項の社外監査役になる者についても規定されている。478条7項）。それらのものがないときは，裁判所は，利害関係人の申立てにより，清算人を選任する（478条2項）。解散命令もしくは解散判決（471条6号）によって解散した清算会社（前述〔823〕⑥）については，裁判所は，利害関係人もしくは法務大臣の申立てによりまたは職権で，清算人を選任する（478条3項）。設立無効もしくは株式移転無効の判決が確定した会社（清算の開始原因に関する475条2号3号）については，裁判所は，利害関係人の申

立てにより，清算人を選任する（478条4項）。

取締役と会社との関係（330条）および取締役の欠格事由（331条1項）の規定が清算人について，また取締役会設置会社は取締役が3人以上でなければならない旨の規定（331条5項）が清算人会設置会社について，それぞれ準用される（478条8項）。

裁判所は，利害関係人等の申立て（478条2項−4項）により裁判所が選任した清算人について，その清算人に対して支払う報酬を定めることができる（485条）。

清算人の競業避止義務，利益相反取引の規制（482条4項・356条），清算人がその任務を怠ったときの損害賠償責任（486条1項），競業取引における損害額の推定（486条2項・482条4項・356条1項），会社・清算人間の利益相反取引における一定の清算人が任務を怠ったことの推定（486条3項）等について取締役等に関する規定に準じた規定が設けられている。また，利益相反取引のうち，自己のために取引をしたときは，任務を怠ったことがその責めに帰することができない事由によるものであっても免責されない（486条4項・428条1項）。清算人の第三者に対する責任についても，取締役の第三者に対する責任（429条）に準じた規定が設けられている（487条）。その責任の一部免除についても同様である（486条4項による424条の準用）。清算人および監査役の連帯責任についても規定がある（488条）。

清算人の員数について，旧会社法には規定がなかったが，会社法では，前述したように，清算人会設置会社においては，3人以上と規定されている（478条6項・331条5項）。

任期の定めはないが（332条は準用されていない），清算人の解任（479条）および監査役の退任（480条）について規定がある。

なお，清算人の職務執行停止・代行者選任も，民事保全法上の仮処分によってなされる（民保23条2項。〔472〕）。

株式（第2編第2章。自己株式取得に関する155条を除く），新株予約権（同第3章），株主総会および種類株主総会（同第4章第1節），監査役の資格（335条2項），監査役の選任議案の提出に関する監査役の同意（343条1項），監査役の監査役選任議案提出権（343条2項），監査役の選解任についての辞任した監査役の意見陳述権（345条4項・3項），裁判所による株主総会招集等の命令等（359条），監査役・監査役会（第2編第4章第7節第8節），事業の譲渡等（同第7章）の規定中，取締役，代表取締役，取締役会または取締役会設置会社に関する規定は，それぞれ清算人，代表清算人，清算人会または清算人会設置会社に関する規定として，清算人，代表清算人，清算人会または清算人会設置会社に適用があるものとする旨の規定が設けられている（491条）。

〔831〕 (c) **清算人会，代表清算人および業務執行清算** 清算会社では，監査役会を置く旨の定款の定めがあるものは清算人会を置かなければならない（477条3項）。

清算人会は，すべての清算人で組織される（489条1項）。

清算人会の職務については，取締役会のそれ（362条2項）に相当する規定が設けられている（489条2項）。その運営についても同様である（490条）。

清算人会は清算人の中から代表清算人を選定しなければならない（清算人会を組織していない会社については，清算人各人が代表する483条1項2項。なお3項−6項）。代表清算人は，清算事務に関する一切の裁判上および裁判外の行為をする権限を有する（483条6項・349条4項5項）。その解職について規定がある（489条4項。また，裁判所が代表清算人を定めたとき〔483条5項〕は，清算人会はその選定または解職することができない〔489条5項〕）。

清算人会が自ら決定し，それを清算人に委任することができない事項および清算人設置会社の業務を執行する者について，取締役会のそれ（362条4項・363条1項）に準じた規定が設けられている（489条6項7項，会社則142条）。取締役の職務の状況の報告（363条2項），会社・取締役間の訴えにおける会社代表（364条），競業および利益相反取引に関する規制（365条）の規定が清算人会設置会社について準用される（489条8項前段。その読替規定が設けられている）。その清算人会議事録について規定がある（490条5項・369条3項，会社則143条）。

〔832〕 (ロ) **清算事務，清算人の職務等**

清算人の職務は，(a)現務の結了，(b)債権の取立て，(c)債務の弁済，および(d)残余財産の分配である（481条）。

清算人の業務の執行について規定がある（482条）。業務の適正さを確保するための体制の整備が必要である（482条3項4号，会社則140条）。いわゆる内部統制システム（〔517〕）に関する規定に相当するものである。

(a) **現務の結了** 解散当時にまだ結了していない事務を完了させることをいい，たとえば，販売のための物品が残存している場合にこれを売却し，すでに締結していた売買契約の履行のために物品を仕入れる等の事務をいう。提起されている訴訟の処理もこれに含まれる。

(b) **債権の取立て** 会社の有する債権については，債務者からその履行を受ける必要がある。弁済の受領あるいは担保付債権の担保権の実行だけでなく，代物弁済の受領，債権の譲渡による対価の回収，和解等も含まれる。弁済期未到来のものは，その到来まで待つか，譲渡をする等の方法によるしかない。

(c) **債務の弁済**　会社の負っている債務の弁済をしなければならないことはいうまでもない。そのために必要があるときは，会社財産を換価することもできる。条件付債権，存続期間の不確定な債権その他価額の不確定な債権については，裁判所の選任した鑑定人の評価に従って弁済することができる（501条。鑑定人選任の費用等については，同3項）。

債務の弁済の手続については，一定の制約がなされている。すなわち，清算会社はその債権者に対し，清算開始原因（475条各号）に該当することとなった後，遅滞なく一定の期間（2か月を下ることができない）内に債権の申出をするように官報によって公告し（この公告は1回で足りることにしている），かつ，知れている債権者には各別にこれを催告しなければならない（499条1項）。この公告には債権者が上記の期間内に申出をしないときは，清算から除かれる旨を付記しなければならない（499条2項）。清算会社は，その期間内は債権者に弁済してはならないものとされ，かつ，その債務の不履行によって生じた責任を免れることができない（500条1項）。会社債務の弁済は会社財産によってのみなされるので，このような制約を設けないと，弁済を受けられない者が生ずるおそれがあるからであり，しかし，それによって履行遅滞の責任を免れることはできないものとされる。また少額債権，担保付債権など他の債権者を害するおそれのない債権につき，裁判所の許可を得て，弁済することができる（500条2項前段。清算人が2人以上ある場合について規定がある。同後段）。この期間内に債権の申出をしなかったものは，清算から除斥される（503条1項）。もっとも，知れている債権者は清算から除くことができない（503条1項括弧書）。そして，清算から除かれた債権者以外の債権者に対して，その期間経過後にその債権の全額の弁済をした後で，次に述べる株主に対する残余財産の分配をすることになる。そして，清算から除かれた債権者は，まだ分配されない残余財産から弁済を受けられるにすぎなくなる（503条2項。なお，一部の株主に残余財産を分配したときは，公平の見地から，他の株主にもこの株主と同じ割合で分配をするのに要する財産は控除して弁済する。503条3項）。

(d) **残余財産の分配**　株主に対する残余財産の分配は，会社の全債務の弁済後でなければしてはならない（502条本文）。債権者に対する弁済前に株主に対する残余財産の分配を禁じたものであって，債権者を保護する趣旨である。もっと〔833〕

も，その存否または額について争いのある債権にかかる債務（訴訟係属中の債務等）については，弁済に必要と認められる財産を留保して，分配してもよい（502条但書）。残余財産の分配は，残余財産分配に関する種類の株式が発行されている場合を除き，各株主の有する株式数に応じてなされる（504条3項）。

残余財産の分配にあたって，清算人（清算人会設置会社にあっては清算人会の決議）によって定められるべき事項（504条1項）および残余財産の分配について内容の異なる2以上の種類の株式を発行している場合に定められる事項（504条2項）について規定がある。また，残余財産の分配が金銭以外の財産によることを認めることを前提として（旧会社法のもとでは，そのためには総株主の同意を要するとされていた），残余財産が金銭以外の財産である場合の取扱い（505条，会社則149条）およびその取扱いについて基準株式数（一定の数未満の数の株式を有する株主に対して残余財産の割当をしないこととするその一定の数）を定めた場合の処理（506条）について規定が設けられている。

(e) その他　財産目録等の作成（492条，会社則144条），その提出命令（493条），貸借対照表等の作成・保存（494条，会社則145条−147条），その監査等（495条，会社則148条），その備置き・閲覧等（496条），その定時総会への提出等（497条）およびその提出命令（498条）につき規定が設けられている。貸借対照表の公告の制度は廃止されている。

(f) 破産手続の開始の申立て　清算会社の財産がその債務を完済するのに足りないことが明らかになったときは，清算人は，直ちに破産手続開始の申立てをしなければならない（484条1項）。清算会社が破産手続開始の決定を受けた場合は，清算人は破産管財人にその事務を引き継ぎ，清算人の任務は終了する（484条2項）。破産管財人が清算事務を引き継いだ場合において，清算会社が既に債権者に支払い，または株主に分配したものがあるときは，破産管財人は，これを取り戻すことができる（484条3項）。

〔834〕 **(ハ) 清算の終了，清算結了の登記，書類の保存**

清算事務が終わったときは，清算人は，法務省令で定めるところにより遅滞なく決算報告（会社則150条）を作成しなければならない（507条1項）。清算人会設置会社では決算報告は清算人会の承認を受けなければならない（507条2項）。決算報告は，株主総会の承認を求めることを要する（507条3項）。その株主総会の承認には，清算人の職務執行に不正の行為があった場合を除き（507条4項但書），清算人の免責の効果が結びつけられている（507条4項本文）。

このようにして清算が結了すれば，会社は消滅する。清算結了については登記がなされるが（929条1号），それは，会社設立の登記（〔81〕）や新設合併の登記（〔763〕）等と異なり，清算結了の事実を公示する効力を有するにすぎず，創設的効力はない。したがって，清算事務がまだ終了しない限り，清算結了の登記がなされても，会社が消滅するものではない（そうでないと，残余財産の帰属関係が解決できなくなる）。

清算の結了の登記後10年間は，会社の帳簿ならびにその事業および清算に関する重要資料が保存され，保存者は，原則としては清算人であるが利害関係人の申立てにより，裁判所が選任することができる（508条）。

3 特別清算 〔835〕

(イ) 意義

特別清算とは，一定の事由がある場合に，裁判所の命令によって開始される清算手続である。通常清算と比較すると，一方で，債権者の利益を保護し，公平を確保するために裁判所の強い監督のもとに行われる点で，また他方で，債権者集会の招集により債権者を集団的に取り扱うことができる点および債権者の多数決によって承認される協定によって処理することができる点で，差異がある。特別清算も清算の一種なので，清算に関する一般的規定（475条以下）の適用があるが，そのほかに多数の特別清算に特有の規定がある（510条以下）。

なお，特別清算においては，担保権者に対しても，担保権の実行の手続等の中止（516条），債権者集会への出席（559条），協定案の作成への参加（566条）等の協力を求められることがある。旧会社法に比して，会社法では協定可決の要件が緩和される等の改正がなされている（〔842〕(c)）。

(ロ) 特別清算の開始の要件，申立ておよび開始命令の効果等 〔836〕

開始原因として，①清算の遂行に著しい支障をきたすべき事情があること（510条1号）および②会社に債務超過（清算会社の財産がその債務を完済するのに足りない状態）の疑いがあること（510条2号）があげられる。①としては，利害関係人が多数存在し，あるいは債権債務関係が錯綜している場合があげられる。特別清算は，この開始原因があるときに，裁判所の命令によって開始されるが，それは債権者（個々の債権者でよい），清算人，監査役または株主（単独株主でよい）の申立てによる（511条1項。その申立ての取消しの制限につき513条）。②の開始原因があるときは，清算人はその申立てをしなければならない（511条2項）。

特別清算の開始の命令があったときは，その登記がなされる（938条1項。書記官による嘱託登記につき，938条2項−5項)。

裁判所は，特別清算開始の申立てがあった場合において，必要があると認めるときは，債権者等の申立てにより，または職権で，その開始の申立てにつき決定があるまでの間，破産手続，強制執行等の手続または処分の中止を命ずることができる（512条1項)。裁判所は，費用の予納がないとき，特別清算によっても清算結了の見込みがないとき，債権者の利益に反することが明らかであるとき，不当な目的で申立てがなされたとき，その他申立てが誠実になされたものでないときに該当する場合を除き，開始命令をする（514条)。開始命令がなされたときは，破産手続開始の申立て，強制執行の申立て等はすることができず，すでに開始された手続等は中止され（515条1項)，開始命令が確定したときは，それらの中止した手続等は効力を失う（515条2項)。

裁判所は，担保権の実行の手続等も，債権者の一般の利益に適合し，かつ，担保権の実行等の申立人に不当な損害を及ぼすおそれがないと認めるときは，清算人，監査役，債権者もしくは株主の申立てにより，または職権で，相当の期間を定めてその中止を命ずることができる（516条)。

開始命令があったときは，会社の清算は裁判所の監督に服する（519条1項)。

なお，開始の命令があったときは，清算会社の債権者の債権——これを「協定債権」という（515条3項括弧書。一般の先取特権その他一般の優先権のある債権等は除かれる。「協定」については〔842〕参照）——については，特別清算開始の取消しの登記または特別清算終結の登記の日から2か月を経過するまでの間は，時効が完成しない（515条3項)。

協定債権者（517条1項括弧書参照）および清算会社に債務を負担する者につき，一定の条件のもとに相殺が禁止される（517条・518条)。

業務監督官庁に対する意見陳述の請求もしくは調査の嘱託（519条2項）またはそれの意見陳述（519条3項)，裁判所による調査（520条)，裁判所への財産目録等の提出（521条）等について規定がある。また裁判所は，清算人，監査役，債権の申出をした債権者その他会社に知れている債権者の債権の総額の10分の1以上に当たる債権を有する債権者（担保権を有する債権者がその担保権の行使によって弁済を受ける債権の額は算入されない。522条2項）もしくは総株主の議決権の100分の3（これを下回る割合で定款で定めた場合にはその割合。完全無議決権株式の株主〔117〕は除かれる）以上の議決権を6か月前（公開会社でない場合は「6か月前から」という要件を要しない。522条3項）から引き続き有する株主または発行済株式（自己株式を除く）の100分の3（定款でそれを下回る割合を定めたときはその割合）以上の株式を6か月前から引き続き有する株主の申立てまたは職権で，特別清算開始にいたった事情（1号），清算会社の業務および財産の状況（2号）保全処分（540条1項−542条）をする必要があるかどうか（3号4号），役員等責任査定決定（545条1項5号）その他特別清算に必要な事項で裁判所の指定するもの（6号）について，調査委員による調査を命ずる処分（調査命令）をすることができる（522条1項。その変更・取消しにつき892条）。調査委員について規定がある（533条・895条・894条）。

(ハ) 清　算　人 〔837〕

特別清算の場合には，清算人は，会社，株主および債権者に対して公平かつ誠実に清算事務を処理する義務を負う（523条）。特別清算の場合にも，清算人は，会社の業務執行機関であるが（482条），さらに利害関係人に対して中立的立場に立つことを義務づけられ，破産管財人（破産管財人は善管義務を負い，それに違反したときは，利害関係人に対して責任を負う。破85条）に近い地位に立つことになる（その選任につき478条〔830〕）。その解任等（524条），報酬（526条），清算人代理（525条）等につき規定がある。清算人の解任および報酬等につき特則がある（893条）。

(ニ) 債権者集会 〔838〕

債権者集会とは，特別清算の場合に，会社債権者の意思を決定する債権者団体の議決機関である。それは，清算の実行上必要があると認めた場合に清算会社が招集することができる（546条）。協定債権者の少数債権者による清算会社に対する債権者集会の招集請求につき規定がある（547条1項）。一定の事由がある場合には協定債権者が裁判所の許可を得て招集する（547条3項・900条）。債権者集会の招集等の決定・招集通知・参考書類および議決権行使書面の交付，債権者集会の決議，議決権の代理行使，書面による議決権行使等につき，株主総会に準じた規定が設けられている（548条−551条・554条−558条・560条・561条）。裁判所による債権者集会の指揮（552条），異議を述べた債権についての議決権の取扱い（553条），担保権を有する債権者等の出席（559条），清算人の調査結果等の債権者集会に対する報告についても規定が設けられている（562条）。後述するように（〔842〕），清算会社は，債権者集会に対し，協定の申出をすることができる（563条）。

(ホ) 監　督　委　員 〔839〕

監督委員とは，裁判所によって選任され（527条1項），裁判所はこれに清算会社の会社財産の処分等の一定の行為について裁判所の許可に代わる同意権を付与することができる（527条1項・535条1項但書）。また，監督委員は，清算会社の清算人等に事案の報告を求め，または会社，子会社の業務・財産の調査をすることができる（530条）。監督委員に対する裁判所による監督（528条），2人以上の監督委員の職務の執行（529条），その注意義務（531条）および報酬（532条）等について規定がある。その解任および報酬等につき特則がある（894条）。

〔840〕 ㈥ **清算会社の行為の制限等**

⒜ **清算会社の行為の制限**　特別清算開始の命令があった場合には，清算会社が，以下の行為をするには，裁判所の許可を得なければならない（535条1項本文）。ただし，監督委員が選任されているときは（527条1項），これに代わる監督委員の同意を得なければならない（535条1項但書）。①財産の処分（後述⒝の536条1項各号に掲げる行為を除く）（1号），②借財（2号），③訴えの提起（3号），④和解または仲裁合意（仲裁2条1項）（4号），⑤権利の放棄（5号），⑥その他裁判所の指定する行為（6号）。裁判所の許可またはこれに代わる監督委員の同意を得ないでした行為は，無効であるが，これをもって善意の第三者に対抗することができない（535条3項）。

なお，①から⑤に掲げる行為につき，許可または同意を要しない場合が規定されている（535条2項）。

⒝ **事業の譲渡の制限等**　特別清算開始の命令があった場合には，清算会社が①事業の全部の譲渡，②事業の重要な一部の譲渡および③子会社の株式または持分の全部または一部の譲渡をするには，裁判所の許可を得なければならない（536条1項・896条）。監督委員の同意によることは許されない趣旨であろう。もっとも，②につき譲渡により譲り渡す資産の帳簿価額がその清算会社の総資産額として法務省令で定める方法（会社則152条）により算定される額（総資産額）の5分の1（これを下回る割合を定款で定めた場合にあっては，その割合）を超えないものは除かれ（536条1項2号括弧書），③については，その譲渡により譲り渡す株式または持分の帳簿価額が清算会社の総資産額として法務省令で定める方法（会社則152条）により算定される額の5分の1（これを下回る割合を定款で定めた場合にあっては，その割合）を超えるとき，かつ，清算会社が，譲渡が効力を生ずる日において子会社の議決権の総数の過半数の議決権を有しないときにかぎられる（536条1項3号）。許可を得ない行為の効力につき，⒜と同様である（536条2項による

535条3項の準用)。一般の事業の譲渡等に関する規定(467条−470条。〔809〕以下。事後設立に関する467条1項5号〔810〕は除かれる)は,特別清算の場合には,適用しない(536条3項)。

(c) **債務の弁済の制限**　特別清算開始の命令があった場合には,清算会社は,協定債権者に対して,その債権額の割合に応じて弁済をしなければならない(537条1項)。協定債権とは,清算会社の債権者の債権であって,一般の先取特権その他の優先権がある債権,特別清算の手続のための会社に対して生じた債権および特別清算の手続に関する費用請求権は除かれる(515条3項括弧書)。その協定債権を有する債権者が協定債権者である(517条1項柱書)。協定の内容等については,次に取り扱う(〔842〕)。しかし,清算会社は,裁判所の許可を得て,少額の協定債権,清算会社の財産につき存する担保権によって担保される協定債権その他これを弁済しても他の債権者を害するおそれがない協定債権にかかる債務について,債権額の割合を超えて弁済をすることができる(537条2項)。

(d) **換価の方法等**　清算会社の換価の方法(538条)および担保権者の処分すべき期間の指定につき規定がある(539条・897条)。

(ト) 清算の監督上必要な処分等　〔841〕

裁判所は,特別清算開始の命令があった場合,(下記の①および②の場合は,特別清算開始の申立てがあった時からその申立てについての決定があるときまでも同様であり,③の場合はその間で緊急の必要があると認められるときは同様である)において,清算の監督上必要があると認めるときは,①,②および④は債権者,清算人,監査役もしくは株主の申立てにより,または職権で,③は,清算会社の申立てまたは職権で,次の①から④までの処分等をすることができる(540条−542条)。

① 清算会社の財産につき,その処分禁止その他の必要な保全処分の命令(540条1項2項。保全処分に反してなされた弁済等の効力を債権者が悪意のときは主張できないことにつき540条3項。またその変更,取消しにつき898条1項1号2項−5項)。

② 清算会社の株主名簿の記載または記録の禁止(541条。その変更,取消しにつき898条1項2号2項−5項)。

③ 発起人,設立時取締役,設立時監査役,役員等(423条1項)または清算人の責任に基づく損害賠償請求権につき,その対象役員等の財産に対する保全処分(542条。その変更,取消しにつき898条1項3号2項−5項)。

④ ③の役員の責任免除の禁止の処分(543条。その変更,取消しにつき898条1項4号2項−5項)。

さらに，⑤清算会社は特別清算開始の命令があったときは，その開始申立てがあった後またはその前1年以内にした対象役員等の責任の免除を取り消すことができる（544条1項前段）。不正の目的でしたときは，その期間の制限がない（同後段）。取消権行使の方法および行使しうる期間について規定がある（544条2項3項）。

また，⑥裁判所は，特別清算開始の命令があった場合において，必要があると認めるときは，清算会社の申立てによりまたは職権で，対象役員等の責任に基づく損害賠償請求権の査定の裁判（「役員等責任査定決定」という）をすることができる（545条1項）。この申立てがあったときは，時効の完成猶予および更新に関しては，裁判上の請求があったものとみなす（545条3項）。役員等責任査定決定の手続（役員等責任査定決定があった後のものを除く）は，特別清算が終了したときは，終了する（545条4項）。査定とは，裁判所が，役員等に対する会社の損害賠償請求権の存否および数額を非訟事件として簡易迅速に決定する処分である（545条・899条）。清算会社の申立てまたは職権でなされ，査定に不服のあるものは査定の告知を受けた日から1か月内に異議の訴えを提起することができ（858条），異議の提起がないとき，またはその訴えが却下されたときは給付判決と同一の効力を有する（899条5項）。

〔842〕 ㈠ 協　定

(a) **協定の申出**　清算会社は，債権者集会に対し，協定の申出をすることができる（563条）。

(b) **協定条項**　協定においては，協定債権者の権利の全部または一部の変更に関する条項を定めなければならない（564条1項）。なお，担保権者――特別の先取特権，質権，抵当権または会社法もしくは商法の規定による留置権者（522条2項）に限られる――の権利はここから除かれる（564条1項括弧書）。協定債権者の権利を変更する条項においては，債務の減免，期限の猶予その他の権利の変更の一般的基準を定めなければならない（564条2項）。協定による権利の変更の内容は，協定債権者の間では平等でなければならない（565条本文）。したがって，債権者によって債務免除の比率を変えることは原則として許されない。しかし，不利益を受ける協定債権者の同意がある場合または少額の協定債権について別段の定めをしても衡平を害しない場合その他協定債権者の間に差を設けても衡平を害しない場合は，この限りでない（565条但書）。

清算会社は，協定案の作成にあたり必要があると認めるときは，①担保権を有する債権者（522条2項）および②一般の先取特権その他一般の優先権がある債権を有する債権者の参加を求めることができる（566条）。

破産の場合に別除権を行使しうる担保権者（522条2項に規定する担保権者）は，特別清算においても別除権の行使によって弁済を受ける範囲内では協定の対象にならないが（債権者集会における議決権は行使しえない。547条2項参照），その者から債権の免除，期限の猶予等を得られれば便利なので，協定の作成にあたり，担保権者の参加を求めることができるものとしているのである。もっとも，その求めに応ずるかどうかは，担保権者の自由である。

(c) 協定の可決の要件　債権者集会において協定を可決するための決議要件（567条1項）は一般の債権者集会の決議要件（出席した議決権者の過半数の同意と出席した議決権者の議決権の総額の2分の1を超える議決権を有する者の同意。554条1項）よりも厳しくなっている。すなわち，①出席した議決権者の過半数の同意および②議決権者の議決権の総額の3分の2以上の議決権を有する者の同意のいずれもがなければならない。もっとも，旧会社法のもとでは，それが債権者の総債権数の4分の3以上に当たる債権とされていたから，それよりは緩和されている。不統一行使の場合の規定（554条2項）が準用されている（567条2項）。

(d) 協定の認可の申立て，認可・不認可の決定，協定の効力発生等　協定が可決されたときは，清算会社は，遅滞なく，裁判所に対し，協定の認可の申立てをしなければならない（568条。利害関係人の意見陳述等につき901条）。この申立てがあった場合には，裁判所は，次に掲げる場合（569条2項）を除き，協定の認可の決定をする（569条1項）。

①　特別清算の手続または協定が法律の規定に違反し，かつ，その不備を補正することができないものであるとき（1号本文）。ただし，特別清算の手続が法律の規定に違反する場合において，違反の程度が軽微であるときは，この限りでない（1号但書）。

②　協定が遂行される見込みがないとき（2号）。

③　協定が不正の方法によって成立するに至ったとき（3号）。

④　協定が債権者の一般の利益に反するとき（4号）。

協定は，認可の決定の確定により，その効力を生ずる（570条）。

(e) 協定の効力範囲　協定は，清算会社およびすべての協定債権者のために，かつ，それらの者に対して効力を有する（571条1項）。協定は，担保権（522条2項に規定されているもの）を有する債権者が有するその担保権，協定債権者が清算会社の保証人その他清算会社と共に債務を負担する者に対して有する権利および清算会社以外の者が協定債権者のために提供した担保に影響を及ぼさない（571条2項）。

協定の実行上必要があるときは，協定の内容を変更することができるが，この協定の内容の変更についても，(a)から(e)までに述べられたことが妥当する（563条から571条までの準用。572条）。

〔843〕　(り)　**特別清算の終了**

裁判所は，特別清算開始後，①特別清算が結了したとき，②特別清算の必要がなくなったときは，清算人，監査役，債権者，株主または調査委員の申立てにより，特別清算終結の決定をする（573条・902条）。①の場合には，会社が消滅し，②の場合には通常清算の手続がとられる（その登記につき，938条1項3号）。裁判所は，協定の見込みがない場合（協定案の作成，あるいはその可決の見込みがないとき等），協定実行の見込みがない場合（財産が予定通りの価格で売却できなかったとき等）または特別清算によることが債権者一般の利益に反する場合であって，会社に破産手続開始の原因となる事実があると認めるときは，破産手続開始の決定をする（574条1項）。協定が否決された場合および協定の不認可が確定した場合には，職権で破産手続開始決定をすることができる（574条2項）。この破産手続開始決定があった場合の破産法の規定の適用の関係（574条3項）および特別清算手続のために清算会社に対して生じた債権またはその手続に関する清算会社に対する費用請求権が財団債権となる旨（574条4項）の規定が設けられている。

第3章

持分会社

第1節　合名会社

I　持分会社総説

〔844〕　会社法は，合名会社，合資会社および合同会社をまとめて持分会社と呼んでいる（575条1項括弧書）。会社法のもとでは，持分会社については，合名会社，合資会社等の区分をしないで共通の規定（第3編）を設け，その中に，合資会社の有限責任社員に関する規定を折り込み（580条2項・583条），また，合同会社について，その計算等に関する特則を設けている（第3編第5章第7節）。したがって，合同会社については，計算以外の部分は，持分会社の1つとして，合名会社および合資会社と共通の規定が適用されることになる。本書では，まず，これまでの書き方にならって合名会社（第1節）と合資会社（第2節）についてとり上げ，さらに合同会社の計算等に関する特則を別に（第3節）取り扱うことにする。

なお，持分会社の合併，会社分割，株式交換・移転および組織変更については，合名会社の叙述の中で持株会社一般について取り扱う（〔855〕2）。

II　直接無限責任

〔845〕　合名会社は，典型的な人的会社（〔15〕）であって，社員が直接無限責任（580条。その内容については〔848〕）を負う（〔9〕）。したがって，会社債権者にとっては，必ずしも会社財産が確保される必要はないから，資本充実の原則も問題にならず，資本不変の原則も問題とならない。したがって，出資も金銭出資および現物出資に限られず，信用出資や労務出資も認められる（〔849〕）。なお，会社法は，合名会社においても資本金の制度を導入しているが，株式会社におけるそれとは性質が異なるものである（〔853〕(d)参照）。

Ⅲ　会社の設立

〔846〕 合名会社を設立するには，その社員になろうとする者が定款を作成し，その全員がこれに署名し，または記名押印しなければならない（575条1項。電磁的記録で作成できることにつき575条2項）。

定款には，目的，商号，本店の所在地，社員の氏名または名称および住所，社員の出資の目的およびその価額または評価の標準のほか（576条1項。5号は除かれる），その社員の全部を無限責任社員とする旨を記載し，または記録しなければならない（576条2項）。商号中に，合名会社という文字を用いなければならない（6条2項）。

会社法は，法人も無限責任社員になることを認めている。定款記載事項の中に「社員の氏名又は名称及び住所」が掲げられており，その中に「名称」が含まれていることから，法人が持分会社の社員したがって合名会社の社員（無限責任社員）となることができるものとされている。一般社団法人，外国法人等もその法人の目的の範囲内であれば，同様である（法人は，株式会社の取締役にはなることができない。331条1項1号）。そして，法人社員が業務執行社員となる場合について特則がおかれている。すなわち，その場合には，実際にその業務を執行する社員の職務を行うべき者を選任し，その氏名等を他の社員に通知する（598条1項）。業務執行社員に関する規定（593条－597条）は，その職務を行うべき社員に準用される（598条2項）。

上述したように，社員が定款の記載・記録事項とされ，かつ，社員が原則として業務執行および会社代表の権限を有するから（590条・599条），定款の作成により，社員が確定し，機関が具備されることになる。しかも，全額払込制（〔19〕）がとられておらず（その旨の規定が存在しない。後述するように，合同会社は別である。〔861〕。なお〔11〕〔12〕(ロ)参照），出資義務の履行は業務執行として請求されることになるから，定款の作成によって設立手続は完了する。会社の設立手続が法の要求する規定に合致しないことは，株式会社の場合と同じく，設立無効事由（客観的無効原因）になるが，社員の個性が重視されるから，社員の設立行為が無効（意思無能力の場合等）または取り消された（行為能力の制限・錯誤・詐欺・強迫による取消し等）ときは，その者が会社に加入しないだけでなく，会社設立そのものの無効事由または取消事由となる（主観的無効・取消原因）。そのような無効・

取消しの主張は，2年以内に社員等によってなされなければならず，また必ず訴えの方法によってのみ主張され，判決に対世効があり，かつ，遡及効が阻止される点は，株式会社の場合と同様である（828条1項1号2項1号・832条1号・838条）。このほか，会社設立が会社債権者にとって詐害行為となるときは，債権者による設立取消しの訴えの制度が設けられている（832条2号）。

設立の登記について規定されている（912条）。その本店における設立の登記により会社は成立する（579条）。

Ⅳ　社員の地位

〔847〕　1　持分単一主義

社員の地位（持分）は，株式会社および有限会社のそれと異なり，均一の割合的単位の形がとられず（その旨の規定がない），社員ごとに1個であり，それに量的な差異がありうることになる（576条1項6号参照。持分単一主義。〔103〕）。

〔848〕　2　責　　任

社員は，会社債権者に対して直接無限の連帯責任を負うが（576条2項），その責任は，①会社財産をもって債権の満足を受けられない場合（580条1項1号）および持分会社の財産に対する強制執行がその効を奏しなかった場合（同2号）の二次的責任とされ，かつ，容易に執行しうることを立証すれば，この責任を免れる（同2号括弧書）。また，②会社の主張しうる抗弁の主張が許される従属的な責任である（581条）。すなわち，①それは会社財産をもって債務を完済できない場合（債務超過の場合。大判大正13・3・22民集3巻185頁）および会社財産に対する強制執行が効を奏しない場合に問われるもので，社員が，会社に弁済の資力があり，かつ，強制執行が容易であることを証明した場合にはその責任を問われない。また②社員は，会社がその債権者に対して主張しうる抗弁（弁済，時効等による債務消滅，同時履行の抗弁等）をもって会社債権者に対抗することができ（581条1項），また会社が債権者に対して相殺権，取消権または解除権を有しているときは，これらの権利の行使によって会社がその債務を免れるべき限度において，社員はその者に対する履行を拒むことができる（581条2項）。この②の趣旨は，代表社員は会社の代表者としてこれらの権利を行使できるが，それ以外の社員はその権利を行使することはできず，たんに履行を拒否しうるにすぎないことになると解される。社員が会社の債務を履行したときは，会社に対して求償権を取得するとともに（民499条），他の社員に対してもその負担部分につき求償権を取得する（民442条。〔854〕）。新入社員はその加入前の会社債務についても責任を負い（605条），退社員および持分を譲渡した社員も退社・譲渡の登記前に生じた債務につき，一定期間，責任を負わされる（612条）。社員でない者が自分を社員と誤認させる行為をしたとき，すなわちいわゆる自称社員は，自分を合名会社の社員と誤認して会社と取引した者に対して社員と同様の責任を負わされる（589条）。

無限責任社員となることを許された未成年者は，社員の資格に基づく行為については，行為能力者とみなされる（584条）。

3 出　　資　〔849〕

社員は出資義務を負い，前述したようにその目的およびその価額または評価の標準が，定款の記載または記録する事項である（576条1項6号）。出資としては，金銭出資および現物出資のような財産出資のほかに労務出資および信用出資が認められると解される。現物出資について特に裁判所の選任する検査役の調査等の規制はなされていない（資本充実の原則は要求されない。〔845〕）。会社法には，合名会社――合資会社についても同様である――につき，労務出資等を認める明文の規定は設けられていないが，逆にそれを禁止することを前提とする規定が設けられていないから，以上のように解される。株式会社については，出資は金銭出資と現物出資に限定されることを前提としていると考えられる（207条・208条等。もっとも，ストック・オプションと労務の評価との関係につき，前述〔371〕）。労務出資には，たとえば特定の技術を有する者がその技術を利用して特定の労務を提供するとか，工場長等として勤務すること（たんに業務執行社員になることも含まれる）等であり，信用出資とは，会社のために保証をすること（たんに無限責任を負うにすぎないことも含まれる）等である。それらが出資と認められるためには，定款に出資の目的として記載されることが必要である。また，損益分配および残余財産の分配は，原則として出資の価額に応じてなされる（〔854〕）から，現物出資または労務・信用出資については，その価格または評価の標準を定款に定めることが必要とされることになる。

出資については，全額払込制がとられておらず，設立の段階で履行される必要はなく，いつ，どの程度出資するかは，定款または総社員の同意による定めがない限り，業務執行の一態様としての履行の請求により決められる（合資会社につき同旨，最判昭和62・1・22判時1223号136頁）。社員が金銭を出資の目的とした場合において，その出資をすることを怠ったときは，その社員は，その利息を支払うほか，損害の賠償をしなければならない（582条1項）。また，社員が債権を出資の目的とした場合において，その債権の債務者が弁済期に弁済をしなかったときは，その社員は，その弁済をする責任を負う（582条2項前段）。この場合においては，その社員は，その利息を支払うほか，損害の賠償をしなければならない（582条2項後段）。これらの場合には，除名（859条1号）の対象となるほか，業務執行権・代表権の剝奪等の原因にもなりうる（860条）。現物出資につき，危険負担および契約不適合の責任に関する民法の規定の適用がある。

〔850〕

4 社員の変動

(イ) 社員の地位（持分）の譲渡および質入れ・差押え等

社員が，その持分の全部または一部を他人に譲渡するには，他の社員の全員の承諾を要する（585条）。合名会社では，一方で，社員の個性が重視されるから，その持分の譲渡は制限される必要がある。他方で，社員が直接無限責任を負い，会社財産を確保する要請がなく，そのため，社員の退社による投下資本の回収の手段が認められているから（606条以下，ことに611条参照），譲渡が制限されても支障がないのである。持分の一部が譲渡された場合には，自益権および共益権（〔100〕）が移転し，その結果，業務執行権，代表権等の共益権を有する者は増加するが，自益権，いいかえれば会社財産に対する分け前を示す数額という意味での持分（〔854〕）は，増加しない。また，持分の全部譲渡の場合には，譲渡人が社員の地位を失い，譲受人があらたに社員になり，またはその持分を増加させる（その責任関係につき，〔848〕。その社員の責任につき586条）。会社法は合名会社と合同会社については一人会社を認めている（641条4号参照）。

持分に対して質権の設定を受け，あるいは，それに対して差押えをした場合にも，その換価による優先弁済を受けるということは保障されず，利益配当（株式会社における剰余金の配当〔678〕に相当する）がなされた場合に，それから弁済を受け，また社員の退社による持分払戻請求権が具体化した場合にそれに効力を及ぼしうることになる。会社法は，持分差押えにつき，持分の払戻しを請求する権利および利益配当請求権にも効力を有する旨を規定するとともに（611条7項・621条3項），差押債権者が社員を退社させることができる旨を規定する（609条）。

社員の死亡は，退社事由となる（607条1項3号）ので，持分の相続は認められない。もっとも，会社は，その社員が死亡した場合または合併により消滅した場合におけるその社員の相続人その他の一般承継人がその社員の持分を承継する旨を定款で定めることができる（608条1項）。この定款の定めがある場合には，その一般承継人（社員以外の者）は，その持分を承継した時に，その持分を有する社員となり（608条2項），一般承継人が持分を承継した時に，その一般承継人にかかる定款の変更をしたものとみなされる（608条3項）。この一般承継人が2人以上ある場合の出資義務（608条4項）および権利行使者の指定（608条5項）についての規定がある。

(ロ) 入社および退社 〔851〕

会社成立後の社員の入社は，定款記載事項（576条1項4号）の変更として，定款に別段の定めがある場合を除き，総社員の同意を要する（637条・604条1項2項）。入社した社員の責任について規定がある（605条）。

退社事由が法定されており（607条），この事由が発生すれば，当然に退社する。もっとも，法定退社事由のうち，除名は，一定の事由がある場合に他の社員の過半数の決議で裁判所に請求することによってなされる（859条）。このほか，社員の側から，一方的告知によって，原則として6か月前の予告により，事業年度の終わりに退社することができる（606条1項2項。持分の差押債権者についても同様である。609条1項。〔850〕）。もっとも，各社員は，やむをえない事由があるときはいつでも退社できる（606条3項）。やむをえない事由とは，入社時に比べて事情が大きく変化して社員としての地位を継続できなくなったこと等を指す。また，社員の相続または合併の場合につき規定がある（608条）。さらに，差押債権者の意思によって退社させられることもあることは前述した（609条）。退社による定款のみなし変更について規定されている（610条）。退社により，退社員は持分の払戻しを受ける（611条。退社員の責任につき612条。〔848〕）。

V　会社の機関

1　業務執行機関 〔852〕

定款に別段の定めがある場合を除き，各社員が業務執行の権利を有し義務を負う（590条1項）。社員が2人以上ある場合には，合名会社の業務執行の意思決定は定款に別段の定めがある場合を除き，その過半数によってなされる（590条2項）。しかし，合名会社の常務はその完了前に他の社員が異議を述べた場合を除き（590条3項但書），各業務執行社員が決することができる（590条3項）。業務を執行する社員を定款で定めた場合において，業務を執行する社員が2人以上あるときは，その業務は，定款に別段の定めがある場合を除き，業務を執行する社員の過半数をもって決定する（591条1項前段）。常務については「業務を執行する社員」が単独で行うことができる（591条1項後段・590条3項）。支配人の選任および解任は，定款に別段の定めがなされないかぎり，社員の過半数をもって決定する（591条2項）。業務を執行する社員を定款で定めた場合において，その業務を執行する社員の全員が退社したときは，その定款の定めは効力を失う（591条3項）。また，定款で定められた業務を執行する社員は，正当な事由がなければ，辞任することができず（591条4項），また正当な事由がある場合に限り，他の社員の一致によって解任することができる（591条5項）。さらに業務を執行する社員を定款で定めた場合には，各社員は，定款で業務を執行する権利を有しないときであっても，その業務および財産の状況を調査することができる（592条1項）。このことは，定款で別段の定めをすることを妨げないが，定款によっても，社員が事業年度の終了時または重要な事由があるときに業務および財産の状況の調査をすることを制限する旨を定めることができない（592条2項）。業務執行社員と会社との関係（593条），競業の禁止（594条），利益相反取引の制限（595条），業務執行社員の持分会社に対する損害賠償責任（596条），法人が業務執行社員である場合の特則（598条。〔846〕）等について規定がある。

出資義務を執行しない等，法定の事由があるときは業務を執行する社員（業務執行社員）の業務執行権は剝奪される（860条）。

2　会社代表機関

業務執行社員が各自会社を代表するのが原則であるが（599条），定款または定款の定めに基づく社員の互選によって，業務執行社員のなかから代表社員を定めることができる（599条1項3項）。代表権は包括的，不可制限的である（599条4項5項。株式会社の代表取締役に関する〔527〕－〔529〕参照）。会社と社員との間の訴えにおける会社を代表する者について規定がある（601条）。また会社法は，株主代表訴訟（〔491〕）に相当する社員が会社を代表して社員の会社に対する責任を追及する訴えの提起を認めている（602条）。業務執行社員の業務執行停止・代行者選任等の仮処分が民事保全法の一般原則により可能であることを前提として，その権限は，原則として仮処分に別段の定めがある場合を除き，会社の常務に属しない行為をするには，裁判所の許可を要する旨が規定されている（603条1項。その違反の場合の効力につき，603条2項。株式会社に関する〔472〕〔473〕参照）。代表社員がその職務を行うについて第三者に加えた損害につき賠償責任を負う（600条）。

出資義務を執行しない等，所定の事由がある場合には，代表権が剝奪されることがある（860条）。

Ⅵ　会社の計算，利益の配当，出資の払戻し

〔853〕 旧会社法のもとでは，合名会社では社員が直接無限責任を負い，会社債権者のための会社財産確保の要請がないため，株式会社の場合と異なり，決算期に計算書類を確定して配当可能利益を算出するという手続をとることは法律上は要請されていなかった。しかし，会社法のもとでは会社の合理的経営という立場から持分会社の計算について，合同会社の計算を含めて，若干の規定が設けられている（なお，社員が有限責任を負うにすぎない合同会社については，債権者保護の要請からさらに詳細な規定が設けられている。〔863〕－〔868〕）。

(a)　**会計の原則**　　持分会社の会計は，一般に公正妥当と認められる企業会計の慣行に従うものとされ（614条），合名会社についての公正妥当と認められる企業会計の慣行に従うものとされる。

(b)　**会計帳簿**　　合名会社は，法務省令で定めるところ（会社計算4条。株式会社に関するものと同様の規定）により，適時に，正確な会計帳簿を作成しなければならない（615条1項）。「適時に」，「正確な」の意味については，株式会社のそれと同様である（〔620〕）。

会社は，会計帳簿の閉鎖の時から10年間，その会計帳簿およびその事業に関する重要な資料を保存しなければならない（615条2項）。

裁判所は，申立てによりまたは職権で，訴訟の当事者に対し，会計帳簿の全部または一部の提出を命ずることができる（616条）。

(c)　**計算書類**　　会社は，法務省令で定めるところ（会社計算70条）により，その成立の日における貸借対照表を作成し（617条1項），また法務省令で定めるところ（会社計算71条3項）により，各事業年度にかかる計算書類（貸借対照表その他会社の財産の状況を示すために必要かつ適切なものとして法務省令で定めるもの〔会社計算71条1項〕をいう）を作成しなければならない（617条2項）。計算書類は，電磁的記録をもって作成することができる（617条3項）。

会社は，計算書類を作成した時から10年間，これを保存しなければならない（617条4項）。

社員による計算書類の閲覧等の請求についての措置があり（618条1項），それは定款で別段の定めをすることを妨げないが，定款によっても，社員が事業年度

の終了時に閲覧等の請求をすることを制限する旨を定めることができないものとされる（618条2項）。

裁判所は，申立てによりまたは職権で，訴訟の当事者に対し，計算書類の全部または一部の提出を命ずることができる（619条）。

(d) 資本金の概念およびその額の減少　旧会社法は，合名会社（合資会社についても同様である）につき，資本金の概念を採用していなかったが，会社法は，持分会社につき，その中に社員が間接有限責任を負うにすぎない合同会社が含まれているためか，資本金という概念を採用している（持分会社の社員資本につき，会社計算30条）。そして，会社は，損失の塡補のために，その資本金の額を減少することができ（620条1項），その減少する資本金の額は，損失の額として法務省令で定める方法により算定される額（資本剰余金および利益剰余金の合計額または資本金の額のいずれか少ない額。会社計算162条）を超えることができない（620条2項）ものとされている。資本金の額の減少は損失の塡補のためという目的に限定されている（合同会社につき〔863〕）が，それ以外にも出資の価額の減少や退社によっても資本金の額は減少する。そのように減少しても，株式会社の場合（〔639〕）と異なり，債権者保護手続はとられず（社員が間接有限責任を負うにすぎない合同会社についてはその手続がとられる。627条。〔867〕），無限責任を負う社員の責任によってカバーされることになる。

〔854〕　**(e) 利益の配当と損失の分担**　旧会社法のもとでは，利益配当という概念は用いられず，損益分配という表現が用いられていたが，会社法では，利益の配当という概念が用いられている。すなわち，社員は，会社に対し，利益の配当を請求することができる（621条1項）が，利益の配当を請求する方法その他の利益の配当に関する事項を定款で定めることができる（621条2項）。

社員の持分の差押えは，利益の配当を請求する権利に対しても，その効力を有する（621条3項）。

会社法は，利益配当のほかに，旧会社法のもとで用いられていた損益分配という概念も用いている。すなわち，損益分配の割合について定款の定めがないときは，その割合は，各社員の出資の価額に応じて定めるものとされている（622条1項）。ここで利益配当と損益のうち「益」の分配とは，同じ概念と考えてよいであろう。利益または損失の一方についてのみ分配の割合についての定めを定款で定めたときは，その割合は，利益および損失の分配に共通であるものと推定される（622条2項）。

損失の分担は，現実にそれに相当する額を出資して塡補する必要はなく，その分だけ各社員の持分が減少するにすぎない。ここでいう「持分」とは，持分の譲渡という場合のそれ（それは共益権――業務執行権等――を含む社員たる地位そのものを意味する）と異なり，社員が会社財産に対して有する分け前を示す数額（〔850〕）であり，たとえば社員が退社して持分の払戻しを受けるという場合のそれである。ある社員が会社の債務を弁済した場合の法律関係については，前述した（〔848〕）。

ここで，社員の責任，出資および損失分担の関係をまとめると，次の通りである。まず，社員の責任は，会社債権者に対する関係で問題になる（外部関係）のに対して，出資および損失分担は会社に対する関係で問題になるものである（内部関係）。社員の責任は無限であるから，各社員は，その損失分担の割合には関係なく，会社債権者に対して，連帯して弁済の責任を負う。しかし，各社員相互間では，損失分担の割合に応じて各自が分担する額（負担部分）が決められるから，会社債権者に責任を果たした社員は他の社員に対して，それぞれの社員の負担部分につき求償権を行使することができる（民442条）。

(f) **出資の払戻し**　社員は，会社に対して，既に出資として払込み，または給付をした金銭の払戻し（以下「出資の払戻し」という）を請求することができる（624条1項前段）。この場合において，その金銭等が金銭以外の財産であるときは，その財産の価額に相当する金銭の払戻しを請求することを妨げない（624条1項後段）。会社は，出資の払戻しを請求する方法その他の出資の払戻しに関する事項を定款で定めることができ（624条2項），その定めに従って出資の払戻しがなされることになる。社員の持分の差押えは，出資の払戻しを請求する権利に対しても，その効力を有する（624条3項）。

Ⅶ　定款変更，合併，分割，株式交換・移転および組織変更

1　定款変更および定款による持分会社の種類の変更　〔855〕

定款に別段の定めがないかぎり，定款変更には総社員の同意を要する（637条）。定款で別段の定めをするにも，設立時には社員となる者の全員，成立後はその時点での総社員の同意が必要である。別段の定めの内容については制限がない。

合名会社は，定款を変更して，有限責任社員を加入させ，またはある社員を有限責任社員として，合資会社に種類を変更することが認められる（638条1項1号2号。その逆の種類の変更も可能である。638条2項）。さらにその社員の全部を有限

責任社員とする定款変更により合同会社となることができる（638条1項3号）。それらにより有限責任社員となった者の責任は，退社員のそれと同様に取り扱われる（583条3項・612条）。債権者保護手続は要求されない。定款を変更して合同会社になる場合の社員の出資の履行について規定がある（640条）。

持分会社の種類の変更の登記がなされる（919条）。

2　持分会社の合併，会社分割，株式交換・移転および組織変更

(イ)　合　　併

会社は，合併契約を締結することにより，他の会社と合併をすることができる（748条。〔740〕）。合併の意義等および株式会社の合併についてはすでに取り扱った（〔739〕以下）。

持分会社の合併については，持分会社が存続する吸収合併の合併契約および効力発生等（751条・752条）および持分会社を設立する新設合併の合併契約および効力発生等（755条・756条）について規定されている。また，吸収合併の消滅会社の手続（793条1項1号・2項）および存続会社の手続（802条1項1号・2項）ならびに新設合併の消滅会社の手続（813条1項1号・2項）および新設会社の手続（816条）が規定されている。たとえば，合名会社が消滅会社となる吸収合併をする場合（793条1項1号）には，定款に別段の定めがないかぎり，効力発生日の前日までに合名会社の総社員の同意を得なければならない（793条1項1号）。また，この吸収合併消滅会社については，株式会社の合併の場合の債権者保護手続に関する789条1項1号および同2項1号・2号・4号，3項から5項までの規定が準用される（793条2項）。合名会社を消滅する会社とする合併の場合には，無限責任を負う社員がいなくなって，または合資会社との合併の場合には少なくなって，債権者に不利益を与える可能性があるからである。

(ロ)　会 社 分 割

吸収分割については，吸収分割または新設分割をすることができるのは株式会社または合同会社に限られ（757条前段・762条1項前段），この場合には，分割会社と承継会社との間で吸収分割契約を締結するものとされる（757条後段）。持分会社が吸収分割の承継会社となる場合について，分割契約（760条）およびその効力発生等（761条）につき規定されている。また持分会社が新設分割の新設会社となる場合について同様の規定がある（765条・776条）。また，合同会社が吸収分割の分割会社となる場合の手続（793条1項2号・2項）について規定がある。さらに持分会社が吸収分割の承継会社になる場合の手続（802条1項2号・2項），

および新設分割の新設分割設立会社の手続について規定がある（811条）。

(ハ) 株式交換・移転

株式交換・移転については，合同会社に発行済株式を取得される株式交換の場合の株式交換契約（770条）およびその効力発生等（771条）ならびにその場合の手続について規定がある（802条1項3号・2項）。株式交換の対価が完全親会社となる会社の株式に限られなくなったので，合同会社を完全親会社とする株式交換が認められる（767条1項括弧書参照。〔792〕）。

(ニ) 組織変更

株式会社の組織変更についてはすでに取り扱った（〔818〕）。持分会社の組織変更については，その組織変更計画（746条），その効力発生等（747条）およびその手続（781条）について規定されている。

Ⅷ 解散および清算

〔856〕 解散事由のなかに，社員が欠けたことも含まれる（641条4号）。会社法では，合名会社にも一人会社が認められることになる（〔825〕）。清算には，法定清算（646条－667条）のみならず，合名会社（合資会社についても同様である）につき一定の制限のもとに任意清算（668条1項）も認められる。それは，社員が会社債権者に直接責任を負い，社員相互間に信頼関係があることから認められるものであって，定款または総社員の同意のもとに，会社財産の処分を定めることによってなされるが，会社債権者および社員の持分を差し押さえた者の利益を保護するための配慮がなされている（670条・671条）。法定清算（644条－667条）については，通常清算のみが認められ，特別清算にあたる方法は規定されていない。

残余財産の分配の割合については，定款に定めがないときは，各社員の出資の価額に応じて定められる（666条）。

第2節　合 資 会 社

I　二元的組織

〔857〕　合資会社は，合名会社と同じく，人的会社であるが，合名会社と異なるのは，直接無限責任を負う社員と，直接有限責任を負う社員とからなる二元的組織の会社である点である（576条3項）。

合資会社については，基本的には合名会社に関する規定と同様の規定が設けられているが，以下に述べるように，有限責任社員の存在を前提とする規定が追加されている。

その設立登記について規定がある（913条）。商号中には合資会社という文字を用いなければならない（6条2項）。

II　有限責任社員の出資義務と責任，利益配当，業務執行権等

〔858〕　有限責任社員は，その出資の価額を限度として会社の債務を弁済する責任を負う（580条2項）が，すでに会社に履行した出資の価額は除かれる（580条2項括弧書）。すなわち，出資の価額が会社に対する出資義務の限度額をなすとともに，会社債権者に対する責任の限度額をなし，一方が履行されれば，他方の限度額が減少するという関係に立つ。その意味ならびに無限責任社員と有限責任社員との区別――これは定款記載事項である（576条5号）――，有限責任社員の出資の目的，価額および履行ずみの部分が会社債権者に知らせるために登記事項とされていること等については，前述した（913条7号。〔10〕）。なお，有限責任社員が無限責任社員になった場合には，その者は，無限責任社員となる前に生じた会社債務についても無限責任社員として責任を負う（583条1項）。①有限責任社員につき定款を変更してその出資の価額を減少した場合には，その旨の登記前に生じた会社の債務については，従前の範囲で責任を負う（583条2項）。また②無限責任社員が有限責任社員になった場合に，その変更登記前の債務について，無限責任

社員の責任を免れない（583条3項）。この①および②の責任の消滅について規定がある（583条4項）。

合資会社においても，合名会社と同じく，会社財産を確保するという要請はないが，資本金の制度等が設けられていることは合名会社と同様である。なお，合資会社が利益の配当により有限責任社員に対して交付した金銭等の帳簿価額（「配当額」という）が当該利益の配当をする日における利益額（利益の額として法務省令で定める方法〔会社計算163条〕により算定される額）を超える場合には，利益の配当を受けた有限責任社員は，持分会社に対し，連帯して，その配当額に相当する金銭を支払う義務を負う（623条1項）。ここで利益の額として法務省令で定める方法により算定される額（会社計算163条）とは，次に掲げる①の額と②の額のうちいずれか少ない額である。①社員の請求（621条1項）に応じて利益の配当をした日の利益剰余金の額（1号）。②次の㋑に掲げる額から次の㋺および㋩に掲げる額の合計額を減じて得た額（2号）。㋑上述の請求をした社員に対してすでに分配された利益の額（㋩のすでに利益配当により交付された金銭等とは区別され，計算上帰属している利益の額である）。㋺上述の請求をした社員に対してすでに分配された損失の額。㋩上述の請求をした社員に対してすでに利益の配当により交付された金銭等の帳簿価額であるとされる。たとえば，①の利益剰余金の額（100万円）が②㋑の請求した社員に対する分配した利益の額150万円より少ない場合（②㋺㋩はないとする）のその少ない方の額100万円である。この利益の配当を受けた有限責任社員についてのその出資の価額（すでに会社に対して履行した分を除く）を限度として債務を弁済する責任を負う場合の限度（580条2項）は，配当を受けた利益を超過する額も合計されたものとされる（623条2項）。たとえば，出資の価額が100万円で履行分が70万円だとした場合に，利益がないのに配当を受けた金額が20万円だとすれば，50万円について金銭支払義務を負うことになる。ここに有限責任社員については，「利益」概念が法定されているということができる。

業務執行および会社代表については，合名会社と共通の規定が設けられている（590条－603条。602条については合同会社に関する〔852〕）。したがって，有限責任社員も，定款に別段の定めがない限り，業務執行権を有する（590条）。また業務執行権を有しない社員にも業務・財産状況調査権がある（592条）。会社代表権についても同様である。

業務執行をする有限責任社員（以下たんに「その社員」という）の第三者に対す

る損害賠償責任について規定されている（597条）。それは第三者の間接損害（〔505〕）に関連して設けられたものである。すなわち，その社員の職務の執行についての悪意・重過失による任務懈怠により会社に損害が生じ，その結果，第三者が損害を蒙った場合（間接侵害の場合）には，その社員は，会社に対して有限責任を負っているにすぎないから，会社したがって第三者の損害を防止するためにその社員につき，株式会社の取締役の第三者に対する責任と同様の責任を負わせたものである。

有限責任社員につき，自称無限責任社員等の責任に関する規定がある（588条。なお，589条参照）。合資会社の社員が無限責任社員と誤認される行為をし，また商号を合名会社と偽った場合も，同じく責任を負わされると解される（588条・589条の類推適用）。

Ⅲ　社員の地位の譲渡

〔859〕　無限責任社員の地位の譲渡には他の社員の全員の承諾が必要であるが（585条1項），有限責任社員の地位の譲渡には業務執行社員全員の承諾があればよい（585条2項。定款の変更等につき585条3項4項）。

Ⅳ　組織変更

〔860〕　合資会社について，無限責任社員または有限責任社員のいずれかの全部が退社等により存在しなくなった場合には，その後の会社を合名会社または合同会社として存続させることになる（退社員の責任につき612条2項参照）。

第3節　合同会社

〔861〕 会社法が合同会社制度を導入したこと，その導入の趣旨等は前述した（〔12〕）。合同会社では，社員が間接有限責任を負うにすぎない（全額払込制との関係につき578条。〔11〕）点で株式会社と同様であることも前述した（〔12〕）。両者で異なるのは，基本的に株式会社では不特定多数の株主を中心に利害関係者の利益を法律によって保護するという立場から規制が設けられているのに対して，合同会社では，会社をめぐる利害関係人の利益を保護するための規制を積極的には講ぜず，自己責任に委ねていることである。

合同会社につき計算等に関して，合名会社および合資会社に対する規定の特則が設けられている。それは，社員が他の持分会社の社員と異なり，間接有限責任を負うにすぎないので，債権者保護，利益配当の制限等の規制をする必要があるからである。なお，設立登記について規定がある（914条）。

商号中に合同会社という文字を用いなければならない（6条2項）。

以上のような特則を除いては，持分会社に関する共通の規定が適用される。合同会社においても，資本金という概念が用いられている（626条3項3号）が，その趣旨は，合名会社または合資会社と異なり，基本的に株式会社のそれと同様である（〔863〕）。

I　計算書類の閲覧に関する特則

〔862〕 合同会社の債権者は，その合同会社の営業時間内は，いつでも，その計算書類（作成した日から5年以内のものに限る）について閲覧等の請求（618条各項）をすることができる（625条）。社員の閲覧請求については，別に規定されている（618条。〔853〕(c)）。合同会社以外の持分会社では，社員のこの請求につき定款で別段の定めをすることができる（618条2項本文。もともとそれにも限度があることにつき同項但書）が，合同会社では，債権者の閲覧等の請求につき定款で制限することが許されない。

Ⅱ　資本金の額の減少に関する特則

〔863〕　合同会社は，損失の欠損のためのみならず（620条1項），それ以外に出資の払戻しまたは持分の払戻しのためにも，その資本金の額を減少することができる（626条1項）。出資の払戻しのために減少する資本金の額は，その出資払戻額（出資の払戻しにより社員に対して交付する金銭等の帳簿価額。632条2項）から出資の払戻しをする日における剰余金額を控除して得た額を超えてはならない（626条2項）。また，持分の払戻しのために減少する資本金の額は，持分払戻額（持分の払戻しにより社員に対して交付する金銭等の帳簿価額。635条1項）から持分の払戻しをする日における剰余金額を控除して得た額を超えてはならない（626条3項）。その「剰余金額」とは，次の①の額から②から④までに掲げる額の合計額を減じて得た額をいう（626条4項）。①資産の額（1号），②負債の額（2号），③資本金の額（3号）および④法務省令で定める各勘定科目に計上した額の合計額（4号，会社計算164条）。

資本金の額の減少につき，債権者保護手続がとられるが，それは株式会社のそれと同じである（627条。〔867〕）。

Ⅲ　利益の配当に関する特則

〔864〕　**1　利益の配当の制限，違法配当の責任，社員に対する求償権等**

合同会社の社員に対する利益配当については，次に述べるように，基本的には，株式会社の株主に対する剰余金の配当と同様である。

合同会社は，利益の配当により社員に対して交付する金銭等の帳簿価額（「配当額」という）がその利益の配当をする日における利益額（623条1項，会社計算163条。〔858〕）を超える場合には，その利益の配当をすることができず，この場合には，合同会社は，社員の利益配当請求（621条1項・2項）を拒むことができる（628条）。

合同会社が上記の規定に違反して利益の配当をした場合には，その利益の配当に関する業務を執行した社員は，その合同会社に対し，当該利益の配当を受けた社員と連帯して，その配当額に相当する金銭を支払う義務を負う（629条1項本文）。ただし当該業務を執行した社員がその職務を行うについて注意を怠らなかったことを証明した場合は，この限りでない（629条1項但書。株式会社の分配可能額を超える配当をした場合の〔686〕〔687〕参照）。

上記の義務は，免除することができないが，利益の配当をした日における利益額を限度として当該義務を免除することについて総社員の同意がある場合は，この限りでない（629条2項。株式会社の場合に関する462条3項と同趣旨である。〔687〕）。

この場合において，利益の配当を受けた社員は，配当額が利益の配当をした日における利益額を超えることにつき善意であるときは，その配当額について，当該利益の配当に関する業務を執行した社員からの求償の請求に応ずる義務を負わない（630条1項）。上記の違法配当の場合には，合同会社の債権者は，利益の配当を受けた社員に対し，配当額（当該配当額が当該債権者の合同会社に対して有する債権額を超える場合にあっては，当該債権額）に相当する金銭を支払わせることができる（630条2項）。これらは株式会社についての463条（〔688〕）と同趣旨の規定である。

2　欠損が生じた場合の責任　〔865〕

合同会社が利益の配当をした場合において，当該利益の配当をした日の属する事業年度の末日に欠損額（合同会社の欠損の額として法務省令で定める方法〔会社計算165条〕により算定される額をいう）が生じたときは，その利益の配当に関する業務を執行した社員は，合同会社に対し，その利益の配当を受けた社員と連帯して，その欠損額（その欠損額が配当額を超えるときは，その配当額）を支払う義務を負う（631条1項本文）。ただし，業務を執行した社員がその職務を行うについて注意を怠らなかったことを証明した場合は，この限りでない（631条1項但書）。この義務は，総社員の同意がなければ，免除することができない（631条2項）。株式会社についての465条（〔690〕）と同趣旨の規定である。

Ⅳ　出資の払戻しに関する特則

〔866〕出資の払戻しについては，合同会社の社員は，定款を変更してその出資の価額を減少する場合を除いて，その請求（624条1項前段）をすることができない（632条1項）。出資払戻額が剰余金額を超える場合等の出資払戻しの禁止（632条2項。同1項により定款を変更して払戻しをすることも許さない趣旨と解される）および出資の払戻しに関する社員の責任（633条）につき規定がある。社員に対する求償権の制限につき上述の利益配当に関する特則（630条）と同趣旨の規定が設けられ

ている（634条）。

V　退社に伴う持分の払戻しに関する特則，債権者保護手続等

〔867〕　合同会社が持分の払戻しにより社員に対して交付する金銭等の帳簿価額（持分払戻額。635条1項括弧書）が当該持分の払戻しをする日における剰余金額を超える場合につき，債権者保護手続が必要であり（635条，会社計算166条），また業務を執行する社員の責任についての規定がある（636条）。合名会社の場合（〔848〕。合資会社も同様である）と異なり，社員が間接有限責任を負うにすぎない合同会社では，このような規定によって債権者が保護されることになる。具体的には次の通りである。

退社に伴う持分の払戻しに関して債権者が異議を述べることは，その持分払戻額がその払戻しをする日における剰余金額を超える場合にすることができる（635条1項）。一般の債権者保護手続（〔639〕）と同様に，官報への公告および知れている債権者への各別の催告を要する（635条2項）。官報への公告のほかに時事に関する日刊新聞紙または電子公告（939条1項2号3号）をした場合には，各別の催告を要しない（635条3項本文）。もっとも，持分払戻額が純資産額を超える場合には，各別の催告が必要とされる（635条3項但書）。公告の内容は，①その剰余金額を超える持分の払戻しの内容（635条2項1号）および②債権者が一定の期間（異議申立期間）内に異議を述べることができる旨（同2号）である。異議申立期間は，原則は一般の場合と同様に1か月を下ることができないとされるが（635条2項），持分払戻額が純資産額として法務省令で定める方法（会社計算166条）により算定される額を超える場合には2か月を下ることができない（635条2項括弧書）。この法務省令で定める方法とは，資本金の額（会社計算166条1号），資本剰余金の額（同2号），利益剰余金の額（同3号）および最終事業年度末日における評価・換算差額等にかかる額（同4号）の合計額をもって純資産額とする方法である。結局，異議申立期間は，㋑持分払戻額が剰余金額を超える場合は1か月，㋺それが純資産額を超える場合（債務超過となってしまう場合）は2か月とされる。また，官報のほか日刊新聞紙または電子公告により公告した場合には個別催告を要しないということも，㋑の場合に限られ，㋺の場合には，公告方法のいかんにかかわらず，個別催告を要することとされることになる。債権者がその期間内に異議を述べなかった場合の効果は，一般の手続と同様である（635条4

項)。債権者が異議を述べた場合の効果も原則として一般の場合と同様であるが，例外として，一般の場合と異なり，上述の㋑の場合と㋺の場合とで次のような区別がなされる。すなわち，持分の払戻しをしてもその債権者を害するおそれがないときは，異議を述べた債権者に弁済等の措置をとらないでよいのは，㋑の場合に限られるということである。いいかえれば㋑持分払戻金額が純資産額を超えない場合には上述の弁済等の措置をとらないでよく（635条5項但書），㋺持分払戻金額が純資産額を超える場合には，常に弁済等の措置を講じなければならないとされていることである（635条5項但書は㋺の場合には適用が排除されている)。

結局，持分払戻金額が剰余金額を超えない場合には，通常の利益配当と同様であるから，債権者保護手続を要しない。これに対して，㋑持分払戻金額が剰余金額を超える場合には，資本金の額の減少（〔863〕）と同じ結果になるから，通常と同様の債権者保護手続をとればよい。ところが，㋺持分払戻金額が純資産額を超える場合には，㋑よりも厳重な債権者保護手続が必要とされ，ⓐ異議を述べる期間は2か月とされ，ⓑ公告方法のいかんを問わず知れている債権者への個別催告が省略できず，さらにⓒ異議を述べた債権者に対して，その者を害するおそれがないとして弁済等の措置をとらないことは許されないことになる。

前述㋑および㋺の場合において，必要な手続をとらずに持分の払戻しをした場合には，その業務を執行した社員は，その職務を行うにつき注意を怠らなかったことを立証した場合を除き，持分の払戻しを受けた社員と連帯して持分払戻額に相当する金銭の支払義務を負う（636条1項)。その義務は免除することができないのが原則であるが（636条2項本文），その義務の免除につき総社員の同意がある場合には，払戻しをした時における剰余金の額を限度として免除することができる（636条2項但書)。ということは，剰余金額を超えて持分の払戻しをしたときはその超過分については総社員の同意があっても免除されないことを意味する。債権者保護の一環である。

Ⅵ　社員の加入についての特則

〔868〕 合同会社が新たに社員を加入させる場合において，新たに社員になろうとする者が定款の変更時にその出資にかかる払込みまたは給付の全部または一部を履行していないときは，その者は，その払込みまたは給付を完了した時に合同会社の社員となる（604条3項)。全額払込制（578条。〔11〕）を設立の場合のみならず，

社員の加入の場合にも及ぼしたものである。

第4章

外国会社

Ⅰ 意　　義

〔869〕 外国会社とは，外国の法令に準拠して設立された法人その他の外国の団体であって，会社と同種のもの，または会社に類似するものをいう（2条2号）。外国会社の登記につき，会社設立の準拠法の登記が要求されている（933条2項1号）のは，このことを前提としている。

平成14年改正前商法は，外国会社が日本で継続して取引をする場合について，日本における代表者を定めるとともに，その住所またはその他の場所に営業所を設けることを要求していた。ところが，この営業所設置要求については，ダイレクトメールやインターネット等による取引が急速に進展し，これを要するものとすることが適切でなくなり，これを要求することは参入障壁となる等の指摘もなされた。そこで平成14年改正商法では，営業所の設置を要求することをやめ，その代替措置として，計算書類の公告義務を課し，また外国会社が日本から撤退する場合に債権者保護手続をとることを義務づける等の方法で，日本国内の債権者の保護を図っており，会社法はそれを受け継いでいる。

Ⅱ 日本において取引を継続する外国会社の取扱い

〔870〕 1 日本において取引を継続してする場合――代表者の定め

外国会社が日本で取引を継続してしようとするときは，日本における代表者を定めなければならず（817条1項前段），この場合において，その日本における代表者のうちの1人以上は，日本に住所を有する者でなくてはならない（817条1項後段。代表者の全員が日本に住所を有する必要はない）。このように，日本に住所を有する代表者を定めることを要するものとされているのは，日本国内に取引上の紛争の処理等に応ずる相手方がいるようにし，また外国会社を相手方とする訴えの提起を日本国内ですることができるようにするためである（代表者の権限に関する〔874〕参照）。

ここで，取引を継続してするとは，その取引が継続的事業活動の一環としてなされているかどうかという観点から判断すべきだという見解が主張されている。

外国会社は，次に述べる外国会社の登記をするまでは，日本において取引を継続してすることができず（818条1項），それに違反して取引をした者は，その取引につき会社と連帯してその取引によって生じた債務を弁済する責任を負わされる（818条2項）。

2　外国会社の登記

〔871〕

(イ)　外国会社の登記の必要性

旧会社法のもとでは，外国会社の登記は，日本に成立する同種または最も類似する会社の支店の登記に関する規定に従うものとされていたが，会社法は，直接に外国会社の登記について規定している（933条）。すなわち，外国会社が初めて日本における代表者を定めたときは（817条1項），3週間以内に，①日本に営業所を設けていない場合には日本における代表者（日本に住所を有するものに限る）の住所地，②日本に営業所を設けた場合には当該営業所の所在地において，外国会社の登記をしなければならない（933条1項）。①の日本における代表者の住所地は，商業登記法の適用上，営業所の住所とみなされる（商登127条）。

(ロ)　登記事項

〔872〕

外国会社の登記においては，日本における同種の会社または最も類似する会社の種類に従い，株式会社（911条3項），合名会社，合資会社および合同会社（912条から914条まで）に要求される記載事項のほか，外国会社に特有のものが次のように列挙されている（933条2項）。

①外国会社の設立の準拠法，②日本における代表者の氏名および住所，③日本における同種の会社または最も類似する会社が株式会社であるときは，設立準拠法の規定による公告をする方法，④③の場合において，貸借対照表につき電磁的措置をとることとするとき（819条3項）は，貸借対照表に相当するものの内容である情報について不特定多数の者がその提供を受けるために必要な事項であって法務省令で定めるもの（会社則220条1項6号），⑤公告方法についての定め（939条2項）があるときは，その定め，⑥⑤が電子公告を公告方法とする旨のものであるときは，㋑電子公告により公告すべき内容である情報について不特定多数の者がその提供を受けるために必要な事項であって法務省令で定めるもの（会社則220条1項7号），㋺事故等の場合の代替的公告方法の定め（939条3項後段）があるときは，その定め，⑦⑤の定めがないときは，官報に掲載する方法を公告方法とする旨。

外国会社が日本に設けた営業所に関する登記事項の規定の適用については，その営業所が支店とみなされる（933条3項）。

変更の登記，組織変更，組織再編等の登記の規定（915条・918条−929条）が，外国会社に準用されている（933条4項前段）。この場合の読替規定が設けられている（933条4項後段。なお，同5項）。

〔873〕 (ハ) **日本における代表者の選任の登記，日本に営業所を設けた場合の登記等**

① 日本に営業所を設けていない外国会社が外国会社の登記後に新たに日本における代表者を定めた場合には，原則として，3週間以内にその新たに定めた代表者の住所地においても外国会社の登記をしなければならない（934条1項。住所の移転の登記につき935条）。もっとも，その住所地が登記された他の日本における代表者の住所地を管轄する登記所の管轄区域内にある場合は除かれる（934条1項括弧書）。

② 日本に営業所を設けた外国会社の登記後に日本に新たに営業所を設けた場合は，原則として3週間以内にその営業所の所在地においても，外国会社の登記をしなければならない（934条2項。営業所を移転した場合の登記につき935条2項。また936条1項参照）。もっとも，その所在地が登記された他の営業所の所在地を管轄する登記所の管轄区域内にある場合は除かれる（934条2項括弧書）。

③ 日本に営業所を設けていない外国会社が外国会社の登記後に日本に営業所を設けた場合の登記につき規定がある（936条1項本文）。

④ 日本に営業所を設けた外国会社がその登記後すべての営業所を閉鎖した場合には，その外国会社の日本代表者の全員が退任したとき（この場合については〔876〕）を除き，営業所を閉鎖した旨の登記につき規定されている（936条2項本文）。

〔874〕 **3 代表者の権限**

日本における外国会社の代表者については，①その外国会社の日本における業務に関する一切の裁判上または裁判外の行為をする権限を有し（817条2項），かつ，②その権限に加えた制限は善意の第三者に対抗することができない（817条3項）。いわゆる包括的かつ不可制限的権限を有する（その詳細については，株式会社の代表取締役の権限に関する〔527〕−〔529〕参照）。また外国会社はその日本における代表者がその職務を行うについて第三者に加えた損害を賠償する責任を負う（817条4項）。これらは，日本の会社の代表者と同様である（350条。〔525〕）。

〔875〕 **4 同種・類似会社が株式会社である場合の貸借対照表等の公告**

日本で取引を継続する外国会社と取引をする日本国内における債権者を保護するために，平成14年改正商法によりその財産状況を明らかにする制度が設けられ，会社法に受け継がれている。すなわち，外国会社の登記をした外国会社であって日本における同種の会社またはもっとも類似する会社が株式会社であるものは，法務省令で定めるところ（会社則214条）により定時総会における承認（438条2項）またはこれに類似する手続の終結後，遅滞なくその貸借対照表と同種・類似のものを日本において公告しなければならない（819条1項。その要旨の公告で足りることにつき，819条2項）。同種・類似会社が株式会社である場合に限ってこの公告を要するものとされるのは，わが国においても貸借対照表の公告が要求されるのが株式会社に限られているからである。公告は，定款に定めた公告方法による。貸借対照表に記載または記録された情報の電磁的方法による提供について規定が設けられている（819条3項，会社則215条。有価証券報告書提出会社につき819条4項）。

営業所設置義務の廃止の代替措置の1つといいうることは前述した（〔869〕）。

5　日本に住所を有する日本における代表者の退任と債権者保護手続　〔876〕

外国会社の登記をした外国会社は，日本における代表者（日本に住所を有するものに限る）の全員が退任しようとするときは，厳重な債権者保護手続がとられる。すなわち，その会社の債権者に対し異議があれば一定の期間内にこれを述べることができる旨を官報に公告し，かつ，知れている債権者には，各別にこれを催告しなければならず，その期間は，1か月を下ることができない（820条1項）。各別の催告を省略できる規定は設けられていない。債権者が期間内に異議を述べたときは，外国会社は，その債権者に対し，弁済し，もしくは相当の担保を提供し，または当該債権者に弁済を受けさせることを目的として信託会社等に相当の財産を信託しなければならない（820条2項本文）。ただし，退任をしても当該債権者を害するおそれがないときは，この限りでない（820条2項但書）。退任は，上記の手続が終了した後にその登記をすることによって，その効力を生ずる（820条3項）。このような手続が要求されるのは，外国会社が未払債務を残したまま外国会社の登記がなくなって，日本国内に紛争の処理の相手方がいなくなり，また日本における裁判籍を失うことになって，債権者が不利益を蒙ることを防止するためである。営業所設置義務の廃止の代替措置の1つといいうることは前述した（〔869〕）。

6　取引継続禁止・営業所閉鎖命令　〔877〕

会社法は，会社の解散命令について規定しているが（824条。〔823〕），外国会社についてそれと同趣旨のものとして，取引継続禁止および営業所閉鎖命令について規定している（827条1項）。平成14年改正前は営業所閉鎖命令のみについて規定されていたが，同年改正により，営業所設置義務が撤廃されたため，それのみでは不十分となり，取引継続禁止命令についての規定が追加され，それが会社法に受け継がれている。この命令を命ずる要件，その請求者，財産保全，担保提供，官庁等の法務大臣に対する通知義務等につき，会社の解散命令に準じて規定されている（827条1項2項。824条2項−4項・825条・826条）。

〔878〕 **7 日本にある会社財産の清算**

外国会社につき取引継続禁止・営業所閉鎖命令（〔877〕）がなされた場合（827条）または外国会社が日本で取引を継続してすることをやめた場合には，利害関係人の申立てにより，または職権で，日本にある会社財産の全部につき，清算の開始を命ずることができる（822条1項）。清算人は裁判所が選任する（822条2項）。清算手続については，その性質が許されないものを除き，株式会社の通常清算および特別清算の規定が準用されている（822条3項。510条・511条・514条は除かれる。なお会社則216条）。なお，外国会社が清算開始を命じられた場合における日本に住所を有する代表者の全員の退任の場合には，債権者保護手続に関する820条の規定は適用されない（822条4項）。債権者保護は清算手続により図られることとなる。

〔879〕 **8 擬似外国会社**

日本の会社法の適用を回避するために，外国法を準拠法として設立される会社すなわち擬似外国会社の措置について規定が設けられている。すなわち，日本に本店を設け，または日本において事業をすることを主たる目的とする外国会社は，日本において取引を継続してすることができない（821条1項。継続性のない取引は許容される）。これに違反して取引をした者は，相手方に対し，外国会社と連帯して，当該取引によって生じた債務を弁済する責任を負う（821条2項）。

旧会社法では，そのような外国会社につき日本において設立する会社と同一の規定に従う旨の規定が設けられていたが，会社法はそのような規定を廃止した。そのような規定のもとでは，擬似外国会社が日本法に準拠して再設立しないと日本法上法人格が認められないことになるからである。会社法のもとでは，そのような会社については，法人格は否定しないが，上述のような規制がなされることになる。

判　例　索　引

（数字は欄外〔　〕の通しナンバーを表す）

高等裁判所

地方裁判所

事項索引

（数字は欄外〔 〕の通しナンバーを表す）

さ　行

た 行

な　行

は　行

ま 行

〈著 者 紹 介〉

前 田　庸（まえだ　ひとし）

1931 年生
1958 年　東京大学法学部卒業
1972 年～2002 年　学習院大学教授
2013 年 11 月　逝去

主　著　手形法・小切手法入門（有斐閣，1983 年）
　　　　手形法・小切手法（有斐閣，1999 年）
　　　　有価証券法入門（有斐閣，1985 年）
　　　　銀行取引（弘文堂，1979 年）
　　　　条解会社更生法（共著，弘文堂，1973 年）
　　　　手形・小切手法を学ぶ（編著，有斐閣，1976 年）
　　　　現代の経済構造と法（共著，筑摩書房，1975 年）
　　　　注釈銀行取引約定書・当座勘定規定（共著，有斐閣，1979 年）

会社法入門〔第 13 版〕

Company Law, 13th edition

1990 年 1 月 30 日　初　版第 1 刷発行
1991 年 2 月 28 日　第 2 版第 1 刷発行
1993 年 12 月 15 日　第 3 版第 1 刷発行
1995 年 1 月 30 日　第 4 版第 1 刷発行
1997 年 12 月 20 日　第 5 版第 1 刷発行
1999 年 11 月 30 日　第 6 版第 1 刷発行
2000 年 11 月 20 日　第 7 版第 1 刷発行
2002 年 3 月 20 日　第 8 版第 1 刷発行
2003 年 2 月 28 日　第 9 版第 1 刷発行
2005 年 3 月 10 日　第 10 版第 1 刷発行
2006 年 7 月 5 日　第 11 版第 1 刷発行
2008 年 4 月 15 日　第 11 版補訂版第 1 刷発行
2009 年 12 月 10 日　第 12 版第 1 刷発行
2018 年 11 月 1 日　第 13 版第 1 刷発行
2019 年 9 月 10 日　第 13 版第 3 刷発行

著　者　前　田　　庸
発行者　江　草　貞　治

発行所　株式会社　有　斐　閣
郵便番号 101-0051
東京都千代田区神田神保町 2-17
電話(03)3264-1314〔編集〕・(03)3265-6811〔営業〕
http://www.yuhikaku.co.jp/

印刷　大日本法令印刷株式会社　　製本　大口製本印刷株式会社

ISBN 978-4-641-13746-2